注释法典丛书

新五版·5

中华人民共和国

合同与担保

注释法典

中国法制出版社
CHINA LEGAL PUBLISHING HOUSE

我国的立法体系①

立法主体	立法权限
全国人民代表大会	修改宪法，制定和修改刑事、民事、国家机构的和其他的基本法律
全国人民代表大会常务委员会	制定和修改除应当由全国人民代表大会制定的法律以外的其他法律；在全国人民代表大会闭会期间，对全国人民代表大会制定的法律进行部分补充和修改；根据全国人民代表大会授权制定相关法律；解释法律。
国务院	根据宪法、法律和全国人民代表大会及其常务委员会的授权，制定行政法规。
省、自治区、直辖市的人民代表大会及其常务委员会	根据本行政区域的具体情况和实际需要，在不同宪法、法律、行政法规相抵触的前提下，制定地方性法规。
设区的市、自治州的人民代表大会及其常务委员会	在不同上位法相抵触的前提下，可对城乡建设与管理、生态文明建设、历史文化保护、基层治理等事项制定地方性法规。
经济特区所在地的省、市的人民代表大会及其常务委员会	根据全国人民代表大会的授权决定，制定法规，在经济特区范围内实施。
上海市人民代表大会及其常务委员会	根据全国人民代表大会常务委员会的授权决定，制定浦东新区法规，在浦东新区实施。
海南省人民代表大会及其常务委员会	根据法律规定，制定海南自由贸易港法规，在海南自由贸易港范围内实施。
民族自治地方的人民代表大会	依照当地民族的政治、经济和文化的特点，制定自治条例和单行条例。对法律和行政法规的规定作出变通的规定，但不得违背法律或者行政法规的基本原则，不得对宪法和民族区域自治法的规定以及其他有关法律、行政法规专门就民族自治地方所作的规定作出变通规定。
国务院各部、委员会、中国人民银行、审计署和具有行政管理职能的直属机构以及法律规定的机构	根据法律和国务院的行政法规、决定、命令，在本部门的权限范围内，制定规章。
省、自治区、直辖市和设区的市、自治州的人民政府	根据法律、行政法规和本省、自治区、直辖市的地方性法规，制定规章。设区的市、自治州人民政府制定的地方政府规章限于城乡建设与管理、生态文明建设、历史文化保护、基层治理等方面的事项。
中央军事委员会	根据宪法和法律制定军事法规，在武装力量内部实施。
中国人民解放军各战区、军兵种和中国人民武装警察部队	根据法律和中央军事委员会的军事法规、决定、命令，在其权限范围内制定军事规章，在武装力量内部实施。
国家监察委员会	根据宪法和法律、全国人民代表大会常务委员会的有关决定，制定监察法规。
最高人民法院、最高人民检察院	作出属于审判、检察工作中具体应用法律的解释。

① 本图表为编者根据《立法法》相关规定编辑整理，供参考。

■ 因为专业　所以卓越

出版说明

“注释法典”丛书是我社集数年法规编撰经验，创新出版的大型实用法律工具书。本套工具书不仅全面反映我国立法成果与现状，全面收录相关领域重要法律文件，而且秉持权威、实用的理念，从条文【注释】、【实务问答】及【裁判规则】多角度阐释重要法律规定，相信能够成为广大读者理解、掌握、适用法律的首选工具书。

本套工具书以中国特色社会主义法律体系为主线，结合实践确定分册，独家打造七重法律价值：

一、内容全面

本分册涵盖合同与担保领域重要的法律、法规、部门规章、司法解释等文件，收录的文件均为现行有效文本，方便读者全面、及时掌握相关规定。

二、注释精炼

在重要法律文件前设【理解与适用】，介绍该法历史沿革、主要内容、适用注意事项；以【注释】形式对重难点条文进行详细阐释。注释内容在吸取全国人大常委会法制工作委员会、最高人民法院等权威解读的基础上，结合最新公布的相关规定及司法实践全新撰写，保证注释内容的准确性与时效性。另外，在重要条文注释中，提炼简明小标题，并予以加粗，帮助读者快速把握条文注释主要内容。

三、实务问答

在相关法条下设【实务问答】，内容来源于最高人民法院司法观点、相关函复等，解答法律适用中的重点与难点。

四、案例指导

在相关法条下设【案例】，案件主要来源于最高人民法院、最高人民检察院指导性案例及公报案例，整理【裁判规则】，展示解决法律问题的权威实例。

五、关联法规链接

在相关法条下以【链接】的方式索引关联条文，提供相关且有效的条文援引，全面体现相关法律规定。

六、层级清晰　检索便捷

（1）目录按照法律文件的效力等级分为法律及文件、行政法规及文件、部门规章及文件、司法解释及文件四个层级。（2）每一层级下法律文件大多按照公布或者最后一次修改时间排列，以方便读者快速定位目标文件，但为了方便读者对某一类问题进行集中查找，本书将一些联系紧密的文件进行了集中排版。

七、超值增值服务

为了使读者能够全面了解解决法律问题的实例，准确适用法律，同时及时充分了解我国立法的动态信息，凡是购买本书的读者，均可获得以下超值增值服务：（1）扫码添加书后“法规编辑部”公众号→点击菜单栏→进入资料下载栏→选择注释法典资料项→点击网址或扫码下载，即可获取最高人民法院、最高人民检察院指导性案例电子版；（2）通过“法规编辑部”公众号，及时了解最新立法信息，并可线上留言，编辑团队会就图书相关疑问进行动态解答。

能够为大家学习法律、解决法律难题提供实实在在的帮助，是我们全心努力的方向，衷心欢迎广大读者朋友反馈意见、建议。

中国法制出版社

2024 年 8 月

目　录*

一、综　合

二、买卖合同

* 编者按：本目录中的时间为法律文件的公布时间或最后一次修正、修订公布时间。

三、赠与合同

四、借款、储蓄合同

五、保证合同

六、租赁、融资租赁合同

七、保理合同

八、承揽、建设工程合同

九、运输合同

十、知识产权合同、技术合同

十一、委托、行纪、中介合同

十二、合伙、出资合同

十三、房地产合同

十四、保险合同

十五、农村土地承包合同

十六、旅游服务合同

十七、电信、邮政、快递服务合同

十八、有线电视、网络服务合同

一、综 合

中华人民共和国民法典(节录)

· 2020年5月28日第十三届全国人民代表大会第三次会议通过
· 2020年5月28日中华人民共和国主席令第45号公布
· 自2021年1月1日起施行

第一编 总 则

第一章 基本规定

第一条 【立法目的】* 为了保护民事主体的合法权益,调整民事关系,维护社会和经济秩序,适应中国特色社会主义发展要求,弘扬社会主义核心价值观,根据宪法,制定本法。

第二条 【调整对象】 民法调整平等主体的自然人、法人和非法人组织之间的人身关系和财产关系。

注释 民事主体是民事关系的参与者、民事权利的享有者、民事义务的履行者和民事责任的承担者。本条首先列举了民事主体的具体类型,包括自然人、法人和非法人组织三类。自然人是最为重要的民事主体,民法上使用这个概念,主要是与法人相区别。法人是法律上拟制的人,法人是一种社会组织,法律基于社会现实的需要,赋予符合一定条件的组织法人资格,便于这些组织独立从事民事活动,归根结底是为了扩展自然人从事民事活动的广度。原《民法总则》创设了第三类民事主体非法人组织,包括个人独资企业、合伙企业等不具有法人资格的组织,《民法典》予以了延续。赋予这些组织以民事主体地位,有利于其开展民事活动,也与其他法律的规定相衔接。

自然人、法人、非法人组织之间的社会关系多种多样,并非所有社会关系都由民法调整。民法仅调整他们之间的民事关系,即作为平等主体的自然人、法人、非法人组织之间发生的社会关系。

链接《民事诉讼法》第3条

第三条 【民事权利及其他合法权益受法律保护】 民事主体的人身权利、财产权利以及其他合法权益受法律保护,任何组织或者个人不得侵犯。

第四条 【平等原则】 民事主体在民事活动中的法律地位一律平等。

注释 平等原则,是指民事主体在从事民事活动时,相互之间在法律地位上都是平等的,合法权益受到法律的平等保护。当事人之间地位平等是民法区别于其他法律部门的最为重要的特征。

第五条 【自愿原则】 民事主体从事民事活动,应当遵循自愿原则,按照自己的意思设立、变更、终止民事法律关系。

注释 自愿原则,也被称为意思自治原则,就是民事主体有权根据自己的意愿,自愿从事民事活动,按照自己的意思自主决定民事法律关系的内容及其设立、变更和终止,自觉承受相应的法律后果。平等原则是民法的前提和基础,自愿原则即意思自治原则则是民法的核心。

链接《证券法》第4条;《反不正当竞争法》第2条;《电子商务法》第5条

第六条 【公平原则】 民事主体从事民事活动,应当遵循公平原则,合理确定各方的权利和义务。

注释 公平原则要求民事主体从事民事活动时要秉持公平理念,公正、平允、合理地确定各方的权利和义务,并依法承担相应的民事责任。公平原则体现了民法促进社会公平正义的基本价值,对规范民事主体的行为发挥着重要作用。公平原则作为民法的基本原则,不仅仅是民事主体从事民事活动应当遵守的基本行为准则,也是人民法院审理民事纠纷应当遵守的基本裁判准则。

案例 朱某龙诉东台市许河安全器材厂侵权责任纠纷案(《最高人民法院公报》2020年第2期)

裁判规则: 个人经营的淘宝网店绑定企业营

---

* 条文主旨为编者所加,下同。

业执照后变更为企业性质网店的,虽仍由个人经营,但因淘宝店披露的信息均为该企业信息,导致该淘宝店实际已经有属于企业所有权的权利外观。在企业不再允许该绑定,且绑定不能被取消的情况下,企业径自取得该淘宝店经营权的,并不构成对个人经营权的侵权。鉴于个人对网店信用升级有一定贡献,企业将店铺经营权收回的同时,根据公平理念和利益平衡原则,应当对原经营者给予适当的补偿。

链接《公司法》第143条;《拍卖法》第4条;《渔业法》第22条

第七条　【诚信原则】民事主体从事民事活动,应当遵循诚信原则,秉持诚实,恪守承诺。

注释 诚信原则要求所有民事主体在从事任何民事活动,包括行使民事权利、履行民事义务、承担民事责任时,都应该秉持诚实、善意,信守自己的承诺。

诚信原则具有高度抽象性和概括性,使得诚信原则对于民事主体从事民事活动、司法机关进行民事裁判活动都具有重要作用。诚信原则为民事主体开展民事活动进行指导,是民事主体从事民事活动的行为规则,要求民事主体行使权利、履行义务都应善意不欺、恪守信用。同时,诚信原则对司法机关裁判民事纠纷也具有积极作用,在当事人没有明确约定或法律没有具体规定时,司法机关可以根据诚信原则填补合同漏洞、弥补法律空白,平衡民事主体之间、民事主体与社会之间的利益,进而实现社会的公平正义。

案例 **韩某梅等诉阳光人寿保险股份有限公司江苏分公司保险合同纠纷案**(《最高人民法院公报》2010年第5期)

裁判规则:《保险法》规定,订立保险合同,保险人应当向投保人说明保险合同的条款内容,并可以就保险标的或者被保险人的有关情况提出询问,投保人应当如实告知。保险人或其委托的代理人出售"自助式保险卡"未尽说明义务,又未对相关事项向投保人提出询问,自行代替投保人激活保险卡形成数据电文形式的电子保险单,在保险合同生效后,保险人以电子保险单内容不准确,投保人违反如实告知义务为由主张解除保险合同的,人民法院不予支持。

链接《反不正当竞争法》第2条;《拍卖法》第4条

第八条　【守法和公序良俗原则】民事主体从事民事活动,不得违反法律,不得违背公序良俗。

注释 公序良俗是指公共秩序和善良习俗。守法和公序良俗原则要求自然人、法人和非法人组织在从事民事活动时,不得违反各种法律的强制性规定,不违背公共秩序和善良习俗:(1)民事主体从事民事活动不得违反法律。不得违反法律中的法律不仅包括民事法律,还包括其他部门法。所谓不得违反法律,就是要求不违反法律的强制性规定。民事主体在从事民事活动时,只要法律未明文禁止,又不违背公序良俗,就可以根据自己的利益和需要创设权利、义务内容。民事主体在从事民事活动时享有较大的自主空间,实现充分的意思自治。由于民法的基本原则之一就是意思自治,民法通常情况下不会干预民事主体的行为自由,民法的大多数规范都是任意性规范。对于任意性规范,民事主体可以结合自身的利益需要,决定是否纳入自己的意思自治范围。但是,任何人的自由并非毫无限制的,民法同样需要维护社会基本的生产、生活秩序,需要维护国家的基本价值追求,法律的强制性规范就是为了实现这一目的,民事主体在从事民事活动时,应当遵守法律的强制性规定。(2)民事主体从事民事活动不得违背公序良俗。不得违背公序良俗原则,就是不得违背公共秩序和善良习俗。公共秩序,是指政治、经济、文化等领域的基本秩序和根本理念,是与国家和社会整体利益相关的基础性原则、价值和秩序,在以往的民商事立法中被称为社会公共利益。善良习俗是指基于社会主流道德观念的习俗,也被称为社会公共道德,是全体社会成员所普遍认可、遵循的道德准则。善良习俗具有一定的时代性和地域性,随着社会成员的普遍道德观念的改变而改变。公共秩序强调的是国家和社会层面的价值理念,善良习俗突出的则是民间的道德观念,二者相辅相成,互为补充。

第九条　【绿色原则】民事主体从事民事活动,应当有利于节约资源、保护生态环境。

第十条　【民法法源及顺序】处理民事纠纷,应当依照法律;法律没有规定的,可以适用习惯,但是不得违背公序良俗。

注释 本条规定,人民法院、仲裁机构等在处理民事纠纷时,首先应当依照法律。这里的法律是指广义的法律,包括全国人大及其常委会制定的法律和国务院制定的行政法规,也不排除地方性法规、自治条例和单行条例等。根据我国《立法法》

第11条第8项规定,民事基本制度是只能由全国人民代表大会及其常委会制定的法律规定。行政法规可以根据法律的规定或经法律的授权,针对特定领域的民事关系作出具体的细化规定。

本条还规定,法律没有规定的,可以适用不违背公序良俗的习惯。习惯是指在一定地域、行业范围内长期为一般人从事民事活动时普遍遵守的民间习俗、惯常做法等。适用习惯受到两个方面的限制:一是适用习惯的前提是法律没有规定。所谓法律没有规定,就是相关的法律、行政法规、地方性法规对特定民事纠纷未作出规定。二是所适用的习惯不得违背公序良俗。

链接《最高人民法院关于适用〈中华人民共和国民法典〉总则编若干问题的解释》(以下简称《总则编解释》)第2条

第十一条 【特别法优先】其他法律对民事关系有特别规定的,依照其规定。

注释《立法法》第103条规定,同一机关制定的法律,特别规定与一般规定不一致的,适用特别规定。《民法典》出台后,将作为一般法,各民商事单行法作为特别法,根据《立法法》的规定,特别法的规定将优先适用。本条明确强调了特别法优先的法律适用规则。

如关于诉讼时效,总则编规定的一般诉讼时效期间为3年。而《海商法》第260条规定,有关海上拖航合同的请求权,时效期间为1年,自知道或者应当知道权利被侵害之日起计算。《保险法》第26条第2款规定,人寿保险的被保险人或者受益人向保险人请求给付保险金的诉讼时效期间为5年,自其知道或者应当知道保险事故发生之日起计算。上述规定就具有优先适用的地位。

链接《立法法》第103条、第105条;《涉外民事关系法律适用法》第2条;《票据法》第96条

第十二条 【民法的地域效力】中华人民共和国领域内的民事活动,适用中华人民共和国法律。法律另有规定的,依照其规定。

链接《涉外民事关系法律适用法》第3条

……

第五章 民事权利

……

第一百一十八条 【债权的概念】民事主体依法享有债权。

债权是因合同、侵权行为、无因管理、不当得利以及法律的其他规定,权利人请求特定义务人为或者不为一定行为的权利。

注释债是因合同、侵权行为、无因管理、不当得利以及法律的其他规定,在特定当事人之间发生的权利义务关系。首先,债是一种民事法律关系,是民事主体之间以权利义务为内容的法律关系。其次,债是特定当事人之间的法律关系。债的主体各方均为特定当事人。再次,债是特定当事人之间得请求为或者不为一定行为的法律关系。享有权利的人是债权人,负有义务的人是债务人。债是以请求权为特征的法律关系,债权人行使债权,只能通过请求债务人为或者不为一定行为得以实现。最后,债是因合同、侵权行为、无因管理、不当得利以及法律的其他规定而发生的法律关系。债权是因合同、侵权行为、无因管理、不当得利以及法律的其他规定,权利人请求特定义务人为或者不为一定行为的权利。债权是现代社会生活中民事主体的一项重要财产权利。

合同是平等主体的自然人、法人、非法人组织之间设立、变更、终止民事权利义务关系的协议。合同依法成立后,即在当事人之间产生债权债务关系。基于合同所产生的债为合同之债。债权人有权按照合同约定,请求合同义务人履行合同义务。合同之债是民事主体为自己利益依自己意思自行设定的,合同之债属于意定之债。

侵权行为,是指侵害他人民事权益的行为。本法第3条规定,民事主体的人身权利、财产权利以及其他合法权益受法律保护,任何组织或者个人不得侵犯。在民事活动中,民事主体的合法权益受法律保护,任何人都负有不得侵害的义务。行为人侵害他人人身权利、财产权利以及其他合法权益的,应依法承担民事责任。民事权益受到侵害的,被侵权人有权请求侵权人承担侵权责任。因侵权行为,侵权人与被侵权人之间形成债权债务关系。侵权行为之债不是侵权人所愿意发生的法律后果,法律确认侵权行为之债的目的在于通过债权和民事责任使侵权行为人承担其不法行为所造成的不利后果,给被侵权人以救济,从而保护民事主体的合法民事权益。

无因管理,是指没有法定的或者约定的义务,为避免他人利益受损失进行管理的行为。无因管理行为虽为干预他人事务,但却是以避免他人利

益受损失为目的，有利于社会的互助行为。法律为鼓励这一行为赋予管理人请求受益人偿还因管理行为支出的必要费用的权利。因无因管理产生的债称为无因管理之债。无因管理之债并不是基于当事人的意愿设定的，而是根据法律的规定，为法定之债。

不当得利，是指没有法律根据，取得不当利益，造成他人损失的情形。在社会生活中，任何民事主体不得没有法律根据，取得利益而致他人损害，因此，法律规定受损失的人有权请求取得不当得利的人返还不当利益。不当得利为债的发生原因，基于不当得利而产生的债称为不当得利之债。不当得利之债既不同于合同之债，也不同于无因管理之债。不当得利不是当事人双方间的合意，并非当事人寻求的法律目的，也不以当事人的意志为转移，而是法律为纠正不当得利，直接赋予当事人的权利义务，也是法定之债。

合同、侵权行为、无因管理、不当得利是债的发生的主要原因，除此以外，法律的其他规定也会引起债的发生，民事主体依法享有债权。如本法第26条规定，父母对未成年子女负有抚养、教育和保护的义务。成年子女对父母负有赡养、扶助和保护的义务。父母不履行抚养义务时，未成年的或不能独立生活的子女，有要求父母付给抚养费的权利。子女不履行赡养义务时，无劳动能力的或生活困难的父母，有要求子女付给赡养费的权利。此时，未成年的或不能独立生活的子女和无劳动能力的或生活困难的父母依据法律的规定享有债权。

第一百一十九条　【合同之债】依法成立的合同，对当事人具有法律约束力。

注释 合同是双方或多方的民事法律行为，只有各方的意思表示一致才能成立。合同之债是当事人在平等基础上自愿设定的，订不订合同、与谁订合同、合同的内容如何等，由当事人自愿约定。但是，合同依法成立以后，对当事人就具有了法律约束力。所谓法律约束力，是指当事人应当按照合同的约定履行自己的义务，非依法律规定或者取得对方同意，不得擅自变更或者解除合同。如果不履行合同义务或者履行合同义务不符合约定，应当承担违约责任。只有依法成立的合同才能产生合同之债。

第一百二十条　【侵权责任之债】民事权益受到侵害的，被侵权人有权请求侵权人承担侵权责任。

注释 被侵权人在其民事权益被侵权人侵害构成侵权时，有权请求侵权人承担侵权责任。这种权利是一种请求权。所谓请求权，是指请求他人为一定行为或不为一定行为的权利。请求权人自己不能直接取得作为该权利内容的利益，必须通过他人的特定行为间接取得。在侵权人的行为构成侵权，侵害了被侵权人的民事权益时，被侵权人有权请求侵权人承担侵权责任。被侵权人可以直接向侵权人行使请求权，也可以向法院提起诉讼，请求法院保护自己的合法权益。

第一百二十一条　【无因管理之债】没有法定的或者约定的义务，为避免他人利益受损失而进行管理的人，有权请求受益人偿还由此支出的必要费用。

注释 构成无因管理，有以下几个要件：

1. 管理他人事务。管理他人事务，即为他人进行管理，这是成立无因管理的首要条件。如将自己的事务误认为他人事务进行管理，即使目的是为他人避免损失，也不能构成无因管理。

2. 为避免他人利益受损失。一般来说，在既无法定义务又无约定义务的情况下，管理他人的事务，属于干预他人事务的范畴。而法律规定的无因管理，是为避免他人利益受损失而进行管理的行为。符合助人为乐、危难相助的道德准则的行为，应该得到鼓励和受到保护。

3. 没有法定的或者约定的义务。无因，指没有法定的或者约定的义务。没有法定的或者约定的义务是无因管理成立的重要条件。如果行为人负有法定的或者约定的义务进行管理，则不能构成无因管理。

根据本条规定，符合以上三个要件，构成无因管理。无因管理发生后，管理人享有请求受益人偿还因管理行为支出的必要费用，受益人有偿还该项费用的义务。

第一百二十二条　【不当得利之债】因他人没有法律根据，取得不当利益，受损失的人有权请求其返还不当利益。

注释 构成不当得利，有以下几个要件：

1. 民事主体一方取得利益。取得利益，是指财产利益的增加。既包括积极的增加，即财产总额的增加，也包括消极的增加，即财产总额应减少而未减少，如本应支付的费用没有支付等。

2. 民事主体他方受到损失。受到损失，是指财产利益的减少。既包括积极损失,即财产总额的减少,也包括消极损失,即应当增加的利益没有增加。

3. 一方取得利益与他方受到损失之间有因果关系。一方取得利益与他方受到损失之间有因果关系是指他方的损失是因一方获得利益造成的。

4. 没有法律根据。没有法律根据是构成不当得利的重要要件。如果一方取得利益和他方受到损失之间有法律根据,民事主体之间的关系就受到法律的认可和保护,不构成不当得利。

……

第六章 民事法律行为

第一节 一般规定

第一百三十三条 【民事法律行为的概念】民事法律行为是民事主体通过意思表示设立、变更、终止民事法律关系的行为。

注释 民事法律行为是对合同行为、婚姻行为、遗嘱行为等一系列能够产生具体权利义务关系的行为的抽象和概括,是民事主体在民事活动中实现自己意图的一项重要民事制度。

相较于原《民法通则》,《民法典》对"民事法律行为"的内涵作了调整,使其既包括合法的法律行为,也包括无效、可撤销和效力待定的法律行为,同时强调了民事法律行为是民事主体通过意思表示设立、变更、终止民事法律关系的行为,突出了"意思表示"这一核心要素。

民事法律行为具有以下特征:

1. 民事法律行为是民事主体实施的行为。民事法律行为作为一种法律事实,其必须是由自然人、法人和非法人组织这些民事主体实施的行为,非民事主体实施的行为不是民事法律行为,例如司法机关作出的裁决,行政机关作出的处罚决定等也会产生法律后果,但其不是以民事主体身份作出的行为,因而裁决和处罚决定不属于民事法律行为。但机关在履行公共管理职能过程中可能会进行一些民事活动,例如行政机关购买办公用品、修建办公大楼等,这些行为属于民事法律行为。

2. 民事法律行为应当是以发生一定的法律效果为目的的行为。民事主体在社会生产生活中会从事各种各样的活动,但并非任何行为都是民事法律行为。根据本条的规定,只有以设立、变更、终止民事法律关系为目的的行为才是民事法律行为,其最终结果是让民事主体具体地享受民事权利、承担民事义务。所谓设立民事法律关系是指民事主体通过民事法律行为形成某种法律关系,例如在合同领域,双方当事人通过要约和承诺形成的买卖关系、租赁关系、委托关系等合同关系。所谓变更民事法律关系是指民事主体在保持原有民事法律关系效力的基础上,通过民事法律行为对其内容作出一些调整。这里需要注意的是,如果民事主体改变了原有民事法律关系的效力,就不属于这里的变更,而是消灭了原有民事法律关系,设立了一个新的民事法律关系。所谓消灭民事法律关系,是指民事主体通过民事法律行为消灭原民事法律关系,终止其效力。这里需要强调的是,民事法律行为虽然是民事主体期望发生一定法律效果而实施的行为,但并非任何民事法律行为都能最终产生民事主体所期望的法律效果。民事主体所从事的民事法律行为既可能是合法的,也可能是非法的,这与原《民法通则》关于民事法律行为的规定有很大的不同。根据本章第三节关于民事法律行为效力的规定,合法有效的民事法律行为能产生民事主体所期望发生的法律效果,但是非法的民事法律行为则不一定能产生民事主体所期望的法律效果,例如无效的民事法律行为就确定地不发生民事主体所期望发生的法律效果;如果当事人提出撤销的申请,可撤销的民事法律行为也不能实现民事主体所期望的法律效果。非法的民事法律行为虽然可能不能实现民事主体意欲实现的法律效果,但是都可能产生一定的法律后果,例如根据本章的规定,欺诈、胁迫等民事法律行为是非法的,可能产生民事法律行为被撤销的法律后果;又如根据本章的规定,恶意串通损害他人合法权益的民事法律行为会产生无效的法律后果。

3. 民事法律行为是以意思表示为核心要素的行为。意思表示是指民事主体意欲发生一定法律效果的内心意思的外在表达,是民事法律行为最为核心的内容。民事法律行为之所以能对民事主体产生法律约束力,就是因为其是民事主体按照自己的意思作出的。这也是民事法律行为与事实行为最根本的区别。

第一百三十四条 【民事法律行为的成立】民事法律行为可以基于双方或者多方的意思表示一致成立,也可以基于单方的意思表示成立。

法人、非法人组织依照法律或者章程规定的议事方式和表决程序作出决议的,该决议行为成立。

注释 本条第1款根据不同的民事法律行为类型对其不同的成立条件和成立时间作了规定:

1. 双方民事法律行为。双方民事法律行为是指双方当事人意思表示一致才能成立的民事法律行为。最为典型的双方民事法律行为是合同。双方民事法律行为与单方民事法律行为的最大区别是行为的成立需要双方的意思表示一致,仅凭一方的意思表示而没有经过对方的认可或者同意不能成立。

2. 多方民事法律行为。多方民事法律行为是指根据两个以上的民事主体的意思表示一致而成立的行为。订立公司章程的行为和签订合伙协议的行为就是较为典型的多方民事法律行为。

3. 单方民事法律行为。单方民事法律行为是指根据一方的意思表示就能成立的行为。与双方民事法律行为不同,单方民事法律行为不存在相对方,其成立不需要其他人的配合或者同意,而是依据行为人自己一方的意志就可以产生自己所期望的法律效果。在现实生活中单方民事法律行为也不少,这些民事法律行为从内容上划分,主要可以分为两类:(1)行使个人权利而实施的单方行为,例如所有权人抛弃所有权的行为等,这些单方民事法律行为仅涉及个人的权利变动,不涉及他人的权利变动;(2)涉及他人权利变动的单方民事法律行为,例如立遗嘱,授予代理权,行使撤销权、解除权、选择权等处分形成权的行为。

第一百三十五条 【民事法律行为的形式】民事法律行为可以采用书面形式、口头形式或者其他形式;法律、行政法规规定或者当事人约定采用特定形式的,应当采用特定形式。

注释 民事法律行为的形式是民事法律行为的核心要素意思表示的外在表现形式。

根据本条的规定,民事法律行为可以采用书面形式、口头形式或者其他形式。书面形式是指以文字等可以以有形形式再现民事法律行为内容的形式。书面形式的种类很多,根据本法第469条的规定,书面形式是合同书、信件、电报、电传、传真等可以有形地表现所载内容的形式。以电子数据交换、电子邮件等方式能够有形地表现所载内容,并可以随时调取查用的数据电文,视为书面形式。随着互联网技术的发展,微信、QQ等已成为人们社会交往的重要载体,也可以成为民事法律行为的载体,有的也属于书面形式的种类。所谓口头形式,是指当事人以面对面的谈话或者以电话交流等方式形成民事法律行为的形式。除了书面形式和口头形式外,本条还规定民事法律行为可以采用其他形式。如实施的行为本身表明已经作出相应意思表示,并符合民事法律行为成立条件的,人民法院可以认定为本条规定的采用其他形式实施的民事法律行为。例如在合同领域,可以根据当事人的行为或者特定情形推定合同的成立,即默示合同。这类合同在现实生活中很多,例如租房合同的期限届满后,出租人未提出让承租人退房,承租人也未表示退房而是继续交房租,出租人接受了租金。根据双方的行为,可以推定租赁合同继续有效。对于民事法律行为是采用书面形式、口头形式还是其他形式,由当事人自主选择,法律原则上不干涉。

链接《总则编解释》第18条

第一百三十六条 【民事法律行为的生效】民事法律行为自成立时生效,但是法律另有规定或者当事人另有约定的除外。

行为人非依法律规定或者未经对方同意,不得擅自变更或者解除民事法律行为。

注释 民事法律行为的生效是指民事法律行为产生法律约束力。

根据本条规定,民事法律行为从成立时具有法律拘束力。也就是说,民事法律行为自成立时生效,但是,民事法律行为成立和生效的时间,既有相一致的情形,也有不一致的情形:1. 民事法律行为的成立和有效处于同一个时间点,依法成立的民事法律行为,具备法律行为生效要件的,即时生效。2. 民事法律行为的成立和生效并非同一个时间,有三种情形:(1)法律规定民事法律行为须批准、登记生效的,成立后须经过批准、登记程序才能发生法律效力。(2)当事人约定民事法律行为生效条件的,约定的生效条件成就的,才能发生法律效力。(3)附生效条件、附生效期限的民事法律行为,其所附条件成就,或者所附期限到来时,该民事法律行为才能生效,其成立和生效也并非同一时间。

第二节 意思表示

第一百三十七条 【有特定相对人的意思表示的生效时间】以对话方式作出的意思表示,相对人知道其内容时生效。

以非对话方式作出的意思表示,到达相对人时生效。以非对话方式作出的采用数据电文形式的意思表示,相对人指定特定系统接收数据电文的,该数据电文进入该特定系统时生效;未指定特定系统的,相对人知道或者应当知道该数据电文进入其系统时生效。当事人对采用数据电文形式的意思表示的生效时间另有约定的,按照其约定。

注释 意思表示是指行为人为了产生一定民法上的效果而将其内心意思通过一定方式表达于外部的行为。意思是指设立、变更、终止民事法律关系的内心意图,表示是指将内心意思以适当方式向适当对象表示出来的行为。意思表示具有如下特征:1. 意思表示的表意人具有使民事法律关系发生变动的意图。通过这种意图,表意人可以依据自己的主观意志发生法律关系,所以从这种角度讲,意思表示是实现意思自治的工具。2. 意思表示是一个将意思由内到外的表示过程。一个人内心可能有很多的主观意思,但是若不通过适当的方式表示出来,让他人知晓,其内心意思就没有任何法律意义。3. 意思表示可以产生一定的法律效果。符合法定生效要件的意思表示可以发生当事人预期的法律效果。意思表示作为民事法律行为中最为核心的要素,对于确定民事法律行为的效力具有重要作用。

本条是对有相对人的意思表示生效时间的规定。对于此类情况,本条根据是否采用对话方式作了不同规定:

1. 以对话方式作出的意思表示。所谓以对话方式作出的意思表示是指采取使相对方可以同步受领的方式进行的意思表示,例如面对面交谈、电话等方式。在以这种方式进行的意思表示中,表意人作出意思表示和相对人受领意思表示是同步进行的,没有时间差,因此,表意人作出意思表示并使相对人知道时即发生效力。基于此,本条第1款规定,以对话方式作出的意思表示,相对人知道其内容时生效。

2. 以非对话方式作出的意思表示。以非对话方式作出的意思表示,是表意人作出意思表示的时间与相对人受领意思表示的时间不同步,二者之间存在时间差。非对话的意思表示在现实生活中存在的形式多样,例如传真、信函等。对于非对话的意思表示的生效时间,我国采用到达主义,规定意思表示到达相对人时生效。需要强调的是,这里"到达"并不意味着相对人必须亲自收到,只要进入相对人通常的地址、住所或者能够控制的地方(如信箱)即可视为到达,意思表示被相对人的代理人收到也可以视为到达。送达相对人时生效还意味着即使在意思表示送达相对人前相对人已经知道该意思表示内容的,该意思表示也不生效。

3. 以非对话方式作出的采用数据电文形式的意思表示。数据电文系指经由电子手段、电磁手段、光学手段或类似手段生成、发送、接收或存储的信息,这些手段包括但不限于电子数据交换、电子邮件、电报、电传或传真。采用数据电文方式作出的意思表示虽然也是以非对话方式进行的,但由于其发出和到达具有自动性、实时性等特点,意思表示发出即到达,其生效时间也与一般的非对话方式作出的意思表示的生效时间有所区别。采用数据电文形式订立合同,收件人指定特定系统接收数据电文的,该数据电文进入该特定系统的时间,视为到达时间;未指定特定系统的,该数据电文进入收件人的任何系统的首次时间,视为到达时间。当事人对采用数据电文形式的意思表示的生效时间另有约定的,按照其约定。这主要是为了尊重当事人对意思表示生效时间的约定,体现意思自治。在现实生活中,当事人可以约定数据电文形式意思表示的生效时间不是该意思表示进入特定系统的时间。有这种约定的,从其约定。

链接《电子签名法》第11条

第一百三十八条 【无相对人的意思表示的生效时间】无相对人的意思表示,表示完成时生效。法律另有规定的,依照其规定。

注释 本条对无相对人的意思表示的生效时间作了规定。无相对人的意思表示在完成时生效,这是无相对人意思表示生效的一般性规则。但有时法律对无相对人的意思表示的生效时间会作出特别规定,例如,《民法典》继承编部分就明确规定,遗嘱这种无相对人的意思表示自遗嘱人死亡时发生效力。所以,本条还规定,法律对无相对人意思表示的生效时间另有规定的,依照其规定。

第一百三十九条 【公告的意思表示的生效时间】以公告方式作出的意思表示，公告发布时生效。

第一百四十条 【意思表示的形式】行为人可以明示或者默示作出意思表示。

沉默只有在有法律规定、当事人约定或者符合当事人之间的交易习惯时，才可以视为意思表示。

注释 意思表示可以明示的方式或默示的方式作出。所谓明示的意思表示就是行为人以作为的方式，使得相对人能够直接了解到意思表示的内容。比较典型的是表意人采用口头、书面方式直接向相对人进行的意思表示。以默示方式作出的意思表示，又称为行为默示，是指行为人虽没有以语言或文字等明示方式作出意思表示，但以行为的方式作出了意思表示。这种方式虽不如明示方式那么直接表达出了意思表示的内容，但通过其行为可以推定出其作出一定的意思表示。在现实生活中，以默示方式作出的意思表示也比较常见。例如某人向自动售货机投入货币的行为即可推断其作出了购买物品的意思表示。又比如某人乘坐无人售票的公交车时，其投币行为就可以视为其具有缔结运输合同的意思表示。

在现实生活中也会出现一种特殊情形，即行为人以沉默的方式作出意思表示。沉默是一种既无语言表示也无行为表示的纯粹的缄默，是一种完全的不作为。沉默原则上不得作为意思表示的方式。只有在有法律规定、当事人约定或者符合当事人之间的交易习惯时，才可以视为意思表示。例如本法典合同编第638条第1款规定，试用买卖的买受人在试用期内可以购买标的物，也可以拒绝购买。试用期限届满，买受人对是否购买标的物未作表示的，视为购买。在这条规定中，试用期限届满后，买受人对是否购买标的物未作表示就是一种沉默，但这种沉默就可以视为买受人作出了购买的意思表示。

第一百四十一条 【意思表示的撤回】行为人可以撤回意思表示。撤回意思表示的通知应当在意思表示到达相对人前或者与意思表示同时到达相对人。

注释 意思表示的撤回，是指在意思表示作出之后但在发生法律效力之前，意思表示的行为人欲使该意思表示不发生效力而作出的意思表示。意思表示之所以可以撤回，是因为意思表示生效才能发生法律约束力，在其尚未生效之前，不会对意思表示的相对人产生任何影响，也不会对交易秩序产生任何影响。

行为人可以撤回意思表示，但不是在任何情况下都可以，而是有条件的。根据本条的规定，撤回意思表示的通知应当在意思表示到达相对人前或者与意思表示同时到达相对人。如果撤回意思表示的通知在意思表示到达相对人之后到达的，该意思表示已经生效，是否能够使其失效，则取决于相对人是否同意。因此，行为人若要撤回意思表示，必须选择以快于意思表示作出的方式发出撤回的通知，使之能在意思表示到达之前到达相对人。如果意思表示的行为人作出意思表示以后又立即以比作出意思表示更快的方式发出撤回通知，按照通常情况，撤回的通知应当先于或者最迟会与意思表示同时到达相对人，但因为其他原因耽误了，撤回的通知在意思表示到达相对人后才到达相对人，在这种情况下，相对人应当根据诚信原则及时通知意思表示的行为人，告知其撤回的通知已经迟到，意思表示已经生效；如果相对人怠于通知行为人，行为人撤回意思表示的通知视为未迟到，仍发生撤回表示的效力。

理解本条需要注意两点：

1. 意思表示的撤回原则上只有在该意思表示有相对人的情况下才有意义，若是无相对人的意思表示，在表示作出时就发生效力，不可能撤回，只可能撤销。

2. 意思表示的撤回与意思表示的撤销是不同的。根据本条的规定，意思表示的撤回是在意思表示未生效前使其不发生效力，而意思表示的撤销是指在意思表示作出并生效之后，行为人又作出取消其意思表示的表示。由于意思表示在到达后已经生效，相对人已知悉了意思表示的内容，甚至可能已经对该意思表示产生了合理的信赖，因此，行为人能否在意思表示生效后取消其意思表示，需要考虑保障相对人合理信赖的问题。这与意思表示撤回中仅考虑保护意思表示行为人对其意思表示的自由处分权利存在较大区别。考虑到意思表示生效后，已经对行为人产生了法律约束力，能否撤销，要平衡行为人和相对人的利益，不宜泛泛规定行为人可以撤销意思表示，基于此，合同编规定，要约可以撤销，但撤销要约的通知应当在受要约人发出承诺通知之前到达受要约人。同时还规定,有下列情形之一的,要约不得撤销:(1)要约人以确定承诺期限或者其他形式明示要约不可撤销;(2)受要约人有理由认为要约是不可撤销的,并已经为履行合同做了合理准备工作。所以,本条只规定了意思表示的撤回,未规定意思表示的撤销。

第一百四十二条 【意思表示的解释】有相对人的意思表示的解释,应当按照所使用的词句,结合相关条款、行为的性质和目的、习惯以及诚信原则,确定意思表示的含义。

无相对人的意思表示的解释,不能完全拘泥于所使用的词句,而应当结合相关条款、行为的性质和目的、习惯以及诚信原则,确定行为人的真实意思。

注释 所谓意思表示的解释是指因意思表示不清楚或者不明确发生争议时,由人民法院或者仲裁机构对意思表示进行的解释。解释的目的就是明确意思表示的真实含义。意思表示的解释具有以下特征:1. 意思表示解释的对象是当事人已经表示出来的、确定的意思,而非深藏于当事人内心的意思。深藏于当事人内心的意思无法作为认识的对象,是无法解释的。2. 对意思表示进行解释的主体是人民法院或者仲裁机构,并不是任何机构或者个人都可以对意思表示作出有权解释。只有人民法院或者仲裁机构对意思表示作出的解释才是有权解释,才会对当事人产生法律约束力。3. 人民法院或者仲裁机构对意思表示的解释不是任意的主观解释,而是必须遵循一定的规则进行解释,这些规则就是解释意思表示的方法。

本条区分有相对人的意思表示和无相对人的意思表示,分别规定了不同的解释规则,主要基于以下考虑:有相对人的意思表示中,需要有意思表示的受领人,意思表示一旦为相对人所受领,相对人就会对此产生合理信赖。如果出现表意人的内心真实意思和外在表示出来的意思不一致的情况,就需要平衡保护相对人的信赖利益与保护表意人的内心真实意思;同时,在这种情况下还需要考虑相对人对意思表示的理解水平。而在无相对人的意思表示的情况下,因不存在受领人,则不需要考虑受领人的理解水平问题。因此,对无相对人的意思表示的解释就是主要探究表意人的内心真实意思。这里需要强调一点,对无相对人的意思表示的解释,不能完全拘泥于意思表示所使用的词句,但不是完全抛开意思表示所使用的词句,这主要是为了防止在解释这类意思表示时自由裁量权过大,影响当事人的利益。例如在对遗嘱进行解释时,虽说主要是探究遗嘱人作遗嘱的真实意思,但也不能完全不考虑遗嘱本身的词句。

链接《最高人民法院关于适用〈中华人民共和国民法典〉合同编通则若干问题的解释》(以下简称《民法典合同编通则司法解释》)第1条

第三节 民事法律行为的效力

第一百四十三条 【民事法律行为的有效条件】具备下列条件的民事法律行为有效:

(一)行为人具有相应的民事行为能力;

(二)意思表示真实;

(三)不违反法律、行政法规的强制性规定,不违背公序良俗。

注释 根据本条规定,民事法律行为应当具备的有效条件包括:

1. 行为人具有相应的民事行为能力。民事行为能力是行为人通过自己行为参与民事活动,享有权利和承担义务的能力。与作为法律资格的民事权利能力相比,民事行为能力是行为人实施民事法律行为的相应保证。

2. 意思表示真实。意思表示作为民事法律行为的核心要素,其真实性对于保证行为人正确实现行为目的至关重要。应当注意,此处的真实应作扩大解释,实际上还包含了传统民法理论意思表示自由的含义。比如,在因欺诈、胁迫实施民事法律行为的情形,受欺诈人、受胁迫人的意思表示虽然从表面看是真实的,但实际上并非其内心自由意志的体现。在意思表示不真实的情况下,民事法律行为不具有完全的效力。

3. 不违反法律、行政法规的强制性规定,不违背公序良俗。

案例 云南福运物流有限公司与中国人寿财产保险股份公司曲靖中心支公司财产损失保险合同纠纷案(《最高人民法院公报》2016年第7期)

裁判规则:当事人就货物保险损失达成的《赔偿协议书》及《货运险赔偿确认书》是对财产损害赔偿金额的自认,是真实意思表示,是有效的民事法律行为。

链接《消费者权益保护法》第26条

第一百四十四条 【无民事行为能力人实施的民事法律行为】无民事行为能力人实施的民事法律行为无效。

第一百四十五条 【限制民事行为能力人实施的民事法律行为】限制民事行为能力人实施的纯获利益的民事法律行为或者与其年龄、智力、精神健康状况相适应的民事法律行为有效;实施的其他民事法律行为经法定代理人同意或者追认后有效。

相对人可以催告法定代理人自收到通知之日起三十日内予以追认。法定代理人未作表示的,视为拒绝追认。民事法律行为被追认前,善意相对人有撤销的权利。撤销应当以通知的方式作出。

注释 限制民事行为能力人所从事的民事法律行为,须经法定代理人同意或者追认才能有效。如果没有经过同意或者追认,民事法律行为即使成立,也并不实际生效,而处于效力待定状态。这里对法定代理人补正限制民事行为能力人的行为能力规定了两种方式:一种是同意,指的是法定代理人事先对限制民事行为能力人实施某种民事法律行为予以明确认可;另一种是追认,指的是法定代理人事后明确无误地对限制民事行为能力人实施某种民事法律行为表示同意。无论是事先的同意还是事后的追认,都是法定代理人的单方意思表示,无须行为相对人的同意即可发生效力。需要说明的是,法定代理人对限制民事行为能力人行为的同意或者追认应当采用明示的方式作出,同时应当为行为相对人所知晓才能发生效力。

限制民事行为能力人实施民事法律行为后,与其从事民事法律行为的相对人可以催告限制民事行为能力人的法定代理人在30日内予以追认。法定代理人未作表示的,视为拒绝追认。

本条第2款除规定相对人的催告权外,还规定了善意相对人的撤销权,即民事法律行为被追认前,善意相对人有撤销的权利。此处的撤销权在性质上属于形成权,即相对人可以直接通过自己的行为而无须借助他人即可行使的权利。本条撤销权的行使应注意以下几点:1. 相对人撤销权的行使须在法定代理人追认之前,法定代理人一经追认,相对人不得再行使这一权利。2. 仅善意相对人可行使撤销权。所谓善意,是指相对人实施民事法律行为时并不知晓对方为限制民事行为能力人,且此种不知晓不构成重大过失。3. 相对人行使撤销权时,应当通过通知的方式作出,这种通知必须是明示的、明确的,不得通过默示的方式。

链接《票据法》第6条

第一百四十六条 【虚假表示与隐藏行为效力】行为人与相对人以虚假的意思表示实施的民事法律行为无效。

以虚假的意思表示隐藏的民事法律行为的效力,依照有关法律规定处理。

注释 虚假意思表示又称虚伪表示,是指行为人与相对人都知道自己所表示的意思并非真意,通谋作出与真意不一致的意思表示。虚假表示的特征在于,双方当事人都知道自己所表示出的意思不是真实意思,民事法律行为本身欠缺效果意思,双方均不希望此行为能够真正发生法律上的效力。一般而言,虚假表示在结构上包括内外两层行为:外部的表面行为是双方当事人共同作出与真实意思不一致的行为,也可称作伪装行为;内部的隐藏行为则是被隐藏于表面行为之下,体现双方真实意思的行为,也可称作非伪装行为。比如,双方名为买卖实为赠与,买卖并非双方的真实意思表示,属于表面行为或伪装行为;赠与是双方的真实意思表示,属于隐藏行为或者非伪装行为。尽管隐藏行为的存在与虚假表示联系在一起,但虚假表示与隐藏行为并不总是一一对应。具体而言,无虚假表示就无所谓隐藏行为,有隐藏行为也就存在虚假表示,但存在虚假表示,并不一定有隐藏行为。比如,以逃避债务为目的假装财产赠与,赠与行为是虚假表示,但并不存在隐藏行为。

本条第1款是对双方以虚假意思表示作出的民事法律行为效力的规定,即行为人与相对人以虚假的意思表示实施的民事法律行为无效。这一规定的含义是:双方通过虚假的意思表示实施的民事法律行为是无效的。之所以对通过虚伪表示实施的民事法律行为的效力予以否定,是因为这一意思表示所指向的法律效果并非双方当事人的内心真意,双方对此相互知晓,如果认定其为有效,有悖于意思自治的原则。本款虽未明确规定行为人与相对人须通谋而为虚假的意思表示,实际上双方对虚假意思表示达成一致的结果反映出二者必须有一个意思联络的过程。这也是虚伪表示区别于真意保留的重要一点,真意保留的相对人并不知晓行为人表示的是虚假意思。

本条第2款是对隐藏行为效力的规定:行为人以虚假的意思表示隐藏的民事法律行为的效力,依照有关法律规定处理。当同时存在虚伪表示与隐藏行为时,虚伪表示无效,隐藏行为并不因此无效,其效力如何,应当依据有关法律规定处理。具体来说,如果这种隐藏行为本身符合该行为的生效要件,那么就可以生效。如在名为赠与实为买卖的行为中,赠与行为属于双方共同以虚假意思表示实施的民事法律行为,无效;而隐藏于赠与形式之下的买卖则是双方共同的真实意思表示,其效力能否成就取决于其是否符合买卖合同有关的法律规定:如果符合买卖合同生效要件的法律规定,则为有效;反之,则无效。

案例 **日照港集团有限公司煤炭运销部与山西焦煤集团国际发展股份有限公司借款合同纠纷案(《最高人民法院公报》2017年第6期)**

裁判规则: 在三方或三方以上的企业间进行的封闭式循环买卖中,一方在同一时期先卖后买同一标的物,低价卖出高价买入,明显违背营利法人的经营目的与商业常理,此种异常的买卖实为企业间以买卖形式掩盖的借贷法律关系。企业间为此而签订的买卖合同,属于当事人共同实施的虚伪意思表示,应认定为无效。

在企业间实际的借贷法律关系中,作为中间方的托盘企业并非出于生产、经营需要而借款,而是为了转贷牟利,故借款合同亦应认定为无效。借款合同无效后,借款人应向贷款人返还借款的本金和利息。因贷款人对合同的无效也存在过错,人民法院可以相应减轻借款人返还的利息金额。

第一百四十七条 【重大误解】基于重大误解实施的民事法律行为,行为人有权请求人民法院或者仲裁机构予以撤销。

注释 本条是关于基于重大误解实施的民事法律行为的效力规定。传统民法理论与重大误解相关的概念是错误。错误是指表意人非故意地使意思与表示不一致。按照意思表示本身的两个阶段,可以划分为意思形成阶段的错误和意思表达阶段的错误。其中,意思表达阶段的错误,是错误制度的主要规范对象,又可细分为表示错误与内容错误。所谓表示错误,是指表意人错误使用表示符号,该表示符号所表达的法律后果并非表意人内心的真实想法,典型的如将合同价款10000元写成1000元、误将A画当作B画取走等。所谓内容错误,不同于表示错误,它是指表意人使用的表示符号并没有错,但对该符号所表示的内容产生理解错误。典型的内容错误又可细分为同一性错误和行为类型错误。同一性错误如甲想和乙订立合同,却误将丙当作乙。行为类型错误如甲想把画卖给乙,对乙说:“我有一幅画,你要不要?”由于没有约定价格,乙理解为赠与而予以接受。此时,买卖合同因未形成合意而不成立,赠与因符合表示主义而成立。甲可以基于行为类型错误而主张撤销赠与合同。意思形成阶段的错误,是指表意人在形成意思表示时所产生的错误,也称为动机错误。原则上,法律行为的效力与动机错误无关。比如,当事人对相对人的履约能力是否符合自己需求产生错误认识,不应作为错误主张撤销。但是,动机错误一律不得作为错误予以撤销的原则也有例外,当有关人或物的性质错误被视为对交易具有重要作用时,这种情形下的动机错误视为内容错误,同样可以适用错误规则。性质错误典型的例子如,甲以为A赛马赢得过竞赛冠军,故以重金买下,但实际上赢得竞赛冠军的是B赛马。此时甲对A赛马是否赢得过竞赛冠军的能力产生错误认识,属于性质错误。

认定重大误解需满足以下几个条件:一是行为人主观上存在错误认识,这种错误可以是关于行为的性质,也可以是关于行为的相对人、交易标的的质量、数量等;二是行为的结果与行为人的意思相悖;三是行为人的错误认识与行为后果之间存在因果关系,即如果没有这种错误认识,将不会产生该行为后果;四是行为人在客观上遭受了较大损失,如果没有损失或者损失较小,也不能构成重大误解。行为人对行为的性质、对方当事人或者标的物的品种、质量、规格、价格、数量等产生错误认识,按照通常理解如果不发生该错误认识行为人就不会作出相应意思表示的,人民法院可以认定为本条规定的重大误解。

行为人能够证明自己实施民事法律行为时存在重大误解,并请求撤销该民事法律行为的,人民法院依法予以支持;但是,根据交易习惯等认定行为人无权请求撤销的除外。

第一百四十八条 【欺诈】一方以欺诈手段,使对方在违背真实意思的情况下实施的民事法律

行为,受欺诈方有权请求人民法院或者仲裁机构予以撤销。

注释 民法中的欺诈,一般是指行为人故意欺骗他人,使对方陷入错误判断,并基于此错误判断作出意思表示的行为。欺诈的构成要件一般包括四项:一是行为人须有欺诈的故意。这种故意既包括使对方陷入错误判断的故意,也包括诱使对方基于此错误判断而作出意思表示的故意。二是行为人须有欺诈的行为。这种行为既可以是故意告知虚假情况,也可以是负有告知义务的人故意隐瞒真实情况。三是受欺诈人因行为人的欺诈行为陷入错误判断,即欺诈行为与错误判断之间存在因果关系。四是受欺诈人基于错误判断作出意思表示。

欺诈的构成并不需要受欺诈人客观上遭受损害后果的事实,只要受欺诈人因欺诈行为作出了实施民事法律行为的意思表示,即可成立欺诈。欺诈的法律后果为可撤销,享有撤销权的是受欺诈人。

关于撤销权的行使。应通过人民法院或者仲裁机构为宜。此处需要注意的是,《民法典》没有延续原《合同法》对欺诈行为可变更的规定,仅规定了可撤销。

案例 1. 刘某前诉安邦财产保险公司保险合同纠纷案(《最高人民法院公报》2013年第8期)

裁判规则:保险事故发生后,保险公司作为专业理赔机构,基于专业经验及对保险合同的理解,其明知或应知保险事故属于赔偿范围,而在无法律和合同依据的情况下,故意隐瞒被保险人可以获得保险赔偿的重要事实,对被保险人进行诱导,在此基础上双方达成销案协议的,应认定被保险人作出了不真实的意思表示,保险公司的行为违背诚信原则构成保险合同欺诈。被保险人请求撤销该销案协议的,人民法院应予支持。

2. 中国农业银行长沙市先锋支行与湖南金帆投资管理有限公司、长沙金霞开发建设有限公司借款担保合同纠纷案(《最高人民法院公报》2009年第1期)

裁判规则:导致合同当事人分别持有的合同文本内容有出入的原因复杂多样,不能据此简单地认定合同某一方当事人存在故意欺诈的情形。合同一方当事人如果据此主张对方当事人恶意欺诈,还应当提供其他证据予以证明。

第一百四十九条 【第三人欺诈】第三人实施欺诈行为,使一方在违背真实意思的情况下实施的民事法律行为,对方知道或者应当知道该欺诈行为的,受欺诈方有权请求人民法院或者仲裁机构予以撤销。

注释 本条中的第三人,一般是指民事法律行为的双方当事人之外、与一方存在某种关系的特定人。当事人之外的第三人对其中一方当事人实施欺诈,有可能是仅仅为了帮助对方当事人达成交易,也有可能是最终为实现自己的目的。

但其根本目的在于使受欺诈人陷入错误认识,作出"若了解真实情况便不会作出的"意思表示。此时,受欺诈人享有对民事法律行为的撤销权,但该撤销权行使须满足一定条件。具体来说,第三人实施欺诈行为,只有在受欺诈人的相对方非属于善意时,受欺诈人才能行使撤销权。相对方的这种非善意表现为,对于第三人的欺诈行为,其知道或者应当知道。撤销权的行使仍须通过人民法院或者仲裁机构行使。

需注意的是,在第三人欺诈而相对人是善意的情况下,受欺诈人尽管不能通过行使撤销权的方式保护其自身权益,但如果其权益因此受损,并不妨碍其向实施欺诈的第三人主张赔偿。

链接《民法典合同编通则司法解释》第5条

第一百五十条 【胁迫】一方或者第三人以胁迫手段,使对方在违背真实意思的情况下实施的民事法律行为,受胁迫方有权请求人民法院或者仲裁机构予以撤销。

注释 所谓胁迫,是指行为人通过威胁、恐吓等不法手段对他人思想上施加强制,由此使他人产生恐惧心理并基于恐惧心理作出意思表示的行为。在民法理论中,胁迫与欺诈一样,都属于意思表示不自由的情形。当事人因受胁迫而作出意思表示,其意思表示并没有产生错误,受胁迫人在作出符合胁迫人要求的意思表示时,清楚地意识到自己意思表示的法律后果,只是这种意思表示的作出并非基于受胁迫人的自由意志。胁迫的构成要件一般应当包括:1. 胁迫人主观上有胁迫的故意,即故意实施胁迫行为使他人陷入恐惧以及基于此恐惧心理作出意思表示。2. 胁迫人客观上实施了胁迫的行为。即以将要实施某种加害行为威胁受胁迫人,以此使受胁迫人产生心理恐惧。这种加害既可以是对自然人及其近亲属等的人身权利、财产权利以及其他合法权益造成损害,也可以是对法人、非法人组织的名誉、荣誉、财产权益等造成损害,客观上使受胁迫人产生了恐惧心理。3. 胁迫须具有不法性,包括手段或者目的的不法性,反之则不成立胁迫。4. 受胁迫人基于胁迫产生的恐惧心理作出意思表示。换言之,意思表示的作出与胁迫存在因果关系。此处因果关系的判断,应以受胁迫人自身而非其他人为标准。

从民法理论上讲,胁迫行为具有不法性,且构成对受胁迫人利益的侵害,应当认定因胁迫实施的民事法律行为无效。但考虑到民事活动的复杂性以及意思自治的民事基本原则,受胁迫人在其权益受损时,有权基于自身的利益衡量对民事法律行为的效力作出选择。因此,本条将因胁迫实施的民事法律行为效力规定为可撤销,同时赋予受胁迫人以撤销权。

需要注意的是,根据本条规定,无论是一方胁迫还是第三人胁迫,受胁迫人均享有对民事法律行为的撤销权。

链接《民法典合同编通则司法解释》第5条

第一百五十一条 【乘人之危导致的显失公平】一方利用对方处于危困状态、缺乏判断能力等情形,致使民事法律行为成立时显失公平的,受损害方有权请求人民法院或者仲裁机构予以撤销。

注释 本条的显失公平将原《民法通则》和《合同法》中的"显失公平"与"乘人之危"合并规定,并赋予了其新的内涵。

本条所规定的显失公平须包括两项要件:1. 主观上,民事法律行为的一方当事人利用了对方处于危困状态、缺乏判断能力等情形。这意味着,一方当事人主观上意识到对方当事人处于不利情境,且有利用这一不利情境之故意。所谓危困状态,一般指因陷入某种暂时性的急迫困境而对于金钱、物的需求极为迫切等。如一方利用对方家有重病患者、为治疗病患出卖房产之机,以远低于市场价格购买该房产。所谓缺乏判断能力,是指缺少基于理性考虑而实施民事法律行为或对民事法律行为的后果予以评估的能力,如金融机构的从业人员向文化水平较低的老年人兜售理财产品,由于缺少判断能力,这些老年人以高昂价格购买了实际收益率较低的理财产品。2. 客观上,民事行为成立时显失公平。此处的显失公平是指双方当事人在民事法律行为中的权利义务明显失衡、显著不相称。至于"失衡"、"不相称"的具体标准,则需要结合民事法律行为的具体情形,如市场风险、交易行情、通常做法等加以判断。同时,需要说明的是,对于显失公平的判断时点,应以民事法律行为成立时为限。由于民事法律行为从成立到实际履行往往有一个过程,这一过程中的许多因素都可能对双方当事人的权利义务产生影响,如果不限定判断的时点,对于显失公平的判定将会缺少客观标准,也无法将原已存在的"权利义务失衡"结果与民事法律行为成立后当事人以外因素对权利义务产生的影响相区分。

案例 1. 黄某华诉刘某明债权人撤销权纠纷案(《最高人民法院公报》2013年第1期)

裁判规则:用人单位与劳动者就工伤事故达成赔偿协议,但约定的赔偿金额明显低于劳动者应当享受的工伤保险待遇的,应当认定为显失公平。劳动者请求撤销该赔偿协议的,人民法院应予支持。

2. 家园公司诉森得瑞公司合同纠纷案(《最高人民法院公报》2007年第2期)

裁判规则:合同的显失公平,是指合同一方当事人利用自身优势,或者利用对方没有经验等情形,在与对方签订合同中设定明显对自己一方有利的条款,致使双方基于合同的权利义务和客观利益严重失衡,明显违反公平原则。双方签订的合同中设定了某些看似对一方明显不利的条款,但设立该条款是双方当事人真实的意思表示,其实质恰恰在于衡平双方的权利义务。在此情形下,合同一方当事人以显失公平为由请求撤销该合同条款的,不应予以支持。

第一百五十二条 【撤销权的消灭】有下列情形之一的,撤销权消灭:

(一)当事人自知道或者应当知道撤销事由之日起一年内、重大误解的当事人自知道或者应当知道撤销事由之日起九十日内没有行使撤销权;

(二)当事人受胁迫,自胁迫行为终止之日起一年内没有行使撤销权;

(三)当事人知道撤销事由后明确表示或者以自己的行为表明放弃撤销权。

当事人自民事法律行为发生之日起五年内没有行使撤销权的,撤销权消灭。

注释 民事法律行为因不同事由被撤销的,其撤销权应当在一定期间内行使。这一点是由撤销权的性质所决定的。在民法理论上,撤销权属于形成权,行为人可以通过自己的行为直接行使权利,实现权利目的。但是,撤销权的行使将使得可撤销的民事法律行为效力终局性地归于无效,这将对相对人的利益产生重大影响,因此,享有撤销权的权利人必须在一定期间内决定是否行使这一权利,从而保护相对人的利益,维护交易安全。这一期间被称为除斥期间,除斥期间经过,撤销权终局性地归于消灭,可撤销的民事法律行为自此成为完全有效的民事法律行为。

由于导致民事法律行为可撤销的事由多样,因此不同情况下除斥期间的起算以及期间的长短也应有所不同。本条在原《民法通则》和《合同法》规定的基础上,对撤销权的除斥期间作了以下规定:1. 撤销权原则上应在权利人知道或者应当知道撤销事由之日起 1 年内行使,但自民事法律行为发生之日起 5 年内没有行使的,撤销权消灭。将期间起算的标准规定为"当事人自知道或者应当知道撤销事由之日",有利于撤销权人的利益保护,防止其因不知撤销事由存在而错失撤销权的行使。同时,辅之以"自民事法律行为发生之日起五年"的客观期间,有助于法律关系的稳定,稳定交易秩序,维护交易安全。2. 对于因重大误解享有撤销权的,权利人应在知道或者应当知道撤销事由之日起 90 日内行使,否则撤销权消灭。同欺诈、胁迫、显失公平等影响意思表示自由的情形相比,重大误解权利人的撤销事由系自己造就,不应赋予其与其他撤销事由同样的除斥期间。3. 对于因胁迫享有撤销权的,应自胁迫行为终止之日起 1 年内行使,否则撤销权消灭。同欺诈、重大误解等其他撤销事由相比,胁迫具有特殊性。受胁迫人在胁迫行为终止前,即使知道胁迫行为的存在,事实上仍然无法行使撤销权。考虑到这一特殊情况,本条将因胁迫享有撤销权的除斥期间起算规定为"自胁迫行为终止之日起",期间仍为 1 年。4. 对于权利人知道撤销事由后明确表示或者以自己的行为表明放弃撤销权的,撤销权消灭,不受 1 年期间的限制。权利人无论是明确表示还是通过行为表示对撤销权的放弃,均属于对自己权利的处分,依据意思自治的原则,法律予以准许。

第一百五十三条 【违反强制性规定;违背公序良俗】违反法律、行政法规的强制性规定的民事法律行为无效。但是,该强制性规定不导致该民事法律行为无效的除外。

违背公序良俗的民事法律行为无效。

注释 民事法律行为虽然是彰显意思自治、保障权利实现的主要制度,但这种自由必须限定在不损害国家利益、社会公共利益的范围之内。民事主体的民事法律行为一旦超越法律和道德所容许的限度,构成对国家利益、社会公共利益的侵害,其效力就必须被否定。而法律、行政法规的强制性规定以及公共秩序和善良习俗,即是对民事主体意思自治施加的限制。

本法第 143 条规定了民事法律行为的有效要件,属于对民事法律行为有效的一般性要求,而本条则属于可以直接判定行为效力的裁判性规范。

本条第 1 款规定,违反法律、行政法规的强制性规定的民事法律行为无效,但是该强制性规定不导致该民事法律行为无效的除外。法律规范分为强制性规范与任意性规范。任意性规范的目的是引导、规范民事主体的行为,并不具备强制性效力,民事法律行为与任意性规范不一致的,并不影响其效力。任意性规范体现的是法律对主体实施民事法律行为的一种指引,当事人可以选择适用,也可以选择不适用。与任意性规范相对的是强制性规范,后者体现的是法律基于对国家利益、社会公共利益等的考量,对私人意思自治领域所施加的一种限制。民事主体在实施民事法律行为时,必须服从这种对行为自由的限制,否则会因对国家利益、社会公共利益等的侵害而被判定无效。但是,民事法律行为违反强制性规定无效有一种例外,即当该强制性规定本身并不导致民事法律行为无效时,民事法律行为并不无效。这里实际上涉及对具体强制性规定的性质判断问题。某些强制性规定尽管要求民事主体不得违反,但其并不导致民事法律行为无效。违反该法律规定的后果应由违法一方承担,没有违法的当事人不应承受一方违法的后果。比如,一家经营水果的商店出售种子,农户购买了该种子,该商店违法经营种子,必须承担相应违法责任,但出于保护农户的目的,不宜认定该买卖行为无效。

本条第 2 款规定,违背公序良俗的民事法律行为无效。公序良俗是公共秩序和善良习俗的简称,属于不确定概念。民法学说一般采取类型化研究的方式,将裁判实务中依据公序良俗裁判的典型案件,区别为若干公序良俗违反的行为类型。

人民法院或者仲裁机构在审理案件时,如果发现待决案件事实与其中某一个类型相符,即可判定行为无效。这些类型包括但不限于:(1)危害国家政治、经济、财政、税收、金融、治安等秩序类型;(2)危害家庭关系行为类型;(3)违反性道德行为类型;(4)违反人权和人格尊重行为类型;(5)限制经济自由行为类型;(6)违反公正竞争行为类型;(7)违反消费者保护行为类型;(8)违反劳动者保护行为类型等。同强制性规定一样,公序良俗也体现了国家对民事领域意思自治的一种限制。因此,对公序良俗的违背也构成民事法律行为无效的理由。

案例 **1. 四川金核矿业有限公司与新疆临钢资源投资股份有限公司特殊区域合作勘查合同纠纷案**(《最高人民法院公报》2017年第4期)

裁判规则:当事人关于在自然保护区、风景名胜区、重点生态功能区、生态环境敏感区和脆弱区等区域内勘查开采矿产资源的合同约定,不得违反法律、行政法规的强制性规定或者损害环境公共利益,否则应依法认定无效。环境资源法律法规中的禁止性规定,即便未明确违反相关规定将导致合同无效,但若认定合同有效并继续履行将损害环境公共利益的,应当认定合同无效。

2. 海南康力元药业有限公司、海南通用康力制药有限公司与海口奇力制药股份有限公司技术转让合同纠纷案(《最高人民法院公报》2013年第2期)

裁判规则:在合同效力的认定中,应该以合同是否违反法律、行政法规的强制性规定为判断标准,而不宜以合同违反行政规章的规定为由认定合同无效。在技术合同纠纷案件中,如果技术合同涉及的生产产品或提供服务依法须经行政部门审批或者许可而未经审批或者许可的,不影响当事人订立的相关技术合同的效力。

链接《民法典合同编通则司法解释》第14、16—18条

第一百五十四条 【恶意串通】行为人与相对人恶意串通,损害他人合法权益的民事法律行为无效。

注释 所谓恶意串通,是指行为人与相对人互相勾结,为牟取私利而实施的损害他人合法权益的民事法律行为。恶意串通的民事法律行为在主观上要求双方有互相串通、为满足私利而损害他人合法权益的目的,客观上表现为实施了一定形式的行为来达到这一目的。

需注意的是,在虚伪表示的民事法律行为中,行为人与相对人所表示出的意思均非真意,而恶意串通的双方当事人所表达的都是内心真意,二者尽管在法律后果上相同,但不可混淆。尽管在某些情况下,双方通谋的虚伪表示也表现为主观上的恶意,且同时损害了他人的合法权益,但二者的侧重点不同,不能相互替代。

案例 **1. 上海欧宝生物科技有限公司诉辽宁特莱维置业发展有限公司企业借贷纠纷案**(最高人民法院指导案例68号)

裁判规则:人民法院审理民事案件中发现存在虚假诉讼可能时,应当依职权调取相关证据,详细询问当事人,全面严格审查诉讼请求与相关证据之间是否存在矛盾,以及当事人诉讼中言行是否违背常理。经综合审查判断,当事人存在虚构事实、恶意串通、规避法律或国家政策以谋取非法利益,进行虚假民事诉讼情形的,应当依法予以制裁。

2. 广东龙正投资发展有限公司与广东景茂拍卖行有限公司委托拍卖执行复议案(最高人民法院指导案例35号)

裁判规则:拍卖行与买受人有关联关系,拍卖行为存在以下情形,损害与标的物相关权利人合法权益的,人民法院可以视为拍卖行与买受人恶意串通,依法裁定该拍卖无效:(1)拍卖过程中没有其他无关联关系的竞买人参与竞买,或者虽有其他竞买人参与竞买,但未进行充分竞价的;(2)拍卖标的物的评估价明显低于实际价格,仍以该评估价成交的。

3. 瑞士嘉吉国际公司诉福建金石制油有限公司等确认合同无效纠纷案(最高人民法院指导案例33号)

裁判规则:债务人将主要财产以明显不合理低价转让给其关联公司,关联公司在明知债务人欠债的情况下,未实际支付对价的,可以认定债务人与其关联公司恶意串通、损害债权人利益,与此相关的财产转让合同应当认定为无效。

《合同法》①第 59 条规定适用于第三人为财产所有权人的情形,在债权人对债务人享有普通债权的情况下,应当根据《合同法》第 58 条的规定,判令因无效合同取得的财产返还给原财产所有人,而不能根据第 59 条规定直接判令债务人的关联公司因“恶意串通,损害第三人利益”的合同而取得的债务人的财产返还给债权人。

链接《民法典合同编通则司法解释》第 23 条

第一百五十五条 【无效或者被撤销民事法律行为自始无效】无效的或者被撤销的民事法律行为自始没有法律约束力。

注释 无效和被撤销的民事法律行为是自始无效的,具有溯及力。即民事法律行为一旦无效或者被撤销后,双方的权利义务状态应当回复到这一行为实施之前的状态,已经履行的,应当恢复原状。

关于本条,还有两点需要进一步说明:1. 无效的民事法律行为除自始无效外,还应当是当然无效、绝对无效。所谓当然无效,是指只要民事法律行为具备无效条件,其便当然产生无效的法律后果,无须经过特定程序的确认才无效。所谓绝对无效,是指这种民事法律行为的无效是绝对而非相对的,对包括当事人在内的其他任何人而言均是无效的。2. 对于诸如劳动关系、合伙关系等特别领域中存在的某些持续性民事法律行为无效以及被撤销的效力问题,可以考虑在具体单行法中作出特别规定。

链接《总则编解释》第 23 条

第一百五十六条 【民事法律行为部分无效】民事法律行为部分无效,不影响其他部分效力的,其他部分仍然有效。

注释 民事法律行为的无效事由既可以导致其全部无效,也可以导致部分无效。在部分无效时,如果不影响其他部分的效力,其他部分仍可有效。这意味着,只有在民事法律行为的内容效力可分且相互不影响的情况下,部分无效才不会导致其他部分同时无效。反之,当部分无效的民事法律行为会影响其他部分效力的,其他部分也应无效。

本条所规定的“民事法律行为部分无效,不影响其他部分效力”的情形,主要包括以下几种:一是民事法律行为的标的数量超过国家法律许可的范围。比如,借贷合同中,双方当事人约定的利息高于国家限定的最高标准,则超过部分无效,不受法律保护,但在国家所限定的最高标准以内的利息仍然有效。又如,遗嘱继承中,被继承人将其全部遗产均遗赠他人,并未给胎儿保留必要的遗产份额,违反了继承法律相关规定。因此,在遗产的应继份范围内的那部分遗赠是无效的,但其他部分的遗赠仍然有效。二是民事法律行为的标的可分,其中一项或数项无效。比如,同一买卖合同的标的物有多个,其中一个或数个标的物因属于国家禁止流通物而无效,其他标的物的买卖仍为有效。三是民事法律行为的非根本性条款因违法或违背公序良俗而无效。比如,雇佣合同中有条款约定“工作期间发生的一切人身伤害,雇主概不负责”。这一条款因违反相关劳动法律以及公序良俗原则而无效,但雇佣合同的其他权利义务条款并不因此无效。

链接《劳动法》第 18 条;《劳动合同法》第 27 条

第一百五十七条 【民事法律行为无效、被撤销、不生效力的法律后果】民事法律行为无效、被撤销或者确定不发生效力后,行为人因该行为取得的财产,应当予以返还;不能返还或者没有必要返还的,应当折价补偿。有过错的一方应当赔偿对方由此所受到的损失;各方都有过错的,应当各自承担相应的责任。法律另有规定的,依照其规定。

链接《民法典合同编通则司法解释》第 14、24 条

第四节 民事法律行为的附条件和附期限

第一百五十八条 【附条件的民事法律行为】民事法律行为可以附条件,但是根据其性质不得附条件的除外。附生效条件的民事法律行为,自条件成就时生效。附解除条件的民事法律行为,自条件成就时失效。

注释 民事法律行为中所附的条件是指,当事人以未来客观上不确定发生的事实,作为民事法律行为效力的附款。所附条件具有以下特点:1. 条件系当事人共同约定,并作为民事法律行为的一部分内容。条件体现的是双方约定一致的意思,这

① 本案例发生于《民法典》公布之前,援引的法条为当时有效的条文,其中的裁判规则与《民法典》的内容并不冲突,仍可作为参考。全书同。——编者注

是与法定条件最大的不同之处,后者是指由法律规定的、不由当事人意思决定并具有普遍约束力的条件。当事人不得以法定条件作为其所附条件。2. 条件是未来可能发生的事实。这意味着,已经过去的、现在的以及将来确定不会发生的事实不能作为民事法律行为的所附条件。如果是将来必然发生的事实,应当作为附期限。应当注意,这种条件事实发生的不确定性应当是客观存在的,如果仅仅是当事人认为事实发生与否不确定,但实际上必然发生或者不发生的,也不能作为所附条件。3. 所附条件是当事人用以限定民事法律行为效力的附属意思表示。应当将所附条件与民事法律行为中的供货条件、付款条件等相互区分,后者是民事法律行为自身内容的一部分而非决定效力的附属意思表示。4. 所附条件中的事实应为合法事实,违法事实不能作为民事法律行为的所附条件。如不能约定以故意伤害他人作为合同生效的条件。

以所附条件决定民事法律行为效力发生或消灭为标准,条件可以分为生效条件和解除条件。所谓生效条件,是指使民事法律行为效力发生或者不发生的条件。生效条件具备之前,民事法律行为虽已成立但未生效,其效力是否发生处于不确定状态。条件具备,民事法律行为生效;条件不具备,民事法律行为就不生效。比如,甲乙签订房屋买卖合同,同意甲将所居住的房产出卖给乙,但条件是甲出国定居,不在国内居住。当条件具备时,此房屋买卖合同才生效。所谓解除条件,又称消灭条件,是指对已经生效的民事法律行为,当条件具备时,该民事法律行为失效;如果该条件确定不具备,则该民事法律行为将继续有效。

在附条件的民事法律行为中,所附条件的出现与否将直接决定民事法律行为的效力状态。附生效条件的民事法律行为,自条件成就时生效。附解除条件的民事法律行为,自条件成就时失效。需要特别指出的是,附条件的民事法律行为虽然在所附条件出现时才生效或失效,但在条件尚未具备时,民事法律行为对于当事人仍然具有法律约束力,当事人不得随意变更或者撤销。因此,可以将附条件的民事法律行为的效力分为条件成就前效力和条件成就后效力。对于附生效条件的民事法律行为来说,条件成就前的效力表现为当事人不得随意变更、撤销民事法律行为以及对于民事法律行为生效的期待权;对于附解除条件的民事法律行为来说,条件成就前的效力表现为条件具备后民事法律行为效力归于消灭的期待权。

链接《总则编解释》第24条

第一百五十九条 【条件成就或不成就的拟制】附条件的民事法律行为,当事人为自己的利益不正当地阻止条件成就的,视为条件已经成就;不正当地促成条件成就的,视为条件不成就。

注释 在附条件的民事法律行为中,条件的成就或不成就直接关系到民事法律行为的效力状况。对附生效条件的民事法律行为来说,条件成就,民事法律行为就开始生效;条件不成就,民事法律行为就确定不发生效力。对附解除条件的民事法律行为来说,条件成就,民事法律行为就失效,反之民事法律行为继续有效。

根据本条规定,当事人为自己的利益不正当地阻止条件成就的,视为条件已经成就;不正当地促成条件成就的,视为条件不成就。对本条的把握应当注意以下几点:第一,当事人主观上有为自己利益人为改变条件状态的故意。换言之,当事人从自己利益角度考虑,主观上具有使条件成就或者不成就的故意。第二,当事人为此实施了人为改变条件成就状态的行为。民事法律行为中所附条件,其成就与否本不确定。当事人为自己利益实施了促成或阻止条件成就的行为。第三,该行为具有不正当性。这主要是指当事人的此种行为违反了诚信原则,不符合事先约定。

第一百六十条 【附期限的民事法律行为】民事法律行为可以附期限,但是根据其性质不得附期限的除外。附生效期限的民事法律行为,自期限届至时生效。附终止期限的民事法律行为,自期限届满时失效。

注释 附期限的民事法律行为的生效或失效本身并不具有或然性,是将来一定能够发生的事实。期限的到来是必然确定的,但到来的具体时日却未必十分确定。生效期限,是指决定民事法律行为效力发生的期限。期限届至,民事法律行为生效;期限届至前,民事法律行为虽已成立但并未生效。终止期限,是指决定民事法律行为效力消灭的期限。期限届至,民事法律行为失效;期限届至前,民事法律行为始终有效。

链接《保险法》第13条

第七章 代 理

第一节 一般规定

第一百六十一条 【代理的适用范围】民事主体可以通过代理人实施民事法律行为。

依照法律规定、当事人约定或者民事法律行为的性质,应当由本人亲自实施的民事法律行为,不得代理。

注释 代理是指代理人代被代理人实施民事法律行为,其法律效果直接归属于被代理人的行为。

代理的适用范围原则上限于民事法律行为。但一般认为,一些与合同密切相关的准民事法律行为、事实行为和程序行为,如要约邀请、要约撤回、订约时样品的交付和受领、办理合同公证等,也允许代理。但不是所有民事法律行为都允许代理。根据本条第 2 款的规定,下列三类民事法律行为不得代理:1. 依照法律规定应当由本人亲自实施的民事法律行为。2. 依照当事人约定应当由本人亲自实施的民事法律行为。当事人双方基于某种原因,约定某一民事法律行为必须由本人亲自实施的,当事人自然应当遵守这一约定,不得通过代理人实施该民事法律行为。3. 依照民事法律行为的性质,应当由本人亲自实施的民事法律行为。这主要是指具有人身性质的身份行为,比如结婚、离婚、收养、遗嘱、遗赠等。

链接《海关法》第 11 条;《保险法》第 117 条;《拍卖法》第 26、34 条;《医师法》第 24 条

第一百六十二条 【代理的效力】代理人在代理权限内,以被代理人名义实施的民事法律行为,对被代理人发生效力。

第一百六十三条 【代理的类型】代理包括委托代理和法定代理。

委托代理人按照被代理人的委托行使代理权。法定代理人依照法律的规定行使代理权。

第一百六十四条 【不当代理的民事责任】代理人不履行或者不完全履行职责,造成被代理人损害的,应当承担民事责任。

代理人和相对人恶意串通,损害被代理人合法权益的,代理人和相对人应当承担连带责任。

第二节 委托代理

第一百六十五条 【委托代理授权的形式要求】委托代理授权采用书面形式的,授权委托书应当载明代理人的姓名或者名称、代理事项、权限和期限,并由被代理人签名或者盖章。

第一百六十六条 【共同代理】数人为同一代理事项的代理人的,应当共同行使代理权,但是当事人另有约定的除外。

注释 共同代理是指数个代理人共同行使一项代理权的代理。共同代理有几个特征:1. 有数个代理人。2. 只有一个代理权。如果数个代理人有数个代理权,属于集合代理,而不是共同代理。比如,被代理人授权甲为其购买一台电视机、乙为其购买一台电冰箱,即为集合代理。被代理人授权甲、乙一起为其购买一台电视机和一台电冰箱,才属于共同代理。3. 共同行使代理权。数人应当共同实施代理行为,享有共同的权利义务。任何一个代理人单独行使代理权,均属于无权代理。如果数个代理人对同一个代理权可以单独行使,也属于单独代理,而不是共同代理。

链接《信托法》第 31 条

第一百六十七条 【违法代理的责任承担】代理人知道或者应当知道代理事项违法仍然实施代理行为,或者被代理人知道或者应当知道代理人的代理行为违法未作反对表示的,被代理人和代理人应当承担连带责任。

注释 被代理人、代理人利用委托代理关系从事的违法行为可分为两类:一是代理事项本身违法,如委托代理人销售假冒伪劣产品;二是代理事项不违法,但代理人实施的代理行为违法,如委托代理人销售合法产品,代理人将该产品贴上假冒商标进行销售。代理违法造成第三人损害的,自应承担民事责任,但由被代理人承担还是代理人承担应当根据不同情形来确定。

第一百六十八条 【禁止自己代理;禁止双方代理】代理人不得以被代理人的名义与自己实施民事法律行为,但是被代理人同意或者追认的除外。

代理人不得以被代理人的名义与自己同时代理的其他人实施民事法律行为,但是被代理的双方同意或者追认的除外。

第一百六十九条 【转委托代理】代理人需要转委托第三人代理的,应当取得被代理人的同意或者追认。

转委托代理经被代理人同意或者追认的,被代理人可以就代理事务直接指示转委托的第三

人,代理人仅就第三人的选任以及对第三人的指示承担责任。

转委托代理未经被代理人同意或者追认的,代理人应当对转委托的第三人的行为承担责任;但是,在紧急情况下代理人为了维护被代理人的利益需要转委托第三人代理的除外。

注释 本条是关于转委托代理的规定。转委托代理,又称再代理、复代理,是指代理人为了实施其代理权限内的行为,而以自己的名义为被代理人选任代理人的代理。

转委托代理具有以下几个特征:1. 以本代理的存在为前提。2. 转委托的第三人是原代理人以自己的名义选任的代理人。此为转委托代理的重要特征。3. 转委托的第三人行使的代理权是原代理人的代理权,但原代理人的代理权并不因此丧失。转委托的第三人是由原代理人以自己名义选任的,其代理权直接来源于原代理人的代理权,而且权限范围不得大于原代理权的权限范围。4. 转委托的第三人是被代理人的代理人,而不是代理人的代理人。转委托的第三人以被代理人的名义实施民事法律行为,其法律效果直接归属于被代理人。如果转委托的第三人以代理人的名义实施民事法律行为,就不是转委托代理,而属于一般代理。

本条继承了原《民法通则》和《合同法》的规定,明确只有在两种情况下才允许转委托代理:1. 被代理人允许。被代理人的允许,包括事先同意和事后追认。2. 出现紧急情况。根据本条第3款的规定,在紧急情况下代理人为了维护被代理人利益的需要,可以转委托第三人代理。

原代理人选任了转委托代理人后,转委托代理人所实施的民事法律行为的效力直接对被代理人发生,如果出现问题造成被代理人损害的,原则上原代理人不再承担任何责任。但根据本条第2款规定,在两种情况下原代理人仍然需要承担责任:1. 原代理人在选任转委托代理人时存在过错,比如明知转委托代理人的品德或者能力难以胜任代理工作仍然选任;2. 转委托代理人的行为是根据原代理人的指示来实施的。

根据本条第3款的规定,在原代理人未经被代理人同意或者追认而选任转委托的第三人时,转委托的第三人实施的代理行为就构成无权代理,除符合本法第172条规定的表见代理外,其行为对被代理人不发生效力,代理人应当对转委托的第三人的行为承担责任。

链接《总则编解释》第26条

第一百七十条 【职务代理】执行法人或者非法人组织工作任务的人员,就其职权范围内的事项,以法人或者非法人组织的名义实施的民事法律行为,对法人或者非法人组织发生效力。

法人或者非法人组织对执行其工作任务的人员职权范围的限制,不得对抗善意相对人。

注释 本条是关于职务代理的规定。职务代理,顾名思义,是指根据代理人所担任的职务而产生的代理,即执行法人或者非法人组织工作任务的人员,就其职权范围内的事项,以法人或者非法人组织的名义实施的民事法律行为,无须法人或者非法人组织的特别授权,对法人或者非法人组织发生效力。

第一百七十一条 【无权代理】行为人没有代理权、超越代理权或者代理权终止后,仍然实施代理行为,未经被代理人追认的,对被代理人不发生效力。

相对人可以催告被代理人自收到通知之日起三十日内予以追认。被代理人未作表示的,视为拒绝追认。行为人实施的行为被追认前,善意相对人有撤销的权利。撤销应当以通知的方式作出。

行为人实施的行为未被追认的,善意相对人有权请求行为人履行债务或者就其受到的损害请求行为人赔偿。但是,赔偿的范围不得超过被代理人追认时相对人所能获得的利益。

相对人知道或者应当知道行为人无权代理的,相对人和行为人按照各自的过错承担责任。

注释 本条将无权代理分为三种类型:1. 没有代理权的无权代理。指行为人根本没有得到被代理人的授权,就以被代理人名义从事的代理。比如,行为人伪造他人的公章、合同书或者授权委托书等,假冒他人的名义实施民事法律行为,就是典型的无权代理。2. 超越代理权的无权代理。指行为人与被代理人之间有代理关系存在,行为人有一定的代理权,但其实施的代理行为超出了代理权的范围的代理。比如,甲委托乙购买300台电视机,但是乙擅自与他人签订了购买500台电视机的合同;或者甲委托乙购买电视机,但是乙购买了电冰箱,这些都是超越代理权的无权代理。3. 代理权终止后的无权代理。指行为人与被代理人之间原本有代理关系，由于法定情形的出现使得代理权终止，但是行为人仍然从事的代理。法定情形主要指本法第173条规定的情形，包括代理期限届满、代理事务完成或者被代理人取消委托等。

行为人没有代理权却以被代理人的名义实施民事法律行为，不合被代理人意愿，法律效果不能直接及于被代理人，本当无效。但是，考虑到行为人实施的民事法律行为并非都是对被代理人不利，有些对被代理人可能是有利的；而且，既然代理行为已经完成，行为人有为被代理人实施民事法律行为的意思表示，相对人有意与被代理人缔约，如果被代理人愿意事后承认，从鼓励交易、维护交易秩序稳定以及更好地保护各方当事人利益的角度出发，也没有必要一概否定其效力。因此，法律规定如果符合法定条件的，允许行为人实施的民事法律行为对被代理人发生效力。

无权代理发生后，根据本条规定，被代理人有追认和拒绝的权利。这里所指的追认，是指被代理人对无权代理行为事后予以承认的一种单方意思表示。被代理人的追认应当以明示的意思表示向相对人作出，如果仅向行为人作出意思表示，也必须使相对人知道后才能产生法律效果。追认必须在相对人催告期限尚未届满前以及善意相对人未行使撤销权前行使。

无权代理经被代理人追认即产生效力，拒绝便不生效力，这是为了更好地保护被代理人的合法权益。但同时为保护相对人的合法权益，法律赋予了相对人催告权和善意相对人撤销权。所谓催告权，是指相对人催促被代理人在一定期限内明确答复是否承认无权代理行为。根据本条第2款的规定，催告权的行使一般具有以下要件：1. 要求被代理人在一定的期限内作出答复，本条第2款规定的期限为30日；2. 催告应当以通知的方式作出；3. 催告的意思必须是向被代理人作出。这里的撤销权，是指相对人在被代理人未追认无权代理行为之前，可撤回其对行为人所作的意思表示。相对人撤销权的行使必须满足以下条件：1. 必须在被代理人作出追认之前作出，如果被代理人已经对无权代理行为作出了追认，该民事法律行为就对被代理人产生了效力，相对人就不能再撤销其意思表示了；2. 相对人在行为人实施民事法律行为时必须是善意的，也就是说，相对人在作出意思表示时，并不知道对方是无权代理的。

链接《总则编解释》第25、27、29条

第一百七十二条　【表见代理】行为人没有代理权、超越代理权或者代理权终止后，仍然实施代理行为，相对人有理由相信行为人有代理权的，代理行为有效。

注释 表见代理是指行为人虽无代理权而实施代理行为，如果相对人有理由相信其有代理权，该代理行为有效。构成表见代理需要满足以下条件：1. 存在代理权的外观；2. 相对人不知道行为人行为时没有代理权，且无过失。所谓无过失，是指相对人的这种不知道不是因为其疏忽大意造成的。

案例 王某刚与王某安、第三人岚县大源采矿厂侵犯出资人权益纠纷案（《最高人民法院公报》2013年第5期）

裁判规则：夫妻一方转让个人独资企业，即使未经另一方同意，相对人有理由相信行为人有代理权的，则构成表见代理，该代理行为有效。个人独资企业的投资人发生变更的，应向工商登记机关申请办理变更登记，但该变更登记不属于转让行为有效的前提条件，未办理变更登记，依照法律规定应当受到相应的行政处罚，但并不影响转让的效力。《个人独资企业法》第15条的规定应视为管理性的强制性规范而非效力性的强制性规范。

链接《总则编解释》第28条；《民法典合同编通则司法解释》第21条

第三节　代理终止

第一百七十三条　【委托代理的终止】有下列情形之一的，委托代理终止：

（一）代理期限届满或者代理事务完成；

（二）被代理人取消委托或者代理人辞去委托；

（三）代理人丧失民事行为能力；

（四）代理人或者被代理人死亡；

（五）作为代理人或者被代理人的法人、非法人组织终止。

第一百七十四条　【委托代理终止的例外】被代理人死亡后，有下列情形之一的，委托代理人实施的代理行为有效：

（一）代理人不知道且不应当知道被代理人死亡；

(二)被代理人的继承人予以承认;

(三)授权中明确代理权在代理事务完成时终止;

(四)被代理人死亡前已经实施,为了被代理人的继承人的利益继续代理。

作为被代理人的法人、非法人组织终止的,参照适用前款规定。

第一百七十五条 【法定代理的终止】有下列情形之一的,法定代理终止:

(一)被代理人取得或者恢复完全民事行为能力;

(二)代理人丧失民事行为能力;

(三)代理人或者被代理人死亡;

(四)法律规定的其他情形。

第八章 民事责任

第一百七十六条 【民事义务的履行和民事责任的承担】民事主体依照法律规定或者按照当事人约定,履行民事义务,承担民事责任。

第一百七十七条 【按份责任】二人以上依法承担按份责任,能够确定责任大小的,各自承担相应的责任;难以确定责任大小的,平均承担责任。

注释 按份责任,是指责任人为多人时,各责任人按照一定的份额向权利人承担民事责任,各责任人之间无连带关系。也就是说,责任人各自承担不同份额的责任,不具有连带性,权利人只能请求属于按份责任人的责任份额。按份责任产生的前提,是二个以上的民事主体不依照法律规定或者当事人约定履行民事义务,产生的民事责任。

适用本条规定应当符合下列构成要件:1. 主体的复数性。不依照法律规定或者当事人约定履行民事义务的主体应当为二个或者二个以上的民事主体,可以是自然人,也可以是法人或者非法人组织。2. 造成同一法律后果。二个或者二个以上的民事主体不依照法律规定或者当事人约定履行民事义务产生的民事责任是同一的,性质是相同的。

第一百七十八条 【连带责任】二人以上依法承担连带责任的,权利人有权请求部分或者全部连带责任人承担责任。

连带责任人的责任份额根据各自责任大小确定;难以确定责任大小的,平均承担责任。实际承担责任超过自己责任份额的连带责任人,有权向其他连带责任人追偿。

连带责任,由法律规定或者当事人约定。

注释 连带责任,是指依照法律规定或者当事人的约定,两个或者两个以上当事人对共同产生的不履行民事义务的民事责任承担全部责任,并因此引起内部债务关系的一种民事责任。连带责任是一项重要的责任承担方式。连带责任可能基于合同产生,也可能基于侵权行为导致。

连带责任对外是一个整体的责任。连带责任中的每个主体都需要对被损害者承担全部责任。被请求承担全部责任的连带责任主体,不得因自己的过错程度而只承担自己的责任。连带责任给了被损害者更多的选择权,被损害者可以请求一个或者数个连带责任人承担全部或者部分的赔偿责任。连带责任是法定责任,连带责任人之间不能约定改变责任的性质,对于内部责任份额的约定对外不发生效力。

在一个或者数个连带责任人清偿了全部责任后,实际承担责任的人有权向其他连带责任人追偿。行使追偿权的前提是连带责任人实际承担了超出自己责任的份额。

链接《民法典》第518—521条;《建筑法》第27、66条;《产品质量法》第57、58条

第一百七十九条 【民事责任的承担方式】承担民事责任的方式主要有:

(一)停止侵害;

(二)排除妨碍;

(三)消除危险;

(四)返还财产;

(五)恢复原状;

(六)修理、重作、更换;

(七)继续履行;

(八)赔偿损失;

(九)支付违约金;

(十)消除影响、恢复名誉;

(十一)赔礼道歉。

法律规定惩罚性赔偿的,依照其规定。

本条规定的承担民事责任的方式,可以单独适用,也可以合并适用。

第一百八十条 【不可抗力】因不可抗力不能履行民事义务的,不承担民事责任。法律另有规定的,依照其规定。

不可抗力是不能预见、不能避免且不能克服的客观情况。

注释 不可抗力是指不能预见、不能避免且不能克服的客观情况。对不能预见的理解，应是根据现有的技术水平，一般对某事件发生没有预知能力。人们对某事件的发生的预知能力取决于当代的科学技术水平。不能避免并不能克服，应是指当事人已经尽到最大努力和采取一切可以采取的措施，仍不能避免某个事件的发生并不能克服事件所造成的后果。其表明某个事件的发生和事件所造成的后果具有必然性。

通常情况下，因不可抗力不能履行民事义务的，不承担民事责任。但法律规定因不可抗力不能履行民事义务，也要承担民事责任的则需要依法承担民事责任。例如《民用航空法》规定，民用航空器造成他人损害的，民用航空器的经营人只有能够证明损害是武装冲突、骚乱造成的，或者是因受害人故意造成的，才能免除其责任。因不可抗力的自然灾害造成的，不能免除民用航空器经营人的责任。举例来说，民用飞机在空中遭雷击坠毁，造成地面人员伤亡。航空公司不能以不可抗力为由，对受害人予以抗辩。

第一百八十一条 【正当防卫】因正当防卫造成损害的，不承担民事责任。

正当防卫超过必要的限度，造成不应有的损害的，正当防卫人应当承担适当的民事责任。

注释 正当防卫，是指为了使国家利益、社会公共利益、本人或者他人的人身权利、财产权利以及其他合法权益免受正在进行的不法侵害，而针对实施侵害行为的人采取的制止不法侵害的行为。正当防卫作为行为人不承担责任和减轻责任的情形，其根据是行为的正当性、合法性，表明行为人主观上没有过错。正当防卫是法律赋予当事人自卫的权利，属于受法律鼓励的行为，目的是保护当事人本人、他人不受侵犯。

正当防卫应当同时具备以下六个要件：1. 必须是为了使国家利益、社会公共利益、本人或者他人的人身权利、财产权利以及其他合法权益免受不法侵害而实施的。《刑法》第20条第1款规定，为了使国家、公共利益、本人或者他人的人身、财产和其他权利免受正在进行的不法侵害，而采取的制止不法侵害的行为，对不法侵害人造成损害的，属于正当防卫，不负刑事责任。2. 必须有不法侵害行为发生。所谓不法侵害行为，是指对某种权利或者利益的侵害为法律所明文禁止，既包括犯罪行为，也包括其他违法的侵害行为。3. 必须是正在进行的不法侵害。正当防卫的目的是制止不法侵害，避免危害结果的发生，因此，不法侵害必须是正在进行的，而不是尚未开始，或者已经实施完毕，或者实施者确已自动停止。否则，就是防卫不适时，应当承担民事责任。4. 必须是国家利益、社会公共利益、本人或者他人的人身权利、财产权利以及其他合法权益遭受不法侵害，在来不及请求有关国家机关救助的情况下实施的防卫行为。5. 必须是针对不法侵害者本人实行。即正当防卫行为不能对没有实施不法侵害行为的第三者(包括不法侵害者的家属)造成损害。6. 不能明显超过必要限度造成损害。正当防卫是有益于社会的合法行为，但应受一定限度的制约，即正当防卫应以足以制止不法侵害为限。只有同时满足以上六个要件，才能构成正当防卫，防卫人才能免予承担民事责任。

对于正当防卫是否超过必要的限度，人民法院应当综合不法侵害的性质、手段、强度、危害程度和防卫的时机、手段、强度、损害后果等因素判断。经审理，正当防卫没有超过必要限度的，人民法院应当认定正当防卫人不承担责任。正当防卫超过必要限度的，人民法院应当认定正当防卫人在造成不应有的损害范围内承担部分责任；实施侵害行为的人请求正当防卫人承担全部责任的，人民法院不予支持。实施侵害行为的人不能证明防卫行为造成不应有的损害，仅以正当防卫人采取的反击方式和强度与不法侵害不相当为由主张防卫过当的，人民法院不予支持。

链接《总则编解释》第30、31条

第一百八十二条 【紧急避险】因紧急避险造成损害的，由引起险情发生的人承担民事责任。

危险由自然原因引起的，紧急避险人不承担民事责任，可以给予适当补偿。

紧急避险采取措施不当或者超过必要的限度，造成不应有的损害的，紧急避险人应当承担适当的民事责任。

注释 紧急避险，是指为了使国家利益、社会公共利益、本人或者他人的人身权利、财产权利以及其他合法权益免受正在发生的急迫危险，不得已而采取的紧急措施。危险有时来自人的行为，有时

来自自然原因。不管危险来源于哪儿,紧急避险人避让风险、排除危险的行为都有其正当性、合法性。

紧急避险的构成要件:1. 必须是为了使国家利益、社会公共利益、本人或者他人的人身权利、财产权利以及其他合法权益免受危险的损害。我国《刑法》第21条规定,为了使国家、公共利益、本人或者他人的人身、财产和其他权利免受正在发生的危险,不得已采取的紧急避险行为,造成损害的,不负刑事责任。2. 必须是针对正在发生的急迫危险。倘若危险已经消除或者尚未发生,或者虽然已经发生但不会对合法权益造成损害,则不得采取紧急避险措施。某人基于对危险状况的误解、臆想而采取紧急避险措施,造成他人利益损害的,应向他人承担民事责任。3. 必须是在不得已情况下采取避险措施。所谓不得已,是指当事人面对突然而遇的危险,不得不采取紧急避险措施,以保全更大的利益,且这个利益是法律所保护的。4. 避险行为不能超过必要的限度。所谓不能超过必要的限度,是指在面临急迫危险时,避险人须采取适当的措施,以尽可能小的损害保全更大的利益,即紧急避险行为所引起的损害应轻于危险所可能带来的损害。对于紧急避险是否采取措施不当或者超过必要的限度,人民法院应当综合危险的性质、急迫程度、避险行为所保护的权益以及造成的损害后果等因素判断。

紧急避险人造成本人或者他人损害的,由引起险情发生的人承担责任。而当危险是由自然原因引起的,则区分两种情况:1. 紧急避险人是为了他人的利益而由受益人给予适当补偿。造成第三人利益损害的,免予对第三人承担责任。例如甲、乙、丙系邻居,丙的房子因雷击失火,甲为了引消防车进入灭火,推倒了乙的院墙,使消防车进入后及时扑灭了丙家的大火。按照紧急避险的抗辩事由,甲对乙不承担责任。2. 紧急避险人是为了本人的利益造成第三人利益损害的,则其不承担责任,但应当对第三人的损害给予补偿。

经审理,紧急避险采取措施并无不当且没有超过必要限度的,人民法院应当认定紧急避险人不承担责任。紧急避险采取措施不当或者超过必要限度的,人民法院应当根据紧急避险人的过错程度、避险措施造成不应有的损害的原因力大小、紧急避险人是否为受益人等因素认定紧急避险人在造成的不应有的损害范围内承担相应的责任。

链接《总则编解释》第32、33条

第一百八十三条 【见义勇为的侵权责任和补偿责任】因保护他人民事权益使自己受到损害的,由侵权人承担民事责任,受益人可以给予适当补偿。没有侵权人、侵权人逃逸或者无力承担民事责任,受害人请求补偿的,受益人应当给予适当补偿。

第一百八十四条 【紧急救助的责任豁免】因自愿实施紧急救助行为造成受助人损害的,救助人不承担民事责任。

第一百八十五条 【英雄烈士人格利益的保护】侵害英雄烈士等的姓名、肖像、名誉、荣誉,损害社会公共利益的,应当承担民事责任。

第一百八十六条 【违约责任与侵权责任的竞合】因当事人一方的违约行为,损害对方人身权益、财产权益的,受损害方有权选择请求其承担违约责任或者侵权责任。

注释 本条是关于违约责任与侵权责任竞合的规定。违约责任与侵权责任的竞合,是指义务人的违约行为既符合违约要件,又符合侵权要件,导致违约责任与侵权责任一并产生。从另一方面来说,受损害方既可以就违约责任行使请求权,也可以就侵权责任行使请求权。这就又产生两种请求权竞合的情况。根据公平原则,本条规定,受损害方可以在两种请求权中选择行使一种请求权。这意味着受损害方只能行使一种请求权,如果受损害方选择行使一种请求权并得到实现,那么另一种请求权即告消灭。但是,如果受损害方行使一种请求权未果,而另一种请求权并未因时效而消灭,则受损害方仍可行使另一种请求权。由于合同纠纷与侵权纠纷在管辖法院和适用法律方面存在区别,允许受损害方选择有利于自己的一种诉由提起诉讼,对受损害方比较方便,也有利于对受损害方的保护。对违约方来说,这两种责任无论对方要求其承担哪一种,都是合理的。

案例 东京海上日动火灾保险(中国)有限公司上海分公司与新杰物流集团股份有限公司保险人代位求偿权纠纷案(《最高人民法院公报》2019年第12期)

裁判规则:货物运输合同履行过程中托运人财产遭受损失,在承运人存在侵权与合同责任竞

合的情形下，允许托运人或其保险人依据《合同法》第122条选择侵权诉讼或合同诉讼。但是，托运人要求承运人承担侵权责任的，承运人仍然可以依据货物运输合同的有关约定进行抗辩。法院应依据诚实信用原则，综合考虑合同条款效力、合同目的等因素确定赔偿范围。

第一百八十七条 【民事责任优先】民事主体因同一行为应当承担民事责任、行政责任和刑事责任的，承担行政责任或者刑事责任不影响承担民事责任；民事主体的财产不足以支付的，优先用于承担民事责任。

第九章 诉讼时效

第一百八十八条 【普通诉讼时效】向人民法院请求保护民事权利的诉讼时效期间为三年。法律另有规定的，依照其规定。

诉讼时效期间自权利人知道或者应当知道权利受到损害以及义务人之日起计算。法律另有规定的，依照其规定。但是，自权利受到损害之日起超过二十年的，人民法院不予保护，有特殊情况的，人民法院可以根据权利人的申请决定延长。

注释 诉讼时效是权利人在法定期间内不行使权利，该期间届满后，发生义务人可以拒绝履行其给付义务效果的法律制度。该制度有利于促使权利人及时行使权利，维护交易秩序和安全。

本法将原《民法通则》规定的普通诉讼时效期间从2年延长为3年，自权利人知道或者应当知道权利受到损害以及义务人之日起计算。法律另有规定时，根据特别规定优于一般规定的原则，优先适用特别规定。

考虑到如果权利人知悉权利受到损害较晚，以致诉讼时效过分迟延地不能完成，会影响到制度的稳定性和宗旨。极端情况下，可能发生从权利被侵害的事实出现到权利人知道这一事实，超过普通诉讼时效期间的情况。因此，有必要配套规定客观主义起算点的最长权利保护期间加以限制。应当指出，这种最长权利保护期间并非一种独立的期间类型，是制度设计上的一种补足，在性质上是不变期间，本条将最长权利保护期规定为20年。如20年期间仍不够用的，人民法院可以根据权利人的申请决定延长。

链接《民事诉讼法》第57条；《保险法》第26条；《拍卖法》第61条；《环境保护法》第66条

第一百八十九条 【分期履行债务诉讼时效的起算】当事人约定同一债务分期履行的，诉讼时效期间自最后一期履行期限届满之日起计算。

注释 分期履行债务是按照当事人事先约定，分批分次完成一个债务履行的情况。分期付款买卖合同是最典型的分期履行债务。分期履行债务具有整体性和唯一性，系本条规定的同一债务，诉讼时效期间自该一个债务履行期限届满之日起计算。

第一百九十条 【对法定代理人请求权诉讼时效的起算】无民事行为能力人或者限制民事行为能力人对其法定代理人的请求权的诉讼时效期间，自该法定代理终止之日起计算。

注释 本条规定实质上旨在保障无民事行为能力人或者限制民事行为能力人对其法定代理人行使请求权。本法第175条规定了法定代理关系终止的主要情形，认定本条规定的法定代理终止应当依照该条的规定。

第一百九十一条 【未成年人遭受性侵害的损害赔偿诉讼时效的起算】未成年人遭受性侵害的损害赔偿请求权的诉讼时效期间，自受害人年满十八周岁之日起计算。

注释 需注意的是，如果年满18周岁之前，其法定代理人选择与侵害人私了的方式解决纠纷，受害人在年满18周岁之后，可以依据本条的规定请求损害赔偿。未成年人遭受性侵害的损害赔偿请求权的诉讼时效期间，自受害人年满18周岁之日起计算。其具体的诉讼时效期间，适用本法第188条3年的普通诉讼时效期间的规定，即从年满18周岁之日起计算3年；符合本法第194条、第195条诉讼时效中止、中断情形的，可以相应中止、中断。

第一百九十二条 【诉讼时效届满的法律后果】诉讼时效期间届满的，义务人可以提出不履行义务的抗辩。

诉讼时效期间届满后，义务人同意履行的，不得以诉讼时效期间届满为由抗辩；义务人已经自愿履行的，不得请求返还。

注释 根据本条规定，诉讼时效期间届满的，义务人可以提出不履行义务的抗辩。这就意味着，权利人享有起诉权，可以向法院主张其已过诉讼时效之权利，法院应当受理。如果义务人不提出时效完成的抗辩，法院将以公权力维护权利人的利益；如果义务人行使抗辩权，法院审查后会依法保护义务人的抗辩权，不得强制义务人履行义务。

但是,义务人行使时效抗辩权不得违反诚实信用原则,否则即使诉讼时效完成,义务人也不能取得时效抗辩权。例如在诉讼时效期间届满前,义务人通过与权利人协商,营造其将履行义务的假象,及至时效完成后,立即援引时效抗辩拒绝履行义务。该种行为违反诚实信用原则,构成时效抗辩权的滥用,不受保护。

诉讼时效期间届满后,权利人虽不能请求法律的强制性保护,但法律并不否定其权利的存在。若义务人放弃时效利益自愿履行的,权利人可以受领并保持,受领不属于不当得利,义务人不得请求返还。诉讼时效期间届满后,义务人同意履行的,不得以诉讼时效期间届满为由抗辩。这是因为诉讼时效届满后,义务人可以处分自己的时效利益。此时义务人同意履行义务,属于对时效利益的放弃。义务人放弃时效利益的行为属于单方法律行为,并且是处分行为,自义务人放弃时效利益的意思表示到达权利人时即发生时效利益放弃的法律效果,不以权利人同意为条件。

第一百九十三条 【诉讼时效援引的当事人主义】人民法院不得主动适用诉讼时效的规定。

注释 本条将诉讼时效的客体明确为抗辩权,诉讼时效期间届满的直接效果是义务人取得抗辩权。抗辩权属于私权的一种,可以选择行使,也可以选择不行使。义务人对时效利益的处分不违反法律的规定,也没有侵犯国家、集体及他人的合法权益,人民法院不应当主动干预。

需要注意的是,关于诉讼时效的释明。根据《最高人民法院关于审理民事案件适用诉讼时效制度若干问题的规定》第3条规定,当事人未提出诉讼时效抗辩,人民法院不应对诉讼时效问题进行释明。

第一百九十四条 【诉讼时效的中止】在诉讼时效期间的最后六个月内,因下列障碍,不能行使请求权的,诉讼时效中止:

(一)不可抗力;

(二)无民事行为能力人或者限制民事行为能力人没有法定代理人,或者法定代理人死亡、丧失民事行为能力、丧失代理权;

(三)继承开始后未确定继承人或者遗产管理人;

(四)权利人被义务人或者其他人控制;

(五)其他导致权利人不能行使请求权的障碍。

自中止时效的原因消除之日起满六个月,诉讼时效期间届满。

注释 诉讼时效中止,是因法定事由的存在使诉讼时效停止进行,待法定事由消除后继续进行的制度。在诉讼时效进行中的某一时间内,出现了权利人主张权利的客观障碍,导致权利人无法在诉讼时效期间内行使权利,可能产生不公平的结果,因此法律规定了诉讼时效中止制度。

链接《国防动员法》第67条;《海商法》第266条

第一百九十五条 【诉讼时效的中断】有下列情形之一的,诉讼时效中断,从中断、有关程序终结时起,诉讼时效期间重新计算:

(一)权利人向义务人提出履行请求;

(二)义务人同意履行义务;

(三)权利人提起诉讼或者申请仲裁;

(四)与提起诉讼或者申请仲裁具有同等效力的其他情形。

注释 诉讼时效期间中断,指诉讼时效期间进行过程中,出现了权利人积极行使权利的法定事由,从而使已经经过的诉讼时效期间归于消灭,重新计算期间的制度。

诉讼时效中断的特征表现为,一是发生于诉讼时效的进行中,诉讼时效尚未开始计算或者已经届满的情况下排除其适用。二是发生了一定的法定事由导致诉讼时效存在的基础被推翻。三是它使已经进行的诉讼时效重新起算,以前经过的期间归于消灭。

链接《最高人民法院关于审理民事案件适用诉讼时效制度若干问题的规定》第10、13—16条

第一百九十六条 【不适用诉讼时效的请求权】下列请求权不适用诉讼时效的规定:

(一)请求停止侵害、排除妨碍、消除危险;

(二)不动产物权和登记的动产物权的权利人请求返还财产;

(三)请求支付抚养费、赡养费或者扶养费;

(四)依法不适用诉讼时效的其他请求权。

案例 上海市虹口区久乐大厦小区业主大会诉上海环亚实业总公司业主共有权纠纷案(最高人民法院指导案例65号)

裁判规则:专项维修资金是专门用于物业共用部位、共用设施设备保修期满后的维修和更新、改造的资金,属于全体业主共有。缴纳专项维修资金是业主为维护建筑物的长期安全使用而应承担的一项法定义务。业主拒绝缴纳专项维修资金,并以诉讼时效提出抗辩的,人民法院不予支持。

第一百九十七条 【诉讼时效法定】诉讼时效的期间、计算方法以及中止、中断的事由由法律规定,当事人约定无效。

当事人对诉讼时效利益的预先放弃无效。

第一百九十八条 【仲裁时效的准用】法律对仲裁时效有规定的,依照其规定;没有规定的,适用诉讼时效的规定。

第一百九十九条 【除斥期间】法律规定或者当事人约定的撤销权、解除权等权利的存续期间,除法律另有规定外,自权利人知道或者应当知道权利产生之日起计算,不适用有关诉讼时效中止、中断和延长的规定。存续期间届满,撤销权、解除权等权利消灭。

案例 绵阳市红日实业有限公司、蒋某诉绵阳高新区科创实业有限公司股东会决议效力及公司增资纠纷案(《最高人民法院公报》2011年第3期)

裁判规则:在民商事法律关系中,公司作为行为主体实施法律行为的过程可以划分为两个层次:一是公司内部的意思形成阶段,通常表现为股东会或董事会决议;二是公司对外作出意思表示的阶段,通常表现为公司对外签订的合同。出于保护善意第三人和维护交易安全的考虑,在公司内部意思形成过程存在瑕疵的情况下,只要对外的表示行为不存在无效的情形,公司就应受其表示行为的制约。

根据《公司法》的规定,公司新增资本时,股东有权优先按照实缴的出资比例认缴出资。从权利性质上来看,股东对于新增资本的优先认缴权应属形成权。现行法律并未明确规定该项权利的行使期限,但从维护交易安全和稳定经济秩序的角度出发,结合商事行为的规则和特点,人民法院在处理相关案件时应限定该项权利行使的合理期间,对于超出合理期间行使优先认缴权的主张不予支持。

第十章 期间计算

第二百条 【期间的计算单位】民法所称的期间按照公历年、月、日、小时计算。

第二百零一条 【期间的起算】按照年、月、日计算期间的,开始的当日不计入,自下一日开始计算。

按照小时计算期间的,自法律规定或者当事人约定的时间开始计算。

链接《民事诉讼法》第85条

第二百零二条 【期间到期日的确定】按照年、月计算期间的,到期月的对应日为期间的最后一日;没有对应日的,月末日为期间的最后一日。

第二百零三条 【期间计算的特殊规定】期间的最后一日是法定休假日的,以法定休假日结束的次日为期间的最后一日。

期间的最后一日的截止时间为二十四时;有业务时间的,停止业务活动的时间为截止时间。

链接《劳动法》第44、45条;《民事诉讼法》第85条;《全国年节及纪念日放假办法》;《国务院关于职工工作时间的规定》第7条

第二百零四条 【期间计算方法的例外】期间的计算方法依照本法的规定,但是法律另有规定或者当事人另有约定的除外。

第二编 物 权

……

第四分编 担保物权

第十六章 一般规定

第三百八十六条 【担保财产优先受偿】担保物权人在债务人不履行到期债务或者发生当事人约定的实现担保物权的情形,依法享有就担保财产优先受偿的权利,但是法律另有规定的除外。

注释 担保物权以确保债权人的债权得到完全清偿为目的。这是担保物权与其他物权的最大区别。

担保物权是在债务人或者第三人的财产上成立的权利。债务人既可以以自己的财产,也可以第三人的财产为债权设立担保物权。

担保物权具有物上代位性。债权人设立担保物权并不以使用担保财产为目的,而是以取得该财产的交换价值为目的,因此,担保财产灭失、毁损,但代替该财产的交换价值还存在的,担保物权的效力仍存在,但此时担保物权的效力转移到了该代替物上。

案例 深圳市奕之帆贸易有限公司、侯某宾与深圳兆邦基集团有限公司、深圳市康诺富信息咨询有限公司、深圳市鲤鱼门投资发展有限公司、第三人广东立兆电子科技有限公司合同纠纷案(《最高人民法院公报》2020年第2期)

裁判规则:让与担保的设立应在债务履行期

届满之前,但就让与担保的实现问题,参照《物权法》第170条的规定则需要满足债务人不履行到期债务或者发生当事人约定的实现权利的情形等条件。双方当事人在设立让与担保的合同中约定,如担保物的价值不足以覆盖相关债务,即使债务履行期尚未届满,债权人亦有权主张行使让与担保权利。该约定不违反法律行政法规的强制性规定,应当认定合法有效。

为防止出现债权人取得标的物价值与债权额之间差额等类似于流质、流押之情形,让与担保权利的实现应对当事人课以清算义务。双方当事人就让与担保标的物价值达成的合意,可认定为确定标的物价值的有效方式。在让与担保标的物价值已经确定,但双方均预见债权数额有可能发生变化的情况下,当事人仍应在最终据实结算的债务数额基础上履行相应的清算义务。

第三百八十七条 【担保物权及反担保的设立】债权人在借贷、买卖等民事活动中,为保障实现其债权,需要担保的,可以依照本法和其他法律的规定设立担保物权。

第三人为债务人向债权人提供担保的,可以要求债务人提供反担保。反担保适用本法和其他法律的规定。

注释 本条第1款规定了担保的适用范围,即在借贷、买卖等民事活动中发生的债权债务关系。对该适用范围的规定,应当注意以下几点:第一,担保物权适用于民事活动,不适用于国家行政行为(如税款)、司法行为(如扣押产生的费用)等不平等主体之间产生的关系。这是由担保物权本身的性质所决定的,担保物权是平等主体之间为确保债权的实现而设定的。第二,为了引导当事人设定担保物权,本法列举了借贷、买卖两种典型的可以设定担保物权的民事活动,但可以设定担保物权的民事活动很广泛,并不仅限于这两种民事活动。在其他民事活动中,如货物运输、加工承揽等都可以设定担保物权。第三,对因侵权行为已经产生的债权,属于普通债权的范围,可以用设定担保物权的方式确保债权的实现。

本条提到的依照本法和其他法律的规定设立担保物权,担保物权分为三种:(1)物权编规定的抵押权、质权和留置权;(2)《民法典》第642条规定的所有权保留;(3)其他法律规定的优先权等。这些都是担保物权,可以分为典型担保物权,如抵押权、质权、留置权,以及非典型担保物权,如所有权保留、优先权以及法律没有规定的让与担保(《全国法院民商事审判工作会议纪要》第71条规定了让与担保为担保物权)。

反担保的方式,既可以是债务人自己担保,也可以是其他第三人担保。反担保也是担保,其实质内容与担保完全一样,设立程序上也无不同,抵押反担保和质押反担保适用《民法典》物权编的规定,保证反担保适用《民法典》合同编的规定。

第三百八十八条 【担保合同的界定及其与主债权合同的关系】设立担保物权,应当依照本法和其他法律的规定订立担保合同。担保合同包括抵押合同、质押合同和其他具有担保功能的合同。担保合同是主债权债务合同的从合同。主债权债务合同无效的,担保合同无效,但是法律另有规定的除外。

担保合同被确认无效后,债务人、担保人、债权人有过错的,应当根据其过错各自承担相应的民事责任。

注释 对此首先应注意,担保合同随主债权债务合同无效而无效只是一般规则,但并不是绝对的,在法律另有规定的情况下,担保合同可以作为独立合同存在,不受主债权债务合同效力的影响。例如,在本法规定的最高额抵押权中,最高额抵押合同就具有相对的独立性。

本条只规定了主合同无效,导致担保合同无效的情形。需特别强调的是,导致担保合同无效的原因很多,主债权债务合同无效导致担保合同无效只是原因之一。在主债权债务合同有效的情况下,担保合同也有可能无效。例如,担保合同违反社会公共利益或者国家利益无效,担保合同因债权人与债务人的恶意串通而无效等。因为主合同与担保合同都是民事法律行为,因此其适用民事法律行为无效的规则。也就是说,判断担保合同是否有效,不能仅以主债权债务合同是否有效为标准。

第三百八十九条 【担保范围】担保物权的担保范围包括主债权及其利息、违约金、损害赔偿金、保管担保财产和实现担保物权的费用。当事人另有约定的,按照其约定。

注释 担保物权的担保范围包括:

(1)主债权。主债权指债权人与债务人之间因债的法律关系所发生的原本债权,例如金钱债权、交付货物的债权或者提供劳务的债权。主债权不包括利息以及其他因主债权而产生的附随债权。

(2)利息。利息指实现担保物权时主债权所应产生的收益。一般来说,金钱债权都有利息,因此其当然也在担保范围内。利息可以按照法律规定确定,也可以由当事人自己约定,但当事人不能违反法律规定约定过高的利息,否则超过部分的利息无效。

(3)违约金。违约金指按照当事人的约定,一方当事人违约的,应向另一方支付的金钱。

(4)损害赔偿金。损害赔偿金指一方当事人因违反合同或者因其他行为给债权人造成的财产、人身损失而给付的赔偿额。损害赔偿金的范围可以由法律直接规定,或由双方约定,在法律没有特别规定或者当事人另有约定的情况下,应按照完全赔偿原则确定具体赔偿数额。

(5)保管担保财产的费用。保管担保财产的费用指债权人在占有担保财产期间因履行善良保管义务而支付的各种费用。

(6)实现担保物权的费用。实现担保物权的费用指担保物权人在实现担保物权过程中所花费的各种实际费用,如对担保财产的评估费用、拍卖或者变卖担保财产的费用、向人民法院申请强制变卖或者拍卖的费用等。

第三百九十条　【担保物权的物上代位性】担保期间,担保财产毁损、灭失或者被征收等,担保物权人可以就获得的保险金、赔偿金或者补偿金等优先受偿。被担保债权的履行期限未届满的,也可以提存该保险金、赔偿金或者补偿金等。

注释 本条是对担保物权物上代位性的规定。关于代位物的范围应注意:

第一,这里损害赔偿金是担保财产因第三人的侵权行为或者其他原因毁损、灭失时,担保人所获得的赔偿。

第二,担保财产毁损、灭失或者被征收后担保人所得的损害赔偿金、保险金或者补偿金只是代位物的几种形态,但并不仅仅以此为限,如担保财产的残留物也属于代位物的范围。

第三百九十一条　【债务转让对担保物权的效力】第三人提供担保,未经其书面同意,债权人允许债务人转移全部或者部分债务的,担保人不再承担相应的担保责任。

第三百九十二条　【混合担保规则】被担保的债权既有物的担保又有人的担保的,债务人不履行到期债务或者发生当事人约定的实现担保物权的情形,债权人应当按照约定实现债权;没有约定或者约定不明确,债务人自己提供物的担保的,债权人应当先就该物的担保实现债权;第三人提供物的担保的,债权人可以就物的担保实现债权,也可以请求保证人承担保证责任。提供担保的第三人承担担保责任后,有权向债务人追偿。

注释 本条区分三种情况对同一债权上既有物的担保又有人的担保的情况作了规定:

(1)在当事人对物的担保和人的担保的关系有约定的情况下,应当尊重当事人的意思,按约定实现。这充分尊重了当事人的意愿。

(2)在没有约定或者约定不明确,债务人自己提供物的担保的情况下,应当先就该物的担保实现担保权。

(3)在没有约定或者约定不明确,既有第三人提供物的担保,又有人的担保的情况下,应当允许当事人进行选择。

实践中,对同一债权,还可能出现债务人和第三人均提供了物的担保,还有第三人提供人的担保的情形。在这种情况下,无论是从公平的角度,还是从防止日后追索权的烦琐、节约成本的角度,债权人都应当先行使债务人提供的物的担保,再行使第三人提供的人或物的担保,否则保证人可以有抗辩权。

第三百九十三条　【担保物权消灭的情形】有下列情形之一的,担保物权消灭:

(一)主债权消灭;

(二)担保物权实现;

(三)债权人放弃担保物权;

(四)法律规定担保物权消灭的其他情形。

第十七章　抵押权

第一节　一般抵押权

第三百九十四条　【抵押权的界定】为担保债务的履行,债务人或者第三人不转移财产的占有,将该财产抵押给债权人的,债务人不履行到期债务或者发生当事人约定的实现抵押权的情形,债权人有权就该财产优先受偿。

前款规定的债务人或者第三人为抵押人,债权人为抵押权人,提供担保的财产为抵押财产。

案例 中国长城资产管理公司济南办事处与中国重汽集团济南卡车股份有限公司、山东小鸭集团有限责任公司借款抵押合同纠纷案(《最高人民法院公报》2008 年第 3 期)

裁判规则:抵押担保是物的担保。在抵押人不是主债务人的情况下,抵押权人可以请求拍卖、变卖抵押财产优先受偿,但不得请求抵押人直接承担债务人的债务。

第三百九十五条 【可抵押财产的范围】债务人或者第三人有权处分的下列财产可以抵押:

(一)建筑物和其他土地附着物;

(二)建设用地使用权;

(三)海域使用权;

(四)生产设备、原材料、半成品、产品;

(五)正在建造的建筑物、船舶、航空器;

(六)交通运输工具;

(七)法律、行政法规未禁止抵押的其他财产。

抵押人可以将前款所列财产一并抵押。

注释 抵押财产,也称为抵押权标的物或者抵押物,是指被设置了抵押权的不动产、动产或者权利。抵押财产的特点是:(1)抵押财产包括不动产、特定动产和权利。抵押财产主要是不动产,也包括特定的动产,以及建设用地使用权、土地经营权等物权。(2)抵押财产须具有可转让性,抵押权的性质是变价权,供抵押的不动产或者动产如果有妨害其使用的目的,具有不得让与的性质或者即使可以让与但让与会导致其变价受到影响的,都不能设置抵押权。

第三百九十六条 【动产浮动抵押规则】企业、个体工商户、农业生产经营者可以将现有的以及将有的生产设备、原材料、半成品、产品抵押,债务人不履行到期债务或者发生当事人约定的实现抵押权的情形,债权人有权就抵押财产确定时的动产优先受偿。

注释 浮动抵押权,是指企业、个体工商户、农业生产经营者作为抵押人,以其所有的全部或者部分财产包括现有的以及将有的生产设备、原材料、半成品、产品为标的而设立的动产抵押权。债务人不履行到期债务或者发生当事人约定的实现抵押权的情形,债权人有权就抵押财产确定时的动产优先受偿。比如企业以现有的以及未来可能买进的机器设备、库存产成品、生产原材料等动产担保债务的履行。

浮动抵押权设定后,抵押人可以将抵押的原材料投入成品生产,也可以卖出抵押的财产。当发生债务履行期届满未清偿债务、当事人约定的实现抵押权的情形成就时,抵押财产确定,也就是说此时企业有什么财产,这些财产就是抵押财产。抵押财产确定前企业卖出的财产不追回,买进的财产算作抵押财产。

第三百九十七条 【建筑物和相应的建设用地使用权一并抵押规则】以建筑物抵押的,该建筑物占用范围内的建设用地使用权一并抵押。以建设用地使用权抵押的,该土地上的建筑物一并抵押。

抵押人未依据前款规定一并抵押的,未抵押的财产视为一并抵押。

第三百九十八条 【乡镇、村企业的建设用地使用权与房屋一并抵押规则】乡镇、村企业的建设用地使用权不得单独抵押。以乡镇、村企业的厂房等建筑物抵押的,其占用范围内的建设用地使用权一并抵押。

注释 乡镇、村企业不能仅以集体所有的建设用地使用权抵押,但可以将乡镇、村企业的厂房等建筑物抵押,以厂房等建筑物抵押的,其占用范围内的建设用地使用权一并抵押。以乡镇、村企业的厂房等建筑物占用范围内的建设用地使用权抵押的,实现抵押权后,未经法定程序不得改变土地所有权的性质和土地的用途。

第三百九十九条 【禁止抵押的财产范围】下列财产不得抵押:

(一)土地所有权;

(二)宅基地、自留地、自留山等集体所有土地的使用权,但是法律规定可以抵押的除外;

(三)学校、幼儿园、医疗机构等为公益目的成立的非营利法人的教育设施、医疗卫生设施和其他公益设施;

(四)所有权、使用权不明或者有争议的财产;

(五)依法被查封、扣押、监管的财产;

(六)法律、行政法规规定不得抵押的其他财产。

注释 土地所有权包括国有土地所有权,也包括集体土地所有权。

依法被查封、扣押的财产,指被人民法院或者行政机关采取强制措施就地贴上封条或者运到另外的处所,不准任何人占有、使用或者处分的财产。依法被监管的财产,指行政机关依照法律规定监督、管理的财产。比如海关依照有关法律、法规,监管进出境的运输工具、货物、行李物品、邮递物品和其他物品,对违反海关法和其他有关法律法规规定的进出境货物、物品予以扣留。依法被查封、扣押、监管的财产,其合法性处于不确定状态,国家法律不能予以确认和保护。因此禁止以依法被查封、扣押、监管的财产抵押。但已经设定抵押的财产被采取查封、扣押等财产保全或者执行措施的,不影响抵押权的效力。

第四百条 【抵押合同】设立抵押权,当事人应当采用书面形式订立抵押合同。

抵押合同一般包括下列条款:

(一)被担保债权的种类和数额;

(二)债务人履行债务的期限;

(三)抵押财产的名称、数量等情况;

(四)担保的范围。

第四百零一条 【流押条款的优先受偿效力】抵押权人在债务履行期限届满前,与抵押人约定债务人不履行到期债务时抵押财产归债权人所有的,只能依法就抵押财产优先受偿。

注释 本条是对禁止流押的规定。

流押,是指抵押权人与抵押人约定,当债务人届期不履行债务时,抵押权人有权直接取得抵押财产的所有权的协议。抵押权人在债务履行期届满前,不得与抵押人约定在债务人不履行到期债务时,抵押财产归债权人所有。抵押权人和抵押人订立的流押契约、流押的条款一律无效。即使是在抵押权实现时订立的实现抵押权协议,也不得出现流押契约。只有当事人以抵押财产折价方式清偿债务的,才是正常的抵押权实现方法。

订立流押条款的,虽然流押条款无效,但是抵押权仍然成立,因而只能依法就抵押财产优先受偿,使债务得到清偿。

第四百零二条 【不动产抵押的登记生效主义】以本法第三百九十五条第一款第一项至第三项规定的财产或者第五项规定的正在建造的建筑物抵押的,应当办理抵押登记。抵押权自登记时设立。

注释 抵押权是担保物权,设定抵押权除了要订立抵押合同之外,对某些财产设置抵押权还须进行抵押权登记,并且只有经过抵押权登记,才能发生抵押权的效果。本条规定,以下列财产抵押的,应办理抵押登记,抵押权自登记时设立:(1)建筑物和其他土地附着物;(2)建设用地使用权;(3)海域使用权;(4)正在建造的建筑物。

案例 中国光大银行股份有限公司上海青浦支行诉上海东鹤房地产有限公司、陈某绮保证合同纠纷案(《最高人民法院公报》2014年第9期)

裁判规则:开发商为套取银行资金,与自然人串通签订虚假的预售商品房买卖合同,以该自然人的名义与银行签订商品房抵押贷款合同而获得银行贷款,当商品房买卖合同被依法确认无效后,开发商与该自然人应对银行的贷款共同承担连带清偿责任。

预售商品房抵押贷款中,虽然银行与借款人(购房人)对预售商品房做了抵押预告登记,但该预告登记并未使银行获得现实的抵押权,而是待房屋建成交付借款人后银行就该房屋设立抵押权的一种预先的排他性保全。如果房屋建成后的产权未登记至借款人名下,则抵押权设立登记无法完成,银行不能对该预售商品房行使抵押权。

第四百零三条 【动产抵押权设立的登记对抗主义】以动产抵押的,抵押权自抵押合同生效时设立;未经登记,不得对抗善意第三人。

注释 以动产抵押的,例如《民法典》第395条规定的生产设备、原材料、半成品、产品、正在建造的船舶、正在建造的航空器、交通运输工具等,采取登记对抗主义,抵押权自抵押合同生效时设立;未经抵押权登记的,抵押权亦设立,只是不得对抗善意第三人。

第四百零四条 【动产抵押权对抗效力的限制】以动产抵押的,不得对抗正常经营活动中已经支付合理价款并取得抵押财产的买受人。

第四百零五条 【抵押权和租赁关系之间的效力等级】抵押权设立前,抵押财产已经出租并转移占有的,原租赁关系不受该抵押权的影响。

第四百零六条 【抵押期间抵押财产转让应当遵循的规则】抵押期间,抵押人可以转让抵押财产。当事人另有约定的,按照其约定。抵押财产转让的,抵押权不受影响。

抵押人转让抵押财产的,应当及时通知抵押权人。抵押权人能够证明抵押财产转让可能损害抵押权的,可以请求抵押人将转让所得的价款向抵押权人提前清偿债务或者提存。转让的价款超过债权数额的部分归抵押人所有,不足部分由债务人清偿。

注释 在抵押关系存续期间，抵押人转让抵押财产的，原《物权法》第191条采取比较严格的规则，即抵押期间，抵押人经抵押权人同意转让抵押财产的，应当将转让所得的价款向抵押权人提前清偿债务或者提存。转让的价款超过债权数额的部分归抵押人所有，不足部分由债务人清偿。抵押期间，抵押人未经抵押权人同意，不得转让抵押财产，但受让人代为清偿债务消灭抵押权的除外。

事实上，在财产上设置抵押权，只要抵押权跟随抵押财产一并移转，就能够保障抵押权人的权利。故《民法典》在规定抵押期间转让抵押财产的规则时，改变了原《物权法》的规定，采纳了从宽的规则，具体为：(1)抵押期间，抵押人可以转让抵押财产，只是在转让时应当及时通知抵押权人。(2)如果当事人对此另有约定的，按照其约定。(3)抵押期间，抵押人将抵押财产转让的，抵押权不受影响，即抵押财产是设有抵押权负担的财产，进行转让，抵押权随着所有权的转让而转让，取得抵押财产的受让人在取得所有权的同时，也负有抵押人所负担的义务，受到抵押权的约束。(4)抵押权人能够证明抵押财产转让可能损害抵押权的，可以请求抵押人将转让所得的价款向抵押权人提前清偿债务或者提存。转让的价款超过债权数额的部分归抵押人所有，不足部分由债务人清偿。

第四百零七条 【抵押权的从属性】抵押权不得与债权分离而单独转让或者作为其他债权的担保。债权转让的，担保该债权的抵押权一并转让，但是法律另有规定或者当事人另有约定的除外。

第四百零八条 【抵押财产价值减少时抵押权人的补救措施】抵押人的行为足以使抵押财产价值减少的，抵押权人有权请求抵押人停止其行为；抵押财产价值减少的，抵押权人有权请求恢复抵押财产的价值，或者提供与减少的价值相应的担保。抵押人不恢复抵押财产的价值，也不提供担保的，抵押权人有权请求债务人提前清偿债务。

第四百零九条 【抵押权人放弃抵押权或抵押权顺位的法律后果】抵押权人可以放弃抵押权或者抵押权的顺位。抵押权人与抵押人可以协议变更抵押权顺位以及被担保的债权数额等内容。但是，抵押权的变更未经其他抵押权人书面同意的，不得对其他抵押权人产生不利影响。

债务人以自己的财产设定抵押，抵押权人放弃该抵押权、抵押权顺位或者变更抵押权的，其他担保人在抵押权人丧失优先受偿权益的范围内免除担保责任，但是其他担保人承诺仍然提供担保的除外。

注释 抵押权人放弃抵押权，不必经过抵押人的同意。抵押权人放弃抵押权的，抵押权消灭。此时抵押权人变成普通债权人，其债权应当与其他普通债权人按照债权的比例受偿。

抵押权的顺位是抵押权人优先受偿的顺序，作为抵押权人享有的一项利益，抵押权人可以放弃其顺位，即放弃优先受偿的次序利益。抵押权人放弃抵押权顺位的，放弃人处于最后顺位，所有后顺位抵押权人的顺位依次递进。但在放弃人放弃抵押权顺位后新设定的抵押权不受该放弃的影响，其顺位仍应在放弃人的抵押权顺位之后。

抵押权顺位的变更，是指将同一抵押财产上的数个抵押权的清偿顺序互换。抵押权的顺位变更后，各抵押权人只能在其变更后的顺序上行使优先受偿权。抵押权顺位的变更对其他抵押权人产生不利影响时，必须经过他们的书面同意。

第四百一十条 【抵押权实现的方式和程序】债务人不履行到期债务或者发生当事人约定的实现抵押权的情形，抵押权人可以与抵押人协议以抵押财产折价或者以拍卖、变卖该抵押财产所得的价款优先受偿。协议损害其他债权人利益的，其他债权人可以请求人民法院撤销该协议。

抵押权人与抵押人未就抵押权实现方式达成协议的，抵押权人可以请求人民法院拍卖、变卖抵押财产。

抵押财产折价或者变卖的，应当参照市场价格。

第四百一十一条 【动产浮动抵押的抵押财产价值的确定时间】依据本法第三百九十六条规定设定抵押的，抵押财产自下列情形之一发生时确定：

(一)债务履行期限届满，债权未实现；

(二)抵押人被宣告破产或者解散；

(三)当事人约定的实现抵押权的情形；

(四)严重影响债权实现的其他情形。

第四百一十二条 【抵押财产孳息归属】债务人不履行到期债务或者发生当事人约定的实现抵押权的情形，致使抵押财产被人民法院依法扣押的，自扣押之日起，抵押权人有权收取该抵押财产的天然孳息或者法定孳息，但是抵押权人未通知应当清偿法定孳息义务人的除外。

前款规定的孳息应当先充抵收取孳息的费用。

注释 当出现债务人不履行到期债务或者发生当事人约定的实现抵押权情形，致使抵押财产被人民法院依法扣押的，等于抵押权人对抵押财产已经开始主张权利，因而自抵押财产被扣押之日起，抵押权人有权收取该抵押财产的天然孳息或者法定孳息，但是抵押权人未通知应当清偿法定孳息的义务人的除外，故抵押权人自抵押财产被扣押后，如果要收取抵押财产的法定孳息，应当通知清偿法定孳息的义务人。

已经被扣押的孳息，尽管抵押权人可以收取，但是仍然是抵押人的财产，扣押的孳息仍然应当用于清偿抵押权人的债务，实现抵押权人的债权。

第四百一十三条 【抵押财产变现清偿债务】 抵押财产折价或者拍卖、变卖后，其价款超过债权数额的部分归抵押人所有，不足部分由债务人清偿。

第四百一十四条 【同一财产上多个抵押权的效力顺序】 同一财产向两个以上债权人抵押的，拍卖、变卖抵押财产所得的价款依照下列规定清偿：

（一）抵押权已经登记的，按照登记的时间先后确定清偿顺序；

（二）抵押权已经登记的先于未登记的受偿；

（三）抵押权未登记的，按照债权比例清偿。

其他可以登记的担保物权，清偿顺序参照适用前款规定。

注释 同一财产向两个以上的债权人抵押的，拍卖、变卖抵押财产所得价款的清偿顺位有三项标准：(1)抵押权都已经登记的，按照登记的先后顺序清偿。顺序相同的，按照债权比例清偿。抵押登记的日期是在同一天的，则抵押权的顺序相同。(2)抵押权已经登记的，先于未登记的受偿。已经登记的优先清偿，没有登记的，只能在经过登记的抵押权实现后，以剩余的抵押财产受偿。(3)抵押权未登记的，不具有对抗效力，无优先受偿权，仍按照债权比例清偿。

第四百一十五条 【既有抵押权又有质权的财产的清偿顺序】 同一财产既设立抵押权又设立质权的，拍卖、变卖该财产所得的价款按照登记、交付的时间先后确定清偿顺序。

注释 本条是民法典新增的条文，是关于抵押权与质权关系的规定。

我国立法承认动产抵押，因而可能发生抵押财产被质押或质押财产被抵押的情形。同一财产既设立抵押权又设立质权的，本条规定的清偿顺序是：拍卖、变卖该财产所得的价款，按照登记、交付的时间先后确定清偿顺序。这一规则十分简单，即不论是抵押权还是质权，不论是登记成立还是交付成立，只要是权利设立在先，就优先受清偿。

第四百一十六条 【动产抵押担保的优先效力规则】 动产抵押担保的主债权是抵押物的价款，标的物交付后十日内办理抵押登记的，该抵押权人优先于抵押物买受人的其他担保物权人受偿，但是留置权人除外。

第四百一十七条 【以建设用地使用权抵押后新增建筑物不属于抵押财产】 建设用地使用权抵押后，该土地上新增的建筑物不属于抵押财产。该建设用地使用权实现抵押权时，应当将该土地上新增的建筑物与建设用地使用权一并处分。但是，新增建筑物所得的价款，抵押权人无权优先受偿。

第四百一十八条 【以集体土地使用权抵押的实现抵押权后应当遵守的规则】 以集体所有土地的使用权依法抵押的，实现抵押权后，未经法定程序，不得改变土地所有权的性质和土地用途。

第四百一十九条 【抵押权的行使期间】 抵押权人应当在主债权诉讼时效期间行使抵押权；未行使的，人民法院不予保护。

注释 抵押权的受保护期间与其担保的主债权的诉讼时效期间一致。主债权诉讼时效一直没有届满的，抵押权就一直存续而不消灭。主债权适用特殊诉讼时效的，抵押权的行使期间也与之相同。

案例 王某诉李某抵押合同纠纷案（《最高人民法院公报》2017年第7期）

裁判规则： 抵押权人在主债权诉讼时效期间未行使抵押权将导致抵押权消灭，而非胜诉权的丧失。抵押权消灭后，抵押人要求解除抵押权登记的，人民法院应当支持。

第二节 最高额抵押权

第四百二十条 【最高额抵押规则】 为担保债务的履行，债务人或者第三人对一定期间内将要连续发生的债权提供担保财产的，债务人不履行到期债务或者发生当事人约定的实现抵押权的情形，抵押权人有权在最高债权额限度内就该担保财产优先受偿。

最高额抵押权设立前已经存在的债权，经当事人同意，可以转入最高额抵押担保的债权范围。

注释 最高额抵押具有以下特征:

(1)最高额抵押是限额抵押。设定抵押时,抵押人与抵押权人协议约定抵押财产担保的最高债权限额,无论将来实际发生的债权如何增减变动,抵押权人只能在最高债权额范围内对抵押财产享有优先受偿权。实际发生的债权超过最高限额的,以抵押权设定时约定的最高债权额为限优先受偿;不及最高限额的,以实际发生的债权额为限优先受偿。

(2)最高额抵押是为将来发生的债权提供担保。最高额抵押权设定时,不以主债权的存在为前提,是典型的担保将来债权的抵押权。这里的"将来债权",是指设定抵押时尚未发生,在抵押期间将要发生的债权。

(3)最高额抵押所担保的最高债权额是确定的,但实际发生额不确定。设定最高额抵押权时,债权尚未发生,为担保将来债权的履行,抵押人和抵押权人协议确定担保的最高数额,在此额度内对债权担保。

(4)最高额抵押是对一定期间内连续发生的债权作担保。这里讲的一定期间,不仅指债权发生的期间,更是指抵押权担保的期间。连续发生的债权,是指所发生的债权次数不确定,且接连发生。

案例 中国工商银行股份有限公司宣城龙首支行诉宣城柏冠贸易有限公司、江苏凯盛置业有限公司等金融借款合同纠纷案(最高人民法院指导案例95号)

裁判规则:当事人另行达成协议将最高额抵押权设立前已经存在的债权转入该最高额抵押担保的债权范围,只要转入的债权数额仍在该最高额抵押担保的最高债权额限度内,即使未对该最高额抵押权办理变更登记手续,该最高额抵押权的效力仍然及于被转入的债权,但不得对第三人产生不利影响。

第四百二十一条 【最高额抵押权担保的部分债权转让效力】最高额抵押担保的债权确定前,部分债权转让的,最高额抵押权不得转让,但是当事人另有约定的除外。

第四百二十二条 【最高额抵押债权确定前的内容变更】最高额抵押担保的债权确定前,抵押权人与抵押人可以通过协议变更债权确定的期间、债权范围以及最高债权额。但是,变更的内容不得对其他抵押权人产生不利影响。

第四百二十三条 【最高额抵押所担保债权的确定时间】有下列情形之一的,抵押权人的债权确定:

(一)约定的债权确定期间届满;

(二)没有约定债权确定期间或者约定不明确,抵押权人或者抵押人自最高额抵押权设立之日起满二年后请求确定债权;

(三)新的债权不可能发生;

(四)抵押权人知道或者应当知道抵押财产被查封、扣押;

(五)债务人、抵押人被宣告破产或者解散;

(六)法律规定债权确定的其他情形。

第四百二十四条 【最高额抵押的法律适用】最高额抵押权除适用本节规定外,适用本章第一节的有关规定。

第十八章 质 权

第一节 动产质权

第四百二十五条 【动产质权概念】为担保债务的履行,债务人或者第三人将其动产出质给债权人占有的,债务人不履行到期债务或者发生当事人约定的实现质权的情形,债权人有权就该动产优先受偿。

前款规定的债务人或者第三人为出质人,债权人为质权人,交付的动产为质押财产。

第四百二十六条 【禁止出质的动产范围】法律、行政法规禁止转让的动产不得出质。

注释 合法拥有的并且依法可以转让的动产,都可以作为设定质权的标的。但是,法律、行政法规规定禁止流通的动产不得设定质权,例如毒品、管制枪支等。规定禁止转让的动产的依据只能是全国人大及其常委会制定的法律以及国务院制定的行政法规。其他规范性文件,不能作为规定禁止转让动产的依据。

第四百二十七条 【质押合同形式及内容】设立质权,当事人应当采用书面形式订立质押合同。

质押合同一般包括下列条款:

(一)被担保债权的种类和数额;

(二)债务人履行债务的期限;

(三)质押财产的名称、数量等情况;

(四)担保的范围;

(五)质押财产交付的时间、方式。

第四百二十八条 【流质条款的优先受偿效力】质权人在债务履行期限届满前，与出质人约定债务人不履行到期债务时质押财产归债权人所有的，只能依法就质押财产优先受偿。

注释 流质，也称绝押，是指转移质物所有权的预先约定。订立质押合同时，出质人和质权人在合同中不得约定在债务人履行期限届满质权人未受清偿时，将质物所有权转移为债权人所有。当事人在质押合同中约定流质条款的，流质条款无效，但是质押合同还是有效的，因此，只能依法就质押财产优先受偿。

第四百二十九条 【质权的设立】质权自出质人交付质押财产时设立。

注释 出质人与质权人订立动产质押合同，该合同自成立时生效。但是在移转质押财产的占有之前，并不发生担保物权的效力；出质人只有将质押财产通过交付的形式实际移转给质权人占有时，质权才发生效力。根据本条的规定，质押财产是否移转是质权是否生效的判断标准：当事人没有移转质押财产，质权无效。其质押合同是否有效要根据本法合同编的有关规定判断，质权无效并不当然导致合同无效，不应将质权有效与否与质押合同的效力合二为一混同判断。

案例 中国农业发展银行安徽省分行诉张某标、安徽长江融资担保集团有限公司执行异议之诉纠纷案（最高人民法院指导案例54号）

裁判规则：当事人依约为出质的金钱开立保证金专门账户，且质权人取得对该专门账户的占有控制权，符合金钱特定化和移交占有的要求，即使该账户内资金余额发生浮动，也不影响该金钱质权的设立。

第四百三十条 【质权设立期间的孳息收取】质权人有权收取质押财产的孳息，但是合同另有约定的除外。

前款规定的孳息应当先充抵收取孳息的费用。

注释 质权人有权收取质押财产的孳息。孳息不仅包括天然孳息，也包括法定孳息。质权合同另有约定的，按照其约定。不过，质权人收取质物的孳息，并不是取得孳息的所有权，而是取得质物孳息的质权，取得对质物孳息的占有，但质物孳息的所有权仍然归属于出质人。

第四百三十一条 【质权人对质押财产处分的限制及其法律责任】质权人在质权存续期间，未经出质人同意，擅自使用、处分质押财产，造成出质人损害的，应当承担赔偿责任。

第四百三十二条 【质物保管义务】质权人负有妥善保管质押财产的义务；因保管不善致使质押财产毁损、灭失的，应当承担赔偿责任。

质权人的行为可能使质押财产毁损、灭失的，出质人可以请求质权人将质押财产提存，或者请求提前清偿债务并返还质押财产。

第四百三十三条 【质押财产保全】因不可归责于质权人的事由可能使质押财产毁损或者价值明显减少，足以危害质权人权利的，质权人有权请求出质人提供相应的担保；出质人不提供的，质权人可以拍卖、变卖质押财产，并与出质人协议将拍卖、变卖所得的价款提前清偿债务或者提存。

第四百三十四条 【转质】质权人在质权存续期间，未经出质人同意转质，造成质押财产毁损、灭失的，应当承担赔偿责任。

第四百三十五条 【放弃质权】质权人可以放弃质权。债务人以自己的财产出质，质权人放弃该质权的，其他担保人在质权人丧失优先受偿权益的范围内免除担保责任，但是其他担保人承诺仍然提供担保的除外。

注释 质权人放弃质权，是指质权人放弃其因享有质权而优先于普通债权人就质物受清偿的权利的行为。质权人有权处分自己的质权，当质权人以放弃质权的方式处分质权时，应当符合法律的规定。质权人放弃质权应当明示，质权人不行使质权或者怠于行使质权的，不能推定为质权人放弃质权。质权人放弃质权，原因可能是多方面的，是质权人单方的意思表示，无须取得出质人的同意。质权因质权人放弃质权而消灭。

案例 黑龙江北大荒投资担保股份有限公司与黑龙江省建三江农垦七星粮油工贸有限责任公司、黑龙江省建三江农垦宏达粮油工贸有限公司等担保合同纠纷案（《最高人民法院公报》2018年第1期）

裁判规则：同一债权上既有人的担保，又有债务人提供的物的担保，债权人与债务人的共同过错致使本应依法设立的质权未设立，保证人对此并无过错的，债权人应对质权未设立承担不利后果。《物权法》第176条对债务人提供的物保与第三人提供的人保并存时的债权实现顺序有明文规定，保

证人对先以债务人的质物清偿债务存在合理信赖，债权人放弃质权损害了保证人的顺位信赖利益，保证人应依《物权法》第218条的规定在质权人丧失优先受偿权益的范围内免除保证责任。

第四百三十六条　【质物返还与质权实现】债务人履行债务或者出质人提前清偿所担保的债权的，质权人应当返还质押财产。

债务人不履行到期债务或者发生当事人约定的实现质权的情形，质权人可以与出质人协议以质押财产折价，也可以就拍卖、变卖质押财产所得的价款优先受偿。

质押财产折价或者变卖的，应当参照市场价格。

第四百三十七条　【出质人请求质权人及时行使质权】出质人可以请求质权人在债务履行期限届满后及时行使质权；质权人不行使的，出质人可以请求人民法院拍卖、变卖质押财产。

出质人请求质权人及时行使质权，因质权人怠于行使权利造成出质人损害的，由质权人承担赔偿责任。

注释 本法未规定质权时效，但为了避免质权人怠于行使权利，本条赋予了出质人行使质权的请求权及质权人怠于行使质权的责任。适用本条时注意：

(1)出质人的质权行使请求权。出质人在债务履行期届满，不能偿还债务时，有权请求质权人及时行使质权，如果质权人经出质人请求后仍不行使的，出质人可以请求人民法院拍卖、变卖质物，以清偿债务。

(2)质权人怠于行使质权的责任。质物存在随着市场风险变化价值下跌或者意外毁损、灭失的风险。因此，一旦债务履行期届满而债务人未清偿债务的，质权人应当及时行使质权，以免给出质人造成损失，出质人也有权请求质权人行使权利。因质权人怠于行使权利致使质物价格下跌，或者发生其他毁损、灭失等情形使质物无法实现其原有的变价额的，质权人对于出质人的损失要承担赔偿责任。

第四百三十八条　【质押财产变价款归属】质押财产折价或者拍卖、变卖后，其价款超过债权数额的部分归出质人所有，不足部分由债务人清偿。

第四百三十九条　【最高额质权】出质人与质权人可以协议设立最高额质权。

最高额质权除适用本节有关规定外，参照适用本编第十七章第二节的有关规定。

注释 最高额质权，是指对于一定期间内连续发生的不特定的债权预定一个限额，由债务人或者第三人提供质物予以担保而设定的特殊质权。

第二节　权利质权

第四百四十条　【可出质的权利的范围】债务人或者第三人有权处分的下列权利可以出质：

(一)汇票、本票、支票；

(二)债券、存款单；

(三)仓单、提单；

(四)可以转让的基金份额、股权；

(五)可以转让的注册商标专用权、专利权、著作权等知识产权中的财产权；

(六)现有的以及将有的应收账款；

(七)法律、行政法规规定可以出质的其他财产权利。

注释 权利质权，是指以所有权以外的依法可转让的债权或者其他财产权利为标的物而设定的质权。权利质权是以所有权以外的财产权为标的物的质权，能够作为权利质权标的物的权利须符合以下几项条件：(1)仅以财产权利为限；(2)必须是依法可以转让的财产权利；(3)必须是不违背现行法规定及权利质权性质的财产权利。权利质权的设定以登记或者权利凭证的交付作为生效要件。

案例 1. 福建海峡银行股份有限公司福州五一支行诉长乐亚新污水处理有限公司、福州市政工程有限公司金融借款合同纠纷案(最高人民法院指导案例53号)

裁判规则：特许经营权的收益权可以质押，并可作为应收账款进行出质登记。特许经营权的收益权依其性质不宜折价、拍卖或变卖，质权人主张优先受偿权的，人民法院可以判令出质债权的债务人将收益权的应收账款优先支付质权人。

2. 常州新区工行诉康美公司借款合同纠纷案(《最高人民法院公报》2005年第4期)

裁判规则：根据《担保法》第75条第4项规定，以出口退税账户托管的方式贷款，构成出口退税权利质押。贷款人在借款得不到清偿时，有权在借款人的出口退税款中优先受偿。

第四百四十一条　【有价证券出质的形式要件以及质权生效时间】以汇票、本票、支票、债券、存款单、仓单、提单出质的，质权自权利凭证交付质权人时设立；没有权利凭证的，质权自办理出质登记时设立。法律另有规定的,依照其规定。

案例 中国建设银行股份有限公司广州荔湾支行诉广东蓝粤能源发展有限公司等信用证开证纠纷案(最高人民法院指导案例111号)

裁判规则:提单持有人是否因受领提单的交付而取得物权以及取得何种类型的物权,取决于合同的约定。开证行根据其与开证申请人之间的合同约定持有提单时,人民法院应结合信用证交易的特点,对案涉合同进行合理解释,确定开证行持有提单的真实意思表示。

开证行对信用证项下单据中的提单以及提单项下的货物享有质权的,开证行行使提单质权的方式与行使提单项下货物动产质权的方式相同,即对提单项下货物折价、变卖、拍卖后所得价款享有优先受偿权。

第四百四十二条 【提前行使权利质权】汇票、本票、支票、债券、存款单、仓单、提单的兑现日期或者提货日期先于主债权到期的,质权人可以兑现或者提货,并与出质人协议将兑现的价款或者提取的货物提前清偿债务或者提存。

第四百四十三条 【基金份额质权、股权质权】以基金份额、股权出质的,质权自办理出质登记时设立。

基金份额、股权出质后,不得转让,但是出质人与质权人协商同意的除外。出质人转让基金份额、股权所得的价款,应当向质权人提前清偿债务或者提存。

第四百四十四条 【知识产权质权】以注册商标专用权、专利权、著作权等知识产权中的财产权出质的,质权自办理出质登记时设立。

知识产权中的财产权出质后,出质人不得转让或者许可他人使用,但是出质人与质权人协商同意的除外。出质人转让或者许可他人使用出质的知识产权中的财产权所得的价款,应当向质权人提前清偿债务或者提存。

第四百四十五条 【应收账款质权】以应收账款出质的,质权自办理出质登记时设立。

应收账款出质后,不得转让,但是出质人与质权人协商同意的除外。出质人转让应收账款所得的价款,应当向质权人提前清偿债务或者提存。

第四百四十六条 【权利质权的法律适用】权利质权除适用本节规定外,适用本章第一节的有关规定。

第十九章 留置权

第四百四十七条 【留置权规则】债务人不履行到期债务,债权人可以留置已经合法占有的债务人的动产,并有权就该动产优先受偿。

前款规定的债权人为留置权人,占有的动产为留置财产。

注释 留置权,是对于法律规定可以留置的债权,债权人依债权占有属于债务人的动产,在债务人未按照约定的期限履行债务时,债权人有权依法留置该财产,以该财产折价或者以拍卖、变卖的价款优先受偿的法定担保物权。留置权具有以下几项特征:

(1)从属性。留置权依主债权的存在而存在,依主债权的转移而转移,并因主债权的消灭而消灭。

(2)法定性。留置权只能直接依据法律的规定发生,不能由当事人自由设定。只要债务人不履行到期债务,债权人即可以依照法律规定留置已经合法占有的债务人的动产,并在满足法律规定的条件的情况下,折价或者拍卖、变卖留置财产以受偿。

(3)不可分性。留置权的不可分性表现为:一是留置权所担保的是债权的全部,而不是部分;二是留置权的效力及于债权人所留置的全部留置财产,留置权人可以对留置财产的全部行使留置权,而不是部分。只要债权未受全部清偿,留置权人就可以对全部留置财产行使权利,不受债权分割或者部分清偿以及留置财产分割的影响。当然,为了公平起见,依据本法第450条,留置财产为可分物的,债权人留置的财产的价值应当相当于债务的金额,而不应留置其占有的债务人的全部动产。

第四百四十八条 【留置权积极要件】债权人留置的动产,应当与债权属于同一法律关系,但是企业之间留置的除外。

注释 所谓"同一法律关系",是指动产的占有和债权的发生之间有关联,动产的占有与债权的发生均基于同一法律关系。同一法律关系不以合同关系为限,合同关系以外的其他法律关系,诸如因不当得利、无因管理、侵权行为而发生的债权关系,若与动产的占有之间存在关联,亦属于存在同一法律关系。

实务问答 劳动者以用人单位拖欠劳动报酬为由,是否能主张对用人单位供其使用的工具、物品等动产行使留置权?

留置权是平等主体之间实现债权的担保方式;除企业之间留置的以外,债权人留置的动产,应当与债权属于同一法律关系。劳动关系主体双方在履行劳动合同过程中处于管理与被管理的不平等关系。劳动者以用人单位拖欠劳动报酬为由,主张对用人单位供其使用的工具、物品等动产行使留置权,因此类动产不是劳动合同关系的标的物,与劳动债权不属于同一法律关系,故人民法院不予支持该主张。[长三角商品交易所有限公司诉卢海云返还原物纠纷案(《最高人民法院公报》2017 年第 1 期)]

第四百四十九条 【留置权消极要件】法律规定或者当事人约定不得留置的动产,不得留置。

第四百五十条 【可分留置物】留置财产为可分物的,留置财产的价值应当相当于债务的金额。

第四百五十一条 【留置权人保管义务】留置权人负有妥善保管留置财产的义务;因保管不善致使留置财产毁损、灭失的,应当承担赔偿责任。

第四百五十二条 【留置财产的孳息收取】留置权人有权收取留置财产的孳息。

前款规定的孳息应当先充抵收取孳息的费用。

第四百五十三条 【留置权实现的一般规则】留置权人与债务人应当约定留置财产后的债务履行期限;没有约定或者约定不明确的,留置权人应当给债务人六十日以上履行债务的期限,但是鲜活易腐等不易保管的动产除外。债务人逾期未履行的,留置权人可以与债务人协议以留置财产折价,也可以就拍卖、变卖留置财产所得的价款优先受偿。

留置财产折价或者变卖的,应当参照市场价格。

第四百五十四条 【债务人请求留置权人行使留置权】债务人可以请求留置权人在债务履行期限届满后行使留置权;留置权人不行使的,债务人可以请求人民法院拍卖、变卖留置财产。

注释 值得注意的是本条规定的“债务履行期限届满”无宽限期的限制。也就是说,债务履行期限届满,留置权成立后,债务履行的宽限期届满前,债务人可以要求留置权人行使留置权。留置权人不行使的,债务人可以请求人民法院对留置财产拍卖、变价,从而清偿债务。

第四百五十五条 【留置权实现方式】留置财产折价或者拍卖、变卖后,其价款超过债权数额的部分归债务人所有,不足部分由债务人清偿。

第四百五十六条 【留置权优先于其他担保物权效力】同一动产上已经设立抵押权或者质权,该动产又被留置的,留置权人优先受偿。

注释 本条是关于留置权与抵押权或者质权关系的规定。适用本条应注意:在同一动产上,无论留置权是产生于抵押权或者质权之前,还是产生于抵押权或者质权之后,留置权的效力都优先于抵押权或者质权。也就是说,留置权对抵押权或者质权的优先效力不受其产生时间的影响。

第四百五十七条 【留置权消灭】留置权人对留置财产丧失占有或者留置权人接受债务人另行提供担保的,留置权消灭。

……

第三编 合 同

第一分编 通 则

第一章 一般规定

第四百六十三条 【合同编的调整范围】本编调整因合同产生的民事关系。

第四百六十四条 【合同的定义及身份关系协议的法律适用】合同是民事主体之间设立、变更、终止民事法律关系的协议。

婚姻、收养、监护等有关身份关系的协议,适用有关该身份关系的法律规定;没有规定的,可以根据其性质参照适用本编规定。

注释 根据本条规定,合同是民事主体之间设立、变更、终止民事法律关系的协议。其特征是:1. 合同的主体是民事主体,包括自然人、法人和非法人组织;2. 合同的内容是民事主体设立、变更、终止民事法律关系;3. 合同是协议,是民事主体之间就上述内容达成的协议。因此,合同的本质是民事主体就民事权利义务关系的变动达成合意而形成的协议。

婚姻、收养、监护等有关身份关系的协议也是民事合同,由于其内容的性质不同,因而应当适用有关该身份关系的法律规定。当这些具有身份关系、人格关系的协议在总则编、人格权编、婚姻家庭编等或者其他法律中没有规定的,可以根据其性质参照适用本编关于合同的规定。

链接《保险法》第 10 条

第四百六十五条 【依法成立的合同受法律保护及合同相对性原则】依法成立的合同,受法律保护。

依法成立的合同,仅对当事人具有法律约束力,但是法律另有规定的除外。

注释 依法成立的合同受法律保护,说的是合同成立后即在当事人之间产生了法律效力,当事人必须受到合同的约束。如果当事人在合同依法成立后,不履行合同义务,或者不完全履行合同义务,法律将强制其履行,并苛以违约责任。当然,合同的法律约束力是有限度的,即只对合同当事人发生,对合同以外的人不发生法律约束力。这就是合同的相对性原则。

本条第 2 款规定的但书,含义是在法律另有规定的情况下,可以打破合同相对性原则。比如涉他合同,合同约定为他人设置权利的,债务人应当向第三人履行义务,突破了合同相对性原则拘束。

第四百六十六条 【合同的解释规则】当事人对合同条款的理解有争议的,应当依据本法第一百四十二条第一款的规定,确定争议条款的含义。

合同文本采用两种以上文字订立并约定具有同等效力的,对各文本使用的词句推定具有相同含义。各文本使用的词句不一致的,应当根据合同的相关条款、性质、目的以及诚信原则等予以解释。

注释 合同的解释,是指在合同所使用的语言文字或推定行为的内涵不明确、不清楚而发生争议时,由有权机关依照一定的规则对合同加以阐明或补充。

根据本条规定,合同解释的方法主要有以下几种:

(1)文义解释。合同条款是由语言文字构成,解释合同条款时应当首先从合同所使用的词句的含义开始。确定合同词句的含义,固然需要明确该词句的通常含义,但在当事人赋予词句特别含义时,对合同条款的解释就并非始于词句的本身含义,而是始于当事人签订合同时采用的含义。

(2)体系解释。又称为整体解释,是指把全部合同条款和构成部分看作一个统一的整体,从各个合同条款及构成部分的相互关联、所处的地位总体联系上阐明当事人有争议词句的含义。

(3)目的解释。在合同词句表达的意思与合同目的相反时,应当通过解释更正合同词句;当合同内容不明确或相互矛盾时,应当在确认合同的每一组成部分的词句和条款都有效的前提下,尽可能通过解释的方式予以统一和协调,使之符合合同的目的;当合同词句有不同意思时,应当按照符合合同目的的含义的解释,摒弃有违合同目的的含义。

(4)参照交易习惯和惯例原则。是指在合同词句或条款的含义发生歧义时,按照交易习惯或者惯例的含义予以明确;在合同存在漏洞,致使当事人的权利和义务无法确定时,参照交易习惯或者惯例加以补充。关于交易习惯的认定,《民法典合同编通则司法解释》第 2 条作出规定,下列情形,不违反法律、行政法规的强制性规定且不违背公序良俗的,人民法院可以认定为民法典所称的"交易习惯":(一)当事人之间在交易活动中的惯常做法;(二)在交易行为当地或者某一领域、某一行业通常采用并为交易对方订立合同时所知道或者应当知道的做法。对于交易习惯,由提出主张的当事人一方承担举证责任。

(5)诚实信用原则。在合同词句含混不清、意义不明时,当事人和司法人员应当依照诚实信用原则对合同的条款进行解释。在进行解释时要平衡当事人双方的利益、公平合理地确定合同的内容。

总之,当事人对合同条款的理解发生争议时,应当按照合同所使用的词句、合同的有关条款、订立合同的目的、交易习惯以及诚实信用的原则,确定该条款的真实意思。

实务问答 当事人主张的权利义务关系与根据合同内容认定的权利义务关系不一致的,人民法院如何认定当事人之间的实际民事法律关系?

案涉交易符合以票据贴现为手段的多链条融资交易的基本特征。案涉《回购协议》是双方虚假意思表示,目的是借用银行承兑汇票买入返售的形式为某甲银行向实际用资人提供资金通道,真实合意是资金通道合同。在资金通道合同项下,各方当事人的权利义务是,过桥行提供资金通道服务,由出资银行提供所需划转的资金并支付相应的服务费,过桥行无交付票据的义务,但应根据其过错对出资银行的损失承担相应的赔偿责任。(最高人民法院发布《关于适用〈中华人

民共和国民法典〉合同编通则若干问题的解释》相关典型案例之案例三:某甲银行和某乙银行合同纠纷案)

链接《民法典》第142条第1款;《民法典合同编通则司法解释》第1、2条

第四百六十七条 【非典型合同及特定涉外合同的法律适用】本法或者其他法律没有明文规定的合同,适用本编通则的规定,并可以参照适用本编或者其他法律最相类似合同的规定。

在中华人民共和国境内履行的中外合资经营企业合同、中外合作经营企业合同、中外合作勘探开发自然资源合同,适用中华人民共和国法律。

注释 无名合同又叫非典型合同,是指法律尚未规定,也未赋予其一定名称的合同。本法或者其他法律没有明文规定的合同就是无名合同。依照合同自由原则,在不违反法律强制性规定和公序良俗的前提下,当事人可以根据实际生活需要,选择订立法律没有规范的无名合同。

第四百六十八条 【非合同之债的法律适用】非因合同产生的债权债务关系,适用有关该债权债务关系的法律规定;没有规定的,适用本编通则的有关规定,但是根据其性质不能适用的除外。

注释 非因合同产生的债权债务关系,是合同以外的债权债务关系,依照《民法典》第118条第2款规定,包括无因管理之债、不当得利之债、侵权行为之债以及法律的其他规定的债,例如单方允诺之债。

本条规定的主要目的,是为合同编第三分编规定的无因管理之债和不当得利之债的法律适用,提供一般规则的法律依据,同时,也对侵权行为之债以及其他法律规定的债与合同编通则规定的关系予以明确。

第二章 合同的订立

第四百六十九条 【合同形式】当事人订立合同,可以采用书面形式、口头形式或者其他形式。

书面形式是合同书、信件、电报、电传、传真等可以有形地表现所载内容的形式。

以电子数据交换、电子邮件等方式能够有形地表现所载内容,并可以随时调取查用的数据电文,视为书面形式。

链接《民法典》第135条;《电子签名法》第4条;《仲裁法》第16条

第四百七十条 【合同主要条款及示范文本】合同的内容由当事人约定,一般包括下列条款:

(一)当事人的姓名或者名称和住所;

(二)标的;

(三)数量;

(四)质量;

(五)价款或者报酬;

(六)履行期限、地点和方式;

(七)违约责任;

(八)解决争议的方法。

当事人可以参照各类合同的示范文本订立合同。

注释 合同条款是表达合同当事人约定的合同内容的具体条款。本条第1款列举了合同应当包含的条款,没有规定合同的主要条款。合同的主要条款是合同的必备条款,缺少必备条款,合同不能成立,缺少其他条款,则可以通过法律规定的确定方法等予以确定,不能导致合同不能成立。合同的主要条款就是标的和数量。

链接《保险法》第18条;《著作权法》第26、27条

第四百七十一条 【订立合同的方式】当事人订立合同,可以采取要约、承诺方式或者其他方式。

注释 合同订立,是缔约人为意思表示并达成合意的状态。合同订立是当事人为实现预期目的,为意思表示并达成合意的动态过程,包含当事人各方为了进行交易,与对方进行接触、洽谈,最终达成合意的整个过程,是动态行为和静态协议的统一体。合同订立与合同成立不同,合同成立是合同订立的组成部分。

合同订立的方式是要约和承诺。在订立合同中,一方当事人提出要约,另一方当事人予以承诺,双方就交易目的及其实现达成合意,合同即告成立。因此,要约和承诺既是合同订立的方式,也是合同订立的两个阶段,其结果是合同成立。

合同成立的其他方式,主要是指格式条款和悬赏广告等。

实务问答 中标通知书送达后,一方当事人不履行订立书面合同的义务,相对方如何维护自己的权益?

招投标程序中,中标通知书送达后,一方当事人不履行订立书面合同的义务,相对方请求确认合同自中标通知书到达中标人时成立的,人民法院应予支持。(最高人民法院发布《关于适用〈中

华人民共和国民法典〉合同编通则若干问题的解释》相关典型案例之案例一:某物业管理有限公司与某研究所房屋租赁合同纠纷案)

第四百七十二条 【要约的定义及其构成】要约是希望与他人订立合同的意思表示,该意思表示应当符合下列条件:

(一)内容具体确定;

(二)表明经受要约人承诺,要约人即受该意思表示约束。

注释 要约是在合同订立过程中,要约人希望与他人订立合同的意思表示。一方当事人以缔结合同为目的,向对方当事人提出合同条件,希望对方当事人接受的意思表示,就是要约,亦称发价、发盘、出盘、出价或者报价。要约的性质,是一种与承诺结合后成立一个民事法律行为的意思表示,本身并不构成一个独立的法律行为。

要约发生法律效力,应当符合下列构成要件:1. 要约的内容具体、确定。内容具体,是指要约必须具有足以确定合同成立的内容,包含合同的主要条款。要约人发出要约后,受要约人一旦承诺,合同就告成立。内容确定,是指要约的内容必须明确,不能含混不清,应当达到一般人能够理解其真实含义的水平,否则合同将无法履行。2. 表明经受要约人承诺,要约人即受该意思表示约束。不论要约人向特定的还是不特定的受要约人发出要约,要约的内容都须表明,一旦该要约经受要约人承诺,要约人即受该意思表示约束,约束的具体表现是要约被承诺后合同即告成立,要约人要受合同效力的约束。在实践中,不可能要求所有的要约都能够明确地、直截了当地写明自己接受要约内容约束的文字,但是,只要当事人发出要约,就意味着自己愿意接受要约意思表示的约束。只要依据要约的条文能够合理分析出要约人在要约中含有已经承诺即受拘束的意旨,或者通过要约人明确的订立合同的意图可以合理推断该要约包含了要约人愿意接受承诺后果的意思表示,即可认为符合该要件。

第四百七十三条 【要约邀请】要约邀请是希望他人向自己发出要约的表示。拍卖公告、招标公告、招股说明书、债券募集办法、基金招募说明书、商业广告和宣传、寄送的价目表等为要约邀请。

商业广告和宣传的内容符合要约条件的,构成要约。

注释 要约邀请,即要约引诱,也称为邀请要约,是一方希望他人向自己发出要约的表示。

在实践中,要约和要约邀请较为相似,有时难以区分,其实这两个概念有着本质的不同。要约邀请只是订立合同的预备行为,发出要约邀请时,当事人仍然处于订立合同的准备阶段,既不能因相对人的承诺而成立合同,也不能因自己作出某种承诺而约束要约人。要约邀请是一种事实行为,在发出要约邀请后,要约邀请人撤回其要约邀请,只要没有给善意相对人造成信赖利益的损失,要约邀请人一般不承担法律责任。

要约邀请与要约的主要区别是:(1)要约是一种法律行为,具有法律意义;要约邀请是一种事实行为,不具有法律意义。(2)要约是当事人自己主动提出愿意与他人订立合同的意思表示;要约邀请是希望他人向自己发出要约的意思表示。(3)要约中表明经受要约人承诺,要约人即受该意思表示约束的意思,要约一旦被承诺,合同即告成立,要约人受其要约的约束;而要约邀请则不包括发出要约邀请的当事人表示愿意接受要约邀请内容约束的意思,受要约邀请的人依要约邀请发出要约,要约邀请人仍然享有是否作出承诺的选择权。(4)要约的内容应当包括合同的主要条款,这样才能因受要约人的承诺而成立合同;而要约邀请只是希望对方向自己发出要约,无须具备合同的主要条款。

拍卖公告、招标公告、招股说明书、债券募集办法、基金招募说明书、商业广告和宣传、寄送的价目表,都是要约邀请,因而具有这些形式的意思表示都不是要约,而是要约邀请。

在这些形式的意思表示中,只有商业广告和宣传才有特例,即在一般情况下,它们是要约邀请,但是,如果商业广告和宣传具备了要约的条件,就构成了要约。比如,在商品房买卖中,商品房的销售广告和宣传资料为要约邀请,但是出卖人就商品房开发规划范围内的房屋及相关设施所作的说明和允诺具体确定,并对商品房买卖合同的订立以及房屋价格的确定有重大影响的,构成要约。该说明和允诺即使未载入商品房买卖合同,亦应当为合同内容,当事人违反的,应当承担违约责任。(参见《最高人民法院关于审理商品房买卖合同纠纷案件适用法律若干问题的解释》第3条)

案例 1. 时间集团公司诉浙江省玉环县国土局土地使用权出让合同纠纷案(《最高人民法院公报》2005年第5期)

裁判规则:根据《合同法》第15条第1款的规定,国有土地使用权出让公告属于要约邀请,竞买人在竞买申请中提出报价,并按要约邀请支付保证金的行为,属于要约,双方当事人尚未形成土地使用权出让合同关系。国有土地使用权出让方因出让公告违反法律的禁止性规定,撤销公告后,造成竞买人在缔约阶段发生信赖利益损失的,应对竞买人的实际损失承担缔约过失责任。

2. 成都鹏伟实业有限公司与江西省永修县人民政府、永修县鄱阳湖采砂管理工作领导小组办公室采矿权纠纷案(《最高人民法院公报》2010年第4期)

裁判规则:当事人在网站发布公开拍卖推介书的行为,实质上是就公开拍卖事宜向社会不特定对象发出的要约邀请。在受要约人与之建立合同关系,且双方对合同约定的内容产生争议时,该要约邀请对合同的解释可以产生证据的效力。

链接《公司法》第100、154条;《招标投标法》第10、16、17条;《拍卖法》第45—48条

第四百七十四条　【要约的生效时间】要约生效的时间适用本法第一百三十七条的规定。

第四百七十五条　【要约的撤回】要约可以撤回。要约的撤回适用本法第一百四十一条的规定。

第四百七十六条　【要约不得撤销情形】要约可以撤销,但是有下列情形之一的除外:

(一)要约人以确定承诺期限或者其他形式明示要约不可撤销;

(二)受要约人有理由认为要约是不可撤销的,并已经为履行合同做了合理准备工作。

注释 要约撤销,是指要约人在要约生效之后,受要约人作出承诺之前,宣布取消该项要约,使该要约的效力归于消灭的行为。

要约的撤回与要约的撤销是不同的。要约的撤回是在要约未生效前使其不发生效力,而要约的撤销是指在要约作出并生效之后,行为人又作出取消其要约的意思表示。由于要约在到达后已经生效,相对人已知悉了要约的内容,甚至可能已经对该要约产生了合理的信赖,因此,行为人能否在要约生效时取消其意思表示,需要考虑保障相对人合理信赖的问题。这与要约撤回中仅考虑保护意思表示行为人对其意思表示的自由处分权利存在较大区别。考虑到要约生效后,已经对行为人产生了法律约束力,能否撤销,要平衡行为人和相对人的利益,不宜泛泛规定行为人可以撤销意思表示,基于此,本法规定,要约可以撤销,但撤销要约的通知应当在受要约人发出承诺通知之前到达受要约人。

本条在规定要约可以撤销的同时,规定了以下限制性的条件:1. 要约人以确定承诺期限或者以其他形式明示要约不可撤销。(1)要约中确定了承诺期限,就意味着要约人向受要约人允诺在承诺期限内要约是可以信赖的。在承诺期限内,发生不利于要约人的变化,应当视为商业风险,也意味着受要约人在承诺期限内取得了承诺资格和对承诺期限的信赖,只要在承诺期限内作出承诺,就可以成立合同。即便受要约人没有发出承诺,受要约人也可能已经在为履约做准备,待准备工作就绪后再向要约人承诺,订立合同。因此,在承诺期限内,不得撤销要约。(2)以其他形式明示要约不可撤销。例如,标明"保证现货供应""随到随买"等字样的要约,根据交易习惯就是不得撤销的要约。2. 受要约人有理由认为要约不可撤销,并且已经为履行合同做了准备工作。

第四百七十七条　【要约撤销条件】撤销要约的意思表示以对话方式作出的,该意思表示的内容应当在受要约人作出承诺之前为受要约人所知道;撤销要约的意思表示以非对话方式作出的,应当在受要约人作出承诺之前到达受要约人。

注释 要约人行使要约撤销权,应在要约生效之后,受要约人作出承诺之前。如果受要约人已经发出承诺通知,即使承诺通知仍然在途中,要约人撤销要约无异于撕毁合同,要约人应当承担违约责任或者缔约过失责任。

本条对于要约撤销生效时间分以下两种情形:1. 撤销要约的意思表示以对话方式作出的,该意思表示的内容应当在受要约人作出承诺之前为受要约人所知道,即仍然采取知道主义。2. 撤销要约的意思表示以非对话方式作出的,应当在受要约人作出承诺之前到达受要约人。如果在承诺之后要约撤销的意思表示才到达受要约人的,就不再是要约撤销,而是违约行为,因为要约一经承诺,合同即成立。

第四百七十八条 【要约失效】有下列情形之一的，要约失效：

（一）要约被拒绝；

（二）要约被依法撤销；

（三）承诺期限届满，受要约人未作出承诺；

（四）受要约人对要约的内容作出实质性变更。

注释 要约在特定的情形下会丧失效力，对要约人和受要约人不再产生约束力。此时，受要约人不再有承诺的资格，即使作出"承诺"，也不再发生承诺的效力，这就是要约失效。

要约失效的事由是：1. 要约被拒绝。受要约人直接向要约人明确表示对要约予以拒绝，拒绝的通知到达要约人时要约失效。2. 要约被依法撤销。要约人依照法律的规定撤销要约，发生要约失效的法律效力。撤销要约后，如果收到受要约人拒绝要约的通知，可以免除要约人撤销要约的法律责任。3. 承诺期限届满，受要约人未作出承诺。凡是要约规定了承诺期限的，必须在该期限内作出承诺，超过承诺期限受要约人未作出承诺，要约失效。4. 受要约人对要约的内容作出实质性变更。承诺是对要约内容的全部接受，凡是对要约的内容进行实质性变更的，都是新的要约，受要约人变成要约人，原要约人成为受要约人，原要约人发出的要约失效。

链接《拍卖法》第36条

第四百七十九条 【承诺的定义】承诺是受要约人同意要约的意思表示。

注释 承诺以接受要约的全部条件为内容，其目的在于与要约人订立合同。

承诺应当符合下列条件：

1. 承诺须由受要约人或者其代理人向要约人作出。承诺是受要约人的权利，在承诺期限内，要约人不得随意撤销要约，受要约人一旦承诺，就成立合同，要约人不得否认。这种权利是直接由要约人赋予的。

2. 承诺是受要约人同意要约的意思表示。同意要约，是以接受要约的全部条件为内容，是无条件的承诺，对要约的内容既不得限制，也不得扩张，更不能变更，但对要约的非实质性变更除外。

3. 承诺必须在规定的期限内到达要约人。承诺必须遵守承诺期间，没有规定承诺期间的，按照《民法典》第481条第2款规定确定。

4. 承诺的方式必须符合要约的要求。承诺应当以通知的方式作出。要约规定承诺须以特定方式作出，否则承诺无效的，承诺人承诺时须符合要约人规定的承诺方式。

第四百八十条 【承诺的方式】承诺应当以通知的方式作出；但是，根据交易习惯或者要约表明可以通过行为作出承诺的除外。

注释 承诺的方式是指受要约人将承诺的意思送达要约人的具体方式。

承诺的法定形式是通知方式，称为积极的承诺方式，是受要约人以明示的方式明确无误地表达承诺意思表示内容的形式。

选择通知以外的行为方式进行承诺的是：1. 根据交易习惯或者要约表明可以通过行为的形式作出承诺的，也是符合要求的承诺方式。交易习惯是指某种合同的承诺适合以行为作为承诺方式，例如悬赏广告，或者当事人之间进行交易的某种习惯。2. 要约人在要约中表明可以通过行为作出承诺。只要这种表明没有违背法律和公序良俗，就对受要约人产生约束力，受要约人应当依照要约人规定的方式进行承诺。如要约人在要约中明确表明"同意上述条件，即可在某期限内发货"的，就表明了要约人同意受要约人以发货行为作为承诺的意思表示。

缄默或者不行为不能作为承诺的方式，以缄默或者不行为回应要约的，承诺不成立，而不是承诺无效。因为要约人没有权利为受要约人设定义务。

实务问答 **哪些情形，人民法院可以认定为民法典所称的"交易习惯"？**

根据《最高人民法院关于适用〈中华人民共和国民法典〉合同编通则若干问题的解释》第2条的规定："下列情形，不违反法律、行政法规的强制性规定且不违背公序良俗的，人民法院可以认定为民法典所称的'交易习惯'：（一）当事人之间在交易活动中的惯常做法；（二）在交易行为当地或者某一领域、某一行业通常采用并为交易对方订立合同时所知道或者应当知道的做法。对于交易习惯，由提出主张的当事人一方承担举证责任。"

第四百八十一条 【承诺的期限】承诺应当在要约确定的期限内到达要约人。

要约没有确定承诺期限的，承诺应当依照下列规定到达：

(一)要约以对话方式作出的,应当即时作出承诺;

(二)要约以非对话方式作出的,承诺应当在合理期限内到达。

注释 承诺期限,实际上是受要约人资格的存续期限,在该期限内受要约人具有承诺资格,可以向要约人发出具有约束力的承诺。承诺资格是要约人依法赋予受要约人的有期限的权利。

本条中的"合理期限",应当根据交易性质、交易习惯和要约采用的传递方式进行综合考虑予以确定,一般为依通常情形可期待承诺到达时期,大致可由三段构成:(1)要约到达受要约人的期间;(2)作出承诺所必要的期间;(3)承诺的通知到达要约人所必要的期间。其中,第(1)段与第(3)段的期间,根据通讯方式的不同而有所差别,如以信件或电报的方式进行要约或承诺通常所必要的期间。第(2)段的期间,是自要约到达受要约人起至受要约人发送承诺通知的期间,是受要约人考虑是否承诺所必需的时间。这个时间可以通常人为标准确定,但依要约的内容不同有所差异,内容复杂,考虑的时间一般就长。

第四百八十二条 【承诺期限的起算】要约以信件或者电报作出的,承诺期限自信件载明的日期或者电报交发之日开始计算。信件未载明日期的,自投寄该信件的邮戳日期开始计算。要约以电话、传真、电子邮件等快速通讯方式作出的,承诺期限自要约到达受要约人时开始计算。

注释 以电话、传真、电子邮件等快捷通讯方式发出的要约,承诺期限从要约到达受要约人的时间开始计算,电话以接听为准,传真、电子邮件则适用本法总则编第137条第2款规定的该数据电文进入受要约人的特定系统时生效的规则。

第四百八十三条 【合同成立时间】承诺生效时合同成立,但是法律另有规定或者当事人另有约定的除外。

注释 合同成立的时间是双方当事人的磋商过程结束、达成共同意思表示的时间界限。

合同成立的时间标志是承诺生效。承诺生效,意味着受要约人完全接受要约的意思表示,订约过程结束,要约、承诺的内容对要约人和受要约人产生法律约束力。承诺生效时,合同即告成立。如果当事人对合同是否成立存在争议,则以能够确定当事人名称或者姓名、标的和数量的达成合意的时间为认定合同成立的标准,其他内容依照有关合同内容确定和合同内容解释的规定予以确定。

第四百八十四条 【承诺生效时间】以通知方式作出的承诺,生效的时间适用本法第一百三十七条的规定。

承诺不需要通知的,根据交易习惯或者要约的要求作出承诺的行为时生效。

注释 承诺生效时间,是承诺在何时发生法律约束力。承诺生效时间在合同法的理论和实践中具有重大意义:1. 由于承诺的时间就是合同成立的时间,因而承诺在什么时间生效,就直接决定了合同在什么时间成立。2. 由于合同的成立时间和生效时间的一致性,承诺生效之时又是合同生效之日,是双方享有合同权利、承担合同义务之日。3. 合同的生效时间可能涉及诉讼时效、履行期限利益等问题。4. 合同的成立涉及合同签订地以及法院管辖权、准据法的确定等问题。

根据需要通知和不需要通知,确定承诺的生效时间的方法是:1. 承诺是以通知方式作出的,承诺生效的时间依照《民法典》第137条规定确定,采用到达主义。2. 承诺不需要通知的,应当根据交易习惯或者要约的要求作出承诺的行为时生效。根据交易习惯,某种承诺的性质可以确定用行为的方式承诺,该承诺行为实施的时间,就是承诺生效的时间。如果要约已经表明承诺可以由行为作出的意思表示确立,则实施该行为的时间就是承诺生效时间。

第四百八十五条 【承诺的撤回】承诺可以撤回。承诺的撤回适用本法第一百四十一条的规定。

注释 承诺的撤回,是指在发出承诺之后,承诺生效之前,宣告收回发出的承诺,取消其效力的行为。法律规定承诺人的承诺撤回权,是由于承诺的撤回发生在承诺生效之前,要约人还未曾知晓受要约人承诺的事实,合同没有成立,一般不会造成要约人的损害,因而允许承诺人根据市场的变化、需求等各种经济情势,改变发出的承诺,以保护承诺人的利益。

第四百八十六条 【逾期承诺及效果】受要约人超过承诺期限发出承诺,或者在承诺期限内发出承诺,按照通常情形不能及时到达要约人的,为新要约;但是,要约人及时通知受要约人该承诺有效的除外。

注释 逾期承诺,是指受要约人在超过承诺期限发出承诺,或者在承诺期限内发出承诺,按照通常情形不能及时到达要约人的。因受要约人原因的承诺迟到,是受要约人虽然在承诺期限内发出承诺,但是按照通常情形,该承诺不能及时到达要约人,从而使承诺到达要约人时超过承诺期限。本条将其纳入逾期承诺中,一并规定法律效果。

逾期承诺的效力是:

1. 逾期承诺不发生承诺的法律效力。由于在承诺期限届满之后,受要约人不再有承诺的资格,因而逾期承诺的性质不是承诺,对要约人没有承诺的约束力,不能因此而成立合同。

2. 逾期承诺是一项新要约。逾期承诺因时间因素而不具有承诺的性质,但它还是对要约人的要约内容作出了响应,故应视为新要约。该新要约须以原来的要约和逾期承诺的内容为内容。对方可以在合理的时间内给予承诺,即按照一般的承诺期限作出承诺的,合同成立。

3. 要约人及时通知受要约人该承诺有效的情况下,逾期承诺具有承诺的法律效力。逾期承诺到达要约人,要约人认为该逾期承诺可以接受的,应当按照当事人的意志,承认承诺的效力,合同成立。

第四百八十七条　【迟到的承诺】受要约人在承诺期限内发出承诺,按照通常情形能够及时到达要约人,但是因其他原因致使承诺到达要约人时超过承诺期限的,除要约人及时通知受要约人因承诺超过期限不接受该承诺外,该承诺有效。

注释 承诺迟延,是承诺人在承诺期限内发出承诺,按照通常情形能够及时到达要约人,但是因其他原因致使承诺到达要约人时超出了承诺期限。承诺迟延和逾期承诺不同,逾期承诺的受要约人发出承诺的时间就已经超出了承诺期限。

非因受要约人原因的承诺迟延的法律效力是,原则上该承诺发生承诺的法律效力,但要约人及时通知受要约人因承诺超过期限不接受承诺的,不发生承诺的效力。

第四百八十八条　【承诺对要约内容的实质性变更】承诺的内容应当与要约的内容一致。受要约人对要约的内容作出实质性变更的,为新要约。有关合同标的、数量、质量、价款或者报酬、履行期限、履行地点和方式、违约责任和解决争议方法等的变更,是对要约内容的实质性变更。

注释 承诺与要约内容一致性原则,是承诺的一般规则。承诺是以接受要约的全部条件为内容的,是对要约的无条件认可,因而承诺的内容须与要约的内容一致。这就是英美法的"镜像原则",即要求承诺如同镜子一般照出要约的内容。

随着社会经济的发展,在保证交易安全的前提下,合同规则对传统有所修正,区分承诺变更的实质性和非实质性,规定不同的效果。本条后段规定的是受要约人对要约的内容作出实质性变更及效果的规定。

受要约人对要约的内容作出实质性变更的效果,是成立新要约。凡是对要约的内容进行了实质性变更的,都意味着受要约人不同意要约人的要约,因此一律作为新要约处理,在学理上称为反要约。

判断受要约人是否对要约内容作出实质性变更,根据以下项目进行:1. 合同标的的变更,改变了要约人的根本目的,发生根本的变化;2. 数量、质量的变更,对要约人的权利义务有重大影响;3. 价款或者报酬的变更,对要约人将来的权利义务有重大影响;4. 履行期限的变更,改变了当事人的期限利益;5. 履行地点的变更,关系到运费的负担、标的物所有权的转移和意外灭失风险的转移;6. 履行方式的变更,对双方的权利有不同影响;7. 违约责任的变更,有可能不利于要约人;8. 解决争议方法的变更,有可能不利于要约人。这些变更都属于对要约内容的实质性变更。

第四百八十九条　【承诺对要约内容的非实质性变更】承诺对要约的内容作出非实质性变更的,除要约人及时表示反对或者要约表明承诺不得对要约的内容作出任何变更外,该承诺有效,合同的内容以承诺的内容为准。

注释 承诺对要约的内容作出非实质性变更的,原则上为有效承诺,合同的内容以承诺的内容为准。对要约的非实质性变更在下列情况下无效:1. 变更了要约内容的承诺到达要约人后,要约人及时对承诺人表示反对的,该"承诺"不发生承诺的效力,是一种新要约。2. 要约人在要约中明确表示承诺不得对要约的内容作出任何变更的,承诺对要约的内容的非实质性变更,为反要约即新要约。

第四百九十条　【采用书面形式订立合同的成立时间】当事人采用合同书形式订立合同的,自当事人均签名、盖章或者按指印时合同成立。在签名、盖章或者按指印之前,当事人一方已经履行主要义务,对方接受时,该合同成立。

法律、行政法规规定或者当事人约定合同应当采用书面形式订立,当事人未采用书面形式但是一方已经履行主要义务,对方接受时,该合同成立。

注释 根据本条规定,签名、盖章或者按指印是订约人最终对合同书或者确认书的承认,是自愿接受其约束的意思表示,也是当事人签署合同书的三种形式,除非有特别约定,只要有其中一种签署形式,就发生合同成立的效力。当事人各方签名、盖章或者按指印不在同一时间的,以最后一方签名、盖章或者按指印的时间为合同成立的时间。

本条还规定了两个特殊情形:1. 在合同书签名、盖章或者按指印之前,如果当事人一方已经履行主要义务,对方予以接受时,该合同成立。2. 法律、行政法规规定或者当事人约定合同应当采用书面形式订立,当事人未采用书面形式,但是一方已经履行主要义务,对方接受时,该合同也成立。

链接《电子签名法》第 13、14 条;《电子商务法》第 49 条;《保险法》第 13 条;《信托法》第 8 条;《最高人民法院关于审理买卖合同纠纷案件适用法律问题的解释》(以下简称《买卖合同解释》)第 1 条

第四百九十一条 【签订确认书的合同及电子合同成立时间】当事人采用信件、数据电文等形式订立合同要求签订确认书的,签订确认书时合同成立。

当事人一方通过互联网等信息网络发布的商品或者服务信息符合要约条件的,对方选择该商品或者服务并提交订单成功时合同成立,但是当事人另有约定的除外。

注释 对于采用信件和电子数据订立合同的,实际上在符合要求的承诺作出之后,合同就成立了。不过,如果当事人约定还要签订确认书的,则在签订确认书时,该合同方成立。因此,双方签署确认书的时间,是信件、数据电文合同成立的时间。

根据网络交易的特点(线上签订合同,缺少明显的要约、承诺的行为标志),确认网络交易中的合同订立,一方在互联网等信息网络发布的商品或者服务信息,只要符合要约的条件,就认为是网络交易合同的要约。对方也就是消费者在网络上选择该商品或者服务,并提交订单的,为承诺。当网络交易服务界面显示提交订单成功时,合同成立。因而,界面显示"提交订单成功"时,就是网络交易合同的成立时间。

链接《电子商务法》第 49 条;《拍卖法》第 52 条

第四百九十二条 【合同成立的地点】承诺生效的地点为合同成立的地点。

采用数据电文形式订立合同的,收件人的主营业地为合同成立的地点;没有主营业地的,其住所地为合同成立的地点。当事人另有约定的,按照其约定。

注释 合同成立地点,是当事人经过对合同内容的磋商,最终意思表示一致的地点。最终意思表示一致以承诺的生效为标志。确定合同生效地点的一般原则,是以承诺生效的地点为合同成立的地点。合同成立地点成为缔约地,对于合同的纠纷管辖、法律适用等具有重要意义。

采用数据电文形式订立合同的,没有明显的承诺生效地点,因而以收件人的主营业地为合同成立的地点;如果收件人没有主营业地的,其住所地为合同成立的地点。如果采用数据电文形式订立合同的当事人对合同成立地点另有约定的,按照其约定确定合同成立地点。

第四百九十三条 【采用合同书订立合同的成立地点】当事人采用合同书形式订立合同的,最后签名、盖章或者按指印的地点为合同成立的地点,但是当事人另有约定的除外。

链接《电子签名法》第 12 条;《民事诉讼法》第 35 条

第四百九十四条 【强制缔约义务】国家根据抢险救灾、疫情防控或者其他需要下达国家订货任务、指令性任务的,有关民事主体之间应当依照有关法律、行政法规规定的权利和义务订立合同。

依照法律、行政法规的规定负有发出要约义务的当事人,应当及时发出合理的要约。

依照法律、行政法规的规定负有作出承诺义务的当事人,不得拒绝对方合理的订立合同要求。

第四百九十五条 【预约合同】当事人约定在将来一定期限内订立合同的认购书、订购书、预订书等,构成预约合同。

当事人一方不履行预约合同约定的订立合同义务的,对方可以请求其承担预约合同的违约责任。

注释 **预约和本约**

预约,也叫预备合同或合同预约,是指当事人

之间约定在将来一定期限内应当订立合同的预先约定。而将来应当订立的合同叫本约,或者本合同。预约是订立合同的意向,本约是订立的合同本身。预约的表现形式,通常是认购书、订购书、预订书等。预约成立之后,产生预约的法律效力,即当事人在将来一定期限内订立本约的债务。预约的成立应当遵循合同成立的一般规则。

预约合同的认定

根据《民法典合同编通则司法解释》第6条规定,当事人以认购书、订购书、预订书等形式约定在将来一定期限内订立合同,或者为担保在将来一定期限内订立合同交付了定金,能够确定将来所要订立合同的主体、标的等内容的,人民法院应当认定预约合同成立。当事人通过签订意向书或者备忘录等方式,仅表达交易的意向,未约定在将来一定期限内订立合同,或者虽然有约定但是难以确定将来所要订立合同的主体、标的等内容,一方主张预约合同成立的,人民法院不予支持。当事人订立的认购书、订购书、预订书等已就合同标的、数量、价款或者报酬等主要内容达成合意,符合本解释第3条第1款规定的合同成立条件,未明确约定在将来一定期限内另行订立合同,或者虽然有约定但是当事人一方已实施履行行为且对方接受的,人民法院应当认定本约合同成立。

违反预约合同的认定

根据《民法典合同编通则司法解释》第7条规定,预约合同生效后,当事人一方拒绝订立本约合同或者在磋商订立本约合同时违背诚信原则导致未能订立本约合同的,人民法院应当认定该当事人不履行预约合同约定的义务。人民法院认定当事人一方在磋商订立本约合同时是否违背诚信原则,应当综合考虑该当事人在磋商时提出的条件是否明显背离预约合同约定的内容以及是否已尽合理努力进行协商等因素。

违反预约合同的违约责任

根据《民法典合同编通则司法解释》第8条规定,预约合同生效后,当事人一方不履行订立本约合同的义务,对方请求其赔偿因此造成的损失的,人民法院依法予以支持。前款规定的损失赔偿,当事人有约定的,按照约定;没有约定的,人民法院应当综合考虑预约合同在内容上的完备程度以及订立本约合同的条件的成就程度等因素酌定。

链接《民法典合同编通则司法解释》第6—8条

第四百九十六条 【格式条款】格式条款是当事人为了重复使用而预先拟定,并在订立合同时未与对方协商的条款。

采用格式条款订立合同的,提供格式条款的一方应当遵循公平原则确定当事人之间的权利和义务,并采取合理的方式提示对方注意免除或者减轻其责任等与对方有重大利害关系的条款,按照对方的要求,对该条款予以说明。提供格式条款的一方未履行提示或者说明义务,致使对方没有注意或者理解与其有重大利害关系的条款的,对方可以主张该条款不成为合同的内容。

注释 格式条款合同,是指当事人为了重复使用而预先拟定,并在订立合同时未与对方协商的条款。格式条款合同与一般合同不同,其主要特征是:1. 格式条款合同一般由居于垄断地位的一方所拟定;2. 格式条款合同的对方当事人处于从属地位;3. 格式条款合同可以用不同的但必须是明确的书面形式表达出来。

格式条款的优点是便捷、易行、高效,缺点是无协商余地,双方地位不平等。故对提供格式条款的一方当事人规定了法定义务:1. 遵循公平原则确定当事人权利义务的义务;2. 采取合理的方式提示对方注意免除或者减轻其责任等与对方有重大利害关系条款的义务;3. 按照对方的要求对该条款予以说明的义务。

提供格式条款的一方在合同订立时采用通常足以引起对方注意的文字、符号、字体等明显标识,提示对方注意免除或者减轻其责任、排除或者限制对方权利等与对方有重大利害关系的异常条款的,人民法院可以认定其已经履行民法典第496条第2款规定的提示义务。

提供格式条款的一方按照对方的要求,就与对方有重大利害关系的异常条款的概念、内容及其法律后果以书面或者口头形式向对方作出通常能够理解的解释说明的,人民法院可以认定其已经履行民法典第496条第2款规定的说明义务。

案例 刘某捷诉中国移动通信集团江苏有限公司徐州分公司电信服务合同纠纷案(最高人民法院指导案例64号)

裁判规则:经营者在格式合同中未明确规定对某项商品或服务的限制条件,且未能证明在订立合同时已将该限制条件明确告知消费者并获

得消费者同意的,该限制条件对消费者不产生效力。

电信服务企业在订立合同时未向消费者告知某项服务设定了有效期限限制,在合同履行中又以该项服务超过有效期限为由限制或停止对消费者服务的,构成违约,应当承担违约责任。

链接《民法典合同编通则司法解释》第 9、10 条

第四百九十七条 【格式条款无效的情形】有下列情形之一的,该格式条款无效:

(一)具有本法第一编第六章第三节和本法第五百零六条规定的无效情形;

(二)提供格式条款一方不合理地免除或者减轻其责任、加重对方责任、限制对方主要权利;

(三)提供格式条款一方排除对方主要权利。

注释 具有以下情形之一的格式条款无效:

1. 格式条款具备《民法典》第一编第六章第三节和第 506 条规定的情形,即无民事行为能力人实施的民事法律行为、虚假的民事法律行为、违反法律强制性规定的民事法律行为、违背公序良俗的民事法律行为、恶意串通的民事法律行为,以及造成对方人身损害、因故意或者重大过失造成对方财产损失的免责条款,一律无效。

2. 提供格式条款一方不合理地免除或者减轻责任、加重对方责任、限制对方主要权利。这些情形都不是合同当事人订立合同时所期望的,与当事人订立合同的目的相悖,严重地损害对方当事人的合法权益,明显违背公平原则等民法基本原则,因而都是导致格式条款无效的法定事由,只要出现其中一种情形,格式条款就无效。

3. 提供格式条款一方排除对方主要权利。排除对方当事人的主要权利,将导致对方当事人订立合同的目的不能实现,因而属于格式条款绝对无效的情形。

实务问答 **人脸信息处理者采用格式条款要求授予无期限限制、不可撤销、可任意转授权等处理人脸信息的权利,能否认定为无效?**

根据《最高人民法院关于审理使用人脸识别技术处理个人信息相关民事案件适用法律若干问题的规定》第 11 条规定,信息处理者采用格式条款与自然人订立合同,要求自然人授予其无期限限制、不可撤销、可任意转授权等处理人脸信息的权利,该自然人依据民法典第 497 条请求确认格式条款无效的,人民法院依法予以支持。

案例 1. 周某治、俞某芳与余姚众安房地产开发有限公司商品房销售合同纠纷案(《最高人民法院公报》2016 年第 11 期)

裁判规则:商品房买卖中,开发商的交房义务不仅仅局限于交钥匙,还需出示相应的证明文件,并签署房屋交接单等。合同中分别约定了逾期交房与逾期办证的违约责任,但同时又约定开发商承担了逾期交房的责任之后,逾期办证的违约责任就不予承担的,应认定该约定属于免除开发商按时办证义务的无效格式条款,开发商仍应按照合同约定承担逾期交房、逾期办证的多项违约之责。

2. 王某国诉中国人寿保险公司淮安市楚州支公司保险合同纠纷案(《最高人民法院公报》2015 年第 12 期)

裁判规则:保险公司以保险合同格式条款限定被保险人患病时的治疗方式,既不符合医疗规律,也违背保险合同签订的目的。被保险人有权根据自身病情选择最佳的治疗方式,而不必受保险合同关于治疗方式的限制。保险公司不能以被保险人没有选择保险合同指定的治疗方式而免除自己的保险责任。

3. 孙某静诉上海一定得美容有限公司服务合同纠纷案(《最高人民法院公报》2014 年第 11 期)

裁判规则:在消费者预先支付全部费用、经营者分期分次提供商品或服务的预付式消费模式中,如果经营者提供的格式条款载明"若消费者单方终止消费,则经营者对已经收费但尚未提供商品或服务部分的价款不予退还"的,该类格式条款违反我国合同法、消费者权益保护法的相关规定,应属无效。

在预付式消费中,如果消费者单方终止消费,经营者并无违约或过错行为的,应结合消费者过错程度、经营者已经提供的商品或服务量占约定总量的比例、约定的计价方式等因素综合确定消费者的违约责任。

链接《民用航空法》第 130 条;《保险法》第 19 条;《消费者权益保护法》第 26 条;《消费者权益保护法实施条例》第 17 条;《海商法》第 126 条

第四百九十八条 【格式条款的解释方法】对格式条款的理解发生争议的,应当按照通常理解予以解释。对格式条款有两种以上解释的,应当作出不利于提供格式条款一方的解释。格式条款和非格式条款不一致的,应当采用非格式条款。

注释 格式条款解释,是在当事人对格式条款的含义存在不同理解时,应当依据何种事实、原则对该条款作出合理的说明。当对格式条款的理解发生争议时,应当对格式条款的内容进行解释。

格式条款解释的方法是:

1. 通常解释原则。格式条款解释的一般原则,是对有争议的合同条款按照通常的理解予以解释。

2. 不利解释原则。对格式条款有两种以上解释的,应当作不利于格式条款的提供方的解释。这是由于格式条款是由特定的一方当事人提供的,其服从性和不可协商性有可能使对方当事人的意思表示不真实,因而使其利益受到损害。格式条款在整体上会出现有利于提供者而不利于相对方的问题。

3. 格式条款和非格式条款不一致的,应当采用非格式条款。这是指在格式条款合同中,既存在格式条款,又存在非格式条款,内容不一致,采用不同的条款会对双方当事人的利益产生重大影响。对此,非格式条款处于优先地位,应当采用非格式条款确认合同内容,与该非格式条款相矛盾的格式条款无效。

案例 1. 曹某成、胡某兰、曹某建、曹某忠诉民生人寿保险股份有限公司江苏分公司保险合同纠纷案(《最高人民法院公报》2014 年第 10 期)

裁判规则:在保险人责任免除条款及保险条款释义中,没有对机动车的认定标准作出规定的情况下,基于轻便摩托车生产厂家产品说明书、产品检验合格证(均显示该车为助力车)的误导,以及被保险人客观上无法取得机动车号牌的事实,作出案涉车辆不属于保险人免责条款中所规定的机动车之解释,符合一个普通车辆购买人及使用人的认知标准,应作出有利于被保险人的解释,案涉车辆应认定为不属于保险人免责条款中所规定的机动车。此时,被保险人在不领取驾驶证的情况下驾驶上述车辆,亦不属于免责条款规定的无证驾驶情形。

2. 顾某芳诉张某君、林某钢、钟某军追偿权纠纷案(《最高人民法院公报》2017 年第 10 期)

裁判规则:对格式条款的理解发生争议的,首先应当按照通常理解予以解释。只有按照通常理解对格式条款有两种以上解释的,才应采用不利解释原则。连带共同保证中保证人减少时,应按实际保证人人数平均分配保证份额。

链接《保险法》第 30 条;《旅行社条例》第 29 条;《最高人民法院关于适用〈中华人民共和国保险法〉若干问题的解释(三)》第 14、17 条

第四百九十九条 【悬赏广告】悬赏人以公开方式声明对完成特定行为的人支付报酬的,完成该行为的人可以请求其支付。

注释 依据本条规定,悬赏广告的构成要满足以下几个条件:一是要以公开的方式作出声明。公开的具体方式,可以是通过广播电视、报纸期刊或者互联网等媒介发布,也可以是在公众场所发传单、在公开的宣传栏张贴广告等。二是悬赏人在声明中提出明确的要求,即要完成特定行为。该要求,要有具体、明确的表达,不能含混不清。三是悬赏人具有支付报酬的意思表示,即对完成特定行为的人给付一定报酬。悬赏人应当对报酬的形式、给付方式等作出明确的表达。如果报酬是给付金钱,应当明确金钱的币种、数额等。对于满足以上条件的悬赏广告,完成该特定行为的人可以请求悬赏人支付报酬,悬赏人不得拒绝。

第五百条 【缔约过失责任】当事人在订立合同过程中有下列情形之一,造成对方损失的,应当承担赔偿责任:

(一)假借订立合同,恶意进行磋商;

(二)故意隐瞒与订立合同有关的重要事实或者提供虚假情况;

(三)有其他违背诚信原则的行为。

注释 本条是对缔约过失责任的规定。缔约过失责任,也称为先契约责任或者缔约过失中的损害赔偿责任,是指在合同缔结过程中,一方当事人违反了以诚实信用为基础的先契约义务,造成了另一方当事人的损害,因此应承担的法律后果。

缔约过失责任的法律特征是:1. 是缔结合同过程中发生的民事责任;2. 是以诚实信用原则为基础的民事责任;3. 是以补偿缔约相对人损害后果为特征的民事责任。

缔约过失责任的主要表现是:1. 假借订立合同,恶意进行磋商。恶意磋商实际上已经超出了缔约过失的范围,而是恶意借订立合同之机加害于对方当事人或者第三人。对此造成的损失应当予以赔偿。2. 故意隐瞒与订立合同有关的重要事实或者提供虚假情况。故意隐瞒构成缔约过失,如知道或者应当知道合同无效的原因存在而不告

知对方,使对方产生信赖而造成损失。3. 有其他违背诚信原则的行为。这是缔约过失责任的主要部分,只要当事人在缔约过程中具有违背诚信原则的过失,使对方相信合同已经成立,因而造成损失的,都构成缔约过失责任。

缔约过失责任的形式是损害赔偿。对方因基于对对方当事人的信赖,而相信合同成立产生的信赖利益损失,有过失的一方缔约人应当全部予以赔偿。

案例 **深圳市标榜投资发展有限公司与鞍山市财政局股权转让纠纷案(《最高人民法院公报》2017年第12期)**

裁判规则:合同约定生效要件为报批允准,承担报批义务方不履行报批义务的,应当承担缔约过失责任。

缔约过失人获得利益以善意相对人丧失交易机会为代价,善意相对人要求缔约过失人赔偿的,人民法院应予支持。

除直接损失外,缔约过失人对善意相对人的交易机会损失等间接损失,应予赔偿。间接损失数额应考虑缔约过失人过错程度及获得利益情况、善意相对人成本支出及预期利益等,综合衡量确定。

第五百零一条 【合同缔结人的保密义务】当事人在订立合同过程中知悉的商业秘密或者其他应当保密的信息,无论合同是否成立,不得泄露或者不正当地使用;泄露、不正当地使用该商业秘密或者信息,造成对方损失的,应当承担赔偿责任。

注释 商业秘密,是指不为公众所知悉、能为权利人带来经济利益、具有实用性并经权利人采取保密措施的技术信息和经营信息。经营者不得采用下列手段侵犯商业秘密:(1)以盗窃、利诱、胁迫或者其他不正当手段获取权利人的商业秘密;(2)披露、使用或者允许他人使用以前项手段获取的权利人的商业秘密;(3)违反约定或者违反权利人有关保守商业秘密的要求,披露、使用或者允许他人使用其所掌握的商业秘密。第三人明知或者应知侵犯商业秘密的违法行为,获取、使用或者披露他人的商业秘密,视为侵犯商业秘密。

知悉对方当事人的商业秘密或者其他应当保密的信息的当事人,如果违反保密义务,向他人泄露该秘密,或者自己不正当地使用该商业秘密或者信息,凡是给对方造成损失的,都应当承担损害赔偿责任。

链接《反不正当竞争法》第9、21条

第三章 合同的效力

第五百零二条 【合同生效时间及未办理批准手续的处理规则】依法成立的合同,自成立时生效,但是法律另有规定或者当事人另有约定的除外。

依照法律、行政法规的规定,合同应当办理批准等手续的,依照其规定。未办理批准等手续影响合同生效的,不影响合同中履行报批等义务条款以及相关条款的效力。应当办理申请批准等手续的当事人未履行义务的,对方可以请求其承担违反该义务的责任。

依照法律、行政法规的规定,合同的变更、转让、解除等情形应当办理批准等手续的,适用前款规定。

注释 合同的效力是法律赋予依法成立的合同对当事人的法律强制力。合同生效,是指已经成立的合同在当事人之间产生法律约束力。合同生效时间,是合同在什么时间发生法律约束力。同时成立之原则,是合同生效时间的基本规则,即合同的成立与其效力同时发生。

合同生效时间包含两个内容:1. 合同生效的一般时间界限,是合同依法成立。这里的"依法",为承诺生效,合同即告成立。在这种情况下,合同成立和合同生效的时间是一致的。2. 法律另有规定或者当事人另有约定的,按照法律规定或者当事人约定的合同生效时间发生法律效力。例如当事人约定合同经过公证后生效,则在办理公证后合同生效。

本条第2款规定的是法律规定的合同生效时间。依照法律、行政法规规定应当办理批准等手续才生效的合同,在办理了相关的手续时生效。如果没有办理批准等手续,该合同不生效,但不是合同无效,仍然可以通过补办报批手续而使其生效。因此,未办理批准等手续,并不影响合同中履行报批等义务条款以及相关条款的效力。负有履行报批义务的当事人拒不履行该义务,致使合同无法生效的,应当承担损害赔偿责任,对对方当事人因此造成的损失,承担违约责任。

本条第3款规定的是,依照法律、行政法规的

规定,合同的变更、转让、解除等情形也应当办理批准等手续的,也应当按照第2款规定的规则处理。

案例 **1. 陈某全与确山县团山矿业开发有限公司采矿权转让合同纠纷案**(2016年7月12日最高人民法院发布十起审理矿业权民事纠纷案件典型案例)

裁判规则:对矿业权的转让进行审批,是国家规范矿业权有序流转,实现矿产资源科学保护、合理开发的重要制度。矿业权转让合同未经国土资源主管部门批准并办理矿业权变更登记手续,不发生矿业权物权变动的效力,但应确认转让合同中的报批义务条款自合同成立时起即具有法律效力,报批义务人应依约履行。在转让合同不具有法定无效情形且报批义务具备履行条件的情况下,相对人有权请求报批义务人履行报批义务;人民法院依据案件事实和相对人的请求,也可以判决由相对人自行办理报批手续。允许相对人自行办理报批手续既符合诚实信用和鼓励交易的原则,也有利于衡平双方当事人的利益。

2. 陈某斗与宽甸满族自治县虎山镇老边墙村民委员会采矿权转让合同纠纷案(《最高人民法院公报》2012年第3期)

裁判规则:租赁采矿权属于一种特殊的矿业权转让方式,采矿权转让合同属于批准后才生效的合同。根据国务院《探矿权采矿权转让管理办法》第10条第3款的规定,出租采矿权须经有权批准的机关审批,批准转让的,转让合同自批准之日起生效。

诉讼中,采矿权租赁合同未经批准,人民法院应认定该合同未生效。采矿权合同虽未生效,但合同约定的报批条款依然有效。如果一方当事人据此请求对方继续履行报批义务,人民法院经审查认为客观条件允许的,对其请求应予支持;继续报批缺乏客观条件的,依法驳回其请求。

链接《城市房地产管理法》第44条;《民用航空法》第14条;《海商法》第13条;《最高人民法院关于审理建设工程施工合同纠纷案件适用法律问题的解释(一)》第3条;《最高人民法院关于审理矿业权纠纷案件适用法律若干问题的解释》第6条;《最高人民法院关于审理商品房买卖合同纠纷案件适用法律若干问题的解释》第2、6条;《最高人民法院关于审理涉及国有土地使用权合同纠纷案件适用法律问题的解释》第2、8、13条;《民法典合同编通则司法解释》第12—14条

第五百零三条 **【被代理人以默示方式追认无权代理】**无权代理人以被代理人的名义订立合同,被代理人已经开始履行合同义务或者接受相对人履行的,视为对合同的追认。

注释 对于无权代理人以被代理人的名义订立的合同,尽管被代理人没有明示表示追认,但是被代理人已经开始履行该合同约定的义务,或者对对方当事人的履行行为予以受领的,就表明他已经接受了该合同订立的事实,并且承认其效力,因而视为被代理人对该合同的追认。被代理人不得再主张该合同对其不发生效力,善意相对人也不得对该合同行使撤销权。

第五百零四条 **【超越权限订立合同的效力】**法人的法定代表人或者非法人组织的负责人超越权限订立的合同,除相对人知道或者应当知道其超越权限外,该代表行为有效,订立的合同对法人或者非法人组织发生效力。

注释《民法典合同编通则司法解释》对超越职权的情形作了细化规定。第21条规定,合同所涉事项有下列情形之一的,人民法院应当认定法人、非法人组织的工作人员在订立合同时超越其职权范围:(一)依法应当由法人、非法人组织的权力机构或者决策机构决议的事项;(二)依法应当由法人、非法人组织的执行机构决定的事项;(三)依法应当由法定代表人、负责人代表法人、非法人组织实施的事项;(四)不属于通常情形下依其职权可以处理的事项。

《民法典合同编通则司法解释》对越权代表合同的效力作了进一步规定。第20条规定,法律、行政法规为限制法人的法定代表人或者非法人组织的负责人的代表权,规定合同所涉事项应当由法人、非法人组织的权力机构或者决策机构决议,或者应当由法人、非法人组织的执行机构决定,法定代表人、负责人未取得授权而以法人、非法人组织的名义订立合同,未尽到合理审查义务的相对人主张该合同对法人、非法人组织发生效力并由其承担违约责任的,人民法院不予支持,但是法人、非法人组织有过错的,可以参照民法典第157条的规定判决其承担相应的赔偿责任。相对人已尽到合理审查义务,构成表见代表的,人民法院应当依据民法典第504条的规定处理。合同所涉事项未超越法律、行政法规规定的法定代表人或者负责人的代表权限,但是超越法人、非法人组织的章程

或者权力机构等对代表权的限制,相对人主张该合同对法人、非法人组织发生效力并由其承担违约责任的,人民法院依法予以支持。但是,法人、非法人组织举证证明相对人知道或者应当知道该限制的除外。法人、非法人组织承担民事责任后,向有过错的法定代表人、负责人追偿因越权代表行为造成的损失的,人民法院依法予以支持。法律、司法解释对法定代表人、负责人的民事责任另有规定的,依照其规定。

链接《最高人民法院关于适用〈中华人民共和国民法典〉有关担保制度的解释》第7条;《民法典合同编通则司法解释》第20、21条

第五百零五条 【超越经营范围订立的合同效力】当事人超越经营范围订立的合同的效力,应当依照本法第一编第六章第三节和本编的有关规定确定,不得仅以超越经营范围确认合同无效。

注释 本条确定的规则是,当事人超越经营范围订立的合同的效力,应当依照总则编第六章关于民事法律行为效力问题的规定,以及本编关于合同效力的规定来确定,如果具有无效的事由,则应当确定合同无效,如果属于可撤销民事法律行为,则依照撤销权人的意志确定撤销还是不撤销,如果是效力待定的民事法律行为,则应当依照具体规则处理。如果不存在这些方面的法定事由,那么,这个合同就是有效的,不能仅仅以订立合同超越了该法人或者非法人组织的经营范围而确认合同无效。这样的规则延续了《民法典》第65条规定的不得对抗善意相对人的要求。如果相对人是非善意的,则应当依据上述民事法律行为效力的基本规则确定合同的效力。

案例 招商银行股份有限公司大连东港支行与大连振邦氟涂料股份有限公司、大连振邦集团有限公司借款合同纠纷案(《最高人民法院公报》2015年第2期)

裁判规则:《公司法》第16条第2款规定,公司为公司股东或者实际控制人提供担保的,必须经股东会或者股东大会决议。该条款是关于公司内部控制管理的规定,不应以此作为评价合同效力的依据。担保人抗辩认为其法定代表人订立抵押合同的行为超越代表权,债权人以其对相关股东会决议履行了形式审查义务,主张担保人的法定代表人构成表见代理的,人民法院应予支持。

链接《最高人民法院关于审理建设工程施工合同纠纷案件适用法律问题的解释(一)》第4条

第五百零六条 【免责条款无效情形】合同中的下列免责条款无效:

(一)造成对方人身损害的;

(二)因故意或者重大过失造成对方财产损失的。

注释 合同免责条款,是指双方当事人在合同中预先达成的免除将来可能发生损害的赔偿责任的合同条款。合同免责条款的特点是:1. 由双方约定;2. 以明示方式作出,并规定在合同中;3. 对当事人具有相当的约束力。

人身损害免责条款,是约定因履行合同对一方当事人造成人身伤害,而对方当事人对此不负责任、免除其赔偿责任的条款。这种免责条款是无效的。比如在劳动合同中,双方当事人约定免除人身伤害赔偿责任的条款都没有法律上的约束力,不能预先免除雇主的赔偿责任。不过这一规定有特例,例如在竞技体育中,对于某些有严重危险的项目,事先约定免除竞赛者的民事责任,为有效。如拳击、散打、跆拳道、搏击等项目,一方过失造成对方的人身伤害,不需承担赔偿责任,只有故意伤害对方当事人的,才应当承担赔偿责任。

财产损害免责条款,是约定一方当事人因故意或者重大过失造成对方损失,而免除其赔偿责任的条款。这样的免责条款,将会给对方当事人以损害他人财产的合法理由,因而也是无效的。

现有法律规定中免责条款无效的情形:

保险合同。订立保险合同,采用保险人提供的格式条款的,保险人向投保人提供的投保单应当附格式条款,保险人应当向投保人说明合同的内容。对保险合同中免除保险人责任的条款,保险人在订立合同时应当在投保单、保险单或者其他保险凭证上作出足以引起投保人注意的提示,并对该条款的内容以书面或者口头形式向投保人作出明确说明;未作提示或者明确说明的,该条款不产生效力。

安全生产。生产经营单位不得以任何形式与从业人员订立协议,免除或者减轻其对从业人员因生产安全事故伤亡依法应承担的责任。

航空运输。任何旨在免除《民用航空法》规定的承运人责任或者降低《民用航空法》规定的赔偿责任限额的条款,均属无效;但是,此种条款的无效,不影响整个航空运输合同的效力。

海上旅客运输合同。海上旅客运输合同中的

以下条款无效：(1)免除承运人对旅客应当承担的法定责任；(2)降低《海商法》关于海上旅客运输合同中规定的承运人责任限额；(3)对《海商法》关于海上旅客运输合同中规定的举证责任作出相反的约定；(4)限制旅客提出赔偿请求的权利。

合同条款的无效，不影响合同其他条款的效力。

链接《民用航空法》第130条；《保险法》第19条；《消费者权益保护法》第26条；《消费者权益保护法实施条例》第17条；《海商法》第126条

第五百零七条 【争议解决条款的独立性】合同不生效、无效、被撤销或者终止的，不影响合同中有关解决争议方法的条款的效力。

注释 仲裁协议独立存在，合同的变更、解除、终止或者无效，不影响仲裁协议的效力。(参见《仲裁法》第19条第1款)

合同成立后未生效或者被撤销的，仲裁协议效力的认定适用《仲裁法》第19条第1款的规定。当事人在订立合同时就争议达成仲裁协议的，合同未成立不影响仲裁协议的效力。(参见《最高人民法院关于适用〈中华人民共和国仲裁法〉若干问题的解释》第10条)

案例 **1. 苏州东宝置业有限公司、苏州市金城担保有限责任公司、苏州市东宝金属材料有限公司、苏州市东宝有黑色金属材料有限公司、徐某大与苏州百货总公司、江苏少女之春集团公司资产转让合同纠纷案(《最高人民法院公报》2007年第2期)**

裁判规则：当事人签订的多份合同中，有的约定了仲裁条款，有的既没有约定仲裁条款，也没有明确将其列为约定了仲裁条款的合同的附件，或表示接受约定了仲裁条款的合同关于仲裁管辖的约定。尽管上述合同之间具有一定的关联性，但不能因此否认各自的独立性。

根据仲裁法的相关规定，当事人采用仲裁方式解决纠纷，应当自愿达成仲裁协议；未达成仲裁协议，一方当事人申请仲裁的，仲裁委员会不予受理。因此，当事人约定仲裁管辖必须有明确的意思表示并订立仲裁协议，仲裁条款也只在达成仲裁协议的当事人之间产生法律效力。

2. 招商银行股份有限公司无锡分行与中国光大银行股份有限公司长春分行委托合同纠纷管辖权异议案(《最高人民法院公报》2016年第7期)

裁判规则：合同效力是对已经成立的合同是否具有合法性的评价，依法成立的合同，始对当事人具有法律约束力。《合同法》第57条关于“合同无效、被撤销或者终止的，不影响合同中独立存在的有关解决争议方法的条款的效力”的规定适用于已经成立的合同，“有关解决争议方法的条款”应当符合法定的成立条件。

审查管辖权异议，注重程序公正和司法效率，既要妥当保护当事人的管辖异议权，又要及时矫正、遏制当事人错用、滥用管辖异议权。确定管辖权应当以起诉时为标准，结合诉讼请求对当事人提交的证据材料进行形式要件审查以确定管辖。

从双方当事人在两案中的诉讼请求看，后诉的诉讼请求如果成立，存在实质上否定前诉裁判结果的可能，如果后诉的诉讼请求不能完全涵盖于前诉的裁判结果之中，后诉和前诉的诉讼请求所依据的民事法律关系并不完全相同，前诉和后诉并非重复诉讼。

案件移送后，当事人的诉讼请求是否在另案中通过反诉解决，超出了管辖异议的审查和处理的范围，应由受移送的人民法院结合当事人对诉权的处分等情况，依据《最高人民法院关于适用〈中华人民共和国民事诉讼法〉的解释》第232条、第233条等的有关规定依法处理。

3. 中国恒基伟业集团有限公司、北京北大青鸟有限责任公司与广晟投资发展有限公司、香港青鸟科技发展有限公司借款担保合同纠纷案(《最高人民法院公报》2008年第1期)

裁判规则：《最高人民法院关于适用〈中华人民共和国仲裁法〉若干问题的解释》第16条规定：“对涉外仲裁协议的效力审查，适用当事人约定的法律；当事人没有约定适用的法律但约定了仲裁地的，适用仲裁地法律；没有约定适用的法律也没有约定仲裁地或者仲裁地约定不明的，适用法院地法律。”据此，在涉外合同纠纷案件中，当事人在合同中约定有仲裁条款的，可以同时对确定该仲裁条款效力的准据法作出明确约定。因仲裁条款的独立性，故合同中约定的适用于解决合同争议的准据法，不能用以判定该仲裁条款的效力。如果当事人在合同中没有约定确定仲裁条款效力的准据法，也没有约定仲裁地或者对仲裁地约定不明，应当适用法院地法律审查仲裁协议的效力。

第五百零八条 【合同效力适用指引】本编对合同的效力没有规定的，适用本法第一编第六章的有关规定。

注释 本条是对认定合同效力适用民事法律行为效力规则的规定。

在原《民法通则》和原《合同法》之间,曾经存在民事法律行为效力规则和合同效力规则的双重规制,部分规定之间存在冲突。这是在松散型民法中不可避免的问题,故只能采取新法优于旧法的原则处理。

第四章 合同的履行

第五百零九条 【合同履行的原则】当事人应当按照约定全面履行自己的义务。

当事人应当遵循诚信原则,根据合同的性质、目的和交易习惯履行通知、协助、保密等义务。

当事人在履行合同过程中,应当避免浪费资源、污染环境和破坏生态。

注释 本条是对履行合同原则的规定。

合同履行是合同债务人全面地、适当地完成其合同义务,债权人的合同债权得到完全实现。

合同履行的原则,是指当事人在履行合同债务时应当遵循的基本准则。当事人在履行合同债务中,只有遵守这些基本准则,才能够实现债权人的债权,当事人期待的合同利益才能实现。

本条规定了三个合同履行原则:

1. 遵守约定原则,亦称约定必须信守原则。依法订立的合同对当事人具有法律约束力。双方的履行过程一切都要服从约定,信守约定,约定的内容是什么就履行什么,一切违反约定的履行行为都属于对该原则的违背。遵守约定原则包括:(1)适当履行原则,合同当事人按照合同约定的履行主体、标的、时间、地点以及方式等履行,且均须适当,完全符合合同约定的要求。(2)全面履行原则,要求合同当事人按照合同所约定的各项条款,全部而完整地完成合同义务。

2. 诚实信用原则,对于一切合同及合同履行的一切方面均应适用,根据合同的性质、目的和交易习惯履行合同义务。具体包括:(1)协作履行原则,要求当事人基于诚实信用原则的要求,对对方当事人的履行债务行为给予协助:一是及时通知,二是相互协助,三是予以保密。(2)经济合理原则,要求当事人在履行合同时追求经济效益,付出最小的成本,取得最佳的合同利益。

3. 绿色原则,依照《民法典》第9条规定,履行合同应当避免浪费资源、污染环境和破坏生态,遵守绿色原则。

案例 1. 陆某芳诉中国人寿保险股份有限公司太仓支公司保险合同纠纷案(《最高人民法院公报》2013年第11期)

裁判规则:人寿保险合同未约定具体的保费缴纳方式,投保人与保险人之间长期以来形成了较为固定的保费缴纳方式的,应视为双方成就了特定的交易习惯。保险公司单方改变交易习惯,违反最大诚信原则,致使投保人未能及时缴纳保费的,不应据此认定保单失效,保险公司无权终止合同效力并解除保险合同。

2. 周某栋诉江东农行储蓄合同纠纷案(《最高人民法院公报》2006年第2期)

裁判规则:对于商业银行法规定的保证支付、取款自由、为储户保密应当进行全面理解。保证支付不仅是指银行不得拖延、拒绝支付,还包括银行应当以适当的方式履行支付义务;取款自由,不仅包括取款时间、取款数额上的自由,在有柜台和自动取款机等多种取款方式的情况下,还应当包括选择取款方式的自由;为储户保密不仅是指银行应当对储户已经提供的个人信息保密,也包括应当为到银行办理交易的储户提供必要的安全、保密的环境。

第五百一十条 【约定不明时合同内容的确定】合同生效后,当事人就质量、价款或者报酬、履行地点等内容没有约定或者约定不明确的,可以协议补充;不能达成补充协议的,按照合同相关条款或者交易习惯确定。

注释 合同的标的和数量是主要条款,其他条款属于非主要条款。当事人就合同的主要条款达成合意即合同成立,非主要条款没有约定或者约定不明确,并不影响合同成立。

案例 罗某某诉张某某买卖合同纠纷案(最高人民法院民事审判第一庭《民事审判指导与参考》2010年第1辑)

裁判规则:双方当事人签订的《石料供应合同》合法有效,在出卖方不能证明供货的具体数量,仅能证明送货次数的情况下,则以运输车辆的核定载重吨位为准来确定。

链接《买卖合同解释》第2条;《民法典合同编通则司法解释》第3条

第五百一十一条 【质量、价款、履行地点等内容的确定】当事人就有关合同内容约定不明确,依据前条规定仍不能确定的,适用下列规定:

（一）质量要求不明确的，按照强制性国家标准履行；没有强制性国家标准的，按照推荐性国家标准履行；没有推荐性国家标准的，按照行业标准履行；没有国家标准、行业标准的，按照通常标准或者符合合同目的的特定标准履行。

（二）价款或者报酬不明确的，按照订立合同时履行地的市场价格履行；依法应当执行政府定价或者政府指导价的，依照规定履行。

（三）履行地点不明确，给付货币的，在接受货币一方所在地履行；交付不动产的，在不动产所在地履行；其他标的，在履行义务一方所在地履行。

（四）履行期限不明确的，债务人可以随时履行，债权人也可以随时请求履行，但是应当给对方必要的准备时间。

（五）履行方式不明确的，按照有利于实现合同目的的方式履行。

（六）履行费用的负担不明确的，由履行义务一方负担；因债权人原因增加的履行费用，由债权人负担。

链接《标准化法》第10—12条；《民法典合同编通则司法解释》第3条

第五百一十二条 【电子合同交付时间的认定】通过互联网等信息网络订立的电子合同的标的为交付商品并采用快递物流方式交付的，收货人的签收时间为交付时间。电子合同的标的为提供服务的，生成的电子凭证或者实物凭证中载明的时间为提供服务时间；前述凭证没有载明时间或者载明时间与实际提供服务时间不一致的，以实际提供服务的时间为准。

电子合同的标的物为采用在线传输方式交付的，合同标的物进入对方当事人指定的特定系统且能够检索识别的时间为交付时间。

电子合同当事人对交付商品或者提供服务的方式、时间另有约定的，按照其约定。

注释确定网络交易合同的交付时间，分为三种情形：

1. 网络买卖合同的商品交付，采用快递物流方式交付标的物的，应当以收货人的签收时间为交付时间。网络服务合同，由于没有明显的交付标志，因此以生成的电子凭证或者实物凭证中载明的时间为提供服务时间；如果前述凭证没有载明时间或者载明时间与实际提供服务时间不一致的，以实际提供服务的时间为准。

2. 电子合同的标的为采用在线传输方式交付的，例如网络咨询服务合同，合同标的物（如咨询报告）在进入对方当事人指定的且能够检索识别的时间为交付时间。

3. 电子合同当事人对交付商品或者提供服务的方式、时间另有约定的，按照其约定。例如，网络买卖合同的买受人主张自己选择快递物流取货的，将买卖标的物交付给买受人自己选择的快递物流单位的时间为交付时间。

链接《电子商务法》第51—57条

第五百一十三条 【执行政府定价或指导价的合同价格确定】执行政府定价或者政府指导价的，在合同约定的交付期限内政府价格调整时，按照交付时的价格计价。逾期交付标的物的，遇价格上涨时，按照原价格执行；价格下降时，按照新价格执行。逾期提取标的物或者逾期付款的，遇价格上涨时，按照新价格执行；价格下降时，按照原价格执行。

注释合同的标的物属于政府定价或者政府指导价的，必须按照政府定价和政府指导价确定其价格，当事人不得另行约定价格。

政府定价是国家对少数关乎国计民生的产品由政府直接确定价格，企业不得违背的定价。政府指导价是政府对少数产品确定一个中准价，各地根据当地情况作出具体定价，按照当地政府确定的定价进行交易，当事人应当执行这种定价。

合同在履行过程中，如果遇到政府定价或者政府指导价作调整时，确定产品价格的原则是保护按约履行合同的一方。具体办法是：1. 执行政府定价和政府指导价的，在履行中遇到政府定价或者政府指导价作调整时，应按交付时的政府定价或者政府指导价计价，即按新的价格执行：交付货物时，该货物提价的，按已提的价格执行；降价的，则按所降的价格计算。2. 当事人逾期交货的，该产品的政府定价或者政府指导价提高时，按原定的价格执行；该产品政府定价或者政府指导价降低时，按已降低的价格执行。3. 当事人超过合同规定时间提货或付款的，该产品的政府定价或者政府指导价提高时，按已提高的价格计价付款；该产品政府定价或者政府指导价降低时，则按原来合同所议定的价格执行。

第五百一十四条 【金钱之债给付货币的确定规则】以支付金钱为内容的债，除法律另有规定或者当事人另有约定外，债权人可以请求债务人以实际履行地的法定货币履行。

注释 本条是新增条文。金钱债务，又称为金钱之债、货币之债，是指以给付一定数额的金钱为标的的债务。金钱债务的履行，涉及清偿时用何种货币支付的问题。

本条规定的规则是：1. 法律规定或者当事人有约定的，依照法律规定或者当事人约定的货币种类予以支付。例如法律规定在中国境内不能以外币支付的就应当以人民币结算；当事人约定的支付币种不违反国家法律规定的，依当事人约定。2. 除前述情形外，债权人可以请求债务人以实际履行地的法定货币履行。

第五百一十五条 【选择之债中债务人的选择权】标的有多项而债务人只需履行其中一项的，债务人享有选择权；但是，法律另有规定、当事人另有约定或者另有交易习惯的除外。

享有选择权的当事人在约定期限内或者履行期限届满未作选择，经催告后在合理期限内仍未选择的，选择权转移至对方。

注释 选择之债，是指债的关系在成立之时，确定的标的有数个，当事人在履行时可以选定其中一个为给付的债。其要件是：1. 须预定数种给付债务；2. 债务人只需于数种给付债务中选定其一为给付。凡在债的给付标的、履行时间、方式、地点等诸方面可供选择的债，都为选择之债。

选择之债因选择权的行使，而最终确定一个给付为债的标的，并因此产生溯及既往的效力。在数种给付中确定其一为给付，就是选择之债的确定。选择权也叫择定权，是指在选择之债中，一方当事人享有的因自己的意思表示而引起选择之债变更为简单之债的形成权。

选择权以属于债务人为原则，因为债务毕竟是要由债务人实际履行的，将选择权归属于债务人，既有利于保护债务人的利益，也有利于债务的履行。如果法律另有规定或者当事人另有约定，则从其规定或者约定。

选择权也可以转移，转移的条件是：享有选择权的当事人在约定期限内或者履行期限届满未作选择，经催告后在合理期限内仍未选择。

第五百一十六条 【选择权的行使】当事人行使选择权应当及时通知对方，通知到达对方时，标的确定。标的确定后不得变更，但是经对方同意的除外。

可选择的标的发生不能履行情形的，享有选择权的当事人不得选择不能履行的标的，但是该不能履行的情形是由对方造成的除外。

注释 选择权是形成权，一经行使，即发生选择的效力，被选择的债务就被特定化，其他选项的债务消灭。故享有选择权的当事人在行使选择权时，以对相对人作出意思表示而发生效力，即及时通知对方，通知到达对方时，标的确定，从而使该选择之债自始成为简单之债。该意思表示非经相对人同意，不得变更，也不得撤销，除非对方当事人同意。

如果在选择之债的数种给付中，其中一个或数个因不可抗力等原因而履行不能时，则选择权人只能就剩余的给付加以选择。尤其是只有一种可以履行而其他均发生履行不能时，则当事人丧失选择的余地，只能按可以履行的标的履行，选择之债变更为简单之债，无须另行选择。此种不能履行应当以不可归责于无选择权的当事人为限。如果该履行不能因无选择权的当事人的行为所致，则选择权人仍然有权就该不能履行的给付加以选择。如果选择权人为债务人，可以通过选择不能履行的给付而免予承担自己的债务；如果选择权人为债权人，则其可以通过选择不能履行的给付而解除合同，追究对方的违约责任。

第五百一十七条 【按份债权与按份债务】债权人为二人以上，标的可分，按照份额各自享有债权的，为按份债权；债务人为二人以上，标的可分，按照份额各自负担债务的，为按份债务。

按份债权人或者按份债务人的份额难以确定的，视为份额相同。

注释 可分之债，是指在债的关系中，债权或者债务是可以分割的债。可分之债的性质为复数之债，且只是因为标的的同一而联系在一起，各债权或者债务并无共同目的，故各债权人或者债务人发生的事项，原则上不对其他债权人或者债务人产生效力。债权或者债务是否可以分割的标准是：1. 债权或者债务的分割是否损害债的目的。分割不损害债的目的的，为可分给付；否则为不可分给付。2. 债权或者债务的分割是否在约定中予以禁止。3. 债权或者债务分割是否符合交易习惯和标的物的用途。比如钥匙与锁的关系，不能仅交付其一。

可分之债分为可分债权和可分债务。债权人为二人以上，标的可分，按照份额各自享有债权的,为按份债权;债务人为二人以上,标的可分,按照份额各自负担债务的,为按份债务。

第五百一十八条 【连带债权与连带债务】债权人为二人以上,部分或者全部债权人均可以请求债务人履行债务的,为连带债权;债务人为二人以上,债权人可以请求部分或者全部债务人履行全部债务的,为连带债务。

连带债权或者连带债务,由法律规定或者当事人约定。

注释 本条是对连带债权和连带债务的规定。

连带之债,是指在一个债的关系中,债权人或者债务人有数人时,各个债权人均得请求债务人履行全部债务,各个债务人均负有履行全部债务的义务,且全部债务因一次全部履行而归于消灭的债。

连带之债产生于两种原因:1. 法定连带之债,例如合伙债务、代理上的连带债务、共同侵权行为的损害赔偿责任为连带之债,以及法律规定的其他连带之债。2. 意定连带之债,当事人通过协议,约定为连带债权或者连带债务,如数个借款合同债务人就同一借贷,约定各负清偿全部债务的义务。

链接《合伙企业法》第 39、40 条

第五百一十九条 【连带债务份额的确定及追偿】连带债务人之间的份额难以确定的,视为份额相同。

实际承担债务超过自己份额的连带债务人,有权就超出部分在其他连带债务人未履行的份额范围内向其追偿,并相应地享有债权人的权利,但是不得损害债权人的利益。其他连带债务人对债权人的抗辩,可以向该债务人主张。

被追偿的连带债务人不能履行其应分担份额的,其他连带债务人应当在相应范围内按比例分担。

注释 连带债务对外不分份额,只有对内才分份额,连带债务人在内部对自己的份额承担最终责任。连带债务人可以事先约定份额,或者根据实际情况确定份额。如果债务份额难以确定的,视为份额相同,各个债务人以同等份额承担最终责任。

在连带债务中,由于每一个债务人对外均负有履行全部债务的义务,债权人有权向连带债务人中的数人或者全体请求履行。被请求的债务人不得以还有其他债务人而互相推诿,也不得以自己仅负担债务中的一定份额为由而拒绝履行全部债务。连带债务人这时承担的清偿责任,是中间责任。在承担中间责任中,如果实际承担债务的连带债务人承担了超过自己的份额的,有权就超出部分在其他连带债务人未履行的份额范围内向其追偿。在行使追偿权时,承担了超出自己份额的中间责任的债务人,实际上相应地享有了债权人的权利,但是,行使这种债权,不得损害债权人的利益。连带债务人在行使追偿权时,如果其他连带债务人对连带债务的债权人享有抗辩权的,可以向该债务人主张对债权人的抗辩,对抗该债务人的追偿权。

本条第 3 款为新增条文,进一步明确了被追偿的连带债务人不能履行其应分担份额时,其他连带债务人的分担规则。

第五百二十条 【连带债务人之一所生事项涉他效力】部分连带债务人履行、抵销债务或者提存标的物的,其他债务人对债权人的债务在相应范围内消灭;该债务人可以依据前条规定向其他债务人追偿。

部分连带债务人的债务被债权人免除的,在该连带债务人应当承担的份额范围内,其他债务人对债权人的债务消灭。

部分连带债务人的债务与债权人的债权同归于一人的,在扣除该债务人应当承担的份额后,债权人对其他债务人的债权继续存在。

债权人对部分连带债务人的给付受领迟延的,对其他连带债务人发生效力。

注释 在连带债务中,就一债务人所生的事项,效力有的及于其他债务人,有的不及于其他债务人。前者称为有涉他效力的事项,后者称为无涉他效力的事项。

在连带债务中,有涉他效力的事项包括:

1. 部分连带债务人履行、抵销债务或者提存标的物的,其他债务人对债权人的债务在相应范围内消灭;该债务人可以依照前条规定向其他债务人追偿。

2. 部分连带债务人的债务被债权人免除的,在该连带债务人所应承担的份额范围内,其他债务人对债权人的债务消灭。

3. 部分连带债务人的债务与债权人的债权同归于一人的,在扣除该债务人所应承担的份额后,债权人对其他债务人的债权继续存在。

4. 债权人对部分连带债务人的给付受领迟延的,对其他连带债务人发生效力。

第五百二十一条 【连带债权内外部关系】连带债权人之间的份额难以确定的,视为份额相同。

实际受领债权的连带债权人,应当按比例向其他连带债权人返还。

连带债权参照适用本章连带债务的有关规定。

第五百二十二条 【向第三人履行】当事人约定由债务人向第三人履行债务,债务人未向第三人履行债务或者履行债务不符合约定的,应当向债权人承担违约责任。

法律规定或者当事人约定第三人可以直接请求债务人向其履行债务,第三人未在合理期限内明确拒绝,债务人未向第三人履行债务或者履行债务不符合约定的,第三人可以请求债务人承担违约责任;债务人对债权人的抗辩,可以向第三人主张。

注释 向第三人履行,即第三人代债权人受领。合同当事人约定向第三人履行合同的,只要该第三人符合法律或合同规定的接受履行资格能够受领的,该第三人就成为合同的受领主体,是合格的受领主体,有权接受履行。第三人接受履行时,只是接受履行的主体,而不是合同当事人。第三人替债权人接受履行不适当或因此给债务人造成损失的,应由债权人承担民事责任。当债务人向第三人履行清偿义务,履行增加的费用,应当由债权人负担。当债务人未向第三人履行债务或者履行债务不符合约定的,构成违约行为,债务人应当向债权人承担违约责任。第三人替债权人接受履行,通常是因为第三人与债权人之间存在一定关系,但第三人并不是债权人的代理人,不应当适用关于代理的规定。

本条在原《合同法》第64条的基础上增加规定了第2款。《民法典合同编通则司法解释》对本条作了进一步解释。第29条规定,民法典第522条第2款规定的第三人请求债务人向自己履行债务的,人民法院应予支持;请求行使撤销权、解除权等民事权利的,人民法院不予支持,但是法律另有规定的除外。合同依法被撤销或者被解除,债务人请求债权人返还财产的,人民法院应予支持。债务人按照约定向第三人履行债务,第三人拒绝受领,债权人请求债务人向自己履行债务的,人民法院应予支持,但是债务人已经采取提存等方式消灭债务的除外。第三人拒绝受领或者受领迟延,债务人请求债权人赔偿因此造成的损失的,人民法院依法予以支持。

链接《民法典合同编通则司法解释》第29条

第五百二十三条 【第三人履行】当事人约定由第三人向债权人履行债务,第三人不履行债务或者履行债务不符合约定的,债务人应当向债权人承担违约责任。

注释 由第三人履行,也叫第三人代债务人履行,是指在合同的履行中,由第三人代替债务人向债权人履行债务。第三人代债务人履行,是合同的履行主体变化。在第三人代替债务人履行债务中,第三人与债权人、债务人并未达成转让债务协议,第三人并未成为合同当事人,只是按照合同当事人之间的约定,代替债务人向债权人履行债务,并不构成债务转移。根据合同自由原则,只要不违反法律规定和合同约定,且未给债权人造成损失或增加费用,由第三人履行是有效的。

构成由第三人履行,即当事人约定由第三人向债权人履行债务的,如果第三人不履行债务或者履行债务不符合约定,债务人构成违约行为,应当向债权人承担违约责任。

链接《买卖合同解释》第16条

第五百二十四条 【第三人代为履行】债务人不履行债务,第三人对履行该债务具有合法利益的,第三人有权向债权人代为履行;但是,根据债务性质、按照当事人约定或者依照法律规定只能由债务人履行的除外。

债权人接受第三人履行后,其对债务人的债权转让给第三人,但是债务人和第三人另有约定的除外。

注释 本条为新增条文。当一个债务已届履行期,债务人不履行债务,该不履行债务的行为有可能损害第三人的利益时,第三人得代债务人向债权人履行债务,以使自己的合法利益得到保全。如果根据债务的性质、按照当事人约定或者依照法律规定,该债务只能由债务人履行的,不适用第三人代为履行的规则。

第三人代债务人履行之后,债权人已经接受第三人的履行的,债权人对债务人的债权就转让给了第三人,第三人对债务人享有该债权,可以向债务人主张该债权。如果债务人和第三人对如何确定他们之间的债权债务关系另有约定的，则按照约定办理，不受这一债权转让规则的拘束。

《民法典合同编通则司法解释》对第三人代为清偿规则的适用作了规定。第30条规定，下列民事主体，人民法院可以认定为民法典第524条第1款规定的对履行债务具有合法利益的第三人：（一）保证人或者提供物的担保的第三人；（二）担保财产的受让人、用益物权人、合法占有人；（三）担保财产上的后顺位担保权人；（四）对债务人的财产享有合法权益且该权益将因财产被强制执行而丧失的第三人；（五）债务人为法人或者非法人组织的，其出资人或者设立人；（六）债务人为自然人的，其近亲属；（七）其他对履行债务具有合法利益的第三人。第三人在其已经代为履行的范围内取得对债务人的债权，但是不得损害债权人的利益。担保人代为履行债务取得债权后，向其他担保人主张担保权利的，依据《最高人民法院关于适用〈中华人民共和国民法典〉有关担保制度的解释》第13条、第14条、第18条第2款等规定处理。

链接《民法典合同编通则司法解释》第30条

第五百二十五条 【同时履行抗辩权】当事人互负债务，没有先后履行顺序的，应当同时履行。一方在对方履行之前有权拒绝其履行请求。一方在对方履行债务不符合约定时，有权拒绝其相应的履行请求。

注释 所谓抗辩权，是指对抗请求权或否认对方权利主张的权利，又称为异议权。其包括消灭的抗辩权和延缓的抗辩权。行使消灭的抗辩权会使对方的请求权归于消灭，而延缓的抗辩权仅阻碍对方请求权效力在一定期限内的发生。

同时履行抗辩权，又称为不履行抗辩权，是指双务合同的当事人在对方未为对待给付之前，得拒绝履行自己的给付。同时履行抗辩权的产生需要满足下列条件：(1)当事人双方因同一双务合同而互负债务。互负债务是指当事人所负的债务具有对价关系，而并非经济上完全等价。(2)合同中没有约定履行的先后顺序。(3)双方互负的债务均已届清偿期。(4)对方当事人未履行合同义务或者未按照约定履行合同义务。其中，未按照约定履行合同义务包括瑕疵履行即交付的标的物存在质量问题和部分履行即交付的标的物在数量上不足。(5)对方当事人的对待履行是可能的。如果对方当事人因客观原因不能履行合同义务，则应当通过合同变更、解除或者追究违约责任等规则来处理，适用同时履行抗辩权规则没有任何意义。例如，以特定物为标的的合同，在履行前标的物毁损灭失的，行使同时履行抗辩权无助于合同履行。

《民法典合同编通则司法解释》第31条第2款规定，当事人一方起诉请求对方履行债务，被告依据民法典第525条的规定主张双方同时履行的抗辩且抗辩成立，被告未提起反诉的，人民法院应当判决被告在原告履行债务的同时履行自己的债务，并在判项中明确原告申请强制执行的，人民法院应当在原告履行自己的债务后对被告采取执行行为；被告提起反诉的，人民法院应当判决双方同时履行自己的债务，并在判项中明确任何一方申请强制执行的，人民法院应当在该当事人履行自己的债务后对对方采取执行行为。

链接《民法典合同编通则司法解释》第31条

第五百二十六条 【先履行抗辩权】当事人互负债务，有先后履行顺序，应当先履行债务一方未履行的，后履行一方有权拒绝其履行请求。先履行一方履行债务不符合约定的，后履行一方有权拒绝其相应的履行请求。

注释 先履行抗辩权，是指根据法律规定或者当事人约定，双务合同的一方当事人应当先履行合同义务，先履行一方未履行或者未适当履行的，后履行一方有权拒绝为相应履行。先履行抗辩权是为了保护后履行一方的期限利益或者其履行合同条件而规定的。先履行抗辩权的适用条件包括：(1)合同当事人根据同一双务合同而互负债务。(2)合同当事人的债务履行有先后次序。(3)应当先履行的一方当事人没有履行或者履行不符合约定。(4)应当先履行的债务是可能履行的。先履行抗辩权属延期的抗辩权，只是暂时阻止对方当事人请求权的行使，非永久的抗辩权。对方当事人完全履行了合同义务，先履行抗辩权消灭，当事人应当履行自己的义务。当事人行使先履行抗辩权致使合同迟延履行的，迟延履行责任应由对方当事人承担。

《民法典合同编通则司法解释》第31条第3款规定，当事人一方起诉请求对方履行债务，被告依据民法典第526条的规定主张原告应先履行的抗辩且抗辩成立的，人民法院应当驳回原告的诉讼请求，但是不影响原告履行债务后另行提起诉讼。

链接《买卖合同解释》第 31 条;《民法典合同编通则司法解释》第 31 条

第五百二十七条 【不安抗辩权】应当先履行债务的当事人,有确切证据证明对方有下列情形之一的,可以中止履行:

(一)经营状况严重恶化;

(二)转移财产、抽逃资金,以逃避债务;

(三)丧失商业信誉;

(四)有丧失或者可能丧失履行债务能力的其他情形。

当事人没有确切证据中止履行的,应当承担违约责任。

注释 不安抗辩权,是指双务合同中一方当事人应当先履行合同义务,在合同订立之后履行之前,有确切证据证明后履行一方当事人将来有不履行或者不能履行合同的可能时,先履行一方可以暂时中止履行,并及时通知对方当事人在合理的期限内提供适当担保;如果对方在合理期限内提供了适当担保,则应当恢复履行;如果对方未能在合理期限内提供适当担保,则中止履行的一方可以解除合同。例如,甲、乙订有一买卖合同,约定甲于 6 月 1 日前交货,乙收到货后 2 个月内付款。之后,甲发现乙因故需承担巨额赔偿责任,并有确切证据证明其难以付清货款,于是甲可以行使不安抗辩权中止向乙供货,并及时通知乙。如果乙提供了相应担保,甲应恢复履行合同义务。

不安抗辩权的适用条件包括以下几个方面:(1)双务合同中一方当事人应当先履行合同义务。如果当事人没有在合同中约定、法律也没有规定当事人履行义务的先后次序,则当事人应当同时履行合同义务,只能适用同时履行抗辩权,而不能行使不安抗辩权。(2)有确切的证据证明后履行一方当事人将来不履行或者不能履行合同义务。没有确切证据而中止自己的履行要承担违约责任。包括以下几种情形:①经营状况严重恶化,是指合同订立之后,当事人的经营状况发生不好的变化,财产大量减少,以致影响其履行债务的能力;②转移财产、抽逃资金,是指后履行债务的当事人以逃避债务为目的,将自己的财产转移到别处或者从企业中撤回所投入的资金;③丧失商业信誉,是指后履行债务的当事人失去了诚实信用、按期履行等良好的声誉;④有丧失或者可能丧失履行债务能力的其他情形。一方当事人出现丧失或者可能丧失履行债务能力的情形并不以其对这种结果的发生存在过错为条件,不论是何种原因造成的,只要存在丧失或者可能丧失履行债务能力的事实即可。(3)应当先履行一方当事人的合同义务已到履行期。如果先履行一方当事人的合同履行期限尚未届至,则其可以根据期限规定进行抗辩,而无须援用不安抗辩权。

案例 俞某新与福建华辰房地产有限公司、魏某瑞商品房买卖(预约)合同纠纷案(《最高人民法院公报》2011 年第 8 期)

裁判规则:根据合同的相对性原则,涉案合同一方当事人以案外人违约为由,主张在涉案合同履行中行使不安抗辩权的,人民法院不予支持。

第五百二十八条 【不安抗辩权的行使】当事人依据前条规定中止履行的,应当及时通知对方。对方提供适当担保的,应当恢复履行。中止履行后,对方在合理期限内未恢复履行能力且未提供适当担保的,视为以自己的行为表明不履行主要债务,中止履行的一方可以解除合同并可以请求对方承担违约责任。

注释 法律为求双务合同当事人双方利益的平衡,规定主张不安抗辩权的当事人对后履行一方当事人负担通知义务。法律要求主张不安抗辩权的一方当事人在提出权利主张的同时,应当立即通知另一方。不安抗辩权的行使取决于权利人一方的意思,无须取得另一方同意的必要。法律使其负即时通知义务,是为了避免另一方当事人因此受到损害。

通知的另一个目的在于,经过通知,便于后履行一方在获此通知后,及时提供充分的履行债务担保,以消灭不安抗辩权。不安抗辩权消灭后,先履行一方应当恢复履行。

不安抗辩权行使后产生的法律后果是:1. 先履行一方已经发出通知后,在后履行一方当事人没有提供适当担保之前,有权中止自己的履行。2. 后履行一方当事人接到通知后,向对方提供了适当担保的,不安抗辩权消灭,合同恢复履行,主张不安抗辩权的当事人应当承担先履行的义务。3. 先履行债务的当事人中止履行并通知对方当事人后,对方当事人在合理期限内没有恢复履行能力,也没有提供适当担保的,先履行债务的当事人产生法定解除权,可以单方解除合同,同时还可以主张追究后履行一方的违约责任。

第五百二十九条 【因债权人原因致债务履行困难的处理】债权人分立、合并或者变更住所没有通知债务人，致使履行债务发生困难的，债务人可以中止履行或者将标的物提存。

注释 在合同履行过程中，债务人应当诚实守信，积极履约，满足债权人的债权要求。但是，在由于债权人的原因，而使债务人履行发生困难时，就不能认为债务人违约。

第五百三十条 【债务人提前履行债务】债权人可以拒绝债务人提前履行债务，但是提前履行不损害债权人利益的除外。

债务人提前履行债务给债权人增加的费用，由债务人负担。

第五百三十一条 【债务人部分履行债务】债权人可以拒绝债务人部分履行债务，但是部分履行不损害债权人利益的除外。

债务人部分履行债务给债权人增加的费用，由债务人负担。

第五百三十二条 【当事人变化不影响合同效力】合同生效后，当事人不得因姓名、名称的变更或者法定代表人、负责人、承办人的变动而不履行合同义务。

第五百三十三条 【情势变更】合同成立后，合同的基础条件发生了当事人在订立合同时无法预见的、不属于商业风险的重大变化，继续履行合同对于当事人一方明显不公平的，受不利影响的当事人可以与对方重新协商；在合理期限内协商不成的，当事人可以请求人民法院或者仲裁机构变更或者解除合同。

人民法院或者仲裁机构应当结合案件的实际情况，根据公平原则变更或者解除合同。

注释 情势变更原则，是指在合同成立后，订立合同的基础条件发生了当事人在订立合同时无法预见的、不属于商业风险的重大变化，仍然维持合同效力履行合同对于当事人一方明显不公平的情势，受不利影响的当事人可以请求对方重新协商，变更或解除合同并免除责任的合同效力规则。

《民法典合同编通则司法解释》对情势变更制度的适用作出规定。第 32 条规定，合同成立后，因政策调整或者市场供求关系异常变动等原因导致价格发生当事人在订立合同时无法预见的、不属于商业风险的涨跌，继续履行合同对于当事人一方明显不公平的，人民法院应当认定合同的基础条件发生了民法典第 533 条第 1 款规定的"重大变化"。但是，合同涉及市场属性活跃、长期以来价格波动较大的大宗商品以及股票、期货等风险投资型金融产品的除外。合同的基础条件发生了民法典第 533 条第 1 款规定的重大变化，当事人请求变更合同的，人民法院不得解除合同；当事人一方请求变更合同，对方请求解除合同的，或者当事人一方请求解除合同，对方请求变更合同的，人民法院应当结合案件的实际情况，根据公平原则判决变更或者解除合同。人民法院依据民法典第 533 条的规定判决变更或者解除合同的，应当综合考虑合同基础条件发生重大变化的时间、当事人重新协商的情况以及因合同变更或者解除给当事人造成的损失等因素，在判项中明确合同变更或者解除的时间。当事人事先约定排除民法典第 533 条适用的，人民法院应当认定该约定无效。

不可抗力制度和情势变更制度具有相同之处：(1) 两者均非商业风险，也都是当事人事先无法预见的情形；(2) 两者的发生及其影响均不可归责于当事人；(3) 两者均可能对合同的履行和责任承担造成影响，并产生相应法律后果；(4) 两者对于合同的影响均出现于合同订立之后履行完毕之前。

但二者毕竟是两种不同的制度，具有很多不同之处：(1) 制度价值不同。不可抗力制度，主要是一种免责事由。该制度体现的精神是法律不强人所难，不让无辜者承担意外之责。情势变更制度体现的精神是当事人之间的公平和合同权利义务的对等。(2) 适用范围不同。不可抗力制度作为民事责任的一般免责事由，除法律作出的特殊规定外，适用于所有民事责任领域，特别是侵权责任领域和合同领域。情势变更制度仅为合同领域的一项特殊制度。(3) 对合同的影响方式和程度不同。不可抗力制度的适用前提是不可抗力造成当事人不能履行合同的后果。情势变更制度是合同基础条件与合同成立时相比出现了当事人无法预见且不可归责于当事人的重大变化，该重大变化对合同的履行也造成了重大影响，但是一般来说合同仍有继续履行的可能，只是继续履行合同对一方当事人明显不公平，例如履行成本显著上升、等价交换关系显著失衡。(4) 法律效果不同。适用不可抗力制度体现为免责，对于因不可抗力造成的履行不能，免除全部或者部分责任。但是，其不直接导致变更合同内容，合同部分不能履行的,其他部分继续履行,合同一时不能履行的,影响消除后继续履行。适用情势变更制度则体现为合同的解除或者变更,不直接具有免责效果。在根据该制度调整权利义务前,当事人之间的权利义务关系不变,只有在根据该制度进行调整后,当事人的权利义务关系才按照调整后的内容继续履行。至于如何调整,是解除合同,还是变更合同,如何变更合同,需要法院或仲裁机构在个案中根据具体情况判断。(5)当事人权利行使方式和程序不同。当不可抗力导致不能履行合同时,受不可抗力影响的一方应当及时向对方发出受不可抗力影响不能履行合同的通知,并在合理期限内提供证明。未发出通知导致对方损失扩大的,对于扩大的损失不能免责,对于迟延履行后发生不可抗力的也不能主张免除责任。对于情势变更制度,因情势变化导致合同履行对一方明显不公平时,受不利影响的当事人首先可以通过与对方协商调整失衡的利益,在合理期限内协商不成的,当事人可以请求法院或仲裁机构变更或解除合同。

实务问答 如何认定"重大变化"?

当事人签订具有合作性质的长期性合同,因政策变化对当事人履行合同产生影响,但该变化不属于订立合同时无法预见的重大变化,按照变化后的政策要求予以调整亦不影响合同继续履行,且继续履行不会对当事人一方明显不公平,该当事人不能依据《民法典》第533条请求变更或者解除合同。该当事人请求终止合同权利义务关系,守约方不同意终止合同,但双方当事人丧失合作可能性导致合同目的不能实现的,属于《民法典》第580条第1款第2项规定的"债务的标的不适于强制履行",应根据违约方的请求判令终止合同权利义务关系并判决违约方承担相应的违约责任。(最高人民法院发布《关于适用〈中华人民共和国民法典〉合同编通则若干问题的解释》相关典型案例之案例四:某旅游管理公司与某村村民委员会等合同纠纷案)

案例 大宗集团有限公司、宗某晋与淮北圣火矿业有限公司、淮北圣火房地产开发有限责任公司、涡阳圣火房地产开发有限公司股权转让纠纷案(《最高人民法院公报》2016年第6期)

裁判规则:矿业权与股权是两种不同的民事权利,如果仅转让公司股权而不导致矿业权主体的变更,则不属于矿业权转让,转让合同无需地质矿产主管部门审批,在不违反法律、行政法规强制性规定的情况下,应认定合同合法有效。迟延履行生效合同约定义务的当事人以迟延履行期间国家政策变化为由主张情势变更的,不予支持。

链接《民法典合同编通则司法解释》第32条

第五百三十四条 【合同监督】对当事人利用合同实施危害国家利益、社会公共利益行为的,市场监督管理和其他有关行政主管部门依照法律、行政法规的规定负责监督处理。

第五章 合同的保全

第五百三十五条 【债权人代位权】因债务人怠于行使其债权或者与该债权有关的从权利,影响债权人的到期债权实现的,债权人可以向人民法院请求以自己的名义代位行使债务人对相对人的权利,但是该权利专属于债务人自身的除外。

代位权的行使范围以债权人的到期债权为限。债权人行使代位权的必要费用,由债务人负担。

相对人对债务人的抗辩,可以向债权人主张。

注释 债权人代位权,是指债权人依法享有的为保全其债权,以自己的名义行使属于债务人对相对人权利的实体权利。当债务人怠于行使属于自己的债权或者与该债权有关的从权利,而害及债权人的权利实现时,债权人可依债权人代位权,以自己的名义行使债务人怠于行使的债权。其特征是:1. 债权人代位权是债权的从权利;2. 债权人代位权是债权人以自己的名义代债务人之位行使的权利;3. 债权人代位权的目的是保全债权;4. 债权人代位权的性质是管理权。

《民法典合同编通则司法解释》对专属于债务人自身的权利作了进一步规定。第34条规定,下列权利,人民法院可以认定为民法典第535条第1款规定的专属于债务人自身的权利:(一)抚养费、赡养费或者扶养费请求权;(二)人身损害赔偿请求权;(三)劳动报酬请求权,但是超过债务人及其所扶养家属的生活必需费用的部分除外;(四)请求支付基本养老保险金、失业保险金、最低生活保障金等保障当事人基本生活的权利;(五)其他专属于债务人自身的权利。

本条规定的是债权人债权到期的代位权,其行使要件是:1. 债权人对债务人的债权合法;2. 债务人怠于行使其债权或者与该债权有关的从权利;3. 影响债权人到期债权的实现;4. 债务人的权利不是专属于债务人自身的权利。

债权人行使代位权,是向人民法院请求以自己的名义行使债务人对相对人的权利。行使权利的范围,应当以债务人到期债权或者与该债权有关的从权利为限,对超出到期债权范围的部分,不能行使代位权。债权人行使代位权所支出的费用,由债务人负担,债权人可以向其追偿。

债权人行使代位权时,相对人对债务人的抗辩,可以向债权人主张,例如相对人因债务超过诉讼时效而取得抗辩权,该抗辩权可以直接向债权人行使,可以对抗债权人代位权。

对于起诉债务人后又提起代位权诉讼的情形,《民法典合同编通则司法解释》第38条规定,债权人向人民法院起诉债务人后,又向同一人民法院对债务人的相对人提起代位权诉讼,属于该人民法院管辖的,可以合并审理。不属于该人民法院管辖的,应当告知其向有管辖权的人民法院另行起诉;在起诉债务人的诉讼终结前,代位权诉讼应当中止。

对于代位权诉讼中债务人起诉相对人的情形,《民法典合同编通则司法解释》第39条规定,在代位权诉讼中,债务人对超过债权人代位请求数额的债权部分起诉相对人,属于同一人民法院管辖的,可以合并审理。不属于同一人民法院管辖的,应当告知其向有管辖权的人民法院另行起诉;在代位权诉讼终结前,债务人对相对人的诉讼应当中止。

对于代位权不成立的处理,《民法典合同编通则司法解释》第40条规定,代位权诉讼中,人民法院经审理认为债权人的主张不符合代位权行使条件的,应当驳回诉讼请求,但是不影响债权人根据新的事实再次起诉。

《合伙企业法》第41条有特殊规定:合伙人发生与合伙企业无关的债务,相关债权人不得以其债权抵销其对合伙企业的债务;也不得代位行使合伙人在合伙企业中的权利。

案例 **1. 中国农业银行汇金支行诉张家港涤纶厂代位权纠纷案**(《最高人民法院公报》2004年第4期)

裁判规则:代位权制度的立法本意是鼓励债权人积极行使权利。在进入代位权诉讼程序后,债务人即丧失了主动处分次债务人债权的权利。代位权行使的后果直接归属于债权人,次债务人如果履行义务,只能向代位权人履行,不能向债务人履行。债务人和次债务人在诉讼中达成以资产抵债的协议从而主动清结债权债务,存在逃避诉讼、规避法律的故意,该协议无效,不能产生导致本案终结的法律后果。

债务人在债务到期后,没有以诉讼或者仲裁方式向次债务人主张债权,而是与次债务人签订协议延长履行债务期限,损害债权人债权的,属于《合同法》第73条规定的怠于行使到期债权的行为,债权人可以以自己的名义代位行使债务人的债权。债务人与次债务人之间的具体债务数额是否确定,不影响债权人行使代位权。

2. 成都市国土资源局武侯分局与招商(蛇口)成都房地产开发有限责任公司、成都港招实业开发有限责任公司、海南民丰科技实业开发总公司债权人代位权纠纷案(《最高人民法院公报》2012年第6期)

裁判规则:债务人与次债务人约定以代物清偿方式清偿债务的,因代物清偿协议系实践性合同,故若次债务人未实际履行代物清偿协议,则次债务人与债务人之间的原金钱债务并未消灭,债权人仍有权代位行使债务人的债权。

企业改制只是转换企业的组织形式和变更企业的经济性质,原企业的债权债务并不因改制而消灭。根据《最高人民法院关于审理与企业改制相关的民事纠纷案件若干问题的规定》的规定,企业通过增资扩股或者转让部分产权,实现他人对企业的参股,将企业整体改造为有限责任公司或者股份有限公司的,原企业债务由改造后的新设公司承担。故债权人代位行使对次债务人的债权,次债务人改制的,由改制后的企业向债权人履行清偿义务。

3. 中国银行股份有限公司汕头分行与广东发展银行股份有限公司韶关分行、第三人珠海经济特区安然实业(集团)公司代位权纠纷案(《最高人民法院公报》2011年第11期)

裁判规则:债权人提起代位权诉讼,应以主债权和次债权的成立为条件。债权成立不仅指债权的内容不违反法律、法规的规定,而且要求债权的数额应当确定。债权数额的确定既可以表现为债务人、次债务人对债权的认可,也可以经人民法院判决或者仲裁机构裁决加以确认。

根据《最高人民法院关于审理民事案件适用

诉讼时效制度若干问题的规定》的规定,债权人提起代位权诉讼的,应当认定对债权人的债权和债务人的债权均发生诉讼时效中断的效力。

链接《最高人民法院关于审理建设工程施工合同纠纷案件适用法律问题的解释(一)》第44条;《民法典合同编通则司法解释》第33—41条

第五百三十六条 【保存行为】债权人的债权到期前,债务人的债权或者与该债权有关的从权利存在诉讼时效期间即将届满或者未及时申报破产债权等情形,影响债权人的债权实现的,债权人可以代位向债务人的相对人请求其向债务人履行、向破产管理人申报或者作出其他必要的行为。

注释 本条是新增条文。债权到期前债权人代位权行使的条件是,债务人对相对人享有的债权或者与该债权有关的从权利可能存在诉讼时效期间即将届满或者未及时申报破产债权等情形,影响债权人的债权实现。其具体方法是:1. 可以债务人的名义,代位向债务人的相对人请求其向债务人履行,这是典型的代位权行使方法。2. 相对人在破产程序中的,债权人可以代债务人之位,向破产管理人申报债权,将该债权纳入破产财产清偿范围,期待在破产清算中实现债权。3. 作出其他必要的行为,例如符合条件的,可以请求查封、冻结财产等。后两种方法超出了传统债权人代位权的范围,其目的仍然是保全债务人的财产以保护自己的债权,是针对实际情况所作的规定,对于保全债权人的债权具有重要意义。

第五百三十七条 【代位权行使后的法律效果】人民法院认定代位权成立的,由债务人的相对人向债权人履行义务,债权人接受履行后,债权人与债务人、债务人与相对人之间相应的权利义务终止。债务人对相对人的债权或者与该债权有关的从权利被采取保全、执行措施,或者债务人破产的,依照相关法律的规定处理。

案例 北京大唐燃料有限公司诉山东百富物流有限公司买卖合同纠纷案(最高人民法院指导案例167号)

裁判规则:代位权诉讼执行中,因相对人无可供执行的财产而被终结本次执行程序,债权人就未实际获得清偿的债权另行向债务人主张权利的,人民法院应予支持。

第五百三十八条 【撤销债务人无偿行为】债务人以放弃其债权、放弃债权担保、无偿转让财产等方式无偿处分财产权益,或者恶意延长其到期债权的履行期限,影响债权人的债权实现的,债权人可以请求人民法院撤销债务人的行为。

注释 债权人撤销权,是指债权人依法享有的为保全其债权,对债务人无偿或者低价处分作为债务履行资力的现有财产,以及放弃其债权或者债权担保、恶意延长到期债权履行期限的行为,请求法院予以撤销的权利。

债权人撤销权的目的,是保全债务人的一般财产,否定债务人不当减少一般财产的行为(欺诈行为),将已经脱离债务人一般财产的部分,恢复为债务人的一般财产。当债务人实施减少其财产或者放弃其到期债权而损害债权人债权的民事行为时,债权人可以依法行使这一权利,请求法院对该民事行为予以撤销,使已经处分了的财产恢复原状,以保护债权人债权实现的物质基础。

案例 永安市燕诚房地产开发有限公司与郑某南、远东(厦门)房地产发展有限公司及第三人高某珍第三人撤销之诉案(《最高人民法院公报》2020年第4期)

裁判规则:作为普通债权人的第三人一般不具有基于债权提起第三人撤销之诉的事由,但是如果生效裁判所确认的债务人相关财产处分行为符合《合同法》第74条所规定的撤销权条件,则依法享有撤销权的债权人与该生效裁判案件处理结果具有法律上的利害关系,从而具备以无独立请求权第三人身份提起第三人撤销之诉的原告主体资格。

链接《民法典合同编通则司法解释》第44条

第五百三十九条 【撤销债务人有偿行为】债务人以明显不合理的低价转让财产、以明显不合理的高价受让他人财产或者为他人的债务提供担保,影响债权人的债权实现,债务人的相对人知道或者应当知道该情形的,债权人可以请求人民法院撤销债务人的行为。

注释 债务人有偿处分自己财产的行为,原本与债权人的利益无关,但是债务人为逃避债务,恶意低价处分,就危及了债权人的债权。如果受让人对债务人低价处分财产行为知道或者应当知道的,构成恶意,债权人可以行使撤销权,撤销债务人与受让人的低价处分行为,保存债务人履行债务的财产资力。

《民法典合同编通则司法解释》对债权人撤销

权诉讼中明显不合理低价或者高价的认定作出规定。第42条规定,对于民法典第539条规定的"明显不合理"的低价或者高价,人民法院应当按照交易当地一般经营者的判断,并参考交易时交易地的市场交易价或者物价部门指导价予以认定。转让价格未达到交易时交易地的市场交易价或者指导价百分之七十的,一般可以认定为"明显不合理的低价";受让价格高于交易时交易地的市场交易价或者指导价百分之三十的,一般可以认定为"明显不合理的高价"。债务人与相对人存在亲属关系、关联关系的,不受前款规定的百分之七十、百分之三十的限制。

案例 王某某诉乐某某债权人撤销权纠纷案(最高人民法院中国应用法学研究所《人民法院案例选》2010年第4辑)

裁判规则: 债务人逾期未偿还债务,并以低于市场价70%的价格转让财产的,视为以明显不合理低价转让财产的行为;对债权人造成损害,且受让人明知的,债权人可以请求法院撤销债务人的转让行为。

链接《税收征收管理法》第50条;《民法典合同编通则司法解释》第42—44条

第五百四十条 【撤销权的行使范围】 撤销权的行使范围以债权人的债权为限。债权人行使撤销权的必要费用,由债务人负担。

第五百四十一条 【撤销权的行使期间】 撤销权自债权人知道或者应当知道撤销事由之日起一年内行使。自债务人的行为发生之日起五年内没有行使撤销权的,该撤销权消灭。

注释 债权人撤销权是形成权,存在权利失权的问题,因此,适用除斥期间的规定。本条规定的债权人撤销权的除斥期间,与《民法典》第152条规定的除斥期间相同,即自债权人知道或者应当知道撤销事由之日起,为一年时间;如果债权人不知道也不应当知道撤销事由,即自债务人实施的处分财产行为发生之日起,最长期间为5年,撤销权消灭。对此,适用《民法典》第199条关于除斥期间的一般性规定,不适用诉讼时效中止、中断和延长的规定。除斥期间届满,撤销权消灭,债权人不得再行使。

第五百四十二条 【债务人行为被撤销的法律效果】 债务人影响债权人的债权实现的行为被撤销的,自始没有法律约束力。

注释 债权人撤销权的目的是保全债务人的财产,而不是直接用债务人的财产清偿债务。因此,债权人向法院起诉主张撤销债务人损害债权的财产处分行为,人民法院支持其主张,撤销了债务人损害债权人利益的行为,其后果是该处分行为自始没有法律约束力,处分的财产回到债务人手中。

链接《民法典合同编通则司法解释》第45条

第六章 合同的变更和转让

第五百四十三条 【协议变更合同】 当事人协商一致,可以变更合同。

注释 合同的变更,分为法定变更、裁判变更和协商变更。本条规定的是协议变更。协商一致就是合意,即意思表示一致。如果一方当事人要变更合同,另一方当事人不同意变更合同,或者双方都有变更合同内容的意愿,但是双方意思表示的内容不能达成一致,还存在分歧,就是没有协商一致,还没有形成合同变更的意思表示一致,合同变更的合意就没有成立,所以不成立合同变更,不发生合同变更的效果,原合同继续有效。

第五百四十四条 【合同变更不明确推定为未变更】 当事人对合同变更的内容约定不明确的,推定为未变更。

注释 合同变更禁止推定,是指当事人变更合同的意思表示须以明示方式为之,在当事人未以明示方式约定合同变更的,禁止适用推定规则推定当事人有变更合同的意愿。禁止推定规则是合同变更须以明示方式为之的应有之义。

案例 通州建总集团有限公司与内蒙古兴华房地产有限责任公司建设工程施工合同纠纷案(《最高人民法院公报》2017年第9期)

裁判规则: 一、对以物抵债协议的效力、履行等问题的认定,应以尊重当事人的意思自治为基本原则。一般而言,除当事人有明确约定外,当事人于债务清偿期届满后签订的以物抵债协议,并不以债权人现实地受领抵债物,或取得抵债物所有权、使用权等财产权利,为成立或生效要件。只要双方当事人的意思表示真实,合同内容不违反法律、行政法规的强制性规定,合同即为有效。

二、当事人于债务清偿期届满后达成的以物抵债协议,可能构成债的更改,即成立新债务,同时消灭旧债务;亦可能属于新债清偿,即成立新债务,与旧债务并存。基于保护债权的理念,债的更改一般需有当事人明确消灭旧债的合意,否则,当事人于债务清偿期届满后达成的以物抵债协议,性质一般应为新债清偿。

三、在新债清偿情形下,旧债务于新债务履行之前不消灭,旧债务和新债务处于衔接并存的状态;在新债务合法有效并得以履行完毕后,因完成了债务清偿义务,旧债务才归于消灭。

四、在债权人与债务人达成以物抵债协议、新债务与旧债务并存时,确定债权是否得以实现,应以债务人是否按照约定全面履行自己义务为依据。若新债务届期不履行,致使以物抵债协议目的不能实现的,债权人有权请求债务人履行旧债务,且该请求权的行使,并不以以物抵债协议无效、被撤销或者被解除为前提。

第五百四十五条　【债权转让】债权人可以将债权的全部或者部分转让给第三人,但是有下列情形之一的除外:

(一)根据债权性质不得转让;

(二)按照当事人约定不得转让;

(三)依照法律规定不得转让。

当事人约定非金钱债权不得转让的,不得对抗善意第三人。当事人约定金钱债权不得转让的,不得对抗第三人。

注释 债的移转,是指在不改变债的客体和内容的情况下,对债的主体进行变更的债的转移形态。故债的移转就是债的主体之变更,包括债权转让、债务转移以及债权债务概括转移三种形式。

债权转让,也叫债权让与,是指债权人通过协议将其享有的债权全部或者部分地转让给第三人的行为。债权转让是债的关系主体变更的一种形式,它是在不改变债的内容的情况下,通过协议将债的关系中的债权人进行变更。债权转让的构成要件是:1. 须有有效的债权存在;2. 债权的转让人与受让人应达成转让协议;3. 转让的债权必须是依法可以转让的债权;4. 债权的转让协议须通知债务人。

《民法典合同编通则司法解释》还对债权的多重转让作了规定。第50条规定,让与人将同一债权转让给两个以上受让人,债务人以已经向最先通知的受让人履行为由主张其不再履行债务的,人民法院应予支持。债务人明知接受履行的受让人不是最先通知的受让人,最先通知的受让人请求债务人继续履行债务或者依据债权转让协议请求让与人承担违约责任的,人民法院应予支持;最先通知的受让人请求接受履行的受让人返还其接受的财产的,人民法院不予支持,但是接受履行的受让人明知该债权在其受让前已经转让给其他受让人的除外。前款所称最先通知的受让人,是指最先到达债务人的转让通知中载明的受让人。当事人之间对通知到达时间有争议的,人民法院应当结合通知的方式等因素综合判断,而不能仅根据债务人认可的通知时间或者通知记载的时间予以认定。当事人采用邮寄、通讯电子系统等方式发出通知的,人民法院应当以邮戳时间或者通讯电子系统记载的时间等作为认定通知到达时间的依据。

案例 1. 沈阳银胜天成投资管理有限公司与中国华融资产管理公司沈阳办事处债权转让合同纠纷案(《最高人民法院公报》2010年第5期)

裁判规则:一、金融资产管理公司收购和处置银行不良金融债权,具有较强的政策性。银行不良金融债权的转让,不能完全等同于一般民事主体之间的债权转让行为,具有高风险、高收益的特点,与等价交换的市场规律有较为明显的区别。不良债权交易的实物资产,不是一般资产买卖关系,而主要是一种风险与收益的转移。

二、银行不良金融债权以资产包形式整体出售转让的,资产包内各不良金融债权的可回收比例各不相同,而资产包一旦形成,即具有不可分割性。因此,资产包整体买进后,如需解除合同,也必须整体解除,将资产包整体返还。银行不良金融债权的受让人在将资产包中相对优质的债权变卖获益后,又通过诉讼请求部分解除合同,将资产包中其他债权返还的,人民法院不予支持。

三、不良金融资产转让协议之目的是公平合规地完成债权及实物资产的顺利转让,在未对受让人是否能够清收债权及清收债权的比例作出承诺和规范的情况下,受让人以合同预期盈利目的不能实现为由提出解除合同的诉讼请求,人民法院不予支持。

2. 陕西西岳山庄有限公司与中建三局建发工程有限公司、中建三局第三建设工程有限责任公司建设工程施工合同纠纷案(《最高人民法院公报》2007年第12期)

裁判规则:法律、法规并不禁止建设工程施工

合同项下的债权转让，只要建设工程施工合同的当事人没有约定合同项下的债权不得转让，债权人向第三人转让债权并通知债务人的，债权转让合法有效，债权人无须就债权转让事项征得债务人同意。

链接《保险法》第34条；《民法典合同编通则司法解释》第50条

第五百四十六条 【债权转让的通知义务】债权人转让债权，未通知债务人的，该转让对债务人不发生效力。

债权转让的通知不得撤销，但是经受让人同意的除外。

注释《民法典合同编通则司法解释》对债权转让通知作了进一步规定。第48条规定，债务人在接到债权转让通知前已经向让与人履行，受让人请求债务人履行的，人民法院不予支持；债务人接到债权转让通知后仍然向让与人履行，受让人请求债务人履行的，人民法院应予支持。让与人未通知债务人，受让人直接起诉债务人请求履行债务，人民法院经审理确认债权转让事实的，应当认定债权转让自起诉状副本送达时对债务人发生效力。债务人主张因未通知而给其增加的费用或者造成的损失从认定的债权数额中扣除的，人民法院依法予以支持。

案例 1. 大连远东房屋开发有限公司与辽宁金利房屋实业公司、辽宁澳金利房地产开发有限公司国有土地使用权转让合同纠纷案（《最高人民法院公报》2006年第12期）

裁判规则：债权人可以将合同权利全部或者部分转让给第三人，转让只需通知到债务人即可而无需征得债务人的同意。因此，转让行为一经完成，原债权人即不再是合同权利主体，亦即丧失以自己名义作为债权人向债务人主张合同权利的资格。

2. 何某兰诉海科公司等清偿债务纠纷案（《最高人民法院公报》2004年第4期）

裁判规则：《合同法》第80条第1款规定，债权人转让债权的，应当通知债务人。未经通知，该转让对债务人不发生效力。该规定是为了避免债务人重复履行、错误履行债务或加重履行债务的负担。债权人以登报的形式通知债务人并不违反法律的规定。只要债权人实施了有效的通知行为，债权转让就应对债务人发生法律效力。

3. 陕西西岳山庄有限公司与中建三局建发工程有限公司、中建三局第三建设工程有限责任公司建设工程施工合同纠纷案（《最高人民法院公报》2007年第12期）

裁判规则：根据《合同法》第79条的规定，法律、法规并不禁止建设工程施工合同项下的债权转让，只要建设工程施工合同的当事人没有约定合同项下的债权不得转让，债权人向第三人转让债权并通知债务人的，债权转让合法有效，债权人无须就债权转让事项征得债务人同意。

链接《民法典合同编通则司法解释》第48、49条

第五百四十七条 【债权转让从权利一并转让】债权人转让债权的，受让人取得与债权有关的从权利，但是该从权利专属于债权人自身的除外。

受让人取得从权利不因该从权利未办理转移登记手续或者未转移占有而受到影响。

注释从权利随主权利转移原则，是债权转让的重要规则。主债权发生转移时，其从权利应随之一同转移，即使债权的从权利是否转让没有在转让协议中作出明确规定，也与主债权一并转移于债权的受让人。但该从权利专属于债权人自身的除外。

债权的从权利是指与主债权相联系的，但自身并不能独立存在的权利。债权的从权利大部分是由主债权债务关系的从合同规定的，也有的本身就是主债权内容的一部分。如通过抵押合同设定的抵押权、质押合同设定的质权、保证合同设定的保证债权、定金合同设定的定金债权等，都属于由主债权的从合同设定的从权利。违约金债权、损害赔偿请求权、留置权、债权解除权、债权人撤销权、债权人代位权等，则属于由主债权或者依照法律的规定产生的债权的从权利。

债权转让中从权利的随从转移具有法定性。如果受让人取得了从权利，该从权利未办理转移登记手续，或者未转移占有的，不影响债权转让引发从权利转移的效力。

第五百四十八条 【债权转让中债务人抗辩】债务人接到债权转让通知后，债务人对让与人的抗辩，可以向受让人主张。

注释本条中债务人得主张的抗辩包括：1. 法定抗辩事由，是法律规定的债的一方当事人用以主张对抗另一方当事人的免责事由，例如不可抗力；2. 在实际订立合同以后，发生的债务人可据以对抗原债权人的一切事由，债务人可以之对抗债权的

受让人,如债务人享有撤销权的;3. 原债权人的行为引起的债务人的抗辩权,如原债权人的违约行为,原债权人有关免责的意思表示,原债权人的履行债务的行为等;4. 债务人的行为所产生的可以对抗原债权人的一切抗辩事由,如债务人对原债权人已为的履行行为,可以对抗受让人。

链接《民法典合同编通则司法解释》第 47 条

第五百四十九条 【债权转让中债务人的抵销权】有下列情形之一的,债务人可以向受让人主张抵销:

(一)债务人接到债权转让通知时,债务人对让与人享有债权,且债务人的债权先于转让的债权到期或者同时到期;

(二)债务人的债权与转让的债权是基于同一合同产生。

注释 债务抵销是合同法的重要制度,是债的消灭方式之一,在债权转让中同样适用。被转让的债权如果存在债权人与债务人互负债务的情形,各以其债权充当债务的清偿,可以主张抵销。即使该债权被转让,债务人接到债权转让通知,债权发生转移,如果债务人对原债权人享有的债权先于转让的债权到期或者同时到期的,债务人可以向债权的受让人即新的债权人主张抵销,而使其债务与对方的债务在相同数额内互相消灭,不再履行。

链接《合伙企业法》第 41 条

第五百五十条 【债权转让费用的承担】因债权转让增加的履行费用,由让与人负担。

第五百五十一条 【债务转移】债务人将债务的全部或者部分转移给第三人的,应当经债权人同意。

债务人或者第三人可以催告债权人在合理期限内予以同意,债权人未作表示的,视为不同意。

注释 债务转移,也称债务让与,是指债务人将其负有的债务转移给第三人,由第三人取代债务人的地位,对债权人负责给付的债的转移形态。债务转移的要件是:1. 须有有效的债务存在,自然债务不能转移;2. 转让的债务应具有可转让性,法律规定不得转移、当事人约定不得转移以及依照性质不得转移的债务,不得转移;3. 须有债务转移的内容,债务受让人成为债权人的债务人;4. 须经债权人同意,如果债权人不同意债务转让,则债务人转让其债务的行为无效,不对债权人产生约束力。

债务转移分为全部转移和部分转移:1. 债务的全部转移,是债务人与第三人达成协议,将其在债的关系中的全部债务一并转移给第三人。2. 债务的部分转移,是债务人将债的关系中债务的一部分转移给第三人,由第三人对债权人承担该部分债务。

案例 1. 中国工商银行股份有限公司三门峡车站支行与三门峡天元铝业股份有限公司、三门峡天元铝业集团有限公司借款担保合同纠纷案(《最高人民法院公报》2008 年第 11 期)

裁判规则:债务人将合同的义务全部或者部分转移给第三人的,应当经债权人同意。因此,债务人向债权人出具承诺书,表示将所负债务全部或者部分转移给第三人,而债权人对此未予接受,亦未在债务人与第三人签订的债务转移协议书上加盖公章的,应当认定债权人不同意债务转让,债务人与第三人之间的债务转让协议对债权人不发生法律效力。

借新贷还旧贷,系在贷款到期不能按时收回的情况下,作为债权人的金融机构又与债务人订立协议,向债务人发放新的贷款用于归还旧贷款的行为。该行为与债务人用自有资金偿还贷款,从而消灭原债权债务关系的行为具有本质的区别。虽然新贷代替了旧贷,但原有的债权债务关系并未消除,客观上只是以新贷形式延长了旧贷的还款期限。

2. 中国农业银行哈尔滨市太平支行与哈尔滨松花江奶牛有限责任公司、哈尔滨工大集团股份有限公司、哈尔滨中隆会计师事务所有限公司借款合同纠纷案(《最高人民法院公报》2008 年第 9 期)

裁判规则:债务人在债权人发出的债务逾期催收通知书上签字或者盖章的行为,虽然并不必然表示债务人愿意履行债务,但可以表示其认可该债务的存在,属于当事人对民事债务关系的自认,人民法院可据此认定当事人之间存在债务关系。

国有企业改制后,原有债务应当由改制后的企业承担。债权人向改制后的企业发出债务逾期催收通知书的,应当视为债权人对债务人变更的认可。

链接《招标投标法》第 48 条

第五百五十二条 【债务加入】第三人与债务人约定加入债务并通知债权人,或者第三人向债权人表示愿意加入债务,债权人未在合理期限内明确拒绝的,债权人可以请求第三人在其愿意承担的债务范围内和债务人承担连带债务。

注释 债务加入,也称并存的债务承担,指原债务人并没有脱离原债务关系,第三人又加入原存的债务关系中,与债务人共同承担债务。

《民法典合同编通则司法解释》对债务加入人的追偿权及其他权利作出规定。第 51 条规定,第三人加入债务并与债务人约定了追偿权,其履行债务后主张向债务人追偿的,人民法院应予支持;没有约定追偿权,第三人依照民法典关于不当得利等的规定,在其已经向债权人履行债务的范围内请求债务人向其履行的,人民法院应予支持,但是第三人知道或者应当知道加入债务会损害债务人利益的除外。债务人就其对债权人享有的抗辩向加入债务的第三人主张的,人民法院应予支持。

案例 **广东达宝物业管理有限公司与广东中岱企业集团有限公司、广东中岱电讯产业有限公司、广州市中珊实业有限公司股权转让合作纠纷案(《最高人民法院公报》2012 年第 5 期)**

裁判规则:合同外的第三人向合同中的债权人承诺承担债务人义务的,如果没有充分的证据证明债权人同意债务转移给该第三人或者债务人退出合同关系,不宜轻易认定构成债务转移,一般应认定为债务加入。第三人向债权人表明债务加入的意思后,即使债权人未明确表示同意,但只要其未明确表示反对或未以行为表示反对,仍应当认定为债务加入成立,债权人可以依照债务加入关系向该第三人主张权利。

链接《最高人民法院关于适用〈中华人民共和国民法典〉有关担保制度的解释》第 12 条;《民法典合同编通则司法解释》第 51 条

第五百五十三条 【债务转移时新债务人抗辩】债务人转移债务的,新债务人可以主张原债务人对债权人的抗辩;原债务人对债权人享有债权的,新债务人不得向债权人主张抵销。

注释 债务转移后,新债务人取得原债务人的一切法律地位,有关对债权人的一切抗辩和抗辩权,新债务人都有权对债权人主张。但是,原债务人享有的对债权人的抵销权不发生转移,即原债务人对债权人享有债权的,新债务人不得向债权人主张抵销。

第五百五十四条 【从债务随主债务转移】债务人转移债务的,新债务人应当承担与主债务有关的从债务,但是该从债务专属于原债务人自身的除外。

注释 对附属于主债务的从债务,在债务人转让债务以后,新债务人一并应对从债务予以承担,即使当事人在转让债务时未在转让协议中明确规定从债务问题,也不影响从债务转移给债务的受让人。如附属于主债务的利息债务等,因债务转移而将移转给承担人。例外的是,第三人原来向债权人所提供的担保,在债务转移时,若担保人未明确表示继续承担担保责任,则担保责任将因债务转移而消灭。

专属于原债务人的从债务,在主债务转移时不必然随之转移。专属于原债务人的从债务,是指应当由原债务人自己来履行的附属于主债务的债务。一般在债务转移之前已经发生的从债务,要由原债务人来履行,不得转由债务的受让人来承担。对于与债务人的人身相关或者与原债务人有特殊关联的从债务,应由原债务人来承担,不随主债务的转让而由新债务人承担。

第五百五十五条 【合同权利义务的一并转让】当事人一方经对方同意,可以将自己在合同中的权利和义务一并转让给第三人。

注释 债权债务概括转移,是指债的关系当事人一方将其债权与债务一并转移给第三人,由第三人概括地继受这些债权和债务的债的移转形态。债权债务概括移转与债权转让及债务转移不同之处在于,债权转让和债务转移仅是债权或者债务的单一转让,而债权债务概括转移则是债权与债务的一并转让。

债权债务概括转移,一般由债的一方当事人与债的关系之外的第三人通过签订转让协议的方式,约定由第三人取代债权债务转让人的地位,享有债的关系中转让人的一切债权并承担转让人一切债务。

可以进行债权债务概括转移的只能是双务之债,例如双务合同。仅仅一方负有债务、另一方享有债权的合同,以及单务合同,不适用债权债务概括转移。

债权债务概括转移的法律效果,是第三人替代合同的原当事人,成为新合同的当事人,一并承受转让的债权和债务。

第五百五十六条 【一并转让的法律适用】合同的权利和义务一并转让的,适用债权转让、债务转移的有关规定。

注释 由于债权债务概括转移在转让债权的同时,也有债务的转让,因此,应当适用债权转让和债务转移的有关规定。应当特别强调的是,为保护当事人的合法权利,不因债权债务的转让而使另一方受到损失,债权债务概括转移必须经另一方当事人同意,否则转让协议不产生法律效力。

第七章 合同的权利义务终止

第五百五十七条 【债权债务终止的法定情形】有下列情形之一的,债权债务终止:

(一)债务已经履行;

(二)债务相互抵销;

(三)债务人依法将标的物提存;

(四)债权人免除债务;

(五)债权债务同归于一人;

(六)法律规定或者当事人约定终止的其他情形。

合同解除的,该合同的权利义务关系终止。

注释 债的终止,也叫债权债务关系终止或者债的消灭,是指债的当事人之间的债的关系在客观上已经不复存在,债权与债务归于消灭。

债的消灭原因,本条规定为6种,即:1. 债务已经履行,即清偿;2. 债务相互抵销;3. 提存;4. 免除;5. 混同;6. 其他原因。除此之外,解除也消灭债的关系。之所以将解除从债的消灭事由中单独规定出来,是因为合同的解除是合同尚未履行完毕就推翻合同约定,这与前述6种债的消灭是不一样的。

链接《证券投资基金法》第81条

第五百五十八条 【后合同义务】债权债务终止后,当事人应当遵循诚信等原则,根据交易习惯履行通知、协助、保密、旧物回收等义务。

注释 后合同义务,也叫后契约义务,是指合同的权利义务终止后,当事人依照法律的规定,遵循诚信原则和交易习惯应当履行的附随义务。

后契约义务的确定根据是法律规定和交易习惯。前者如本条规定的通知、协助、保密、旧物回收等义务,后者如售后三包服务等。

后契约义务具有强制性。在后契约阶段,当事人不履行附随义务,给对方当事人造成损害的,应当承担后契约的损害赔偿责任。

第五百五十九条 【从权利消灭】债权债务终止时,债权的从权利同时消灭,但是法律另有规定或者当事人另有约定的除外。

链接《企业破产法》第124条

第五百六十条 【数项债务的清偿抵充顺序】债务人对同一债权人负担的数项债务种类相同,债务人的给付不足以清偿全部债务的,除当事人另有约定外,由债务人在清偿时指定其履行的债务。

债务人未作指定的,应当优先履行已经到期的债务;数项债务均到期的,优先履行对债权人缺乏担保或者担保最少的债务;均无担保或者担保相等的,优先履行债务人负担较重的债务;负担相同的,按照债务到期的先后顺序履行;到期时间相同的,按照债务比例履行。

注释 本条确定了债务清偿抵充规则。债务清偿抵充,是指对同一债权人负担数宗债务的债务人,其给付的种类相同,但不足以清偿全部债务时,决定清偿抵充何项债务的债法制度。例如,债务人欠银行数宗欠款,设置担保、利息高低各不相同,在其给付不能清偿全部债务时,该次清偿应偿还哪笔欠款,就是清偿抵充。

《民法典合同编通则司法解释》第56条第1款规定,行使抵销权的一方负担的数项债务种类相同,但是享有的债权不足以抵销全部债务,当事人因抵销的顺序发生争议的,人民法院可以参照民法典第560条的规定处理。

链接《民法典合同编通则司法解释》第56条

第五百六十一条 【费用、利息和主债务的清偿抵充顺序】债务人在履行主债务外还应当支付利息和实现债权的有关费用,其给付不足以清偿全部债务的,除当事人另有约定外,应当按照下列顺序履行:

(一)实现债权的有关费用;

(二)利息;

(三)主债务。

注释 本条是对实现债权的费用之债、利息之债、主债务的清偿抵充顺序的规定。当债务人的给付不足以清偿全部债务时,有约定的,按照约定顺序进行;没有约定的,依照法定抵充顺序:1. 实现债权的有关费用;2. 利息之债;3. 主债务。该法定抵充顺序,均具有前一顺序对抗后一顺序的效力。

《民法典合同编通则司法解释》第 56 条第 2 款规定，行使抵销权的一方享有的债权不足以抵销其负担的包括主债务、利息、实现债权的有关费用在内的全部债务，当事人因抵销的顺序发生争议的，人民法院可以参照民法典第 561 条的规定处理。

链接《民法典合同编通则司法解释》第 56 条

第五百六十二条 【合同的约定解除】当事人协商一致，可以解除合同。

当事人可以约定一方解除合同的事由。解除合同的事由发生时，解除权人可以解除合同。

注释 本条规定了两种当事人约定解除合同的情形：1. 在合同有效成立后、尚未履行完毕之前，当事人就解除合同协商一致的，可以解除合同；2. 当事人事先约定可以解除合同的事由，当该事由发生时，赋予一方合同解除权。

链接《劳动法》第 24 条；《民法典合同编通则司法解释》第 52 条

第五百六十三条 【合同的法定解除】有下列情形之一的，当事人可以解除合同：

（一）因不可抗力致使不能实现合同目的；

（二）在履行期限届满前，当事人一方明确表示或者以自己的行为表明不履行主要债务；

（三）当事人一方迟延履行主要债务，经催告后在合理期限内仍未履行；

（四）当事人一方迟延履行债务或者有其他违约行为致使不能实现合同目的；

（五）法律规定的其他情形。

以持续履行的债务为内容的不定期合同，当事人可以随时解除合同，但是应当在合理期限之前通知对方。

注释 在出现法定解除事由的情形下，拥有解除权的一方当事人可以单方面行使解除权，而无需和对方协商一致，即当事人可以解除，也可以决定不解除而继续履行。是否解除，由享有解除权的当事人根据实际情况自行作出判断。

案例 1. 张某华、徐某英诉启东市取生置业有限公司房屋买卖合同纠纷案（《最高人民法院公报》2017 年第 9 期）

裁判规则：当事人将特定主观目的作为合同条件或成交基础并明确约定，则该特定主观目的之客观化，属于《合同法》第 94 条第 4 项"有其他违约行为致使不能实现合同目的"的规制范围。如开发商交付的房屋与购房合同约定的方位布局相反，且无法调换，购房者可以合同目的不能实现解除合同。

2. 何某红诉中国人寿保险股份有限公司佛山市顺德支公司、中国人寿保险股份有限公司佛山分公司保险合同纠纷案（《最高人民法院公报》2008 年第 8 期）

裁判规则：基于保险合同的特殊性，合同双方当事人应当最大限度的诚实守信。投保人依法履行如实告知义务，即是最大限度诚实守信的一项重要内容。根据《保险法》的规定，投保人在订立保险合同前，应当如实回答保险人就保险标的或者被保险人的有关情况作出的询问，如实告知影响保险人对是否承保以及如何设定承保条件、承保费率作出正确决定的重要事项。对于投保人故意隐瞒事实，不履行如实告知义务的，或者因过失未履行如实告知义务，足以影响保险人决定是否同意承保或者提高保险费率的，保险人有权解除保险合同，并对于保险合同解除前发生的保险事故不承担赔偿或者给付保险金的责任。

如果保险人在明知投保人未履行如实告知义务的情况下，不是进一步要求投保人如实告知，而是仍与之订立保险合同，则应视为其主动放弃了抗辩权利，构成有法律约束力的弃权行为，故无权再以投保人违反如实告知义务为由解除保险合同，而应严格依照保险合同的约定承担保险责任。

3. 万顺公司诉永新公司等合作开发协议纠纷案（《最高人民法院公报》2005 年第 3 期）

裁判规则：一、催告对方履行的当事人应当是守约方，处于违约状态的当事人不享有基于催告对方仍不履行而产生的合同解除权。

二、合同解除权的行使须以解除权成就为前提，解除行为应当符合法律规定的程序，否则不能引起合同解除的法律效果。

链接《城市房地产管理法》第 16、17 条；《农村土地承包法》第 42 条；《消费者权益保护法》第 24 条；《买卖合同解释》第 19 条

第五百六十四条 【解除权行使期限】法律规定或者当事人约定解除权行使期限，期限届满当事人不行使的，该权利消灭。

法律没有规定或者当事人没有约定解除权行使期限，自解除权人知道或者应当知道解除事由之日起一年内不行使，或者经对方催告后在合理期限内不行使的，该权利消灭。

注释 本条是对解除权行使期限的规定。不论是约定的解除权行使期限,还是法定的解除权行使期限,都是不变期间,不适用中止、中断和延长的规定。

案例 天津市滨海商贸大世界有限公司与天津市天益工贸有限公司、王某锋财产权属纠纷案(《最高人民法院公报》2013 年第 10 期)

裁判规则:《最高人民法院关于审理商品房买卖合同纠纷案件适用法律若干问题的解释》关于解除权行使期限的规定仅适用于该解释所称的商品房买卖合同纠纷案件。对于其他房屋买卖合同解除权的行使期限,法律没有规定或者当事人没有约定的,应当根据《合同法》第 95 条的规定,在合理期限内行使。何为"合理期限",由人民法院结合具体案情予以认定。

链接《最高人民法院关于审理商品房买卖合同纠纷案件适用法律若干问题的解释》第 11 条

第五百六十五条 【合同解除权的行使规则】 当事人一方依法主张解除合同的,应当通知对方。合同自通知到达对方时解除;通知载明债务人在一定期限内不履行债务则合同自动解除,债务人在该期限内未履行债务的,合同自通知载明的期限届满时解除。对方对解除合同有异议的,任何一方当事人均可以请求人民法院或者仲裁机构确认解除行为的效力。

当事人一方未通知对方,直接以提起诉讼或者申请仲裁的方式依法主张解除合同,人民法院或者仲裁机构确认该主张的,合同自起诉状副本或者仲裁申请书副本送达对方时解除。

注释 解除权的性质是形成权,行使解除权的方式是通知。故确定解除权生效时间的基本规则是:

1. 解除权人在行使解除权时,只要将解除合同的意思表示通知对方,即产生解除的效力,解除权生效的时间采到达主义,即合同自通知到达对方时解除。

2. 通知载明债务人在一定期限内不履行债务则合同自动解除,债务人在该期限内未履行债务的,合同自通知载明的期限届满时解除。对方如果对行使解除权解除合同有异议,任何一方当事人都可以向法院起诉或者仲裁机构申请,请求确认解除合同的效力。人民法院或者仲裁机构确认解除权成立的,按照上述解除权生效时间的规定裁判。

如果当事人一方未通知对方,而是直接向法院或者仲裁机构起诉或者申请,以诉讼或者仲裁方式主张解除合同的,人民法院或者仲裁机构支持该方当事人行使解除权主张的,起诉状副本或者仲裁申请书副本送达对方的时间,为合同的解除时间。

案例 深圳富山宝实业有限公司与深圳市福星股份合作公司、深圳市宝安区福永物业发展总公司、深圳市金安城投资发展有限公司等合作开发房地产合同纠纷案(《最高人民法院公报》2011 年第 5 期)

裁判规则: 合同一方当事人构成根本违约时,守约的一方当事人享有法定解除权。合同的解除在解除通知送达违约方时即发生法律效力,解除通知送达时间的拖延只能导致合同解除时间相应后延,而不能改变合同解除的法律后果。当事人没有约定合同解除异议期间,在解除通知送达之日起三个月以后才向人民法院起诉的,人民法院不予支持。

链接《民法典合同编通则司法解释》第 53、54 条

第五百六十六条 【合同解除的法律后果】 合同解除后,尚未履行的,终止履行;已经履行的,根据履行情况和合同性质,当事人可以请求恢复原状或者采取其他补救措施,并有权请求赔偿损失。

合同因违约解除的,解除权人可以请求违约方承担违约责任,但是当事人另有约定的除外。

主合同解除后,担保人对债务人应当承担的民事责任仍应当承担担保责任,但是担保合同另有约定的除外。

注释 解除效力,是指合同之债解除后所产生的法律后果。

合同解除的直接法律后果,是使合同关系消灭,合同不再履行。解除之前的债权债务关系应当如何处理,涉及解除的溯及力问题。如果具有溯及力,则对解除之前已经履行的部分,就要发生恢复原状的法律后果;如果解除不具有溯及力,则解除之前所为的履行仍然有效存在,当事人无须恢复原状。

本条规定的规则是:1. 尚未履行的,履行终止,不再继续履行;2. 已经履行的,一是根据履行情况和合同性质,二是根据当事人是否请求的态度决定,当事人可以请求恢复原状,也可以不请求,完全取决于当事人的意志。请求恢复原状的,

这种合同之债解除就具有溯及力,反之,就不具有溯及力。当事人也可以采取其他补救措施,并有权要求赔偿损失。根据合同的履行情况和合同性质,能够恢复原状,当事人又予以请求的,则可以恢复原状。如果根据履行情况和合同性质是不可能恢复原状的,即使当事人请求,也不可能恢复原状。例如,租赁、借贷、委托、中介、运输等合同,都是不能恢复原状的。至于损害赔偿,合同的解除不影响当事人要求损害赔偿的权利。只要合同不履行已经造成了债权人的财产利益损失,违约方要进行赔偿,就应当予以赔偿。如果解除合同的原因是不可抗力,则不发生损害赔偿责任。

合同是因违约而解除的,未违约的一方当事人是解除权人,可以请求违约方承担违约责任,如果当事人另有约定,则按照当事人的约定办理。

主合同解除后,尽管主合同的债权债务关系消灭,但是其担保人对债权人的担保权利并不一并消灭,担保人(包括第三人担保和债务人自己担保)对债务人应当承担的民事责任并不消灭,仍应承担担保责任,但是担保合同另有约定的除外。

案例 孟某诉中佳旅行社旅游合同纠纷案(《最高人民法院公报》2005 年第 2 期)

裁判规则:一方当事人提出解除合同后,在未与对方协商一致的情况下,拒绝对方提出减少其损失的建议,坚持要求对方承担解除合同的全部损失,并放弃履行合同,致使自身利益受到损害的,应负全部责任。

链接《城市房地产管理法》第 16 条;《劳动法》第 28 条;《保险法》第 47 条;《旅游法》第 65、68 条

第五百六十七条 【结算、清理条款效力的独立性】合同的权利义务关系终止,不影响合同中结算和清理条款的效力。

第五百六十八条 【法定抵销】当事人互负债务,该债务的标的物种类、品质相同的,任何一方可以将自己的债务与对方的到期债务抵销;但是,根据债务性质、按照当事人约定或者依照法律规定不得抵销的除外。

当事人主张抵销的,应当通知对方。通知自到达对方时生效。抵销不得附条件或者附期限。

注释 抵销,是指当事人互负给付债务,各以其债权充当债务的清偿,而使其债务与对方的债务在对等额内相互消灭的债的消灭制度。抵销分为法定抵销与合意抵销两种。法定抵销,是指由法律规定两债权得以抵销的条件,当条件具备时,依当事人一方的意思表示即可发生抵销效力的抵销。这种通过单方意思表示即可产生抵销效力的权利,是形成权。

法定抵销须具备的要件是:1. 双方当事人必须互负债权、债务;2. 双方当事人所负债务标的物种类、品质相同;3. 对方债务须已届清偿期,此处与原合同法的规定不同;4. 双方所负债务必须都属于可抵销的债务。具备这些条件,当事人取得抵销权,可以即时行使,也可以放弃。

抵销权行使的效力:《民法典合同编通则司法解释》第 55 条规定,当事人一方依据民法典第 568 条的规定主张抵销,人民法院经审理认为抵销权成立的,应当认定通知到达对方时双方互负的主债务、利息、违约金或者损害赔偿金等债务在同等数额内消灭。

现行法律中规定不得抵销的情形:

破产程序。债权人在破产申请受理前对债务人负有债务的,可以向管理人主张抵销。但是,有下列情形之一的,不得抵销:(1)债务人的债务人在破产申请受理后取得他人对债务人的债权的;(2)债权人已知债务人有不能清偿到期债务或者破产申请的事实,对债务人负担债务的;但是,债权人因为法律规定或者有破产申请一年前所发生的原因而负担债务的除外;(3)债务人的债务人已知债务人有不能清偿到期债务或者破产申请的事实,对债务人取得债权的;但是,债务人的债务人因为法律规定或者有破产申请一年前所发生的原因而取得债权的除外。(参见《企业破产法》第 40 条)

合伙企业债务。合伙人发生与合伙企业无关的债务,相关债权人不得以其债权抵销其对合伙企业的债务;也不得代位行使合伙人在合伙企业中的权利。(参见《合伙企业法》第 41 条)

农村土地承包。发包方或者其他组织、个人擅自截留、扣缴承包收益或者土地经营权流转收益,承包方请求返还的,应予支持。发包方或者其他组织、个人主张抵销的,不予支持。(参见《最高人民法院关于审理涉及农村土地承包纠纷案件适用法律问题的解释》)

链接《民法典合同编通则司法解释》第 55、58 条

第五百六十九条 【约定抵销】当事人互负债务,标的物种类、品质不相同的,经协商一致,也可以抵销。

注释 合意抵销,也叫约定抵销、意定抵销,是指当事人双方基于协议而实行的抵销。

合意抵销重视的是债权人之间的意思自由,因而可以不受法律所规定的构成要件的限制,当事人只要达成抵销合意,即可发生抵销的效力。之所以这样规定,是因为债权属于债权人的私权,债权人有处分的权利,只要其处分行为不违背法律、法规与公序良俗,法律就无权干涉。

合意抵销的效力及与法定抵销的区别是:1. 抵销的根据不同,一个是法律规定,一个是当事人约定。2. 债务的性质要求不同,法定抵销要求当事人互负债务的种类、品种相同;合意抵销则允许不同。3. 债务的履行期限要求不同,合意抵销不受债务是否已届清偿期的要求。4. 抵销的程序不同,法定抵销以通知的方式为之,抵销自通知到达对方时生效;合意抵销双方协商一致即可。

第五百七十条 【提存的条件】有下列情形之一,难以履行债务的,债务人可以将标的物提存:

(一)债权人无正当理由拒绝受领;

(二)债权人下落不明;

(三)债权人死亡未确定继承人、遗产管理人,或者丧失民事行为能力未确定监护人;

(四)法律规定的其他情形。

标的物不适于提存或者提存费用过高的,债务人依法可以拍卖或者变卖标的物,提存所得的价款。

注释 提存,是指债务人于债务已届履行期时,将无法给付的标的物提交给提存部门,以消灭债务的债的消灭方式。提存可使债务人将无法交付给债权人的标的物交付给提存部门,消灭债权债务关系,为保护债务人的利益提供了一项行之有效的措施。

提存作为债的消灭原因,提存的标的物应与合同约定给付的标的物相符合,否则不发生清偿的效力。给付的标的物是债务人的行为、不行为或单纯的劳务,不适用提存。其他不适宜提存或者提存费用过高的,如体积过大之物,易燃易爆的危险物等,应由债务人依法拍卖或变卖,将所得的价金进行提存。

法律规定的其他可以提存的情形,比如《企业破产法》规定:

对于附生效条件或者解除条件的债权,管理人应当将其分配额提存。提存的分配额,在最后分配公告日,生效条件未成就或者解除条件成就的,应当分配给其他债权人;在最后分配公告日,生效条件成就或者解除条件未成就的,应当交付给债权人。

债权人未受领的破产财产分配额,管理人应当提存。债权人自最后分配公告之日起满2个月仍不领取的,视为放弃受领分配的权利,管理人或者人民法院应当将提存的分配额分配给其他债权人。

破产财产分配时,对于诉讼或者仲裁未决的债权,管理人应当将其分配额提存。自破产程序终结之日起满2年仍不能受领分配的,人民法院应当将提存的分配额分配给其他债权人。

链接《公证法》第12条;《企业破产法》第117—119条

第五百七十一条 【提存的成立】债务人将标的物或者将标的物依法拍卖、变卖所得价款交付提存部门时,提存成立。

提存成立的,视为债务人在其提存范围内已经交付标的物。

第五百七十二条 【提存的通知】标的物提存后,债务人应当及时通知债权人或者债权人的继承人、遗产管理人、监护人、财产代管人。

第五百七十三条 【提存期间风险、孳息和提存费用负担】标的物提存后,毁损、灭失的风险由债权人承担。提存期间,标的物的孳息归债权人所有。提存费用由债权人负担。

第五百七十四条 【提存物的领取与取回】债权人可以随时领取提存物。但是,债权人对债务人负有到期债务的,在债权人未履行债务或者提供担保之前,提存部门根据债务人的要求应当拒绝其领取提存物。

债权人领取提存物的权利,自提存之日起五年内不行使而消灭,提存物扣除提存费用后归国家所有。但是,债权人未履行对债务人的到期债务,或者债权人向提存部门书面表示放弃领取提存物权利的,债务人负担提存费用后有权取回提存物。

注释 本条规定的5年为不变期间,不适用诉讼时效中止、中断或者延长的规定。

此外,本条第2款在原《合同法》规定的基础上增加了关于债务人可以取回提存物的情形的规定。

第五百七十五条 【债的免除】债权人免除债务人部分或者全部债务的,债权债务部分或者全部终止,但是债务人在合理期限内拒绝的除外。

注释 免除,是指债权人抛弃债权,从而全部或者部分消灭债的关系的单方法律行为。免除是无因行为、无偿行为、不要式行为。

免除应当具备的条件是:1. 免除的意思表示须向债务人为之,免除的意思表示到达债务人或其代理人时生效。2. 债权人须对被免除的债权具有处分能力,如法律禁止抛弃的债权不得免除。3. 免除不得损害第三人利益,如已就债权设定质权的债权人,不得免除债务人的债务而对抗质权人。

免除的效力是使债的关系消灭。债务全部免除的,债的关系全部消灭;债务部分免除的,债的关系于免除的范围内部分消灭。主债务因免除而消灭的,从债务随之消灭。而从债务免除的,不影响主债务的存在,但其他债务人不再负担该份债务。

债权人作出免除的意思表示后,债务人可以拒绝。债务人拒绝债务免除的意思表示,应当在合理期限之内为之,超出合理期限的,视为免除已经生效,消灭该债权债务关系。

第五百七十六条 【债权债务混同的处理】债权和债务同归于一人的,债权债务终止,但是损害第三人利益的除外。

注释 混同,是指债权和债务同归于一人,而使合同关系消灭的事实。混同以债权与债务归属于同一人而成立,与人的意志无关,属于事件。混同的效力是导致债的关系的绝对消灭,并且主债务消灭,从债务也随之消灭,如保证债务因主债务人与债权人混同而消灭。混同虽然产生债的消灭的效力,但在例外的情形下,即损害第三人利益时,虽然债权人和债务人混同,但是合同并不消灭。

第八章 违约责任

第五百七十七条 【违约责任的种类】当事人一方不履行合同义务或者履行合同义务不符合约定的,应当承担继续履行、采取补救措施或者赔偿损失等违约责任。

注释 违约行为形态主要是:1. 不履行合同义务:主要形态是拒绝履行,是指债务人对债权人表示不履行的违约行为;也包括履行不能,是债务人在客观上已经没有履行能力,或者法律禁止该种债务的履行。2. 履行合同义务不符合约定:一是迟延履行,是指债务人能够履行但在履行期限届满时却未履行债务的违约行为,也包括债权人的受领迟延行为;二是瑕疵履行,是指债务人虽然履行了债务,但其履行不符合债务本质的违约行为。

案例 1. 范某孚与银建期货经纪有限责任公司天津营业部期货交易合同纠纷再审案(《最高人民法院公报》2011 年第 6 期)

裁判规则:期货公司采取强行平仓措施必须具备三个前提条件:一是客户保证金不足;二是客户没有按照要求及时追加保证金;三是客户没有及时自行平仓。期货公司违反上述规定和合同约定强行平仓,导致客户遭受损害的,应依法承担相应的责任。

2. 荷属安的列斯·东方航运有限公司与中国·澄西船舶修理合同纠纷案(《最高人民法院公报》2008 年第 12 期)

裁判规则:船舶虽然在修理厂进行修理,但并非全船属于修理厂的修理范围,船员始终保持全编在岗状态。在此情况下发生火灾,船方主张修理厂对火灾损失承担违约责任的,应当对起火点位于船舶修理合同范围之内、修理厂存在不履行合同或者不按约定履行合同的违约行为、火灾损失的存在以及修理厂的违约行为与火灾损失的发生之间存在因果关系等问题承担举证责任。船方不能就上述问题举证的,人民法院对其诉讼请求不予支持。

3. 黄某诉美晟房产公司商品房预售合同纠纷案(《最高人民法院公报》2006 年第 2 期)

裁判规则:对所购房屋显而易见的瑕疵,业主主张已经在开发商收执的《业主入住验收单》上明确提出书面异议。开发商拒不提交有业主签字的《业主入住验收单》,却以业主已经入住为由,主张业主对房屋现状认可。根据《最高人民法院关于民事诉讼证据的若干规定》,可以推定业主关于已提出异议的主张成立。

交付房屋不符合商品房预售合同中的约定,应由开发商向业主承担违约责任。交付房屋改变的建筑事项,无论是否经过行政机关审批或者是否符合建筑规范,均属另一法律关系,不能成为开发商不违约或者免除违约责任的理由。

4. 郑某峰、陈某青诉江苏省人民医院医疗服务合同纠纷案(《最高人民法院公报》2004 年第 8 期)

裁判规则：公共医疗卫生服务机构履行医疗服务合同时，在非紧急情况下，未经同意擅自改变合同双方约定的医疗方案，属于《合同法》第 107 条规定的履行合同义务不符合约定的行为。

链接《旅游法》第 70—72 条

第五百七十八条 【预期违约责任】当事人一方明确表示或者以自己的行为表明不履行合同义务的，对方可以在履行期限届满前请求其承担违约责任。

注释 预期违约，也称为先期违约，是指在履行期限到来前，一方无正当理由而明确表示其在履行期到来后将不履行合同，或者以其行为表明其在履行期到来以后将不可能履行合同。预期违约包括明示毁约和默示毁约。明示毁约是指一方当事人无正当理由，明确肯定地向另一方当事人表示他将在履行期限到来后不履行合同。默示毁约是指在履行期限到来前，一方虽然没有明确表示不履行债务但以自己的行为或者现状表明其将不会或不能履行债务。

“以自己的行为表明”是指一方当事人通过自己的行为让对方当事人有确切的证据预见到其在履行期限届满时将不履行或不能履行合同主要义务。由于这两种违约行为发生在履行期限届满前，因此，另一方当事人可以在履行期限届满前要求违约方承担违约责任。

预期违约的构成要件是：其一，违约的时间必须是在合同有效成立后至履行期限届满前；其二，违约必须是对合同根本性义务的违反，即导致合同目的的落空，体现为不履行合同义务；其三，违约方不履行合同义务无正当理由。如果债务人有正当理由拒绝履行债务的，例如拒绝履行诉讼时效已届满的债务则不构成预期违约。

第五百七十九条 【金钱债务的继续履行】当事人一方未支付价款、报酬、租金、利息，或者不履行其他金钱债务的，对方可以请求其支付。

第五百八十条 【非金钱债务的继续履行】当事人一方不履行非金钱债务或者履行非金钱债务不符合约定的，对方可以请求履行，但是有下列情形之一的除外：

（一）法律上或者事实上不能履行；

（二）债务的标的不适于强制履行或者履行费用过高；

（三）债权人在合理期限内未请求履行。

有前款规定的除外情形之一，致使不能实现合同目的的，人民法院或者仲裁机构可以根据当事人的请求终止合同权利义务关系，但是不影响违约责任的承担。

注释 债权人请求继续履行，必须以非金钱债务能够继续履行为前提，如果非金钱债务不能继续履行，对方就不能请求继续履行，或者其提出继续履行的请求，债务人能够依据本条第 1 款提出抗辩。当然，即使债权人不能请求债务人继续履行，其仍然有权依法请求债务人承担其他违约责任，尤其是赔偿损失。不能请求继续履行具体包括以下情形：

1. 法律上或者事实上不能履行。法律上不能履行，指的是基于法律规定而不能履行，或者履行将违反法律的强制性规定。事实上不能履行，是指依据自然法则已经不能履行。人民法院或者仲裁机构应当对是否存在法律上或者事实上不能履行的情形进行审查。

2. 债务的标的不适于强制履行或者履行费用过高。债务的标的不适于强制履行，指依据债务的性质不适合强制履行，或者执行费用过高。比如：(1) 基于高度的人身依赖关系而产生的合同，如委托合同、合伙合同等。(2) 对于许多提供服务、劳务或者不作为的合同来说，如果强制履行会危害到债务人的人身自由和人格尊严，或者完全属于人身性质，则不得请求继续履行。履行费用过高，指履行仍然可能，但确会导致履行方负担过重，产生不合理的过大的负担或者过高的费用。在判断履行费用是否过高时，需要对比履行的费用和债权人通过履行所可能获得的利益、履行的费用和采取其他补救措施的费用，还需要考量守约方从其他渠道获得履行进行替代交易的合理性和可能性。

3. 债权人在合理期限内未请求履行。此处的合理期限首先可以由当事人事先约定；如果没有约定或者约定不明确，当事人可以协议补充；无法协议补充的，按照合同有关条款或者交易习惯确定，这需要在个案中结合合同种类、性质、目的和交易习惯等因素予以具体判断。

同时，需要指出的是，请求继续履行和合同解除是互斥而且不能并存的。本法第 566 条第 2 款规定,合同因违约解除的,解除权人可以请求违约方承担违约责任,但是当事人另有约定的除外。该款中的违约责任不包括继续履行,如果合同被依法解除,债权人就不能请求债务人继续履行。

本条第2款是关于出现非金钱债务继续履行除外条款之一,致使合同目的不能实现,当事人可申请司法终止合同的规定。该款规定不影响对方当事人依据法律规定或者约定所享有的法定解除权和约定解除权,对方当事人仍然可以行使解除权解除合同。

该款适用的法律后果如下:(1)人民法院或者仲裁机构可以终止合同权利义务关系。应当注意的是,并非当事人提出请求后,人民法院或者仲裁机构就必须终止合同,在当事人提出终止合同的请求后,由人民法院或者仲裁机构依法判决是否终止合同。因此,当事人根据本款所享有的仅仅是申请司法终止合同的权利,而非终止合同的权利,本款并未规定当事人的终止权或者形成诉权,而是司法的终止权。人民法院或者仲裁机构有权结合案件的实际情况,根据诚信和公平原则决定是否终止合同。此时,可以考虑债务人是否已经进行了部分履行、债务人是否恶意违约、不能继续履行的原因、债务人是否因合同不终止而遭受了严重损失、债权人是否能够以成本较低的方式获得替代履行、债务人是否对他人有赔偿请求权、债权人拒绝解除合同是否为获得不相当的利益而违反诚信原则、合同不终止是否会导致双方的权利义务或者利益关系明显失衡等因素。(2)不影响违约方承担除继续履行之外的其他违约责任。合同被终止后,违约方自然无须继续履行,但其仍然要依法承担除继续履行之外的其他违约责任,尤其是赔偿损失的责任,以保障对方当事人的利益。因此,对方当事人有权依据本法第584条请求违约方承担违约责任;如果双方约定了违约金或者定金,对方当事人有权依据第585条以下条文请求违约方承担违约金责任或者定金责任。

链接《民法典合同编通则司法解释》第59条

第五百八十一条 【替代履行】当事人一方不履行债务或者履行债务不符合约定,根据债务的性质不得强制履行的,对方可以请求其负担由第三人替代履行的费用。

第五百八十二条 【瑕疵履行违约责任】履行不符合约定的,应当按照当事人的约定承担违约责任。对违约责任没有约定或者约定不明确,依据本法第五百一十条的规定仍不能确定的,受损害方根据标的的性质以及损失的大小,可以合理选择请求对方承担修理、重作、更换、退货、减少价款或者报酬等违约责任。

注释 对于非金钱债务,如果债务人履行不符合约定,应当承担的违约责任主要是采取补救措施。如果在合同中对因履行不符合约定承担违约责任没有约定或者约定不明确的,应当采取办法进行确定。确定的办法是:

1. 依照《民法典》第510条的规定进行确定。合同当事人就质量、价款或者报酬、履行地点等内容的违约责任没有约定或者约定不明确的,可以协议补充,不能达成协议的,按照合同的有关条款、合同性质、目的或者交易习惯确定采取补救措施的违约责任。

2. 受损害方根据标的的性质以及损失的大小,合理选择应当采取的补救措施的违约责任。

链接《消费者权益保护法》第40—45、48、52—54条;《消费者权益保护法实施条例》第48条;《产品质量法》第40—43条;《买卖合同解释》第17条

第五百八十三条 【违约损害赔偿责任】当事人一方不履行合同义务或者履行合同义务不符合约定的,在履行义务或者采取补救措施后,对方还有其他损失的,应当赔偿损失。

第五百八十四条 【法定的违约赔偿损失】当事人一方不履行合同义务或者履行合同义务不符合约定,造成对方损失的,损失赔偿额应当相当于因违约所造成的损失,包括合同履行后可以获得的利益;但是,不得超过违约一方订立合同时预见到或者应当预见到的因违约可能造成的损失。

注释 违约的赔偿损失包括法定的赔偿损失和约定的赔偿损失,本条规定的是法定的违约赔偿损失。承担违约赔偿损失责任的构成要件包括:(1)有违约行为,即当事人一方不履行合同义务或者履行合同义务不符合约定。(2)违约行为造成了对方的损失。如果违约行为未给对方造成损失,则不能用赔偿损失的方式追究违约人的民事责任。(3)违约行为与对方损失之间有因果关系,对方的损失是违约行为所导致的。(4)无免责事由。

违约赔偿损失的范围可由法律直接规定,或由双方约定。当事人可以事先约定免除责任和限制责任的条款,在不违反法律规定的前提下,该免

责或者限制责任条款是有效的。在法律没有特别规定和当事人没有另行约定的情况下,应按完全赔偿原则,即因违约方的违约使受害人遭受的全部损失都应当由违约方承担赔偿责任。完全赔偿意味着:第一,在因违约造成受害人损失的情况下,应当以受害人的损失作为确定赔偿范围的标准。第二,赔偿不能超过受害人的损失,受害人不能因此而获利。第三,在赔偿时,一般不应根据违约方的过错程度来确定责任的范围。按照完全赔偿原则,违约损失赔偿额应当相当于因违约所造成的损失,包括对实际损失和可得利益的赔偿。实际损失,即所受损害,指因违约而导致现有利益的减少,是现实利益的损失,又被称为积极损失。实际损失包括:(1)信赖利益的损失,包括费用的支出、丧失其他交易机会的损失以及因对方违约导致自己对第三人承担违约赔偿的损失等。(2)固有利益的损失。在违约赔偿中,由于证明可得利益的困难性,债权人可以选择请求债务人赔偿信赖利益。可得利益,即所失利益,受害人在合同履行后本可以获得的,但因违约而无法获得的利益,是未来的、期待的利益的损失,又被称为消极损失。可得利益是合同履行后债权人所能获得的纯利润。根据交易的性质、合同的目的等因素,可得利益损失主要分为生产利润损失、经营利润损失和转售利润损失等类型。可得利益必须是将来按照通常情形能够得到的利益,这要求在一些情形中,对可得利益的赔偿应当考量发生的概率。

案例 陈A、徐某芳、陈B诉上海携程国际旅行社有限公司旅游合同纠纷案(《最高人民法院公报》2015年第4期)

裁判规则:当事人对自己提出的主张,有责任提供证据。旅游经营者主张旅游者的单方解约系违约行为,应当按照合同约定承担实际损失的,则旅游经营者应当举证证明“损失已实际产生”和“损失的合理性”。如举证不力,则由旅游经营者承担不利后果。

链接《民法典合同编通则司法解释》第60—63条

第五百八十五条 【违约金的约定】当事人可以约定一方违约时应当根据违约情况向对方支付一定数额的违约金,也可以约定因违约产生的损失赔偿额的计算方法。

约定的违约金低于造成的损失的,人民法院或者仲裁机构可以根据当事人的请求予以增加;约定的违约金过分高于造成的损失的,人民法院或者仲裁机构可以根据当事人的请求予以适当减少。

当事人就迟延履行约定违约金的,违约方支付违约金后,还应当履行债务。

注释 违约金是当事人在合同中约定的或者由法律直接规定的一方违反合同时应向对方支付一定数额的金钱,这是违反合同可以采用的承担民事责任的方式,只适用于当事人有违约金约定或者法律规定违反合同应支付违约金的情形。违约金的标的物通常是金钱,但是当事人也可以约定违约金标的物为金钱以外的其他财产。违约金依据产生的根据,可以分为法定违约金和约定违约金。法定违约金是由法律直接规定违约的情形和应当支付的违约金数额。只要当事人一方发生法律规定的违约情况,就应当按照法律规定的数额向对方支付违约金。中国人民银行关于逾期罚息的规定,可以认为是法定违约金。约定违约金可能表现为不同的形式,可以约定向对方支付一定数额的违约金,也可以约定因违约产生的损失赔偿额的计算方法。根据约定违约金的目的,违约金可以区分为赔偿性的违约金、惩罚性的违约金和责任限制性违约金。当事人约定违约金,一方面是为了事先确定违约后的赔偿数额,以降低法定损失的举证成本,另一方面也可能是为了向对方施加履约压力、督促对方守约而约定高额的违约金,还可能是为了避免责任过重而约定低额的违约金。当事人的这些意图可能兼而有之,因此,不同性质的违约金可能在功能上有交叉和重合。在赔偿性的违约金和惩罚性的违约金之间,首先是取决于当事人的目的,一般而言,如果约定了明显高额的违约金,或者违约金不排斥继续履行或者法定的赔偿损失,则可以认定为惩罚性的违约金,或者约定违约金至少部分具有惩罚性的功能。本条规定的违约金以赔偿性的违约金为原则,当事人无约定或者约定不明时,推定为赔偿性的违约金。

本条第2款对于约定的违约金确立了司法酌情增减规则。《民法典合同编通则司法解释》对于违约金的司法酌减作了更细化的规定。第65条规定,当事人主张约定的违约金过分高于违约造成的损失,请求予以适当减少的,人民法院应当以民法典第584条规定的损失为基础,兼顾合同主体、交易类型、合同的履行情况、当事人的过错程度、履约背景等因素,遵循公平原则和诚信原则进行衡量,并作出裁判。约定的违约金超过造成损失的百分之三十的,人民法院一般可以认定为过分高于造成的损失。恶意违约的当事人一方请求减少违约金的,人民法院一般不予支持。

本条第3款是关于违约方支付迟延履行违约金后,还应当履行债务的规定。对此不应反面解释认为,如果债权人先主张继续履行或先行受领了继续履行,即不得请求迟延履行违约金或者视为放弃迟延履行违约金。债权人受领了债务人迟延后的继续履行,仍可并行主张迟延履行违约金,此并行主张不以受领给付时作特别保留为必要。应当注意的是,本款仅规定了迟延履行违约金和继续履行之间的关系,并未具体规定违约金和其他违约责任形式之间的关系,也未具体规定在其他违约类型中违约金和继续履行之间的关系。关于这些关系的处理,需要结合具体情形予以考量。首先要注意是否是同一违约行为导致违约金和其他违约责任形式;其次要注意当事人是否存在特别约定;再次要注意约定的违约金是否是替代给付的违约金,以及其与其他违约责任形式之间的目的衔接;最后还要注意,约定的违约金可以与其他违约责任形式并用时,则需要考量债权人损失的大小,而在不同情形中对违约金予以适当调整。

实务问答 当事人主张约定的违约金过高请求予以适当减少时,人民法院如何酌定?

网络主播违反约定的排他性合作条款,未经直播平台同意在其他平台从事类似业务的,应当依法承担违约责任。网络主播主张合同约定的违约金明显过高请求予以减少的,在实际损失难以确定的情形下,人民法院可以根据网络直播行业特点,以网络主播从平台中获取的实际收益为参考基础,结合平台前期投入、平台流量、主播个体商业价值等因素合理酌定。(最高人民法院指导案例第189号:上海熊猫互娱文化有限公司诉李某、昆山播爱游信息技术有限公司合同纠纷案)

链接《买卖合同解释》第20、21条;《民法典合同编通则司法解释》第64—66条

第五百八十六条 【定金】当事人可以约定一方向对方给付定金作为债权的担保。定金合同自实际交付定金时成立。

定金的数额由当事人约定;但是,不得超过主合同标的额的百分之二十,超过部分不产生定金的效力。实际交付的定金数额多于或者少于约定数额的,视为变更约定的定金数额。

注释 本条吸收了担保法及担保法司法解释关于定金及其数额的规定。所谓定金,就是指当事人约定的,为保证债权的实现,由一方在履行前预先向对方给付的一定数量的货币或者其他代替物。定金是担保的一种,本条规定的是违约定金。定金与预付款不同,定金具有担保作用,不履行债务或者履行债务不符合约定,致使不能实现合同目的的,适用定金罚则;但预付款仅仅是在标的物正常交付或者服务正常提供的情况下预付的款项,如有不足,交付预付款的一方再补交剩余的价款即可,在交付标的物或者提供服务的一方违约时,如果交付预付款的一方解除合同,有权请求返还预付款。定金与押金也不同,一般而言,押金的数额没有定金数额的限制,而且没有定金罚则的适用。押金类型非常多,无法统一确定,甚至有的押金需要清算,多退少补。履约保证金的类型也是多种多样。当事人交付留置金、担保金、保证金、订约金、押金或者订金等,但没有约定定金性质的,不能按照定金处理,但是,如果押金和保证金根据当事人的约定符合定金构成的,可以按照定金处理。

定金合同是民事法律行为的一种,适用民事法律行为的一般规则,可以在合同的主文中载明,也可以单独设立。但是,按照本条第1款的规定,定金合同是实践性合同,自实际交付定金时才成立,当然定金交付的时间由双方当事人约定。当事人订立定金合同后,不履行交付定金的约定,不承担违约责任。同时,定金合同是一种从合同,应参照本法第682条第1款的规定,主债权债务合同无效、被撤销或者确定不发生效力,定金合同也随之无效或者不发生效力。但是,在主合同因违约而被解除后,根据本法第566条第2款的规定“合同因违约解除的,解除权人可以请求违约方承担违约责任,但是当事人另有约定的除外”,解除权人仍有权依据定金罚则请求违约方承担责任。

按照本条第2款规定,定金的数额由当事人约定。但是,在能够确定主合同标的额的前提下,约定的数额不得超过主合同标的额的20%。如果超过,则超过的部分不产生定金的效力,应当予以返还或者按照约定抵作价款,但未超过的部分仍然产生定金效力。

第五百八十七条 【定金罚则】债务人履行债务的,定金应当抵作价款或者收回。给付定金的一方不履行债务或者履行债务不符合约定,致使不能实现合同目的的,无权请求返还定金;收受定金的一方不履行债务或者履行债务不符合约定,致使不能实现合同目的的,应当双倍返还定金。

注释 相较于原合同法的规定,本条增加规定了在"履行债务不符合约定,致使不能实现合同目的"的情形下定金罚则的适用。

《民法典合同编通则司法解释》第68条规定,双方当事人均具有致使不能实现合同目的的违约行为,其中一方请求适用定金罚则的,人民法院不予支持。当事人一方仅有轻微违约,对方具有致使不能实现合同目的的违约行为,轻微违约方主张适用定金罚则,对方以轻微违约方也构成违约为由抗辩的,人民法院对该抗辩不予支持。当事人一方已经部分履行合同,对方接受并主张按照未履行部分所占比例适用定金罚则的,人民法院应予支持。对方主张按照合同整体适用定金罚则的,人民法院不予支持,但是部分未履行致使不能实现合同目的的除外。因不可抗力致使合同不能履行,非违约方主张适用定金罚则的,人民法院不予支持。

链接《民法典合同编通则司法解释》第67、68条

第五百八十八条 【违约金与定金竞合选择权】当事人既约定违约金,又约定定金的,一方违约时,对方可以选择适用违约金或者定金条款。

定金不足以弥补一方违约造成的损失的,对方可以请求赔偿超过定金数额的损失。

注释 合同既约定了违约金,又约定了定金,在当事人不存在明确的特别约定的情况下,如果一方违约,对方当事人可以选择适用违约金或者定金条款,但二者不能并用。不能并用的前提是针对同一违约行为。如果违约金和定金是针对不同的违约行为,则存在并用的可能性,但不应超过违约行为所造成的损失总额。

第五百八十九条 【债权人受领迟延】债务人按照约定履行债务,债权人无正当理由拒绝受领的,债务人可以请求债权人赔偿增加的费用。

在债权人受领迟延期间,债务人无须支付利息。

注释 债权人无正当理由拒绝受领,并不会使得债务人的给付义务消灭。但是,债权人受领债务人的履行,是债权人的权利,同时也是其的义务,对该义务的违反一般不会导致债权人的违约责任,而是使债务人的负担或者责任减轻或者使得债权人负担由此给债务人增加的费用,可被认为是不真正义务,除非法律另有规定或者当事人另有约定。所谓给债务人增加的费用,包括:(1)债务人提出给付的费用,例如,货物往返运送的费用、履行债务所支付的交通费用、通知费用等;(2)保管给付物的必要费用;(3)其他费用,例如对不宜保存的标的物的处理费用。同时,本条第2款规定,在债权人受领迟延期间,债务人无须支付利息。

第五百九十条 【因不可抗力不能履行合同】当事人一方因不可抗力不能履行合同的,根据不可抗力的影响,部分或者全部免除责任,但是法律另有规定的除外。因不可抗力不能履行合同的,应当及时通知对方,以减轻可能给对方造成的损失,并应当在合理期限内提供证明。

当事人迟延履行后发生不可抗力的,不免除其违约责任。

注释 在合同的履行过程中,如果发生了不可抗力,《民法典》第180条规定的一般原则是不承担民事责任,法律另有规定的,依照其规定。本条对合同领域中发生不可抗力的规定,就是法律另有的规定。

当事人一方因不可抗力不能履行合同的,并不一定全部免除责任,而是要根据不可抗力的实际影响程度确定。不可抗力是不能履行合同的部分原因的,部分免除责任;不可抗力是不能履行合同的全部原因的,全部免除责任;法律如果另有规定的,依照规定,例如保价邮包因不可抗力发生灭失的,不免除赔偿责任。当不可抗力不能履行合同时,一方当事人应当及时通知对方,以减轻可能给对方造成的损失,同时,应当在合理期限内提供不可抗力而不能履行合同的证明。

当事人迟延履行后发生不可抗力的,不免除其违约责任。如果债务人没有迟延履行,则不可抗力的发生就不会导致债务的不能履行进而发生损害,因此债务人的迟延履行与债权人的损害之间具有因果关系,债务人应当就不可抗力负责。但是,如果债务人能够证明,即使其不迟延履行,仍不免发生债务的不能履行进而发生损害的,则债务人应当能够免责,此时债务人的迟延履行和债务的不能履行进而发生损害之间不存在因果关系。

第五百九十一条 【非违约方防止损失扩大义务】当事人一方违约后，对方应当采取适当措施防止损失的扩大；没有采取适当措施致使损失扩大的，不得就扩大的损失请求赔偿。

当事人因防止损失扩大而支出的合理费用，由违约方负担。

实务问答 非违约方防止损失扩大应如何认定？

因发包人提供错误的地质报告致使建设工程停工，当事人对停工时间未作约定或未达成协议的，承包人不应盲目等待而放任停工状态的持续以及停工损失的扩大。对于由此导致的停工损失所依据的停工时间的确定，也不能简单地以停工状态的自然持续时间为准，而是应根据案件事实综合确定一定的合理期间作为停工时间。[河南省偃师市鑫龙建安工程有限公司与洛阳理工学院、河南省第六建筑工程公司索赔及工程欠款纠纷案(《最高人民法院公报》2013 年第 1 期)]

链接《买卖合同解释》第 22 条

第五百九十二条 【双方违约和与有过错规则】当事人都违反合同的，应当各自承担相应的责任。

当事人一方违约造成对方损失，对方对损失的发生有过错的，可以减少相应的损失赔偿额。

注释 本条第 2 款关于过失相抵的规则为新增规定。在合同履行过程中，当事人一方的违约行为造成对方损失，但是受损害方对损失的发生也有过错的，构成合同责任中的与有过失，应当实行过失相抵。过失相抵的法律后果是，按照受损害一方当事人对损害发生的过错程度，可以减少违约方相应的损失赔偿额。

案例 1. 兰州滩尖子永昶商贸有限责任公司等与爱之泰房地产开发有限公司合作开发房地产合同纠纷案(《最高人民法院公报》2015 年第 5 期)

裁判规则：在双务合同中，双方均存在违约的情况下，应根据合同义务分配情况、合同履行程度以及各方违约程度大小等综合因素，判断合同当事人是否享有解除权。

2. 蔡某辉诉金某来信用卡纠纷案(《最高人民法院公报》2010 年第 12 期)

裁判规则：银联卡特约商户在受理有预留签名的银联信用卡消费时，应当根据其与发卡银行之间的约定以及中国人民银行《银行卡联网联合业务规范》的规定，核对持卡人在交易凭证上的签字与信用卡签名条上预留的签字是否一致。未核对签名造成持卡人损失的，应承担相应的赔偿责任。信用卡所有人为信用卡设置了密码，但因自身原因导致密码泄露的，可以适当减轻特约商户的赔偿责任。

3. 北京新奥特公司诉华融公司股权转让合同纠纷案(《最高人民法院公报》2005 年第 2 期)

裁判规则：因双方当事人的过错，导致股权转让协议终止履行，一方当事人因准备协议履行及实际履行中产生的损失，应由双方共同承担民事责任。

第五百九十三条 【因第三人原因造成违约情况下的责任承担】当事人一方因第三人的原因造成违约的，应当依法向对方承担违约责任。当事人一方和第三人之间的纠纷，依照法律规定或者按照约定处理。

第五百九十四条 【国际贸易合同诉讼时效和仲裁时效】因国际货物买卖合同和技术进出口合同争议提起诉讼或者申请仲裁的时效期间为四年。

第二分编 典型合同

第九章 买卖合同

第五百九十五条 【买卖合同的概念】买卖合同是出卖人转移标的物的所有权于买受人，买受人支付价款的合同。

注释 买卖合同是最重要的传统合同，其法律特征是：1. 买卖合同是转移标的物的所有权的合同；2. 买卖合同是双务合同；3. 买卖合同是有偿合同；4. 买卖合同是诺成性合同；5. 买卖合同一般是不要式合同。

第五百九十六条 【买卖合同条款】买卖合同的内容一般包括标的物的名称、数量、质量、价款、履行期限、履行地点和方式、包装方式、检验标准和方法、结算方式、合同使用的文字及其效力等条款。

注释 标的物是买卖合同双方当事人权利义务的指向对象。有关标的物的条款是合同的主要条款。

第五百九十七条 【无权处分的违约责任】因出卖人未取得处分权致使标的物所有权不能转移的，买受人可以解除合同并请求出卖人承担违约责任。

法律、行政法规禁止或者限制转让的标的物,依照其规定。

注释 对标的物的买卖,其实就是对标的物所有权的转移,在买卖合同中,取得标的物的所有权是买受人的交易目的,将标的物的所有权转移给买受人,是出卖人的主要义务。转移标的物的所有权是在交付标的物的基础上实现的。如果因出卖人未取得标的物的处分权,致使标的物所有权不能转移的,就不能实现转让标的物及其所有权的义务,买受人也无法取得标的物的所有权,出卖人构成根本违约,因而买受人享有法定解除权,可以解除买卖合同,并请求出卖人承担违约责任。

买卖合同转让的标的物须具有合法流通性,如果是法律、行政法规禁止或者限制转让的标的物,依照其规定,不能转让或者限制转让。如根据《野生动物保护法》的规定,国家重点保护野生动物及其制品是禁止出售、购买的。

案例 1. 万某全、万某诉狄某等人房屋买卖合同纠纷案(《最高人民法院公报》2018 年第 2 期)

裁判规则:共同居住的家庭成员,以自己的名义将其他家庭成员名下的房屋出卖给他人,该行为对房屋所有人是否有效,须判断房屋所有人是否事前知晓且同意。为此,人民法院应当结合房屋产权证书、钥匙是否为房屋所有人持有,对价支付情况,买受人实际占有房屋持续时间以及相关证人证言等综合判定。

2. 桂馨源公司诉全威公司等土地使用权转让合同纠纷案(《最高人民法院公报》2005 年第 7 期)

裁判规则:签订国有土地使用权转让合同时,转让人虽未取得国有土地使用权证,但在诉讼前已经取得该证的,应认定转让合同有效。当事人取得国有土地使用权证后未足额缴纳土地出让金,或对转让土地的投资开发未达到投资总额 25%以上的,属转让标的瑕疵,不影响转让合同的效力。

链接《宪法》第 10 条;《土地管理法》第 2 条;《城市房地产管理法》第 38 条;《野生动物保护法》第 28、29 条;《文物保护法》第 24、25、51 条

第五百九十八条 【出卖人基本义务】出卖人应当履行向买受人交付标的物或者交付提取标的物的单证,并转移标的物所有权的义务。

注释 交付标的物,是将标的物交付给买受人,如果标的物是用提取标的物的单证形态表现的,交付提取标的物的单证也构成交付,例如交付仓单。

链接《土地管理法》第 12 条;《城市房地产管理法》第 60、61 条;《民用航空法》第 14 条;《道路交通安全法》第 8、12 条

第五百九十九条 【出卖人义务:交付单证、交付资料】出卖人应当按照约定或者交易习惯向买受人交付提取标的物单证以外的有关单证和资料。

注释 向买受人交付的提取标的物单证以外的有关单证和资料,比如购买商品的保修单、使用说明书等。这项义务是出卖人应当履行的从义务,是辅助合同主义务的义务,以实现买受人的交易目的。

链接《买卖合同解释》第 4、5 条

第六百条 【买卖合同知识产权保留条款】出卖具有知识产权的标的物的,除法律另有规定或者当事人另有约定外,该标的物的知识产权不属于买受人。

注释 出卖具有知识产权的标的物的,除了法律另有规定或者当事人另有约定之外,该标的物的知识产权并不随同标的物的所有权一并转移于买受人。这就是"知识产权保留条款"。例如购买著作权人享有著作权的作品,只能买到这本书,而不能买到这本书的著作权,著作权仍然保留在作者手中。

链接《著作权法》第 20 条;《计算机软件保护条例》第 9—14 条

第六百零一条 【出卖人义务:交付期间】出卖人应当按照约定的时间交付标的物。约定交付期限的,出卖人可以在该交付期限内的任何时间交付。

第六百零二条 【标的物交付期限不明时的处理】当事人没有约定标的物的交付期限或者约定不明确的,适用本法第五百一十条、第五百一十一条第四项的规定。

第六百零三条 【买卖合同标的物的交付地点】出卖人应当按照约定的地点交付标的物。

当事人没有约定交付地点或者约定不明确,依据本法第五百一十条的规定仍不能确定的,适用下列规定:

(一)标的物需要运输的,出卖人应当将标的物交付给第一承运人以运交给买受人;

(二)标的物不需要运输,出卖人和买受人订立合同时知道标的物在某一地点的,出卖人应当在该地点交付标的物;不知道标的物在某一地点

的,应当在出卖人订立合同时的营业地交付标的物。

链接《买卖合同解释》第8条

第六百零四条 【标的物的风险承担】标的物毁损、灭失的风险,在标的物交付之前由出卖人承担,交付之后由买受人承担,但是法律另有规定或者当事人另有约定的除外。

注释 买卖合同标的物意外灭失风险负担,是指对买卖合同标的物由于不可归责于双方当事人的事由而毁损、灭失所造成的损失应当由谁承担的规则。根据该条规定,对于标的物毁损、灭失风险的承担采用的是交付转移原则,即交付之前由出卖人承担,交付之后由买受人承担。买受人此时承担标的物风险不以其是否取得标的物的所有权为前提。此为标的物风险转移的一般规则,如果法律另有规定或者当事人另有约定的除外。

链接《买卖合同解释》第9条

第六百零五条 【迟延交付标的物的风险负担】因买受人的原因致使标的物未按照约定的期限交付的,买受人应当自违反约定时起承担标的物毁损、灭失的风险。

注释 "因买受人的原因",这里的原因,一般是指买受人的过错,包括故意和过失。买受人承担风险的期限为自约定交付之日至实际交付之时。

第六百零六条 【路货买卖中的标的物风险转移】出卖人出卖交由承运人运输的在途标的物,除当事人另有约定外,毁损、灭失的风险自合同成立时起由买受人承担。

注释 路货买卖是指标的物已在运输途中,出卖人寻找买主,出卖在途中的标的物。它可以是出卖人先把标的物装上开往某个目的地的运输工具(一般是船舶)上,然后再寻找适当的买主订立买卖合同,也可以是一个买卖合同的买受人未实际收取标的物前,把处于运输途中的标的物转卖给另一个买受人。本条规定的情形是第604条规定的特殊情况,而第604条规定的风险转移时间点为"交付时",本条规定的风险转移时间点为"合同成立时",这是因为路货买卖的双方当事人均无实际控制货物,只能根据双方当事人已经确定的合同关系来确定,即以"合同成立时"来确定最为合理。本条规定的情形主要发生于国际货物买卖合同之中。

链接《买卖合同解释》第10条

第六百零七条 【需要运输的标的物风险负担】出卖人按照约定将标的物运送至买受人指定地点并交付给承运人后,标的物毁损、灭失的风险由买受人承担。

当事人没有约定交付地点或者约定不明确,依据本法第六百零三条第二款第一项的规定标的物需要运输的,出卖人将标的物交付给第一承运人后,标的物毁损、灭失的风险由买受人承担。

第六百零八条 【买受人不履行接受标的物义务的风险负担】出卖人按照约定或者依据本法第六百零三条第二款第二项的规定将标的物置于交付地点,买受人违反约定没有收取的,标的物毁损、灭失的风险自违反约定时起由买受人承担。

第六百零九条 【未交付单证、资料的风险负担】出卖人按照约定未交付有关标的物的单证和资料的,不影响标的物毁损、灭失风险的转移。

注释 没有交付单证和资料,并不意味着权属没有转移。交付单证和资料仅仅是从义务,而不是主义务。买卖合同只要完成交付标的物的主义务,标的物的所有权就发生转移。因此,不能因为有关单证和资料没有交付而认为交付没有完成。既然标的物的所有权已经发生转移,标的物意外灭失风险当然也就由买受人负担。

第六百一十条 【根本违约】因标的物不符合质量要求,致使不能实现合同目的的,买受人可以拒绝接受标的物或者解除合同。买受人拒绝接受标的物或者解除合同的,标的物毁损、灭失的风险由出卖人承担。

链接《买卖合同解释》第24条

第六百一十一条 【买受人承担风险与出卖人违约责任关系】标的物毁损、灭失的风险由买受人承担的,不影响因出卖人履行义务不符合约定,买受人请求其承担违约责任的权利。

注释 本条是对标的物意外灭失风险负担不影响违约责任的规定。

标的物意外灭失风险负担,与承担违约责任是两种不同的规则,前者是由于买卖合同的标的物发生不可归责于当事人的原因而意外灭失,法律判断这种意外灭失风险由哪一方负担的规则;后者是当事人一方违反合同义务,应当向对方承担违约责任,救济对方因违约而发生损害的规则。

第六百一十二条 【出卖人的权利瑕疵担保义务】出卖人就交付的标的物,负有保证第三人对该标的物不享有任何权利的义务,但是法律另有规定的除外。

注释 本条是对标的物权利瑕疵担保义务的规定。

出卖人的权利瑕疵担保,是指卖方应保证对其所出售的标的物享有合法的权利,没有侵犯任何第三人的权利,并且任何第三人都不会就该标的物向买受人主张任何权利。买卖合同根本上就是标的物所有权的转让,因此,出卖人的这项义务也就是其一项最基本的义务。具体说,出卖人的权利瑕疵担保义务包括:(1)出卖人对出卖的标的物享有合法的权利,即须对标的物具有所有权或者处分权。(2)出卖人应当保证在其出售的标的物上不存在任何未曾向买方透露的他人可以主张的权利,如抵押权、租赁权等。(3)出卖人应当保证标的物没有侵犯他人的知识产权。

出卖人必须保证其所出卖的标的物不得有第三人向买受人主张任何权利,否则,出卖人须承担违约责任。此时买受人可以实施的救济方式是:(1)请求减少价款。如果标的物上虽然部分权利属于他人,但不影响买受人对标的物最终获得所有权的,买受人可以接受标的物,但有权请求出卖人减少价款。所减少的价款的数额可以根据因他人对标的物享有部分权利而致使买受人无法及时对标的物行使所有权所造成的损失等因素确定。(2)解除合同。如果因标的物上的部分权利属于他人,致使买受人自始不能获得所有权的,买受人可以解除买卖合同。

以上是对出卖人标的物权利瑕疵担保的原则性规定,如果法律对此另有规定的,则依照法律的规定。

第六百一十三条 【权利瑕疵担保责任之免除】买受人订立合同时知道或者应当知道第三人对买卖的标的物享有权利的,出卖人不承担前条规定的义务。

第六百一十四条 【买受人的中止支付价款权】买受人有确切证据证明第三人对标的物享有权利的,可以中止支付相应的价款,但是出卖人提供适当担保的除外。

第六百一十五条 【买卖标的物的质量瑕疵担保】出卖人应当按照约定的质量要求交付标的物。出卖人提供有关标的物质量说明的,交付的标的物应当符合该说明的质量要求。

链接《消费者权益保护法》第18、23条;《消费者权益保护法实施条例》第7、12条;《产品质量法》第26条

第六百一十六条 【标的物法定质量担保义务】当事人对标的物的质量要求没有约定或者约定不明确,依据本法第五百一十条的规定仍不能确定的,适用本法第五百一十一条第一项的规定。

注释 本条是对标的物质量要求确定方法的规定。

在买卖合同中,当事人如果对标的物的质量标准没有约定或者约定不明确,可以通过法律规定的质量标准确定方法予以确定。确定的办法是:1. 依照《民法典》第510条进行补充协商,确定标的物的质量标准;2. 在补充协商中,双方当事人不能达成补充协议的,则按照合同的有关条款或者交易习惯确定;3. 按照合同的有关条款或者交易习惯仍然不能确定的,出卖人应按照国家标准、行业标准履行;没有国家标准、行业标准的,出卖人应按照通常标准或者符合合同目的的特定标准确定。

第六百一十七条 【质量瑕疵担保责任】出卖人交付的标的物不符合质量要求的,买受人可以依据本法第五百八十二条至第五百八十四条的规定请求承担违约责任。

链接《消费者权益保护法》第23条

第六百一十八条 【标的物瑕疵担保责任减免的特约效力】当事人约定减轻或者免除出卖人对标的物瑕疵承担的责任,因出卖人故意或者重大过失不告知买受人标的物瑕疵的,出卖人无权主张减轻或者免除责任。

注释 如果出卖人因故意或者重大过失不向买受人告知标的物存在瑕疵的,属于隐瞒标的物瑕疵,构成产品欺诈,出卖人无权主张减轻或者免除责任,应当承担违约责任,采取补救措施或者承担赔偿责任,符合法律规定的甚至要承担惩罚性赔偿责任。

第六百一十九条 【标的物的包装方式】出卖人应当按照约定的包装方式交付标的物。对包装方式没有约定或者约定不明确,依据本法第五百一十条的规定仍不能确定的,应当按照通用的方式包装;没有通用方式的,应当采取足以保护标的物且有利于节约资源、保护生态环境的包装方式。

第六百二十条 【买受人的检验义务】买受人收到标的物时应当在约定的检验期限内检验。没

有约定检验期限的，应当及时检验。

第六百二十一条 【买受人检验标的物的异议通知】当事人约定检验期限的，买受人应当在检验期限内将标的物的数量或者质量不符合约定的情形通知出卖人。买受人怠于通知的，视为标的物的数量或者质量符合约定。

当事人没有约定检验期限的，买受人应当在发现或者应当发现标的物的数量或者质量不符合约定的合理期限内通知出卖人。买受人在合理期限内未通知或者自收到标的物之日起二年内未通知出卖人的，视为标的物的数量或者质量符合约定；但是，对标的物有质量保证期的，适用质量保证期，不适用该二年的规定。

出卖人知道或者应当知道提供的标的物不符合约定的，买受人不受前两款规定的通知时间的限制。

实务问答 **如何认定"合理期限"？**

根据《最高人民法院关于审理买卖合同纠纷案件适用法律问题的解释》第12条规定，人民法院具体认定民法典第621条第2款规定的"合理期限"时，应当综合当事人之间的交易性质、交易目的、交易方式、交易习惯、标的物的种类、数量、性质、安装和使用情况、瑕疵的性质、买受人应尽的合理注意义务、检验方法和难易程度、买受人或者检验人所处的具体环境、自身技能以及其他合理因素，依据诚实信用原则进行判断。民法典第621条第2款规定的"二年"是最长的合理期限。该期限为不变期间，不适用诉讼时效中止、中断或者延长的规定。

链接《海商法》第83条；《买卖合同解释》第12—13条

第六百二十二条 【检验期限或质量保证期过短的处理】当事人约定的检验期限过短，根据标的物的性质和交易习惯，买受人在检验期限内难以完成全面检验的，该期限仅视为买受人对标的物的外观瑕疵提出异议的期限。

约定的检验期限或者质量保证期短于法律、行政法规规定期限的，应当以法律、行政法规规定的期限为准。

链接《买卖合同解释》第14条

第六百二十三条 【标的物数量和外观瑕疵检验】当事人对检验期限未作约定，买受人签收的送货单、确认单等载明标的物数量、型号、规格的，推定买受人已经对数量和外观瑕疵进行检验，但是有相关证据足以推翻的除外。

第六百二十四条 【向第三人履行情形的检验标准】出卖人依照买受人的指示向第三人交付标的物，出卖人和买受人约定的检验标准与买受人和第三人约定的检验标准不一致的，以出卖人和买受人约定的检验标准为准。

第六百二十五条 【出卖人的回收义务】依照法律、行政法规的规定或者按照当事人的约定，标的物在有效使用年限届满后应予回收的，出卖人负有自行或者委托第三人对标的物予以回收的义务。

第六百二十六条 【买受人支付价款及方式】买受人应当按照约定的数额和支付方式支付价款。对价款的数额和支付方式没有约定或者约定不明确的，适用本法第五百一十条、第五百一十一条第二项和第五项的规定。

第六百二十七条 【买受人支付价款的地点】买受人应当按照约定的地点支付价款。对支付地点没有约定或者约定不明确，依据本法第五百一十条的规定仍不能确定的，买受人应当在出卖人的营业地支付；但是，约定支付价款以交付标的物或者交付提取标的物单证为条件的，在交付标的物或者交付提取标的物单证的所在地支付。

第六百二十八条 【买受人支付价款的时间】买受人应当按照约定的时间支付价款。对支付时间没有约定或者约定不明确，依据本法第五百一十条的规定仍不能确定的，买受人应当在收到标的物或者提取标的物单证的同时支付。

链接《买卖合同解释》第18条

第六百二十九条 【出卖人多交标的物的处理】出卖人多交标的物的，买受人可以接收或者拒绝接收多交的部分。买受人接收多交部分的，按照约定的价格支付价款；买受人拒绝接收多交部分的，应当及时通知出卖人。

链接《买卖合同解释》第3条

第六百三十条 【买卖合同标的物孳息的归属】标的物在交付之前产生的孳息，归出卖人所有；交付之后产生的孳息，归买受人所有。但是，当事人另有约定的除外。

注释 标的物于合同订立前后所生孳息的归属，即利益承受，与买卖合同的标的物风险负担密切相关，二者遵循同一原则，即权利归谁所有，利益和风险就归谁享有或者负担。

标的物的孳息,是指标的物在合同履行期间产生的增值或者收益,既包括天然孳息,也包括法定孳息。前者如树木的果实、牲畜的幼畜;后者如出租房屋的租金。

利益承受的规则是:1. 交付之前产生的孳息,归出卖人所有,例如买卖牲畜,在交付之前出生的幼畜,归出卖人所有。2. 交付之后产生的孳息,由买受人所有,例如交付之后的出租房屋,收取的租金归买受人所有。3. 合同另有约定的,依其约定,不适用上述规则。

第六百三十一条 【主物与从物在解除合同时的效力】因标的物的主物不符合约定而解除合同的,解除合同的效力及于从物。因标的物的从物不符合约定被解除的,解除的效力不及于主物。

第六百三十二条 【数物买卖合同的解除】标的物为数物,其中一物不符合约定的,买受人可以就该物解除。但是,该物与他物分离使标的物的价值显受损害的,买受人可以就数物解除合同。

第六百三十三条 【分批交付标的物的情况下解除合同的情形】出卖人分批交付标的物的,出卖人对其中一批标的物不交付或者交付不符合约定,致使该批标的物不能实现合同目的的,买受人可以就该批标的物解除。

出卖人不交付其中一批标的物或者交付不符合约定,致使之后其他各批标的物的交付不能实现合同目的的,买受人可以就该批以及之后其他各批标的物解除。

买受人如果就其中一批标的物解除,该批标的物与其他各批标的物相互依存的,可以就已经交付和未交付的各批标的物解除。

注释 本条涉及长期供货合同分批交付标的物的情况,如果出卖人不适当履行的,买受人要求解除合同,受本条规定调整。一般情况下,出卖人不适当履行某一批标的物的交付,买受人可以针对该批标的物不适当履行的情况,要求出卖人承担违约责任。出卖人就某批标的物的交付构成根本违约,即交付的结果将导致该批以及之后其他各批标的物的交付不能实现合同目的的,买受人有权以该批标的物的交付违约为由,解除长期供货合同该部分及之后应当交付部分的内容。法律并未明确说明属于这类情形的具体情况,因为合同实践是复杂的,立法只能作出一个原则性的规定,具体适用的尺度把握应当具体问题具体分析。但是需要明确指出的是,某批标的物交付的根本违约,将致使今后各批的交付也构成根本违约的情况必须是十分明显的,才能适用这一规定。

第六百三十四条 【分期付款买卖】分期付款的买受人未支付到期价款的数额达到全部价款的五分之一,经催告后在合理期限内仍未支付到期价款的,出卖人可以请求买受人支付全部价款或者解除合同。

出卖人解除合同的,可以向买受人请求支付该标的物的使用费。

注释 分期付款买卖,是指买受人将其应付的总价款按照一定期限分批向出卖人支付的买卖合同。本条相较于原《合同法》第167条,增加规定了出卖人在因买受人未按期支付价款达到全部价款的五分之一而享有全部价款支付请求权或合同解除权之前,应对买受人进行催告,并给予其支付到期价款的合理期限。

在交易实践中,当事人双方就分期付款买卖通常有以下特别约定:

1. 所有权保留特约,是指买受人虽先占有、使用标的物,但在双方当事人约定的特定条件(通常是价款的一部或者全部清偿)成就之前,出卖人保留标的物的所有权,待条件成就后,再将所有权转移给买受人。

2. 请求支付全部价款或者解除合同,买受人未付到期价款的数额达到全部价款的五分之一的,出卖人可以请求买受人支付全部价款或者解除合同,除非当事人另有约定。

3. 出卖人解除合同可以请求买受人支付该标的物的使用费,该部分价款通常按照市场价格计算。使用费可以从已经支付的价款中扣除,剩余部分应当返还。标的物有毁损的,买受人应当支付损害赔偿金。

案例 汤某龙诉周某海股权转让纠纷案(最高人民法院指导案例67号)

裁判规则:有限责任公司的股权分期支付转让款中发生股权受让人延迟或者拒付等违约情形,股权转让人要求解除双方签订的股权转让合同的,不适用《合同法》第167条关于分期付款买卖中出卖人在买受人未支付到期价款的金额达到合同全部价款的五分之一时即可解除合同的规定。

链接 《买卖合同解释》第27、28条

第六百三十五条 【凭样品买卖合同】凭样品买卖的当事人应当封存样品,并可以对样品质量予以说明。出卖人交付的标的物应当与样品及其说明的质量相同。

注释 样品买卖,是指当事人双方约定用以决定标的物品质的样品,出卖人交付的标的物应当与样品具有相同品质。由于样品买卖是在一般买卖关系中为出卖人附加了一项须按样品的品质标准交付标的物的担保,故样品买卖除了适用普通买卖的规定外,还产生下列效力:1. 封存样品,并可就其质量予以说明,以作为样品买卖合同标的物的质量标准。2. 出卖人交付的标的物应当与样品及其说明的质量相同,即在合同的实际履行中,出卖人交付标的物的质量,应当与样品的质量及其说明相一致。在判断交付的标的物是否与样品及其说明的质量相同时,应当依据合同的性质以及交易的习惯确定。3. 出卖人交付的标的物与样品及其说明的质量不相同的,高于样品及其说明的,当然没有问题;低于样品及其说明的标准的,构成违约行为,买受人可以解除合同或者追究出卖人的违约责任。

链接《买卖合同解释》第 29 条

第六百三十六条 【凭样品买卖合同样品存在隐蔽瑕疵的处理】凭样品买卖的买受人不知道样品有隐蔽瑕疵的,即使交付的标的物与样品相同,出卖人交付的标的物的质量仍然应当符合同种物的通常标准。

第六百三十七条 【试用买卖的试用期限】试用买卖的当事人可以约定标的物的试用期限。对试用期限没有约定或者约定不明确,依据本法第五百一十条的规定仍不能确定的,由出卖人确定。

注释 试用买卖合同,是指当事人双方约定于合同成立时,出卖人将标的物交付买受人试验或者检验,并以买受人在约定期限内对标的物的认可为生效要件的买卖合同。其特征是:1. 试用买卖约定由买受人试验或者检验标的物;2. 试用买卖是以买受人对标的物的认可为生效条件的买卖合同。

实务问答 如何认定试用买卖?

《最高人民法院关于审理买卖合同纠纷案件适用法律问题的解释》第 30 条规定,买卖合同存在下列约定内容之一的,不属于试用买卖。买受人主张属于试用买卖的,人民法院不予支持:(1)约定标的物经过试用或者检验符合一定要求时,买受人应当购买标的物;(2)约定第三人经试验对标的物认可时,买受人应当购买标的物;(3)约定买受人在一定期限内可以调换标的物;(4)约定买受人在一定期限内可以退还标的物。

链接《买卖合同解释》第 30 条

第六百三十八条 【试用买卖合同买受人对标的物购买选择权】试用买卖的买受人在试用期内可以购买标的物,也可以拒绝购买。试用期限届满,买受人对是否购买标的物未作表示的,视为购买。

试用买卖的买受人在试用期内已经支付部分价款或者对标的物实施出卖、出租、设立担保物权等行为的,视为同意购买。

第六百三十九条 【试用买卖使用费】试用买卖的当事人对标的物使用费没有约定或者约定不明确的,出卖人无权请求买受人支付。

第六百四十条 【试用买卖中的风险承担】标的物在试用期内毁损、灭失的风险由出卖人承担。

第六百四十一条 【标的物所有权保留条款】当事人可以在买卖合同中约定买受人未履行支付价款或者其他义务的,标的物的所有权属于出卖人。

出卖人对标的物保留的所有权,未经登记,不得对抗善意第三人。

注释 买卖合同中的所有权保留,是指买受人虽先占有、使用标的物,但在双方当事人约定的特定条件(通常是价款的一部或者全部清偿)成就之前,出卖人保留标的物的所有权,待条件成就后,再将所有权转移给买受人的特别约定。这种合同类型一般适用于动产买卖。所有权保留的担保物权,可以进行担保物权的登记。出卖人对标的物保留的所有权未经登记的,不得对抗善意第三人。

链接《买卖合同解释》第 25 条

第六百四十二条 【所有权保留中出卖人的取回权】当事人约定出卖人保留合同标的物的所有权,在标的物所有权转移前,买受人有下列情形之一,造成出卖人损害的,除当事人另有约定外,出卖人有权取回标的物:

(一)未按照约定支付价款,经催告后在合理期限内仍未支付;

(二)未按照约定完成特定条件;

(三)将标的物出卖、出质或者作出其他不当处分。

出卖人可以与买受人协商取回标的物;协商不成的,可以参照适用担保物权的实现程序。

注释 所有权保留作为担保物权的一种,最重要的担保价值,就在于出卖人将分期付款的标的物交付买受人后,还保留自己对标的物的所有权,正是基于该所有权保留,出卖人享有买卖合同标的物的取回权。当出现危及其价款债权的情形时,出卖人行使取回权,追回交付给买受人占有的买卖标的物。

故本条规定的出卖人取回权的规则是,当事人约定出卖人保留合同标的物的所有权,在标的物所有权转移前,买受人有下列情形之一,对出卖人造成损害的,除法律另有规定或者当事人另有约定外,出卖人有权取回标的物。产生取回权的原因是:1. 买受人未按照约定支付价款,经催告后在合理期限内仍未支付;2. 买受人未按照约定完成特定条件;3. 买受人将标的物出卖、出质或者作出其他不当处分。

实现取回权的方法是:1. 出卖人行使取回权,取回标的物;2. 协商确定,出卖人可以与买受人协商实现取回权的办法;3. 当事人协商不成的,参照适用担保物权的实现程序,例如拍卖或者变卖标的物,用价款优先偿还未支付的价金等;4. 取回的标的物价值明显减少的,出卖人有权要求买受人赔偿损失,买受人承担损害赔偿责任。

链接《买卖合同解释》第 26 条;《最高人民法院关于适用〈中华人民共和国民法典〉有关担保制度的解释》第 64 条

第六百四十三条 【买受人回赎权及出卖人再出卖权】出卖人依据前条第一款的规定取回标的物后,买受人在双方约定或者出卖人指定的合理回赎期限内,消除出卖人取回标的物的事由的,可以请求回赎标的物。

买受人在回赎期限内没有回赎标的物,出卖人可以以合理价格将标的物出卖给第三人,出卖所得价款扣除买受人未支付的价款以及必要费用后仍有剩余的,应当返还买受人;不足部分由买受人清偿。

第六百四十四条 【招标投标买卖的法律适用】招标投标买卖的当事人的权利和义务以及招标投标程序等,依照有关法律、行政法规的规定。

链接《招标投标法》

第六百四十五条 【拍卖的法律适用】拍卖的当事人的权利和义务以及拍卖程序等,依照有关法律、行政法规的规定。

案例 曾某龙与江西金马拍卖有限公司、中国银行股份有限公司上饶市分行、徐某炬拍卖纠纷案(《最高人民法院公报》2006 年第 1 期)

裁判规则:根据合同法、拍卖法的有关规定,拍卖是以公开竞价的形式,将特定物品或者财产权利转让给最高应价者的买卖方式,拍卖活动必须遵守法律规定和行业惯例,必须符合公平、公正的原则。在拍卖活动中,拍卖师的拍卖行为违反法律规定和行业习惯做法,侵害有关竞买人的合法权益的,应认定其拍卖行为无效。

链接《拍卖法》

第六百四十六条 【买卖合同准用于有偿合同】法律对其他有偿合同有规定的,依照其规定;没有规定的,参照适用买卖合同的有关规定。

链接《买卖合同解释》第 32 条

第六百四十七条 【易货交易的法律适用】当事人约定易货交易,转移标的物的所有权的,参照适用买卖合同的有关规定。

第十章 供用电、水、气、热力合同

第六百四十八条 【供用电合同概念及强制缔约义务】供用电合同是供电人向用电人供电,用电人支付电费的合同。

向社会公众供电的供电人,不得拒绝用电人合理的订立合同要求。

第六百四十九条 【供用电合同的内容】供用电合同的内容一般包括供电的方式、质量、时间,用电容量、地址、性质,计量方式,电价、电费的结算方式,供用电设施的维护责任等条款。

链接《电力法》第 27 条;《电力供应与使用条例》第 33 条

第六百五十条 【供用电合同的履行地点】供用电合同的履行地点,按照当事人约定;当事人没有约定或者约定不明确的,供电设施的产权分界处为履行地点。

第六百五十一条 【供电人的安全供电义务】供电人应当按照国家规定的供电质量标准和约定安全供电。供电人未按照国家规定的供电质量标准和约定安全供电,造成用电人损失的,应当承担赔偿责任。

链接《电力法》第 28、59、60 条;《电力供应与使用条例》第 19—24 条

第六百五十二条 【供电人中断供电时的通知义务】供电人因供电设施计划检修、临时检修、依法限电或者用电人违法用电等原因，需要中断供电时，应当按照国家有关规定事先通知用电人；未事先通知用电人中断供电，造成用电人损失的，应当承担赔偿责任。

链接《电力法》第29条；《电力供应与使用条例》第28条

第六百五十三条 【供电人抢修义务】因自然灾害等原因断电，供电人应当按照国家有关规定及时抢修；未及时抢修，造成用电人损失的，应当承担赔偿责任。

链接《电力法》第30条

第六百五十四条 【用电人支付电费的义务】用电人应当按照国家有关规定和当事人的约定及时支付电费。用电人逾期不支付电费的，应当按照约定支付违约金。经催告用电人在合理期限内仍不支付电费和违约金的，供电人可以按照国家规定的程序中止供电。

供电人依据前款规定中止供电的，应当事先通知用电人。

链接《电力法》第33条；《电力供应与使用条例》第23—26、34条

第六百五十五条 【用电人安全用电义务】用电人应当按照国家有关规定和当事人的约定安全、节约和计划用电。用电人未按照国家有关规定和当事人的约定用电，造成供电人损失的，应当承担赔偿责任。

链接《电力法》第32、59、60条；《电力供应与使用条例》第29—31条

第六百五十六条 【供用水、气、热力合同参照适用供用电合同】供用水、供用气、供用热力合同，参照适用供用电合同的有关规定。

链接《城市供水条例》；《城镇燃气管理条例》

第十一章 赠与合同

第六百五十七条 【赠与合同的概念】赠与合同是赠与人将自己的财产无偿给予受赠人，受赠人表示接受赠与的合同。

注释 赠与合同是指赠与人将自己的财产及权利无偿给予受赠人，受赠人表示接受赠与的合同。赠与合同是诺成性、单务合同。赠与行为是赠与人依法处分自己财产的法律行为，要求自然人必须有民事行为能力。接受赠与是一种纯获利的行为，法律承认无民事行为能力人和限制民事行为能力人的受赠人法律地位。

赠与合同无效的情形有：1. 以赠与为名规避有关限制流通物和禁止流通物规定的赠与合同无效。2. 以规避法律义务为目的的赠与无效。

第六百五十八条 【赠与的任意撤销及限制】赠与人在赠与财产的权利转移之前可以撤销赠与。

经过公证的赠与合同或者依法不得撤销的具有救灾、扶贫、助残等公益、道德义务性质的赠与合同，不适用前款规定。

注释 婚前或者婚姻关系存续期间，当事人约定将一方所有的房产赠与另一方或者共有，赠与方在赠与房产变更登记之前撤销赠与，另一方请求判令继续履行的，人民法院可以按照本条的规定处理。

链接《公益事业捐赠法》第2—5条；《最高人民法院关于适用〈中华人民共和国民法典〉婚姻家庭编的解释(一)》第32条

第六百五十九条 【赠与特殊财产需要办理有关法律手续】赠与的财产依法需要办理登记或者其他手续的，应当办理有关手续。

第六百六十条 【法定不得撤销赠与的赠与人不交付赠与财产的责任】经过公证的赠与合同或者依法不得撤销的具有救灾、扶贫、助残等公益、道德义务性质的赠与合同，赠与人不交付赠与财产的，受赠人可以请求交付。

依据前款规定应当交付的赠与财产因赠与人故意或者重大过失致使毁损、灭失的，赠与人应当承担赔偿责任。

第六百六十一条 【附义务的赠与合同】赠与可以附义务。

赠与附义务的，受赠人应当按照约定履行义务。

注释 赠与所附的义务不得违反法律和社会公共利益，不得违背公序良俗，否则，赠与合同无效。

赠与附义务的，受赠人应当按照约定履行义务。如果赠与人已经为给付，而受赠人不履行其义务的，赠与人得请求受赠人履行其义务，或者依法撤销赠与，以不当得利请求返还赠与的财产。如果受赠人受领的赠与的财产的价值不足以补偿其履行义务所为的给付时，受赠人是否得继续履行其义务，我国法律没有明确规定，根据诚实信用原则和公平原则，一般认为这时受赠人仅于赠与财产的价值限度内履行其义务。

第六百六十二条 【赠与财产的瑕疵担保责任】赠与的财产有瑕疵的,赠与人不承担责任。附义务的赠与,赠与的财产有瑕疵的,赠与人在附义务的限度内承担与出卖人相同的责任。

赠与人故意不告知瑕疵或者保证无瑕疵,造成受赠人损失的,应当承担赔偿责任。

第六百六十三条 【赠与人的法定撤销情形及撤销权行使期间】受赠人有下列情形之一的,赠与人可以撤销赠与:

(一)严重侵害赠与人或者赠与人近亲属的合法权益;

(二)对赠与人有扶养义务而不履行;

(三)不履行赠与合同约定的义务。

赠与人的撤销权,自知道或者应当知道撤销事由之日起一年内行使。

注释 赠与的法定撤销,是指具备法定条件时,允许赠与人或其继承人、监护人行使撤销权,撤销赠与合同的行为。法定撤销与任意撤销不同,必须具有法定理由,在具备这些法定事由时,权利人可以撤销赠与。

赠与人的法定撤销事由规定为三种情形:1. 受赠人严重侵害赠与人或赠与人近亲属的合法权益。此处的严重侵害,含故意和重大过失两种。2. 受赠人对赠与人有扶养义务而不履行的。3. 不履行赠与合同约定的义务。在附义务的赠与合同中,受赠人如果不按约定履行该负担的义务,有损于赠与人利益的,赠与人可以行使法定撤销权。

第六百六十四条 【赠与人的继承人或法定代理人的撤销权】因受赠人的违法行为致使赠与人死亡或者丧失民事行为能力的,赠与人的继承人或者法定代理人可以撤销赠与。

赠与人的继承人或者法定代理人的撤销权,自知道或者应当知道撤销事由之日起六个月内行使。

第六百六十五条 【撤销赠与的效力】撤销权人撤销赠与的,可以向受赠人请求返还赠与的财产。

第六百六十六条 【赠与义务的免除】赠与人的经济状况显著恶化,严重影响其生产经营或者家庭生活的,可以不再履行赠与义务。

第十二章 借款合同

第六百六十七条 【借款合同的定义】借款合同是借款人向贷款人借款,到期返还借款并支付利息的合同。

注释 借款合同的特征是:1. 借款合同的标的物为货币。2. 借款合同是转让借款所有权的合同。货币是消耗物,一旦交付给借款人,则该部分货币即归借款人所有,贷款人对该部分货币的所有权则转化为合同到期时主张借款人偿还本息的请求权。3. 借款合同一般是有偿合同,除法律另有规定外,借款人按一定标准支付利息。自然人之间借款对利息如无约定或约定不明确,视为不支付利息。4. 借款合同一般是诺成、双务合同。

案例 北京长富投资基金与武汉中森华世纪房地产开发有限公司等委托贷款合同纠纷案(《最高人民法院公报》2016 年第 11 期)

裁判规则:委托人、受托银行与借款人三方签订委托贷款合同,由委托人提供资金、受托银行根据委托人确定的借款人、用途、金额、币种、期限、利率等代为发放、协助监督使用并收回贷款,受托银行收取代理委托贷款手续费,并不承担信用风险,其实质是委托人与借款人之间的民间借贷。委托贷款合同的效力、委托人与借款人之间的利息、逾期利息、违约金等权利义务均应受有关民间借贷的法律、法规和司法解释的规制。

第六百六十八条 【借款合同的形式和内容】借款合同应当采用书面形式,但是自然人之间借款另有约定的除外。

借款合同的内容一般包括借款种类、币种、用途、数额、利率、期限和还款方式等条款。

链接《商业银行法》第 37 条

第六百六十九条 【借款合同借款人的告知义务】订立借款合同,借款人应当按照贷款人的要求提供与借款有关的业务活动和财务状况的真实情况。

链接《商业银行法》第 35 条

第六百七十条 【借款利息不得预先扣除】借款的利息不得预先在本金中扣除。利息预先在本金中扣除的,应当按照实际借款数额返还借款并计算利息。

第六百七十一条 【提供及收取借款迟延责任】贷款人未按照约定的日期、数额提供借款,造成借款人损失的,应当赔偿损失。

借款人未按照约定的日期、数额收取借款的,应当按照约定的日期、数额支付利息。

链接《商业银行法》第 42 条

第六百七十二条 【贷款人对借款使用情况检查、监督的权利】贷款人按照约定可以检查、监督借款的使用情况。借款人应当按照约定向贷款人定期提供有关财务会计报表或者其他资料。

第六百七十三条 【借款人违约使用借款的后果】借款人未按照约定的借款用途使用借款的，贷款人可以停止发放借款、提前收回借款或者解除合同。

第六百七十四条 【借款利息支付期限的确定】借款人应当按照约定的期限支付利息。对支付利息的期限没有约定或者约定不明确，依据本法第五百一十条的规定仍不能确定，借款期间不满一年的，应当在返还借款时一并支付；借款期间一年以上的，应当在每届满一年时支付，剩余期间不满一年的，应当在返还借款时一并支付。

链接《商业银行法》第 42 条

第六百七十五条 【还款期限的确定】借款人应当按照约定的期限返还借款。对借款期限没有约定或者约定不明确，依据本法第五百一十条的规定仍不能确定的，借款人可以随时返还；贷款人可以催告借款人在合理期限内返还。

第六百七十六条 【借款合同违约责任承担】借款人未按照约定的期限返还借款的，应当按照约定或者国家有关规定支付逾期利息。

第六百七十七条 【提前偿还借款】借款人提前返还借款的，除当事人另有约定外，应当按照实际借款的期间计算利息。

第六百七十八条 【借款展期】借款人可以在还款期限届满前向贷款人申请展期；贷款人同意的，可以展期。

第六百七十九条 【自然人之间借款合同的成立】自然人之间的借款合同，自贷款人提供借款时成立。

第六百八十条 【借款利率和利息】禁止高利放贷，借款的利率不得违反国家有关规定。

借款合同对支付利息没有约定的，视为没有利息。

借款合同对支付利息约定不明确，当事人不能达成补充协议的，按照当地或者当事人的交易方式、交易习惯、市场利率等因素确定利息；自然人之间借款的，视为没有利息。

注释 为解决民间借贷领域存在的突出问题，本条第 1 款明确规定禁止高利放贷。根据《最高人民法院关于审理民间借贷案件适用法律若干问题的规定》第 25 条："出借人请求借款人按照合同约定利率支付利息的，人民法院应予支持，但是双方约定的利率超过合同成立时一年期贷款市场报价利率四倍的除外。前款所称'一年期贷款市场报价利率'，是指中国人民银行授权全国银行间同业拆借中心自 2019 年 8 月 20 日起每月发布的一年期贷款市场报价利率。"

本条第 2 款在原合同法规定的基础上，将没有约定支付利息的借贷情形，拓展到了所有借贷领域，即所有类型或者当事人之间订立的借贷合同，只要没有约定支付利息，就一律视为没有利息。

本条第 3 款对于借款合同当事人就支付利息约定不明确时的处理规则进行了规定：(1) 当事人可就支付利息问题进行重新协商，能够达成补充协议的，按其执行。(2) 不能达成补充协议的，依据本法第 142 条第 1 款以及第 510 条的规定，应当根据借款合同所使用的词句，通过合同的文义解释和整体解释确定利息标准。(3) 如果通过上述两种方式均无法确定借款合同的利息标准，可以按照合同履行地或者当事人之间的交易方式、交易习惯补充确定利息。实践中，法院或者仲裁机构在当事人就利息问题约定不明时，可以以订立借款合同时合同履行地的商业银行同期同类贷款利率计算利息。至于自然人之间的借款就支付利息约定不明确的，也视为没有利息。

第十三章 保证合同

第一节 一般规定

第六百八十一条 【保证合同的概念】保证合同是为保障债权的实现，保证人和债权人约定，当债务人不履行到期债务或者发生当事人约定的情形时，保证人履行债务或者承担责任的合同。

注释 保证是指法人、非法人组织和公民以其信誉和不特定的财产为他们的债务提供担保，当债务人不履行其债务时，该第三人按照约定履行债务或者承担责任的担保方式。这里的第三人叫作保证人，保证人必须是主合同以外的第三人。债务人不得为自己的债务作保证，且保证人应当具有清偿债务的能力，必须具有足以承担保证责任的财产，具有代为清偿能力是保证人应当具备的条件。这里的债权人既是主合同等主债的债权人，又是保证合同中的债权人，"保证人履行债务或者承担责任"构成保证债务或保证责任。保证属于人的担保范畴，而不同于抵押、质押、留置等物的担保形式。保证不是用具体的财产提供担保，而是以保证人的信誉和不特定的财产为他人的债务提供担保。

第六百八十二条 【保证合同的附从性及被确认无效后的责任分配】保证合同是主债权债务合同的从合同。主债权债务合同无效的,保证合同无效,但是法律另有规定的除外。

保证合同被确认无效后,债务人、保证人、债权人有过错的,应当根据其过错各自承担相应的民事责任。

注释 保证合同是主债权债务合同的从合同,具有附从性,以主合同的存在或将来可能存在为前提,随主合同的消灭而消灭。保证担保的范围不得超过主合同中的债务,不得与主合同债务分离而移转。但本条第1款同时又规定了但书条款,即"法律另有规定的除外"。最高人民法院发布的《关于审理独立保函纠纷案件若干问题的规定》明确了在国内交易中允许银行或非银行金融机构有资格开具独立保函。

第六百八十三条 【保证人的资格】机关法人不得为保证人,但是经国务院批准为使用外国政府或者国际经济组织贷款进行转贷的除外。

以公益为目的的非营利法人、非法人组织不得为保证人。

链接《公司法》第16条;《商业银行法》第22条

第六百八十四条 【保证合同的一般内容】保证合同的内容一般包括被保证的主债权的种类、数额,债务人履行债务的期限,保证的方式、范围和期间等条款。

第六百八十五条 【保证合同的订立】保证合同可以是单独订立的书面合同,也可以是主债权债务合同中的保证条款。

第三人单方以书面形式向债权人作出保证,债权人接收且未提出异议的,保证合同成立。

第六百八十六条 【保证方式】保证的方式包括一般保证和连带责任保证。

当事人在保证合同中对保证方式没有约定或者约定不明确的,按照一般保证承担保证责任。

链接《最高人民法院关于适用〈中华人民共和国民法典〉有关担保制度的解释》第10、14、25—29条

第六百八十七条 【一般保证及先诉抗辩权】当事人在保证合同中约定,债务人不能履行债务时,由保证人承担保证责任的,为一般保证。

一般保证的保证人在主合同纠纷未经审判或者仲裁,并就债务人财产依法强制执行仍不能履行债务前,有权拒绝向债权人承担保证责任,但是有下列情形之一的除外:

(一)债务人下落不明,且无财产可供执行;

(二)人民法院已经受理债务人破产案件;

(三)债权人有证据证明债务人的财产不足以履行全部债务或者丧失履行债务能力;

(四)保证人书面表示放弃本款规定的权利。

案例 青海金泰融资担保有限公司与上海金桥工程建设发展有限公司、青海三工置业有限公司执行复议案(最高人民法院指导案例120号)

裁判规则:在案件审理期间保证人为被执行人提供保证,承诺在被执行人无财产可供执行或者财产不足清偿债务时承担保证责任的,执行法院对保证人应当适用一般保证的执行规则。在被执行人虽有财产但严重不方便执行时,可以执行保证人在保证责任范围内的财产。

第六百八十八条 【连带责任保证】当事人在保证合同中约定保证人和债务人对债务承担连带责任的,为连带责任保证。

连带责任保证的债务人不履行到期债务或者发生当事人约定的情形时,债权人可以请求债务人履行债务,也可以请求保证人在其保证范围内承担保证责任。

第六百八十九条 【反担保】保证人可以要求债务人提供反担保。

第六百九十条 【最高额保证合同】保证人与债权人可以协商订立最高额保证的合同,约定在最高债权额限度内就一定期间连续发生的债权提供保证。

最高额保证除适用本章规定外,参照适用本法第二编最高额抵押权的有关规定。

第二节 保证责任

第六百九十一条 【保证责任的范围】保证的范围包括主债权及其利息、违约金、损害赔偿金和实现债权的费用。当事人另有约定的,按照其约定。

链接《最高人民法院关于适用〈中华人民共和国民法典〉有关担保制度的解释》第3条

第六百九十二条 【保证期间】保证期间是确定保证人承担保证责任的期间,不发生中止、中断和延长。

债权人与保证人可以约定保证期间，但是约定的保证期间早于主债务履行期限或者与主债务履行期限同时届满的，视为没有约定；没有约定或者约定不明确的，保证期间为主债务履行期限届满之日起六个月。

债权人与债务人对主债务履行期限没有约定或者约定不明确的，保证期间自债权人请求债务人履行债务的宽限期届满之日起计算。

注释 保证期间具有如下特征：第一，保证期间是就保证责任的承担所设定的期间。从性质上说，保证期间是确定保证人承担保证责任的期间，它既非保证合同的有效期间，也非附期限合同中的期限，而仅仅是针对保证责任的承担所设定的期限。第二，保证期间由当事人约定或法律规定。保证期间可以由法律作出明确规定，也可以由当事人通过特别约定确定，在当事人没有约定或约定不明时，才适用法律规定的保证期间。保证期间设立的目的在于限制保证人的责任、保障保证人的利益，当事人可以就保证期间作出特别约定，按照私法自治的原则，此种约定应当有效。第三，保证期间是保证合同的组成部分。保证合同的当事人可以就保证期间作出约定，只要此种约定不违反法律的强制性规定，该约定就是有效的，其应当成为保证合同的重要组成部分。

第六百九十三条 【保证期间届满的法律效果】一般保证的债权人未在保证期间对债务人提起诉讼或者申请仲裁的，保证人不再承担保证责任。

连带责任保证的债权人未在保证期间请求保证人承担保证责任的，保证人不再承担保证责任。

第六百九十四条 【保证债务的诉讼时效】一般保证的债权人在保证期间届满前对债务人提起诉讼或者申请仲裁的，从保证人拒绝承担保证责任的权利消灭之日起，开始计算保证债务的诉讼时效。

连带责任保证的债权人在保证期间届满前请求保证人承担保证责任的，从债权人请求保证人承担保证责任之日起，开始计算保证债务的诉讼时效。

第六百九十五条 【主合同变更对保证责任的影响】债权人和债务人未经保证人书面同意，协商变更主债权债务合同内容，减轻债务的，保证人仍对变更后的债务承担保证责任；加重债务的，保证人对加重的部分不承担保证责任。

债权人和债务人变更主债权债务合同的履行期限，未经保证人书面同意的，保证期间不受影响。

第六百九十六条 【债权转让时保证人的保证责任】债权人转让全部或者部分债权，未通知保证人的，该转让对保证人不发生效力。

保证人与债权人约定禁止债权转让，债权人未经保证人书面同意转让债权的，保证人对受让人不再承担保证责任。

第六百九十七条 【债务承担对保证责任的影响】债权人未经保证人书面同意，允许债务人转移全部或者部分债务，保证人对未经其同意转移的债务不再承担保证责任，但是债权人和保证人另有约定的除外。

第三人加入债务的，保证人的保证责任不受影响。

第六百九十八条 【一般保证人免责】一般保证的保证人在主债务履行期限届满后，向债权人提供债务人可供执行财产的真实情况，债权人放弃或者怠于行使权利致使该财产不能被执行的，保证人在其提供可供执行财产的价值范围内不再承担保证责任。

第六百九十九条 【共同保证】同一债务有两个以上保证人的，保证人应当按照保证合同约定的保证份额，承担保证责任；没有约定保证份额的，债权人可以请求任何一个保证人在其保证范围内承担保证责任。

链接《最高人民法院关于适用〈中华人民共和国民法典〉有关担保制度的解释》第13、14条

第七百条 【保证人的追偿权】保证人承担保证责任后，除当事人另有约定外，有权在其承担保证责任的范围内向债务人追偿，享有债权人对债务人的权利，但是不得损害债权人的利益。

第七百零一条 【保证人的抗辩权】保证人可以主张债务人对债权人的抗辩。债务人放弃抗辩的，保证人仍有权向债权人主张抗辩。

第七百零二条 【抵销权或撤销权范围内的免责】债务人对债权人享有抵销权或者撤销权的，保证人可以在相应范围内拒绝承担保证责任。

第十四章 租赁合同

第七百零三条 【租赁合同的概念】租赁合同

是出租人将租赁物交付承租人使用、收益,承租人支付租金的合同。

第七百零四条 【租赁合同的内容】租赁合同的内容一般包括租赁物的名称、数量、用途、租赁期限、租金及其支付期限和方式、租赁物维修等条款。

链接《海商法》第130、145条

第七百零五条 【租赁期限的最高限制】租赁期限不得超过二十年。超过二十年的,超过部分无效。

租赁期限届满,当事人可以续订租赁合同;但是,约定的租赁期限自续订之日起不得超过二十年。

第七百零六条 【租赁合同登记对合同效力影响】当事人未依照法律、行政法规规定办理租赁合同登记备案手续的,不影响合同的效力。

第七百零七条 【租赁合同形式】租赁期限六个月以上的,应当采用书面形式。当事人未采用书面形式,无法确定租赁期限的,视为不定期租赁。

第七百零八条 【出租人义务】出租人应当按照约定将租赁物交付承租人,并在租赁期限内保持租赁物符合约定的用途。

第七百零九条 【承租人义务】承租人应当按照约定的方法使用租赁物。对租赁物的使用方法没有约定或者约定不明确,依据本法第五百一十条的规定仍不能确定的,应当根据租赁物的性质使用。

第七百一十条 【承租人合理使用租赁物的免责】承租人按照约定的方法或者根据租赁物的性质使用租赁物,致使租赁物受到损耗的,不承担赔偿责任。

第七百一十一条 【承租人未合理使用租赁物的责任】承租人未按照约定的方法或者未根据租赁物的性质使用租赁物,致使租赁物受到损失的,出租人可以解除合同并请求赔偿损失。

链接《最高人民法院关于审理城镇房屋租赁合同纠纷案件具体应用法律若干问题的解释》第6条

第七百一十二条 【出租人的维修义务】出租人应当履行租赁物的维修义务,但是当事人另有约定的除外。

链接《海商法》第132、133、146条

第七百一十三条 【租赁物的维修和维修费负担】承租人在租赁物需要维修时可以请求出租人在合理期限内维修。出租人未履行维修义务的,承租人可以自行维修,维修费用由出租人负担。因维修租赁物影响承租人使用的,应当相应减少租金或者延长租期。

因承租人的过错致使租赁物需要维修的,出租人不承担前款规定的维修义务。

第七百一十四条 【承租人的租赁物妥善保管义务】承租人应当妥善保管租赁物,因保管不善造成租赁物毁损、灭失的,应当承担赔偿责任。

第七百一十五条 【承租人对租赁物进行改善或增设他物】承租人经出租人同意,可以对租赁物进行改善或者增设他物。

承租人未经出租人同意,对租赁物进行改善或者增设他物的,出租人可以请求承租人恢复原状或者赔偿损失。

链接《最高人民法院关于审理城镇房屋租赁合同纠纷案件具体应用法律若干问题的解释》第7—12条

第七百一十六条 【转租】承租人经出租人同意,可以将租赁物转租给第三人。承租人转租的,承租人与出租人之间的租赁合同继续有效;第三人造成租赁物损失的,承租人应当赔偿损失。

承租人未经出租人同意转租的,出租人可以解除合同。

链接《海商法》第137、138、150条

第七百一十七条 【转租期限】承租人经出租人同意将租赁物转租给第三人,转租期限超过承租人剩余租赁期限的,超过部分的约定对出租人不具有法律约束力,但是出租人与承租人另有约定的除外。

第七百一十八条 【出租人同意转租的推定】出租人知道或者应当知道承租人转租,但是在六个月内未提出异议的,视为出租人同意转租。

第七百一十九条 【次承租人的代为清偿权】承租人拖欠租金的,次承租人可以代承租人支付其欠付的租金和违约金,但是转租合同对出租人不具有法律约束力的除外。

次承租人代为支付的租金和违约金,可以充抵次承租人应当向承租人支付的租金;超出其应付的租金数额的,可以向承租人追偿。

第七百二十条 【租赁物的收益归属】在租赁期限内因占有、使用租赁物获得的收益,归承租人所有,但是当事人另有约定的除外。

第七百二十一条 【租金支付期限】承租人应当按照约定的期限支付租金。对支付租金的期限没有约定或者约定不明确,依据本法第五百一十条的规定仍不能确定,租赁期限不满一年的,应当在租赁期限届满时支付;租赁期限一年以上的,应当在每届满一年时支付,剩余期限不满一年的,应当在租赁期限届满时支付。

链接《海商法》第140条

第七百二十二条 【承租人的租金支付义务】承租人无正当理由未支付或者迟延支付租金的,出租人可以请求承租人在合理期限内支付;承租人逾期不支付的,出租人可以解除合同。

链接《海商法》第140条

第七百二十三条 【出租人的权利瑕疵担保责任】因第三人主张权利,致使承租人不能对租赁物使用、收益的,承租人可以请求减少租金或者不支付租金。

第三人主张权利的,承租人应当及时通知出租人。

第七百二十四条 【承租人解除合同的法定情形】有下列情形之一,非因承租人原因致使租赁物无法使用的,承租人可以解除合同:

(一)租赁物被司法机关或者行政机关依法查封、扣押;

(二)租赁物权属有争议;

(三)租赁物具有违反法律、行政法规关于使用条件的强制性规定情形。

第七百二十五条 【买卖不破租赁】租赁物在承租人按照租赁合同占有期限内发生所有权变动的,不影响租赁合同的效力。

实务问答 买卖尚处于租赁期间的房屋,承租人的履约能力是否属于出卖人先合同义务?

买卖尚处于租赁期间的房屋,出卖人应当告知买受人房屋租赁合同的内容,但承租人的履约能力属于商业风险范畴,不属于出卖人先合同义务,买受人应自行审查与承担。租赁期间房屋产权发生变更,除当事人有特别约定外,租金自产权变更之日归买受人所有。买受人在产权变更后,因租金难以收取,以出卖人有缔约过失、交付房屋存在瑕疵为由,要求出卖人承担租金损失的,人民法院不予支持。[唐某富、庞某与合肥建鑫房地产开发有限公司给付瑕疵担保责任纠纷案(《最高人民法院公报》2020年第2期)]

链接《最高人民法院关于审理城镇房屋租赁合同纠纷案件具体应用法律若干问题的解释》第14条

第七百二十六条 【房屋承租人的优先购买权】出租人出卖租赁房屋的,应当在出卖之前的合理期限内通知承租人,承租人享有以同等条件优先购买的权利;但是,房屋按份共有人行使优先购买权或者出租人将房屋出卖给近亲属的除外。

出租人履行通知义务后,承租人在十五日内未明确表示购买的,视为承租人放弃优先购买权。

案例 杨某丽诉中州泵业公司优先购买权侵权纠纷案(《最高人民法院公报》2004年第5期)

裁判规则:法律规定的优先购买权,是指当出租人出卖租赁房屋时,承租人在同等条件下可以优先购买自己承租的房屋;对出租人出卖的其他房屋,承租人不享有优先购买权。

承租人提交的证据,只能证明出租人出卖过房屋并且收取过卖房款,不能证明其承租的房屋已被出租人出卖。而只要承租人不能证明其承租的房屋已被出租人出卖,就不能因出租人出卖其他房屋而主张享有优先购买权,出租人出卖其他房屋与承租人无关。

链接《最高人民法院关于审理城镇房屋租赁合同纠纷案件具体应用法律若干问题的解释》第15条

第七百二十七条 【承租人对拍卖房屋的优先购买权】出租人委托拍卖人拍卖租赁房屋的,应当在拍卖五日前通知承租人。承租人未参加拍卖的,视为放弃优先购买权。

第七百二十八条 【妨害承租人优先购买权的赔偿责任】出租人未通知承租人或者有其他妨害承租人行使优先购买权情形的,承租人可以请求出租人承担赔偿责任。但是,出租人与第三人订立的房屋买卖合同的效力不受影响。

第七百二十九条 【租赁物毁损、灭失的法律后果】因不可归责于承租人的事由,致使租赁物部分或者全部毁损、灭失的,承租人可以请求减少租金或者不支付租金;因租赁物部分或者全部毁损、灭失,致使不能实现合同目的的,承租人可以解除合同。

第七百三十条 【租期不明的处理】当事人对租赁期限没有约定或者约定不明确,依据本法第五百一十条的规定仍不能确定的,视为不定期租赁;当事人可以随时解除合同,但是应当在合理期限之前通知对方。

链接《最高人民法院关于审理涉及农村土地承包纠纷案件适用法律问题的解释》第16条

第七百三十一条 【租赁物质量不合格时承租人的解除权】租赁物危及承租人的安全或者健康的,即使承租人订立合同时明知该租赁物质量不合格,承租人仍然可以随时解除合同。

第七百三十二条 【房屋承租人死亡时租赁关系的处理】承租人在房屋租赁期限内死亡的,与其生前共同居住的人或者共同经营人可以按照原租赁合同租赁该房屋。

第七百三十三条 【租赁物的返还】租赁期限届满,承租人应当返还租赁物。返还的租赁物应当符合按照约定或者根据租赁物的性质使用后的状态。

链接《海商法》第142—143条

第七百三十四条 【租赁期限届满的续租及优先承租权】租赁期限届满,承租人继续使用租赁物,出租人没有提出异议的,原租赁合同继续有效,但是租赁期限为不定期。

租赁期限届满,房屋承租人享有以同等条件优先承租的权利。

第十五章 融资租赁合同

第七百三十五条 【融资租赁合同的概念】融资租赁合同是出租人根据承租人对出卖人、租赁物的选择,向出卖人购买租赁物,提供给承租人使用,承租人支付租金的合同。

链接《最高人民法院关于审理融资租赁合同纠纷案件适用法律问题的解释》第1、2条

第七百三十六条 【融资租赁合同的内容】融资租赁合同的内容一般包括租赁物的名称、数量、规格、技术性能、检验方法,租赁期限,租金构成及其支付期限和方式、币种,租赁期限届满租赁物的归属等条款。

融资租赁合同应当采用书面形式。

第七百三十七条 【融资租赁通谋虚伪表示】当事人以虚构租赁物方式订立的融资租赁合同无效。

第七百三十八条 【特定租赁物经营许可对合同效力影响】依照法律、行政法规的规定,对于租赁物的经营使用应当取得行政许可的,出租人未取得行政许可不影响融资租赁合同的效力。

第七百三十九条 【融资租赁标的物的交付】出租人根据承租人对出卖人、租赁物的选择订立的买卖合同,出卖人应当按照约定向承租人交付标的物,承租人享有与受领标的物有关的买受人的权利。

第七百四十条 【承租人的拒绝受领权】出卖人违反向承租人交付标的物的义务,有下列情形之一的,承租人可以拒绝受领出卖人向其交付的标的物:

(一)标的物严重不符合约定;

(二)未按照约定交付标的物,经承租人或者出租人催告后在合理期限内仍未交付。

承租人拒绝受领标的物的,应当及时通知出租人。

链接《最高人民法院关于审理融资租赁合同纠纷案件适用法律问题的解释》第3条

第七百四十一条 【承租人的索赔权】出租人、出卖人、承租人可以约定,出卖人不履行买卖合同义务的,由承租人行使索赔的权利。承租人行使索赔权利的,出租人应当协助。

第七百四十二条 【承租人行使索赔权的租金支付义务】承租人对出卖人行使索赔权利,不影响其履行支付租金的义务。但是,承租人依赖出租人的技能确定租赁物或者出租人干预选择租赁物的,承租人可以请求减免相应租金。

第七百四十三条 【承租人索赔不能的违约责任承担】出租人有下列情形之一,致使承租人对出卖人行使索赔权利失败的,承租人有权请求出租人承担相应的责任:

(一)明知租赁物有质量瑕疵而不告知承租人;

(二)承租人行使索赔权利时,未及时提供必要协助。

出租人怠于行使只能由其对出卖人行使的索赔权利,造成承租人损失的,承租人有权请求出租人承担赔偿责任。

第七百四十四条 【出租人不得擅自变更买卖合同内容】出租人根据承租人对出卖人、租赁物的选择订立的买卖合同,未经承租人同意,出租人不得变更与承租人有关的合同内容。

链接《最高人民法院关于审理融资租赁合同纠纷案件适用法律问题的解释》第4条

第七百四十五条 【租赁物的登记对抗效力】出租人对租赁物享有的所有权,未经登记,不得对抗善意第三人。

第七百四十六条　【租金的确定规则】融资租赁合同的租金，除当事人另有约定外，应当根据购买租赁物的大部分或者全部成本以及出租人的合理利润确定。

第七百四十七条　【租赁物瑕疵担保责任】租赁物不符合约定或者不符合使用目的的，出租人不承担责任。但是，承租人依赖出租人的技能确定租赁物或者出租人干预选择租赁物的除外。

链接《最高人民法院关于审理融资租赁合同纠纷案件适用法律问题的解释》第8条

第七百四十八条　【出租人保证承租人占有和使用租赁物】出租人应当保证承租人对租赁物的占有和使用。

出租人有下列情形之一的，承租人有权请求其赔偿损失：

（一）无正当理由收回租赁物；

（二）无正当理由妨碍、干扰承租人对租赁物的占有和使用；

（三）因出租人的原因致使第三人对租赁物主张权利；

（四）不当影响承租人对租赁物占有和使用的其他情形。

链接《最高人民法院关于审理融资租赁合同纠纷案件适用法律问题的解释》第6条

第七百四十九条　【租赁物致人损害的责任承担】承租人占有租赁物期间，租赁物造成第三人人身损害或者财产损失的，出租人不承担责任。

第七百五十条　【租赁物的保管、使用、维修】承租人应当妥善保管、使用租赁物。

承租人应当履行占有租赁物期间的维修义务。

第七百五十一条　【承租人占有租赁物毁损、灭失的租金承担】承租人占有租赁物期间，租赁物毁损、灭失的，出租人有权请求承租人继续支付租金，但是法律另有规定或者当事人另有约定的除外。

第七百五十二条　【承租人支付租金的义务】承租人应当按照约定支付租金。承租人经催告后在合理期限内仍不支付租金的，出租人可以请求支付全部租金；也可以解除合同，收回租赁物。

链接《最高人民法院关于审理融资租赁合同纠纷案件适用法律问题的解释》第9—10条；《最高人民法院关于适用〈中华人民共和国民法典〉有关担保制度的解释》第65条

第七百五十三条　【承租人擅自处分租赁物时出租人的解除权】承租人未经出租人同意，将租赁物转让、抵押、质押、投资入股或者以其他方式处分的，出租人可以解除融资租赁合同。

第七百五十四条　【出租人或承租人均可解除融资租赁合同情形】有下列情形之一的，出租人或者承租人可以解除融资租赁合同：

（一）出租人与出卖人订立的买卖合同解除、被确认无效或者被撤销，且未能重新订立买卖合同；

（二）租赁物因不可归责于当事人的原因毁损、灭失，且不能修复或者确定替代物；

（三）因出卖人的原因致使融资租赁合同的目的不能实现。

实务问答**出租人请求解除融资租赁合同的，人民法院应予支持的情形有哪些？**

根据《最高人民法院关于审理融资租赁合同纠纷案件适用法律问题的解释》，有下列情形之一，出租人请求解除融资租赁合同的，人民法院应予支持：（1）承租人未按照合同约定的期限和数额支付租金，符合合同约定的解除条件，经出租人催告后在合理期限内仍不支付的；（2）合同对于欠付租金解除合同的情形没有明确约定，但承租人欠付租金达到两期以上，或者数额达到全部租金百分之十五以上，经出租人催告后在合理期限内仍不支付的；（3）承租人违反合同约定，致使合同目的不能实现的其他情形。

链接《最高人民法院关于审理融资租赁合同纠纷案件适用法律问题的解释》第5—7、11条

第七百五十五条　【承租人承担出租人损失赔偿责任情形】融资租赁合同因买卖合同解除、被确认无效或者被撤销而解除，出卖人、租赁物系由承租人选择的，出租人有权请求承租人赔偿相应损失；但是，因出租人原因致使买卖合同解除、被确认无效或者被撤销的除外。

出租人的损失已经在买卖合同解除、被确认无效或者被撤销时获得赔偿的，承租人不再承担相应的赔偿责任。

第七百五十六条　【租赁物意外毁损灭失】融资租赁合同因租赁物交付承租人后意外毁损、灭失等不可归责于当事人的原因解除的，出租人可以请求承租人按照租赁物折旧情况给予补偿。

第七百五十七条　【租赁期满租赁物的归属】出租人和承租人可以约定租赁期限届满租赁物的

归属;对租赁物的归属没有约定或者约定不明确,依据本法第五百一十条的规定仍不能确定的,租赁物的所有权归出租人。

第七百五十八条 【承租人请求部分返还租赁物价值】当事人约定租赁期限届满租赁物归承租人所有,承租人已经支付大部分租金,但是无力支付剩余租金,出租人因此解除合同收回租赁物,收回的租赁物的价值超过承租人欠付的租金以及其他费用的,承租人可以请求相应返还。

当事人约定租赁期限届满租赁物归出租人所有,因租赁物毁损、灭失或者附合、混合于他物致使承租人不能返还的,出租人有权请求承租人给予合理补偿。

第七百五十九条 【支付象征性价款时的租赁物归属】当事人约定租赁期限届满,承租人仅需向出租人支付象征性价款的,视为约定的租金义务履行完毕后租赁物的所有权归承租人。

第七百六十条 【融资租赁合同无效时租赁物的归属】融资租赁合同无效,当事人就该情形下租赁物的归属有约定的,按照其约定;没有约定或者约定不明确的,租赁物应当返还出租人。但是,因承租人原因致使合同无效,出租人不请求返还或者返还后会显著降低租赁物效用的,租赁物的所有权归承租人,由承租人给予出租人合理补偿。

第十六章 保理合同

第七百六十一条 【保理合同的概念】保理合同是应收账款债权人将现有的或者将有的应收账款转让给保理人,保理人提供资金融通、应收账款管理或者催收、应收账款债务人付款担保等服务的合同。

链接《最高人民法院关于适用〈中华人民共和国民法典〉有关担保制度的解释》

第七百六十二条 【保理合同的内容与形式】保理合同的内容一般包括业务类型、服务范围、服务期限、基础交易合同情况、应收账款信息、保理融资款或者服务报酬及其支付方式等条款。

保理合同应当采用书面形式。

第七百六十三条 【虚构应收账款】应收账款债权人与债务人虚构应收账款作为转让标的,与保理人订立保理合同的,应收账款债务人不得以应收账款不存在为由对抗保理人,但是保理人明知虚构的除外。

第七百六十四条 【保理人发出转让通知的表明身份义务】保理人向应收账款债务人发出应收账款转让通知的,应当表明保理人身份并附有必要凭证。

第七百六十五条 【无正当理由变更、终止基础交易合同对保理人的效力】应收账款债务人接到应收账款转让通知后,应收账款债权人与债务人无正当理由协商变更或者终止基础交易合同,对保理人产生不利影响的,对保理人不发生效力。

第七百六十六条 【有追索权保理】当事人约定有追索权保理的,保理人可以向应收账款债权人主张返还保理融资款本息或者回购应收账款债权,也可以向应收账款债务人主张应收账款债权。保理人向应收账款债务人主张应收账款债权,在扣除保理融资款本息和相关费用后有剩余的,剩余部分应当返还给应收账款债权人。

第七百六十七条 【无追索权保理】当事人约定无追索权保理的,保理人应当向应收账款债务人主张应收账款债权,保理人取得超过保理融资款本息和相关费用的部分,无需向应收账款债权人返还。

第七百六十八条 【多重保理的清偿顺序】应收账款债权人就同一应收账款订立多个保理合同,致使多个保理人主张权利的,已经登记的先于未登记的取得应收账款;均已经登记的,按照登记时间的先后顺序取得应收账款;均未登记的,由最先到达应收账款债务人的转让通知中载明的保理人取得应收账款;既未登记也未通知的,按照保理融资款或者服务报酬的比例取得应收账款。

链接《最高人民法院关于适用〈中华人民共和国民法典〉有关担保制度的解释》第66条

第七百六十九条 【参照适用债权转让的规定】本章没有规定的,适用本编第六章债权转让的有关规定。

第十七章 承揽合同

第七百七十条 【承揽合同的定义及类型】承揽合同是承揽人按照定作人的要求完成工作,交付工作成果,定作人支付报酬的合同。

承揽包括加工、定作、修理、复制、测试、检验等工作。

第七百七十一条 【承揽合同的主要条款】承揽合同的内容一般包括承揽的标的、数量、质量、报酬,承揽方式,材料的提供,履行期限,验收标准和方法等条款。

第七百七十二条 【承揽人独立完成主要工作】承揽人应当以自己的设备、技术和劳力，完成主要工作，但是当事人另有约定的除外。

承揽人将其承揽的主要工作交由第三人完成的，应当就该第三人完成的工作成果向定作人负责；未经定作人同意的，定作人也可以解除合同。

第七百七十三条 【承揽人对辅助性工作的责任】承揽人可以将其承揽的辅助工作交由第三人完成。承揽人将其承揽的辅助工作交由第三人完成的，应当就该第三人完成的工作成果向定作人负责。

第七百七十四条 【承揽人提供材料时的主要义务】承揽人提供材料的，应当按照约定选用材料，并接受定作人检验。

第七百七十五条 【定作人提供材料时双方当事人的义务】定作人提供材料的，应当按照约定提供材料。承揽人对定作人提供的材料应当及时检验，发现不符合约定时，应当及时通知定作人更换、补齐或者采取其他补救措施。

承揽人不得擅自更换定作人提供的材料，不得更换不需要修理的零部件。

第七百七十六条 【定作人要求不合理时双方当事人的义务】承揽人发现定作人提供的图纸或者技术要求不合理的，应当及时通知定作人。因定作人怠于答复等原因造成承揽人损失的，应当赔偿损失。

第七百七十七条 【中途变更工作要求的责任】定作人中途变更承揽工作的要求，造成承揽人损失的，应当赔偿损失。

第七百七十八条 【定作人的协助义务】承揽工作需要定作人协助的，定作人有协助的义务。定作人不履行协助义务致使承揽工作不能完成的，承揽人可以催告定作人在合理期限内履行义务，并可以顺延履行期限；定作人逾期不履行的，承揽人可以解除合同。

第七百七十九条 【定作人监督检验承揽工作】承揽人在工作期间，应当接受定作人必要的监督检验。定作人不得因监督检验妨碍承揽人的正常工作。

第七百八十条 【工作成果交付】承揽人完成工作的，应当向定作人交付工作成果，并提交必要的技术资料和有关质量证明。定作人应当验收该工作成果。

第七百八十一条 【工作成果质量不合约定的责任】承揽人交付的工作成果不符合质量要求的，定作人可以合理选择请求承揽人承担修理、重作、减少报酬、赔偿损失等违约责任。

链接《产品质量法》第40条

第七百八十二条 【支付报酬期限】定作人应当按照约定的期限支付报酬。对支付报酬的期限没有约定或者约定不明确，依据本法第五百一十条的规定仍不能确定的，定作人应当在承揽人交付工作成果时支付；工作成果部分交付的，定作人应当相应支付。

第七百八十三条 【承揽人的留置权及同时履行抗辩权】定作人未向承揽人支付报酬或者材料费等价款的，承揽人对完成的工作成果享有留置权或者有权拒绝交付，但是当事人另有约定的除外。

第七百八十四条 【承揽人保管义务】承揽人应当妥善保管定作人提供的材料以及完成的工作成果，因保管不善造成毁损、灭失的，应当承担赔偿责任。

第七百八十五条 【承揽人的保密义务】承揽人应当按照定作人的要求保守秘密，未经定作人许可，不得留存复制品或者技术资料。

第七百八十六条 【共同承揽】共同承揽人对定作人承担连带责任，但是当事人另有约定的除外。

第七百八十七条 【定作人的任意解除权】定作人在承揽人完成工作前可以随时解除合同，造成承揽人损失的，应当赔偿损失。

第十八章 建设工程合同

第七百八十八条 【建设工程合同的定义】建设工程合同是承包人进行工程建设，发包人支付价款的合同。

建设工程合同包括工程勘察、设计、施工合同。

第七百八十九条 【建设工程合同形式】建设工程合同应当采用书面形式。

链接《建筑法》第15条

第七百九十条 【工程招标投标】建设工程的招标投标活动，应当依照有关法律的规定公开、公平、公正进行。

链接《建筑法》第16—22条；《招标投标法》第3条；《招标投标法实施条例》第2条；《最高人民法院关于审理建设工程施工合同纠纷案件适用法律问题的解释（一）》第2条

第七百九十一条　【总包与分包】发包人可以与总承包人订立建设工程合同，也可以分别与勘察人、设计人、施工人订立勘察、设计、施工承包合同。发包人不得将应当由一个承包人完成的建设工程支解成若干部分发包给数个承包人。

总承包人或者勘察、设计、施工承包人经发包人同意，可以将自己承包的部分工作交由第三人完成。第三人就其完成的工作成果与总承包人或者勘察、设计、施工承包人向发包人承担连带责任。承包人不得将其承包的全部建设工程转包给第三人或者将其承包的全部建设工程支解以后以分包的名义分别转包给第三人。

禁止承包人将工程分包给不具备相应资质条件的单位。禁止分包单位将其承包的工程再分包。建设工程主体结构的施工必须由承包人自行完成。

链接《建筑法》第24、28、29条；《建设工程质量管理条例》第7、18、78条；《最高人民法院关于审理建设工程施工合同纠纷案件适用法律问题的解释(一)》第5条

第七百九十二条　【国家重大建设工程合同的订立】国家重大建设工程合同，应当按照国家规定的程序和国家批准的投资计划、可行性研究报告等文件订立。

第七百九十三条　【建设工程施工合同无效的处理】建设工程施工合同无效，但是建设工程经验收合格的，可以参照合同关于工程价款的约定折价补偿承包人。

建设工程施工合同无效，且建设工程经验收不合格的，按照以下情形处理：

(一)修复后的建设工程经验收合格的，发包人可以请求承包人承担修复费用；

(二)修复后的建设工程经验收不合格的，承包人无权请求参照合同关于工程价款的约定折价补偿。

发包人对因建设工程不合格造成的损失有过错的，应当承担相应的责任。

第七百九十四条　【勘察、设计合同主要内容】勘察、设计合同的内容一般包括提交有关基础资料和概预算等文件的期限、质量要求、费用以及其他协作条件等条款。

第七百九十五条　【施工合同主要内容】施工合同的内容一般包括工程范围、建设工期、中间交工工程的开工和竣工时间、工程质量、工程造价、技术资料交付时间、材料和设备供应责任、拨款和结算、竣工验收、质量保修范围和质量保证期、相互协作等条款。

链接《最高人民法院关于审理建设工程施工合同纠纷案件适用法律问题的解释(一)》第8—10条

第七百九十六条　【建设工程监理】建设工程实行监理的，发包人应当与监理人采用书面形式订立委托监理合同。发包人与监理人的权利和义务以及法律责任，应当依照本编委托合同以及其他有关法律、行政法规的规定。

链接《建筑法》第30—35条；《建设工程质量管理条例》第12、34—38条

第七百九十七条　【发包人检查权】发包人在不妨碍承包人正常作业的情况下，可以随时对作业进度、质量进行检查。

第七百九十八条　【隐蔽工程】隐蔽工程在隐蔽以前，承包人应当通知发包人检查。发包人没有及时检查的，承包人可以顺延工程日期，并有权请求赔偿停工、窝工等损失。

第七百九十九条　【竣工验收】建设工程竣工后，发包人应当根据施工图纸及说明书、国家颁发的施工验收规范和质量检验标准及时进行验收。验收合格的，发包人应当按照约定支付价款，并接收该建设工程。

建设工程竣工经验收合格后，方可交付使用；未经验收或者验收不合格的，不得交付使用。

链接《建筑法》第60、61条；《建设工程质量管理条例》第16、17、49条；《城镇燃气管理条例》第11条；《最高人民法院关于审理建设工程施工合同纠纷案件适用法律问题的解释(一)》第11、14条

第八百条　【勘察、设计人质量责任】勘察、设计的质量不符合要求或者未按照期限提交勘察、设计文件拖延工期，造成发包人损失的，勘察人、设计人应当继续完善勘察、设计，减收或者免收勘察、设计费并赔偿损失。

链接《建筑法》第52—56条；《建设工程质量管理条例》第18—24条

第八百零一条　【施工人的质量责任】因施工人的原因致使建设工程质量不符合约定的，发包人有权请求施工人在合理期限内无偿修理或者返工、改建。经过修理或者返工、改建后，造成逾期交付的，施工人应当承担违约责任。

链接《建筑法》第58—60条;《建设工程质量管理条例》第25—33条

第八百零二条 【质量保证责任】因承包人的原因致使建设工程在合理使用期限内造成人身损害和财产损失的,承包人应当承担赔偿责任。

链接《建筑法》第60—63条;《建设工程质量管理条例》第39—42条;《最高人民法院关于审理建设工程施工合同纠纷案件适用法律问题的解释(一)》第15条

第八百零三条 【发包人违约责任】发包人未按照约定的时间和要求提供原材料、设备、场地、资金、技术资料的,承包人可以顺延工程日期,并有权请求赔偿停工、窝工等损失。

链接《最高人民法院关于审理建设工程施工合同纠纷案件适用法律问题的解释(一)》第13条

第八百零四条 【发包人原因致工程停建、缓建的责任】因发包人的原因致使工程中途停建、缓建的,发包人应当采取措施弥补或者减少损失,赔偿承包人因此造成的停工、窝工、倒运、机械设备调迁、材料和构件积压等损失和实际费用。

链接《最高人民法院关于审理建设工程施工合同纠纷案件适用法律问题的解释(一)》第12条

第八百零五条 【发包人原因致勘察、设计返工、停工或修改设计的责任】因发包人变更计划,提供的资料不准确,或者未按照期限提供必需的勘察、设计工作条件而造成勘察、设计的返工、停工或者修改设计,发包人应当按照勘察人、设计人实际消耗的工作量增付费用。

第八百零六条 【建设工程合同的法定解除】承包人将建设工程转包、违法分包的,发包人可以解除合同。

发包人提供的主要建筑材料、建筑构配件和设备不符合强制性标准或者不履行协助义务,致使承包人无法施工,经催告后在合理期限内仍未履行相应义务的,承包人可以解除合同。

合同解除后,已经完成的建设工程质量合格的,发包人应当按照约定支付相应的工程价款;已经完成的建设工程质量不合格的,参照本法第七百九十三条的规定处理。

第八百零七条 【工程价款的支付】发包人未按照约定支付价款的,承包人可以催告发包人在合理期限内支付价款。发包人逾期不支付的,除根据建设工程的性质不宜折价、拍卖外,承包人可以与发包人协议将该工程折价,也可以请求人民法院将该工程依法拍卖。建设工程的价款就该工程折价或者拍卖的价款优先受偿。

实务问答 **建设工程中基坑工程承包人优先受偿权应如何认定?**

建设工程中基坑工程承包人投入的建筑材料和劳动力已物化到建筑物中,与建筑物不可分割,基坑施工合同的承包人应享有优先受偿权。对于同一建设工程,可能存在多个承包人,如承包人完成的工程属于建设工程,且共同完成的建设工程宜于折价、拍卖的,则应依法保障承包人的优先受偿权。根据建筑行业管理规范和办法,深基坑工程施工包括支护结构施工、地下水和地表水控制、土石方开挖等内容,故基坑支护、降水、土石方挖运工程施工合同的承包人,要求在未受偿工程款范围内享有优先受偿权的,人民法院应予支持。[四川中成煤炭建设(集团)有限责任公司与成都泓昌嘉泰房地产有限公司建设工程施工合同纠纷案(《最高人民法院公报》2023年第3期)]

案例 **中天建设集团有限公司诉河南恒和置业有限公司建设工程施工合同纠纷案(最高人民法院指导案例171号)**

裁判规则:执行法院依其他债权人的申请,对发包人的建设工程强制执行,承包人向执行法院主张其享有建设工程价款优先受偿权且未超过除斥期间的,视为承包人依法行使了建设工程价款优先受偿权。发包人以承包人起诉时行使建设工程价款优先受偿权超过除斥期间为由进行抗辩的,人民法院不予支持。

链接《最高人民法院关于审理建设工程施工合同纠纷案件适用法律问题的解释(一)》第19—42条

第八百零八条 【参照适用承揽合同的规定】本章没有规定的,适用承揽合同的有关规定。

第十九章 运输合同

第一节 一般规定

第八百零九条 【运输合同的定义】运输合同是承运人将旅客或者货物从起运地点运输到约定地点,旅客、托运人或者收货人支付票款或者运输费用的合同。

第八百一十条 【公共运输承运人的强制缔

约义务】从事公共运输的承运人不得拒绝旅客、托运人通常、合理的运输要求。

第八百一十一条 【承运人安全运输义务】承运人应当在约定期限或者合理期限内将旅客、货物安全运输到约定地点。

链接《铁路法》第10条;《最高人民法院关于审理铁路运输人身损害赔偿纠纷案件适用法律若干问题的解释》;《最高人民法院关于审理铁路运输损害赔偿案件若干问题的解释》第7条

第八百一十二条 【承运人合理运输义务】承运人应当按照约定的或者通常的运输路线将旅客、货物运输到约定地点。

链接《铁路法》第12条

第八百一十三条 【支付票款或运输费用】旅客、托运人或者收货人应当支付票款或者运输费用。承运人未按照约定路线或者通常路线运输增加票款或者运输费用的,旅客、托运人或者收货人可以拒绝支付增加部分的票款或者运输费用。

链接《铁路法》第25、26条

第二节 客运合同

第八百一十四条 【客运合同的成立】客运合同自承运人向旅客出具客票时成立,但是当事人另有约定或者另有交易习惯的除外。

链接《民用航空法》第109—111条;《海商法》第110、111条

第八百一十五条 【按有效客票记载内容乘坐义务】旅客应当按照有效客票记载的时间、班次和座位号乘坐。旅客无票乘坐、超程乘坐、越级乘坐或者持不符合减价条件的优惠客票乘坐的,应当补交票款,承运人可以按照规定加收票款;旅客不支付票款的,承运人可以拒绝运输。

实名制客运合同的旅客丢失客票的,可以请求承运人挂失补办,承运人不得再次收取票款和其他不合理费用。

链接《民用航空法》第109、112、128条;《海商法》第112条;《道路运输条例》第17条

第八百一十六条 【退票与变更】旅客因自己的原因不能按照客票记载的时间乘坐的,应当在约定的期限内办理退票或者变更手续;逾期办理的,承运人可以不退票款,并不再承担运输义务。

第八百一十七条 【按约定携带行李义务】旅客随身携带行李应当符合约定的限量和品类要求;超过限量或者违反品类要求携带行李的,应当办理托运手续。

第八百一十八条 【危险物品或者违禁物品的携带禁止】旅客不得随身携带或者在行李中夹带易燃、易爆、有毒、有腐蚀性、有放射性以及可能危及运输工具上人身和财产安全的危险物品或者违禁物品。

旅客违反前款规定的,承运人可以将危险物品或者违禁物品卸下、销毁或者送交有关部门。旅客坚持携带或者夹带危险物品或者违禁物品的,承运人应当拒绝运输。

链接《海商法》第113条;《民用航空安全保卫条例》第26—33条

第八百一十九条 【承运人告知义务和旅客协助配合义务】承运人应当严格履行安全运输义务,及时告知旅客安全运输应当注意的事项。旅客对承运人为安全运输所作的合理安排应当积极协助和配合。

第八百二十条 【承运人迟延运输或者有其他不能正常运输情形】承运人应当按照有效客票记载的时间、班次和座位号运输旅客。承运人迟延运输或者有其他不能正常运输情形的,应当及时告知和提醒旅客,采取必要的安置措施,并根据旅客的要求安排改乘其他班次或者退票;由此造成旅客损失的,承运人应当承担赔偿责任,但是不可归责于承运人的除外。

链接《道路运输条例》第18、19条

第八百二十一条 【承运人变更服务标准的后果】承运人擅自降低服务标准的,应当根据旅客的请求退票或者减收票款;提高服务标准的,不得加收票款。

第八百二十二条 【承运人尽力救助义务】承运人在运输过程中,应当尽力救助患有急病、分娩、遇险的旅客。

第八百二十三条 【旅客伤亡的赔偿责任】承运人应当对运输过程中旅客的伤亡承担赔偿责任;但是,伤亡是旅客自身健康原因造成的或者承运人证明伤亡是旅客故意、重大过失造成的除外。

前款规定适用于按照规定免票、持优待票或者经承运人许可搭乘的无票旅客。

链接《民用航空法》第124、127—136条;《铁路法》第58条;《海商法》第114、115、117、118、120—

126条;《道路运输条例》第16、35条;《最高人民法院关于审理铁路运输人身损害赔偿纠纷案件适用法律若干问题的解释》

第八百二十四条 【对行李的赔偿责任】在运输过程中旅客随身携带物品毁损、灭失,承运人有过错的,应当承担赔偿责任。

旅客托运的行李毁损、灭失的,适用货物运输的有关规定。

链接《民用航空法》第125—136条;《铁路法》第16—18条;《海商法》第114—126条

第三节 货运合同

第八百二十五条 【托运人如实申报情况义务】托运人办理货物运输,应当向承运人准确表明收货人的姓名、名称或者凭指示的收货人,货物的名称、性质、重量、数量,收货地点等有关货物运输的必要情况。

因托运人申报不实或者遗漏重要情况,造成承运人损失的,托运人应当承担赔偿责任。

链接《民用航空法》第117条;《铁路法》第18、19、23条;《海商法》第66、68条

第八百二十六条 【托运人办理审批、检验等手续义务】货物运输需要办理审批、检验等手续的,托运人应当将办理完有关手续的文件提交承运人。

链接《民用航空法》第123条;《道路运输条例》第25条

第八百二十七条 【托运人的包装义务】托运人应当按照约定的方式包装货物。对包装方式没有约定或者约定不明确的,适用本法第六百一十九条的规定。

托运人违反前款规定的,承运人可以拒绝运输。

链接《铁路法》第20条

第八百二十八条 【托运人运送危险货物时的义务】托运人托运易燃、易爆、有毒、有腐蚀性、有放射性等危险物品的,应当按照国家有关危险物品运输的规定对危险物品妥善包装,做出危险物品标志和标签,并将有关危险物品的名称、性质和防范措施的书面材料提交承运人。

托运人违反前款规定的,承运人可以拒绝运输,也可以采取相应措施以避免损失的发生,因此产生的费用由托运人负担。

链接《海商法》第68条;《道路运输条例》第27条;《国内水路运输管理条例》第20条;《民用航空安全保卫条例》第30—32条

第八百二十九条 【托运人变更或解除的权利】在承运人将货物交付收货人之前,托运人可以要求承运人中止运输、返还货物、变更到达地或者将货物交给其他收货人,但是应当赔偿承运人因此受到的损失。

第八百三十条 【提货】货物运输到达后,承运人知道收货人的,应当及时通知收货人,收货人应当及时提货。收货人逾期提货的,应当向承运人支付保管费等费用。

链接《铁路法》第16、21条;《海商法》第50条

第八百三十一条 【收货人对货物的检验】收货人提货时应当按照约定的期限检验货物。对检验货物的期限没有约定或者约定不明确,依据本法第五百一十条的规定仍不能确定的,应当在合理期限内检验货物。收货人在约定的期限或者合理期限内对货物的数量、毁损等未提出异议的,视为承运人已经按照运输单证的记载交付的初步证据。

第八百三十二条 【承运人对货损的赔偿责任】承运人对运输过程中货物的毁损、灭失承担赔偿责任。但是,承运人证明货物的毁损、灭失是因不可抗力、货物本身的自然性质或者合理损耗以及托运人、收货人的过错造成的,不承担赔偿责任。

链接《民用航空法》第125—136条;《铁路法》第16—18条

第八百三十三条 【确定货损额的方法】货物的毁损、灭失的赔偿额,当事人有约定的,按照其约定;没有约定或者约定不明确,依据本法第五百一十条的规定仍不能确定的,按照交付或者应当交付时货物到达地的市场价格计算。法律、行政法规对赔偿额的计算方法和赔偿限额另有规定的,依照其规定。

第八百三十四条 【相继运输的责任承担】两个以上承运人以同一运输方式联运的,与托运人订立合同的承运人应当对全程运输承担责任;损失发生在某一运输区段的,与托运人订立合同的承运人和该区段的承运人承担连带责任。

第八百三十五条 【货物因不可抗力灭失的运费处理】货物在运输过程中因不可抗力灭失,未收取运费的,承运人不得请求支付运费;已经收取运费的,托运人可以请求返还。法律另有规定的,

依照其规定。

第八百三十六条 【承运人留置权】托运人或者收货人不支付运费、保管费或者其他费用的，承运人对相应的运输货物享有留置权，但是当事人另有约定的除外。

链接《海商法》第87、88条

第八百三十七条 【货物的提存】收货人不明或者收货人无正当理由拒绝受领货物的，承运人依法可以提存货物。

第四节 多式联运合同

第八百三十八条 【多式联运经营人的权利义务】多式联运经营人负责履行或者组织履行多式联运合同，对全程运输享有承运人的权利，承担承运人的义务。

第八百三十九条 【多式联运经营人的责任承担】多式联运经营人可以与参加多式联运的各区段承运人就多式联运合同的各区段运输约定相互之间的责任；但是，该约定不影响多式联运经营人对全程运输承担的义务。

链接《海商法》第104条

第八百四十条 【多式联运单据】多式联运经营人收到托运人交付的货物时，应当签发多式联运单据。按照托运人的要求，多式联运单据可以是可转让单据，也可以是不可转让单据。

第八百四十一条 【托运人的过错赔偿责任】因托运人托运货物时的过错造成多式联运经营人损失的，即使托运人已经转让多式联运单据，托运人仍然应当承担赔偿责任。

第八百四十二条 【赔偿责任的法律适用】货物的毁损、灭失发生于多式联运的某一运输区段的，多式联运经营人的赔偿责任和责任限额，适用调整该区段运输方式的有关法律规定；货物毁损、灭失发生的运输区段不能确定的，依照本章规定承担赔偿责任。

链接《铁路法》第29条；《海商法》第104—106条

第二十章 技术合同

第一节 一般规定

第八百四十三条 【技术合同的定义】技术合同是当事人就技术开发、转让、许可、咨询或者服务订立的确立相互之间权利和义务的合同。

第八百四十四条 【订立技术合同的原则】订立技术合同，应当有利于知识产权的保护和科学技术的进步，促进科学技术成果的研发、转化、应用和推广。

链接《最高人民法院关于审理技术合同纠纷案件适用法律若干问题的解释》（以下简称《技术合同纠纷司法解释》）第1条

第八百四十五条 【技术合同的主要条款】技术合同的内容一般包括项目的名称，标的的内容、范围和要求，履行的计划、地点和方式，技术信息和资料的保密，技术成果的归属和收益的分配办法，验收标准和方法，名词和术语的解释等条款。

与履行合同有关的技术背景资料、可行性论证和技术评价报告、项目任务书和计划书、技术标准、技术规范、原始设计和工艺文件，以及其他技术文档，按照当事人的约定可以作为合同的组成部分。

技术合同涉及专利的，应当注明发明创造的名称、专利申请人和专利权人、申请日期、申请号、专利号以及专利权的有效期限。

第八百四十六条 【技术合同价款、报酬或使用费的支付方式】技术合同价款、报酬或者使用费的支付方式由当事人约定，可以采取一次总算、一次总付或者一次总算、分期支付，也可以采取提成支付或者提成支付附加预付入门费的方式。

约定提成支付的，可以按照产品价格、实施专利和使用技术秘密后新增的产值、利润或者产品销售额的一定比例提成，也可以按照约定的其他方式计算。提成支付的比例可以采取固定比例、逐年递增比例或者逐年递减比例。

约定提成支付的，当事人可以约定查阅有关会计账目的办法。

链接《技术合同纠纷司法解释》第14条

第八百四十七条 【职务技术成果的财产权归属】职务技术成果的使用权、转让权属于法人或者非法人组织的，法人或者非法人组织可以就该项职务技术成果订立技术合同。法人或者非法人组织订立技术合同转让职务技术成果时，职务技术成果的完成人享有以同等条件优先受让的权利。

职务技术成果是执行法人或者非法人组织的工作任务，或者主要是利用法人或者非法人组织的物质技术条件所完成的技术成果。

链接《专利法》第6、14、15条;《技术合同纠纷司法解释》第2—7条

第八百四十八条 【非职务技术成果的财产权归属】非职务技术成果的使用权、转让权属于完成技术成果的个人,完成技术成果的个人可以就该项非职务技术成果订立技术合同。

第八百四十九条 【技术成果人身权】完成技术成果的个人享有在有关技术成果文件上写明自己是技术成果完成者的权利和取得荣誉证书、奖励的权利。

第八百五十条 【技术合同的无效】非法垄断技术或者侵害他人技术成果的技术合同无效。

链接《技术合同纠纷司法解释》第10—13条

第二节 技术开发合同

第八百五十一条 【技术开发合同的定义及种类】技术开发合同是当事人之间就新技术、新产品、新工艺、新品种或者新材料及其系统的研究开发所订立的合同。

技术开发合同包括委托开发合同和合作开发合同。

技术开发合同应当采用书面形式。

当事人之间就具有实用价值的科技成果实施转化订立的合同,参照适用技术开发合同的有关规定。

链接《技术合同纠纷司法解释》第17、18条

第八百五十二条 【委托人的主要义务】委托开发合同的委托人应当按照约定支付研究开发经费和报酬,提供技术资料,提出研究开发要求,完成协作事项,接受研究开发成果。

第八百五十三条 【研究开发人的主要义务】委托开发合同的研究开发人应当按照约定制定和实施研究开发计划,合理使用研究开发经费,按期完成研究开发工作,交付研究开发成果,提供有关的技术资料和必要的技术指导,帮助委托人掌握研究开发成果。

第八百五十四条 【委托开发合同的当事人违约责任】委托开发合同的当事人违反约定造成研究开发工作停滞、延误或者失败的,应当承担违约责任。

第八百五十五条 【合作开发各方的主要义务】合作开发合同的当事人应当按照约定进行投资,包括以技术进行投资,分工参与研究开发工作,协作配合研究开发工作。

链接《技术合同纠纷司法解释》第19条

第八百五十六条 【合作开发各方的违约责任】合作开发合同的当事人违反约定造成研究开发工作停滞、延误或者失败的,应当承担违约责任。

第八百五十七条 【技术开发合同的解除】作为技术开发合同标的的技术已经由他人公开,致使技术开发合同的履行没有意义的,当事人可以解除合同。

第八百五十八条 【技术开发合同的风险责任负担】技术开发合同履行过程中,因出现无法克服的技术困难,致使研究开发失败或者部分失败的,该风险由当事人约定;没有约定或者约定不明确,依据本法第五百一十条的规定仍不能确定的,风险由当事人合理分担。

当事人一方发现前款规定的可能致使研究开发失败或者部分失败的情形时,应当及时通知另一方并采取适当措施减少损失;没有及时通知并采取适当措施,致使损失扩大的,应当就扩大的损失承担责任。

第八百五十九条 【发明创造的归属和分享】委托开发完成的发明创造,除法律另有规定或者当事人另有约定外,申请专利的权利属于研究开发人。研究开发人取得专利权的,委托人可以依法实施该专利。

研究开发人转让专利申请权的,委托人享有以同等条件优先受让的权利。

第八百六十条 【合作开发发明创造专利申请权的归属和分享】合作开发完成的发明创造,申请专利的权利属于合作开发的当事人共有;当事人一方转让其共有的专利申请权的,其他各方享有以同等条件优先受让的权利。但是,当事人另有约定的除外。

合作开发的当事人一方声明放弃其共有的专利申请权的,除当事人另有约定外,可以由另一方单独申请或者由其他各方共同申请。申请人取得专利权的,放弃专利申请权的一方可以免费实施该专利。

合作开发的当事人一方不同意申请专利的,另一方或者其他各方不得申请专利。

第八百六十一条 【技术秘密成果的归属与分配】委托开发或者合作开发完成的技术秘密成果的使用权、转让权以及收益的分配办法,由当事

人约定;没有约定或者约定不明确,依据本法第五百一十条的规定仍不能确定的,在没有相同技术方案被授予专利权前,当事人均有使用和转让的权利。但是,委托开发的研究开发人不得在向委托人交付研究开发成果之前,将研究开发成果转让给第三人。

链接《促进科技成果转化法》第40条;《专利法》第8条;《技术合同纠纷司法解释》第20、21条

第三节　技术转让合同和技术许可合同

第八百六十二条　【技术转让合同和技术许可合同的定义】技术转让合同是合法拥有技术的权利人,将现有特定的专利、专利申请、技术秘密的相关权利让与他人所订立的合同。

技术许可合同是合法拥有技术的权利人,将现有特定的专利、技术秘密的相关权利许可他人实施、使用所订立的合同。

技术转让合同和技术许可合同中关于提供实施技术的专用设备、原材料或者提供有关的技术咨询、技术服务的约定,属于合同的组成部分。

链接《专利法》第10、12条;《技术合同纠纷司法解释》第22—27条

第八百六十三条　【技术转让合同和技术许可合同的种类及合同要件】技术转让合同包括专利权转让、专利申请权转让、技术秘密转让等合同。

技术许可合同包括专利实施许可、技术秘密使用许可等合同。

技术转让合同和技术许可合同应当采用书面形式。

第八百六十四条　【技术转让合同和技术许可合同的限制性条款】技术转让合同和技术许可合同可以约定实施专利或者使用技术秘密的范围,但是不得限制技术竞争和技术发展。

链接《技术合同纠纷司法解释》第28条

第八百六十五条　【专利实施许可合同的有效期限】专利实施许可合同仅在该专利权的存续期限内有效。专利权有效期限届满或者专利权被宣告无效的,专利权人不得就该专利与他人订立专利实施许可合同。

链接《专利法》第42—44条

第八百六十六条　【专利实施许可合同许可人的义务】专利实施许可合同的许可人应当按照约定许可被许可人实施专利,交付实施专利有关的技术资料,提供必要的技术指导。

第八百六十七条　【专利实施许可合同被许可人的义务】专利实施许可合同的被许可人应当按照约定实施专利,不得许可约定以外的第三人实施该专利,并按照约定支付使用费。

第八百六十八条　【技术秘密让与人和许可人的义务】技术秘密转让合同的让与人和技术秘密使用许可合同的许可人应当按照约定提供技术资料,进行技术指导,保证技术的实用性、可靠性,承担保密义务。

前款规定的保密义务,不限制许可人申请专利,但是当事人另有约定的除外。

第八百六十九条　【技术秘密受让人和被许可人的义务】技术秘密转让合同的受让人和技术秘密使用许可合同的被许可人应当按照约定使用技术,支付转让费、使用费,承担保密义务。

第八百七十条　【技术转让合同让与人和技术许可合同许可人的保证义务】技术转让合同的让与人和技术许可合同的许可人应当保证自己是所提供的技术的合法拥有者,并保证所提供的技术完整、无误、有效,能够达到约定的目标。

第八百七十一条　【技术转让合同受让人和技术许可合同被许可人保密义务】技术转让合同的受让人和技术许可合同的被许可人应当按照约定的范围和期限,对让与人、许可人提供的技术中尚未公开的秘密部分,承担保密义务。

注释 考虑到技术许可合同被许可人的保密义务与技术转让合同的受让人的保密义务是一致的,故本条在原《合同法》第350条规定的基础上增加了技术许可合同被许可人保密义务的规定。

第八百七十二条　【技术许可人和让与人的违约责任】许可人未按照约定许可技术的,应当返还部分或者全部使用费,并应当承担违约责任;实施专利或者使用技术秘密超越约定的范围的,违反约定擅自许可第三人实施该项专利或者使用该项技术秘密的,应当停止违约行为,承担违约责任;违反约定的保密义务的,应当承担违约责任。

让与人承担违约责任,参照适用前款规定。

第八百七十三条　【技术被许可人和受让人的违约责任】被许可人未按照约定支付使用费的,应当补交使用费并按照约定支付违约金;不补交使用费或者支付违约金的,应当停止实施专利或者使用技术秘密,交还技术资料,承担违约责任;实施专

利或者使用技术秘密超越约定的范围的，未经许可人同意擅自许可第三人实施该专利或者使用该技术秘密的，应当停止违约行为，承担违约责任；违反约定的保密义务的，应当承担违约责任。

受让人承担违约责任，参照适用前款规定。

第八百七十四条 【实施专利、使用技术秘密侵害他人合法权益责任承担】受让人或者被许可人按照约定实施专利、使用技术秘密侵害他人合法权益的，由让与人或者许可人承担责任，但是当事人另有约定的除外。

第八百七十五条 【后续改进技术成果的分享办法】当事人可以按照互利的原则，在合同中约定实施专利、使用技术秘密后续改进的技术成果的分享办法；没有约定或者约定不明确，依据本法第五百一十条的规定仍不能确定的，一方后续改进的技术成果，其他各方无权分享。

第八百七十六条 【其他知识产权转让和许可的参照适用】集成电路布图设计专有权、植物新品种权、计算机软件著作权等其他知识产权的转让和许可，参照适用本节的有关规定。

第八百七十七条 【技术进出口合同或专利、专利申请合同的法律适用】法律、行政法规对技术进出口合同或者专利、专利申请合同另有规定的，依照其规定。

链接《对外贸易法》第13—18条；《技术进出口管理条例》

第四节 技术咨询合同和技术服务合同

第八百七十八条 【技术咨询合同、技术服务合同的定义】技术咨询合同是当事人一方以技术知识为对方就特定技术项目提供可行性论证、技术预测、专题技术调查、分析评价报告等所订立的合同。

技术服务合同是当事人一方以技术知识为对方解决特定技术问题所订立的合同，不包括承揽合同和建设工程合同。

链接《技术合同纠纷司法解释》第30、33条

第八百七十九条 【技术咨询合同委托人的义务】技术咨询合同的委托人应当按照约定阐明咨询的问题，提供技术背景材料及有关技术资料，接受受托人的工作成果，支付报酬。

第八百八十条 【技术咨询合同受托人的义务】技术咨询合同的受托人应当按照约定的期限完成咨询报告或者解答问题，提出的咨询报告应当达到约定的要求。

链接《技术合同纠纷司法解释》第31、32条

第八百八十一条 【技术咨询合同当事人的违约责任及决策风险责任】技术咨询合同的委托人未按照约定提供必要的资料，影响工作进度和质量，不接受或者逾期接受工作成果的，支付的报酬不得追回，未支付的报酬应当支付。

技术咨询合同的受托人未按期提出咨询报告或者提出的咨询报告不符合约定的，应当承担减收或者免收报酬等违约责任。

技术咨询合同的委托人按照受托人符合约定要求的咨询报告和意见作出决策所造成的损失，由委托人承担，但是当事人另有约定的除外。

第八百八十二条 【技术服务合同委托人的义务】技术服务合同的委托人应当按照约定提供工作条件，完成配合事项，接受工作成果并支付报酬。

第八百八十三条 【技术服务合同受托人的义务】技术服务合同的受托人应当按照约定完成服务项目，解决技术问题，保证工作质量，并传授解决技术问题的知识。

链接《技术合同纠纷司法解释》第34条

第八百八十四条 【技术服务合同的当事人违约责任】技术服务合同的委托人不履行合同义务或者履行合同义务不符合约定，影响工作进度和质量，不接受或者逾期接受工作成果的，支付的报酬不得追回，未支付的报酬应当支付。

技术服务合同的受托人未按照约定完成服务工作的，应当承担免收报酬等违约责任。

链接《技术合同纠纷司法解释》第35条

第八百八十五条 【技术成果的归属和分享】技术咨询合同、技术服务合同履行过程中，受托人利用委托人提供的技术资料和工作条件完成的新的技术成果，属于受托人。委托人利用受托人的工作成果完成的新的技术成果，属于委托人。当事人另有约定的，按照其约定。

第八百八十六条 【受托人履行合同的费用负担】技术咨询合同和技术服务合同对受托人正常开展工作所需费用的负担没有约定或者约定不明确的，由受托人负担。

第八百八十七条 【技术中介合同和技术培训合同法律适用】法律、行政法规对技术中介合

同、技术培训合同另有规定的,依照其规定。

链接《技术合同纠纷司法解释》第36—41条

第二十一章　保管合同

第八百八十八条　【保管合同的定义】保管合同是保管人保管寄存人交付的保管物,并返还该物的合同。

寄存人到保管人处从事购物、就餐、住宿等活动,将物品存放在指定场所的,视为保管,但是当事人另有约定或者另有交易习惯的除外。

第八百八十九条　【保管合同的报酬】寄存人应当按照约定向保管人支付保管费。

当事人对保管费没有约定或者约定不明确,依据本法第五百一十条的规定仍不能确定的,视为无偿保管。

第八百九十条　【保管合同的成立】保管合同自保管物交付时成立,但是当事人另有约定的除外。

第八百九十一条　【保管人给付保管凭证的义务】寄存人向保管人交付保管物的,保管人应当出具保管凭证,但是另有交易习惯的除外。

第八百九十二条　【保管人对保管物的妥善保管义务】保管人应当妥善保管保管物。

当事人可以约定保管场所或者方法。除紧急情况或者为维护寄存人利益外,不得擅自改变保管场所或者方法。

第八百九十三条　【寄存人如实告知义务】寄存人交付的保管物有瑕疵或者根据保管物的性质需要采取特殊保管措施的,寄存人应当将有关情况告知保管人。寄存人未告知,致使保管物受损失的,保管人不承担赔偿责任;保管人因此受损失的,除保管人知道或者应当知道且未采取补救措施外,寄存人应当承担赔偿责任。

第八百九十四条　【保管人亲自保管义务】保管人不得将保管物转交第三人保管,但是当事人另有约定的除外。

保管人违反前款规定,将保管物转交第三人保管,造成保管物损失的,应当承担赔偿责任。

第八百九十五条　【保管人不得使用或许可他人使用保管物义务】保管人不得使用或者许可第三人使用保管物,但是当事人另有约定的除外。

第八百九十六条　【保管人返还保管物的义务及危险通知义务】第三人对保管物主张权利的,除依法对保管物采取保全或者执行措施外,保管人应当履行向寄存人返还保管物的义务。

第三人对保管人提起诉讼或者对保管物申请扣押的,保管人应当及时通知寄存人。

第八百九十七条　【保管物毁损灭失责任】保管期内,因保管人保管不善造成保管物毁损、灭失的,保管人应当承担赔偿责任。但是,无偿保管人证明自己没有故意或者重大过失的,不承担赔偿责任。

链接《最高人民法院关于审理旅游纠纷案件适用法律若干问题的规定》第19条

第八百九十八条　【寄存贵重物品的声明义务】寄存人寄存货币、有价证券或者其他贵重物品的,应当向保管人声明,由保管人验收或者封存;寄存人未声明的,该物品毁损、灭失后,保管人可以按照一般物品予以赔偿。

第八百九十九条　【保管物的领取及领取时间】寄存人可以随时领取保管物。

当事人对保管期限没有约定或者约定不明确的,保管人可以随时请求寄存人领取保管物;约定保管期限的,保管人无特别事由,不得请求寄存人提前领取保管物。

第九百条　【保管人归还原物及孳息的义务】保管期限届满或者寄存人提前领取保管物的,保管人应当将原物及其孳息归还寄存人。

第九百零一条　【消费保管】保管人保管货币的,可以返还相同种类、数量的货币;保管其他可替代物的,可以按照约定返还相同种类、品质、数量的物品。

第九百零二条　【保管费的支付期限】有偿的保管合同,寄存人应当按照约定的期限向保管人支付保管费。

当事人对支付期限没有约定或者约定不明确,依据本法第五百一十条的规定仍不能确定的,应当在领取保管物的同时支付。

第九百零三条　【保管人的留置权】寄存人未按照约定支付保管费或者其他费用的,保管人对保管物享有留置权,但是当事人另有约定的除外。

第二十二章　仓储合同

第九百零四条　【仓储合同的定义】仓储合同是保管人储存存货人交付的仓储物,存货人支付仓储费的合同。

第九百零五条 【仓储合同的成立时间】仓储合同自保管人和存货人意思表示一致时成立。

第九百零六条 【危险物品和易变质物品的储存】储存易燃、易爆、有毒、有腐蚀性、有放射性等危险物品或者易变质物品的，存货人应当说明该物品的性质，提供有关资料。

存货人违反前款规定的，保管人可以拒收仓储物，也可以采取相应措施以避免损失的发生，因此产生的费用由存货人负担。

保管人储存易燃、易爆、有毒、有腐蚀性、有放射性等危险物品的，应当具备相应的保管条件。

链接《危险化学品安全管理条例》

第九百零七条 【仓储物的验收】保管人应当按照约定对入库仓储物进行验收。保管人验收时发现入库仓储物与约定不符合的，应当及时通知存货人。保管人验收后，发生仓储物的品种、数量、质量不符合约定的，保管人应当承担赔偿责任。

链接《粮油仓储管理办法》第9条

第九百零八条 【保管人出具仓单、入库单义务】存货人交付仓储物的，保管人应当出具仓单、入库单等凭证。

第九百零九条 【仓单的内容】保管人应当在仓单上签名或者盖章。仓单包括下列事项：

（一）存货人的姓名或者名称和住所；

（二）仓储物的品种、数量、质量、包装及其件数和标记；

（三）仓储物的损耗标准；

（四）储存场所；

（五）储存期限；

（六）仓储费；

（七）仓储物已经办理保险的，其保险金额、期间以及保险人的名称；

（八）填发人、填发地和填发日期。

第九百一十条 【仓单的转让和出质】仓单是提取仓储物的凭证。存货人或者仓单持有人在仓单上背书并经保管人签名或者盖章的，可以转让提取仓储物的权利。

第九百一十一条 【检查仓储物或提取样品的权利】保管人根据存货人或者仓单持有人的要求，应当同意其检查仓储物或者提取样品。

第九百一十二条 【保管人的通知义务】保管人发现入库仓储物有变质或者其他损坏的，应当及时通知存货人或者仓单持有人。

第九百一十三条 【保管人危险催告义务和紧急处置权】保管人发现入库仓储物有变质或者其他损坏，危及其他仓储物的安全和正常保管的，应当催告存货人或者仓单持有人作出必要的处置。因情况紧急，保管人可以作出必要的处置；但是，事后应当将该情况及时通知存货人或者仓单持有人。

第九百一十四条 【仓储物的提取】当事人对储存期限没有约定或者约定不明确的，存货人或者仓单持有人可以随时提取仓储物，保管人也可以随时请求存货人或者仓单持有人提取仓储物，但是应当给予必要的准备时间。

第九百一十五条 【仓储物的提取规则】储存期限届满，存货人或者仓单持有人应当凭仓单、入库单等提取仓储物。存货人或者仓单持有人逾期提取的，应当加收仓储费；提前提取的，不减收仓储费。

第九百一十六条 【逾期提取仓储物】储存期限届满，存货人或者仓单持有人不提取仓储物的，保管人可以催告其在合理期限内提取；逾期不提取的，保管人可以提存仓储物。

第九百一十七条 【保管不善的责任承担】储存期内，因保管不善造成仓储物毁损、灭失的，保管人应当承担赔偿责任。因仓储物本身的自然性质、包装不符合约定或者超过有效储存期造成仓储物变质、损坏的，保管人不承担赔偿责任。

第九百一十八条 【参照适用保管合同的规定】本章没有规定的，适用保管合同的有关规定。

第二十三章 委托合同

第九百一十九条 【委托合同的概念】委托合同是委托人和受托人约定，由受托人处理委托人事务的合同。

第九百二十条 【委托权限】委托人可以特别委托受托人处理一项或者数项事务，也可以概括委托受托人处理一切事务。

链接《律师法》第25条；《职业教育法》第28条

第九百二十一条 【处理委托事务的费用】委托人应当预付处理委托事务的费用。受托人为处理委托事务垫付的必要费用，委托人应当偿还该费用并支付利息。

第九百二十二条 【受托人服从指示的义务】受托人应当按照委托人的指示处理委托事务。需要变更委托人指示的,应当经委托人同意;因情况紧急,难以和委托人取得联系的,受托人应当妥善处理委托事务,但是事后应当将该情况及时报告委托人。

第九百二十三条 【受托人亲自处理委托事务】受托人应当亲自处理委托事务。经委托人同意,受托人可以转委托。转委托经同意或者追认的,委托人可以就委托事务直接指示转委托的第三人,受托人仅就第三人的选任及其对第三人的指示承担责任。转委托未经同意或者追认的,受托人应当对转委托的第三人的行为承担责任;但是,在紧急情况下受托人为了维护委托人的利益需要转委托第三人的除外。

第九百二十四条 【受托人的报告义务】受托人应当按照委托人的要求,报告委托事务的处理情况。委托合同终止时,受托人应当报告委托事务的结果。

第九百二十五条 【受托人以自己名义从事受托事务的法律效果】受托人以自己的名义,在委托人的授权范围内与第三人订立的合同,第三人在订立合同时知道受托人与委托人之间的代理关系的,该合同直接约束委托人和第三人;但是,有确切证据证明该合同只约束受托人和第三人的除外。

第九百二十六条 【委托人的介入权与第三人的选择权】受托人以自己的名义与第三人订立合同时,第三人不知道受托人与委托人之间的代理关系的,受托人因第三人的原因对委托人不履行义务,受托人应当向委托人披露第三人,委托人因此可以行使受托人对第三人的权利。但是,第三人与受托人订立合同时如果知道该委托人就不会订立合同的除外。

受托人因委托人的原因对第三人不履行义务,受托人应当向第三人披露委托人,第三人因此可以选择受托人或者委托人作为相对人主张其权利,但是第三人不得变更选定的相对人。

委托人行使受托人对第三人的权利的,第三人可以向委托人主张其对受托人的抗辩。第三人选定委托人作为其相对人的,委托人可以向第三人主张其对受托人的抗辩以及受托人对第三人的抗辩。

第九百二十七条 【受托人转移所得利益的义务】受托人处理委托事务取得的财产,应当转交给委托人。

第九百二十八条 【委托人支付报酬的义务】受托人完成委托事务的,委托人应当按照约定向其支付报酬。

因不可归责于受托人的事由,委托合同解除或者委托事务不能完成的,委托人应当向受托人支付相应的报酬。当事人另有约定的,按照其约定。

第九百二十九条 【因受托人过错致委托人损失的赔偿责任】有偿的委托合同,因受托人的过错造成委托人损失的,委托人可以请求赔偿损失。无偿的委托合同,因受托人的故意或者重大过失造成委托人损失的,委托人可以请求赔偿损失。

受托人超越权限造成委托人损失的,应当赔偿损失。

第九百三十条 【委托人的赔偿责任】受托人处理委托事务时,因不可归责于自己的事由受到损失的,可以向委托人请求赔偿损失。

第九百三十一条 【委托人另行委托他人处理事务】委托人经受托人同意,可以在受托人之外委托第三人处理委托事务。因此造成受托人损失的,受托人可以向委托人请求赔偿损失。

第九百三十二条 【共同委托】两个以上的受托人共同处理委托事务的,对委托人承担连带责任。

第九百三十三条 【任意解除权】委托人或者受托人可以随时解除委托合同。因解除合同造成对方损失的,除不可归责于该当事人的事由外,无偿委托合同的解除方应当赔偿因解除时间不当造成的直接损失,有偿委托合同的解除方应当赔偿对方的直接损失和合同履行后可以获得的利益。

第九百三十四条 【委托合同的终止】委托人死亡、终止或者受托人死亡、丧失民事行为能力、终止的,委托合同终止;但是,当事人另有约定或者根据委托事务的性质不宜终止的除外。

第九百三十五条 【受托人继续处理委托事务】因委托人死亡或者被宣告破产、解散,致使委托合同终止将损害委托人利益的,在委托人的继承人、遗产管理人或者清算人承受委托事务之前,受托人应当继续处理委托事务。

第九百三十六条 【受托人死亡后其继承人等的义务】因受托人死亡、丧失民事行为能力或者被宣告破产、解散,致使委托合同终止的,受托人的继承人、遗产管理人、法定代理人或者清算人应当及时通知委托人。因委托合同终止将损害委托人利益的，在委托人作出善后处理之前，受托人的继承人、遗产管理人、法定代理人或者清算人应当采取必要措施。

第二十四章　物业服务合同

第九百三十七条　【物业服务合同的定义】物业服务合同是物业服务人在物业服务区域内，为业主提供建筑物及其附属设施的维修养护、环境卫生和相关秩序的管理维护等物业服务，业主支付物业费的合同。

物业服务人包括物业服务企业和其他管理人。

第九百三十八条　【物业服务合同的内容与形式】物业服务合同的内容一般包括服务事项、服务质量、服务费用的标准和收取办法、维修资金的使用、服务用房的管理和使用、服务期限、服务交接等条款。

物业服务人公开作出的有利于业主的服务承诺，为物业服务合同的组成部分。

物业服务合同应当采用书面形式。

第九百三十九条　【物业服务合同的约束力】建设单位依法与物业服务人订立的前期物业服务合同，以及业主委员会与业主大会依法选聘的物业服务人订立的物业服务合同，对业主具有法律约束力。

第九百四十条　【前期物业服务合同的终止情形】建设单位依法与物业服务人订立的前期物业服务合同约定的服务期限届满前，业主委员会或者业主与新物业服务人订立的物业服务合同生效的，前期物业服务合同终止。

第九百四十一条　【物业服务合同的转委托】物业服务人将物业服务区域内的部分专项服务事项委托给专业性服务组织或者其他第三人的，应当就该部分专项服务事项向业主负责。

物业服务人不得将其应当提供的全部物业服务转委托给第三人，或者将全部物业服务支解后分别转委托给第三人。

第九百四十二条　【物业服务人的义务】物业服务人应当按照约定和物业的使用性质，妥善维修、养护、清洁、绿化和经营管理物业服务区域内的业主共有部分，维护物业服务区域内的基本秩序，采取合理措施保护业主的人身、财产安全。

对物业服务区域内违反有关治安、环保、消防等法律法规的行为，物业服务人应当及时采取合理措施制止、向有关行政主管部门报告并协助处理。

链接《消防法》第18、46条；《物业管理条例》第35、46、47条

第九百四十三条　【物业服务人的信息公开义务】物业服务人应当定期将服务的事项、负责人员、质量要求、收费项目、收费标准、履行情况，以及维修资金使用情况、业主共有部分的经营与收益情况等以合理方式向业主公开并向业主大会、业主委员会报告。

第九百四十四条　【业主支付物业费义务】业主应当按照约定向物业服务人支付物业费。物业服务人已经按照约定和有关规定提供服务的，业主不得以未接受或者无需接受相关物业服务为由拒绝支付物业费。

业主违反约定逾期不支付物业费的，物业服务人可以催告其在合理期限内支付；合理期限届满仍不支付的，物业服务人可以提起诉讼或者申请仲裁。

物业服务人不得采取停止供电、供水、供热、供燃气等方式催交物业费。

链接《物业管理条例》第7、40—44条；《最高人民法院关于审理物业服务纠纷案件适用法律若干问题的解释》第2、3条

第九百四十五条　【业主的告知、协助义务】业主装饰装修房屋的，应当事先告知物业服务人，遵守物业服务人提示的合理注意事项，并配合其进行必要的现场检查。

业主转让、出租物业专有部分、设立居住权或者依法改变共有部分用途的，应当及时将相关情况告知物业服务人。

链接《物业管理条例》第49—55条

第九百四十六条　【业主解聘物业服务人】业主依照法定程序共同决定解聘物业服务人的，可以解除物业服务合同。决定解聘的，应当提前六十日书面通知物业服务人，但是合同对通知期限另有约定的除外。

依据前款规定解除合同造成物业服务人损失的，除不可归责于业主的事由外，业主应当赔偿损失。

第九百四十七条 【物业服务人的续聘】物业服务期限届满前,业主依法共同决定续聘的,应当与原物业服务人在合同期限届满前续订物业服务合同。

物业服务期限届满前,物业服务人不同意续聘的,应当在合同期限届满前九十日书面通知业主或者业主委员会,但是合同对通知期限另有约定的除外。

第九百四十八条 【不定期物业服务合同的成立与解除】物业服务期限届满后,业主没有依法作出续聘或者另聘物业服务人的决定,物业服务人继续提供物业服务的,原物业服务合同继续有效,但是服务期限为不定期。

当事人可以随时解除不定期物业服务合同,但是应当提前六十日书面通知对方。

第九百四十九条 【物业服务合同终止后原物业服务人的义务】物业服务合同终止的,原物业服务人应当在约定期限或者合理期限内退出物业服务区域,将物业服务用房、相关设施、物业服务所必需的相关资料等交还给业主委员会、决定自行管理的业主或者其指定的人,配合新物业服务人做好交接工作,并如实告知物业的使用和管理状况。

原物业服务人违反前款规定的,不得请求业主支付物业服务合同终止后的物业费;造成业主损失的,应当赔偿损失。

链接《最高人民法院关于审理物业服务纠纷案件适用法律若干问题的解释》第3条

第九百五十条 【物业服务合同终止后新合同成立前期间的相关事项】物业服务合同终止后,在业主或者业主大会选聘的新物业服务人或者决定自行管理的业主接管之前,原物业服务人应当继续处理物业服务事项,并可以请求业主支付该期间的物业费。

第二十五章　行纪合同

第九百五十一条 【行纪合同的概念】行纪合同是行纪人以自己的名义为委托人从事贸易活动,委托人支付报酬的合同。

第九百五十二条 【行纪人的费用负担】行纪人处理委托事务支出的费用,由行纪人负担,但是当事人另有约定的除外。

第九百五十三条 【行纪人保管义务】行纪人占有委托物的,应当妥善保管委托物。

第九百五十四条 【行纪人处置委托物义务】委托物交付给行纪人时有瑕疵或者容易腐烂、变质的,经委托人同意,行纪人可以处分该物;不能与委托人及时取得联系的,行纪人可以合理处分。

第九百五十五条 【行纪人按指定价格买卖的义务】行纪人低于委托人指定的价格卖出或者高于委托人指定的价格买入的,应当经委托人同意;未经委托人同意,行纪人补偿其差额的,该买卖对委托人发生效力。

行纪人高于委托人指定的价格卖出或者低于委托人指定的价格买入的,可以按照约定增加报酬;没有约定或者约定不明确,依据本法第五百一十条的规定仍不能确定的,该利益属于委托人。

委托人对价格有特别指示的,行纪人不得违背该指示卖出或者买入。

第九百五十六条 【行纪人的介入权】行纪人卖出或者买入具有市场定价的商品,除委托人有相反的意思表示外,行纪人自己可以作为买受人或者出卖人。

行纪人有前款规定情形的,仍然可以请求委托人支付报酬。

第九百五十七条 【委托人受领、取回义务及行纪人提存委托物】行纪人按照约定买入委托物,委托人应当及时受领。经行纪人催告,委托人无正当理由拒绝受领的,行纪人依法可以提存委托物。

委托物不能卖出或者委托人撤回出卖,经行纪人催告,委托人不取回或者不处分该物的,行纪人依法可以提存委托物。

第九百五十八条 【行纪人的直接履行义务】行纪人与第三人订立合同的,行纪人对该合同直接享有权利、承担义务。

第三人不履行义务致使委托人受到损害的,行纪人应当承担赔偿责任,但是行纪人与委托人另有约定的除外。

第九百五十九条 【行纪人的报酬请求权及留置权】行纪人完成或者部分完成委托事务的,委托人应当向其支付相应的报酬。委托人逾期不支付报酬的,行纪人对委托物享有留置权,但是当事人另有约定的除外。

第九百六十条 【参照适用委托合同的规定】本章没有规定的,参照适用委托合同的有关规定。

第二十六章 中介合同

第九百六十一条 【中介合同的概念】中介合同是中介人向委托人报告订立合同的机会或者提供订立合同的媒介服务，委托人支付报酬的合同。

注释 中介合同、委托合同、行纪合同都是接受委托人的委托处理委托事务或者提供某种服务的服务性合同。它们都是当事人与委托人之间的基础合同，在此基础上，又与第三人订立合同，所以一般都涉及三方当事人。

它们的不同点在于：1. 当事人的地位、提供的服务行为和行为法律后果的归属不同。中介合同的中介人，限于报告订约机会或媒介订约，其服务的范围有限制，只是介绍或协助委托人与第三人订立合同，委托人与第三人直接订立合同，中介人本人并不参与委托人与第三人之间的合同，在中介活动中不能自己作出或者代委托人作出意思表示；委托合同的受托人办理委托事务时，以委托人的名义或者以自己的名义进行活动，可以向第三人作出意思表示，代委托人与第三人订立合同，依照委托人的指示参与并可决定委托人与第三人之间的关系内容，处理事务的后果直接归于委托人；行纪合同的行纪人是行纪合同的一方当事人，行纪人以自己的名义为委托人办理交易事务，同时也是与第三人订立合同的当事人，与第三人发生直接的权利义务关系，处理事务的后果是间接地而不是直接地归于委托人，委托人与第三人之间不发生直接的法律关系。

2. 所处理事务内容的范围不同。中介合同的中介人，是为委托人提供与第三人订立合同的机会，或者为委托人提供媒介服务，在委托人与第三人之间进行斡旋促成他们的交易，其行为本身对于委托人与第三人之间订立的合同而言并不具有直接的法律意义；委托合同的受托人是按委托人的要求处理受托事务，处理的事务可以是有法律意义的事务，也可以是非法律意义的事务；行纪合同的行纪人则是按委托人的要求，从事购销、寄售等特定的民事法律行为，行纪人受托的事务只能是民事法律行为，其行纪行为具有法律意义。

3. 是否有偿以及报酬的来源和支付条件不同。中介合同是有偿合同，但中介人只能在有中介结果时才可以请求报酬，并且在为订约媒介中介时可从委托人和其相对人双方取得报酬；委托合同可以是有偿的，也可以是无偿的，有偿委托的受托人从委托人处获得报酬；行纪合同都是有偿合同，行纪人却仅从委托人一方取得报酬。

4. 费用的负担不同。在中介合同中，中介人促成合同成立的，中介活动的费用由中介人负担，双方可以约定没有促成合同成立的情况下费用由中介人还是委托人负担，或者双方分担。在委托合同中，委托人应当负担受托人处理委托事务的费用，而且应当预付该费用。而行纪人应当自己负担处理委托事务支出的费用。

第九百六十二条 【中介人的如实报告义务】中介人应当就有关订立合同的事项向委托人如实报告。

中介人故意隐瞒与订立合同有关的重要事实或者提供虚假情况，损害委托人利益的，不得请求支付报酬并应当承担赔偿责任。

链接《房地产经纪管理办法》第 21 条

第九百六十三条 【中介人的报酬请求权】中介人促成合同成立的，委托人应当按照约定支付报酬。对中介人的报酬没有约定或者约定不明确，依据本法第五百一十条的规定仍不能确定的，根据中介人的劳务合理确定。因中介人提供订立合同的媒介服务而促成合同成立的，由该合同的当事人平均负担中介人的报酬。

中介人促成合同成立的，中介活动的费用，由中介人负担。

链接《房地产经纪管理办法》第 17—19 条

第九百六十四条 【中介人的中介费用】中介人未促成合同成立的，不得请求支付报酬；但是，可以按照约定请求委托人支付从事中介活动支出的必要费用。

第九百六十五条 【委托人“跳单”应支付中介报酬】委托人在接受中介人的服务后，利用中介人提供的交易机会或者媒介服务，绕开中介人直接订立合同的，应当向中介人支付报酬。

第九百六十六条 【参照适用委托合同的规定】本章没有规定的，参照适用委托合同的有关规定。

第二十七章 合伙合同

第九百六十七条 【合伙合同的定义】合伙合同是两个以上合伙人为了共同的事业目的，订立的共享利益、共担风险的协议。

第九百六十八条 【合伙人的出资义务】合伙人应当按照约定的出资方式、数额和缴付期限，履行出资义务。

链接《合伙企业法》第16、17条

第九百六十九条 【合伙财产的定义】合伙人的出资、因合伙事务依法取得的收益和其他财产，属于合伙财产。

合伙合同终止前，合伙人不得请求分割合伙财产。

链接《合伙企业法》第20、21条

第九百七十条 【合伙事务的执行】合伙人就合伙事务作出决定的，除合伙合同另有约定外，应当经全体合伙人一致同意。

合伙事务由全体合伙人共同执行。按照合伙合同的约定或者全体合伙人的决定，可以委托一个或者数个合伙人执行合伙事务；其他合伙人不再执行合伙事务，但是有权监督执行情况。

合伙人分别执行合伙事务的，执行事务合伙人可以对其他合伙人执行的事务提出异议；提出异议后，其他合伙人应当暂停该项事务的执行。

链接《合伙企业法》第26—36条

第九百七十一条 【合伙人执行合伙事务不得请求支付报酬】合伙人不得因执行合伙事务而请求支付报酬，但是合伙合同另有约定的除外。

第九百七十二条 【合伙的利润分配和亏损分担】合伙的利润分配和亏损分担，按照合伙合同的约定办理；合伙合同没有约定或者约定不明确的，由合伙人协商决定；协商不成的，由合伙人按照实缴出资比例分配、分担；无法确定出资比例的，由合伙人平均分配、分担。

链接《合伙企业法》第33条

第九百七十三条 【合伙人对合伙债务的连带责任及追偿权】合伙人对合伙债务承担连带责任。清偿合伙债务超过自己应当承担份额的合伙人，有权向其他合伙人追偿。

链接《合伙企业法》第38—40条

第九百七十四条 【合伙人转让财产份额的要求】除合伙合同另有约定外，合伙人向合伙人以外的人转让其全部或者部分财产份额的，须经其他合伙人一致同意。

链接《合伙企业法》第22、23条

第九百七十五条 【合伙人债权人代位行使权利的限制】合伙人的债权人不得代位行使合伙人依照本章规定和合伙合同享有的权利，但是合伙人享有的利益分配请求权除外。

链接《合伙企业法》第41、42条

第九百七十六条 【合伙期限的推定】合伙人对合伙期限没有约定或者约定不明确，依据本法第五百一十条的规定仍不能确定的，视为不定期合伙。

合伙期限届满，合伙人继续执行合伙事务，其他合伙人没有提出异议的，原合伙合同继续有效，但是合伙期限为不定期。

合伙人可以随时解除不定期合伙合同，但是应当在合理期限之前通知其他合伙人。

第九百七十七条 【合伙人死亡、民事行为能力丧失或终止时合伙合同的效力】合伙人死亡、丧失民事行为能力或者终止的，合伙合同终止；但是，合伙合同另有约定或者根据合伙事务的性质不宜终止的除外。

链接《合伙企业法》第80条

第九百七十八条 【合伙合同终止后剩余财产的分配规则】合伙合同终止后，合伙财产在支付因终止而产生的费用以及清偿合伙债务后有剩余的，依据本法第九百七十二条的规定进行分配。

第三分编　准合同

第二十八章　无因管理

第九百七十九条 【无因管理的定义及法律效果】管理人没有法定的或者约定的义务，为避免他人利益受损失而管理他人事务的，可以请求受益人偿还因管理事务而支出的必要费用；管理人因管理事务受到损失的，可以请求受益人给予适当补偿。

管理事务不符合受益人真实意思的，管理人不享有前款规定的权利；但是，受益人的真实意思违反法律或者违背公序良俗的除外。

第九百八十条 【不适当的无因管理】管理人管理事务不属于前条规定的情形，但是受益人享有管理利益的，受益人应当在其获得的利益范围内向管理人承担前条第一款规定的义务。

第九百八十一条 【管理人的善良管理义务】管理人管理他人事务，应当采取有利于受益人的方法。中断管理对受益人不利的，无正当理由不得中断。

第九百八十二条 【管理人的通知义务】管理人管理他人事务，能够通知受益人的，应当及时通知受益人。管理的事务不需要紧急处理的，应当等待受益人的指示。

第九百八十三条 【管理人的报告及移交财产义务】管理结束后，管理人应当向受益人报告管理事务的情况。管理人管理事务取得的财产，应当及时转交给受益人。

第九百八十四条 【本人对管理事务的追认】管理人管理事务经受益人事后追认的，从管理事务开始时起，适用委托合同的有关规定，但是管理人另有意思表示的除外。

第二十九章 不当得利

第九百八十五条 【不当得利的构成及除外情况】得利人没有法律根据取得不当利益的，受损失的人可以请求得利人返还取得的利益，但是有下列情形之一的除外：

（一）为履行道德义务进行的给付；

（二）债务到期之前的清偿；

（三）明知无给付义务而进行的债务清偿。

第九百八十六条 【善意得利人的返还责任】得利人不知道且不应当知道取得的利益没有法律根据，取得的利益已经不存在的，不承担返还该利益的义务。

第九百八十七条 【恶意得利人的返还责任】得利人知道或者应当知道取得的利益没有法律根据的，受损失的人可以请求得利人返还其取得的利益并依法赔偿损失。

第九百八十八条 【第三人的返还义务】得利人已经将取得的利益无偿转让给第三人的，受损失的人可以请求第三人在相应范围内承担返还义务。

……

合同行政监督管理办法

· 2023 年 5 月 18 日国家市场监督管理总局令第 77 号公布

· 自 2023 年 7 月 1 日起施行

第一条 为了维护市场经济秩序，保护国家利益、社会公共利益和消费者合法权益，根据《中华人民共和国民法典》《中华人民共和国消费者权益保护法》等法律法规，制定本办法。

第二条 市场监督管理部门根据法律、行政法规和本办法的规定，在职责范围内开展合同行政监督管理工作。

第三条 市场监督管理部门开展合同行政监督管理工作，应当坚持监管与指导相结合、处罚与教育相结合的原则。

第四条 经营者订立合同应当遵循平等、自愿、公平、诚信的原则，不得违反法律、行政法规的规定，违背公序良俗，不得利用合同实施危害国家利益、社会公共利益和消费者合法权益的行为。

第五条 经营者不得利用合同从事下列违法行为，扰乱市场经济秩序，危害国家利益、社会公共利益：

（一）虚构合同主体资格或者盗用、冒用他人名义订立合同；

（二）没有实际履行能力，诱骗对方订立合同；

（三）故意隐瞒与实现合同目的有重大影响的信息，与对方订立合同；

（四）以恶意串通、贿赂、胁迫等手段订立合同；

（五）其他利用合同扰乱市场经济秩序的行为。

第六条 经营者采用格式条款与消费者订立合同，应当以单独告知、字体加粗、弹窗等显著方式提请消费者注意商品或者服务的数量和质量、价款或者费用、履行期限和方式、安全注意事项和风险警示、售后服务、民事责任等与消费者有重大利害关系的内容，并按照消费者的要求予以说明。

经营者预先拟定的，对合同双方权利义务作出规定的通知、声明、店堂告示等，视同格式条款。

第七条 经营者与消费者订立合同，不得利用格式条款等方式作出减轻或者免除自身责任的规定。格式条款中不得含有以下内容：

（一）免除或者减轻经营者造成消费者人身伤害依法应当承担的责任；

（二）免除或者减轻经营者因故意或者重大过失造成消费者财产损失依法应当承担的责任；

（三）免除或者减轻经营者对其所提供的商品或者服务依法应当承担的修理、重作、更换、退货、补足商品数量、退还货款和服务费用等责任；

（四）免除或者减轻经营者依法应当承担的违约责任；

（五）免除或者减轻经营者根据合同的性质和目的应当履行的协助、通知、保密等义务；

（六）其他免除或者减轻经营者自身责任的内容。

第八条 经营者与消费者订立合同，不得利用格式条款等方式作出加重消费者责任、排除或者限制消费者权利的规定。格式条款中不得含有以下内容：

（一）要求消费者承担的违约金或者损害赔偿金超过法定数额或者合理数额；

（二）要求消费者承担依法应当由经营者承担的经营风险；

（三）排除或者限制消费者依法自主选择商品或者服务的权利；

（四）排除或者限制消费者依法变更或者解除合同的权利；

（五）排除或者限制消费者依法请求支付违约金或者损害赔偿金的权利；

（六）排除或者限制消费者依法投诉、举报、请求调解、申请仲裁、提起诉讼的权利；

（七）经营者单方享有解释权或者最终解释权；

（八）其他加重消费者责任、排除或者限制消费者权利的内容。

第九条 经营者采用格式条款与消费者订立合同的，不得利用格式条款并借助技术手段强制交易。

第十条 市场监督管理部门引导重点行业经营者建立健全格式条款公示等制度，引导规范经营者合同行为，提升消费者合同法律意识。

第十一条 经营者与消费者订立合同时，一般应当包括《中华人民共和国民法典》第四百七十条第一款规定的主要内容，并明确双方的主要权利和义务。

经营者采用书面形式与消费者订立合同的，应当将双方签订的书面合同交付消费者留存，并不少于一份。

经营者以电子形式订立合同的，应当清晰、全面、明确地告知消费者订立合同的步骤、注意事项、下载方法等事项，并保证消费者能够便利、完整地阅览和下载。

第十二条 任何单位和个人不得在明知或者应知的情况下，为本办法禁止的违法行为提供证明、印章、账户等便利条件。

第十三条 省级以上市场监督管理部门可以根据有关法律法规规定，针对特定行业或者领域，联合有关部门制定合同示范文本。

根据前款规定制定的合同示范文本，应当主动公开，供社会公众免费阅览、下载、使用。

第十四条 合同示范文本供当事人参照使用。合同各方具体权利义务由当事人自行约定。当事人可以对合同示范文本中的有关条款进行修改、补充和完善。

第十五条 参照合同示范文本订立合同的，当事人应当充分理解合同条款，自行承担合同订立和履行所发生的法律后果。

第十六条 省级以上市场监督管理部门可以设立合同行政监督管理专家评审委员会，邀请相关领域专家参与格式条款评审、合同示范文本制定等工作。

第十七条 县级以上市场监督管理部门对涉嫌违反本办法的合同行为进行查处时，可以依法采取下列措施：

（一）对与涉嫌合同违法行为有关的经营场所进行现场检查；

（二）询问涉嫌违法的当事人；

（三）向与涉嫌合同违法行为有关的自然人、法人和非法人组织调查了解有关情况；

（四）查阅、调取、复制与涉嫌违法行为有关的合同、票据、账簿等资料；

（五）法律、法规规定可以采取的其他措施。

采取前款规定的措施，依法需要报经批准的，应当办理批准手续。

市场监督管理部门及其工作人员对履行相关

工作职责过程中知悉的国家秘密、商业秘密或者个人隐私,应当依法予以保密。

第十八条 经营者违反本办法第五条、第六条第一款、第七条、第八条、第九条、第十二条规定,法律、行政法规有规定的,依照其规定;没有规定的,由县级以上市场监督管理部门责令限期改正,给予警告,并可以处十万元以下罚款。

第十九条 合同违法行为轻微并及时改正,没有造成危害后果的,不予行政处罚;主动消除或者减轻危害后果的,从轻或者减轻行政处罚。

第二十条 市场监督管理部门作出行政处罚决定后,应当依法通过国家企业信用信息公示系统向社会公示。

第二十一条 违反本办法规定,构成犯罪的,依法追究刑事责任。

第二十二条 市场监督管理部门依照本办法开展合同行政监督管理,不对合同的民事法律效力作出认定,不影响合同当事人民事责任的承担。法律、行政法规另有规定的,依照其规定。

第二十三条 本办法自 2023 年 7 月 1 日起施行。2010 年 10 月 13 日原国家工商行政管理总局令第 51 号公布的《合同违法行为监督处理办法》同时废止。

最高人民法院关于适用《中华人民共和国民法典》总则编若干问题的解释

· 2021 年 12 月 30 日最高人民法院审判委员会第 1861 次会议通过
· 2022 年 2 月 24 日最高人民法院公告公布
· 自 2022 年 3 月 1 日起施行
· 法释〔2022〕6 号

为正确审理民事案件,依法保护民事主体的合法权益,维护社会和经济秩序,根据《中华人民共和国民法典》《中华人民共和国民事诉讼法》等相关法律规定,结合审判实践,制定本解释。

一、一般规定

第一条 民法典第二编至第七编对民事关系有规定的,人民法院直接适用该规定;民法典第二编至第七编没有规定的,适用民法典第一编的规定,但是根据其性质不能适用的除外。

就同一民事关系,其他民事法律的规定属于对民法典相应规定的细化的,应当适用该民事法律的规定。民法典规定适用其他法律的,适用该法律的规定。

民法典及其他法律对民事关系没有具体规定的,可以遵循民法典关于基本原则的规定。

第二条 在一定地域、行业范围内长期为一般人从事民事活动时普遍遵守的民间习俗、惯常做法等,可以认定为民法典第十条规定的习惯。

当事人主张适用习惯的,应当就习惯及其具体内容提供相应证据;必要时,人民法院可以依职权查明。

适用习惯,不得违背社会主义核心价值观,不得违背公序良俗。

第三条 对于民法典第一百三十二条所称的滥用民事权利,人民法院可以根据权利行使的对象、目的、时间、方式、造成当事人之间利益失衡的程度等因素作出认定。

行为人以损害国家利益、社会公共利益、他人合法权益为主要目的行使民事权利的,人民法院应当认定构成滥用民事权利。

构成滥用民事权利的,人民法院应当认定该滥用行为不发生相应的法律效力。滥用民事权利造成损害的,依照民法典第七编等有关规定处理。

二、民事权利能力和民事行为能力

第四条 涉及遗产继承、接受赠与等胎儿利益保护,父母在胎儿娩出前作为法定代理人主张相应权利的,人民法院依法予以支持。

第五条 限制民事行为能力人实施的民事法律行为是否与其年龄、智力、精神健康状况相适应,人民法院可以从行为与本人生活相关联的程度,本人的智力、精神健康状况能否理解其行为并预见相应的后果,以及标的、数量、价款或者报酬等方面认定。

三、监　护

第六条 人民法院认定自然人的监护能力,应当根据其年龄、身心健康状况、经济条件等因素确定;认定有关组织的监护能力,应当根据其资质、信用、财产状况等因素确定。

第七条 担任监护人的被监护人父母通过遗嘱指定监护人，遗嘱生效时被指定的人不同意担任监护人的，人民法院应当适用民法典第二十七条、第二十八条的规定确定监护人。

未成年人由父母担任监护人，父母中的一方通过遗嘱指定监护人，另一方在遗嘱生效时有监护能力，有关当事人对监护人的确定有争议的，人民法院应当适用民法典第二十七条第一款的规定确定监护人。

第八条 未成年人的父母与其他依法具有监护资格的人订立协议，约定免除具有监护能力的父母的监护职责的，人民法院不予支持。协议约定在未成年人的父母丧失监护能力时由该具有监护资格的人担任监护人的，人民法院依法予以支持。

依法具有监护资格的人之间依据民法典第三十条的规定，约定由民法典第二十七条第二款、第二十八条规定的不同顺序的人共同担任监护人，或者由顺序在后的人担任监护人的，人民法院依法予以支持。

第九条 人民法院依据民法典第三十一条第二款、第三十六条第一款的规定指定监护人时，应当尊重被监护人的真实意愿，按照最有利于被监护人的原则指定，具体参考以下因素：

（一）与被监护人生活、情感联系的密切程度；

（二）依法具有监护资格的人的监护顺序；

（三）是否有不利于履行监护职责的违法犯罪等情形；

（四）依法具有监护资格的人的监护能力、意愿、品行等。

人民法院依法指定的监护人一般应当是一人，由数人共同担任监护人更有利于保护被监护人利益的，也可以是数人。

第十条 有关当事人不服居民委员会、村民委员会或者民政部门的指定，在接到指定通知之日起三十日内向人民法院申请指定监护人的，人民法院经审理认为指定并无不当，依法裁定驳回申请；认为指定不当，依法判决撤销指定并另行指定监护人。

有关当事人在接到指定通知之日起三十日后提出申请的，人民法院应当按照变更监护关系处理。

第十一条 具有完全民事行为能力的成年人与他人依据民法典第三十三条的规定订立书面协议事先确定自己的监护人后，协议的任何一方在该成年人丧失或者部分丧失民事行为能力前请求解除协议的，人民法院依法予以支持。该成年人丧失或者部分丧失民事行为能力后，协议确定的监护人无正当理由请求解除协议的，人民法院不予支持。

该成年人丧失或者部分丧失民事行为能力后，协议确定的监护人有民法典第三十六条第一款规定的情形之一，该条第二款规定的有关个人、组织申请撤销其监护人资格的，人民法院依法予以支持。

第十二条 监护人、其他依法具有监护资格的人之间就监护人是否有民法典第三十九条第一款第二项、第四项规定的应当终止监护关系的情形发生争议，申请变更监护人的，人民法院应当依法受理。经审理认为理由成立的，人民法院依法予以支持。

被依法指定的监护人与其他具有监护资格的人之间协议变更监护人的，人民法院应当尊重被监护人的真实意愿，按照最有利于被监护人的原则作出裁判。

第十三条 监护人因患病、外出务工等原因在一定期限内不能完全履行监护职责，将全部或者部分监护职责委托给他人，当事人主张受托人因此成为监护人的，人民法院不予支持。

四、宣告失踪和宣告死亡

第十四条 人民法院审理宣告失踪案件时，下列人员应当认定为民法典第四十条规定的利害关系人：

（一）被申请人的近亲属；

（二）依据民法典第一千一百二十八条、第一千一百二十九条规定对被申请人有继承权的亲属；

（三）债权人、债务人、合伙人等与被申请人有民事权利义务关系的民事主体，但是不申请宣告失踪不影响其权利行使、义务履行的除外。

第十五条 失踪人的财产代管人向失踪人的债务人请求偿还债务的，人民法院应当将财产代管人列为原告。

债权人提起诉讼，请求失踪人的财产代管人

支付失踪人所欠的债务和其他费用的，人民法院应当将财产代管人列为被告。经审理认为债权人的诉讼请求成立的，人民法院应当判决财产代管人从失踪人的财产中支付失踪人所欠的债务和其他费用。

第十六条 人民法院审理宣告死亡案件时，被申请人的配偶、父母、子女，以及依据民法典第一千一百二十九条规定对被申请人有继承权的亲属应当认定为民法典第四十六条规定的利害关系人。

符合下列情形之一的，被申请人的其他近亲属，以及依据民法典第一千一百二十八条规定对被申请人有继承权的亲属应当认定为民法典第四十六条规定的利害关系人：

（一）被申请人的配偶、父母、子女均已死亡或者下落不明的；

（二）不申请宣告死亡不能保护其相应合法权益的。

被申请人的债权人、债务人、合伙人等民事主体不能认定为民法典第四十六条规定的利害关系人，但是不申请宣告死亡不能保护其相应合法权益的除外。

第十七条 自然人在战争期间下落不明的，利害关系人申请宣告死亡的期间适用民法典第四十六条第一款第一项的规定，自战争结束之日或者有关机关确定的下落不明之日起计算。

五、民事法律行为

第十八条 当事人未采用书面形式或者口头形式，但是实施的行为本身表明已经作出相应意思表示，并符合民事法律行为成立条件的，人民法院可以认定为民法典第一百三十五条规定的采用其他形式实施的民事法律行为。

第十九条 行为人对行为的性质、对方当事人或者标的物的品种、质量、规格、价格、数量等产生错误认识，按照通常理解如果不发生该错误认识行为人就不会作出相应意思表示的，人民法院可以认定为民法典第一百四十七条规定的重大误解。

行为人能够证明自己实施民事法律行为时存在重大误解，并请求撤销该民事法律行为的，人民法院依法予以支持；但是，根据交易习惯等认定行为人无权请求撤销的除外。

第二十条 行为人以其意思表示存在第三人转达错误为由请求撤销民事法律行为的，适用本解释第十九条的规定。

第二十一条 故意告知虚假情况，或者负有告知义务的人故意隐瞒真实情况，致使当事人基于错误认识作出意思表示的，人民法院可以认定为民法典第一百四十八条、第一百四十九条规定的欺诈。

第二十二条 以给自然人及其近亲属等的人身权利、财产权利以及其他合法权益造成损害或者以给法人、非法人组织的名誉、荣誉、财产权益等造成损害为要挟，迫使其基于恐惧心理作出意思表示的，人民法院可以认定为民法典第一百五十条规定的胁迫。

第二十三条 民事法律行为不成立，当事人请求返还财产、折价补偿或者赔偿损失的，参照适用民法典第一百五十七条的规定。

第二十四条 民事法律行为所附条件不可能发生，当事人约定为生效条件的，人民法院应当认定民事法律行为不发生效力；当事人约定为解除条件的，应当认定未附条件，民事法律行为是否失效，依照民法典和相关法律、行政法规的规定认定。

六、代　理

第二十五条 数个委托代理人共同行使代理权，其中一人或者数人未与其他委托代理人协商，擅自行使代理权的，依据民法典第一百七十一条、第一百七十二条等规定处理。

第二十六条 由于急病、通讯联络中断、疫情防控等特殊原因，委托代理人自己不能办理代理事项，又不能与被代理人及时取得联系，如不及时转委托第三人代理，会给被代理人的利益造成损失或者扩大损失的，人民法院应当认定为民法典第一百六十九条规定的紧急情况。

第二十七条 无权代理行为未被追认，相对人请求行为人履行债务或者赔偿损失的，由行为人就相对人知道或者应当知道行为人无权代理承担举证责任。行为人不能证明的，人民法院依法支持相对人的相应诉讼请求；行为人能够证明的，人民法院应当按照各自的过错认定行为人与相对人的责任。

第二十八条 同时符合下列条件的，人民法院可以认定为民法典第一百七十二条规定的相对人有理由相信行为人有代理权：

（一）存在代理权的外观；

（二）相对人不知道行为人行为时没有代理权，且无过失。

因是否构成表见代理发生争议的，相对人应当就无权代理符合前款第一项规定的条件承担举证责任；被代理人应当就相对人不符合前款第二项规定的条件承担举证责任。

第二十九条 法定代理人、被代理人依据民法典第一百四十五条、第一百七十一条的规定向相对人作出追认的意思表示的，人民法院应当依据民法典第一百三十七条的规定确认其追认意思表示的生效时间。

七、民事责任

第三十条 为了使国家利益、社会公共利益、本人或者他人的人身权利、财产权利以及其他合法权益免受正在进行的不法侵害，而针对实施侵害行为的人采取的制止不法侵害的行为，应当认定为民法典第一百八十一条规定的正当防卫。

第三十一条 对于正当防卫是否超过必要的限度，人民法院应当综合不法侵害的性质、手段、强度、危害程度和防卫的时机、手段、强度、损害后果等因素判断。

经审理，正当防卫没有超过必要限度的，人民法院应当认定正当防卫人不承担责任。正当防卫超过必要限度的，人民法院应当认定正当防卫人在造成不应有的损害范围内承担部分责任；实施侵害行为的人请求正当防卫人承担全部责任的，人民法院不予支持。

实施侵害行为的人不能证明防卫行为造成不应有的损害，仅以正当防卫人采取的反击方式和强度与不法侵害不相当为由主张防卫过当的，人民法院不予支持。

第三十二条 为了使国家利益、社会公共利益、本人或者他人的人身权利、财产权利以及其他合法权益免受正在发生的急迫危险，不得已而采取紧急措施的，应当认定为民法典第一百八十二条规定的紧急避险。

第三十三条 对于紧急避险是否采取措施不当或者超过必要的限度，人民法院应当综合危险的性质、急迫程度、避险行为所保护的权益以及造成的损害后果等因素判断。

经审理，紧急避险采取措施并无不当且没有超过必要限度的，人民法院应当认定紧急避险人不承担责任。紧急避险采取措施不当或者超过必要限度的，人民法院应当根据紧急避险人的过错程度、避险措施造成不应有的损害的原因力大小、紧急避险人是否为受益人等因素认定紧急避险人在造成的不应有的损害范围内承担相应的责任。

第三十四条 因保护他人民事权益使自己受到损害，受害人依据民法典第一百八十三条的规定请求受益人适当补偿的，人民法院可以根据受害人所受损失和已获赔偿的情况、受益人受益的多少及其经济条件等因素确定受益人承担的补偿数额。

八、诉讼时效

第三十五条 民法典第一百八十八条第一款规定的三年诉讼时效期间，可以适用民法典有关诉讼时效中止、中断的规定，不适用延长的规定。该条第二款规定的二十年期间不适用中止、中断的规定。

第三十六条 无民事行为能力人或者限制民事行为能力人的权利受到损害的，诉讼时效期间自其法定代理人知道或者应当知道权利受到损害以及义务人之日起计算，但是法律另有规定的除外。

第三十七条 无民事行为能力人、限制民事行为能力人的权利受到原法定代理人损害，且在取得、恢复完全民事行为能力或者在原法定代理终止并确定新的法定代理人后，相应民事主体才知道或者应当知道权利受到损害的，有关请求权诉讼时效期间的计算适用民法典第一百八十八条第二款、本解释第三十六条的规定。

第三十八条 诉讼时效依据民法典第一百九十五条的规定中断后，在新的诉讼时效期间内，再次出现第一百九十五条规定的中断事由，可以认定为诉讼时效再次中断。

权利人向义务人的代理人、财产代管人或者遗产管理人等提出履行请求的，可以认定为民法典第一百九十五条规定的诉讼时效中断。

九、附　则

第三十九条 本解释自2022年3月1日起施行。

民法典施行后的法律事实引起的民事案件，本解释施行后尚未终审的，适用本解释；本解释施行前已经终审，当事人申请再审或者按照审判监督程序决定再审的，不适用本解释。

最高人民法院关于适用《中华人民共和国民法典》物权编的解释（一）

· 2020年12月25日最高人民法院审判委员会第1825次会议通过
· 2020年12月29日最高人民法院公告公布
· 自2021年1月1日起施行
· 法释〔2020〕24号

为正确审理物权纠纷案件，根据《中华人民共和国民法典》等相关法律规定，结合审判实践，制定本解释。

第一条 因不动产物权的归属，以及作为不动产物权登记基础的买卖、赠与、抵押等产生争议，当事人提起民事诉讼的，应当依法受理。当事人已经在行政诉讼中申请一并解决上述民事争议，且人民法院一并审理的除外。

第二条 当事人有证据证明不动产登记簿的记载与真实权利状态不符、其为该不动产物权的真实权利人，请求确认其享有物权的，应予支持。

第三条 异议登记因民法典第二百二十条第二款规定的事由失效后，当事人提起民事诉讼，请求确认物权归属的，应当依法受理。异议登记失效不影响人民法院对案件的实体审理。

第四条 未经预告登记的权利人同意，转让不动产所有权等物权，或者设立建设用地使用权、居住权、地役权、抵押权等其他物权的，应当依照民法典第二百二十一条第一款的规定，认定其不发生物权效力。

第五条 预告登记的买卖不动产物权的协议被认定无效、被撤销，或者预告登记的权利人放弃债权的，应当认定为民法典第二百二十一条第二款所称的“债权消灭”。

第六条 转让人转让船舶、航空器和机动车等所有权，受让人已经支付合理价款并取得占有，虽未经登记，但转让人的债权人主张其为民法典第二百二十五条所称的“善意第三人”的，不予支持，法律另有规定的除外。

第七条 人民法院、仲裁机构在分割共有不动产或者动产等案件中作出并依法生效的改变原有物权关系的判决书、裁决书、调解书，以及人民法院在执行程序中作出的拍卖成交裁定书、变卖成交裁定书、以物抵债裁定书，应当认定为民法典第二百二十九条所称导致物权设立、变更、转让或者消灭的人民法院、仲裁机构的法律文书。

第八条 依据民法典第二百二十九条至第二百三十一条规定享有物权，但尚未完成动产交付或者不动产登记的权利人，依据民法典第二百三十五条至第二百三十八条的规定，请求保护其物权的，应予支持。

第九条 共有份额的权利主体因继承、遗赠等原因发生变化时，其他按份共有人主张优先购买的，不予支持，但按份共有人之间另有约定的除外。

第十条 民法典第三百零五条所称的“同等条件”，应当综合共有份额的转让价格、价款履行方式及期限等因素确定。

第十一条 优先购买权的行使期间，按份共有人之间有约定的，按照约定处理；没有约定或者约定不明的，按照下列情形确定：

（一）转让人向其他按份共有人发出的包含同等条件内容的通知中载明行使期间的，以该期间为准；

（二）通知中未载明行使期间，或者载明的期间短于通知送达之日起十五日的，为十五日；

（三）转让人未通知的，为其他按份共有人知道或者应当知道最终确定的同等条件之日起十五日；

（四）转让人未通知，且无法确定其他按份共有人知道或者应当知道最终确定的同等条件的，为共有份额权属转移之日起六个月。

第十二条 按份共有人向共有人之外的人转让其份额，其他按份共有人根据法律、司法解释规定，请求按照同等条件优先购买该共有份额的，应予支持。其他按份共有人的请求具有下列情形之一的，不予支持：

（一）未在本解释第十一条规定的期间内主张优先购买，或者虽主张优先购买，但提出减少转让价款、增加转让人负担等实质性变更要求；

（二）以其优先购买权受到侵害为由，仅请求撤销共有份额转让合同或者认定该合同无效。

第十三条 按份共有人之间转让共有份额，其他按份共有人主张依据民法典第三百零五条规定优先购买的，不予支持，但按份共有人之间另有约定的除外。

第十四条 受让人受让不动产或者动产时，不知道转让人无处分权，且无重大过失的，应当认定受让人为善意。

真实权利人主张受让人不构成善意的，应当承担举证证明责任。

第十五条 具有下列情形之一的，应当认定不动产受让人知道转让人无处分权：

（一）登记簿上存在有效的异议登记；

（二）预告登记有效期内，未经预告登记的权利人同意；

（三）登记簿上已经记载司法机关或者行政机关依法裁定、决定查封或者以其他形式限制不动产权利的有关事项；

（四）受让人知道登记簿上记载的权利主体错误；

（五）受让人知道他人已经依法享有不动产物权。

真实权利人有证据证明不动产受让人应当知道转让人无处分权的，应当认定受让人具有重大过失。

第十六条 受让人受让动产时，交易的对象、场所或者时机等不符合交易习惯的，应当认定受让人具有重大过失。

第十七条 民法典第三百一十一条第一款第一项所称的"受让人受让该不动产或者动产时"，是指依法完成不动产物权转移登记或者动产交付之时。

当事人以民法典第二百二十六条规定的方式交付动产的，转让动产民事法律行为生效时为动产交付之时；当事人以民法典第二百二十七条规定的方式交付动产的，转让人与受让人之间有关转让返还原物请求权的协议生效时为动产交付之时。

法律对不动产、动产物权的设立另有规定的，应当按照法律规定的时间认定权利人是否为善意。

第十八条 民法典第三百一十一条第一款第二项所称"合理的价格"，应当根据转让标的物的性质、数量以及付款方式等具体情况，参考转让时交易地市场价格以及交易习惯等因素综合认定。

第十九条 转让人将民法典第二百二十五条规定的船舶、航空器和机动车等交付给受让人的，应当认定符合民法典第三百一十一条第一款第三项规定的善意取得的条件。

第二十条 具有下列情形之一，受让人主张依据民法典第三百一十一条规定取得所有权的，不予支持：

（一）转让合同被认定无效；

（二）转让合同被撤销。

第二十一条 本解释自2021年1月1日起施行。

最高人民法院关于适用《中华人民共和国民法典》有关担保制度的解释

· 2020年12月25日最高人民法院审判委员会第1824次会议通过

· 2020年12月31日最高人民法院公告公布

· 自2021年1月1日起施行

· 法释〔2020〕28号

为正确适用《中华人民共和国民法典》有关担保制度的规定，结合民事审判实践，制定本解释。

一、关于一般规定

第一条 因抵押、质押、留置、保证等担保发生的纠纷，适用本解释。所有权保留买卖、融资租赁、保理等涉及担保功能发生的纠纷，适用本解释的有关规定。

第二条 当事人在担保合同中约定担保合同的效力独立于主合同，或者约定担保人对主合同无效的法律后果承担担保责任，该有关担保独立性的约定无效。主合同有效的，有关担保独立性的约定无效不影响担保合同的效力；主合同无效的，人民法院应当认定担保合同无效，但是法律另有规定的除外。

因金融机构开立的独立保函发生的纠纷，适用《最高人民法院关于审理独立保函纠纷案件若干问题的规定》。

第三条 当事人对担保责任的承担约定专门的违约责任，或者约定的担保责任范围超出债务人应当承担的责任范围，担保人主张仅在债务人应当承担的责任范围内承担责任的，人民法院应予支持。

担保人承担的责任超出债务人应当承担的责任范围，担保人向债务人追偿，债务人主张仅在其应当承担的责任范围内承担责任的，人民法院应予支持；担保人请求债权人返还超出部分的，人民法院依法予以支持。

第四条 有下列情形之一，当事人将担保物权登记在他人名下，债务人不履行到期债务或者发生当事人约定的实现担保物权的情形，债权人或者其受托人主张就该财产优先受偿的，人民法院依法予以支持：

（一）为债券持有人提供的担保物权登记在债券受托管理人名下；

（二）为委托贷款人提供的担保物权登记在受托人名下；

（三）担保人知道债权人与他人之间存在委托关系的其他情形。

第五条 机关法人提供担保的，人民法院应当认定担保合同无效，但是经国务院批准为使用外国政府或者国际经济组织贷款进行转贷的除外。

居民委员会、村民委员会提供担保的，人民法院应当认定担保合同无效，但是依法代行村集体经济组织职能的村民委员会，依照村民委员会组织法规定的讨论决定程序对外提供担保的除外。

第六条 以公益为目的的非营利性学校、幼儿园、医疗机构、养老机构等提供担保的，人民法院应当认定担保合同无效，但是有下列情形之一的除外：

（一）在购入或者以融资租赁方式承租教育设施、医疗卫生设施、养老服务设施和其他公益设施时，出卖人、出租人为担保价款或者租金实现而在该公益设施上保留所有权；

（二）以教育设施、医疗卫生设施、养老服务设施和其他公益设施以外的不动产、动产或者财产权利设立担保物权。

登记为营利法人的学校、幼儿园、医疗机构、养老机构等提供担保，当事人以其不具有担保资格为由主张担保合同无效的，人民法院不予支持。

第七条 公司的法定代表人违反公司法关于公司对外担保决议程序的规定，超越权限代表公司与相对人订立担保合同，人民法院应当依照民法典第六十一条和第五百零四条等规定处理：

（一）相对人善意的，担保合同对公司发生效力；相对人请求公司承担担保责任的，人民法院应予支持。

（二）相对人非善意的，担保合同对公司不发生效力；相对人请求公司承担赔偿责任的，参照适用本解释第十七条的有关规定。

法定代表人超越权限提供担保造成公司损失，公司请求法定代表人承担赔偿责任的，人民法院应予支持。

第一款所称善意，是指相对人在订立担保合同时不知道且不应当知道法定代表人超越权限。相对人有证据证明已对公司决议进行了合理审查，人民法院应当认定其构成善意，但是公司有证据证明相对人知道或者应当知道决议系伪造、变造的除外。

第八条 有下列情形之一，公司以其未依照公司法关于公司对外担保的规定作出决议为由主张不承担担保责任的，人民法院不予支持：

（一）金融机构开立保函或者担保公司提供担保；

（二）公司为其全资子公司开展经营活动提供担保；

（三）担保合同系由单独或者共同持有公司三分之二以上对担保事项有表决权的股东签字同意。

上市公司对外提供担保，不适用前款第二项、第三项的规定。

第九条 相对人根据上市公司公开披露的关于担保事项已经董事会或者股东大会决议通过的信息，与上市公司订立担保合同，相对人主张担保合同对上市公司发生效力，并由上市公司承担担保责任的，人民法院应予支持。

相对人未根据上市公司公开披露的关于担保事项已经董事会或者股东大会决议通过的信息，与上市公司订立担保合同，上市公司主张担保合同对其不发生效力，且不承担担保责任或者赔偿责任的，人民法院应予支持。

相对人与上市公司已公开披露的控股子公司

订立的担保合同，或者相对人与股票在国务院批准的其他全国性证券交易场所交易的公司订立的担保合同，适用前两款规定。

第十条 一人有限责任公司为其股东提供担保，公司以违反公司法关于公司对外担保决议程序的规定为由主张不承担担保责任的，人民法院不予支持。公司因承担担保责任导致无法清偿其他债务，提供担保时的股东不能证明公司财产独立于自己的财产，其他债权人请求该股东承担连带责任的，人民法院应予支持。

第十一条 公司的分支机构未经公司股东（大）会或者董事会决议以自己的名义对外提供担保，相对人请求公司或者其分支机构承担担保责任的，人民法院不予支持，但是相对人不知道且不应当知道分支机构对外提供担保未经公司决议程序的除外。

金融机构的分支机构在其营业执照记载的经营范围内开立保函，或者经有权从事担保业务的上级机构授权开立保函，金融机构或者其分支机构以违反公司法关于公司对外担保决议程序的规定为由主张不承担担保责任的，人民法院不予支持。金融机构的分支机构未经金融机构授权提供保函之外的担保，金融机构或者其分支机构主张不承担担保责任的，人民法院应予支持，但是相对人不知道且不应当知道分支机构对外提供担保未经金融机构授权的除外。

担保公司的分支机构未经担保公司授权对外提供担保，担保公司或者其分支机构主张不承担担保责任的，人民法院应予支持，但是相对人不知道且不应当知道分支机构对外提供担保未经担保公司授权的除外。

公司的分支机构对外提供担保，相对人非善意，请求公司承担赔偿责任的，参照本解释第十七条的有关规定处理。

第十二条 法定代表人依照民法典第五百五十二条的规定以公司名义加入债务的，人民法院在认定该行为的效力时，可以参照本解释关于公司为他人提供担保的有关规则处理。

第十三条 同一债务有两个以上第三人提供担保，担保人之间约定相互追偿及分担份额，承担了担保责任的担保人请求其他担保人按照约定分担份额的，人民法院应予支持；担保人之间约定承担连带共同担保，或者约定相互追偿但是未约定分担份额的，各担保人按照比例分担向债务人不能追偿的部分。

同一债务有两个以上第三人提供担保，担保人之间未对相互追偿作出约定且未约定承担连带共同担保，但是各担保人在同一份合同书上签字、盖章或者按指印，承担了担保责任的担保人请求其他担保人按照比例分担向债务人不能追偿部分的，人民法院应予支持。

除前两款规定的情形外，承担了担保责任的担保人请求其他担保人分担向债务人不能追偿部分的，人民法院不予支持。

第十四条 同一债务有两个以上第三人提供担保，担保人受让债权的，人民法院应当认定该行为系承担担保责任。受让债权的担保人作为债权人请求其他担保人承担担保责任的，人民法院不予支持；该担保人请求其他担保人分担相应份额的，依照本解释第十三条的规定处理。

第十五条 最高额担保中的最高债权额，是指包括主债权及其利息、违约金、损害赔偿金、保管担保财产的费用、实现债权或者实现担保物权的费用等在内的全部债权，但是当事人另有约定的除外。

登记的最高债权额与当事人约定的最高债权额不一致的，人民法院应当依据登记的最高债权额确定债权人优先受偿的范围。

第十六条 主合同当事人协议以新贷偿还旧贷，债权人请求旧贷的担保人承担担保责任的，人民法院不予支持；债权人请求新贷的担保人承担担保责任的，按照下列情形处理：

（一）新贷与旧贷的担保人相同的，人民法院应予支持；

（二）新贷与旧贷的担保人不同，或者旧贷无担保新贷有担保的，人民法院不予支持，但是债权人有证据证明新贷的担保人提供担保时对以新贷偿还旧贷的事实知道或者应当知道的除外。

主合同当事人协议以新贷偿还旧贷，旧贷的物的担保人在登记尚未注销的情形下同意继续为新贷提供担保，在订立新的贷款合同前又以该担保财产为其他债权人设立担保物权，其他债权人主张其担保物权顺位优先于新贷债权人的，人民法院不予支持。

第十七条 主合同有效而第三人提供的担保合同无效，人民法院应当区分不同情形确定担保人的赔偿责任：

(一)债权人与担保人均有过错的，担保人承担的赔偿责任不应超过债务人不能清偿部分的二分之一；

(二)担保人有过错而债权人无过错的，担保人对债务人不能清偿的部分承担赔偿责任；

(三)债权人有过错而担保人无过错的，担保人不承担赔偿责任。

主合同无效导致第三人提供的担保合同无效，担保人无过错的，不承担赔偿责任；担保人有过错的，其承担的赔偿责任不应超过债务人不能清偿部分的三分之一。

第十八条　承担了担保责任或者赔偿责任的担保人，在其承担责任的范围内向债务人追偿的，人民法院应予支持。

同一债权既有债务人自己提供的物的担保，又有第三人提供的担保，承担了担保责任或者赔偿责任的第三人，主张行使债权人对债务人享有的担保物权的，人民法院应予支持。

第十九条　担保合同无效，承担了赔偿责任的担保人按照反担保合同的约定，在其承担赔偿责任的范围内请求反担保人承担担保责任的，人民法院应予支持。

反担保合同无效的，依照本解释第十七条的有关规定处理。当事人仅以担保合同无效为由主张反担保合同无效的，人民法院不予支持。

第二十条　人民法院在审理第三人提供的物的担保纠纷案件时，可以适用民法典第六百九十五条第一款、第六百九十六条第一款、第六百九十七条第二款、第六百九十九条、第七百条、第七百零一条、第七百零二条等关于保证合同的规定。

第二十一条　主合同或者担保合同约定了仲裁条款的，人民法院对约定仲裁条款的合同当事人之间的纠纷无管辖权。

债权人一并起诉债务人和担保人的，应当根据主合同确定管辖法院。

债权人依法可以单独起诉担保人且仅起诉担保人的，应当根据担保合同确定管辖法院。

第二十二条　人民法院受理债务人破产案件后，债权人请求担保人承担担保责任，担保人主张担保债务自人民法院受理破产申请之日起停止计息的，人民法院对担保人的主张应予支持。

第二十三条　人民法院受理债务人破产案件，债权人在破产程序中申报债权后又向人民法院提起诉讼，请求担保人承担担保责任的，人民法院依法予以支持。

担保人清偿债权人的全部债权后，可以代替债权人在破产程序中受偿；在债权人的债权未获全部清偿前，担保人不得代替债权人在破产程序中受偿，但是有权就债权人通过破产分配和实现担保债权等方式获得清偿总额中超出债权的部分，在其承担担保责任的范围内请求债权人返还。

债权人在债务人破产程序中未获全部清偿，请求担保人继续承担担保责任的，人民法院应予支持；担保人承担担保责任后，向和解协议或者重整计划执行完毕后的债务人追偿的，人民法院不予支持。

第二十四条　债权人知道或者应当知道债务人破产，既未申报债权也未通知担保人，致使担保人不能预先行使追偿权的，担保人就该债权在破产程序中可能受偿的范围内免除担保责任，但是担保人因自身过错未行使追偿权的除外。

二、关于保证合同

第二十五条　当事人在保证合同中约定了保证人在债务人不能履行债务或者无力偿还债务时才承担保证责任等类似内容，具有债务人应当先承担责任的意思表示的，人民法院应当将其认定为一般保证。

当事人在保证合同中约定了保证人在债务人不履行债务或者未偿还债务时即承担保证责任、无条件承担保证责任等类似内容，不具有债务人应当先承担责任的意思表示的，人民法院应当将其认定为连带责任保证。

第二十六条　一般保证中，债权人以债务人为被告提起诉讼的，人民法院应予受理。债权人未就主合同纠纷提起诉讼或者申请仲裁，仅起诉一般保证人的，人民法院应当驳回起诉。

一般保证中，债权人一并起诉债务人和保证人的，人民法院可以受理，但是在作出判决时，除有民法典第六百八十七条第二款但书规定的情形外，应当在判决书主文中明确，保证人仅对债务人财产依法强制执行后仍不能履行的部分承担保证责任。

债权人未对债务人的财产申请保全，或者保全的债务人的财产足以清偿债务，债权人申请对一般保证人的财产进行保全的，人民法院不予准许。

第二十七条 一般保证的债权人取得对债务人赋予强制执行效力的公证债权文书后，在保证期间内向人民法院申请强制执行，保证人以债权人未在保证期间内对债务人提起诉讼或者申请仲裁为由主张不承担保证责任的，人民法院不予支持。

第二十八条 一般保证中，债权人依据生效法律文书对债务人的财产依法申请强制执行，保证债务诉讼时效的起算时间按照下列规则确定：

（一）人民法院作出终结本次执行程序裁定，或者依照民事诉讼法第二百五十七条第三项、第五项的规定作出终结执行裁定的，自裁定送达债权人之日起开始计算；

（二）人民法院自收到申请执行书之日起一年内未作出前项裁定的，自人民法院收到申请执行书满一年之日起开始计算，但是保证人有证据证明债务人仍有财产可供执行的除外。

一般保证的债权人在保证期间届满前对债务人提起诉讼或者申请仲裁，债权人举证证明存在民法典第六百八十七条第二款但书规定情形的，保证债务的诉讼时效自债权人知道或者应当知道该情形之日起开始计算。

第二十九条 同一债务有两个以上保证人，债权人以其已经在保证期间内依法向部分保证人行使权利为由，主张已经在保证期间内向其他保证人行使权利的，人民法院不予支持。

同一债务有两个以上保证人，保证人之间相互有追偿权，债权人未在保证期间内依法向部分保证人行使权利，导致其他保证人在承担保证责任后丧失追偿权，其他保证人主张在其不能追偿的范围内免除保证责任的，人民法院应予支持。

第三十条 最高额保证合同对保证期间的计算方式、起算时间等有约定的，按照其约定。

最高额保证合同对保证期间的计算方式、起算时间等没有约定或者约定不明，被担保债权的履行期限均已届满的，保证期间自债权确定之日起开始计算；被担保债权的履行期限尚未届满的，保证期间自最后到期债权的履行期限届满之日起开始计算。

前款所称债权确定之日，依照民法典第四百二十三条的规定认定。

第三十一条 一般保证的债权人在保证期间内对债务人提起诉讼或者申请仲裁后，又撤回起诉或者仲裁申请，债权人在保证期间届满前未再行提起诉讼或者申请仲裁，保证人主张不再承担保证责任的，人民法院应予支持。

连带责任保证的债权人在保证期间内对保证人提起诉讼或者申请仲裁后，又撤回起诉或者仲裁申请，起诉状副本或者仲裁申请书副本已经送达保证人的，人民法院应当认定债权人已经在保证期间内向保证人行使了权利。

第三十二条 保证合同约定保证人承担保证责任直至主债务本息还清时为止等类似内容的，视为约定不明，保证期间为主债务履行期限届满之日起六个月。

第三十三条 保证合同无效，债权人未在约定或者法定的保证期间内依法行使权利，保证人主张不承担赔偿责任的，人民法院应予支持。

第三十四条 人民法院在审理保证合同纠纷案件时，应当将保证期间是否届满、债权人是否在保证期间内依法行使权利等事实作为案件基本事实予以查明。

债权人在保证期间内未依法行使权利的，保证责任消灭。保证责任消灭后，债权人书面通知保证人要求承担保证责任，保证人在通知书上签字、盖章或者按指印，债权人请求保证人继续承担保证责任的，人民法院不予支持，但是债权人有证据证明成立了新的保证合同的除外。

第三十五条 保证人知道或者应当知道主债权诉讼时效期间届满仍然提供保证或者承担保证责任，又以诉讼时效期间届满为由拒绝承担保证责任或者请求返还财产的，人民法院不予支持；保证人承担保证责任后向债务人追偿的，人民法院不予支持，但是债务人放弃诉讼时效抗辩的除外。

第三十六条 第三人向债权人提供差额补足、流动性支持等类似承诺文件作为增信措施，具有提供担保的意思表示，债权人请求第三人承担保证责任的，人民法院应当依照保证的有关规定处理。

第三人向债权人提供的承诺文件，具有加入债务或者与债务人共同承担债务等意思表示的，人民法院应当认定为民法典第五百五十二条规定的债务加入。

前两款中第三人提供的承诺文件难以确定是

保证还是债务加入的，人民法院应当将其认定为保证。

第三人向债权人提供的承诺文件不符合前三款规定的情形，债权人请求第三人承担保证责任或者连带责任的，人民法院不予支持，但是不影响其依据承诺文件请求第三人履行约定的义务或者承担相应的民事责任。

三、关于担保物权

（一）担保合同与担保物权的效力

第三十七条 当事人以所有权、使用权不明或者有争议的财产抵押，经审查构成无权处分的，人民法院应当依照民法典第三百一十一条的规定处理。

当事人以依法被查封或者扣押的财产抵押，抵押权人请求行使抵押权，经审查查封或者扣押措施已经解除的，人民法院应予支持。抵押人以抵押权设立时财产被查封或者扣押为由主张抵押合同无效的，人民法院不予支持。

以依法被监管的财产抵押的，适用前款规定。

第三十八条 主债权未受全部清偿，担保物权人主张就担保财产的全部行使担保物权的，人民法院应予支持，但是留置权人行使留置权的，应当依照民法典第四百五十条的规定处理。

担保财产被分割或者部分转让，担保物权人主张就分割或者转让后的担保财产行使担保物权的，人民法院应予支持，但是法律或者司法解释另有规定的除外。

第三十九条 主债权被分割或者部分转让，各债权人主张就其享有的债权份额行使担保物权的，人民法院应予支持，但是法律另有规定或者当事人另有约定的除外。

主债务被分割或者部分转移，债务人自己提供物的担保，债权人请求以该担保财产担保全部债务履行的，人民法院应予支持；第三人提供物的担保，主张对未经其书面同意转移的债务不再承担担保责任的，人民法院应予支持。

第四十条 从物产生于抵押权依法设立前，抵押权人主张抵押权的效力及于从物的，人民法院应予支持，但是当事人另有约定的除外。

从物产生于抵押权依法设立后，抵押权人主张抵押权的效力及于从物的，人民法院不予支持，但是在抵押权实现时可以一并处分。

第四十一条 抵押权依法设立后，抵押财产被添附，添附物归第三人所有，抵押权人主张抵押权效力及于补偿金的，人民法院应予支持。

抵押权依法设立后，抵押财产被添附，抵押人对添附物享有所有权，抵押权人主张抵押权的效力及于添附物的，人民法院应予支持，但是添附导致抵押财产价值增加的，抵押权的效力不及于增加的价值部分。

抵押权依法设立后，抵押人与第三人因添附成为添附物的共有人，抵押权人主张抵押权的效力及于抵押人对共有物享有的份额的，人民法院应予支持。

本条所称添附，包括附合、混合与加工。

第四十二条 抵押权依法设立后，抵押财产毁损、灭失或者被征收等，抵押权人请求按照原抵押权的顺位就保险金、赔偿金或者补偿金等优先受偿的，人民法院应予支持。

给付义务人已经向抵押人给付了保险金、赔偿金或者补偿金，抵押权人请求给付义务人向其给付保险金、赔偿金或者补偿金的，人民法院不予支持，但是给付义务人接到抵押权人要求向其给付的通知后仍然向抵押人给付的除外。

抵押权人请求给付义务人向其给付保险金、赔偿金或者补偿金的，人民法院可以通知抵押人作为第三人参加诉讼。

第四十三条 当事人约定禁止或者限制转让抵押财产但是未将约定登记，抵押人违反约定转让抵押财产，抵押权人请求确认转让合同无效的，人民法院不予支持；抵押财产已经交付或者登记，抵押权人请求确认转让不发生物权效力的，人民法院不予支持，但是抵押权人有证据证明受让人知道的除外；抵押权人请求抵押人承担违约责任的，人民法院依法予以支持。

当事人约定禁止或者限制转让抵押财产且已经将约定登记，抵押人违反约定转让抵押财产，抵押权人请求确认转让合同无效的，人民法院不予支持；抵押财产已经交付或者登记，抵押权人主张转让不发生物权效力的，人民法院应予支持，但是因受让人代替债务人清偿债务导致抵押权消灭的除外。

第四十四条 主债权诉讼时效期间届满后，抵押权人主张行使抵押权的，人民法院不予支持；

抵押人以主债权诉讼时效期间届满为由，主张不承担担保责任的，人民法院应予支持。主债权诉讼时效期间届满前，债权人仅对债务人提起诉讼，经人民法院判决或者调解后未在民事诉讼法规定的申请执行时效期间内对债务人申请强制执行，其向抵押人主张行使抵押权的，人民法院不予支持。

主债权诉讼时效期间届满后，财产被留置的债务人或者对留置财产享有所有权的第三人请求债权人返还留置财产的，人民法院不予支持；债务人或者第三人请求拍卖、变卖留置财产并以所得价款清偿债务的，人民法院应予支持。

主债权诉讼时效期间届满的法律后果，以登记作为公示方式的权利质权，参照适用第一款的规定；动产质权、以交付权利凭证作为公示方式的权利质权，参照适用第二款的规定。

第四十五条 当事人约定当债务人不履行到期债务或者发生当事人约定的实现担保物权的情形，担保物权人有权将担保财产自行拍卖、变卖并就所得的价款优先受偿的，该约定有效。因担保人的原因导致担保物权人无法自行对担保财产进行拍卖、变卖，担保物权人请求担保人承担因此增加的费用的，人民法院应予支持。

当事人依照民事诉讼法有关“实现担保物权案件”的规定，申请拍卖、变卖担保财产，被申请人以担保合同约定仲裁条款为由主张驳回申请的，人民法院经审查后，应当按照以下情形分别处理：

（一）当事人对担保物权无实质性争议且实现担保物权条件已经成就的，应当裁定准许拍卖、变卖担保财产；

（二）当事人对实现担保物权有部分实质性争议的，可以就无争议的部分裁定准许拍卖、变卖担保财产，并告知可以就有争议的部分申请仲裁；

（三）当事人对实现担保物权有实质性争议的，裁定驳回申请，并告知可以向仲裁机构申请仲裁。

债权人以诉讼方式行使担保物权的，应当以债务人和担保人作为共同被告。

（二）不动产抵押

第四十六条 不动产抵押合同生效后未办理抵押登记手续，债权人请求抵押人办理抵押登记手续的，人民法院应予支持。

抵押财产因不可归责于抵押人自身的原因灭失或者被征收等导致不能办理抵押登记，债权人请求抵押人在约定的担保范围内承担责任的，人民法院不予支持；但是抵押人已经获得保险金、赔偿金或者补偿金等，债权人请求抵押人在其所获金额范围内承担赔偿责任的，人民法院依法予以支持。

因抵押人转让抵押财产或者其他可归责于抵押人自身的原因导致不能办理抵押登记，债权人请求抵押人在约定的担保范围内承担责任的，人民法院依法予以支持，但是不得超过抵押权能够设立时抵押人应当承担的责任范围。

第四十七条 不动产登记簿就抵押财产、被担保的债权范围等所作的记载与抵押合同约定不一致的，人民法院应当根据登记簿的记载确定抵押财产、被担保的债权范围等事项。

第四十八条 当事人申请办理抵押登记手续时，因登记机构的过错致使其不能办理抵押登记，当事人请求登记机构承担赔偿责任的，人民法院依法予以支持。

第四十九条 以违法的建筑物抵押的，抵押合同无效，但是一审法庭辩论终结前已经办理合法手续的除外。抵押合同无效的法律后果，依照本解释第十七条的有关规定处理。

当事人以建设用地使用权依法设立抵押，抵押人以土地上存在违法的建筑物为由主张抵押合同无效的，人民法院不予支持。

第五十条 抵押人以划拨建设用地上的建筑物抵押，当事人以该建设用地使用权不能抵押或者未办理批准手续为由主张抵押合同无效或者不生效的，人民法院不予支持。抵押权依法实现时，拍卖、变卖建筑物所得的价款，应当优先用于补缴建设用地使用权出让金。

当事人以划拨方式取得的建设用地使用权抵押，抵押人以未办理批准手续为由主张抵押合同无效或者不生效的，人民法院不予支持。已经依法办理抵押登记，抵押权人主张行使抵押权的，人民法院应予支持。抵押权依法实现时所得的价款，参照前款有关规定处理。

第五十一条 当事人仅以建设用地使用权抵押，债权人主张抵押权的效力及于土地上已有的建筑物以及正在建造的建筑物已完成部分的，人民法院应予支持。债权人主张抵押权的效力及于正在建造的建筑物的续建部分以及新增建筑物的，人民法院不予支持。

当事人以正在建造的建筑物抵押，抵押权的效力范围限于已办理抵押登记的部分。当事人按照担保合同的约定，主张抵押权的效力及于续建部分、新增建筑物以及规划中尚未建造的建筑物的，人民法院不予支持。

抵押人将建设用地使用权、土地上的建筑物或者正在建造的建筑物分别抵押给不同债权人的，人民法院应当根据抵押登记的时间先后确定清偿顺序。

第五十二条 当事人办理抵押预告登记后，预告登记权利人请求就抵押财产优先受偿，经审查存在尚未办理建筑物所有权首次登记、预告登记的财产与办理建筑物所有权首次登记时的财产不一致、抵押预告登记已经失效等情形，导致不具备办理抵押登记条件的，人民法院不予支持；经审查已经办理建筑物所有权首次登记，且不存在预告登记失效等情形的，人民法院应予支持，并应当认定抵押权自预告登记之日起设立。

当事人办理了抵押预告登记，抵押人破产，经审查抵押财产属于破产财产，预告登记权利人主张就抵押财产优先受偿的，人民法院应当在受理破产申请时抵押财产的价值范围内予以支持，但是在人民法院受理破产申请前一年内，债务人对没有财产担保的债务设立抵押预告登记的除外。

（三）动产与权利担保

第五十三条 当事人在动产和权利担保合同中对担保财产进行概括描述，该描述能够合理识别担保财产的，人民法院应当认定担保成立。

第五十四条 动产抵押合同订立后未办理抵押登记，动产抵押权的效力按照下列情形分别处理：

（一）抵押人转让抵押财产，受让人占有抵押财产后，抵押权人向受让人请求行使抵押权的，人民法院不予支持，但是抵押权人能够举证证明受让人知道或者应当知道已经订立抵押合同的除外；

（二）抵押人将抵押财产出租给他人并移转占有，抵押权人行使抵押权的，租赁关系不受影响，但是抵押权人能够举证证明承租人知道或者应当知道已经订立抵押合同的除外；

（三）抵押人的其他债权人向人民法院申请保全或者执行抵押财产，人民法院已经作出财产保全裁定或者采取执行措施，抵押权人主张对抵押财产优先受偿的，人民法院不予支持；

（四）抵押人破产，抵押权人主张对抵押财产优先受偿的，人民法院不予支持。

第五十五条 债权人、出质人与监管人订立三方协议，出质人以通过一定数量、品种等概括描述能够确定范围的货物为债务的履行提供担保，当事人有证据证明监管人系受债权人的委托监管并实际控制该货物的，人民法院应当认定质权于监管人实际控制货物之日起设立。监管人违反约定向出质人或者其他人放货、因保管不善导致货物毁损灭失，债权人请求监管人承担违约责任的，人民法院依法予以支持。

在前款规定情形下，当事人有证据证明监管人系受出质人委托监管该货物，或者虽然受债权人委托但是未实际履行监管职责，导致货物仍由出质人实际控制的，人民法院应当认定质权未设立。债权人可以基于质押合同的约定请求出质人承担违约责任，但是不得超过质权有效设立时出质人应当承担的责任范围。监管人未履行监管职责，债权人请求监管人承担责任的，人民法院依法予以支持。

第五十六条 买受人在出卖人正常经营活动中通过支付合理对价取得已被设立担保物权的动产，担保物权人请求就该动产优先受偿的，人民法院不予支持，但是有下列情形之一的除外：

（一）购买商品的数量明显超过一般买受人；

（二）购买出卖人的生产设备；

（三）订立买卖合同的目的在于担保出卖人或者第三人履行债务；

（四）买受人与出卖人存在直接或者间接的控制关系；

（五）买受人应当查询抵押登记而未查询的其他情形。

前款所称出卖人正常经营活动，是指出卖人的经营活动属于其营业执照明确记载的经营范围，且出卖人持续销售同类商品。前款所称担保物权人，是指已经办理登记的抵押权人、所有权保留买卖的出卖人、融资租赁合同的出租人。

第五十七条 担保人在设立动产浮动抵押并办理抵押登记后又购入或者以融资租赁方式承租

新的动产，下列权利人为担保价款债权或者租金的实现而订立担保合同，并在该动产交付后十日内办理登记，主张其权利优先于在先设立的浮动抵押权的，人民法院应予支持：

（一）在该动产上设立抵押权或者保留所有权的出卖人；

（二）为价款支付提供融资而在该动产上设立抵押权的债权人；

（三）以融资租赁方式出租该动产的出租人。

买受人取得动产但未付清价款或者承租人以融资租赁方式占有租赁物但是未付清全部租金，又以标的物为他人设立担保物权，前款所列权利人为担保价款债权或者租金的实现而订立担保合同，并在该动产交付后十日内办理登记，主张其权利优先于买受人为他人设立的担保物权的，人民法院应予支持。

同一动产上存在多个价款优先权的，人民法院应当按照登记的时间先后确定清偿顺序。

第五十八条 以汇票出质，当事人以背书记载“质押”字样并在汇票上签章，汇票已经交付质权人的，人民法院应当认定质权自汇票交付质权人时设立。

第五十九条 存货人或者仓单持有人在仓单上以背书记载“质押”字样，并经保管人签章，仓单已经交付质权人的，人民法院应当认定质权自仓单交付质权人时设立。没有权利凭证的仓单，依法可以办理出质登记的，仓单质权自办理出质登记时设立。

出质人既以仓单出质，又以仓储物设立担保，按照公示的先后确定清偿顺序；难以确定先后的，按照债权比例清偿。

保管人为同一货物签发多份仓单，出质人在多份仓单上设立多个质权，按照公示的先后确定清偿顺序；难以确定先后的，按照债权比例受偿。

存在第二款、第三款规定的情形，债权人举证证明其损失系由出质人与保管人的共同行为所致，请求出质人与保管人承担连带赔偿责任的，人民法院应予支持。

第六十条 在跟单信用证交易中，开证行与开证申请人之间约定以提单作为担保的，人民法院应当依照民法典关于质权的有关规定处理。

在跟单信用证交易中，开证行依据其与开证申请人之间的约定或者跟单信用证的惯例持有提单，开证申请人未按照约定付款赎单，开证行主张对提单项下货物优先受偿的，人民法院应予支持；开证行主张对提单项下货物享有所有权的，人民法院不予支持。

在跟单信用证交易中，开证行依据其与开证申请人之间的约定或者跟单信用证的惯例，通过转让提单或者提单项下货物取得价款，开证申请人请求返还超出债权部分的，人民法院应予支持。

前三款规定不影响合法持有提单的开证行以提单持有人身份主张运输合同项下的权利。

第六十一条 以现有的应收账款出质，应收账款债务人向质权人确认应收账款的真实性后，又以应收账款不存在或者已经消灭为由主张不承担责任的，人民法院不予支持。

以现有的应收账款出质，应收账款债务人未确认应收账款的真实性，质权人以应收账款债务人为被告，请求就应收账款优先受偿，能够举证证明办理出质登记时应收账款真实存在的，人民法院应予支持；质权人不能举证证明办理出质登记时应收账款真实存在，仅以已经办理出质登记为由，请求就应收账款优先受偿的，人民法院不予支持。

以现有的应收账款出质，应收账款债务人已经向应收账款债权人履行了债务，质权人请求应收账款债务人履行债务的，人民法院不予支持，但是应收账款债务人接到质权人要求向其履行的通知后，仍然向应收账款债权人履行的除外。

以基础设施和公用事业项目收益权、提供服务或者劳务产生的债权以及其他将有的应收账款出质，当事人为应收账款设立特定账户，发生法定或者约定的质权实现事由时，质权人请求就该特定账户内的款项优先受偿的，人民法院应予支持；特定账户内的款项不足以清偿债务或者未设立特定账户，质权人请求折价或者拍卖、变卖项目收益权等将有的应收账款，并以所得的价款优先受偿的，人民法院依法予以支持。

第六十二条 债务人不履行到期债务，债权人因同一法律关系留置合法占有的第三人的动产，并主张就该留置财产优先受偿的，人民法院应予支持。第三人以该留置财产并非债务人的财产为由请求返还的，人民法院不予支持。

企业之间留置的动产与债权并非同一法律关

系,债务人以该债权不属于企业持续经营中发生的债权为由请求债权人返还留置财产的,人民法院应予支持。

企业之间留置的动产与债权并非同一法律关系,债权人留置第三人的财产,第三人请求债权人返还留置财产的,人民法院应予支持。

四、关于非典型担保

第六十三条 债权人与担保人订立担保合同,约定以法律、行政法规尚未规定可以担保的财产权利设立担保,当事人主张合同无效的,人民法院不予支持。当事人未在法定的登记机构依法进行登记,主张该担保具有物权效力的,人民法院不予支持。

第六十四条 在所有权保留买卖中,出卖人依法有权取回标的物,但是与买受人协商不成,当事人请求参照民事诉讼法"实现担保物权案件"的有关规定,拍卖、变卖标的物的,人民法院应予准许。

出卖人请求取回标的物,符合民法典第六百四十二条规定的,人民法院应予支持;买受人以抗辩或者反诉的方式主张拍卖、变卖标的物,并在扣除买受人未支付的价款以及必要费用后返还剩余款项的,人民法院应当一并处理。

第六十五条 在融资租赁合同中,承租人未按照约定支付租金,经催告后在合理期限内仍不支付,出租人请求承租人支付全部剩余租金,并以拍卖、变卖租赁物所得的价款受偿的,人民法院应予支持;当事人请求参照民事诉讼法"实现担保物权案件"的有关规定,以拍卖、变卖租赁物所得价款支付租金的,人民法院应予准许。

出租人请求解除融资租赁合同并收回租赁物,承租人以抗辩或者反诉的方式主张返还租赁物价值超过欠付租金以及其他费用的,人民法院应当一并处理。当事人对租赁物的价值有争议的,应当按照下列规则确定租赁物的价值:

(一)融资租赁合同有约定的,按照其约定;

(二)融资租赁合同未约定或者约定不明的,根据约定的租赁物折旧以及合同到期后租赁物的残值来确定;

(三)根据前两项规定的方法仍然难以确定,或者当事人认为根据前两项规定的方法确定的价值严重偏离租赁物实际价值的,根据当事人的申请委托有资质的机构评估。

第六十六条 同一应收账款同时存在保理、应收账款质押和债权转让,当事人主张参照民法典第七百六十八条的规定确定优先顺序的,人民法院应予支持。

在有追索权的保理中,保理人以应收账款债权人或者应收账款债务人为被告提起诉讼,人民法院应予受理;保理人一并起诉应收账款债权人和应收账款债务人的,人民法院可以受理。

应收账款债权人向保理人返还保理融资款本息或者回购应收账款债权后,请求应收账款债务人向其履行应收账款债务的,人民法院应予支持。

第六十七条 在所有权保留买卖、融资租赁等合同中,出卖人、出租人的所有权未经登记不得对抗的"善意第三人"的范围及其效力,参照本解释第五十四条的规定处理。

第六十八条 债务人或者第三人与债权人约定将财产形式上转移至债权人名下,债务人不履行到期债务,债权人有权对财产折价或者以拍卖、变卖该财产所得价款偿还债务的,人民法院应当认定该约定有效。当事人已经完成财产权利变动的公示,债务人不履行到期债务,债权人请求参照民法典关于担保物权的有关规定就该财产优先受偿的,人民法院应予支持。

债务人或者第三人与债权人约定将财产形式上转移至债权人名下,债务人不履行到期债务,财产归债权人所有的,人民法院应当认定该约定无效,但是不影响当事人有关提供担保的意思表示的效力。当事人已经完成财产权利变动的公示,债务人不履行到期债务,债权人请求对该财产享有所有权的,人民法院不予支持;债权人请求参照民法典关于担保物权的规定对财产折价或者以拍卖、变卖该财产所得的价款优先受偿的,人民法院应予支持;债务人履行债务后请求返还财产,或者请求对财产折价或者以拍卖、变卖所得的价款清偿债务的,人民法院应予支持。

债务人与债权人约定将财产转移至债权人名下,在一定期间后再由债务人或者其指定的第三人以交易本金加上溢价款回购,债务人到期不履行回购义务,财产归债权人所有的,人民法院应当参照第二款规定处理。回购对象自始不存在的,人民法院应当依照民法典第一百四十六条第二款的规定,按照其实际构成的法律关系处理。

第六十九条 股东以将其股权转移至债权人名下的方式为债务履行提供担保,公司或者公司的债权人以股东未履行或者未全面履行出资义务、抽逃出资等为由,请求作为名义股东的债权人与股东承担连带责任的,人民法院不予支持。

第七十条 债务人或者第三人为担保债务的履行,设立专门的保证金账户并由债权人实际控制,或者将其资金存入债权人设立的保证金账户,债权人主张就账户内的款项优先受偿的,人民法院应予支持。当事人以保证金账户内的款项浮动为由,主张实际控制该账户的债权人对账户内的款项不享有优先受偿权的,人民法院不予支持。

在银行账户下设立的保证金分户,参照前款规定处理。

当事人约定的保证金并非为担保债务的履行设立,或者不符合前两款规定的情形,债权人主张就保证金优先受偿的,人民法院不予支持,但是不影响当事人依照法律的规定或者按照当事人的约定主张权利。

五、附 则

第七十一条 本解释自2021年1月1日起施行。

最高人民法院关于适用《中华人民共和国民法典》合同编通则若干问题的解释

- 2023年5月23日最高人民法院审判委员会第1889次会议通过
- 2023年12月4日最高人民法院公告公布
- 自2023年12月5日起施行
- 法释〔2023〕13号

为正确审理合同纠纷案件以及非因合同产生的债权债务关系纠纷案件,依法保护当事人的合法权益,根据《中华人民共和国民法典》、《中华人民共和国民事诉讼法》等相关法律规定,结合审判实践,制定本解释。

一、一般规定

第一条 人民法院依据民法典第一百四十二条第一款、第四百六十六条第一款的规定解释合同条款时,应当以词句的通常含义为基础,结合相关条款、合同的性质和目的、习惯以及诚信原则,参考缔约背景、磋商过程、履行行为等因素确定争议条款的含义。

有证据证明当事人之间对合同条款有不同于词句的通常含义的其他共同理解,一方主张按照词句的通常含义理解合同条款的,人民法院不予支持。

对合同条款有两种以上解释,可能影响该条款效力的,人民法院应当选择有利于该条款有效的解释;属于无偿合同的,应当选择对债务人负担较轻的解释。

第二条 下列情形,不违反法律、行政法规的强制性规定且不违背公序良俗的,人民法院可以认定为民法典所称的"交易习惯":

(一)当事人之间在交易活动中的惯常做法;

(二)在交易行为当地或者某一领域、某一行业通常采用并为交易对方订立合同时所知道或者应当知道的做法。

对于交易习惯,由提出主张的当事人一方承担举证责任。

二、合同的订立

第三条 当事人对合同是否成立存在争议,人民法院能够确定当事人姓名或者名称、标的和数量的,一般应当认定合同成立。但是,法律另有规定或者当事人另有约定的除外。

根据前款规定能够认定合同已经成立的,对合同欠缺的内容,人民法院应当依据民法典第五百一十条、第五百一十一条等规定予以确定。

当事人主张合同无效或者请求撤销、解除合同等,人民法院认为合同不成立的,应当依据《最高人民法院关于民事诉讼证据的若干规定》第五十三条的规定将合同是否成立作为焦点问题进行审理,并可以根据案件的具体情况重新指定举证期限。

第四条 采取招标方式订立合同,当事人请求确认合同自中标通知书到达中标人时成立的,人民法院应予支持。合同成立后,当事人拒绝签订书面合同的,人民法院应当依据招标文件、投标文件和中标通知书等确定合同内容。

采取现场拍卖、网络拍卖等公开竞价方式订

立合同,当事人请求确认合同自拍卖师落槌、电子交易系统确认成交时成立的,人民法院应予支持。合同成立后,当事人拒绝签订成交确认书的,人民法院应当依据拍卖公告、竞买人的报价等确定合同内容。

产权交易所等机构主持拍卖、挂牌交易,其公布的拍卖公告、交易规则等文件公开确定了合同成立需要具备的条件,当事人请求确认合同自该条件具备时成立的,人民法院应予支持。

第五条 第三人实施欺诈、胁迫行为,使当事人在违背真实意思的情况下订立合同,受到损失的当事人请求第三人承担赔偿责任的,人民法院依法予以支持;当事人亦有违背诚信原则的行为的,人民法院应当根据各自的过错确定相应的责任。但是,法律、司法解释对当事人与第三人的民事责任另有规定的,依照其规定。

第六条 当事人以认购书、订购书、预订书等形式约定在将来一定期限内订立合同,或者为担保在将来一定期限内订立合同交付了定金,能够确定将来所要订立合同的主体、标的等内容的,人民法院应当认定预约合同成立。

当事人通过签订意向书或者备忘录等方式,仅表达交易的意向,未约定在将来一定期限内订立合同,或者虽然有约定但是难以确定将来所要订立合同的主体、标的等内容,一方主张预约合同成立的,人民法院不予支持。

当事人订立的认购书、订购书、预订书等已就合同标的、数量、价款或者报酬等主要内容达成合意,符合本解释第三条第一款规定的合同成立条件,未明确约定在将来一定期限内另行订立合同,或者虽然有约定但是当事人一方已实施履行行为且对方接受的,人民法院应当认定本约合同成立。

第七条 预约合同生效后,当事人一方拒绝订立本约合同或者在磋商订立本约合同时违背诚信原则导致未能订立本约合同的,人民法院应当认定该当事人不履行预约合同约定的义务。

人民法院认定当事人一方在磋商订立本约合同时是否违背诚信原则,应当综合考虑该当事人在磋商时提出的条件是否明显背离预约合同约定的内容以及是否已尽合理努力进行协商等因素。

第八条 预约合同生效后,当事人一方不履行订立本约合同的义务,对方请求其赔偿因此造成的损失的,人民法院依法予以支持。

前款规定的损失赔偿,当事人有约定的,按照约定;没有约定的,人民法院应当综合考虑预约合同在内容上的完备程度以及订立本约合同的条件的成就程度等因素酌定。

第九条 合同条款符合民法典第四百九十六条第一款规定的情形,当事人仅以合同系依据合同示范文本制作或者双方已经明确约定合同条款不属于格式条款为由主张该条款不是格式条款的,人民法院不予支持。

从事经营活动的当事人一方仅以未实际重复使用为由主张其预先拟定且未与对方协商的合同条款不是格式条款的,人民法院不予支持。但是,有证据证明该条款不是为了重复使用而预先拟定的除外。

第十条 提供格式条款的一方在合同订立时采用通常足以引起对方注意的文字、符号、字体等明显标识,提示对方注意免除或者减轻其责任、排除或者限制对方权利等与对方有重大利害关系的异常条款的,人民法院可以认定其已经履行民法典第四百九十六条第二款规定的提示义务。

提供格式条款的一方按照对方的要求,就与对方有重大利害关系的异常条款的概念、内容及其法律后果以书面或者口头形式向对方作出通常能够理解的解释说明的,人民法院可以认定其已经履行民法典第四百九十六条第二款规定的说明义务。

提供格式条款的一方对其已经尽到提示义务或者说明义务承担举证责任。对于通过互联网等信息网络订立的电子合同,提供格式条款的一方仅以采取了设置勾选、弹窗等方式为由主张其已经履行提示义务或者说明义务的,人民法院不予支持,但是其举证符合前两款规定的除外。

三、合同的效力

第十一条 当事人一方是自然人,根据该当事人的年龄、智力、知识、经验并结合交易的复杂程度,能够认定其对合同的性质、合同订立的法律后果或者交易中存在的特定风险缺乏应有的认知能力的,人民法院可以认定该情形构成民法典第一百五十一条规定的"缺乏判断能力"。

第十二条 合同依法成立后,负有报批义务的当事人不履行报批义务或者履行报批义务不符合合同的约定或者法律、行政法规的规定,对方请求其继续履行报批义务的,人民法院应予支持;对方主张解除合同并请求其承担违反报批义务的赔偿责任的,人民法院应予支持。

人民法院判决当事人一方履行报批义务后,其仍不履行,对方主张解除合同并参照违反合同的违约责任请求其承担赔偿责任的,人民法院应予支持。

合同获得批准前,当事人一方起诉请求对方履行合同约定的主要义务,经释明后拒绝变更诉讼请求的,人民法院应当判决驳回其诉讼请求,但是不影响其另行提起诉讼。

负有报批义务的当事人已经办理申请批准等手续或者已经履行生效判决确定的报批义务,批准机关决定不予批准,对方请求其承担赔偿责任的,人民法院不予支持。但是,因迟延履行报批义务等可归责于当事人的原因导致合同未获批准,对方请求赔偿因此受到的损失的,人民法院应当依据民法典第一百五十七条的规定处理。

第十三条 合同存在无效或者可撤销的情形,当事人以该合同已在有关行政管理部门办理备案、已经批准机关批准或者已依据该合同办理财产权利的变更登记、移转登记等为由主张合同有效的,人民法院不予支持。

第十四条 当事人之间就同一交易订立多份合同,人民法院应当认定其中以虚假意思表示订立的合同无效。当事人为规避法律、行政法规的强制性规定,以虚假意思表示隐藏真实意思表示的,人民法院应当依据民法典第一百五十三条第一款的规定认定被隐藏合同的效力;当事人为规避法律、行政法规关于合同应当办理批准等手续的规定,以虚假意思表示隐藏真实意思表示的,人民法院应当依据民法典第五百零二条第二款的规定认定被隐藏合同的效力。

依据前款规定认定被隐藏合同无效或者确定不发生效力的,人民法院应当以被隐藏合同为事实基础,依据民法典第一百五十七条的规定确定当事人的民事责任。但是,法律另有规定的除外。

当事人就同一交易订立的多份合同均系真实意思表示,且不存在其他影响合同效力情形的,人民法院应当在查明各合同成立先后顺序和实际履行情况的基础上,认定合同内容是否发生变更。法律、行政法规禁止变更合同内容的,人民法院应当认定合同的相应变更无效。

第十五条 人民法院认定当事人之间的权利义务关系,不应当拘泥于合同使用的名称,而应当根据合同约定的内容。当事人主张的权利义务关系与根据合同内容认定的权利义务关系不一致的,人民法院应当结合缔约背景、交易目的、交易结构、履行行为以及当事人是否存在虚构交易标的等事实认定当事人之间的实际民事法律关系。

第十六条 合同违反法律、行政法规的强制性规定,有下列情形之一,由行为人承担行政责任或者刑事责任能够实现强制性规定的立法目的的,人民法院可以依据民法典第一百五十三条第一款关于"该强制性规定不导致该民事法律行为无效的除外"的规定认定该合同不因违反强制性规定无效:

(一)强制性规定虽然旨在维护社会公共秩序,但是合同的实际履行对社会公共秩序造成的影响显著轻微,认定合同无效将导致案件处理结果有失公平公正;

(二)强制性规定旨在维护政府的税收、土地出让金等国家利益或者其他民事主体的合法利益而非合同当事人的民事权益,认定合同有效不会影响该规范目的的实现;

(三)强制性规定旨在要求当事人一方加强风险控制、内部管理等,对方无能力或者无义务审查合同是否违反强制性规定,认定合同无效将使其承担不利后果;

(四)当事人一方虽然在订立合同时违反强制性规定,但是在合同订立后其已经具备补正违反强制性规定的条件却违背诚信原则不予补正;

(五)法律、司法解释规定的其他情形。

法律、行政法规的强制性规定旨在规制合同订立后的履行行为,当事人以合同违反强制性规定为由请求认定合同无效的,人民法院不予支持。但是,合同履行必然导致违反强制性规定或者法律、司法解释另有规定的除外。

依据前两款认定合同有效,但是当事人的违法行为未经处理的,人民法院应当向有关行政管理部门提出司法建议。当事人的行为涉嫌犯罪的,应当将案件线索移送刑事侦查机关;属于刑事自诉案件的,应当告知当事人可以向有管辖权的人民法院另行提起诉讼。

第十七条 合同虽然不违反法律、行政法规的强制性规定,但是有下列情形之一,人民法院应当依据民法典第一百五十三条第二款的规定认定合同无效：

（一）合同影响政治安全、经济安全、军事安全等国家安全的；

（二）合同影响社会稳定、公平竞争秩序或者损害社会公共利益等违背社会公共秩序的；

（三）合同背离社会公德、家庭伦理或者有损人格尊严等违背善良风俗的。

人民法院在认定合同是否违背公序良俗时，应当以社会主义核心价值观为导向，综合考虑当事人的主观动机和交易目的、政府部门的监管强度、一定期限内当事人从事类似交易的频次、行为的社会后果等因素，并在裁判文书中充分说理。当事人确因生活需要进行交易，未给社会公共秩序造成重大影响，且不影响国家安全，也不违背善良风俗的，人民法院不应当认定合同无效。

第十八条 法律、行政法规的规定虽然有"应当""必须"或者"不得"等表述，但是该规定旨在限制或者赋予民事权利，行为人违反该规定将构成无权处分、无权代理、越权代表等，或者导致合同相对人、第三人因此获得撤销权、解除权等民事权利的，人民法院应当依据法律、行政法规规定的关于违反该规定的民事法律后果认定合同效力。

第十九条 以转让或者设定财产权利为目的订立的合同，当事人或者真正权利人仅以让与人在订立合同时对标的物没有所有权或者处分权为由主张合同无效的，人民法院不予支持；因未取得真正权利人事后同意或者让与人事后未取得处分权导致合同不能履行，受让人主张解除合同并请求让与人承担违反合同的赔偿责任的，人民法院依法予以支持。

前款规定的合同被认定有效，且让与人已经将财产交付或者移转登记至受让人，真正权利人请求认定财产权利未发生变动或者请求返还财产的，人民法院应予支持。但是，受让人依据民法典第三百一十一条等规定善意取得财产权利的除外。

第二十条 法律、行政法规为限制法人的法定代表人或者非法人组织的负责人的代表权，规定合同所涉事项应当由法人、非法人组织的权力机构或者决策机构决议，或者应当由法人、非法人组织的执行机构决定，法定代表人、负责人未取得授权而以法人、非法人组织的名义订立合同，未尽到合理审查义务的相对人主张该合同对法人、非法人组织发生效力并由其承担违约责任的，人民法院不予支持，但是法人、非法人组织有过错的，可以参照民法典第一百五十七条的规定判决其承担相应的赔偿责任。相对人已尽到合理审查义务，构成表见代表的，人民法院应当依据民法典第五百零四条的规定处理。

合同所涉事项未超越法律、行政法规规定的法定代表人或者负责人的代表权限，但是超越法人、非法人组织的章程或者权力机构等对代表权的限制，相对人主张该合同对法人、非法人组织发生效力并由其承担违约责任的，人民法院依法予以支持。但是，法人、非法人组织举证证明相对人知道或者应当知道该限制的除外。

法人、非法人组织承担民事责任后，向有过错的法定代表人、负责人追偿因越权代表行为造成的损失的，人民法院依法予以支持。法律、司法解释对法定代表人、负责人的民事责任另有规定的，依照其规定。

第二十一条 法人、非法人组织的工作人员就超越其职权范围的事项以法人、非法人组织的名义订立合同，相对人主张该合同对法人、非法人组织发生效力并由其承担违约责任的，人民法院不予支持。但是，法人、非法人组织有过错的，人民法院可以参照民法典第一百五十七条的规定判决其承担相应的赔偿责任。前述情形，构成表见代理的，人民法院应当依据民法典第一百七十二条的规定处理。

合同所涉事项有下列情形之一的，人民法院应当认定法人、非法人组织的工作人员在订立合同时超越其职权范围：

（一）依法应当由法人、非法人组织的权力机构或者决策机构决议的事项；

（二）依法应当由法人、非法人组织的执行机构决定的事项；

（三）依法应当由法定代表人、负责人代表法人、非法人组织实施的事项；

（四）不属于通常情形下依其职权可以处理的事项。

合同所涉事项未超越依据前款确定的职权范围，但是超越法人、非法人组织对工作人员职权范围的限制，相对人主张该合同对法人、非法人组织发生效力并由其承担违约责任的，人民法院应予支持。但是,法人、非法人组织举证证明相对人知道或者应当知道该限制的除外。

法人、非法人组织承担民事责任后,向故意或者有重大过失的工作人员追偿的,人民法院依法予以支持。

第二十二条 法定代表人、负责人或者工作人员以法人、非法人组织的名义订立合同且未超越权限,法人、非法人组织仅以合同加盖的印章不是备案印章或者系伪造的印章为由主张该合同对其不发生效力的,人民法院不予支持。

合同系以法人、非法人组织的名义订立,但是仅有法定代表人、负责人或者工作人员签名或者按指印而未加盖法人、非法人组织的印章,相对人能够证明法定代表人、负责人或者工作人员在订立合同时未超越权限的,人民法院应当认定合同对法人、非法人组织发生效力。但是,当事人约定以加盖印章作为合同成立条件的除外。

合同仅加盖法人、非法人组织的印章而无人员签名或者按指印,相对人能够证明合同系法定代表人、负责人或者工作人员在其权限范围内订立的,人民法院应当认定该合同对法人、非法人组织发生效力。

在前三款规定的情形下,法定代表人、负责人或者工作人员在订立合同时虽然超越代表或者代理权限,但是依据民法典第五百零四条的规定构成表见代表,或者依据民法典第一百七十二条的规定构成表见代理的,人民法院应当认定合同对法人、非法人组织发生效力。

第二十三条 法定代表人、负责人或者代理人与相对人恶意串通,以法人、非法人组织的名义订立合同,损害法人、非法人组织的合法权益,法人、非法人组织主张不承担民事责任的,人民法院应予支持。法人、非法人组织请求法定代表人、负责人或者代理人与相对人对因此受到的损失承担连带赔偿责任的,人民法院应予支持。

根据法人、非法人组织的举证,综合考虑当事人之间的交易习惯、合同在订立时是否显失公平、相关人员是否获取了不正当利益、合同的履行情况等因素,人民法院能够认定法定代表人、负责人或者代理人与相对人存在恶意串通的高度可能性的,可以要求前述人员就合同订立、履行的过程等相关事实作出陈述或者提供相应的证据。其无正当理由拒绝作出陈述,或者所作陈述不具合理性又不能提供相应证据的,人民法院可以认定恶意串通的事实成立。

第二十四条 合同不成立、无效、被撤销或者确定不发生效力,当事人请求返还财产,经审查财产能够返还的,人民法院应当根据案件具体情况,单独或者合并适用返还占有的标的物、更正登记簿册记载等方式;经审查财产不能返还或者没有必要返还的,人民法院应当以认定合同不成立、无效、被撤销或者确定不发生效力之日该财产的市场价值或者以其他合理方式计算的价值为基准判决折价补偿。

除前款规定的情形外,当事人还请求赔偿损失的,人民法院应当结合财产返还或者折价补偿的情况,综合考虑财产增值收益和贬值损失、交易成本的支出等事实,按照双方当事人的过错程度及原因力大小,根据诚信原则和公平原则,合理确定损失赔偿额。

合同不成立、无效、被撤销或者确定不发生效力,当事人的行为涉嫌违法且未经处理,可能导致一方或者双方通过违法行为获得不当利益的,人民法院应当向有关行政管理部门提出司法建议。当事人的行为涉嫌犯罪的,应当将案件线索移送刑事侦查机关;属于刑事自诉案件的,应当告知当事人可以向有管辖权的人民法院另行提起诉讼。

第二十五条 合同不成立、无效、被撤销或者确定不发生效力,有权请求返还价款或者报酬的当事人一方请求对方支付资金占用费的,人民法院应当在当事人请求的范围内按照中国人民银行授权全国银行间同业拆借中心公布的一年期贷款市场报价利率(LPR)计算。但是,占用资金的当事人对于合同不成立、无效、被撤销或者确定不发生效力没有过错的,应当以中国人民银行公布的同期同类存款基准利率计算。

双方互负返还义务,当事人主张同时履行的,人民法院应予支持;占有标的物的一方对标的物存在使用或者依法可以使用的情形,对方请求将其应支付的资金占用费与应收取的标的物使用费相互抵销的,人民法院应予支持,但是法律另有规定的除外。

四、合同的履行

第二十六条 当事人一方未根据法律规定或者合同约定履行开具发票、提供证明文件等非主要债务,对方请求继续履行该债务并赔偿因怠于履行该债务造成的损失的,人民法院依法予以支持;对方请求解除合同的,人民法院不予支持,但是不履行该债务致使不能实现合同目的或者当事人另有约定的除外。

第二十七条 债务人或者第三人与债权人在债务履行期限届满后达成以物抵债协议,不存在影响合同效力情形的,人民法院应当认定该协议自当事人意思表示一致时生效。

债务人或者第三人履行以物抵债协议后,人民法院应当认定相应的原债务同时消灭;债务人或者第三人未按照约定履行以物抵债协议,经催告后在合理期限内仍不履行,债权人选择请求履行原债务或者以物抵债协议的,人民法院应予支持,但是法律另有规定或者当事人另有约定的除外。

前款规定的以物抵债协议经人民法院确认或者人民法院根据当事人达成的以物抵债协议制作成调解书,债权人主张财产权利自确认书、调解书生效时发生变动或者具有对抗善意第三人效力的,人民法院不予支持。

债务人或者第三人以自己不享有所有权或者处分权的财产权利订立以物抵债协议的,依据本解释第十九条的规定处理。

第二十八条 债务人或者第三人与债权人在债务履行期限届满前达成以物抵债协议的,人民法院应当在审理债权债务关系的基础上认定该协议的效力。

当事人约定债务人到期没有清偿债务,债权人可以对抵债财产拍卖、变卖、折价以实现债权的,人民法院应当认定该约定有效。当事人约定债务人到期没有清偿债务,抵债财产归债权人所有的,人民法院应当认定该约定无效,但是不影响其他部分的效力;债权人请求对抵债财产拍卖、变卖、折价以实现债权的,人民法院应予支持。

当事人订立前款规定的以物抵债协议后,债务人或者第三人未将财产权利转移至债权人名下,债权人主张优先受偿的,人民法院不予支持;债务人或者第三人已将财产权利转移至债权人名下的,依据《最高人民法院关于适用〈中华人民共和国民法典〉有关担保制度的解释》第六十八条的规定处理。

第二十九条 民法典第五百二十二条第二款规定的第三人请求债务人向自己履行债务的,人民法院应予支持;请求行使撤销权、解除权等民事权利的,人民法院不予支持,但是法律另有规定的除外。

合同依法被撤销或者被解除,债务人请求债权人返还财产的,人民法院应予支持。

债务人按照约定向第三人履行债务,第三人拒绝受领,债权人请求债务人向自己履行债务的,人民法院应予支持,但是债务人已经采取提存等方式消灭债务的除外。第三人拒绝受领或者受领迟延,债务人请求债权人赔偿因此造成的损失的,人民法院依法予以支持。

第三十条 下列民事主体,人民法院可以认定为民法典第五百二十四条第一款规定的对履行债务具有合法利益的第三人:

(一)保证人或者提供物的担保的第三人;

(二)担保财产的受让人、用益物权人、合法占有人;

(三)担保财产上的后顺位担保权人;

(四)对债务人的财产享有合法权益且该权益将因财产被强制执行而丧失的第三人;

(五)债务人为法人或者非法人组织的,其出资人或者设立人;

(六)债务人为自然人的,其近亲属;

(七)其他对履行债务具有合法利益的第三人。

第三人在其已经代为履行的范围内取得对债务人的债权,但是不得损害债权人的利益。

担保人代为履行债务取得债权后,向其他担保人主张担保权利的,依据《最高人民法院关于适用〈中华人民共和国民法典〉有关担保制度的解释》第十三条、第十四条、第十八条第二款等规定处理。

第三十一条 当事人互负债务,一方以对方没有履行非主要债务为由拒绝履行自己的主要债务的,人民法院不予支持。但是,对方不履行非主要债务致使不能实现合同目的或者当事人另有约定的除外。

当事人一方起诉请求对方履行债务,被告依据民法典第五百二十五条的规定主张双方同时履行的抗辩且抗辩成立,被告未提起反诉的,人民法院应当判决被告在原告履行债务的同时履行自己的债务,并在判项中明确原告申请强制执行的,人民法院应当在原告履行自己的债务后对被告采取执行行为；被告提起反诉的，人民法院应当判决双方同时履行自己的债务，并在判项中明确任何一方申请强制执行的，人民法院应当在该当事人履行自己的债务后对对方采取执行行为。

当事人一方起诉请求对方履行债务，被告依据民法典第五百二十六条的规定主张原告应先履行的抗辩且抗辩成立的，人民法院应当驳回原告的诉讼请求，但是不影响原告履行债务后另行提起诉讼。

第三十二条 合同成立后，因政策调整或者市场供求关系异常变动等原因导致价格发生当事人在订立合同时无法预见的、不属于商业风险的涨跌，继续履行合同对于当事人一方明显不公平的，人民法院应当认定合同的基础条件发生了民法典第五百三十三条第一款规定的“重大变化”。但是，合同涉及市场属性活跃、长期以来价格波动较大的大宗商品以及股票、期货等风险投资型金融产品的除外。

合同的基础条件发生了民法典第五百三十三条第一款规定的重大变化，当事人请求变更合同的，人民法院不得解除合同；当事人一方请求变更合同，对方请求解除合同的，或者当事人一方请求解除合同，对方请求变更合同的，人民法院应当结合案件的实际情况，根据公平原则判决变更或者解除合同。

人民法院依据民法典第五百三十三条的规定判决变更或者解除合同的，应当综合考虑合同基础条件发生重大变化的时间、当事人重新协商的情况以及因合同变更或者解除给当事人造成的损失等因素，在判项中明确合同变更或者解除的时间。

当事人事先约定排除民法典第五百三十三条适用的，人民法院应当认定该约定无效。

五、合同的保全

第三十三条 债务人不履行其对债权人的到期债务，又不以诉讼或者仲裁方式向相对人主张其享有的债权或者与该债权有关的从权利，致使债权人的到期债权未能实现的，人民法院可以认定为民法典第五百三十五条规定的“债务人怠于行使其债权或者与该债权有关的从权利，影响债权人的到期债权实现”。

第三十四条 下列权利，人民法院可以认定为民法典第五百三十五条第一款规定的专属于债务人自身的权利：

（一）抚养费、赡养费或者扶养费请求权；

（二）人身损害赔偿请求权；

（三）劳动报酬请求权，但是超过债务人及其所扶养家属的生活必需费用的部分除外；

（四）请求支付基本养老保险金、失业保险金、最低生活保障金等保障当事人基本生活的权利；

（五）其他专属于债务人自身的权利。

第三十五条 债权人依据民法典第五百三十五条的规定对债务人的相对人提起代位权诉讼的，由被告住所地人民法院管辖，但是依法应当适用专属管辖规定的除外。

债务人或者相对人以双方之间的债权债务关系订有管辖协议为由提出异议的，人民法院不予支持。

第三十六条 债权人提起代位权诉讼后，债务人或者相对人以双方之间的债权债务关系订有仲裁协议为由对法院主管提出异议的，人民法院不予支持。但是，债务人或者相对人在首次开庭前就债务人与相对人之间的债权债务关系申请仲裁的，人民法院可以依法中止代位权诉讼。

第三十七条 债权人以债务人的相对人为被告向人民法院提起代位权诉讼，未将债务人列为第三人的，人民法院应当追加债务人为第三人。

两个以上债权人以债务人的同一相对人为被告提起代位权诉讼的，人民法院可以合并审理。债务人对相对人享有的债权不足以清偿其对两个以上债权人负担的债务的，人民法院应当按照债权人享有的债权比例确定相对人的履行份额，但是法律另有规定的除外。

第三十八条 债权人向人民法院起诉债务人后，又向同一人民法院对债务人的相对人提起代位权诉讼，属于该人民法院管辖的，可以合并审理。不属于该人民法院管辖的，应当告知其向有管辖权的人民法院另行起诉；在起诉债务人的诉讼终结前，代位权诉讼应当中止。

第三十九条 在代位权诉讼中，债务人对超过债权人代位请求数额的债权部分起诉相对人，属于同一人民法院管辖的，可以合并审理。不属于同一人民法院管辖的，应当告知其向有管辖权的人民法院另行起诉；在代位权诉讼终结前，债务人对相对人的诉讼应当中止。

第四十条 代位权诉讼中，人民法院经审理认为债权人的主张不符合代位权行使条件的，应当驳回诉讼请求，但是不影响债权人根据新的事实再次起诉。

债务人的相对人仅以债权人提起代位权诉讼时债权人与债务人之间的债权债务关系未经生效法律文书确认为由，主张债权人提起的诉讼不符合代位权行使条件的，人民法院不予支持。

第四十一条 债权人提起代位权诉讼后，债务人无正当理由减免相对人的债务或者延长相对人的履行期限，相对人以此向债权人抗辩的，人民法院不予支持。

第四十二条 对于民法典第五百三十九条规定的"明显不合理"的低价或者高价，人民法院应当按照交易当地一般经营者的判断，并参考交易时交易地的市场交易价或者物价部门指导价予以认定。

转让价格未达到交易时交易地的市场交易价或者指导价百分之七十的，一般可以认定为"明显不合理的低价"；受让价格高于交易时交易地的市场交易价或者指导价百分之三十的，一般可以认定为"明显不合理的高价"。

债务人与相对人存在亲属关系、关联关系的，不受前款规定的百分之七十、百分之三十的限制。

第四十三条 债务人以明显不合理的价格，实施互易财产、以物抵债、出租或者承租财产、知识产权许可使用等行为，影响债权人的债权实现，债务人的相对人知道或者应当知道该情形，债权人请求撤销债务人的行为的，人民法院应当依据民法典第五百三十九条的规定予以支持。

第四十四条 债权人依据民法典第五百三十八条、第五百三十九条的规定提起撤销权诉讼的，应当以债务人和债务人的相对人为共同被告，由债务人或者相对人的住所地人民法院管辖，但是依法应当适用专属管辖规定的除外。

两个以上债权人就债务人的同一行为提起撤销权诉讼的，人民法院可以合并审理。

第四十五条 在债权人撤销权诉讼中，被撤销行为的标的可分，当事人主张在受影响的债权范围内撤销债务人的行为的，人民法院应予支持；被撤销行为的标的不可分，债权人主张将债务人的行为全部撤销的，人民法院应予支持。

债权人行使撤销权所支付的合理的律师代理费、差旅费等费用，可以认定为民法典第五百四十条规定的"必要费用"。

第四十六条 债权人在撤销权诉讼中同时请求债务人的相对人向债务人承担返还财产、折价补偿、履行到期债务等法律后果的，人民法院依法予以支持。

债权人请求受理撤销权诉讼的人民法院一并审理其与债务人之间的债权债务关系，属于该人民法院管辖的，可以合并审理。不属于该人民法院管辖的，应当告知其向有管辖权的人民法院另行起诉。

债权人依据其与债务人的诉讼、撤销权诉讼产生的生效法律文书申请强制执行的，人民法院可以就债务人对相对人享有的权利采取强制执行措施以实现债权人的债权。债权人在撤销权诉讼中，申请对相对人的财产采取保全措施的，人民法院依法予以准许。

六、合同的变更和转让

第四十七条 债权转让后，债务人向受让人主张其对让与人的抗辩的，人民法院可以追加让与人为第三人。

债务转移后，新债务人主张原债务人对债权人的抗辩的，人民法院可以追加原债务人为第三人。

当事人一方将合同权利义务一并转让后，对方就合同权利义务向受让人主张抗辩或者受让人就合同权利义务向对方主张抗辩的，人民法院可以追加让与人为第三人。

第四十八条 债务人在接到债权转让通知前已经向让与人履行，受让人请求债务人履行的，人民法院不予支持；债务人接到债权转让通知后仍然向让与人履行，受让人请求债务人履行的，人民法院应予支持。

让与人未通知债务人，受让人直接起诉债务人请求履行债务，人民法院经审理确认债权转让事实的，应当认定债权转让自起诉状副本送达时对债务人发生效力。债务人主张因未通知而给其增加的费用或者造成的损失从认定的债权数额中扣除的，人民法院依法予以支持。

第四十九条 债务人接到债权转让通知后，让与人以债权转让合同不成立、无效、被撤销或者确定不发生效力为由请求债务人向其履行的，人民法院不予支持。但是，该债权转让通知被依法撤销的除外。

受让人基于债务人对债权真实存在的确认受让债权后，债务人又以该债权不存在为由拒绝向受让人履行的，人民法院不予支持。但是，受让人知道或者应当知道该债权不存在的除外。

第五十条 让与人将同一债权转让给两个以上受让人，债务人以已经向最先通知的受让人履行为由主张其不再履行债务的，人民法院应予支持。债务人明知接受履行的受让人不是最先通知的受让人，最先通知的受让人请求债务人继续履行债务或者依据债权转让协议请求让与人承担违约责任的，人民法院应予支持；最先通知的受让人请求接受履行的受让人返还其接受的财产的，人民法院不予支持，但是接受履行的受让人明知该债权在其受让前已经转让给其他受让人的除外。

前款所称最先通知的受让人，是指最先到达债务人的转让通知中载明的受让人。当事人之间对通知到达时间有争议的，人民法院应当结合通知的方式等因素综合判断，而不能仅根据债务人认可的通知时间或者通知记载的时间予以认定。当事人采用邮寄、通讯电子系统等方式发出通知的，人民法院应当以邮戳时间或者通讯电子系统记载的时间等作为认定通知到达时间的依据。

第五十一条 第三人加入债务并与债务人约定了追偿权，其履行债务后主张向债务人追偿的，人民法院应予支持；没有约定追偿权，第三人依照民法典关于不当得利等的规定，在其已经向债权人履行债务的范围内请求债务人向其履行的，人民法院应予支持，但是第三人知道或者应当知道加入债务会损害债务人利益的除外。

债务人就其对债权人享有的抗辩向加入债务的第三人主张的，人民法院应予支持。

七、合同的权利义务终止

第五十二条 当事人就解除合同协商一致时未对合同解除后的违约责任、结算和清理等问题作出处理，一方主张合同已经解除的，人民法院应予支持。但是，当事人另有约定的除外。

有下列情形之一的，除当事人一方另有意思表示外，人民法院可以认定合同解除：

（一）当事人一方主张行使法律规定或者合同约定的解除权，经审理认为不符合解除权行使条件但是对方同意解除；

（二）双方当事人均不符合解除权行使的条件但是均主张解除合同。

前两款情形下的违约责任、结算和清理等问题，人民法院应当依据民法典第五百六十六条、第五百六十七条和有关违约责任的规定处理。

第五十三条 当事人一方以通知方式解除合同，并以对方未在约定的异议期限或者其他合理期限内提出异议为由主张合同已经解除的，人民法院应当对其是否享有法律规定或者合同约定的解除权进行审查。经审查，享有解除权的，合同自通知到达对方时解除；不享有解除权的，不发生合同解除的效力。

第五十四条 当事人一方未通知对方，直接以提起诉讼的方式主张解除合同，撤诉后再次起诉主张解除合同，人民法院经审理支持该主张的，合同自再次起诉的起诉状副本送达对方时解除。但是，当事人一方撤诉后又通知对方解除合同且该通知已经到达对方的除外。

第五十五条 当事人一方依据民法典第五百六十八条的规定主张抵销，人民法院经审理认为抵销权成立的，应当认定通知到达对方时双方互负的主债务、利息、违约金或者损害赔偿金等债务在同等数额内消灭。

第五十六条 行使抵销权的一方负担的数项债务种类相同，但是享有的债权不足以抵销全部债务，当事人因抵销的顺序发生争议的，人民法院可以参照民法典第五百六十条的规定处理。

行使抵销权的一方享有的债权不足以抵销其负担的包括主债务、利息、实现债权的有关费用在内的全部债务，当事人因抵销的顺序发生争议的，人民法院可以参照民法典第五百六十一条的规定处理。

第五十七条 因侵害自然人人身权益，或者故意、重大过失侵害他人财产权益产生的损害赔偿债务，侵权人主张抵销的，人民法院不予支持。

第五十八条 当事人互负债务，一方以其诉讼时效期间已经届满的债权通知对方主张抵销，对方提出诉讼时效抗辩的，人民法院对该抗辩应予支持。一方的债权诉讼时效期间已经届满，对方主张抵销的，人民法院应予支持。

八、违约责任

第五十九条 当事人一方依据民法典第五百八十条第二款的规定请求终止合同权利义务关系的，人民法院一般应当以起诉状副本送达对方的时间作为合同权利义务关系终止的时间。根据案件的具体情况，以其他时间作为合同权利义务关系终止的时间更加符合公平原则和诚信原则的，人民法院可以以该时间作为合同权利义务关系终止的时间，但是应当在裁判文书中充分说明理由。

第六十条 人民法院依据民法典第五百八十四条的规定确定合同履行后可以获得的利益时，可以在扣除非违约方为订立、履行合同支出的费用等合理成本后，按照非违约方能够获得的生产利润、经营利润或者转售利润等计算。

非违约方依法行使合同解除权并实施了替代交易，主张按照替代交易价格与合同价格的差额确定合同履行后可以获得的利益的，人民法院依法予以支持；替代交易价格明显偏离替代交易发生时当地的市场价格，违约方主张按照市场价格与合同价格的差额确定合同履行后可以获得的利益的，人民法院应予支持。

非违约方依法行使合同解除权但是未实施替代交易，主张按照违约行为发生后合理期间内合同履行地的市场价格与合同价格的差额确定合同履行后可以获得的利益的，人民法院应予支持。

第六十一条 在以持续履行的债务为内容的定期合同中，一方不履行支付价款、租金等金钱债务，对方请求解除合同，人民法院经审理认为合同应当依法解除的，可以根据当事人的主张，参考合同主体、交易类型、市场价格变化、剩余履行期限等因素确定非违约方寻找替代交易的合理期限，并按照该期限对应的价款、租金等扣除非违约方应当支付的相应履约成本确定合同履行后可以获得的利益。

非违约方主张按照合同解除后剩余履行期限相应的价款、租金等扣除履约成本确定合同履行后可以获得的利益的，人民法院不予支持。但是，剩余履行期限少于寻找替代交易的合理期限的除外。

第六十二条 非违约方在合同履行后可以获得的利益难以根据本解释第六十条、第六十一条的规定予以确定的，人民法院可以综合考虑违约方因违约获得的利益、违约方的过错程度、其他违约情节等因素，遵循公平原则和诚信原则确定。

第六十三条 在认定民法典第五百八十四条规定的“违约一方订立合同时预见到或者应当预见到的因违约可能造成的损失”时，人民法院应当根据当事人订立合同的目的，综合考虑合同主体、合同内容、交易类型、交易习惯、磋商过程等因素，按照与违约方处于相同或者类似情况的民事主体在订立合同时预见到或者应当预见到的损失予以确定。

除合同履行后可以获得的利益外，非违约方主张还有其向第三人承担违约责任应当支出的额外费用等其他因违约所造成的损失，并请求违约方赔偿，经审理认为该损失系违约一方订立合同时预见到或者应当预见到的，人民法院应予支持。

在确定违约损失赔偿额时，违约方主张扣除非违约方未采取适当措施导致的扩大损失、非违约方也有过错造成的相应损失、非违约方因违约获得的额外利益或者减少的必要支出的，人民法院依法予以支持。

第六十四条 当事人一方通过反诉或者抗辩的方式，请求调整违约金的，人民法院依法予以支持。

违约方主张约定的违约金过分高于违约造成的损失，请求予以适当减少的，应当承担举证责任。非违约方主张约定的违约金合理的，也应当提供相应的证据。

当事人仅以合同约定不得对违约金进行调整为由主张不予调整违约金的，人民法院不予支持。

第六十五条 当事人主张约定的违约金过分高于违约造成的损失，请求予以适当减少的，人民法院应当以民法典第五百八十四条规定的损失为基础，兼顾合同主体、交易类型、合同的履行情况、当事人的过错程度、履约背景等因素，遵循公平原则和诚信原则进行衡量，并作出裁判。

约定的违约金超过造成损失的百分之三十的，人民法院一般可以认定为过分高于造成的损失。

恶意违约的当事人一方请求减少违约金的，人民法院一般不予支持。

第六十六条 当事人一方请求对方支付违约金，对方以合同不成立、无效、被撤销、确定不发生效力、不构成违约或者非违约方不存在损失等为由抗辩，未主张调整过高的违约金的，人民法院应当就若不支持该抗辩，当事人是否请求调整违约金进行释明。第一审人民法院认为抗辩成立且未予释明，第二审人民法院认为应当判决支付违约金的，可以直接释明，并根据当事人的请求，在当事人就是否应当调整违约金充分举证、质证、辩论后，依法判决适当减少违约金。

被告因客观原因在第一审程序中未到庭参加诉讼，但是在第二审程序中到庭参加诉讼并请求减少违约金的，第二审人民法院可以在当事人就是否应当调整违约金充分举证、质证、辩论后，依法判决适当减少违约金。

第六十七条 当事人交付留置金、担保金、保证金、订约金、押金或者订金等，但是没有约定定金性质，一方主张适用民法典第五百八十七条规定的定金罚则的，人民法院不予支持。当事人约定了定金性质，但是未约定定金类型或者约定不明，一方主张为违约定金的，人民法院应予支持。

当事人约定以交付定金作为订立合同的担保，一方拒绝订立合同或者在磋商订立合同时违背诚信原则导致未能订立合同，对方主张适用民法典第五百八十七条规定的定金罚则的，人民法院应予支持。

当事人约定以交付定金作为合同成立或者生效条件，应当交付定金的一方未交付定金，但是合同主要义务已经履行完毕并为对方所接受的，人民法院应当认定合同在对方接受履行时已经成立或者生效。

当事人约定定金性质为解约定金，交付定金的一方主张以丧失定金为代价解除合同的，或者收受定金的一方主张以双倍返还定金为代价解除合同的，人民法院应予支持。

第六十八条 双方当事人均具有致使不能实现合同目的的违约行为，其中一方请求适用定金罚则的，人民法院不予支持。当事人一方仅有轻微违约，对方具有致使不能实现合同目的的违约行为，轻微违约方主张适用定金罚则，对方以轻微违约方也构成违约为由抗辩的，人民法院对该抗辩不予支持。

当事人一方已经部分履行合同，对方接受并主张按照未履行部分所占比例适用定金罚则的，人民法院应予支持。对方主张按照合同整体适用定金罚则的，人民法院不予支持，但是部分未履行致使不能实现合同目的的除外。

因不可抗力致使合同不能履行，非违约方主张适用定金罚则的，人民法院不予支持。

九、附　则

第六十九条 本解释自 2023 年 12 月 5 日起施行。

民法典施行后的法律事实引起的民事案件，本解释施行后尚未终审的，适用本解释；本解释施行前已经终审，当事人申请再审或者按照审判监督程序决定再审的，不适用本解释。

最高人民法院关于判决生效后当事人将判决确认的债权转让债权受让人对该判决不服提出再审申请人民法院是否受理问题的批复

· 2010 年 12 月 16 日最高人民法院审判委员会第 1506 次会议通过
· 2011 年 1 月 7 日最高人民法院公告公布
· 自 2011 年 2 月 1 日起施行
· 法释〔2011〕2 号

海南省高级人民法院：

你院《关于海南长江旅业有限公司、海南凯立中部开发建设股份有限公司与交通银行海南分行借款合同纠纷一案的请示报告》（（2009）琼民再终字第 16 号）收悉。经研究，答复如下：

判决生效后当事人将判决确认的债权转让，债权受让人对该判决不服提出再审申请的，因其不具有申请再审人主体资格，人民法院应依法不予受理。

最高人民法院发布《关于适用〈中华人民共和国民法典〉合同编通则若干问题的解释》相关典型案例

· 2023 年 12 月 5 日

案例一：某物业管理有限公司与某研究所房屋租赁合同纠纷案

【裁判要点】

招投标程序中，中标通知书送达后，一方当事人不履行订立书面合同的义务，相对方请求确认合同自中标通知书到达中标人时成立的,人民法院应予支持。

【简要案情】

2021年7月8日,某研究所委托招标公司就案涉宿舍项目公开发出投标邀请。2021年7月28日,某物业管理有限公司向招标公司发出《投标文件》,表示对招标文件无任何异议,愿意提供招标文件要求的服务。2021年8月1日,招标公司向物业管理公司送达中标通知书,确定物业管理公司为中标人。2021年8月11日,研究所向物业管理公司致函,要求解除与物业管理公司之间的中标关系,后续合同不再签订。物业管理公司主张中标通知书送达后双方租赁合同法律关系成立,研究所应承担因违约给其造成的损失。研究所辩称双方并未签订正式书面租赁合同,仅成立预约合同关系。

【判决理由】

法院生效裁判认为,从合同法律关系成立角度,招投标程序中的招标行为应为要约邀请,投标行为应为要约,经评标后招标人向特定投标人发送中标通知书的行为应为承诺,中标通知书送达投标人后承诺生效,合同成立。预约合同是指约定将来订立本约合同的合同,其主要目的在于将来成立本约合同。《中华人民共和国招标投标法》第四十六条第一款规定:“招标人和中标人应当自中标通知书发出之日起三十日内,按照招标文件和中标人的投标文件订立书面合同。招标人和中标人不得再行订立背离合同实质性内容的其他协议。”从该条可以看出,中标通知书发出后签订的书面合同必须按照招投标文件订立。本案中招投标文件对租赁合同内容已有明确记载,故应认为中标通知书到达投标人时双方当事人已就租赁合同内容达成合意。该合意与主要目的为签订本约合同的预约合意存在区别,应认为租赁合同在中标通知书送达时成立。中标通知书送达后签订的书面合同,按照上述法律规定其实质性内容应与招投标文件一致,因此应为租赁合同成立后法律要求的书面确认形式,而非新的合同。由于中标通知书送达后租赁合同法律关系已成立,故研究所不履行合同义务,应承担违约责任。

【司法解释相关条文】

《最高人民法院关于适用〈中华人民共和国民法典〉合同编通则若干问题的解释》第四条 采取招标方式订立合同,当事人请求确认合同自中标通知书到达中标人时成立的,人民法院应予支持。合同成立后,当事人拒绝签订书面合同的,人民法院应当依据招标文件、投标文件和中标通知书等确定合同内容。

采取现场拍卖、网络拍卖等公开竞价方式订立合同,当事人请求确认合同自拍卖师落槌、电子交易系统确认成交时成立的,人民法院应予支持。合同成立后,当事人拒绝签订成交确认书的,人民法院应当依据拍卖公告、竞买人的报价等确定合同内容。

产权交易所等机构主持拍卖、挂牌交易,其公布的拍卖公告、交易规则等文件公开确定了合同成立需要具备的条件,当事人请求确认合同自该条件具备时成立的,人民法院应予支持。

案例二:某通讯公司与某实业公司房屋买卖合同纠纷案

【裁判要点】

判断当事人之间订立的合同是本约还是预约的根本标准应当是当事人是否有意在将来另行订立一个新的合同,以最终明确双方之间的权利义务关系。即使当事人对标的、数量以及价款等内容进行了约定,但如果约定将来一定期间仍须另行订立合同,就应认定该约定是预约而非本约。当事人在签订预约合同后,已经实施交付标的物或者支付价款等履行行为,应当认定当事人以行为的方式订立了本约合同。

【简要案情】

2006年9月20日,某实业公司与某通讯公司签订《购房协议书》,对买卖诉争房屋的位置、面积及总价款等事宜作出约定,该协议书第三条约定在本协议原则下磋商确定购房合同及付款方式,第五条约定本协议在双方就诉争房屋签订房屋买卖合同时自动失效。通讯公司向实业公司的股东某纤维公司共转款1000万元,纤维公司为此出具定金收据两张,金额均为500万元。次年1月4日,实业公司向通讯公司交付了诉争房屋,此后该房屋一直由通讯公司使用。2009年9月28日,通讯公司发出《商函》给实业公司,该函的内容为因受金融危机影响,且房地产销售价格整体下调,请求实业公司将诉争房屋的价格下调至6000万元左右。当天,实业公司发函给通讯公司,要求其在30

日内派员协商正式的房屋买卖合同。通讯公司于次日回函表示同意商谈购房事宜，商谈时间为同年10月9日。2009年10月10日，实业公司发函致通讯公司，要求通讯公司对其拟定的《房屋买卖合同》作出回复。当月12日，通讯公司回函对其已收到上述合同文本作出确认。2009年11月12日，实业公司发函给通讯公司，函件内容为双方因对买卖合同的诸多重大问题存在严重分歧，未能签订《房屋买卖合同》，故双方并未成立买卖关系，通讯公司应支付场地使用费。通讯公司于当月17日回函，称双方已实际履行了房屋买卖义务，其系合法占有诉争房屋，故无需支付场地占用费。2010年3月3日，实业公司发函给通讯公司，解除其与通讯公司签订于2006年9月20日的《购房协议书》，且要求通讯公司腾出诉争房屋并支付场地使用费、退还定金。通讯公司以其与实业公司就诉争房屋的买卖问题签订了《购房协议书》，且其已支付1000万元定金，实业公司亦已将诉争房屋交付给其使用，双方之间的《购房协议书》合法有效，且以已实际履行为由，认为其与实业公司于2006年9月20日签订的《购房协议书》已成立并合法有效，请求判令实业公司向其履行办理房屋产权过户登记的义务。

【判决理由】

法院生效裁判认为，判断当事人之间订立的合同系本约还是预约的根本标准应当是当事人的意思表示，即当事人是否有意在将来订立一个新的合同，以最终明确在双方之间形成某种法律关系的具体内容。如果当事人存在明确的将来订立本约的意思，那么，即使预约的内容与本约已经十分接近，且通过合同解释，从预约中可以推导出本约的全部内容，也应当尊重当事人的意思表示，排除这种客观解释的可能性。不过，仅就案涉《购房协议书》而言，虽然其性质应为预约，但结合双方当事人在订立《购房协议书》之后的履行事实，实业公司与通讯公司之间已经成立了房屋买卖法律关系。对于当事人之间存在预约还是本约关系，不能仅凭一份孤立的协议就简单地加以认定，而是应当综合审查相关协议的内容以及当事人嗣后为达成交易进行的磋商甚至具体的履行行为等事实，从中探寻当事人的真实意思，并据此对当事人之间法律关系的性质作出准确的界定。本案中，双方当事人在签订《购房协议书》时，作为买受人的通讯公司已经实际交付了定金并约定在一定条件下自动转为购房款，作为出卖人的实业公司也接受了通讯公司的交付。在签订《购房协议书》的三个多月后，实业公司将合同项下的房屋交付给了通讯公司，通讯公司接受了该交付。而根据《购房协议书》的预约性质，实业公司交付房屋的行为不应视为对该合同的履行，在当事人之间不存在租赁等其他有偿使用房屋的法律关系的情形下，实业公司的该行为应认定为系基于与通讯公司之间的房屋买卖关系而为的交付。据此，可以认定当事人之间达成了买卖房屋的合意，成立了房屋买卖法律关系。

【司法解释相关条文】

《最高人民法院关于适用〈中华人民共和国民法典〉合同编通则若干问题的解释》第六条　当事人以认购书、订购书、预订书等形式约定在将来一定期限内订立合同，或者为担保在将来一定期限内订立合同交付了定金，能够确定将来所要订立合同的主体、标的等内容的，人民法院应当认定预约合同成立。

当事人通过签订意向书或者备忘录等方式，仅表达交易的意向，未约定在将来一定期限内订立合同，或者虽然有约定但是难以确定将来所要订立合同的主体、标的等内容，一方主张预约合同成立的，人民法院不予支持。

当事人订立的认购书、订购书、预订书等已就合同标的、数量、价款或者报酬等主要内容达成合意，符合本解释第三条第一款规定的合同成立条件，未明确约定在将来一定期限内另行订立合同，或者虽然有约定但是当事人一方已实施履行行为且对方接受的，人民法院应当认定本约合同成立。

案例三：某甲银行和某乙银行合同纠纷案

【裁判要点】

案涉交易符合以票据贴现为手段的多链条融资交易的基本特征。案涉《回购协议》是双方虚假意思表示，目的是借用银行承兑汇票买入返售的形式为某甲银行向实际用资人提供资金通道，真实合意是资金通道合同。在资金通道合同项下，各方当事人的权利义务是，过桥行提供资金通道服务，由出资银行提供所需划转的资金并支付相应的服务费，过桥行无交付票据的义务，但应根据其过错对出资银行的损失承担相应的赔偿责任。

【简要案情】

票据中介王某与某甲银行票据部员工姚某等联系以开展票据回购交易的方式进行融资，2015年3月至12月间，双方共完成60笔交易。交易的模式是：姚某与王某达成票据融资的合意后，姚某与王某分别联系为两者之间的交易提供资金划转服务的银行即过桥行，包括某乙银行、某丙银行、某丁银行等。所有的交易资金最终通过过桥行流入由王某控制的企业账户中；在票据的交付上，王某从持票企业收购票据后，通过其控制的村镇银行完成票据贴现，并直接向某甲银行交付。资金通道或过桥的特点是过桥行不需要见票、验票、垫资，没有资金风险，仅收取利差。票据回购到期后，由于王某与姚某等人串通以虚假票据入库，致使某甲银行的资金遭受损失，王某与姚某等人亦因票据诈骗、挪用资金等行为被判处承担刑事责任。之后，某甲银行以其与某乙银行签订的《银行承兑汇票回购合同》（以下简称《回购合同》）为据，以其与某乙银行开展票据回购交易而某乙银行未能如期交付票据为由提起诉讼，要求某乙银行承担回购合同约定的违约责任。

【判决理由】

生效判决认为：《回购合同》系双方虚假合意，该虚假合意隐藏的真实合意是由某乙银行为某甲银行提供资金通道服务，故双方之间的法律关系为资金通道合同法律关系。具体理由为：第一，某甲银行明知以票据回购形式提供融资发生在其与王某之间，亦明知是在无票据作为担保的情况下向王某融出资金，而某乙银行等过桥行仅凭某甲银行提供的票据清单开展交易，为其提供通道服务。因此，本案是以票据贴现为手段，以票据清单交易为形式的多链条融资模式，某甲银行是实际出资行，王某是实际用资人，某乙银行是过桥行。第二，某甲银行与某乙银行之间不交票、不背书，仅凭清单交易的事实可以证明，《回购合同》并非双方当事人的真实合意。第三，案涉交易存在不符合正常票据回购交易顺序的倒打款，进一步说明《回购合同》并非双方的真实意思表示。《回购合同》表面约定的票据回购系双方的虚假意思而无效；隐藏的资金通道合同违反了金融机构审慎经营原则，且扰乱了票据市场交易秩序、引发金融风险，因此双方当事人基于真实意思表示形成的资金通道合同属于违背公序良俗、损害社会公共利益的合同，依据《中华人民共和国民法总则》第一百五十三条第二款及《中华人民共和国合同法》第五十二条第四项的规定，应为无效。在《回购合同》无效的情形下，某甲银行请求某乙银行履行合同约定的义务并承担违约责任，缺乏法律依据，但某乙银行应根据其过错对某甲银行的损失承担相应的赔偿责任。

【司法解释相关条文】

《最高人民法院关于适用〈中华人民共和国民法典〉合同编通则若干问题的解释》第十五条　人民法院认定当事人之间的权利义务关系，不应当拘泥于合同使用的名称，而应当根据合同约定的内容。当事人主张的权利义务关系与根据合同内容认定的权利义务关系不一致的，人民法院应当结合缔约背景、交易目的、交易结构、履行行为以及当事人是否存在虚构交易标的等事实认定当事人之间的实际民事法律关系。

案例四：某旅游管理公司与某村村民委员会等合同纠纷案

【裁判要点】

当事人签订具有合作性质的长期性合同，因政策变化对当事人履行合同产生影响，但该变化不属于订立合同时无法预见的重大变化，按照变化后的政策要求予以调整亦不影响合同继续履行，且继续履行不会对当事人一方明显不公平，该当事人不能依据《中华人民共和国民法典》第五百三十三条请求变更或者解除合同。该当事人请求终止合同权利义务关系，守约方不同意终止合同，但双方当事人丧失合作可能性导致合同目的不能实现的，属于《中华人民共和国民法典》第五百八十条第一款第二项规定的“债务的标的不适于强制履行”，应根据违约方的请求判令终止合同权利义务关系并判决违约方承担相应的违约责任。

【简要案情】

2019年初，某村村委会、村股份经济合作社（甲方）与某旅游管理有限公司（乙方）就某村村域范围内旅游资源开发建设签订经营协议，约定经营期限50年。2019年底，某村所在市辖区水务局将经营范围内河沟两侧划定为城市蓝线，对蓝线范围内的建设活动进行管理。2019年11月左右，某旅游管理有限公司得知河沟两侧被划定为城市蓝线。2020年5月11日，某旅游管理有限公司书面通知要求解除相关协议。经调查，经营协议确定的范围绝大部分不在蓝线范围内，且对河道治理验收合格就能对在蓝线范围内的部分地域进行开发建设。

【判决理由】

生效判决认为，双方约定就经营区域进行民宿与旅游开发建设，因流经某村村域的河道属于签订经营协议时既有的山区河道，不属于无法预见的重大变化，城市蓝线主要是根据江、河、湖、库、渠和湿地等城市地标水体来进行地域界限划定，主要目的是为了水体保护和控制，某旅游管理有限公司可在履行相应行政手续审批或符合政策文件的具体要求时继续进行开发活动，故城市蓝线划定不构成情势变更。某村村委会、村股份经济合作社并不存在违约行为，某旅游管理有限公司明确表示不再对经营范围进行民宿及旅游资源开发，属于违约一方。某旅游管理有限公司以某村村委会及村股份经济合作社根本违约为由要求解除合同，明确表示不再对经营范围进行民宿及旅游资源开发，某村村委会及村股份经济合作社不同意解除合同或终止合同权利义务，双方已构成合同僵局。考虑到双方合同持续履行长达50年，须以双方自愿且相互信赖为前提，如不允许双方权利义务终止，既不利于充分发挥土地等资源的价值利用，又不利于双方利益的平衡保护，案涉经营协议已丧失继续履行的现实可行性，合同权利义务关系应当终止。

【司法解释相关条文】

《最高人民法院关于适用〈中华人民共和国民法典〉合同编通则若干问题的解释》第三十二条

合同成立后，因政策调整或者市场供求关系异常变动等原因导致价格发生当事人在订立合同时无法预见的、不属于商业风险的涨跌，继续履行合同对于当事人一方明显不公平的，人民法院应当认定合同的基础条件发生了民法典第五百三十三条第一款规定的"重大变化"。但是，合同涉及市场属性活跃、长期以来价格波动较大的大宗商品以及股票、期货等风险投资型金融产品的除外。

合同的基础条件发生了民法典第五百三十三条第一款规定的重大变化，当事人请求变更合同的，人民法院不得解除合同；当事人一方请求变更合同，对方请求解除合同的，或者当事人一方请求解除合同，对方请求变更合同的，人民法院应当结合案件的实际情况，根据公平原则判决变更或者解除合同。

人民法院依据民法典第五百三十三条的规定判决变更或者解除合同的，应当综合考虑合同基础条件发生重大变化的时间、当事人重新协商的情况以及因合同变更或者解除给当事人造成的损失等因素，在判项中明确合同变更或者解除的时间。

当事人事先约定排除民法典第五百三十三条适用的，人民法院应当认定该约定无效。

案例五：某控股株式会社与某利公司等债权人代位权纠纷案

【裁判要点】

在代位权诉讼中，相对人以其与债务人之间的债权债务关系约定了仲裁条款为由，主张案件不属于人民法院受理案件范围的，人民法院不予支持。

【简要案情】

2015年至2016年，某控股株式会社与某利国际公司等先后签订《可转换公司债发行及认购合同》及补充协议，至2019年3月，某利国际公司欠付某控股株式会社款项6400余万元。2015年5月，某利公司与其母公司某利国际公司签订《贷款协议》，由某利国际公司向某利公司出借2.75亿元用于公司经营。同年6月，某利国际公司向某利公司发放了贷款。案涉《可转换公司债发行及认购合同》及补充协议、《贷款协议》均约定了仲裁条款。某控股株式会社认为某利国际公司怠于行使对某利公司的债权，影响了某控股株式会社到期债权的实现，遂提起代位权诉讼。一审法院认为，虽然某控股株式会社与某利公司之间并无直接的仲裁协议，但某控股株式会社向某利公司行使代位权时，应受某利公司与某利国际公司之间仲裁条款的约束。相关协议约定的仲裁条款排除了人民法院的管辖，故裁定驳回某控股株式会社的起诉。某控股株式会社不服提起上诉。二审法院依据《最高人民法院关于适用〈中华人民共和国合同法〉若干问题的解释（一）》第十四条的规定，裁定撤销一审裁定，移送被告住所地人民法院审理。

【判决理由】

生效裁判认为，虽然案涉合同中均约定了仲裁条款，但仲裁条款只约束签订合同的各方当事人，对合同之外的当事人不具有约束力。本案并非债权转让引起的诉讼，某控股株式会社既非《贷款协议》的当事人，亦非该协议权利义务的受让人，一审法院认为某控股株式会社行使代位权时应受某利公司与某利国际公司之间仲裁条款的约束缺乏依据。

【司法解释相关条文】

《最高人民法院关于适用〈中华人民共和国民法典〉合同编通则若干问题的解释》第三十六条 债权人提起代位权诉讼后，债务人或者相对人以双方之间的债权债务关系订有仲裁协议为由对法院主管提出异议的，人民法院不予支持。但是，债务人或者相对人在首次开庭前就债务人与相对人之间的债权债务关系申请仲裁的，人民法院可以依法中止代位权诉讼。

案例六：周某与丁某、薛某债权人撤销权纠纷案

【裁判要点】

在债权人撤销权诉讼中，债权人请求撤销债务人与相对人的行为并主张相对人向债务人返还财产的，人民法院依法予以支持。

【简要案情】

周某因丁某未能履行双方订立的加油卡买卖合同，于2020年8月提起诉讼，请求解除买卖合同并由丁某返还相关款项。生效判决对周某的诉讼请求予以支持，但未能执行到位。执行中，周某发现丁某于2020年6月至7月间向其母亲薛某转账87万余元，遂提起债权人撤销权诉讼，请求撤销丁某无偿转让财产的行为并同时主张薛某向丁某返还相关款项。

【判决理由】

生效裁判认为，丁某在其基于加油卡买卖合同关系形成的债务未能履行的情况下，将名下银行卡中的款项无偿转账给其母亲薛某的行为客观上影响了债权人周某债权的实现。债权人周某在法定期限内提起撤销权诉讼，符合法律规定。丁某的行为被撤销后，薛某即丧失占有案涉款项的合法依据，应当负有返还义务，遂判决撤销丁某的行为、薛某向丁某返还相关款项。

【司法解释相关条文】

《最高人民法院关于适用〈中华人民共和国民法典〉合同编通则若干问题的解释》第四十六条第一款　债权人在撤销权诉讼中同时请求债务人的相对人向债务人承担返还财产、折价补偿、履行到期债务等法律后果的，人民法院依法予以支持。

案例七：孙某与某房地产公司合资、合作开发房地产合同纠纷案

【裁判要点】

合同一方当事人以通知形式行使合同解除权的，须以享有法定或者约定解除权为前提。不享有解除权的一方向另一方发出解除通知，另一方即便未在合理期限内提出异议，也不发生合同解除的效力。

【简要案情】

2014年5月，某房地产开发有限公司（以下简称房地产公司）与孙某签订《合作开发协议》。协议约定：房地产公司负有证照手续办理、项目招商、推广销售的义务，孙某承担全部建设资金的投入；房地产公司拟定的《项目销售整体推广方案》，应当与孙某协商并取得孙某书面认可；孙某投入500万元（保证金）资金后，如果销售额不足以支付工程款，孙某再投入500万元，如不到位按违约处理；孙某享有全权管理施工项目及承包商、施工场地权利，房地产公司支付施工方款项必须由孙某签字认可方能转款。

同年10月，房地产公司向孙某发出协调函，双方就第二笔500万元投资款是否达到支付条件产生分歧。2015年1月20日，房地产公司向孙某发出《关于履行的通知》，告知孙某5日内履行合作义务，向该公司支付500万元投资款，否则将解除《合作开发协议》。孙某在房地产公司发出协调函后，对其中提及的需要支付的工程款并未提出异议，亦未要求该公司提供依据，并于2015年1月23日向该公司发送回复函，要求该公司近日内尽快推出相关楼栋销售计划并取得其签字认可，尽快择期开盘销售，并尽快按合同约定设立项目资金管理共同账户。房地产公司于2015年3月13日向孙某发出《解除合同告知函》，通知解除《合作开发协议》。孙某收到该函后，未对其形式和内容提出异议。2015年7月17日，孙某函告房地产公司，请该公司严格执行双方合作协议约定，同时告知"销售已近半月，望及时通报销售进展实况"。后孙某诉至法院，要求房地产公司支付合作开发房地产收益分红总价值3000万元；房地产公司提出反诉，要求孙某给付违约金300万元。一审、二审法院认为，孙某收到解除通知后，未对通知的形式和内容提出异议，亦未在法律规定期限内请求人民法院或者仲裁机构确认解除合同的效力，故认定双方的合同已经解除。孙某不服二审判决，向最高人民法院申请再审。

【判决理由】

生效裁判认为，房地产公司于2015年3月13日向孙某发送《解除合同告知函》，通知解除双方签订的《合作开发协议》，但该《解除合同告知函》产生解除合同的法律效果须以该公司享有法定或者约定解除权为前提。从案涉《合作开发协议》的约定看，孙某第二次投入500万元资金附有前置条件，即房地产公司应当对案涉项目进行销售，只有在销售额不足以支付工程款时，才能要求孙某投入第二笔500万元。结合《合作开发协议》的约定，能否认定房地产公司作为守约方，享有法定解除权，应当审查该公司是否依约履行了己方合同义务。包括案涉项目何时开始销售，销售额是否足以支付工程款；房地产公司在房屋销售前后，是否按照合同约定，将《项目销售整体推广方案》报孙某审批；工程款的支付是否经由孙某签字等一系列事实。一审、二审法院未对上述涉及房地产公司是否享有法定解除权的事实进行审理，即以孙某"未在法律规定期限内请求人民法院或者仲裁机构确认解除合同的效力"为由，认定《合作开发协议》已经解除，属于认定事实不清，适用法律错误。

【司法解释相关条文】

《最高人民法院关于适用〈中华人民共和国民法典〉合同编通则若干问题的解释》第五十三条　当事人一方以通知方式解除合同，并以对方未在约定的异议期限或者其他合理期限内提出异议为由主张合同已经解除的，人民法院应当对其是否享有法律规定或者合同约定的解除权进行审查。经审查，享有解除权的，合同自通知到达对方时解除；不享有解除权的，不发生合同解除的效力。

案例八：某实业发展公司与某棉纺织品公司委托合同纠纷案

【裁判要点】

据以行使抵销权的债权不足以抵销其全部债务，应当按照实现债权的有关费用、利息、主债务的顺序进行抵销。

【简要案情】

2012年6月7日，某实业发展公司与某棉纺织品公司签订《委托协议》，约定某实业发展公司委托某棉纺织品公司通过某银行向案外人某商贸公司发放贷款5000万元。该笔委托贷款后展期至2015年6月9日。某商贸公司在贷款期间所支付的利息，均已通过某棉纺织品公司支付给某实业发展公司。2015年6月2日，某商贸公司将5000万元本金归还某棉纺织品公司，但某棉纺织品公司未将该笔款项返还给某实业发展公司，形成本案诉讼。另，截至2015年12月31日，某实业发展公司欠某棉纺织品公司8296517.52元。某棉纺织品公司于2017年7月20日向某实业发展公司送达《债务抵销通知书》，提出以其对某实业发展公司享有的8296517.52元债权抵销案涉5000万元本金债务。某实业发展公司以某棉纺织品公司未及时归还所欠款项为由诉至法院，要求某棉纺织品公司归还本息。在本案一审期间，某棉纺织品公司又以抗辩的形式就该笔债权向一审法院提出抵销，并提起反诉，后主动撤回反诉。

【判决理由】

生效裁判认为，某棉纺织品公司据以行使抵销权的债权不足以抵销其对某实业发展公司负有的全部债务，参照《最高人民法院关于适用〈中华人民共和国合同法〉若干问题的解释(二)》第二十一条的规定，应当按照实现债权的有关费用、利息、主债务的顺序进行抵销，即某棉纺织品公司对某实业发展公司享有的8296517.52元债权，先用于抵销其对某实业发展公司负有的5000万元债务中的利息，然后再用于抵销本金。某棉纺织品公司有关8296517.52元先用于抵销5000万元本金的再审申请缺乏事实和法律依据，故不予支持。

【司法解释相关条文】

《最高人民法院关于适用〈中华人民共和国民法典〉合同编通则若干问题的解释》第五十六条第二款　行使抵销权的一方享有的债权不足以抵销其负担的包括主债务、利息、实现债权的有关费用在内的全部债务，当事人因抵销的顺序发生争议的，人民法院可以参照民法典第五百六十一条的规定处理。

案例九：某石材公司与某采石公司买卖合同纠纷案

【裁判要点】

非违约方主张按照违约行为发生后合理期间

内合同履行地的市场价格与合同价格的差额确定合同履行后可以获得的利益的，人民法院依法予以支持。

【简要案情】

某石材公司与某采石公司签订《大理石方料买卖合同》，约定自某采石公司在某石材公司具备生产能力后前两年每月保证供应石料1200立方米至1500立方米。合同约定的大理石方料收方价格根据体积大小，主要有两类售价：每立方米350元和每立方米300元。自2011年7月至2011年9月，某采石公司向某石材公司供应了部分石料，但此后某采石公司未向某石材公司供货，某石材公司遂起诉主张某采石公司承担未按照合同供货的违约损失。某采石公司提供的评估报告显示荒料单价为每立方米715.64元。

【判决理由】

生效裁判认为，某采石公司提供的评估报告显示的石材荒料单价每立方米715.64元，是某石材公司在某采石公司违约后如采取替代交易的方法再购得每立方米同等质量的石料所需要支出的费用。以该价格扣除合同约定的供货价每立方米350元，即某石材公司受到的单位损失。

【司法解释相关条文】

《最高人民法院关于适用〈中华人民共和国民法典〉合同编通则若干问题的解释》第六十条第三款　非违约方依法行使合同解除权但是未实施替代交易，主张按照违约行为发生后合理期间内合同履行地的市场价格与合同价格的差额确定合同履行后可以获得的利益的，人民法院应予支持。

案例十：柴某与某管理公司房屋租赁合同纠纷案

【裁判要点】

当事人一方违约后，对方没有采取适当措施致使损失扩大的，不得就扩大的损失请求赔偿。承租人已经通过多种途径向出租人作出了解除合同的意思表示，而出租人一直拒绝接收房屋，造成涉案房屋的长期空置，不得向承租人主张全部空置期内的租金。

【简要案情】

2018年7月21日，柴某与某管理公司签订《资产管理服务合同》，约定：柴某委托某管理公司管理运营涉案房屋，用于居住；管理期限自2018年7月24日起至2021年10月16日止。合同签订后，柴某依约向某管理公司交付了房屋。某管理公司向柴某支付了服务质量保证金，以及至2020年10月16日的租金。后某管理公司与柴某协商合同解除事宜，但未能达成一致，某管理公司向柴某邮寄解约通知函及该公司单方签章的结算协议，通知柴某该公司决定于2020年11月3日解除《资产管理服务合同》。柴某对某管理公司的单方解除行为不予认可。2020年12月29日，某管理公司向柴某签约时留存并认可的手机号码发送解约完成通知及房屋密码锁的密码。2021年10月8日，法院判决终止双方之间的合同权利义务关系。柴某起诉请求某管理公司支付2020年10月17日至2021年10月16日房屋租金114577.2元及逾期利息、违约金19096.2元、未履行租期年度对应的空置期部分折算金额7956.75元等。

【判决理由】

生效裁判认为，当事人一方违约后，对方应当采取适当措施防止损失的扩大；没有采取适当措施致使损失扩大的，不得就扩大的损失请求赔偿。合同终止前，某管理公司应当依约向柴某支付租金。但鉴于某管理公司已经通过多种途径向柴某表达解除合同的意思表示，并向其发送房屋密码锁密码，而柴某一直拒绝接收房屋，造成涉案房屋的长期空置。因此，柴某应当对其扩大损失的行为承担相应责任。法院结合双方当事人陈述、合同实际履行情况、在案证据等因素，酌情支持柴某主张的房屋租金至某管理公司向其发送电子密码后一个月，即2021年1月30日，应付租金为33418.35元。

【司法解释相关条文】

《最高人民法院关于适用〈中华人民共和国民法典〉合同编通则若干问题的解释》第六十一条第二款　非违约方主张按照合同解除后剩余履行期限相应的价款、租金等扣除履约成本确定合同履行后可以获得的利益的，人民法院不予支持。但是，剩余履行期限少于寻找替代交易的合理期限的除外。

第六十三条第三款　在确定违约损失赔偿额时，违约方主张扣除非违约方未采取适当措施导致的扩大损失、非违约方也有过错造成的相应损失；非违约方因违约获得的额外利益或者减少的必要支出的，人民法院依法予以支持。

二、买卖合同

中华人民共和国消费者权益保护法(节录)

· 1993 年 10 月 31 日第八届全国人民代表大会常务委员会第四次会议通过
· 根据 2009 年 8 月 27 日第十一届全国人民代表大会常务委员会第十次会议《关于修改部分法律的决定》第一次修正
· 根据 2013 年 10 月 25 日第十二届全国人民代表大会常务委员会第五次会议《关于修改〈中华人民共和国消费者权益保护法〉的决定》第二次修正

……

第二章 消费者的权利

第七条 【安全保障权】消费者在购买、使用商品和接受服务时享有人身、财产安全不受损害的权利。

消费者有权要求经营者提供的商品和服务,符合保障人身、财产安全的要求。

第八条 【知情权】消费者享有知悉其购买、使用的商品或者接受的服务的真实情况的权利。

消费者有权根据商品或者服务的不同情况,要求经营者提供商品的价格、产地、生产者、用途、性能、规格、等级、主要成份、生产日期、有效期限、检验合格证明、使用方法说明书、售后服务,或者服务的内容、规格、费用等有关情况。

第九条 【选择权】消费者享有自主选择商品或者服务的权利。

消费者有权自主选择提供商品或者服务的经营者,自主选择商品品种或者服务方式,自主决定购买或者不购买任何一种商品、接受或者不接受任何一项服务。

消费者在自主选择商品或者服务时,有权进行比较、鉴别和挑选。

第十条 【公平交易权】消费者享有公平交易的权利。

消费者在购买商品或者接受服务时,有权获得质量保障、价格合理、计量正确等公平交易条件,有权拒绝经营者的强制交易行为。

第十一条 【获得赔偿权】消费者因购买、使用商品或者接受服务受到人身、财产损害的,享有依法获得赔偿的权利。

第十二条 【成立维权组织权】消费者享有依法成立维护自身合法权益的社会组织的权利。

第十三条 【获得知识权】消费者享有获得有关消费和消费者权益保护方面的知识的权利。

消费者应当努力掌握所需商品或者服务的知识和使用技能,正确使用商品,提高自我保护意识。

第十四条 【受尊重权及信息得到保护权】消费者在购买、使用商品和接受服务时,享有人格尊严、民族风俗习惯得到尊重的权利,享有个人信息依法得到保护的权利。

第十五条 【监督权】消费者享有对商品和服务以及保护消费者权益工作进行监督的权利。

消费者有权检举、控告侵害消费者权益的行为和国家机关及其工作人员在保护消费者权益工作中的违法失职行为,有权对保护消费者权益工作提出批评、建议。

……

中华人民共和国
产品质量法(节录)

- 1993年2月22日第七届全国人民代表大会常务委员会第三十次会议通过
- 根据2000年7月8日第九届全国人民代表大会常务委员会第十六次会议《关于修改〈中华人民共和国产品质量法〉的决定》第一次修正
- 根据2009年8月27日第十一届全国人民代表大会常务委员会第十次会议《关于修改部分法律的决定》第二次修正
- 根据2018年12月29日第十三届全国人民代表大会常务委员会第七次会议《关于修改〈中华人民共和国产品质量法〉等五部法律的决定》第三次修正

……

第三章 生产者、销售者的产品质量责任和义务

第一节 生产者的产品质量责任和义务

第二十六条 【生产者的产品质量要求】生产者应当对其生产的产品质量负责。

产品质量应当符合下列要求:

(一) 不存在危及人身、财产安全的不合理的危险,有保障人体健康和人身、财产安全的国家标准、行业标准的,应当符合该标准;

(二) 具备产品应当具备的使用性能,但是,对产品存在使用性能的瑕疵作出说明的除外;

(三) 符合在产品或者其包装上注明采用的产品标准,符合以产品说明、实物样品等方式表明的质量状况。

第二十七条 【产品及其包装上的标识要求】产品或者其包装上的标识必须真实,并符合下列要求:

(一) 有产品质量检验合格证明;

(二) 有中文标明的产品名称、生产厂厂名和厂址;

(三) 根据产品的特点和使用要求,需要标明产品规格、等级、所含主要成份的名称和含量的,用中文相应予以标明;需要事先让消费者知晓的,应当在外包装上标明,或者预先向消费者提供有关资料;

(四) 限期使用的产品,应当在显著位置清晰地标明生产日期和安全使用期或者失效日期;

(五) 使用不当,容易造成产品本身损坏或者可能危及人身、财产安全的产品,应当有警示标志或者中文警示说明。

裸装的食品和其他根据产品的特点难以附加标识的裸装产品,可以不附加产品标识。

第二十八条 【危险物品包装质量要求】易碎、易燃、易爆、有毒、有腐蚀性、有放射性等危险物品以及储运中不能倒置和其他有特殊要求的产品,其包装质量必须符合相应要求,依照国家有关规定作出警示标志或者中文警示说明,标明储运注意事项。

第二十九条 【禁止生产国家明令淘汰的产品】生产者不得生产国家明令淘汰的产品。

第三十条 【禁止伪造产地、伪造或者冒用他人的厂名、厂址】生产者不得伪造产地,不得伪造或者冒用他人的厂名、厂址。

第三十一条 【禁止伪造或者冒用认证标志等质量标志】生产者不得伪造或者冒用认证标志等质量标志。

第三十二条 【生产者的禁止行为】生产者生产产品,不得掺杂、掺假,不得以假充真、以次充好,不得以不合格产品冒充合格产品。

第二节 销售者的产品质量责任和义务

第三十三条 【进货检查验收制度】销售者应当建立并执行进货检查验收制度,验明产品合格证明和其他标识。

第三十四条 【保持销售产品质量的义务】销售者应当采取措施,保持销售产品的质量。

第三十五条 【禁止销售的产品范围】销售者不得销售国家明令淘汰并停止销售的产品和失效、变质的产品。

第三十六条 【销售产品的标识要求】销售者销售的产品的标识应当符合本法第二十七条的规定。

第三十七条 【禁止伪造产地、伪造或者冒用他人的厂名、厂址】销售者不得伪造产地,不得伪造或者冒用他人的厂名、厂址。

第三十八条 【禁止伪造或者冒用认证标志等质量标志】销售者不得伪造或者冒用认证标志等质量标志。

第三十九条 【销售者的禁止行为】销售者销售产品,不得掺杂、掺假,不得以假充真、以次充好,不得以不合格产品冒充合格产品。

第四章 损害赔偿

第四十条 【销售者的损害赔偿责任】售出的产品有下列情形之一的,销售者应当负责修理、更换、退货;给购买产品的消费者造成损失的,销售者应当赔偿损失:

(一)不具备产品应当具备的使用性能而事先未作说明的;

(二)不符合在产品或者其包装上注明采用的产品标准的;

(三)不符合以产品说明、实物样品等方式表明的质量状况的。

销售者依照前款规定负责修理、更换、退货、赔偿损失后,属于生产者的责任或者属于向销售者提供产品的其他销售者(以下简称供货者)的责任的,销售者有权向生产者、供货者追偿。

销售者未按照第一款规定给予修理、更换、退货或者赔偿损失的,由市场监督管理部门责令改正。

生产者之间,销售者之间,生产者与销售者之间订立的买卖合同、承揽合同有不同约定的,合同当事人按照合同约定执行。

第四十一条 【人身、他人财产的损害赔偿责任】因产品存在缺陷造成人身、缺陷产品以外的其他财产(以下简称他人财产)损害的,生产者应当承担赔偿责任。

生产者能够证明有下列情形之一的,不承担赔偿责任:

(一)未将产品投入流通的;

(二)产品投入流通时,引起损害的缺陷尚不存在的;

(三)将产品投入流通时的科学技术水平尚不能发现缺陷的存在的。

第四十二条 【销售者的过错赔偿责任】由于销售者的过错使产品存在缺陷,造成人身、他人财产损害的,销售者应当承担赔偿责任。

销售者不能指明缺陷产品的生产者也不能指明缺陷产品的供货者的,销售者应当承担赔偿责任。

第四十三条 【受害者的选择赔偿权】因产品存在缺陷造成人身、他人财产损害的,受害人可以向产品的生产者要求赔偿,也可以向产品的销售者要求赔偿。属于产品的生产者的责任,产品的销售者赔偿的,产品的销售者有权向产品的生产者追偿。属于产品的销售者的责任,产品的生产者赔偿的,产品的生产者有权向产品的销售者追偿。

第四十四条 【人身伤害的赔偿范围】因产品存在缺陷造成受害人人身伤害的,侵害人应当赔偿医疗费、治疗期间的护理费、因误工减少的收入等费用;造成残疾的,还应当支付残疾者生活自助具费、生活补助费、残疾赔偿金以及由其扶养的人所必需的生活费等费用;造成受害人死亡的,并应当支付丧葬费、死亡赔偿金以及由死者生前扶养的人所必需的生活费等费用。

因产品存在缺陷造成受害人财产损失的,侵害人应当恢复原状或者折价赔偿。受害人因此遭受其他重大损失的,侵害人应当赔偿损失。

第四十五条 【诉讼时效期间】因产品存在缺陷造成损害要求赔偿的诉讼时效期间为二年,自当事人知道或者应当知道其权益受到损害时起计算。

因产品存在缺陷造成损害要求赔偿的请求权,在造成损害的缺陷产品交付最初消费者满十年丧失;但是,尚未超过明示的安全使用期的除外。

第四十六条 【缺陷的含义】本法所称缺陷,是指产品存在危及人身、他人财产安全的不合理的危险;产品有保障人体健康和人身、财产安全的国家标准、行业标准的,是指不符合该标准。

第四十七条 【纠纷解决方式】因产品质量发生民事纠纷时,当事人可以通过协商或者调解解决。当事人不愿通过协商、调解解决或者协商、调解不成的,可以根据当事人各方的协议向仲裁机构申请仲裁;当事人各方没有达成仲裁协议或者仲裁协议无效的,可以直接向人民法院起诉。

第四十八条 【仲裁机构或者人民法院对产品质量检验的规定】仲裁机构或者人民法院可以委托本法第十九条规定的产品质量检验机构,对有关产品质量进行检验。

……

中华人民共和国
招标投标法(节录)

· 1999年8月30日第九届全国人民代表大会常务委员会第十一次会议通过

· 根据2017年12月27日第十二届全国人民代表大会常务委员会第三十一次会议《关于修改〈中华人民共和国招标投标法〉、〈中华人民共和国计量法〉的决定》修正

……

第二章　招　标

第八条　招标人是依照本法规定提出招标项目、进行招标的法人或者其他组织。

第九条　招标项目按照国家有关规定需要履行项目审批手续的,应当先履行审批手续,取得批准。

招标人应当有进行招标项目的相应资金或者资金来源已经落实,并应当在招标文件中如实载明。

第十条　招标分为公开招标和邀请招标。

公开招标,是指招标人以招标公告的方式邀请不特定的法人或者其他组织投标。

邀请招标,是指招标人以投标邀请书的方式邀请特定的法人或者其他组织投标。

第十一条　国务院发展计划部门确定的国家重点项目和省、自治区、直辖市人民政府确定的地方重点项目不适宜公开招标的,经国务院发展计划部门或者省、自治区、直辖市人民政府批准,可以进行邀请招标。

第十二条　招标人有权自行选择招标代理机构,委托其办理招标事宜。任何单位和个人不得以任何方式为招标人指定招标代理机构。

招标人具有编制招标文件和组织评标能力的,可以自行办理招标事宜。任何单位和个人不得强制其委托招标代理机构办理招标事宜。

依法必须进行招标的项目,招标人自行办理招标事宜的,应当向有关行政监督部门备案。

第十三条　招标代理机构是依法设立、从事招标代理业务并提供相关服务的社会中介组织。

招标代理机构应当具备下列条件:

(一)有从事招标代理业务的营业场所和相应资金;

(二)有能够编制招标文件和组织评标的相应专业力量。

第十四条　招标代理机构与行政机关和其他国家机关不得存在隶属关系或者其他利益关系。

第十五条　招标代理机构应当在招标人委托的范围内办理招标事宜,并遵守本法关于招标人的规定。

第十六条　招标人采用公开招标方式的,应当发布招标公告。依法必须进行招标的项目的招标公告,应当通过国家指定的报刊、信息网络或者其他媒介发布。

招标公告应当载明招标人的名称和地址、招标项目的性质、数量、实施地点和时间以及获取招标文件的办法等事项。

第十七条　招标人采用邀请招标方式的,应当向三个以上具备承担招标项目的能力、资信良好的特定的法人或者其他组织发出投标邀请书。

投标邀请书应当载明本法第十六条第二款规定的事项。

第十八条　招标人可以根据招标项目本身的要求,在招标公告或者投标邀请书中,要求潜在投标人提供有关资质证明文件和业绩情况,并对潜在投标人进行资格审查;国家对投标人的资格条件有规定的,依照其规定。

招标人不得以不合理的条件限制或者排斥潜在投标人,不得对潜在投标人实行歧视待遇。

第十九条　招标人应当根据招标项目的特点和需要编制招标文件。招标文件应当包括招标项目的技术要求、对投标人资格审查的标准、投标报价要求和评标标准等所有实质性要求和条件以及拟签订合同的主要条款。

国家对招标项目的技术、标准有规定的,招标人应当按照其规定在招标文件中提出相应要求。

招标项目需要划分标段、确定工期的,招标人应当合理划分标段、确定工期,并在招标文件中载明。

第二十条　招标文件不得要求或者标明特定的生产供应者以及含有倾向或者排斥潜在投标人的其他内容。

第二十一条　招标人根据招标项目的具体情

况,可以组织潜在投标人踏勘项目现场。

第二十二条 招标人不得向他人透露已获取招标文件的潜在投标人的名称、数量以及可能影响公平竞争的有关招标投标的其他情况。

招标人设有标底的,标底必须保密。

第二十三条 招标人对已发出的招标文件进行必要的澄清或者修改的,应当在招标文件要求提交投标文件截止时间至少十五日前,以书面形式通知所有招标文件收受人。该澄清或者修改的内容为招标文件的组成部分。

第二十四条 招标人应当确定投标人编制投标文件所需要的合理时间;但是,依法必须进行招标的项目,自招标文件开始发出之日起至投标人提交投标文件截止之日止,最短不得少于二十日。

第三章 投 标

第二十五条 投标人是响应招标、参加投标竞争的法人或者其他组织。

依法招标的科研项目允许个人参加投标的,投标的个人适用本法有关投标人的规定。

第二十六条 投标人应当具备承担招标项目的能力;国家有关规定对投标人资格条件或者招标文件对投标人资格条件有规定的,投标人应当具备规定的资格条件。

第二十七条 投标人应当按照招标文件的要求编制投标文件。投标文件应当对招标文件提出的实质性要求和条件作出响应。

招标项目属于建设施工的,投标文件的内容应当包括拟派出的项目负责人与主要技术人员的简历、业绩和拟用于完成招标项目的机械设备等。

第二十八条 投标人应当在招标文件要求提交投标文件的截止时间前,将投标文件送达投标地点。招标人收到投标文件后,应当签收保存,不得开启。投标人少于三个的,招标人应当依照本法重新招标。

在招标文件要求提交投标文件的截止时间后送达的投标文件,招标人应当拒收。

第二十九条 投标人在招标文件要求提交投标文件的截止时间前,可以补充、修改或者撤回已提交的投标文件,并书面通知招标人。补充、修改的内容为投标文件的组成部分。

第三十条 投标人根据招标文件载明的项目实际情况,拟在中标后将中标项目的部分非主体、非关键性工作进行分包的,应当在投标文件中载明。

第三十一条 两个以上法人或者其他组织可以组成一个联合体,以一个投标人的身份共同投标。

联合体各方均应当具备承担招标项目的相应能力;国家有关规定或者招标文件对投标人资格条件有规定的,联合体各方均应当具备规定的相应资格条件。由同一专业的单位组成的联合体,按照资质等级较低的单位确定资质等级。

联合体各方应当签订共同投标协议,明确约定各方拟承担的工作和责任,并将共同投标协议连同投标文件一并提交招标人。联合体中标的,联合体各方应当共同与招标人签订合同,就中标项目向招标人承担连带责任。

招标人不得强制投标人组成联合体共同投标,不得限制投标人之间的竞争。

第三十二条 投标人不得相互串通投标报价,不得排挤其他投标人的公平竞争,损害招标人或者其他投标人的合法权益。

投标人不得与招标人串通投标,损害国家利益、社会公共利益或者他人的合法权益。

禁止投标人以向招标人或者评标委员会成员行贿的手段谋取中标。

第三十三条 投标人不得以低于成本的报价竞标,也不得以他人名义投标或者以其他方式弄虚作假,骗取中标。

第四章 开标、评标和中标

第三十四条 开标应当在招标文件确定的提交投标文件截止时间的同一时间公开进行;开标地点应当为招标文件中预先确定的地点。

第三十五条 开标由招标人主持,邀请所有投标人参加。

第三十六条 开标时,由投标人或者其推选的代表检查投标文件的密封情况,也可以由招标人委托的公证机构检查并公证;经确认无误后,由工作人员当众拆封,宣读投标人名称、投标价格和投标文件的其他主要内容。

招标人在招标文件要求提交投标文件的截止时间前收到的所有投标文件,开标时都应当当众予以拆封、宣读。

开标过程应当记录,并存档备查。

第三十七条 评标由招标人依法组建的评标委员会负责。

依法必须进行招标的项目，其评标委员会由招标人的代表和有关技术、经济等方面的专家组成，成员人数为五人以上单数，其中技术、经济等方面的专家不得少于成员总数的三分之二。

前款专家应当从事相关领域工作满八年并具有高级职称或者具有同等专业水平，由招标人从国务院有关部门或者省、自治区、直辖市人民政府有关部门提供的专家名册或者招标代理机构的专家库内的相关专业的专家名单中确定；一般招标项目可以采取随机抽取方式，特殊招标项目可以由招标人直接确定。

与投标人有利害关系的人不得进入相关项目的评标委员会；已经进入的应当更换。

评标委员会成员的名单在中标结果确定前应当保密。

第三十八条 招标人应当采取必要的措施，保证评标在严格保密的情况下进行。

任何单位和个人不得非法干预、影响评标的过程和结果。

第三十九条 评标委员会可以要求投标人对投标文件中含义不明确的内容作必要的澄清或者说明，但是澄清或者说明不得超出投标文件的范围或者改变投标文件的实质性内容。

第四十条 评标委员会应当按照招标文件确定的评标标准和方法，对投标文件进行评审和比较；设有标底的，应当参考标底。评标委员会完成评标后，应当向招标人提出书面评标报告，并推荐合格的中标候选人。

招标人根据评标委员会提出的书面评标报告和推荐的中标候选人确定中标人。招标人也可以授权评标委员会直接确定中标人。

国务院对特定招标项目的评标有特别规定的，从其规定。

第四十一条 中标人的投标应当符合下列条件之一：

（一）能够最大限度地满足招标文件中规定的各项综合评价标准；

（二）能够满足招标文件的实质性要求，并且经评审的投标价格最低；但是投标价格低于成本的除外。

第四十二条 评标委员会经评审，认为所有投标都不符合招标文件要求的，可以否决所有投标。

依法必须进行招标的项目的所有投标被否决的，招标人应当依照本法重新招标。

第四十三条 在确定中标人前，招标人不得与投标人就投标价格、投标方案等实质性内容进行谈判。

第四十四条 评标委员会成员应当客观、公正地履行职务，遵守职业道德，对所提出的评审意见承担个人责任。

评标委员会成员不得私下接触投标人，不得收受投标人的财物或者其他好处。

评标委员会成员和参与评标的有关工作人员不得透露对投标文件的评审和比较、中标候选人的推荐情况以及与评标有关的其他情况。

第四十五条 中标人确定后，招标人应当向中标人发出中标通知书，并同时将中标结果通知所有未中标的投标人。

中标通知书对招标人和中标人具有法律效力。中标通知书发出后，招标人改变中标结果的，或者中标人放弃中标项目的，应当依法承担法律责任。

第四十六条 招标人和中标人应当自中标通知书发出之日起三十日内，按照招标文件和中标人的投标文件订立书面合同。招标人和中标人不得再行订立背离合同实质性内容的其他协议。

招标文件要求中标人提交履约保证金的，中标人应当提交。

第四十七条 依法必须进行招标的项目，招标人应当自确定中标人之日起十五日内，向有关行政监督部门提交招标投标情况的书面报告。

第四十八条 中标人应当按照合同约定履行义务，完成中标项目。中标人不得向他人转让中标项目，也不得将中标项目肢解后分别向他人转让。

中标人按照合同约定或者经招标人同意，可以将中标项目的部分非主体、非关键性工作分包给他人完成。接受分包的人应当具备相应的资格条件，并不得再次分包。

中标人应当就分包项目向招标人负责，接受分包的人就分包项目承担连带责任。

……

中华人民共和国拍卖法(节录)

- 1996年7月5日第八届全国人民代表大会常务委员会第二十次会议通过
- 根据2004年8月28日第十届全国人民代表大会常务委员会第十一次会议《关于修改〈中华人民共和国拍卖法〉的决定》第一次修正
- 根据2015年4月24日第十二届全国人民代表大会常务委员会第十四次会议《关于修改〈中华人民共和国电力法〉等六部法律的决定》第二次修正

……

第二章 拍卖标的

第六条 拍卖标的应当是委托人所有或者依法可以处分的物品或者财产权利。

第七条 法律、行政法规禁止买卖的物品或者财产权利,不得作为拍卖标的。

第八条 依照法律或者按照国务院规定需经审批才能转让的物品或者财产权利,在拍卖前,应当依法办理审批手续。

委托拍卖的文物,在拍卖前,应当经拍卖人住所地的文物行政管理部门依法鉴定、许可。

第九条 国家行政机关依法没收的物品,充抵税款、罚款的物品和其他物品,按照国务院规定应当委托拍卖的,由财产所在地的省、自治区、直辖市的人民政府和设区的市的人民政府指定的拍卖人进行拍卖。

拍卖由人民法院依法没收的物品,充抵罚金、罚款的物品以及无法返还的追回物品,适用前款规定。

第三章 拍卖当事人

第一节 拍卖人

第十条 拍卖人是指依照本法和《中华人民共和国公司法》设立的从事拍卖活动的企业法人。

第十一条 企业取得从事拍卖业务的许可必须经所在地的省、自治区、直辖市人民政府负责管理拍卖业的部门审核批准。拍卖企业可以在设区的市设立。

第十二条 企业申请取得从事拍卖业务的许可,应当具备下列条件:

(一)有一百万元人民币以上的注册资本;

(二)有自己的名称、组织机构、住所和章程;

(三)有与从事拍卖业务相适应的拍卖师和其他工作人员;

(四)有符合本法和其他有关法律规定的拍卖业务规则;

(五)符合国务院有关拍卖业发展的规定;

(六)法律、行政法规规定的其他条件。

第十三条 拍卖企业经营文物拍卖的,应当有1000万元人民币以上的注册资本,有具有文物拍卖专业知识的人员。

第十四条 拍卖活动应当由拍卖师主持。

第十五条 拍卖师应当具备下列条件:

(一)具有高等院校专科以上学历和拍卖专业知识;

(二)在拍卖企业工作两年以上;

(三)品行良好。

被开除公职或者吊销拍卖师资格证书未满5年的,或者因故意犯罪受过刑事处罚的,不得担任拍卖师。

第十六条 拍卖师资格考核,由拍卖行业协会统一组织。经考核合格的,由拍卖行业协会发给拍卖师资格证书。

第十七条 拍卖行业协会是依法成立的社会团体法人,是拍卖业的自律性组织。拍卖行业协会依照本法并根据章程,对拍卖企业和拍卖师进行监督。

第十八条 拍卖人有权要求委托人说明拍卖标的的来源和瑕疵。

拍卖人应当向竞买人说明拍卖标的的瑕疵。

第十九条 拍卖人对委托人交付拍卖的物品负有保管义务。

第二十条 拍卖人接受委托后,未经委托人同意,不得委托其他拍卖人拍卖。

第二十一条 委托人、买受人要求对其身份保密的,拍卖人应当为其保密。

第二十二条 拍卖人及其工作人员不得以竞买人的身份参与自己组织的拍卖活动,并不得委托他人代为竞买。

第二十三条 拍卖人不得在自己组织的拍卖活动中拍卖自己的物品或者财产权利。

第二十四条 拍卖成交后，拍卖人应当按照约定向委托人交付拍卖标的的价款，并按照约定将拍卖标的移交给买受人。

第二节 委托人

第二十五条 委托人是指委托拍卖人拍卖物品或者财产权利的公民、法人或者其他组织。

第二十六条 委托人可以自行办理委托拍卖手续，也可以由其代理人代为办理委托拍卖手续。

第二十七条 委托人应当向拍卖人说明拍卖标的的来源和瑕疵。

第二十八条 委托人有权确定拍卖标的的保留价并要求拍卖人保密。

拍卖国有资产，依照法律或者按照国务院规定需要评估的，应当经依法设立的评估机构评估，并根据评估结果确定拍卖标的的保留价。

第二十九条 委托人在拍卖开始前可以撤回拍卖标的。委托人撤回拍卖标的的，应当向拍卖人支付约定的费用；未作约定的，应当向拍卖人支付为拍卖支出的合理费用。

第三十条 委托人不得参与竞买，也不得委托他人代为竞买。

第三十一条 按照约定由委托人移交拍卖标的的，拍卖成交后，委托人应当将拍卖标的移交给买受人。

第三节 竞买人

第三十二条 竞买人是指参加竞购拍卖标的的公民、法人或者其他组织。

第三十三条 法律、行政法规对拍卖标的的买卖条件有规定的，竞买人应当具备规定的条件。

第三十四条 竞买人可以自行参加竞买，也可以委托其代理人参加竞买。

第三十五条 竞买人有权了解拍卖标的的瑕疵，有权查验拍卖标的和查阅有关拍卖资料。

第三十六条 竞买人一经应价，不得撤回，当其他竞买人有更高应价时，其应价即丧失约束力。

第三十七条 竞买人之间、竞买人与拍卖人之间不得恶意串通，损害他人利益。

第四节 买受人

第三十八条 买受人是指以最高应价购得拍卖标的的竞买人。

第三十九条 买受人应当按照约定支付拍卖标的的价款，未按照约定支付价款的，应当承担违约责任，或者由拍卖人征得委托人的同意，将拍卖标的再行拍卖。

拍卖标的再行拍卖的，原买受人应当支付第一次拍卖中本人及委托人应当支付的佣金。再行拍卖的价款低于原拍卖价款的，原买受人应当补足差额。

第四十条 买受人未能按照约定取得拍卖标的的，有权要求拍卖人或者委托人承担违约责任。

买受人未按照约定受领拍卖标的的，应当支付由此产生的保管费用。

第四章 拍卖程序

第一节 拍卖委托

第四十一条 委托人委托拍卖物品或者财产权利，应当提供身份证明和拍卖人要求提供的拍卖标的的所有权证明或者依法可以处分拍卖标的的证明及其他资料。

第四十二条 拍卖人应当对委托人提供的有关文件、资料进行核实。拍卖人接受委托的，应当与委托人签订书面委托拍卖合同。

第四十三条 拍卖人认为需要对拍卖标的进行鉴定的，可以进行鉴定。

鉴定结论与委托拍卖合同载明的拍卖标的的状况不相符的，拍卖人有权要求变更或者解除合同。

第四十四条 委托拍卖合同应当载明以下事项：

（一）委托人、拍卖人的姓名或者名称、住所；

（二）拍卖标的的名称、规格、数量、质量；

（三）委托人提出的保留价；

（四）拍卖的时间、地点；

（五）拍卖标的交付或者转移的时间、方式；

（六）佣金及其支付的方式、期限；

（七）价款的支付方式、期限；

（八）违约责任；

（九）双方约定的其他事项。

第二节 拍卖公告与展示

第四十五条 拍卖人应当于拍卖日七日前发布拍卖公告。

第四十六条 拍卖公告应当载明下列事项：

（一）拍卖的时间、地点；

（二）拍卖标的；

（三）拍卖标的展示时间、地点；

（四）参与竞买应当办理的手续；

（五）需要公告的其他事项。

第四十七条 拍卖公告应当通过报纸或者其他新闻媒介发布。

第四十八条 拍卖人应当在拍卖前展示拍卖标的，并提供查看拍卖标的的条件及有关资料。

拍卖标的的展示时间不得少于两日。

第三节 拍卖的实施

第四十九条 拍卖师应当于拍卖前宣布拍卖规则和注意事项。

第五十条 拍卖标的无保留价的，拍卖师应当在拍卖前予以说明。

拍卖标的有保留价的，竞买人的最高应价未达到保留价时，该应价不发生效力，拍卖师应当停止拍卖标的的拍卖。

第五十一条 竞买人的最高应价经拍卖师落槌或者以其他公开表示买定的方式确认后，拍卖成交。

第五十二条 拍卖成交后，买受人和拍卖人应当签署成交确认书。

第五十三条 拍卖人进行拍卖时，应当制作拍卖笔录。拍卖笔录应当由拍卖师、记录人签名；拍卖成交的，还应当由买受人签名。

第五十四条 拍卖人应当妥善保管有关业务经营活动的完整账簿、拍卖笔录和其他有关资料。

前款规定的账簿、拍卖笔录和其他有关资料的保管期限，自委托拍卖合同终止之日起计算，不得少于五年。

第五十五条 拍卖标的需要依法办理证照变更、产权过户手续的，委托人、买受人应当持拍卖人出具的成交证明和有关材料，向有关行政管理机关办理手续。

第四节 佣　金

第五十六条 委托人、买受人可以与拍卖人约定佣金的比例。

委托人、买受人与拍卖人对佣金比例未作约定，拍卖成交的，拍卖人可以向委托人、买受人各收取不超过拍卖成交价5%的佣金。收取佣金的比例按照同拍卖成交价成反比的原则确定。

拍卖未成交的，拍卖人可以向委托人收取约定的费用；未作约定的，可以向委托人收取为拍卖支出的合理费用。

第五十七条 拍卖本法第九条规定的物品成交的，拍卖人可以向买受人收取不超过拍卖成交价5%的佣金。收取佣金的比例按照同拍卖成交价成反比的原则确定。

拍卖未成交的，适用本法第五十六条第三款的规定。

……

中华人民共和国电子商务法

· 2018年8月31日第十三届全国人民代表大会常务委员会第五次会议通过

· 2018年8月31日中华人民共和国主席令第7号公布

· 自2019年1月1日起施行

第一章　总　则

第一条 【立法目的】为了保障电子商务各方主体的合法权益，规范电子商务行为，维护市场秩序，促进电子商务持续健康发展，制定本法。

第二条 【调整对象与适用范围】中华人民共和国境内的电子商务活动，适用本法。

本法所称电子商务，是指通过互联网等信息网络销售商品或者提供服务的经营活动。

法律、行政法规对销售商品或者提供服务有规定的，适用其规定。金融类产品和服务，利用信息网络提供新闻信息、音视频节目、出版以及文化产品等内容方面的服务，不适用本法。

第三条 【鼓励创新与营造良好市场环境】国家鼓励发展电子商务新业态，创新商业模式，促进电子商务技术研发和推广应用，推进电子商务诚信体系建设，营造有利于电子商务创新发展的市场环境，充分发挥电子商务在推动高质量发展、满足人民日益增长的美好生活需要、构建开放型经济方面的重要作用。

第四条 【线上线下一致与融合发展】国家平等对待线上线下商务活动，促进线上线下融合发展，各级人民政府和有关部门不得采取歧视性的政策措施,不得滥用行政权力排除、限制市场竞争。

第五条 【电子商务经营者义务和责任】电子商务经营者从事经营活动,应当遵循自愿、平等、公平、诚信的原则,遵守法律和商业道德,公平参与市场竞争,履行消费者权益保护、环境保护、知识产权保护、网络安全与个人信息保护等方面的义务,承担产品和服务质量责任,接受政府和社会的监督。

第六条 【监管体制】国务院有关部门按照职责分工负责电子商务发展促进、监督管理等工作。县级以上地方各级人民政府可以根据本行政区域的实际情况,确定本行政区域内电子商务的部门职责划分。

第七条 【协同管理与市场共治】国家建立符合电子商务特点的协同管理体系,推动形成有关部门、电子商务行业组织、电子商务经营者、消费者等共同参与的电子商务市场治理体系。

第八条 【行业自律】电子商务行业组织按照本组织章程开展行业自律,建立健全行业规范,推动行业诚信建设,监督、引导本行业经营者公平参与市场竞争。

第二章　电子商务经营者

第一节　一般规定

第九条 【电子商务经营主体】本法所称电子商务经营者,是指通过互联网等信息网络从事销售商品或者提供服务的经营活动的自然人、法人和非法人组织,包括电子商务平台经营者、平台内经营者以及通过自建网站、其他网络服务销售商品或者提供服务的电子商务经营者。

本法所称电子商务平台经营者,是指在电子商务中为交易双方或者多方提供网络经营场所、交易撮合、信息发布等服务,供交易双方或者多方独立开展交易活动的法人或者非法人组织。

本法所称平台内经营者,是指通过电子商务平台销售商品或者提供服务的电子商务经营者。

第十条 【市场主体登记】电子商务经营者应当依法办理市场主体登记。但是,个人销售自产农副产品、家庭手工业产品,个人利用自己的技能从事依法无须取得许可的便民劳务活动和零星小额交易活动,以及依照法律、行政法规不需要进行登记的除外。

第十一条 【纳税义务与纳税登记】电子商务经营者应当依法履行纳税义务,并依法享受税收优惠。

依照前条规定不需要办理市场主体登记的电子商务经营者在首次纳税义务发生后,应当依照税收征收管理法律、行政法规的规定申请办理税务登记,并如实申报纳税。

第十二条 【依法取得行政许可】电子商务经营者从事经营活动,依法需要取得相关行政许可的,应当依法取得行政许可。

第十三条 【标的合法】电子商务经营者销售的商品或者提供的服务应当符合保障人身、财产安全的要求和环境保护要求,不得销售或者提供法律、行政法规禁止交易的商品或者服务。

第十四条 【电子发票】电子商务经营者销售商品或者提供服务应当依法出具纸质发票或者电子发票等购货凭证或者服务单据。电子发票与纸质发票具有同等法律效力。

第十五条 【亮照经营义务】电子商务经营者应当在其首页显著位置,持续公示营业执照信息、与其经营业务有关的行政许可信息、属于依照本法第十条规定的不需要办理市场主体登记情形等信息,或者上述信息的链接标识。

前款规定的信息发生变更的,电子商务经营者应当及时更新公示信息。

第十六条 【业务终止】电子商务经营者自行终止从事电子商务的,应当提前三十日在首页显著位置持续公示有关信息。

第十七条 【信息披露义务】电子商务经营者应当全面、真实、准确、及时地披露商品或者服务信息,保障消费者的知情权和选择权。电子商务经营者不得以虚构交易、编造用户评价等方式进行虚假或者引人误解的商业宣传,欺骗、误导消费者。

第十八条 【搜索与广告规制】电子商务经营者根据消费者的兴趣爱好、消费习惯等特征向其提供商品或者服务的搜索结果的,应当同时向该消费者提供不针对其个人特征的选项,尊重和平等保护消费者合法权益。

电子商务经营者向消费者发送广告的,应当遵守《中华人民共和国广告法》的有关规定。

第十九条 【搭售商品或者服务规制】电子商

务经营者搭售商品或者服务,应当以显著方式提请消费者注意,不得将搭售商品或者服务作为默认同意的选项。

第二十条 【交付义务与标的在途风险和责任承担】电子商务经营者应当按照承诺或者与消费者约定的方式、时限向消费者交付商品或者服务,并承担商品运输中的风险和责任。但是,消费者另行选择快递物流服务提供者的除外。

第二十一条 【押金收取和退还】电子商务经营者按照约定向消费者收取押金的,应当明示押金退还的方式、程序,不得对押金退还设置不合理条件。消费者申请退还押金,符合押金退还条件的,电子商务经营者应当及时退还。

第二十二条 【不得滥用市场支配地位】电子商务经营者因其技术优势、用户数量、对相关行业的控制能力以及其他经营者对该电子商务经营者在交易上的依赖程度等因素而具有市场支配地位的,不得滥用市场支配地位,排除、限制竞争。

第二十三条 【个人信息保护】电子商务经营者收集、使用其用户的个人信息,应当遵守法律、行政法规有关个人信息保护的规定。

第二十四条 【用户的查询权、更正权、删除权等】电子商务经营者应当明示用户信息查询、更正、删除以及用户注销的方式、程序,不得对用户信息查询、更正、删除以及用户注销设置不合理条件。

电子商务经营者收到用户信息查询或者更正、删除的申请的,应当在核实身份后及时提供查询或者更正、删除用户信息。用户注销的,电子商务经营者应当立即删除该用户的信息;依照法律、行政法规的规定或者双方约定保存的,依照其规定。

第二十五条 【数据信息提供与安全保护】有关主管部门依照法律、行政法规的规定要求电子商务经营者提供有关电子商务数据信息的,电子商务经营者应当提供。有关主管部门应当采取必要措施保护电子商务经营者提供的数据信息的安全,并对其中的个人信息、隐私和商业秘密严格保密,不得泄露、出售或者非法向他人提供。

第二十六条 【跨境电子商务的法律适用】电子商务经营者从事跨境电子商务,应当遵守进出口监督管理的法律、行政法规和国家有关规定。

第二节 电子商务平台经营者

第二十七条 【身份核验】电子商务平台经营者应当要求申请进入平台销售商品或者提供服务的经营者提交其身份、地址、联系方式、行政许可等真实信息,进行核验、登记,建立登记档案,并定期核验更新。

电子商务平台经营者为进入平台销售商品或者提供服务的非经营用户提供服务,应当遵守本节有关规定。

第二十八条 【报送身份信息和纳税信息】电子商务平台经营者应当按照规定向市场监督管理部门报送平台内经营者的身份信息,提示未办理市场主体登记的经营者依法办理登记,并配合市场监督管理部门,针对电子商务的特点,为应当办理市场主体登记的经营者办理登记提供便利。

电子商务平台经营者应当依照税收征收管理法律、行政法规的规定,向税务部门报送平台内经营者的身份信息和与纳税有关的信息,并应当提示依照本法第十条规定不需要办理市场主体登记的电子商务经营者依照本法第十一条第二款的规定办理税务登记。

第二十九条 【审查、处置和报告义务】电子商务平台经营者发现平台内的商品或者服务信息存在违反本法第十二条、第十三条规定情形的,应当依法采取必要的处置措施,并向有关主管部门报告。

第三十条 【网络安全与交易安全保障】电子商务平台经营者应当采取技术措施和其他必要措施保证其网络安全、稳定运行,防范网络违法犯罪活动,有效应对网络安全事件,保障电子商务交易安全。

电子商务平台经营者应当制定网络安全事件应急预案,发生网络安全事件时,应当立即启动应急预案,采取相应的补救措施,并向有关主管部门报告。

第三十一条 【商品和服务信息、交易信息记录和保存】电子商务平台经营者应当记录、保存平台上发布的商品和服务信息、交易信息,并确保信息的完整性、保密性、可用性。商品和服务信息、交易信息保存时间自交易完成之日起不少于三年;法律、行政法规另有规定的,依照其规定。

第三十二条 【服务协议和交易规则制定】电

子商务平台经营者应当遵循公开、公平、公正的原则，制定平台服务协议和交易规则，明确进入和退出平台、商品和服务质量保障、消费者权益保护、个人信息保护等方面的权利和义务。

第三十三条 【服务协议和交易规则公示】电子商务平台经营者应当在其首页显著位置持续公示平台服务协议和交易规则信息或者上述信息的链接标识，并保证经营者和消费者能够便利、完整地阅览和下载。

第三十四条 【服务协议和交易规则修改】电子商务平台经营者修改平台服务协议和交易规则，应当在其首页显著位置公开征求意见，采取合理措施确保有关各方能够及时充分表达意见。修改内容应当至少在实施前七日予以公示。

平台内经营者不接受修改内容，要求退出平台的，电子商务平台经营者不得阻止，并按照修改前的服务协议和交易规则承担相关责任。

第三十五条 【禁止滥用优势地位】电子商务平台经营者不得利用服务协议、交易规则以及技术等手段，对平台内经营者在平台内的交易、交易价格以及与其他经营者的交易等进行不合理限制或者附加不合理条件，或者向平台内经营者收取不合理费用。

第三十六条 【违法违规行为处置信息公示】电子商务平台经营者依据平台服务协议和交易规则对平台内经营者违反法律、法规的行为实施警示、暂停或者终止服务等措施的，应当及时公示。

第三十七条 【自营业务区分】电子商务平台经营者在其平台上开展自营业务的，应当以显著方式区分标记自营业务和平台内经营者开展的业务，不得误导消费者。

电子商务平台经营者对其标记为自营的业务依法承担商品销售者或者服务提供者的民事责任。

第三十八条 【平台经营者的连带责任与相应责任】电子商务平台经营者知道或者应当知道平台内经营者销售的商品或者提供的服务不符合保障人身、财产安全的要求，或者有其他侵害消费者合法权益行为，未采取必要措施的，依法与该平台内经营者承担连带责任。

对关系消费者生命健康的商品或者服务，电子商务平台经营者对平台内经营者的资质资格未尽到审核义务，或者对消费者未尽到安全保障义务，造成消费者损害的，依法承担相应的责任。

第三十九条 【信用评价】电子商务平台经营者应当建立健全信用评价制度，公示信用评价规则，为消费者提供对平台内销售的商品或者提供的服务进行评价的途径。

电子商务平台经营者不得删除消费者对其平台内销售的商品或者提供的服务的评价。

第四十条 【广告标注义务】电子商务平台经营者应当根据商品或者服务的价格、销量、信用等以多种方式向消费者显示商品或者服务的搜索结果；对于竞价排名的商品或者服务，应当显著标明“广告”。

第四十一条 【知识产权保护规则】电子商务平台经营者应当建立知识产权保护规则，与知识产权权利人加强合作，依法保护知识产权。

第四十二条 【通知删除】知识产权权利人认为其知识产权受到侵害的，有权通知电子商务平台经营者采取删除、屏蔽、断开链接、终止交易和服务等必要措施。通知应当包括构成侵权的初步证据。

电子商务平台经营者接到通知后，应当及时采取必要措施，并将该通知转送平台内经营者；未及时采取必要措施的，对损害的扩大部分与平台内经营者承担连带责任。

因通知错误造成平台内经营者损害的，依法承担民事责任。恶意发出错误通知，造成平台内经营者损失的，加倍承担赔偿责任。

第四十三条 【平台经营者声明及其后果】平台内经营者接到转送的通知后，可以向电子商务平台经营者提交不存在侵权行为的声明。声明应当包括不存在侵权行为的初步证据。

电子商务平台经营者接到声明后，应当将该声明转送发出通知的知识产权权利人，并告知其可以向有关主管部门投诉或者向人民法院起诉。电子商务平台经营者在转送声明到达知识产权权利人后十五日内，未收到权利人已经投诉或者起诉通知的，应当及时终止所采取的措施。

第四十四条 【信息公示】电子商务平台经营者应当及时公示收到的本法第四十二条、第四十三条规定的通知、声明及处理结果。

第四十五条 【平台经营者知识产权侵权责任】电子商务平台经营者知道或者应当知道平台内经营者侵犯知识产权的，应当采取删除、屏蔽、断开链接、终止交易和服务等必要措施；未采取必要措施的，与侵权人承担连带责任。

第四十六条 【合规经营与禁止平台经营者从事的交易服务】除本法第九条第二款规定的服务外，电子商务平台经营者可以按照平台服务协议和交易规则，为经营者之间的电子商务提供仓储、物流、支付结算、交收等服务。电子商务平台经营者为经营者之间的电子商务提供服务，应当遵守法律、行政法规和国家有关规定，不得采取集中竞价、做市商等集中交易方式进行交易，不得进行标准化合约交易。

第三章 电子商务合同的订立与履行

第四十七条 【电子商务合同的法律适用】电子商务当事人订立和履行合同，适用本章和《中华人民共和国民法总则》《中华人民共和国合同法》《中华人民共和国电子签名法》等法律的规定。

第四十八条 【自动信息系统的法律效力与行为能力推定】电子商务当事人使用自动信息系统订立或者履行合同的行为对使用该系统的当事人具有法律效力。

在电子商务中推定当事人具有相应的民事行为能力。但是，有相反证据足以推翻的除外。

第四十九条 【电子商务合同成立】电子商务经营者发布的商品或者服务信息符合要约条件的，用户选择该商品或者服务并提交订单成功，合同成立。当事人另有约定的，从其约定。

电子商务经营者不得以格式条款等方式约定消费者支付价款后合同不成立；格式条款等含有该内容的，其内容无效。

第五十条 【电子商务合同订立规范】电子商务经营者应当清晰、全面、明确地告知用户订立合同的步骤、注意事项、下载方法等事项，并保证用户能够便利、完整地阅览和下载。

电子商务经营者应当保证用户在提交订单前可以更正输入错误。

第五十一条 【合同标的交付时间与方式】合同标的为交付商品并采用快递物流方式交付的，收货人签收时间为交付时间。合同标的为提供服务的，生成的电子凭证或者实物凭证中载明的时间为交付时间；前述凭证没有载明时间或者载明时间与实际提供服务时间不一致的，实际提供服务的时间为交付时间。

合同标的为采用在线传输方式交付的，合同标的进入对方当事人指定的特定系统并且能够检索识别的时间为交付时间。

合同当事人对交付方式、交付时间另有约定的，从其约定。

第五十二条 【使用快递物流方式交付商品】电子商务当事人可以约定采用快递物流方式交付商品。

快递物流服务提供者为电子商务提供快递物流服务，应当遵守法律、行政法规，并应当符合承诺的服务规范和时限。快递物流服务提供者在交付商品时，应当提示收货人当面查验；交由他人代收的，应当经收货人同意。

快递物流服务提供者应当按照规定使用环保包装材料，实现包装材料的减量化和再利用。

快递物流服务提供者在提供快递物流服务的同时，可以接受电子商务经营者的委托提供代收货款服务。

第五十三条 【电子支付服务提供者的义务】电子商务当事人可以约定采用电子支付方式支付价款。

电子支付服务提供者为电子商务提供电子支付服务，应当遵守国家规定，告知用户电子支付服务的功能、使用方法、注意事项、相关风险和收费标准等事项，不得附加不合理交易条件。电子支付服务提供者应当确保电子支付指令的完整性、一致性、可跟踪稽核和不可篡改。

电子支付服务提供者应当向用户免费提供对账服务以及最近三年的交易记录。

第五十四条 【电子支付安全管理要求】电子支付服务提供者提供电子支付服务不符合国家有关支付安全管理要求，造成用户损失的，应当承担赔偿责任。

第五十五条 【错误支付的法律责任】用户在发出支付指令前，应当核对支付指令所包含的金额、收款人等完整信息。

支付指令发生错误的，电子支付服务提供者应当及时查找原因，并采取相关措施予以纠正。造成用户损失的，电子支付服务提供者应当承担赔偿责任，但能够证明支付错误非自身原因造成的除外。

第五十六条 【向用户提供支付确认信息的义务】电子支付服务提供者完成电子支付后，应当及时准确地向用户提供符合约定方式的确认支付的信息。

第五十七条 【用户注意义务及未授权支付法律责任】用户应当妥善保管交易密码、电子签名数据等安全工具。用户发现安全工具遗失、被盗用或者未经授权的支付的,应当及时通知电子支付服务提供者。

未经授权的支付造成的损失,由电子支付服务提供者承担;电子支付服务提供者能够证明未经授权的支付是因用户的过错造成的,不承担责任。

电子支付服务提供者发现支付指令未经授权,或者收到用户支付指令未经授权的通知时,应当立即采取措施防止损失扩大。电子支付服务提供者未及时采取措施导致损失扩大的,对损失扩大部分承担责任。

第四章 电子商务争议解决

第五十八条 【商品、服务质量担保机制、消费者权益保证金和先行赔偿责任】国家鼓励电子商务平台经营者建立有利于电子商务发展和消费者权益保护的商品、服务质量担保机制。

电子商务平台经营者与平台内经营者协议设立消费者权益保证金的,双方应当就消费者权益保证金的提取数额、管理、使用和退还办法等作出明确约定。

消费者要求电子商务平台经营者承担先行赔偿责任以及电子商务平台经营者赔偿后向平台内经营者的追偿,适用《中华人民共和国消费者权益保护法》的有关规定。

第五十九条 【电子商务经营者的投诉举报机制】电子商务经营者应当建立便捷、有效的投诉、举报机制,公开投诉、举报方式等信息,及时受理并处理投诉、举报。

第六十条 【电子商务争议五种解决方式】电子商务争议可以通过协商和解,请求消费者组织、行业协会或者其他依法成立的调解组织调解,向有关部门投诉,提请仲裁,或者提起诉讼等方式解决。

第六十一条 【协助维权义务】消费者在电子商务平台购买商品或者接受服务,与平台内经营者发生争议时,电子商务平台经营者应当积极协助消费者维护合法权益。

第六十二条 【提供原始合同和交易记录】在电子商务争议处理中,电子商务经营者应当提供原始合同和交易记录。因电子商务经营者丢失、伪造、篡改、销毁、隐匿或者拒绝提供前述资料,致使人民法院、仲裁机构或者有关机关无法查明事实的,电子商务经营者应当承担相应的法律责任。

第六十三条 【争议在线解决机制】电子商务平台经营者可以建立争议在线解决机制,制定并公示争议解决规则,根据自愿原则,公平、公正地解决当事人的争议。

第五章 电子商务促进

第六十四条 【电子商务发展规划和产业政策】国务院和省、自治区、直辖市人民政府应当将电子商务发展纳入国民经济和社会发展规划,制定科学合理的产业政策,促进电子商务创新发展。

第六十五条 【电子商务绿色发展】国务院和县级以上地方人民政府及其有关部门应当采取措施,支持、推动绿色包装、仓储、运输,促进电子商务绿色发展。

第六十六条 【基础设施建设、统计制度和标准体系建设】国家推动电子商务基础设施和物流网络建设,完善电子商务统计制度,加强电子商务标准体系建设。

第六十七条 【电子商务与各产业融合发展】国家推动电子商务在国民经济各个领域的应用,支持电子商务与各产业融合发展。

第六十八条 【农村电子商务与精准扶贫】国家促进农业生产、加工、流通等环节的互联网技术应用,鼓励各类社会资源加强合作,促进农村电子商务发展,发挥电子商务在精准扶贫中的作用。

第六十九条 【电子商务交易安全与公共数据共享】国家维护电子商务交易安全,保护电子商务用户信息,鼓励电子商务数据开发应用,保障电子商务数据依法有序自由流动。

国家采取措施推动建立公共数据共享机制,促进电子商务经营者依法利用公共数据。

第七十条 【电子商务信用评价】国家支持依法设立的信用评价机构开展电子商务信用评价,向社会提供电子商务信用评价服务。

第七十一条 【跨境电子商务便利化、综合服务与小微企业支持】国家促进跨境电子商务发展,建立健全适应跨境电子商务特点的海关、税收、进出境检验检疫、支付结算等管理制度,提高跨境电子商务各环节便利化水平,支持跨境电子商务平台经营者等为跨境电子商务提供仓储物流、报关、报检等服务。

国家支持小型微型企业从事跨境电子商务。

第七十二条 【单一窗口与电子单证】国家进出口管理部门应当推进跨境电子商务海关申报、纳税、检验检疫等环节的综合服务和监管体系建设,优化监管流程,推动实现信息共享、监管互认、执法互助,提高跨境电子商务服务和监管效率。跨境电子商务经营者可以凭电子单证向国家进出口管理部门办理有关手续。

第七十三条 【国际交流与合作】国家推动建立与不同国家、地区之间跨境电子商务的交流合作,参与电子商务国际规则的制定,促进电子签名、电子身份等国际互认。

国家推动建立与不同国家、地区之间的跨境电子商务争议解决机制。

第六章 法律责任

第七十四条 【电子商务经营者的民事责任】电子商务经营者销售商品或者提供服务,不履行合同义务或者履行合同义务不符合约定,或者造成他人损害的,依法承担民事责任。

第七十五条 【电子商务经营者违法违规的法律责任衔接】电子商务经营者违反本法第十二条、第十三条规定,未取得相关行政许可从事经营活动,或者销售、提供法律、行政法规禁止交易的商品、服务,或者不履行本法第二十五条规定的信息提供义务,电子商务平台经营者违反本法第四十六条规定,采取集中交易方式进行交易,或者进行标准化合约交易的,依照有关法律、行政法规的规定处罚。

第七十六条 【电子商务经营者违反信息公示以及用户信息管理义务的行政处罚】电子商务经营者违反本法规定,有下列行为之一的,由市场监督管理部门责令限期改正,可以处一万元以下的罚款,对其中的电子商务平台经营者,依照本法第八十一条第一款的规定处罚:

(一)未在首页显著位置公示营业执照信息、行政许可信息、属于不需要办理市场主体登记情形等信息,或者上述信息的链接标识的;

(二)未在首页显著位置持续公示终止电子商务的有关信息的;

(三)未明示用户信息查询、更正、删除以及用户注销的方式、程序,或者对用户信息查询、更正、删除以及用户注销设置不合理条件的。

电子商务平台经营者对违反前款规定的平台内经营者未采取必要措施的,由市场监督管理部门责令限期改正,可以处二万元以上十万元以下的罚款。

第七十七条 【违法提供搜索结果或者搭售商品、服务的行政处罚】电子商务经营者违反本法第十八条第一款规定提供搜索结果,或者违反本法第十九条规定搭售商品、服务的,由市场监督管理部门责令限期改正,没收违法所得,可以并处五万元以上二十万元以下的罚款;情节严重的,并处二十万元以上五十万元以下的罚款。

第七十八条 【违反押金管理规定的行政处罚】电子商务经营者违反本法第二十一条规定,未向消费者明示押金退还的方式、程序,对押金退还设置不合理条件,或者不及时退还押金的,由有关主管部门责令限期改正,可以处五万元以上二十万元以下的罚款;情节严重的,处二十万元以上五十万元以下的罚款。

第七十九条 【违反个人信息保护义务、网络安全保障义务的法律责任衔接】电子商务经营者违反法律、行政法规有关个人信息保护的规定,或者不履行本法第三十条和有关法律、行政法规规定的网络安全保障义务的,依照《中华人民共和国网络安全法》等法律、行政法规的规定处罚。

第八十条 【违反核验登记、信息报送、违法信息处置、商品和服务信息、交易信息保存义务的行政处罚】电子商务平台经营者有下列行为之一的,由有关主管部门责令限期改正;逾期不改正的,处二万元以上十万元以下的罚款;情节严重的,责令停业整顿,并处十万元以上五十万元以下的罚款:

(一)不履行本法第二十七条规定的核验、登记义务的;

(二)不按照本法第二十八条规定向市场监督管理部门、税务部门报送有关信息的;

(三)不按照本法第二十九条规定对违法情形采取必要的处置措施,或者未向有关主管部门报告的;

(四)不履行本法第三十一条规定的商品和服务信息、交易信息保存义务的。

法律、行政法规对前款规定的违法行为的处罚另有规定的,依照其规定。

第八十一条 【违反服务协议、交易规则管理、自营业务标注、信用评价管理、广告标注义务的行政处罚】电子商务平台经营者违反本法规定，有下列行为之一的，由市场监督管理部门责令限期改正，可以处二万元以上十万元以下的罚款；情节严重的，处十万元以上五十万元以下的罚款：

（一）未在首页显著位置持续公示平台服务协议、交易规则信息或者上述信息的链接标识的；

（二）修改交易规则未在首页显著位置公开征求意见，未按照规定的时间提前公示修改内容，或者阻止平台内经营者退出的；

（三）未以显著方式区分标记自营业务和平台内经营者开展的业务的；

（四）未为消费者提供对平台内销售的商品或者提供的服务进行评价的途径，或者擅自删除消费者的评价的。

电子商务平台经营者违反本法第四十条规定，对竞价排名的商品或者服务未显著标明“广告”的，依照《中华人民共和国广告法》的规定处罚。

第八十二条 【对平台内经营者进行不合理限制、附加不合理条件、收取不合理费用的行政处罚】电子商务平台经营者违反本法第三十五条规定，对平台内经营者在平台内的交易、交易价格或者与其他经营者的交易等进行不合理限制或者附加不合理条件，或者向平台内经营者收取不合理费用的，由市场监督管理部门责令限期改正，可以处五万元以上五十万元以下的罚款；情节严重的，处五十万元以上二百万元以下的罚款。

第八十三条 【违反采取合理措施、主体审核义务、安全保障义务的行政处罚】电子商务平台经营者违反本法第三十八条规定，对平台内经营者侵害消费者合法权益行为未采取必要措施，或者对平台内经营者未尽到资质资格审核义务，或者对消费者未尽到安全保障义务的，由市场监督管理部门责令限期改正，可以处五万元以上五十万元以下的罚款；情节严重的，责令停业整顿，并处五十万元以上二百万元以下的罚款。

第八十四条 【平台知识产权侵权的行政处罚】电子商务平台经营者违反本法第四十二条、第四十五条规定，对平台内经营者实施侵犯知识产权行为未依法采取必要措施的，由有关知识产权行政部门责令限期改正；逾期不改正的，处五万元以上五十万元以下的罚款；情节严重的，处五十万元以上二百万元以下的罚款。

第八十五条 【产品质量、反垄断、反不正当竞争、知识产权保护、消费者权益保护等法律的法律责任的衔接性规定】电子商务经营者违反本法规定，销售的商品或者提供的服务不符合保障人身、财产安全的要求，实施虚假或者引人误解的商业宣传等不正当竞争行为，滥用市场支配地位，或者实施侵犯知识产权、侵害消费者权益等行为的，依照有关法律的规定处罚。

第八十六条 【违法行为的信用档案记录与公示】电子商务经营者有本法规定的违法行为的，依照有关法律、行政法规的规定记入信用档案，并予以公示。

第八十七条 【电子商务监管部门工作人员的违法行为的法律责任】依法负有电子商务监督管理职责的部门的工作人员，玩忽职守、滥用职权、徇私舞弊，或者泄露、出售或者非法向他人提供在履行职责中所知悉的个人信息、隐私和商业秘密的，依法追究法律责任。

第八十八条 【违法行为的治安管理处罚和刑事责任】违反本法规定，构成违反治安管理行为的，依法给予治安管理处罚；构成犯罪的，依法追究刑事责任。

第七章 附 则

第八十九条 【施行日期】本法自2019年1月1日起施行。

中华人民共和国消费者权益保护法实施条例（节录）

· 2024年3月15日中华人民共和国国务院令第778号公布

· 自2024年7月1日起施行

……

第二章 消费者的权利和经营者的义务

第七条 消费者在购买商品、使用商品或者接受服务时，依法享有人身和财产安全不受损害的权利。

经营者向消费者提供商品或者服务(包括以奖励、赠送、试用等形式向消费者免费提供商品或者服务),应当保证商品或者服务符合保障人身、财产安全的要求。免费提供的商品或者服务存在瑕疵但不违反法律强制性规定且不影响正常使用性能的,经营者应当在提供商品或者服务前如实告知消费者。

经营者应当保证其经营场所及设施符合保障人身、财产安全的要求,采取必要的安全防护措施,并设置相应的警示标识。消费者在经营场所遇到危险或者受到侵害时,经营者应当给予及时、必要的救助。

第八条 消费者认为经营者提供的商品或者服务可能存在缺陷,有危及人身、财产安全危险的,可以向经营者或者有关行政部门反映情况或者提出建议。

经营者发现其提供的商品或者服务可能存在缺陷,有危及人身、财产安全危险的,应当依照消费者权益保护法第十九条的规定及时采取相关措施。采取召回措施的,生产或者进口商品的经营者应当制定召回计划,发布召回信息,明确告知消费者享有的相关权利,保存完整的召回记录,并承担消费者因商品被召回所支出的必要费用。商品销售、租赁、修理、零部件生产供应、受委托生产等相关经营者应当依法履行召回相关协助和配合义务。

第九条 经营者应当采用通俗易懂的方式,真实、全面地向消费者提供商品或者服务相关信息,不得通过虚构经营者资质、资格或者所获荣誉,虚构商品或者服务交易信息、经营数据,篡改、编造、隐匿用户评价等方式,进行虚假或者引人误解的宣传,欺骗、误导消费者。

经营者不得在消费者不知情的情况下,对同一商品或者服务在同等交易条件下设置不同的价格或者收费标准。

第十条 经营者应当按照国家有关规定,以显著方式标明商品的品名、价格和计价单位或者服务的项目、内容、价格和计价方法等信息,做到价签价目齐全、内容真实准确、标识清晰醒目。

经营者采取自动展期、自动续费等方式提供服务的,应当在消费者接受服务前和自动展期、自动续费等日期前,以显著方式提请消费者注意。

第十一条 消费者享有自主选择商品或者服务的权利。经营者不得以暴力、胁迫、限制人身自由等方式或者利用技术手段,强制或者变相强制消费者购买商品或者接受服务,或者排除、限制消费者选择其他经营者提供的商品或者服务。经营者通过搭配、组合等方式提供商品或者服务的,应当以显著方式提请消费者注意。

第十二条 经营者以商业宣传、产品推荐、实物展示或者通知、声明、店堂告示等方式提供商品或者服务,对商品或者服务的数量、质量、价格、售后服务、责任承担等作出承诺的,应当向购买商品或者接受服务的消费者履行其所承诺的内容。

第十三条 经营者应当在其经营场所的显著位置标明其真实名称和标记。

经营者通过网络、电视、电话、邮购等方式提供商品或者服务的,应当在其首页、视频画面、语音、商品目录等处以显著方式标明或者说明其真实名称和标记。由其他经营者实际提供商品或者服务的,还应当向消费者提供该经营者的名称、经营地址、联系方式等信息。

经营者租赁他人柜台或者场地提供商品或者服务,或者通过宣讲、抽奖、集中式体验等方式提供商品或者服务的,应当以显著方式标明其真实名称和标记。柜台、场地的出租者应当建立场内经营管理制度,核验、更新、公示经营者的相关信息,供消费者查询。

第十四条 经营者通过网络直播等方式提供商品或者服务的,应当依法履行消费者权益保护相关义务。

直播营销平台经营者应当建立健全消费者权益保护制度,明确消费争议解决机制。发生消费争议的,直播营销平台经营者应当根据消费者的要求提供直播间运营者、直播营销人员相关信息以及相关经营活动记录等必要信息。

直播间运营者、直播营销人员发布的直播内容构成商业广告的,应当依照《中华人民共和国广告法》的有关规定履行广告发布者、广告经营者或者广告代言人的义务。

第十五条 经营者不得通过虚假或者引人误解的宣传,虚构或者夸大商品或者服务的治疗、保健、养生等功效,诱导老年人等消费者购买明显不符合其实际需求的商品或者服务。

第十六条 经营者提供网络游戏服务的,应当符合国家关于网络游戏服务相关时段、时长、功能和内容等方面的规定和标准,针对未成年人设置相应的时间管理、权限管理、消费管理等功能,在注册、登录等环节严格进行用户核验,依法保护未成年人身心健康。

第十七条 经营者使用格式条款的,应当遵守消费者权益保护法第二十六条的规定。经营者不得利用格式条款不合理地免除或者减轻其责任、加重消费者的责任或者限制消费者依法变更或者解除合同、选择诉讼或者仲裁解决消费争议、选择其他经营者的商品或者服务等权利。

第十八条 经营者与消费者约定承担退货、更换、修理等义务的有效期限不得低于国家有关规定的要求。有效期限自经营者向消费者交付商品或者提供服务完结之日起计算,需要经营者另行安装的商品,有效期限自商品安装完成之日起计算。经营者向消费者履行更换义务后,承担更换、修理等义务的有效期限自更换完成之日起重新计算。经营者修理的时间不计入上述有效期限。

经营者依照国家有关规定或者与消费者约定履行退货义务的,应当按照发票等购货凭证或者服务单据上显示的价格一次性退清相关款项。经营者能够证明消费者实际支付的价格与发票等购货凭证或者服务单据上显示的价格不一致的,按照消费者实际支付的价格退清相关款项。

第十九条 经营者通过网络、电视、电话、邮购等方式销售商品的,应当遵守消费者权益保护法第二十五条规定,不得擅自扩大不适用无理由退货的商品范围。

经营者应当以显著方式对不适用无理由退货的商品进行标注,提示消费者在购买时进行确认,不得将不适用无理由退货作为消费者默认同意的选项。未经消费者确认,经营者不得拒绝无理由退货。

消费者退货的商品应当完好。消费者基于查验需要打开商品包装,或者为确认商品的品质和功能进行合理调试而不影响商品原有品质、功能和外观的,经营者应当予以退货。

消费者无理由退货应当遵循诚实信用原则,不得利用无理由退货规则损害经营者和其他消费者的合法权益。

第二十条 经营者提供商品或者服务时收取押金的,应当事先与消费者约定退还押金的方式、程序和时限,不得对退还押金设置不合理条件。

消费者要求退还押金,符合押金退还条件的,经营者应当及时退还。

第二十一条 经营者决定停业或者迁移服务场所的,应当提前30日在其经营场所、网站、网店首页等的醒目位置公告经营者的有效联系方式等信息。

第二十二条 经营者以收取预付款方式提供商品或者服务的,应当与消费者订立书面合同,约定商品或者服务的具体内容、价款或者费用、预付款退还方式、违约责任等事项。

经营者收取预付款后,应当按照与消费者的约定提供商品或者服务,不得降低商品或者服务质量,不得任意加价。经营者未按照约定提供商品或者服务的,应当按照消费者的要求履行约定或者退还预付款。

经营者出现重大经营风险,有可能影响经营者按照合同约定或者交易习惯正常提供商品或者服务的,应当停止收取预付款。经营者决定停业或者迁移服务场所的,应当提前告知消费者,并履行本条例第二十一条规定的义务。消费者依照国家有关规定或者合同约定,有权要求经营者继续履行提供商品或者服务的义务,或者要求退还未消费的预付款余额。

第二十三条 经营者应当依法保护消费者的个人信息。经营者在提供商品或者服务时,不得过度收集消费者个人信息,不得采用一次概括授权、默认授权等方式,强制或者变相强制消费者同意收集、使用与经营活动无直接关系的个人信息。

经营者处理包含消费者的生物识别、宗教信仰、特定身份、医疗健康、金融账户、行踪轨迹等信息以及不满十四周岁未成年人的个人信息等敏感个人信息的,应当符合有关法律、行政法规的规定。

第二十四条 未经消费者同意,经营者不得向消费者发送商业性信息或者拨打商业性电话。消费者同意接收商业性信息或者商业性电话的,经营者应当提供明确、便捷的取消方式。消费者选择取消的,经营者应当立即停止发送商业性信息或者拨打商业性电话。

……

中华人民共和国
招标投标法实施条例(节录)

· 2011 年 12 月 20 日中华人民共和国国务院令第 613 号公布
· 根据 2017 年 3 月 1 日《国务院关于修改和废止部分行政法规的决定》第一次修订
· 根据 2018 年 3 月 19 日《国务院关于修改和废止部分行政法规的决定》第二次修订
· 根据 2019 年 3 月 2 日《国务院关于修改部分行政法规的决定》第三次修订

……

第二章 招 标

第七条 按照国家有关规定需要履行项目审批、核准手续的依法必须进行招标的项目,其招标范围、招标方式、招标组织形式应当报项目审批、核准部门审批、核准。项目审批、核准部门应当及时将审批、核准确定的招标范围、招标方式、招标组织形式通报有关行政监督部门。

第八条 国有资金占控股或者主导地位的依法必须进行招标的项目,应当公开招标;但有下列情形之一的,可以邀请招标:

(一)技术复杂、有特殊要求或者受自然环境限制,只有少量潜在投标人可供选择;

(二)采用公开招标方式的费用占项目合同金额的比例过大。

有前款第二项所列情形,属于本条例第七条规定的项目,由项目审批、核准部门在审批、核准项目时作出认定;其他项目由招标人申请有关行政监督部门作出认定。

第九条 除招标投标法第六十六条规定的可以不进行招标的特殊情况外,有下列情形之一的,可以不进行招标:

(一)需要采用不可替代的专利或者专有技术;

(二)采购人依法能够自行建设、生产或者提供;

(三)已通过招标方式选定的特许经营项目投资人依法能够自行建设、生产或者提供;

(四)需要向原中标人采购工程、货物或者服务,否则将影响施工或者功能配套要求;

(五)国家规定的其他特殊情形。

招标人为适用前款规定弄虚作假的,属于招标投标法第四条规定的规避招标。

第十条 招标投标法第十二条第二款规定的招标人具有编制招标文件和组织评标能力,是指招标人具有与招标项目规模和复杂程度相适应的技术、经济等方面的专业人员。

第十一条 国务院住房城乡建设、商务、发展改革、工业和信息化等部门,按照规定的职责分工对招标代理机构依法实施监督管理。

第十二条 招标代理机构应当拥有一定数量的具备编制招标文件、组织评标等相应能力的专业人员。

第十三条 招标代理机构在招标人委托的范围内开展招标代理业务,任何单位和个人不得非法干涉。

招标代理机构代理招标业务,应当遵守招标投标法和本条例关于招标人的规定。招标代理机构不得在所代理的招标项目中投标或者代理投标,也不得为所代理的招标项目的投标人提供咨询。

第十四条 招标人应当与被委托的招标代理机构签订书面委托合同,合同约定的收费标准应当符合国家有关规定。

第十五条 公开招标的项目,应当依照招标投标法和本条例的规定发布招标公告、编制招标文件。

招标人采用资格预审办法对潜在投标人进行资格审查的,应当发布资格预审公告、编制资格预审文件。

依法必须进行招标的项目的资格预审公告和招标公告,应当在国务院发展改革部门依法指定的媒介发布。在不同媒介发布的同一招标项目的资格预审公告或者招标公告的内容应当一致。指定媒介发布依法必须进行招标的项目的境内资格预审公告、招标公告,不得收取费用。

编制依法必须进行招标的项目的资格预审文件和招标文件,应当使用国务院发展改革部门会同有关行政监督部门制定的标准文本。

第十六条 招标人应当按照资格预审公告、招标公告或者投标邀请书规定的时间、地点发售资格预审文件或者招标文件。资格预审文件或者招标文件的发售期不得少于5日。

招标人发售资格预审文件、招标文件收取的费用应当限于补偿印刷、邮寄的成本支出，不得以营利为目的。

第十七条 招标人应当合理确定提交资格预审申请文件的时间。依法必须进行招标的项目提交资格预审申请文件的时间，自资格预审文件停止发售之日起不得少于5日。

第十八条 资格预审应当按照资格预审文件载明的标准和方法进行。

国有资金占控股或者主导地位的依法必须进行招标的项目，招标人应当组建资格审查委员会审查资格预审申请文件。资格审查委员会及其成员应当遵守招标投标法和本条例有关评标委员会及其成员的规定。

第十九条 资格预审结束后，招标人应当及时向资格预审申请人发出资格预审结果通知书。未通过资格预审的申请人不具有投标资格。

通过资格预审的申请人少于3个的，应当重新招标。

第二十条 招标人采用资格后审办法对投标人进行资格审查的，应当在开标后由评标委员会按照招标文件规定的标准和方法对投标人的资格进行审查。

第二十一条 招标人可以对已发出的资格预审文件或者招标文件进行必要的澄清或者修改。澄清或者修改的内容可能影响资格预审申请文件或者投标文件编制的，招标人应当在提交资格预审申请文件截止时间至少3日前，或者投标截止时间至少15日前，以书面形式通知所有获取资格预审文件或者招标文件的潜在投标人；不足3日或者15日的，招标人应当顺延提交资格预审申请文件或者投标文件的截止时间。

第二十二条 潜在投标人或者其他利害关系人对资格预审文件有异议的，应当在提交资格预审申请文件截止时间2日前提出；对招标文件有异议的，应当在投标截止时间10日前提出。招标人应当自收到异议之日起3日内作出答复；作出答复前，应当暂停招标投标活动。

第二十三条 招标人编制的资格预审文件、招标文件的内容违反法律、行政法规的强制性规定，违反公开、公平、公正和诚实信用原则，影响资格预审结果或者潜在投标人投标的，依法必须进行招标的项目的招标人应当在修改资格预审文件或者招标文件后重新招标。

第二十四条 招标人对招标项目划分标段的，应当遵守招标投标法的有关规定，不得利用划分标段限制或者排斥潜在投标人。依法必须进行招标的项目的招标人不得利用划分标段规避招标。

第二十五条 招标人应当在招标文件中载明投标有效期。投标有效期从提交投标文件的截止之日起算。

第二十六条 招标人在招标文件中要求投标人提交投标保证金的，投标保证金不得超过招标项目估算价的2%。投标保证金有效期应当与投标有效期一致。

依法必须进行招标的项目的境内投标单位，以现金或者支票形式提交的投标保证金应当从其基本账户转出。

招标人不得挪用投标保证金。

第二十七条 招标人可以自行决定是否编制标底。一个招标项目只能有一个标底。标底必须保密。

接受委托编制标底的中介机构不得参加受托编制标底项目的投标，也不得为该项目的投标人编制投标文件或者提供咨询。

招标人设有最高投标限价的，应当在招标文件中明确最高投标限价或者最高投标限价的计算方法。招标人不得规定最低投标限价。

第二十八条 招标人不得组织单个或者部分潜在投标人踏勘项目现场。

第二十九条 招标人可以依法对工程以及与工程建设有关的货物、服务全部或者部分实行总承包招标。以暂估价形式包括在总承包范围内的工程、货物、服务属于依法必须进行招标的项目范围且达到国家规定规模标准的，应当依法进行招标。

前款所称暂估价，是指总承包招标时不能确定价格而由招标人在招标文件中暂时估定的工程、货物、服务的金额。

第三十条 对技术复杂或者无法精确拟定技术规格的项目，招标人可以分两阶段进行招标。

第一阶段，投标人按照招标公告或者投标邀请书的要求提交不带报价的技术建议，招标人根据投标人提交的技术建议确定技术标准和要求，编制招标文件。

第二阶段，招标人向在第一阶段提交技术建议的投标人提供招标文件，投标人按照招标文件的要求提交包括最终技术方案和投标报价的投标文件。

招标人要求投标人提交投标保证金的，应当在第二阶段提出。

第三十一条 招标人终止招标的，应当及时发布公告，或者以书面形式通知被邀请的或者已经获取资格预审文件、招标文件的潜在投标人。已经发售资格预审文件、招标文件或者已经收取投标保证金的，招标人应当及时退还所收取的资格预审文件、招标文件的费用，以及所收取的投标保证金及银行同期存款利息。

第三十二条 招标人不得以不合理的条件限制、排斥潜在投标人或者投标人。

招标人有下列行为之一的，属于以不合理条件限制、排斥潜在投标人或者投标人：

（一）就同一招标项目向潜在投标人或者投标人提供有差别的项目信息；

（二）设定的资格、技术、商务条件与招标项目的具体特点和实际需要不相适应或者与合同履行无关；

（三）依法必须进行招标的项目以特定行政区域或者特定行业的业绩、奖项作为加分条件或者中标条件；

（四）对潜在投标人或者投标人采取不同的资格审查或者评标标准；

（五）限定或者指定特定的专利、商标、品牌、原产地或者供应商；

（六）依法必须进行招标的项目非法限定潜在投标人或者投标人的所有制形式或者组织形式；

（七）以其他不合理条件限制、排斥潜在投标人或者投标人。

第三章　投　标

第三十三条 投标人参加依法必须进行招标的项目的投标，不受地区或者部门的限制，任何单位和个人不得非法干涉。

第三十四条 与招标人存在利害关系可能影响招标公正性的法人、其他组织或者个人，不得参加投标。

单位负责人为同一人或者存在控股、管理关系的不同单位，不得参加同一标段投标或者未划分标段的同一招标项目投标。

违反前两款规定的，相关投标均无效。

第三十五条 投标人撤回已提交的投标文件，应当在投标截止时间前书面通知招标人。招标人已收取投标保证金的，应当自收到投标人书面撤回通知之日起5日内退还。

投标截止后投标人撤销投标文件的，招标人可以不退还投标保证金。

第三十六条 未通过资格预审的申请人提交的投标文件，以及逾期送达或者不按照招标文件要求密封的投标文件，招标人应当拒收。

招标人应当如实记载投标文件的送达时间和密封情况，并存档备查。

第三十七条 招标人应当在资格预审公告、招标公告或者投标邀请书中载明是否接受联合体投标。

招标人接受联合体投标并进行资格预审的，联合体应当在提交资格预审申请文件前组成。资格预审后联合体增减、更换成员的，其投标无效。

联合体各方在同一招标项目中以自己名义单独投标或者参加其他联合体投标的，相关投标均无效。

第三十八条 投标人发生合并、分立、破产等重大变化的，应当及时书面告知招标人。投标人不再具备资格预审文件、招标文件规定的资格条件或者其投标影响招标公正性的，其投标无效。

第三十九条 禁止投标人相互串通投标。

有下列情形之一的，属于投标人相互串通投标：

（一）投标人之间协商投标报价等投标文件的实质性内容；

（二）投标人之间约定中标人；

（三）投标人之间约定部分投标人放弃投标或者中标；

（四）属于同一集团、协会、商会等组织成员的投标人按照该组织要求协同投标；

（五）投标人之间为谋取中标或者排斥特定投标人而采取的其他联合行动。

第四十条 有下列情形之一的，视为投标人相互串通投标：

（一）不同投标人的投标文件由同一单位或者

个人编制；

（二）不同投标人委托同一单位或者个人办理投标事宜；

（三）不同投标人的投标文件载明的项目管理成员为同一人；

（四）不同投标人的投标文件异常一致或者投标报价呈规律性差异；

（五）不同投标人的投标文件相互混装；

（六）不同投标人的投标保证金从同一单位或者个人的账户转出。

第四十一条 禁止招标人与投标人串通投标。

有下列情形之一的，属于招标人与投标人串通投标：

（一）招标人在开标前开启投标文件并将有关信息泄露给其他投标人；

（二）招标人直接或者间接向投标人泄露标底、评标委员会成员等信息；

（三）招标人明示或者暗示投标人压低或者抬高投标报价；

（四）招标人授意投标人撤换、修改投标文件；

（五）招标人明示或者暗示投标人为特定投标人中标提供方便；

（六）招标人与投标人为谋求特定投标人中标而采取的其他串通行为。

第四十二条 使用通过受让或者租借等方式获取的资格、资质证书投标的，属于招标投标法第三十三条规定的以他人名义投标。

投标人有下列情形之一的，属于招标投标法第三十三条规定的以其他方式弄虚作假的行为：

（一）使用伪造、变造的许可证件；

（二）提供虚假的财务状况或者业绩；

（三）提供虚假的项目负责人或者主要技术人员简历、劳动关系证明；

（四）提供虚假的信用状况；

（五）其他弄虚作假的行为。

第四十三条 提交资格预审申请文件的申请人应当遵守招标投标法和本条例有关投标人的规定。

第四章 开标、评标和中标

第四十四条 招标人应当按照招标文件规定的时间、地点开标。

投标人少于3个的，不得开标；招标人应当重新招标。

投标人对开标有异议的，应当在开标现场提出，招标人应当当场作出答复，并制作记录。

第四十五条 国家实行统一的评标专家专业分类标准和管理办法。具体标准和办法由国务院发展改革部门会同国务院有关部门制定。

省级人民政府和国务院有关部门应当组建综合评标专家库。

第四十六条 除招标投标法第三十七条第三款规定的特殊招标项目外，依法必须进行招标的项目，其评标委员会的专家成员应当从评标专家库内相关专业的专家名单中以随机抽取方式确定。任何单位和个人不得以明示、暗示等任何方式指定或者变相指定参加评标委员会的专家成员。

依法必须进行招标的项目的招标人非因招标投标法和本条例规定的事由，不得更换依法确定的评标委员会成员。更换评标委员会的专家成员应当依照前款规定进行。

评标委员会成员与投标人有利害关系的，应当主动回避。

有关行政监督部门应当按照规定的职责分工，对评标委员会成员的确定方式、评标专家的抽取和评标活动进行监督。行政监督部门的工作人员不得担任本部门负责监督项目的评标委员会成员。

第四十七条 招标投标法第三十七条第三款所称特殊招标项目，是指技术复杂、专业性强或者国家有特殊要求，采取随机抽取方式确定的专家难以保证胜任评标工作的项目。

第四十八条 招标人应当向评标委员会提供评标所必需的信息，但不得明示或者暗示其倾向或者排斥特定投标人。

招标人应当根据项目规模和技术复杂程度等因素合理确定评标时间。超过三分之一的评标委员会成员认为评标时间不够的，招标人应当适当延长。

评标过程中，评标委员会成员有回避事由、擅离职守或者因健康等原因不能继续评标的，应当及时更换。被更换的评标委员会成员作出的评审结论无效，由更换后的评标委员会成员重新进行评审。

第四十九条 评标委员会成员应当依照招标

投标法和本条例的规定,按照招标文件规定的评标标准和方法,客观、公正地对投标文件提出评审意见。招标文件没有规定的评标标准和方法不得作为评标的依据。

评标委员会成员不得私下接触投标人,不得收受投标人给予的财物或者其他好处,不得向招标人征询确定中标人的意向,不得接受任何单位或者个人明示或者暗示提出的倾向或者排斥特定投标人的要求,不得有其他不客观、不公正履行职务的行为。

第五十条 招标项目设有标底的,招标人应当在开标时公布。标底只能作为评标的参考,不得以投标报价是否接近标底作为中标条件,也不得以投标报价超过标底上下浮动范围作为否决投标的条件。

第五十一条 有下列情形之一的,评标委员会应当否决其投标:

(一)投标文件未经投标单位盖章和单位负责人签字;

(二)投标联合体没有提交共同投标协议;

(三)投标人不符合国家或者招标文件规定的资格条件;

(四)同一投标人提交两个以上不同的投标文件或者投标报价,但招标文件要求提交备选投标的除外;

(五)投标报价低于成本或者高于招标文件设定的最高投标限价;

(六)投标文件没有对招标文件的实质性要求和条件作出响应;

(七)投标人有串通投标、弄虚作假、行贿等违法行为。

第五十二条 投标文件中有含义不明确的内容、明显文字或者计算错误,评标委员会认为需要投标人作出必要澄清、说明的,应当书面通知该投标人。投标人的澄清、说明应当采用书面形式,并不得超出投标文件的范围或者改变投标文件的实质性内容。

评标委员会不得暗示或者诱导投标人作出澄清、说明,不得接受投标人主动提出的澄清、说明。

第五十三条 评标完成后,评标委员会应当向招标人提交书面评标报告和中标候选人名单。中标候选人应当不超过3个,并标明排序。

评标报告应当由评标委员会全体成员签字。对评标结果有不同意见的评标委员会成员应当以书面形式说明其不同意见和理由,评标报告应当注明该不同意见。评标委员会成员拒绝在评标报告上签字又不书面说明其不同意见和理由的,视为同意评标结果。

第五十四条 依法必须进行招标的项目,招标人应当自收到评标报告之日起3日内公示中标候选人,公示期不得少于3日。

投标人或者其他利害关系人对依法必须进行招标的项目的评标结果有异议的,应当在中标候选人公示期间提出。招标人应当自收到异议之日起3日内作出答复;作出答复前,应当暂停招标投标活动。

第五十五条 国有资金占控股或者主导地位的依法必须进行招标的项目,招标人应当确定排名第一的中标候选人为中标人。排名第一的中标候选人放弃中标、因不可抗力不能履行合同、不按照招标文件要求提交履约保证金,或者被查实存在影响中标结果的违法行为等情形,不符合中标条件的,招标人可以按照评标委员会提出的中标候选人名单排序依次确定其他中标候选人为中标人,也可以重新招标。

第五十六条 中标候选人的经营、财务状况发生较大变化或者存在违法行为,招标人认为可能影响其履约能力的,应当在发出中标通知书前由原评标委员会按照招标文件规定的标准和方法审查确认。

第五十七条 招标人和中标人应当依照招标投标法和本条例的规定签订书面合同,合同的标的、价款、质量、履行期限等主要条款应当与招标文件和中标人的投标文件的内容一致。招标人和中标人不得再行订立背离合同实质性内容的其他协议。

招标人最迟应当在书面合同签订后5日内向中标人和未中标的投标人退还投标保证金及银行同期存款利息。

第五十八条 招标文件要求中标人提交履约保证金的,中标人应当按照招标文件的要求提交。履约保证金不得超过中标合同金额的10%。

第五十九条 中标人应当按照合同约定履行义务,完成中标项目。中标人不得向他人转让中标项目,也不得将中标项目肢解后分别向他人转让。

中标人按照合同约定或者经招标人同意，可以将中标项目的部分非主体、非关键性工作分包给他人完成。接受分包的人应当具备相应的资格条件，并不得再次分包。

中标人应当就分包项目向招标人负责，接受分包的人就分包项目承担连带责任。

……

产品质量监督抽查管理暂行办法

· 2019 年 11 月 21 日国家市场监督管理总局令第 18 号公布

· 自 2020 年 1 月 1 日起施行

第一章 总 则

第一条 为了加强产品质量监督管理，规范产品质量监督抽查工作，保护消费者的合法权益，根据《中华人民共和国产品质量法》和《中华人民共和国消费者权益保护法》等法律、行政法规，制定本办法。

第二条 市场监督管理部门对本行政区域内生产、销售的产品实施监督抽查，适用本办法。

法律、行政法规、部门规章对产品质量监督抽查另有规定的，依照其规定。

第三条 本办法所称监督抽查，是指市场监督管理部门为监督产品质量，依法组织对在中华人民共和国境内生产、销售的产品进行抽样、检验，并进行处理的活动。

第四条 监督抽查分为由国家市场监督管理总局组织的国家监督抽查和县级以上地方市场监督管理部门组织的地方监督抽查。

第五条 国家市场监督管理总局负责统筹管理、指导协调全国监督抽查工作，组织实施国家监督抽查，汇总、分析全国监督抽查信息。

省级市场监督管理部门负责统一管理本行政区域内地方监督抽查工作，组织实施本级监督抽查，汇总、分析本行政区域监督抽查信息。

市级、县级市场监督管理部门负责组织实施本级监督抽查，汇总、分析本行政区域监督抽查信息，配合上级市场监督管理部门在本行政区域内开展抽样工作，承担监督抽查结果处理工作。

第六条 监督抽查所需样品的抽取、购买、运输、检验、处置以及复查等工作费用，按照国家有关规定列入同级政府财政预算。

第七条 生产者、销售者应当配合监督抽查，如实提供监督抽查所需材料和信息，不得以任何方式阻碍、拒绝监督抽查。

第八条 同一市场监督管理部门不得在六个月内对同一生产者按照同一标准生产的同一商标、同一规格型号的产品(以下简称同一产品)进行两次以上监督抽查。

被抽样生产者、销售者在抽样时能够证明同一产品在六个月内经上级市场监督管理部门监督抽查的，下级市场监督管理部门不得重复抽查。

对监督抽查发现的不合格产品的跟踪抽查和为应对突发事件开展的监督抽查，不适用前两款规定。

第九条 监督抽查实行抽检分离制度。除现场检验外，抽样人员不得承担其抽样产品的检验工作。

第十条 组织监督抽查的市场监督管理部门应当按照法律、行政法规有关规定公开监督抽查结果。

未经组织监督抽查的市场监督管理部门同意，任何单位和个人不得擅自公开监督抽查结果。

第二章 监督抽查的组织

第十一条 国家市场监督管理总局负责制定国家监督抽查年度计划，并通报省级市场监督管理部门。

县级以上地方市场监督管理部门负责制定本级监督抽查年度计划，并报送上一级市场监督管理部门备案。

第十二条 组织监督抽查的市场监督管理部门应当根据本级监督抽查年度计划，制定监督抽查方案和监督抽查实施细则。

监督抽查方案应当包括抽查产品范围、工作分工、进度要求等内容。监督抽查实施细则应当包括抽样方法、检验项目、检验方法、判定规则等内容。

监督抽查实施细则应当在抽样前向社会公开。

第十三条 组织监督抽查的市场监督管理部门应当按照政府采购等有关要求，确定承担监督抽查抽样、检验工作的抽样机构、检验机构，并签订委托协议,明确权利、义务、违约责任等内容。

法律、行政法规对抽样机构、检验机构的资质有规定的,应当委托具备法定资质的机构。

第十四条 抽样机构、检验机构应当在委托范围内开展抽样、检验工作,保证抽样、检验工作及其结果的客观、公正、真实。

抽样机构、检验机构不得有下列行为:

(一)在实施抽样前以任何方式将监督抽查方案有关内容告知被抽样生产者、销售者;

(二)转包检验任务或者未经组织监督抽查的市场监督管理部门同意分包检验任务;

(三)出具虚假检验报告;

(四)在承担监督抽查相关工作期间,与被抽样生产者、销售者签订监督抽查同类产品的有偿服务协议或者接受被抽样生产者、销售者对同一产品的委托检验;

(五)利用监督抽查结果开展产品推荐、评比,出具监督抽查产品合格证书、牌匾等;

(六)利用承担监督抽查相关工作的便利,牟取非法或者不当利益;

(七)违反规定向被抽样生产者、销售者收取抽样、检验等与监督抽查有关的费用。

第三章 抽 样

第一节 现场抽样

第十五条 市场监督管理部门应当自行抽样或者委托抽样机构抽样,并按照有关规定随机抽取被抽样生产者、销售者,随机选派抽样人员。

抽样人员应当熟悉相关法律、行政法规、部门规章以及标准等规定。

第十六条 抽样人员不得少于两人,并向被抽样生产者、销售者出示组织监督抽查的市场监督管理部门出具的监督抽查通知书、抽样人员身份证明。抽样机构执行抽样任务的,还应当出示组织监督抽查的市场监督管理部门出具的授权委托书复印件。

抽样人员应当告知被抽样生产者、销售者抽查产品范围、抽样方法等。

第十七条 样品应当由抽样人员在被抽样生产者、销售者的待销产品中随机抽取,不得由被抽样生产者、销售者自行抽样。

抽样人员发现被抽样生产者、销售者涉嫌存在无证无照等无需检验即可判定违法的情形的,应当终止抽样,立即报告组织监督抽查的市场监督管理部门,并同时报告涉嫌违法的被抽样生产者、销售者所在地县级市场监督管理部门。

第十八条 有下列情形之一的,抽样人员不得抽样:

(一)待销产品数量不符合监督抽查实施细则要求的;

(二)有充分证据表明拟抽样产品不用于销售,或者只用于出口并且出口合同对产品质量另有约定的;

(三)产品或者其包装上标注"试制"、"处理"、"样品"等字样的。

第十九条 抽样人员应当按照监督抽查实施细则所规定的抽样方法进行抽样。

抽样人员应当使用规定的抽样文书记录抽样信息,并对抽样场所、贮存环境、被抽样产品的标识、库存数量、抽样过程等通过拍照或者录像的方式留存证据。

抽样文书应当经抽样人员和被抽样生产者、销售者签字。被抽样生产者、销售者拒绝签字的,抽样人员应当在抽样文书上注明情况,必要时可以邀请有关人员作为见证人。

抽样文书确需更正或者补充的,应当由被抽样生产者、销售者在更正或者补充处以签名、盖章等方式予以确认。

第二十条 因被抽样生产者、销售者转产、停业等原因致使无法抽样的,抽样人员应当如实记录,报送组织监督抽查的市场监督管理部门。

第二十一条 被抽样生产者、销售者以明显不合理的样品价格等方式阻碍、拒绝或者不配合抽样的,抽样人员应当如实记录,立即报告组织监督抽查的市场监督管理部门,并同时报告被抽样生产者、销售者所在地县级市场监督管理部门。

第二十二条 样品分为检验样品和备用样品。

除不以破坏性试验方式进行检验,并且不会对样品质量造成实质性影响的外,抽样人员应当购买检验样品。购买检验样品的价格以生产、销售产品的标价为准;没有标价的,以同类产品的市场价格为准。

备用样品由被抽样生产者、销售者先行无偿提供。

法律、行政法规、部门规章对样品获取方式另有规定的,依照其规定。

第二十三条 抽样人员应当采取有效的防拆封措施,对检验样品和备用样品分别封样,并由抽样人员和被抽样生产者、销售者签字确认。

第二十四条 样品应当由抽样人员携带或者寄递至检验机构进行检验。对于易碎品、危险化学品等对运输、贮存过程有特殊要求的样品,应当采取有效措施,保证样品的运输、贮存过程符合国家有关规定,不发生影响检验结论的变化。

样品需要先行存放在被抽样生产者、销售者处的,应当予以封存,并加施封存标识。被抽样生产者、销售者应当妥善保管封存的样品,不得隐匿、转移、变卖、损毁。

第二节 网络抽样

第二十五条 市场监督管理部门对电子商务经营者销售的本行政区域内的生产者生产的产品和本行政区域内的电子商务经营者销售的产品进行抽样时,可以以消费者的名义买样。

第二十六条 市场监督管理部门进行网络抽样的,应当记录抽样人员以及付款账户、注册账号、收货地址、联系方式等信息。抽样人员应当通过截图、拍照或者录像的方式记录被抽样销售者信息、样品网页展示信息,以及订单信息、支付记录等。

第二十七条 抽样人员购买的样品应当包括检验样品和备用样品。

第二十八条 抽样人员收到样品后,应当通过拍照或者录像的方式记录拆封过程,对寄递包装、样品包装、样品标识、样品寄递情形等进行查验,对检验样品和备用样品分别封样,并将检验样品和备用样品携带或者寄递至检验机构进行检验。

抽样人员应当根据样品情况填写抽样文书。抽样文书经抽样人员签字并加盖抽样单位公章后,与监督抽查通知书一并寄送被抽样销售者。抽样机构执行买样任务的,还应当寄送组织监督抽查的市场监督管理部门出具的授权委托书复印件。

第四章 检 验

第二十九条 检验人员收到样品后,应当通过拍照或者录像的方式检查记录样品的外观、状态、封条有无破损以及其他可能对检验结论产生影响的情形,并核对样品与抽样文书的记录是否相符。

对于抽样不规范的样品,检验人员应当拒绝接收并书面说明理由,同时向组织监督抽查的市场监督管理部门报告。

对于网络抽样的检验样品和备用样品,应当分别加贴相应标识后,按照有关要求予以存放。

第三十条 被抽样产品实行生产许可、强制性产品认证等管理的,检验人员应当在检验前核实样品的生产者是否符合相应要求。

检验人员发现样品的生产者涉嫌存在无证无照等无需检验即可判定违法的情形的,应当终止检验,立即报告组织监督抽查的市场监督管理部门,并同时报告涉嫌违法的样品的生产者所在地县级市场监督管理部门。

第三十一条 检验人员应当按照监督抽查实施细则所规定的检验项目、检验方法、判定规则等进行检验。

检验中发现因样品失效或者其他原因致使检验无法进行的,检验人员应当如实记录,并提供相关证明材料,报送组织监督抽查的市场监督管理部门。

第三十二条 检验机构出具检验报告,应当内容真实齐全、数据准确、结论明确,并按照有关规定签字、盖章。

检验机构和检验人员应当对其出具的检验报告负责。

第三十三条 检验机构应当在规定时间内将检验报告及有关材料报送组织监督抽查的市场监督管理部门。

第三十四条 检验结论为合格并且属于无偿提供的样品,组织监督抽查的市场监督管理部门应当在提出异议处理申请期限届满后及时退还。

前款规定以外的其他样品,组织监督抽查的市场监督管理部门应当在提出异议处理申请期限届满后按照有关规定处理。

第五章 异议处理

第三十五条 组织监督抽查的市场监督管理部门应当及时将检验结论书面告知被抽样生产者、销售者,并同时告知其依法享有的权利。

样品属于在销售者处现场抽取的，组织监督抽查的市场监督管理部门还应当同时书面告知样品标称的生产者。

样品属于通过网络抽样方式购买的，还应当同时书面告知电子商务平台经营者和样品标称的生产者。

第三十六条 被抽样生产者、销售者有异议的，应当自收到检验结论书面告知之日起十五日内向组织监督抽查的市场监督管理部门提出书面异议处理申请，并提交相关材料。

第三十七条 被抽样生产者、销售者对抽样过程、样品真实性等有异议的，收到异议处理申请的市场监督管理部门应当组织异议处理，并将处理结论书面告知申请人。

被抽样生产者、销售者对检验结论有异议，提出书面复检申请并阐明理由的，收到异议处理申请的市场监督管理部门应当组织研究。对需要复检并具备检验条件的，应当组织复检。

除不以破坏性试验方式进行检验，并且不会对样品质量造成实质性影响的外，组织复检的市场监督管理部门应当向被抽样生产者、销售者支付备用样品费用。

第三十八条 申请人应当自收到市场监督管理部门复检通知之日起七日内办理复检手续。逾期未办理的，视为放弃复检。

第三十九条 市场监督管理部门应当自申请人办理复检手续之日起十日内确定具备相应资质的检验机构进行复检。

复检机构与初检机构不得为同一机构，但组织监督抽查的省级以上市场监督管理部门行政区域内或者组织监督抽查的市级、县级市场监督管理部门所在省辖区内仅有一个检验机构具备相应资质的除外。

第四十条 被抽样生产者、销售者隐匿、转移、变卖、损毁备用样品的，应当终止复检，并以初检结论为最终结论。

第四十一条 复检机构应当通过拍照或者录像的方式检查记录备用样品的外观、状态、封条有无破损以及其他可能对检验结论产生影响的情形，并核对备用样品与抽样文书的记录是否相符。

第四十二条 复检机构应当在规定时间内按照监督抽查实施细则所规定的检验方法、判定规则等对与异议相关的检验项目进行复检，并将复检结论及时报送组织复检的市场监督管理部门，由组织复检的市场监督管理部门书面告知复检申请人。复检结论为最终结论。

第四十三条 复检费用由申请人向复检机构先行支付。复检结论与初检结论一致的，复检费用由申请人承担；与初检结论不一致的，复检费用由组织监督抽查的市场监督管理部门承担。

第六章 结果处理

第四十四条 组织监督抽查的市场监督管理部门应当汇总分析、依法公开监督抽查结果，并向地方人民政府、上一级市场监督管理部门和同级有关部门通报监督抽查情况。

组织地方监督抽查的市场监督管理部门发现不合格产品为本行政区域以外的生产者生产的，应当及时通报生产者所在地同级市场监督管理部门。

第四十五条 对检验结论为不合格的产品，被抽样生产者、销售者应当立即停止生产、销售同一产品。

第四十六条 负责结果处理的市场监督管理部门应当责令不合格产品的被抽样生产者、销售者自责令之日起六十日内予以改正。

第四十七条 负责结果处理的市场监督管理部门应当自责令之日起七十五日内按照监督抽查实施细则组织复查。

被抽样生产者、销售者经复查不合格的，负责结果处理的市场监督管理部门应当逐级上报至省级市场监督管理部门，由其向社会公告。

第四十八条 负责结果处理的市场监督管理部门应当在公告之日起六十日后九十日前对被抽样生产者、销售者组织复查，经复查仍不合格的，按照《中华人民共和国产品质量法》第十七条规定，责令停业，限期整顿；整顿期满后经复查仍不合格的，吊销营业执照。

第四十九条 复查所需样品由被抽样生产者、销售者无偿提供。

除为提供复查所需样品外，被抽样生产者、销售者在经负责结果处理的市场监督管理部门认定复查合格前，不得恢复生产、销售同一产品。

第五十条 监督抽查发现产品存在区域性、行业性质量问题，市场监督管理部门可以会同其他有关部门、行业组织召开质量分析会，指导相关产品生产者、销售者加强质量管理。

第七章 法律责任

第五十一条 被抽样生产者、销售者有下列情形之一的,由县级市场监督管理部门按照有关法律、行政法规规定处理;法律、行政法规未作规定的,处三万元以下罚款;涉嫌构成犯罪,依法需要追究刑事责任的,按照有关规定移送公安机关:

(一)被抽样产品存在严重质量问题的;

(二)阻碍、拒绝或者不配合依法进行的监督抽查的;

(三)未经负责结果处理的市场监督管理部门认定复查合格而恢复生产、销售同一产品的;

(四)隐匿、转移、变卖、损毁样品的。

第五十二条 抽样机构、检验机构及其工作人员违反本办法第九条、第十四条第二款规定的,由县级市场监督管理部门按照有关法律、行政法规规定处理;法律、行政法规未作规定的,处三万元以下罚款;涉嫌构成犯罪,依法需要追究刑事责任的,按照有关规定移送公安机关。

第五十三条 市场监督管理部门工作人员滥用职权、玩忽职守、徇私舞弊的,对直接负责的主管人员和其他直接责任人员依法给予行政处分。

第八章 附 则

第五十四条 市场监督管理部门应当妥善保存抽样文书等有关材料、证据,保存期限不得少于两年。

第五十五条 本办法中所称“日”为公历日。期间届满的最后一日为法定节假日的,以法定节假日后的第一日为期间届满的日期。

第五十六条 本办法自2020年1月1日起施行。2010年12月29日原国家质量监督检验检疫总局令第133号公布的《产品质量监督抽查管理办法》、2014年2月14日原国家工商行政管理总局令第61号公布的《流通领域商品质量抽查检验办法》、2016年3月17日原国家工商行政管理总局令第85号公布的《流通领域商品质量监督管理办法》同时废止。

拍卖管理办法(节录)

· 2004年12月2日商务部令第24号公布

· 根据2015年10月28日《商务部关于修改部分规章和规范性文件的决定》第一次修正

· 根据2019年11月30日《商务部关于废止和修改部分规章的决定》第二次修正

……

第三章 拍卖从业人员及拍卖活动

第十六条 国家对拍卖专业技术人员实行执业资格制度,获得拍卖师执业资格证书的人员,经注册后,方可主持拍卖活动。

本办法所称拍卖师是指经全国统一考试合格,取得人事部、商务部联合用印的,由中国拍卖行业协会颁发的《中华人民共和国拍卖师执业资格证书》,并经注册登记的人员。

第十七条 拍卖师只能在一个拍卖企业注册执业且不得以其拍卖师个人身份在其他拍卖企业兼职。

拍卖师不得将《中华人民共和国拍卖师执业资格证书》借予他人或其他单位使用。

第十八条 拍卖师可以变更执业注册单位。拍卖师变更执业注册单位的,应当向中国拍卖行业协会办理注册变更手续。

中国拍卖行业协会应将拍卖师注册登记及变更情况每月定期报商务部备案。

第十九条 下列物品或者财产权利禁止拍卖:

(一)法律、法规禁止买卖的;

(二)所有权或者处分权有争议,未经司法、行政机关确权的;

(三)尚未办结海关手续的海关监管货物。

第二十条 拍卖企业应当依法开展拍卖活动,不得有下列行为:

(一)出租、擅自转让拍卖经营权;

(二)对拍卖标的进行虚假宣传,给买受人造成经济损失;

(三)雇佣未依法注册的拍卖师或其他人员充任拍卖师主持拍卖活动的;

（四）采用恶意降低佣金比例或低于拍卖活动成本收取佣金，甚至不收取佣金（义拍除外）或给予委托人回扣等手段进行不正当竞争的；

（五）其他违反法律法规的行为。

第二十一条 拍卖企业发现拍卖标的中有公安机关通报协查物品或赃物，应当立即向所在地公安机关报告。

第二十二条 竞买人委托他人代理竞买的，应当出具授权委托书和竞买人、代理人的身份证明复印件。

授权委托书应载明代理人的姓名或者名称、代理事项、代理权限和期间。

第二十三条 拍卖实施前，拍卖企业与委托人应当就拍卖未成交的有关事宜或因委托人中止或终止拍卖所造成损失的赔偿责任等事项达成书面协议。

第二十四条 对委托人送交的拍卖物品，拍卖企业应当由专人负责，妥善保管，建立拍卖品保管、值班和交接班制度，并采取必要的安全防范措施。

第二十五条 拍卖企业举办拍卖活动，应当根据拍卖标的物的属性及拍卖的性质，按照《拍卖法》及相关法律、行政法规规定的日期进行公告。公告应当发布在拍卖标的所在地以及拍卖会举行地商务主管部门指定的发行量较大的报纸或其他有同等影响的媒体。

第二十六条 拍卖企业应当在拍卖会前展示拍卖标的，为竞买人提供查看拍卖标的的条件并向竞买人提供有关资料。

展示时间应不少于两日，鲜活物品或其他不易保存的物品除外。

第二十七条 拍卖企业有权查明或者要求委托人书面说明拍卖标的的来源和瑕疵。

拍卖企业应当向竞买人说明其知道或者应当知道的拍卖标的的瑕疵。

第二十八条 法律、行政法规和规章对拍卖标的受让人有特别规定的，拍卖企业应当将标的拍卖给符合法律、行政法规和规章要求的竞买人。

拍卖标的是依照法律、行政法规和规章规定需要行政许可的经营资格且依法可以转让的，委托人应在拍卖前应当征得行政许可机关的同意。

第二十九条 拍卖企业可以在拍卖会现场设立委托竞买席，并在拍卖会开始时对全体竞买人作出说明。

第三十条 有下列情形之一的，应当中止拍卖：

（一）没有竞买人参加拍卖的；

（二）第三人对拍卖标的所有权或处分权有争议并当场提供有效证明的；

（三）委托人在拍卖会前以正当理由书面通知拍卖企业中止拍卖的；

（四）发生意外事件致使拍卖活动暂时不能进行的；

（五）出现其他依法应当中止的情形的。

中止拍卖由拍卖企业宣布。中止拍卖的事由消失后，应恢复拍卖。

第三十一条 有下列情形之一的，应当终止拍卖：

（一）人民法院、仲裁机构或者有关行政机关认定委托人对拍卖标的无处分权并书面通知拍卖企业的；

（二）拍卖标的被认定为赃物的；

（三）发生不可抗力或意外事件致使拍卖活动无法进行的；

（四）拍卖标的在拍卖前毁损、灭失的；

（五）委托人在拍卖会前书面通知拍卖企业终止拍卖的；

（六）出现其他依法应当终止的情形的。

终止拍卖由拍卖企业宣布。拍卖终止后，委托人要求继续进行拍卖的，应当重新办理拍卖手续。

第三十二条 外商投资拍卖企业与内资拍卖企业联合在中华人民共和国境内举办拍卖会的，其拍卖标的应符合法律、行政法规及本办法的有关规定。

……

拍卖监督管理办法

· 2017年9月30日国家工商行政管理总局令第91号公布

· 根据2020年10月23日《国家市场监督管理总局关于修改部分规章的决定》修订

第一条 为了规范拍卖行为，维护拍卖秩序，保护拍卖活动各方当事人的合法权益，根据《中华人民共和国拍卖法》等法律法规，制定本办法。

第二条 拍卖人、委托人、竞买人及其他参与拍卖活动的当事人从事拍卖活动，应当遵守有关法律法规和本办法，遵循公开、公平、公正、诚实信用的原则。

第三条 市场监督管理部门依照《中华人民共和国拍卖法》等法律法规和本办法对拍卖活动实施监督管理，主要职责是：

（一）依法对拍卖人进行登记注册；

（二）依法对拍卖人、委托人、竞买人及其他参与拍卖活动的当事人进行监督管理；

（三）依法查处违法拍卖行为；

（四）法律法规及规章规定的其他职责。

第四条 设立拍卖企业应当依照《中华人民共和国拍卖法》《中华人民共和国公司法》等法律法规的规定，向市场监督管理部门申请登记，领取营业执照，并经所在地的省、自治区、直辖市人民政府负责管理拍卖业的部门审核，取得从事拍卖业务的许可。

第五条 拍卖人不得有下列行为：

（一）采用财物或者其他手段进行贿赂以争揽业务；

（二）利用拍卖公告或者其他方法，对拍卖标的作引人误解的虚假宣传；

（三）捏造、散布虚假事实，损害其他拍卖人的商业信誉；

（四）以不正当手段侵犯他人的商业秘密；

（五）拍卖人及其工作人员以竞买人的身份参与自己组织的拍卖活动，或者委托他人代为竞买；

（六）在自己组织的拍卖活动中拍卖自己的物品或者财产权利；

（七）雇佣非拍卖师主持拍卖活动；

（八）其他违反法律法规及规章的行为。

第六条 委托人在拍卖活动中不得参与竞买或者委托他人代为竞买。

第七条 竞买人之间不得有下列恶意串通行为：

（一）相互约定一致压低拍卖应价；

（二）相互约定拍卖应价；

（三）相互约定买受人或相互约定排挤其他竞买人；

（四）其他恶意串通行为。

第八条 竞买人与拍卖人之间不得有下列恶意串通行为：

（一）私下约定成交价；

（二）拍卖人违背委托人的保密要求向竞买人泄露拍卖标的保留价；

（三）其他恶意串通行为。

第九条 拍卖人、委托人、竞买人不得拍卖或者参与拍卖国家禁止买卖的物品或者财产权利。

第十条 拍卖人不得以委托人、竞买人、买受人要求保密等为由，阻碍监督检查。

第十一条 违反本办法第四条规定，未经许可从事拍卖业务的，由市场监督管理部门依照《中华人民共和国拍卖法》第六十条的规定处罚。

第十二条 拍卖人违反本办法第五条第一项至第四项规定的，由市场监督管理部门依照《中华人民共和国反不正当竞争法》的有关规定处罚。拍卖人违反本办法第五条第五项、第六项规定的，由市场监督管理部门分别依照《中华人民共和国拍卖法》第六十二条、第六十三条的规定处罚。

第十三条 拍卖人违反本办法第五条第七项规定的，由市场监督管理部门予以警告，并可处10000元以下的罚款。

第十四条 拍卖人、委托人、竞买人违反本办法第六条、第七条、第八条规定的，由市场监督管理部门依照《中华人民共和国拍卖法》第六十四条、第六十五条的规定处罚。

第十五条 本办法自2017年11月1日起施行。2013年1月5日国家工商行政管理总局令第59号修订的《拍卖监督管理办法》同时废止。

明码标价和禁止价格欺诈规定

·2022年4月14日国家市场监督管理总局令第56号公布

·自2022年7月1日起施行

第一条 为了规范经营者明码标价行为，预防和制止价格欺诈，维护市场价格秩序，保护消费者、经营者合法权益和社会公共利益，根据《中华人民共和国价格法》《价格违法行为行政处罚规定》等法律、行政法规，制定本规定。

第二条 本规定适用于市场监督管理部门对经营者违反明码标价规定行为和价格欺诈行为的监督管理和查处。

本规定所称明码标价，是指经营者在销售、收购商品和提供服务过程中，依法公开标示价格等信息的行为。

本规定所称价格欺诈，是指经营者利用虚假的或者使人误解的价格手段，诱骗消费者或者其他经营者与其进行交易的行为。

第三条 经营者应当遵循公开、公平、诚实信用的原则，不得利用价格手段侵犯消费者和其他经营者的合法权益、扰乱市场价格秩序。

第四条 卖场、商场、市场、网络交易平台经营者等交易场所提供者（以下简称交易场所提供者）应当依法配合市场监督管理部门对场所内（平台内）经营者开展价格监督管理工作。

交易场所提供者发现场所内（平台内）经营者有违反本规定行为的，应当依法采取必要处置措施，保存有关信息记录，依法承担相应义务和责任。

交易场所提供者应当尊重场所内（平台内）经营者的经营自主权，不得强制或者变相强制场所内（平台内）经营者参与价格促销活动。

第五条 经营者销售、收购商品和提供服务时，应当按照市场监督管理部门的规定明码标价。

明码标价应当根据商品和服务、行业、区域等特点，做到真实准确、货签对位、标识醒目。

设区的市级以上市场监督管理部门可以根据特定行业、特定区域的交易习惯等特点，结合价格监督管理实际，规定可以不实行明码标价的商品和服务、行业、交易场所。

第六条 经营者应当以显著方式进行明码标价，明确标示价格所对应的商品或者服务。经营者根据不同交易条件实行不同价格的，应当标明交易条件以及与其对应的价格。

商品或者服务的价格发生变动时，经营者应当及时调整相应标价。

第七条 经营者销售商品应当标示商品的品名、价格和计价单位。同一品牌或者种类的商品，因颜色、形状、规格、产地、等级等特征不同而实行不同价格的，经营者应当针对不同的价格分别标示品名，以示区别。

经营者提供服务应当标示服务项目、服务内容和价格或者计价方法。

经营者可以根据实际经营情况，自行增加标示与价格有关的质地、服务标准、结算方法等其他信息。

设区的市级以上市场监督管理部门对于特定商品和服务，可以增加规定明码标价应当标示的内容。

第八条 经营者在销售商品或者提供服务时，不得在标价之外加价出售商品或者提供服务，不得收取任何未予标明的费用。

第九条 经营者标示价格，一般应当使用阿拉伯数字标明人民币金额。

经营者标示其他价格信息，一般应当使用规范汉字；可以根据自身经营需要，同时使用外国文字。民族自治地方的经营者，可以依法自主决定增加使用当地通用的一种或者几种文字。

第十条 经营者收购粮食等农产品，应当将品种、规格、等级和收购价格等信息告知农产品出售者或者在收购场所公示。

第十一条 经营者销售商品，同时有偿提供配送、搬运、安装、调试等附带服务的，应当按照本规定第七条的规定，对附带服务进行明码标价。

附带服务不由销售商品的经营者提供的，应当以显著方式区分标记或者说明。

第十二条 经营者可以选择采用标价签（含电子标价签）、标价牌、价目表（册）、展示板、电子屏幕、商品实物或者模型展示、图片展示以及其他有效形式进行明码标价。金融、交通运输、医疗卫生等同时提供多项服务的行业，可以同时采用电子查询系统的方式进行明码标价。

县级以上市场监督管理部门可以发布标价签、标价牌、价目表（册）等的参考样式。

法律、行政法规对经营者的标价形式有规定的，应当依照其规定。

第十三条 经营者通过网络等方式销售商品或者提供服务的，应当通过网络页面，以文字、图像等方式进行明码标价。

第十四条 交易场所提供者为场所内（平台内）经营者提供标价模板的，应当符合本规定的要求。

第十五条 经营者提供服务，实行先消费后结算的，除按照本规定进行明码标价外，还应当在结算前向消费者出具结算清单，列明所消费的服务项目、价格以及总收费金额等信息。

第十六条 经营者在销售商品或提供服务时进行价格比较的，标明的被比较价格信息应当真实准确。

经营者未标明被比较价格的详细信息的，被比较价格应当不高于该经营者在同一经营场所进行价格比较前七日内的最低成交价格；前七日内没有交易的，应当不高于本次价格比较前最后一次交易价格。

与厂商建议零售价进行价格比较的，应当明确标示被比较价格为厂商建议零售价。厂商建议零售价发生变动时，应当立即更新。

第十七条 经营者没有合理理由，不得在折价、减价前临时显著提高标示价格并作为折价、减价计算基准。

经营者不得采用无依据或者无从比较的价格，作为折价、减价的计算基准或者被比较价格。

第十八条 经营者赠送物品或者服务（以下简称赠品）的，应当标示赠品的品名、数量。赠品标示价格或者价值的，应当标示赠品在同一经营场所当前销售价格。

第十九条 经营者不得实施下列价格欺诈行为：

（一）谎称商品和服务价格为政府定价或者政府指导价；

（二）以低价诱骗消费者或者其他经营者，以高价进行结算；

（三）通过虚假折价、减价或者价格比较等方式销售商品或者提供服务；

（四）销售商品或者提供服务时，使用欺骗性、误导性的语言、文字、数字、图片或者视频等标示价格以及其他价格信息；

（五）无正当理由拒绝履行或者不完全履行价格承诺；

（六）不标示或者显著弱化标示对消费者或者其他经营者不利的价格条件，诱骗消费者或者其他经营者与其进行交易；

（七）通过积分、礼券、兑换券、代金券等折抵价款时，拒不按约定折抵价款；

（八）其他价格欺诈行为。

第二十条 网络交易经营者不得实施下列行为：

（一）在首页或者其他显著位置标示的商品或者服务价格低于在详情页面标示的价格；

（二）公布的促销活动范围、规则与实际促销活动范围、规则不一致；

（三）其他虚假的或者使人误解的价格标示和价格促销行为。

网络交易平台经营者不得利用技术手段等强制平台内经营者进行虚假的或者使人误解的价格标示。

第二十一条 有下列情形之一的，不属于第十九条规定的价格欺诈行为：

（一）经营者有证据足以证明没有主观故意；

（二）实际成交价格能够使消费者或者与其进行交易的其他经营者获得更大价格优惠；

（三）成交结算后，实际折价、减价幅度与标示幅度不完全一致，但符合舍零取整等交易习惯。

第二十二条 经营者违反本规定有关明码标价规定的，由县级以上市场监督管理部门依照《中华人民共和国价格法》《价格违法行为行政处罚规定》有关规定进行处罚。

第二十三条 经营者违反本规定第十六条至第二十条规定的，由县级以上市场监督管理部门依照《中华人民共和国价格法》《中华人民共和国反不正当竞争法》《中华人民共和国电子商务法》《价格违法行为行政处罚规定》等法律、行政法规进行处罚。

第二十四条 交易场所提供者违反本规定第四条第二款、第三款，法律、行政法规有规定的，依照其规定；法律、行政法规没有规定的，由县级以上市场监督管理部门责令改正，可以处三万元以下罚款；情节严重的，处三万元以上十万元以下罚款。

第二十五条 交易场所提供者提供的标价模板不符合本规定的，由县级以上市场监督管理部门责令改正，可以处三万元以下罚款；情节严重的，处三万元以上十万元以下罚款。

第二十六条 经营者违反本规定，但能够主动消除或者减轻危害后果，及时退还消费者或者其他经营者多付价款的，依法从轻或者减轻处罚。

经营者违反本规定，但未实际损害消费者或者其他经营者合法权益，违法行为轻微并及时改正，没有造成危害后果的，依法不予处罚；初次违法且危害后果轻微并及时改正的，可以依法不予处罚。

第二十七条 本规定自2022年7月1日起施行。2000年10月31日原中华人民共和国国家发展计划委员会令第8号发布的《关于商品和服务实行明码标价的规定》、2001年11月7日原中华人民共和国国家发展计划委员会令第15号发布的《禁止价格欺诈行为的规定》同时废止。

最高人民法院关于审理买卖合同纠纷案件适用法律问题的解释

· 2012年3月31日最高人民法院审判委员会第1545次会议通过
· 根据2020年12月23日最高人民法院审判委员会第1823次会议通过的《最高人民法院关于修改〈最高人民法院关于在民事审判工作中适用《中华人民共和国工会法》若干问题的解释〉等二十七件民事类司法解释的决定》修正
· 2020年12月29日最高人民法院公告公布
· 自2021年1月1日起施行
· 法释〔2020〕17号

为正确审理买卖合同纠纷案件，根据《中华人民共和国民法典》《中华人民共和国民事诉讼法》等法律的规定，结合审判实践，制定本解释。

一、买卖合同的成立

第一条 当事人之间没有书面合同，一方以送货单、收货单、结算单、发票等主张存在买卖合同关系的，人民法院应当结合当事人之间的交易方式、交易习惯以及其他相关证据，对买卖合同是否成立作出认定。

对账确认函、债权确认书等函件、凭证没有记载债权人名称，买卖合同当事人一方以此证明存在买卖合同关系的，人民法院应予支持，但有相反证据足以推翻的除外。

二、标的物交付和所有权转移

第二条 标的物为无需以有形载体交付的电子信息产品，当事人对交付方式约定不明确，且依照民法典第五百一十条的规定仍不能确定的，买受人收到约定的电子信息产品或者权利凭证即为交付。

第三条 根据民法典第六百二十九条的规定，买受人拒绝接收多交部分标的物的，可以代为保管多交部分标的物。买受人主张出卖人负担代为保管期间的合理费用的，人民法院应予支持。

买受人主张出卖人承担代为保管期间非因买受人故意或者重大过失造成的损失的，人民法院应予支持。

第四条 民法典第五百九十九条规定的“提取标的物单证以外的有关单证和资料”，主要应当包括保险单、保修单、普通发票、增值税专用发票、产品合格证、质量保证书、质量鉴定书、品质检验证书、产品进出口检疫书、原产地证明书、使用说明书、装箱单等。

第五条 出卖人仅以增值税专用发票及税款抵扣资料证明其已履行交付标的物义务，买受人不认可的，出卖人应当提供其他证据证明交付标的物的事实。

合同约定或者当事人之间习惯以普通发票作为付款凭证，买受人以普通发票证明已经履行付款义务的，人民法院应予支持，但有相反证据足以推翻的除外。

第六条 出卖人就同一普通动产订立多重买卖合同，在买卖合同均有效的情况下，买受人均要求实际履行合同的，应当按照以下情形分别处理：

（一）先行受领交付的买受人请求确认所有权已经转移的，人民法院应予支持；

（二）均未受领交付，先行支付价款的买受人请求出卖人履行交付标的物等合同义务的，人民法院应予支持；

（三）均未受领交付，也未支付价款，依法成立在先合同的买受人请求出卖人履行交付标的物等合同义务的，人民法院应予支持。

第七条 出卖人就同一船舶、航空器、机动车等特殊动产订立多重买卖合同，在买卖合同均有效的情况下，买受人均要求实际履行合同的，应当按照以下情形分别处理：

（一）先行受领交付的买受人请求出卖人履行办理所有权转移登记手续等合同义务的，人民法院应予支持；

（二）均未受领交付，先行办理所有权转移登记手续的买受人请求出卖人履行交付标的物等合同义务的，人民法院应予支持；

（三）均未受领交付，也未办理所有权转移登记手续，依法成立在先合同的买受人请求出卖人履行交付标的物和办理所有权转移登记手续等合同义务的，人民法院应予支持；

（四）出卖人将标的物交付给买受人之一，又为其他买受人办理所有权转移登记，已受领交付的买受人请求将标的物所有权登记在自己名下的，人民法院应予支持。

三、标的物风险负担

第八条 民法典第六百零三条第二款第一项规定的"标的物需要运输的"，是指标的物由出卖人负责办理托运，承运人系独立于买卖合同当事人之外的运输业者的情形。标的物毁损、灭失的风险负担，按照民法典第六百零七条第二款的规定处理。

第九条 出卖人根据合同约定将标的物运送至买受人指定地点并交付给承运人后，标的物毁损、灭失的风险由买受人负担，但当事人另有约定的除外。

第十条 出卖人出卖交由承运人运输的在途标的物，在合同成立时知道或者应当知道标的物已经毁损、灭失却未告知买受人，买受人主张出卖人负担标的物毁损、灭失的风险的，人民法院应予支持。

第十一条 当事人对风险负担没有约定，标的物为种类物，出卖人未以装运单据、加盖标记、通知买受人等可识别的方式清楚地将标的物特定于买卖合同，买受人主张不负担标的物毁损、灭失的风险的，人民法院应予支持。

四、标的物检验

第十二条 人民法院具体认定民法典第六百二十一条第二款规定的"合理期限"时，应当综合当事人之间的交易性质、交易目的、交易方式、交易习惯、标的物的种类、数量、性质、安装和使用情况、瑕疵的性质、买受人应尽的合理注意义务、检验方法和难易程度、买受人或者检验人所处的具体环境、自身技能以及其他合理因素，依据诚实信用原则进行判断。

民法典第六百二十一条第二款规定的"二年"是最长的合理期限。该期限为不变期间，不适用诉讼时效中止、中断或者延长的规定。

第十三条 买受人在合理期限内提出异议，出卖人以买受人已经支付价款、确认欠款数额、使用标的物等为由，主张买受人放弃异议的，人民法院不予支持，但当事人另有约定的除外。

第十四条 民法典第六百二十一条规定的检验期限、合理期限、二年期限经过后，买受人主张标的物的数量或者质量不符合约定的，人民法院不予支持。

出卖人自愿承担违约责任后，又以上述期限经过为由翻悔的，人民法院不予支持。

五、违约责任

第十五条 买受人依约保留部分价款作为质量保证金，出卖人在质量保证期未及时解决质量问题而影响标的物的价值或者使用效果，出卖人主张支付该部分价款的，人民法院不予支持。

第十六条 买受人在检验期限、质量保证期、合理期限内提出质量异议，出卖人未按要求予以修理或者因情况紧急，买受人自行或者通过第三人修理标的物后，主张出卖人负担因此发生的合理费用的，人民法院应予支持。

第十七条 标的物质量不符合约定，买受人依照民法典第五百八十二条的规定要求减少价款的，人民法院应予支持。当事人主张以符合约定的标的物和实际交付的标的物按交付时的市场价值计算差价的，人民法院应予支持。

价款已经支付，买受人主张返还减价后多出部分价款的，人民法院应予支持。

第十八条 买卖合同对付款期限作出的变更，不影响当事人关于逾期付款违约金的约定，但该违约金的起算点应当随之变更。

买卖合同约定逾期付款违约金，买受人以出卖人接受价款时未主张逾期付款违约金为由拒绝支付该违约金的，人民法院不予支持。

买卖合同约定逾期付款违约金，但对账单、还款协议等未涉及逾期付款责任，出卖人根据对账单、还款协议等主张欠款时请求买受人依约支付逾期付款违约金的，人民法院应予支持，但对账单、还款协议等明确载有本金及逾期付款利息数额或者已经变更买卖合同中关于本金、利息等约定内容的除外。

买卖合同没有约定逾期付款违约金或者该违约金的计算方法，出卖人以买受人违约为由主张赔偿逾期付款损失，违约行为发生在2019年8月19日之前的，人民法院可以中国人民银行同期同类人民币贷款基准利率为基础，参照逾期罚息利率标准计算；违约行为发生在2019年8月20日之后的，人民法院可以违约行为发生时中国人民银行授权全国银行间同业拆借中心公布的一年期贷款市场报价利率（LPR）标准为基础，加计 30—50%计算逾期付款损失。

第十九条 出卖人没有履行或者不当履行从给付义务，致使买受人不能实现合同目的，买受人主张解除合同的，人民法院应当根据民法典第五百六十三条第一款第四项的规定，予以支持。

第二十条 买卖合同因违约而解除后，守约方主张继续适用违约金条款的，人民法院应予支持；但约定的违约金过分高于造成的损失的，人民法院可以参照民法典第五百八十五条第二款的规定处理。

第二十一条 买卖合同当事人一方以对方违约为由主张支付违约金，对方以合同不成立、合同未生效、合同无效或者不构成违约等为由进行免责抗辩而未主张调整过高的违约金的，人民法院应当就法院若不支持免责抗辩，当事人是否需要主张调整违约金进行释明。

一审法院认为免责抗辩成立且未予释明，二审法院认为应当判决支付违约金的，可以直接释明并改判。

第二十二条 买卖合同当事人一方违约造成对方损失，对方主张赔偿可得利益损失的，人民法院在确定违约责任范围时，应当根据当事人的主张，依据民法典第五百八十四条、第五百九十一条、第五百九十二条、本解释第二十三条等规定进行认定。

第二十三条 买卖合同当事人一方因对方违约而获有利益，违约方主张从损失赔偿额中扣除该部分利益的，人民法院应予支持。

第二十四条 买受人在缔约时知道或者应当知道标的物质量存在瑕疵，主张出卖人承担瑕疵担保责任的，人民法院不予支持，但买受人在缔约时不知道该瑕疵会导致标的物的基本效用显著降低的除外。

六、所有权保留

第二十五条 买卖合同当事人主张民法典第六百四十一条关于标的物所有权保留的规定适用于不动产的，人民法院不予支持。

第二十六条 买受人已经支付标的物总价款的百分之七十五以上，出卖人主张取回标的物的，人民法院不予支持。

在民法典第六百四十二条第一款第三项情形下，第三人依据民法典第三百一十一条的规定已经善意取得标的物所有权或者其他物权，出卖人主张取回标的物的，人民法院不予支持。

七、特种买卖

第二十七条 民法典第六百三十四条第一款规定的“分期付款”，系指买受人将应付的总价款在一定期限内至少分三次向出卖人支付。

分期付款买卖合同的约定违反民法典第六百三十四条第一款的规定，损害买受人利益，买受人主张该约定无效的，人民法院应予支持。

第二十八条 分期付款买卖合同约定出卖人在解除合同时可以扣留已受领价金，出卖人扣留的金额超过标的物使用费以及标的物受损赔偿额，买受人请求返还超过部分的，人民法院应予支持。

当事人对标的物的使用费没有约定的，人民法院可以参照当地同类标的物的租金标准确定。

第二十九条 合同约定的样品质量与文字说明不一致且发生纠纷时当事人不能达成合意，样品封存后外观和内在品质没有发生变化的，人民法院应当以样品为准；外观和内在品质发生变化，或者当事人对是否发生变化有争议而又无法查明的，人民法院应当以文字说明为准。

第三十条 买卖合同存在下列约定内容之一的，不属于试用买卖。买受人主张属于试用买卖的，人民法院不予支持：

（一）约定标的物经过试用或者检验符合一定要求时，买受人应当购买标的物；

（二）约定第三人经试验对标的物认可时，买受人应当购买标的物；

（三）约定买受人在一定期限内可以调换标的物；

（四）约定买受人在一定期限内可以退还标的物。

八、其他问题

第三十一条 出卖人履行交付义务后诉请买受人支付价款，买受人以出卖人违约在先为由提出异议的，人民法院应当按照下列情况分别处理：

（一）买受人拒绝支付违约金、拒绝赔偿损失或者主张出卖人应当采取减少价款等补救措施的，属于提出抗辩；

（二）买受人主张出卖人应支付违约金、赔偿损失或者要求解除合同的，应当提起反诉。

第三十二条 法律或者行政法规对债权转让、股权转让等权利转让合同有规定的，依照其规定；没有规定的，人民法院可以根据民法典第四百六十七条和第六百四十六条的规定，参照适用买卖合同的有关规定。

权利转让或者其他有偿合同参照适用买卖合同的有关规定的，人民法院应当首先引用民法典第六百四十六条的规定，再引用买卖合同的有关规定。

第三十三条 本解释施行前本院发布的有关购销合同、销售合同等有偿转移标的物所有权的合同的规定，与本解释抵触的，自本解释施行之日起不再适用。

本解释施行后尚未终审的买卖合同纠纷案件，适用本解释；本解释施行前已经终审，当事人申请再审或者按照审判监督程序决定再审的，不适用本解释。

最高人民法院关于审理消费民事公益诉讼案件适用法律若干问题的解释

· 2016年2月1日最高人民法院审判委员会第1677次会议通过
· 根据2020年12月23日最高人民法院审判委员会第1823次会议通过的《最高人民法院关于修改〈最高人民法院关于人民法院民事调解工作若干问题的规定〉等十九件民事诉讼类司法解释的决定》修正
· 2020年12月29日最高人民法院公告公布
· 自2021年1月1日起施行
· 法释〔2020〕20号

为正确审理消费民事公益诉讼案件，根据《中华人民共和国民事诉讼法》《中华人民共和国民法典》《中华人民共和国消费者权益保护法》等法律规定，结合审判实践，制定本解释。

第一条 中国消费者协会以及在省、自治区、直辖市设立的消费者协会，对经营者侵害众多不特定消费者合法权益或者具有危及消费者人身、财产安全危险等损害社会公共利益的行为提起消费民事公益诉讼的，适用本解释。

法律规定或者全国人大及其常委会授权的机关和社会组织提起的消费民事公益诉讼，适用本解释。

第二条 经营者提供的商品或者服务具有下列情形之一的，适用消费者权益保护法第四十七条规定：

（一）提供的商品或者服务存在缺陷，侵害众多不特定消费者合法权益的；

（二）提供的商品或者服务可能危及消费者人身、财产安全，未作出真实的说明和明确的警示，未标明正确使用商品或者接受服务的方法以及防止危害发生方法的；对提供的商品或者服务质量、性能、用途、有效期限等信息作虚假或引人误解宣传的；

（三）宾馆、商场、餐馆、银行、机场、车站、港口、影剧院、景区、体育场馆、娱乐场所等经营场所存在危及消费者人身、财产安全危险的；

（四）以格式条款、通知、声明、店堂告示等方式，作出排除或者限制消费者权利、减轻或者免除经营者责任、加重消费者责任等对消费者不公平、不合理规定的；

（五）其他侵害众多不特定消费者合法权益或者具有危及消费者人身、财产安全危险等损害社会公共利益的行为。

第三条 消费民事公益诉讼案件管辖适用《最高人民法院关于适用〈中华人民共和国民事诉讼法〉的解释》第二百八十五条的有关规定。

经最高人民法院批准，高级人民法院可以根据本辖区实际情况，在辖区内确定部分中级人民法院受理第一审消费民事公益诉讼案件。

第四条 提起消费民事公益诉讼应当提交下列材料：

（一）符合民事诉讼法第一百二十一条规定的起诉状，并按照被告人数提交副本；

（二）被告的行为侵害众多不特定消费者合法权益或者具有危及消费者人身、财产安全危险等损害社会公共利益的初步证据；

（三）消费者组织就涉诉事项已按照消费者权益保护法第三十七条第四项或者第五项的规定履行公益性职责的证明材料。

第五条 人民法院认为原告提出的诉讼请求不足以保护社会公共利益的，可以向其释明变更或者增加停止侵害等诉讼请求。

第六条 人民法院受理消费民事公益诉讼案件后，应当公告案件受理情况，并在立案之日起十日内书面告知相关行政主管部门。

第七条 人民法院受理消费民事公益诉讼案件后，依法可以提起诉讼的其他机关或者社会组织，可以在一审开庭前向人民法院申请参加诉讼。

人民法院准许参加诉讼的，列为共同原告；逾期申请的，不予准许。

第八条 有权提起消费民事公益诉讼的机关或者社会组织，可以依据民事诉讼法第八十一条规定申请保全证据。

第九条 人民法院受理消费民事公益诉讼案件后，因同一侵权行为受到损害的消费者申请参加诉讼的，人民法院应当告知其根据民事诉讼法第一百一十九条规定主张权利。

第十条 消费民事公益诉讼案件受理后，因同一侵权行为受到损害的消费者请求对其根据民事诉讼法第一百一十九条规定提起的诉讼予以中止，人民法院可以准许。

第十一条 消费民事公益诉讼案件审理过程中，被告提出反诉的，人民法院不予受理。

第十二条 原告在诉讼中承认对己方不利的事实，人民法院认为损害社会公共利益的，不予确认。

第十三条 原告在消费民事公益诉讼案件中，请求被告承担停止侵害、排除妨碍、消除危险、赔礼道歉等民事责任的，人民法院可予支持。

经营者利用格式条款或者通知、声明、店堂告示等，排除或者限制消费者权利、减轻或者免除经营者责任、加重消费者责任，原告认为对消费者不公平、不合理主张无效的，人民法院应依法予以支持。

第十四条 消费民事公益诉讼案件裁判生效后，人民法院应当在十日内书面告知相关行政主管部门，并可发出司法建议。

第十五条 消费民事公益诉讼案件的裁判发生法律效力后，其他依法具有原告资格的机关或者社会组织就同一侵权行为另行提起消费民事公益诉讼的，人民法院不予受理。

第十六条 已为消费民事公益诉讼生效裁判认定的事实，因同一侵权行为受到损害的消费者根据民事诉讼法第一百一十九条规定提起的诉讼，原告、被告均无需举证证明，但当事人对该事实有异议并有相反证据足以推翻的除外。

消费民事公益诉讼生效裁判认定经营者存在不法行为，因同一侵权行为受到损害的消费者根据民事诉讼法第一百一十九条规定提起的诉讼，原告主张适用的，人民法院可予支持，但被告有相反证据足以推翻的除外。被告主张直接适用对其有利认定的，人民法院不予支持，被告仍应承担相应举证证明责任。

第十七条 原告为停止侵害、排除妨碍、消除危险采取合理预防、处置措施而发生的费用，请求被告承担的，人民法院应依法予以支持。

第十八条 原告及其诉讼代理人对侵权行为进行调查、取证的合理费用、鉴定费用、合理的律师代理费用，人民法院可根据实际情况予以相应支持。

第十九条 本解释自 2016 年 5 月 1 日起施行。

本解释施行后人民法院新受理的一审案件，适用本解释。

本解释施行前人民法院已经受理、施行后尚未审结的一审、二审案件，以及本解释施行前已经终审、施行后当事人申请再审或者按照审判监督程序决定再审的案件，不适用本解释。

三、赠与合同

中华人民共和国慈善法(节录)

· 2016年3月16日第十二届全国人民代表大会第四次会议通过
· 根据2023年12月29日第十四届全国人民代表大会常务委员会第七次会议《关于修改〈中华人民共和国慈善法〉的决定》修正
· 2023年12月29日中华人民共和国主席令第16号公布
· 自2024年9月5日起施行

……

第四章 慈 善 捐 赠

第三十四条 本法所称慈善捐赠,是指自然人、法人和非法人组织基于慈善目的,自愿、无偿赠与财产的活动。

第三十五条 捐赠人可以通过慈善组织捐赠,也可以直接向受益人捐赠。

第三十六条 捐赠人捐赠的财产应当是其有权处分的合法财产。捐赠财产包括货币、实物、房屋、有价证券、股权、知识产权等有形和无形财产。

捐赠人捐赠的实物应当具有使用价值,符合安全、卫生、环保等标准。

捐赠人捐赠本企业产品的,应当依法承担产品质量责任和义务。

第三十七条 自然人、法人和非法人组织开展演出、比赛、销售、拍卖等经营性活动,承诺将全部或者部分所得用于慈善目的的,应当在举办活动前与慈善组织或者其他接受捐赠的人签订捐赠协议,活动结束后按照捐赠协议履行捐赠义务,并将捐赠情况向社会公开。

第三十八条 慈善组织接受捐赠,应当向捐赠人开具由财政部门统一监(印)制的捐赠票据。捐赠票据应当载明捐赠人、捐赠财产的种类及数量、慈善组织名称和经办人姓名、票据日期等。捐赠人匿名或者放弃接受捐赠票据的,慈善组织应当做好相关记录。

第三十九条 慈善组织接受捐赠,捐赠人要求签订书面捐赠协议的,慈善组织应当与捐赠人签订书面捐赠协议。

书面捐赠协议包括捐赠人和慈善组织名称,捐赠财产的种类、数量、质量、用途、交付时间等内容。

第四十条 捐赠人与慈善组织约定捐赠财产的用途和受益人时,不得指定或者变相指定捐赠人的利害关系人作为受益人。

任何组织和个人不得利用慈善捐赠违反法律规定宣传烟草制品,不得利用慈善捐赠以任何方式宣传法律禁止宣传的产品和事项。

第四十一条 捐赠人应当按照捐赠协议履行捐赠义务。捐赠人违反捐赠协议逾期未交付捐赠财产,有下列情形之一的,慈善组织或者其他接受捐赠的人可以要求交付;捐赠人拒不交付的,慈善组织和其他接受捐赠的人可以依法向人民法院申请支付令或者提起诉讼:

(一)捐赠人通过广播、电视、报刊、互联网等媒体公开承诺捐赠的;

(二)捐赠财产用于本法第三条第一项至第三项规定的慈善活动,并签订书面捐赠协议的。

捐赠人公开承诺捐赠或者签订书面捐赠协议后经济状况显著恶化,严重影响其生产经营或者家庭生活的,经向公开承诺捐赠地或者书面捐赠协议签订地的县级以上人民政府民政部门报告并向社会公开说明情况后,可以不再履行捐赠义务。

第四十二条 捐赠人有权查询、复制其捐赠财产管理使用的有关资料,慈善组织应当及时主动向捐赠人反馈有关情况。

慈善组织违反捐赠协议约定的用途,滥用捐赠财产的,捐赠人有权要求其改正;拒不改正的,捐赠人可以向县级以上人民政府民政部门投诉、举报或者向人民法院提起诉讼。

第四十三条 国有企业实施慈善捐赠应当遵

守有关国有资产管理的规定，履行批准和备案程序。

……

第八十七条 自然人、法人和非法人组织捐赠财产用于慈善活动的，依法享受税收优惠。企业慈善捐赠支出超过法律规定的准予在计算企业所得税应纳税所得额时当年扣除的部分，允许结转以后三年内在计算应纳税所得额时扣除。

境外捐赠用于慈善活动的物资，依法减征或者免征进口关税和进口环节增值税。

第八十八条 自然人、法人和非法人组织设立慈善信托开展慈善活动的，依法享受税收优惠。

第八十九条 受益人接受慈善捐赠，依法享受税收优惠。

第九十条 慈善组织、捐赠人、受益人依法享受税收优惠的，有关部门应当及时办理相关手续。

第九十一条 捐赠人向慈善组织捐赠实物、有价证券、股权和知识产权的，依法免征权利转让的相关行政事业性费用。

第九十二条 国家对开展扶贫济困、参与重大突发事件应对、参与重大国家战略的慈善活动，实行特殊的优惠政策。

……

中华人民共和国公益事业捐赠法

· 1999年6月28日第九届全国人民代表大会常务委员会第十次会议通过
· 1999年6月28日中华人民共和国主席令第19号公布
· 自1999年9月1日起施行

第一章 总 则

第一条 为了鼓励捐赠，规范捐赠和受赠行为，保护捐赠人、受赠人和受益人的合法权益，促进公益事业的发展，制定本法。

第二条 自然人、法人或者其他组织自愿无偿向依法成立的公益性社会团体和公益性非营利的事业单位捐赠财产，用于公益事业的，适用本法。

第三条 本法所称公益事业是指非营利的下列事项：

（一）救助灾害、救济贫困、扶助残疾人等困难的社会群体和个人的活动；

（二）教育、科学、文化、卫生、体育事业；

（三）环境保护、社会公共设施建设；

（四）促进社会发展和进步的其他社会公共和福利事业。

第四条 捐赠应当是自愿和无偿的，禁止强行摊派或者变相摊派，不得以捐赠为名从事营利活动。

第五条 捐赠财产的使用应当尊重捐赠人的意愿，符合公益目的，不得将捐赠财产挪作他用。

第六条 捐赠应当遵守法律、法规，不得违背社会公德，不得损害公共利益和其他公民的合法权益。

第七条 公益性社会团体受赠的财产及其增值为社会公共财产，受国家法律保护，任何单位和个人不得侵占、挪用和损毁。

第八条 国家鼓励公益事业的发展，对公益性社会团体和公益性非营利的事业单位给予扶持和优待。

国家鼓励自然人、法人或者其他组织对公益事业进行捐赠。

对公益事业捐赠有突出贡献的自然人、法人或者其他组织，由人民政府或者有关部门予以表彰。对捐赠人进行公开表彰，应当事先征求捐赠人的意见。

第二章 捐赠和受赠

第九条 自然人、法人或者其他组织可以选择符合其捐赠意愿的公益性社会团体和公益性非营利的事业单位进行捐赠。捐赠的财产应当是其有权处分的合法财产。

第十条 公益性社会团体和公益性非营利的事业单位可以依照本法接受捐赠。

本法所称公益性社会团体是指依法成立的，以发展公益事业为宗旨的基金会、慈善组织等社会团体。

本法所称公益性非营利的事业单位是指依法成立的，从事公益事业的不以营利为目的的教育机构、科学研究机构、医疗卫生机构、社会公共文化机构、社会公共体育机构和社会福利机构等。

第十一条 在发生自然灾害时或者境外捐赠人要求县级以上人民政府及其部门作为受赠人

时，县级以上人民政府及其部门可以接受捐赠，并依照本法的有关规定对捐赠财产进行管理。

县级以上人民政府及其部门可以将受赠财产转交公益性社会团体或者公益性非营利的事业单位；也可以按照捐赠人的意愿分发或者兴办公益事业，但是不得以本机关为受益对象。

第十二条 捐赠人可以与受赠人就捐赠财产的种类、质量、数量和用途等内容订立捐赠协议。捐赠人有权决定捐赠的数量、用途和方式。

捐赠人应当依法履行捐赠协议，按照捐赠协议约定的期限和方式将捐赠财产转移给受赠人。

第十三条 捐赠人捐赠财产兴建公益事业工程项目，应当与受赠人订立捐赠协议，对工程项目的资金、建设、管理和使用作出约定。

捐赠的公益事业工程项目由受赠单位按照国家有关规定办理项目审批手续，并组织施工或者由受赠人和捐赠人共同组织施工。工程质量应当符合国家质量标准。

捐赠的公益事业工程项目竣工后，受赠单位应当将工程建设、建设资金的使用和工程质量验收情况向捐赠人通报。

第十四条 捐赠人对于捐赠的公益事业工程项目可以留名纪念；捐赠人单独捐赠的工程项目或者主要由捐赠人出资兴建的工程项目，可以由捐赠人提出工程项目的名称，报县级以上人民政府批准。

第十五条 境外捐赠人捐赠的财产，由受赠人按照国家有关规定办理入境手续；捐赠实行许可证管理的物品，由受赠人按照国家有关规定办理许可证申领手续，海关凭许可证验放、监管。

华侨向境内捐赠的，县级以上人民政府侨务部门可以协助办理有关入境手续，为捐赠人实施捐赠项目提供帮助。

第三章　捐赠财产的使用和管理

第十六条 受赠人接受捐赠后，应当向捐赠人出具合法、有效的收据，将受赠财产登记造册，妥善保管。

第十七条 公益性社会团体应当将受赠财产用于资助符合其宗旨的活动和事业。对于接受的救助灾害的捐赠财产，应当及时用于救助活动。基金会每年用于资助公益事业的资金数额，不得低于国家规定的比例。

公益性社会团体应当严格遵守国家的有关规定，按照合法、安全、有效的原则，积极实现捐赠财产的保值增值。

公益性非营利的事业单位应当将受赠财产用于发展本单位的公益事业，不得挪作他用。

对于不易储存、运输和超过实际需要的受赠财产，受赠人可以变卖，所取得的全部收入，应当用于捐赠目的。

第十八条 受赠人与捐赠人订立了捐赠协议的，应当按照协议约定的用途使用捐赠财产，不得擅自改变捐赠财产的用途。如果确需改变用途的，应当征得捐赠人的同意。

第十九条 受赠人应当依照国家有关规定，建立健全财务会计制度和受赠财产的使用制度，加强对受赠财产的管理。

第二十条 受赠人每年度应当向政府有关部门报告受赠财产的使用、管理情况，接受监督。必要时，政府有关部门可以对其财务进行审计。

海关对减免关税的捐赠物品依法实施监督和管理。

县级以上人民政府侨务部门可以参与对华侨向境内捐赠财产使用与管理的监督。

第二十一条 捐赠人有权向受赠人查询捐赠财产的使用、管理情况，并提出意见和建议。对于捐赠人的查询，受赠人应当如实答复。

第二十二条 受赠人应当公开接受捐赠的情况和受赠财产的使用、管理情况，接受社会监督。

第二十三条 公益性社会团体应当厉行节约，降低管理成本，工作人员的工资和办公费用从利息等收入中按照国家规定的标准开支。

第四章　优惠措施

第二十四条 公司和其他企业依照本法的规定捐赠财产用于公益事业，依照法律、行政法规的规定享受企业所得税方面的优惠。

第二十五条 自然人和个体工商户依照本法的规定捐赠财产用于公益事业，依照法律、行政法规的规定享受个人所得税方面的优惠。

第二十六条 境外向公益性社会团体和公益性非营利的事业单位捐赠的用于公益事业的物资，依照法律、行政法规的规定减征或者免征进口关税和进口环节的增值税。

第二十七条 对于捐赠的工程项目，当地人民政府应当给予支持和优惠。

第五章 法律责任

第二十八条 受赠人未征得捐赠人的许可，擅自改变捐赠财产的性质、用途的，由县级以上人民政府有关部门责令改正，给予警告。拒不改正的，经征求捐赠人的意见，由县级以上人民政府将捐赠财产交由与其宗旨相同或者相似的公益性社会团体或者公益性非营利的事业单位管理。

第二十九条 挪用、侵占或者贪污捐赠款物的，由县级以上人民政府有关部门责令退还所用、所得款物，并处以罚款；对直接责任人员，由所在单位依照有关规定予以处理；构成犯罪的，依法追究刑事责任。

依照前款追回、追缴的捐赠款物，应当用于原捐赠目的和用途。

第三十条 在捐赠活动中，有下列行为之一的，依照法律、法规的有关规定予以处罚；构成犯罪的，依法追究刑事责任：

（一）逃汇、骗购外汇的；

（二）偷税、逃税的；

（三）进行走私活动的；

（四）未经海关许可并且未补缴应缴税额，擅自将减税、免税进口的捐赠物资在境内销售、转让或者移作他用的。

第三十一条 受赠单位的工作人员，滥用职权，玩忽职守，徇私舞弊，致使捐赠财产造成重大损失的，由所在单位依照有关规定予以处理；构成犯罪的，依法追究刑事责任。

第六章 附 则

第三十二条 本法自1999年9月1日起施行。

赠与公证细则

·1992年1月24日司法通〔1992〕008号发布
·自1992年4月1日起施行

第一条 为规范赠与公证程序，根据《中华人民共和国民法通则》、《中华人民共和国公证暂行条例》制订本细则。

第二条 赠与是财产所有人在法律允许的范围内自愿将其所有的财产无偿赠送他人的法律行为。

将其所有财产赠与他人的人为赠与人，接受赠与的人为受赠人。

赠与人、受赠人可以分别为公民、法人或其他组织。

第三条 赠与公证是公证处依法证明赠与人赠与财产、受赠人收受赠与财产或赠与人与受赠人签订赠与合同真实、合法的行为。

第四条 办理赠与公证，可采取证明赠与人的赠与书，受赠人的受赠书或赠与合同的形式。赠与书是赠与人单方以书面形式将财产无偿赠与他人；受赠书是受赠人单方以书面形式表示接受赠与；赠与合同是赠与人与受赠人双方以书面形式，就财产无偿赠与而达成的一种协议。

第五条 赠与人赠与的财产必须是赠与人所有的合法财产。赠与人是公民的，必须具有完全民事行为能力。

第六条 赠与书公证应由赠与人的住所地或不动产所在地公证处受理。受赠书、赠与合同公证由不动产所在地公证处受理。

第七条 办理不动产赠与公证的，经公证后，应及时到有关部门办理所有权转移登记手续，否则赠与行为无效。

第八条 办理赠与书、受赠书、赠与合同公证，当事人应亲自到公证处提出申请，亲自到公证处确有困难的，公证人员可到其居住地办理。

第九条 申办赠与书、受赠书、赠与合同公证，当事人应向公证处提交的证件和材料：

（一）当事人办理赠与书、受赠书、赠与合同公证申请表；

（二）当事人的居民身份证或其他身份证明；

（三）被赠与财产清单和财产所有权证明；

（四）受赠人为法人或其他组织的，应提交资格证明、法定代表人身份证明，如需经有关部门批准才能受赠的事项，还需提交有关部门批准接受赠与的文件，代理人应提交授权委托书；受赠人为无民事行为能力或限制民事行为能力的，其代理人应提交有监护权的证明；

（五）赠与书、受赠书或赠与合同；

（六）赠与标的为共有财产的，共有人一致同意赠与的书面证明；

（七）公证人员认为应当提交的其他材料。

第十条 符合下列条件的申请，公证处应予受理：

（一）当事人身份明确，赠与人具有完全民事行为能力和赠与财产的所有权证明；

（二）赠与财产产权明确，当事人意思表示真实，赠与合同已达成协议；

（三）赠与财产为不动产的，不得违背有关房地产的政策、规定；

（四）当事人提交了本细则第九条规定的证件和材料；

（五）该公证事项属本公证处管辖。

对不符合前款规定条件的申请，公证处应作出不予受理的决定，并通知当事人。

第十一条 公证人员接待当事人，应按《公证程序规则（试行）》第二十四条规定制作笔录，并着重记录下列内容：

（一）赠与人与受赠人的关系，赠与意思表示及理由；

（二）赠与财产状况：名称、数量、质量、价值，不动产座落地点、结构；

（三）赠与财产产权来源，有无争议；

（四）赠与财产所有权状况，占有、使用情况及抵押、留置、担保情况；

（五）赠与形式；

（六）赠与书、受赠书或赠与合同的具体内容；

（七）赠与行为法律后果的表述；

（八）公证人员认为应当记录的其他内容。

公证人员接待当事人，须根据民法通则和有关房地产政策、规定，向当事人讲明赠与的法律依据和不动产权属转移须办理的登记手续以及当事人应承担的责任。

第十二条 赠与书的主要内容：

（一）赠与人与受赠人的姓名、性别、出生日期、家庭住址；

（二）赠与人与受赠人的关系，赠与的意思表示及理由；

（三）赠与财产状况：名称、数量、质量、价值，不动产座落地点、结构。

第十三条 受赠书的主要内容：

（一）受赠人与赠与人的姓名、性别、出生日期、家庭住址；

（二）受赠人与赠与人的关系，接受赠与的意思表示及理由；

（三）受赠财产状况：名称、数量、质量、价值，不动产座落地点、结构。

第十四条 赠与合同的主要内容：

（一）赠与人与受赠人的姓名、性别、出生日期、家庭住址；

（二）赠与人与受赠人的关系，赠与、接受赠与的意思表示及理由；

（三）赠与财产状况：名称、数量、质量、价值，不动产座落地点、结构；

（四）违约责任。

第十五条 赠与公证，除按《公证程序规则（试行）》第二十三条规定的内容审查外，应着重审查下列内容：

（一）赠与人的意思表示真实，行为合法；

（二）赠与人必须有赠与能力，不因赠与而影响其生活或居住；

（三）赠与财产的权属状况，有无争议；

（四）赠与书、受赠书、赠与合同真实、合法；

（五）公证人员认为应当查明的其他情况。

第十六条 符合下列条件的赠与，公证处应出具公证书：

（一）赠与人具有完全民事行为能力；

（二）赠与财产是赠与人所有的合法财产；

（三）赠与书、受赠书、赠与合同的意思表示真实、合法，条款完备、内容明确、文字表述准确；

（四）办证程序符合规定。

不符合前款规定条件的，应当拒绝公证，并在办证期限内将拒绝的理由通知当事人。

第十七条 根据司法部、财政部、物价局制定的《公证费收费规定》收取公证费用。办理赠与书公证，每件收公证费十元；办理受赠书公证、赠与合同书公证，按受赠人取得财产价值的金额总数，不满一万元的，收百分之一，最低十元；一万元以上的收百分之二。

第十八条 本细则由司法部负责解释。

第十九条 本细则自一九九二年四月一日起施行。

四、借款、储蓄合同

中华人民共和国商业银行法

· 1995年5月10日第八届全国人民代表大会常务委员会第十三次会议通过
· 根据2003年12月27日第十届全国人民代表大会常务委员会第六次会议《关于修改〈中华人民共和国商业银行法〉的决定》第一次修正
· 根据2015年8月29日第十二届全国人民代表大会常务委员会第十六次会议《关于修改〈中华人民共和国商业银行法〉的决定》第二次修正

第一章 总 则

第一条 【立法宗旨】为了保护商业银行、存款人和其他客户的合法权益,规范商业银行的行为,提高信贷资产质量,加强监督管理,保障商业银行的稳健运行,维护金融秩序,促进社会主义市场经济的发展,制定本法。

第二条 【商业银行的定义】本法所称的商业银行是指依照本法和《中华人民共和国公司法》设立的吸收公众存款、发放贷款、办理结算等业务的企业法人。

第三条 【业务范围】商业银行可以经营下列部分或者全部业务:

(一)吸收公众存款;

(二)发放短期、中期和长期贷款;

(三)办理国内外结算;

(四)办理票据承兑与贴现;

(五)发行金融债券;

(六)代理发行、代理兑付、承销政府债券;

(七)买卖政府债券、金融债券;

(八)从事同业拆借;

(九)买卖、代理买卖外汇;

(十)从事银行卡业务;

(十一)提供信用证服务及担保;

(十二)代理收付款项及代理保险业务;

(十三)提供保管箱服务;

(十四)经国务院银行业监督管理机构批准的其他业务。

经营范围由商业银行章程规定,报国务院银行业监督管理机构批准。

商业银行经中国人民银行批准,可以经营结汇、售汇业务。

第四条 【商业银行的经营原则和经营方针】商业银行以安全性、流动性、效益性为经营原则,实行自主经营,自担风险,自负盈亏,自我约束。

商业银行依法开展业务,不受任何单位和个人的干涉。

商业银行以其全部法人财产独立承担民事责任。

第五条 【商业银行与客户的业务往来应当遵循的基本原则】商业银行与客户的业务往来,应当遵循平等、自愿、公平和诚实信用的原则。

第六条 【存款人的合法权益的保障】商业银行应当保障存款人的合法权益不受任何单位和个人的侵犯。

第七条 【商业银行信贷业务法定权利与义务】商业银行开展信贷业务,应当严格审查借款人的资信,实行担保,保障按期收回贷款。

商业银行依法向借款人收回到期贷款的本金和利息,受法律保护。

第八条 【商业银行业务合法性要求】商业银行开展业务,应当遵守法律、行政法规的有关规定,不得损害国家利益、社会公共利益。

第九条 【商业银行业务竞争公平性要求】商业银行开展业务,应当遵守公平竞争的原则,不得从事不正当竞争。

第十条 【商业银行的监管机构】商业银行依法接受国务院银行业监督管理机构的监督管理,但法律规定其有关业务接受其他监督管理部门或者机构监督管理的,依照其规定。

第二章 商业银行的设立和组织机构

第十一条 【商业银行设立的审批机构及其禁止性规定】设立商业银行,应当经国务院银行业监督管理机构审查批准。

未经国务院银行业监督管理机构批准，任何单位和个人不得从事吸收公众存款等商业银行业务，任何单位不得在名称中使用“银行”字样。

第十二条 【商业银行设立的必备条件】设立商业银行，应当具备下列条件：

（一）有符合本法和《中华人民共和国公司法》规定的章程；

（二）有符合本法规定的注册资本最低限额；

（三）有具备任职专业知识和业务工作经验的董事、高级管理人员；

（四）有健全的组织机构和管理制度；

（五）有符合要求的营业场所、安全防范措施和与业务有关的其他设施。

设立商业银行，还应当符合其他审慎性条件。

第十三条 【商业银行设立的注册资本】设立全国性商业银行的注册资本最低限额为十亿元人民币。设立城市商业银行的注册资本最低限额为一亿元人民币，设立农村商业银行的注册资本最低限额为五千万元人民币。注册资本应当是实缴资本。

国务院银行业监督管理机构根据审慎监管的要求可以调整注册资本最低限额，但不得少于前款规定的限额。

第十四条 【商业银行设立应提交的文件资料】设立商业银行，申请人应当向国务院银行业监督管理机构提交下列文件、资料：

（一）申请书，申请书应当载明拟设立的商业银行的名称、所在地、注册资本、业务范围等；

（二）可行性研究报告；

（三）国务院银行业监督管理机构规定提交的其他文件、资料。

第十五条 【商业银行设立的正式申请文件】设立商业银行的申请经审查符合本法第十四条规定的，申请人应当填写正式申请表，并提交下列文件、资料：

（一）章程草案；

（二）拟任职的董事、高级管理人员的资格证明；

（三）法定验资机构出具的验资证明；

（四）股东名册及其出资额、股份；

（五）持有注册资本百分之五以上的股东的资信证明和有关资料；

（六）经营方针和计划；

（七）营业场所、安全防范措施和与业务有关的其他设施的资料；

（八）国务院银行业监督管理机构规定的其他文件、资料。

第十六条 【商业银行经营许可证的颁发和营业执照的领取】经批准设立的商业银行，由国务院银行业监督管理机构颁发经营许可证，并凭该许可证向工商行政管理部门办理登记，领取营业执照。

第十七条 【商业银行的组织形式和组织机构】商业银行的组织形式、组织机构适用《中华人民共和国公司法》的规定。

本法施行前设立的商业银行，其组织形式、组织机构不完全符合《中华人民共和国公司法》规定的，可以继续沿用原有的规定，适用前款规定的日期由国务院规定。

第十八条 【国有独资商业银行的监事会】国有独资商业银行设立监事会。监事会的产生办法由国务院规定。

监事会对国有独资商业银行的信贷资产质量、资产负债比例、国有资产保值增值等情况以及高级管理人员违反法律、行政法规或者章程的行为和损害银行利益的行为进行监督。

第十九条 【商业银行分支机构的设立】商业银行根据业务需要可以在中华人民共和国境内外设立分支机构。设立分支机构必须经国务院银行业监督管理机构审查批准。在中华人民共和国境内的分支机构，不按行政区划设立。

商业银行在中华人民共和国境内设立分支机构，应当按照规定拨付与其经营规模相适应的营运资金额。拨付各分支机构营运资金额的总和，不得超过总行资本金总额的百分之六十。

第二十条 【设立商业银行分支机构的申请文件】设立商业银行分支机构，申请人应当向国务院银行业监督管理机构提交下列文件、资料：

（一）申请书，申请书应当载明拟设立的分支机构的名称、营运资金额、业务范围、总行及分支机构所在地等；

（二）申请人最近二年的财务会计报告；

（三）拟任职的高级管理人员的资格证明；

（四）经营方针和计划；

（五）营业场所、安全防范措施和与业务有关的其他设施的资料；

（六）国务院银行业监督管理机构规定的其他文件、资料。

第二十一条 【分支机构经营许可证的颁发与营业执照的领取】经批准设立的商业银行分支机构，由国务院银行业监督管理机构颁发经营许可证，并凭该许可证向工商行政管理部门办理登记，领取营业执照。

第二十二条 【商业银行对其分支机构的管理及商业银行分支机构的法律地位】商业银行对其分支机构实行全行统一核算，统一调度资金，分级管理的财务制度。

商业银行分支机构不具有法人资格，在总行授权范围内依法开展业务，其民事责任由总行承担。

第二十三条 【商业银行及其分支机构的设立公告及逾期开业的法律后果】经批准设立的商业银行及其分支机构，由国务院银行业监督管理机构予以公告。

商业银行及其分支机构自取得营业执照之日起无正当理由超过六个月未开业的，或者开业后自行停业连续六个月以上的，由国务院银行业监督管理机构吊销其经营许可证，并予以公告。

第二十四条 【商业银行的变更】商业银行有下列变更事项之一的，应当经国务院银行业监督管理机构批准：

（一）变更名称；

（二）变更注册资本；

（三）变更总行或者分支行所在地；

（四）调整业务范围，

（五）变更持有资本总额或者股份总额百分之五以上的股东；

（六）修改章程；

（七）国务院银行业监督管理机构规定的其他变更事项。

更换董事、高级管理人员时，应当报经国务院银行业监督管理机构审查其任职资格。

第二十五条 【商业银行的分立、合并】商业银行的分立、合并，适用《中华人民共和国公司法》的规定。

商业银行的分立、合并，应当经国务院银行业监督管理机构审查批准。

第二十六条 【经营许可证的使用管理】商业银行应当依照法律、行政法规的规定使用经营许可证。禁止伪造、变造、转让、出租、出借经营许可证。

第二十七条 【商业银行高级管理人员的消极任职条件】有下列情形之一的，不得担任商业银行的董事、高级管理人员：

（一）因犯有贪污、贿赂、侵占财产、挪用财产罪或者破坏社会经济秩序罪，被判处刑罚，或者因犯罪被剥夺政治权利的；

（二）担任因经营不善破产清算的公司、企业的董事或者厂长、经理，并对该公司、企业的破产负有个人责任的；

（三）担任因违法被吊销营业执照的公司、企业的法定代表人，并负有个人责任的；

（四）个人所负数额较大的债务到期未清偿的。

第二十八条 【购买商业银行股份总额百分之五以上的事先批准】任何单位和个人购买商业银行股份总额百分之五以上的，应当事先经国务院银行业监督管理机构批准。

第三章 对存款人的保护

第二十九条 【对个人储蓄存款的法律保护】商业银行办理个人储蓄存款业务，应当遵循存款自愿、取款自由、存款有息、为存款人保密的原则。

对个人储蓄存款，商业银行有权拒绝任何单位或者个人查询、冻结、扣划，但法律另有规定的除外。

第三十条 【对单位存款的法律保护】对单位存款，商业银行有权拒绝任何单位或者个人查询，但法律、行政法规另有规定的除外；有权拒绝任何单位或者个人冻结、扣划，但法律另有规定的除外。

第三十一条 【存款利率的确定和公告】商业银行应当按照中国人民银行规定的存款利率的上下限，确定存款利率，并予以公告。

第三十二条 【存款准备金和备付金】商业银行应当按照中国人民银行的规定，向中国人民银行交存存款准备金，留足备付金。

第三十三条 【存款本金和利息的支付义务】商业银行应当保证存款本金和利息的支付，不得拖延、拒绝支付存款本金和利息。

第四章 贷款和其他业务的基本规则

第三十四条 【商业银行开展贷款业务的基本原则】商业银行根据国民经济和社会发展的需要,在国家产业政策指导下开展贷款业务。

第三十五条 【商业银行的贷款审查】商业银行贷款,应当对借款人的借款用途、偿还能力、还款方式等情况进行严格审查。

商业银行贷款,应当实行审贷分离、分级审批的制度。

第三十六条 【担保贷款与信用贷款】商业银行贷款,借款人应当提供担保。商业银行应当对保证人的偿还能力,抵押物、质物的权属和价值以及实现抵押权、质权的可行性进行严格审查。

经商业银行审查、评估,确认借款人资信良好,确能偿还贷款的,可以不提供担保。

第三十七条 【书面贷款合同的订立】商业银行贷款,应当与借款人订立书面合同。合同应当约定贷款种类、借款用途、金额、利率、还款期限、还款方式、违约责任和双方认为需要约定的其他事项。

第三十八条 【贷款利率】商业银行应当按照中国人民银行规定的贷款利率的上下限,确定贷款利率。

第三十九条 【商业银行贷款的资产负债比例管理制度】商业银行贷款,应当遵守下列资产负债比例管理的规定:

(一)资本充足率不得低于百分之八;

(二)流动性资产余额与流动性负债余额的比例不得低于百分之二十五;

(三)对同一借款人的贷款余额与商业银行资本余额的比例不得超过百分之十;

(四)国务院银行业监督管理机构对资产负债比例管理的其他规定。

本法施行前设立的商业银行,在本法施行后,其资产负债比例不符合前款规定的,应当在一定的期限内符合前款规定。具体办法由国务院规定。

第四十条 【向关系人发放信用贷款的禁止】商业银行不得向关系人发放信用贷款;向关系人发放担保贷款的条件不得优于其他借款人同类贷款的条件。

前款所称关系人是指:

(一)商业银行的董事、监事、管理人员、信贷业务人员及其近亲属;

(二)前项所列人员投资或者担任高级管理职务的公司、企业和其他经济组织。

第四十一条 【强令商业银行发放贷款或提供担保行为的禁止】任何单位和个人不得强令商业银行发放贷款或者提供担保。商业银行有权拒绝任何单位和个人强令要求其发放贷款或者提供担保。

第四十二条 【借款人的还本付息义务】借款人应当按期归还贷款的本金和利息。

借款人到期不归还担保贷款的,商业银行依法享有要求保证人归还贷款本金和利息或者就该担保物优先受偿的权利。商业银行因行使抵押权、质权而取得的不动产或者股权,应当自取得之日起二年内予以处分。

借款人到期不归还信用贷款的,应当按照合同约定承担责任。

第四十三条 【商业银行投资业务的限制】商业银行在中华人民共和国境内不得从事信托投资和证券经营业务,不得向非自用不动产投资或者向非银行金融机构和企业投资,但国家另有规定的除外。

第四十四条 【商业银行的结算业务】商业银行办理票据承兑、汇兑、委托收款等结算业务,应当按照规定的期限兑现,收付入账,不得压单、压票或者违反规定退票。有关兑现、收付入账期限的规定应当公布。

第四十五条 【商业银行发行金融债券、到境外借款的批准】商业银行发行金融债券或者到境外借款,应当依照法律、行政法规的规定报经批准。

第四十六条 【商业银行的同业拆借业务】同业拆借,应当遵守中国人民银行的规定。禁止利用拆入资金发放固定资产贷款或者用于投资。

拆出资金限于交足存款准备金、留足备付金和归还中国人民银行到期贷款之后的闲置资金。拆入资金用于弥补票据结算、联行汇差头寸的不足和解决临时性周转资金的需要。

第四十七条 【商业银行存贷业务中不正当手段的禁止】商业银行不得违反规定提高或者降低利率以及采用其他不正当手段,吸收存款,发放贷款。

第四十八条 【账户的开立和禁止公款私存】企业事业单位可以自主选择一家商业银行的营业场所开立一个办理日常转账结算和现金收付的基本账户，不得开立两个以上基本账户。

任何单位和个人不得将单位的资金以个人名义开立账户存储。

第四十九条 【商业银行的营业时间】商业银行的营业时间应当方便客户，并予以公告。商业银行应当在公告的营业时间内营业，不得擅自停止营业或者缩短营业时间。

第五十条 【商业银行办理业务、提供服务时手续费的收取】商业银行办理业务，提供服务，按照规定收取手续费。收费项目和标准由国务院银行业监督管理机构、中国人民银行根据职责分工，分别会同国务院价格主管部门制定。

第五十一条 【商业银行有关资料的保存】商业银行应当按照国家有关规定保存财务会计报表、业务合同以及其他资料。

第五十二条 【商业银行工作人员行为的限制】商业银行的工作人员应当遵守法律、行政法规和其他各项业务管理的规定，不得有下列行为：

（一）利用职务上的便利，索取、收受贿赂或者违反国家规定收受各种名义的回扣、手续费；

（二）利用职务上的便利，贪污、挪用、侵占本行或者客户的资金；

（三）违反规定徇私向亲属、朋友发放贷款或者提供担保；

（四）在其他经济组织兼职；

（五）违反法律、行政法规和业务管理规定的其他行为。

第五十三条 【商业银行工作人员保守国家秘密、商业秘密的义务】商业银行的工作人员不得泄露其在任职期间知悉的国家秘密、商业秘密。

第五章 财务会计

第五十四条 【商业银行的会计制度】商业银行应当依照法律和国家统一的会计制度以及国务院银行业监督管理机构的有关规定，建立、健全本行的财务、会计制度。

第五十五条 【商业银行的财务管理制度】商业银行应当按照国家有关规定，真实记录并全面反映其业务活动和财务状况，编制年度财务会计报告，及时向国务院银行业监督管理机构、中国人民银行和国务院财政部门报送。商业银行不得在法定的会计账册外另立会计账册。

第五十六条 【商业银行经营业绩和审计报告的公布】商业银行应当于每一会计年度终了三个月内，按照国务院银行业监督管理机构的规定，公布其上一年度的经营业绩和审计报告。

第五十七条 【商业银行的呆账准备金】商业银行应当按照国家有关规定，提取呆账准备金，冲销呆账。

第五十八条 【会计年度】商业银行的会计年度自公历1月1日起至12月31日止。

第六章 监督管理

第五十九条 【商业银行内部管理制度】商业银行应当按照有关规定，制定本行的业务规则，建立、健全本行的风险管理和内部控制制度。

第六十条 【商业银行内部稽核、检查制度的建立、健全】商业银行应当建立、健全本行对存款、贷款、结算、呆账等各项情况的稽核、检查制度。

商业银行对分支机构应当进行经常性的稽核和检查监督。

第六十一条 【商业银行财务会计报表和资料的定期报送】商业银行应当按照规定向国务院银行业监督管理机构、中国人民银行报送资产负债表、利润表以及其他财务会计、统计报表和资料。

第六十二条 【银监会对商业银行的现场检查以及中国人民银行的检查】国务院银行业监督管理机构有权依照本法第三章、第四章、第五章的规定，随时对商业银行的存款、贷款、结算、呆账等情况进行检查监督。检查监督时，检查监督人员应当出示合法的证件。商业银行应当按照国务院银行业监督管理机构的要求，提供财务会计资料、业务合同和有关经营管理方面的其他信息。

中国人民银行有权依照《中华人民共和国中国人民银行法》第三十二条、第三十四条的规定对商业银行进行检查监督。

第六十三条 【商业银行的审计监督】商业银行应当依法接受审计机关的审计监督。

第七章 接管和终止

第六十四条 【接管的条件和目的】商业银行已经或者可能发生信用危机，严重影响存款人的利益时,国务院银行业监督管理机构可以对该银行实行接管。

接管的目的是对被接管的商业银行采取必要措施,以保护存款人的利益,恢复商业银行的正常经营能力。被接管的商业银行的债权债务关系不因接管而变化。

第六十五条 【接管的决定】接管由国务院银行业监督管理机构决定,并组织实施。国务院银行业监督管理机构的接管决定应当载明下列内容:

(一)被接管的商业银行名称;

(二)接管理由;

(三)接管组织;

(四)接管期限。

接管决定由国务院银行业监督管理机构予以公告。

第六十六条 【接管的实施】接管自接管决定实施之日起开始。

自接管开始之日起,由接管组织行使商业银行的经营管理权力。

第六十七条 【接管期限】接管期限届满,国务院银行业监督管理机构可以决定延期,但接管期限最长不得超过二年。

第六十八条 【接管的终止】有下列情形之一的,接管终止:

(一)接管决定规定的期限届满或者国务院银行业监督管理机构决定的接管延期届满;

(二)接管期限届满前,该商业银行已恢复正常经营能力;

(三)接管期限届满前,该商业银行被合并或者被依法宣告破产。

第六十九条 【商业银行的解散】商业银行因分立、合并或者出现公司章程规定的解散事由需要解散的,应当向国务院银行业监督管理机构提出申请,并附解散的理由和支付存款的本金和利息等债务清偿计划。经国务院银行业监督管理机构批准后解散。

商业银行解散的,应当依法成立清算组,进行清算,按照清偿计划及时偿还存款本金和利息等债务。国务院银行业监督管理机构监督清算过程。

第七十条 【商业银行的撤销】商业银行因吊销经营许可证被撤销的,国务院银行业监督管理机构应当依法及时组织成立清算组,进行清算,按照清偿计划及时偿还存款本金和利息等债务。

第七十一条 【商业银行的破产】商业银行不能支付到期债务,经国务院银行业监督管理机构同意,由人民法院依法宣告其破产。商业银行被宣告破产的,由人民法院组织国务院银行业监督管理机构等有关部门和有关人员成立清算组,进行清算。

商业银行破产清算时,在支付清算费用、所欠职工工资和劳动保险费用后,应当优先支付个人储蓄存款的本金和利息。

第七十二条 【商业银行的终止】商业银行因解散、被撤销和被宣告破产而终止。

第八章 法律责任

第七十三条 【商业银行违反客户业务规则的法律责任】商业银行有下列情形之一,对存款人或者其他客户造成财产损害的,应当承担支付迟延履行的利息以及其他民事责任:

(一)无故拖延、拒绝支付存款本金和利息的;

(二)违反票据承兑等结算业务规定,不予兑现,不予收付入账,压单、压票或者违反规定退票的;

(三)非法查询、冻结、扣划个人储蓄存款或者单位存款的;

(四)违反本法规定对存款人或者其他客户造成损害的其他行为。

有前款规定情形的,由国务院银行业监督管理机构责令改正,有违法所得的,没收违法所得,违法所得五万元以上的,并处违法所得一倍以上五倍以下罚款;没有违法所得或者违法所得不足五万元的,处五万元以上五十万元以下罚款。

第七十四条 【商业银行违反国务院银行业监督管理机构监管的法律责任】商业银行有下列情形之一,由国务院银行业监督管理机构责令改正,有违法所得的,没收违法所得,违法所得五十万元以上的,并处违法所得一倍以上五倍以下罚款;没有违法所得或者违法所得不足五十万元的,处五十万元以上二百万元以下罚款;情节特别严重或者逾期不改正的,可以责令停业整顿或者吊销其经营许可证;构成犯罪的,依法追究刑事责任:

(一)未经批准设立分支机构的;

(二)未经批准分立、合并或者违反规定对变更事项不报批的；

（三）违反规定提高或者降低利率以及采用其他不正当手段，吸收存款，发放贷款的；

（四）出租、出借经营许可证的；

（五）未经批准买卖、代理买卖外汇的；

（六）未经批准买卖政府债券或者发行、买卖金融债券的；

（七）违反国家规定从事信托投资和证券经营业务、向非自用不动产投资或者向非银行金融机构和企业投资的；

（八）向关系人发放信用贷款或者发放担保贷款的条件优于其他借款人同类贷款的条件的。

第七十五条 【商业银行拒绝和规避国务院监管的法律责任】商业银行有下列情形之一，由国务院银行业监督管理机构责令改正，并处二十万元以上五十万元以下罚款；情节特别严重或者逾期不改正的，可以责令停业整顿或者吊销其经营许可证；构成犯罪的，依法追究刑事责任：

（一）拒绝或者阻碍国务院银行业监督管理机构检查监督的；

（二）提供虚假的或者隐瞒重要事实的财务会计报告、报表和统计报表的；

（三）未遵守资本充足率、资产流动性比例、同一借款人贷款比例和国务院银行业监督管理机构有关资产负债比例管理的其他规定的。

第七十六条 【商业银行违反中央银行监管的法律责任】商业银行有下列情形之一，由中国人民银行责令改正，有违法所得的，没收违法所得，违法所得五十万元以上的，并处违法所得一倍以上五倍以下罚款；没有违法所得或者违法所得不足五十万元的，处五十万元以上二百万元以下罚款；情节特别严重或者逾期不改正的，中国人民银行可以建议国务院银行业监督管理机构责令停业整顿或者吊销其经营许可证；构成犯罪的，依法追究刑事责任：

（一）未经批准办理结汇、售汇的；

（二）未经批准在银行间债券市场发行、买卖金融债券或者到境外借款的；

（三）违反规定同业拆借的。

第七十七条 【商业银行拒绝和规避中央银行监管的法律责任】商业银行有下列情形之一，由中国人民银行责令改正，并处二十万元以上五十万元以下罚款；情节特别严重或者逾期不改正的，中国人民银行可以建议国务院银行业监督管理机构责令停业整顿或者吊销其经营许可证；构成犯罪的，依法追究刑事责任：

（一）拒绝或者阻碍中国人民银行检查监督的；

（二）提供虚假的或者隐瞒重要事实的财务会计报告、报表和统计报表的；

（三）未按照中国人民银行规定的比例交存存款准备金的。

第七十八条 【商业银行有关责任人员的法律责任】商业银行有本法第七十三条至第七十七条规定情形的，对直接负责的董事、高级管理人员和其他直接责任人员，应当给予纪律处分；构成犯罪的，依法追究刑事责任。

第七十九条 【违反国务院行业管理规定的单位或个人的法律责任】有下列情形之一，由国务院银行业监督管理机构责令改正，有违法所得的，没收违法所得，违法所得五万元以上的，并处违法所得一倍以上五倍以下罚款；没有违法所得或者违法所得不足五万元的，处五万元以上五十万元以下罚款：

（一）未经批准在名称中使用“银行”字样的；

（二）未经批准购买商业银行股份总额百分之五以上的；

（三）将单位的资金以个人名义开立账户存储的。

第八十条 【违反监管机构资料文件报送要求的法律责任】商业银行不按照规定向国务院银行业监督管理机构报送有关文件、资料的，由国务院银行业监督管理机构责令改正，逾期不改正的，处十万元以上三十万元以下罚款。

商业银行不按照规定向中国人民银行报送有关文件、资料的，由中国人民银行责令改正，逾期不改正的，处十万元以上三十万元以下罚款。

第八十一条 【违反法定设立和许可证规定的法律责任】未经国务院银行业监督管理机构批准，擅自设立商业银行，或者非法吸收公众存款、变相吸收公众存款，构成犯罪的，依法追究刑事责任；并由国务院银行业监督管理机构予以取缔。

伪造、变造、转让商业银行经营许可证，构成犯罪的，依法追究刑事责任。

第八十二条 【借款人骗贷的刑事责任】借款人采取欺诈手段骗取贷款，构成犯罪的，依法追究刑事责任。

第八十三条 【违反设立许可规定和借款人骗贷的行政责任】有本法第八十一条、第八十二条规定的行为,尚不构成犯罪的,由国务院银行业监督管理机构没收违法所得,违法所得五十万元以上的,并处违法所得一倍以上五倍以下罚款;没有违法所得或者违法所得不足五十万元的,处五十万元以上二百万元以下罚款。

第八十四条 【商业银行工作人员受贿行为的法律责任】商业银行工作人员利用职务上的便利,索取、收受贿赂或者违反国家规定收受各种名义的回扣、手续费,构成犯罪的,依法追究刑事责任;尚不构成犯罪的,应当给予纪律处分。

有前款行为,发放贷款或者提供担保造成损失的,应当承担全部或者部分赔偿责任。

第八十五条 【商业银行工作人员贪污,挪用,侵占行为的法律责任】商业银行工作人员利用职务上的便利,贪污、挪用、侵占本行或者客户资金,构成犯罪的,依法追究刑事责任;尚不构成犯罪的,应当给予纪律处分。

第八十六条 【商业银行工作人员玩忽职守、徇私发放贷款或者提供担保的法律责任】商业银行工作人员违反本法规定玩忽职守造成损失的,应当给予纪律处分;构成犯罪的,依法追究刑事责任。

违反规定徇私向亲属、朋友发放贷款或者提供担保造成损失的,应当承担全部或者部分赔偿责任。

第八十七条 【商业银行工作人员泄露国家秘密、商业秘密的责任】商业银行工作人员泄露在任职期间知悉的国家秘密、商业秘密的,应当给予纪律处分;构成犯罪的,依法追究刑事责任。

第八十八条 【单位或者个人强令商业银行发放贷款或者提供担保的责任与商业银行工作人员对前述强令行为不予拒绝的责任】单位或者个人强令商业银行发放贷款或者提供担保的,应当对直接负责的主管人员和其他直接责任人员或者个人给予纪律处分;造成损失的,应当承担全部或者部分赔偿责任。

商业银行的工作人员对单位或者个人强令其发放贷款或者提供担保未予拒绝的,应当给予纪律处分;造成损失的,应当承担相应的赔偿责任。

第八十九条 【国务院银行业监督管理机构对商业银行直接负责人员的处罚措施】商业银行违反本法规定的,国务院银行业监督管理机构可以区别不同情形,取消其直接负责的董事、高级管理人员一定期限直至终身的任职资格,禁止直接负责的董事、高级管理人员和其他直接责任人员一定期限直至终身从事银行业工作。

商业银行的行为尚不构成犯罪的,对直接负责的董事、高级管理人员和其他直接责任人员,给予警告,处五万元以上五十万元以下罚款。

第九十条 【商业银行及其工作人员提起行政诉讼的权利】商业银行及其工作人员对国务院银行业监督管理机构、中国人民银行的处罚决定不服的,可以依照《中华人民共和国行政诉讼法》的规定向人民法院提起诉讼。

第九章 附 则

第九十一条 【本法的溯及力】本法施行前,按照国务院的规定经批准设立的商业银行不再办理审批手续。

第九十二条 【本法对外资商业银行、中外合资商业银行及外国商业银行分行的适用】外资商业银行、中外合资商业银行、外国商业银行分行适用本法规定,法律、行政法规另有规定的,依照其规定。

第九十三条 【本法对城乡信用合作社办理存款、贷款和结算等业务的适用】城市信用合作社、农村信用合作社办理存款、贷款和结算等业务,适用本法有关规定。

第九十四条 【本法对邮政企业办理商业银行有关业务的适用】邮政企业办理商业银行的有关业务,适用本法有关规定。

第九十五条 【本法的施行时间】本法自 1995 年 7 月 1 日起施行。

储蓄管理条例

· 1992 年 12 月 11 日国务院令第 107 号发布
· 根据 2011 年 1 月 8 日《国务院关于废止和修改部分行政法规的决定》修订

第一章 总 则

第一条 为了发展储蓄事业,保护储户的合法权益,加强储蓄管理,制定本条例。

第二条 凡在中国境内办理储蓄业务的储蓄

机构和参加储蓄的个人,必须遵守本条例的规定。

第三条 本条例所称储蓄是指个人将属于其所有的人民币或者外币存入储蓄机构,储蓄机构开具存折或者存单作为凭证,个人凭存折或者存单可以支取存款本金和利息,储蓄机构依照规定支付存款本金和利息的活动。

任何单位和个人不得将公款以个人名义转为储蓄存款。

第四条 本条例所称储蓄机构是指经中国人民银行或其分支机构批准,各银行、信用合作社办理储蓄业务的机构,以及邮政企业依法办理储蓄业务的机构。

第五条 国家保护个人合法储蓄存款的所有权及其他合法权益,鼓励个人参加储蓄。

储蓄机构办理储蓄业务,必须遵循"存款自愿,取款自由,存款有息,为储户保密"的原则。

第六条 中国人民银行负责全国储蓄管理工作。

中国人民银行及其分支机构负责储蓄机构和储蓄业务的审批,协调、仲裁有关储蓄机构之间在储蓄业务方面的争议,监督、稽核储蓄机构的业务工作,纠正和处罚违反国家储蓄法律、法规和政策的行为。

第七条 中国人民银行经国务院批准,可以采取适当措施稳定储蓄,保护储户利益。

第八条 除储蓄机构外,任何单位和个人不得办理储蓄业务。

第二章 储蓄机构

第九条 储蓄机构的设置,应当遵循统一规划,方便群众,注重实效,确保安全的原则。

第十条 储蓄机构的设置,应当按照国家有关规定报中国人民银行或其分支机构批准,并申领《经营金融业务许可证》,但国家法律、行政法规另有规定的除外。

第十一条 储蓄机构的设置必须具备下列条件:

(一)有机构名称、组织机构和营业场所;

(二)熟悉储蓄业务的工作人员不少于四人;

(三)有必要的安全防范设备。

第十二条 经当地中国人民银行分支机构批准,储蓄机构可以设立储蓄代办点。储蓄代办点的管理办法,由中国人民银行规定。

第十三条 储蓄机构应当按照规定时间营业,不得擅自停业或者缩短营业时间。

第十四条 储蓄机构应当保证储蓄存款本金和利息的支付,不得违反规定拒绝支付储蓄存款本金和利息。

第十五条 储蓄机构不得使用不正当手段吸收储蓄存款。

第三章 储蓄业务

第十六条 储蓄机构可以办理下列人民币储蓄业务:

(一)活期储蓄存款;

(二)整存整取定期储蓄存款;

(三)零存整取定期储蓄存款;

(四)存本取息定期储蓄存款;

(五)整存零取定期储蓄存款;

(六)定活两便储蓄存款;

(七)华侨(人民币)整存整取定期储蓄存款;

(八)经中国人民银行批准开办的其他种类的储蓄存款。

第十七条 经外汇管理部门批准,储蓄机构可以办理下列外币储蓄业务:

(一)活期储蓄存款;

(二)整存整取定期储蓄存款;

(三)经中国人民银行批准开办的其他种类的外币储蓄存款。

办理外币储蓄业务,存款本金和利息应当用外币支付。

第十八条 储蓄机构办理定期储蓄存款时,根据储户的意愿,可以同时为储户办理定期储蓄存款到期自动转存业务。

第十九条 根据国家住房改革的有关政策和实际需要,经当地中国人民银行分支机构批准,储蓄机构可以办理个人住房储蓄业务。

第二十条 经中国人民银行或其分支机构批准,储蓄机构可以办理下列金融业务:

(一)发售和兑付以居民个人为发行对象的国库券、金融债券、企业债券等有价证券;

(二)个人定期储蓄存款存单小额抵押贷款业务;

(三)其他金融业务。

第二十一条 储蓄机构可以办理代发工资和代收房租、水电费等服务性业务。

第四章 储蓄存款利率和计息

第二十二条 储蓄存款利率由中国人民银行拟订,经国务院批准后公布,或者由国务院授权中国人民银行制定、公布。

第二十三条 储蓄机构必须挂牌公告储蓄存款利率,不得擅自变动。

第二十四条 未到期的定期储蓄存款,全部提前支取的,按支取日挂牌公告的活期储蓄存款利率计付利息;部分提前支取的,提前支取的部分按支取日挂牌公告的活期储蓄存款利率计付利息,其余部分到期时按存单开户日挂牌公告的定期储蓄存款利率计付利息。

第二十五条 逾期支取的定期储蓄存款,其超过原定存期的部分,除约定自动转存的外,按支取日挂牌公告的活期储蓄存款利率计付利息。

第二十六条 定期储蓄存款在存期内遇有利率调整,按存单开户日挂牌公告的相应的定期储蓄存款利率计付利息。

第二十七条 活期储蓄存款在存入期间遇有利率调整,按结息日挂牌公告的活期储蓄存款利率计付利息。全部支取活期储蓄存款,按清户日挂牌公告的活期储蓄存款利率计付利息。

第二十八条 储户认为储蓄存款利息支付有错误时,有权向经办的储蓄机构申请复核;经办的储蓄机构应当及时受理、复核。

第五章 提前支取、挂失、查询和过户

第二十九条 未到期的定期储蓄存款,储户提前支取的,必须持存单和存款人的身份证明办理;代储户支取的,代支取人还必须持其身份证明。

第三十条 存单、存折分为记名式和不记名式。记名式的存单、存折可以挂失,不记名式的存单、存折不能挂失。

第三十一条 储户遗失存单、存折或者预留印鉴的印章的,必须立即持本人身份证明,并提供储户的姓名、开户时间、储蓄种类、金额、账号及住址等有关情况,向其开户的储蓄机构书面申请挂失。在特殊情况下,储户可以用口头或者函电形式申请挂失,但必须在5天内补办书面申请挂失手续。

储蓄机构受理挂失后,必须立即停止支付该储蓄存款;受理挂失前该储蓄存款已被他人支取的,储蓄机构不负赔偿责任。

第三十二条 储蓄机构及其工作人员对储户的储蓄情况负有保密责任。

储蓄机构不代任何单位和个人查询、冻结或者划拨储蓄存款,国家法律、行政法规另有规定的除外。

第三十三条 储蓄存款的所有权发生争议,涉及办理过户的,储蓄机构依据人民法院发生法律效力的判决书、裁定书或者调解书办理过户手续。

第六章 法律责任

第三十四条 违反本条例规定,有下列行为之一的单位和个人,由中国人民银行或其分支机构责令其纠正,并可以根据情节轻重处以罚款、停业整顿、吊销《经营金融业务许可证》;情节严重,构成犯罪的,依法追究刑事责任:

(一)擅自开办储蓄业务的;

(二)擅自设置储蓄机构的;

(三)储蓄机构擅自开办新的储蓄种类的;

(四)储蓄机构擅自办理本条例规定以外的其他金融业务的;

(五)擅自停业或者缩短营业时间的;

(六)储蓄机构采取不正当手段吸收储蓄存款的;

(七)违反国家利率规定,擅自变动储蓄存款利率的;

(八)泄露储户储蓄情况或者未经法定程序代为查询、冻结、划拨储蓄存款的;

(九)其他违反国家储蓄法律、法规和政策的。

违反本条例第三条第二款规定的,依照国家有关规定予以处罚。

第三十五条 对处罚决定不服的,当事人可以依照《中华人民共和国行政复议法》的规定申请复议。对复议决定不服的,当事人可以依照《中华人民共和国行政诉讼法》的规定向人民法院提起诉讼。

第三十六条 复议申请人逾期不起诉又不履行复议决定的,依照《中华人民共和国行政复议法》的规定执行。

第三十七条 储蓄机构违反国家有关规定,侵犯储户合法权益,造成损失的,应当依法承担赔偿责任。

第七章 附 则

第三十八条 本条例施行前的定期储蓄存款,在原定存期内,依照本条例施行前国家有关规定办理计息事宜。

第三十九条 本条例由中国人民银行负责解释,实施细则由中国人民银行制定。

第四十条 本条例自1993年3月1日起施行。1980年5月28日中国人民银行发布的《中国人民银行储蓄存款章程》同时废止。

贷款通则

- ·1996年6月28日中国人民银行令第2号公布
- ·自1996年8月1日起施行

第一章 总 则

第一条 为了规范贷款行为,维护借贷双方的合法权益,保证信贷资产的安全,提高贷款使用的整体效益,促进社会经济的持续发展,根据《中华人民共和国中国人民银行法》、《中华人民共和国商业银行法》等有关法律规定,制定本通则。

第二条 本通则所称贷款人,系指在中国境内依法设立的经营贷款业务的中资金融机构。

本通则所称借款人,系指从经营贷款业务的中资金融机构取得贷款的法人、其他经济组织、个体工商户和自然人。

本通则中所称贷款系指贷款人对借款人提供的并按约定的利率和期限还本付息的货币资金。

本通则中的贷款币种包括人民币和外币。

第三条 贷款的发放和使用应当符合国家的法律、行政法规和中国人民银行发布的行政规章,应当遵循效益性、安全性和流动性的原则。

第四条 借款人与贷款人的借贷活动应当遵循平等、自愿、公平和诚实信用的原则。

第五条 贷款人开展贷款业务,应当遵循公平竞争、密切协作的原则,不得从事不正当竞争。

第六条 中国人民银行及其分支机构是实施《贷款通则》的监管机关。

第二章 贷款种类

第七条 自营贷款、委托贷款和特定贷款:

自营贷款,系指贷款人以合法方式筹集的资金自主发放的贷款,其风险由贷款人承担,并由贷款人收回本金和利息。

委托贷款,系指由政府部门、企事业单位及个人等委托人提供资金,由贷款人(即受托人)根据委托人确定的贷款对象、用途、金额期限、利率等代为发放、监督使用并协助收回的贷款。贷款人(受托人)只收取手续费,不承担贷款风险。

特定贷款,系指经国务院批准并对贷款可能造成的损失采取相应补救措施后责成国有独资商业银行发放的贷款。

第八条 短期贷款、中期贷款和长期贷款:

短期贷款,系指贷款期限在1年以内(含1年)的贷款。

中期贷款,系指贷款期限在1年以上(不含1年)5年以下(含5年)的贷款。

长期贷款,系指贷款期限在5年(不含5年)以上的贷款。

第九条 信用贷款、担保贷款和票据贴现:

信用贷款,系指以借款人的信誉发放的贷款。

担保贷款,系指保证贷款、抵押贷款、质押贷款。

保证贷款,系指按《中华人民共和国担保法》规定的保证方式以第三人承诺在借款人不能偿还贷款时,按约定承担一般保证责任或者连带责任而发放的贷款。

抵押贷款,系指按《中华人民共和国担保法》规定的抵押方式以借款人或第三人的财产作为抵押物发放的贷款。

质押贷款,系指按《中华人民共和国担保法》规定的质押方式以借款人或第三人的动产或权利作为质物发放的贷款。

票据贴现,系指贷款人以购买借款人未到期商业票据的方式发放的贷款。

第十条 除委托贷款以外,贷款人发放贷款,借款人应当提供担保。贷款人应当对保证人的偿还能力,抵押物、质物的权属和价值以及实现抵押权、质权的可行性进行严格审查。

经贷款审查、评估,确认借款人资信良好,确能偿还贷款的,可以不提供担保。

第三章 贷款期限和利率

第十一条 贷款期限:

贷款期限根据借款人的生产经营周期、还款

能力和贷款人的资金供给能力由借贷双方共同商议后确定,并在借款合同中载明。

自营贷款期限最长一般不得超过10年,超过10年应当报中国人民银行备案。

票据贴现的贴现期限最长不得超过6个月,贴现期限为从贴现之日起到票据到期日止。

第十二条 贷款展期:

不能按期归还贷款的,借款人应当在贷款到期日之前,向贷款人申请贷款展期。是否展期由贷款人决定。申请保证贷款、抵押贷款、质押贷款展期的,还应当由保证人、抵押人、出质人出具同意的书面证明。已有约定的,按照约定执行。

短期贷款展期期限累计不得超过原贷款期限;中期贷款展期期限累计不得超过原贷款期限的一半;长期贷款展期期限累计不得超过3年。国家另有规定者除外。借款人未申请展期或申请展期未得到批准,其贷款从到期日次日起,转入逾期贷款账户。

第十三条 贷款利率的确定:

贷款人应当按照中国人民银行规定的贷款利率的上下限,确定每笔贷款利率,并在借款合同中载明。

第十四条 贷款利息的计收:

贷款人和借款人应当按借款合同和中国人民银行有关计息规定按期计收或交付利息。

贷款的展期期限加上原期限达到新的利率期限档次时,从展期之日起,贷款利息按新的期限档次利率计收。

逾期贷款按规定计收罚息。

第十五条 贷款的贴息:

根据国家政策,为了促进某些产业和地区经济的发展,有关部门可以对贷款补贴利息。

对有关部门贴息的贷款,承办银行应当自主审查发放,并根据本通则有关规定严格管理。

第十六条 贷款停息、减息、缓息和免息:

除国务院决定外,任何单位和个人无权决定停息、减息、缓息和免息。贷款人应当依据国务院决定,按照职责权限范围具体办理停息、减息、缓息和免息。

第四章 借款人

第十七条 借款人应当是经工商行政管理机关(或主管机关)核准登记的企(事)业法人、其他经济组织、个体工商户或具有中华人民共和国国籍的具有完全民事行为能力的自然人。

借款人申请贷款,应当具备产品有市场、生产经营有效益、不挤占挪用信贷资金、恪守信用等基本条件,并且应当符合以下要求:

一、有按期还本付息的能力,原应付贷款利息和到期贷款已清偿;没有清偿的,已经做了贷款人认可的偿还计划;

二、除自然人和不需要经工商部门核准登记的事业法人外,应当经过工商部门办理年检手续;

三、已开立基本账户或一般存款账户;

四、除国务院规定外,有限责任公司和股份有限公司对外股本权益性投资累计额未超过其净资产总额的50%;

五、借款人的资产负债率符合贷款人的要求;

六、申请中期、长期贷款的,新建项目的企业法人所有者权益与项目所需总投资的比例不低于国家规定的投资项目的资本金比例。

第十八条 借款人的权利:

一、可以自主向主办银行或者其他银行的经办机构申请贷款并依条件取得贷款;

二、有权按合同约定提取和使用全部贷款;

三、有权拒绝借款合同以外的附加条件;

四、有权向贷款人的上级和中国人民银行反映、举报有关情况;

五、在征得贷款人同意后,有权向第三人转让债务。

第十九条 借款人的义务:

一、应当如实提供贷款人要求的资料(法律规定不能提供者除外),应当向贷款人如实提供所有开户行、账号及存贷款余额情况,配合贷款人的调查、审查和检查;

二、应当接受贷款人对其使用信贷资金情况和有关生产经营、财务活动的监督;

三、应当按借款合同约定用途使用贷款;

四、应当按借款合同约定及时清偿贷款本息;

五、将债务全部或部分转让给第三人的,应当取得贷款人的同意;

六、有危及贷款人债权安全情况时,应当及时通知贷款人,同时采取保全措施。

第二十条 对借款人的限制:

一、不得在一个贷款人同一辖区内的两个或两个以上同级分支机构取得贷款;

二、不得向贷款人提供虚假的或者隐瞒重要事实的资产负债表、损益表等；

三、不得用贷款从事股本权益性投资，国家另有规定的除外；

四、不得用贷款在有价证券、期货等方面从事投机经营；

五、除依法取得经营房地产资格的借款人以外，不得用贷款经营房地产业务；依法取得经营房地产资格的借款人，不得用贷款从事房地产投机；

六、不得套取贷款用于借贷牟取非法收入；

七、不得违反国家外汇管理规定使用外币贷款；

八、不得采取欺诈手段骗取贷款。

第五章 贷款人

第二十一条 贷款人必须经中国人民银行批准经营贷款业务，持有中国人民银行颁发的《金融机构法人许可证》或《金融机构营业许可证》，并经工商行政管理部门核准登记。

第二十二条 贷款人的权利：

根据贷款条件和贷款程序自主审查和决定贷款，除国务院批准的特定贷款外，有权拒绝任何单位和个人强令其发放贷款或者提供担保。

一、要求借款人提供与借款有关的资料；

二、根据借款人的条件，决定贷与不贷、贷款金额、期限和利率等；

三、了解借款人的生产经营活动和财务活动；

四、依合同约定从借款人账户上划收贷款本金和利息；

五、借款人未能履行借款合同规定义务的，贷款人有权依合同约定要求借款人提前归还贷款或停止支付借款人尚未使用的贷款；

六、在贷款将受或已受损失时，可依据合同规定，采取使贷款免受损失的措施。

第二十三条 贷款人的义务：

一、应当公布所经营的贷款的种类、期限和利率，并向借款人提供咨询；

二、应当公开贷款审查的资信内容和发放贷款的条件；

三、贷款人应当审议借款人的借款申请，并及时答复贷与不贷。短期贷款答复时间不得超过1个月，中期、长期贷款答复时间不得超过6个月；国家另有规定者除外；

四、应当对借款人的债务、财务、生产、经营情况保密，但对依法查询者除外。

第二十四条 对贷款人的限制：

一、贷款的发放必须严格执行《中华人民共和国商业银行法》第三十九条关于资产负债比例管理的有关规定，第四十条关于不得向关系人发放信用贷款、向关系人发放担保贷款的条件不得优于其他借款人同类贷款条件的规定。

二、借款人有下列情形之一者，不得对其发放贷款：

（一）不具备本通则第四章第十七条所规定的资格和条件的；

（二）生产、经营或投资国家明文禁止的产品、项目的；

（三）违反国家外汇管理规定的；

（四）建设项目按国家规定应当报有关部门批准而未取得批准文件的；

（五）生产经营或投资项目未取得环境保护部门许可的；

（六）在实行承包、租赁、联营、合并（兼并）、合作、分立、产权有偿转让、股份制改造等体制变更过程中，未清偿原有贷款债务、落实原有贷款债务或提供相应担保的；

（七）有其他严重违法经营行为的。

三、未经中国人民银行批准，不得对自然人发放外币币种的贷款。

四、自营贷款和特定贷款，除按中国人民银行规定计收利息之外，不得收取其他任何费用；委托贷款，除按中国人民银行规定计收手续费之外，不得收取其他任何费用。

五、不得给委托人垫付资金，国家另有规定的除外。

六、严格控制信用贷款，积极推广担保贷款。

第六章 贷款程序

第二十五条 贷款申请：

借款人需要贷款，应当向主办银行或者其他银行的经办机构直接申请。

借款人应当填写包括借款金额、借款用途、偿还能力及还款方式等主要内容的《借款申请书》并提供以下资料：

一、借款人及保证人基本情况；

二、财政部门或会计（审计）事务所核准的上

年度财务报告,以及申请借款前一期的财务报告;

三、原有不合理占用的贷款的纠正情况;

四、抵押物、质物清单和有处分权人的同意抵押、质押的证明及保证人拟同意保证的有关证明文件;

五、项目建议书和可行性报告;

六、贷款人认为需要提供的其他有关资料。

第二十六条 对借款人的信用等级评估:

应当根据借款人的领导者素质、经济实力、资金结构、履约情况、经营效益和发展前景等因素,评定借款人的信用等级。评级可由贷款人独立进行,内部掌握,也可由有权部门批准的评估机构进行。

第二十七条 贷款调查:

贷款人受理借款人申请后,应当对借款人的信用等级以及借款的合法性、安全性、盈利性等情况进行调查,核实抵押物、质物、保证人情况,测定贷款的风险度。

第二十八条 贷款审批:

贷款人应当建立审贷分离、分级审批的贷款管理制度。审查人员应当对调查人员提供的资料进行核实、评定、复测贷款风险度,提出意见,按规定权限报批。

第二十九条 签订借款合同:

所有贷款应当由贷款人与借款人签订借款合同。借款合同应当约定借款种类,借款用途、金额、利率,借款期限,还款方式,借、贷双方的权利、义务,违约责任和双方认为需要约定的其他事项。

保证贷款应当由保证人与贷款人签订保证合同,或保证人在借款合同上载明与贷款人协商一致的保证条款,加盖保证人的法人公章,并由保证人的法定代表人或其授权代理人签署姓名。抵押贷款、质押贷款应当由抵押人、出质人与贷款人签订抵押合同、质押合同,需要办理登记的,应依法办理登记。

第三十条 贷款发放:

贷款人要按借款合同规定按期发放贷款。贷款人不按合同约定按期发放贷款的,应偿付违约金。借款人不按合同约定用款的,应偿付违约金。

第三十一条 贷后检查:

贷款发放后,贷款人应当对借款人执行借款合同情况及借款人的经营情况进行追踪调查和检查。

第三十二条 贷款归还:

借款人应当按照借款合同规定按时足额归还贷款本息。

贷款人在短期贷款到期 1 个星期之前、中长期贷款到期 1 个月之前,应当向借款人发送还本付息通知单;借款人应当及时筹备资金,按时还本付息。

贷款人对逾期的贷款要及时发出催收通知单,做好逾期贷款本息的催收工作。

贷款人对不能按借款合同约定期限归还的贷款,应当按规定加罚利息;对不能归还或者不能落实还本付息事宜的,应当督促归还或者依法起诉。

借款人提前归还贷款,应当与贷款人协商。

第七章　不良贷款监管

第三十三条 贷款人应当建立和完善贷款的质量监管制度,对不良贷款进行分类、登记、考核和催收。

第三十四条 不良贷款系指呆账贷款、呆滞贷款、逾期贷款。

呆账贷款,系指按财政部有关规定列为呆账的贷款。

呆滞贷款,系指按财政部有关规定,逾期(含展期后到期)超过规定年限以上仍未归还的贷款,或虽未逾期或逾期不满规定年限但生产经营已终止、项目已停建的贷款(不含呆账贷款)。

逾期贷款,系指借款合同约定到期(含展期后到期)未归还的贷款(不含呆滞贷款和呆账贷款)。

第三十五条 不良贷款的登记:

不良贷款由会计、信贷部门提供数据,由稽核部门负责审核并按规定权限认定,贷款人应当按季填报不良贷款情况表。在报上级行的同时,应当报中国人民银行当地分支机构。

第三十六条 不良贷款的考核:

贷款人的呆账贷款、呆滞贷款、逾期贷款不得超过中国人民银行规定的比例。贷款人应当对所属分支机构下达和考核呆账贷款、呆滞贷款和逾期贷款的有关指标。

第三十七条 不良贷款的催收和呆账贷款的冲销:

信贷部门负责不良贷款的催收,稽核部门负责对催收情况的检查。贷款人应当按照国家有关规定提取呆账准备金,并按照呆账冲销的条件和程序冲销呆账贷款。

未经国务院批准,贷款人不得豁免贷款。除国务院批准外,任何单位和个人不得强令贷款人豁免贷款。

第八章　贷款管理责任制

第三十八条　贷款管理实行行长(经理、主任,下同)负责制。

贷款实行分级经营管理,各级行长应当在授权范围内对贷款的发放和收回负全部责任。行长可以授权副行长或贷款管理部门负责审批贷款,副行长或贷款管理部门负责人应当对行长负责。

第三十九条　贷款人各级机构应当建立有行长或副行长(经理、主任,下同)和有关部门负责人参加的贷款审查委员会(小组),负责贷款的审查。

第四十条　建立审贷分离制:

贷款调查评估人员负责贷款调查评估,承担调查失误和评估失准的责任;贷款审查人员负责贷款风险的审查,承担审查失误的责任;贷款发放人员负责贷款的检查和清收,承担检查失误、清收不力的责任。

第四十一条　建立贷款分级审批制:

贷款人应当根据业务量大小、管理水平和贷款风险度确定各级分支机构的审批权限,超过审批权限的贷款,应当报上级审批。各级分支机构应当根据贷款种类、借款人的信用等级和抵押物、质物、保证人等情况确定每一笔贷款的风险度。

第四十二条　建立和健全信贷工作岗位责任制:

各级贷款管理部门应将贷款管理的每　个环节的管理责任落实到部门、岗位、个人,严格划分各级信贷工作人员的职责。

第四十三条　贷款人对大额借款人建立驻厂信贷员制度。

第四十四条　建立离职审计制:

贷款管理人员在调离原工作岗位时,应当对其在任职期间和权限内所发放的贷款风险情况进行审计。

第九章　贷款债权保全和清偿的管理

第四十五条　借款人不得违反法律规定,借兼并、破产或者股份制改造等途径,逃避银行债务,侵吞信贷资金;不得借承包、租赁等途径逃避贷款人的信贷监管以及偿还贷款本息的责任。

第四十六条　贷款人有权参与处于兼并、破产或股份制改造等过程中的借款人的债务重组,应当要求借款人落实贷款还本付息事宜。

第四十七条　贷款人应当要求实行承包、租赁经营的借款人,在承包、租赁合同中明确落实原贷款债务的偿还责任。

第四十八条　贷款人对实行股份制改造的借款人,应当要求其重新签订借款合同,明确原贷款债务的清偿责任。

对实行整体股份制改造的借款人,应当明确其所欠贷款债务由改造后公司全部承担;对实行部分股份制改造的借款人,应当要求改造后的股份公司按占用借款人的资本金或资产的比例承担原借款人的贷款债务。

第四十九条　贷款人对联营后组成新的企业法人的借款人,应当要求其依据所占用的资本金或资产的比例将贷款债务落实到新的企业法人。

第五十条　贷款人对合并(兼并)的借款人,应当要求其在合并(兼并)前清偿贷款债务或提供相应的担保。

借款人不清偿贷款债务或未提供相应担保,贷款人应当要求合并(兼并)企业或合并后新成立的企业承担归还原借款人贷款的义务,并与之重新签订有关合同或协议。

第五十一条　贷款人对与外商合资(合作)的借款人,应当要求其继续承担合资(合作)前的贷款归还责任,并要求其将所得收益优先归还贷款。借款人用已作为贷款抵押、质押的财产与外商合资(合作)时必须征求贷款人同意。

第五十二条　贷款人对分立的借款人,应当要求其在分立前清偿贷款债务或提供相应的担保。

借款人不清偿贷款债务或未提供相应担保,贷款人应当要求分立后的各企业,按照分立时所占资本或资产比例或协议,对原借款人所欠贷款承担清偿责任。对设立子公司的借款人,应当要求其子公司按所得资本或资产的比例承担和偿还母公司相应的贷款债务。

第五十三条　贷款人对产权有偿转让或申请解散的借款人,应当要求其在产权转让或解散前必须落实贷款债务的清偿。

第五十四条　贷款人应当按照有关法律参与

借款人破产财产的认定与债权债务的处置，对于破产借款人已设定财产抵押、质押或其他担保的贷款债权，贷款人依法享有优先受偿权；无财产担保的贷款债权按法定程序和比例受偿。

第十章　贷款管理特别规定

第五十五条　建立贷款主办行制度：

借款人应按中国人民银行的规定与其开立基本账户的贷款人建立贷款主办行关系。

借款人发生企业分立、股份制改造、重大项目建设等涉及信贷资金使用和安全的重大经济活动，事先应当征求主办行的意见。一个借款人只能有一个贷款主办行，主办行应当随基本账户的变更而变更。

主办行不包资金，但应当按规定有计划地对借款人提供贷款，为借款人提供必要的信息咨询、代理等金融服务。

贷款主办行制度与实施办法，由中国人民银行另行规定。

第五十六条　银团贷款应当确定一个贷款人为牵头行，并签订银团贷款协议，明确各贷款人的权利和义务，共同评审贷款项目。牵头行应当按协议确定的比例监督贷款的偿还。银团贷款管理办法由中国人民银行另行规定。

第五十七条　特定贷款管理：

国有独资商业银行应当按国务院规定发放和管理特定贷款。

特定贷款管理办法另行规定。

第五十八条　非银行金融机构贷款的种类、对象、范围，应当符合中国人民银行规定。

第五十九条　贷款人发放异地贷款，或者接受异地存款，应当报中国人民银行当地分支机构备案。

第六十条　信贷资金不得用于财政支出。

第六十一条　各级行政部门和企事业单位、供销合作社等合作经济组织、农村合作基金会和其他基金会，不得经营存贷款等金融业务。企业之间不得违反国家规定办理借贷或者变相借贷融资业务。

第十一章　罚　则

第六十二条　贷款人违反资产负债比例管理有关规定发放贷款的，应当依照《中华人民共和国商业银行法》第七十五条，由中国人民银行责令改正，处以罚款，有违法所得的没收违法所得，并且应当依照第七十六条对直接负责的主管人员和其他直接责任人员给予处罚。

第六十三条　贷款人违反规定向关系人发放信用贷款或者发放担保贷款的条件优于其他借款人同类贷款条件的，应当依照《中华人民共和国商业银行法》第七十四条处罚，并且应当依照第七十六条对有关直接责任人员给予处罚。

第六十四条　贷款人的工作人员对单位或者个人强令其发放贷款或者提供担保未予拒绝的，应当依照《中华人民共和国商业银行法》第八十五条给予纪律处分，造成损失的应当承担相应的赔偿责任。

第六十五条　贷款人的有关责任人员违反本通则有关规定，应当给予纪律处分和罚款；情节严重或屡次违反的，应当调离工作岗位，取消任职资格；造成严重经济损失或者构成其他经济犯罪的，应当依照有关法律规定追究刑事责任。

第六十六条　贷款人有下列情形之一，由中国人民银行责令改正；逾期不改正的，中国人民银行可以处以5000元以上1万元以下罚款：

一、没有公布所经营贷款的种类、期限、利率的；

二、没有公开贷款条件和发放贷款时要审查的内容的；

三、没有在规定期限内答复借款人贷款申请的。

第六十七条　贷款人有下列情形之一，由中国人民银行责令改正；有违法所得的，没收违法所得，并处以违法所得1倍以上3倍以下罚款；没有违法所得的，处以5万元以上30万元以下罚款；构成犯罪的，依法追究刑事责任：

一、贷款人违反规定代垫委托贷款资金的；

二、未经中国人民银行批准，对自然人发放外币贷款的；

三、贷款人违反中国人民银行规定，对自营贷款或者特定贷款在计收利息之外收取其他任何费用的，或者对委托贷款在计收手续费之外收取其他任何费用的。

第六十八条　任何单位和个人强令银行发放贷款或者提供担保的，应当依照《中华人民共和国商业银行法》第八十五条，对直接负责的主管人员和其他直接责任人员或者个人给予纪律处分；造成经济损失的，承担全部或者部分赔偿责任。

第六十九条 借款人采取欺诈手段骗取贷款，构成犯罪的，应当依照《中华人民共和国商业银行法》第八十条等法律规定处以罚款并追究刑事责任。

第七十条 借款人违反本通则第九章第四十二条规定，蓄意通过兼并、破产或者股份制改造等途径侵吞信贷资金的，应当依据有关法律规定承担相应部分的赔偿责任并处以罚款；造成贷款人重大经济损失的，应当依照有关法律规定追究直接责任人员的刑事责任。

借款人违反本通则第九章其他条款规定，致使贷款债务落空，由贷款人停止发放新贷款，并提前收回原发放的贷款。造成信贷资产损失的，借款人及其主管人员或其他个人，应当承担部分或全部赔偿责任。在未履行赔偿责任之前，其他任何贷款人不得对其发放贷款。

第七十一条 借款人有下列情形之一，由贷款人对其部分或全部贷款加收利息；情节特别严重的，由贷款人停止支付借款人尚未使用的贷款，并提前收回部分或全部贷款：

一、不按借款合同规定用途使用贷款的。

二、用贷款进行股本权益性投资的。

三、用贷款在有价证券、期货等方面从事投机经营的。

四、未依法取得经营房地产资格的借款人用贷款经营房地产业务的；依法取得经营房地产资格的借款人，用贷款从事房地产投机的。

五、不按借款合同规定清偿贷款本息的。

六、套取贷款相互借贷牟取非法收入的。

第七十二条 借款人有下列情形之一，由贷款人责令改正。情节特别严重或逾期不改正的，由贷款人停止支付借款人尚未使用的贷款，并提前收回部分或全部贷款：

一、向贷款人提供虚假或者隐瞒重要事实的资产负债表、损益表等资料的；

二、不如实向贷款人提供所有开户行、账号及存贷款余额等资料的；

三、拒绝接受贷款人对其使用信贷资金情况和有关生产经营、财务活动监督的。

第七十三条 行政部门、企事业单位、股份合作经济组织、供销合作社、农村合作基金会和其他基金会擅自发放贷款的；企业之间擅自办理借贷或者变相借贷的，由中国人民银行对出借方按违规收入处以1倍以上至5倍以下罚款，并由中国人民银行予以取缔。

第七十四条 当事人对中国人民银行处罚决定不服的，可按《中国人民银行行政复议办法（试行）》的规定申请复议，复议期间仍按原处罚执行。

第十二章 附 则

第七十五条 国家政策性银行、外资金融机构（含外资、中外合资、外资金融机构的分支机构等）的贷款管理办法，由中国人民银行另行制定。

第七十六条 有关外国政府贷款、出口信贷、外商贴息贷款、出口信贷项下的对外担保以及与上述贷款配套的国际商业贷款的管理办法，由中国人民银行另行制定。

第七十七条 贷款人可根据本通则制定实施细则，报中国人民银行备案。

第七十八条 本通则自实施之日起，中国人民银行和各贷款人在此以前制定的各种规定，与本通则有抵触者，以本通则为准。

第七十九条 本通则由中国人民银行负责解释。

第八十条 本通则自1996年8月1日起施行。

个人贷款管理办法

· 2024年1月30日国家金融监督管理总局令2024年第3号公布

· 自2024年7月1日起施行

第一章 总 则

第一条 为规范银行业金融机构个人贷款业务行为，加强个人贷款业务审慎经营管理，促进个人贷款业务健康发展，依据《中华人民共和国银行业监督管理法》《中华人民共和国商业银行法》等法律法规，制定本办法。

第二条 本办法所称银行业金融机构（以下简称贷款人），是指在中华人民共和国境内设立的商业银行、农村合作银行、农村信用合作社等吸收公众存款的金融机构。

第三条 本办法所称个人贷款,是指贷款人向符合条件的自然人发放的用于个人消费、生产经营等用途的本外币贷款。

第四条 贷款人开展个人贷款业务,应当遵循依法合规、审慎经营、平等自愿、公平诚信的原则。

第五条 贷款人应建立有效的个人贷款全流程管理机制,制订贷款管理制度及每一贷款品种的操作规程,明确相应贷款对象和范围,实施差别风险管理,建立贷款各操作环节的考核和问责机制。

第六条 贷款人应根据风险管理实际需要,建立个人贷款风险限额管理制度。

第七条 个人贷款用途应符合法律法规规定和国家有关政策,贷款人不得发放无指定用途的个人贷款。

贷款人应加强贷款资金支付管理,有效防范个人贷款业务风险。

第八条 个人贷款的期限应符合国家相关规定。用于个人消费的贷款期限不得超过五年;用于生产经营的贷款期限一般不超过五年,对于贷款用途对应的经营现金流回收周期较长的,可适当延长贷款期限,最长不超过十年。

第九条 个人贷款利率应当遵循利率市场化原则,由借贷双方在遵守国家有关规定的前提下协商确定。

第十条 贷款人应建立借款人合理的收入偿债比例控制机制,结合借款人收入、负债、支出、贷款用途、担保情况等因素,合理确定贷款金额和期限,控制借款人每期还款额不超过其还款能力。

第十一条 国家金融监督管理总局及其派出机构依法对个人贷款业务实施监督管理。

第二章 受理与调查

第十二条 个人贷款申请应具备以下条件:

(一)借款人为具有完全民事行为能力的中华人民共和国公民或符合国家有关规定的境外自然人;

(二)借款用途明确合法;

(三)贷款申请数额、期限和币种合理;

(四)借款人具备还款意愿和还款能力;

(五)借款人信用状况良好;

(六)贷款人要求的其他条件。

第十三条 贷款人应要求借款人以书面形式提出个人贷款申请,并要求借款人提供能够证明其符合贷款条件的相关资料。

第十四条 贷款人受理借款人贷款申请后,应履行尽职调查职责,对个人贷款申请内容和相关情况的真实性、准确性、完整性进行调查核实,形成调查评价意见。

第十五条 贷款调查包括但不限于以下内容:

(一)借款人基本情况;

(二)借款人收入情况;

(三)借款用途,用于生产经营的还应调查借款人经营情况;

(四)借款人还款来源、还款能力及还款方式;

(五)保证人担保意愿、担保能力或抵(质)押物权属、价值及变现能力。

第十六条 贷款调查应以现场实地调查与非现场间接调查相结合的形式开展,采取现场核实、电话查问、信息咨询以及其他数字化电子调查等途径和方法。

对于金额不超过二十万元人民币的贷款,贷款人通过非现场间接调查手段可有效核实相关信息真实性,并可据此对借款人作出风险评价的,可简化或不再进行现场实地调查(不含用于个人住房用途的贷款)。

第十七条 贷款人应建立健全贷款调查机制,明确对各类事项调查的途径和方式方法,确保贷款调查的真实性和有效性。

贷款人将贷款调查中的部分特定事项委托第三方代为办理的,不得损害借款人合法权益,并确保相关风险可控。贷款人应明确第三方的资质条件,建立名单制管理制度,并定期对名单进行审查更新。

贷款人不得将贷款调查中涉及借款人真实意思表示、收入水平、债务情况、自有资金来源及外部评估机构准入等风险控制的核心事项委托第三方完成。

第十八条 贷款人应建立并执行贷款面谈制度。

贷款人可根据业务需要通过视频形式与借款人面谈(不含用于个人住房用途的贷款)。视频面谈应当在贷款人自有平台上进行,记录并保存影像。贷款人应当采取有效措施确定并核实借款人真实身份及所涉及信息真实性。

第三章 风险评价与审批

第十九条 贷款审查应对贷款调查内容的合法性、合理性、准确性进行全面审查,重点关注调查人的尽职情况和借款人的偿还能力、信用状况、担保情况、抵(质)押比率、风险程度等。

第二十条 贷款人应建立和完善风险评价机制,落实风险评价的责任部门和岗位。贷款风险评价应全面分析借款人的信用状况和还款能力,关注其收入与支出情况、偿债情况等,用于生产经营的还应对借款人经营情况和风险情况进行分析,采取定量和定性分析方法,全面、动态、审慎地进行贷款风险评价。对于提供担保的贷款,贷款人应当以全面评价借款人的偿债能力为前提,不得直接通过担保方式确定贷款金额和期限等要素。

贷款人应建立和完善借款人信用风险评价体系,关注借款人各类融资情况,建立健全个人客户统一授信管理体系,并根据业务发展情况和风险控制需要,适时予以调整。

第二十一条 贷款人应根据审慎性原则,完善授权管理制度,规范审批操作流程,明确贷款审批权限,实行审贷分离和授权审批,确保贷款审批按照授权独立审批贷款。

贷款人通过线上方式进行自动化审批的,应当建立人工复审机制,作为对自动化审批的补充,并设定人工复审的触发条件。对贷后管理中发现自动化审批不能有效识别风险的,贷款人应当停止自动化审批流程。

第二十二条 贷款人通过全线上方式开展的业务,应当符合互联网贷款相关规定。

第二十三条 对未获批准的个人贷款申请,贷款人应告知借款人。

第二十四条 贷款人应根据重大经济形势变化、违约率明显上升等异常情况,对贷款审批环节进行评价分析,及时、有针对性地调整审批政策,加强相关贷款的管理。

第二十五条 贷款人为股东等关联方办理个人贷款的,应严格执行关联交易管理的相关监管规定,发放贷款条件不得优于一般借款人,并在风险评价报告中进行说明。

第四章 协议与发放

第二十六条 贷款人应与借款人签订书面借款合同,需担保的应同时签订担保合同或条款。贷款人应要求借款人当面签订借款合同及其他相关文件。对于金额不超过二十万元人民币的贷款,可通过电子银行渠道签订有关合同和文件(不含用于个人住房用途的贷款)。

当面签约的,贷款人应当对签约过程进行录音录像并妥善保存相关影像。

第二十七条 借款合同应符合《中华人民共和国民法典》等法律规定,明确约定各方当事人的诚信承诺和贷款资金的用途、支付对象(范围)、支付金额、支付条件、支付方式等。

贷款人应在合同中与借款人约定,借款人不履行合同或怠于履行合同时应承担的违约责任,以及贷款人可采取的提前收回贷款、调整贷款支付方式、调整贷款利率、收取罚息、压降授信额度、停止或中止贷款发放等措施,并追究相应法律责任。

第二十八条 贷款人应建立健全合同管理制度,有效防范个人贷款法律风险。

借款合同采用格式条款的,应当维护借款人的合法权益,并予以公示。

第二十九条 贷款人应依照《中华人民共和国民法典》等法律法规的相关规定,规范担保流程与操作。

按合同约定办理抵(质)押物登记的,贷款人应当参与。贷款人委托第三方办理的,应对抵(质)押物登记情况予以核实。

第三十条 贷款人应加强对贷款的发放管理,遵循审贷与放贷分离的原则,设立独立的放款管理部门或岗位,负责落实放款条件、发放满足约定条件的个人贷款。

第三十一条 借款合同生效后,贷款人应按合同约定及时发放贷款。

第五章 支付管理

第三十二条 贷款人应按照借款合同约定,通过贷款人受托支付或借款人自主支付的方式对贷款资金的支付进行管理与控制。贷款人应健全贷款资金支付管控体系,加强金融科技应用,有效监督贷款资金按约定用途使用。

贷款人受托支付是指贷款人根据借款人的提款申请和支付委托,将贷款资金支付给符合合同约定用途的借款人交易对象。

借款人自主支付是指贷款人根据借款人的提款申请将贷款资金直接发放至借款人账户,并由借款人自主支付给符合合同约定用途的借款人交易对象。

第三十三条 个人贷款资金应当采用贷款人受托支付方式向借款人交易对象支付,但本办法第三十六条规定的情形除外。

第三十四条 采用贷款人受托支付的,贷款人应要求借款人在使用贷款时提出支付申请,并授权贷款人按合同约定方式支付贷款资金。

贷款人应在贷款资金发放前审核借款人相关交易资料和凭证是否符合合同约定条件,支付后做好有关细节的认定记录。

对于贷款资金使用记录良好的借款人,在合同约定的生产经营贷款用途范围内,出现合理的紧急用款需求,贷款人经评估认为风险可控的,可适当简化借款人需提供的受托支付事前证明材料和流程,于放款完成后及时完成事后审核。

第三十五条 贷款人受托支付完成后,应详细记录资金流向,归集保存相关凭证。

第三十六条 有下列情形之一的个人贷款,经贷款人同意可以采取借款人自主支付方式:

(一)借款人无法事先确定具体交易对象且单次提款金额不超过三十万元人民币的;

(二)借款人交易对象不具备条件有效使用非现金结算方式的;

(三)贷款资金用于生产经营且单次提款金额不超过五十万元人民币的;

(四)法律法规规定的其他情形的。

第三十七条 采用借款人自主支付的,贷款人应与借款人在借款合同中事先约定,要求借款人定期报告或告知贷款人贷款资金支付情况。

贷款人应当通过账户分析、凭证查验或现场调查等方式,核查贷款支付是否符合约定用途,以及是否存在以化整为零方式规避受托支付的情形。

第三十八条 贷款支付过程中,借款人信用状况下降、贷款资金使用出现异常或违反合同约定以化整为零方式规避受托支付的,贷款人应与借款人协商补充贷款发放和支付条件,或根据合同约定变更贷款支付方式、停止或中止贷款资金的发放和支付。

第六章 贷后管理

第三十九条 个人贷款支付后,贷款人应采取有效方式对贷款资金使用、借款人的信用及担保情况变化等进行跟踪检查和监控分析,确保贷款资产安全。

贷款人应加强对借款人资金挪用行为的监控,发现借款人挪用贷款资金的,应按照合同约定采取要求借款人整改、提前归还贷款或下调贷款风险分类等相应措施进行管控。

第四十条 贷款人应区分个人贷款的品种、对象、金额等,确定贷款检查的相应方式、内容和频度。对于简化或不再进行现场实地调查的业务,应当按照适当比例实施贷后实地检查。贷款人内部审计等部门应对贷款检查职能部门的工作质量进行抽查和评价。

第四十一条 贷款人应定期跟踪分析评估借款人履行借款合同约定内容的情况,并作为与借款人后续合作的信用评价基础。

第四十二条 贷款人应当按照法律法规规定和借款合同的约定,对借款人未按合同承诺提供真实、完整信息和未按合同约定用途使用、支付贷款等行为追究违约责任。

第四十三条 借款人申请贷款展期的,贷款人应审慎评估展期原因和后续还款安排的可行性。同意展期的,应根据还款来源等情况,合理确定展期期限,并加强对贷款的后续管理,按照实质风险状况进行风险分类。

期限一年以内的贷款展期期限累计不得超过原贷款期限;期限超过一年的贷款展期期限累计不得超过原贷款期限的一半。

第四十四条 贷款人应按照借款合同约定,收回贷款本息。

对于未按照借款合同约定偿还的贷款,贷款人应采取清收、协议重组、债权转让或核销等措施进行处置。

第七章 法律责任

第四十五条 贷款人违反本办法规定办理个人贷款业务的,国家金融监督管理总局及其派出机构应当责令其限期改正。贷款人有下列情形之

一的,国家金融监督管理总局及其派出机构可根据《中华人民共和国银行业监督管理法》采取相关监管措施:

(一)贷款调查、审查、贷后管理未尽职的;

(二)未按规定建立、执行贷款面谈、借款合同面签制度的;

(三)借款合同采用格式条款未公示的;

(四)违反本办法第三十条规定的;

(五)支付管理不符合本办法要求的。

第四十六条 贷款人有下列情形之一的,国家金融监督管理总局及其派出机构可根据《中华人民共和国银行业监督管理法》对其采取相关监管措施或进行处罚:

(一)发放不符合条件的个人贷款的;

(二)签订的借款合同不符合本办法规定的;

(三)违反本办法第七条规定的;

(四)将贷款调查的风险控制核心事项委托第三方完成的;

(五)超越或变相超越贷款权限审批贷款的;

(六)授意借款人虚构情节获得贷款的;

(七)对借款人严重违约行为未采取有效措施的;

(八)严重违反本办法规定的审慎经营规则的其他情形的。

第八章 附 则

第四十七条 国家金融监督管理总局及其派出机构可以根据贷款人的经营管理情况、风险水平和个人贷款业务开展情况等,对贷款人个人贷款管理提出相关审慎监管要求。

第四十八条 国家开发银行、政策性银行以及经国家金融监督管理总局批准设立的非银行金融机构发放的个人贷款,可参照本办法执行。

第四十九条 国家金融监督管理总局对互联网、个人住房、个人助学、个人汽车等其他特殊类贷款另有规定的,从其规定。

银行业金融机构发放给农户用于生产性贷款等国家有专门政策规定的特殊类个人贷款,暂不执行本办法。

信用卡透支不适用本办法。

第五十条 贷款人应依照本办法制定个人贷款业务管理细则及操作规程。

第五十一条 本办法由国家金融监督管理总局负责解释。

第五十二条 本办法自2024年7月1日起施行,《个人贷款管理暂行办法》(中国银行业监督管理委员会令2010年第2号)同时废止。

流动资金贷款管理办法

·2024年1月30日国家金融监督管理总局令2024年第2号公布

·自2024年7月1日起施行

第一章 总 则

第一条 为规范银行业金融机构流动资金贷款业务经营行为,加强流动资金贷款审慎经营管理,促进流动资金贷款业务健康发展,依据《中华人民共和国银行业监督管理法》《中华人民共和国商业银行法》等法律法规,制定本办法。

第二条 本办法所称银行业金融机构(以下简称贷款人),是指在中华人民共和国境内设立的商业银行、农村合作银行、农村信用合作社等吸收公众存款的金融机构。

第三条 本办法所称流动资金贷款,是指贷款人向法人或非法人组织(按照国家有关规定不得办理银行贷款的主体除外)发放的,用于借款人日常经营周转的本外币贷款。

第四条 贷款人开展流动资金贷款业务,应当遵循依法合规、审慎经营、平等自愿、公平诚信的原则。

第五条 贷款人应完善内部控制机制,实行贷款全流程管理,全面了解客户信息,建立流动资金贷款风险管理制度和有效的岗位制衡机制,将贷款管理各环节的责任落实到具体部门和岗位,并建立各岗位的考核和问责机制。

第六条 贷款人应合理测算借款人营运资金需求,审慎确定借款人的流动资金授信总额及具体贷款的额度,不得超过借款人的实际需求发放流动资金贷款。贷款人应根据借款人经营的规模和周期特点,合理设定流动资金贷款的业务品种和期限,以满足借款人经营的资金需求,实现对贷款资金回笼的有效控制。

第七条 贷款人应将流动资金贷款纳入对借款人及其所在集团客户的统一授信管理,并根据风险管理实际需要,建立风险限额管理制度。

第八条 贷款人应根据经济运行状况、行业发展规律和借款人的有效信贷需求等,合理确定内部绩效考核指标,不得制订不合理的贷款规模指标,不得恶性竞争和突击放贷。

第九条 贷款人应与借款人约定明确、合法的贷款用途。

流动资金贷款不得用于借款人股东分红,以及金融资产、固定资产、股权等投资;不得用于国家禁止生产、经营的领域和用途。

对向地方金融组织发放流动资金贷款另有规定的,从其规定。

第十条 流动资金贷款禁止挪用,贷款人应按照合同约定检查、监督流动资金贷款的使用情况。

第十一条 流动资金贷款期限原则上不超过三年。对于经营现金流回收周期较长的,可适当延长贷款期限,最长不超过五年。

第十二条 流动资金贷款利率应当遵循利率市场化原则,由借贷双方在遵守国家有关规定的前提下协商确定。

第十三条 国家金融监督管理总局及其派出机构依法对流动资金贷款业务实施监督管理。

第二章 受理与调查

第十四条 流动资金贷款申请应具备以下条件:

(一)借款人依法经市场监督管理部门或主管部门核准登记;

(二)借款用途明确、合法;

(三)借款人经营合法、合规;

(四)借款人具有持续经营能力,有合法的还款来源;

(五)借款人信用状况良好;

(六)贷款人要求的其他条件。

第十五条 贷款人应对流动资金贷款申请材料的方式和具体内容提出要求,并要求借款人恪守诚实守信原则,承诺所提供材料真实、完整、有效。

第十六条 贷款人应采取现场与非现场相结合的形式履行尽职调查,形成书面报告,并对其内容的真实性、完整性和有效性负责。

为小微企业办理的流动资金贷款,贷款人通过非现场调查手段可有效核实相关信息真实性,并可据此对借款人作出风险评价的,可简化或不再进行现场调查。

贷款人应根据自身风险管理能力,按照小微企业流动资金贷款的区域、行业、品种等,审慎确定借款人可简化或不再进行现场调查的贷款金额上限。

尽职调查包括但不限于以下内容:

(一)借款人的组织架构、公司治理、内部控制及法定代表人和经营管理团队的资信等情况;

(二)借款人的经营范围、核心主业、生产经营、贷款期内经营规划和重大投资计划等情况;

(三)借款人所在行业状况;

(四)借款人的应收账款、应付账款、存货等真实财务状况;

(五)借款人营运资金总需求和现有融资性负债情况;

(六)借款人关联方及关联交易等情况;

(七)贷款具体用途及与贷款用途相关的交易对象资金占用等情况;

(八)还款来源情况,包括经营产生的现金流、综合收益及其他合法收入等;

(九)对有担保的流动资金贷款,还需调查抵(质)押物的权属、价值和变现难易程度,或保证人的保证资格和能力等情况。

第三章 风险评价与审批

第十七条 贷款人应建立完善的风险评价机制,落实具体的责任部门和岗位,全面审查流动资金贷款的风险因素。

第十八条 贷款人应建立和完善内部评级制度,采用科学合理的评级和授信方法,评定客户信用等级,建立客户资信记录。

第十九条 贷款人应根据借款人经营规模、业务特征、资金循环周期等要素测算其营运资金需求(测算方法示例参考附件),并合理确定贷款结构,包括金额、期限、利率、担保和还款方式等。

贷款人可根据实际需要,制定针对不同类型借款人的测算方法,并适时对方法进行评估及调整。

借款人为小微企业的,贷款人可通过其他方式分析判断借款人营运资金需求。

第二十条 贷款人应根据贷审分离、分级审批的原则，建立规范的流动资金贷款评审制度和流程，确保风险评价和信贷审批的独立性。

贷款人应建立健全内部审批授权与转授权机制。审批人员应在授权范围内按规定流程审批贷款，不得越权审批。

第二十一条 贷款人为股东等关联方办理流动资金贷款的，应严格执行关联交易管理的相关监管规定，发放贷款条件不得优于一般借款人，并在风险评价报告中进行说明。

第四章 合同签订

第二十二条 贷款人应与借款人及其他相关当事人签订书面借款合同等相关协议，需担保的应同时签订担保合同或条款。

第二十三条 贷款人应在借款合同中与借款人明确约定流动资金贷款的金额、期限、利率、用途、支付、还款方式等条款。

对于期限超过一年的流动资金贷款，在借贷双方协商基础上，原则上实行本金分期偿还，并审慎约定每期还本金额。

第二十四条 前条所指支付条款，包括但不限于以下内容：

（一）贷款资金的支付方式和贷款人受托支付的金额标准；

（二）支付方式变更及触发变更条件；

（三）贷款资金支付的限制、禁止行为；

（四）借款人应及时提供的贷款资金使用记录和资料。

第二十五条 贷款人应要求借款人在合同中对与贷款相关的重要内容作出承诺，承诺内容包括但不限于：

（一）及时向贷款人提供真实、完整、有效的材料；

（二）配合贷款人进行贷款支付管理、贷后管理及相关检查；

（三）进行合并、分立、股权转让，以及进行可能影响其偿债能力的对外投资、对外提供担保、实质性增加债务融资等重大事项前征得贷款人同意；

（四）贷款人有权根据借款人资金回笼情况提前收回贷款；

（五）发生影响偿债能力的重大不利事项时及时通知贷款人。

第二十六条 贷款人应与借款人在合同中约定，出现以下情形之一时，借款人应承担的违约责任，以及贷款人可采取的提前收回贷款、调整贷款支付方式、调整贷款利率、收取罚息、压降授信额度、停止或中止贷款发放等措施，并追究相应法律责任：

（一）未按约定用途使用贷款的；

（二）未按约定方式进行贷款资金支付的；

（三）未遵守承诺事项的；

（四）突破约定财务指标的；

（五）发生重大交叉违约事件的；

（六）违反借款合同约定的其他情形的。

第五章 发放和支付

第二十七条 贷款人应设立独立的责任部门或岗位，负责流动资金贷款发放和支付审核。

第二十八条 贷款人在发放贷款前应确认借款人满足合同约定的提款条件，并按照合同约定通过贷款人受托支付或借款人自主支付的方式对贷款资金的支付进行管理与控制。贷款人应健全贷款资金支付管控体系，加强金融科技应用，有效监督贷款资金按约定用途使用。

贷款人受托支付是指贷款人根据借款人的提款申请和支付委托，将贷款通过借款人账户支付给符合合同约定用途的借款人交易对象。

借款人自主支付是指贷款人根据借款人的提款申请将贷款资金发放至借款人账户后，由借款人自主支付给符合合同约定用途的借款人交易对象。

第二十九条 贷款人应根据借款人的行业特征、经营规模、管理水平、信用状况等因素和贷款业务品种，合理约定贷款资金支付方式及贷款人受托支付的金额标准。

第三十条 具有以下情形之一的流动资金贷款，应采用贷款人受托支付方式：

（一）与借款人新建立信贷业务关系且借款人信用状况一般；

（二）支付对象明确且向借款人某一交易对象单笔支付金额超过一千万元人民币；

（三）贷款人认定的其他情形。

第三十一条 采用贷款人受托支付的，贷款人应根据约定的贷款用途，审核借款人提供的支付申请所列支付对象、支付金额等信息是否与相应的商务合同等证明材料相符。审核同意后，贷款人应将贷款资金通过借款人账户支付给借款人交易对象。

对于贷款资金使用记录良好的借款人，在合同约定的贷款用途范围内，出现合理的紧急用款需求，贷款人经评估认为风险可控的，可适当简化借款人需提供的受托支付事前证明材料和流程，于放款完成后及时完成事后审核。

第三十二条 采用借款人自主支付的，贷款人应按借款合同约定要求借款人定期汇总报告贷款资金支付情况，并通过账户分析、凭证查验或现场调查等方式核查贷款支付是否符合约定用途，以及是否存在以化整为零方式规避受托支付的情形。

第三十三条 在贷款发放或支付过程中，借款人出现以下情形的，贷款人应与借款人协商补充贷款发放和支付条件，或根据合同约定变更贷款支付方式、停止或中止贷款资金的发放和支付：

（一）信用状况下降；

（二）经营及财务状况明显趋差；

（三）贷款资金使用出现异常或规避受托支付；

（四）其他重大违反合同约定的行为。

第六章　贷后管理

第三十四条 贷款人应加强对借款人资金挪用行为的监控，发现借款人挪用贷款资金的，应按照合同约定采取要求借款人整改、提前归还贷款或下调贷款风险分类等相应措施进行管控。

第三十五条 贷款人应加强贷款资金发放后的管理，针对借款人所属行业及经营特点，通过定期与不定期现场检查与非现场监测，分析借款人经营、财务、信用、支付、担保及融资数量和渠道变化等状况，掌握各种影响借款人偿债能力的风险因素。

对于简化或不再进行现场实地调查的业务，应当按照适当比例实施贷后实地检查。

第三十六条 贷款人应通过借款合同的约定，要求借款人指定专门资金回笼账户并及时提供该账户资金进出情况。

贷款人可根据借款人信用状况、融资情况等，与借款人协商签订账户管理协议，明确约定对指定账户回笼资金进出的管理。

贷款人应关注大额及异常资金流入流出情况，加强对资金回笼账户的监控。

第三十七条 贷款人应动态关注借款人经营、管理、财务及资金流向等重大预警信号，根据合同约定及时采取提前收回贷款、追加担保等有效措施防范化解贷款风险。

第三十八条 贷款人应评估贷款业务品种、额度、期限与借款人经营状况、还款能力的匹配程度，作为与借款人后续合作的依据，必要时及时调整与借款人合作的策略和内容。

第三十九条 贷款人应根据法律法规规定和借款合同的约定，参与借款人大额融资、资产出售以及兼并、分立、股份制改造、破产清算等活动，维护贷款人债权。

第四十条 借款人申请贷款展期的，贷款人应审慎评估展期原因和后续还款安排的可行性。同意展期的，应根据借款人还款来源等情况，合理确定展期期限，并加强对贷款的后续管理，按照实质风险状况进行风险分类。

期限一年以内的贷款展期期限累计不得超过原贷款期限；期限超过一年的贷款展期期限累计不得超过原贷款期限的一半。

第四十一条 贷款人应按照借款合同约定，收回贷款本息。

对于未按照借款合同约定偿还的贷款，贷款人应采取清收、协议重组、债权转让或核销等措施进行处置。

第七章　法律责任

第四十二条 贷款人违反本办法规定经营流动资金贷款业务的，国家金融监督管理总局及其派出机构应当责令其限期改正。贷款人有下列情形之一的，国家金融监督管理总局及其派出机构可根据《中华人民共和国银行业监督管理法》采取相关监管措施：

（一）流动资金贷款业务流程有缺陷的；

（二）未将贷款管理各环节的责任落实到具体部门和岗位的；

（三）贷款调查、风险评价、贷后管理未尽职的。

第四十三条 贷款人有下列情形之一的，国家金融监督管理总局及其派出机构可根据《中华人民共和国银行业监督管理法》对其采取相关监管措施或进行处罚：

（一）以降低信贷条件或超过借款人实际资金需求发放贷款的；

（二）未按本办法规定签订借款合同的；

（三）与借款人串通或参与虚构贸易背景违规发放贷款的；

（四）放任借款人将流动资金贷款用于借款人股东分红、金融资产投资、固定资产投资、股权投资以及国家禁止生产、经营的领域和用途的；

（五）超越或变相超越权限审批贷款的；

（六）未按本办法规定进行贷款资金支付管理与控制的；

（七）对借款人严重违约行为未采取有效措施的；

（八）严重违反本办法规定的审慎经营规则的其他情形的。

第八章 附 则

第四十四条 国家金融监督管理总局及其派出机构可以根据贷款人的经营管理情况、风险水平和流动资金贷款业务开展情况等，对贷款人流动资金贷款管理提出相关审慎监管要求。

第四十五条 对专利权、著作权等知识产权以及采矿权等其他无形资产办理的贷款，可适用本办法，或根据贷款项目的业务特征、运行模式等参照固定资产贷款管理相关办法执行。

第四十六条 对于贷款金额五十万元人民币以下的固定资产相关融资需求，可参照本办法执行。

第四十七条 国家金融监督管理总局对互联网贷款、汽车贷款以及其他特殊类贷款另有规定的，从其规定。

第四十八条 国家开发银行、政策性银行以及经国家金融监督管理总局批准设立的非银行金融机构发放的流动资金贷款，可参照本办法执行。

第四十九条 贷款人应依据本办法制定流动资金贷款管理实施细则及操作规程。

第五十条 本办法由国家金融监督管理总局负责解释。

第五十一条 本办法自2024年7月1日起施行，《流动资金贷款管理暂行办法》（中国银行业监督管理委员会令2010年第1号）同时废止。

附件：流动资金贷款需求量的测算示例

附件

流动资金贷款需求量的测算示例

流动资金贷款需求量应基于借款人日常经营周转所需营运资金与现有流动资金的差额（即流动资金缺口）确定。一般来讲，影响流动资金需求的关键因素为存货（原材料、半成品、产成品）、现金、应收账款和应付账款。同时，还会受到借款人所属行业、经营规模、发展阶段、谈判地位等重要因素的影响。银行业金融机构根据借款人当期财务报告和业务发展预测，按以下方法测算其流动资金贷款需求量：

一、估算借款人营运资金量

借款人营运资金量影响因素主要包括现金、存货、应收账款、应付账款、预收账款、预付账款等。在调查基础上，预测各项资金周转时间变化，合理估算借款人营运资金量。在实际测算中，借款人营运资金需求可参考如下公式：

营运资金量=上年度销售收入×（1-上年度销售利润率）×（1+预计销售收入年增长率）/营运资金周转次数

其中：营运资金周转次数=360/（存货周转天数+应收账款周转天数-应付账款周转天数+预付账款周转天数-预收账款周转天数）

周转天数=360/周转次数

应收账款周转次数=销售收入/平均应收账款余额

预收账款周转次数=销售收入/平均预收账款余额

存货周转次数=销售成本/平均存货余额

预付账款周转次数=销售成本/平均预付账款余额

应付账款周转次数=销售成本/平均应付账款余额

二、估算新增流动资金贷款额度

将估算出的借款人营运资金需求量扣除借款人自有资金、现有流动资金贷款以及其他融资，即可估算出新增流动资金贷款额度。

新增流动资金贷款额度=营运资金量-借款人自有资金-现有流动资金贷款-其他渠道提供的营运资金

三、需要考虑的其他因素

(一)各银行业金融机构应根据实际情况和未来发展情况(如借款人所属行业、规模、发展阶段、谈判地位等)分别合理预测借款人应收账款、存货和应付账款的周转天数,并可考虑一定的保险系数。

(二)对集团关联客户,可采用合并报表估算流动资金贷款额度,原则上纳入合并报表范围内的成员企业流动资金贷款总和不能超过估算值。

(三)对小微企业融资、订单融资、预付租金或者临时大额债项融资等情况,可在交易真实性的基础上,确保有效控制用途和回款情况下,根据实际交易需求确定流动资金额度。

(四)对季节性生产借款人,可按每年的连续生产时段作为计算周期估算流动资金需求,贷款期限应根据回款周期合理确定。

固定资产贷款管理办法

· 2024 年 1 月 30 日国家金融监督管理总局令 2024 年第 1 号公布

· 自 2024 年 7 月 1 日起施行

第一章　总　则

第一条　为规范银行业金融机构固定资产贷款业务经营行为,加强固定资产贷款审慎经营管理,促进固定资产贷款业务健康发展,依据《中华人民共和国银行业监督管理法》《中华人民共和国商业银行法》等法律法规,制定本办法。

第二条　本办法所称银行业金融机构(以下简称贷款人),是指在中华人民共和国境内设立的商业银行、农村合作银行、农村信用合作社等吸收公众存款的金融机构。

第三条　本办法所称固定资产贷款,是指贷款人向法人或非法人组织(按照国家有关规定不得办理银行贷款的主体除外)发放的,用于借款人固定资产投资的本外币贷款。

本办法所称固定资产投资,是指借款人在经营过程中对于固定资产的建设、购置、改造等行为。

第四条　本办法所称项目融资,是指符合以下特征的固定资产贷款:

(一)贷款用途通常是用于建造一个或一组大型生产装置、基础设施、房地产项目或其他项目,包括对在建或已建项目的再融资;

(二)借款人通常是为建设、经营该项目或为该项目融资而专门组建的企事业法人,包括主要从事该项目建设、经营或融资的既有企事业法人;

(三)还款资金来源主要依赖该项目产生的销售收入、补贴收入或其他收入,一般不具备其他还款来源。

第五条　贷款人开展固定资产贷款业务,应当遵循依法合规、审慎经营、平等自愿、公平诚信的原则。

第六条　贷款人应完善内部控制机制,实行贷款全流程管理,全面了解客户和项目信息,建立固定资产贷款风险管理制度和有效的岗位制衡机制,将贷款管理各环节的责任落实到具体部门和岗位,并建立各岗位的考核和问责机制。

第七条　贷款人应将固定资产贷款纳入对借款人及借款人所在集团客户的统一授信管理,并根据风险管理实际需要,建立风险限额管理制度。

第八条　贷款人应与借款人约定明确、合法的贷款用途,并按照约定检查、监督贷款的使用情况,防止贷款被挪用。

第九条　固定资产贷款期限一般不超过十年。确需办理期限超过十年贷款的,应由贷款人总行负责审批,或根据实际情况审慎授权相应层级负责审批。

第十条　固定资产贷款利率应当遵循利率市场化原则,由借贷双方在遵守国家有关规定的前提下协商确定。

第十一条　国家金融监督管理总局及其派出机构依法对固定资产贷款业务实施监督管理。

第二章　受理与调查

第十二条　固定资产贷款申请应具备以下条件:

(一)借款人依法经市场监督管理部门或主管部门核准登记;

(二)借款人信用状况良好;

(三)借款人为新设项目法人的,其控股股东应有良好的信用状况;

(四)国家对拟投资项目有投资主体资格和经营资质要求的,符合其要求;

（五）借款用途及还款来源明确、合法；

（六）项目符合国家的产业、土地、环保等相关政策，并按规定履行了固定资产投资项目的合法管理程序；

（七）符合国家有关投资项目资本金制度的规定；

（八）贷款人要求的其他条件。

第十三条 贷款人应对借款人提供申请材料的方式和具体内容提出要求，并要求借款人恪守诚实守信原则，承诺所提供材料真实、完整、有效。

第十四条 贷款人应落实具体的责任部门和岗位，履行尽职调查并形成书面报告。尽职调查的主要内容包括：

（一）借款人及项目发起人等相关关系人的情况，包括但不限于：股权关系、组织架构、公司治理、内部控制、生产经营、核心主业、资产结构、财务资金状况、融资情况及资信水平等；

（二）贷款项目的情况，包括但不限于：项目建设内容和可行性，按照有关规定需取得的审批、核准或备案等手续情况，项目资本金等建设资金的来源和可靠性，项目承建方资质水平，环境风险情况等；

（三）借款人的还款来源情况、重大经营计划、投融资计划及未来预期现金流状况；

（四）涉及担保的，包括但不限于担保人的担保能力、抵（质）押物（权）的价值等；

（五）需要调查的其他内容。

尽职调查人员应当确保尽职调查报告内容的真实性、完整性和有效性。

第三章 风险评价与审批

第十五条 贷款人应落实具体的责任部门和岗位，对固定资产贷款进行全面的风险评价，并形成风险评价报告。

第十六条 贷款人应建立完善的固定资产贷款风险评价制度，设置定量或定性的指标和标准，以偿债能力分析为核心，从借款人、项目发起人、项目合规性、项目技术和财务可行性、项目产品市场、项目融资方案、还款来源可靠性、担保、保险等角度进行贷款风险评价，并充分考虑政策变化、市场波动等不确定因素对项目的影响，审慎预测项目的未来收益和现金流。

贷款人经评价认为固定资产贷款风险可控，办理信用贷款的，应当在风险评价报告中进行充分论证。

第十七条 贷款人应按照审贷分离、分级审批的原则，规范固定资产贷款审批流程，明确贷款审批权限，确保审批人员按照授权独立审批贷款。

第十八条 贷款人为股东等关联方办理固定资产贷款的，应严格执行关联交易管理的相关监管规定，发放贷款条件不得优于一般借款人，并在风险评价报告中进行说明。

第四章 合同签订

第十九条 贷款人应与借款人及其他相关当事人签订书面借款合同等相关协议，需担保的应同时签订担保合同或条款。合同中应详细规定各方当事人的权利、义务及违约责任，避免对重要事项未约定、约定不明或约定无效。

第二十条 贷款人应在合同中与借款人约定具体的贷款金额、期限、利率、用途、支付、还贷保障及风险处置等要素和有关细节。

第二十一条 贷款人应在合同中与借款人约定提款条件以及贷款资金支付接受贷款人管理和控制等与贷款使用相关的条款，提款条件应包括与贷款同比例的资本金已足额到位、项目实际进度与已投资额相匹配等要求。

第二十二条 贷款人应在合同中与借款人约定对借款人相关账户实施监控，必要时可约定专门的贷款发放账户和还款账户。

第二十三条 贷款人应要求借款人在合同中对与贷款相关的重要内容作出承诺，承诺内容包括但不限于：

（一）贷款项目及其借款事项符合法律法规的要求；

（二）及时向贷款人提供完整、真实、有效的材料；

（三）配合贷款人进行贷款支付管理、贷后管理及相关检查；

（四）进行合并、分立、股权转让，以及进行可能影响其偿债能力的对外投资、对外提供担保、实质性增加债务融资等重大事项前征得贷款人同意；

（五）发生其他影响其偿债能力的重大不利事项及时通知贷款人。

第二十四条 贷款人应与借款人在合同中约

定，借款人出现以下情形之一时，借款人应承担的违约责任，以及贷款人可采取的提前收回贷款、调整贷款支付方式、调整贷款利率、收取罚息、压降授信额度、停止或中止贷款发放等措施，并追究相应法律责任：

（一）未按约定用途使用贷款的；

（二）未按约定方式支用贷款资金的；

（三）未遵守承诺事项的；

（四）申贷文件信息失真的；

（五）突破约定的财务指标约束等情形的；

（六）违反借款合同约定的其他情形的。

第二十五条 贷款人应在合同中与借款人约定明确的还款安排。贷款人应根据固定资产贷款还款来源情况和项目建设运营周期等因素，合理确定贷款期限和还款方式。

贷款期限超过一年的，应实行本金分期偿还。贷款人应当根据风险管理要求，并结合借款人经营情况、还款来源情况等，审慎与借款人约定每期还本金额。还本频率原则上不低于每年两次。经贷款人评估认为确需降低还本频率的，还本频率最长可放宽至每年一次。还款资金来源主要依赖项目经营产生的收入还款的，首次还本日期应不晚于项目达到预定可使用状态满一年。

第五章　发放与支付

第二十六条 贷款人应设立独立的责任部门或岗位，负责贷款发放和支付审核。

第二十七条 贷款人在发放贷款前应确认借款人满足合同约定的提款条件，并按照合同约定的方式对贷款资金的支付实施管理与控制。贷款人应健全贷款资金支付管控体系，加强金融科技应用，有效监督贷款资金按约定用途使用。

第二十八条 合同约定专门贷款发放账户的，贷款发放和支付应通过该账户办理。

第二十九条 贷款人应通过贷款人受托支付或借款人自主支付的方式对贷款资金的支付进行管理与控制。

贷款人受托支付是指贷款人根据借款人的提款申请和支付委托，将贷款资金支付给符合合同约定用途的借款人交易对象。

借款人自主支付是指贷款人根据借款人的提款申请将贷款资金发放至借款人账户后，由借款人自主支付给符合合同约定用途的借款人交易对象。

第三十条 向借款人某一交易对象单笔支付金额超过一千万元人民币的，应采用贷款人受托支付方式。

第三十一条 采用贷款人受托支付的，贷款人应在贷款资金发放前审核借款人相关交易资料是否符合合同约定条件。贷款人审核同意后，将贷款资金通过借款人账户支付给借款人交易对象，并应做好有关细节的认定记录。贷款人在必要时可以要求借款人、独立中介机构和承包商等共同检查固定资产建设进度，并根据出具的、符合合同约定条件的共同签证单，进行贷款支付。

贷款人原则上应在贷款发放五个工作日内将贷款资金通过借款人账户支付给借款人交易对象。因借款人方面原因无法完成受托支付的，贷款人在与借款人协商一致的情况下，最迟应于十个工作日内完成对外支付。因不可抗力无法完成受托支付的，贷款人应与借款人协商确定合理的支付时限。

对于贷款资金使用记录良好的借款人，在合同约定的贷款用途范围内，出现合理的紧急用款需求，贷款人经评估认为风险可控的，可适当简化借款人需提供的受托支付事前证明材料和流程。贷款人应于放款后及时完成事后审核，并加强资金用途管理。

第三十二条 采用借款人自主支付的，贷款人应要求借款人定期汇总报告贷款资金支付情况，并通过账户分析、凭证查验、现场调查等方式核查贷款支付是否符合约定用途，以及是否存在以化整为零方式规避受托支付的情形。

第三十三条 固定资产贷款发放前，贷款人应确认与拟发放贷款同比例的项目资本金足额到位，并与贷款配套使用。

第三十四条 在贷款发放和支付过程中，借款人出现以下情形的，贷款人应与借款人协商补充贷款发放和支付条件，或根据合同约定变更贷款支付方式、停止或中止贷款资金的发放和支付：

（一）信用状况下降；

（二）经营及财务状况明显趋差；

（三）项目进度落后于资金使用进度；

（四）贷款资金使用出现异常或规避受托支付；

（五）其他重大违反合同约定的行为。

第六章　贷后管理

第三十五条　贷款人应加强对借款人资金挪用行为的监控,发现借款人挪用贷款资金的,应按照合同约定采取要求借款人整改、提前归还贷款或下调贷款风险分类等相应措施进行管控。

第三十六条　贷款人应定期对借款人和项目发起人的履约情况及信用状况、股权结构重大变动情况、项目的建设和运营情况、宏观经济变化和市场波动情况、贷款担保的变动情况等内容进行检查与分析,建立贷款质量监控制度和贷款风险预警体系。

出现可能影响贷款安全的不利情形时,贷款人应对贷款风险进行重新评估并采取针对性措施。

第三十七条　项目实际投资超过原定投资金额,贷款人经重新风险评价和审批决定追加贷款的,应要求项目发起人配套追加不低于项目资本金比例的投资。需提供担保的,贷款人应同时要求追加相应担保。

第三十八条　贷款人应对抵(质)押物的价值和担保人的担保能力建立贷后动态监测和重估制度。

第三十九条　贷款人应加强对项目资金滞留账户情况的监控,确保贷款发放与项目的实际进度和资金需求相匹配。

第四十条　贷款人应对固定资产投资项目的收入现金流以及借款人的整体现金流进行动态监测,对异常情况及时查明原因并采取相应措施。

第四十一条　合同约定专门还款账户的,贷款人应按约定根据需要对固定资产投资项目或借款人的收入等现金流进入该账户的比例和账户内的资金平均存量提出要求。

第四十二条　借款人出现违反合同约定情形的,贷款人应及时采取有效措施,必要时应依法追究借款人的违约责任。

第四十三条　借款人申请贷款展期的,贷款人应审慎评估展期原因和后续还款安排的可行性。同意展期的,应根据借款人还款来源等情况,合理确定展期期限,并加强对贷款的后续管理,按照实质风险状况进行风险分类。

期限一年以内的贷款展期期限累计不得超过原贷款期限;期限超过一年的贷款展期期限累计不得超过原贷款期限的一半。

第四十四条　贷款人应按照借款合同约定,收回贷款本息。

对于未按照借款合同约定偿还的贷款,贷款人应采取清收、协议重组、债权转让或核销等措施进行处置。

第七章　项目融资

第四十五条　贷款人从事项目融资业务,应当具备对所从事项目的风险识别和管理能力,配备业务开展所需要的专业人员,建立完善的操作流程和风险管理机制。贷款人可以根据需要,委托或者要求借款人委托具备相关资质的独立中介机构为项目提供法律、税务、保险、技术、环保和监理等方面的专业意见或服务。

第四十六条　贷款人从事项目融资业务,应当充分识别和评估融资项目中存在的建设期风险和经营期风险,包括政策风险、筹资风险、完工风险、产品市场风险、超支风险、原材料风险、营运风险、汇率风险、环境风险、社会风险和其他相关风险。

第四十七条　贷款人应当按照国家关于固定资产投资项目资本金制度的有关规定,综合考虑项目风险水平和自身风险承受能力等因素,合理确定贷款金额。

第四十八条　贷款人应当根据风险收益匹配原则,综合考虑项目风险、风险缓释措施等因素,与借款人协商确定合理的贷款利率。贷款人可以根据项目融资在不同阶段的风险特征和水平,采用不同的贷款利率。

第四十九条　贷款人原则上应当要求将符合抵质押条件的项目资产和/或项目预期收益等权利为贷款设定担保,并可以根据需要,将项目发起人持有的项目公司股权为贷款设定质押担保。贷款人可根据实际情况与借款人约定为项目投保商业保险。

贷款人认为可办理项目融资信用贷款的,应当在风险评价时进行审慎论证,确保风险可控,并在风险评价报告中进行充分说明。

第五十条　贷款人应当采取措施有效降低和分散融资项目在建设期和经营期的各类风险。贷款人应当以要求借款人或者通过借款人要求项目相关方签订总承包合同、提供履约保函等方式,最大限度降低建设期风险。贷款人可以要求借款人签订长期供销合同、使用金融衍生工具或者发起人提供资金缺口担保等方式，有效分散经营期风险。

第五十一条 贷款人可以通过为项目提供财务顾问服务，为项目设计综合金融服务方案，组合运用各种融资工具，拓宽项目资金来源渠道，有效分散风险。

第五十二条 贷款人应当与借款人约定专门的项目收入账户，要求所有项目收入进入约定账户，并按照事先约定的条件和方式对外支付。贷款人应当对项目收入账户进行动态监测，当账户资金流动出现异常时，应当及时查明原因并采取相应措施。

第五十三条 多家银行业金融机构参与同一项目融资的，原则上应当采用银团贷款方式，避免重复融资、过度融资。采用银团贷款方式的，贷款人应遵守银团贷款相关监管规定。

第八章 法律责任

第五十四条 贷款人违反本办法规定经营固定资产贷款业务的，国家金融监督管理总局及其派出机构应当责令其限期改正。贷款人有下列情形之一的，国家金融监督管理总局及其派出机构可根据《中华人民共和国银行业监督管理法》采取相关监管措施：

（一）固定资产贷款业务流程有缺陷的；

（二）未按本办法要求将贷款管理各环节的责任落实到具体部门和岗位的；

（三）贷款调查、风险评价、贷后管理未尽职的；

（四）未按本办法规定对借款人和项目的经营情况进行持续有效监控的。

第五十五条 贷款人有下列情形之一的，国家金融监督管理总局及其派出机构可根据《中华人民共和国银行业监督管理法》对其采取相关监管措施或进行处罚：

（一）受理不符合条件的固定资产贷款申请并发放贷款的；

（二）与借款人串通，违法违规发放固定资产贷款的；

（三）超越、变相超越权限或不按规定流程审批贷款的；

（四）未按本办法规定签订借款合同的；

（五）与贷款同比例的项目资本金到位前发放贷款的；

（六）未按本办法规定进行贷款资金支付管理与控制的；

（七）对借款人严重违约行为未采取有效措施的；

（八）有其他严重违反本办法规定行为的。

第九章 附 则

第五十六条 国家金融监督管理总局及其派出机构可以根据贷款人的经营管理情况、风险水平和固定资产贷款业务开展情况等，对贷款人固定资产贷款管理提出相关审慎监管要求。

第五十七条 对专利权、著作权等知识产权以及采矿权等其他无形资产办理的贷款，可根据贷款项目的业务特征、运行模式等参照本办法执行，或适用流动资金贷款管理相关办法。

第五十八条 国家金融监督管理总局对房地产贷款以及其他特殊类贷款另有规定的，从其规定。

第五十九条 国家开发银行、政策性银行以及经国家金融监督管理总局批准设立的非银行金融机构发放的固定资产贷款，可参照本办法执行。

第六十条 贷款人应依照本办法制定固定资产贷款管理细则及操作规程。

第六十一条 本办法由国家金融监督管理总局负责解释。

第六十二条 本办法自2024年7月1日起施行，《固定资产贷款管理暂行办法》（中国银行业监督管理委员会令2009年第2号）、《项目融资业务指引》（银监发〔2009〕71号）、《中国银监会关于规范中长期贷款还款方式的通知》（银监发〔2010〕103号）、《中国银监会办公厅关于严格执行〈固定资产贷款管理暂行办法〉、〈流动资金贷款管理暂行办法〉和〈项目融资业务指引〉的通知》（银监办发〔2010〕53号）同时废止。

商业银行互联网贷款管理暂行办法

· 2020年7月12日中国银行保险监督管理委员会令2020年第9号公布
· 根据2021年6月21日《中国银保监会关于清理规章规范性文件的决定》修订

第一章 总 则

第一条 为规范商业银行互联网贷款业务经营行为，促进互联网贷款业务健康发展，依据《中华人民共和国银行业监督管理法》《中华人民共和国商业银行法》等法律法规，制定本办法。

第二条 中华人民共和国境内依法设立的商业银行经营互联网贷款业务，应遵守本办法。

第三条 本办法所称互联网贷款，是指商业银行运用互联网和移动通信等信息通信技术，基于风险数据和风险模型进行交叉验证和风险管理，线上自动受理贷款申请及开展风险评估，并完成授信审批、合同签订、贷款支付、贷后管理等核心业务环节操作，为符合条件的借款人提供的用于消费、日常生产经营周转等的个人贷款和流动资金贷款。

第四条 本办法所称风险数据，是指商业银行在对借款人进行身份确认，以及贷款风险识别、分析、评价、监测、预警和处置等环节收集、使用的各类内外部数据。

本办法所称风险模型，是指应用于互联网贷款业务全流程的各类模型，包括但不限于身份认证模型、反欺诈模型、反洗钱模型、合规模型、风险评价模型、风险定价模型、授信审批模型、风险预警模型、贷款清收模型等。

本办法所称合作机构，是指在互联网贷款业务中，与商业银行在营销获客、共同出资发放贷款、支付结算、风险分担、信息科技、逾期清收等方面开展合作的各类机构，包括但不限于银行业金融机构、保险公司等金融机构和小额贷款公司、融资担保公司、电子商务公司、非银行支付机构、信息科技公司等非金融机构。

第五条 下列贷款不适用本办法：

（一）借款人虽在线上进行贷款申请等操作，商业银行线下或主要通过线下进行贷前调查、风险评估和授信审批，贷款授信核心判断来源于线下的贷款；

（二）商业银行发放的抵质押贷款，且押品需进行线下或主要经过线下评估登记和交付保管；

（三）中国银行保险监督管理委员会规定的其他贷款。

上述贷款适用其他相关监管规定。

第六条 互联网贷款应当遵循小额、短期、高效和风险可控的原则。

单户用于消费的个人信用贷款授信额度应当不超过人民币20万元，到期一次性还本的，授信期限不超过一年。中国银行保险监督管理委员会可以根据商业银行的经营管理情况、风险水平和互联网贷款业务开展情况等对上述额度进行调整。商业银行应在上述规定额度内，根据本行客群特征、客群消费场景等，制定差异化授信额度。

商业银行应根据自身风险管理能力，按照互联网贷款的区域、行业、品种等，确定单户用于生产经营的个人贷款和流动资金贷款授信额度上限。对期限超过一年的上述贷款，至少每年对该笔贷款对应的授信进行重新评估和审批。

第七条 商业银行应当根据其市场定位和发展战略，制定符合自身特点的互联网贷款业务规划。涉及合作机构的，应当明确合作方式。

第八条 商业银行应当对互联网贷款业务实行统一管理，将互联网贷款业务纳入全面风险管理体系，建立健全适应互联网贷款业务特点的风险治理架构、风险管理政策和程序、内部控制和审计体系，有效识别、评估、监测和控制互联网贷款业务风险，确保互联网贷款业务发展与自身风险偏好、风险管理能力相适应。

互联网贷款业务涉及合作机构的，授信审批、合同签订等核心风控环节应当由商业银行独立有效开展。

第九条 地方法人银行开展互联网贷款业务，应主要服务于当地客户，审慎开展跨注册地辖区业务，有效识别和监测跨注册地辖区业务开展情况。无实体经营网点，业务主要在线上开展，且符合中国银行保险监督管理委员会其他规定条件的除外。

在外省（自治区、直辖市）设立分支机构的，对分支机构所在地行政区域内客户开展的业务，不属于前款所称跨注册地辖区业务。

第十条 商业银行应当建立健全借款人权益保护机制，完善消费者权益保护内部考核体系，切实承担借款人数据保护的主体责任，加强借款人隐私数据保护，构建安全有效的业务咨询和投诉处理渠道，确保借款人享有不低于线下贷款业务的相应服务，将消费者保护要求嵌入互联网贷款业务全流程管理体系。

第十一条 中国银行保险监督管理委员会及其派出机构(以下简称银行业监督管理机构)依照本办法对商业银行互联网贷款业务实施监督管理。

第二章 风险管理体系

第十二条 商业银行应当建立健全互联网贷款风险治理架构，明确董事会和高级管理层对互联网贷款风险管理的职责，建立考核和问责机制。

第十三条 商业银行董事会承担互联网贷款风险管理的最终责任，应当履行以下职责：

(一)审议批准互联网贷款业务规划、合作机构管理政策以及跨区域经营管理政策；

(二)审议批准互联网贷款风险管理制度；

(三)监督高级管理层对互联网贷款风险实施管理和控制；

(四)定期获取互联网贷款业务评估报告，及时了解互联网贷款业务经营管理、风险水平、消费者保护等情况；

(五)其他有关职责。

第十四条 商业银行高级管理层应当履行以下职责：

(一)确定互联网贷款经营管理架构，明确各部门职责分工；

(二)制定、评估和监督执行互联网贷款业务规划、风险管理政策和程序，合作机构管理政策和程序以及跨区域经营管理政策；

(三)制定互联网贷款业务的风险管控指标，包括但不限于互联网贷款限额、与合作机构共同出资发放贷款的限额及出资比例、合作机构集中度、不良贷款率等；

(四)建立互联网贷款业务的风险管理机制，持续有效监测、控制和报告各类风险，及时应对风险事件；

(五)充分了解并定期评估互联网贷款业务发展情况、风险水平及管理状况、消费者保护情况，及时了解其重大变化，并向董事会定期报告；

(六)其他有关职责。

第十五条 商业银行应当确保具有足够的资源，独立、有效开展互联网贷款风险管理，确保董事会和高级管理层能及时知悉风险状况，准确理解风险数据和风险模型的作用与局限。

第十六条 商业银行互联网贷款风险管理制度应当涵盖营销、调查、授信、签约、放款、支付、跟踪、收回等贷款业务全流程。

第十七条 商业银行应当通过合法渠道和方式获取目标客户数据，开展贷款营销，并充分评估目标客户的资金需求、还款意愿和还款能力。商业银行应当在贷款申请流程中，加入强制阅读贷款合同环节，并设置合理的阅读时间限制。

商业银行自身或通过合作机构向目标客户推介互联网贷款产品时，应当在醒目位置充分披露贷款主体、贷款条件、实际年利率、年化综合资金成本、还本付息安排、逾期清收、咨询投诉渠道和违约责任等基本信息，保障客户的知情权和自主选择权，不得采取默认勾选、强制捆绑销售等方式剥夺消费者意愿表达的权利。

第十八条 商业银行应当按照反洗钱和反恐怖融资等要求，通过构建身份认证模型，采取联网核查、生物识别等有效措施识别客户，线上对借款人的身份数据、借款意愿进行核验并留存，确保借款人的身份数据真实有效，借款人的意思表示真实。商业银行对借款人的身份核验不得全权委托合作机构办理。

第十九条 商业银行应当建立有效的反欺诈机制，实时监测欺诈行为，定期分析欺诈风险变化情况，不断完善反欺诈的模型审核规则和相关技术手段，防范冒充他人身份、恶意骗取银行贷款的行为，保障信贷资金安全。

第二十条 商业银行应当在获得授权后查询借款人的征信信息，通过合法渠道和手段线上收集、查询和验证借款人相关定性和定量信息，可以包括但不限于税务、社会保险基金、住房公积金等信息，全面了解借款人信用状况。

第二十一条 商业银行应当构建有效的风险评估、授信审批和风险定价模型，加强统一授信管理，运用风险数据，结合借款人已有债务情况，审慎评估借款人还款能力，确定借款人信用等级和授信方案。

第二十二条 商业银行应当建立人工复核验证机制,作为对风险模型自动审批的必要补充。商业银行应当明确人工复核验证的触发条件,合理设置人工复核验证的操作规程。

第二十三条 商业银行应当与借款人及其他当事人采用数据电文形式签订借款合同及其他文书。借款合同及其他文书应当符合《中华人民共和国民法典》《中华人民共和国电子签名法》等法律法规的规定。

第二十四条 商业银行应当与借款人约定明确、合法的贷款用途。贷款资金不得用于以下事项:

(一)购房及偿还住房抵押贷款;

(二)股票、债券、期货、金融衍生产品和资产管理产品等投资;

(三)固定资产、股本权益性投资;

(四)法律法规禁止的其他用途。

第二十五条 商业银行应当按照相关法律法规的要求,储存、传递、归档以数据电文形式签订的借款合同、信贷流程关键环节和节点的数据。已签订的借款合同及相关数据应可供借款人随时调取查用。

第二十六条 授信与首笔贷款发放时间间隔超过1个月的,商业银行应当在贷款发放前对借款人信用状况进行再评估,根据借款人特征、贷款金额,确定跟踪其信贷记录的频率,以保证及时获取其全面信用状况。

第二十七条 商业银行应当按照借款合同约定,对贷款资金的支付进行管理与控制,贷款支付应由具有合法支付业务资质的机构执行。商业银行应加强对支付账户的监测和对账管理,发现风险隐患的,应立即预警并采取相关措施。采用自主支付方式的,应当根据借款人过往行为数据、交易数据和信用数据等,确定单日贷款支付限额。

第二十八条 商业银行应遵守《个人贷款管理暂行办法》和《流动资金贷款管理暂行办法》的受托支付管理规定,同时根据自身风险管理水平、互联网贷款的规模和结构、应用场景、增信手段等确定差异化的受托支付限额。

第二十九条 商业银行应当通过建立风险监测预警模型,对借款人财务、信用、经营等情况进行监测,设置合理的预警指标与预警触发条件,及时发出预警信号,必要时应通过人工核查作为补充手段。

第三十条 商业银行应当采取适当方式对贷款用途进行监测,发现借款人违反法律法规或未按照约定用途使用贷款资金的,应当按照合同约定提前收回贷款,并追究借款人相应责任。

第三十一条 商业银行应当完善内部审计体系,独立客观开展内部审计,审查评价、督促改善互联网贷款业务经营、风险管理和内控合规效果。银行业监督管理机构可以要求商业银行提交互联网贷款专项内部审计报告。

第三十二条 互联网贷款形成不良的,商业银行应当按照其性质及时制定差异化的处置方案,提升处置效率。

第三章 风险数据和风险模型管理

第三十三条 商业银行进行借款人身份验证、贷前调查、风险评估和授信审查、贷后管理时,应当至少包含借款人姓名、身份证号、联系电话、银行账户以及其他开展风险评估所必需的基本信息。如果需要从合作机构获取借款人风险数据,应通过适当方式确认合作机构的数据来源合法合规、真实有效,对外提供数据不违反法律法规要求,并已获得信息主体本人的明确授权。商业银行不得与违规收集和使用个人信息的第三方开展数据合作。

第三十四条 商业银行收集、使用借款人风险数据应当遵循合法、必要、有效的原则,不得违反法律法规和借贷双方约定,不得将风险数据用于从事与贷款业务无关或有损借款人合法权益的活动,不得向第三方提供借款人风险数据,法律法规另有规定的除外。

第三十五条 商业银行应当建立风险数据安全管理的策略与标准,采取有效技术措施,保障借款人风险数据在采集、传输、存储、处理和销毁过程中的安全,防范数据泄漏、丢失或被篡改的风险。

第三十六条 商业银行应当对风险数据进行必要的处理,以满足风险模型对数据精确性、完整性、一致性、时效性、有效性等的要求。

第三十七条 商业银行应当合理分配风险模型开发测试、评审、监测、退出等环节的职责和权限,做到分工明确、责任清晰。商业银行不得将上述风险模型的管理职责外包,并应当加强风险模型的保密管理。

第三十八条 商业银行应当结合贷款产品特点、目标客户特征、风险数据和风险管理策略等因素,选择合适的技术标准和建模方法,科学设置模型参数,构建风险模型,并测试在正常和压力情境下模型的有效性和稳定性。

第三十九条 商业银行应当建立风险模型评审机制,成立模型评审委员会负责风险模型评审工作。风险模型评审应当独立于风险模型开发,评审工作应当重点关注风险模型有效性和稳定性,确保与银行授信审批条件和风险控制标准相一致。经评审通过后风险模型方可上线应用。

第四十条 商业银行应当建立有效的风险模型日常监测体系,监测至少包括已上线风险模型的有效性与稳定性,所有经模型审批通过贷款的实际违约情况等。监测发现模型缺陷或者已不符合模型设计目标的,应当保证能及时提示风险模型开发和测试部门或团队进行重新测试、优化,以保证风险模型持续适应风险管理要求。

第四十一条 商业银行应当建立风险模型退出处置机制。对于无法继续满足风险管理要求的风险模型,应当立即停止使用,并及时采取相应措施,消除模型退出给贷款风险管理带来的不利影响。

第四十二条 商业银行应当全面记录风险模型开发至退出的全过程,并进行文档化归档和管理,供本行和银行业监督管理机构随时查阅。

第四章 信息科技风险管理

第四十三条 商业银行应当建立安全、合规、高效和可靠的互联网贷款信息系统,以满足互联网贷款业务经营和风险管理需要。

第四十四条 商业银行应当注重提高互联网贷款信息系统的可用性和可靠性,加强对互联网贷款信息系统的安全运营管理和维护,定期开展安全测试和压力测试,确保系统安全、稳定、持续运行。

第四十五条 商业银行应当采取必要的网络安全防护措施,加强网络访问控制和行为监测,有效防范网络攻击等威胁。与合作机构涉及数据交互行为的,应当采取切实措施,实现敏感数据的有效隔离,保证数据交互在安全、合规的环境下进行。

第四十六条 商业银行应当加强对部署在借款人一方的互联网贷款信息系统客户端程序(包括但不限于浏览器插件程序、桌面客户端程序和移动客户端程序等)的安全加固,提高客户端程序的防攻击、防入侵、防篡改、抗反编译等安全能力。

第四十七条 商业银行应当采用有效技术手段,保障借款人数据安全,确保商业银行与借款人、合作机构之间传输数据、签订合同、记录交易等各个环节数据的保密性、完整性、真实性和抗抵赖性,并做好定期数据备份工作。

第四十八条 商业银行应当充分评估合作机构的信息系统服务能力、可靠性和安全性以及敏感数据的安全保护能力,开展联合演练和测试,加强合同约束。

商业银行每年应对与合作机构的数据交互进行信息科技风险评估,并形成风险评估报告,确保不因合作而降低商业银行信息系统的安全性,确保业务连续性。

第五章 贷款合作管理

第四十九条 商业银行应当建立覆盖各类合作机构的全行统一的准入机制,明确相应标准和程序,并实行名单制管理。

商业银行应根据合作内容、对客户的影响范围和程度、对银行财务稳健性的影响程度等,对合作机构实施分层分类管理,并按照其层级和类别确定相应审批权限。

第五十条 商业银行应当按照合作机构资质和其承担的职能相匹配的原则,对合作机构进行准入前评估,确保合作机构与合作事项符合法律法规和监管要求。

商业银行应当主要从经营情况、管理能力、风控水平、技术实力、服务质量、业务合规和机构声誉等方面对合作机构进行准入前评估。选择共同出资发放贷款的合作机构,还应重点关注合作方资本充足水平、杠杆率、流动性水平、不良贷款率、贷款集中度及其变化,审慎确定合作机构名单。

第五十一条 商业银行应当与合作机构签订书面合作协议。书面合作协议应当按照收益和风险相匹配的原则,明确约定合作范围、操作流程、各方权责、收益分配、风险分担、客户权益保护、数据保密、争议解决、合作事项变更或终止的过渡安排、违约责任以及合作机构承诺配合商业银行接受银行业监督管理机构的检查并提供有关信息和资料等内容。

商业银行应当自主确定目标客户群、授信额度和贷款定价标准；商业银行不得向合作机构自身及其关联方直接或变相进行融资用于放贷。除共同出资发放贷款的合作机构以外，商业银行不得将贷款发放、本息回收、止付等关键环节操作全权委托合作机构执行。商业银行应当在书面合作协议中明确要求合作机构不得以任何形式向借款人收取息费，保险公司和有担保资质的机构除外。

第五十二条 商业银行应当在相关页面醒目位置向借款人充分披露自身与合作机构信息、合作类产品的信息、自身与合作各方权利责任，按照适当性原则充分揭示合作业务风险，避免客户产生品牌混同。

商业银行应在借款合同和产品要素说明界面等相关页面中，以醒目方式向借款人充分披露合作类产品的贷款主体、实际年利率、年化综合资金成本、还本付息安排、逾期清收、咨询投诉渠道、违约责任等信息。商业银行需要向借款人获取风险数据授权时，应在线上相关页面醒目位置提示借款人详细阅读授权书内容，并在授权书醒目位置披露授权风险数据内容和期限，确保借款人完成授权书阅读后签署同意。

第五十三条 商业银行与其他有贷款资质的机构共同出资发放互联网贷款的，应当建立相应的内部管理制度，明确本行与合作机构共同出资发放贷款的管理机制，并在合作协议中明确各方的权利义务关系。商业银行应当独立对所出资的贷款进行风险评估和授信审批，并对贷后管理承担主体责任。商业银行不得以任何形式为无放贷业务资质的合作机构提供资金用于发放贷款，不得与无放贷业务资质的合作机构共同出资发放贷款。

商业银行应当按照适度分散的原则审慎选择合作机构，制定因合作机构导致业务中断的应急与恢复预案，避免对单一合作机构过于依赖而产生的风险。

第五十四条 商业银行应当充分考虑自身发展战略、经营模式、资产负债结构和风险管理能力，将与合作机构共同出资发放贷款总额按照零售贷款总额或者贷款总额相应比例纳入限额管理，并加强共同出资发放贷款合作机构的集中度风险管理。商业银行应当对单笔贷款出资比例实行区间管理，与合作方合理分担风险。

第五十五条 商业银行不得接受无担保资质和不符合信用保险和保证保险经营资质监管要求的合作机构提供的直接或变相增信服务。商业银行与有担保资质和符合信用保险和保证保险经营资质监管要求的合作机构合作时应当充分考虑上述机构的增信能力和集中度风险。商业银行不得因引入担保增信放松对贷款质量管控。

第五十六条 商业银行不得委托有暴力催收等违法违规记录的第三方机构进行贷款清收。商业银行应明确与第三方机构的权责，要求其不得对与贷款无关的第三人进行清收。商业银行发现合作机构存在暴力催收等违法违规行为的，应当立即终止合作，并将违法违规线索及时移交相关部门。

第五十七条 商业银行应当持续对合作机构进行管理，及时识别、评估和缓释因合作机构违约或经营失败等导致的风险。对合作机构应当至少每年全面评估一次，发现合作机构无法继续满足准入条件的，应当及时终止合作关系，合作机构在合作期间有严重违法违规行为的，应当及时将其列入本行禁止合作机构名单。

第六章 监督管理

第五十八条 商业银行首次开展互联网贷款业务的，应当于产品上线后10个工作日内，向其监管机构提交书面报告，内容包括：

（一）业务规划情况，包括年度及中长期互联网贷款业务模式、业务对象、业务领域、地域范围和合作机构管理等；

（二）风险管控措施，包括互联网贷款业务治理架构和管理体系，互联网贷款风险偏好、风险管理政策和程序，信息系统建设情况及信息科技风险评估，反洗钱、反恐怖融资制度，互联网贷款合作机构管理政策和程序，互联网贷款业务限额、与合作机构共同出资发放贷款的限额及出资比例、合作机构集中度等重要风险管控指标；

（三）上线的互联网贷款产品基本情况，包括产品合规性评估、产品风险评估，风险数据、风险模型管理情况以及是否符合本办法相关要求；

（四）消费者权益保护及其配套服务情况；

（五）银行业监督管理机构要求提供的其他材料。

第五十九条 银行业监督管理机构应当结合日常监管情况和商业银行风险状况等，对商业银行提交的报告和相关材料进行评估，重点评估：

（一）互联网贷款业务规划与自身业务定位、差异化发展战略是否匹配；

（二）是否独立掌握授信审批、合同签订等核心风控环节；

（三）信息科技风险基础防范措施是否健全；

（四）上线产品的授信额度、期限、放款控制、数据保护、合作机构管理等是否符合本办法要求；

（五）消费者权益保护是否全面有效。

如发现不符合本办法要求，应当要求商业银行限期整改、暂停业务等。

第六十条 商业银行应当按照本办法要求，对互联网贷款业务开展情况进行年度评估，并于每年4月30日前向银行业监督管理机构报送上一年年度评估报告。年度评估报告包括但不限于以下内容：

（一）业务基本情况；

（二）年度业务经营管理情况分析；

（三）业务风险分析和监管指标表现分析；

（四）识别、计量、监测、控制风险的主要方法及改进情况，信息科技风险防控措施的有效性；

（五）风险模型的监测与验证情况；

（六）合规管理和内控管理情况；

（七）投诉及处理情况；

（八）下一年度业务发展规划；

（九）银行业监督管理机构要求报告的其他事项。

第六十一条 互联网贷款的风险治理架构、风险管理策略和程序、数据质量控制机制、管理信息系统和合作机构管理等在经营期间发生重大调整的，商业银行应当在调整后的10个工作日内向银行业监督管理机构书面报告调整情况。

第六十二条 银行业监督管理机构可以根据商业银行的经营管理情况、风险水平和互联网贷款业务开展情况等对商业银行与合作机构共同出资发放贷款的出资比例及相关集中度风险、跨注册地辖区业务等提出相关审慎性监管要求。

第六十三条 银行业监督管理机构可以通过非现场监管、现场检查等方式，实施对商业银行互联网贷款业务的监督检查。

银行业监督管理机构开展对商业银行互联网贷款业务的数据统计与监测、重要风险因素评估等工作。

第六十四条 商业银行违反本办法规定办理互联网贷款的，银行业监督管理机构可根据《中华人民共和国银行业监督管理法》责令其限期改正；逾期未改正，或其行为严重危及商业银行稳健运行、损害客户合法权益的，应采取相应的监管措施。严重违反本办法的，可根据《中华人民共和国银行业监督管理法》第四十五条、第四十六条、第四十七条、第四十八条规定实施行政处罚。

第七章 附 则

第六十五条 商业银行经营互联网贷款业务，应当依照本办法制定互联网贷款管理细则及操作规程。

第六十六条 本办法未尽事项，按照《个人贷款管理暂行办法》《流动资金贷款管理暂行办法》等相关规定执行。

第六十七条 外国银行分行参照本办法执行。除第六条个人贷款期限要求外，消费金融公司、汽车金融公司开展互联网贷款业务参照本办法执行。

第六十八条 本办法由中国银行保险监督管理委员会负责解释。

第六十九条 本办法自公布之日起施行。

第七十条 过渡期为本办法实施之日起2年。过渡期内新增业务应当符合本办法规定。商业银行和消费金融公司、汽车金融公司应当制定过渡期内的互联网贷款整改计划，明确时间进度安排，并于办法实施之日起1个月内将符合本办法第五十八条规定的书面报告和整改计划报送银行业监督管理机构，由其监督实施。

汽车贷款管理办法

· 2017年10月13日中国人民银行、中国银行业监督管理委员会令〔2017〕第2号公布

· 自2018年1月1日起施行

第一章 总 则

第一条 为规范汽车贷款业务管理，防范汽车贷款风险，促进汽车贷款业务健康发展，根据

《中华人民共和国中国人民银行法》、《中华人民共和国银行业监督管理法》、《中华人民共和国商业银行法》等法律规定,制定本办法。

第二条 本办法所称汽车贷款是指贷款人向借款人发放的用于购买汽车(含二手车)的贷款,包括个人汽车贷款、经销商汽车贷款和机构汽车贷款。

第三条 本办法所称贷款人是指在中华人民共和国境内依法设立的、经中国银行业监督管理委员会及其派出机构批准经营人民币贷款业务的商业银行、农村合作银行、农村信用社及获准经营汽车贷款业务的非银行金融机构。

第四条 本办法所称自用车是指借款人通过汽车贷款购买的、不以营利为目的的汽车;商用车是指借款人通过汽车贷款购买的、以营利为目的的汽车;二手车是指从办理完注册登记手续到达到国家强制报废标准之前进行所有权变更并依法办理过户手续的汽车;新能源汽车是指采用新型动力系统,完全或者主要依靠新型能源驱动的汽车,包括插电式混合动力(含增程式)汽车、纯电动汽车和燃料电池汽车等。

第五条 汽车贷款利率按照中国人民银行公布的贷款利率规定执行,计、结息办法由借款人和贷款人协商确定。

第六条 汽车贷款的贷款期限(含展期)不得超过5年,其中,二手车贷款的贷款期限(含展期)不得超过3年,经销商汽车贷款的贷款期限不得超过1年。

第七条 借贷双方应当遵循平等、自愿、诚实、守信的原则。

第二章 个人汽车贷款

第八条 本办法所称个人汽车贷款,是指贷款人向个人借款人发放的用于购买汽车的贷款。

第九条 借款人申请个人汽车贷款,应当同时符合以下条件:

(一)是中华人民共和国公民,或在中华人民共和国境内连续居住一年(含一年)以上的港、澳、台居民及外国人;

(二)具有有效身份证明、固定和详细住址且具有完全民事行为能力;

(三)具有稳定的合法收入或足够偿还贷款本息的个人合法资产;

(四)个人信用良好;

(五)能够支付规定的首期付款;

(六)贷款人要求的其他条件。

第十条 贷款人发放个人汽车贷款,应综合考虑以下因素,确定贷款金额、期限、利率和还本付息方式等贷款条件:

(一)贷款人对借款人的信用评级情况;

(二)贷款担保情况;

(三)所购汽车的性能及用途;

(四)汽车行业发展和汽车市场供求情况。

第十一条 贷款人应当建立借款人信贷档案。借款人信贷档案应载明以下内容:

(一)借款人姓名、住址、有效身份证明及有效联系方式;

(二)借款人的收入水平及信用状况证明;

(三)所购汽车的购车协议、汽车型号、发动机号、车架号、价格与购车用途;

(四)贷款的金额、期限、利率、还款方式和担保情况;

(五)贷款催收记录;

(六)防范贷款风险所需的其他资料。

第十二条 贷款人发放个人商用车贷款,除本办法第十一条规定的内容外,应在借款人信贷档案中增加商用车运营资格证年检情况、商用车折旧、保险情况等内容。

第三章 经销商汽车贷款

第十三条 本办法所称经销商汽车贷款,是指贷款人向汽车经销商发放的用于采购车辆、零配件的贷款。

第十四条 借款人申请经销商汽车贷款,应当同时符合以下条件:

(一)具有工商行政主管部门核发的企业法人营业执照;

(二)具有汽车生产商出具的代理销售汽车证明;

(三)资产负债率不超过80%;

(四)具有稳定的合法收入或足够偿还贷款本息的合法资产;

(五)经销商、经销商高级管理人员及经销商代为受理贷款申请的客户无重大违约行为或信用不良记录;

(六)贷款人要求的其他条件。

第十五条 贷款人应为每个经销商借款人建立独立的信贷档案，并及时更新。经销商信贷档案应载明以下内容：

（一）经销商的名称、法定代表人及营业地址；

（二）各类营业证照复印件；

（三）经销商购买保险、商业信用及财务状况；

（四）所购汽车及零部件的型号、价格及用途；

（五）贷款担保状况；

（六）防范贷款风险所需的其他资料。

第十六条 贷款人对经销商采购车辆、零配件贷款的贷款金额应以经销商一段期间的平均存货为依据，具体期间应视经销商存货周转情况而定。

第十七条 贷款人应通过定期清点经销商采购车辆、零配件存货，以及分析经销商财务报表等方式，定期对经销商进行信用审查，并视审查结果调整经销商信用级别和清点存货的频率。

第四章 机构汽车贷款

第十八条 本办法所称机构汽车贷款，是指贷款人对除经销商以外的法人、其他经济组织（以下简称机构借款人）发放的用于购买汽车的贷款。

第十九条 借款人申请机构汽车贷款，必须同时符合以下条件：

（一）具有企业或事业单位登记管理机关核发的企业法人营业执照或事业单位法人证书及法人分支机构营业执照、个体工商户营业执照等证明借款人主体资格的法定文件；

（二）具有合法、稳定的收入或足够偿还贷款本息的合法资产；

（三）能够支付规定的首期付款；

（四）无重大违约行为或信用不良记录；

（五）贷款人要求的其他条件。

第二十条 贷款人应参照本办法第十五条的规定为每个机构借款人建立独立的信贷档案，加强信贷风险跟踪监测。

第二十一条 贷款人对从事汽车租赁业务的机构发放机构商用车贷款，应监测借款人对残值的估算方式，防范残值估计过高给贷款人带来的风险。

第五章 风险管理

第二十二条 汽车贷款发放实施贷款最高发放比例要求制度，贷款人发放的汽车贷款金额占借款人所购汽车价格的比例，不得超过贷款最高发放比例要求；贷款最高发放比例要求由中国人民银行、中国银行业监督管理委员会根据宏观经济、行业发展等实际情况另行规定。

前款所称汽车价格，对新车是指汽车实际成交价格（扣除政府补贴，且不含各类附加税、费及保费等）与汽车生产商公布的价格的较低者，对二手车是指汽车实际成交价格（扣除政府补贴，且不含各类附加税、费及保费等）与贷款人评估价格的较低者。

第二十三条 贷款人应建立借款人信用评级系统，审慎使用外部信用评级，通过内外评级结合，确定借款人的信用级别。对个人借款人，应根据其职业、收入状况、还款能力、信用记录等因素确定信用级别；对经销商及机构借款人，应根据其信贷档案所反映的情况、高级管理人员的信用情况、财务状况、信用记录等因素确定信用级别。

第二十四条 贷款人发放汽车贷款，应要求借款人提供所购汽车抵押或其他有效担保。经贷款人审查、评估，确认借款人信用良好，确能偿还贷款的，可以不提供担保。

第二十五条 贷款人应直接或委托指定经销商受理汽车贷款申请，完善审贷分离制度，加强贷前审查和贷后跟踪催收工作。

第二十六条 贷款人应建立二手车市场信息数据库和二手车残值估算体系。

第二十七条 贷款人应根据贷款金额、贷款地区分布、借款人财务状况、汽车品牌、抵押担保等因素建立汽车贷款分类监控系统，对不同类别的汽车贷款风险进行定期检查、评估。根据检查评估结果，及时调整各类汽车贷款的风险级别。

第二十八条 贷款人应建立汽车贷款预警监测分析系统，制定预警标准；超过预警标准后应采取重新评价贷款审批制度等措施。

第二十九条 贷款人应建立不良贷款分类处理制度和审慎的贷款损失准备制度，计提相应的风险准备。

第三十条 贷款人发放抵押贷款，应审慎评估抵押物价值，充分考虑抵押物减值风险，设定抵押率上限。

第三十一条 贷款人应将汽车贷款的有关信息及时录入金融信用信息基础数据库。

第六章 附 则

第三十二条 贷款人在从事汽车贷款业务时有违反本办法规定之行为的，中国银行业监督管理委员会及其派出机构有权依据《中华人民共和国银行业监督管理法》等法律规定对该贷款人及其相关人员进行处罚。中国人民银行及其分支机构可以建议中国银行业监督管理委员会及其派出机构对从事汽车贷款业务的贷款人违规行为进行监督检查。

第三十三条 贷款人对借款人发放的用于购买推土机、挖掘机、搅拌机、泵机等工程车辆的贷款，比照本办法执行。

第三十四条 本办法由中国人民银行和中国银行业监督管理委员会共同负责解释。

第三十五条 本办法自2018年1月1日起施行。原《汽车贷款管理办法》（中国人民银行 中国银行业监督管理委员会令〔2004〕第2号发布）同时废止。

最高人民法院关于审理民间借贷案件适用法律若干问题的规定

- 2015年6月23日最高人民法院审判委员会第1655次会议通过
- 根据2020年8月18日最高人民法院审判委员会第1809次会议通过的《最高人民法院关于修改〈关于审理民间借贷案件适用法律若干问题的规定〉的决定》第一次修正
- 根据2020年12月23日最高人民法院审判委员会第1823次会议通过的《最高人民法院关于修改〈最高人民法院关于在民事审判工作中适用《中华人民共和国工会法》若干问题的解释〉等二十七件民事类司法解释的决定》第二次修正
- 2020年12月29日最高人民法院公告公布
- 自2021年1月1日起施行
- 法释〔2020〕17号

为正确审理民间借贷纠纷案件，根据《中华人民共和国民法典》《中华人民共和国民事诉讼法》《中华人民共和国刑事诉讼法》等相关法律之规定，结合审判实践，制定本规定。

第一条 本规定所称的民间借贷，是指自然人、法人和非法人组织之间进行资金融通的行为。

经金融监管部门批准设立的从事贷款业务的金融机构及其分支机构，因发放贷款等相关金融业务引发的纠纷，不适用本规定。

第二条 出借人向人民法院提起民间借贷诉讼时，应当提供借据、收据、欠条等债权凭证以及其他能够证明借贷法律关系存在的证据。

当事人持有的借据、收据、欠条等债权凭证没有载明债权人，持有债权凭证的当事人提起民间借贷诉讼的，人民法院应予受理。被告对原告的债权人资格提出有事实依据的抗辩，人民法院经审查认为原告不具有债权人资格的，裁定驳回起诉。

第三条 借贷双方就合同履行地未约定或者约定不明确，事后未达成补充协议，按照合同相关条款或者交易习惯仍不能确定的，以接受货币一方所在地为合同履行地。

第四条 保证人为借款人提供连带责任保证，出借人仅起诉借款人的，人民法院可以不追加保证人为共同被告；出借人仅起诉保证人的，人民法院可以追加借款人为共同被告。

保证人为借款人提供一般保证，出借人仅起诉保证人的，人民法院应当追加借款人为共同被告；出借人仅起诉借款人的，人民法院可以不追加保证人为共同被告。

第五条 人民法院立案后，发现民间借贷行为本身涉嫌非法集资等犯罪的，应当裁定驳回起诉，并将涉嫌非法集资等犯罪的线索、材料移送公安或者检察机关。

公安或者检察机关不予立案，或者立案侦查后撤销案件，或者检察机关作出不起诉决定，或者经人民法院生效判决认定不构成非法集资等犯罪，当事人又以同一事实向人民法院提起诉讼的，人民法院应予受理。

第六条 人民法院立案后，发现与民间借贷纠纷案件虽有关联但不是同一事实的涉嫌非法集资等犯罪的线索、材料的，人民法院应当继续审理民间借贷纠纷案件，并将涉嫌非法集资等犯罪的线索、材料移送公安或者检察机关。

第七条 民间借贷纠纷的基本案件事实必须以刑事案件的审理结果为依据，而该刑事案件尚未审结的，人民法院应当裁定中止诉讼。

第八条 借款人涉嫌犯罪或者生效判决认定其有罪，出借人起诉请求担保人承担民事责任的，人民法院应予受理。

第九条 自然人之间的借款合同具有下列情形之一的，可以视为合同成立：

（一）以现金支付的，自借款人收到借款时；

（二）以银行转账、网上电子汇款等形式支付的，自资金到达借款人账户时；

（三）以票据交付的，自借款人依法取得票据权利时；

（四）出借人将特定资金账户支配权授权给借款人的，自借款人取得对该账户实际支配权时；

（五）出借人以与借款人约定的其他方式提供借款并实际履行完成时。

第十条 法人之间、非法人组织之间以及它们相互之间为生产、经营需要订立的民间借贷合同，除存在民法典第一百四十六条、第一百五十三条、第一百五十四条以及本规定第十三条规定的情形外，当事人主张民间借贷合同有效的，人民法院应予支持。

第十一条 法人或者非法人组织在本单位内部通过借款形式向职工筹集资金，用于本单位生产、经营，且不存在民法典第一百四十四条、第一百四十六条、第一百五十三条、第一百五十四条以及本规定第十三条规定的情形，当事人主张民间借贷合同有效的，人民法院应予支持。

第十二条 借款人或者出借人的借贷行为涉嫌犯罪，或者已经生效的裁判认定构成犯罪，当事人提起民事诉讼的，民间借贷合同并不当然无效。人民法院应当依据民法典第一百四十四条、第一百四十六条、第一百五十三条、第一百五十四条以及本规定第十三条之规定，认定民间借贷合同的效力。

担保人以借款人或者出借人的借贷行为涉嫌犯罪或者已经生效的裁判认定构成犯罪为由，主张不承担民事责任的，人民法院应当依据民间借贷合同与担保合同的效力、当事人的过错程度，依法确定担保人的民事责任。

第十三条 具有下列情形之一的，人民法院应当认定民间借贷合同无效：

（一）套取金融机构贷款转贷的；

（二）以向其他营利法人借贷、向本单位职工集资，或者以向公众非法吸收存款等方式取得的资金转贷的；

（三）未依法取得放贷资格的出借人，以营利为目的向社会不特定对象提供借款的；

（四）出借人事先知道或者应当知道借款人借款用于违法犯罪活动仍然提供借款的；

（五）违反法律、行政法规强制性规定的；

（六）违背公序良俗的。

第十四条 原告以借据、收据、欠条等债权凭证为依据提起民间借贷诉讼，被告依据基础法律关系提出抗辩或者反诉，并提供证据证明债权纠纷非民间借贷行为引起的，人民法院应当依据查明的案件事实，按照基础法律关系审理。

当事人通过调解、和解或者清算达成的债权债务协议，不适用前款规定。

第十五条 原告仅依据借据、收据、欠条等债权凭证提起民间借贷诉讼，被告抗辩已经偿还借款的，被告应当对其主张提供证据证明。被告提供相应证据证明其主张后，原告仍应就借贷关系的存续承担举证责任。

被告抗辩借贷行为尚未实际发生并能作出合理说明的，人民法院应当结合借贷金额、款项交付、当事人的经济能力、当地或者当事人之间的交易方式、交易习惯、当事人财产变动情况以及证人证言等事实和因素，综合判断查证借贷事实是否发生。

第十六条 原告仅依据金融机构的转账凭证提起民间借贷诉讼，被告抗辩转账系偿还双方之前借款或者其他债务的，被告应当对其主张提供证据证明。被告提供相应证据证明其主张后，原告仍应就借贷关系的成立承担举证责任。

第十七条 依据《最高人民法院关于适用〈中华人民共和国民事诉讼法〉的解释》第一百七十四条第二款之规定，负有举证责任的原告无正当理由拒不到庭，经审查现有证据无法确认借贷行为、借贷金额、支付方式等案件主要事实的，人民法院对原告主张的事实不予认定。

第十八条 人民法院审理民间借贷纠纷案件时发现有下列情形之一的，应当严格审查借贷发生的原因、时间、地点、款项来源、交付方式、款项流向以及借贷双方的关系、经济状况等事实，综合判断是否属于虚假民事诉讼：

（一）出借人明显不具备出借能力；

（二）出借人起诉所依据的事实和理由明显不

符合常理;

(三)出借人不能提交债权凭证或者提交的债权凭证存在伪造的可能;

(四)当事人双方在一定期限内多次参加民间借贷诉讼;

(五)当事人无正当理由拒不到庭参加诉讼,委托代理人对借贷事实陈述不清或者陈述前后矛盾;

(六)当事人双方对借贷事实的发生没有任何争议或者诉辩明显不符合常理;

(七)借款人的配偶或者合伙人、案外人的其他债权人提出有事实依据的异议;

(八)当事人在其他纠纷中存在低价转让财产的情形;

(九)当事人不正当放弃权利;

(十)其他可能存在虚假民间借贷诉讼的情形。

第十九条 经查明属于虚假民间借贷诉讼,原告申请撤诉的,人民法院不予准许,并应当依据民事诉讼法第一百一十二条之规定,判决驳回其请求。

诉讼参与人或者其他人恶意制造、参与虚假诉讼,人民法院应当依据民事诉讼法第一百一十一条、第一百一十二条和第一百一十三条之规定,依法予以罚款、拘留;构成犯罪的,应当移送有管辖权的司法机关追究刑事责任。

单位恶意制造、参与虚假诉讼的,人民法院应当对该单位进行罚款,并可以对其主要负责人或者直接责任人员予以罚款、拘留;构成犯罪的,应当移送有管辖权的司法机关追究刑事责任。

第二十条 他人在借据、收据、欠条等债权凭证或者借款合同上签名或者盖章,但是未表明其保证人身份或者承担保证责任,或者通过其他事实不能推定其为保证人,出借人请求其承担保证责任的,人民法院不予支持。

第二十一条 借贷双方通过网络贷款平台形成借贷关系,网络贷款平台的提供者仅提供媒介服务,当事人请求其承担担保责任的,人民法院不予支持。

网络贷款平台的提供者通过网页、广告或者其他媒介明示或者有其他证据证明其为借贷提供担保,出借人请求网络贷款平台的提供者承担担保责任的,人民法院应予支持。

第二十二条 法人的法定代表人或者非法人组织的负责人以单位名义与出借人签订民间借贷合同,有证据证明所借款项系法定代表人或者负责人个人使用,出借人请求将法定代表人或者负责人列为共同被告或者第三人的,人民法院应予准许。

法人的法定代表人或者非法人组织的负责人以个人名义与出借人订立民间借贷合同,所借款项用于单位生产经营,出借人请求单位与个人共同承担责任的,人民法院应予支持。

第二十三条 当事人以订立买卖合同作为民间借贷合同的担保,借款到期后借款人不能还款,出借人请求履行买卖合同的,人民法院应当按照民间借贷法律关系审理。当事人根据法庭审理情况变更诉讼请求的,人民法院应当准许。

按照民间借贷法律关系审理作出的判决生效后,借款人不履行生效判决确定的金钱债务,出借人可以申请拍卖买卖合同标的物,以偿还债务。就拍卖所得的价款与应偿还借款本息之间的差额,借款人或者出借人有权主张返还或者补偿。

第二十四条 借贷双方没有约定利息,出借人主张支付利息的,人民法院不予支持。

自然人之间借贷对利息约定不明,出借人主张支付利息的,人民法院不予支持。除自然人之间借贷的外,借贷双方对借贷利息约定不明,出借人主张利息的,人民法院应当结合民间借贷合同的内容,并根据当地或者当事人的交易方式、交易习惯、市场报价利率等因素确定利息。

第二十五条 出借人请求借款人按照合同约定利率支付利息的,人民法院应予支持,但是双方约定的利率超过合同成立时一年期贷款市场报价利率四倍的除外。

前款所称"一年期贷款市场报价利率",是指中国人民银行授权全国银行间同业拆借中心自2019年8月20日起每月发布的一年期贷款市场报价利率。

第二十六条 借据、收据、欠条等债权凭证载明的借款金额,一般认定为本金。预先在本金中扣除利息的,人民法院应当将实际出借的金额认定为本金。

第二十七条 借贷双方对前期借款本息结算后将利息计入后期借款本金并重新出具债权凭证,如果前期利率没有超过合同成立时一年期贷款市场报价利率四倍，重新出具的债权凭证载明的金额可认定为后期借款本金。超过部分的利息，不应认定为后期借款本金。

按前款计算，借款人在借款期间届满后应当支付的本息之和，超过以最初借款本金与以最初借款本金为基数、以合同成立时一年期贷款市场报价利率四倍计算的整个借款期间的利息之和的，人民法院不予支持。

第二十八条 借贷双方对逾期利率有约定的，从其约定，但是以不超过合同成立时一年期贷款市场报价利率四倍为限。

未约定逾期利率或者约定不明的，人民法院可以区分不同情况处理：

（一）既未约定借期内利率，也未约定逾期利率，出借人主张借款人自逾期还款之日起参照当时一年期贷款市场报价利率标准计算的利息承担逾期还款违约责任的，人民法院应予支持；

（二）约定了借期内利率但是未约定逾期利率，出借人主张借款人自逾期还款之日起按照借期内利率支付资金占用期间利息的，人民法院应予支持。

第二十九条 出借人与借款人既约定了逾期利率，又约定了违约金或者其他费用，出借人可以选择主张逾期利息、违约金或者其他费用，也可以一并主张，但是总计超过合同成立时一年期贷款市场报价利率四倍的部分，人民法院不予支持。

第三十条 借款人可以提前偿还借款，但是当事人另有约定的除外。

借款人提前偿还借款并主张按照实际借款期限计算利息的，人民法院应予支持。

第三十一条 本规定施行后，人民法院新受理的一审民间借贷纠纷案件，适用本规定。

2020年8月20日之后新受理的一审民间借贷案件，借贷合同成立于2020年8月20日之前，当事人请求适用当时的司法解释计算自合同成立到2020年8月19日的利息部分的，人民法院应予支持；对于自2020年8月20日到借款返还之日的利息部分，适用起诉时本规定的利率保护标准计算。

本规定施行后，最高人民法院以前作出的相关司法解释与本规定不一致的，以本规定为准。

最高人民法院关于新民间借贷司法解释适用范围问题的批复

· 2020年11月9日最高人民法院审判委员会第1815次会议通过
· 2020年12月29日最高人民法院公告公布
· 自2021年1月1日起施行
· 法释〔2020〕27号

广东省高级人民法院：

你院《关于新民间借贷司法解释有关法律适用问题的请示》（粤高法〔2020〕108号）收悉。经研究，批复如下：

一、关于适用范围问题。经征求金融监管部门意见，由地方金融监管部门监管的小额贷款公司、融资担保公司、区域性股权市场、典当行、融资租赁公司、商业保理公司、地方资产管理公司等七类地方金融组织，属于经金融监管部门批准设立的金融机构，其因从事相关金融业务引发的纠纷，不适用新民间借贷司法解释。

二、其它两问题已在修订后的司法解释中予以明确，请遵照执行。

三、本批复自2021年1月1日起施行。

最高人民法院关于依法妥善审理民间借贷案件的通知

· 2018年8月1日
· 法〔2018〕215号

各省、自治区、直辖市高级人民法院，解放军军事法院，新疆维吾尔自治区高级人民法院生产建设兵团分院：

民间借贷在一定程度上满足了社会多元化融资需求，促进了多层次信贷市场的形成和完善。与此同时，民间借贷纠纷案件也呈现爆炸式增长，给人民法院的审判工作带来新的挑战。近年来，社会上不断出现披着民间借贷外衣，通过“虚增债务”“伪造证据”“恶意制造违约”“收取高额费用”等方式非法侵占财物的“套路贷”诈骗等新型犯罪,严重侵害了人民群众的合法权益,扰乱了金融市场秩序,影响社会和谐稳定。为充分发挥民商事审判工作的评价、教育、指引功能,妥善审理民间借贷纠纷案件,防范化解各类风险,现将有关事项通知如下:

一、加大对借贷事实和证据的审查力度。“套路贷”诈骗等犯罪设局者具备知识型犯罪特征,善于通过虚增债权债务、制造银行流水痕迹、故意失联制造违约等方式,形成证据链条闭环,并借助民事诉讼程序实现非法目的。因此,人民法院在审理民间借贷纠纷案件中,除根据《最高人民法院关于审理民间借贷案件适用法律若干问题的规定》第十五条、第十六条规定,对借据、收据、欠条等债权凭证及银行流水等款项交付凭证进行审查外,还应结合款项来源、交易习惯、经济能力、财产变化情况、当事人关系以及当事人陈述等因素综合判断借贷的真实情况。有违法犯罪等合理怀疑,代理人对案件事实无法说明的,应当传唤当事人本人到庭,就有关案件事实接受询问。要适当加大调查取证力度,查明事实真相。

二、严格区分民间借贷行为与诈骗等犯罪行为。人民法院在审理民间借贷纠纷案件中,要切实提高对“套路贷”诈骗等犯罪行为的警觉,加强对民间借贷行为与诈骗等犯罪行为的甄别,发现涉嫌违法犯罪线索、材料的,要及时按照《最高人民法院关于在审理经济纠纷案件中涉及经济犯罪嫌疑若干问题的规定》和《最高人民法院关于审理民间借贷案件适用法律若干问题的规定》依法处理。民间借贷行为本身涉及违法犯罪的,应当裁定驳回起诉,并将涉嫌犯罪的线索、材料移送公安机关或检察机关,切实防范犯罪分子将非法行为合法化,利用民事判决堂而皇之侵占被害人财产。刑事判决认定出借人构成“套路贷”诈骗等犯罪的,人民法院对已按普通民间借贷纠纷作出的生效判决,应当及时通过审判监督程序予以纠正。

三、依法严守法定利率红线。《最高人民法院关于审理民间借贷案件适用法律若干问题的规定》依法确立了法定利率的司法红线,应当从严把握。人民法院在民间借贷纠纷案件审理过程中,对于各种以“利息”“违约金”“服务费”“中介费”“保证金”“延期费”等突破或变相突破法定利率红线的,应当依法不予支持。对于“出借人主张系以现金方式支付大额贷款本金”“借款人抗辩所谓现金支付本金系出借人预先扣除的高额利息”的,要加强对出借人主张的现金支付款项来源、交付情况等证据的审查,依法认定借贷本金数额和高额利息扣收事实。发现交易平台、交易对手、交易模式等以“创新”为名行高利贷之实的,应当及时采取发送司法建议函等有效方式,坚决予以遏制。

四、建立民间借贷纠纷防范和解决机制。人民法院在防范和化解民间借贷各类风险中,要紧密结合党和国家工作大局,紧紧依靠党委领导和政府支持,探索审判机制创新,加强联动效应,探索建立跨部门综合治理机制。要加大法制宣传力度,引导社会良好风气,认真总结审判经验,加强调查研究。

各级人民法院在审理民间借贷纠纷案件中发现新情况、新问题,请及时层报最高人民法院。

最高人民检察院关于强迫借贷行为适用法律问题的批复

· 2014 年 4 月 11 日最高人民检察院第十二届检察委员会第十九次会议通过
· 2014 年 4 月 17 日最高人民检察院公告公布
· 自公布之日起施行

广东省人民检察院:

你院《关于强迫借贷案件法律适用的请示》(粤检发研字〔2014〕9 号)收悉。经研究,批复如下:

以暴力、胁迫手段强迫他人借贷,属于刑法第二百二十六条第二项规定的“强迫他人提供或者接受服务”,情节严重的,以强迫交易罪追究刑事责任;同时构成故意伤害罪等其他犯罪的,依照处罚较重的规定定罪处罚。以非法占有为目的,以借贷为名采用暴力、胁迫手段获取他人财物,符合刑法第二百六十三条或者第二百七十四条规定的,以抢劫罪或者敲诈勒索罪追究刑事责任。

此复

五、保证合同

动产和权利担保统一登记办法

· 2021 年 12 月 28 日中国人民银行令〔2021〕第 7 号发布

· 自 2022 年 2 月 1 日起施行

第一章 总 则

第一条 为规范动产和权利担保统一登记，保护担保当事人和利害关系人的合法权益，根据《中华人民共和国民法典》《优化营商环境条例》《国务院关于实施动产和权利担保统一登记的决定》（国发〔2020〕18 号）等相关法律法规规定，制定本办法。

第二条 纳入动产和权利担保统一登记范围的担保类型包括：

（一）生产设备、原材料、半成品、产品抵押；

（二）应收账款质押；

（三）存款单、仓单、提单质押；

（四）融资租赁；

（五）保理；

（六）所有权保留；

（七）其他可以登记的动产和权利担保，但机动车抵押、船舶抵押、航空器抵押、债券质押、基金份额质押、股权质押、知识产权中的财产权质押除外。

第三条 本办法所称应收账款是指应收账款债权人因提供一定的货物、服务或设施而获得的要求应收账款债务人付款的权利以及依法享有的其他付款请求权，包括现有的以及将有的金钱债权，但不包括因票据或其他有价证券而产生的付款请求权，以及法律、行政法规禁止转让的付款请求权。

本办法所称的应收账款包括下列权利：

（一）销售、出租产生的债权，包括销售货物，供应水、电、气、暖，知识产权的许可使用，出租动产或不动产等；

（二）提供医疗、教育、旅游等服务或劳务产生的债权；

（三）能源、交通运输、水利、环境保护、市政工程等基础设施和公用事业项目收益权；

（四）提供贷款或其他信用活动产生的债权；

（五）其他以合同为基础的具有金钱给付内容的债权。

第四条 中国人民银行征信中心（以下简称征信中心）是动产和权利担保的登记机构，具体承担服务性登记工作，不开展事前审批性登记，不对登记内容进行实质审查。

征信中心建立基于互联网的动产融资统一登记公示系统（以下简称统一登记系统）为社会公众提供动产和权利担保登记和查询服务。

第五条 中国人民银行对征信中心登记和查询服务有关活动进行督促指导。

第二章 登记与查询

第六条 纳入统一登记范围的动产和权利担保登记通过统一登记系统办理。

第七条 担保权人办理登记。担保权人办理登记前，应当与担保人就登记内容达成一致。

担保权人也可以委托他人办理登记。委托他人办理登记的，适用本办法关于担保权人办理登记的规定。

第八条 担保权人办理登记时，应当注册为统一登记系统的用户。

第九条 登记内容包括担保权人和担保人的基本信息、担保财产的描述、登记期限。

担保权人或担保人为法人、非法人组织的，应当填写法人、非法人组织的法定注册名称、住所、法定代表人或负责人姓名，金融机构编码、统一社会信用代码、全球法人识别编码等机构代码或编码以及其他相关信息。

担保权人或担保人为自然人的，应当填写有效身份证件号码、有效身份证件载明的地址等信息。

担保权人可以与担保人约定将主债权金额、担保范围、禁止或限制转让的担保财产等项目作为登记内容。对担保财产进行概括性描述的，应当能够合理识别担保财产。

最高额担保应登记最高债权额。

第十条 担保权人应当将填写完毕的登记内容提交统一登记系统。统一登记系统记录提交时间并分配登记编号,生成初始登记证明和修改码提供给担保权人。

第十一条 担保权人应当根据主债权履行期限合理确定登记期限。登记期限最短1个月,最长不超过30年。

第十二条 在登记期限届满前,担保权人可以申请展期。

担保权人可以多次展期,每次展期期限最短1个月,最长不超过30年。

第十三条 登记内容存在遗漏、错误等情形或登记内容发生变化的,担保权人应当办理变更登记。

担保权人在原登记中增加新的担保财产的,新增加的部分视为新的登记。

第十四条 担保权人办理登记时所填写的担保人法定注册名称或有效身份证件号码变更的,担保权人应当自变更之日起4个月内办理变更登记。

第十五条 担保权人办理展期、变更登记的,应当与担保人就展期、变更事项达成一致。

第十六条 有下列情形之一的,担保权人应当自该情形发生之日起10个工作日内办理注销登记:

(一)主债权消灭;

(二)担保权利实现;

(三)担保权人放弃登记载明的担保财产之上的全部担保权;

(四)其他导致所登记权利消灭的情形。

担保权人迟延办理注销登记,给他人造成损害的,应当承担相应的法律责任。

第十七条 担保权人凭修改码办理展期、变更登记、注销登记。

第十八条 担保人或其他利害关系人认为登记内容错误的,可以要求担保权人办理变更登记或注销登记。担保权人不同意变更或注销的,担保人或其他利害关系人可以办理异议登记。

办理异议登记的担保人或其他利害关系人可以自行注销异议登记。

第十九条 担保人或其他利害关系人应当自异议登记办理完毕之日起7日内通知担保权人。

第二十条 担保人或其他利害关系人自异议登记之日起30日内,未就争议起诉或提请仲裁并在统一登记系统提交案件受理通知的,征信中心撤销异议登记。

第二十一条 应担保人或其他利害关系人、担保权人的申请,征信中心根据对担保人或其他利害关系人、担保权人生效的人民法院判决、裁定或仲裁机构裁决等法律文书撤销相关登记。

第二十二条 担保权人办理变更登记和注销登记、担保人或其他利害关系人办理异议登记后,统一登记系统记录登记时间、分配登记编号,并生成变更登记、注销登记或异议登记证明。

第二十三条 担保权人开展动产和权利担保融资业务时,应当严格审核确认担保财产的真实性,并在统一登记系统中查询担保财产的权利负担状况。

第二十四条 担保权人、担保人和其他利害关系人应当按照统一登记系统提示项目如实登记,并对登记内容的真实性、完整性和合法性负责。因担保权人或担保人名称填写错误,担保财产描述不能够合理识别担保财产等情形导致不能正确公示担保权利的,其法律后果由当事人自行承担。办理登记时,存在提供虚假材料等行为给他人造成损害的,应当承担相应的法律责任。

第二十五条 任何法人、非法人组织和自然人均可以在注册为统一登记系统的用户后,查询动产和权利担保登记信息。

第二十六条 担保人为法人、非法人组织的,查询人以担保人的法定注册名称进行查询。

担保人为自然人的,查询人以担保人的身份证件号码进行查询。

第二十七条 征信中心根据查询人的申请,提供查询证明。

第二十八条 担保权人、担保人或其他利害关系人、查询人可以通过证明编号在统一登记系统对登记证明和查询证明进行验证。

第三章 征信中心的职责

第二十九条 征信中心应当建立登记信息内部控制制度,采取技术措施和其他必要措施,做好统一登记系统建设和维护工作,保障系统安全、稳定运行,建立高效运转的服务体系,不断提高服务效率和质量,防止登记信息泄露、丢失,保护当事人合法权益。

第三十条 征信中心应当制定登记操作规则和内部管理制度，并报中国人民银行备案。

第三十一条 登记注销、登记期限届满或登记撤销后，征信中心应当对登记记录进行电子化离线保存，保存期限为15年。

第四章 附 则

第三十二条 征信中心按照国务院价格主管部门批准的收费标准收取登记服务费用。

第三十三条 本办法由中国人民银行负责解释。

第三十四条 本办法自2022年2月1日起施行。《应收账款质押登记办法》（中国人民银行令〔2019〕第4号发布）同时废止。

中国银保监会办公厅、住房和城乡建设部办公厅、中国人民银行办公厅关于商业银行出具保函置换预售监管资金有关工作的通知

· 2022年11月12日

· 银保监办发〔2022〕104号

各银保监局，各省、自治区、直辖市及新疆生产建设兵团住房和城乡建设厅（委、管委、局），中国人民银行上海总部，各分行、营业管理部，各省会（首府）城市中心支行，各副省级城市中心支行，各大型银行、股份制银行、外资银行：

为明确商业银行出具保函置换预售监管资金相关要求，支持优质房地产企业合理使用预售监管资金，防范化解房地产企业流动性风险，促进房地产市场平稳健康发展，现将有关事项通知如下：

一、允许商业银行按市场化、法治化原则，在充分评估房地产企业信用风险、财务状况、声誉风险等的基础上进行自主决策，与优质房地产企业开展保函置换预售监管资金业务。

二、保函仅可用于置换依法合规设立的预售资金监管账户的监管额度内资金。房地产企业要按照《关于规范商品房预售资金监管的意见》（建房〔2022〕16号）规定开设预售资金监管账户，购房人缴纳的定金和首付款、商业银行发放的按揭贷款以及其他形式的购房款等商品房预售资金，应当全部直接存入监管账户。监管账户内资金达到住房和城乡建设部门规定的监管额度后，房地产企业可向商业银行申请出具保函置换监管额度内资金，保函置换金额不得超过监管账户中确保项目竣工交付所需的资金额度的30%，置换后的监管资金不得低于监管账户中确保项目竣工交付所需的资金额度的70%。

三、监管额度内资金拨付使用时，预售资金监管账户开立行（以下简称监管账户行）应在3个工作日内将相关信息通知出具保函的银行，出函银行要督促房地产企业向监管账户内补足差额资金（拨付资金×保函置换预售监管资金的比例），保函金额相应下调，确保监管账户内资金始终不低于项目竣工交付所需的资金额度的70%。如房地产企业未向监管账户内补足差额资金，保函金额不得调整。

四、商业银行要合理确定保函期限，确保与项目建设周期相匹配。项目竣工交付或商品房项目完成房屋所有权首次登记预售资金协议解除后，保函相应失效。

五、监管评级4级及以下或资产规模低于5000亿元的商业银行不得开展保函置换预售监管资金业务。商业银行不得向作为本银行主要股东、控股股东或关联方的房地产企业出具保函置换预售监管资金。企业集团财务公司等非银行金融机构不得出具保函置换预售监管资金。

六、商业银行在出具保函置换预售监管资金时，要参照开发贷款授信标准，充分评估房地产企业信用风险、财务状况、声誉风险、项目销售前景和剩余货值等，与经营稳健、财务状况良好的优质房地产企业开展保函置换预售监管资金业务。对债权债务关系复杂、涉案涉诉纠纷较多、对外担保额度过大、施工进度明显低于预期的项目，应审慎出具保函。对于项目主体与总承包方存在关联关系的，要充分评估项目风险。保函额度全额计入对房地产企业及其所属集团的统一授信额度。

七、商业银行要通过保证金、房地产企业反担保以及其他增信措施，防范保函业务风险，按要求计提风险资本，提取风险准备。

八、房地产企业提供商业银行出具的保函，向住房和城乡建设部门请求释放预售资金监管账户相应额度资金的，监管账户行应配合住房和城乡建设部门做好必要的审核工作。住房和城乡建设

部门研究同意后向监管账户行发出拨付指令。监管账户行根据住房和城乡建设部门拨付指令做好资金拨付,并等额减少账户管理额度。

九、在保函有效期内,如监管账户内剩余资金不足以支付项目工程款,出函银行应立即履约垫付,在保函额度内支付扣除账户内剩余资金后的差额部分。一旦出现垫付,出函银行要及时向房地产企业采取追索措施,保全债权安全。垫付资金应足额计提拨备、真实分类,不得隐藏风险。

十、各地不得强制商业银行出具保函,不得将出具保函与当地预售资金监管资格挂钩。住房和城乡建设部门、金融管理部门应为商业银行开展保函置换预售监管资金业务提供必要支持。

十一、房地产企业要按规定使用保函置换的预售监管资金,优先用于项目工程建设、偿还项目到期债务等,不得用于购置土地、新增其他投资、偿还股东借款等。房地产企业要按约定承担监管账户内的资金补足义务,确保项目建设资金充足。

十二、各地要加强房地产企业管理,对房地产企业违规使用资金的行为进行严肃查处。监管账户行、出函银行发现房地产企业违规使用资金,或在预售资金拨付后未及时补足差额资金,应及时报告有关部门。住房和城乡建设部门、金融管理部门可采取联合约谈、行政处罚等措施,督促房地产企业纠正违规行为。

最高人民法院关于审理独立保函纠纷案件若干问题的规定

· 2016年7月11日最高人民法院审判委员会第1688次会议通过
· 根据2020年12月23日最高人民法院审判委员会第1823次会议通过的《最高人民法院关于修改〈最高人民法院关于破产企业国有划拨土地使用权应否列入破产财产等问题的批复〉等二十九件商事类司法解释的决定》修正
· 2020年12月29日最高人民法院公告公布
· 自2021年1月1日起施行
· 法释〔2020〕18号

为正确审理独立保函纠纷案件,切实维护当事人的合法权益,服务和保障"一带一路"建设,促进对外开放,根据《中华人民共和国民法典》《中华人民共和国涉外民事关系法律适用法》《中华人民共和国民事诉讼法》等法律,结合审判实际,制定本规定。

第一条 本规定所称的独立保函,是指银行或非银行金融机构作为开立人,以书面形式向受益人出具的,同意在受益人请求付款并提交符合保函要求的单据时,向其支付特定款项或在保函最高金额内付款的承诺。

前款所称的单据,是指独立保函载明的受益人应提交的付款请求书、违约声明、第三方签发的文件、法院判决、仲裁裁决、汇票、发票等表明发生付款到期事件的书面文件。

独立保函可以依保函申请人的申请而开立,也可以依另一金融机构的指示而开立。开立人依指示开立独立保函的,可以要求指示人向其开立用以保障追偿权的独立保函。

第二条 本规定所称的独立保函纠纷,是指在独立保函的开立、撤销、修改、转让、付款、追偿等环节产生的纠纷。

第三条 保函具有下列情形之一,当事人主张保函性质为独立保函的,人民法院应予支持,但保函未载明据以付款的单据和最高金额的除外:

(一)保函载明见索即付;

(二)保函载明适用国际商会《见索即付保函统一规则》等独立保函交易示范规则;

(三)根据保函文本内容,开立人的付款义务独立于基础交易关系及保函申请法律关系,其仅承担相符交单的付款责任。

当事人以独立保函记载了对应的基础交易为由,主张该保函性质为一般保证或连带保证的,人民法院不予支持。

当事人主张独立保函适用民法典关于一般保证或连带保证规定的,人民法院不予支持。

第四条 独立保函的开立时间为开立人发出独立保函的时间。

独立保函一经开立即生效,但独立保函载明生效日期或事件的除外。

独立保函未载明可撤销,当事人主张独立保函开立后不可撤销的,人民法院应予支持。

第五条 独立保函载明适用《见索即付保函统一规则》等独立保函交易示范规则,或开立人和受益人在一审法庭辩论终结前一致援引的,人民法院应当认定交易示范规则的内容构成独立保函条款的组成部分。

不具有前款情形，当事人主张独立保函适用相关交易示范规则的，人民法院不予支持。

第六条 受益人提交的单据与独立保函条款之间、单据与单据之间表面相符，受益人请求开立人依据独立保函承担付款责任的，人民法院应予支持。

开立人以基础交易关系或独立保函申请关系对付款义务提出抗辩的，人民法院不予支持，但有本规定第十二条情形的除外。

第七条 人民法院在认定是否构成表面相符时，应当根据独立保函载明的审单标准进行审查；独立保函未载明的，可以参照适用国际商会确定的相关审单标准。

单据与独立保函条款之间、单据与单据之间表面上不完全一致，但并不导致相互之间产生歧义的，人民法院应当认定构成表面相符。

第八条 开立人有独立审查单据的权利与义务，有权自行决定单据与独立保函条款之间、单据与单据之间是否表面相符，并自行决定接受或拒绝接受不符点。

开立人已向受益人明确表示接受不符点，受益人请求开立人承担付款责任的，人民法院应予支持。

开立人拒绝接受不符点，受益人以保函申请人已接受不符点为由请求开立人承担付款责任的，人民法院不予支持。

第九条 开立人依据独立保函付款后向保函申请人追偿的，人民法院应予支持，但受益人提交的单据存在不符点的除外。

第十条 独立保函未同时载明可转让和据以确定新受益人的单据，开立人主张受益人付款请求权的转让对其不发生效力的，人民法院应予支持。独立保函对受益人付款请求权的转让有特别约定的，从其约定。

第十一条 独立保函具有下列情形之一，当事人主张独立保函权利义务终止的，人民法院应予支持：

（一）独立保函载明的到期日或到期事件届至，受益人未提交符合独立保函要求的单据；

（二）独立保函项下的应付款项已经全部支付；

（三）独立保函的金额已减额至零；

（四）开立人收到受益人出具的免除独立保函项下付款义务的文件；

（五）法律规定或者当事人约定终止的其他情形。

独立保函具有前款权利义务终止的情形，受益人以其持有独立保函文本为由主张享有付款请求权的，人民法院不予支持。

第十二条 具有下列情形之一的，人民法院应当认定构成独立保函欺诈：

（一）受益人与保函申请人或其他人串通，虚构基础交易的；

（二）受益人提交的第三方单据系伪造或内容虚假的；

（三）法院判决或仲裁裁决认定基础交易债务人没有付款或赔偿责任的；

（四）受益人确认基础交易债务已得到完全履行或者确认独立保函载明的付款到期事件并未发生的；

（五）受益人明知其没有付款请求权仍滥用该权利的其他情形。

第十三条 独立保函的申请人、开立人或指示人发现有本规定第十二条情形的，可以在提起诉讼或申请仲裁前，向开立人住所地或其他对独立保函欺诈纠纷案件具有管辖权的人民法院申请中止支付独立保函项下的款项，也可以在诉讼或仲裁过程中提出申请。

第十四条 人民法院裁定中止支付独立保函项下的款项，必须同时具备下列条件：

（一）止付申请人提交的证据材料证明本规定第十二条情形的存在具有高度可能性；

（二）情况紧急，不立即采取止付措施，将给止付申请人的合法权益造成难以弥补的损害；

（三）止付申请人提供了足以弥补被申请人因止付可能遭受损失的担保。

止付申请人以受益人在基础交易中违约为由请求止付的，人民法院不予支持。

开立人在依指示开立的独立保函项下已经善意付款的，对保障该开立人追偿权的独立保函，人民法院不得裁定止付。

第十五条 因止付申请错误造成损失，当事人请求止付申请人赔偿的，人民法院应予支持。

第十六条 人民法院受理止付申请后，应当在四十八小时内作出书面裁定。裁定应当列明申请人、被申请人和第三人,并包括初步查明的事实和是否准许止付申请的理由。

裁定中止支付的,应当立即执行。

止付申请人在止付裁定作出后三十日内未依法提起独立保函欺诈纠纷诉讼或申请仲裁的,人民法院应当解除止付裁定。

第十七条 当事人对人民法院就止付申请作出的裁定有异议的,可以在裁定书送达之日起十日内向作出裁定的人民法院申请复议。复议期间不停止裁定的执行。

人民法院应当在收到复议申请后十日内审查,并询问当事人。

第十八条 人民法院审理独立保函欺诈纠纷案件或处理止付申请,可以就当事人主张的本规定第十二条的具体情形,审查认定基础交易的相关事实。

第十九条 保函申请人在独立保函欺诈诉讼中仅起诉受益人的,独立保函的开立人、指示人可以作为第三人申请参加,或由人民法院通知其参加。

第二十条 人民法院经审理独立保函欺诈纠纷案件,能够排除合理怀疑地认定构成独立保函欺诈,并且不存在本规定第十四条第三款情形的,应当判决开立人终止支付独立保函项下被请求的款项。

第二十一条 受益人和开立人之间因独立保函而产生的纠纷案件,由开立人住所地或被告住所地人民法院管辖,独立保函载明由其他法院管辖或提交仲裁的除外。当事人主张根据基础交易合同争议解决条款确定管辖法院或提交仲裁的,人民法院不予支持。

独立保函欺诈纠纷案件由被请求止付的独立保函的开立人住所地或被告住所地人民法院管辖,当事人书面协议由其他法院管辖或提交仲裁的除外。当事人主张根据基础交易合同或独立保函的争议解决条款确定管辖法院或提交仲裁的,人民法院不予支持。

第二十二条 涉外独立保函未载明适用法律,开立人和受益人在一审法庭辩论终结前亦未就适用法律达成一致的,开立人和受益人之间因涉外独立保函而产生的纠纷适用开立人经常居所地法律;独立保函由金融机构依法登记设立的分支机构开立的,适用分支机构登记地法律。

涉外独立保函欺诈纠纷,当事人就适用法律不能达成一致的,适用被请求止付的独立保函的开立人经常居所地法律;独立保函由金融机构依法登记设立的分支机构开立的,适用分支机构登记地法律;当事人有共同经常居所地的,适用共同经常居所地法律。

涉外独立保函止付保全程序,适用中华人民共和国法律。

第二十三条 当事人约定在国内交易中适用独立保函,一方当事人以独立保函不具有涉外因素为由,主张保函独立性的约定无效的,人民法院不予支持。

第二十四条 对于按照特户管理并移交开立人占有的独立保函开立保证金,人民法院可以采取冻结措施,但不得扣划。保证金账户内的款项丧失开立保证金的功能时,人民法院可以依法采取扣划措施。

开立人已履行对外支付义务的,根据该开立人的申请,人民法院应当解除对开立保证金相应部分的冻结措施。

第二十五条 本规定施行后尚未终审的案件,适用本规定;本规定施行前已经终审的案件,当事人申请再审或者人民法院按照审判监督程序再审的,不适用本规定。

第二十六条 本规定自 2016 年 12 月 1 日起施行。

最高人民法院关于审理信用证纠纷案件若干问题的规定

· 2005 年 10 月 24 日最高人民法院审判委员会第 1368 次会议通过
· 根据 2020 年 12 月 23 日最高人民法院审判委员会第 1823 次会议通过的《最高人民法院关于修改〈最高人民法院关于破产企业国有划拨土地使用权应否列入破产财产等问题的批复〉等二十九件商事类司法解释的决定》修正
· 2020 年 12 月 29 日最高人民法院公告公布
· 自 2021 年 1 月 1 日起施行
· 法释〔2020〕18 号

根据《中华人民共和国民法典》《中华人民共和国涉外民事关系法律适用法》《中华人民共和国民事诉讼法》等法律,参照国际商会《跟单信用证统一惯例》等相关国际惯例,结合审判实践,就审理信用证纠纷案件的有关问题,制定本规定。

第一条 本规定所指的信用证纠纷案件,是指在信用证开立、通知、修改、撤销、保兑、议付、偿付等环节产生的纠纷。

第二条 人民法院审理信用证纠纷案件时,当事人约定适用相关国际惯例或者其他规定的,从其约定;当事人没有约定的,适用国际商会《跟单信用证统一惯例》或者其他相关国际惯例。

第三条 开证申请人与开证行之间因申请开立信用证而产生的欠款纠纷、委托人和受托人之间因委托开立信用证产生的纠纷、担保人为申请开立信用证或者委托开立信用证提供担保而产生的纠纷以及信用证项下融资产生的纠纷,适用本规定。

第四条 因申请开立信用证而产生的欠款纠纷、委托开立信用证纠纷和因此产生的担保纠纷以及信用证项下融资产生的纠纷应当适用中华人民共和国相关法律。涉外合同当事人对法律适用另有约定的除外。

第五条 开证行在作出付款、承兑或者履行信用证项下其他义务的承诺后,只要单据与信用证条款、单据与单据之间在表面上相符,开证行应当履行在信用证规定的期限内付款的义务。当事人以开证申请人与受益人之间的基础交易提出抗辩的,人民法院不予支持。具有本规定第八条的情形除外。

第六条 人民法院在审理信用证纠纷案件中涉及单证审查的,应当根据当事人约定适用的相关国际惯例或者其他规定进行;当事人没有约定的,应当按照国际商会《跟单信用证统一惯例》以及国际商会确定的相关标准,认定单据与信用证条款、单据与单据之间是否在表面上相符。

信用证项下单据与信用证条款之间、单据与单据之间在表面上不完全一致,但并不导致相互之间产生歧义的,不应认定为不符点。

第七条 开证行有独立审查单据的权利和义务,有权自行作出单据与信用证条款、单据与单据之间是否在表面上相符的决定,并自行决定接受或者拒绝接受单据与信用证条款、单据与单据之间的不符点。

开证行发现信用证项下存在不符点后,可以自行决定是否联系开证申请人接受不符点。开证申请人决定是否接受不符点,并不影响开证行最终决定是否接受不符点。开证行和开证申请人另有约定的除外。

开证行向受益人明确表示接受不符点的,应当承担付款责任。

开证行拒绝接受不符点时,受益人以开证申请人已接受不符点为由要求开证行承担信用证项下付款责任的,人民法院不予支持。

第八条 凡有下列情形之一的,应当认定存在信用证欺诈:

(一)受益人伪造单据或者提交记载内容虚假的单据;

(二)受益人恶意不交付货物或者交付的货物无价值;

(三)受益人和开证申请人或者其他第三方串通提交假单据,而没有真实的基础交易;

(四)其他进行信用证欺诈的情形。

第九条 开证申请人、开证行或者其他利害关系人发现有本规定第八条的情形,并认为将会给其造成难以弥补的损害时,可以向有管辖权的人民法院申请中止支付信用证项下的款项。

第十条 人民法院认定存在信用证欺诈的,应当裁定中止支付或者判决终止支付信用证项下款项,但有下列情形之一的除外:

(一)开证行的指定人、授权人已按照开证行的指令善意地进行了付款;

(二)开证行或者其指定人、授权人已对信用证项下票据善意地作出了承兑;

(三)保兑行善意地履行了付款义务;

(四)议付行善意地进行了议付。

第十一条 当事人在起诉前申请中止支付信用证项下款项符合下列条件的,人民法院应予受理:

(一)受理申请的人民法院对该信用证纠纷案件享有管辖权;

(二)申请人提供的证据材料证明存在本规定第八条的情形;

(三)如不采取中止支付信用证项下款项的措施,将会使申请人的合法权益受到难以弥补的损害;

(四)申请人提供了可靠、充分的担保;

(五)不存在本规定第十条的情形。

当事人在诉讼中申请中止支付信用证项下款项的,应当符合前款第(二)、(三)、(四)、(五)项规定的条件。

第十二条 人民法院接受中止支付信用证项下款项申请后，必须在四十八小时内作出裁定；裁定中止支付的，应当立即开始执行。

人民法院作出中止支付信用证项下款项的裁定，应当列明申请人、被申请人和第三人。

第十三条 当事人对人民法院作出中止支付信用证项下款项的裁定有异议的，可以在裁定书送达之日起十日内向上一级人民法院申请复议。上一级人民法院应当自收到复议申请之日起十日内作出裁定。

复议期间，不停止原裁定的执行。

第十四条 人民法院在审理信用证欺诈案件过程中，必要时可以将信用证纠纷与基础交易纠纷一并审理。

当事人以基础交易欺诈为由起诉的，可以将与案件有关的开证行、议付行或者其他信用证法律关系的利害关系人列为第三人；第三人可以申请参加诉讼，人民法院也可以通知第三人参加诉讼。

第十五条 人民法院通过实体审理，认定构成信用证欺诈并且不存在本规定第十条的情形的，应当判决终止支付信用证项下的款项。

第十六条 保证人以开证行或者开证申请人接受不符点未征得其同意为由请求免除保证责任的，人民法院不予支持。保证合同另有约定的除外。

第十七条 开证申请人与开证行对信用证进行修改未征得保证人同意的，保证人只在原保证合同约定的或者法律规定的期间和范围内承担保证责任。保证合同另有约定的除外。

第十八条 本规定自2006年1月1日起施行。

最高人民法院关于正确确认企业借款合同纠纷案件中有关保证合同效力问题的通知

· 1998年9月14日
· 法〔1998〕85号

各省、自治区、直辖市高级人民法院，新疆维吾尔自治区高级人民法院生产建设兵团分院：

近来发现一些地方人民法院在审理企业破产案件或者与破产企业相关的银行贷款合同纠纷案件中，对所涉及的债权保证问题，未能准确地理解和适用有关法律规定，致使在确认保证合同的效力问题上出现偏差，为此特作如下通知：

各级人民法院在处理上述有关保证问题时，应当准确理解法律，严格依法确认保证合同（包括主合同中的保证条款）的效力。除确系因违反担保法及有关司法解释的规定等应当依法确认为无效的情况外，不应仅以保证人的保证系因地方政府指令而违背了保证人的意志，或该保证人已无财产承担保证责任等原因，而确认保证合同无效，并以此免除保证责任。

特此通知。

最高人民法院对《关于担保期间债权人向保证人主张权利的方式及程序问题的请示》的答复

· 2002年11月22日
· 〔2002〕民二他字第32号

青海省高级人民法院：

你院〔2002〕青民二字第10号《关于担保期间债权人向保证人主张权利的方式及程序问题的请示》收悉。经研究，答复如下：

1. 本院2002年8月1日下发的《关于处理担保法生效前发生保证行为的保证期间问题的通知》第 条规定的“向保证人主张权利”和第二条规定的“向保证人主张债权”，其主张权利的方式可以包括“提起诉讼”和“送达清收债权通知书”等。其中“送达”既可由债权人本人送达，也可以委托公证机关送达或公告送达（在全国或省级有影响的报纸上刊发清收债权公告）。

2. 该《通知》第二条的规定的意义在于，明确当主债务人进入破产程序，在“债权人没有申报债权”或“已经申报债权”两种不同情况下，债权人应当向保证人主张权利的期限。根据《最高人民法院关于适用〈中华人民共和国担保法〉若干问题的解释》第四十四条第一款的规定，在上述情况下，债权人可以向人民法院申报债权，也可以向保证人主张权利。因此，对于债权人申报了债权，同时又起诉保证人的保证纠纷案件,人民法院应当受理。在具体审理并认定保证人应承担保证责任的金额时,如需等待破产程序结束的,可依照《中华人民共和国民事诉讼法》第一百三十六条第一款第(五)项的规定,裁定中止诉讼。人民法院如径行判决保证人承担保证责任,应当在判决中明确应扣除债权人在债务人破产程序中可以分得的部分。

此复

六、租赁、融资租赁合同

商品房屋租赁管理办法

· 2010年12月1日住房和城乡建设部令第6号公布

· 自2011年2月1日起施行

第一条 为加强商品房屋租赁管理,规范商品房屋租赁行为,维护商品房屋租赁双方当事人的合法权益,根据《中华人民共和国城市房地产管理法》等有关法律、法规,制定本办法。

第二条 城市规划区内国有土地上的商品房屋租赁(以下简称房屋租赁)及其监督管理,适用本办法。

第三条 房屋租赁应当遵循平等、自愿、合法和诚实信用原则。

第四条 国务院住房和城乡建设主管部门负责全国房屋租赁的指导和监督工作。

县级以上地方人民政府建设(房地产)主管部门负责本行政区域内房屋租赁的监督管理。

第五条 直辖市、市、县人民政府建设(房地产)主管部门应当加强房屋租赁管理规定和房屋使用安全知识的宣传,定期分区域公布不同类型房屋的市场租金水平等信息。

第六条 有下列情形之一的房屋不得出租:

(一)属于违法建筑的;

(二)不符合安全、防灾等工程建设强制性标准的;

(三)违反规定改变房屋使用性质的;

(四)法律、法规规定禁止出租的其他情形。

第七条 房屋租赁当事人应当依法订立租赁合同。房屋租赁合同的内容由当事人双方约定,一般应当包括以下内容:

(一)房屋租赁当事人的姓名(名称)和住所;

(二)房屋的坐落、面积、结构、附属设施,家具和家电等室内设施状况;

(三)租金和押金数额、支付方式;

(四)租赁用途和房屋使用要求;

(五)房屋和室内设施的安全性能;

(六)租赁期限;

(七)房屋维修责任;

(八)物业服务、水、电、燃气等相关费用的缴纳;

(九)争议解决办法和违约责任;

(十)其他约定。

房屋租赁当事人应当在房屋租赁合同中约定房屋被征收或者拆迁时的处理办法。

建设(房地产)管理部门可以会同工商行政管理部门制定房屋租赁合同示范文本,供当事人选用。

第八条 出租住房的,应当以原设计的房间为最小出租单位,人均租住建筑面积不得低于当地人民政府规定的最低标准。

厨房、卫生间、阳台和地下储藏室不得出租供人员居住。

第九条 出租人应当按照合同约定履行房屋的维修义务并确保房屋和室内设施安全。未及时修复损坏的房屋,影响承租人正常使用的,应当按照约定承担赔偿责任或者减少租金。

房屋租赁合同期内,出租人不得单方面随意提高租金水平。

第十条 承租人应当按照合同约定的租赁用途和使用要求合理使用房屋,不得擅自改动房屋承重结构和拆改室内设施,不得损害其他业主和使用人的合法权益。

承租人因使用不当等原因造成承租房屋和设施损坏的,承租人应当负责修复或者承担赔偿责任。

第十一条 承租人转租房屋的,应当经出租人书面同意。

承租人未经出租人书面同意转租的,出租人可以解除租赁合同,收回房屋并要求承租人赔偿损失。

第十二条 房屋租赁期间内,因赠与、析产、继承或者买卖转让房屋的,原房屋租赁合同继续有效。

承租人在房屋租赁期间死亡的，与其生前共同居住的人可以按照原租赁合同租赁该房屋。

第十三条 房屋租赁期间出租人出售租赁房屋的，应当在出售前合理期限内通知承租人，承租人在同等条件下有优先购买权。

第十四条 房屋租赁合同订立后三十日内，房屋租赁当事人应当到租赁房屋所在地直辖市、市、县人民政府建设（房地产）主管部门办理房屋租赁登记备案。

房屋租赁当事人可以书面委托他人办理房屋租赁登记备案。

第十五条 办理房屋租赁登记备案，房屋租赁当事人应当提交下列材料：

（一）房屋租赁合同；

（二）房屋租赁当事人身份证明；

（三）房屋所有权证书或者其他合法权属证明；

（四）直辖市、市、县人民政府建设（房地产）主管部门规定的其他材料。

房屋租赁当事人提交的材料应当真实、合法、有效，不得隐瞒真实情况或者提供虚假材料。

第十六条 对符合下列要求的，直辖市、市、县人民政府建设（房地产）主管部门应当在三个工作日内办理房屋租赁登记备案，向租赁当事人开具房屋租赁登记备案证明：

（一）申请人提交的申请材料齐全并且符合法定形式；

（二）出租人与房屋所有权证书或者其他合法权属证明记载的主体一致；

（三）不属于本办法第六条规定不得出租的房屋。

申请人提交的申请材料不齐全或者不符合法定形式的，直辖市、市、县人民政府建设（房地产）主管部门应当告知房屋租赁当事人需要补正的内容。

第十七条 房屋租赁登记备案证明应当载明出租人的姓名或者名称，承租人的姓名或者名称、有效身份证件种类和号码，出租房屋的坐落、租赁用途、租金数额、租赁期限等。

第十八条 房屋租赁登记备案证明遗失的，应当向原登记备案的部门补领。

第十九条 房屋租赁登记备案内容发生变化、续租或者租赁终止的，当事人应当在三十日内，到原租赁登记备案的部门办理房屋租赁登记备案的变更、延续或者注销手续。

第二十条 直辖市、市、县建设（房地产）主管部门应当建立房屋租赁登记备案信息系统，逐步实行房屋租赁合同网上登记备案，并纳入房地产市场信息系统。

房屋租赁登记备案记载的信息应当包含以下内容：

（一）出租人的姓名（名称）、住所；

（二）承租人的姓名（名称）、身份证件种类和号码；

（三）出租房屋的坐落、租赁用途、租金数额、租赁期限；

（四）其他需要记载的内容。

第二十一条 违反本办法第六条规定的，由直辖市、市、县人民政府建设（房地产）主管部门责令限期改正，对没有违法所得的，可处以五千元以下罚款；对有违法所得的，可以处以违法所得一倍以上三倍以下，但不超过三万元的罚款。

第二十二条 违反本办法第八条规定的，由直辖市、市、县人民政府建设（房地产）主管部门责令限期改正，逾期不改正的，可处以五千元以上三万元以下罚款。

第二十三条 违反本办法第十四条第一款、第十九条规定的，由直辖市、市、县人民政府建设（房地产）主管部门责令限期改正；个人逾期不改正的，处以一千元以下罚款；单位逾期不改正的，处以一千元以上一万元以下罚款。

第二十四条 直辖市、市、县人民政府建设（房地产）主管部门对符合本办法规定的房屋租赁登记备案申请不予办理、对不符合本办法规定的房屋租赁登记备案申请予以办理，或者对房屋租赁登记备案信息管理不当，给租赁当事人造成损失的，对直接负责的主管人员和其他直接责任人员依法给予处分；构成犯罪的，依法追究刑事责任。

第二十五条 保障性住房租赁按照国家有关规定执行。

第二十六条 城市规划区外国有土地上的房屋租赁和监督管理，参照本办法执行。

第二十七条 省、自治区、直辖市人民政府住房和城乡建设主管部门可以依据本办法制定实施细则。

第二十八条 本办法自2011年2月1日起施行,建设部1995年5月9日发布的《城市房屋租赁管理办法》(建设部令第42号)同时废止。

商务部、国家税务总局关于从事融资租赁业务有关问题的通知

·2004年10月22日商建发〔2004〕560号发布
·自发布之日起施行

各省、自治区、直辖市、计划单列市商务主管部门、国家税务局、地方税务局:

为了更好地发挥租赁业在扩大内需、促进经济发展中的作用,支持租赁业快速健康发展,现就开展融资租赁业务有关问题通知如下:

一、根据国务院办公厅下发的商务部"三定"规定,原国家经贸委、外经贸部有关租赁行业的管理职能和外商投资租赁公司管理职能划归商务部,今后凡《财政部、国家税务总局关于营业税若干政策问题的通知》(财税〔2003〕16号)中涉及原国家经贸委和外经贸部管理职能均改由商务部承担。

二、外商投资租赁公司的市场准入及行业监管工作继续按照商务部的有关规定执行。

三、商务部将对内资租赁企业开展从事融资租赁业务的试点工作。各省、自治区、直辖市、计划单列市商务主管部门可以根据本地区租赁行业发展的实际情况,推荐1-2家从事各种先进或适用的生产、通信、医疗、环保、科研等设备,工程机械及交通运输工具(包括飞机、轮船、汽车等)租赁业务的企业参与试点工作。被推荐的企业经商务部、国家税务总局联合确认后,纳入融资租赁试点范围。

四、从事融资租赁业务试点企业(以下简称融资租赁试点企业)应当同时具备下列条件:

(一)2001年8月31日(含)前设立的内资租赁企业最低注册资本金应达到4000万元,2001年9月1日至2003年12月31日期间设立的内资租赁企业最低注册资本金应达到17000万元;

(二)具有健全的内部管理制度和风险控制制度;

(三)拥有相应的金融、贸易、法律、会计等方面的专业人员,高级管理人员应具有不少于三年的租赁业从业经验;

(四)近两年经营业绩良好,没有违法违规纪录;

(五)具有与所从事融资租赁产品相关联的行业背景;

(六)法律法规规定的其他条件。

五、省级商务主管部门推荐融资租赁试点企业除应上报推荐函以外,还应提交下列材料:

(一)企业从事融资租赁业务的申请及可行性研究报告;

(二)营业执照副本(复印件);

(三)公司章程,企业内部管理制度及风险控制制度文件;

(四)具有资格的会计师事务所出据的近三年财务会计报告;

(五)近两年没有违法违规纪录证明;

(六)高级管理人员的名单及资历证明。

六、本通知第二、三条所列的融资租赁公司(即内资融资租赁试点企业、外商投资融资租赁公司)可按照《财政部、国家税务总局关于营业税若干政策问题的通知》(财税〔2003〕16号)的规定享受融资租赁业务的营业税政策。

七、融资租赁公司应严格按照国家有关规定按时交纳各种税款,若违反国家税收法律法规,偷逃税款,税务机关将依据《中华人民共和国税收征收管理法》及有关税收法律法规的规定予以处罚,同时取消对该企业执行的融资租赁税收政策。

融资租赁公司在向关联生产企业采购设备时,有关设备的结算价格不得低于该生产企业向任何第三方销售的价格(或同等批量设备的价格)。

八、融资租赁试点企业应严格遵守国家有关法律法规,不得从事下列业务:

(一)吸收存款或变相存款;

(二)向承租人提供租赁项下的流动资金贷款和其他贷款;

(三)有价证券投资、金融机构股权投资;

(四)同业拆借业务;

(五)未经中国银行业监督管理委员会批准的其他金融业务。

九、融资租赁试点企业的风险资产(含担保余额)不得超过资本总额的10倍。

十、融资租赁试点企业应在每季度15日前将其上一季度的经营情况上报省级商务主管部门，并抄报商务部。商务部和国家税务总局将采取定期或不定期方式，抽查试点企业经营情况。对违反有关法律法规和上述规定的企业，商务部将取消其融资租赁试点企业的资格。

十一、各地商务、税务主管部门要加强对融资租赁试点企业的监督，及时研究试点中存在的问题，发现重大问题应立刻上报商务部、国家税务总局，同时，要不断总结试点经验，采取有效措施，促进租赁业的健康发展。

融资租赁企业监督管理办法

· 2013年9月18日商流通发〔2013〕337号公布
· 自2013年10月1日起施行

第一章　总　则

第一条　为促进我国融资租赁业健康发展，规范融资租赁企业的经营行为，防范经营风险，根据《合同法》、《物权法》、《公司法》等法律法规及商务部有关规定，制订本办法。

第二条　本办法所称融资租赁企业是指根据商务部有关规定从事融资租赁业务的企业。

本办法所称融资租赁业务是指出租人根据承租人对出卖人、租赁物的选择，向出卖人购买租赁物，提供给承租人使用，承租人支付租金的交易活动。

融资租赁直接服务于实体经济，在促进装备制造业发展、中小企业融资、企业技术升级改造、设备进出口、商品流通等方面具有重要的作用，是推动产融结合、发展实体经济的重要手段。

第三条　融资租赁企业应具备与其业务规模相适应的资产规模、资金实力和风险管控能力。申请设立融资租赁企业的境外投资者，还须符合外商投资的相关规定。

第四条　融资租赁企业应配备具有金融、贸易、法律、会计等方面专业知识、技能和从业经验并具有良好从业记录的人员，拥有不少于三年融资租赁、租赁业务或金融机构运营管理经验的总经理、副总经理、风险控制主管等高管人员。

第五条　融资租赁企业开展经营活动，应当遵守中华人民共和国法律、法规、规章和本办法的规定，不得损害国家利益和社会公共利益。

第六条　商务部对全国融资租赁企业实施监督管理。省级商务主管部门负责监管本行政区域内的融资租赁企业。

本办法所称省级商务主管部门是指省、自治区、直辖市、计划单列市及新疆生产建设兵团商务主管部门。

第七条　鼓励融资租赁企业通过直接租赁等方式提供租赁服务，增强资产管理综合能力，开展专业化和差异化经营。

第二章　经营规则

第八条　融资租赁企业可以在符合有关法律、法规及规章规定的条件下采取直接租赁、转租赁、售后回租、杠杆租赁、委托租赁、联合租赁等形式开展融资租赁业务。

第九条　融资租赁企业应当以融资租赁等租赁业务为主营业务，开展与融资租赁和租赁业务相关的租赁财产购买、租赁财产残值处理与维修、租赁交易咨询和担保、向第三方机构转让应收账款、接受租赁保证金及经审批部门批准的其他业务。

第十条　融资租赁企业开展融资租赁业务应当以权属清晰、真实存在且能够产生收益权的租赁物为载体。

融资租赁企业不得从事吸收存款、发放贷款、受托发放贷款等金融业务。未经相关部门批准，融资租赁企业不得从事同业拆借等业务。严禁融资租赁企业借融资租赁的名义开展非法集资活动。

第十一条　融资租赁企业进口租赁物涉及配额、许可等管理的，应由购买租赁物方或产权所有方按有关规定办理相关手续。

融资租赁企业经营业务过程中涉及外汇管理事项的，应当遵守国家外汇管理有关规定。

第十二条　融资租赁企业应当按照相关规定，建立健全财务会计制度，真实记录和反映企业的财务状况、经营成果和现金流量。

第十三条　融资租赁企业应当建立完善的内部风险控制体系，形成良好的风险资产分类管理制度、承租人信用评估制度、事后追偿和处置制度以及风险预警机制等。

第十四条 为控制和降低风险，融资租赁企业应当对融资租赁项目进行认真调查，充分考虑和评估承租人持续支付租金的能力，采取多种方式降低违约风险，并加强对融资租赁项目的检查及后期管理。

第十五条 融资租赁企业应当建立关联交易管理制度。融资租赁企业在对承租人为关联企业的交易进行表决或决策时，与该关联交易有关联关系的人员应当回避。

融资租赁企业在向关联生产企业采购设备时，有关设备的结算价格不得明显低于该生产企业向任何第三方销售的价格或同等批量设备的价格。

第十六条 融资租赁企业对委托租赁、转租赁的资产应当分别管理，单独建账。融资租赁企业和承租人应对与融资租赁业务有关的担保、保险等事项进行充分约定，维护交易安全。

第十七条 融资租赁企业应加强对重点承租人的管理，控制单一承租人及承租人为关联方的业务比例，注意防范和分散经营风险。

第十八条 按照国家法律规定租赁物的权属应当登记的，融资租赁企业须依法办理相关登记手续。若租赁物不属于需要登记的财产类别，鼓励融资租赁企业在商务主管部门指定的系统进行登记，明示租赁物所有权。

第十九条 售后回租的标的物应为能发挥经济功能，并能产生持续经济效益的财产。融资租赁企业开展售后回租业务时，应注意加强风险防控。

第二十条 融资租赁企业不应接受承租人无处分权的、已经设立抵押的、已经被司法机关查封扣押的或所有权存在其他瑕疵的财产作为售后回租业务的标的物。

融资租赁企业在签订售后回租协议前，应当审查租赁物发票、采购合同、登记权证、付款凭证、产权转移凭证等证明材料，以确认标的物权属关系。

第二十一条 融资租赁企业应充分考虑并客观评估售后回租资产的价值，对标的物的买入价格应有合理的、不违反会计准则的定价依据作为参考，不得低值高买。

第二十二条 融资租赁企业的风险资产不得超过净资产总额的10倍。

第二十三条 融资租赁企业应严格按照国家有关规定按时缴纳各种税款，严禁偷逃税款或将非融资租赁业务作为融资租赁业务进行纳税。

第三章 监督管理

第二十四条 商务部及省级商务主管部门依照法律、法规、规章和商务部有关规定，依法履行监管职责。

各级商务主管部门在履行监管职责的过程中，应依法加强管理，对所知悉的企业商业秘密应严格保密。

第二十五条 省级商务主管部门应通过多种方式加强对融资租赁企业的监督管理，对企业经营状况及经营风险进行持续监测；加强监管队伍建设，按照监管要求和职责配备相关人员，加强业务培训，提高监管人员监管水平。

第二十六条 省级商务主管部门应当建立重大情况通报机制、风险预警机制和突发事件应急处置机制，及时、有效地处置融资租赁行业突发事件。

第二十七条 在日常监管中，省级商务主管部门应当重点对融资租赁企业是否存在吸收存款、发放贷款、超范围经营等违法行为进行严格监督管理。一旦发现应及时提报相关部门处理并将情况报告商务部。

第二十八条 省级商务主管部门要定期对企业关联交易比例、风险资产比例、单一承租人业务比例、租金逾期率等关键指标进行分析。对于相关指标偏高、潜在经营风险加大的企业应给予重点关注。

商务主管部门可以根据工作需要委托行业协会等中介组织协助了解有关情况。

第二十九条 省级商务主管部门应于每年6月30日前向商务部书面上报上一年度本行政区域内融资租赁企业发展情况以及监管情况。如发现重大问题应立即上报。

第三十条 商务部建立、完善“全国融资租赁企业管理信息系统”，运用信息化手段对融资租赁企业的业务活动、内部控制和风险状况等情况进行了解和监督管理，提高融资租赁企业经营管理水平和风险控制能力。

第三十一条 融资租赁企业应当按照商务部的要求使用全国融资租赁企业管理信息系统，及时如实填报有关数据。每季度结束后15个工作日内填报上一季度经营情况统计表及简要说明；每年4月30日前填报上一年经营情况统计表、说明，报送经审计机构审计的上一年度财务会计报告(含附注)。

第三十二条 融资租赁企业变更名称、异地迁址、增减注册资本金、改变组织形式、调整股权结构等,应事先通报省级商务主管部门。外商投资企业涉及前述变更事项,应按有关规定履行审批、备案等相关手续。

融资租赁企业应在办理变更工商登记手续后5个工作日内登录全国融资租赁企业管理信息系统修改上述信息。

第三十三条 商务主管部门要重视发挥行业协会作用,鼓励行业协会积极开展行业培训、从业人员资质认定、理论研究、纠纷调解等活动,支持行业协会加强行业自律和依法维护行业权益,配合主管部门进行行业监督管理,维护公平有序的市场竞争环境。

第三十四条 融资租赁企业如违反我国有关法律、法规、规章以及本办法相关规定的,按照有关规定处理。

第四章 附 则

第三十五条 本办法由商务部负责解释。

第三十六条 本办法自2013年10月1日起施行。

最高人民法院关于审理城镇房屋租赁合同纠纷案件具体应用法律若干问题的解释

- 2009年6月22日最高人民法院审判委员会第1469次会议通过
- 根据2020年12月23日最高人民法院审判委员会第1823次会议通过的《最高人民法院关于修改〈最高人民法院关于在民事审判工作中适用《中华人民共和国工会法》若干问题的解释〉等二十七件民事类司法解释的决定》修正
- 2020年12月29日最高人民法院公告公布
- 自2021年1月1日起施行
- 法释〔2020〕17号

为正确审理城镇房屋租赁合同纠纷案件,依法保护当事人的合法权益,根据《中华人民共和国民法典》等法律规定,结合民事审判实践,制定本解释。

第一条 本解释所称城镇房屋,是指城市、镇规划区内的房屋。

乡、村庄规划区内的房屋租赁合同纠纷案件,可以参照本解释处理。但法律另有规定的,适用其规定。

当事人依照国家福利政策租赁公有住房、廉租住房、经济适用住房产生的纠纷案件,不适用本解释。

第二条 出租人就未取得建设工程规划许可证或者未按照建设工程规划许可证的规定建设的房屋,与承租人订立的租赁合同无效。但在一审法庭辩论终结前取得建设工程规划许可证或者经主管部门批准建设的,人民法院应当认定有效。

第三条 出租人就未经批准或者未按照批准内容建设的临时建筑,与承租人订立的租赁合同无效。但在一审法庭辩论终结前经主管部门批准建设的,人民法院应当认定有效。

租赁期限超过临时建筑的使用期限,超过部分无效。但在一审法庭辩论终结前经主管部门批准延长使用期限的,人民法院应当认定延长使用期限内的租赁期间有效。

第四条 房屋租赁合同无效,当事人请求参照合同约定的租金标准支付房屋占有使用费的,人民法院一般应予支持。

当事人请求赔偿因合同无效受到的损失,人民法院依照民法典第一百五十七条和本解释第七条、第十一条、第十二条的规定处理。

第五条 出租人就同一房屋订立数份租赁合同,在合同均有效的情况下,承租人均主张履行合同的,人民法院按照下列顺序确定履行合同的承租人:

(一)已经合法占有租赁房屋的;

(二)已经办理登记备案手续的;

(三)合同成立在先的。

不能取得租赁房屋的承租人请求解除合同、赔偿损失的,依照民法典的有关规定处理。

第六条 承租人擅自变动房屋建筑主体和承重结构或者扩建,在出租人要求的合理期限内仍不予恢复原状,出租人请求解除合同并要求赔偿损失的,人民法院依照民法典第七百一十一条的规定处理。

第七条 承租人经出租人同意装饰装修，租赁合同无效时，未形成附合的装饰装修物，出租人同意利用的，可折价归出租人所有；不同意利用的，可由承租人拆除。因拆除造成房屋毁损的，承租人应当恢复原状。

已形成附合的装饰装修物，出租人同意利用的，可折价归出租人所有；不同意利用的，由双方各自按照导致合同无效的过错分担现值损失。

第八条 承租人经出租人同意装饰装修，租赁期间届满或者合同解除时，除当事人另有约定外，未形成附合的装饰装修物，可由承租人拆除。因拆除造成房屋毁损的，承租人应当恢复原状。

第九条 承租人经出租人同意装饰装修，合同解除时，双方对已形成附合的装饰装修物的处理没有约定的，人民法院按照下列情形分别处理：

（一）因出租人违约导致合同解除，承租人请求出租人赔偿剩余租赁期内装饰装修残值损失的，应予支持；

（二）因承租人违约导致合同解除，承租人请求出租人赔偿剩余租赁期内装饰装修残值损失的，不予支持。但出租人同意利用的，应在利用价值范围内予以适当补偿；

（三）因双方违约导致合同解除，剩余租赁期内的装饰装修残值损失，由双方根据各自的过错承担相应的责任；

（四）因不可归责于双方的事由导致合同解除的，剩余租赁期内的装饰装修残值损失，由双方按照公平原则分担。法律另有规定的，适用其规定。

第十条 承租人经出租人同意装饰装修，租赁期间届满时，承租人请求出租人补偿附合装饰装修费用的，不予支持。但当事人另有约定的除外。

第十一条 承租人未经出租人同意装饰装修或者扩建发生的费用，由承租人负担。出租人请求承租人恢复原状或者赔偿损失的，人民法院应予支持。

第十二条 承租人经出租人同意扩建，但双方对扩建费用的处理没有约定的，人民法院按照下列情形分别处理：

（一）办理合法建设手续的，扩建造价费用由出租人负担；

（二）未办理合法建设手续的，扩建造价费用由双方按照过错分担。

第十三条 房屋租赁合同无效、履行期限届满或者解除，出租人请求负有腾房义务的次承租人支付逾期腾房占有使用费的，人民法院应予支持。

第十四条 租赁房屋在承租人按照租赁合同占有期限内发生所有权变动，承租人请求房屋受让人继续履行原租赁合同的，人民法院应予支持。但租赁房屋具有下列情形或者当事人另有约定的除外：

（一）房屋在出租前已设立抵押权，因抵押权人实现抵押权发生所有权变动的；

（二）房屋在出租前已被人民法院依法查封的。

第十五条 出租人与抵押权人协议折价、变卖租赁房屋偿还债务，应当在合理期限内通知承租人。承租人请求以同等条件优先购买房屋的，人民法院应予支持。

第十六条 本解释施行前已经终审，本解释施行后当事人申请再审或者按照审判监督程序决定再审的案件，不适用本解释。

最高人民法院关于审理融资租赁合同纠纷案件适用法律问题的解释

· 2013 年 11 月 25 日最高人民法院审判委员会第 1597 次会议通过

· 根据 2020 年 12 月 23 日最高人民法院审判委员会第 1823 次会议通过的《最高人民法院关于修改〈最高人民法院关于在民事审判工作中适用《中华人民共和国工会法》若干问题的解释〉等二十七件民事类司法解释的决定》修正

· 2020 年 12 月 29 日最高人民法院公告公布

· 自 2021 年 1 月 1 日起施行

· 法释〔2020〕17 号

为正确审理融资租赁合同纠纷案件，根据《中华人民共和国民法典》《中华人民共和国民事诉讼法》等法律的规定，结合审判实践，制定本解释。

一、融资租赁合同的认定

第一条 人民法院应当根据民法典第七百三十五条的规定，结合标的物的性质、价值、租金的构成以及当事人的合同权利和义务，对是否构成融资租赁法律关系作出认定。

对名为融资租赁合同，但实际不构成融资租赁法律关系的，人民法院应按照其实际构成的法律关系处理。

第二条 承租人将其自有物出卖给出租人，再通过融资租赁合同将租赁物从出租人处租回的，人民法院不应仅以承租人和出卖人系同一人为由认定不构成融资租赁法律关系。

二、合同的履行和租赁物的公示

第三条 承租人拒绝受领租赁物，未及时通知出租人，或者无正当理由拒绝受领租赁物，造成出租人损失，出租人向承租人主张损害赔偿的，人民法院应予支持。

第四条 出租人转让其在融资租赁合同项下的部分或者全部权利，受让方以此为由请求解除或者变更融资租赁合同的，人民法院不予支持。

三、合同的解除

第五条 有下列情形之一，出租人请求解除融资租赁合同的，人民法院应予支持：

（一）承租人未按照合同约定的期限和数额支付租金，符合合同约定的解除条件，经出租人催告后在合理期限内仍不支付的；

（二）合同对于欠付租金解除合同的情形没有明确约定，但承租人欠付租金达到两期以上，或者数额达到全部租金百分之十五以上，经出租人催告后在合理期限内仍不支付的；

（三）承租人违反合同约定，致使合同目的不能实现的其他情形。

第六条 因出租人的原因致使承租人无法占有、使用租赁物，承租人请求解除融资租赁合同的，人民法院应予支持。

第七条 当事人在一审诉讼中仅请求解除融资租赁合同，未对租赁物的归属及损失赔偿提出主张的，人民法院可以向当事人进行释明。

四、违约责任

第八条 租赁物不符合融资租赁合同的约定且出租人实施了下列行为之一，承租人依照民法典第七百四十四条、第七百四十七条的规定，要求出租人承担相应责任的，人民法院应予支持：

（一）出租人在承租人选择出卖人、租赁物时，对租赁物的选定起决定作用的；

（二）出租人干预或者要求承租人按照出租人意愿选择出卖人或者租赁物的；

（三）出租人擅自变更承租人已经选定的出卖人或者租赁物的。

承租人主张其系依赖出租人的技能确定租赁物或者出租人干预选择租赁物的，对上述事实承担举证责任。

第九条 承租人逾期履行支付租金义务或者迟延履行其他付款义务，出租人按照融资租赁合同的约定要求承租人支付逾期利息、相应违约金的，人民法院应予支持。

第十条 出租人既请求承租人支付合同约定的全部未付租金又请求解除融资租赁合同的，人民法院应告知其依照民法典第七百五十二条的规定作出选择。

出租人请求承租人支付合同约定的全部未付租金，人民法院判决后承租人未予履行，出租人再行起诉请求解除融资租赁合同、收回租赁物的，人民法院应予受理。

第十一条 出租人依照本解释第五条的规定请求解除融资租赁合同，同时请求收回租赁物并赔偿损失的，人民法院应予支持。

前款规定的损失赔偿范围为承租人全部未付租金及其他费用与收回租赁物价值的差额。合同约定租赁期间届满后租赁物归出租人所有的，损失赔偿范围还应包括融资租赁合同到期后租赁物的残值。

第十二条 诉讼期间承租人与出租人对租赁物的价值有争议的，人民法院可以按照融资租赁合同的约定确定租赁物价值；融资租赁合同未约定或者约定不明的，可以参照融资租赁合同约定的租赁物折旧以及合同到期后租赁物的残值确定租赁物价值。

承租人或者出租人认为依前款确定的价值严重偏离租赁物实际价值的，可以请求人民法院委托有资质的机构评估或者拍卖确定。

五、其他规定

第十三条 出卖人与买受人因买卖合同发生纠纷，或者出租人与承租人因融资租赁合同发生纠纷，当事人仅对其中一个合同关系提起诉讼，人民法院经审查后认为另一合同关系的当事人与案件处理结果有法律上的利害关系的,可以通知其作为第三人参加诉讼。

承租人与租赁物的实际使用人不一致,融资租赁合同当事人未对租赁物的实际使用人提起诉讼,人民法院经审查后认为租赁物的实际使用人与案件处理结果有法律上的利害关系的,可以通知其作为第三人参加诉讼。

承租人基于买卖合同和融资租赁合同直接向出卖人主张受领租赁物、索赔等买卖合同权利的,人民法院应通知出租人作为第三人参加诉讼。

第十四条 当事人因融资租赁合同租金欠付争议向人民法院请求保护其权利的诉讼时效期间为三年,自租赁期限届满之日起计算。

第十五条 本解释自 2014 年 3 月 1 日起施行。《最高人民法院关于审理融资租赁合同纠纷案件若干问题的规定》(法发〔1996〕19 号)同时废止。

本解释施行后尚未终审的融资租赁合同纠纷案件,适用本解释;本解释施行前已经终审,当事人申请再审或者按照审判监督程序决定再审的,不适用本解释。

七、保理合同

商业银行保理业务管理暂行办法

· 2014年4月3日中国银行业监督管理委员会令2014年第5号公布
· 自公布之日起施行

第一章 总 则

第一条 为规范商业银行保理业务经营行为,加强保理业务审慎经营管理,促进保理业务健康发展,根据《中华人民共和国合同法》、《中华人民共和国物权法》、《中华人民共和国银行业监督管理法》、《中华人民共和国商业银行法》等法律法规,制定本办法。

第二条 中华人民共和国境内依法设立的商业银行经营保理业务,应当遵守本办法。

第三条 商业银行开办保理业务,应当遵循依法合规、审慎经营、平等自愿、公平诚信的原则。

第四条 商业银行开办保理业务应当妥善处理业务发展与风险管理的关系。

第五条 中国银监会及其派出机构依照本办法及有关法律法规对商业银行保理业务实施监督管理。

第二章 定义和分类

第六条 本办法所称保理业务是以债权人转让其应收账款为前提,集应收账款催收、管理、坏账担保及融资于一体的综合性金融服务。债权人将其应收账款转让给商业银行,由商业银行向其提供下列服务中至少一项的,即为保理业务:

(一)应收账款催收:商业银行根据应收账款账期,主动或应债权人要求,采取电话、函件、上门等方式或运用法律手段等对债务人进行催收。

(二)应收账款管理:商业银行根据债权人的要求,定期或不定期向其提供关于应收账款的回收情况、逾期账款情况、对账单等财务和统计报表,协助其进行应收账款管理。

(三)坏账担保:商业银行与债权人签订保理协议后,为债务人核定信用额度,并在核准额度内,对债权人无商业纠纷的应收账款,提供约定的付款担保。

(四)保理融资:以应收账款合法、有效转让为前提的银行融资服务。

以应收账款为质押的贷款,不属于保理业务范围。

第七条 商业银行应当按照"权属确定,转让明责"的原则,严格审核并确认债权的真实性,确保应收账款初始权属清晰确定、历次转让凭证完整、权责无争议。

第八条 本办法所称应收账款,是指企业因提供商品、服务或者出租资产而形成的金钱债权及其产生的收益,但不包括因票据或其他有价证券而产生的付款请求权。

第九条 本办法所指应收账款的转让,是指与应收账款相关的全部权利及权益的让渡。

第十条 保理业务分类:

(一)国内保理和国际保理

按照基础交易的性质和债权人、债务人所在地,分为国内保理和国际保理。

国内保理是债权人和债务人均在境内的保理业务。

国际保理是债权人和债务人中至少有一方在境外(包括保税区、自贸区、境内关外等)的保理业务。

(二)有追索权保理和无追索权保理

按照商业银行在债务人破产、无理拖欠或无法偿付应收账款时,是否可以向债权人反转让应收账款、要求债权人回购应收账款或归还融资,分为有追索权保理和无追索权保理。

有追索权保理是指在应收账款到期无法从债务人处收回时,商业银行可以向债权人反转让应收账款、要求债权人回购应收账款或归还融资。有追索权保理又称回购型保理。

无追索权保理是指应收账款在无商业纠纷等情况下无法得到清偿的,由商业银行承担应收账款的坏账风险。无追索权保理又称买断型保理。

（三）单保理和双保理

按照参与保理服务的保理机构个数，分为单保理和双保理。

单保理是由一家保理机构单独为买卖双方提供保理服务。

双保理是由两家保理机构分别向买卖双方提供保理服务。

买卖双方保理机构为同一银行不同分支机构的，原则上可视作双保理。商业银行应当在相关业务管理办法中同时明确作为买方保理机构和卖方保理机构的职责。

有保险公司承保买方信用风险的银保合作，视同双保理。

第三章 保理融资业务管理

第十一条 商业银行应当按照本办法对具体保理融资产品进行定义，根据自身情况确定适当的业务范围，制定保理融资客户准入标准。

第十二条 双保理业务中，商业银行应当对合格买方保理机构制定准入标准，对于买方保理机构为非银行机构的，应当采取名单制管理，并制定严格的准入准出标准与程序。

第十三条 商业银行应当根据自身内部控制水平和风险管理能力，制定适合叙做保理融资业务的应收账款标准，规范应收账款范围。商业银行不得基于不合法基础交易合同、寄售合同、未来应收账款、权属不清的应收账款、因票据或其他有价证券而产生的付款请求权等开展保理融资业务。

未来应收账款是指合同项下卖方义务未履行完毕的预期应收账款。

权属不清的应收账款是指权属具有不确定性的应收账款，包括但不限于已在其他银行或商业保理公司等第三方办理出质或转让的应收账款。获得质权人书面同意解押并放弃抵质押权利和获得受让人书面同意转让应收账款权属的除外。

因票据或其他有价证券而产生的付款请求权是指票据或其他有价证券的持票人无需持有票据或有价证券产生的基础交易应收账款单据，仅依据票据或有价证券本身即可向票据或有价证券主债务人请求按票据或有价证券上记载的金额付款的权利。

第十四条 商业银行受理保理融资业务时，应当严格审核卖方和/或买方的资信、经营及财务状况，分析拟做保理融资的应收账款情况，包括是否出质、转让以及账龄结构等，合理判断买方的付款意愿、付款能力以及卖方的回购能力，审查买卖合同等资料的真实性与合法性。对因提供服务、承接工程或其他非销售商品原因所产生的应收账款，或买卖双方为关联企业的应收账款，应当从严审查交易背景真实性和定价的合理性。

第十五条 商业银行应当对客户和交易等相关情况进行有效的尽职调查，重点对交易对手、交易商品及贸易习惯等内容进行审核，并通过审核单据原件或银行认可的电子贸易信息等方式，确认相关交易行为真实合理存在，避免客户通过虚开发票或伪造贸易合同、物流、回款等手段恶意骗取融资。

第十六条 单保理融资中，商业银行除应当严格审核基础交易的真实性外，还需确定卖方或买方一方比照流动资金贷款进行授信管理，严格实施受理与调查、风险评估与评价、支付和监测等全流程控制。

第十七条 商业银行办理单保理业务时，应当在保理合同中原则上要求卖方开立用于应收账款回笼的保理专户等相关账户。商业银行应当指定专人对保理专户资金进出情况进行监控，确保资金首先用于归还银行融资。

第十八条 商业银行应当充分考虑融资利息、保理手续费、现金折扣、历史收款记录、行业特点等应收账款稀释因素，合理确定保理业务融资比例。

第十九条 商业银行开展保理融资业务，应当根据应收账款的付款期限等因素合理确定融资期限。商业银行可将应收账款到期日与融资到期日间的时间期限设置为宽限期。宽限期应当根据买卖双方历史交易记录、行业惯例等因素合理确定。

第二十条 商业银行提供保理融资时，有追索权保理按融资金额计入债权人征信信息；无追索权保理不计入债权人及债务人征信信息。商业银行进行担保付款或垫款时，应当按保理业务的风险实质，决定计入债权人或债务人的征信信息。

第四章 保理业务风险管理

第二十一条 商业银行应当科学审慎制定贸易融资业务发展战略，并纳入全行统一战略规划，建立科学有效的贸易融资业务决策程序和激励约束机制，有效防范与控制保理业务风险。

第二十二条 商业银行应当制定详细规范的保理业务管理办法和操作规程，明确业务范围、相关部门职能分工、授信和融资制度、业务操作流程以及风险管控、监测和处置等政策。

第二十三条 商业银行应当定期评估保理业务政策和程序的有效性，加强内部审计监督，确保业务稳健运行。

第二十四条 保理业务规模较大、复杂程度较高的商业银行，必须设立专门的保理业务部门或团队，配备专业的从业人员，负责产品研发、业务操作、日常管理和风险控制等工作。

第二十五条 商业银行应当直接开展保理业务，不得将应收账款的催收、管理等业务外包给第三方机构。

第二十六条 商业银行应当将保理业务纳入统一授信管理，明确各类保理业务涉及的风险类别，对卖方融资风险、买方付款风险、保理机构风险分别进行专项管理。

第二十七条 商业银行应当建立全行统一的保理业务授权管理体系，由总行自上而下实施授权管理，不得办理未经授权或超授权的保理业务。

第二十八条 商业银行应当针对保理业务建立完整的前中后台管理流程，前中后台应当职责明晰并相对独立。

第二十九条 商业银行应当将保理业务的风险管理纳入全面风险管理体系，动态关注卖方或买方经营、管理、财务及资金流向等风险信息，定期与卖方或买方对账，有效管控保理业务风险。

第三十条 商业银行应当加强保理业务 IT 系统建设。保理业务规模较大、复杂程度较高的商业银行应当建立电子化业务操作和管理系统，对授信额度、交易数据和业务流程等方面进行实时监控，并做好数据存储及备份工作。

第三十一条 当发生买方信用风险，保理银行履行垫付款义务后，应当将垫款计入表内，列为不良贷款进行管理。

第三十二条 商业银行应当按照《商业银行资本管理办法(试行)》要求，按保理业务的风险实质，计量风险加权资产，并计提资本。

第五章 法律责任

第三十三条 商业银行违反本办法规定经营保理业务的，由银监会及其派出机构责令其限期改正。商业银行有下列情形之一的，银监会及其派出机构可采取《中华人民共和国银行业监督管理法》第三十七条规定的监管措施：

(一)未按要求制定保理业务管理办法和操作规程即开展保理业务的；

(二)违反本办法第十三条、第十六条规定叙做保理业务的；

(三)业务审查、融资管理、风险处置等流程未尽职的。

第三十四条 商业银行经营保理业务时存在下列情形之一的，银监会及其派出机构除按本办法第三十三条采取监管措施外，还可根据《中华人民共和国银行业监督管理法》第四十六、第四十八条实施处罚：

(一)因保理业务经营管理不当发生信用风险重大损失、出现严重操作风险损失事件的；

(二)通过非公允关联交易或变相降低标准违规办理保理业务的；

(三)未真实准确对垫款等进行会计记录或以虚假会计处理掩盖保理业务风险实质的；

(四)严重违反本办法规定的其他情形。

第六章 附 则

第三十五条 政策性银行、外国银行分行、农村合作银行、农村信用社、财务公司等其他银行业金融机构开展保理业务的，参照本办法执行。

第三十六条 中国银行业协会应当充分发挥自律、协调、规范职能，建立并持续完善银行保理业务的行业自律机制。

第三十七条 本办法由中国银监会负责解释。

中国银保监会办公厅关于加强商业保理企业监督管理的通知

·2019年10月18日银保监办发〔2019〕205号公布

·根据2021年6月21日《中国银保监会关于清理规章规范性文件的决定》修订

各省、自治区、直辖市、计划单列市、新疆生产建设兵团地方金融监督管理局：

为规范商业保理企业经营行为，加强监督管理，压实监管责任，防范化解风险，促进商业保理行业健康发展，现就有关事项通知如下：

一、依法合规经营

（一）商业保理企业开展业务，应遵守《中华人民共和国民法典》等法律法规的有关规定，回归本源，专注主业，诚实守信，合规经营，不断提升服务实体经济质效。

（二）商业保理企业应完善公司治理，健全内部控制制度和风险管理体系，防范化解各类风险，保障安全稳健运行。

（三）商业保理业务是供应商将其基于真实交易的应收账款转让给商业保理企业，由商业保理企业向其提供的以下服务：

1. 保理融资；
2. 销售分户（分类）账管理；
3. 应收账款催收；
4. 非商业性坏账担保。

商业保理企业应主要经营商业保理业务，同时还可经营客户资信调查与评估、与商业保理相关的咨询服务。

（四）商业保理企业不得有以下行为或经营以下业务：

1. 吸收或变相吸收公众存款；
2. 通过网络借贷信息中介机构、地方各类交易场所、资产管理机构以及私募投资基金等机构融入资金；
3. 与其他商业保理企业拆借或变相拆借资金；
4. 发放贷款或受托发放贷款；
5. 专门从事或受托开展与商业保理无关的催收业务、讨债业务；
6. 基于不合法基础交易合同、寄售合同、权属不清的应收账款、因票据或其他有价证券而产生的付款请求权等开展保理融资业务；
7. 国家规定不得从事的其他活动。

（五）商业保理企业可以向银保监会监管的银行和非银行金融机构融资，也可以通过股东借款、发行债券、再保理等渠道融资。融资来源必须符合国家相关法律法规规定。

（六）商业保理企业应积极转变业务模式，逐步提高正向保理业务比重，惠及更多供应链上下游中小企业；重点支持符合国家产业政策方向、主业集中于实体经济、技术先进、有市场竞争力的产业链上下游中小企业，助力实体经济和中小企业发展。

二、加强监督管理

（七）商业保理企业应遵守以下监管要求：

1. 受让同一债务人的应收账款，不得超过风险资产总额的50%；
2. 受让以其关联企业为债务人的应收账款，不得超过风险资产总额的40%；
3. 将逾期90天未收回或未实现的保理融资款纳入不良资产管理；
4. 计提的风险准备金，不得低于融资保理业务期末余额的1%；
5. 风险资产不得超过净资产的10倍。

（八）各地方金融监督管理局（以下简称金融监管局）要重点分析商业保理企业的财务状况、业务开展情况及经营风险，评价公司治理、内部控制、风险管理措施有效性，关注风险的外溢和交叉传染。

（九）各金融监管局要全面持续收集商业保理企业的经营管理和风险信息，清晰连续地了解和掌握企业基本状况，要求其定期报送报表资料，包括财务会计、统计报表、经营管理资料及其他资料。

（十）各金融监管局要结合非现场监管发现的问题和风险监管要求，加大现场检查的力度，提升现场检查的深度和广度，提高检查的质量和效率。

现场检查可采取询问商业保理企业工作人员、查阅复制与检查事项相关的文件、资料、系统数据等方式，并可委托第三方中介机构实施。

（十一）商业保理企业应在下列事项发生后10

个工作日内向金融监管局报告：

1. 单笔金额超过净资产 5%的重大关联交易；
2. 单笔金额超过净资产 10%的重大债务；
3. 单笔金额超过净资产 20%的或有负债；
4. 超过净资产 10%的重大损失或赔偿责任；
5. 重大待决诉讼、仲裁。

（十二）各金融监管局可根据风险监管需要，采取窗口指导、提高信息报送频率、督促开展自查、做出风险提示和通报、进行监管约谈、开展现场检查等常规性监管措施。

三、稳妥推进分类处置

（十三）各金融监管局要通过信息交叉比对、实地走访、接受信访投诉等方式，继续核查辖内商业保理企业的数量和风险底数，按照经营风险、违法违规情形划分为正常经营、非正常经营和违法违规经营等三类。

（十四）正常经营类是指依法合规经营的企业。各金融监管局要对正常经营类商业保理企业按注册地审核其营业执照、公司章程、股东名单、高级管理人员名单和简历、经审计的近两年的资产负债表、利润表、现金流量表及规定的其他资料。对于接受并配合监管、在注册地有经营场所且登录"商业保理信息管理系统"或金融监管局指定信息系统完整填报信息的企业，各金融监管局要在报银保监会审核后分批分次进行公示，纳入监管名单。

（十五）非正常经营类主要是指"失联"和"空壳"等经营异常的企业。其中，"失联"企业是指满足以下条件之一的企业：无法取得联系；在企业登记住所实地排查无法找到；虽然可以联系到企业工作人员，但其并不知情也不能联系到企业实际控制人；连续 3 个月未按监管要求报送月报。"空壳"企业是指满足以下条件之一的企业：上一年度市场监管部门年度报告显示无经营；近 6 个月监管月报显示无经营；近 6 个月无纳税记录或"零申报"；近 6 个月无社保缴纳记录。

各金融监管局要督促非正常经营类和违法违规经营类企业整改。非正常经营类企业整改验收合格的，可纳入监管名单；拒绝整改或整改验收不合格的，各金融监管局要协调市场监管部门将其纳入异常经营名录，劝导其申请变更企业名称和业务范围、自愿注销或依法吊销营业执照。

（十六）违法违规经营类是指经营行为违反法律法规和本通知规定的企业。违法违规情节较轻且整改验收合格的，可纳入监管名单；整改验收不合格或违法违规情节严重的，各金融监管局要依法处罚或取缔，涉嫌违法犯罪的及时移送公安机关依法查处。

四、严把市场准入关

（十七）在商业保理企业市场准入管理办法出台前，各金融监管局要协调市场监管部门严控商业保理企业登记注册。确有必要新设的，要与市场监管部门建立会商机制。严格控制商业保理企业变更注册地址，禁止跨省、自治区、直辖市、计划单列市变更注册地址。

（十八）各金融监管局要严格审核监管名单内商业保理企业股权变更申请，对新股东的背景实力、入股动机、入股资金来源等加强审查，严禁新股东以债务资金或委托资金等非自有资金入股商业保理企业。

五、压实监管责任

（十九）银保监会负责制定商业保理企业业务经营和监管规则。各省（区、市）人民政府负责对辖内商业保理企业实施监督管理。各金融监管局具体负责统一归口监管。除新设审批和行政处罚外，各金融监管局可授权省级以下地方金融监管部门负责其他监管工作。建立专职监管员制度，专职监管员的人数、能力要与被监管对象数量相匹配。

（二十）各金融监管局要推动成立商业保理行业清理规范工作领导小组，组长由省（区、市）人民政府分管负责人担任，办公室设在金融监管局，成员单位包括市场监管、公安、人民银行、银保监、税务等部门。主要职责是：研究解决辖内商业保理行业重大问题，制定相关政策措施，加强工作指导，确保 2020 年 6 月末前完成存量商业保理企业清理规范工作，并向银保监会报告。

（二十一）商业保理企业住所地金融监管局要牵头负责跨区域经营商业保理企业的监管，加强与分支机构所在地金融监管局的协调配合，定期共享跨区域经营的商业保理企业分支机构名单和经营信息，避免重复监管和监管真空。

六、优化营商环境

（二十二）各金融监管局要推动出台风险补偿、奖励、贴息等政策，引导商业保理企业更好为中小微企业提供融资服务。

自由贸易试验区内的商业保理企业可以按照

有关规定享受自由贸易试验区关于商业保理企业和支持企业发展的各项优惠政策。

(二十三)鼓励和支持银行保险机构与监管名单内商业保理企业进行合作,按照平等、自愿、公平和诚实信用原则提供融资。

鼓励银行业金融机构向商业保理企业提供境外合作渠道支持,助力商业保理企业拓展国际业务。支持保险公司在风险可控前提下,研究探索与商业保理企业加强业务合作,提供保险保障服务,增强商业保理企业风险抵御能力。

(二十四)各金融监管局要加强对商业保理行业重大问题的研究,深入总结行业发展经验,综合研判本地商业保理行业的发展现状与潜在问题,持续引导商业保理行业高质量发展。

(二十五)地方商业保理行业协会要积极发挥作用,加大对商业保理行业的宣传和普及力度,提升社会认知度;引导企业诚实守信、公平竞争、依法合规经营;通过培训、交流等方式,不断提高从业人员合规意识、内控和风险管理水平,促进行业健康发展。

最高人民法院关于进一步加强金融审判工作的若干意见(节录)

·2017年8月4日法发〔2017〕22号公布

·根据2021年3月24日《最高人民法院关于对部分规范性文件予以修改或废止的通知》修正

……

二、以服务实体经济作为出发点和落脚点,引导和规范金融交易

1. 遵循金融规律,依法审理金融案件。以金融服务实体经济 为价值本源,依法审理各类金融案件。对于能够实际降低交易成 本,实现普惠金融,合法合规的金融交易模式依法予以保护。对以 金融创新为名掩盖金融风险、规避金融监管、进行制度套利的金融 违规行为,要以其实际构成的法律关系确定其效力和各方的权利 义务。对于以金融创新名义非法吸收公众存款或者集资诈骗,构成犯罪的,依法追究刑事责任。

2. 严格依法规制高利贷,有效降低实体经济的融资成本。金 融借款合同的借款人以贷款人同时主张的利息、复利、罚息、违约 金和其他费用过高,显著背离实际损失为由,请求对总计超过年利率24%的部分予以调减的,应予支持,以有效降低实体经济的融 资成本。规范和引导民间融资秩序,依法否定民间借贷纠纷案件 中预扣本金或者利息、变相高息等规避民间借贷利率司法保护上限的合同条款效力。

3. 依法认定新类型担保的法律效力,拓宽中小微企业的融资 担保方式。丰富和拓展中小微企业的融资担保方式,除符合合同 法第五十二条规定的合同无效情形外,应当依法认定新类型担保 合同有效;符合物权法有关担保物权的规定的,还应当依法认定其 物权效力,以增强中小微企业融资能力,有效缓解中小微企业融资 难、融资贵问题。

4. 规范和促进直接服务实体经济的融资方式,拓宽金融对接 实体经济的渠道。依法保护融资租赁、保理等金融资本与实体经 济相结合的融资模式,支持和保障金融资本服务实体经济。对名 为融资租赁合同、保理合同,实为借款合同的,应当按照实际构成 的借款合同关系确定各方的权利义务,防范当事人以预扣租金、保 证金等方式变相抬高实体经济融资成本。

5. 优化多层次资本市场体系的法治环境,满足多样化金融需求。依法审理证券、期货民商事纠纷案件,规范资本市场投融资秩序,引导把更多金融资源配置到经济社会发展的重点领域和薄弱环节,更好满足实体经济多样化的金融需求。

6. 准确适用保险法,促进保险业发挥长期稳健风险管理和保 障的功能。妥善审理保险合同纠纷案件,依法保障各方当事人利 益。充分发挥保险制度的核心功能,管理和分散实体经济运行中的自然灾害、意外事故、法律责任以及信用等风险。依法规范保险 合同纠纷当事人、保险中介等各类市场主体行为,防范不同主体的 道德风险,构建保险诚信法治体系。

7. 依法审理互联网金融纠纷案件,规范发展互联网金融。依 法认定互联网金融所涉具体法律关系,据此确定各方当事人的权 利义务。准确界定网络借贷信息中介机构与网络借贷合同当事人之间的居间合同关系。网络借贷信息中介机构与出借人以居间费 用形式规避民间借贷利率司法保护上限规定的,应当认定无效。依法严厉打击涉互联网金融或者以互联网金融名义进行的违法犯 罪行为，规范和保障互联网金融健康发展。

8. 加强新类型金融案件的研究和应对，统一裁判尺度。高度 关注涉及私募股权投资、委托理财、资产管理等新类型金融交易的 案件，严格按照合同法、公司法、合伙企业法、信托法等法律规范，确定各方当事人的权利义务。发布指导性案例，通过类案指导，统 一裁判尺度。

9. 依法规制国有企业的贷款通道业务，防范无金融资质的国 有企业变相从事金融业务。无金融资质的国有企业变相从事金融 业务，套取金融机构信贷资金又高利转贷的，应当根据《最高人民法院关于审理民间借贷案件适用法律若干问题的规定》第十四条的规定，依法否定其放贷行为的法律效力，并通过向相应的主管部 门提出司法建议等方式，遏制国有企业的贷款通道业务，引导其回归实体经济。

10. 依法打击资金掮客和资金融通中的违法犯罪行为，有效规 范金融秩序。对于民间借贷中涉及商业银行工作人员内外勾结进 行高利转贷、利益输送，或者金融机构工作人员违法发放贷款，以 及公司、企业在申请贷款过程中虚构事实、隐瞒真相骗取贷款、实施贷款诈骗构成犯罪的，依法追究刑事责任。

……

最高人民法院关于当前商事审判工作中的若干具体问题（节录）

·2015年12月24日

……

七、关于保理合同纠纷案件的审理问题

保理业务是以债权人转让其应收账款债权为前提，集应收账款催收、管理、坏账担保及融资于一体的综合性金融服务，在国际贸易中运用广泛。近年来，保理业务在国内贸易领域的运用显著增多。从保理商的分类来看，主要包括银监会审批监管的银行类保理机构和商务部、地方商务主管机关审批监管的商业保理公司。二者虽然在设立主体、行业准入和监管要求上有差异，但在交易结构上并无不同。从各地法院受理的案件数量来看，各地并不均衡。北京、天津以及东南沿海地区法院受理的保理合同案件较多。

由于现行法律尚未就保理合同作出专门规定，因此，对相关法律问题仍存有争议。对此，我们高度关注，并已着手进行调研。就几个主要问题，我先提一些意见。

第一，关于保理合同的案由问题。

相对于传统合同类案件而言，保理合同案件属于新的案件类型。由于《合同法》未就保理合同作出专门规定，其属于无名合同，加之现行的案由规定中尚无“保理合同”的专门案由，所以有的法院直接将保理合同的案由确定为借款合同。

需要指出的是，保理法律关系的实质是应收账款债权转让，涉及到三方主体和两个合同，这与单纯的借款合同有显著区别，故不应将保理合同简单视为借款合同。

在保理合同纠纷对应的案由方面，最高人民法院已将此纳入到新修订的案由规定中予以考虑，在新的案由规定尚未出台之前，可将其归入“其他合同纠纷”中。

应注意的是，实务中确实有部分保理商与交易相对人虚构基础合同，以保理之名行借贷之实。对此，应查明事实，从是否存在基础合同、保理商是否明知虚构基础合同、双方当事人之间实际的权利义务关系等方面审查和确定合同性质。如果确实是名为保理、实为借贷的，仍应当按照借款合同确定案由并据此确定当事人之间的权利义务。

第二，要正确认识保理的交易结构和当事人之间的权利义务关系。

保理合同涉及保理商与债权人、保理商与债务人之间不同的法律关系。债权人与债务人之间的基础合同是成立保理的前提，而债权人与保理商之间的应收账款债权转让则是保理关系的核心。

在合同效力上，只要不具有《合同法》第五十二条规定的合同无效情形，均应当认定有效。对于未来债权能否作为保理合同的基础债权的问题，在保理合同订立时，只要存在基础合同所对应的应收账款债权，则即使保理合同所转让的债权尚未到期，也不应当据此否定保理合同的性质及效力。

在确定当事人的权利义务方面，法院应当以当事人约定及《合同法》中有关债权转让的规定作为法律依据。债务人收到债权转让通知后，应当按照通知支付应收账款。当然，债务人依据基础合同享有的抵销权及抗辩权，可以对抗保理商，但保理商与债务人另有约定的除外。

第三,要正确认识保理合同与基础合同的关系。

基础合同的存在是保理合同缔约的前提。但是,二者并非主从合同关系,而是相对独立的两个合同。应当看到,二者有关权利义务关系的约定存有牵连。实践中,如果保理商明知基础合同约定应收账款债权不得转让,但仍然受让债权的,应当注意:

一方面,前述约定并不当然影响保理合同的效力;另一方面,保理商以保理合同为依据向基础合同债务人主张债权的,并不能以此约束债务人,债务人仍可以此抗辩。债权人、债务人及保理商就基础合同的变更作出约定的,依其约定处理。如果无三方约定,保理商受让债权后,债务人又与原债权人变更基础合同,导致保理商不能实现保理合同目的,保理商请求原债权人承担违约责任或者解除保理合同并赔偿损失的,应当支持。

……

全国法院民商事审判工作会议纪要(节录)

·2019年11月8日

·法〔2019〕254号

……

100.【合谋伪造贴现申请材料的后果】贴现行的负责人或者有权从事该业务的工作人员与贴现申请人合谋,伪造贴现申请人与其前手之间具有真实的商品交易关系的合同、增值税专用发票等材料申请贴现,贴现行主张其享有票据权利的,人民法院不予支持。对贴现行因支付资金而产生的损失,按照基础关系处理。

101.【民间贴现行为的效力】票据贴现属于国家特许经营业务,合法持票人向不具有法定贴现资质的当事人进行"贴现"的,该行为应当认定无效,贴现款和票据应当相互返还。当事人不能返还票据的,原合法持票人可以拒绝返还贴现款。人民法院在民商事案件审理过程中,发现不具有法定资质的当事人以"贴现"为业的,因该行为涉嫌犯罪,应当将有关材料移送公安机关。民商事案件的审理必须以相关刑事案件的审理结果为依据的,应当中止诉讼,待刑事案件审结后,再恢复案件的审理。案件的基本事实无须以相关刑事案件的审理结果为依据的,人民法院应当继续审理。

根据票据行为无因性原理,在合法持票人向不具有贴现资质的主体进行"贴现",该"贴现"人给付贴现款后直接将票据交付其后手,其后手支付对价并记载自己为被背书人后,又基于真实的交易关系和债权债务关系将票据进行背书转让的情形下,应当认定最后持票人为合法持票人。

……

八、承揽、建设工程合同

中华人民共和国建筑法(节录)

· 1997 年 11 月 1 日第八届全国人民代表大会常务委员会第二十八次会议通过
· 根据 2011 年 4 月 22 日第十一届全国人民代表大会常务委员会第二十次会议《关于修改〈中华人民共和国建筑法〉的决定》第一次修正
· 根据 2019 年 4 月 23 日第十三届全国人民代表大会常务委员会第十次会议《关于修改〈中华人民共和国建筑法〉等八部法律的决定》第二次修正

……

第十五条 【承包合同】建筑工程的发包单位与承包单位应当依法订立书面合同,明确双方的权利和义务。

发包单位和承包单位应当全面履行合同约定的义务。不按照合同约定履行义务的,依法承担违约责任。

第十六条 【活动原则】建筑工程发包与承包的招标投标活动,应当遵循公开、公正、平等竞争的原则,择优选择承包单位。

建筑工程的招标投标,本法没有规定的,适用有关招标投标法律的规定。

第十七条 【禁止行贿、索贿】发包单位及其工作人员在建筑工程发包中不得收受贿赂、回扣或者索取其他好处。

承包单位及其工作人员不得利用向发包单位及其工作人员行贿、提供回扣或者给予其他好处等不正当手段承揽工程。

第十八条 【造价约定】建筑工程造价应当按照国家有关规定,由发包单位与承包单位在合同中约定。公开招标发包的,其造价的约定,须遵守招标投标法律的规定。

发包单位应当按照合同的约定,及时拨付工程款项。

第二节 发 包

第十九条 【发包方式】建筑工程依法实行招标发包,对不适于招标发包的可以直接发包。

第二十条 【公开招标、开标方式】建筑工程实行公开招标的,发包单位应当依照法定程序和方式,发布招标公告,提供载有招标工程的主要技术要求、主要的合同条款、评标的标准和方法以及开标、评标、定标的程序等内容的招标文件。

开标应当在招标文件规定的时间、地点公开进行。开标后应当按照招标文件规定的评标标准和程序对标书进行评价、比较,在具备相应资质条件的投标者中,择优选定中标者。

第二十一条 【招标组织和监督】建筑工程招标的开标、评标、定标由建设单位依法组织实施,并接受有关行政主管部门的监督。

第二十二条 【发包约束】建筑工程实行招标发包的,发包单位应当将建筑工程发包给依法中标的承包单位。建筑工程实行直接发包的,发包单位应当将建筑工程发包给具有相应资质条件的承包单位。

第二十三条 【禁止限定发包】政府及其所属部门不得滥用行政权力,限定发包单位将招标发包的建筑工程发包给指定的承包单位。

第二十四条 【总承包原则】提倡对建筑工程实行总承包,禁止将建筑工程肢解发包。

建筑工程的发包单位可以将建筑工程的勘察、设计、施工、设备采购一并发包给一个工程总承包单位,也可以将建筑工程勘察、设计、施工、设备采购的一项或者多项发包给一个工程总承包单位;但是,不得将应当由一个承包单位完成的建筑工程肢解成若干部分发包给几个承包单位。

第二十五条 【建筑材料采购】按照合同约定,建筑材料、建筑构配件和设备由工程承包单位采购的,发包单位不得指定承包单位购入用于工程的建筑材料、建筑构配件和设备或者指定生产厂、供应商。

第三节 承 包

第二十六条 【资质等级许可】承包建筑工程的单位应当持有依法取得的资质证书，并在其资质等级许可的业务范围内承揽工程。

禁止建筑施工企业超越本企业资质等级许可的业务范围或者以任何形式用其他建筑施工企业的名义承揽工程。禁止建筑施工企业以任何形式允许其他单位或者个人使用本企业的资质证书、营业执照，以本企业的名义承揽工程。

第二十七条 【共同承包】大型建筑工程或者结构复杂的建筑工程，可以由两个以上的承包单位联合共同承包。共同承包的各方对承包合同的履行承担连带责任。

两个以上不同资质等级的单位实行联合共同承包的，应当按照资质等级低的单位的业务许可范围承揽工程。

第二十八条 【禁止转包、分包】禁止承包单位将其承包的全部建筑工程转包给他人，禁止承包单位将其承包的全部建筑工程肢解以后以分包的名义分别转包给他人。

第二十九条 【分包认可和责任制】建筑工程总承包单位可以将承包工程中的部分工程发包给具有相应资质条件的分包单位；但是，除总承包合同中约定的分包外，必须经建设单位认可。施工总承包的，建筑工程主体结构的施工必须由总承包单位自行完成。

建筑工程总承包单位按照总承包合同的约定对建设单位负责；分包单位按照分包合同的约定对总承包单位负责。总承包单位和分包单位就分包工程对建设单位承担连带责任。

禁止总承包单位将工程分包给不具备相应资质条件的单位。禁止分包单位将其承包的工程再分包。

第四章 建筑工程监理

第三十条 【监理制度推行】国家推行建筑工程监理制度。

国务院可以规定实行强制监理的建筑工程的范围。

第三十一条 【监理委托】实行监理的建筑工程，由建设单位委托具有相应资质条件的工程监理单位监理。建设单位与其委托的工程监理单位应当订立书面委托监理合同。

第三十二条 【监理监督】建筑工程监理应当依照法律、行政法规及有关的技术标准、设计文件和建筑工程承包合同，对承包单位在施工质量、建设工期和建设资金使用等方面，代表建设单位实施监督。

工程监理人员认为工程施工不符合工程设计要求、施工技术标准和合同约定的，有权要求建筑施工企业改正。

工程监理人员发现工程设计不符合建筑工程质量标准或者合同约定的质量要求的，应当报告建设单位要求设计单位改正。

第三十三条 【监理事项通知】实施建筑工程监理前，建设单位应当将委托的工程监理单位、监理的内容及监理权限，书面通知被监理的建筑施工企业。

第三十四条 【监理范围与职责】工程监理单位应当在其资质等级许可的监理范围内，承担工程监理业务。

工程监理单位应当根据建设单位的委托，客观、公正地执行监理任务。

工程监理单位与被监理工程的承包单位以及建筑材料、建筑构配件和设备供应单位不得有隶属关系或者其他利害关系。

工程监理单位不得转让工程监理业务。

第三十五条 【违约责任】工程监理单位不按照委托监理合同的约定履行监理义务，对应当监督检查的项目不检查或者不按照规定检查，给建设单位造成损失的，应当承担相应的赔偿责任。

工程监理单位与承包单位串通，为承包单位谋取非法利益，给建设单位造成损失的，应当与承包单位承担连带赔偿责任。

……

第五十六条 【工程勘察、设计职责】建筑工程的勘察、设计单位必须对其勘察、设计的质量负责。勘察、设计文件应当符合有关法律、行政法规的规定和建筑工程质量、安全标准、建筑工程勘察、设计技术规范以及合同的约定。设计文件选用的建筑材料、建筑构配件和设备，应当注明其规格、型号、性能等技术指标，其质量要求必须符合国家规定的标准。

……

第五十九条 【建设材料设备检验】建筑施工企业必须按照工程设计要求、施工技术标准和合同的约定,对建筑材料、建筑构配件和设备进行检验,不合格的不得使用。

……

房屋建筑和市政基础设施工程施工招标投标管理办法

· 2001 年 6 月 1 日建设部令第 89 号发布

· 根据 2018 年 9 月 28 日《住房城乡建设部关于修改〈房屋建筑和市政基础设施工程施工招标投标管理办法〉的决定》第一次修正

· 根据 2019 年 3 月 13 日《住房和城乡建设部关于修改部分部门规章的决定》第二次修正

第一章 总 则

第一条 为了规范房屋建筑和市政基础设施工程施工招标投标活动,维护招标投标当事人的合法权益,依据《中华人民共和国建筑法》、《中华人民共和国招标投标法》等法律、行政法规,制定本办法。

第二条 依法必须进行招标的房屋建筑和市政基础设施工程(以下简称工程),其施工招标投标活动,适用本办法。

本办法所称房屋建筑工程,是指各类房屋建筑及其附属设施和与其配套的线路、管道、设备安装工程及室内外装修工程。

本办法所称市政基础设施工程,是指城市道路、公共交通、供水、排水、燃气、热力、园林、环卫、污水处理、垃圾处理、防洪、地下公共设施及附属设施的土建、管道、设备安装工程。

第三条 国务院建设行政主管部门负责全国工程施工招标投标活动的监督管理。

县级以上地方人民政府建设行政主管部门负责本行政区域内工程施工招标投标活动的监督管理。具体的监督管理工作,可以委托工程招标投标监督管理机构负责实施。

第四条 任何单位和个人不得违反法律、行政法规规定,限制或者排斥本地区、本系统以外的法人或者其他组织参加投标,不得以任何方式非法干涉施工招标投标活动。

第五条 施工招标投标活动及其当事人应当依法接受监督。

建设行政主管部门依法对施工招标投标活动实施监督,查处施工招标投标活动中的违法行为。

第二章 招 标

第六条 工程施工招标由招标人依法组织实施。招标人不得以不合理条件限制或者排斥潜在投标人,不得对潜在投标人实行歧视待遇,不得对潜在投标人提出与招标工程实际要求不符的过高的资质等级要求和其他要求。

第七条 工程施工招标应当具备下列条件:

(一)按照国家有关规定需要履行项目审批手续的,已经履行审批手续;

(二)工程资金或者资金来源已经落实;

(三)有满足施工招标需要的设计文件及其他技术资料;

(四)法律、法规、规章规定的其他条件。

第八条 工程施工招标分为公开招标和邀请招标。

依法必须进行施工招标的工程,全部使用国有资金投资或者国有资金投资占控股或者主导地位的,应当公开招标,但经国家计委或者省、自治区、直辖市人民政府依法批准可以进行邀请招标的重点建设项目除外;其他工程可以实行邀请招标。

第九条 工程有下列情形之一的,经县级以上地方人民政府建设行政主管部门批准,可以不进行施工招标:

(一)停建或者缓建后恢复建设的单位工程,且承包人未发生变更的;

(二)施工企业自建自用的工程,且该施工企业资质等级符合工程要求的;

(三)在建工程追加的附属小型工程或者主体加层工程,且承包人未发生变更的;

(四)法律、法规、规章规定的其他情形。

第十条 依法必须进行施工招标的工程,招标人自行办理施工招标事宜的,应当具有编制招标文件和组织评标的能力:

(一)有专门的施工招标组织机构;

(二)有与工程规模、复杂程度相适应并具有同类工程施工招标经验、熟悉有关工程施工招标法律法规的工程技术、概预算及工程管理的专业人员。

不具备上述条件的,招标人应当委托工程招

标代理机构代理施工招标。

第十一条 招标人自行办理施工招标事宜的，应当在发布招标公告或者发出投标邀请书的5日前，向工程所在地县级以上地方人民政府建设行政主管部门备案，并报送下列材料：

（一）按照国家有关规定办理审批手续的各项批准文件；

（二）本办法第十条所列条件的证明材料，包括专业技术人员的名单、职称证书或者执业资格证书及其工作经历的证明材料；

（三）法律、法规、规章规定的其他材料。

招标人不具备自行办理施工招标事宜条件的，建设行政主管部门应当自收到备案材料之日起5日内责令招标人停止自行办理施工招标事宜。

第十二条 全部使用国有资金投资或者国有资金投资占控股或者主导地位，依法必须进行施工招标的工程项目，应当进入有形建筑市场进行招标投标活动。

政府有关管理机关可以在有形建筑市场集中办理有关手续，并依法实施监督。

第十三条 依法必须进行施工公开招标的工程项目，应当在国家或者地方指定的报刊、信息网络或者其他媒介上发布招标公告，并同时在中国工程建设和建筑业信息网上发布招标公告。

招标公告应当载明招标人的名称和地址，招标工程的性质、规模、地点以及获取招标文件的办法等事项。

第十四条 招标人采用邀请招标方式的，应当向3个以上符合资质条件的施工企业发出投标邀请书。

投标邀请书应当载明本办法第十三条第二款规定的事项。

第十五条 招标人可以根据招标工程的需要，对投标申请人进行资格预审，也可以委托工程招标代理机构对投标申请人进行资格预审。实行资格预审的招标工程，招标人应当在招标公告或者投标邀请书中载明资格预审的条件和获取资格预审文件的办法。

资格预审文件一般应当包括资格预审申请书格式、申请人须知，以及需要投标申请人提供的企业资质、业绩、技术装备、财务状况和拟派出的项目经理与主要技术人员的简历、业绩等证明材料。

第十六条 经资格预审后，招标人应当向资格预审合格的投标申请人发出资格预审合格通知书，告知获取招标文件的时间、地点和方法，并同时向资格预审不合格的投标申请人告知资格预审结果。

在资格预审合格的投标申请人过多时，可以由招标人从中选择不少于7家资格预审合格的投标申请人。

第十七条 招标人应当根据招标工程的特点和需要，自行或者委托工程招标代理机构编制招标文件。招标文件应当包括下列内容：

（一）投标须知，包括工程概况，招标范围，资格审查条件，工程资金来源或者落实情况，标段划分，工期要求，质量标准，现场踏勘和答疑安排，投标文件编制、提交、修改、撤回的要求，投标报价要求，投标有效期，开标的时间和地点，评标的方法和标准等；

（二）招标工程的技术要求和设计文件；

（三）采用工程量清单招标的，应当提供工程量清单；

（四）投标函的格式及附录；

（五）拟签订合同的主要条款；

（六）要求投标人提交的其他材料。

第十八条 依法必须进行施工招标的工程，招标人应当在招标文件发出的同时，将招标文件报工程所在地的县级以上地方人民政府建设行政主管部门备案，但实施电子招标投标的项目除外。建设行政主管部门发现招标文件有违反法律、法规内容的，应当责令招标人改正。

第十九条 招标人对已发出的招标文件进行必要的澄清或者修改的，应当在招标文件要求提交投标文件截止时间至少15日前，以书面形式通知所有招标文件收受人，并同时报工程所在地的县级以上地方人民政府建设行政主管部门备案，但实施电子招标投标的项目除外。该澄清或者修改的内容为招标文件的组成部分。

第二十条 招标人设有标底的，应当依据国家规定的工程量计算规则及招标文件规定的计价方法和要求编制标底，并在开标前保密。一个招标工程只能编制一个标底。

第二十一条 招标人对于发出的招标文件可以酌收工本费。其中的设计文件，招标人可以酌收押金。对于开标后将设计文件退还的，招标人应当退还押金。

第三章 投 标

第二十二条 施工招标的投标人是响应施工招标、参与投标竞争的施工企业。

投标人应当具备相应的施工企业资质，并在工程业绩、技术能力、项目经理资格条件、财务状况等方面满足招标文件提出的要求。

第二十三条 投标人对招标文件有疑问需要澄清的，应当以书面形式向招标人提出。

第二十四条 投标人应当按照招标文件的要求编制投标文件，对招标文件提出的实质性要求和条件作出响应。

招标文件允许投标人提供备选标的，投标人可以按照招标文件的要求提交替代方案，并作出相应报价作备选标。

第二十五条 投标文件应当包括下列内容：

（一）投标函；

（二）施工组织设计或者施工方案；

（三）投标报价；

（四）招标文件要求提供的其他材料。

第二十六条 招标人可以在招标文件中要求投标人提交投标担保。投标担保可以采用投标保函或者投标保证金的方式。投标保证金可以使用支票、银行汇票等，一般不得超过投标总价的2%，最高不得超过50万元。

投标人应当按照招标文件要求的方式和金额，将投标保函或者投标保证金随投标文件提交招标人。

第二十七条 投标人应当在招标文件要求提交投标文件的截止时间前，将投标文件密封送达投标地点。招标人收到投标文件后，应当向投标人出具标明签收人和签收时间的凭证，并妥善保存投标文件。在开标前，任何单位和个人均不得开启投标文件。在招标文件要求提交投标文件的截止时间后送达的投标文件，为无效的投标文件，招标人应当拒收。

提交投标文件的投标人少于3个的，招标人应当依法重新招标。

第二十八条 投标人在招标文件要求提交投标文件的截止时间前，可以补充、修改或者撤回已提交的投标文件。补充、修改的内容为投标文件的组成部分，并应当按照本办法第二十七条第一款的规定送达、签收和保管。在招标文件要求提交投标文件的截止时间后送达的补充或者修改的内容无效。

第二十九条 两个以上施工企业可以组成一个联合体，签订共同投标协议，以一个投标人的身份共同投标。联合体各方均应当具备承担招标工程的相应资质条件。相同专业的施工企业组成的联合体，按照资质等级低的施工企业的业务许可范围承揽工程。

招标人不得强制投标人组成联合体共同投标，不得限制投标人之间的竞争。

第三十条 投标人不得相互串通投标，不得排挤其他投标人的公平竞争，损害招标人或者其他投标人的合法权益。

投标人不得与招标人串通投标，损害国家利益、社会公共利益或者他人的合法权益。

禁止投标人以向招标人或者评标委员会成员行贿的手段谋取中标。

第三十一条 投标人不得以低于其企业成本的报价竞标，不得以他人名义投标或者以其他方式弄虚作假，骗取中标。

第四章 开标、评标和中标

第三十二条 开标应当在招标文件确定的提交投标文件截止时间的同一时间公开进行；开标地点应当为招标文件中预先确定的地点。

第三十三条 开标由招标人主持，邀请所有投标人参加。开标应当按照下列规定进行：

由投标人或者其推选的代表检查投标文件的密封情况，也可以由招标人委托的公证机构进行检查并公证。经确认无误后，由有关工作人员当众拆封，宣读投标人名称、投标价格和投标文件的其他主要内容。

招标人在招标文件要求提交投标文件的截止时间前收到的所有投标文件，开标时都应当当众予以拆封、宣读。

开标过程应当记录，并存档备查。

第三十四条 在开标时，投标文件出现下列情形之一的，应当作为无效投标文件，不得进入评标：

（一）投标文件未按照招标文件的要求予以密封的；

（二）投标文件中的投标函未加盖投标人的企业及企业法定代表人印章的，或者企业法定代表

人委托代理人没有合法、有效的委托书(原件)及委托代理人印章的;

(三)投标文件的关键内容字迹模糊、无法辨认的;

(四)投标人未按照招标文件的要求提供投标保函或者投标保证金的;

(五)组成联合体投标的,投标文件未附联合体各方共同投标协议的。

第三十五条 评标由招标人依法组建的评标委员会负责。

依法必须进行施工招标的工程,其评标委员会由招标人的代表和有关技术、经济等方面的专家组成,成员人数为 5 人以上单数,其中招标人、招标代理机构以外的技术、经济等方面专家不得少于成员总数的 2/3。评标委员会的专家成员,应当由招标人从建设行政主管部门及其他有关政府部门确定的专家名册或者工程招标代理机构的专家库内相关专业的专家名单中确定。确定专家成员一般应当采取随机抽取的方式。

与投标人有利害关系的人不得进入相关工程的评标委员会。评标委员会成员的名单在中标结果确定前应当保密。

第三十六条 建设行政主管部门的专家名册应当拥有一定数量规模并符合法定资格条件的专家。省、自治区、直辖市人民政府建设行政主管部门可以将专家数量少的地区的专家名册予以合并或者实行专家名册计算机联网。

建设行政主管部门应当对进入专家名册的专家组织有关法律和业务培训,对其评标能力、廉洁公正等进行综合评估,及时取消不称职或者违法违规人员的评标专家资格。被取消评标专家资格的人员,不得再参加任何评标活动。

第三十七条 评标委员会应当按照招标文件确定的评标标准和方法,对投标文件进行评审和比较,并对评标结果签字确认;设有标底的,应当参考标底。

第三十八条 评标委员会可以用书面形式要求投标人对投标文件中含义不明确的内容作必要的澄清或者说明。投标人应当采用书面形式进行澄清或者说明,其澄清或者说明不得超出投标文件的范围或者改变投标文件的实质性内容。

第三十九条 评标委员会经评审,认为所有投标文件都不符合招标文件要求的,可以否决所有投标。

依法必须进行施工招标工程的所有投标被否决的,招标人应当依法重新招标。

第四十条 评标可以采用综合评估法、经评审的最低投标价法或者法律法规允许的其他评标方法。

采用综合评估法的,应当对投标文件提出的工程质量、施工工期、投标价格、施工组织设计或者施工方案、投标人及项目经理业绩等,能否最大限度地满足招标文件中规定的各项要求和评价标准进行评审和比较。以评分方式进行评估的,对于各种评比奖项不得额外计分。

采用经评审的最低投标价法的,应当在投标文件能够满足招标文件实质性要求的投标人中,评审出投标价格最低的投标人,但投标价格低于其企业成本的除外。

第四十一条 评标委员会完成评标后,应当向招标人提出书面评标报告,阐明评标委员会对各投标文件的评审和比较意见,并按照招标文件中规定的评标方法,推荐不超过 3 名有排序的合格的中标候选人。招标人根据评标委员会提出的书面评标报告和推荐的中标候选人确定中标人。

使用国有资金投资或者国家融资的工程项目,招标人应当按照中标候选人的排序确定中标人。当确定中标的中标候选人放弃中标或者因不可抗力提出不能履行合同的,招标人可以依序确定其他中标候选人为中标人。

招标人也可以授权评标委员会直接确定中标人。

第四十二条 有下列情形之一的,评标委员会可以要求投标人作出书面说明并提供相关材料:

(一)设有标底的,投标报价低于标底合理幅度的;

(二)不设标底的,投标报价明显低于其他投标报价,有可能低于其企业成本的。

经评标委员会论证,认定该投标人的报价低于其企业成本的,不能推荐为中标候选人或者中标人。

第四十三条 招标人应当在投标有效期截止时限30日前确定中标人。投标有效期应当在招标文件中载明。

第四十四条 依法必须进行施工招标的工

程，招标人应当自确定中标人之日起 15 日内，向工程所在地的县级以上地方人民政府建设行政主管部门提交施工招标投标情况的书面报告。书面报告应当包括下列内容：

（一）施工招标投标的基本情况，包括施工招标范围、施工招标方式、资格审查、开评标过程和确定中标人的方式及理由等。

（二）相关的文件资料，包括招标公告或者投标邀请书、投标报名表、资格预审文件、招标文件、评标委员会的评标报告（设有标底的，应当附标底）、中标人的投标文件。委托工程招标代理的，还应当附工程施工招标代理委托合同。

前款第二项中已按照本办法的规定办理了备案的文件资料，不再重复提交。

第四十五条 建设行政主管部门自收到书面报告之日起 5 日内未通知招标人在招标投标活动中有违法行为的，招标人可以向中标人发出中标通知书，并将中标结果通知所有未中标的投标人。

第四十六条 招标人和中标人应当自中标通知书发出之日起 30 日内，按照招标文件和中标人的投标文件订立书面合同；招标人和中标人不得再行订立背离合同实质性内容的其他协议。

中标人不与招标人订立合同的，投标保证金不予退还并取消其中标资格，给招标人造成的损失超过投标保证金数额的，应当对超过部分予以赔偿；没有提交投标保证金的，应当对招标人的损失承担赔偿责任。

招标人无正当理由不与中标人签订合同，给中标人造成损失的，招标人应当给予赔偿。

第四十七条 招标文件要求中标人提交履约担保的，中标人应当提交。招标人应当同时向中标人提供工程款支付担保。

第五章 罚 则

第四十八条 有违反《招标投标法》行为的，县级以上地方人民政府建设行政主管部门应当按照《招标投标法》的规定予以处罚。

第四十九条 招标投标活动中有《招标投标法》规定中标无效情形的，由县级以上地方人民政府建设行政主管部门宣布中标无效，责令重新组织招标，并依法追究有关责任人责任。

第五十条 应当招标未招标的，应当公开招标未公开招标的，县级以上地方人民政府建设行政主管部门应当责令改正，拒不改正的，不得颁发施工许可证。

第五十一条 招标人不具备自行办理施工招标事宜条件而自行招标的，县级以上地方人民政府建设行政主管部门应当责令改正，处 1 万元以下的罚款。

第五十二条 评标委员会的组成不符合法律、法规规定的，县级以上地方人民政府建设行政主管部门应当责令招标人重新组织评标委员会。

第五十三条 招标人未向建设行政主管部门提交施工招标投标情况书面报告的，县级以上地方人民政府建设行政主管部门应当责令改正。

第六章 附 则

第五十四条 工程施工专业分包、劳务分包采用招标方式的，参照本办法执行。

第五十五条 招标文件或者投标文件使用两种以上语言文字的，必须有一种是中文；如对不同文本的解释发生异议的，以中文文本为准。用文字表示的金额与数字表示的金额不一致的，以文字表示的金额为准。

第五十六条 涉及国家安全、国家秘密、抢险救灾或者属于利用扶贫资金实行以工代赈、需要使用农民工等特殊情况，不适宜进行施工招标的工程，按照国家有关规定可以不进行施工招标。

第五十七条 使用国际组织或者外国政府贷款、援助资金的工程进行施工招标，贷款方、资金提供方对招标投标的具体条件和程序有不同规定的，可以适用其规定，但违背中华人民共和国的社会公共利益的除外。

第五十八条 本办法由国务院建设行政主管部门负责解释。

第五十九条 本办法自发布之日起施行。1992 年 12 月 30 日建设部颁布的《工程建设施工招标投标管理办法》（建设部令第 23 号）同时废止。

房屋建筑和市政基础设施工程施工分包管理办法

· 2004 年 2 月 3 日建设部令第 124 号公布
· 根据 2014 年 8 月 27 日《住房和城乡建设部关于修改〈房屋建筑和市政基础设施工程施工分包管理办法〉的决定》第一次修正
· 根据 2019 年 3 月 13 日《住房和城乡建设部关于修改部分部门规章的决定》第二次修正

第一条 为了规范房屋建筑和市政基础设施工程施工分包活动，维护建筑市场秩序，保证工程质量和施工安全，根据《中华人民共和国建筑法》、《中华人民共和国招标投标法》、《建设工程质量管理条例》等有关法律、法规，制定本办法。

第二条 在中华人民共和国境内从事房屋建筑和市政基础设施工程施工分包活动，实施对房屋建筑和市政基础设施工程施工分包活动的监督管理，适用本办法。

第三条 国务院住房城乡建设主管部门负责全国房屋建筑和市政基础设施工程施工分包的监督管理工作。

县级以上地方人民政府住房城乡建设主管部门负责本行政区域内房屋建筑和市政基础设施工程施工分包的监督管理工作。

第四条 本办法所称施工分包，是指建筑业企业将其所承包的房屋建筑和市政基础设施工程中的专业工程或者劳务作业发包给其他建筑业企业完成的活动。

第五条 房屋建筑和市政基础设施工程施工分包分为专业工程分包和劳务作业分包。

本办法所称专业工程分包，是指施工总承包企业（以下简称专业分包工程发包人）将其所承包工程中的专业工程发包给具有相应资质的其他建筑业企业（以下简称专业分包工程承包人）完成的活动。

本办法所称劳务作业分包，是指施工总承包企业或者专业承包企业（以下简称劳务作业发包人）将其承包工程中的劳务作业发包给劳务分包企业（以下简称劳务作业承包人）完成的活动。

本办法所称分包工程发包人包括本条第二款、第三款中的专业分包工程发包人和劳务作业发包人；分包工程承包人包括本条第二款、第三款中的专业分包工程承包人和劳务作业承包人。

第六条 房屋建筑和市政基础设施工程施工分包活动必须依法进行。

鼓励发展专业承包企业和劳务分包企业，提倡分包活动进入有形建筑市场公开交易，完善有形建筑市场的分包工程交易功能。

第七条 建设单位不得直接指定分包工程承包人。任何单位和个人不得对依法实施的分包活动进行干预。

第八条 分包工程承包人必须具有相应的资质，并在其资质等级许可的范围内承揽业务。

严禁个人承揽分包工程业务。

第九条 专业工程分包除在施工总承包合同中有约定外，必须经建设单位认可。专业分包工程承包人必须自行完成所承包的工程。

劳务作业分包由劳务作业发包人与劳务作业承包人通过劳务合同约定。劳务作业承包人必须自行完成所承包的任务。

第十条 分包工程发包人和分包工程承包人应当依法签订分包合同，并按照合同履行约定的义务。分包合同必须明确约定支付工程款和劳务工资的时间、结算方式以及保证按期支付的相应措施，确保工程款和劳务工资的支付。

第十一条 分包工程发包人应当设立项目管理机构，组织管理所承包工程的施工活动。

项目管理机构应当具有与承包工程的规模、技术复杂程度相适应的技术、经济管理人员。其中，项目负责人、技术负责人、项目核算负责人、质量管理人员、安全管理人员必须是本单位的人员。具体要求由省、自治区、直辖市人民政府住房城乡建设主管部门规定。

前款所指本单位人员，是指与本单位有合法的人事或者劳动合同、工资以及社会保险关系的人员。

第十二条 分包工程发包人可以就分包合同的履行，要求分包工程承包人提供分包工程履约担保；分包工程承包人在提供担保后，要求分包工程发包人同时提供分包工程付款担保的，分包工程发包人应当提供。

第十三条 禁止将承包的工程进行转包。不履行合同约定，将其承包的全部工程发包给他人，或者将其承包的全部工程肢解后以分包的名义分别发包给他人的,属于转包行为。

违反本办法第十二条规定,分包工程发包人将工程分包后,未在施工现场设立项目管理机构和派驻相应人员,并未对该工程的施工活动进行组织管理的,视同转包行为。

第十四条 禁止将承包的工程进行违法分包。下列行为,属于违法分包:

(一)分包工程发包人将专业工程或者劳务作业分包给不具备相应资质条件的分包工程承包人的;

(二)施工总承包合同中未有约定,又未经建设单位认可,分包工程发包人将承包工程中的部分专业工程分包给他人的。

第十五条 禁止转让、出借企业资质证书或者以其他方式允许他人以本企业名义承揽工程。

分包工程发包人没有将其承包的工程进行分包,在施工现场所设项目管理机构的项目负责人、技术负责人、项目核算负责人、质量管理人员、安全管理人员不是工程承包人本单位人员的,视同允许他人以本企业名义承揽工程。

第十六条 分包工程承包人应当按照分包合同的约定对其承包的工程向分包工程发包人负责。分包工程发包人和分包工程承包人就分包工程对建设单位承担连带责任。

第十七条 分包工程发包人对施工现场安全负责,并对分包工程承包人的安全生产进行管理。专业分包工程承包人应当将其分包工程的施工组织设计和施工安全方案报分包工程发包人备案,专业分包工程发包人发现事故隐患,应当及时作出处理。

分包工程承包人就施工现场安全向分包工程发包人负责,并应当服从分包工程发包人对施工现场的安全生产管理。

第十八条 违反本办法规定,转包、违法分包或者允许他人以本企业名义承揽工程的,以及接受转包和用他人名义承揽工程的,按《中华人民共和国建筑法》、《中华人民共和国招标投标法》和《建设工程质量管理条例》的规定予以处罚。具体办法由国务院住房城乡建设主管部门依据有关法律法规另行制定。

第十九条 未取得建筑业企业资质承接分包工程的,按照《中华人民共和国建筑法》第六十五条第三款和《建设工程质量管理条例》第六十条第一款、第二款的规定处罚。

第二十条 本办法自2004年4月1日起施行。原城乡建设环境保护部1986年4月30日发布的《建筑安装工程总分包实施办法》同时废止。

最高人民法院关于审理建设工程施工合同纠纷案件适用法律问题的解释(一)

· 2020年12月25日最高人民法院审判委员会第1825次会议通过
· 2020年12月29日最高人民法院公告公布
· 自2021年1月1日起施行
· 法释〔2020〕25号

为正确审理建设工程施工合同纠纷案件,依法保护当事人合法权益,维护建筑市场秩序,促进建筑市场健康发展,根据《中华人民共和国民法典》《中华人民共和国建筑法》《中华人民共和国招标投标法》《中华人民共和国民事诉讼法》等相关法律规定,结合审判实践,制定本解释。

第一条 建设工程施工合同具有下列情形之一的,应当依据民法典第一百五十三条第一款的规定,认定无效:

(一)承包人未取得建筑业企业资质或者超越资质等级的;

(二)没有资质的实际施工人借用有资质的建筑施工企业名义的;

(三)建设工程必须进行招标而未招标或者中标无效的。

承包人因转包、违法分包建设工程与他人签订的建设工程施工合同,应当依据民法典第一百五十三条第一款及第七百九十一条第二款、第三款的规定,认定无效。

第二条 招标人和中标人另行签订的建设工程施工合同约定的工程范围、建设工期、工程质量、工程价款等实质性内容,与中标合同不一致,一方当事人请求按照中标合同确定权利义务的,人民法院应予支持。

招标人和中标人在中标合同之外就明显高于市场价格购买承建房产、无偿建设住房配套设施、让利、向建设单位捐赠财物等另行签订合同,变相降低工程价款,一方当事人以该合同背离中标合同实质性内容为由请求确认无效的,人民法院应予支持。

第三条 当事人以发包人未取得建设工程规划许可证等规划审批手续为由,请求确认建设工程施工合同无效的,人民法院应予支持,但发包人在起诉前取得建设工程规划许可证等规划审批手续的除外。

发包人能够办理审批手续而未办理,并以未办理审批手续为由请求确认建设工程施工合同无效的,人民法院不予支持。

第四条 承包人超越资质等级许可的业务范围签订建设工程施工合同,在建设工程竣工前取得相应资质等级,当事人请求按照无效合同处理的,人民法院不予支持。

第五条 具有劳务作业法定资质的承包人与总承包人、分包人签订的劳务分包合同,当事人请求确认无效的,人民法院依法不予支持。

第六条 建设工程施工合同无效,一方当事人请求对方赔偿损失的,应当就对方过错、损失大小、过错与损失之间的因果关系承担举证责任。

损失大小无法确定,一方当事人请求参照合同约定的质量标准、建设工期、工程价款支付时间等内容确定损失大小的,人民法院可以结合双方过错程度、过错与损失之间的因果关系等因素作出裁判。

第七条 缺乏资质的单位或者个人借用有资质的建筑施工企业名义签订建设工程施工合同,发包人请求出借方与借用方对建设工程质量不合格等因出借资质造成的损失承担连带赔偿责任的,人民法院应予支持。

第八条 当事人对建设工程开工日期有争议的,人民法院应当分别按照以下情形予以认定:

(一)开工日期为发包人或者监理人发出的开工通知载明的开工日期;开工通知发出后,尚不具备开工条件的,以开工条件具备的时间为开工日期;因承包人原因导致开工时间推迟的,以开工通知载明的时间为开工日期。

(二)承包人经发包人同意已经实际进场施工的,以实际进场施工时间为开工日期。

(三)发包人或者监理人未发出开工通知,亦无相关证据证明实际开工日期的,应当综合考虑开工报告、合同、施工许可证、竣工验收报告或者竣工验收备案表等载明的时间,并结合是否具备开工条件的事实,认定开工日期。

第九条 当事人对建设工程实际竣工日期有争议的,人民法院应当分别按照以下情形予以认定:

(一)建设工程经竣工验收合格的,以竣工验收合格之日为竣工日期;

(二)承包人已经提交竣工验收报告,发包人拖延验收的,以承包人提交验收报告之日为竣工日期;

(三)建设工程未经竣工验收,发包人擅自使用的,以转移占有建设工程之日为竣工日期。

第十条 当事人约定顺延工期应当经发包人或者监理人签证等方式确认,承包人虽未取得工期顺延的确认,但能够证明在合同约定的期限内向发包人或者监理人申请过工期顺延且顺延事由符合合同约定,承包人以此为由主张工期顺延的,人民法院应予支持。

当事人约定承包人未在约定期限内提出工期顺延申请视为工期不顺延的,按照约定处理,但发包人在约定期限后同意工期顺延或者承包人提出合理抗辩的除外。

第十一条 建设工程竣工前,当事人对工程质量发生争议,工程质量经鉴定合格的,鉴定期间为顺延工期期间。

第十二条 因承包人的原因造成建设工程质量不符合约定,承包人拒绝修理、返工或者改建,发包人请求减少支付工程价款的,人民法院应予支持。

第十三条 发包人具有下列情形之一,造成建设工程质量缺陷,应当承担过错责任:

(一)提供的设计有缺陷;

(二)提供或者指定购买的建筑材料、建筑构配件、设备不符合强制性标准;

(三)直接指定分包人分包专业工程。

承包人有过错的,也应当承担相应的过错责任。

第十四条 建设工程未经竣工验收,发包人擅自使用后,又以使用部分质量不符合约定为由主张权利的,人民法院不予支持;但是承包人应当在建设工程的合理使用寿命内对地基基础工程和主体结构质量承担民事责任。

第十五条 因建设工程质量发生争议的，发包人可以以总承包人、分包人和实际施工人为共同被告提起诉讼。

第十六条 发包人在承包人提起的建设工程施工合同纠纷案件中，以建设工程质量不符合合同约定或者法律规定为由，就承包人支付违约金或者赔偿修理、返工、改建的合理费用等损失提出反诉的，人民法院可以合并审理。

第十七条 有下列情形之一，承包人请求发包人返还工程质量保证金的，人民法院应予支持：

（一）当事人约定的工程质量保证金返还期限届满；

（二）当事人未约定工程质量保证金返还期限的，自建设工程通过竣工验收之日起满二年；

（三）因发包人原因建设工程未按约定期限进行竣工验收的，自承包人提交工程竣工验收报告九十日后当事人约定的工程质量保证金返还期限届满；当事人未约定工程质量保证金返还期限的，自承包人提交工程竣工验收报告九十日后起满二年。

发包人返还工程质量保证金后，不影响承包人根据合同约定或者法律规定履行工程保修义务。

第十八条 因保修人未及时履行保修义务，导致建筑物毁损或者造成人身损害、财产损失的，保修人应当承担赔偿责任。

保修人与建筑物所有人或者发包人对建筑物毁损均有过错的，各自承担相应的责任。

第十九条 当事人对建设工程的计价标准或者计价方法有约定的，按照约定结算工程价款。

因设计变更导致建设工程的工程量或者质量标准发生变化，当事人对该部分工程价款不能协商一致的，可以参照签订建设工程施工合同时当地建设行政主管部门发布的计价方法或者计价标准结算工程价款。

建设工程施工合同有效，但建设工程经竣工验收不合格的，依照民法典第五百七十七条规定处理。

第二十条 当事人对工程量有争议的，按照施工过程中形成的签证等书面文件确认。承包人能够证明发包人同意其施工，但未能提供签证文件证明工程量发生的，可以按照当事人提供的其他证据确认实际发生的工程量。

第二十一条 当事人约定，发包人收到竣工结算文件后，在约定期限内不予答复，视为认可竣工结算文件的，按照约定处理。承包人请求按照竣工结算文件结算工程价款的，人民法院应予支持。

第二十二条 当事人签订的建设工程施工合同与招标文件、投标文件、中标通知书载明的工程范围、建设工期、工程质量、工程价款不一致，一方当事人请求将招标文件、投标文件、中标通知书作为结算工程价款的依据的，人民法院应予支持。

第二十三条 发包人将依法不属于必须招标的建设工程进行招标后，与承包人另行订立的建设工程施工合同背离中标合同的实质性内容，当事人请求以中标合同作为结算建设工程价款依据的，人民法院应予支持，但发包人与承包人因客观情况发生了在招标投标时难以预见的变化而另行订立建设工程施工合同的除外。

第二十四条 当事人就同一建设工程订立的数份建设工程施工合同均无效，但建设工程质量合格，一方当事人请求参照实际履行的合同关于工程价款的约定折价补偿承包人的，人民法院应予支持。

实际履行的合同难以确定，当事人请求参照最后签订的合同关于工程价款的约定折价补偿承包人的，人民法院应予支持。

第二十五条 当事人对垫资和垫资利息有约定，承包人请求按照约定返还垫资及其利息的，人民法院应予支持，但是约定的利息计算标准高于垫资时的同类贷款利率或者同期贷款市场报价利率的部分除外。

当事人对垫资没有约定的，按照工程欠款处理。

当事人对垫资利息没有约定，承包人请求支付利息的，人民法院不予支持。

第二十六条 当事人对欠付工程价款利息计付标准有约定的，按照约定处理。没有约定的，按照同期同类贷款利率或者同期贷款市场报价利率计息。

第二十七条 利息从应付工程价款之日开始计付。当事人对付款时间没有约定或者约定不明的，下列时间视为应付款时间：

（一）建设工程已实际交付的，为交付之日；

（二）建设工程没有交付的，为提交竣工结算文件之日；

（三）建设工程未交付，工程价款也未结算的，为当事人起诉之日。

第二十八条 当事人约定按照固定价结算工程价款，一方当事人请求对建设工程造价进行鉴定的，人民法院不予支持。

第二十九条 当事人在诉讼前已经对建设工程价款结算达成协议，诉讼中一方当事人申请对工程造价进行鉴定的，人民法院不予准许。

第三十条 当事人在诉讼前共同委托有关机构、人员对建设工程造价出具咨询意见，诉讼中一方当事人不认可该咨询意见申请鉴定的，人民法院应予准许，但双方当事人明确表示受该咨询意见约束的除外。

第三十一条 当事人对部分案件事实有争议的，仅对有争议的事实进行鉴定，但争议事实范围不能确定，或者双方当事人请求对全部事实鉴定的除外。

第三十二条 当事人对工程造价、质量、修复费用等专门性问题有争议，人民法院认为需要鉴定的，应当向负有举证责任的当事人释明。当事人经释明未申请鉴定，虽申请鉴定但未支付鉴定费用或者拒不提供相关材料的，应当承担举证不能的法律后果。

一审诉讼中负有举证责任的当事人未申请鉴定，虽申请鉴定但未支付鉴定费用或者拒不提供相关材料，二审诉讼中申请鉴定，人民法院认为确有必要的，应当依照民事诉讼法第一百七十条第一款第三项的规定处理。

第三十三条 人民法院准许当事人的鉴定申请后，应当根据当事人申请及查明案件事实的需要，确定委托鉴定的事项、范围、鉴定期限等，并组织当事人对争议的鉴定材料进行质证。

第三十四条 人民法院应当组织当事人对鉴定意见进行质证。鉴定人将当事人有争议且未经质证的材料作为鉴定依据的，人民法院应当组织当事人就该部分材料进行质证。经质证认为不能作为鉴定依据的，根据该材料作出的鉴定意见不得作为认定案件事实的依据。

第三十五条 与发包人订立建设工程施工合同的承包人，依据民法典第八百零七条的规定请求其承建工程的价款就工程折价或者拍卖的价款优先受偿的，人民法院应予支持。

第三十六条 承包人根据民法典第八百零七条规定享有的建设工程价款优先受偿权优于抵押权和其他债权。

第三十七条 装饰装修工程具备折价或者拍卖条件，装饰装修工程的承包人请求工程价款就该装饰装修工程折价或者拍卖的价款优先受偿的，人民法院应予支持。

第三十八条 建设工程质量合格，承包人请求其承建工程的价款就工程折价或者拍卖的价款优先受偿的，人民法院应予支持。

第三十九条 未竣工的建设工程质量合格，承包人请求其承建工程的价款就其承建工程部分折价或者拍卖的价款优先受偿的，人民法院应予支持。

第四十条 承包人建设工程价款优先受偿的范围依照国务院有关行政主管部门关于建设工程价款范围的规定确定。

承包人就逾期支付建设工程价款的利息、违约金、损害赔偿金等主张优先受偿的，人民法院不予支持。

第四十一条 承包人应当在合理期限内行使建设工程价款优先受偿权，但最长不得超过十八个月，自发包人应当给付建设工程价款之日起算。

第四十二条 发包人与承包人约定放弃或者限制建设工程价款优先受偿权，损害建筑工人利益，发包人根据该约定主张承包人不享有建设工程价款优先受偿权的，人民法院不予支持。

第四十三条 实际施工人以转包人、违法分包人为被告起诉的，人民法院应当依法受理。

实际施工人以发包人为被告主张权利的，人民法院应当追加转包人或者违法分包人为本案第三人，在查明发包人欠付转包人或者违法分包人建设工程价款的数额后，判决发包人在欠付建设工程价款范围内对实际施工人承担责任。

第四十四条 实际施工人依据民法典第五百三十五条规定，以转包人或者违法分包人怠于向发包人行使到期债权或者与该债权有关的从权利，影响其到期债权实现，提起代位权诉讼的，人民法院应予支持。

第四十五条 本解释自2021年1月1日起施行。

九、运输合同

中华人民共和国民用航空法(节录)

· 1995年10月30日第八届全国人民代表大会常务委员会第十六次会议通过

· 根据2009年8月27日第十一届全国人民代表大会常务委员会第十次会议《关于修改部分法律的决定》第一次修正

· 根据2015年4月24日第十二届全国人民代表大会常务委员会第十四次会议《关于修改〈中华人民共和国计量法〉等五部法律的决定》第二次修正

· 根据2016年11月7日第十二届全国人民代表大会常务委员会第二十四次会议《关于修改〈中华人民共和国对外贸易法〉等十二部法律的决定》第三次修正

· 根据2017年11月4日第十二届全国人民代表大会常务委员会第三十次会议《关于修改〈中华人民共和国会计法〉等十一部法律的决定》第四次修正

· 根据2018年12月29日第十三届全国人民代表大会常务委员会第七次会议《关于修改〈中华人民共和国劳动法〉等七部法律的决定》第五次修正

· 根据2021年4月29日第十三届全国人民代表大会常务委员会第二十八次会议《关于修改〈中华人民共和国道路交通安全法〉等八部法律的决定》第六次修正

……

第九章　公共航空运输

第一节　一般规定

第一百零六条　本章适用于公共航空运输企业使用民用航空器经营的旅客、行李或者货物的运输，包括公共航空运输企业使用民用航空器办理的免费运输。

本章不适用于使用民用航空器办理的邮件运输。

对多式联运方式的运输，本章规定适用于其中的航空运输部分。

第一百零七条　本法所称国内航空运输，是指根据当事人订立的航空运输合同，运输的出发地点、约定的经停地点和目的地点均在中华人民共和国境内的运输。

本法所称国际航空运输，是指根据当事人订立的航空运输合同，无论运输有无间断或者有无转运，运输的出发地点、目的地点或者约定的经停地点之一不在中华人民共和国境内的运输。

第一百零八条　航空运输合同各方认为几个连续的航空运输承运人办理的运输是一项单一业务活动的，无论其形式是以一个合同订立或者数个合同订立，应当视为一项不可分割的运输。

第二节　运输凭证

第一百零九条　承运人运送旅客，应当出具客票。旅客乘坐民用航空器，应当交验有效客票。

第一百一十条　客票应当包括的内容由国务院民用航空主管部门规定，至少应当包括以下内容：

（一）出发地点和目的地点；

（二）出发地点和目的地点均在中华人民共和国境内，而在境外有一个或者数个约定的经停地点的，至少注明一个经停地点；

（三）旅客航程的最终目的地点、出发地点或者约定的经停地点之一不在中华人民共和国境内，依照所适用的国际航空运输公约的规定，应当在客票上声明此项运输适用该公约的，客票上应当载有该项声明。

第一百一十一条　客票是航空旅客运输合同订立和运输合同条件的初步证据。

旅客未能出示客票、客票不符合规定或者客票遗失，不影响运输合同的存在或者有效。

在国内航空运输中，承运人同意旅客不经其出票而乘坐民用航空器的，承运人无权援用本法

第一百二十八条有关赔偿责任限制的规定。

在国际航空运输中，承运人同意旅客不经其出票而乘坐民用航空器的，或者客票上未依照本法第一百一十条第(三)项的规定声明的，承运人无权援用本法第一百二十九条有关赔偿责任限制的规定。

第一百一十二条 承运人载运托运行李时，行李票可以包含在客票之内或者与客票相结合。除本法第一百一十条的规定外，行李票还应当包括下列内容：

(一) 托运行李的件数和重量；

(二) 需要声明托运行李在目的地点交付时的利益的，注明声明金额。

行李票是行李托运和运输合同条件的初步证据。

旅客未能出示行李票、行李票不符合规定或者行李票遗失，不影响运输合同的存在或者有效。

在国内航空运输中，承运人载运托运行李而不出具行李票的，承运人无权援用本法第一百二十八条有关赔偿责任限制的规定。

在国际航空运输中，承运人载运托运行李而不出具行李票的，或者行李票上未依照本法第一百一十条第(三)项的规定声明的，承运人无权援用本法第一百二十九条有关赔偿责任限制的规定。

第一百一十三条 承运人有权要求托运人填写航空货运单，托运人有权要求承运人接受该航空货运单。托运人未能出示航空货运单、航空货运单不符合规定或者航空货运单遗失，不影响运输合同的存在或者有效。

第一百一十四条 托运人应当填写航空货运单正本一式三份，连同货物交给承运人。

航空货运单第一份注明“交承运人”，由托运人签字、盖章；第二份注明“交收货人”，由托运人和承运人签字、盖章；第三份由承运人在接受货物后签字、盖章，交给托运人。

承运人根据托运人的请求填写航空货运单的，在没有相反证据的情况下，应当视为代托运人填写。

第一百一十五条 航空货运单应当包括的内容由国务院民用航空主管部门规定，至少应当包括以下内容：

(一) 出发地点和目的地点；

(二) 出发地点和目的地点均在中华人民共和国境内，而在境外有一个或者数个约定的经停地点的，至少注明一个经停地点；

(三) 货物运输的最终目的地点、出发地点或者约定的经停地点之一不在中华人民共和国境内，依照所适用的国际航空运输公约的规定，应当在货运单上声明此项运输适用该公约的，货运单上应当载有该项声明。

第一百一十六条 在国内航空运输中，承运人同意未经填具航空货运单而载运货物的，承运人无权援用本法第一百二十八条有关赔偿责任限制的规定。

在国际航空运输中，承运人同意未经填具航空货运单而载运货物的，或者航空货运单上未依照本法第一百一十五条第(三)项的规定声明的，承运人无权援用本法第一百二十九条有关赔偿责任限制的规定。

第一百一十七条 托运人应当对航空货运单上所填关于货物的说明和声明的正确性负责。

因航空货运单上所填的说明和声明不符合规定、不正确或者不完全，给承运人或者承运人对之负责的其他人造成损失的，托运人应当承担赔偿责任。

第一百一十八条 航空货运单是航空货物运输合同订立和运输条件以及承运人接受货物的初步证据。

航空货运单上关于货物的重量、尺寸、包装和包装件数的说明具有初步证据的效力。除经过承运人和托运人当面查对并在航空货运单上注明经过查对或者书写关于货物的外表情况的说明外，航空货运单上关于货物的数量、体积和情况的说明不能构成不利于承运人的证据。

第一百一十九条 托运人在履行航空货物运输合同规定的义务的条件下，有权在出发地机场或者目的地机场将货物提回，或者在途中经停时中止运输，或者在目的地点或者途中要求将货物交给非航空货运单上指定的收货人，或者要求将货物运回出发地机场；但是，托运人不得因行使此种权利而使承运人或者其他托运人遭受损失，并应当偿付由此产生的费用。

托运人的指示不能执行的，承运人应当立即通知托运人。

承运人按照托运人的指示处理货物，没有要

求托运人出示其所收执的航空货运单，给该航空货运单的合法持有人造成损失的，承运人应当承担责任，但是不妨碍承运人向托运人追偿。

收货人的权利依照本法第一百二十条规定开始时，托运人的权利即告终止；但是，收货人拒绝接受航空货运单或者货物，或者承运人无法同收货人联系的，托运人恢复其对货物的处置权。

第一百二十条 除本法第一百一十九条所列情形外，收货人于货物到达目的地点，并在缴付应付款项和履行航空货运单上所列运输条件后，有权要求承运人移交航空货运单并交付货物。

除另有约定外，承运人应当在货物到达后立即通知收货人。

承运人承认货物已经遗失，或者货物在应当到达之日起七日后仍未到达的，收货人有权向承运人行使航空货物运输合同所赋予的权利。

第一百二十一条 托运人和收货人在履行航空货物运输合同规定的义务的条件下，无论为本人或者他人的利益，可以以本人的名义分别行使本法第一百一十九条和第一百二十条所赋予的权利。

第一百二十二条 本法第一百一十九条、第一百二十条和第一百二十一条的规定，不影响托运人同收货人之间的相互关系，也不影响从托运人或者收货人获得权利的第三人之间的关系。

任何与本法第一百一十九条、第一百二十条和第一百二十一条规定不同的合同条款，应当在航空货运单上载明。

第一百二十三条 托运人应当提供必需的资料和文件，以便在货物交付收货人前完成法律、行政法规规定的有关手续；因没有此种资料、文件，或者此种资料、文件不充足或者不符合规定造成的损失，除由于承运人或者其受雇人、代理人的过错造成的外，托运人应当对承运人承担责任。

除法律、行政法规另有规定外，承运人没有对前款规定的资料或者文件进行检查的义务。

第三节 承运人的责任

第一百二十四条 因发生在民用航空器上或者在旅客上、下民用航空器过程中的事件，造成旅客人身伤亡的，承运人应当承担责任；但是，旅客的人身伤亡完全是由于旅客本人的健康状况造成的，承运人不承担责任。

第一百二十五条 因发生在民用航空器上或者在旅客上、下民用航空器过程中的事件，造成旅客随身携带物品毁灭、遗失或者损坏的，承运人应当承担责任。因发生在航空运输期间的事件，造成旅客的托运行李毁灭、遗失或者损坏的，承运人应当承担责任。

旅客随身携带物品或者托运行李的毁灭、遗失或者损坏完全是由于行李本身的自然属性、质量或者缺陷造成的，承运人不承担责任。

本章所称行李，包括托运行李和旅客随身携带的物品。

因发生在航空运输期间的事件，造成货物毁灭、遗失或者损坏的，承运人应当承担责任；但是，承运人证明货物的毁灭、遗失或者损坏完全是由于下列原因之一造成的，不承担责任：

（一）货物本身的自然属性、质量或者缺陷；

（二）承运人或者其受雇人、代理人以外的人包装货物的，货物包装不良；

（三）战争或者武装冲突；

（四）政府有关部门实施的与货物入境、出境或者过境有关的行为。

本条所称航空运输期间，是指在机场内、民用航空器上或者机场外降落的任何地点，托运行李、货物处于承运人掌管之下的全部期间。

航空运输期间，不包括机场外的任何陆路运输、海上运输、内河运输过程；但是，此种陆路运输、海上运输、内河运输是为了履行航空运输合同而装载、交付或者转运，在没有相反证据的情况下，所发生的损失视为在航空运输期间发生的损失。

第一百二十六条 旅客、行李或者货物在航空运输中因延误造成的损失，承运人应当承担责任；但是，承运人证明本人或者其受雇人、代理人为了避免损失的发生，已经采取一切必要措施或者不可能采取此种措施的，不承担责任。

第一百二十七条 在旅客、行李运输中，经承运人证明，损失是由索赔人的过错造成或者促成的，应当根据造成或者促成此种损失的过错的程度，相应免除或者减轻承运人的责任。旅客以外的其他人就旅客死亡或者受伤提出赔偿请求时，经承运人证明，死亡或者受伤是旅客本人的过错造成或者促成的，同样应当根据造成或者促成此种损失的过错的程度，相应免除或者减轻承运人的责任。

在货物运输中,经承运人证明,损失是由索赔人或者代行权利人的过错造成或者促成的,应当根据造成或者促成此种损失的过错的程度,相应免除或者减轻承运人的责任。

第一百二十八条 国内航空运输承运人的赔偿责任限额由国务院民用航空主管部门制定,报国务院批准后公布执行。

旅客或者托运人在交运托运行李或者货物时,特别声明在目的地点交付时的利益,并在必要时支付附加费的,除承运人证明旅客或者托运人声明的金额高于托运行李或者货物在目的地点交付时的实际利益外,承运人应当在声明金额范围内承担责任;本法第一百二十九条的其他规定,除赔偿责任限额外,适用于国内航空运输。

第一百二十九条 国际航空运输承运人的赔偿责任限额按照下列规定执行:

(一)对每名旅客的赔偿责任限额为16600计算单位;但是,旅客可以同承运人书面约定高于本项规定的赔偿责任限额。

(二)对托运行李或者货物的赔偿责任限额,每公斤为17计算单位。旅客或者托运人在交运托运行李或者货物时,特别声明在目的地点交付时的利益,并在必要时支付附加费的,除承运人证明旅客或者托运人声明的金额高于托运行李或者货物在目的地点交付时的实际利益外,承运人应当在声明金额范围内承担责任。

托运行李或者货物的一部分或者托运行李、货物中的任何物件毁灭、遗失、损坏或者延误的,用以确定承运人赔偿责任限额的重量,仅为该一包件或者数包件的总重量;但是,因托运行李或者货物的一部分或者托运行李、货物中的任何物件的毁灭、遗失、损坏或者延误,影响同一份行李票或者同一份航空货运单所列其他包件的价值的,确定承运人的赔偿责任限额时,此种包件的总重量也应当考虑在内。

(三)对每名旅客随身携带的物品的赔偿责任限额为332计算单位。

第一百三十条 任何旨在免除本法规定的承运人责任或者降低本法规定的赔偿责任限额的条款,均属无效;但是,此种条款的无效,不影响整个航空运输合同的效力。

第一百三十一条 有关航空运输中发生的损失的诉讼,不论其根据如何,只能依照本法规定的条件和赔偿责任限额提出,但是不妨碍谁有权提起诉讼以及他们各自的权利。

第一百三十二条 经证明,航空运输中的损失是由于承运人或者其受雇人、代理人的故意或者明知可能造成损失而轻率地作为或者不作为造成的,承运人无权援用本法第一百二十八条、第一百二十九条有关赔偿责任限制的规定;证明承运人的受雇人、代理人有此种作为或者不作为的,还应当证明该受雇人、代理人是在受雇、代理范围内行事。

第一百三十三条 就航空运输中的损失向承运人的受雇人、代理人提起诉讼时,该受雇人、代理人证明他是在受雇、代理范围内行事的,有权援用本法第一百二十八条、第一百二十九条有关赔偿责任限制的规定。

在前款规定情形下,承运人及其受雇人、代理人的赔偿总额不得超过法定的赔偿责任限额。

经证明,航空运输中的损失是由于承运人的受雇人、代理人的故意或者明知可能造成损失而轻率地作为或者不作为造成的,不适用本条第一款和第二款的规定。

第一百三十四条 旅客或者收货人收受托运行李或者货物而未提出异议,为托运行李或者货物已经完好交付并与运输凭证相符的初步证据。

托运行李或者货物发生损失的,旅客或者收货人应当在发现损失后向承运人提出异议。托运行李发生损失的,至迟应当自收到托运行李之日起七日内提出;货物发生损失的,至迟应当自收到货物之日起十四日内提出。托运行李或者货物发生延误的,至迟应当自托运行李或者货物交付旅客或者收货人处置之日起二十一日内提出。

任何异议均应当在前款规定的期间内写在运输凭证上或者另以书面提出。

除承运人有欺诈行为外,旅客或者收货人未在本条第二款规定的期间内提出异议的,不能向承运人提出索赔诉讼。

第一百三十五条 航空运输的诉讼时效期间为二年,自民用航空器到达目的地点、应当到达目的地点或者运输终止之日起计算。

第一百三十六条 由几个航空承运人办理的连续运输,接受旅客、行李或者货物的每一个承运人应当受本法规定的约束,并就其根据合同办理的运输区段作为运输合同的订约一方。

对前款规定的连续运输,除合同明文约定第一承运人应当对全程运输承担责任外,旅客或者其继承人只能对发生事故或者延误的运输区段的承运人提起诉讼。

托运行李或者货物的毁灭、遗失、损坏或者延误,旅客或者托运人有权对第一承运人提起诉讼,旅客或者收货人有权对最后承运人提起诉讼,旅客、托运人和收货人均可以对发生毁灭、遗失、损坏或者延误的运输区段的承运人提起诉讼。上述承运人应当对旅客、托运人或者收货人承担连带责任。

第四节　实际承运人履行航空运输的特别规定

第一百三十七条　本节所称缔约承运人,是指以本人名义与旅客或者托运人,或者与旅客或者托运人的代理人,订立本章调整的航空运输合同的人。

本节所称实际承运人,是指根据缔约承运人的授权,履行前款全部或者部分运输的人,不是指本章规定的连续承运人;在没有相反证明时,此种授权被认为是存在的。

第一百三十八条　除本节另有规定外,缔约承运人和实际承运人都应当受本章规定的约束。缔约承运人应当对合同约定的全部运输负责。实际承运人应当对其履行的运输负责。

第一百三十九条　实际承运人的作为和不作为,实际承运人的受雇人、代理人在受雇、代理范围内的作为和不作为,关系到实际承运人履行的运输的,应当视为缔约承运人的作为和不作为。

缔约承运人的作为和不作为,缔约承运人的受雇人、代理人在受雇、代理范围内的作为和不作为,关系到实际承运人履行的运输的,应当视为实际承运人的作为和不作为;但是,实际承运人承担的责任不因此种作为或者不作为而超过法定的赔偿责任限额。

任何有关缔约承运人承担本章未规定的义务或者放弃本章赋予的权利的特别协议,或者任何有关依照本法第一百二十八条、第一百二十九条规定所作的在目的地点交付时利益的特别声明,除经实际承运人同意外,均不得影响实际承运人。

第一百四十条　依照本章规定提出的索赔或者发出的指示,无论是向缔约承运人还是向实际承运人提出或者发出的,具有同等效力;但是,本法第一百一十九条规定的指示,只在向缔约承运人发出时,方有效。

第一百四十一条　实际承运人的受雇人、代理人或者缔约承运人的受雇人、代理人,证明他是在受雇、代理范围内行事的,就实际承运人履行的运输而言,有权援用本法第一百二十八条、第一百二十九条有关赔偿责任限制的规定,但是依照本法规定不得援用赔偿责任限制规定的除外。

第一百四十二条　对于实际承运人履行的运输,实际承运人、缔约承运人以及他们的在受雇、代理范围内行事的受雇人、代理人的赔偿总额不得超过依照本法得以从缔约承运人或者实际承运人获得赔偿的最高数额;但是,其中任何人都不承担超过对他适用的赔偿责任限额。

第一百四十三条　对实际承运人履行的运输提起的诉讼,可以分别对实际承运人或者缔约承运人提起,也可以同时对实际承运人和缔约承运人提起;被提起诉讼的承运人有权要求另一承运人参加应诉。

第一百四十四条　除本法第一百四十三条规定外,本节规定不影响实际承运人和缔约承运人之间的权利、义务。

……

中华人民共和国海商法(节录)

- 1992年11月7日第七届全国人民代表大会常务委员会第二十八次会议通过
- 1992年11月7日中华人民共和国主席令第64号公布
- 自1993年7月1日起施行

……

第四章　海上货物运输合同

第一节　一般规定

第四十一条　海上货物运输合同,是指承运人收取运费,负责将托运人托运的货物经海路由一港运至另一港的合同。

第四十二条　本章下列用语的含义:

(一)“承运人”,是指本人或者委托他人以本人名义与托运人订立海上货物运输合同的人。

(二)“实际承运人”,是指接受承运人委托,从事货物运输或者部分运输的人,包括接受转委托从事此项运输的其他人。

(三)“托运人”,是指:

1. 本人或者委托他人以本人名义或者委托他人为本人与承运人订立海上货物运输合同的人;

2. 本人或者委托他人以本人名义或者委托他人为本人将货物交给与海上货物运输合同有关的承运人的人。

(四)“收货人”,是指有权提取货物的人。

(五)“货物”,包括活动物和由托运人提供的用于集装货物的集装箱、货盘或者类似的装运器具。

第四十三条 承运人或者托运人可以要求书面确认海上货物运输合同的成立。但是,航次租船合同应当书面订立。电报、电传和传真具有书面效力。

第四十四条 海上货物运输合同和作为合同凭证的提单或者其他运输单证中的条款,违反本章规定的,无效。此类条款的无效,不影响该合同和提单或者其他运输单证中其他条款的效力。将货物的保险利益转让给承运人的条款或者类似条款,无效。

第四十五条 本法第四十四条的规定不影响承运人在本章规定的承运人责任和义务之外,增加其责任和义务。

第二节 承运人的责任

第四十六条 承运人对集装箱装运的货物的责任期间,是指从装货港接收货物时起至卸货港交付货物时止,货物处于承运人掌管之下的全部期间。承运人对非集装箱装运的货物的责任期间,是指从货物装上船时起至卸下船时止,货物处于承运人掌管之下的全部期间。在承运人的责任期间,货物发生灭失或者损坏,除本节另有规定外,承运人应当负赔偿责任。

前款规定,不影响承运人就非集装箱装运的货物,在装船前和卸船后所承担的责任,达成任何协议。

第四十七条 承运人在船舶开航前和开航当时,应当谨慎处理,使船舶处于适航状态,妥善配备船员、装备船舶和配备供应品,并使货舱、冷藏舱、冷气舱和其他载货处所适于并能安全收受、载运和保管货物。

第四十八条 承运人应当妥善地、谨慎地装载、搬移、积载、运输、保管、照料和卸载所运货物。

第四十九条 承运人应当按照约定的或者习惯的或者地理上的航线将货物运往卸货港。

船舶在海上为救助或者企图救助人命或者财产而发生的绕航或者其他合理绕航,不属于违反前款规定的行为。

第五十条 货物未能在明确约定的时间内,在约定的卸货港交付的,为迟延交付。

除依照本章规定承运人不负赔偿责任的情形外,由于承运人的过失,致使货物因迟延交付而灭失或者损坏的,承运人应当负赔偿责任。

除依照本章规定承运人不负赔偿责任的情形外,由于承运人的过失,致使货物因迟延交付而遭受经济损失的,即使货物没有灭失或者损坏,承运人仍然应当负赔偿责任。

承运人未能在本条第一款规定的时间届满六十日内交付货物,有权对货物灭失提出赔偿请求的人可以认为货物已经灭失。

第五十一条 在责任期间货物发生的灭失或者损坏是由于下列原因之一造成的,承运人不负赔偿责任:

(一)船长、船员、引航员或者承运人的其他受雇人在驾驶船舶或者管理船舶中的过失;

(二)火灾,但是由于承运人本人的过失所造成的除外;

(三)天灾,海上或者其他可航水域的危险或者意外事故;

(四)战争或者武装冲突;

(五)政府或者主管部门的行为、检疫限制或者司法扣押;

(六)罢工、停工或者劳动受到限制;

(七)在海上救助或者企图救助人命或者财产;

(八)托运人、货物所有人或者他们的代理人的行为;

(九)货物的自然特性或者固有缺陷;

(十)货物包装不良或者标志欠缺、不清;

(十一)经谨慎处理仍未发现的船舶潜在缺陷;

(十二)非由于承运人或者承运人的受雇人、

代理人的过失造成的其他原因。

承运人依照前款规定免除赔偿责任的，除第(二)项规定的原因外，应当负举证责任。

第五十二条 因运输活动物的固有的特殊风险造成活动物灭失或者损害的，承运人不负赔偿责任。但是，承运人应当证明业已履行托运人关于运输活动物的特别要求，并证明根据实际情况，灭失或者损害是由于此种固有的特殊风险造成的。

第五十三条 承运人在舱面上装载货物，应当同托运人达成协议，或者符合航运惯例，或者符合有关法律、行政法规的规定。

承运人依照前款规定将货物装载在舱面上，对由于此种装载的特殊风险造成的货物灭失或者损坏，不负赔偿责任。

承运人违反本条第一款规定将货物装载在舱面上，致使货物遭受灭失或者损坏的，应当负赔偿责任。

第五十四条 货物的灭失、损坏或者迟延交付是由于承运人或者承运人的受雇人、代理人的不能免除赔偿责任的原因和其他原因共同造成的，承运人仅在其不能免除赔偿责任的范围内负赔偿责任；但是，承运人对其他原因造成的灭失、损坏或者迟延交付应当负举证责任。

第五十五条 货物灭失的赔偿额，按照货物的实际价值计算；货物损坏的赔偿额，按照货物受损前后实际价值的差额或者货物的修复费用计算。

货物的实际价值，按照货物装船时的价值加保险费加运费计算。

前款规定的货物实际价值，赔偿时应当减去因货物灭失或者损坏而少付或者免付的有关费用。

第五十六条 承运人对货物的灭失或者损坏的赔偿限额，按照货物件数或者其他货运单位数计算，每件或者每个其他货运单位为666.67计算单位，或者按照货物毛重计算，每公斤为2计算单位，以二者中赔偿限额较高的为准。但是，托运人在货物装运前已经申报其性质和价值，并在提单中载明的，或者承运人与托运人已经另行约定高于本条规定的赔偿限额的除外。

货物用集装箱、货盘或者类似装运器具集装的，提单中载明装在此类装运器具中的货物件数或者其他货运单位数，视为前款所指的货物件数或者其他货运单位数；未载明的，每一装运器具视为一件或者一个单位。

装运器具不属于承运人所有或者非由承运人提供的，装运器具本身应当视为一件或者一个单位。

第五十七条 承运人对货物因迟延交付造成经济损失的赔偿限额，为所迟延交付的货物的运费数额。货物的灭失或者损坏和迟延交付同时发生的，承运人的赔偿责任限额适用本法第五十六条第一款规定的限额。

第五十八条 就海上货物运输合同所涉及的货物灭失、损坏或者迟延交付对承运人提起的任何诉讼，不论海事请求人是否合同的一方，也不论是根据合同或者是根据侵权行为提起的，均适用本章关于承运人的抗辩理由和限制赔偿责任的规定。

前款诉讼是对承运人的受雇人或者代理人提起的，经承运人的受雇人或者代理人证明，其行为是在受雇或者受委托的范围之内的，适用前款规定。

第五十九条 经证明，货物的灭失、损坏或者迟延交付是由于承运人的故意或者明知可能造成损失而轻率地作为或者不作为造成的，承运人不得援用本法第五十六条或者第五十七条限制赔偿责任的规定。

经证明，货物的灭失、损坏或者迟延交付是由于承运人的受雇人、代理人的故意或者明知可能造成损失而轻率地作为或者不作为造成的，承运人的受雇人或者代理人不得援用本法第五十六条或者第五十七条限制赔偿责任的规定。

第六十条 承运人将货物运输或者部分运输委托给实际承运人履行的，承运人仍然应当依照本章规定对全部运输负责。对实际承运人承担的运输，承运人应当对实际承运人的行为或者实际承运人的受雇人、代理人在受雇或者受委托的范围内的行为负责。

虽有前款规定，在海上运输合同中明确约定合同所包括的特定的部分运输由承运人以外的指定的实际承运人履行的，合同可以同时约定，货物在指定的实际承运人掌管期间发生的灭失、损坏或者迟延交付，承运人不负赔偿责任。

第六十一条 本章对承运人责任的规定，适用于实际承运人。对实际承运人的受雇人、代理人提起诉讼的,适用本法第五十八条第二款和第五十九条第二款的规定。

第六十二条 承运人承担本章未规定的义务或者放弃本章赋予的权利的任何特别协议,经实际承运人书面明确同意的,对实际承运人发生效力;实际承运人是否同意,不影响此项特别协议对承运人的效力。

第六十三条 承运人与实际承运人都负有赔偿责任的,应当在此项责任范围内负连带责任。

第六十四条 就货物的灭失或者损坏分别向承运人、实际承运人以及他们的受雇人、代理人提出赔偿请求的,赔偿总额不超过本法第五十六条规定的限额。

第六十五条 本法第六十条至第六十四条的规定,不影响承运人和实际承运人之间相互追偿。

第三节 托运人的责任

第六十六条 托运人托运货物,应当妥善包装,并向承运人保证,货物装船时所提供的货物的品名、标志、包数或者件数、重量或者体积的正确性;由于包装不良或者上述资料不正确,对承运人造成损失的,托运人应当负赔偿责任。

承运人依照前款规定享有的受偿权利,不影响其根据货物运输合同对托运人以外的人所承担的责任。

第六十七条 托运人应当及时向港口、海关、检疫、检验和其他主管机关办理货物运输所需要的各项手续,并将已办理各项手续的单证送交承运人;因办理各项手续的有关单证送交不及时、不完备或者不正确,使承运人的利益受到损害的,托运人应当负赔偿责任。

第六十八条 托运人托运危险货物,应当依照有关海上危险货物运输的规定,妥善包装,作出危险品标志和标签,并将其正式名称和性质以及应当采取的预防危害措施书面通知承运人;托运人未通知或者通知有误的,承运人可以在任何时间、任何地点根据情况需要将货物卸下、销毁或者使之不能为害,而不负赔偿责任。托运人对承运人因运输此类货物所受到的损害,应当负赔偿责任。

承运人知道危险货物的性质并已同意装运的,仍然可以在该项货物对于船舶、人员或者其他货物构成实际危险时,将货物卸下、销毁或者使之不能为害,而不负赔偿责任。但是,本款规定不影响共同海损的分摊。

第六十九条 托运人应当按照约定向承运人支付运费。

托运人与承运人可以约定运费由收货人支付;但是,此项约定应当在运输单证中载明。

第七十条 托运人对承运人、实际承运人所遭受的损失或者船舶所遭受的损坏,不负赔偿责任;但是,此种损失或者损坏是由于托运人或者托运人的受雇人、代理人的过失造成的除外。

托运人的受雇人、代理人对承运人、实际承运人所遭受的损失或者船舶所遭受的损坏,不负赔偿责任;但是,这种损失或者损坏是由于托运人的受雇人、代理人的过失造成的除外。

第四节 运输单证

第七十一条 提单,是指用以证明海上货物运输合同和货物已经由承运人接收或者装船,以及承运人保证据以交付货物的单证。提单中载明的向记名人交付货物,或者按照指示人的指示交付货物,或者向提单持有人交付货物的条款,构成承运人据以交付货物的保证。

第七十二条 货物由承运人接收或者装船后,应托运人的要求,承运人应当签发提单。

提单可以由承运人授权的人签发。提单由载货船舶的船长签发的,视为代表承运人签发。

第七十三条 提单内容,包括下列各项:

(一)货物的品名、标志、包数或者件数、重量或者体积,以及运输危险货物时对危险性质的说明;

(二)承运人的名称和主营业所;

(三)船舶名称;

(四)托运人的名称;

(五)收货人的名称;

(六)装货港和在装货港接收货物的日期;

(七)卸货港;

(八)多式联运提单增列接收货物地点和交付货物地点;

(九)提单的签发日期、地点和份数;

(十)运费的支付;

(十一)承运人或者其代表的签字。

提单缺少前款规定的一项或者几项的,不影

响提单的性质;但是,提单应当符合本法第七十一条的规定。

第七十四条 货物装船前,承运人已经应托运人的要求签发收货待运提单或者其他单证的,货物装船完毕,托运人可以将收货待运提单或者其他单证退还承运人,以换取已装船提单;承运人也可以在收货待运提单上加注承运船舶的船名和装船日期,加注后的收货待运提单视为已装船提单。

第七十五条 承运人或者代其签发提单的人,知道或者有合理的根据怀疑提单记载的货物的品名、标志、包数或者件数、重量或者体积与实际接收的货物不符,在签发已装船提单的情况下怀疑与已装船的货物不符,或者没有适当的方法核对提单记载的,可以在提单上批注,说明不符之处、怀疑的根据或者说明无法核对。

第七十六条 承运人或者代其签发提单的人未在提单上批注货物表面状况的,视为货物的表面状况良好。

第七十七条 除依照本法第七十五条的规定作出保留外,承运人或者代其签发提单的人签发的提单,是承运人已经按照提单所载状况收到货物或者货物已经装船的初步证据;承运人向善意受让提单的包括收货人在内的第三人提出的与提单所载状况不同的证据,不予承认。

第七十八条 承运人同收货人、提单持有人之间的权利、义务关系,依据提单的规定确定。

收货人、提单持有人不承担在装货港发生的滞期费、亏舱费和其他与装货有关的费用,但是提单中明确载明上述费用由收货人、提单持有人承担的除外。

第七十九条 提单的转让,依照下列规定执行:

(一)记名提单:不得转让;

(二)指示提单:经过记名背书或者空白背书转让;

(三)不记名提单:无需背书,即可转让。

第八十条 承运人签发提单以外的单证用以证明收到待运货物的,此项单证即为订立海上货物运输合同和承运人接收该单证中所列货物的初步证据。

承运人签发的此类单证不得转让。

第五节 货物交付

第八十一条 承运人向收货人交付货物时,收货人未将货物灭失或者损坏的情况书面通知承运人的,此项交付视为承运人已经按照运输单证的记载交付以及货物状况良好的初步证据。

货物灭失或者损坏的情况非显而易见的,在货物交付的次日起连续七日内,集装箱货物交付的次日起连续十五日内,收货人未提交书面通知的,适用前款规定。

货物交付时,收货人已经会同承运人对货物进行联合检查或者检验的,无需就所查明的灭失或者损坏的情况提交书面通知。

第八十二条 承运人自向收货人交付货物的次日起连续六十日内,未收到收货人就货物因迟延交付造成经济损失而提交的书面通知的,不负赔偿责任。

第八十三条 收货人在目的港提取货物前或者承运人在目的港交付货物前,可以要求检验机构对货物状况进行检验;要求检验的一方应当支付检验费用,但是有权向造成货物损失的责任方追偿。

第八十四条 承运人和收货人对本法第八十一条和第八十三条规定的检验,应当相互提供合理的便利条件。

第八十五条 货物由实际承运人交付的,收货人依照本法第八十一条的规定向实际承运人提交的书面通知,与向承运人提交书面通知具有同等效力;向承运人提交的书面通知,与向实际承运人提交书面通知具有同等效力。

第八十六条 在卸货港无人提取货物或者收货人迟延、拒绝提取货物的,船长可以将货物卸在仓库或者其他适当场所,由此产生的费用和风险由收货人承担。

第八十七条 应当向承运人支付的运费、共同海损分摊、滞期费和承运人为货物垫付的必要费用以及应当向承运人支付的其他费用没有付清,又没有提供适当担保的,承运人可以在合理的限度内留置其货物。

第八十八条 承运人根据本法第八十七条规定留置的货物,自船舶抵达卸货港的次日起满六十日无人提取的,承运人可以申请法院裁定拍卖;货物易腐烂变质或者货物的保管费用可能超过其价值的,可以申请提前拍卖。

拍卖所得价款,用于清偿保管、拍卖货物的费用和运费以及应当向承运人支付的其他有关费用;不足的金额,承运人有权向托运人追偿;剩余的金额,退还托运人;无法退还、自拍卖之日起满一年又无人领取的,上缴国库。

第六节　合同的解除

第八十九条　船舶在装货港开航前,托运人可以要求解除合同。但是,除合同另有约定外,托运人应当向承运人支付约定运费的一半;货物已经装船的,并应当负担装货、卸货和其他与此有关的费用。

第九十条　船舶在装货港开航前,因不可抗力或者其他不能归责于承运人和托运人的原因致使合同不能履行的,双方均可以解除合同,并互相不负赔偿责任。除合同另有约定外,运费已经支付的,承运人应当将运费退还给托运人;货物已经装船的,托运人应当承担装卸费用;已经签发提单的,托运人应当将提单退还承运人。

第九十一条　因不可抗力或者其他不能归责于承运人和托运人的原因致使船舶不能在合同约定的目的港卸货的,除合同另有约定外,船长有权将货物在目的港邻近的安全港口或者地点卸载,视为已经履行合同。

船长决定将货物卸载的,应当及时通知托运人或者收货人,并考虑托运人或者收货人的利益。

第七节　航次租船合同的特别规定

第九十二条　航次租船合同,是指船舶出租人向承租人提供船舶或者船舶的部分舱位,装运约定的货物,从一港运至另一港,由承租人支付约定运费的合同。

第九十三条　航次租船合同的内容,主要包括出租人和承租人的名称、船名、船籍、载货重量、容积、货名、装货港和目的港、受载期限、装卸期限、运费、滞期费、速遣费以及其他有关事项。

第九十四条　本法第四十七条和第四十九条的规定,适用于航次租船合同的出租人。

本章其他有关合同当事人之间的权利、义务的规定,仅在航次租船合同没有约定或者没有不同约定时,适用于航次租船合同的出租人和承租人。

第九十五条　对按照航次租船合同运输的货物签发的提单,提单持有人不是承租人的,承运人与该提单持有人之间的权利、义务关系适用提单的约定。但是,提单中载明适用航次租船合同条款的,适用该航次租船合同的条款。

第九十六条　出租人应当提供约定的船舶;经承租人同意,可以更换船舶。但是,提供的船舶或者更换的船舶不符合合同约定的,承租人有权拒绝或者解除合同。

因出租人过失未提供约定的船舶致使承租人遭受损失的,出租人应当负赔偿责任。

第九十七条　出租人在约定的受载期限内未能提供船舶的,承租人有权解除合同。但是,出租人将船舶延误情况和船舶预期抵达装货港的日期通知承租人的,承租人应当自收到通知时起四十八小时内,将是否解除合同的决定通知出租人。

因出租人过失延误提供船舶致使承租人遭受损失的,出租人应当负赔偿责任。

第九十八条　航次租船合同的装货、卸货期限及其计算办法,超过装货、卸货期限后的滞期费和提前完成装货、卸货的速遣费,由双方约定。

第九十九条　承租人可以将其租用的船舶转租;转租后,原合同约定的权利和义务不受影响。

第一百条　承租人应当提供约定的货物;经出租人同意,可以更换货物。但是,更换的货物对出租人不利的,出租人有权拒绝或者解除合同。

因未提供约定的货物致使出租人遭受损失的,承租人应当负赔偿责任。

第一百零一条　出租人应当在合同约定的卸货港卸货。合同订有承租人选择卸货港条款的,在承租人未按照合同约定及时通知确定的卸货港时,船长可以从约定的选卸港中自行选定一港卸货。承租人未按照合同约定及时通知确定的卸货港,致使出租人遭受损失的,应当负赔偿责任。出租人未按照合同约定,擅自选定港口卸货致使承租人遭受损失的,应当负赔偿责任。

第八节　多式联运合同的特别规定

第一百零二条　本法所称多式联运合同,是指多式联运经营人以两种以上的不同运输方式,其中一种是海上运输方式,负责将货物从接收地运至目的地交付收货人,并收取全程运费的合同。

前款所称多式联运经营人,是指本人或者委

托他人以本人名义与托运人订立多式联运合同的人。

第一百零三条 多式联运经营人对多式联运货物的责任期间，自接收货物时起至交付货物时止。

第一百零四条 多式联运经营人负责履行或者组织履行多式联运合同，并对全程运输负责。

多式联运经营人与参加多式联运的各区段承运人，可以就多式联运合同的各区段运输，另以合同约定相互之间的责任。但是，此项合同不得影响多式联运经营人对全程运输所承担的责任。

第一百零五条 货物的灭失或者损坏发生于多式联运的某一运输区段的，多式联运经营人的赔偿责任和责任限额，适用调整该区段运输方式的有关法律规定。

第一百零六条 货物的灭失或者损坏发生的运输区段不能确定的，多式联运经营人应当依照本章关于承运人赔偿责任和责任限额的规定负赔偿责任。

第五章 海上旅客运输合同

第一百零七条 海上旅客运输合同，是指承运人以适合运送旅客的船舶经海路将旅客及其行李从一港运送至另一港，由旅客支付票款的合同。

第一百零八条 本章下列用语的含义：

(一)“承运人”，是指本人或者委托他人以本人名义与旅客订立海上旅客运输合同的人。

(二)“实际承运人”，是指接受承运人委托，从事旅客运送或者部分运送的人，包括接受转委托从事此项运送的其他人。

(三)“旅客”，是指根据海上旅客运输合同运送的人；经承运人同意，根据海上货物运输合同，随船护送货物的人，视为旅客。

(四)“行李”是指根据海上旅客运输合同由承运人载运的任何物品和车辆，但是活动物除外。

(五)“自带行李”，是指旅客自行携带、保管或者放置在客舱中的行李。

第一百零九条 本章关于承运人责任的规定，适用于实际承运人。本章关于承运人的受雇人、代理人责任的规定，适用于实际承运人的受雇人、代理人。

第一百一十条 旅客客票是海上旅客运输合同成立的凭证。

第一百一十一条 海上旅客运输的运送期间，自旅客登船时起至旅客离船时止。客票票价含接送费用的，运送期间并包括承运人经水路将旅客从岸上接到船上和从船上送到岸上的时间，但是不包括旅客在港站内、码头上或者在港口其他设施内的时间。

旅客的自带行李，运送期间同前款规定。旅客自带行李以外的其他行李，运送期间自旅客将行李交付承运人或者承运人的受雇人、代理人时起至承运人或者承运人的受雇人、代理人交还旅客时止。

第一百一十二条 旅客无票乘船、越级乘船或者超程乘船，应当按照规定补足票款，承运人可以按照规定加收票款；拒不交付的，船长有权在适当地点令其离船，承运人有权向其追偿。

第一百一十三条 旅客不得随身携带或者在行李中夹带违禁品或者易燃、易爆、有毒、有腐蚀性、有放射性以及有可能危及船上人身和财产安全的其他危险品。

承运人可以在任何时间、任何地点将旅客违反前款规定随身携带或者在行李中夹带的违禁品、危险品卸下、销毁或者使之不能为害，或者送交有关部门，而不负赔偿责任。

旅客违反本条第一款规定，造成损害的，应当负赔偿责任。

第一百一十四条 在本法第一百一十一条规定的旅客及其行李的运送期间，因承运人或者承运人的受雇人、代理人在受雇或者受委托的范围内的过失引起事故，造成旅客人身伤亡或者行李灭失、损坏的，承运人应当负赔偿责任。

请求人对承运人或者承运人的受雇人、代理人的过失，应当负举证责任；但是，本条第三款和第四款规定的情形除外。

旅客的人身伤亡或者自带行李的灭失、损坏，是由于船舶的沉没、碰撞、搁浅、爆炸、火灾所引起或者是由于船舶的缺陷所引起的，承运人或者承运人的受雇人、代理人除非提出反证，应当视为其有过失。

旅客自带行李以外的其他行李的灭失或者损坏，不论由于何种事故所引起，承运人或者承运人的受雇人、代理人除非提出反证，应当视为其有过失。

第一百一十五条 经承运人证明，旅客的人身伤亡或者行李的灭失、损坏,是由于旅客本人的过失或者旅客和承运人的共同过失造成的,可以免除或者相应减轻承运人的赔偿责任。

经承运人证明,旅客的人身伤亡或者行李的灭失、损坏,是由于旅客本人的故意造成的,或者旅客的人身伤亡是由于旅客本人健康状况造成的,承运人不负赔偿责任。

第一百一十六条 承运人对旅客的货币、金银、珠宝、有价证券或者其他贵重物品所发生的灭失、损坏,不负赔偿责任。

旅客与承运人约定将前款规定的物品交由承运人保管的,承运人应当依照本法第一百一十七条的规定负赔偿责任;双方以书面约定的赔偿限额高于本法第一百一十七条的规定的,承运人应当按照约定的数额负赔偿责任。

第一百一十七条 除本条第四款规定的情形外,承运人在每次海上旅客运输中的赔偿责任限额,依照下列规定执行:

(一)旅客人身伤亡的,每名旅客不超过 46666 计算单位;

(二)旅客自带行李灭失或者损坏的,每名旅客不超过 833 计算单位;

(三)旅客车辆包括该车辆所载行李灭失或者损坏的,每一车辆不超过 3333 计算单位;

(四)本款第(二)、(三)项以外的旅客其他行李灭失或者损坏的,每名旅客不超过 1200 计算单位。

承运人和旅客可以约定,承运人对旅客车辆和旅客车辆以外的其他行李损失的免赔额。但是,对每一车辆损失的免赔额不得超过 117 计算单位,对每名旅客的车辆以外的其他行李损失的免赔额不得超过 13 计算单位。在计算每一车辆或者每名旅客的车辆以外的其他行李的损失赔偿数额时,应当扣除约定的承运人免赔额。

承运人和旅客可以书面约定高于本条第一款规定的赔偿责任限额。

中华人民共和国港口之间的海上旅客运输,承运人的赔偿责任限额,由国务院交通主管部门制定,报国务院批准后施行。

第一百一十八条 经证明,旅客的人身伤亡或者行李的灭失、损坏,是由于承运人的故意或者明知可能造成损害而轻率地作为或者不作为造成的,承运人不得援用本法第一百一十六条和第一百一十七条限制赔偿责任的规定。

经证明,旅客的人身伤亡或者行李的灭失、损坏,是由于承运人的受雇人、代理人的故意或者明知可能造成损害而轻率地作为或者不作为造成的,承运人的受雇人、代理人不得援用本法第一百一十六条和第一百一十七条限制赔偿责任的规定。

第一百一十九条 行李发生明显损坏的,旅客应当依照下列规定向承运人或者承运人的受雇人、代理人提交书面通知:

(一)自带行李,应当在旅客离船前或者离船时提交;

(二)其他行李,应当在行李交还前或者交还时提交。

行李的损坏不明显,旅客在离船时或者行李交还时难以发现的,以及行李发生灭失的,旅客应当在离船或者行李交还或者应当交还之日起十五日内,向承运人或者承运人的受雇人、代理人提交书面通知。

旅客未依照本条第一、二款规定及时提交书面通知的,除非提出反证,视为已经完整无损地收到行李。

行李交还时,旅客已经会同承运人对行李进行联合检查或者检验的,无需提交书面通知。

第一百二十条 向承运人的受雇人、代理人提出的赔偿请求,受雇人或者代理人证明其行为是在受雇或者受委托的范围内的,有权援用本法第一百一十五条、第一百一十六条和第一百一十七条的抗辩理由和赔偿责任限制的规定。

第一百二十一条 承运人将旅客运送或者部分运送委托给实际承运人履行的,仍然应当依照本章规定,对全程运送负责。实际承运人履行运送的,承运人应当对实际承运人的行为或者实际承运人的受雇人、代理人在受雇或者受委托的范围内的行为负责。

第一百二十二条 承运人承担本章未规定的义务或者放弃本章赋予的权利的任何特别协议,经实际承运人书面明确同意的,对实际承运人发生效力;实际承运人是否同意,不影响此项特别协议对承运人的效力。

第一百二十三条 承运人与实际承运人均负有赔偿责任的,应当在此项责任限度内负连带责任。

第一百二十四条 就旅客的人身伤亡或者行李的灭失、损坏,分别向承运人、实际承运人以及他们的受雇人、代理人提出赔偿请求的,赔偿总额不得超过本法第一百一十七条规定的限额。

第一百二十五条 本法第一百二十一条至第一百二十四条的规定,不影响承运人和实际承运人之间相互追偿。

第一百二十六条 海上旅客运输合同中含有下列内容之一的条款无效:

(一)免除承运人对旅客应当承担的法定责任;

(二)降低本章规定的承运人责任限额;

(三)对本章规定的举证责任作出相反的约定;

(四)限制旅客提出赔偿请求的权利。

前款规定的合同条款的无效,不影响合同其他条款的效力。

……

中华人民共和国铁路法(节录)

· 1990 年 9 月 7 日第七届全国人民代表大会常务委员会第十五次会议通过

· 根据 2009 年 8 月 27 日第十一届全国人民代表大会常务委员会第十次会议《关于修改部分法律的决定》第一次修正

· 根据 2015 年 4 月 24 日第十二届全国人民代表大会常务委员会第十四次会议《关于修改〈中华人民共和国义务教育法〉等五部法律的决定》第二次修正

……

第二章 铁路运输营业

第十条 铁路运输企业应当保证旅客和货物运输的安全,做到列车正点到达。

第十一条 铁路运输合同是明确铁路运输企业与旅客、托运人之间权利义务关系的协议。

旅客车票、行李票、包裹票和货物运单是合同或者合同的组成部分。

第十二条 铁路运输企业应当保证旅客按车票载明的日期、车次乘车,并到达目的站。因铁路运输企业的责任造成旅客不能按车票载明的日期、车次乘车的,铁路运输企业应当按照旅客的要求,退还全部票款或者安排改乘到达相同目的站的其他列车。

第十三条 铁路运输企业应当采取有效措施做好旅客运输服务工作,做到文明礼貌、热情周到,保持车站和车厢内的清洁卫生,提供饮用开水,做好列车上的饮食供应工作。

铁路运输企业应当采取措施,防止对铁路沿线环境的污染。

第十四条 旅客乘车应当持有效车票。对无票乘车或者持失效车票乘车的,应当补收票款,并按照规定加收票款;拒不交付的,铁路运输企业可以责令下车。

第十五条 国家铁路和地方铁路根据发展生产、搞活流通的原则,安排货物运输计划。

对抢险救灾物资和国家规定需要优先运输的其他物资,应予优先运输。

地方铁路运输的物资需要经由国家铁路运输的,其运输计划应当纳入国家铁路的运输计划。

第十六条 铁路运输企业应当按照合同约定的期限或者国务院铁路主管部门规定的期限,将货物、包裹、行李运到目的站;逾期运到的,铁路运输企业应当支付违约金。

铁路运输企业逾期 30 日仍未将货物、包裹、行李交付收货人或者旅客的,托运人、收货人或者旅客有权按货物、包裹、行李灭失向铁路运输企业要求赔偿。

第十七条 铁路运输企业应当对承运的货物、包裹、行李自接受承运时起到交付时止发生的灭失、短少、变质、污染或者损坏,承担赔偿责任:

(一)托运人或者旅客根据自愿申请办理保价运输的,按照实际损失赔偿,但最高不超过保价额。

(二)未按保价运输承运的,按照实际损失赔偿,但最高不超过国务院铁路主管部门规定的赔偿限额;如果损失是由于铁路运输企业的故意或者重大过失造成的,不适用赔偿限额的规定,按照实际损失赔偿。

托运人或者旅客根据自愿可以向保险公司办理货物运输保险,保险公司按照保险合同的约定承担赔偿责任。

托运人或者旅客根据自愿,可以办理保价运

输,也可以办理货物运输保险;还可以既不办理保价运输,也不办理货物运输保险。不得以任何方式强迫办理保价运输或者货物运输保险。

第十八条 由于下列原因造成的货物、包裹、行李损失的,铁路运输企业不承担赔偿责任:

(一)不可抗力。

(二)货物或者包裹、行李中的物品本身的自然属性,或者合理损耗。

(三)托运人、收货人或者旅客的过错。

第十九条 托运人应当如实填报托运单,铁路运输企业有权对填报的货物和包裹的品名、重量、数量进行检查。经检查,申报与实际不符的,检查费用由托运人承担;申报与实际相符的,检查费用由铁路运输企业承担,因检查对货物和包裹中的物品造成的损坏由铁路运输企业赔偿。

托运人因申报不实而少交的运费和其他费用应当补交,铁路运输企业按照国务院铁路主管部门的规定加收运费和其他费用。

第二十条 托运货物需要包装的,托运人应当按照国家包装标准或者行业包装标准包装;没有国家包装标准或者行业包装标准的,应当妥善包装,使货物在运输途中不因包装原因而受损坏。

铁路运输企业对承运的容易腐烂变质的货物和活动物,应当按照国务院铁路主管部门的规定和合同的约定,采取有效的保护措施。

第二十一条 货物、包裹、行李到站后,收货人或者旅客应当按照国务院铁路主管部门规定的期限及时领取,并支付托运人未付或者少付的运费和其他费用;逾期领取的,收货人或者旅客应当按照规定交付保管费。

第二十二条 自铁路运输企业发出领取货物通知之日起满30日仍无人领取的货物,或者收货人书面通知铁路运输企业拒绝领取的货物,铁路运输企业应当通知托运人,托运人自接到通知之日起满30日未作答复的,由铁路运输企业变卖;所得价款在扣除保管等费用后尚有余款的,应当退还托运人,无法退还、自变卖之日起180日内托运人又未领回的,上缴国库。

自铁路运输企业发出领取通知之日起满90日仍无人领取的包裹或者到站后满90日仍无人领取的行李,铁路运输企业应当公告,公告满90日仍无人领取的,可以变卖;所得价款在扣除保管等费用后尚有余款的,托运人、收货人或者旅客可以自变卖之日起180日内领回,逾期不领回的,上缴国库。

对危险物品和规定限制运输的物品,应当移交公安机关或者有关部门处理,不得自行变卖。

对不宜长期保存的物品,可以按照国务院铁路主管部门的规定缩短处理期限。

第二十三条 因旅客、托运人或者收货人的责任给铁路运输企业造成财产损失的,由旅客、托运人或者收货人承担赔偿责任。

第二十四条 国家鼓励专用铁路兼办公共旅客、货物运输营业;提倡铁路专用线与有关单位按照协议共用。

专用铁路兼办公共旅客、货物运输营业的,应当报经省、自治区、直辖市人民政府批准。

专用铁路兼办公共旅客、货物运输营业的,适用本法关于铁路运输企业的规定。

第二十五条 铁路的旅客票价率和货物、行李的运价率实行政府指导价或者政府定价,竞争性领域实行市场调节价。政府指导价、政府定价的定价权限和具体适用范围以中央政府和地方政府的定价目录为依据。铁路旅客、货物运输杂费的收费项目和收费标准,以及铁路包裹运价率由铁路运输企业自主制定。

第二十六条 铁路的旅客票价,货物、包裹、行李的运价,旅客和货物运输杂费的收费项目和收费标准,必须公告;未公告的不得实施。

第二十七条 国家铁路、地方铁路和专用铁路印制使用的旅客、货物运输票证,禁止伪造和变造。

禁止倒卖旅客车票和其他铁路运输票证。

第二十八条 托运、承运货物、包裹、行李,必须遵守国家关于禁止或者限制运输物品的规定。

第二十九条 铁路运输企业与公路、航空或者水上运输企业相互间实行国内旅客、货物联运,依照国家有关规定办理;国家没有规定的,依照有关各方的协议办理。

第三十条 国家铁路、地方铁路参加国际联运,必须经国务院批准。

第三十一条 铁路军事运输依照国家有关规定办理。

第三十二条 发生铁路运输合同争议的,铁路运输企业和托运人、收货人或者旅客可以通过调解解决;不愿意调解解决或者调解不成的,可以依据合同中的仲裁条款或者事后达成的书面仲裁协议,向国家规定的仲裁机构申请仲裁。

当事人一方在规定的期限内不履行仲裁机构的仲裁决定的,另一方可以申请人民法院强制执行。

当事人没有在合同中订立仲裁条款,事后又没有达成书面仲裁协议的,可以向人民法院起诉。

……

中华人民共和国
道路运输条例(节录)

· 2004年4月30日中华人民共和国国务院令第406号公布
· 根据2012年11月9日《国务院关于修改和废止部分行政法规的决定》第一次修订
· 根据2016年2月6日《国务院关于修改部分行政法规的决定》第二次修订
· 根据2019年3月2日《国务院关于修改部分行政法规的决定》第三次修订
· 根据2022年3月29日《国务院关于修改和废止部分行政法规的决定》第四次修订
· 根据2023年7月20日《国务院关于修改和废止部分行政法规的决定》第五次修订

……

第二章 道路运输经营

第一节 客 运

第八条 申请从事客运经营的,应当具备下列条件:

(一)有与其经营业务相适应并经检测合格的车辆;

(二)有符合本条例第九条规定条件的驾驶人员;

(三)有健全的安全生产管理制度。

申请从事班线客运经营的,还应当有明确的线路和站点方案。

第九条 从事客运经营的驾驶人员,应当符合下列条件:

(一)取得相应的机动车驾驶证;

(二)年龄不超过60周岁;

(三)3年内无重大以上交通责任事故记录;

(四)经设区的市级人民政府交通运输主管部门对有关客运法律法规、机动车维修和旅客急救基本知识考试合格。

第十条 申请从事客运经营的,应当依法向市场监督管理部门办理有关登记手续后,按照下列规定提出申请并提交符合本条例第八条规定条件的相关材料:

(一)从事县级行政区域内和毗邻县行政区域间客运经营的,向所在地县级人民政府交通运输主管部门提出申请;

(二)从事省际、市际、县际(除毗邻县行政区域间外)客运经营的,向所在地设区的市级人民政府交通运输主管部门提出申请;

(三)在直辖市申请从事客运经营的,向所在地直辖市人民政府确定的交通运输主管部门提出申请。

依照前款规定收到申请的交通运输主管部门,应当自受理申请之日起20日内审查完毕,作出许可或者不予许可的决定。予以许可的,向申请人颁发道路运输经营许可证,并向申请人投入运输的车辆配发车辆营运证;不予许可的,应当书面通知申请人并说明理由。

对从事省际和市际客运经营的申请,收到申请的交通运输主管部门依照本条第二款规定颁发道路运输经营许可证前,应当与运输线路目的地的相应交通运输主管部门协商,协商不成的,应当按程序报省、自治区、直辖市人民政府交通运输主管部门协商决定。对从事设区的市内毗邻县客运经营的申请,有关交通运输主管部门应当进行协商,协商不成的,报所在地市级人民政府交通运输主管部门决定。

第十一条 取得道路运输经营许可证的客运经营者,需要增加客运班线的,应当依照本条例第十条的规定办理有关手续。

第十二条 县级以上地方人民政府交通运输主管部门在审查客运申请时,应当考虑客运市场的供求状况、普遍服务和方便群众等因素。

同一线路有3个以上申请人时,可以通过招标的形式作出许可决定。

第十三条 县级以上地方人民政府交通运输主管部门应当定期公布客运市场供求状况。

第十四条 客运班线的经营期限为4年到8年。经营期限届满需要延续客运班线经营许可的,应当重新提出申请。

第十五条 客运经营者需要终止客运经营的,应当在终止前30日内告知原许可机关。

第十六条 客运经营者应当为旅客提供良好的乘车环境,保持车辆清洁、卫生,并采取必要的措施防止在运输过程中发生侵害旅客人身、财产安全的违法行为。

第十七条 旅客应当持有效客票乘车,遵守乘车秩序,讲究文明卫生,不得携带国家规定的危险物品及其他禁止携带的物品乘车。

第十八条 班线客运经营者取得道路运输经营许可证后,应当向公众连续提供运输服务,不得擅自暂停、终止或者转让班线运输。

第十九条 从事包车客运的,应当按照约定的起始地、目的地和线路运输。

从事旅游客运的,应当在旅游区域按照旅游线路运输。

第二十条 客运经营者不得强迫旅客乘车,不得甩客、敲诈旅客;不得擅自更换运输车辆。

第二节 货运

第二十一条 申请从事货运经营的,应当具备下列条件:

(一)有与其经营业务相适应并经检测合格的车辆;

(二)有符合本条例第二十二条规定条件的驾驶人员;

(三)有健全的安全生产管理制度。

第二十二条 从事货运经营的驾驶人员,应当符合下列条件:

(一)取得相应的机动车驾驶证;

(二)年龄不超过60周岁;

(三)经设区的市级人民政府交通运输主管部门对有关货运法律法规、机动车维修和货物装载保管基本知识考试合格(使用总质量4500千克及以下普通货运车辆的驾驶人员除外)。

第二十三条 申请从事危险货物运输经营的,还应当具备下列条件:

(一)有5辆以上经检测合格的危险货物运输专用车辆、设备;

(二)有经所在地设区的市级人民政府交通运输主管部门考试合格,取得上岗资格证的驾驶人员、装卸管理人员、押运人员;

(三)危险货物运输专用车辆配有必要的通讯工具;

(四)有健全的安全生产管理制度。

第二十四条 申请从事货运经营的,应当依法向市场监督管理部门办理有关登记手续后,按照下列规定提出申请并分别提交符合本条例第二十一条、第二十三条规定条件的相关材料:

(一)从事危险货物运输经营以外的货运经营的,向县级人民政府交通运输主管部门提出申请;

(二)从事危险货物运输经营的,向设区的市级人民政府交通运输主管部门提出申请。

依照前款规定收到申请的交通运输主管部门,应当自受理申请之日起20日内审查完毕,作出许可或者不予许可的决定。予以许可的,向申请人颁发道路运输经营许可证,并向申请人投入运输的车辆配发车辆营运证;不予许可的,应当书面通知申请人并说明理由。

使用总质量4500千克及以下普通货运车辆从事普通货运经营的,无需按照本条规定申请取得道路运输经营许可证及车辆营运证。

第二十五条 货运经营者不得运输法律、行政法规禁止运输的货物。

法律、行政法规规定必须办理有关手续后方可运输的货物,货运经营者应当查验有关手续。

第二十六条 国家鼓励货运经营者实行封闭式运输,保证环境卫生和货物运输安全。

货运经营者应当采取必要措施,防止货物脱落、扬撒等。

运输危险货物应当采取必要措施,防止危险货物燃烧、爆炸、辐射、泄漏等。

第二十七条 运输危险货物应当配备必要的押运人员,保证危险货物处于押运人员的监管之下,并悬挂明显的危险货物运输标志。

托运危险货物的,应当向货运经营者说明危险货物的品名、性质、应急处置方法等情况,并严格按照国家有关规定包装,设置明显标志。

第三节 客运和货运的共同规定

第二十八条 客运经营者、货运经营者应当加强对从业人员的安全教育、职业道德教育,确保道路运输安全。

道路运输从业人员应当遵守道路运输操作规程,不得违章作业。驾驶人员连续驾驶时间不得超过4个小时。

第二十九条 生产(改装)客运车辆、货运车辆的企业应当按照国家规定标定车辆的核定人数或者载重量,严禁多标或者少标车辆的核定人数或者载重量。

客运经营者、货运经营者应当使用符合国家规定标准的车辆从事道路运输经营。

第三十条 客运经营者、货运经营者应当加强对车辆的维护和检测,确保车辆符合国家规定的技术标准;不得使用报废的、擅自改装的和其他不符合国家规定的车辆从事道路运输经营。

第三十一条 客运经营者、货运经营者应当制定有关交通事故、自然灾害以及其他突发事件的道路运输应急预案。应急预案应当包括报告程序、应急指挥、应急车辆和设备的储备以及处置措施等内容。

第三十二条 发生交通事故、自然灾害以及其他突发事件,客运经营者和货运经营者应当服从县级以上人民政府或者有关部门的统一调度、指挥。

第三十三条 道路运输车辆应当随车携带车辆营运证,不得转让、出租。

第三十四条 道路运输车辆运输旅客的,不得超过核定的人数,不得违反规定载货;运输货物的,不得运输旅客,运输的货物应当符合核定的载重量,严禁超载;载物的长、宽、高不得违反装载要求。

违反前款规定的,由公安机关交通管理部门依照《中华人民共和国道路交通安全法》的有关规定进行处罚。

第三十五条 客运经营者、危险货物运输经营者应当分别为旅客或者危险货物投保承运人责任险。

……

国内水路运输管理条例(节录)

· 2012年10月13日中华人民共和国国务院令第625号公布

· 根据2016年2月6日《国务院关于修改部分行政法规的决定》第一次修订

· 根据2017年3月1日《国务院关于修改和废止部分行政法规的决定》第二次修订

· 根据2023年7月20日《国务院关于修改和废止部分行政法规的决定》第三次修订

……

第三章 水路运输经营活动

第十七条 水路运输经营者应当在依法取得许可的经营范围内从事水路运输经营。

第十八条 水路运输经营者应当使用符合本条例规定条件、配备合格船员的船舶,并保证船舶处于适航状态。

水路运输经营者应当按照船舶核定载客定额或者载重量载运旅客、货物,不得超载或者使用货船载运旅客。

第十九条 水路运输经营者应当依照法律、行政法规和国务院交通运输主管部门关于水路旅客、货物运输的规定、质量标准以及合同的约定,为旅客、货主提供安全、便捷、优质的服务,保证旅客、货物运输安全。

水路旅客运输业务经营者应当为其客运船舶投保承运人责任保险或者取得相应的财务担保。

第二十条 水路运输经营者运输危险货物,应当遵守法律、行政法规以及国务院交通运输主管部门关于危险货物运输的规定,使用依法取得危险货物适装证书的船舶,按照规定的安全技术规范进行配载和运输,保证运输安全。

第二十一条 旅客班轮运输业务经营者应当自取得班轮航线经营许可之日起60日内开航,并在开航15日前公布所使用的船舶、班期、班次、运价等信息。

旅客班轮运输应当按照公布的班期、班次运行;变更班期、班次、运价的,应当在15日前向社会公布;停止经营部分或者全部班轮航线的,应当在

30日前向社会公布并报原许可机关备案。

第二十二条 货物班轮运输业务经营者应当在班轮航线开航的7日前，公布所使用的船舶以及班期、班次和运价。

货物班轮运输应当按照公布的班期、班次运行；变更班期、班次、运价或者停止经营部分或者全部班轮航线的，应当在7日前向社会公布。

第二十三条 水路运输经营者应当依照法律、行政法规和国家有关规定，优先运送处置突发事件所需的物资、设备、工具、应急救援人员和受到突发事件危害的人员，重点保障紧急、重要的军事运输。

出现关系国计民生的紧急运输需求时，国务院交通运输主管部门按照国务院的部署，可以要求水路运输经营者优先运输需要紧急运输的物资。水路运输经营者应当按照要求及时运输。

第二十四条 水路运输经营者应当按照统计法律、行政法规的规定报送统计信息。

第四章 水路运输辅助业务

第二十五条 运输船舶的所有人、经营人可以委托船舶管理业务经营者为其提供船舶海务、机务管理等服务。

第二十六条 申请经营船舶管理业务，申请人应当符合下列条件：

（一）取得企业法人资格；

（二）有健全的安全管理制度；

（三）有与其申请管理的船舶运力相适应的海务、机务管理人员；

（四）法律、行政法规规定的其他条件。

第二十七条 经营船舶管理业务，应当经设区的市级以上地方人民政府负责水路运输管理的部门批准。

申请经营船舶管理业务，应当向前款规定的部门提交申请书和证明申请人符合本条例第二十六条规定条件的相关材料。

受理申请的部门应当自受理申请之日起30个工作日内审查完毕，作出准予许可或者不予许可的决定。予以许可的，发给船舶管理业务经营许可证件，并向国务院交通运输主管部门备案；不予许可的，应当书面通知申请人并说明理由。

第二十八条 船舶管理业务经营者接受委托提供船舶管理服务，应当与委托人订立书面合同，并将合同报所在地海事管理机构备案。

船舶管理业务经营者应当按照国家有关规定和合同约定履行有关船舶安全和防止污染的管理义务。

第二十九条 水路运输经营者可以委托船舶代理、水路旅客运输代理、水路货物运输代理业务的经营者，代办船舶进出港手续等港口业务，代为签订运输合同，代办旅客、货物承揽业务以及其他水路运输代理业务。

第三十条 船舶代理、水路旅客运输代理业务的经营者应当自企业设立登记之日起15个工作日内，向所在地设区的市级人民政府负责水路运输管理的部门备案。

第三十一条 船舶代理、水路旅客运输代理、水路货物运输代理业务的经营者接受委托提供代理服务，应当与委托人订立书面合同，按照国家有关规定和合同约定办理代理业务，不得强行代理，不得为未依法取得水路运输业务经营许可或者超越许可范围的经营者办理代理业务。

第三十二条 本条例第十二条、第十七条的规定适用于船舶管理业务经营者。本条例第十一条、第二十四条的规定适用于船舶管理、船舶代理、水路旅客运输代理和水路货物运输代理业务经营活动。

国务院交通运输主管部门应当依照本条例的规定制定水路运输辅助业务的具体管理办法。

……

道路旅客运输及客运站管理规定

- 2020年7月6日交通运输部令2020年第17号公布
- 根据2022年9月26日《交通运输部关于修改〈道路旅客运输及客运站管理规定〉的决定》第一次修正
- 根据2023年11月10日《交通运输部关于修改〈道路旅客运输及客运站管理规定〉的决定》第二次修正

第一章 总 则

第一条 为规范道路旅客运输及道路旅客运输站经营活动，维护道路旅客运输市场秩序，保障道路旅客运输安全,保护旅客和经营者的合法权益,依据《中华人民共和国道路运输条例》及有关法律、行政法规的规定,制定本规定。

第二条 从事道路旅客运输(以下简称道路客运)经营以及道路旅客运输站(以下简称客运站)经营的,应当遵守本规定。

第三条 本规定所称道路客运经营,是指使用客车运送旅客、为社会公众提供服务、具有商业性质的道路客运活动,包括班车(加班车)客运、包车客运、旅游客运。

(一)班车客运是指客车在城乡道路上按照固定的线路、时间、站点、班次运行的一种客运方式。加班车客运是班车客运的一种补充形式,是在客运班车不能满足需要或者无法正常运营时,临时增加或者调配客车按客运班车的线路、站点运行的方式。

(二)包车客运是指以运送团体旅客为目的,将客车包租给用户安排使用,提供驾驶劳务,按照约定的起始地、目的地和路线行驶,由包车用户统一支付费用的一种客运方式。

(三)旅游客运是指以运送旅游观光的旅客为目的,在旅游景区内运营或者其线路至少有一端在旅游景区(点)的一种客运方式。

本规定所称客运站经营,是指以站场设施为依托,为道路客运经营者和旅客提供有关运输服务的经营活动。

第四条 道路客运和客运站管理应当坚持以人为本、安全第一的宗旨,遵循公平、公正、公开、便民的原则,打破地区封锁和垄断,促进道路运输市场的统一、开放、竞争、有序,满足广大人民群众的美好出行需求。

道路客运及客运站经营者应当依法经营,诚实信用,公平竞争,优质服务。

鼓励道路客运和客运站相关行业协会加强行业自律。

第五条 国家实行道路客运企业质量信誉考核制度,鼓励道路客运经营者实行规模化、集约化、公司化经营,禁止挂靠经营。

第六条 交通运输部主管全国道路客运及客运站管理工作。

县级以上地方人民政府交通运输主管部门(以下简称交通运输主管部门)负责本行政区域的道路客运及客运站管理工作。

第七条 道路客运应当与铁路、水路、民航等其他运输方式协调发展、有效衔接,与信息技术、旅游、邮政等关联产业融合发展。

农村道路客运具有公益属性。国家推进城乡道路客运服务一体化,提升公共服务均等化水平。

第二章 经营许可

第八条 班车客运的线路按照经营区域分为以下四种类型:

一类客运班线:跨省级行政区域(毗邻县之间除外)的客运班线。

二类客运班线:在省级行政区域内,跨设区的市级行政区域(毗邻县之间除外)的客运班线。

三类客运班线:在设区的市级行政区域内,跨县级行政区域(毗邻县之间除外)的客运班线。

四类客运班线:县级行政区域内的客运班线或者毗邻县之间的客运班线。

本规定所称毗邻县,包括相互毗邻的县、旗、县级市、下辖乡镇的区。

第九条 包车客运按照经营区域分为省际包车客运和省内包车客运。

省级人民政府交通运输主管部门可以根据实际需要,将省内包车客运分为市际包车客运、县际包车客运和县内包车客运并实行分类管理。

包车客运经营者可以向下兼容包车客运业务。

第十条 旅游客运按照营运方式分为定线旅游客运和非定线旅游客运。

定线旅游客运按照班车客运管理,非定线旅游客运按照包车客运管理。

第十一条 申请从事道路客运经营的,应当具备下列条件:

(一)有与其经营业务相适应并经检测合格的客车:

1. 客车技术要求应当符合《道路运输车辆技术管理规定》有关规定。

2. 客车类型等级要求:

从事一类、二类客运班线和包车客运的客车,其类型等级应当达到中级以上。

3. 客车数量要求:

(1)经营一类客运班线的班车客运经营者应当自有营运客车100辆以上,其中高级客车30辆以上;或者自有高级营运客车40辆以上;

(2)经营二类客运班线的班车客运经营者应当自有营运客车50辆以上,其中中高级客车15辆以上;或者自有高级营运客车20辆以上;

(3)经营三类客运班线的班车客运经营者应当自有营运客车10辆以上;

(4)经营四类客运班线的班车客运经营者应当自有营运客车1辆以上;

(5)经营省际包车客运的经营者,应当自有中高级营运客车20辆以上;

(6)经营省内包车客运的经营者,应当自有营运客车10辆以上。

(二)从事客运经营的驾驶员,应当符合《道路运输从业人员管理规定》有关规定。

(三)有健全的安全生产管理制度,包括安全生产操作规程、安全生产责任制、安全生产监督检查、驾驶员和车辆安全生产管理的制度。

申请从事道路客运班线经营,还应当有明确的线路和站点方案。

第十二条 申请从事道路客运经营的,应当依法向市场监督管理部门办理有关登记手续后,按照下列规定提出申请:

(一)从事一类、二类、三类客运班线经营或者包车客运经营的,向所在地设区的市级交通运输主管部门提出申请;

(二)从事四类客运班线经营的,向所在地县级交通运输主管部门提出申请。

在直辖市申请从事道路客运经营的,应当向直辖市人民政府确定的交通运输主管部门提出申请。

省级人民政府交通运输主管部门对省内包车客运实行分类管理的,对从事市际包车客运、县际包车客运经营的,向所在地设区的市级交通运输主管部门提出申请;对从事县内包车客运经营的,向所在地县级交通运输主管部门提出申请。

第十三条 申请从事道路客运经营的,应当提供下列材料:

(一)《道路旅客运输经营申请表》(见附件1);

(二)企业法定代表人或者个体经营者身份证件,经办人的身份证件和委托书;

(三)安全生产管理制度文本;

(四)拟投入车辆和聘用驾驶员承诺,包括客车数量、类型等级、技术等级,聘用的驾驶员具备从业资格。

申请道路客运班线经营的,还应当提供下列材料:

(一)《道路旅客运输班线经营申请表》(见附件2);

(二)承诺在投入运营前,与起讫地客运站和中途停靠地客运站签订进站协议(农村道路客运班线在乡村一端无客运站的,不作此端的进站承诺);

(三)运输服务质量承诺书。

第十四条 已获得相应道路客运班线经营许可的经营者,申请新增客运班线时,应当按照本规定第十二条的规定进行申请,并提供第十三条第一款第(四)项、第二款规定的材料以及经办人的身份证件和委托书。

第十五条 申请从事客运站经营的,应当具备下列条件:

(一)客运站经验收合格;

(二)有与业务量相适应的专业人员和管理人员;

(三)有相应的设备、设施;

(四)有健全的业务操作规程和安全管理制度,包括服务规范、安全生产操作规程、车辆发车前例检、安全生产责任制,以及国家规定的危险物品及其他禁止携带的物品(以下统称违禁物品)查堵、人员和车辆进出站安全管理等安全生产监督检查的制度。

第十六条 申请从事客运站经营的,应当依法向市场监督管理部门办理有关登记手续后,向所在地县级交通运输主管部门提出申请。

第十七条 申请从事客运站经营的,应当提供下列材料:

(一)《道路旅客运输站经营申请表》(见附件3);

(二)企业法定代表人或者个体经营者身份证件,经办人的身份证件和委托书;

(三)承诺已具备本规定第十五条规定的条件。

第十八条 交通运输主管部门应当定期向社会公布本行政区域内的客运运力投放、客运线路布局、主要客流流向和流量等情况。

交通运输主管部门在审查客运申请时,应当考虑客运市场的供求状况、普遍服务和方便群众等因素；在审查营运线路长度在800公里以上的客运班线申请时，还应当进行安全风险评估。

第十九条 交通运输主管部门应当按照《中华人民共和国道路运输条例》和《交通行政许可实施程序规定》以及本规定规范的程序实施道路客运经营、道路客运班线经营和客运站经营的行政许可。

第二十条 交通运输主管部门对道路客运经营申请、道路客运班线经营申请予以受理的，应当通过部门间信息共享、内部核查等方式获取营业执照、申请人已取得的其他道路客运经营许可、现有车辆等信息，并自受理之日起20日内作出许可或者不予许可的决定。

交通运输主管部门对符合法定条件的道路客运经营申请作出准予行政许可决定的，应当出具《道路客运经营行政许可决定书》（见附件4），明确经营主体、经营范围、车辆数量及要求等许可事项，在作出准予行政许可决定之日起10日内向被许可人发放《道路运输经营许可证》，并告知被许可人所在地交通运输主管部门。

交通运输主管部门对符合法定条件的道路客运班线经营申请作出准予行政许可决定的，还应当出具《道路客运班线经营行政许可决定书》（见附件5），明确起讫地、中途停靠地客运站点、日发班次下限、车辆数量及要求、经营期限等许可事项，并告知班线起讫地同级交通运输主管部门；对成立线路公司的道路客运班线或者农村道路客运班线，中途停靠地客运站点可以由其经营者自行决定，并告知原许可机关。

属于一类、二类客运班线的，许可机关应当将《道路客运班线经营行政许可决定书》抄告中途停靠地同级交通运输主管部门。

第二十一条 客运站经营许可实行告知承诺制。申请人承诺具备经营许可条件并提交本规定第十七条规定的相关材料的，交通运输主管部门应当经形式审查后当场作出许可或者不予许可的决定。作出准予行政许可决定的，应当出具《道路旅客运输站经营行政许可决定书》（见附件6），明确经营主体、客运站名称、站场地址、站场级别和经营范围等许可事项，并在10日内向被许可人发放《道路运输经营许可证》。

第二十二条 交通运输主管部门对不符合法定条件的申请作出不予行政许可决定的，应当向申请人出具《不予交通行政许可决定书》，并说明理由。

第二十三条 受理一类、二类客运班线和四类中的毗邻县间客运班线经营申请的，交通运输主管部门应当在受理申请后7日内征求中途停靠地和目的地同级交通运输主管部门意见；同级交通运输主管部门应当在收到之日起10日内反馈，不予同意的，应当依法注明理由，逾期不予答复的，视为同意。

相关交通运输主管部门对设区的市内毗邻县间客运班线经营申请持不同意见且协商不成的，由受理申请的交通运输主管部门报设区的市级交通运输主管部门决定，并书面通知申请人。相关交通运输主管部门对省际、市际毗邻县间客运班线经营申请持不同意见且协商不成的，由受理申请的交通运输主管部门报设区的市级交通运输主管部门协商，仍协商不成的，报省级交通运输主管部门（协商）决定，并书面通知申请人。相关交通运输主管部门对一类、二类客运班线经营申请持不同意见且协商不成的，由受理申请的交通运输主管部门报省级交通运输主管部门（协商）决定，并书面通知申请人。

上级交通运输主管部门作出的决定应当书面通知受理申请的交通运输主管部门，由受理申请的交通运输主管部门为申请人办理有关手续。

因客运班线经营期限届满，班车客运经营者重新提出申请的，受理申请的交通运输主管部门不需向中途停靠地和目的地交通运输主管部门再次征求意见。

第二十四条 班车客运经营者应当持进站协议向原许可机关备案起讫地客运站点、途经路线。营运线路长度在800公里以上的客运班线还应当备案车辆号牌。交通运输主管部门应当按照该客运班线车辆数量同时配发班车客运标志牌（见附件7）和《道路客运班线经营信息表》（见附件8）。

第二十五条 客运经营者应当按照确定的时间落实拟投入车辆和聘用驾驶员等承诺。交通运输主管部门核实后，应当为投入运输的客车配发《道路运输证》，注明经营范围。营运线路长度在800公里以上的客运班线还应当注明客运班线和班车客运标志牌编号等信息。

第二十六条 因拟从事不同类型客运经营需向不同层级交通运输主管部门申请的，应当由相应层级的交通运输主管部门许可，由最高一级交通运输主管部门核发《道路运输经营许可证》，并注明各级交通运输主管部门许可的经营范围，下级交通运输主管部门不再核发。下级交通运输主管部门已向被许可人发放《道路运输经营许可证》的，上级交通运输主管部门应当予以换发。

第二十七条 道路客运经营者设立子公司的，应当按照规定向设立地交通运输主管部门申请经营许可；设立分公司的，应当向设立地交通运输主管部门备案。

第二十八条 客运班线经营许可可以通过服务质量招投标的方式实施，并签订经营服务协议。申请人数量达不到招投标要求的，交通运输主管部门应当按照许可条件择优确定客运经营者。

相关交通运输主管部门协商确定通过服务质量招投标方式，实施跨省客运班线经营许可的，可以采取联合招标、各自分别招标等方式进行。一方不实行招投标的，不影响另外一方进行招投标。

道路客运班线经营服务质量招投标管理办法另行制定。

第二十九条 在道路客运班线经营许可过程中，任何单位和个人不得以对等投放运力等不正当理由拒绝、阻挠实施客运班线经营许可。

第三十条 客运经营者、客运站经营者需要变更许可事项，应当向原许可机关提出申请，按本章有关规定办理。班车客运经营者变更起讫地客运站点、途经路线的，应当重新备案。

客运班线的经营主体、起讫地和日发班次下限变更和客运站经营主体、站址变更应当按照重新许可办理。

客运班线许可事项或者备案事项发生变更的，交通运输主管部门应当换发《道路客运班线经营信息表》。

客运经营者和客运站经营者在取得全部经营许可证件后无正当理由超过180日不投入运营，或者运营后连续180日以上停运的，视为自动终止经营。

第三十一条 客运班线的经营期限由其许可机关按照《中华人民共和国道路运输条例》的有关规定确定。

第三十二条 客运班线经营者在经营期限内暂停、终止班线经营的，应当提前30日告知原许可机关。经营期限届满，客运班线经营者应当按照本规定第十二条重新提出申请。许可机关应当依据本章有关规定作出许可或者不予许可的决定。予以许可的，重新办理有关手续。

客运经营者终止经营，应当在终止经营后10日内，将相关的《道路运输经营许可证》和《道路运输证》、客运标志牌交回原发放机关。

第三十三条 客运站经营者终止经营的，应当提前30日告知原许可机关和进站经营者。原许可机关发现关闭客运站可能对社会公众利益造成重大影响的，应当采取措施对进站车辆进行分流，并在终止经营前15日向社会公告。客运站经营者应当在终止经营后10日内将《道路运输经营许可证》交回原发放机关。

第三章 客运经营管理

第三十四条 客运经营者应当按照交通运输主管部门决定的许可事项从事客运经营活动，不得转让、出租道路运输经营许可证件。

第三十五条 道路客运班线属于国家所有的公共资源。班车客运经营者取得经营许可后，应当向公众提供连续运输服务，不得擅自暂停、终止或者转让班线运输。

第三十六条 在重大活动、节假日、春运期间、旅游旺季等特殊时段或者发生突发事件，客运经营者不能满足运力需求的，交通运输主管部门可以临时调用车辆技术等级不低于二级的营运客车和社会非营运客车开行包车或者加班车。非营运客车凭交通运输主管部门开具的证明运行。

第三十七条 客运班车应当按照许可的起讫地、日发班次下限和备案的途经路线运行，在起讫地客运站点和中途停靠地客运站点（以下统称配客站点）上下旅客。

客运班车不得在规定的配客站点外上客或者沿途揽客，无正当理由不得改变途经路线。客运班车在遵守道路交通安全、城市管理相关法规的前提下，可以在起讫地、中途停靠地所在的城市市区、县城城区沿途下客。

重大活动期间，客运班车应当按照相关交通运输主管部门指定的配客站点上下旅客。

第三十八条 一类、二类客运班线的经营者或者其委托的售票单位、配客站点，应当实行实名售票和实名查验（以下统称实名制管理），免票儿童除外。其他客运班线及客运站实行实名制管理的范围,由省级人民政府交通运输主管部门确定。

实行实名制管理的,购票人购票时应当提供有效身份证件原件(有效身份证件类别见附件9),并由售票人在客票上记载旅客的身份信息。通过网络、电话等方式实名购票的,购票人应当提供有效的身份证件信息,并在取票时提供有效身份证件原件。

旅客遗失客票的,经核实其身份信息后,售票人应当免费为其补办客票。

第三十九条 客运经营者不得强迫旅客乘车,不得将旅客交给他人运输,不得甩客,不得敲诈旅客,不得使用低于规定的类型等级营运客车承运,不得阻碍其他经营者的正常经营活动。

第四十条 严禁营运客车超载运行,在载客人数已满的情况下,允许再搭乘不超过核定载客人数10%的免票儿童。

第四十一条 客车不得违反规定载货。客运站经营者受理客运班车行李舱载货运输业务的,应当对托运人有效身份信息进行登记,并对托运物品进行安全检查或者开封验视,不得受理有关法律法规禁止运送、可能危及运输安全和托运人拒绝安全检查的托运物品。

客运班车行李舱装载托运物品时,应当不超过行李舱内径尺寸、不大于客车允许最大总质量与整备质量和核定载客质量之差,并合理均衡配重;对于容易在舱内滚动、滑动的物品应当采取有效的固定措施。

第四十二条 客运经营者应当遵守有关运价规定,使用规定的票证,不得乱涨价、恶意压价、乱收费。

第四十三条 客运经营者应当在客运车辆外部的适当位置喷印企业名称或者标识,在车厢内醒目位置公示驾驶员姓名和从业资格证号、交通运输服务监督电话、票价和里程表。

第四十四条 客运经营者应当为旅客提供良好的乘车环境,确保车辆设备、设施齐全有效,保持车辆清洁、卫生,并采取必要的措施防止在运输过程中发生侵害旅客人身、财产安全的违法行为。

客运经营者应当按照有关规定在发车前进行旅客系固安全带等安全事项告知,运输过程中发生侵害旅客人身、财产安全的治安违法行为时,应当及时向公安机关报告并配合公安机关处理治安违法行为。

客运经营者不得在客运车辆上从事播放淫秽录像等不健康的活动,不得传播、使用破坏社会安定、危害国家安全、煽动民族分裂等非法出版物。

第四十五条 鼓励客运经营者使用配置下置行李舱的客车从事道路客运。没有下置行李舱或者行李舱容积不能满足需要的客车,可以在车厢内设立专门的行李堆放区,但行李堆放区和座位区必须隔离,并采取相应的安全措施。严禁行李堆放区载客。

第四十六条 客运经营者应当为旅客投保承运人责任险。

第四十七条 客运经营者应当加强车辆技术管理,建立客运车辆技术状况检查制度,加强对从业人员的安全、职业道德教育和业务知识、操作规程培训,并采取有效措施,防止驾驶员连续驾驶时间超过4个小时。

客运车辆驾驶员应当遵守道路运输法规和道路运输驾驶员操作规程,安全驾驶,文明服务。

第四十八条 客运经营者应当制定突发事件应急预案。应急预案应当包括报告程序、应急指挥、应急车辆和设备的储备以及处置措施等内容。

发生突发事件时,客运经营者应当服从县级以上人民政府或者有关部门的统一调度、指挥。

第四十九条 客运经营者应当建立和完善各类台账和档案,并按照要求及时报送有关资料和信息。

第五十条 旅客应当持有效客票乘车,配合行李物品安全检查,按照规定使用安全带,遵守乘车秩序,文明礼貌;不得携带违禁物品乘车,不得干扰驾驶员安全驾驶。

实行实名制管理的客运班线及客运站,旅客还应当持有本人有效身份证件原件,配合工作人员查验。旅客乘车前,客运站经营者应当对客票记载的身份信息与旅客及其有效身份证件原件(以下简称票、人、证)进行一致性核对并记录有关信息。

对旅客拒不配合行李物品安全检查或者坚持携带违禁物品、乘坐实名制管理的客运班线拒不提供本人有效身份证件原件或者票、人、证不一致的,班车客运经营者和客运站经营者不得允许其乘车。

第五十一条 实行实名制管理的班车客运经营者及客运站经营者应当配备必要的设施设备,

并加强实名制管理相关人员的培训和相关系统及设施设备的管理，确保符合国家相关法律法规规定。

第五十二条 班车客运经营者及客运站经营者对实行实名制管理所登记采集的旅客身份信息及乘车信息，除应当依公安机关的要求向其如实提供外，应当予以保密。对旅客身份信息及乘车信息自采集之日起保存期限不得少于 1 年，涉及视频图像信息的，自采集之日起保存期限不得少于 90 日。

第五十三条 班车客运经营者或者其委托的售票单位、配客站点应当针对客流高峰、恶劣天气及设备系统故障、重大活动等特殊情况下实名制管理的特点，制定有效的应急预案。

第五十四条 客运车辆驾驶员应当随车携带《道路运输证》、从业资格证等有关证件，在规定位置放置客运标志牌。

第五十五条 有下列情形之一的，客运车辆可以凭临时班车客运标志牌运行：

（一）在特殊时段或者发生突发事件，客运经营者不能满足运力需求，使用其他客运经营者的客车开行加班车的；

（二）因车辆故障、维护等原因，需要调用其他客运经营者的客车接驳或者顶班的；

（三）班车客运标志牌正在制作或者不慎灭失，等待领取的。

第五十六条 凭临时班车客运标志牌运营的客车应当按正班车的线路和站点运行。属于加班或者顶班的，还应当持有始发站签章并注明事由的当班行车路单；班车客运标志牌正在制作或者灭失的，还应当持有该条班线的《道路客运班线经营信息表》或者《道路客运班线经营行政许可决定书》的复印件。

第五十七条 客运包车应当凭车籍所在地交通运输主管部门配发的包车客运标志牌，按照约定的时间、起始地、目的地和线路运行，并持有包车合同，不得招揽包车合同外的旅客乘车。

客运包车除执行交通运输主管部门下达的紧急包车任务外，其线路一端应当在车籍所在的设区的市，单个运次不超过 15 日。

第五十八条 省际临时班车客运标志牌（见附件 10）、省际包车客运标志牌（见附件 11）由设区的市级交通运输主管部门按照交通运输部的统一式样印制，交由当地交通运输主管部门向客运经营者配发。省际临时班车客运标志牌和省际包车客运标志牌在一个运次所需的时间内有效。因班车客运标志牌正在制作或者灭失而使用的省际临时班车客运标志牌，有效期不得超过 30 日。

从事省际包车客运的企业应当按照交通运输部的统一要求，通过运政管理信息系统向车籍地交通运输主管部门备案。

省内临时班车客运标志牌、省内包车客运标志牌式样及管理要求由各省级人民政府交通运输主管部门自行规定。

第四章 班车客运定制服务

第五十九条 国家鼓励开展班车客运定制服务（以下简称定制客运）。

前款所称定制客运，是指已经取得道路客运班线经营许可的经营者依托电子商务平台发布道路客运班线起讫地等信息、开展线上售票，按照旅客需求灵活确定发车时间、上下旅客地点并提供运输服务的班车客运运营方式。

第六十条 开展定制客运的营运客车（以下简称定制客运车辆）核定载客人数应当在 7 人及以上。

第六十一条 提供定制客运网络信息服务的电子商务平台（以下简称网络平台），应当依照国家有关法规办理市场主体登记、互联网信息服务许可或者备案等有关手续。

第六十二条 网络平台应当建立班车客运经营者、驾驶员、车辆档案，并确保班车客运经营者已取得相应的道路客运班线经营许可，驾驶员具备相应的机动车驾驶证和从业资格并受班车客运经营者合法聘用，车辆具备有效的《道路运输证》、按规定投保承运人责任险。

第六十三条 班车客运经营者开展定制客运的，应当向原许可机关备案，并提供以下材料：

（一）《班车客运定制服务信息表》（见附件 12）；

（二）与网络平台签订的合作协议或者相关证明。

网络平台由班车客运经营者自营的，免于提交前款第（二）项材料。

《班车客运定制服务信息表》记载信息发生变更的，班车客运经营者应当重新备案。

第六十四条 班车客运经营者应当在定制客运车辆随车携带的班车客运标志牌显著位置粘贴“定制客运”标识(见附件7)。

第六十五条 班车客运经营者可以自行决定定制客运日发班次。

定制客运车辆在遵守道路交通安全、城市管理相关法规的前提下,可以在道路客运班线起讫地、中途停靠地的城市市区、县城城区按乘客需求停靠。

网络平台不得超出班车客运经营者的许可范围开展定制客运服务。

第六十六条 班车客运经营者应当为定制客运车辆随车配备便携式安检设备,并由驾驶员或者其他工作人员对旅客行李物品进行安全检查。

第六十七条 网络平台应当提前向旅客提供班车客运经营者、联系方式、车辆品牌、号牌等车辆信息以及乘车地点、时间,并确保发布的提供服务的经营者、车辆和驾驶员与实际提供服务的经营者、车辆和驾驶员一致。

实行实名制管理的客运班线开展定制客运的,班车客运经营者和网络平台应当落实实名制管理相关要求。网络平台应当采取安全保护措施,妥善保存采集的个人信息和生成的业务数据,保存期限应当不少于3年,并不得用于定制客运以外的业务。

网络平台应当按照交通运输主管部门的要求,如实提供其接入的经营者、车辆、驾驶员信息和相关业务数据。

第六十八条 网络平台发现车辆存在超速、驾驶员疲劳驾驶、未按照规定的线路行驶等违法违规行为的,应当及时通报班车客运经营者。班车客运经营者应当及时纠正。

网络平台使用不符合规定的经营者、车辆或者驾驶员开展定制客运,造成旅客合法权益受到侵害的,应当依法承担相应的责任。

第五章 客运站经营

第六十九条 客运站经营者应当按照交通运输主管部门决定的许可事项从事客运站经营活动,不得转让、出租客运站经营许可证件,不得改变客运站基本用途和服务功能。

客运站经营者应当维护好各种设施、设备,保持其正常使用。

第七十条 客运站经营者和进站发车的客运经营者应当依法自愿签订服务合同,双方按照合同的规定履行各自的权利和义务。

第七十一条 客运站经营者应当依法加强安全管理,完善安全生产条件,健全和落实安全生产责任制。

客运站经营者应当对出站客车进行安全检查,采取措施防止违禁物品进站上车,按照车辆核定载客限额售票,严禁超载车辆或者未经安全检查的车辆出站,保证安全生产。

第七十二条 客运站经营者应当将客运线路、班次等基础信息接入省域道路客运联网售票系统。

鼓励客运站经营者为旅客提供网络售票、自助终端售票等多元化售票服务。鼓励电子客票在道路客运行业的推广应用。

第七十三条 鼓励客运站经营者在客运站所在城市市区、县城城区的客运班线主要途经地点设立停靠点,提供售检票、行李物品安全检查和营运客车停靠服务。

客运站经营者设立停靠点的,应当向原许可机关备案,并在停靠点显著位置公示客运站《道路运输经营许可证》等信息。

第七十四条 客运站经营者应当禁止无证经营的车辆进站从事经营活动,无正当理由不得拒绝合法客运车辆进站经营。

客运站经营者应当坚持公平、公正原则,合理安排发车时间,公平售票。

客运经营者在发车时间安排上发生纠纷,客运站经营者协调无效时,由当地交通运输主管部门裁定。

第七十五条 客运站经营者应当公布进站客车的类型等级、运输线路、配客站点、班次、发车时间、票价等信息,调度车辆进站发车,疏导旅客,维持秩序。

第七十六条 进站客运经营者应当在发车30分钟前备齐相关证件进站并按时发车;进站客运经营者因故不能发班的,应当提前1日告知客运站经营者,双方要协商调度车辆顶班。

对无故停班达7日以上的进站班车,客运站经营者应当报告当地交通运输主管部门。

第七十七条 客运站经营者应当设置旅客购票、候车、乘车指示、行李寄存和托运、公共卫生等服务设施，按照有关规定为军人、消防救援人员等提供优先购票乘车服务，并建立老幼病残孕等特殊旅客服务保障制度，向旅客提供安全、便捷、优质的服务，加强宣传，保持站场卫生、清洁。

客运站经营者在不改变客运站基本服务功能的前提下，可以根据客流变化和市场需要，拓展旅游集散、邮政、物流等服务功能。

客运站经营者从事前款经营活动的，应当遵守相应的法律、行政法规的规定。

第七十八条 客运站经营者应当严格执行价格管理规定，在经营场所公示收费项目和标准，严禁乱收费。

第七十九条 客运站经营者应当按照规定的业务操作规程装卸、储存、保管行包。

第八十条 客运站经营者应当制定突发事件应急预案。应急预案应当包括报告程序、应急指挥、应急设备的储备以及处置措施等内容。

第八十一条 客运站经营者应当建立和完善各类台账和档案，并按照要求报送有关信息。

第六章 监督检查

第八十二条 交通运输主管部门应当加强对道路客运和客运站经营活动的监督检查。

交通运输主管部门工作人员应当严格按照法定职责权限和程序，原则上采取随机抽取检查对象、随机选派执法检查人员的方式进行监督检查，监督检查结果应当及时向社会公布。

第八十三条 交通运输主管部门应当每年对客运车辆进行一次审验。审验内容包括：

（一）车辆违法违章记录；

（二）车辆技术等级评定情况；

（三）车辆类型等级评定情况；

（四）按照规定安装、使用符合标准的具有行驶记录功能的卫星定位装置情况；

（五）客运经营者为客运车辆投保承运人责任险情况。

审验符合要求的，交通运输主管部门在《道路运输证》中注明；不符合要求的，应当责令限期改正或者办理变更手续。

第八十四条 交通运输主管部门及其工作人员应当重点在客运站、旅客集散地对道路客运、客运站经营活动实施监督检查。此外，根据管理需要，可以在公路路口实施监督检查，但不得随意拦截正常行驶的道路运输车辆，不得双向拦截车辆进行检查。

第八十五条 交通运输主管部门的工作人员实施监督检查时，应当有2名以上人员参加，并向当事人出示合法有效的交通运输行政执法证件。

第八十六条 交通运输主管部门的工作人员可以向被检查单位和个人了解情况，查阅和复制有关材料，但应当保守被调查单位和个人的商业秘密。

被监督检查的单位和个人应当接受交通运输主管部门及其工作人员依法实施的监督检查，如实提供有关资料或者说明情况。

第八十七条 交通运输主管部门的工作人员在实施道路运输监督检查过程中，发现客运车辆有超载行为的，应当立即予以制止，移交相关部门处理，并采取相应措施安排旅客改乘。

第八十八条 交通运输主管部门应当对客运经营者拟投入车辆和聘用驾驶员承诺、进站承诺履行情况开展检查。

客运经营者未按照许可要求落实拟投入车辆承诺或者聘用驾驶员承诺的，原许可机关可以依法撤销相应的行政许可决定；班车客运经营者未按照许可要求提供进站协议的，原许可机关应当责令限期整改，拒不整改的，可以依法撤销相应的行政许可决定。

原许可机关应当在客运站经营者获得经营许可60日内，对其告知承诺情况进行核查。客运站经营者应当按照要求提供相关证明材料。客运站经营者承诺内容与实际情况不符的，原许可机关应当责令限期整改；拒不整改或者整改后仍达不到要求的，原许可机关可以依法撤销相应的行政许可决定。

第八十九条 客运经营者在许可的交通运输主管部门管辖区域外违法从事经营活动的，违法行为发生地的交通运输主管部门应当依法将当事人的违法事实、处罚结果记录到《道路运输证》上，并抄告作出道路客运经营许可的交通运输主管部门。

第九十条 交通运输主管部门作出行政处罚决定后，客运经营者拒不履行的，作出行政处罚决定的交通运输主管部门可以将其拒不履行行政处罚决定的事实抄告违法车辆车籍所在地交通运输主管部门，作为能否通过车辆年度审验和决定质量信誉考核结果的重要依据。

第九十一条 交通运输主管部门的工作人员在实施道路运输监督检查过程中，对没有合法有效《道路运输证》又无法当场提供其他有效证明的客运车辆可以予以暂扣，并出具《道路运输车辆暂扣凭证》(见附件14)，对暂扣车辆应当妥善保管，不得使用，不得收取或者变相收取保管费用。

违法当事人应当在暂扣凭证规定的时间内到指定地点接受处理。逾期不接受处理的，交通运输主管部门可以依法作出处罚决定，并将处罚决定书送达当事人。当事人无正当理由逾期不履行处罚决定的，交通运输主管部门可以申请人民法院强制执行。

第九十二条 交通运输主管部门应当在道路运政管理信息系统中如实记录道路客运经营者、客运站经营者、网络平台、从业人员的违法行为信息，并按照有关规定将违法行为纳入有关信用信息共享平台。

第七章 法律责任

第九十三条 违反本规定，有下列行为之一的，由交通运输主管部门责令停止经营；违法所得超过2万元的，没收违法所得，处违法所得2倍以上10倍以下的罚款；没有违法所得或者违法所得不足2万元的，处1万元以上10万元以下的罚款；构成犯罪的，依法追究刑事责任：

(一)未取得道路客运经营许可，擅自从事道路客运经营的；

(二)未取得道路客运班线经营许可，擅自从事班车客运经营的；

(三)使用失效、伪造、变造、被注销等无效的道路客运许可证件从事道路客运经营的；

(四)超越许可事项，从事道路客运经营的。

第九十四条 违反本规定，有下列行为之一的，由交通运输主管部门责令停止经营；有违法所得的，没收违法所得，处违法所得2倍以上10倍以下的罚款；没有违法所得或者违法所得不足1万元的，处2万元以上5万元以下的罚款；构成犯罪的，依法追究刑事责任：

(一)未取得客运站经营许可，擅自从事客运站经营的；

(二)使用失效、伪造、变造、被注销等无效的客运站许可证件从事客运站经营的；

(三)超越许可事项，从事客运站经营的。

第九十五条 违反本规定，客运经营者、客运站经营者非法转让、出租道路运输经营许可证件的，由交通运输主管部门责令停止违法行为，收缴有关证件，处2000元以上1万元以下的罚款；有违法所得的，没收违法所得。

第九十六条 违反本规定，客运经营者有下列行为之一的，由交通运输主管部门责令限期投保；拒不投保的，由原许可机关吊销相应许可：

(一)未为旅客投保承运人责任险的；

(二)未按照最低投保限额投保的；

(三)投保的承运人责任险已过期，未继续投保的。

第九十七条 违反本规定，客运经营者使用未持合法有效《道路运输证》的车辆参加客运经营的，或者聘用不具备从业资格的驾驶员参加客运经营的，由交通运输主管部门责令改正，处3000元以上1万元以下的罚款。

第九十八条 一类、二类客运班线的经营者或者其委托的售票单位、客运站经营者未按照规定对旅客身份进行查验，或者对身份不明、拒绝提供身份信息的旅客提供服务的，由交通运输主管部门处10万元以上50万元以下的罚款，并对其直接负责的主管人员和其他直接责任人员处10万元以下的罚款；情节严重的，由交通运输主管部门责令其停止从事相关道路旅客运输或者客运站经营业务；造成严重后果的，由原许可机关吊销有关道路旅客运输或者客运站经营许可证件。

第九十九条 违反本规定，客运经营者有下列情形之一的，由交通运输主管部门责令改正，处1000元以上2000元以下的罚款：

(一)客运班车不按照批准的配客站点停靠或者不按照规定的线路、日发班次下限行驶的；

(二)加班车、顶班车、接驳车无正当理由不按照规定的线路、站点运行的；

(三)擅自将旅客移交他人运输的；

(四)在旅客运输途中擅自变更运输车辆的；

(五)未报告原许可机关，擅自终止道路客运经营的；

(六)客运包车未持有效的包车客运标志牌进行经营的，不按照包车客运标志牌载明的事项运行的，线路两端均不在车籍所在地的，招揽包车合同以外的旅客乘车的；

（七）开展定制客运未按照规定备案的；

（八）未按照规定在发车前对旅客进行安全事项告知的。

违反前款第（一）至（五）项规定，情节严重的，由原许可机关吊销相应许可。

客运经营者强行招揽旅客的，由交通运输主管部门责令改正，处1000元以上3000元以下的罚款；情节严重的，由原许可机关吊销相应许可。

第一百条 违反本规定，客运经营者、客运站经营者存在重大运输安全隐患等情形，导致不具备安全生产条件，经停产停业整顿仍不具备安全生产条件的，由交通运输主管部门依法吊销相应许可。

第一百零一条 违反本规定，客运站经营者有下列情形之一的，由交通运输主管部门责令改正，处1万元以上3万元以下的罚款：

（一）允许无经营证件的车辆进站从事经营活动的；

（二）允许超载车辆出站的；

（三）允许未经安全检查或者安全检查不合格的车辆发车的；

（四）无正当理由拒绝客运车辆进站从事经营活动的；

（五）设立的停靠点未按照规定备案的。

第一百零二条 违反本规定，客运站经营者有下列情形之一的，由交通运输主管部门责令改正；拒不改正的，处3000元的罚款；有违法所得的，没收违法所得：

（一）擅自改变客运站的用途和服务功能的；

（二）不公布运输线路、配客站点、班次、发车时间、票价的。

第一百零三条 违反本规定，网络平台有下列情形之一的，由交通运输主管部门责令改正，处3000元以上1万元以下的罚款：

（一）发布的提供服务班车客运经营者与实际提供服务班车客运经营者不一致的；

（二）发布的提供服务车辆与实际提供服务车辆不一致的；

（三）发布的提供服务驾驶员与实际提供服务驾驶员不一致的；

（四）超出班车客运经营者许可范围开展定制客运的。

网络平台接入或者使用不符合规定的班车客运经营者、车辆或者驾驶员开展定制客运的，由交通运输主管部门责令改正，处1万元以上3万元以下的罚款。

第八章 附 则

第一百零四条 本规定所称农村道路客运，是指县级行政区域内或者毗邻县间，起讫地至少有一端在乡村且主要服务于农村居民的旅客运输。

第一百零五条 出租汽车客运、城市公共汽车客运管理根据国家有关规定执行。

第一百零六条 客运经营者从事国际道路旅客运输经营活动，除遵守本规定外，有关从业条件等特殊要求还应当适用交通运输部制定的《国际道路运输管理规定》。

第一百零七条 交通运输主管部门依照本规定发放的道路运输经营许可证件和《道路运输证》，可以收取工本费。工本费的具体收费标准由省、自治区、直辖市人民政府财政、价格主管部门会同同级交通运输主管部门核定。

第一百零八条 本规定自2020年9月1日起施行。2005年7月12日以交通部令2005年第10号公布的《道路旅客运输及客运站管理规定》、2008年7月23日以交通运输部令2008年第10号公布的《关于修改〈道路旅客运输及客运站管理规定〉的决定》、2009年4月20日以交通运输部令2009年第4号公布的《关于修改〈道路旅客运输及客运站管理规定〉的决定》、2012年3月14日以交通运输部令2012年第2号公布的《关于修改〈道路旅客运输及客运站管理规定〉的决定》、2012年12月11日以交通运输部令2012年第8号公布的《关于修改〈道路旅客运输及客运站管理规定〉的决定》、2016年4月11日以交通运输部令2016年第34号公布的《关于修改〈道路旅客运输及客运站管理规定〉的决定》、2016年12月6日以交通运输部令2016年第82号公布的《关于修改〈道路旅客运输及客运站管理规定〉的决定》同时废止。

附件：1. 道路旅客运输经营申请表

2. 道路旅客运输班线经营申请表
3. 道路旅客运输站经营申请表
4. 道路客运经营行政许可决定书
5. 道路客运班线经营行政许可决定书
6. 道路旅客运输站经营行政许可决定书

7. 班车客运标志牌
8. 道路客运班线经营信息表
9. 实名制有效身份证件类别
10. 省际临时班车客运标志牌
11. 省际包车客运标志牌
12. 班车客运定制服务信息表
13. 道路客运标志牌制式规范
14. 道路运输车辆暂扣凭证
(以上附件略,详情请登录交通运输部网站)

国内水路运输管理规定

· 2014 年 1 月 3 日交通运输部令 2014 年第 2 号公布
· 根据 2015 年 5 月 12 日《交通运输部关于修改〈国内水路运输管理规定〉的决定》第一次修订
· 根据 2016 年 12 月 10 日《交通运输部关于修改〈国内水路运输管理规定〉的决定》第二次修订
· 根据 2020 年 2 月 24 日《交通运输部关于修改〈国内水路运输管理规定〉的决定》第三次修订

第一章 总 则

第一条 为规范国内水路运输市场管理,维护水路运输经营活动各方当事人的合法权益,促进水路运输事业健康发展,依据《国内水路运输管理条例》制定本规定。

第二条 国内水路运输管理适用本规定。

本规定所称水路运输,是指始发港、挂靠港和目的港均在中华人民共和国管辖的通航水域内使用船舶从事的经营性旅客运输和货物运输。

第三条 水路运输按照经营区域分为沿海运输和内河运输,按照业务种类分为货物运输和旅客运输。

货物运输分为普通货物运输和危险货物运输。危险货物运输分为包装、散装固体和散装液体危险货物运输。散装液体危险货物运输包括液化气体船运输、化学品船运输、成品油船运输和原油船运输。普通货物运输包含拖航。

旅客运输包括普通客船运输、客货船运输和滚装客船运输。

第四条 交通运输部主管全国水路运输管理工作,并按照本规定具体实施有关水路运输管理工作。

县级以上地方人民政府交通运输主管部门主管本行政区域的水路运输管理工作。县级以上地方人民政府负责水路运输管理的部门或者机构(以下统称水路运输管理部门)具体实施水路运输管理工作。

第二章 水路运输经营者

第五条 申请经营水路运输业务,除个人申请经营内河普通货物运输业务外,申请人应当符合下列条件:

(一)具备企业法人资格。

(二)有明确的经营范围,包括经营区域和业务种类。经营水路旅客班轮运输业务的,还应当有班期、班次以及拟停靠的码头安排等可行的航线营运计划。

(三)有符合本规定要求的船舶,且自有船舶运力应当符合附件 1 的要求。

(四)有符合本规定要求的海务、机务管理人员。

(五)有符合本规定要求的与其直接订立劳动合同的高级船员。

(六)有健全的安全管理机构及安全管理人员设置制度、安全管理责任制度、安全监督检查制度、事故应急处置制度、岗位安全操作规程等安全管理制度。

第六条 个人只能申请经营内河普通货物运输业务,并应当符合下列条件:

(一)经市场监督管理部门登记的个体工商户;

(二)有符合本规定要求的船舶,且自有船舶运力不超过 600 总吨;

(三)有安全管理责任制度、安全监督检查制度、事故应急处置制度、岗位安全操作规程等安全管理制度。

第七条 水路运输经营者投入运营的船舶应当符合下列条件:

(一)与水路运输经营者的经营范围相适应。从事旅客运输的,应当使用普通客船、客货船和滚装客船(统称为客船)运输;从事散装液体危险货物运输的,应当使用液化气体船、化学品船、成品油船和原油船(统称为危险品船)运输;从事普通货物运输、包装危险货物运输和散装固体危险货物运输的，可以使用普通货船运输。

（二）持有有效的船舶所有权登记证书、船舶国籍证书、船舶检验证书以及按照相关法律、行政法规规定证明船舶符合安全与防污染和入级检验要求的其他证书。

（三）符合交通运输部关于船型技术标准、船龄以及节能减排的要求。

第八条 除个体工商户外，水路运输经营者应当配备满足下列要求的专职海务、机务管理人员：

（一）海务、机务管理人员数量满足附件2的要求；

（二）海务、机务管理人员的从业资历与其经营范围相适应：

1. 经营普通货船运输的，应当具有不低于大副、大管轮的从业资历；

2. 经营客船、危险品船运输的，应当具有船长、轮机长的从业资历。

根据船舶最低安全配员标准，水路运输经营者经营的均为不需要配备船长、轮机长或者大副、大管轮的船舶，其配备的海务、机务管理人员应当具有不低于其所管理船舶船员的从业资历。

水路运输经营者委托船舶管理企业为其提供船舶海务、机务管理等服务的，按照《国内水路运输辅助业管理规定》的有关规定执行。

第九条 除个体工商户外，水路运输经营者按照有关规定应当配备的高级船员中，与其直接订立一年以上劳动合同的高级船员的比例应当满足下列要求：

（一）经营普通货船运输的，高级船员的比例不低于25%；

（二）经营客船、危险品船运输的，高级船员的比例不低于50%。

第十条 交通运输部实施省际危险品船运输、沿海省际客船运输、长江干线和西江航运干线水上运输距离60公里以上省际客船运输的经营许可。

其他内河省际客船运输的经营许可，由水路旅客运输业务经营者所在地省级水路运输管理部门实施，作出许可决定前应当与航线始发港、挂靠港、目的港所在地省级水路运输管理部门协商，协商不成的，应当报交通运输部决定。

省际普通货船运输、省内水路运输经营许可应当由设区的市级以上地方人民政府水路运输管理部门具体实施，具体权限由省级人民政府交通运输主管部门决定，向社会公布。

第十一条 申请经营水路运输业务或者变更水路运输经营范围，应当向其所在地设区的市级人民政府水路运输管理部门提交申请书和证明申请人符合本规定要求的相关材料。

第十二条 受理申请的水路运输管理部门不具有许可权限的，当场核实申请材料中的原件与复印件的内容一致后，在5个工作日内提出初步审查意见并将全部申请材料转报至具有许可权限的部门。

第十三条 具有许可权限的部门，对符合条件的，应当在20个工作日内作出许可决定，向申请人颁发《国内水路运输经营许可证》，并向其投入运营的船舶配发《船舶营业运输证》。申请经营水路旅客班轮运输业务的，应当在其《国内水路运输经营许可证》经营范围中载明。不符合条件的，不予许可，并书面通知申请人不予许可的理由。

推进国内水路运输领域政务服务事项网上办理以及《国内水路运输经营许可证》《船舶营业运输证》等证书电子化，加强水路运输经营者和船舶相关证照信息共享。

第十四条 除购置或者光租已取得相应水路运输经营资格的船舶外，水路运输经营者新增客船、危险品船运力，应当经其所在地设区的市级人民政府水路运输管理部门向具有许可权限的部门提出申请。

具有许可权限的部门根据运力运量供求情况对新增运力申请予以审查。根据运力供求情况需要对新增运力予以数量限制时，依据经营者的经营规模、管理水平、安全记录、诚信经营记录等情况，公开竞争择优作出许可决定。

水路运输经营者新增普通货船运力，应当在船舶开工建造后15个工作日内向所在地设区的市级人民政府水路运输管理部门备案。

第十五条 交通运输部在特定的旅客班轮运输和散装液体危险货物运输航线、水域出现运力供大于求状况，可能影响公平竞争和水路运输安全的情形下，可以决定暂停对特定航线、水域的旅客班轮运输和散装液体危险货物运输新增运力许可。

暂停新增运力许可期间，对暂停范围内的新

增运力申请不予许可，对申请投入运营的船舶，不予配发《船舶营业运输证》，但暂停决定生效前已取得新增运力批准且已开工建造、购置或者光租的船舶除外。

第十六条 交通运输部对水路运输市场进行监测，分析水路运输市场运力状况，定期公布监测结果。

对特定的旅客班轮运输和散装液体危险货物运输航线、水域暂停新增运力许可的决定，应当依据水路运输市场监测分析结果作出。

采取暂停新增运力许可的运力调控措施，应当符合公开、公平、公正的原则，在开始实施的60日前向社会公告，说明采取措施的理由以及采取措施的范围、期限等事项。

第十七条 《国内水路运输经营许可证》的有效期为5年。《船舶营业运输证》的有效期按照交通运输部的有关规定确定。水路运输经营者应当在证件有效期届满前的30日内向原许可机关提出换证申请。原许可机关应当依照本规定进行审查，符合条件的，予以换发。

第十八条 发生下列情况后，水路运输经营者应当在15个工作日内以书面形式向原许可机关备案，并提供相关证明材料：

（一）法定代表人或者主要股东发生变化；

（二）固定的办公场所发生变化；

（三）海务、机务管理人员发生变化；

（四）与其直接订立一年以上劳动合同的高级船员的比例发生变化；

（五）经营的船舶发生较大以上水上交通事故；

（六）委托的船舶管理企业发生变更或者委托管理协议发生变化。

第十九条 水路运输经营者终止经营的，应当自终止经营之日起15个工作日内向原许可机关办理注销手续，交回许可证件。

已取得《船舶营业运输证》的船舶报废、转让或者变更经营者，应当自发生上述情况之日起15个工作日内向原许可机关办理《船舶营业运输证》注销、变更手续。

第三章 水路运输经营行为

第二十条 水路运输经营者应当保持相应的经营资质条件，按照《国内水路运输经营许可证》核定的经营范围从事水路运输经营活动。

已取得省际水路运输经营资格的水路运输经营者和船舶，可凭省际水路运输经营资格从事相应种类的省内水路运输，但旅客班轮运输除外。

已取得沿海水路运输经营资格的水路运输经营者和船舶，可在满足航行条件的情况下，凭沿海水路运输经营资格从事相应种类的内河运输。

第二十一条 水路运输经营者不得出租、出借水路运输经营许可证件，或者以其他形式非法转让水路运输经营资格。

第二十二条 从事水路运输的船舶应当随船携带《船舶营业运输证》或者具有同等效力的可查验信息，不得转让、出租、出借或者涂改。《船舶营业运输证》遗失或者损毁的，应当及时向原配发机关申请补发。

第二十三条 水路运输经营者应该按照《船舶营业运输证》标定的载客定额、载货定额和经营范围从事旅客和货物运输，不得超载。

水路运输经营者使用客货船或者滚装客船载运危险货物时，不得载运旅客，但按照相关规定随船押运货物的人员和滚装车辆的司机除外。

第二十四条 水路运输经营者应当与托运人订立货物运输合同，对托运人身份信息进行查验。托运人托运货物时应当向水路运输经营者如实提供货物信息，托运危险货物的，还应当符合《船舶载运危险货物安全监督管理规定》的有关规定。

水路运输经营者收到实名举报或者相关证据证明托运人涉嫌在普通货物中夹带危险货物、谎报瞒报托运危险货物的，应当对相关货物进行检查。水路运输经营者发现存在上述情形或者托运人拒绝接受检查的，应当拒绝运输，并及时向水路运输管理部门和海事管理机构报告，未装船的还应当及时向拟装船的港口经营人、港口行政管理部门报告。

水路运输经营者应当对托运人身份信息、托运货物信息进行登记并保存至运输合同履行完毕后6个月。

第二十五条 水路运输经营者不得擅自改装客船、危险品船增加载客定额、载货定额或者变更从事散装液体危险货物运输的种类。

第二十六条 水路旅客运输业务经营者应当拒绝携带或者托运国家规定的危险物品及其他禁止携带或者托运的物品的旅客乘船。船舶开航后发现旅客随船携带或者托运国家规定的危险物品及其他禁止携带或者托运的物品的，应当妥善处理，旅客应当予以配合。

水路旅客运输业务经营者应当向社会公布国家规定的不得随船携带或者托运的物品清单。

旅客应当持有效凭证乘船，遵守乘船相关规定，自觉接受安全检查。

第二十七条 水路旅客班轮运输业务经营者应当自取得班轮航线经营许可之日起60日内开航，并在开航的15日前通过媒体并在该航线停靠的各客运站点的明显位置向社会公布所使用的船舶、班期、班次、票价等信息。

旅客班轮应当按照公布的班期、班次运行。变更班期、班次、票价的(因不可抗力变更班期、班次的除外)，水路旅客班轮运输业务经营者应当在变更的15日前向社会公布。停止经营部分或者全部班轮航线的，经营者应当在停止经营的30日前向社会公布，并报原许可机关备案。

第二十八条 水路货物班轮运输业务经营者应当在班轮航线开航的7日前，向社会公布所使用的船舶以及班期、班次和运价。

货物班轮运输应当按照公布的班期、班次运行；变更班期、班次、运价(因不可抗力变更班期、班次的除外)或者停止经营部分或者全部班轮航线的，水路货物班轮运输业务经营者应当在变更或者停止经营的7日前向社会公布。

第二十九条 水路旅客运输业务经营者应当向旅客提供客票。客票包括纸质客票、电子客票等乘船凭证，一般应当载明经营者名称、船舶名称、始发港、目的港、乘船时间、票价等基本信息。鼓励水路旅客运输业务经营者开展互联网售票。

水路旅客运输业务经营者应当以公布的票价销售客票，不得对相同条件的旅客实施不同的票价，不得以搭售、现金返还、加价等不正当方式变相变更公布的票价并获取不正当利益，不得低于客票载明的舱室或者席位等级安排旅客。

水路旅客运输业务经营者应当向旅客明示退票、改签等规定。

第三十条 水路旅客运输业务经营者应当按有关规定为军人、人民警察、国家综合性消防救援队伍人员、学生、老幼病残孕等旅客提供优先、优惠、免票等优待服务。具体办法由交通运输部另行制定。

第三十一条 水路运输经营者从事水路运输经营活动，应当依法经营，诚实守信，禁止以不合理的运价或者其他不正当方式、不规范行为争抢客源、货源及提供运输服务。

水路旅客运输业务经营者为招揽旅客发布信息，必须真实、准确，不得进行虚假宣传，误导旅客，对其在经营活动中知悉的旅客个人信息，应当予以保密。

第三十二条 水路旅客运输业务经营者应当配备具有相应业务知识和技能的乘务人员，保持船上服务设施和警告标识完好，为老幼病残孕等需要帮助的旅客提供无障碍服务，在船舶开航前播报旅客乘船安全须知，并及时向旅客播报特殊情况下的禁航等信息。

第三十三条 水路旅客运输业务经营者应当就运输服务中的下列事项，以明示的方式向旅客作出说明或者警示：

(一)不适宜乘坐客船的群体；

(二)正确使用相关设施、设备的方法；

(三)必要的安全防范和应急措施；

(四)未向旅客开放的经营、服务场所和设施、设备；

(五)可能危及旅客人身、财产安全的其他情形。

第三十四条 水路运输经营者应当依照法律、行政法规和国家有关规定，优先运送处置突发事件所需物资、设备、工具、应急救援人员和受到突发事件危害的人员，重点保障紧急、重要的军事运输。

水路运输经营者应当服从交通运输主管部门对关系国计民生物资紧急运输的统一组织协调，按照要求优先、及时运输。

水路运输经营者应当按照交通运输主管部门的要求建立运输保障预案，并建立应急运输、军事运输和紧急运输的运力储备。

第三十五条 水路运输经营者应当按照国家统计规定报送运输经营统计信息。

第四章 外商投资企业和外国籍船舶的特别规定

第三十六条 外商投资企业申请从事水路运输，除满足本规定第五条规定的经营资质条件外，还应当符合下列条件：

(一)拟经营的范围内,国内水路运输经营者无法满足需求;

(二)应当具有经营水路运输业务的良好业绩和运营记录。

第三十七条 具有许可权限的部门可以根据国内水路运输实际情况,决定是否准许外商投资企业经营国内水路运输。

经批准取得水路运输经营许可的外商投资企业外方投资者或者外方投资股比等事项发生变化的,应当报原许可机关批准。原许可机关发现外商投资企业不再符合本规定要求的,应当撤销其水路运输经营资质。

第三十八条 符合下列情形并经交通运输部批准,水路运输经营者可以租用外国籍船舶在中华人民共和国港口之间从事不超过两个连续航次或者期限为30日的临时运输:

(一)没有满足所申请的运输要求的中国籍船舶;

(二)停靠的港口或者水域为对外开放的港口或者水域。

第三十九条 租用外国籍船舶从事临时运输的水路运输经营者,应当向交通运输部提交申请书、运输合同、拟使用的外籍船舶及船舶登记证书、船舶检验证书等相关证书和能够证明符合本规定规定情形的相关材料。申请书应当说明申请事由、承运的货物、运输航次或者期限、停靠港口。

交通运输部应当自受理申请之日起15个工作日内,对申请事项进行审核。对符合规定条件的,作出许可决定并且颁发许可文件;对不符合条件的,不予许可,并书面通知申请人不予许可的理由。

第四十条 临时从事水路运输的外国籍船舶,应当遵守水路运输管理的有关规定,按照批准的范围和期限进行运输。

第五章 监督检查

第四十一条 交通运输部和水路运输管理部门依照有关法律、法规和本规定对水路运输市场实施监督检查。

第四十二条 对水路运输市场实施监督检查,可以采取下列措施:

(一)向水路运输经营者了解情况,要求其提供有关凭证、文件及其他相关材料。

(二)对涉嫌违法的合同、票据、账簿以及其他资料进行查阅、复制。

(三)进入水路运输经营者从事经营活动的场所、船舶实地了解情况。

水路运输经营者应当配合监督检查,如实提供有关凭证、文件及其他相关资料。

第四十三条 水路运输管理部门对水路运输市场依法实施监督检查中知悉的被检查单位的商业秘密和个人信息应当依法保密。

第四十四条 实施现场监督检查的,应当当场记录监督检查的时间、内容、结果,并与被检查单位或者个人共同签署名章。被检查单位或者个人不签署名章的,监督检查人员对不签署的情形及理由应当予以注明。

第四十五条 水路运输管理部门在监督检查中发现水路运输经营者不符合本规定要求的经营资质条件的,应当责令其限期整改,并在整改期限结束后对该经营者整改情况进行复查,并作出整改是否合格的结论。

对运力规模达不到经营资质条件的整改期限最长不超过6个月,其他情形的整改期限最长不超过3个月。水路运输经营者在整改期间已开工建造但尚未竣工的船舶可以计入自有船舶运力。

第四十六条 水路运输管理部门应当建立健全水路运输市场诚信监督管理机制和服务质量评价体系,建立水路运输经营者诚信档案,记录水路运输经营者及从业人员的诚信信息,定期向社会公布监督检查结果和经营者的诚信档案。

水路运输管理部门应当建立水路运输违法经营行为社会监督机制,公布投诉举报电话、邮箱等,及时处理投诉举报信息。

水路运输管理部门应当将监督检查中发现或者受理投诉举报的经营者违法违规行为及处理情况、水上交通事故情况等记入诚信档案。违法违规情节严重可能影响经营资质条件的,对经营者给予提示性警告。不符合经营资质条件的,按照本规定第四十五条的规定处理。

第四十七条 水路运输管理部门应当与当地海事管理机构建立联系机制,按照《国内水路运输管理条例》的要求,做好《船舶营业运输证》查验处理衔接工作,及时将本行政区域内水路运输经营者的经营资质保持情况通报当地海事管理机构。

海事管理机构应当将有关水路运输船舶较大

以上水上交通事故情况及结论意见及时书面通知该船舶经营者所在地设区的市级人民政府水路运输管理部门。水路运输管理部门应当将其纳入水路运输经营者诚信档案。

第六章 法律责任

第四十八条 水路运输经营者未按照本规定要求配备海务、机务管理人员的，由其所在地县级以上人民政府水路运输管理部门责令改正。

第四十九条 水路运输经营者或其船舶在规定期限内，经整改仍不符合本规定要求的经营资质条件的，由其所在地县级以上人民政府水路运输管理部门报原许可机关撤销其经营许可或者船舶营运证件。

第五十条 从事水路运输经营的船舶超出《船舶营业运输证》核定的经营范围，或者擅自改装客船、危险品船增加《船舶营业运输证》核定的载客定额、载货定额或者变更从事散装液体危险货物运输种类的，按照《国内水路运输管理条例》第三十四条第一款的规定予以处罚。

第五十一条 水路运输经营者违反本规定，有下列行为之一的，由其所在地县级以上人民政府水路运输管理部门责令改正：

（一）未履行备案义务；

（二）未以公布的票价或者变相变更公布的票价销售客票；

（三）进行虚假宣传，误导旅客或者托运人；

（四）以不正当方式或者不规范行为争抢客源、货源及提供运输服务扰乱市场秩序。

第五十二条 水路运输经营者拒绝管理部门根据本规定进行的监督检查或者隐匿有关资料或瞒报、谎报有关情况的，由其所在地县级以上人民政府水路运输管理部门责令改正。

第五十三条 违反本规定的其他规定应当进行处罚的，按照《国内水路运输管理条例》等有关法律法规执行。

第七章 附 则

第五十四条 本规定下列用语的定义：

（一）自有船舶，是指水路运输经营者将船舶所有权登记为该经营者且归属该经营者的所有权份额不低于51%的船舶。

（二）班轮运输，是指在固定港口之间按照预定的船期向公众提供旅客、货物运输服务的经营活动。

第五十五条 依法设立的水路运输行业组织可以依照法律、行政法规和章程的规定，制定行业经营规范和服务标准，组织开展职业道德教育和业务培训，对其会员的经营行为和服务质量进行自律性管理。

水路运输行业组织可以建立行业诚信监督、约束机制，提高行业诚信水平。对守法经营、诚实信用的会员以及从业人员，可以给予表彰、奖励。

第五十六条 经营内地与香港特别行政区、澳门特别行政区，以及大陆地区与台湾地区之间的水路运输，不适用于本规定。

在香港特别行政区、澳门特别行政区进行船籍登记的船舶临时从事内地港口之间的运输，在台湾地区进行船籍登记的船舶临时从事大陆港口之间的运输，参照适用本规定关于外国籍船舶的有关规定。

第五十七条 载客12人以下的客船运输、乡镇客运渡船运输以及与外界不通航的公园、封闭性风景区内的水上旅客运输不适用本规定。

第五十八条 本规定自2014年3月1日起施行。2008年5月26日交通运输部以交通运输部令2008年第2号公布的《国内水路运输经营资质管理规定》，1987年9月22日交通部以（87）交河字680号文公布、1998年3月6日以交水发〔1998〕107号文修改、2009年6月4日交通运输部以交通运输部令2009年第6号修改的《水路运输管理条例实施细则》，1990年9月28日交通部以交通部令1990年第22号公布、2009年交通运输部令2009年第7号修改的《水路运输违章处罚规定》，1995年12月12日交通部以交水发〔1995〕1178号文发布、1997年8月26日以交水发〔1997〕522号文修改、2014年1月2日交通运输部以交通运输部令2014年第1号修改的《水路旅客运输规则》同时废止。

附件 1：

水路运输经营者自有船舶运力最低限额表

<table>
<tr><td rowspan="3"></td><td colspan="2">沿　海</td><td colspan="4">内　河</td></tr>
<tr><td rowspan="2">省　际</td><td rowspan="2">省　内</td><td colspan="3">省　际</td><td rowspan="2">省　内</td></tr>
<tr><td>长江</td><td>西江</td><td>其他</td></tr>
<tr><td>普通货船(总吨)</td><td rowspan="4">5000</td><td rowspan="4">1000</td><td rowspan="3">5000</td><td rowspan="3">3000</td><td rowspan="3">1000</td><td rowspan="4">600</td></tr>
<tr><td>成品油船(总吨)</td></tr>
<tr><td>化学品船(总吨)</td></tr>
<tr><td>液化气船(立方米)</td><td colspan="3">2000</td></tr>
<tr><td>原油船(总吨)</td><td>35000</td><td>5000</td><td colspan="3">15000</td><td>2000</td></tr>
<tr><td>拖航(千瓦)</td><td>5000</td><td colspan="5">2000</td></tr>
<tr><td>普通客船(客位)</td><td>400</td><td>200</td><td colspan="2">400</td><td colspan="2">100</td></tr>
<tr><td>客货船</td><td rowspan="2">3000 总吨及 400 客位</td><td rowspan="2">1000 总吨及 100 客位</td><td colspan="3" rowspan="2">1000 总吨及 100 客位</td><td rowspan="2">300 总吨及 50 客位</td></tr>
<tr><td>滚装客船</td></tr>
</table>

附件 2：

海务、机务管理人员最低配额表(人)

<table>
<tr><td></td><td></td><td>1-5 艘</td><td>6-10 艘</td><td>11-20 艘</td><td>21-30 艘</td><td>31-40 艘</td><td>41-50 艘</td><td>>50 艘</td></tr>
<tr><td rowspan="3">沿海</td><td>普通货船</td><td colspan="2">1</td><td>2</td><td>3</td><td colspan="2">4</td><td>每增加 20 艘增加 1 人，不足 20 艘按 20 艘计</td></tr>
<tr><td>危险品船</td><td rowspan="2">1</td><td rowspan="2">2</td><td rowspan="2">3</td><td rowspan="2">4</td><td rowspan="2">5</td><td rowspan="2">6</td><td rowspan="2">每增加 10 艘增加 1 人，不足 10 艘按 10 艘计</td></tr>
<tr><td>客　船</td></tr>
<tr><td rowspan="3">内河</td><td>普通货船</td><td colspan="2">1</td><td colspan="4">2</td><td>每增加 50 艘增加 1 人，不足 50 艘按 50 艘计</td></tr>
<tr><td>危险品船</td><td colspan="2" rowspan="2">1</td><td rowspan="2">2</td><td rowspan="2">3</td><td colspan="2" rowspan="2">4</td><td rowspan="2">每增加 20 艘增加 1 人，不足 20 艘按 20 艘计</td></tr>
<tr><td>客　船</td></tr>
</table>

水路旅客运输规则

· 1995 年 12 月 12 日交水发〔1995〕1178 号发布
· 根据 1997 年 8 月 26 日《交通部关于补充和修改〈水路旅客运输规则〉的通知》第一次修正
· 根据 2014 年 1 月 2 日《交通运输部关于修改〈水路旅客运输规则〉的决定》第二次修正

第一章　总　则

第一条　为了明确水路旅客运输中承运人、港口经营人、旅客之间的权利和责任的界限，维护水路旅客运输合同、行李运输合同和港口作业、服务合同当事人的合法权益，依据国家有关法律、法规，制订本规则。

第二条　本规则适用于中华人民共和国沿海、江河、湖泊以及其他通航水域中一切从事水路旅客运输(含旅游运输，下同)、行李运输及其有关的装卸作业。

军事运输、集装箱运输、滚装运输，除另有规定者外，均适用本规则。

第三条　水路旅客运输合同、行李运输合同应本着自愿的原则签订；港口作业、服务合同应本着平等互利、协商一致的原则签订。

第四条　水路旅客运输工作，应贯彻“安全第一，正点运行，以客为主，便利旅客”的客运方针，遵循“全面服务，重点照顾”的服务原则。

第五条 本规则下列用语的含义是：

（一）“水路旅客运输合同”，是指承运人以适合运送旅客的船舶经水路将旅客及其自带行李从一港运送至另一港，由旅客支付票款的合同。

（二）“水路行李运输合同”，是指承运人收取运费，负责将旅客托运的行李经水路由一港运送至另一港的合同。

（三）“港口作业、服务合同”（以下简称“作业合同”），是指港口经营人收取港口作业费，负责为承运人承运的旅客和行李提供候船、集散服务和装卸、仓储、驳运等作业的合同。

（四）“旅客”，是指根据水路旅客运输合同运送的人；经承运人同意，根据水路货物运输合同，随船护送货物的人，视为旅客。

（五）“行李”，是指根据水路旅客运输合同或水路行李运输合同由承运人载运的任何物品和车辆。

（六）“自带行李”，是指旅客自行携带、保管的行李。

（七）“托运行李”，是指根据水路行李运输合同由承运人运送的行李。

（八）“承运人”，是指本人或者委托他人以本人名义与旅客签订水路旅客运输合同和水路行李运输合同的人。

（九）“港口经营人”，是指与承运人订立作业合同的人。

（十）“客运记录”，是指在旅客运输中发生意外或特殊情况所作记录的文字材料。它是客船与客运站有关客运业务移交的凭证。

第二章 运输合同及作业合同的订立

第六条 旅客运输合同成立的凭证为船票，合同双方当事人——旅客和承运人买、卖船票后合同即成立。

第七条 船票应具备下列基本内容：

（一）承运人名称；

（二）船名、航次；

（三）起运港（站、点）（以下简称“起运港”）和到达港（站、点）（以下简称“到达港”）；

（四）舱室等级、票价；

（五）乘船日期、开船时间；

（六）上船地点（码头）。

第八条 旅客运输的运送期间，自旅客登船时起至旅客离船时止。船票票价含接送费用的，运送期间并包括承运人经水路将旅客从岸上接到船上和从船上送到岸上的期间，但是不包括旅客在港站内、码头上或者在港口其他设施内的时间。

旅客的自带行李，运送期间同前款规定。

第九条 行李运输合同成立的凭证为行李运单，合同双方当事人——旅客和承运人即时清结费用，填制行李运单后合同即成立。

第十条 行李运单应具备下列基本内容：

（一）承运人名称；

（二）船名、航次、船票号码；

（三）旅客姓名、地址、电话号码、邮政编码；

（四）行李名称；

（五）件数、重量、体积（长、宽、高）；

（六）包装；

（七）标签号码；

（八）起运港、到达港、换装港；

（九）运费、装卸费；

（十）特约事项。

第十一条 旅客的托运行李的运送期间，自旅客将行李交付承运人或港口经营人时起至承运人或港口经营人交还旅客时止。

第十二条 承运人为履行运输合同，需要港口经营人提供泊位、候船、驳运、仓储设施，托运行李作业、旅客上下船、候船服务及其他工作等，应由承运人与港口经营人签订作业合同。

第十三条 作业合同的基本形式为中、长期（季、年）和航次合同。

第十四条 作业合同应具备下列基本内容：

（一）承运人和港口经营人名称；

（二）码头、仓库、候船室、驳运船舶名称；

（三）托运行李作业，包括行李保管、装卸、搬运；

（四）候船服务，包括：问询，寄存，船期、运行时刻公告，票价表，茶水，卫生间；

（五）旅客上下船服务；

（六）特约事项。

第十五条 水路旅客运输合同、行李运输合同和作业合同的基本格式由交通部统一规定。交通部直属航运企业可自行印制水路运输合同、行李运输合同和作业合同；其他航运企业使用的合同由企业所在省（自治区、直辖市）交通主管部门印制、管理。

第三章　旅客运输合同的履行

第一节　船　票

第十六条　船票是水路旅客运输合同成立的证明，是旅客乘船的凭证。

第十七条　船票分全价票和半价票。

第十八条　儿童身高超过 1.2 米但不超过 1.5 米者，应购买半价票，超过 1.5 米者，应购买全价票。

第十九条　革命伤残军人凭中华人民共和国民政部制发的革命伤残军人证，应给予优待购买半价票。

第二十条　没有工资收入的大、中专学生和研究生，家庭居住地和院校不在同一城市，自费回家或返校时，凭附有加盖院校公章的减价优待证的学生证每年可购买往返 2 次院校与家庭所在地港口间的学生减价票（以下简称"学生票"）。学生票只限该航线的最低等级。

学生回家或返校，途中有一段乘坐其他交通工具的，经确认后，也可购买学生票。

应届毕业生从院校回家，凭院校的书面证明可购买一次学生票。新生入学凭院校的录取通知书，可购买一次从接到录取通知书的地点至院校所在地港口的学生票。

第二十一条　船票在承运人或其代理人所设的售票处发售，在未设站的停靠点，由客船直接发售。

第二十二条　要求乘船的人凭介绍信，可以一次购买或预订同一船名、航次、起讫港的团体票，团体票应在 10 张以上。

售票处发售团体票时，应在船票上加盖团体票戳记。

第二十三条　包房、包舱、包船按下列规定办理：

（一）包房，由售票处办理；

（二）包舱，经承运人同意后，由售票处办理；

（三）包船，由承运人办理。

包用人在办理包房、包舱、包船时，应预付全部票价款。

第二节　旅客的权利和责任

第二十四条　旅客应按所持船票指定的船名、航次、日期和席位乘船。

重病人或精神病患者，应有人护送。

第二十五条　每一成人旅客可免费携带身高不超过 1.2 米的儿童一人。超过一人时，应按超过的人数购买半价票。

第二十六条　旅客漏船，如能赶到另一中途港乘上原船，而原船等级席位又未售出时，可乘坐原等级席位，否则，逐级降等乘坐，票价差额款不退。

第二十七条　每一旅客可免费携带总重量 20 千克（免费儿童减半），总体积 0.3 立方米的行李。

每一件自带行李，重量不得超过 20 千克；体积不得超过 0.2 立方米；长度不得超过 1.5 米（杆形物品 2 米）。

残疾旅客乘船，另可免费携带随身自用的非机动残疾人专用车一辆。

第二十八条　旅客可携带下列物品乘船：

（一）气体打火机 5 个，安全火柴 20 小盒。

（二）不超过 20 毫升的指甲油、去污剂、染发剂，不超过 100 毫升的酒精、香水、冷烫精，不超过 300 毫升的家用卫生杀虫剂、空气清新剂。

（三）军人、公安人员和猎人佩带的枪支和子弹（应有持枪证明）。

第二十九条　除本规则另有规定者外，下列物品不准旅客携带上船：

（一）违禁品或易燃、易爆、有毒、有腐蚀性、有放射性以及有可能危及船上人身和财产安全的其他危险品；

（二）各种有臭味、恶腥味的物品；

（三）灵柩、尸体、尸骨。

第三十条　旅客违反本规则第二十九条规定，造成损害的，应当负赔偿责任。

第三十一条　旅客自带行李超过免费规定的，应办理托运。经承运人同意的，也可自带上船，但应支付行李运费。

对超过免费规定的整件行李，计费时不扣除免费重量、体积和长度。

第三十二条　旅客可携带下列活动物乘船：

（一）警犬、猎犬（应有证明）；

（二）供科研或公共观赏的小动物（蛇除外）；

（三）鸡、鸭、鹅、兔、仔猪（10千克以下）、羊羔、小狗、小猫、小猴等家禽家畜。

第三十三条 旅客携带的活动物，应符合下列条件，否则不得携带上船：

（一）警犬、猎犬应有笼咀牵绳；

（二）供科研或公共观赏的小动物，应装入笼内，笼底应有垫板；

（三）家禽家畜应装入容器。

第三十四条 旅客携带的活动物，由旅客自行看管，不得带入客房（舱），不得放出喂养。

第三十五条 旅客携带的活动物，应按行李运价支付运费。

第三十六条 旅客携带活动物的限量，由承运人自行制订。

第三节 承运人的权利和责任

第三十七条 承运人应按旅客运输合同所指定的船名、航次、日期和席位运送旅客。

第三十八条 承运人在旅客上船前、下船后和在客船航行途中应对旅客所持的船票进行查验，并作出查验记号。

第三十九条 查验船票的内容如下：

（一）乘船人是否持有效船票；

（二）持用优待票的旅客是否有优待证明；

（三）超限自带行李是否已按规定付运费。

第四十条 乘船人无票在船上主动要求补票，承运人应向其补收自乘船港（不能证实时，自客船始发港）至到达港的全部票价款，并核收补票手续费。

在途中，承运人查出无票或持用失效船票或伪造、涂改船票者，除向乘船人补收自乘船港（不能证实时，自客船始发港）至到达港的全部票价款外，应另加收相同区段最低等级票价的100%的票款，并核收补票手续费。

第四十一条 在到达港，承运人查出无票或持用失效船票或伪造、涂改船票者，应向乘船人补收自客船始发港至到达港最低等级票价的400%的票款，并核收补票手续费。

第四十二条 在乘船港，承运人查出应购买全价票而购买半价票的儿童，应另售给全价票，原半价票给予退票，免收退票费。

第四十三条 在途中或到达港，承运人查出儿童未按规定购买船票的，应按下列规定处理：

（一）应购半价票而未购票的，补收半价票款，并核收补票手续费；

（二）应购全价票而购半价票的，补收全价票与半价票的票价差额款，并核收补票手续费；

（三）应购全价票而未购票的，应按本规则第四十条、第四十一条规定办理。

第四十四条 在途中或到达港，承运人查出持用优待票乘船的旅客不符合优待条件时，应向旅客补收自乘船港至到达港的全部票价款，并核收补票手续费。原船票作废。

第四十五条 旅客在检票后遗失船票，应按本规则第四十条规定在船上补票。

旅客补票后如在离船前找到原船票，可办理其所补船票的退票手续，并支付退票费。

旅客在离船后找到原船票，不能退票。

旅客在到达港出站前遗失船票，应按本规则第四十一条规定办理。

第四十六条 在乘船港，由于承运人或其代理人的责任使旅客降等级乘船时，承运人应将旅客的原船票收回，另换新票，退还票价差额款，免收退票费。

在途中，由于承运人或其代理人的责任使旅客降等级乘船时，承运人应填写客运记录，交旅客至到达港办理退还票价差额款的手续。

第四十七条 由于承运人或其代理人的责任使旅客升等级乘船时，承运人不应向旅客收取票价差额款。

第四十八条 旅客误乘客船时，除按本规则第四十条第一款的规定处理外，旅客可凭客船填写的客运记录，到下船港办理原船票的退票手续，并支付退票费。

第四十九条 旅客因病或临产必须在中途下船的，由承运人填写客运记录，交旅客至下船港办理退票手续，将旅客所持船票票价与旅客已乘区段票价的差额退还旅客，并向旅客核收退票费。

患病或临产旅客的护送人，也可按前款规定办理退票。

第五十条 承运人可以在任何时间、任何地点将旅客违反本规则第二十九条规定随身携带的违禁品、危险品卸下、销毁或者使之不能为害，或者送交有关部门，而不负赔偿责任。

第四节 合同的变更和解除

第五十一条 在乘船港不办理船票的签证改

乘手续。旅客要求变更乘船的班次、舱位等级或行程时,应先行退票并支付退票费,再另行购票。

第五十二条 旅客在旅行途中要求延程时,承运人应向旅客补收从原到达港至新到达港的票价款,并核收补票手续费。客船满员时,不予延程。

第五十三条 对超程乘船的旅客(误乘者除外),承运人应向旅客补收超程区段最低等级票价的200%的票款,并核收补票手续费。

第五十四条 旅客在船上要求升换舱位等级时,承运人应向旅客补收升换区段所升等级同原等级票价的差额款,并核收补票手续费。

持用学生票的学生在船上要求升换舱位等级时,承运人应向其补收升换等级区段所升等级全票票价与学生票票价的差额款,并核收补票手续费。

第五十五条 持低等级半价票的儿童可与持高等级船票的成人共用一个铺位。如持低等级船票的成人与持高等级半价票的儿童共用一个铺位,由承运人对成人补收高等级与低等级票价的差额款,并核收补票手续费,儿童的半价票差额款不退,且不另供铺位。

第五十六条 在乘船港,旅客可在规定时限内退票,但应支付退票费。

超过本规则第五十七条规定的退票时限,不能退票。

第五十七条 在乘船港退票的时限规定为:

(一)内河航线在客船开航以前;沿海航线在客船规定开航时间2小时以前;

(二)团体票在客船规定开航时间24小时以前。

第五十八条 除本规则另有规定的外,旅客在中途港、到达港和船上不能退票。

第五十九条 包房、包舱、包船的包用人可在规定的时限内要求退包,但应支付退包费。

超过本规则第六十条规定的退包时限,不能退包。

第六十条 退包的时限规定为:

(一)包房、包舱退包,在客船规定开航时间24小时以前;

(二)包船退包,在客船计划开航时间24小时以前。

第六十一条 下列原因造成的退票或退包,承运人不得向旅客收取退票费或退包费:

(一)不可抗力;

(二)承运人或其代理人的责任。

第六十二条 在春运等客运繁忙季节,承运人可以暂停办理退票。

第四章 行李运输合同的履行

第一节 旅客的权利和责任

第六十三条 行李运单是水路行李运输合同成立的证明,行李运单的提单联是旅客提取行李的凭证。

第六十四条 除法律、行政法规限制运输的物品,以及本规则有特别规定不能办理托运的物品外,其他物品均可办理行李托运。

第六十五条 在客船和港口条件允许或行李包装适合运输的情况下,家用电器、精密仪器、玻璃器皿及陶瓷制品等可办理托运。

第六十六条 下列物品不能办理托运:

(一)违禁品或易燃、易爆、有毒、有腐蚀性、有放射性以及有可能危及船上人身和财产安全的其他危险品;

(二)污秽品、易于损坏和污染其他行李和船舶设备的物品;

(三)货币、金银、珠宝、有价证券或其他贵重物品;

(四)活动物、植物;

(五)灵柩、尸体、尸骨。

第六十七条 托运的行李,每件重量不得超过50千克,体积不得超过0.5立方米,长度不得超过2.5米。

第六十八条 托运行李的包装应符合下列条件:

(一)行李的包装应完整、牢固、捆绑结实,适合运输;

(二)旅行包、手提袋和能加锁的箱类,应加锁;

(三)包装外部不拴挂其他物品;

(四)纸箱应有适当的内包装;

(五)易碎品、精密仪器及家用电器,应使用硬质材料包装,内部衬垫密实稳妥,并在明显处标明“不准倒置”等警示标志;

(六)胶片应使用金属容器包装。

第六十九条 旅客应在托运行李的外包装上写明姓名和起迄港名。

第七十条 旅客违反本规则第六十六条规定,致使行李损坏,承运人不负赔偿责任;造成客船及他人的损失时,应由旅客负责赔偿。

第七十一条 旅客遗失行李运单时,如能说明行李的特征和内容,并提出对行李拥有权的有力依据,经承运人确认后,可凭居民身份证并开具收据领取行李,原行李运单即行作废。

旅客遗失行李运单,在提出声明前,如行李已被他人冒领,承运人不负赔偿责任。

第二节 承运人的权利和责任

第七十二条 承运人应提供足够的适合运输的行李舱,将旅客托运的行李及时、安全地运到目的港。

第七十三条 托运的行李,应与旅客同船运送。如来不及办理当班客船的托运手续时,经旅客同意,承运人也可给予办理下一班次客船的托运手续。

第七十四条 承运人对托运的行李,必要时可要求旅客开包查验,符合运输规定时,再办理托运手续,如旅客拒绝查验,则不予承运。

第七十五条 行李承运后至交付前,包装破损或松散时,承运人应负责修补,所需费用由责任方负担。

第七十六条 承运人查出在已经托运的行李中夹有违禁品或易燃、易爆、有毒、有腐蚀性、有放射性以及有可能危及船上人身和财产安全的其他危险品时,除按本规则第五十条规定处理外,对行李的运杂费还应按下列规定处理:

(一)在起运港,运杂费不退;

(二)在船上或卸船港,应加收一次运杂费。

第七十七条 承运人查出托运的行李中夹带易于损坏和污染物品时,应按下列规定办理:

(一)在起运港,立即停止运输,并通知旅客进行处理,运杂费不退;

(二)在船上或卸船港,由承运人采取处理措施,除所需费用由旅客负担外,另加收一次运杂费。

第七十八条 承运的行李未能按规定的时间运到,旅客前来提取时,承运人应在行李运单上加盖"行李未到"戳记,并记录到达后的通知方法,行李到达后,应立即通知旅客。

第七十九条 托运的行李自运到后的第三日起计收保管费。

第八十条 行李在交付时,承运人应会同旅客对行李进行查验,经查验无误后再办理提取手续。

第八十一条 行李自运到之日起10天后旅客还未提取时,承运人应尽力查找物主;如超过60天仍无人提取时,即确定为无法交付物品。

第八十二条 对无法交付物品,承运人应按下列规定处理:

(一)一般物品,依法申请拍卖或交信托商店作价收购;

(二)没有变卖价值的物品,适当处理;

(三)军用品、危险品、法律和行政法规限制运输的物品、历史文物、机要文件及有价证券等,无偿移交当地主管部门处理。

第八十三条 无法交付物品处理后所得款额,应扣除保管费和处理费用,剩余款额由承运人代为保管3个月。在保管期内,旅客要求归还余款时,应出具证明,经确认后方可归还;逾期无人提取时,应上缴国库。

第三节 合同的变更和解除

第八十四条 行李在装船前,旅客要求变更托运,应先解除托运,另行办理托运手续。

第八十五条 行李在装船前,旅客要求解除托运,承运人应将行李运单收回,加盖"变更托运"戳记,退还运杂费,核收行李变更手续费,并自托运之日起计收保管费。

第八十六条 行李装船后,不能办理变更、解除托运手续。如旅客要求由到达港运回原托运港或运至另一港,可委托承运人在到达港代办行李运回或运至另一港的手续,预付第二程运杂费(多退少补),其第一程交付的运杂费不退,并核收代办托运手续费。

第五章 作业合同的履行

第一节 承运人的责任

第八十七条 制订旅客运输计划、客船班期时刻表。

承运人应于每月的25日前向港口经营人提供

次月客船班期时刻表。

客船班期时刻表一经发布,不得随意改动,确需变更时,应事先与港口经营人联系,并对外发出变更通知。

第八十八条 客船班期时刻表的编制,应考虑到与其他交通工具的衔接,对重点停靠港口,客船的到发时间应便利旅客中转和食宿安排。

第八十九条 客船应按班期时刻表正点运行。

客船因故晚点,应将准确的到港时间及时通知客运站,并按客运站重新对外公布的时间开船。

第九十条 承运人应负责旅客自登上客船(或舷梯)至离船(或舷梯)期间的安全。

承运人对旅客自带行李的安全责任期间同前款规定。

第九十一条 承运人应负责对托运行李自装入客船行李舱至卸出行李舱期间的安全质量。

第九十二条 客船应配合客运站做好客梯、安全网的搭拴工作。由于客梯、安全网搭拴不牢(在客船一边)造成旅客伤亡的,由客船负责。

旅客翻越栏杆(或船舷)下船,造成伤亡的,由客船负责。

第二节 港口经营人的责任

第九十三条 港口经营人应按承运人提供的客船班期时刻表安排客船泊位。

客船靠泊的码头应相对固定。

第九十四条 港口经营人对客船的行李和货物装卸应予优先安排。如遇客船晚点,应尽力压缩客船的停港时间。

客船晚点时,客运站应及时公告。

第九十五条 港口经营人应负责旅客自进入候船室至登上客船(或舷梯)前或自离开客船(或舷梯)至出站期间的安全。

港口经营人对旅客自带行李的安全责任同前款规定。

第九十六条 港口经营人应负责行李自办理托运手续至装入客船行李舱或自客船行李舱卸出至交付旅客期间的安全质量。

第九十七条 客运站应配备旅客上下船客梯和安全网,并负责搭栓工作。

由于客梯和安全网搭拴不牢(在码头、囤船一边)造成旅客伤亡的,由客运站负责。

旅客翻越栏杆(或船舷)上船造成伤亡的,由客运站负责。

第九十八条 旅客上下船应与行李、货物(车辆)装卸作业隔开,不得交叉作业。

第三节 合同的变更和解除

第九十九条 作业合同凡发生下列情况之一者,允许变更或解除,但不能因此损害国家利益和社会公共利益:

(一)当事人双方经协商同意;

(二)由于不可抗力致使合同的全部义务不能履行;

(三)由于另一方在合同约定的期限内没有履行合同。

属于前款第二项或第三项规定的情况的,当事人一方有权通知另一方变更或解除合同。因变更、解除合同使一方遭受损失的,除依法可以免除责任的以外,应由责任方负责赔偿。

当事人一方发生合并或分立时,由合并或分立后的当事人承担或分别承担履行合同的义务,享受应有的权利。

变更或解除作业合同,应采用书面形式。

第一百条 中、长期作业合同的解除,应提前1个月由合同当事人双方协商确定后,合同方可解除。

航次作业合同的解除,应提前1天由合同当事人双方协商确定后,合同方可解除。

第六章 代理业务

第一百零一条 承运人可以将售票及客运业务委托港口经营人或其他代理人办理。

第一百零二条 售票代理的范围:售票及其流量流向统计。

第一百零三条 客运业务代理范围:

(一)办理行李托运和交付手续;

(二)办理退票及包房、包舱退包手续;

(三)其他业务:制作客船航次上客报告单、客位通报;检票、验票、补票、补收运费;危险品查堵及处理;遗失物品、无法交付物品管理;旅客和行李发生意外情况的处理等。

第一百零四条 售票代理人和客运业务代理人,在委托代理权限内,以承运人的名义办理售票和客运有关业务,并按规定收取代理费,不得违反本规则有关规定向旅客收取其他费用。

第一百零五条 承运人和代理人确定代理事项后，应在平等互利、协商一致的原则下签订委托代理合同。

第七章 客运费用

第一节 票价、行李运价

第一百零六条 船票票价根据航区特点、船舶类型、舱室设备等情况，由航运企业制定，报省级以上交通和物价主管部门审批。

第一百零七条 半价票分别按各等级舱室票价的50%计算。

第一百零八条 学生票票价按该航线最低等级票价的50%计算。

第一百零九条 船票票价以元为单位，元以下的尾数进整到元。

第一百一十条 行李运价，由省级以上交通主管部门确定。

第一百一十一条 交通部直属航运企业的行李运价为：

每100千克行李运价，按同航线散席船票基准票价的100%计算。

其他航运企业的行李运价，可参照前款办法制定。

第二节 行李运费的计算

第一百一十二条 行李运费，按行李的计费重量和行李运价计算。

第一百一十三条 行李运费以元为单位，不足1元的尾数按1元进整。

第一百一十四条 行李计费重量按《行李计费重量表》确定。

第一百一十五条 空容器（包括木箱）内放有物品时，如整件实重大于空容器的计费重量，则以整件实重为其计费重量；如空容器的计费重量大于整件实重时，则以空容器的计费重量为其计费重量。

第一百一十六条 行李的计费重量以千克为单位。不足1千克的尾数按1千克进整。

第一百一十七条 行李自带、托运、装卸、搬运等发生的费用，均按计费重量计费。

第一百一十八条 行李运费发生多收或少收时，可在30天内由承运人予以多退少补，逾期不再退补。

第三节 包房、包舱、包船运费的计算

第一百一十九条 包房、包舱运费，按所包客房、客舱的载客定额和其等级舱室票价计算。

第一百二十条 包船运费由以下两部分组成：

（一）客舱部分按所包客船乘客定额和各等级舱室票价计算；

（二）货舱部分按货舱、行李舱、邮件舱的载货定额（行李舱、邮件舱以其容积，按1.133立方米为1定额载重吨换算）和规定的客货轮货运运价计算。

包船期间的调船费和空驶费，分别按调船、空驶里程包船运费的50%计算。

包船因旅客上下船或行李、货物装卸发生的滞留费，由航运企业自行规定。

第四节 客运杂费

第一百二十一条 退票、退包费规定为：

（一）退票费，散席按每人每张每10元票价核收1元，不足10元按10元计算；卧席按每人每张10元票价核收2元，不足10元按10元计算。

（二）包房、包舱的退包费，按包房、包舱运价的10%计算，尾数不足1元的按1元计收。

（三）包船的退包费，在客船计划开航72小时以前退包，为包船运价的10%；在72小时以内，48小时以前退包，为包船运价的20%；在48小时以内、24小时以前退包，为包船运价的30%。

第一百二十二条 其他杂费规定为：

（一）补票、补收运费、发售联运票手续费，每人每票1元；

（二）行李变更手续费，每人每票2元；

（三）送票费、码头票费、寄存费、保管费、自带行李搬运费、行李标签费，由各港航企业制订，报当地物价部门批准。

港航企业不得向旅客收取本条规定费目以外的杂费。

第一百二十三条 补票、补收运费的手续费及行李变更手续费的收入归办理方所得。

退票费全部归承运人所得。

第五节　港口作业费

第一百二十四条　港口作业费按下列规定计算：

（一）港口作业费分两部分：

1. 旅客运输作业费，按船票票款（扣除旅客港务费、客运附加费等）的4%计算；

2. 行李运输作业费，按行李运费的4%计算，由起运港统一结算，然后按起运港3%、到达港1%解缴。

（二）旅客港务费，每张船票1元；

（三）船舶的港口费用，按交通部或各地港口费收规则的规定计算。

第一百二十五条　托运的行李每装或卸（包括驳运）客船一次每50千克（不足50千克按50千克计算）收费2元。

第六节　代理费

第一百二十六条　售票代理费，按代售船票票款（扣除旅客港务费、客运附加费）的1%计算。

第一百二十七条　行李托运或交付手续的代理费，分别按托运运费收入的1%计算。

第一百二十八条　超限自带行李收费代理费，按自带行李运费收入的2%计算。

第一百二十九条　其他客运业务代理费，按船票票款（扣除旅客港务费、客运附加费等）的2%计算。

第一百三十条　退票代理费，按退票费的50%计算。

第八章　运输发生意外情况的处理

第一节　客船停止航行的处理

第一百三十一条　由于不可抗力或承运人的责任造成客船停止航行时，承运人对旅客和行李的安排应按下列规定办理：

（一）在乘船（起运）港，退还全部船票票款和行李的运费；

（二）在中途停止航行，旅客要求中止旅行或提取行李时，退还未乘（运）区段的票款或运费；

（三）旅客要求从中途停止航行地点返回原乘船港或将行李运回原起运港，应免费运回，退还全部船票票款或行李运费。如在返回途中旅客要求下船或提取行李时，应将旅客所持船票票价或行李运单运价与自原乘船（起运）港至下船（卸船）港的船票票价或行李运价的差额款退还旅客。

第一百三十二条　由于不可抗力或承运人的责任造成客船停止航行，承运人安排旅客改乘其他客船时所发生的票价差额款，按多退少不补的原则办理。

第二节　旅客发生疾病、伤害或死亡的处理

第一百三十三条　旅客在船上发生疾病或遭受伤害时，客船应尽力照顾和救护，必要时填写客运记录，将旅客移交前方港处理。

第一百三十四条　旅客在船上死亡，客船应填写客运记录，将死亡旅客移交前方港会同公安部门处理。

第一百三十五条　旅客在船上发生病危、伤害、死亡或失踪的，客船填写的客运记录应详细写明当事人的姓名、性别、年龄或特征，通讯地址及有关情况；准确记录事发的时间、地点及经过情况；如实报告客船所采取的措施及结果。

客运记录应取得两人以上的旁证；经过医生治疗的，应附有医生的“诊治记录”，并由旅客本人或同行人签字。

第三节　行李事故处理

第一百三十六条　在行李运送期间，发生行李灭失、短少、损坏等情况，承运人或港口经营人应编制行李运输事故记录。

行李运输事故记录必须在交接的当时编制，事后任何一方不得再行要求补编。

第一百三十七条　行李运输事故按其发生情况分为下列四类：

（一）灭失：托运的行李未按规定时间运到，承运人查找时间超过30天仍未找到的，即确定为行李灭失；

（二）短少：件数短少；

（三）损坏：湿损、破损、污损、折损等；

（四）其他。

第一百三十八条　旅客对其托运行李发生事故要求赔偿时，应填写行李赔偿要求书。提出赔偿的时效为旅客在离船或者行李交还或者应当交还之日起15天内，过期不能再要求赔偿。

旅客未按照前款规定及时提交行李赔偿要求

书的，除非提出反证，视为已经完整无损地收到行李。

行李交还时，旅客已经会同承运人对行李进行联合检查或者检验的，无需提交行李赔偿要求书。

第一百三十九条 承运人从接到行李的赔偿要求书之日起，应在30天内答复赔偿要求人：

（一）确定承运人或港口经营人不负赔偿责任时，应当填发拒绝赔偿通知书，赔偿要求人提出的单证文件不予退还。

（二）确定承运人或港口经营人应负赔偿责任时，应当填发承认赔偿通知书，赔偿要求人提出的单证文件不予退还。

第四节 赔偿责任

第一百四十条 在本规则第八条、第十一条规定的旅客及其行李的运送期间，因承运人或港口经营人的过失，造成旅客人身伤亡或行李灭失、损坏的，承运人或港口经营人应当负赔偿责任。

旅客的人身伤亡或自带行李的灭失、损坏，是由于客船的沉没、碰撞、搁浅、爆炸、火灾所引起或者是由于客船的缺陷所引起的，承运人除非提出反证，应当视为其有过失。

旅客托运的行李的灭失或损坏、不论由于何种事故引起的，承运人或港口经营人除非提出反证，应当视为其有过失。

对本规则第三十二条规定旅客携带的活动物发生灭失的，按照本条第1、2、3款规定处理。

第一百四十一条 经承运人或港口经营人证明，旅客的人身伤亡，是由于旅客本人的过失或者旅客和承运人或港口经营人的共同过失造成的，可以免除或者相应减轻承运人或港口经营人的赔偿责任。

第一百四十二条 因疾病、自杀、斗殴或犯罪行为而死亡或受伤者，以及非承运人或港口经营人过失造成的失踪者，承运人或港口经营人不承担赔偿责任。

由前款原因所发生的打捞、救助、医疗、通讯及船舶临时停靠港口的费用和一切善后费用，由旅客本人或所在单位或其亲属负担。

第一百四十三条 旅客的行李有下列情况的，承运人或港口经营人不负赔偿责任：

（一）不可抗力造成的损失；

（二）物品本身的自然性质引起的损耗、变质；

（三）本规则第二十九条，第六十六条所规定不准携带或托运的物品发生灭失、损耗、变质。

第一百四十四条 在行李运送期间，因承运人或港口经营人过失造成行李损坏的，承运人或港口经营人应负责整修，如损坏程度已失去原来使用价值，应按规定进行赔偿。

第一百四十五条 承运人或港口经营人对灭失的托运行李赔偿后，还应向旅客退还全部运杂费，并收回行李运单。

灭失的行李，赔偿后又找到的，承运人或港口经营人应通知索赔人前来领取。如索赔人同意领取时，则应撤消赔偿手续，收回赔偿款额和已退还的全部运杂费。

灭失的行李赔偿后部分找到的，可参照本条第2款精神办理。

第一百四十六条 如发现索赔人有以少报多、以次充好等行为时，应追回多赔款额。

第九章 运输、作业合同争议的处理

第一百四十七条 承运人、港口经营人以及旅客在履行水路旅客运输合同、水路行李运输合同以及作业合同中发生纠纷时，应协商解决。协商不成时，可向仲裁机构申请仲裁，也可以直接向人民法院起诉。

第十章 附 则

第一百四十八条 各省、自治区、直辖市交通主管部门和各水系航务管理部门可根据本规则，结合本地区的实际情况制定补充规定或实施细则，报交通运输部备案。

第一百四十九条 本规则由交通运输部负责解释。

第一百五十条 本规则自1996年6月1日起施行。1980年11月1日起施行的《水路旅客运输规则》、《水路旅客运输管理规程》及其有关补充规定同时废止。

附件：（略）

国内航空运输承运人赔偿责任限额规定

· 2006年2月28日中国民用航空总局令第164号公布
· 自2006年3月28日起施行

第一条 为了维护国内航空运输各方当事人的合法权益,根据《中华人民共和国民用航空法》(以下简称《民用航空法》)第一百二十八条,制定本规定。

第二条 本规定适用于中华人民共和国国内航空运输中发生的损害赔偿。

第三条 国内航空运输承运人(以下简称承运人)应当在下列规定的赔偿责任限额内按照实际损害承担赔偿责任,但是《民用航空法》另有规定的除外:

(一)对每名旅客的赔偿责任限额为人民币40万元;

(二)对每名旅客随身携带物品的赔偿责任限额为人民币3000元;

(三)对旅客托运的行李和对运输的货物的赔偿责任限额,为每公斤人民币100元。

第四条 本规定第三条所确定的赔偿责任限额的调整,由国务院民用航空主管部门制定,报国务院批准后公布执行。

第五条 旅客自行向保险公司投保航空旅客人身意外保险的,此项保险金额的给付,不免除或者减少承运人应当承担的赔偿责任。

第六条 本规定自2006年3月28日起施行。

国际航空运输价格管理规定

· 2020年10月9日交通运输部令2020年第19号公布
· 自2021年1月1日起施行

第一章 总 则

第一条 为了规范国际航空运输价格管理,促进航空运输市场健康发展,根据《中华人民共和国民用航空法》和有关法律、行政法规,制定本规定。

第二条 本规定所称国际航空运输价格(以下简称国际航空运价),是指公共航空运输企业经营中华人民共和国境内地点与境外地点间的定期航空运输业务时,运送旅客、货物的价格及其适用条件。

国际航空运价包括国际航空旅客运价和国际航空货物运价。

国际航空旅客运价包括旅客公布运价和旅客非公布运价,国际航空货物运价包括货物公布运价和货物非公布运价。

第三条 中国民用航空局(以下简称民航局)依职责统一负责国际航空运价监督管理工作。中国民用航空地区管理局(以下简称民航地区管理局)依职责负责对本辖区范围内的国际航空运价实施监督管理。

民航局和民航地区管理局统称为民航行政机关。

第四条 国际航空运价管理遵循规范、效能、对等的原则。

第二章 国际航空运价核准与备案

第五条 中华人民共和国政府与外国政府签订的航空运输协定或者协议中规定国际航空运价需要民航局核准的,公共航空运输企业应当将旅客公布运价中的旅客普通运价和货物公布运价中的普通货物运价向民航局提出核准申请,经核准同意后方可生效使用。

公共航空运输企业申请核准国际航空运价应当取得航线经营许可。

第六条 公共航空运输企业可以通过信函、传真、电子邮件等方式,向民航局提交国际航空运价核准申请材料。申请材料应当包括拟实施的国际航空运价种类、运价水平、适用条件及其他有关材料。

第七条 民航局根据下列情况决定是否受理公共航空运输企业的核准申请:

(一)所申请的国际航空运价不属于核准范围的,应当即时告知公共航空运输企业;

(二)申请材料不齐全或者不符合规定形式的,应当于收到申请材料之日起5个工作日内一次告知公共航空运输企业需要补正的内容,逾期不告知的,自收到申请材料之日起即为受理;

(三)所申请的国际航空运价属于核准范围,且申请材料齐全、符合规定形式的,或者公共航空运输企业已按照民航局要求提交全部补正申请材料的，应当予以受理。

第八条 民航局依据中华人民共和国政府与外国政府签订的航空运输协定或者协议，综合考虑经营成本、市场供求状况、社会承受能力和货币兑换率等因素，对公共航空运输企业申报的国际航空运价进行核准。

第九条 民航局自受理之日起 20 个工作日内作出核准或者不予核准的决定。

第十条 经核准的国际航空运价需要调整的，公共航空运输企业应当依照本规定第五条、第六条的规定向民航局提出核准申请。民航局依照本规定第七条至第九条的规定进行核准。

第十一条 中华人民共和国政府与外国政府签订的航空运输协定或者协议中规定国际航空运价需要报民航局备案的，公共航空运输企业应当就旅客公布运价中的旅客普通运价和货物公布运价中的普通货物运价报民航局备案。

公共航空运输企业备案国际航空运价应当取得航线经营许可。

第十二条 国际航空运价实行备案的，公共航空运输企业应当于国际航空运价生效之日起 20 个工作日内，通过信函、传真、电子邮件等方式，将国际航空运价种类、运价水平、适用条件及其他有关材料，报民航局备案。

第十三条 公共航空运输企业调整已备案的国际航空运价后，应当依照本规定第十一条、第十二条的规定重新报民航局备案。

第十四条 公共航空运输企业应当遵循公开、公平和诚实信用的原则，及时、准确、全面地公布旅客公布运价和货物公布运价的水平以及适用条件。

第三章 监督管理及法律责任

第十五条 民航局定期发布、更新国际航空运价适用核准、备案管理的国家目录。

第十六条 民航行政机关应当建立监督管理机制，对国际航空运价核准、备案活动依法进行监督管理。

第十七条 民航行政机关进行国际航空运价监督管理时，可以依法采取下列措施：

（一）进入公共航空运输企业、销售代理企业的经营场所进行检查；

（二）询问当事人或者有关人员，要求其说明有关情况或者提供与国际航空运价有关的资料；

（三）查询、复制有关账簿、单据、凭证、文件以及与国际航空运价有关的其他资料。

第十八条 公共航空运输企业及其销售代理企业应当接受和配合民航行政机关依法开展的监督管理，如实提供有关资料或者情况。

第十九条 民航行政机关实施监督管理，应当遵守相关法律、法规、规章的规定，对调查过程中知悉的商业秘密负有保密义务。

第二十条 公共航空运输企业、销售代理企业不得从事下列行为：

（一）应当核准的国际航空运价未经民航局核准而实施的；

（二）在核准生效日期前实施国际航空运价；

（三）应当备案的国际航空运价未报民航局备案；

（四）未按照已核准或者已备案的价格水平及适用条件实施国际航空运价；

（五）拒绝提供监督管理所需资料或者提供虚假资料。

第二十一条 公共航空运输企业有本规定第二十条第一项至第三项所列行为之一且造成严重后果的，依法记入民航行业严重失信行为信用记录。

公共航空运输企业、销售代理企业有本规定第二十条第四项或者第五项所列行为之一的，依法记入民航行业严重失信行为信用记录。

第二十二条 公共航空运输企业有本规定第二十条第一项至第三项所列行为之一的，由民航行政机关责令改正，处 1 万元以上 2 万元以下的罚款；情节严重的，处 2 万元以上 3 万元以下的罚款。

第二十三条 公共航空运输企业、销售代理企业有本规定第二十条第四项或者第五项所列行为之一的，由民航行政机关责令改正，处 2 万元以上 3 万元以下的罚款。

公共航空运输企业、销售代理企业有本规定第二十条第四项规定的行为，构成《中华人民共和国价格法》规定的不正当价格行为的，依照价格法律、行政法规的规定执行。

第四章 附 则

第二十四条 本规定所用的术语和定义如下：

(一)旅客公布运价,是指公共航空运输企业对公众公开发布和销售的旅客运价,包括旅客普通运价和旅客特种运价。

旅客普通运价,是指适用于头等舱、公务舱和经济舱等舱位等级的最高运价。

旅客特种运价,是指除旅客普通运价以外的其他旅客公布运价。

(二)旅客非公布运价,是指公共航空运输企业根据与特定组织或者个人签订的协议,有选择性地提供给对方,而不对公众公开发布和销售的旅客运价。

(三)货物公布运价,是指公共航空运输企业对公众公开发布和销售的货物运价,包括普通货物运价、等级货物运价、指定商品运价和集装货物运价。

普通货物运价,是指在始发地与目的地之间运输货物时,根据货物的重量或者体积计收的基准运价。

等级货物运价,是指适用于某一区域内或者两个区域之间运输某些特定货物时,在普通货物运价基础上附加或者附减一定百分比的运价。

指定商品运价,是指适用于自指定始发地至指定目的地之间运输某些具有特定品名编号货物的运价。

集装货物运价,是指适用于自始发地至目的地使用集装设备运输货物的运价。

(四)货物非公布运价,是指公共航空运输企业根据与特定组织或者个人签订的协议,有选择性地提供给对方,而不对公众公开发布和销售的货物运价。

第二十五条 本规定自2021年1月1日起施行。

民用航空危险品运输管理规定

· 2024年1月18日交通运输部令2024年第4号公布

· 自2024年7月1日起施行

第一章 总 则

第一条 为了加强民用航空危险品运输管理,规范危险品航空运输活动,保障民用航空运输安全,根据《中华人民共和国民用航空法》《中华人民共和国安全生产法》《中华人民共和国反恐怖主义法》《危险化学品安全管理条例》等法律、行政法规,制定本规定。

第二条 中华人民共和国境内的承运人、机场管理机构、地面服务代理人、危险品培训机构、从事民航安全检查工作的机构以及其他单位和个人从事民用航空危险品运输有关活动的,适用本规定。

外国承运人、港澳台地区承运人从事前款规定的活动,其航班始发地点、经停地点或者目的地点之一在中华人民共和国境内(不含港澳台,下同)的,适用本规定。

第三条 中国民用航空局(以下简称民航局)负责对民用航空危险品运输活动实施统一监督管理。

中国民用航空地区管理局(以下简称民航地区管理局)负责对本辖区内的民用航空危险品运输活动实施监督管理。

民航局和民航地区管理局统称为民航行政机关。

第四条 从事民用航空危险品运输有关活动的单位和个人应当遵守《国际民用航空公约》附件18《危险物品的安全航空运输》及《技术细则》的要求;法律、法规、规章另有规定的,还应当遵守其规定。

第五条 有关行业协会应当加强行业自律,推进诚信建设,促进会员依法开展公共航空危险品运输活动,提升服务质量。

第二章 运输限制

第六条 任何单位和个人不得在行李中携带或者通过货物、邮件托运、收运、载运《技术细则》中规定的在任何情况下禁止航空运输的危险品。

第七条 除运输安全水平符合要求并获得民航行政机关按《技术细则》给予批准或者豁免外,任何单位和个人不得在行李中携带或者通过货物、邮件托运、收运、载运下列危险品:

(一)《技术细则》中规定禁止在正常情况下航空运输的危险品;

(二)受到感染的活体动物。

第八条 托运、收运、载运含有危险品的邮件,应当符合相关邮政法律法规、本规定及《技术细则》的要求。

第九条 符合下列情况的物品或者物质，按照《技术细则》的规定不受危险品航空运输的限制：

（一）已分类为危险品的物品或者物质，根据有关适航要求和运行规定，或者因《技术细则》列明的其他特殊原因需要装在民用航空器上时；

（二）旅客或者机组成员携带的《技术细则》规定范围内的特定物品或者物质。

运输前款第一项所述物品或者物质的替换物，或者被替换下来的所述物品或者物质，除《技术细则》准许外，应当遵守本规定。

第三章　运输许可

第一节　一般规定

第十条 承运人从事危险品货物、含有危险品的邮件（以下简称危险品货物、邮件）航空运输，应当取得危险品航空运输许可。

第十一条 境内承运人申请取得危险品航空运输许可的，应当具备下列条件：

（一）持有公共航空运输企业经营许可证；

（二）危险品航空运输手册符合本规定的要求；

（三）危险品培训大纲符合本规定的要求；

（四）按照危险品航空运输手册建立了危险品航空运输管理和操作程序、应急方案；

（五）危险品航空运输从业人员按照危险品培训大纲完成培训并考核合格；

（六）货物、邮件航空运输安全记录良好。

第十二条 港澳台地区承运人、外国承运人申请取得危险品航空运输许可的，应当具备下列条件：

（一）持有所在地区或者所在国民航主管部门颁发的危险品航空运输许可或者等效文件；

（二）持有所在地区或者所在国民航主管部门审查或者批准的危险品航空运输手册或者等效文件；

（三）持有所在地区或者所在国民航主管部门审查或者批准的危险品培训大纲或者等效文件；

（四）货物、邮件航空运输安全记录良好。

第十三条 民航地区管理局作出的危险品航空运输许可，应当包含下列内容：

（一）承运人按照本规定和《技术细则》开展危险品货物、邮件航空运输活动的经营范围；

（二）批准运输的危险品类（项）别；

（三）许可的有效期；

（四）必要的限制条件。

第二节　许可程序

第十四条 境内承运人申请危险品航空运输许可的，应当向其公共航空运输企业经营许可证载明的主运营基地机场所在地民航地区管理局提交下列材料，并确保其真实、完整、有效：

（一）申请书；

（二）危险品航空运输手册；

（三）危险品培训大纲。

第十五条 港澳台地区承运人、外国承运人申请危险品航空运输许可的，应当向民航局指定管辖的民航地区管理局提交下列材料，并确保其真实、完整、有效：

（一）申请书；

（二）承运人所在地区或者所在国民航主管部门颁发的危险品航空运输许可或者等效文件；

（三）承运人所在地区或者所在国民航主管部门对承运人危险品航空运输手册或者等效文件的审查或者批准的证明材料；

（四）承运人所在地区或者所在国民航主管部门对承运人危险品培训大纲或者等效文件的审查或者批准的证明材料。

前款规定的申请材料应当使用中文或者英文。使用译本的，申请人应当承诺保证译本和原件的一致性和等同有效性。

第十六条 经审查，境内承运人符合本规定第十一条、港澳台地区及外国承运人符合本规定第十二条要求的，由民航地区管理局为其颁发危险品航空运输许可。

经审查不符合要求的，由民航地区管理局书面作出不予许可决定，说明理由，并告知申请人享有依法申请行政复议或者提起行政诉讼的权利。

第十七条 民航地区管理局应当自受理申请之日起20个工作日内作出是否准予许可的决定。20个工作日内不能作出决定的，经民航地区管理局负责人批准，可以延长10个工作日，并应当将延长期限的理由告知申请人。

民航地区管理局作出行政许可决定，需要进

行检验、检测、鉴定和组织专家评审的,所需时间不计入前款所述期限。

第三节 许可管理

第十八条 危险品航空运输许可的有效期最长不超过24个月。

有下列情形之一的,作出行政许可决定的民航地区管理局应当依法办理危险品航空运输许可注销手续:

(一)被许可承运人书面申请办理注销手续的;

(二)许可依法被撤销、撤回、吊销的;

(三)许可有效期届满未延续的;

(四)法律、法规规定的其他情形。

第十九条 承运人要求变更许可事项的,应当向民航地区管理局提出申请,按照本章有关许可的规定办理。

第二十条 承运人申请许可有效期延续的,应当在许可有效期届满30日前向民航地区管理局提出申请。经审查,承运人满足本规定许可条件的,民航地区管理局应当在许可有效期届满前作出是否准予延续的决定;民航地区管理局逾期未作出决定的,视为准予延续。

第四章 运输手册管理

第二十一条 境内承运人、地面服务代理人应当制定符合本规定要求的危险品航空运输手册,并采取措施保持手册的实用性和有效性。

境内承运人应当在完成运行合格审定前向主运营基地机场所在地民航地区管理局备案危险品航空运输手册。手册内容发生变化的,境内承运人应当及时进行更新备案。

第二十二条 境内承运人、地面服务代理人的危险品航空运输手册应当至少包括下列适用的内容:

(一)危险品航空运输的总政策;

(二)危险品航空运输管理和监督机构及其职责;

(三)开展自查及对其代理人进行检查的要求;

(四)人员的培训要求及对危险品培训机构的要求;

(五)旅客、机组成员携带危险品的限制,以及将限制要求告知旅客、机组成员的措施;

(六)托运人及托运人代理人的诚信管理要求;

(七)行李、货物、邮件中隐含危险品的识别及防止隐含危险品的措施;

(八)向机长通知危险品装载信息的措施;

(九)危险品航空运输应急响应方案及应急处置演练的要求;

(十)危险品航空运输事件的报告程序;

(十一)重大、紧急或者其他特殊情况下危险品航空运输预案。

从事危险品货物、邮件航空运输的境内承运人、地面服务代理人的危险品航空运输手册,还应当包括危险品货物、邮件航空运输的技术要求及操作程序。

除单独成册外,危险品航空运输手册的内容可以按照专业类别编入企业运行、地面服务和客货运输业务等其他业务手册中。

第二十三条 承运人委托地面服务代理人代表其从事危险品航空运输地面服务的,应当要求地面服务代理人按照承运人提供的危险品航空运输手册或者经承运人认可的地面服务代理人危险品航空运输手册,开展危险品航空运输地面服务。

港澳台地区及外国承运人提供的危险品航空运输手册应当使用中文或者英文,使用译本的,应当承诺保证译本和原件的一致性和等同有效性。

按照经承运人认可的地面服务代理人危险品航空运输手册开展活动的,承运人应当告知地面服务代理人其差异化要求,地面服务代理人应当采取措施确保相关操作满足承运人的差异化要求。

第二十四条 承运人、地面服务代理人应当采取必要措施,确保危险品航空运输有关人员在履行相关职责时,充分了解危险品航空运输手册中与其职责相关的内容。

承运人、地面服务代理人应当为危险品航空运输有关人员提供以其所熟悉的文字编写的危险品航空运输手册,以便相关人员履行危险品航空运输职责。

第二十五条 承运人、地面服务代理人应当按照危险品航空运输手册中规定的程序和要求,开展危险品航空运输相关活动。

第二十六条 运输机场管理机构应当制定机场危险品航空运输应急救援预案,将其纳入运输机场突发事件应急救援预案管理,并按照有关规定执行。

运输机场管理机构应当将机场危险品航空运输的管理和应急救援预案内容,纳入机场使用手册。

第五章 托运人责任

第二十七条 托运人应当确保办理危险品货物托运手续和签署危险品运输文件的人员,已按照本规定和《技术细则》的要求经过危险品培训并考核合格。

第二十八条 托运人将危险品货物提交航空运输前,应当按照本规定和《技术细则》的规定,确保该危险品不属于禁止航空运输的危险品,并正确地进行分类、识别、包装、加标记、贴标签。

托运法律、法规限制运输的危险品货物,应当符合相关法律、法规的要求。

第二十九条 托运人将货物提交航空运输时,应当向承运人说明危险品货物情况,并提供真实、准确、完整的危险品运输文件。托运人应当正确填写危险品运输文件并签字。

除《技术细则》另有规定外,危险品运输文件应当包括《技术细则》所要求的内容,以及经托运人签字的声明,表明已使用运输专用名称对危险品进行完整、准确地描述和该危险品已按照《技术细则》的规定进行分类、包装、加标记和贴标签,且符合航空运输的条件。

第三十条 托运人应当向承运人提供所托运危险品货物发生危险情况的应急处置措施,并在必要时提供所托运危险品货物符合航空运输条件的相关证明材料。

第三十一条 托运人应当确保航空货运单、危险品运输文件及相关证明材料中所列货物信息与其实际托运的危险品货物保持一致。

第三十二条 托运人应当保存一份危险品航空运输相关文件,保存期限自运输文件签订之日起不少于 24 个月。

前款所述危险品航空运输相关文件包括危险品运输文件、航空货运单以及承运人、本规定和《技术细则》要求的补充资料和文件等。

第三十三条 托运人代理人从事危险品货物航空运输活动的,应当持有托运人的授权书,并适用本规定有关托运人责任的规定。

第六章 承运人及其地面服务代理人责任

第一节 一般规定

第三十四条 境内承运人、地面服务代理人应当将危险品航空运输纳入其安全管理体系或者单独建立危险品航空运输安全管理体系,并确保体系持续有效运行。

第三十五条 境内承运人、地面服务代理人应当明确适当的机构,配置专职人员对危险品航空运输活动进行管理。

持有危险品航空运输许可的港澳台地区承运人、外国承运人应当指定专人负责对危险品航空运输活动进行管理。

第三十六条 承运人和地面服务代理人应当对从事公共航空危险品运输的协议方或者合作方加强诚信管理,建立并持续完善公共航空危险品运输托运人及托运人代理人诚信评价机制。

第二节 承运人责任

第三十七条 承运人应当按照危险品航空运输许可的要求和条件开展危险品货物、邮件航空运输活动。

运输法律、法规限制运输的危险品,应当符合相关法律、法规的要求。

第三十八条 承运人接收危险品货物、邮件进行航空运输应当符合下列要求:

(一)确认办理托运手续和签署危险品运输文件的人员经危险品培训并考核合格,同时满足承运人危险品航空运输手册的要求;

(二)确认危险品货物、邮件附有完整的危险品航空运输相关文件,《技术细则》另有规定的除外;

(三)按照《技术细则》的要求对危险品货物、邮件进行检查。

第三十九条 承运人应当按照《技术细则》及民航行政机关的要求,收运、存放、装载、固定及隔离危险品货物、邮件。

第四十条 承运人应当按照《技术细则》及民航行政机关的要求,对危险品货物、邮件的损坏泄漏及污染进行检查和清除。

第四十一条 承运人应当按照《技术细则》及民航行政机关的要求,存放危险品货物、邮件,并及时处置超期存放的危险品货物、邮件。

承运人应当采取适当措施防止危险品货物、邮件被盗或者被不正当使用。

第四十二条 承运人应当在载运危险品货物、邮件的飞行终止后，将危险品航空运输相关文件保存不少于24个月。

前款所述文件包括危险品运输文件、航空货运单、收运检查单、机长通知单以及承运人、本规定和《技术细则》要求的补充资料和文件等。

第四十三条 委托地面服务代理人代表其从事危险品货物、邮件航空运输地面服务的承运人，应当同符合本规定要求的地面服务代理人签订包括危险品货物、邮件航空运输内容的地面服务代理协议，明确各自的危险品运输管理职责和应当采取的安全措施。

第四十四条 承运人应当采取措施防止货物、邮件、行李隐含危险品。

第四十五条 境内承运人应当对其地面服务代理人的危险品航空运输活动进行定期检查。

第三节 地面服务代理人责任

第四十六条 地面服务代理人应当按照与承运人签订的地面服务代理协议的相关要求，开展危险品货物、邮件航空运输活动。

第四十七条 在首次开展航空运输地面服务代理活动前，地面服务代理人应当向所在地民航地区管理局备案，并提交下列真实、完整、有效的备案材料：

（一）地面服务代理人备案信息表；

（二）法人资格证明；

（三）危险品航空运输手册；

（四）危险品培训大纲；

（五）按照本规定及备案内容开展危险品航空运输活动及确保危险品航空运输手册和危险品培训大纲持续更新的声明。

备案信息表中与危险品运输相关的地面服务代理业务范围发生变动的，地面服务代理人应当在开展相关新业务活动前备案。其他备案材料内容发生变化的，地面服务代理人应当及时对变化内容进行备案。

第四十八条 地面服务代理人开展危险品航空运输活动应当满足本规定及备案的危险品航空运输手册和危险品培训大纲的要求，并接受相关承运人的检查。

第四十九条 地面服务代理人代表承运人从事危险品航空运输活动的，适用本规定有关承运人责任的规定。

第七章 运输信息

第五十条 承运人在向旅客出售机票时，应当向旅客提供关于禁止航空运输的危险品种类的信息。

当通过互联网出售机票时，承运人应当以文字或者图像形式向旅客提供关于禁止旅客带上航空器的危险品种类的信息，且确保只有在旅客表示已经知悉行李中的危险品限制之后，方可完成购票手续。

第五十一条 在旅客办理乘机手续时，承运人或者地面服务代理人应当向旅客提供《技术细则》关于旅客携带危险品的限制要求信息。旅客自助办理乘机手续的，信息应当包括图像，并应当确保只有在旅客表示已经知悉行李中的危险品限制之后，方可完成办理乘机手续。

第五十二条 承运人、地面服务代理人或者机场管理机构应当在机场售票处、办理乘机手续处、安检处、登机处以及旅客可以办理乘机手续的其他地方醒目地张贴布告，告知旅客禁止航空运输危险品的种类。

前款要求的布告，应当包括禁止运输危险品的直观示例。

第五十三条 承运人或者地面服务代理人应当在货物、邮件收运处的醒目地点张贴布告，告知托运人及托运人代理人货物、邮件中可能含有的危险品以及危险品航空运输的相关规定和法律责任。

前款要求的布告，应当包括危险品的直观示例。

第五十四条 承运人、地面服务代理人、从事民航安全检查工作的机构以及机场管理机构应当向其从业人员提供相关信息，使其能够履行与危险品航空运输相关的职责，同时应当提供在出现涉及危险品的紧急情况时可供遵循的行动指南。

承运人应当在运行手册或者其他相关手册中向飞行机组成员提供与其履行职责相关的危险品信息及行动指南。

第五十五条 民用航空器上载运危险品货

物、邮件时，承运人或者地面服务代理人应当在民用航空器起飞前向机长、民用航空器运行控制人员等提供《技术细则》规定的信息。

第五十六条 飞行中发生紧急情况时，如果情况允许，机长应当按照《技术细则》的规定立即将机上载有危险品货物、邮件的信息通报有关空中交通管制部门，以便通知机场。

第五十七条 承运人、地面服务代理人、机场管理机构应当按照《技术细则》及民航行政机关的要求，报告危险品航空运输事件信息。

第五十八条 承运人、地面服务代理人、从事民航安全检查工作的机构、危险品培训机构等相关单位，应当按照民航行政机关的要求报送危险品航空运输有关的信息和数据。

第八章 培训管理

第一节 一般规定

第五十九条 危险品货物托运人及托运人代理人、境内承运人、地面服务代理人、从事民航安全检查工作的机构、以及其他从事危险品航空运输活动的单位，应当确保其危险品航空运输从业人员按照本规定及《技术细则》的要求经过符合本规定要求的危险品培训机构培训并考核合格。

境内承运人、机场管理机构、地面服务代理人、从事民航安全检查工作的机构等单位分管危险品运输管理业务的负责人和安全管理人员，应当定期接受危险品航空运输管理知识培训。

本章所称危险品培训机构，包括境内承运人、机场管理机构、地面服务代理人、从事民航安全检查工作的机构、其他从事民用航空危险品运输有关活动的单位为其从业人员提供危险品培训所设立的培训机构，以及对外提供危险品培训的第三方机构。

第六十条 港澳台地区承运人、外国承运人，应当确保其相关人员的危险品培训符合本规定及《技术细则》的相关要求。

第六十一条 危险品货物托运人及托运人代理人、境内承运人、地面服务代理人、从事民航安全检查工作的机构、危险品培训机构，应当如实记录其危险品航空运输从业人员教育和培训情况，并保存不少于36个月，随时接受民航行政机关的检查。

第二节 培训大纲

第六十二条 下列单位应当制定并持有符合本规定及《技术细则》相关要求的危险品培训大纲，并按照大纲开展培训活动：

（一）境内承运人；

（二）地面服务代理人；

（三）从事民航安全检查工作的机构；

（四）危险品培训机构。

从事民航安全检查工作的机构，应当将其危险品培训大纲报所在地民航地区管理局备案。

第六十三条 危险品培训大纲应当根据受训人员的职责制定，并包括下列内容：

（一）符合本规定和《技术细则》规定的声明；

（二）符合要求的培训课程设置及评估要求；

（三）适用的受训人员范围及培训后应当达到的要求；

（四）实施培训的危险品培训机构及教员要求；

（五）培训使用教材的说明。

第六十四条 危险品培训大纲应当及时修订和更新，确保持续符合本规定及《技术细则》的要求。

第三节 培训机构

第六十五条 危险品培训机构应当在首次开展培训活动30日前向机构所在地民航地区管理局备案。

危险品培训机构终止培训的，应当自终止培训之日起30日内书面告知原备案民航地区管理局。

第六十六条 危险品培训机构应当在备案时提交下列材料，并确保其真实、完整、有效：

（一）危险品培训机构备案信息表；

（二）法人资格证明；

（三）危险品培训大纲；

（四）培训管理制度；

（五）3名及以上符合要求的危险品培训教员的证明材料；

（六）按照本规定要求及备案内容开展危险品培训活动并保持危险品培训大纲持续更新的声明。

备案材料内容发生变化的，危险品培训机构

应当及时对变化内容进行备案。

第六十七条 危险品培训机构应当按照备案的危险品培训大纲和培训管理制度开展培训，并遵守下列要求：

（一）定期开展自查，确保持续符合本规定及危险品培训管理制度的要求；

（二）实施培训时使用的危险品培训大纲及教员符合本规定的要求；

（三）实施的培训符合本规定的要求；

（四）建立并实施培训效果评估制度，定期组织教学研讨和教学质量评价活动。

危险品培训机构应当接受民航行政机关组织的教学质量评价。

第六十八条 危险品培训机构应当确保本机构的危险品教员持续满足本规定的要求。

第四节 培训教员

第六十九条 危险品培训机构应当使用符合以下要求的教员从事危险品培训工作：

（一）熟悉危险品航空运输法律法规、规章、规定和政策；

（二）从事民航相关业务 3 年以上；

（三）参加符合本规定及《技术细则》要求的危险品培训，并考核优秀；

（四）通过危险品教员培训，具备相应的授课技能。

第七十条 危险品培训机构的教员应当按照本规定开展培训活动，并持续符合下列要求：

（一）同时仅在一家培训机构备案且仅代表一家危险品培训机构开展培训活动；

（二）每 12 个月至少实施一次完整的危险品培训；

（三）每 24 个月至少参加一次危险品教员培训，且至少参加一次相应的危险品培训并考核合格；

（四）教学质量评价满足要求；

（五）每 12 个月至少参加一次危险品培训机构组织的教学研讨活动。

危险品培训机构的教员不满足前款规定的要求的，危险品培训机构应当及时更换教员，并重新组织培训。

第九章 监督管理

第七十一条 从事民用航空危险品运输活动的有关单位和个人对民航行政机关的监督检查人员依法履行监督检查职责，应当予以配合，不得拒绝、阻碍。

第七十二条 持有危险品航空运输许可的承运人，应当保证其运营条件持续符合颁发危险品航空运输许可的条件。

因运营条件发生变化等，承运人不再具备安全生产条件的，由民航地区管理局依照《中华人民共和国安全生产法》的规定撤销其危险品航空运输许可。

第七十三条 民航地区管理局应当自地面服务代理人、危险品培训机构备案之日起 30 日内，对备案的地面服务代理人、危险品培训机构进行现场核查，对相关材料进行核实，并定期开展日常检查，监督其持续符合规定要求。

第七十四条 托运人、托运人代理人有下列行为之一的，依法作为严重失信行为记入民航行业信用记录：

（一）伪造危险品航空运输相关文件的；

（二）违规托运危险品货物，造成危险品事故或者严重征候；

（三）违规托运危险品货物，12 个月内造成危险品一般征候两次以上的。

第十章 法律责任

第七十五条 承运人隐瞒有关情况或者提供虚假材料申请危险品航空运输许可的，民航地区管理局不予受理或者不予许可，并给予警告；自该行为发现之日起 1 年内承运人不得再次申请危险品航空运输许可。

承运人以欺骗、贿赂等不正当手段取得危险品航空运输许可的，由民航地区管理局撤销该危险品航空运输许可，处 3 万元以下的罚款，承运人在 3 年内不得再次申请危险品航空运输许可。

第七十六条 托运人或者托运人代理人有下列行为之一的，由民航地区管理局处 2 万元以上 10 万元以下的罚款；构成犯罪的，依法追究刑事责任：

（一）违反本规定第二章，托运禁止航空运输的危险品的；

（二）违反本规定第二章，托运限制航空运输的危险品未满足相关法律、法规、规章或者《技术细则》要求的。

第七十七条 托运人或者托运人代理人有下列行为之一的，由民航地区管理局处警告或者5万元以下的罚款；情节严重的，处5万元以上10万元以下的罚款：

（一）违反本规定第二十八条，未按要求对所托运的危险品货物正确地进行分类、识别、包装、加标记、贴标签的；

（二）违反本规定第二十九条，未向承运人说明危险品货物情况或者未提供符合要求的危险品运输文件的；

（三）违反本规定第三十条，未提供所托运危险品货物正确的应急处置举措的；

（四）违反本规定第三十一条，航空货运单、危险品运输文件及相关证明材料中所列货物信息与其实际托运的危险品货物不一致的。

托运人代理人违反本规定第三十三条，从事危险品货物航空运输活动未持有托运人授权书的，依照前款规定处罚。

第七十八条 承运人有下列行为之一的，由民航地区管理局处2万元以上10万元以下的罚款：

（一）违反本规定第十条，未取得危险品航空运输许可运输危险品的；

（二）违反本规定第三十七条，未按照危险品航空运输许可的要求运输危险品的。

第七十九条 承运人、地面服务代理人有下列行为之一的，由民航地区管理局依照《中华人民共和国反恐怖主义法》第八十五条的规定，处10万元以上50万元以下的罚款，并对其直接负责的主管人员和其他直接责任人员处10万元以下的罚款：

（一）违反本规定第六条，对《技术细则》中规定的在任何情况下禁止航空运输的物品或者物质予以运输的；

（二）违反本规定第三十八条第三项，未对运输的危险品货物、邮件进行检查的。

第八十条 承运人、地面服务代理人有下列行为之一的，由民航地区管理局处警告或者5万元以下的罚款；情节严重的，处5万元以上10万元以下的罚款：

（一）违反本规定第八条，未按照本规定及《技术细则》相关规定的要求收运、运输含有危险品邮件的；

（二）违反本规定第二十一条，未按要求制定或者更新危险品航空运输手册的；

（三）违反本规定第二十四条，未采取必要措施确保其危险品航空运输有关人员充分了解履职相关危险品航空运输手册内容的或者未按要求提供危险品航空运输手册的；

（四）违反本规定第二十五条，未按照危险品航空运输手册中规定的程序和要求开展危险品航空运输活动的；

（五）违反本规定第三十八条第一项、第二项，在接收危险品货物、邮件进行航空运输时未按照要求对危险品托运人员和运输相关文件进行确认的；

（六）违反本规定第三十九条，未确保危险品货物、邮件的收运、存放、装载、固定及隔离符合本规定及《技术细则》相关要求的；

（七）违反本规定第四十条，未确保危险品货物、邮件的损坏泄漏检查及污染清除符合本规定及《技术细则》相关要求的；

（八）违反本规定第四十一条，未妥善存放危险品货物、邮件或者未及时处置超期存放的危险品货物、邮件或者未采取适当措施防止危险品货物、邮件被盗、不正当使用的；

（九）违反本规定第四十四条，未对运输的货物、邮件、行李采取措施防止隐含危险品的。

第八十一条 承运人有下列行为之一的，由民航地区管理局责令限期改正，处警告或者5万元以下的罚款；情节严重或者逾期未改正的，处5万元以上10万元以下的罚款.

（一）违反本规定第二十三条，未按要求告知地面服务代理人有关危险品航空运输手册差异化要求的；

（二）违反本规定第四十三条，委托地面服务代理人未签订地面服务代理协议或者代理协议不符合要求的。

第八十二条 承运人、地面服务代理人违反本规定第三十四条、第三十五条，未按照规定建立有效运行的危险品航空运输安全管理体系或者设置机构、配备人员管理危险品航空运输活动的，由民航地区管理局依照《中华人民共和国安全生产法》第九十七条、第一百零一条的规定，责令限期改正，处10万元以下的罚款；逾期未改正的，责令停产停业整顿，并处10万元以上20万元以下的罚款，对其直接负责的主管人员和其他直接责任人员处 2 万元以上 5 万元以下的罚款。

第八十三条 地面服务代理人有下列行为之一的，由民航地区管理局责令限期改正，处警告或者 5 万元以下的罚款；情节严重或者逾期未改正的，处 5 万元以上 10 万元以下的罚款：

（一）违反本规定第二十三条第三款，未确保危险品航空运输相关操作满足承运人差异化要求的；

（二）违反本规定第四十六条，未按照地面服务代理协议的相关安全要求开展危险品货物、邮件航空运输活动的；

（三）违反本规定第四十七条，未按照要求向所在地民航地区管理局备案，或者提交虚假备案材料的；

（四）违反本规定第四十八条，未按照备案内容开展危险品航空运输活动的。

第八十四条 托运人、托运人代理人、承运人、地面服务代理人违反本规定第三十二条、第四十二条，未按照规定保存危险品航空运输相关文件的，由民航地区管理局处警告或者 5 万元以下的罚款；情节严重的，处 5 万元以上 10 万元以下的罚款。

第八十五条 托运人、托运人代理人、境内承运人、地面服务代理人、从事民航安全检查工作的机构以及危险品培训机构有下列行为之一的，由民航地区管理局依照《中华人民共和国安全生产法》第九十七条的规定，责令限期改正，处 10 万元以下的罚款；逾期未改正的，责令停产停业整顿，并处 10 万元以上 20 万元以下的罚款，对其直接负责的主管人员和其他直接责任人员处 2 万元以上 5 万元以下的罚款：

（一）违反本规定第五十九条，其危险品航空运输从业人员未按照规定经过培训并考核合格的；

（二）违反本规定第六十一条，未按照规定如实记录安全生产教育和培训情况的。

港澳台地区承运人、外国承运人违反本规定第六十条，未按照要求对其危险品航空运输活动相关人员进行培训的，依照前款规定予以处罚。

第八十六条 有下列行为之一的，由民航地区管理局责令限期改正，处警告或者 5 万元以下的罚款；情节严重或者逾期未改正的，处 5 万元以上 10 万元以下的罚款：

（一）承运人、地面服务代理人、机场管理机构违反本规定第五十二条，未按照要求在机场张贴危险品布告的；

（二）承运人、地面服务地理人、机场管理机构、从事民航安全检查工作的机构违反本规定第五十四条，未按照要求向其从业人员提供信息或者行动指南的；

（三）境内承运人、地面服务代理人、从事民航安全检查工作的机构、危险品培训机构违反本规定第六十二条、第六十三条、第六十四条，未持有符合要求的危险品培训大纲并及时修订更新或者未按照大纲开展培训活动的。

第八十七条 承运人、地面服务代理人、从事民航安全检查工作的机构、危险品培训机构等相关单位违反本规定第五十八条，未按照要求报送危险品航空运输有关信息或者数据的，由民航地区管理局责令限期改正，处警告或者 5 万元以下的罚款；情节严重或者逾期未改正的，处 5 万元以上 10 万元以下的罚款。

第八十八条 危险品培训机构有下列行为之一的，由民航地区管理局责令限期改正，处警告或者 5 万元以下的罚款；情节严重或者逾期未改正的，处 5 万元以上 10 万元以下的罚款：

（一）违反本规定第六十五条、第六十六条，未按时备案或者提交虚假备案材料的；

（二）违反本规定第六十七条，未按照要求开展危险品培训的；

（三）违反本规定第六十九条、第七十条，危险品培训教员未满足相关要求的。

第八十九条 违反本规定，有关危险物品的法律、行政法规对其处罚有明确规定的，从其规定。

第十一章 附 则

第九十条 本规定中下列用语，除具体条款中另有规定外，含义如下：

（一）危险品，是指列在《技术细则》危险品清单中或者根据《技术细则》的归类，能对健康、安全、财产或者环境构成危险的物品或者物质。

（二）《技术细则》，是指根据国际民航组织理事会制定的程序而定期批准和公布的《危险物品安全航空运输技术细则》（Doc 9284 号文件）及其补篇、增编和更正。

（三）托运人，是指为货物运输与承运人订立合同，并在航空货运单或者货物记录上签字的人。

（四）托运人代理人，是指经托运人授权，代表托运人托运货物或者签署货物航空运输相关文件的人。

（五）承运人，是指以营利为目的，使用民用航空器运送旅客、行李、货物、邮件的公共航空运输企业。

（六）地面服务代理人，是指依照中华人民共和国法律成立的，与承运人签订地面代理协议，在中华人民共和国境内机场从事公共航空运输地面服务代理业务的企业。

（七）危险品航空运输事件，是指与危险品航空运输有关的不安全事件，包括危险品事故、危险品严重征候、危险品一般征候及危险品一般事件。

（八）危险品运输文件，是指托运人或者托运人代理人签署的，向承运人申报所运输危险品详细信息的文件。

第九十一条 本规定自2024年7月1日起施行。交通运输部于2016年4月13日以交通运输部令2016年第42号公布的《民用航空危险品运输管理规定》同时废止。

最高人民法院关于审理铁路运输损害赔偿案件若干问题的解释

· 1994年10月27日法发〔1994〕25号公布
· 根据2020年12月23日最高人民法院审判委员会第1823次会议通过的《最高人民法院关于修改〈最高人民法院关于在民事审判工作中适用《中华人民共和国工会法》若干问题的解释〉等二十七件民事类司法解释的决定》修正
· 2020年12月29日最高人民法院公告公布
· 自2021年1月1日起施行
· 法释〔2020〕17号

为了正确、及时地审理铁路运输损害赔偿案件，现就审判工作中遇到的一些问题，根据《中华人民共和国铁路法》（以下简称铁路法）和有关的法律规定，结合审判实践，作出如下解释，供在审判工作中执行。

一、实际损失的赔偿范围

铁路法第十七条中的“实际损失”，是指因灭失、短少、变质、污染、损坏导致货物、包裹、行李实际价值的损失。

铁路运输企业按照实际损失赔偿时，对灭失、短少的货物、包裹、行李，按照其实际价值赔偿；对变质、污染、损坏降低原有价值的货物、包裹、行李，可按照其受损前后实际价值的差额或者加工、修复费用赔偿。

货物、包裹、行李的赔偿价值按照托运时的实际价值计算。实际价值中未包含已支付的铁路运杂费、包装费、保险费、短途搬运费等费用的，按照损失部分的比例加算。

二、铁路运输企业的重大过失

铁路法第十七条中的“重大过失”是指铁路运输企业或者其受雇人、代理人对承运的货物、包裹、行李明知可能造成损失而轻率地作为或者不作为。

三、保价货物损失的赔偿

铁路法第十七条第一款（一）项中规定的“按照实际损失赔偿，但最高不超过保价额。”是指保价运输的货物、包裹、行李在运输中发生损失，无论托运人在办理保价运输时，保价额是否与货物、包裹、行李的实际价值相符，均应在保价额内按照损失部分的实际价值赔偿，实际损失超过保价额的部分不予赔偿。

如果损失是因铁路运输企业的故意或者重大过失造成的，比照铁路法第十七条第一款（二）项的规定，不受保价额的限制，按照实际损失赔偿。

四、保险货物损失的赔偿

投保货物运输险的货物在运输中发生损失，对不属于铁路运输企业免责范围的，适用铁路法第十七条第一款（二）项的规定，由铁路运输企业承担赔偿责任。

保险公司按照保险合同的约定向托运人或收货人先行赔付后，对于铁路运输企业应按货物实际损失承担赔偿责任的，保险公司按照支付的保险金额向铁路运输企业追偿，因不足额保险产生的实际损失与保险金的差额部分，由铁路运输企业赔偿；对于铁路运输企业应按限额承担赔偿责任的，在足额保险的情况下，保险公司向铁路运输企业的追偿额为铁路运输企业的赔偿限额，在不足额保险的情况下，保险公司向铁路运输企业的追偿额在铁路运输企业的赔偿限额内按照投保金额与货物实际价值的比例计算，因不足额保险产生的铁路运输企业的赔偿限额与保险公司在限额内追偿额的差额部分，由铁路运输企业赔偿。

五、保险保价货物损失的赔偿

既保险又保价的货物在运输中发生损失，对不属于铁路运输企业免责范围的，适用铁路法第十七条第一款(一)项的规定由铁路运输企业承担赔偿责任。对于保险公司先行赔付的，比照本解释第四条对保险货物损失的赔偿处理。

六、保险补偿制度的适用

《铁路货物运输实行保险与负责运输相结合的补偿制度的规定(试行)》(简称保险补偿制度)，适用于1991年5月1日铁路法实施以前已投保货物运输险的案件。铁路法实施后投保货物运输险的案件，适用铁路法第十七条第一款的规定，保险补偿制度中有关保险补偿的规定不再适用。

七、逾期交付的责任

货物、包裹、行李逾期交付，如果是因铁路逾期运到造成的，由铁路运输企业支付逾期违约金；如果是因收货人或旅客逾期领取造成的，由收货人或旅客支付保管费；既因逾期运到又因收货人或旅客逾期领取造成的，由双方各自承担相应的责任。

铁路逾期运到并且发生损失时，铁路运输企业除支付逾期违约金外，还应当赔偿损失。对收货人或者旅客逾期领取，铁路运输企业在代保管期间因保管不当造成损失的，由铁路运输企业赔偿。

八、误交付的责任

货物、包裹、行李误交付(包括被第三者冒领造成的误交付)，铁路运输企业查找超过运到期限的，由铁路运输企业支付逾期违约金。不能交付的，或者交付时有损失的，由铁路运输企业赔偿。铁路运输企业赔付后，再向有责任的第三者追偿。

九、赔偿后又找回原物的处理

铁路运输企业赔付后又找回丢失、被盗、冒领、逾期等按灭失处理的货物、包裹、行李的，在通知托运人，收货人或旅客退还赔款领回原物的期限届满后仍无人领取的，适用铁路法第二十二条按无主货物的规定处理。铁路运输企业未通知托运人，收货人或者旅客而自行处理找回的货物、包裹、行李的，由铁路运输企业赔偿实际损失与已付赔款差额。

十、代办运输货物损失的赔偿

代办运输的货物在铁路运输中发生损失，对代办运输企业接受托运人的委托以自己的名义与铁路运输企业签订运输合同托运或领取货物的，如委托人依据委托合同要求代办运输企业向铁路运输企业索赔的，应予支持。对代办运输企业未及时索赔而超过运输合同索赔时效的，代办运输企业应当赔偿。

十一、铁路旅客运送责任期间

铁路运输企业对旅客运送的责任期间自旅客持有效车票进站时起到旅客出站或者应当出站时止。不包括旅客在候车室内的期间。

十二、第三者责任造成旅客伤亡的赔偿

在铁路旅客运送期间因第三者责任造成旅客伤亡，旅客或者其继承人要求铁路运输企业先予赔偿的，应予支持。铁路运输企业赔付后，有权向有责任的第三者追偿。

最高人民法院关于审理铁路运输人身损害赔偿纠纷案件适用法律若干问题的解释

· 2010年1月4日最高人民法院审判委员会第1482次会议通过
· 根据2020年12月23日最高人民法院审判委员会第1823次会议通过的《最高人民法院关于修改〈最高人民法院关于在民事审判工作中适用《中华人民共和国工会法》若干问题的解释〉等二十七件民事类司法解释的决定》第一次修正
· 根据2021年11月24日最高人民法院审判委员会第1853次会议通过的《最高人民法院关于修改〈最高人民法院关于审理铁路运输人身损害赔偿纠纷案件适用法律若干问题的解释〉的决定》第二次修正
· 2021年12月8日最高人民法院公告公布
· 自2022年1月1日起施行
· 法释〔2021〕19号

为正确审理铁路运输人身损害赔偿纠纷案件，依法维护各方当事人的合法权益，根据《中华人民共和国民法典》《中华人民共和国铁路法》《中华人民共和国民事诉讼法》等法律的规定，结合审判实践，就有关适用法律问题作如下解释：

第一条 人民法院审理铁路行车事故及其他铁路运营事故造成的铁路运输人身损害赔偿纠纷案件，适用本解释。

铁路运输企业在客运合同履行过程中造成旅客人身损害的赔偿纠纷案件，不适用本解释；与铁路运输企业建立劳动合同关系或者形成劳动关系的铁路职工在执行职务中发生的人身损害，依照有关调整劳动关系的法律规定及其他相关法律规定处理。

第二条 铁路运输人身损害的受害人以及死亡受害人的近亲属为赔偿权利人，有权请求赔偿。

第三条 赔偿权利人要求对方当事人承担侵权责任的，由事故发生地、列车最先到达地或者被告住所地铁路运输法院管辖。

前款规定的地区没有铁路运输法院的，由高级人民法院指定的其他人民法院管辖。

第四条 铁路运输造成人身损害的，铁路运输企业应当承担赔偿责任；法律另有规定的，依照其规定。

第五条 铁路行车事故及其他铁路运营事故造成人身损害，有下列情形之一的，铁路运输企业不承担赔偿责任：

（一）不可抗力造成的；

（二）受害人故意以卧轨、碰撞等方式造成的；

（三）法律规定铁路运输企业不承担赔偿责任的其他情形造成的。

第六条 因受害人的过错行为造成人身损害，依照法律规定应当由铁路运输企业承担赔偿责任的，根据受害人的过错程度可以适当减轻铁路运输企业的赔偿责任，并按照以下情形分别处理：

（一）铁路运输企业未充分履行安全防护、警示等义务，铁路运输企业承担事故主要责任的，应当在全部损害的百分之九十至百分之六十之间承担赔偿责任；铁路运输企业承担事故同等责任的，应当在全部损害的百分之六十至百分之五十之间承担赔偿责任；铁路运输企业承担事故次要责任的，应当在全部损害的百分之四十至百分之十之间承担赔偿责任；

（二）铁路运输企业已充分履行安全防护、警示等义务，受害人仍施以过错行为的，铁路运输企业应当在全部损害的百分之十以内承担赔偿责任。

铁路运输企业已充分履行安全防护、警示等义务，受害人不听从值守人员劝阻强行通过铁路平交道口、人行过道，或者明知危险后果仍然无视警示规定沿铁路线路纵向行走、坐卧故意造成人身损害的，铁路运输企业不承担赔偿责任，但是有证据证明并非受害人故意造成损害的除外。

第七条 铁路运输造成无民事行为能力人人身损害的，铁路运输企业应当承担赔偿责任；监护人有过错的，按照过错程度减轻铁路运输企业的赔偿责任。

铁路运输造成限制民事行为能力人人身损害的，铁路运输企业应当承担赔偿责任；监护人或者受害人自身有过错的，按照过错程度减轻铁路运输企业的赔偿责任。

第八条 铁路机车车辆与机动车发生碰撞造成机动车驾驶人员以外的人人身损害的，由铁路运输企业与机动车一方对受害人承担连带赔偿责任。铁路运输企业与机动车一方之间的责任份额根据各自责任大小确定；难以确定责任大小的，平均承担责任。对受害人实际承担赔偿责任超出应当承担份额的一方，有权向另一方追偿。

铁路机车车辆与机动车发生碰撞造成机动车驾驶人员人身损害的，按照本解释第四条至第六条的规定处理。

第九条 在非铁路运输企业实行监护的铁路无人看守道口发生事故造成人身损害的，由铁路运输企业按照本解释的有关规定承担赔偿责任。道口管理单位有过错的，铁路运输企业对赔偿权利人承担赔偿责任后，有权向道口管理单位追偿。

第十条 对于铁路桥梁、涵洞等设施负有管理、维护等职责的单位，因未尽职责使该铁路桥梁、涵洞等设施不能正常使用，导致行人、车辆穿越铁路线路造成人身损害的，铁路运输企业按照本解释有关规定承担赔偿责任后，有权向该单位追偿。

第十一条 有权作出事故认定的组织依照《铁路交通事故应急救援和调查处理条例》等有关规定制作的事故认定书，经庭审质证，对于事故认定书所认定的事实，当事人没有相反证据和理由足以推翻的，人民法院应当作为认定事实的根据。

第十二条 在专用铁路及铁路专用线上因运

输造成人身损害,依法应当由肇事工具或者设备的所有人、使用人或者管理人承担赔偿责任的,适用本解释。

第十三条 本院以前发布的司法解释与本解释不一致的,以本解释为准。

最高人民法院关于人民法院扣押铁路运输货物若干问题的规定

· 1997 年 4 月 22 日法发〔1997〕8 号公布
· 根据 2020 年 12 月 23 日最高人民法院审判委员会第 1823 次会议通过的《最高人民法院关于修改〈最高人民法院关于人民法院扣押铁路运输货物若干问题的规定〉等十八件执行类司法解释的决定》修正
· 2020 年 12 月 29 日最高人民法院公告公布
· 自 2021 年 1 月 1 日起施行
· 法释〔2020〕21 号

根据《中华人民共和国民事诉讼法》等有关法律的规定,现就人民法院扣押铁路运输货物问题作如下规定:

一、人民法院依法可以裁定扣押铁路运输货物。铁路运输企业依法应当予以协助。

二、当事人申请人民法院扣押铁路运输货物,应当提供担保,申请人不提供担保的,驳回申请。申请人的申请应当写明:要求扣押货物的发货站、到货站,托运人、收货人的名称,货物的品名、数量、货票号码等。

三、人民法院扣押铁路运输货物,应当制作裁定书并附协助执行通知书。协助执行通知书中应当载明:扣押货物的发货站、到货站,托运人、收货人的名称,货物的品名、数量和货票号码。在货物发送前扣押的,人民法院应当将裁定书副本和协助执行通知书送达始发地的铁路运输企业由其协助执行;在货物发送后扣押的,应当将裁定书副本和协助执行通知书送达目的地或最近中转编组站的铁路运输企业由其协助执行。

人民法院一般不应在中途站、中转站扣押铁路运输货物。必要时,在不影响铁路正常运输秩序、不损害其他自然人、法人和非法人组织合法权益的情况下,可在最近中转编组站或有条件的车站扣押。

人民法院裁定扣押国际铁路联运货物,应当通知铁路运输企业、海关、边防、商检等有关部门协助执行。属于进口货物的,人民法院应当向我国进口国(边)境站、到货站或有关部门送达裁定书副本和协助执行通知书;属于出口货物的,在货物发送前应当向发货站或有关部门送达,在货物发送后未出我国国(边)境前,应当向我国出境站或有关部门送达。

四、经人民法院裁定扣押的铁路运输货物,该铁路运输企业与托运人之间签订的铁路运输合同中涉及被扣押货物部分合同终止履行的,铁路运输企业不承担责任。因扣押货物造成的损失,由有关责任人承担。

因申请人申请扣押错误所造成的损失,由申请人承担赔偿责任。

五、铁路运输企业及有关部门因协助执行扣押货物而产生的装卸、保管、检验、监护等费用,由有关责任人承担,但应先由申请人垫付。申请人不是责任人的,可以再向责任人追偿。

六、扣押后的进出口货物,因尚未办结海关手续,人民法院在对此类货物作出最终处理决定前,应当先责令有关当事人补交关税并办理海关其他手续。

最高人民法院关于铁路运输法院案件管辖范围的若干规定

· 2012 年 7 月 2 日最高人民法院审判委员会第 1551 次会议通过
· 2012 年 7 月 17 日最高人民法院公告公布
· 自 2012 年 8 月 1 日起施行
· 法释〔2012〕10 号

为确定铁路运输法院管理体制改革后的案件管辖范围,根据《中华人民共和国刑事诉讼法》、《中华人民共和国民事诉讼法》,规定如下:

第一条 铁路运输法院受理同级铁路运输检察院依法提起公诉的刑事案件。

下列刑事公诉案件,由犯罪地的铁路运输法院管辖:

(一)车站、货场、运输指挥机构等铁路工作区域发生的犯罪；

（二）针对铁路线路、机车车辆、通讯、电力等铁路设备、设施的犯罪；

（三）铁路运输企业职工在执行职务中发生的犯罪。

在列车上的犯罪，由犯罪发生后该列车最初停靠的车站所在地或者目的地的铁路运输法院管辖；但在国际列车上的犯罪，按照我国与相关国家签订的有关管辖协定确定管辖，没有协定的，由犯罪发生后该列车最初停靠的中国车站所在地或者目的地的铁路运输法院管辖。

第二条 本规定第一条第二、三款范围内发生的刑事自诉案件，自诉人向铁路运输法院提起自诉的，铁路运输法院应当受理。

第三条 下列涉及铁路运输、铁路安全、铁路财产的民事诉讼，由铁路运输法院管辖：

（一）铁路旅客和行李、包裹运输合同纠纷；

（二）铁路货物运输合同和铁路货物运输保险合同纠纷；

（三）国际铁路联运合同和铁路运输企业作为经营人的多式联运合同纠纷；

（四）代办托运、包装整理、仓储保管、接取送达等铁路运输延伸服务合同纠纷；

（五）铁路运输企业在装卸作业、线路维修等方面发生的委外劳务、承包等合同纠纷；

（六）与铁路及其附属设施的建设施工有关的合同纠纷；

（七）铁路设备、设施的采购、安装、加工承揽、维护、服务等合同纠纷；

（八）铁路行车事故及其他铁路运营事故造成的人身、财产损害赔偿纠纷；

（九）违反铁路安全保护法律、法规，造成铁路线路、机车车辆、安全保障设施及其他财产损害的侵权纠纷；

（十）因铁路建设及铁路运输引起的环境污染侵权纠纷；

（十一）对铁路运输企业财产权属发生争议的纠纷。

第四条 铁路运输基层法院就本规定第一条至第三条所列案件作出的判决、裁定，当事人提起上诉或铁路运输检察院提起抗诉的二审案件，由相应的铁路运输中级法院受理。

第五条 省、自治区、直辖市高级人民法院可以指定辖区内的铁路运输基层法院受理本规定第三条以外的其他第一审民事案件，并指定该铁路运输基层法院驻在地的中级人民法院或铁路运输中级法院受理对此提起上诉的案件。此类案件发生管辖权争议的，由该高级人民法院指定管辖。

省、自治区、直辖市高级人民法院可以指定辖区内的铁路运输中级法院受理对其驻在地基层人民法院一审民事判决、裁定提起上诉的案件。

省、自治区、直辖市高级人民法院对本院及下级人民法院的执行案件，认为需要指定执行的，可以指定辖区内的铁路运输法院执行。

第六条 各高级人民法院指定铁路运输法院受理案件的范围，报最高人民法院批准后实施。

第七条 本院以前作出的有关规定与本规定不一致的，以本规定为准。

本规定施行前，各铁路运输法院依照此前的规定已经受理的案件，不再调整。

十、知识产权合同、技术合同

中华人民共和国专利法(节录)

· 1984年3月12日第六届全国人民代表大会常务委员会第四次会议通过
· 根据1992年9月4日第七届全国人民代表大会常务委员会第二十七次会议《关于修改〈中华人民共和国专利法〉的决定》第一次修正
· 根据2000年8月25日第九届全国人民代表大会常务委员会第十七次会议《关于修改〈中华人民共和国专利法〉的决定》第二次修正
· 根据2008年12月27日第十一届全国人民代表大会常务委员会第六次会议《关于修改〈中华人民共和国专利法〉的决定》第三次修正
· 根据2020年10月17日第十三届全国人民代表大会常务委员会第二十二次会议《关于修改〈中华人民共和国专利法〉的决定》第四次修正

……

第六条 执行本单位的任务或者主要是利用本单位的物质技术条件所完成的发明创造为职务发明创造。职务发明创造申请专利的权利属于该单位,申请被批准后,该单位为专利权人。该单位可以依法处置其职务发明创造申请专利的权利和专利权,促进相关发明创造的实施和运用。

非职务发明创造,申请专利的权利属于发明人或者设计人;申请被批准后,该发明人或者设计人为专利权人。

利用本单位的物质技术条件所完成的发明创造,单位与发明人或者设计人订有合同,对申请专利的权利和专利权的归属作出约定的,从其约定。

……

第八条 两个以上单位或者个人合作完成的发明创造、一个单位或者个人接受其他单位或者个人委托所完成的发明创造,除另有协议的以外,申请专利的权利属于完成或者共同完成的单位或者个人;申请被批准后,申请的单位或者个人为专利权人。

……

第十条 专利申请权和专利权可以转让。

中国单位或者个人向外国人、外国企业或者外国其他组织转让专利申请权或者专利权的,应当依照有关法律、行政法规的规定办理手续。

转让专利申请权或者专利权的,当事人应当订立书面合同,并向国务院专利行政部门登记,由国务院专利行政部门予以公告。专利申请权或者专利权的转让自登记之日起生效。

……

第十二条 任何单位或者个人实施他人专利的,应当与专利权人订立实施许可合同,向专利权人支付专利使用费。被许可人无权允许合同规定以外的任何单位或者个人实施该专利。

……

第四十七条 宣告无效的专利权视为自始即不存在。

宣告专利权无效的决定,对在宣告专利权无效前人民法院作出并已执行的专利侵权的判决、调解书,已经履行或者强制执行的专利侵权纠纷处理决定,以及已经履行的专利实施许可合同和专利权转让合同,不具有追溯力。但是因专利权人的恶意给他人造成的损失,应当给予赔偿。

依照前款规定不返还专利侵权赔偿金、专利使用费、专利权转让费,明显违反公平原则的,应当全部或者部分返还。

……

中华人民共和国商标法(节录)

- 1982年8月23日第五届全国人民代表大会常务委员会第二十四次会议通过
- 根据1993年2月22日第七届全国人民代表大会常务委员会第三十次会议《关于修改〈中华人民共和国商标法〉的决定》第一次修正
- 根据2001年10月27日第九届全国人民代表大会常务委员会第二十四次会议《关于修改〈中华人民共和国商标法〉的决定》第二次修正
- 根据2013年8月30日第十二届全国人民代表大会常务委员会第四次会议《关于修改〈中华人民共和国商标法〉的决定》第三次修正
- 根据2019年4月23日第十三届全国人民代表大会常务委员会第十次会议《关于修改〈中华人民共和国建筑法〉等八部法律的决定》第四次修正

……

第四十三条　【注册商标的使用许可】商标注册人可以通过签订商标使用许可合同,许可他人使用其注册商标。许可人应当监督被许可人使用其注册商标的商品质量。被许可人应当保证使用该注册商标的商品质量。

经许可使用他人注册商标的,必须在使用该注册商标的商品上标明被许可人的名称和商品产地。

许可他人使用其注册商标的,许可人应当将其商标使用许可报商标局备案,由商标局公告。商标使用许可未经备案不得对抗善意第三人。

……

第四十七条　【宣告注册商标无效的法律效力】依照本法第四十四条、第四十五条的规定宣告无效的注册商标,由商标局予以公告,该注册商标专用权视为自始即不存在。

宣告注册商标无效的决定或者裁定,对宣告无效前人民法院做出并已执行的商标侵权案件的判决、裁定、调解书和工商行政管理部门做出并已执行的商标侵权案件的处理决定以及已经履行的商标转让或者使用许可合同不具有追溯力。但是,因商标注册人的恶意给他人造成的损失,应当给予赔偿。

依照前款规定不返还商标侵权赔偿金、商标转让费、商标使用费,明显违反公平原则的,应当全部或者部分返还。

……

中华人民共和国著作权法(节录)

- 1990年9月7日第七届全国人民代表大会常务委员会第十五次会议通过
- 根据2001年10月27日第九届全国人民代表大会常务委员会第二十四次会议《关于修改〈中华人民共和国著作权法〉的决定》第一次修正
- 根据2010年2月26日第十一届全国人民代表大会常务委员会第十三次会议《关于修改〈中华人民共和国著作权法〉的决定》第二次修正
- 根据2020年11月11日第十三届全国人民代表大会常务委员会第二十三次会议《关于修改〈中华人民共和国著作权法〉的决定》第三次修正

……

第十七条　视听作品中的电影作品、电视剧作品的著作权由制作者享有,但编剧、导演、摄影、作词、作曲等作者享有署名权,并有权按照与制作者签订的合同获得报酬。

前款规定以外的视听作品的著作权归属由当事人约定;没有约定或者约定不明确的,由制作者享有,但作者享有署名权和获得报酬的权利。

视听作品中的剧本、音乐等可以单独使用的作品的作者有权单独行使其著作权。

第十八条　自然人为完成法人或者非法人组织工作任务所创作的作品是职务作品,除本条第二款的规定以外,著作权由作者享有,但法人或者非法人组织有权在其业务范围内优先使用。作品完成两年内,未经单位同意,作者不得许可第三人以与单位使用的相同方式使用该作品。

有下列情形之一的职务作品,作者享有署名权,著作权的其他权利由法人或者非法人组织享有,法人或者非法人组织可以给予作者奖励:

(一)主要是利用法人或者非法人组织的物质技术条件创作,并由法人或者非法人组织承担责任的工程设计图、产品设计图、地图、示意图、计算机软件等职务作品；

（二）报社、期刊社、通讯社、广播电台、电视台的工作人员创作的职务作品；

（三）法律、行政法规规定或者合同约定著作权由法人或者非法人组织享有的职务作品。

第十九条 受委托创作的作品，著作权的归属由委托人和受托人通过合同约定。合同未作明确约定或者没有订立合同的，著作权属于受托人。

第二十条 作品原件所有权的转移，不改变作品著作权的归属，但美术、摄影作品原件的展览权由原件所有人享有。

作者将未发表的美术、摄影作品的原件所有权转让给他人，受让人展览该原件不构成对作者发表权的侵犯。

第二十一条 著作权属于自然人的，自然人死亡后，其本法第十条第一款第五项至第十七项规定的权利在本法规定的保护期内，依法转移。

著作权属于法人或者非法人组织的，法人或者非法人组织变更、终止后，其本法第十条第一款第五项至第十七项规定的权利在本法规定的保护期内，由承受其权利义务的法人或者非法人组织享有；没有承受其权利义务的法人或者非法人组织的，由国家享有。

……

第三章 著作权许可使用和转让合同

第二十六条 使用他人作品应当同著作权人订立许可使用合同，本法规定可以不经许可的除外。

许可使用合同包括下列主要内容：

（一）许可使用的权利种类；

（二）许可使用的权利是专有使用权或者非专有使用权；

（三）许可使用的地域范围、期间；

（四）付酬标准和办法；

（五）违约责任；

（六）双方认为需要约定的其他内容。

第二十七条 转让本法第十条第一款第五项至第十七项规定的权利，应当订立书面合同。

权利转让合同包括下列主要内容：

（一）作品的名称；

（二）转让的权利种类、地域范围；

（三）转让价金；

（四）交付转让价金的日期和方式；

（五）违约责任；

（六）双方认为需要约定的其他内容。

第二十八条 以著作权中的财产权出质的，由出质人和质权人依法办理出质登记。

第二十九条 许可使用合同和转让合同中著作权人未明确许可、转让的权利，未经著作权人同意，另一方当事人不得行使。

第三十条 使用作品的付酬标准可以由当事人约定，也可以按照国家著作权主管部门会同有关部门制定的付酬标准支付报酬。当事人约定不明确的，按照国家著作权主管部门会同有关部门制定的付酬标准支付报酬。

第三十一条 出版者、表演者、录音录像制作者、广播电台、电视台等依照本法有关规定使用他人作品的，不得侵犯作者的署名权、修改权、保护作品完整权和获得报酬的权利。

第四章 与著作权有关的权利

第一节 图书、报刊的出版

第三十二条 图书出版者出版图书应当和著作权人订立出版合同，并支付报酬。

第三十三条 图书出版者对著作权人交付出版的作品，按照合同约定享有的专有出版权受法律保护，他人不得出版该作品。

第三十四条 著作权人应当按照合同约定期限交付作品。图书出版者应当按照合同约定的出版质量、期限出版图书。

图书出版者不按照合同约定期限出版，应当依照本法第六十一条的规定承担民事责任。

图书出版者重印、再版作品的，应当通知著作权人，并支付报酬。图书脱销后，图书出版者拒绝重印、再版的，著作权人有权终止合同。

……

第四十三条 录音录像制作者制作录音录像制品，应当同表演者订立合同，并支付报酬。

……

第六十条 著作权纠纷可以调解，也可以根据当事人达成的书面仲裁协议或者著作权合同中的仲裁条款，向仲裁机构申请仲裁。

当事人没有书面仲裁协议，也没有在著作权

合同中订立仲裁条款的，可以直接向人民法院起诉。

……

专利实施许可合同备案办法

· 2011 年 6 月 27 日国家知识产权局令第 62 号公布

· 自 2011 年 8 月 1 日起施行

第一条 为了切实保护专利权，规范专利实施许可行为，促进专利权的运用，根据《中华人民共和国专利法》、《中华人民共和国合同法》和相关法律法规，制定本办法。

第二条 国家知识产权局负责全国专利实施许可合同的备案工作。

第三条 专利实施许可的许可人应当是合法的专利权人或者其他权利人。

以共有的专利权订立专利实施许可合同的，除全体共有人另有约定或者《中华人民共和国专利法》另有规定的外，应当取得其他共有人的同意。

第四条 申请备案的专利实施许可合同应当以书面形式订立。

订立专利实施许可合同可以使用国家知识产权局统一制订的合同范本；采用其他合同文本的，应当符合《中华人民共和国合同法》的规定。

第五条 当事人应当自专利实施许可合同生效之日起 3 个月内办理备案手续。

第六条 在中国没有经常居所或者营业所的外国人、外国企业或者外国其他组织办理备案相关手续的，应当委托依法设立的专利代理机构办理。

中国单位或者个人办理备案相关手续的，可以委托依法设立的专利代理机构办理。

第七条 当事人可以通过邮寄、直接送交或者国家知识产权局规定的其他方式办理专利实施许可合同备案相关手续。

第八条 申请专利实施许可合同备案的，应当提交下列文件：

（一）许可人或者其委托的专利代理机构签字或者盖章的专利实施许可合同备案申请表；

（二）专利实施许可合同；

（三）双方当事人的身份证明；

（四）委托专利代理机构的，注明委托权限的委托书；

（五）其他需要提供的材料。

第九条 当事人提交的专利实施许可合同应当包括以下内容：

（一）当事人的姓名或者名称、地址；

（二）专利权项数以及每项专利权的名称、专利号、申请日、授权公告日；

（三）实施许可的种类和期限。

第十条 除身份证明外，当事人提交的其他各种文件应当使用中文。身份证明是外文的，当事人应当附送中文译文；未附送的，视为未提交。

第十一条 国家知识产权局自收到备案申请之日起 7 个工作日内进行审查并决定是否予以备案。

第十二条 备案申请经审查合格的，国家知识产权局应当向当事人出具《专利实施许可合同备案证明》。

备案申请有下列情形之一的，不予备案，并向当事人发送《专利实施许可合同不予备案通知书》：

（一）专利权已经终止或者被宣告无效的；

（二）许可人不是专利登记簿记载的专利权人或者有权授予许可的其他权利人的；

（三）专利实施许可合同不符合本办法第九条规定的；

（四）实施许可的期限超过专利权有效期的；

（五）共有专利权人违反法律规定或者约定订立专利实施许可合同的；

（六）专利权处于年费缴纳滞纳期的；

（七）因专利权的归属发生纠纷或者人民法院裁定对专利权采取保全措施，专利权的有关程序被中止的；

（八）同一专利实施许可合同重复申请备案的；

（九）专利权被质押的，但经质权人同意的除外；

（十）与已经备案的专利实施许可合同冲突的；

（十一）其他不应当予以备案的情形。

第十三条 专利实施许可合同备案后，国家知识产权局发现备案申请存在本办法第十二条第二款所列情形并且尚未消除的，应当撤销专利实施许可合同备案，并向当事人发出《撤销专利实施许可合同备案通知书》。

第十四条 专利实施许可合同备案的有关内容由国家知识产权局在专利登记簿上登记，并在专利公报上公告以下内容：许可人、被许可人、主分类号、专利号、申请日、授权公告日、实施许可的种类和期限、备案日期。

专利实施许可合同备案后变更、注销以及撤销的，国家知识产权局予以相应登记和公告。

第十五条 国家知识产权局建立专利实施许可合同备案数据库。公众可以查询专利实施许可合同备案的法律状态。

第十六条 当事人延长实施许可的期限的，应当在原实施许可的期限届满前2个月内，持变更协议、备案证明和其他有关文件向国家知识产权局办理备案变更手续。

变更专利实施许可合同其他内容的，参照前款规定办理。

第十七条 实施许可的期限届满或者提前解除专利实施许可合同的，当事人应当在期限届满或者订立解除协议后30日内持备案证明、解除协议和其他有关文件向国家知识产权局办理备案注销手续。

第十八条 经备案的专利实施许可合同涉及的专利权被宣告无效或者在期限届满前终止的，当事人应当及时办理备案注销手续。

第十九条 经备案的专利实施许可合同的种类、期限、许可使用费计算方法或者数额等，可以作为管理专利工作的部门对侵权赔偿数额进行调解的参照。

第二十条 当事人以专利申请实施许可合同申请备案的，参照本办法执行。

申请备案时，专利申请被驳回、撤回或者视为撤回的，不予备案。

第二十一条 当事人以专利申请实施许可合同申请备案的，专利申请被批准授予专利权后，当事人应当及时将专利申请实施许可合同名称及有关条款作相应变更；专利申请被驳回、撤回或者视为撤回的，当事人应当及时办理备案注销手续。

第二十二条 本办法自2011年8月1日起施行。2001年12月17日国家知识产权局令第十八号发布的《专利实施许可合同备案管理办法》同时废止。

商标使用许可合同备案办法

· 1997年8月1日商标〔1997〕39号发布
· 自发布之日起施行

第一条 为了加强对商标使用许可合同的管理，规范商标使用许可行为，根据《中华人民共和国商标法》及《中华人民共和国商标法实施细则》的有关规定，制订本办法。

第二条 商标注册人许可他人使用其注册商标，必须签订商标使用许可合同。

第三条 订立商标使用许可合同，应当遵循自愿和诚实信用的原则。

任何单位和个人不得利用许可合同从事违法活动，损害社会公共利益和消费者权益。

第四条 商标使用许可合同自签订之日起3个月内，许可人应当将许可合同副本报送商标局备案。

第五条 向商标局办理商标使用许可合同备案事宜的，可以委托国家工商行政管理局认可的商标代理组织代理，也可以直接到商标局办理。

许可人是外国人或者外国企业的，应当委托国家工商行政管理局指定的商标代理组织代理。

第六条 商标使用许可合同至少应当包括下列内容：

（一）许可使用的商标及其注册证号；

（二）许可使用的商品范围；

（三）许可使用期限；

（四）许可使用商标的标识提供方式；

（五）许可人对被许可人使用其注册商标的商品质量进行监督的条款；

（六）在使用许可人注册商标的商品上标明被许可人的名称和商品产地的条款。

第七条 申请商标使用许可合同备案，应当提交下列书件：

（一）商标使用许可合同备案表；

（二）商标使用许可合同副本；

（三）许可使用商标的注册证复印件。

人用药品商标使用许可合同备案，应当同时

附送被许可人取得的卫生行政管理部门的有效证明文件。

卷烟、雪茄烟和有包装烟丝的商标使用许可合同备案，应当同时附送被许可人取得的国家烟草主管部门批准生产的有效证明文件。

外文书件应当同时附送中文译本。

第八条 商标注册人通过被许可人许可第三方使用其注册商标的，其商标使用许可合同中应当含有允许被许可人许可第三方使用的内容或者出具相应的授权书。

第九条 申请商标使用许可合同备案，应当按照许可使用的商标数量填报商标使用许可合同备案表，并附送相应的使用许可合同副本及《商标注册证》复印件。

通过一份合同许可一个被许可人使用多个商标的，许可人应当按照商标数量报送商标使用许可合同备案表及《商标注册证》复印件，但可以只报送一份使用许可合同副本。

第十条 申请商标使用许可合同备案，许可人应当按照许可使用的商标数量缴纳备案费。

缴纳备案费可以采取直接向商标局缴纳的方式，也可以采取委托商标代理组织缴纳的方式。具体收费标准依照有关商标业务收费的规定执行。

第十一条 有下列情形之一的，商标局不予备案：

（一）许可人不是被许可商标的注册人的；

（二）许可使用的商标与注册商标不一致的；

（三）许可使用商标的注册证号与所提供商标注册证号不符的；

（四）许可使用的期限超过该注册商标的有效期限的；

（五）许可使用的商品超出了该注册商标核定使用的商品范围的；

（六）商标使用许可合同缺少本办法第六条所列内容的；

（七）备案申请缺少本办法第七条所列书件的；

（八）未缴纳商标使用许可合同备案费的；

（九）备案申请中的外文书件未附中文译本的；

（十）其他不予备案的情形。

第十二条 商标使用许可合同备案书件齐备，符合《商标法》及《商标法实施细则》有关规定的，商标局予以备案。

已备案的商标使用许可合同，由商标局向备案申请人发出备案通知书，并集中刊登在每月第2期《商标公告》上。

第十三条 不符合备案要求的，商标局予以退回并说明理由。

许可人应当自收到退回备案材料之日起1个月内，按照商标局指定的内容补正再报送备案。

第十四条 有下列情形之一的，应当重新申请商标使用许可合同备案：

（一）许可使用的商品范围变更的；

（二）许可使用的期限变更的；

（三）许可使用的商标所有权发生转移的；

（四）其他应当重新申请备案的情形。

第十五条 有下列情形之一的，许可人和被许可人应当书面通知商标局及其各自所在地县级工商行政管理机关：

（一）许可人名义变更的；

（二）被许可人名义变更的；

（三）商标使用许可合同提前终止的；

（四）其他需要通知的情形。

第十六条 对以欺骗手段或者其他不正当手段取得备案的，由商标局注销其商标使用许可合同备案并予以公告。

第十七条 对已备案的商标使用许可合同，任何单位和个人均可以提出书面查询申请，并按照有关规定交纳查询费。

第十八条 按照《商标法实施细则》第三丨五条的规定，许可人和被许可人应当在许可合同签订之日起3个月内，将许可合同副本交送其所在地工商行政管理机关存查，具体存查办法可以参照本办法执行。

第十九条 县级以上工商行政管理机关依据《商标法》及其他法律、法规和规章的规定，负责对商标使用许可行为的指导、监督和管理。

第二十条 利用商标使用许可合同从事违法活动的，由县级以上工商行政管理机关依据《商标法》及其他法律、法规和规章的规定处理；构成犯罪的，依法追究刑事责任。

第二十一条 本办法所称商标许可人是指商标使用许可合同中许可他人使用其注册商标的人，商标被许可人是指符合《商标法》及《商标法实施细则》有关规定并经商标注册人授权使用其商标的人。

本办法有关商品商标的规定,适用于服务商标。

第二十二条 商标使用许可合同示范文本由商标局制定并公布。

第二十三条 本办法自发布之日起施行。商标局1985年2月25日颁发的《商标使用许可合同备案注意事项》同时废止。

附件:商标使用许可合同(示范文本)(略)

商标使用许可合同备案通知书(略)

技术合同认定规则

·2001年7月18日国科发政字〔2001〕253号发布

·自发布之日起施行

第一章 一般规定

第一条 为推动技术创新,加速科技成果转化,保障国家有关促进科技成果转化法律法规和政策的实施,加强技术市场管理,根据《中华人民共和国合同法》及科技部、财政部、国家税务总局《技术合同认定登记管理办法》的规定,制定本规则。

第二条 技术合同认定是指根据《技术合同认定登记管理办法》设立的技术合同登记机构对技术合同当事人申请认定登记的合同文本从技术上进行核查,确认其是否符合技术合同要求的专项管理工作。

技术合同登记机构应当对申请认定登记的合同是否属于技术合同及属于何种技术合同作出结论,并核定其技术交易额(技术性收入)。

第三条 技术合同认定登记应当贯彻依法认定、客观准确、高效服务、严格管理的工作原则,提高认定质量,切实保障国家有关促进科技成果转化财税优惠政策的落实。

第四条 本规则适用于自然人(个人)、法人、其他组织之间依据《中华人民共和国合同法》第十八章的规定,就下列技术开发、技术转让、技术咨询和技术服务活动所订立的确立民事权利与义务关系的技术合同:

(一)技术开发合同

1. 委托开发技术合同

2. 合作开发技术合同

(二)技术转让合同

1. 专利权转让合同

2. 专利申请权转让合同

3. 专利实施许可合同

4. 技术秘密转让合同

(三)技术咨询合同

(四)技术服务合同

1. 技术服务合同

2. 技术培训合同

3. 技术中介合同

第五条 《中华人民共和国合同法》分则部分所列的其他合同,不得按技术合同登记。但其合同标的中明显含有技术开发、转让、咨询或服务内容,其技术交易部分能独立成立并且合同当事人单独订立合同的,可以就其单独订立的合同申请认定登记。

第六条 以技术入股方式订立的合同,可按技术转让合同认定登记。

以技术开发、转让、咨询或服务为内容的技术承包合同,可根据承包项目的性质和具体技术内容确定合同的类型,并予以认定登记。

第七条 当事人申请认定登记技术合同,应当向技术合同登记机构提交合同的书面文本。技术合同登记机构可以要求当事人一并出具与该合同有关的证明文件。

当事人拒绝出具或者所出具的证明文件不符合要求的,不予登记。

各技术合同登记机构应当向当事人推荐和介绍由科学技术部印制的《技术合同示范文本》供当事人在签订技术合同时参照使用。

第八条 申请认定登记的技术合同应当是依法已经生效的合同。当事人以合同书形式订立的合同,自双方当事人签字或者盖章时成立。依法成立的合同,自成立时生效。法律、行政法规规定应当办理批准、登记等手续生效的,依照其规定,在批准、登记后生效,如专利申请权转让合同、专利权转让合同等。

当事人为法人的技术合同,应当有其法定代表人或者其授权的人员在合同上签名或者盖章,并加盖法人的公章或者合同专用章;当事人为自然人的技术合同,应当有其本人在合同上签名或者盖章;当事人为其他组织的合同,应当有该组织负责人在合同上签名或者盖章,并加盖组织的印章。

印章不齐备或者印章与书写名称不一致的,不予登记。

第九条 法人、其他组织的内部职能机构或课题组订立的技术合同申请认定登记的,应当在申请认定登记时提交其法定代表人或组织负责人的书面授权证明。

第十条 当事人就承担国家科技计划项目而与有关计划主管部门或者项目执行部门订立的技术合同申请认定登记,符合《中华人民共和国合同法》的规定并附有有关计划主管部门或者项目执行部门的批准文件的,技术合同登记机构应予受理,并进行认定登记。

第十一条 申请认定登记的技术合同,其标的范围不受行业、专业和科技领域限制。

第十二条 申请认定登记的技术合同,其技术标的或内容不得违反国家有关法律法规的强制性规定和限制性要求。

第十三条 技术合同标的涉及法律法规规定投产前需经有关部门审批或领取生产许可证的产品技术,当事人应当在办理有关审批手续或生产许可证后,持合同文本及有关批准文件申请认定登记。

第十四条 申请认定登记的合同涉及当事人商业秘密(包括经营信息和技术信息)的,当事人应当以书面方式向技术合同登记机构提出保密要求。

当事人未提出保密要求,而所申请认定登记的合同中约定了当事人保密义务的,技术合同登记机构应当主动保守当事人有关的技术秘密,维护其合法权益。

第十五条 申请认定登记的技术合同下列主要条款不明确的,不予登记:

(一)合同主体不明确的;

(二)合同标的不明确,不能使登记人员了解其技术内容的;

(三)合同价款、报酬、使用费等约定不明确的。

第十六条 约定担保条款(定金、抵押、保证等)并以此为合同成立条件的技术合同,申请认定登记时当事人担保义务尚未履行的,不予登记。

第十七条 申请认定登记的技术合同,合同名称与合同中的权利义务关系不一致的,技术合同登记机构应当要求当事人补正后重新申请认定登记;拒不补正的,不予登记。

第十八条 申请认定登记的技术合同,其合同条款含有下列非法垄断技术、妨碍技术进步等不合理限制条款的,不予登记:

(一)一方限制另一方在合同标的技术的基础上进行新的研究开发的;

(二)一方强制性要求另一方在合同标的基础上研究开发所取得的科技成果及其知识产权独占回授的;

(三)一方限制另一方从其他渠道吸收竞争技术的;

(四)一方限制另一方根据市场需求实施专利和使用技术秘密的。

第十九条 申请认定登记的技术合同,当事人约定提交有关技术成果的载体,不得超出合理的数量范围。

技术成果载体数量的合理范围,按以下原则认定:

(一)技术文件(包括技术方案、产品和工艺设计、工程设计图纸、试验报告及其他文字性技术资料),以通常掌握该技术和必要存档所需份数为限;

(二)磁盘、光盘等软件性技术载体、动植物(包括转基因动植物)新品种、微生物菌种,以及样品、样机等产品技术和硬件性技术载体,以当事人进行必要试验和掌握、使用该技术所需数量为限;

(三)成套技术设备和试验装置一般限于1-2套。

第二章 技术开发合同

第二十条 技术开发合同是当事人之间就新技术、新产品、新工艺、新材料、新品种及其系统的研究开发所订立的合同。

技术开发合同包括委托开发合同和合作开发合同。委托开发合同是一方当事人委托另一方当事人进行研究开发工作并提供相应研究开发经费和报酬所订立的技术开发合同。合作开发合同是当事人各方就共同进行研究开发工作所订立的技术开发合同。

第二十一条 技术开发合同的认定条件是:

(一)有明确、具体的科学研究和技术开发目标;

(二)合同标的为当事人在订立合同时尚未掌握的技术方案;

(三)研究开发工作及其预期成果有相应的技术创新内容。

第二十二条 单纯以揭示自然现象、规律和特征为目标的基础性研究项目所订立的合同,以及软科学研究项目所订立的合同,不予登记。

第二十三条 下列各项符合本规则第二十一条规定的,属于技术开发合同:

(一)小试、中试技术成果的产业化开发项目;

(二)技术改造项目;

(三)成套技术设备和试验装置的技术改进项目;

(四)引进技术和设备消化。吸收基础上的创新开发项目;

(五)信息技术的研究开发项目,包括语言系统、过程控制、管理工程、特定专家系统、计算机辅助设计、计算机集成制造系统等,但软件复制和无原创性的程序编制的除外;

(六)自然资源的开发利用项目;

(七)治理污染、保护环境和生态项目;

(八)其他科技成果转化项目。

前款各项中属一般设备维修、改装、常规的设计变更及其已有技术直接应用于产品生产,不属于技术开发合同。

第二十四条 下列合同不属于技术开发合同:

(一)合同标的为当事人已经掌握的技术方案,包括已完成产业化开发的产品、工艺、材料及其系统;

(二)合同标的为通过简单改变尺寸、参数、排列,或者通过类似技术手段的变换实现的产品改型、工艺变更以及材料配方调整;

(三)合同标的为一般检验、测试、鉴定、仿制和应用。

第三章 技术转让合同

第二十五条 技术转让合同是当事人之间就专利权转让、专利申请权转让、专利实施许可、技术秘密转让所订立的下列合同:

(一)专利权转让合同,是指一方当事人(让与方)将其发明创造专利权转让受让方,受让方支付相应价款而订立的合同。

(二)专利申请权转让合同,是指一方当事人(让与方)将其就特定的发明创造申请专利的权利转让受让方,受让方支付相应价款而订立的合同。

(三)专利实施许可合同,是指一方当事人(让与方、专利权人或者其授权的人)许可受让方在约定的范围内实施专利,受让方支付相应的使用费而订立的合同。

(四)技术秘密转让合同,是指一方当事人(让与方)将其拥有的技术秘密提供给受让方,明确相互之间技术秘密使用权、转让权,受让方支付相应使用费而订立的合同。

第二十六条 技术转让合同的认定条件是:

(一)合同标的为当事人订立合同时已经掌握的技术成果,包括发明创造专利、技术秘密及其他知识产权成果;

(二)合同标的具有完整性和实用性,相关技术内容应构成一项产品、工艺、材料、品种及其改进的技术方案;

(三)当事人对合同标的有明确的知识产权权属约定。

第二十七条 当事人就植物新品种权转让和实施许可、集成电路布图设计权转让与许可订立的合同,按技术转让合同认定登记。

第二十八条 当事人就技术进出口项目订立的合同,可参照技术转让合同予以认定登记。

第二十九条 申请认定登记的技术合同,其标的涉及专利申请权、专利权、植物新品种权、集成电路布图设计权的,当事人应当提交相应的知识产权权利证书复印件。无相应证书复印件或者在有关知识产权终止、被宣告无效后申请认定登记的,不予登记。

申请认定登记的技术合同,其标的涉及计算机软件著作权的,可以提示当事人提供计算机软件著作权登记证明的复印件。

第三十条 申请认定登记的技术合同,其标的为技术秘密的,该项技术秘密应同时具备以下条件:

(一)不为公众所知悉;

(二)能为权利人带来经济利益;

(三)具有实用性;

(四)权利人采取了保密措施。

前款技术秘密可以含有公知技术成份或者部分公知技术的组合。但其全部或者实质性部分已经公开,即可以直接从公共信息渠道中直接得到的,不应认定为技术转让合同。

第三十一条 申请认定登记的技术合同,其合同标的为进入公有领域的知识、技术、经验和信息等(如专利权或有关知识产权已经终止的技术成果),或者技术秘密转让未约定使用权、转让权归属的,不应认定为技术转让合同。

前款合同标的符合技术咨询合同、技术服务合同条件的,可由当事人补正后,按技术咨询合同、技术服务合同重新申请认定登记。

第三十二条 申请认定登记的技术合同,其合同标的仅为高新技术产品交易,不包含技术转让成份的,不应认定为技术转让合同。

随高新技术产品提供用户的有关产品性能和使用方法等商业性说明材料,也不属于技术成果文件。

第四章 技术咨询合同

第三十三条 技术咨询合同是一方当事人(受托方);为另一方(委托方)就特定技术项目提供可行性论证、技术预测、专题技术调查、分析计价所订立的合同。

第三十四条 技术咨询合同的认定条件是:

(一)合同标的为特定技术项目的咨询课题;

(二)咨询方式为运用科学知识和技术手段进行的分析、论证、评价和预测;

(三)工作成果是为委托方提供科技咨询报告和意见。

第三十五条 下列各项符合本规则第三十四条规定的,属于技术咨询合同:

(一)科学发展战略和规划的研究;

(二)技术政策和技术路线选择的研究;

(三)重大工程项目、研究开发项目、科技成果转化项目、重要技术改造和科技成果推广项目等的可行性分析;

(四)技术成果、重大工程和特定技术系统的技术评估;

(五)特定技术领域、行业、专业技术发展的技术预测;

(六)就区域、产业科技开发与创新及特定技术项目进行的技术调查、分析与论证;

(七)技术产品、服务、工艺分析和技术方案的比较与选择;

(八)专用设施、设备、仪器、装置及技术系统的技术性能分析;

(九)科技评估和技术查新项目。

前款项目中涉及新的技术成果研究开发或现有技术成果转让的,可根据其技术内容的比重确定合同性质,分别认定为技术开发合同、技术转让合同或者技术咨询合同。

第三十六条 申请认定登记的技术合同,其标的为大、中型建设工程项目前期技术分析论证的,可以认定为技术咨询合同。

但属于建设工程承包合同一部分、不能独立成立的情况除外。

第三十七条 就解决特定技术项目提出实施方案,进行技术服务和实施指导所订立的合同,不属于技术咨询合同。符合技术服务合同条件的,可退回当事人补正后,按技术服务合同重新申请认定登记。

第三十八条 下列合同不属于技术咨询合同:

(一)就经济分析、法律咨询、社会发展项目的论证、评价和调查所订立的合同;

(二)就购买设备、仪器、原材料、配套产品等提供商业信息所订立的合同。

第五章 技术服务合同

第三十九条 技术服务合同是一方当事人(受托方)以技术知识为另一方(委托方)解决特定技术问题所订立的合同。

第四十条 技术服务合同的认定条件是:

(一)合同的标的为运用专业技术知识、经验和信息解决特定技术问题的服务性项目;

(二)服务内容为改进产品结构、改良工艺流程、提高产品质量、降低产品成本、节约资源能耗、保护资源环境,实现安全操作、提高经济效益和社会效益等专业技术工作;

(三)工作成果有具体的质量和数量指标;

(四)技术知识的传递不涉及专利、技术秘密成果及其他知识产权的权属。

第四十一条 下列各项符合本规则第四十条规定,且该专业技术项目有明确技术问题和解决难度的,属于技术服务合同:

（一）产品设计服务，包括关键零部件、国产化配套件、专用工模量具及工装设计和具有特殊技术要求的非标准设备的设计，以及其他改进产品结构的设计；

（二）工艺服务，包括有特殊技术要求的工艺编制、新产品试制中的上艺技术指导，以及其他工艺流程的改进设计；

（三）测试分析服务，包括有特殊技术要求的技术成果测试分析，新产品、新材料、植物新品种性能的测试分析，以及其他非标准化的测试分析；

（四）计算机技术应用服务，包括计算机硬件、软件、嵌入式系统、计算机网络技术的应用服务，计算机辅助设计系统（CAD）和计算机集成制造系统（CIMS）的推广、应用和技术指导等；

（五）新型或者复杂生产线的调试及技术指导；

（六）特定技术项目的信息加工、分析和检索；

（七）农业的产前、产中、产后技术服务，包括为技术成果推广，以及为提高农业产量、品质、发展新品种、降低消耗、提高经济效益和社会效益的有关技术服务；

（八）为特殊产品技术标准的制订；

（九）对动植物细胞植入特定基因、进行基因重组；

（十）对重大事故进行定性定量技术分析；

（十一）为重大科技成果进行定性定量技术鉴定或者评价。

前款各项属于当事人一般日常经营业务范围的，不应认定为技术服务合同。

第四十二条 下列合同不属于技术服务合同：

（一）以常规手段或者为生产经营目的进行一般加工、定作、修理、修缮、广告、印刷、测绘、标准化测试等订立的加工承揽合同和建设工程的勘察、设计、安装、施工、监理合同，但以非常规技术手段，解决复杂、特殊技术问题而单独订立的合同除外；

（二）就描晒复印图纸、翻译资料、摄影摄像等所订立的合同；

（三）计量检定单位就强制性计量检定所订立的合同；

（四）理化测试分析单位就仪器设备的购售、租赁及用户服务所订立的合同。

第六章 技术培训合同和技术中介合同

第四十三条 技术培训合同是当事人一方委托另一方对指定的专业技术人员进行特定项目的技术指导和业务训练所订立的合同。

技术培训合同是技术服务合同中的一种，在认定登记时应按技术培训合同单独予以登记。

第四十四条 技术培训合同的认定条件是：

（一）以传授特定技术项目的专业技术知识为合同的主要标的；

（二）培训对象为委托方指定的与特定技术项目有关的专业技术人员；

（三）技术指导和专业训练的内容不涉及有关知识产权权利的转移。

第四十五条 技术开发、技术转让等合同中涉及技术培训内容的，应按技术开发合同或技术转让合同认定，不应就其技术培训内容单独认定登记。

第四十六条 下列培训教育活动，不属于技术培训合同：

（一）当事人就其员工业务素质、文化学习和职业技能等进行的培训活动；

（二）为销售技术产品而就有关该产品性能、功能及使用、操作进行的培训活动。

第四十七条 技术中介合同是当事人一方（中介方）以知识、技术、经验和信息为另一方与第三方订立技术合同、实现技术创新和科技成果产业化进行联系、介绍、组织工业化开发并对履行合同提供专门服务所订立的合同。

技术中介合同是技术服务合同中的一种，在认定登记时应按技术中介合同单独予以登记。

第四十八条 技术中介合同的认定条件是：

（一）技术中介的目的是促成委托方与第三方进行技术交易，实现科技成果的转化；

（二）技术中介的内容应为特定的技术成果或技术项目；

（三）中介方应符合国家有关技术中介主体的资格要求。

第四十九条 技术中介合同可以以下列两种形式订立：

（一）中介方与委托方单独订立的有关技术中介业务的合同；

（二）在委托方与第三方订立的技术合同中载明中介方权利与义务的有关中介条款。

第五十条 根据当事人申请,技术中介合同可以与其涉及的技术合同一起认定登记,也可以单独认定登记。

第七章 核定技术性收入

第五十一条 技术合同登记机构应当对申请认定登记合同的交易总额和技术交易额进行审查,核定技术性收入。

申请认定登记的合同,应当载明合同交易总额、技术交易额。

申请认定登记时不能确定合同交易总额、技术交易额的,或者在履行合同中金额发生变化的,当事人应当在办理减免税或提取奖酬金手续前予以补正。不予补正并违反国家有关法律法规的,应承担相应的法律责任。

第五十二条 本规则第五十一条用语的含义是:

(一)合同交易总额是指技术合同成交项目的总金额;

(二)技术交易额是指从合同交易总额中扣除购置设备、仪器、零部件、原材料等非技术性费用后的剩余金额,但合理数量标的物的直接成本不计入非技术性费用;

(三)技术性收入是指履行合同后所获得的价款、使用费、报酬的金额。

第五十三条 企业、事业单位和其他组织按照国家有关政策减免税、提取奖酬金和其他技术劳务费用,应当以技术合同登记机构核定的技术交易额或技术性收入为基数计算。

第八章 附 则

第五十四条 本规则自2001年7月18日起施行。1990年7月27日原国家科委发布的《技术合同认定规则(试行)》合同废止。

技术合同认定登记管理办法

·2000年2月16日国科发政字〔2000〕063号发布
·自发布之日起施行

第一条 为了规范技术合同认定登记工作,加强技术市场管理,保障国家有关促进科技成果转化政策的贯彻落实,制定本办法。

第二条 本办法适用于法人、个人和其他组织依法订立的技术开发合同、技术转让合同、技术咨询合同和技术服务合同的认定登记工作。

法人、个人和其他组织依法订立的技术培训合同、技术中介合同,可以参照本办法规定申请认定登记。

第三条 科学技术部管理全国技术合同认定登记工作。

省、自治区、直辖市和计划单列市科学技术行政部门管理本行政区划的技术合同认定登记工作。地、市、区、县科学技术行政部门设技术合同登记机构,具体负责办理技术合同的认定登记工作。

第四条 省、自治区、直辖市和计划单列市科学技术行政部门及技术合同登记机构,应当通过技术合同的认定登记,加强对技术市场和科技成果转化工作的指导、管理和服务,并进行相关的技术市场统计和分析工作。

第五条 法人和其他组织按照国家有关规定,根据所订立的技术合同,从技术开发、技术转让、技术咨询和技术服务的净收入中提取一定比例作为奖励和报酬,给予职务技术成果完成人和为成果转化做出重要贡献人员的,应当申请对相关的技术合同进行认定登记,并依照有关规定提取奖金和报酬。

第六条 未申请认定登记和未予登记的技术合同,不得享受国家对有关促进科技成果转化规定的税收、信贷和奖励等方面的优惠政策。

第七条 经认定登记的技术合同,当事人可以持认定登记证明,向主管税务机关提出申请,经审核批准后,享受国家规定的税收优惠政策。

第八条 技术合同认定登记实行按地域一次登记制度。技术开发合同的研究开发人、技术转让合同的让与人、技术咨询和技术服务合同的受托人,以及技术培训合同的培训人、技术中介合同的中介人,应当在合同成立后向所在地区的技术合同登记机构提出认定登记申请。

第九条 当事人申请技术合同认定登记,应当向技术合同登记机构提交完整的书面合同文本和相关附件。合同文本可以采用由科学技术部监制的技术合同示范文本;采用其他书面合同文本的,应当符合《中华人民共和国合同法》的有关规定。

采用口头形式订立技术合同的，技术合同登记机构不予受理。

第十条 技术合同登记机构应当对当事人提交申请认定登记的合同文本及相关附件进行审查，认为合同内容不完整或者有关附件不齐全的，应当以书面形式要求当事人在规定的时间内补正。

第十一条 申请认定登记的合同应当根据《中华人民共和国合同法》的规定，使用技术开发、技术转让、技术咨询、技术服务等规范名称，完整准确地表达合同内容。使用其他名称或者所表述内容在认定合同性质上引起混乱的，技术合同登记机构应当退回当事人补正。

第十二条 技术合同的认定登记，以当事人提交的合同文本和有关材料为依据，以国家有关法律、法规和政策为准绳。当事人应当在合同中明确相互权利与义务关系，如实反映技术交易的实际情况。当事人在合同文本中作虚假表示，骗取技术合同登记证明的，应当对其后果承担责任。

第十三条 技术合同登记机构对当事人所提交的合同文本和有关材料进行审查和认定。其主要事项是：

（一）是否属于技术合同；

（二）分类登记；

（三）核定技术性收入。

第十四条 技术合同登记机构应当自受理认定登记申请之日起30日内完成认定登记事项。技术合同登记机构对认定符合登记条件的合同，应当分类登记和存档，向当事人发给技术合同登记证明，并载明经核定的技术性收入额。对认定为非技术合同或者不符合登记条件的合同，应当不予登记，并在合同文本上注明“未予登记”字样，退还当事人。

第十五条 申请认定登记的合同，涉及国家安全或者重大利益需要保密的，技术合同登记机构应当采取措施保守国家秘密。

当事人在合同中约定了保密义务的，技术合同登记机构应当保守有关技术秘密，维护当事人的合法权益。

第十六条 当事人对技术合同登记机构的认定结论有异议的，可以按照《中华人民共和国行政复议法》的规定申请行政复议。

第十七条 财政、税务等机关在审核享受有关优惠政策的申请时，认为技术合同登记机构的认定有误的，可以要求原技术合同登记机构重新认定。财政、税务等机关对重新认定的技术合同仍认为认定有误的，可以按国家有关规定对当事人享受相关优惠政策的申请不予审批。

第十八条 经技术合同登记机构认定登记的合同，当事人协商一致变更、转让或者解除，以及被有关机关撤销、宣布无效时，应当向原技术合同登记机构办理变更登记或者注销登记手续。变更登记的，应当重新核定技术性收入；注销登记的，应当及时通知有关财政、税务机关。

第十九条 省、自治区、直辖市和计划单列市科学技术行政部门应当加强对技术合同登记机构和登记人员的管理，建立健全技术合同登记岗位责任制，加强对技术合同登记人员的业务培训和考核，保证技术合同登记人员的工作质量和效率。

技术合同登记机构进行技术合同认定登记工作所需经费，按国家有关规定执行。

第二十条 对于订立假技术合同或者以弄虚作假、采取欺骗手段取得技术合同登记证明的，由省、自治区、直辖市和计划单列市科学技术行政部门会同有关部门予以查处。涉及偷税的，由税务机关依法处理；违反国家财务制度的，由财政部门依法处理。

第二十一条 技术合同登记机构在认定登记工作中，发现当事人有利用合同危害国家利益、社会公共利益的违法行为的，应当及时通知省、自治区、直辖市和计划单列市科学技术行政部门进行监督处理。

第二十二条 省、自治区、直辖市和计划单列市科学技术行政部门发现技术合同登记机构管理混乱、统计失实、违规登记的，应当通报批评、责令限期整顿，并可给予直接责任人员行政处分。

第二十三条 技术合同登记机构违反本办法第十五条规定，泄露国家秘密的，按照国家有关规定追究其负责人和直接责任人员的法律责任；泄露技术合同约定的技术秘密，给当事人造成损失的，应当承担相应的法律责任。

第二十四条 本办法自发布之日起施行。1990年7月6日原国家科学技术委员会发布的《技术合同认定登记管理办法》同时废止。

技术进出口合同登记管理办法

·2009年2月1日商务部令2009年第3号公布
·自公布之日起30日后施行

第一条 为规范自由进出口技术的管理，建立技术进出口信息管理制度，促进我国技术进出口的发展，根据《中华人民共和国技术进出口管理条例》，特制定本办法。

第二条 技术进出口合同包括专利权转让合同、专利申请权转让合同、专利实施许可合同、技术秘密许可合同、技术服务合同和含有技术进出口的其他合同。

第三条 商务主管部门是技术进出口合同的登记管理部门。

自由进出口技术合同自依法成立时生效。

第四条 商务部负责对《政府核准的投资项目目录》和政府投资项目中由国务院或国务院投资主管部门核准或审批的项目项下的技术进口合同进行登记管理。

第五条 各省、自治区、直辖市和计划单列市商务主管部门负责对本办法第四条以外的自由进出口技术合同进行登记管理。中央管理企业的自由进出口技术合同，按属地原则到各省、自治区、直辖市和计划单列市商务主管部门办理登记。

各省、自治区、直辖市和计划单列市商务主管部门可授权下一级商务主管部门对自由进出口技术合同进行登记管理。

第六条 技术进出口经营者应在合同生效后60天内办理合同登记手续，支付方式为提成的合同除外。

第七条 支付方式为提成的合同，技术进出口经营者应在首次提成基准金额形成后60天内，履行合同登记手续，并在以后每次提成基准金额形成后，办理合同变更手续。

技术进出口经营者在办理登记和变更手续时，应提供提成基准金额的相关证明文件。

第八条 国家对自由进出口技术合同实行网上在线登记管理。技术进出口经营者应登陆商务部政府网站上的“技术进出口合同信息管理系统”（网址：jsjckqy.fwmys.mofcom.gov.cn）进行合同登记，并持技术进（出）口合同登记申请书、技术进（出）口合同副本（包括中文译本）和签约双方法律地位的证明文件，到商务主管部门履行登记手续。商务主管部门在收到上述文件起3个工作日内，对合同登记内容进行核对，并向技术进出口经营者颁发《技术进口合同登记证》或《技术出口合同登记证》。

第九条 对申请文件不符合《中华人民共和国技术进出口管理条例》第十八条、第四十条规定要求或登记记录与合同内容不一致的，商务主管部门应当在收到申请文件的3个工作日内通知技术进出口经营者补正、修改，并在收到补正的申请文件起3个工作日内，对合同登记的内容进行核对，颁发《技术进口合同登记证》或《技术出口合同登记证》。

第十条 自由进出口技术合同登记的主要内容为：

（一）合同号
（二）合同名称
（三）技术供方
（四）技术受方
（五）技术使用方
（六）合同概况
（七）合同金额
（八）支付方式
（九）合同有效期

第十一条 国家对自由进出口技术合同号实行标准代码管理。技术进出口经营者编制技术进出口合同号应符合下述规则：

（一）合同号总长度为17位。

（二）前9位为固定号：第1-2位表示制合同的年份（年代后2位）、第3-4位表示进口或出口国别地区（国标2位代码）、第5-6位表示进出口企业所在地区（国标2位代码）、第7位表示技术进出口合同标识（进口Y，出口E）、第8-9位表示进出口技术的行业分类（国标2位代码）。后8位为企业自定义。

例：01USBJE01CNTIC001。

第十二条 已登记的自由进出口技术合同若变更本办法第十条规定合同登记内容的，技术进出口经营者应当办理合同登记变更手续。

办理合同变更手续时，技术进出口经营者应

登录"技术进出口合同信息管理系统",填写合同数据变更记录表,持合同变更协议和合同数据变更记录表,到商务主管部门办理手续。商务主管部门自收到完备的变更申请材料之日起3日内办理合同变更手续。

按本办法第七条办理变更手续的,应持变更申请和合同数据变更记录表办理。

第十三条 经登记的自由进出口技术合同在执行过程中因故中止或解除,技术进出口经营者应当持技术进出口合同登记证等材料及时向商务主管部门备案。

第十四条 技术进出口合同登记证遗失,进出口经营者应公开挂失。凭挂失证明、补办申请和相关部门证明到商务主管部门办理补发手续。

第十五条 各级商务主管部门应加强对技术进出口合同登记管理部门和人员的管理,建立健全合同登记岗位责任制,加强业务培训和考核。

第十六条 中外合资、中外合作和外资企业成立时作为资本入股并作为合资章程附件的技术进口合同按外商投资企业有关法律规定办理相关手续。

第十七条 商务部负责对全国技术进出口情况进行统计并定期发布统计数据。各级商务主管部门负责对本行政区域内的技术进出口情况进行统计。

第十八条 本办法自公布之日起30日后施行。2002年1月1日起施行的《技术进出口合同登记管理办法》(对外贸易经济合作部2001年第17号令)同时废止。

最高人民法院关于审理专利纠纷案件适用法律问题的若干规定

· 2001年6月19日最高人民法院审判委员会第1180次会议通过
· 根据2013年2月25日最高人民法院审判委员会第1570次会议通过的《最高人民法院关于修改〈最高人民法院关于审理专利纠纷案件适用法律问题的若干规定〉的决定》第一次修正
· 根据2015年1月19日最高人民法院审判委员会第1641次会议通过的《最高人民法院关于修改〈最高人民法院关于审理专利纠纷案件适用法律问题的若干规定〉的决定》第二次修正
· 根据2020年12月23日最高人民法院审判委员会第1823次会议通过的《最高人民法院关于修改〈最高人民法院关于审理侵犯专利权纠纷案件应用法律若干问题的解释(二)〉等十八件知识产权类司法解释的决定》第三次修正
· 2020年12月29日最高人民法院公告公布
· 自2021年1月1日起施行
· 法释〔2020〕19号

为了正确审理专利纠纷案件,根据《中华人民共和国民法典》《中华人民共和国专利法》《中华人民共和国民事诉讼法》和《中华人民共和国行政诉讼法》等法律的规定,作如下规定:

第一条 人民法院受理下列专利纠纷案件:

1. 专利申请权权属纠纷案件;
2. 专利权权属纠纷案件;
3. 专利合同纠纷案件;
4. 侵害专利权纠纷案件;
5. 假冒他人专利纠纷案件;
6. 发明专利临时保护期使用费纠纷案件;
7. 职务发明创造发明人、设计人奖励、报酬纠纷案件;
8. 诉前申请行为保全纠纷案件;
9. 诉前申请财产保全纠纷案件;
10. 因申请行为保全损害责任纠纷案件;
11. 因申请财产保全损害责任纠纷案件;
12. 发明创造发明人、设计人署名权纠纷案件;

13. 确认不侵害专利权纠纷案件；

14. 专利权宣告无效后返还费用纠纷案件；

15. 因恶意提起专利权诉讼损害责任纠纷案件；

16. 标准必要专利使用费纠纷案件；

17. 不服国务院专利行政部门维持驳回申请复审决定案件；

18. 不服国务院专利行政部门专利权无效宣告请求决定案件；

19. 不服国务院专利行政部门实施强制许可决定案件；

20. 不服国务院专利行政部门实施强制许可使用费裁决案件；

21. 不服国务院专利行政部门行政复议决定案件；

22. 不服国务院专利行政部门作出的其他行政决定案件；

23. 不服管理专利工作的部门行政决定案件；

24. 确认是否落入专利权保护范围纠纷案件；

25. 其他专利纠纷案件。

第二条 因侵犯专利权行为提起的诉讼，由侵权行为地或者被告住所地人民法院管辖。

侵权行为地包括：被诉侵犯发明、实用新型专利权的产品的制造、使用、许诺销售、销售、进口等行为的实施地；专利方法使用行为的实施地，依照该专利方法直接获得的产品的使用、许诺销售、销售、进口等行为的实施地；外观设计专利产品的制造、许诺销售、销售、进口等行为的实施地；假冒他人专利的行为实施地。上述侵权行为的侵权结果发生地。

第三条 原告仅对侵权产品制造者提起诉讼，未起诉销售者，侵权产品制造地与销售地不一致的，制造地人民法院有管辖权；以制造者与销售者为共同被告起诉的，销售地人民法院有管辖权。

销售者是制造者分支机构，原告在销售地起诉侵权产品制造者制造、销售行为的，销售地人民法院有管辖权。

第四条 对申请日在2009年10月1日前（不含该日）的实用新型专利提起侵犯专利权诉讼，原告可以出具由国务院专利行政部门作出的检索报告；对申请日在2009年10月1日以后的实用新型或者外观设计专利提起侵犯专利权诉讼，原告可以出具由国务院专利行政部门作出的专利权评价报告。根据案件审理需要，人民法院可以要求原告提交检索报告或者专利权评价报告。原告无正当理由不提交的，人民法院可以裁定中止诉讼或者判令原告承担可能的不利后果。

侵犯实用新型、外观设计专利权纠纷案件的被告请求中止诉讼的，应当在答辩期内对原告的专利权提出宣告无效的请求。

第五条 人民法院受理的侵犯实用新型、外观设计专利权纠纷案件，被告在答辩期间内请求宣告该项专利权无效的，人民法院应当中止诉讼，但具备下列情形之一的，可以不中止诉讼：

（一）原告出具的检索报告或者专利权评价报告未发现导致实用新型或者外观设计专利权无效的事由的；

（二）被告提供的证据足以证明其使用的技术已经公知的；

（三）被告请求宣告该项专利权无效所提供的证据或者依据的理由明显不充分的；

（四）人民法院认为不应当中止诉讼的其他情形。

第六条 人民法院受理的侵犯实用新型、外观设计专利权纠纷案件，被告在答辩期间届满后请求宣告该项专利权无效的，人民法院不应当中止诉讼，但经审查认为有必要中止诉讼的除外。

第七条 人民法院受理的侵犯发明专利权纠纷案件或者经国务院专利行政部门审查维持专利权的侵犯实用新型、外观设计专利权纠纷案件，被告在答辩期间内请求宣告该项专利权无效的，人民法院可以不中止诉讼。

第八条 人民法院决定中止诉讼，专利权人或者利害关系人请求责令被告停止有关行为或者采取其他制止侵权损害继续扩大的措施，并提供了担保，人民法院经审查符合有关法律规定的，可以在裁定中止诉讼的同时一并作出有关裁定。

第九条 人民法院对专利权进行财产保全，应当向国务院专利行政部门发出协助执行通知书，载明要求协助执行的事项，以及对专利权保全的期限，并附人民法院作出的裁定书。

对专利权保全的期限一次不得超过六个月，自国务院专利行政部门收到协助执行通知书之日起计算。如果仍然需要对该专利权继续采取保全措施的，人民法院应当在保全期限届满前向国务院专利行政部门另行送达继续保全的协助执行通知书。保全期限届满前未送达的，视为自动解除对该专利权的财产保全。

人民法院对出质的专利权可以采取财产保全措施，质权人的优先受偿权不受保全措施的影响；专利权人与被许可人已经签订的独占实施许可合同，不影响人民法院对该专利权进行财产保全。

人民法院对已经进行保全的专利权，不得重复进行保全。

第十条 2001年7月1日以前利用本单位的物质技术条件所完成的发明创造，单位与发明人或者设计人订有合同，对申请专利的权利和专利权的归属作出约定的，从其约定。

第十一条 人民法院受理的侵犯专利权纠纷案件，涉及权利冲突的，应当保护在先依法享有权利的当事人的合法权益。

第十二条 专利法第二十三条第三款所称的合法权利，包括就作品、商标、地理标志、姓名、企业名称、肖像，以及有一定影响的商品名称、包装、装潢等享有的合法权利或者权益。

第十三条 专利法第五十九条第一款所称的"发明或者实用新型专利权的保护范围以其权利要求的内容为准，说明书及附图可以用于解释权利要求的内容"，是指专利权的保护范围应当以权利要求记载的全部技术特征所确定的范围为准，也包括与该技术特征相等同的特征所确定的范围。

等同特征，是指与所记载的技术特征以基本相同的手段，实现基本相同的功能，达到基本相同的效果，并且本领域普通技术人员在被诉侵权行为发生时无需经过创造性劳动就能够联想到的特征。

第十四条 专利法第六十五条规定的权利人因被侵权所受到的实际损失可以根据专利权人的专利产品因侵权所造成销售量减少的总数乘以每件专利产品的合理利润所得之积计算。权利人销售量减少的总数难以确定的，侵权产品在市场上销售的总数乘以每件专利产品的合理利润所得之积可以视为权利人因被侵权所受到的实际损失。

专利法第六十五条规定的侵权人因侵权所获得的利益可以根据该侵权产品在市场上销售的总数乘以每件侵权产品的合理利润所得之积计算。侵权人因侵权所获得的利益一般按照侵权人的营业利润计算，对于完全以侵权为业的侵权人，可以按照销售利润计算。

第十五条 权利人的损失或者侵权人获得的利益难以确定，有专利许可使用费可以参照的，人民法院可以根据专利权的类型、侵权行为的性质和情节、专利许可的性质、范围、时间等因素，参照该专利许可使用费的倍数合理确定赔偿数额；没有专利许可使用费可以参照或者专利许可使用费明显不合理的，人民法院可以根据专利权的类型、侵权行为的性质和情节等因素，依照专利法第六十五条第二款的规定确定赔偿数额。

第十六条 权利人主张其为制止侵权行为所支付合理开支的，人民法院可以在专利法第六十五条确定的赔偿数额之外另行计算。

第十七条 侵犯专利权的诉讼时效为三年，自专利权人或者利害关系人知道或者应当知道权利受到损害以及义务人之日起计算。权利人超过三年起诉的，如果侵权行为在起诉时仍在继续，在该项专利权有效期内，人民法院应当判决被告停止侵权行为，侵权损害赔偿数额应当自权利人向人民法院起诉之日起向前推算三年计算。

第十八条 专利法第十一条、第六十九条所称的许诺销售，是指以做广告、在商店橱窗中陈列或者在展销会上展出等方式作出销售商品的意思表示。

第十九条 人民法院受理的侵犯专利权纠纷案件，已经过管理专利工作的部门作出侵权或者不侵权认定的，人民法院仍应当就当事人的诉讼请求进行全面审查。

第二十条 以前的有关司法解释与本规定不一致的，以本规定为准。

最高人民法院关于审理侵犯专利权纠纷案件应用法律若干问题的解释

· 2009年12月21日最高人民法院审判委员会第1480次会议通过
· 2009年12月28日最高人民法院公告公布
· 自2010年1月1日起施行
· 法释〔2009〕21号

为正确审理侵犯专利权纠纷案件，根据《中华人民共和国专利法》、《中华人民共和国民事诉讼法》等有关法律规定，结合审判实际，制定本解释。

第一条 人民法院应当根据权利人主张的权利要求，依据专利法第五十九条第一款的规定确定专利权的保护范围。权利人在一审法庭辩论终结前变更其主张的权利要求的，人民法院应当准许。

权利人主张以从属权利要求确定专利权保护范围的，人民法院应当以该从属权利要求记载的附加技术特征及其引用的权利要求记载的技术特征，确定专利权的保护范围。

第二条 人民法院应当根据权利要求的记载，结合本领域普通技术人员阅读说明书及附图后对权利要求的理解，确定专利法第五十九条第一款规定的权利要求的内容。

第三条 人民法院对于权利要求，可以运用说明书及附图、权利要求书中的相关权利要求、专利审查档案进行解释。说明书对权利要求用语有特别界定的，从其特别界定。

以上述方法仍不能明确权利要求含义的，可以结合工具书、教科书等公知文献以及本领域普通技术人员的通常理解进行解释。

第四条 对于权利要求中以功能或者效果表述的技术特征，人民法院应当结合说明书和附图描述的该功能或者效果的具体实施方式及其等同的实施方式，确定该技术特征的内容。

第五条 对于仅在说明书或者附图中描述而在权利要求中未记载的技术方案，权利人在侵犯专利权纠纷案件中将其纳入专利权保护范围的，人民法院不予支持。

第六条 专利申请人、专利权人在专利授权或者无效宣告程序中，通过对权利要求、说明书的修改或者意见陈述而放弃的技术方案，权利人在侵犯专利权纠纷案件中又将其纳入专利权保护范围的，人民法院不予支持。

第七条 人民法院判定被诉侵权技术方案是否落入专利权的保护范围，应当审查权利人主张的权利要求所记载的全部技术特征。

被诉侵权技术方案包含与权利要求记载的全部技术特征相同或者等同的技术特征的，人民法院应当认定其落入专利权的保护范围；被诉侵权技术方案的技术特征与权利要求记载的全部技术特征相比，缺少权利要求记载的一个以上的技术特征，或者有一个以上技术特征不相同也不等同的，人民法院应当认定其没有落入专利权的保护范围。

第八条 在与外观设计专利产品相同或者相近种类产品上，采用与授权外观设计相同或者近似的外观设计的，人民法院应当认定被诉侵权设计落入专利法第五十九条第二款规定的外观设计专利权的保护范围。

第九条 人民法院应当根据外观设计产品的用途，认定产品种类是否相同或者相近。确定产品的用途，可以参考外观设计的简要说明、国际外观设计分类表、产品的功能以及产品销售、实际使用的情况等因素。

第十条 人民法院应当以外观设计专利产品的一般消费者的知识水平和认知能力，判断外观设计是否相同或者近似。

第十一条 人民法院认定外观设计是否相同或者近似时，应当根据授权外观设计、被诉侵权设计的设计特征，以外观设计的整体视觉效果进行综合判断；对于主要由技术功能决定的设计特征以及对整体视觉效果不产生影响的产品的材料、内部结构等特征，应当不予考虑。

下列情形，通常对外观设计的整体视觉效果更具有影响：

（一）产品正常使用时容易被直接观察到的部位相对于其他部位；

（二）授权外观设计区别于现有设计的设计特征相对于授权外观设计的其他设计特征。

被诉侵权设计与授权外观设计在整体视觉效果上无差异的，人民法院应当认定两者相同；在整体视觉效果上无实质性差异的，应当认定两者近似。

第十二条 将侵犯发明或者实用新型专利权的产品作为零部件，制造另一产品的，人民法院应当认定属于专利法第十一条规定的使用行为；销售该另一产品的，人民法院应当认定属于专利法第十一条规定的销售行为。

将侵犯外观设计专利权的产品作为零部件，制造另一产品并销售的，人民法院应当认定属于专利法第十一条规定的销售行为，但侵犯外观设计专利权的产品在该另一产品中仅具有技术功能的除外。

对于前两款规定的情形，被诉侵权人之间存在分工合作的，人民法院应当认定为共同侵权。

第十三条 对于使用专利方法获得的原始产品,人民法院应当认定为专利法第十一条规定的依照专利方法直接获得的产品。

对于将上述原始产品进一步加工、处理而获得后续产品的行为,人民法院应当认定属于专利法第十一条规定的使用依照该专利方法直接获得的产品。

第十四条 被诉落入专利权保护范围的全部技术特征,与一项现有技术方案中的相应技术特征相同或者无实质性差异的,人民法院应当认定被诉侵权人实施的技术属于专利法第六十二条规定的现有技术。

被诉侵权设计与一个现有设计相同或者无实质性差异的,人民法院应当认定被诉侵权人实施的设计属于专利法第六十二条规定的现有设计。

第十五条 被诉侵权人以非法获得的技术或者设计主张先用权抗辩的,人民法院不予支持。

有下列情形之一的,人民法院应当认定属于专利法第六十九条第(二)项规定的已经作好制造、使用的必要准备:

(一)已经完成实施发明创造所必需的主要技术图纸或者工艺文件;

(二)已经制造或者购买实施发明创造所必需的主要设备或者原材料。

专利法第六十九条第(二)项规定的原有范围,包括专利申请日前已有的生产规模以及利用已有的生产设备或者根据已有的生产准备可以达到的生产规模。

先用权人在专利申请日后将其已经实施或作好实施必要准备的技术或设计转让或者许可他人实施,被诉侵权人主张该实施行为属于在原有范围内继续实施的,人民法院不予支持,但该技术或设计与原有企业一并转让或者承继的除外。

第十六条 人民法院依据专利法第六十五条第一款的规定确定侵权人因侵权所获得的利益,应当限于侵权人因侵犯专利权行为所获得的利益;因其他权利所产生的利益,应当合理扣除。

侵犯发明、实用新型专利权的产品系另一产品的零部件的,人民法院应当根据该零部件本身的价值及其在实现成品利润中的作用等因素合理确定赔偿数额。

侵犯外观设计专利权的产品为包装物的,人民法院应当按照包装物本身的价值及其在实现被包装产品利润中的作用等因素合理确定赔偿数额。

第十七条 产品或者制造产品的技术方案在专利申请日以前为国内外公众所知的,人民法院应当认定该产品不属于专利法第六十一条第一款规定的新产品。

第十八条 权利人向他人发出侵犯专利权的警告,被警告人或者利害关系人经书面催告权利人行使诉权,自权利人收到该书面催告之日起一个月内或者自书面催告发出之日起二个月内,权利人不撤回警告也不提起诉讼,被警告人或者利害关系人向人民法院提起请求确认其行为不侵犯专利权的诉讼的,人民法院应当受理。

第十九条 被诉侵犯专利权行为发生在2009年10月1日以前的,人民法院适用修改前的专利法;发生在2009年10月1日以后的,人民法院适用修改后的专利法。

被诉侵犯专利权行为发生在2009年10月1日以前且持续到2009年10月1日以后,依据修改前和修改后的专利法的规定侵权人均应承担赔偿责任的,人民法院适用修改后的专利法确定赔偿数额。

第二十条 本院以前发布的有关司法解释与本解释不一致的,以本解释为准。

最高人民法院关于审理侵犯专利权纠纷案件应用法律若干问题的解释(二)

· 2016年1月25日最高人民法院审判委员会第1676次会议通过
· 根据2020年12月23日最高人民法院审判委员会第1823次会议通过的《最高人民法院关于修改〈最高人民法院关于审理侵犯专利权纠纷案件应用法律若干问题的解释(二)〉等十八件知识产权类司法解释的决定》修正
· 2020年12月29日最高人民法院公告公布
· 自2021年1月1日起施行
· 法释〔2020〕19号

为正确审理侵犯专利权纠纷案件,根据《中华人民共和国民法典》《中华人民共和国专利法》《中华人民共和国民事诉讼法》等有关法律规定,结合审判实践,制定本解释。

第一条 权利要求书有两项以上权利要求的,权利人应当在起诉状中载明据以起诉被诉侵权人侵犯其专利权的权利要求。起诉状对此未记载或者记载不明的,人民法院应当要求权利人明确。经释明,权利人仍不予明确的,人民法院可以裁定驳回起诉。

第二条 权利人在专利侵权诉讼中主张的权利要求被国务院专利行政部门宣告无效的,审理侵犯专利权纠纷案件的人民法院可以裁定驳回权利人基于该无效权利要求的起诉。

有证据证明宣告上述权利要求无效的决定被生效的行政判决撤销的,权利人可以另行起诉。

专利权人另行起诉的,诉讼时效期间从本条第二款所称行政判决书送达之日起计算。

第三条 因明显违反专利法第二十六条第三款、第四款导致说明书无法用于解释权利要求,且不属于本解释第四条规定的情形,专利权因此被请求宣告无效的,审理侵犯专利权纠纷案件的人民法院一般应当裁定中止诉讼;在合理期限内专利权未被请求宣告无效的,人民法院可以根据权利要求的记载确定专利权的保护范围。

第四条 权利要求书、说明书及附图中的语法、文字、标点、图形、符号等存有歧义,但本领域普通技术人员通过阅读权利要求书、说明书及附图可以得出唯一理解的,人民法院应当根据该唯一理解予以认定。

第五条 在人民法院确定专利权的保护范围时,独立权利要求的前序部分、特征部分以及从属权利要求的引用部分、限定部分记载的技术特征均有限定作用。

第六条 人民法院可以运用与涉案专利存在分案申请关系的其他专利及其专利审查档案、生效的专利授权确权裁判文书解释涉案专利的权利要求。

专利审查档案,包括专利审查、复审、无效程序中专利申请人或者专利权人提交的书面材料,国务院专利行政部门制作的审查意见通知书、会晤记录、口头审理记录、生效的专利复审请求审查决定书和专利权无效宣告请求审查决定书等。

第七条 被诉侵权技术方案在包含封闭式组合物权利要求全部技术特征的基础上增加其他技术特征的,人民法院应当认定被诉侵权技术方案未落入专利权的保护范围,但该增加的技术特征属于不可避免的常规数量杂质的除外。

前款所称封闭式组合物权利要求,一般不包括中药组合物权利要求。

第八条 功能性特征,是指对于结构、组分、步骤、条件或其之间的关系等,通过其在发明创造中所起的功能或者效果进行限定的技术特征,但本领域普通技术人员仅通过阅读权利要求即可直接、明确地确定实现上述功能或者效果的具体实施方式的除外。

与说明书及附图记载的实现前款所称功能或者效果不可缺少的技术特征相比,被诉侵权技术方案的相应技术特征是以基本相同的手段,实现相同的功能,达到相同的效果,且本领域普通技术人员在被诉侵权行为发生时无需经过创造性劳动就能够联想到的,人民法院应当认定该相应技术特征与功能性特征相同或者等同。

第九条 被诉侵权技术方案不能适用于权利要求中使用环境特征所限定的使用环境的,人民法院应当认定被诉侵权技术方案未落入专利权的保护范围。

第十条 对于权利要求中以制备方法界定产品的技术特征,被诉侵权产品的制备方法与其不相同也不等同的,人民法院应当认定被诉侵权技术方案未落入专利权的保护范围。

第十一条 方法权利要求未明确记载技术步骤的先后顺序,但本领域普通技术人员阅读权利要求书、说明书及附图后直接、明确地认为该技术步骤应当按照特定顺序实施的,人民法院应当认定该步骤顺序对于专利权的保护范围具有限定作用。

第十二条 权利要求采用"至少""不超过"等用语对数值特征进行界定,且本领域普通技术人员阅读权利要求书、说明书及附图后认为专利技术方案特别强调该用语对技术特征的限定作用,权利人主张与其不相同的数值特征属于等同特征的,人民法院不予支持。

第十三条 权利人证明专利申请人、专利权人在专利授权确权程序中对权利要求书、说明书及附图的限缩性修改或者陈述被明确否定的,人民法院应当认定该修改或者陈述未导致技术方案的放弃。

第十四条 人民法院在认定一般消费者对于外观设计所具有的知识水平和认知能力时，一般应当考虑被诉侵权行为发生时授权外观设计所属相同或者相近种类产品的设计空间。设计空间较大的，人民法院可以认定一般消费者通常不容易注意到不同设计之间的较小区别；设计空间较小的，人民法院可以认定一般消费者通常更容易注意到不同设计之间的较小区别。

第十五条 对于成套产品的外观设计专利，被诉侵权设计与其一项外观设计相同或者近似的，人民法院应当认定被诉侵权设计落入专利权的保护范围。

第十六条 对于组装关系唯一的组件产品的外观设计专利，被诉侵权设计与其组合状态下的外观设计相同或者近似的，人民法院应当认定被诉侵权设计落入专利权的保护范围。

对于各构件之间无组装关系或者组装关系不唯一的组件产品的外观设计专利，被诉侵权设计与其全部单个构件的外观设计均相同或者近似的，人民法院应当认定被诉侵权设计落入专利权的保护范围；被诉侵权设计缺少其单个构件的外观设计或者与之不相同也不近似的，人民法院应当认定被诉侵权设计未落入专利权的保护范围。

第十七条 对于变化状态产品的外观设计专利，被诉侵权设计与变化状态图所示各种使用状态下的外观设计均相同或者近似的，人民法院应当认定被诉侵权设计落入专利权的保护范围；被诉侵权设计缺少其一种使用状态下的外观设计或者与之不相同也不近似的，人民法院应当认定被诉侵权设计未落入专利权的保护范围。

第十八条 权利人依据专利法第十三条诉请在发明专利申请公布日至授权公告日期间实施该发明的单位或者个人支付适当费用的，人民法院可以参照有关专利许可使用费合理确定。

发明专利申请公布时申请人请求保护的范围与发明专利公告授权时的专利权保护范围不一致，被诉技术方案均落入上述两种范围的，人民法院应当认定被告在前款所称期间内实施了该发明；被诉技术方案仅落入其中一种范围的，人民法院应当认定被告在前款所称期间内未实施该发明。

发明专利公告授权后，未经专利权人许可，为生产经营目的使用、许诺销售、销售在本条第一款所称期间内已由他人制造、销售、进口的产品，且该他人已支付或者书面承诺支付专利法第十三条规定的适当费用的，对于权利人关于上述使用、许诺销售、销售行为侵犯专利权的主张，人民法院不予支持。

第十九条 产品买卖合同依法成立的，人民法院应当认定属于专利法第十一条规定的销售。

第二十条 对于将依照专利方法直接获得的产品进一步加工、处理而获得的后续产品，进行再加工、处理的，人民法院应当认定不属于专利法第十一条规定的“使用依照该专利方法直接获得的产品”。

第二十一条 明知有关产品系专门用于实施专利的材料、设备、零部件、中间物等，未经专利权人许可，为生产经营目的将该产品提供给他人实施了侵犯专利权的行为，权利人主张该提供者的行为属于民法典第一千一百六十九条规定的帮助他人实施侵权行为的，人民法院应予支持。

明知有关产品、方法被授予专利权，未经专利权人许可，为生产经营目的积极诱导他人实施了侵犯专利权的行为，权利人主张该诱导者的行为属于民法典第一千一百六十九条规定的教唆他人实施侵权行为的，人民法院应予支持。

第二十二条 对于被诉侵权人主张的现有技术抗辩或者现有设计抗辩，人民法院应当依照专利申请日时施行的专利法界定现有技术或者现有设计。

第二十三条 被诉侵权技术方案或者外观设计落入在先的涉案专利权的保护范围，被诉侵权人以其技术方案或者外观设计被授予专利权为由抗辩不侵犯涉案专利权的，人民法院不予支持。

第二十四条 推荐性国家、行业或者地方标准明示所涉必要专利的信息，被诉侵权人以实施该标准无需专利权人许可为由抗辩不侵犯该专利权的，人民法院一般不予支持。

推荐性国家、行业或者地方标准明示所涉必要专利的信息，专利权人、被诉侵权人协商该专利的实施许可条件时，专利权人故意违反其在标准制定中承诺的公平、合理、无歧视的许可义务，导致无法达成专利实施许可合同，且被诉侵权人在协商中无明显过错的，对于权利人请求停止标准实施行为的主张，人民法院一般不予支持。

本条第二款所称实施许可条件，应当由专利

权人、被诉侵权人协商确定。经充分协商,仍无法达成一致的,可以请求人民法院确定。人民法院在确定上述实施许可条件时,应当根据公平、合理、无歧视的原则,综合考虑专利的创新程度及其在标准中的作用、标准所属的技术领域、标准的性质、标准实施的范围和相关的许可条件等因素。

法律、行政法规对实施标准中的专利另有规定的,从其规定。

第二十五条 为生产经营目的使用、许诺销售或者销售不知道是未经专利权人许可而制造并售出的专利侵权产品,且举证证明该产品合法来源的,对于权利人请求停止上述使用、许诺销售、销售行为的主张,人民法院应予支持,但被诉侵权产品的使用者举证证明其已支付该产品的合理对价的除外。

本条第一款所称不知道,是指实际不知道且不应当知道。

本条第一款所称合法来源,是指通过合法的销售渠道、通常的买卖合同等正常商业方式取得产品。对于合法来源,使用者、许诺销售者或者销售者应当提供符合交易习惯的相关证据。

第二十六条 被告构成对专利权的侵犯,权利人请求判令其停止侵权行为的,人民法院应予支持,但基于国家利益、公共利益的考量,人民法院可以不判令被告停止被诉行为,而判令其支付相应的合理费用。

第二十七条 权利人因被侵权所受到的实际损失难以确定的,人民法院应当依照专利法第六十五条第一款的规定,要求权利人对侵权人因侵权所获得的利益进行举证;在权利人已经提供侵权人所获利益的初步证据,而与专利侵权行为相关的账簿、资料主要由侵权人掌握的情况下,人民法院可以责令侵权人提供该账簿、资料;侵权人无正当理由拒不提供或者提供虚假的账簿、资料的,人民法院可以根据权利人的主张和提供的证据认定侵权人因侵权所获得的利益。

第二十八条 权利人、侵权人依法约定专利侵权的赔偿数额或者赔偿计算方法,并在专利侵权诉讼中主张依据该约定确定赔偿数额的,人民法院应予支持。

第二十九条 宣告专利权无效的决定作出后,当事人根据该决定依法申请再审,请求撤销专利权无效宣告前人民法院作出但未执行的专利侵权的判决、调解书的,人民法院可以裁定中止再审审查,并中止原判决、调解书的执行。

专利权人向人民法院提供充分、有效的担保,请求继续执行前款所称判决、调解书的,人民法院应当继续执行;侵权人向人民法院提供充分、有效的反担保,请求中止执行的,人民法院应当准许。人民法院生效裁判未撤销宣告专利权无效的决定的,专利权人应当赔偿因继续执行给对方造成的损失;宣告专利权无效的决定被人民法院生效裁判撤销,专利权仍有效的,人民法院可以依据前款所称判决、调解书直接执行上述反担保财产。

第三十条 在法定期限内对宣告专利权无效的决定不向人民法院起诉或者起诉后生效裁判未撤销该决定,当事人根据该决定依法申请再审,请求撤销宣告专利权无效前人民法院作出但未执行的专利侵权的判决、调解书的,人民法院应当再审。当事人根据该决定,依法申请终结执行宣告专利权无效前人民法院作出但未执行的专利侵权的判决、调解书的,人民法院应当裁定终结执行。

第三十一条 本解释自2016年4月1日起施行。最高人民法院以前发布的相关司法解释与本解释不一致的,以本解释为准。

最高人民法院关于审理商标民事纠纷案件适用法律若干问题的解释

· 2002年10月12日最高人民法院审判委员会第1246次会议通过
· 根据2020年12月23日最高人民法院审判委员会第1823次会议通过的《最高人民法院关于修改〈最高人民法院关于审理侵犯专利权纠纷案件应用法律若干问题的解释(二)〉等十八件知识产权类司法解释的决定》修正
· 2020年12月29日最高人民法院公告公布
· 自2021年1月1日起施行
· 法释〔2020〕19号

为了正确审理商标纠纷案件,根据《中华人民共和国民法典》《中华人民共和国商标法》《中华人民共和国民事诉讼法》等法律的规定,就适用法律若干问题解释如下:

第一条 下列行为属于商标法第五十七条第

(七)项规定的给他人注册商标专用权造成其他损害的行为:

(一)将与他人注册商标相同或者相近似的文字作为企业的字号在相同或者类似商品上突出使用,容易使相关公众产生误认的;

(二)复制、摹仿、翻译他人注册的驰名商标或其主要部分在不相同或者不相类似商品上作为商标使用,误导公众,致使该驰名商标注册人的利益可能受到损害的;

(三)将与他人注册商标相同或者相近似的文字注册为域名,并且通过该域名进行相关商品交易的电子商务,容易使相关公众产生误认的。

第二条 依据商标法第十三条第二款的规定,复制、摹仿、翻译他人未在中国注册的驰名商标或其主要部分,在相同或者类似商品上作为商标使用,容易导致混淆的,应当承担停止侵害的民事法律责任。

第三条 商标法第四十三条规定的商标使用许可包括以下三类:

(一)独占使用许可,是指商标注册人在约定的期间、地域和以约定的方式,将该注册商标仅许可一个被许可人使用,商标注册人依约定不得使用该注册商标;

(二)排他使用许可,是指商标注册人在约定的期间、地域和以约定的方式,将该注册商标仅许可一个被许可人使用,商标注册人依约定可以使用该注册商标但不得另行许可他人使用该注册商标;

(三)普通使用许可,是指商标注册人在约定的期间、地域和以约定的方式,许可他人使用其注册商标,并可自行使用该注册商标和许可他人使用其注册商标。

第四条 商标法第六十条第一款规定的利害关系人,包括注册商标使用许可合同的被许可人、注册商标财产权利的合法继承人等。

在发生注册商标专用权被侵害时,独占使用许可合同的被许可人可以向人民法院提起诉讼;排他使用许可合同的被许可人可以和商标注册人共同起诉,也可以在商标注册人不起诉的情况下,自行提起诉讼;普通使用许可合同的被许可人经商标注册人明确授权,可以提起诉讼。

第五条 商标注册人或者利害关系人在注册商标续展宽展期内提出续展申请,未获核准前,以他人侵犯其注册商标专用权提起诉讼的,人民法院应当受理。

第六条 因侵犯注册商标专用权行为提起的民事诉讼,由商标法第十三条、第五十七条所规定侵权行为的实施地、侵权商品的储藏地或者查封扣押地、被告住所地人民法院管辖。

前款规定的侵权商品的储藏地,是指大量或者经常性储存、隐匿侵权商品所在地;查封扣押地,是指海关等行政机关依法查封、扣押侵权商品所在地。

第七条 对涉及不同侵权行为实施地的多个被告提起的共同诉讼,原告可以选择其中一个被告的侵权行为实施地人民法院管辖;仅对其中某一被告提起的诉讼,该被告侵权行为实施地的人民法院有管辖权。

第八条 商标法所称相关公众,是指与商标所标识的某类商品或者服务有关的消费者和与前述商品或者服务的营销有密切关系的其他经营者。

第九条 商标法第五十七条第(一)(二)项规定的商标相同,是指被控侵权的商标与原告的注册商标相比较,二者在视觉上基本无差别。

商标法第五十七条第(二)项规定的商标近似,是指被控侵权的商标与原告的注册商标相比较,其文字的字形、读音、含义或者图形的构图及颜色,或者其各要素组合后的整体结构相似,或者其立体形状、颜色组合近似,易使相关公众对商品的来源产生误认或者认为其来源与原告注册商标的商品有特定的联系。

第十条 人民法院依据商标法第五十七条第(一)(二)项的规定,认定商标相同或者近似按照以下原则进行:

(一)以相关公众的一般注意力为标准;

(二)既要进行对商标的整体比对,又要进行对商标主要部分的比对,比对应当在比对对象隔离的状态下分别进行;

(三)判断商标是否近似,应当考虑请求保护注册商标的显著性和知名度。

第十一条 商标法第五十七条第(二)项规定的类似商品,是指在功能、用途、生产部门、销售渠道、消费对象等方面相同,或者相关公众一般认为其存在特定联系、容易造成混淆的商品。

类似服务,是指在服务的目的、内容、方式、对象等方面相同,或者相关公众一般认为存在特定联系、容易造成混淆的服务。

商品与服务类似,是指商品和服务之间存在特定联系,容易使相关公众混淆。

第十二条 人民法院依据商标法第五十七条第(二)项的规定,认定商品或者服务是否类似,应当以相关公众对商品或者服务的一般认识综合判断;《商标注册用商品和服务国际分类表》《类似商品和服务区分表》可以作为判断类似商品或者服务的参考。

第十三条 人民法院依据商标法第六十三条第一款的规定确定侵权人的赔偿责任时,可以根据权利人选择的计算方法计算赔偿数额。

第十四条 商标法第六十三条第一款规定的侵权所获得的利益,可以根据侵权商品销售量与该商品单位利润乘积计算;该商品单位利润无法查明的,按照注册商标商品的单位利润计算。

第十五条 商标法第六十三条第一款规定的因被侵权所受到的损失,可以根据权利人因侵权所造成商品销售减少量或者侵权商品销售量与该注册商标商品的单位利润乘积计算。

第十六条 权利人因被侵权所受到的实际损失、侵权人因侵权所获得的利益、注册商标使用许可费均难以确定的,人民法院可以根据当事人的请求或者依职权适用商标法第六十三条第三款的规定确定赔偿数额。

人民法院在适用商标法第六十三条第三款规定确定赔偿数额时,应当考虑侵权行为的性质、期间、后果,侵权人的主观过错程度,商标的声誉及制止侵权行为的合理开支等因素综合确定。

当事人按照本条第一款的规定就赔偿数额达成协议的,应当准许。

第十七条 商标法第六十三条第一款规定的制止侵权行为所支付的合理开支,包括权利人或者委托代理人对侵权行为进行调查、取证的合理费用。

人民法院根据当事人的诉讼请求和案件具体情况,可以将符合国家有关部门规定的律师费用计算在赔偿范围内。

第十八条 侵犯注册商标专用权的诉讼时效为三年,自商标注册人或者利害权利人知道或者应当知道权利受到损害以及义务人之日起计算。商标注册人或者利害关系人超过三年起诉的,如果侵权行为在起诉时仍在持续,在该注册商标专用权有效期限内,人民法院应当判决被告停止侵权行为,侵权损害赔偿数额应当自权利人向人民法院起诉之日起向前推算三年计算。

第十九条 商标使用许可合同未经备案的,不影响该许可合同的效力,但当事人另有约定的除外。

第二十条 注册商标的转让不影响转让前已经生效的商标使用许可合同的效力,但商标使用许可合同另有约定的除外。

第二十一条 人民法院在审理侵犯注册商标专用权纠纷案件中,依据民法典第一百七十九条、商标法第六十条的规定和案件具体情况,可以判决侵权人承担停止侵害、排除妨碍、消除危险、赔偿损失、消除影响等民事责任,还可以作出罚款,收缴侵权商品、伪造的商标标识和主要用于生产侵权商品的材料、工具、设备等财物的民事制裁决定。罚款数额可以参照商标法第六十条第二款的有关规定确定。

行政管理部门对同一侵犯注册商标专用权行为已经给予行政处罚的,人民法院不再予以民事制裁。

第二十二条 人民法院在审理商标纠纷案件中,根据当事人的请求和案件的具体情况,可以对涉及的注册商标是否驰名依法作出认定。

认定驰名商标,应当依照商标法第十四条的规定进行。

当事人对曾经被行政主管机关或者人民法院认定的驰名商标请求保护的,对方当事人对涉及的商标驰名不持异议,人民法院不再审查。提出异议的,人民法院依照商标法第十四条的规定审查。

第二十三条 本解释有关商品商标的规定,适用于服务商标。

第二十四条 以前的有关规定与本解释不一致的,以本解释为准。

最高人民法院关于审理著作权民事纠纷案件适用法律若干问题的解释

· 2002年10月12日最高人民法院审判委员会第1246次会议通过
· 根据2020年12月23日最高人民法院审判委员会第1823次会议通过的《最高人民法院关于修改〈最高人民法院关于审理侵犯专利权纠纷案件应用法律若干问题的解释(二)〉等十八件知识产权类司法解释的决定》修正
· 2020年12月29日最高人民法院公告公布
· 自2021年1月1日起施行
· 法释〔2020〕19号

为了正确审理著作权民事纠纷案件,根据《中华人民共和国民法典》《中华人民共和国著作权法》《中华人民共和国民事诉讼法》等法律的规定,就适用法律若干问题解释如下:

第一条 人民法院受理以下著作权民事纠纷案件:

(一)著作权及与著作权有关权益权属、侵权、合同纠纷案件;

(二)申请诉前停止侵害著作权、与著作权有关权益行为,申请诉前财产保全、诉前证据保全案件;

(三)其他著作权、与著作权有关权益纠纷案件。

第二条 著作权民事纠纷案件,由中级以上人民法院管辖。

各高级人民法院根据本辖区的实际情况,可以报请最高人民法院批准,由若干基层人民法院管辖第一审著作权民事纠纷案件。

第三条 对著作权行政管理部门查处的侵害著作权行为,当事人向人民法院提起诉讼追究该行为人民事责任的,人民法院应当受理。

人民法院审理已经过著作权行政管理部门处理的侵害著作权行为的民事纠纷案件,应当对案件事实进行全面审查。

第四条 因侵害著作权行为提起的民事诉讼,由著作权法第四十七条、第四十八条所规定侵权行为的实施地、侵权复制品储藏地或者查封扣押地、被告住所地人民法院管辖。

前款规定的侵权复制品储藏地,是指大量或者经常性储存、隐匿侵权复制品所在地;查封扣押地,是指海关、版权等行政机关依法查封、扣押侵权复制品所在地。

第五条 对涉及不同侵权行为实施地的多个被告提起的共同诉讼,原告可以选择向其中一个被告的侵权行为实施地人民法院提起诉讼;仅对其中某一被告提起的诉讼,该被告侵权行为实施地的人民法院有管辖权。

第六条 依法成立的著作权集体管理组织,根据著作权人的书面授权,以自己的名义提起诉讼,人民法院应当受理。

第七条 当事人提供的涉及著作权的底稿、原件、合法出版物、著作权登记证书、认证机构出具的证明、取得权利的合同等,可以作为证据。

在作品或者制品上署名的自然人、法人或者非法人组织视为著作权、与著作权有关权益的权利人,但有相反证明的除外。

第八条 当事人自行或者委托他人以定购、现场交易等方式购买侵权复制品而取得的实物、发票等,可以作为证据。

公证人员在未向涉嫌侵权的一方当事人表明身份的情况下,如实对另一方当事人按照前款规定的方式取得的证据和取证过程出具的公证书,应当作为证据使用,但有相反证据的除外。

第九条 著作权法第十条第(一)项规定的"公之于众",是指著作权人自行或者经著作权人许可将作品向不特定的人公开,但不以公众知晓为构成条件。

第十条 著作权法第十五条第二款所指的作品,著作权人是自然人的,其保护期适用著作权法第二十一条第一款的规定;著作权人是法人或非法人组织的,其保护期适用著作权法第二十一条第二款的规定。

第十一条 因作品署名顺序发生的纠纷,人民法院按照下列原则处理:有约定的按约定确定署名顺序;没有约定的,可以按照创作作品付出的劳动、作品排列、作者姓氏笔画等确定署名顺序。

第十二条 按照著作权法第十七条规定委托作品著作权属于受托人的情形,委托人在约定的使用范围内享有使用作品的权利;双方没有约定使用作品范围的，委托人可以在委托创作的特定目的范围内免费使用该作品。

第十三条 除著作权法第十一条第三款规定的情形外，由他人执笔，本人审阅定稿并以本人名义发表的报告、讲话等作品，著作权归报告人或者讲话人享有。著作权人可以支付执笔人适当的报酬。

第十四条 当事人合意以特定人物经历为题材完成的自传体作品，当事人对著作权权属有约定的，依其约定；没有约定的，著作权归该特定人物享有，执笔人或整理人对作品完成付出劳动的，著作权人可以向其支付适当的报酬。

第十五条 由不同作者就同一题材创作的作品，作品的表达系独立完成并且有创作性的，应当认定作者各自享有独立著作权。

第十六条 通过大众传播媒介传播的单纯事实消息属于著作权法第五条第(二)项规定的时事新闻。传播报道他人采编的时事新闻，应当注明出处。

第十七条 著作权法第三十三条第二款规定的转载，是指报纸、期刊登载其他报刊已发表作品的行为。转载未注明被转载作品的作者和最初登载的报刊出处的，应当承担消除影响、赔礼道歉等民事责任。

第十八条 著作权法第二十二条第(十)项规定的室外公共场所的艺术作品，是指设置或者陈列在室外社会公众活动处所的雕塑、绘画、书法等艺术作品。

对前款规定艺术作品的临摹、绘画、摄影、录像人，可以对其成果以合理的方式和范围再行使用，不构成侵权。

第十九条 出版者、制作者应当对其出版、制作有合法授权承担举证责任，发行者、出租者应当对其发行或者出租的复制品有合法来源承担举证责任。举证不能的，依据著作权法第四十七条、第四十八条的相应规定承担法律责任。

第二十条 出版物侵害他人著作权的，出版者应当根据其过错、侵权程度及损害后果等承担赔偿损失的责任。

出版者对其出版行为的授权、稿件来源和署名、所编辑出版物的内容等未尽到合理注意义务的，依据著作权法第四十九条的规定，承担赔偿损失的责任。

出版者应对其已尽合理注意义务承担举证责任。

第二十一条 计算机软件用户未经许可或者超过许可范围商业使用计算机软件的，依据著作权法第四十八条第(一)项、《计算机软件保护条例》第二十四条第(一)项的规定承担民事责任。

第二十二条 著作权转让合同未采取书面形式的，人民法院依据民法典第四百九十条的规定审查合同是否成立。

第二十三条 出版者将著作权人交付出版的作品丢失、毁损致使出版合同不能履行的，著作权人有权依据民法典第一百八十六条、第二百三十八条、第一千一百八十四条等规定要求出版者承担相应的民事责任。

第二十四条 权利人的实际损失，可以根据权利人因侵权所造成复制品发行减少量或者侵权复制品销售量与权利人发行该复制品单位利润乘积计算。发行减少量难以确定的，按照侵权复制品市场销售量确定。

第二十五条 权利人的实际损失或者侵权人的违法所得无法确定的，人民法院根据当事人的请求或者依职权适用著作权法第四十九条第二款的规定确定赔偿数额。

人民法院在确定赔偿数额时，应当考虑作品类型、合理使用费、侵权行为性质、后果等情节综合确定。

当事人按照本条第一款的规定就赔偿数额达成协议的，应当准许。

第二十六条 著作权法第四十九条第一款规定的制止侵权行为所支付的合理开支，包括权利人或者委托代理人对侵权行为进行调查、取证的合理费用。

人民法院根据当事人的诉讼请求和具体案情，可以将符合国家有关部门规定的律师费用计算在赔偿范围内。

第二十七条 侵害著作权的诉讼时效为三年，自著作权人知道或者应当知道权利受到损害以及义务人之日起计算。权利人超过三年起诉的，如果侵权行为在起诉时仍在持续，在该著作权保护期内，人民法院应当判决被告停止侵权行为；侵权损害赔偿数额应当自权利人向人民法院起诉之日起向前推算三年计算。

第二十八条 人民法院采取保全措施的，依据民事诉讼法及《最高人民法院关于审查知识产权纠纷行为保全案件适用法律若干问题的规定》的有关规定办理。

第二十九条 除本解释另行规定外，人民法院受理的著作权民事纠纷案件，涉及著作权法修改前发生的民事行为的，适用修改前著作权法的规定；涉及著作权法修改以后发生的民事行为的，适用修改后著作权法的规定；涉及著作权法修改前发生，持续到著作权法修改后的民事行为的，适用修改后著作权法的规定。

第三十条 以前的有关规定与本解释不一致的，以本解释为准。

最高人民法院关于审理技术合同纠纷案件适用法律若干问题的解释

- 2004年11月30日最高人民法院审判委员会第1335次会议通过
- 根据2020年12月23日最高人民法院审判委员会第1823次会议通过的《最高人民法院关于修改〈最高人民法院关于审理侵犯专利权纠纷案件应用法律若干问题的解释（二）〉等十八件知识产权类司法解释的决定》修正
- 2020年12月29日最高人民法院公告公布
- 自2021年1月1日起施行
- 法释〔2020〕19号

为了正确审理技术合同纠纷案件，根据《中华人民共和国民法典》《中华人民共和国专利法》和《中华人民共和国民事诉讼法》等法律的有关规定，结合审判实践，现就有关问题作出以下解释。

一、一般规定

第一条 技术成果，是指利用科学技术知识、信息和经验作出的涉及产品、工艺、材料及其改进等的技术方案，包括专利、专利申请、技术秘密、计算机软件、集成电路布图设计、植物新品种等。

技术秘密，是指不为公众所知悉、具有商业价值并经权利人采取相应保密措施的技术信息。

第二条 民法典第八百四十七条第二款所称"执行法人或者非法人组织的工作任务"，包括：

（一）履行法人或者非法人组织的岗位职责或者承担其交付的其他技术开发任务；

（二）离职后一年内继续从事与其原所在法人或者非法人组织的岗位职责或者交付的任务有关的技术开发工作，但法律、行政法规另有规定的除外。

法人或者非法人组织与其职工就职工在职期间或者离职以后所完成的技术成果的权益有约定的，人民法院应当依约定确认。

第三条 民法典第八百四十七条第二款所称"物质技术条件"，包括资金、设备、器材、原材料、未公开的技术信息和资料等。

第四条 民法典第八百四十七条第二款所称"主要是利用法人或者非法人组织的物质技术条件"，包括职工在技术成果的研究开发过程中，全部或者大部分利用了法人或者非法人组织的资金、设备、器材或者原材料等物质条件，并且这些物质条件对形成该技术成果具有实质性的影响；还包括该技术成果实质性内容是在法人或者非法人组织尚未公开的技术成果、阶段性技术成果基础上完成的情形。但下列情况除外：

（一）对利用法人或者非法人组织提供的物质技术条件，约定返还资金或者交纳使用费的；

（二）在技术成果完成后利用法人或者非法人组织的物质技术条件对技术方案进行验证、测试的。

第五条 个人完成的技术成果，属于执行原所在法人或者非法人组织的工作任务，又主要利用了现所在法人或者非法人组织的物质技术条件的，应当按照该自然人原所在和现所在法人或者非法人组织达成的协议确认权益。不能达成协议的，根据对完成该项技术成果的贡献大小由双方合理分享。

第六条 民法典第八百四十七条所称"职务技术成果的完成人"、第八百四十八条所称"完成技术成果的个人"，包括对技术成果单独或者共同作出创造性贡献的人，也即技术成果的发明人或者设计人。人民法院在对创造性贡献进行认定时，应当分解所涉及技术成果的实质性技术构成。提出实质性技术构成并由此实现技术方案的人，是作出创造性贡献的人。

提供资金、设备、材料、试验条件，进行组织管理，协助绘制图纸、整理资料、翻译文献等人员，不属于职务技术成果的完成人、完成技术成果的个人。

第七条 不具有民事主体资格的科研组织订立的技术合同，经法人或者非法人组织授权或者认可的，视为法人或者非法人组织订立的合同，由法人或者非法人组织承担责任；未经法人或者非法人组织授权或者认可的，由该科研组织成员共同承担责任，但法人或者非法人组织因该合同受益的，应当在其受益范围内承担相应责任。

前款所称不具有民事主体资格的科研组织，包括法人或者非法人组织设立的从事技术研究开发、转让等活动的课题组、工作室等。

第八条 生产产品或者提供服务依法须经有关部门审批或者取得行政许可，而未经审批或者许可的，不影响当事人订立的相关技术合同的效力。

当事人对办理前款所称审批或者许可的义务没有约定或者约定不明确的，人民法院应当判令由实施技术的一方负责办理，但法律、行政法规另有规定的除外。

第九条 当事人一方采取欺诈手段，就其现有技术成果作为研究开发标的与他人订立委托开发合同收取研究开发费用，或者就同一研究开发课题先后与两个或者两个以上的委托人分别订立委托开发合同重复收取研究开发费用，使对方在违背真实意思的情况下订立的合同，受损害方依照民法典第一百四十八条规定请求撤销合同的，人民法院应当予以支持。

第十条 下列情形，属于民法典第八百五十条所称的"非法垄断技术"：

（一）限制当事人一方在合同标的技术基础上进行新的研究开发或者限制其使用所改进的技术，或者双方交换改进技术的条件不对等，包括要求一方将其自行改进的技术无偿提供给对方、非互惠性转让给对方、无偿独占或者共享该改进技术的知识产权；

（二）限制当事人一方从其他来源获得与技术提供方类似技术或者与其竞争的技术；

（三）阻碍当事人一方根据市场需求，按照合理方式充分实施合同标的技术，包括明显不合理地限制技术接受方实施合同标的技术生产产品或者提供服务的数量、品种、价格、销售渠道和出口市场；

（四）要求技术接受方接受并非实施技术必不可少的附带条件，包括购买非必需的技术、原材料、产品、设备、服务以及接收非必需的人员等；

（五）不合理地限制技术接受方购买原材料、零部件、产品或者设备等的渠道或者来源；

（六）禁止技术接受方对合同标的技术知识产权的有效性提出异议或者对提出异议附加条件。

第十一条 技术合同无效或者被撤销后，技术开发合同研究开发人、技术转让合同让与人、技术许可合同许可人、技术咨询合同和技术服务合同的受托人已经履行或者部分履行了约定的义务，并且造成合同无效或者被撤销的过错在对方的，对其已履行部分应当收取的研究开发经费、技术使用费、提供咨询服务的报酬，人民法院可以认定为因对方原因导致合同无效或者被撤销给其造成的损失。

技术合同无效或者被撤销后，因履行合同所完成新的技术成果或者在他人技术成果基础上完成后续改进技术成果的权利归属和利益分享，当事人不能重新协议确定的，人民法院可以判决由完成技术成果的一方享有。

第十二条 根据民法典第八百五十条的规定，侵害他人技术秘密的技术合同被确认无效后，除法律、行政法规另有规定的以外，善意取得该技术秘密的一方当事人可以在其取得时的范围内继续使用该技术秘密，但应当向权利人支付合理的使用费并承担保密义务。

当事人双方恶意串通或者一方知道或者应当知道另一方侵权仍与其订立或者履行合同的，属于共同侵权，人民法院应当判令侵权人承担连带赔偿责任和保密义务，因此取得技术秘密的当事人不得继续使用该技术秘密。

第十三条 依照前条第一款规定可以继续使用技术秘密的人与权利人就使用费支付发生纠纷的，当事人任何一方都可以请求人民法院予以处理。继续使用技术秘密但又拒不支付使用费的，人民法院可以根据权利人的请求判令使用人停止使用。

人民法院在确定使用费时，可以根据权利人通常对外许可该技术秘密的使用费或者使用人取得该技术秘密所支付的使用费，并考虑该技术秘密的研究开发成本、成果转化和应用程度以及使用人的使用规模、经济效益等因素合理确定。

不论使用人是否继续使用技术秘密，人民法院均应当判令其向权利人支付已使用期间的使用费。使用人已向无效合同的让与人或者许可人支付的使用费应当由让与人或者许可人负责返还。

第十四条 对技术合同的价款、报酬和使用费,当事人没有约定或者约定不明确的,人民法院可以按照以下原则处理:

(一)对于技术开发合同和技术转让合同、技术许可合同,根据有关技术成果的研究开发成本、先进性、实施转化和应用的程度,当事人享有的权益和承担的责任,以及技术成果的经济效益等合理确定;

(二)对于技术咨询合同和技术服务合同,根据有关咨询服务工作的技术含量、质量和数量,以及已经产生和预期产生的经济效益等合理确定。

技术合同价款、报酬、使用费中包含非技术性款项的,应当分项计算。

第十五条 技术合同当事人一方迟延履行主要债务,经催告后在 30 日内仍未履行,另一方依据民法典第五百六十三条第一款第(三)项的规定主张解除合同的,人民法院应当予以支持。

当事人在催告通知中附有履行期限且该期限超过 30 日的,人民法院应当认定该履行期限为民法典第五百六十三条第一款第(三)项规定的合理期限。

第十六条 当事人以技术成果向企业出资但未明确约定权属,接受出资的企业主张该技术成果归其享有的,人民法院一般应当予以支持,但是该技术成果价值与该技术成果所占出资额比例明显不合理损害出资人利益的除外。

当事人对技术成果的权属约定有比例的,视为共同所有,其权利使用和利益分配,按共有技术成果的有关规定处理,但当事人另有约定的,从其约定。

当事人对技术成果的使用权约定有比例的,人民法院可以视为当事人对实施该项技术成果所获收益的分配比例,但当事人另有约定的,从其约定。

二、技术开发合同

第十七条 民法典第八百五十一条第一款所称"新技术、新产品、新工艺、新品种或者新材料及其系统",包括当事人在订立技术合同时尚未掌握的产品、工艺、材料及其系统等技术方案,但对技术上没有创新的现有产品的改型、工艺变更、材料配方调整以及对技术成果的验证、测试和使用除外。

第十八条 民法典第八百五十一条第四款规定的"当事人之间就具有实用价值的科技成果实施转化订立的"技术转化合同,是指当事人之间就具有实用价值但尚未实现工业化应用的科技成果包括阶段性技术成果,以实现该科技成果工业化应用为目标,约定后续试验、开发和应用等内容的合同。

第十九条 民法典第八百五十五条所称"分工参与研究开发工作",包括当事人按照约定的计划和分工,共同或者分别承担设计、工艺、试验、试制等工作。

技术开发合同当事人一方仅提供资金、设备、材料等物质条件或者承担辅助协作事项,另一方进行研究开发工作的,属于委托开发合同。

第二十条 民法典第八百六十一条所称"当事人均有使用和转让的权利",包括当事人均有不经对方同意而自己使用或者以普通使用许可的方式许可他人使用技术秘密,并独占由此所获利益的权利。当事人一方将技术秘密成果的转让权让与他人,或者以独占或者排他使用许可的方式许可他人使用技术秘密,未经对方当事人同意或者追认的,应当认定该让与或者许可行为无效。

第二十一条 技术开发合同当事人依照民法典的规定或者约定自行实施专利或使用技术秘密,但因其不具备独立实施专利或者使用技术秘密的条件,以一个普通许可方式许可他人实施或者使用的,可以准许。

三、技术转让合同和技术许可合同

第二十二条 就尚待研究开发的技术成果或者不涉及专利、专利申请或者技术秘密的知识、技术、经验和信息所订立的合同,不属于民法典第八百六十二条规定的技术转让合同或者技术许可合同。

技术转让合同中关于让与人向受让人提供实施技术的专用设备、原材料或者提供有关的技术咨询、技术服务的约定,属于技术转让合同的组成部分。因此发生的纠纷,按照技术转让合同处理。

当事人以技术入股方式订立联营合同,但技术入股人不参与联营体的经营管理,并且以保底条款形式约定联营体或者联营对方支付其技术价款或者使用费的，视为技术转让合同或者技术许可合同。

第二十三条 专利申请权转让合同当事人以专利申请被驳回或者被视为撤回为由请求解除合同，该事实发生在依照专利法第十条第三款的规定办理专利申请权转让登记之前的，人民法院应当予以支持；发生在转让登记之后的，不予支持，但当事人另有约定的除外。

专利申请因专利申请权转让合同成立时即存在尚未公开的同样发明创造的在先专利申请被驳回，当事人依据民法典第五百六十三条第一款第（四）项的规定请求解除合同的，人民法院应当予以支持。

第二十四条 订立专利权转让合同或者专利申请权转让合同前，让与人自己已经实施发明创造，在合同生效后，受让人要求让与人停止实施的，人民法院应当予以支持，但当事人另有约定的除外。

让与人与受让人订立的专利权、专利申请权转让合同，不影响在合同成立前让与人与他人订立的相关专利实施许可合同或者技术秘密转让合同的效力。

第二十五条 专利实施许可包括以下方式：

（一）独占实施许可，是指许可人在约定许可实施专利的范围内，将该专利仅许可一个被许可人实施，许可人依约定不得实施该专利；

（二）排他实施许可，是指许可人在约定许可实施专利的范围内，将该专利仅许可一个被许可人实施，但许可人依约定可以自行实施该专利；

（三）普通实施许可，是指许可人在约定许可实施专利的范围内许可他人实施该专利，并且可以自行实施该专利。

当事人对专利实施许可方式没有约定或者约定不明确的，认定为普通实施许可。专利实施许可合同约定被许可人可以再许可他人实施专利的，认定该再许可为普通实施许可，但当事人另有约定的除外。

技术秘密的许可使用方式，参照本条第一、二款的规定确定。

第二十六条 专利实施许可合同许可人负有在合同有效期内维持专利权有效的义务，包括依法缴纳专利年费和积极应对他人提出宣告专利权无效的请求，但当事人另有约定的除外。

第二十七条 排他实施许可合同许可人不具备独立实施其专利的条件，以一个普通许可的方式许可他人实施专利的，人民法院可以认定为许可人自己实施专利，但当事人另有约定的除外。

第二十八条 民法典第八百六十四条所称“实施专利或者使用技术秘密的范围”，包括实施专利或者使用技术秘密的期限、地域、方式以及接触技术秘密的人员等。

当事人对实施专利或者使用技术秘密的期限没有约定或者约定不明确的，受让人、被许可人实施专利或者使用技术秘密不受期限限制。

第二十九条 当事人之间就申请专利的技术成果所订立的许可使用合同，专利申请公开以前，适用技术秘密许可合同的有关规定；发明专利申请公开以后、授权以前，参照适用专利实施许可合同的有关规定；授权以后，原合同即为专利实施许可合同，适用专利实施许可合同的有关规定。

人民法院不以当事人就已经申请专利但尚未授权的技术订立专利实施许可合同为由，认定合同无效。

四、技术咨询合同和技术服务合同

第三十条 民法典第八百七十八条第一款所称“特定技术项目”，包括有关科学技术与经济社会协调发展的软科学研究项目，促进科技进步和管理现代化、提高经济效益和社会效益等运用科学知识和技术手段进行调查、分析、论证、评价、预测的专业性技术项目。

第三十一条 当事人对技术咨询合同委托人提供的技术资料和数据或者受托人提出的咨询报告和意见未约定保密义务，当事人一方引用、发表或者向第三人提供的，不认定为违约行为，但侵害对方当事人对此享有的合法权益的，应当依法承担民事责任。

第三十二条 技术咨询合同受托人发现委托人提供的资料、数据等有明显错误或者缺陷，未在合理期限内通知委托人的，视为其对委托人提供的技术资料、数据等予以认可。委托人在接到受托人的补正通知后未在合理期限内答复并予补正的，发生的损失由委托人承担。

第三十三条 民法典第八百七十八条第二款所称“特定技术问题”，包括需要运用专业技术知识、经验和信息解决的有关改进产品结构、改良工艺流程、提高产品质量、降低产品成本、节约资源能耗、保护资源环境、实现安全操作、提高经济效益和社会效益等专业技术问题。

第三十四条 当事人一方以技术转让或者技术许可的名义提供已进入公有领域的技术，或者在技术转让合同、技术许可合同履行过程中合同标的技术进入公有领域，但是技术提供方进行技术指导、传授技术知识，为对方解决特定技术问题符合约定条件的，按照技术服务合同处理，约定的技术转让费、使用费可以视为提供技术服务的报酬和费用，但是法律、行政法规另有规定的除外。

依照前款规定，技术转让费或者使用费视为提供技术服务的报酬和费用明显不合理的，人民法院可以根据当事人的请求合理确定。

第三十五条 技术服务合同受托人发现委托人提供的资料、数据、样品、材料、场地等工作条件不符合约定，未在合理期限内通知委托人的，视为其对委托人提供的工作条件予以认可。委托人在接到受托人的补正通知后未在合理期限内答复并予补正的，发生的损失由委托人承担。

第三十六条 民法典第八百八十七条规定的"技术培训合同"，是指当事人一方委托另一方对指定的学员进行特定项目的专业技术训练和技术指导所订立的合同，不包括职业培训、文化学习和按照行业、法人或者非法人组织的计划进行的职工业余教育。

第三十七条 当事人对技术培训必需的场地、设施和试验条件等工作条件的提供和管理责任没有约定或者约定不明确的，由委托人负责提供和管理。

技术培训合同委托人派出的学员不符合约定条件，影响培训质量的，由委托人按照约定支付报酬。

受托人配备的教员不符合约定条件，影响培训质量，或者受托人未按照计划和项目进行培训，导致不能实现约定培训目标的，应当减收或者免收报酬。

受托人发现学员不符合约定条件或者委托人发现教员不符合约定条件，未在合理期限内通知对方，或者接到通知的一方未在合理期限内按约定改派的，应当由负有履行义务的当事人承担相应的民事责任。

第三十八条 民法典第八百八十七条规定的"技术中介合同"，是指当事人一方以知识、技术、经验和信息为另一方与第三人订立技术合同进行联系、介绍以及对履行合同提供专门服务所订立的合同。

第三十九条 中介人从事中介活动的费用，是指中介人在委托人和第三人订立技术合同前，进行联系、介绍活动所支出的通信、交通和必要的调查研究等费用。中介人的报酬，是指中介人为委托人与第三人订立技术合同以及对履行该合同提供服务应当得到的收益。

当事人对中介人从事中介活动的费用负担没有约定或者约定不明确的，由中介人承担。当事人约定该费用由委托人承担但未约定具体数额或者计算方法的，由委托人支付中介人从事中介活动支出的必要费用。

当事人对中介人的报酬数额没有约定或者约定不明确的，应当根据中介人所进行的劳务合理确定，并由委托人承担。仅在委托人与第三人订立的技术合同中约定中介条款，但未约定给付中介人报酬或者约定不明确的，应当支付的报酬由委托人和第三人平均承担。

第四十条 中介人未促成委托人与第三人之间的技术合同成立的，其要求支付报酬的请求，人民法院不予支持；其要求委托人支付其从事中介活动必要费用的请求，应当予以支持，但当事人另有约定的除外。

中介人隐瞒与订立技术合同有关的重要事实或者提供虚假情况，侵害委托人利益的，应当根据情况免收报酬并承担赔偿责任。

第四十一条 中介人对造成委托人与第三人之间的技术合同的无效或者被撤销没有过错，并且该技术合同的无效或者被撤销不影响有关中介条款或者技术中介合同继续有效，中介人要求按照约定或者本解释的有关规定给付从事中介活动的费用和报酬的，人民法院应当予以支持。

中介人收取从事中介活动的费用和报酬不应当被视为委托人与第三人之间的技术合同纠纷中一方当事人的损失。

五、与审理技术合同纠纷有关的程序问题

第四十二条 当事人将技术合同和其他合同内容或者将不同类型的技术合同内容订立在一个合同中的，应当根据当事人争议的权利义务内容，

确定案件的性质和案由。

技术合同名称与约定的权利义务关系不一致的，应当按照约定的权利义务内容，确定合同的类型和案由。

技术转让合同或者技术许可合同中约定让与人或者许可人负责包销或者回购受让人、被许可人实施合同标的技术制造的产品，仅因让与人或者许可人不履行或者不能全部履行包销或者回购义务引起纠纷，不涉及技术问题的，应当按照包销或者回购条款约定的权利义务内容确定案由。

第四十三条 技术合同纠纷案件一般由中级以上人民法院管辖。

各高级人民法院根据本辖区的实际情况并报经最高人民法院批准，可以指定若干基层人民法院管辖第一审技术合同纠纷案件。

其他司法解释对技术合同纠纷案件管辖另有规定的，从其规定。

合同中既有技术合同内容，又有其他合同内容，当事人就技术合同内容和其他合同内容均发生争议的，由具有技术合同纠纷案件管辖权的人民法院受理。

第四十四条 一方当事人以诉讼争议的技术合同侵害他人技术成果为由请求确认合同无效，或者人民法院在审理技术合同纠纷中发现可能存在该无效事由的，人民法院应当依法通知有关利害关系人，其可以作为有独立请求权的第三人参加诉讼或者依法向有管辖权的人民法院另行起诉。

利害关系人在接到通知后15日内不提起诉讼的，不影响人民法院对案件的审理。

第四十五条 第三人向受理技术合同纠纷案件的人民法院就合同标的技术提出权属或者侵权请求时，受诉人民法院对此也有管辖权的，可以将权属或者侵权纠纷与合同纠纷合并审理；受诉人民法院对此没有管辖权的，应当告知其向有管辖权的人民法院另行起诉或者将已经受理的权属或者侵权纠纷案件移送有管辖权的人民法院。权属或者侵权纠纷另案受理后，合同纠纷应当中止诉讼。

专利实施许可合同诉讼中，被许可人或者第三人向国家知识产权局请求宣告专利权无效的，人民法院可以不中止诉讼。在案件审理过程中专利权被宣告无效的，按照专利法第四十七条第二款和第三款的规定处理。

六、其　他

第四十六条 计算机软件开发等合同争议，著作权法以及其他法律、行政法规另有规定的，依照其规定；没有规定的，适用民法典第三编第一分编的规定，并可以参照民法典第三编第二分编第二十章和本解释的有关规定处理。

第四十七条 本解释自2005年1月1日起施行。

最高人民法院关于印发全国法院知识产权审判工作会议关于审理技术合同纠纷案件若干问题的纪要的通知

·2001年6月19日
·法〔2001〕84号

各省、自治区、直辖市高级人民法院，解放军军事法院，新疆维吾尔自治区高级人民法院生产建设兵团分院：

现将全国法院知识产权审判工作会议关于审理技术合同纠纷案件若干问题的纪要印发，望认真贯彻执行。

1999年3月15日，第九届全国人民代表大会第二次会议通过《中华人民共和国合同法》（以下简称合同法），并于同年10月1日起施行。合同法的颁布与施行，结束了经济合同法、涉外经济合同法和技术合同法三部合同法并存的局面，实现了三部合同法的统一。我国合同法律制度发生了重大变革。根据合同法规定，技术合同法被废止，其主要内容已被吸收在合同法分则的第十八章技术合同中。与之相适应，最高人民法院根据技术合同法和技术合同法实施条例制定的《关于审理科技纠纷案件的若干问题的规定》司法解释，也被废止。为了适应我国合同法律制度的重大变革，实现新旧合同法律制度的平稳过渡，最高人民法院正在有计划、有步骤地制定有关合同法的司法解释，目前已发布了《关于适用〈中华人民共和国合同法〉若干问题的解释》（一），有关技术合同部分的司法解释被列为《关于适用〈中华人民共和国合同法〉若干问题的解释》（三）。

1999年8月，最高人民法院即开始进行《解释》(三)的起草工作，在对原有的技术合同法律、行政法规和司法解释进行清理的基础上，并根据合同法对技术合同新的规定和审判实践中出现的新情况、新问题，形成了征求意见稿。1999年11月，为贯彻执行合同法，最高人民法院在安徽省合肥市召开全国法院技术合同审判工作座谈会，全国31个高院和22个中院、2个基层法院近70余名代表参加了会议，李国光副院长出席会议并作了重要讲话。座谈会上对征求意见稿进行了充分讨论，有近20个法院还提交了书面意见。国家科技部和国家知识产权局亦派代表参加了会议。2000年4月上旬，原知识产权庭与国家科技部又共同在西安市召开技术合同法律问题研讨会，再次就征求意见稿征求了部分地方科委、科协组织、知识产权诉讼律师和专利代理人的意见。此后，还向全国人大常委会法工委、国务院法制办等8个部门和郑成思、梁慧星等11名专家书面征求意见。在广泛征求意见并反复修改的基础上，形成送审稿。

2001年6月12日至15日，最高人民法院在上海市召开全国法院知识产权审判工作会议。全国30个高级人民法院、新疆高院生产建设兵团分院、解放军军事法院、24个中级人民法院分管知识产权审判工作的副院长、知识产权审判庭或者负责知识产权审判工作的业务庭庭长或副庭长，以及全国人大法工委、全国人大教科文卫委、国务院法制办、国家科技部、国家工商行政管理总局、国家知识产权局、国家版权局等单位的负责同志，中国社会科学院知识产权中心、清华大学法学院、北京大学知识产权学院、中国人民大学知识产权教学与研究中心的著名专家学者等共120余人参加了会议。最高人民法院副院长曹建明出席会议并作了讲话。会议分析了当前知识产权审判工作面临的形势，总结了近二十年来知识产权审判工作的经验，部署了当前和今后一段时期人民法院知识产权审判工作的任务。会议着重围绕我国"入世"对知识产权审判工作的影响及应做的准备工作，贯彻新修改的专利法、合同法以及其他知识产权法律，充分发挥知识产权审判整体职能等议题，进行了深入的讨论。会议还对技术合同纠纷案件适用法律的若干问题进行了研讨。会议认为，为解决当前人民法院审理技术合同纠纷案件的急需，有必要将已经成熟的一些审判技术合同若干适用法律问题的原则纪要发给各地人民法院，以作为指导全国法院审理技术合同纠纷案件的指导意见。各地法院在执行中，要继续总结经验，及时将执行中有关问题反映给最高人民法院民事审判第三庭。以便将审判技术合同纠纷适用法律的司法解释稿修改得更加完善，待提交最高人民法院审判委员会讨论通过后正式发布施行。现就审理技术合同纠纷案件适用法律的若干问题纪要如下：

一、一般规定

(一)技术成果和技术秘密

1. 合同法第十八章所称技术成果，是指利用科学技术知识、信息和经验作出的产品、工艺、材料及其改进等技术方案，包括专利、专利申请、技术秘密和其他能够取得知识产权的技术成果(如植物新品种、计算机软件、集成电路布图设计和新药成果等)。

2. 合同法第十八章所称的技术秘密，是指不为公众所知悉、能为权利人带来经济利益、具有实用性并经权利人采取保密措施的技术信息。

前款所称不为公众所知悉，是指该技术信息的整体或者精确的排列组合或者要素，并非为通常涉及该信息有关范围的人所普遍知道或者容易获得；能为权利人带来经济利益、具有实用性，是指该技术信息因属于秘密而具有商业价值，能够使拥有者获得经济利益或者获得竞争优势；权利人采取保密措施，是指该技术信息的合法拥有者根据有关情况采取的合理措施，在正常情况下可以使该技术信息得以保密。

合同法所称技术秘密与技术秘密成果是同义语。

(二)职务技术成果与非职务技术成果

3. 法人或者其他组织与其职工在劳动合同或者其他协议中就职工在职期间或者离职以后所完成的技术成果的权益有约定的，依其约定确认。但该约定依法应当认定为无效或者依法被撤销、解除的除外。

4. 合同法第三百二十六条第二款所称执行法人或者其他组织的工作任务，是指：

(1)职工履行本岗位职责或者承担法人或者其他组织交付的其他科学研究和技术开发任务。

(2)离职、退职、退休后一年内继续从事与其原所在法人或者其他组织的岗位职责或者交付的任务有关的科学研究和技术开发，但法律、行政法规另有规定或者当事人另有约定的除外。

前款所称岗位职责，是指根据法人或者其他组织的规定，职工所在岗位的工作任务和责任范围。

5. 合同法第三百二十六条第二款所称物质技术条件，是指资金、设备、器材、原材料、未公开的技术信息和资料。

合同法第三百二十六条第二款所称主要利用法人或者其他组织的物质技术条件，是指职工在完成技术成果的研究开发过程中，全部或者大部分利用了法人或者其他组织的资金、设备、器材或者原材料，或者该技术成果的实质性内容是在该法人或者其他组织尚未公开的技术成果、阶段性技术成果或者关键技术的基础上完成的。但对利用法人或者其他组织提供的物质技术条件，约定返还资金或者交纳使用费的除外。

在研究开发过程中利用法人或者其他组织已对外公开或者已为本领域普通技术人员公知的技术信息，或者在技术成果完成后利用法人或者其他组织的物质条件对技术方案进行验证、测试的，不属于主要利用法人或者其他组织的物质技术条件。

6. 完成技术成果的个人既执行了原所在法人或者其他组织的工作任务，又就同一科学研究或者技术开发课题主要利用了现所在法人或者其他组织的物质技术条件所完成的技术成果的权益，由其原所在法人或者其他组织和现所在法人或者其他组织协议确定，不能达成协议的，由双方合理分享。

7. 职工于本岗位职责或者其所在法人或者其他组织交付的任务之外从事业余兼职活动或者与他人合作完成的技术成果的权益，按照其与聘用人(兼职单位)或者合作人的约定确认。没有约定或者约定不明确，依照合同法第六十一条的规定不能达成补充协议的，按照合同法第三百二十六条和第三百二十七条的规定确认。

依照前款规定处理时不得损害职工所在的法人或者其他组织的技术权益。

8. 合同法第三百二十六条和第三百二十七条所称完成技术成果的个人，是指对技术成果单独或者共同作出创造性贡献的人，不包括仅提供资金、设备、材料、试验条件的人员，进行组织管理的人员，协助绘制图纸、整理资料、翻译文献等辅助服务人员。

判断创造性贡献时，应当分解技术成果的实质性技术构成，提出实质性技术构成和由此实现技术方案的人是作出创造性贡献的人。对技术成果做出创造性贡献的人为发明人或者设计人。

(三)技术合同的主体

9. 法人或者其他组织设立的从事技术研究开发、转让等活动的不具有民事主体资格的科研组织(包括课题组、工作室等)订立的技术合同，经法人或者其他组织授权或者认可的，视为法人或者其他组织订立的合同，由法人或者其他组织承担责任；未经法人或者其他组织授权或者认可的，由该科研组织成员共同承担责任，但法人或者其他组织因该合同受益的，应当在其受益范围内承担相应的责任。

(四)技术合同的效力

10. 技术合同不因下列事由无效：

(1)合同标的技术未经技术鉴定；

(2)技术合同未经登记或者未向有关部门备案；

(3)以已经申请专利尚未授予专利权的技术订立专利实施许可合同。

11. 技术合同内容有下列情形的，属于合同法第三百二十九条所称"非法垄断技术，妨碍技术进步"：

(1)限制另一方在合同标的技术的基础上进行新的研究开发，或者双方交换改进技术的条件不对等，包括要求一方将其自行改进的技术无偿地提供给对方、非互惠性的转让给对方、无偿地独占或者共享该改进技术的知识产权；

(2)限制另一方从其他来源吸收技术；

(3)阻碍另一方根据市场的需求，按照合理的方式充分实施合同标的技术，包括不合理地限制技术接受方实施合同标的技术生产产品或者提供服务的数量、品种、价格、销售渠道和出口市场；

(4)要求技术接受方接受并非实施技术必不可少的附带条件，包括购买技术接受方并不需要的技术、服务、原材料、设备或者产品等和接收技术接受方并不需要的人才等；

(5)不合理地限制技术接受方自由选择从不同来源购买原材料、零部件或者设备等。

(6)禁止技术接受方对合同标的技术的知识产权的有效性提出异议的条件。

12. 技术合同内容有下列情形的，属于合同法第三百二十九条所称侵害他人技术成果：

(1)侵害他人专利权、专利申请权、专利实施权的；

(2)侵害他人技术秘密成果使用权、转让权的；

(3)侵害他人植物新品种权、植物新品种申请权、植物新品种实施权的；

(4)侵害他人计算机软件著作权、集成电路电路布图设计权、新药成果权等技术成果权的；

(5)侵害他人发明权、发现权以及其他科技成果权的。

侵害他人发明权、发现权以及其他科技成果权等技术成果完成人人身权利的合同，合同部分无效，不影响其他部分效力的，其他部分仍然有效。

13. 当事人使用或者转让其独立研究开发或者以其他正当方式取得的与他人的技术秘密相同或者近似的技术秘密的，不属于合同法第三百二十九条所称侵害他人技术成果。

通过合法的参观访问或者对合法取得的产品进行拆卸、测绘、分析等反向工程手段掌握相关技术的，属于前款所称以其他正当方式取得。但法律另有规定或者当事人另有约定的除外。

14. 除当事人另有约定或者技术成果的权利人追认的以外，技术秘密转让合同和专利实施许可合同的受让人，将合同标的技术向他人转让而订立的合同无效。

15. 技术转让合同中既有专利权转让或者专利实施许可内容，又有技术秘密转让内容，专利权被宣告无效或者技术秘密被他人公开的，不影响合同中另一部分内容的效力。但当事人另有约定的除外。

16. 当事人一方采取欺诈手段，就其现有技术成果作为研究开发标的与他人订立委托开发合同收取研究开发费用，或者就同一研究开发课题先后与两个或者两个以上的委托人分别订立委托开发合同重复收取研究开发费用的，受损害方可以依照合同法第五十四条第二款的规定请求变更或者撤销合同，但属于合同法第五十二条和第三百二十九条规定的情形应当对合同作无效处理的除外。

17. 技术合同无效或者被撤销后，研究开发人、让与人、受托人已经履行了约定的义务，且造成合同无效或者被撤销的过错在对方的，其按约定应当收取的研究开发经费、技术使用费和提供咨询服务的报酬，可以视为因对方原因导致合同无效或者被撤销给其造成的损失。

18. 技术合同无效或者被撤销后，当事人因合同取得的技术资料、样品、样机等技术载体应当返还权利人，并不得保留复制品；涉及技术秘密的，当事人依法负有保密义务。

19. 技术合同无效或者被撤销后，因履行合同所完成的新的技术成果或者在他人技术成果的基础上完成的后续改进部分的技术成果的权利归属和利益分享，当事人不能重新协议确定的，由完成技术成果的一方当事人享有。

20. 侵害他人技术秘密成果使用权、转让权的技术合同无效后，除法律、行政法规另有规定的以外，善意、有偿取得该技术秘密的一方可以继续使用该技术秘密，但应当向权利人支付合理的使用费并承担保密义务。除与权利人达成协议以外，善意取得的一方(使用人)继续使用该技术秘密不得超过其取得时确定的使用范围。当事人双方恶意串通或者一方明知或者应知另一方侵权仍然与其订立或者履行合同的，属于共同侵权，应当承担连带赔偿责任和保密义务，因该无效合同而取得技术秘密的当事人不得继续使用该技术秘密。

前款规定的使用费由使用人与权利人协议确定，不能达成协议的，任何一方可以请求人民法院予以裁决。使用人拒不履行双方达成的使用费协议的，权利人除可以请求人民法院判令使用人支付已使用期间的使用费以外，还可以请求判令使用人停止使用该技术秘密；使用人拒不执行人民法院关于使用费的裁决的，权利人除可以申请强制执行已使用期间的使用费外，还可以请求人民法院判令使用人停止使用该技术秘密。在双方就使用费达成协议或者人民法院作出生效裁决以前，使用人可以不停止使用该技术秘密。

21. 人民法院在裁决前条规定的使用费时，可以根据权利人善意对外转让该技术秘密的费用并考虑使用人的使用规模和经济效益等因素来确定；也可以依据使用人取得该技术秘密所支付的费用并考虑该技术秘密的研究开发成本、成果转化和应用程度和使用人的使用规模和经济效益等因素来确定。

人民法院应当对已使用期间的使用费和以后使用的付费标准一并作出裁决。

合同被确认无效后,使用人不论是否继续使用该技术秘密,均应当向权利人支付其已使用期间的使用费,其已向无效合同的让与人支付的费用应当由让与人负责返还,该费用中已由让与人作为侵权损害的赔偿直接给付权利人的部分,在计算使用人向权利人支付的使用费时相应扣除。

22. 法律、法规规定生产产品或者提供服务须经有关部门审批手续或者领取许可证,而实际尚未办理该审批手续或者领取许可证的,不影响当事人就有关产品的生产或者服务的提供所订立的技术合同的效力。

当事人对办理前款所称审批手续或者许可证的义务没有约定或者约定不明确,依照合同法第六十一条的规定不能达成补充协议的,除法律、法规另有规定的以外,由实施技术的一方负责办理。

(五)技术合同履行内容的确定

23. 当事人对技术合同的价款、报酬和使用费没有约定或者约定不明确,依照合同法第六十一条的规定不能达成补充协议的,人民法院可以按照以下原则处理:

(1)对于技术开发合同和技术转让合同,根据有关技术成果的研究开发成本、先进性、实施转化和应用的程度,当事人享有的权益和承担的责任,以及技术成果的经济效益和社会效益等合理认定;

(2)对于技术咨询合同和技术服务合同,根据有关咨询服务工作的数量、质量和技术含量,以及预期产生的经济效益和社会效益等合理认定。

技术合同价款、报酬、使用费中包含非技术性款项的,应当分项计算。

24. 当事人对技术合同的履行地点没有约定或者约定不明确,依照合同法第六十一条的规定不能达成补充协议的,技术开发合同以研究开发人所在地为履行地,但依据合同法第三百三十条第四款订立的合同以技术成果实施地为履行地;技术转让合同以受让人所在地为履行地;技术咨询合同以受托人所在地为履行地;技术服务合同以委托人所在地为履行地。但给付合同价款、报酬、使用费的,以接受给付的一方所在地为履行地。

25. 技术合同当事人对技术成果的验收标准没有约定或者约定不明确,在适用合同法第六十二条的规定时,没有国家标准、行业标准或者专业技术标准的,按照本行业合乎实用的一般技术要求履行。

当事人订立技术合同时所作的可行性分析报告中有关经济效益或者成本指标的预测和分析,不应当视为合同约定的验收标准,但当事人另有约定的除外。

(六)技术合同的解除与违约责任

26. 技术合同当事人一方迟延履行主要债务,经催告后在30日内仍未履行的,另一方可以依据合同法第九十四条第(三)项的规定解除合同。

当事人在催告通知中附有履行期限且该期限长于30日的,自该期限届满时,方可解除合同。

27. 有下列情形之一,使技术合同的履行成为不必要或者不可能时,当事人可以依据合同法第九十四条第(四)项的规定解除合同:

(1)因一方违约致使履行合同必备的物质条件灭失或者严重破坏,无法替代或者修复的;

(2)技术合同标的的项目或者技术因违背科学规律或者存在重大缺陷,无法达到约定的技术、经济效益指标的;

28. 专利实施许可合同和技术秘密转让合同约定按照提成支付技术使用费,受让人无正当理由不实施合同标的技术,并以此为由拒绝支付技术使用费的,让与人可以依据合同法第九十四条第(四)项的规定解除合同。

29. 在技术秘密转让合同有效期内,由于非受让人的原因导致合同标的技术公开且已进入公有领域的,当事人可以解除合同,但另有约定的除外。

30. 技术合同履行中,当事人一方在技术上发生的能够及时纠正的差错,或者为适应情况变化所作的必要技术调整,不影响合同目的实现的,不认为是违约行为,因此发生的额外费用自行承担。但因未依照合同法第六十条第二款的规定履行通知义务而造成对方当事人损失的,应当承担相应的违约责任。

31. 在履行技术合同中,为提供技术成果或者咨询服务而交付的技术载体和内容等与约定不一致的,应当及时更正、补充。不按时更正、补充的和因更正、补充有关技术载体和内容等给对方造成损失或者增加额外负担的，应当承担相应的违约责任。但一方所作技术改进，使合同的履行产生了比原合同更为积极或者有利效果的除外。

（七）技术合同的定性

32. 当事人将技术合同和其他合同内容合订为一个合同，或者将不同类型的技术合同内容合订在一个合同中的，应当根据当事人争议的权利义务内容，确定案件的性质和案由，适用相应的法律、法规。

33. 技术合同名称与合同约定的权利义务关系不一致的，应当按照合同约定的权利义务内容，确定合同的类型和案由，适用相应的法律、法规。

34. 当事人以技术开发、转让、咨询或者服务为承包内容订立的合同，属于技术合同。

35. 转让阶段性技术成果并约定后续开发义务的合同，就该阶段性技术成果的重复试验效果方面发生争议的，按照技术转让合同处理；就后续开发方面发生争议的，按照技术开发合同处理。

36. 技术转让合同中约定让与人向受让人提供实施技术的专用设备、原材料或者提供有关的技术咨询、技术服务的，这类约定属于技术转让合同的组成部分。因这类约定发生纠纷的，按照技术转让合同处理。

37. 当事人以技术入股方式订立联营合同，但技术入股人不参与联营体的经营管理，并且以保底条款形式约定联营体或者联营对方支付其技术价款或者使用费的，属于技术转让合同。

38. 技术转让合同中约定含让与人负责包销（回购）受让人实施合同标的技术制造的产品，仅因让与人不履行或者不能全部履行包销（回购）义务引起纠纷，不涉及技术问题的，按照包销（回购）条款所约定的权利义务内容确定案由，并适用相应的法律规定处理。

39. 技术开发合同当事人一方仅提供资金、设备、材料等物质条件，承担辅助协作事项，另一方进行研究开发工作的合同，属于委托开发合同。

40. 当事人一方以技术转让的名义提供已进入公有领域的技术，并进行技术指导，传授技术知识等，为另一方解决特定技术问题所订立的合同，可以视为技术服务合同履行，但属于合同法第五十二条和第五十四条规定情形的除外。

（八）几种特殊标的技术合同的法律适用

41. 新药技术成果转让和植物新品种申请权转让、植物新品种权转让和使用许可等合同争议，适用合同法总则的规定，并可以参照合同法第十八章和本纪要关于技术转让合同的规定，但法律另有规定的，依照其规定。

42. 计算机软件开发、许可、转让等合同争议，著作权法以及其他法律另有规定的，依照其规定；没有规定的，适用合同法总则的规定，并可以参照合同法第十八章和本纪要的有关规定。

二、技术开发合同

（一）相关概念

43. 合同法第三百三十条所称新技术、新产品、新工艺、新材料及其系统，是指当事人在订立技术合同时尚未掌握的产品、工艺、材料及其系统等技术方案，但在技术上没有创新的现有产品的改型、工艺变更、材料配方调整以及技术成果的验证、测试和使用除外。

44. 合同法第三百三十条第四款所称当事人之间就具有产业应用价值的科技成果实施转化订立的合同，是指当事人之间就具有实用价值但尚未能够实现商品化、产业化应用的科技成果（包括阶段性技术成果），以实现该科技成果的商品化、产业化应用为目标，约定有关后续试验、开发和应用等内容的合同。

45. 合同法第三百三十五条所称分工参与研究开发工作，是指按照约定的计划和分工共同或者分别承担设计、工艺、试验、试制等工作。

46. 合同法第三百四十一条所称技术秘密成果的使用权、转让权，是指当事人依据法律规定或者合同约定所取得的使用、转让技术秘密成果的权利。使用权是指以生产经营为目的自己使用或者许可他人使用技术秘密成果的权利；转让权是指向他人让与技术秘密成果的权利。

47. 合同法第三百四十一条所称当事人均有使用和转让的权利，是指当事人均有不经对方同意而自己使用或者以普通使用许可的方式许可他人使用技术秘密并独占由此获得的利益的权利。当事人一方将技术秘密成果的使用权、转让权全部让与他人，或者以独占、排他使用许可的方式许可他人使用技术秘密的，必须征得对方当事人的同意。

（二）当事人的权利和义务

48. 委托开发合同委托人在不妨碍研究开发人正常工作的情况下，有权依据合同法第六十条第二款的规定，对研究开发人履行合同和使用研究开发经费的情况进行必要的监督检查，包括查阅账册和访问现场。

研究开发人有权依据合同法第三百三十一条的规定，要求委托人补充必要的背景资料和数据等，但不得超过履行合同所需要的范围。

49. 研究开发成果验收时，委托开发合同的委托人和合作开发合同的当事人有权取得实施技术成果所必需的技术资料、试验报告和数据，要求另一方进行必要的技术指导，保证所提供的技术成果符合合同约定的条件。

50. 根据合同法第三百三十九条第一款和第三百四十条第一款的规定，委托开发或者合作开发完成的技术成果所获得的专利权为当事人共有的，实施该专利的方式和利益分配办法，由当事人约定。当事人没有约定或者约定不明确，依照合同法第六十一条的规定不能达成补充协议的，当事人均享有自己实施该专利的权利，由此所获得的利益归实施人。

当事人不具备独立实施专利的条件，以普通实施许可的方式许可一个法人或者其他组织实施该专利，或者与一个法人、其他组织或者自然人合作实施该专利或者通过技术入股与之联营实施该专利，可以视为当事人自己实施专利。

51. 根据合同法第三百四十一条的规定，当事人一方仅享有自己使用技术秘密的权利，但其不具备独立使用该技术秘密的条件，以普通使用许可的方式许可一个法人或者其他组织使用该技术秘密，或者与一个法人、其他组织或者自然人合作使用该技术秘密或者通过技术入股与之联营使用该技术秘密，可以视为当事人自己使用技术秘密。

三、技术转让合同

（一）技术转让合同的一般规定

52. 合同法第三百四十二条所称技术转让合同，是指技术的合法拥有者包括有权对外转让技术的人将特定和现有的专利、专利申请、技术秘密的相关权利让与他人或者许可他人使用所订立的合同，不包括就尚待研究开发的技术成果或者不涉及专利、专利申请或者技术秘密的知识、技术、经验和信息订立的合同。其中：

（1）专利权转让合同，是指专利权人将其专利权让与受让人，受让人支付价款所订立的合同。

（2）专利申请权转让合同，是指让与人将其特定的技术成果申请专利的权利让与受让人，受让人支付价款订立的合同。

（3）技术秘密转让合同，是指技术秘密成果的权利人或者其授权的人作为让与人将技术秘密提供给受让人，明确相互之间技术秘密成果使用权、转让权，受让人支付价款或者使用费所订立的合同。

（4）专利实施许可合同，是指专利权人或者其授权的人作为让与人许可受让人在约定的范围内实施专利，受让人支付使用费所订立的合同。

53. 技术转让合同让与人应当保证受让人按约定的方式实施技术达到约定的技术指标。除非明确约定让与人保证受让人达到约定的经济效益指标，让与人不对受让人实施技术后的经济效益承担责任。

转让阶段性技术成果，让与人应当保证在一定条件下重复试验可以得到预期的效果。

54. 技术转让合同中约定受让人取得的技术须经受让人小试、中试、工业性试验后才能投入批量生产的，受让人未经小试、中试、工业性试验直接投入批量生产所发生的损失，让与人不承担责任。

55. 合同法第三百四十三条所称实施专利或者使用技术秘密的范围，是指实施专利或者使用技术秘密的期限、地域和方式以及接触技术秘密的人员等。

56. 合同法第三百五十四条所称后续改进，是指在技术转让合同有效期内，当事人一方或各方对合同标的技术所作的革新或者改良。

57. 当事人之间就申请专利的技术成果所订立的许可使用合同，专利申请公开以前，适用技术秘密转让合同的有关规定；发明专利申请公开以后、授权以前，参照专利实施许可合同的有关规定；授权以后，原合同即为专利实施许可合同，适用专利实施许可合同的有关规定。

（二）专利权转让合同和专利申请权转让合同

58. 订立专利权转让合同或者专利申请权转让合同前，让与人自己已经实施发明创造的，除当事人另有约定的以外，在合同生效后，受让人有权要求让与人停止实施。

专利权或者专利申请权依照专利法的规定让与受让人后，受让人可以依法作为专利权人或者专利申请人对他人行使权利。

59. 专利权转让合同、专利申请权转让合同不影响让与人在合同成立前与他人订立的专利实施许可合同或者技术秘密转让合同的效力。有关当事人之间的权利义务依照合同法第五章的规定确定。

60. 专利申请权依照专利法的规定让与受让人前专利申请被驳回的,当事人可以解除专利申请权转让合同;让与受让人后专利申请被驳回的,合同效力不受影响。但当事人另有约定的除外。

专利申请因专利申请权转让合同成立时即存在尚未公开的同样发明创造的在先专利申请而被驳回的,当事人可以依据合同法第五十四条第一款第(二)项的规定请求予以变更或者撤销合同。

(三)专利实施许可合同

61. 专利实施许可合同让与人应当在合同有效期内维持专利权有效,但当事人另有约定的除外。

在合同有效期内,由于让与人的原因导致专利权被终止的,受让人可以依据合同法第九十四条第(四)项的规定解除合同,让与人应当承担违约责任;专利权被宣告无效的,合同终止履行,并依据专利法的有关规定处理。

62. 专利实施许可合同对实施专利的期限没有约定或者约定不明确,依照合同法第六十一条的规定不能达成补充协议的,受让人实施专利不受期限限制。

63. 专利实施许可可以采取独占实施许可、排他实施许可、普通实施许可等方式。

前款所称排他实施许可,是指让与人在已经许可受让人实施专利的范围内无权就同一专利再许可他人实施;独占实施许可,是指让与人在已经许可受让人实施专利的范围内无权就同一专利再许可他人实施或者自己实施;普通实施许可,是指让与人在已经许可受让人实施专利的范围内仍可以就同一专利再许可他人实施。

当事人对专利实施许可方式没有约定或者约定不明确,依照合同法第六十一条的规定不能达成补充协议的,视为普通实施许可。

专利实施许可合同约定受让人可以再许可他人实施该专利的,该再许可为普通实施许可,但当事人另有约定的除外。

64. 除当事人另有约定的以外,根据实施专利的强制许可决定而取得的专利实施权为普通实施许可。

65. 除当事人另有约定的以外,排他实施许可合同让与人不具备独立实施其专利的条件,与一个法人、其他组织或者自然人合作实施该专利,或者通过技术入股实施该专利,可视为让与人自己实施专利。但让与人就同一专利与两个或者两个以上法人、其他组织或者自然人分别合作实施或者入股联营的,属于合同法第三百五十一条规定的违反约定擅自许可第三人实施专利的行为。

66. 除当事人另有约定的以外,专利实施许可合同的受让人将受让的专利与他人合作实施或者入股联营的,属于合同法第三百五十二条规定的未经让与人同意擅自许可第三人实施专利的行为。

(四)技术秘密转让合同

67. 技术秘密转让合同对使用技术秘密的期限没有约定或者约定不明确,依照合同法第六十一条的规定不能达成补充协议的,受让人可以无限期地使用该技术秘密。

68. 合同法第三百四十七条所称技术秘密转让合同让与人的保密义务不影响其申请专利的权利,但当事人约定让与人不得申请专利或者明确约定让与人承担保密义务的除外。

69. 技术秘密转让可以采取本纪要第63条规定的许可使用方式,并参照适用合同法和本纪要关于专利实施许可使用方式的有关规定。

四、技术咨询合同和技术服务合同

(一)技术咨询合同

70. 合同法第三百五十六条第一款所称的特定技术项目,包括有关科学技术与经济、社会协调发展的软科学研究项目和促进科技进步和管理现代化,提高经济效益和社会效益的技术项目以及其他专业性技术项目。

71. 除当事人另有约定的以外,技术咨询合同受托人进行调查研究、分析论证、试验测定等所需费用,由受托人自己负担。

72. 技术咨询合同委托人提供的技术资料和数据或者受托人提出的咨询报告和意见,当事人没有约定保密义务的,在不侵害对方当事人对此享有的合法权益的前提下,双方都有引用、发表和向第三人提供的权利。

73. 技术咨询合同受托人发现委托人提供的资料、数据等有明显错误和缺陷的,应当及时通知委托人。委托人应当及时答复并在约定的期限内予以补正。

受托人发现前款所述问题不及时通知委托人的，视为其认可委托人提供的技术资料、数据等符合约定的条件。

(二)技术服务合同

74. 合同法第三百五十六条第二款所称特定技术问题，是指需要运用科学技术知识解决专业技术工作中的有关改进产品结构、改良工艺流程、提高产品质量、降低产品成本、节约资源能耗、保护资源环境、实现安全操作、提高经济效益和社会效益等问题。

75. 除当事人另有约定的以外，技术服务合同受托人完成服务项目，解决技术问题所需费用，由受托人自己负担。

76. 技术服务合同受托人发现委托人提供的资料、数据、样品、材料、场地等工作条件不符合约定的，应当及时通知委托人。委托人应当及时答复并在约定的期限内予以补正。

受托人发现前款所述问题不及时通知委托人的，视为其认可委托人提供的技术资料、数据等工作条件符合约定的条件。

77. 技术服务合同受托人在履约期间，发现继续工作对材料、样品或者设备等有损坏危险时，应当中止工作，并及时通知委托人或者提出建议。委托人应当在约定的期限内作出答复。

受托人不中止工作或者不及时通知委托人并且未采取适当措施的，或者委托人未按期答复的，对因此发生的危险后果由责任人承担相应的责任。

(三)技术培训合同

78. 合同法第三百六十四条所称技术培训合同，是指当事人一方委托另一方对指定的人员(学员)进行特定项目的专业技术训练和技术指导所订立的合同，不包括职业培训、文化学习和按照行业、单位的计划进行的职工业余教育。

79. 技术培训合同委托人的主要义务是按照约定派出符合条件的学员；保证学员遵守培训纪律，接受专业技术训练和技术指导；按照约定支付报酬。

受托人的主要义务是按照约定配备符合条件的教员；制定和实施培训计划，按期完成培训；实现约定的培训目标。

80. 当事人对技术培训必需的场地、设施和试验条件等的提供和管理责任没有约定或者约定不明确，依照合同法第六十一条的规定不能达成补充协议的，由委托人负责提供和管理。

81. 技术培训合同委托人派出的学员不符合约定条件，影响培训质量的，委托人应当按照约定支付报酬。

受托人配备的教员不符合约定条件，影响培训质量的，或者受托人未按照计划和项目进行培训，导致不能实现约定的培训目标的，应当承担减收或者免收报酬等违约责任。

受托人发现学员不符合约定条件或者委托人发现教员不符合约定条件的，应当及时通知对方改派。对方应当在约定的期限内改派。未及时通知或者未按约定改派的，责任人承担相应的责任。

(四)技术中介合同

82. 合同法第三百六十四条所称技术中介合同，是指当事人一方以知识、技术、经验和信息为另一方与第三人订立技术合同进行联系、介绍、组织商品化、产业化开发并对履行合同提供服务所订立的合同，但就不含有技术中介服务内容订立的各种居间合同除外。

83. 技术中介合同委托人的主要义务是提出明确的订约要求，提供有关背景材料；按照约定承担中介人从事中介活动的费用；按照约定支付报酬。

中介人的主要义务是如实反映委托人和第三人的技术成果、资信状况和履约能力；保守委托人和第三人的商业秘密；按照约定为委托人和第三人订立、履行合同提供服务。

84. 当事人对中介人从事中介活动的费用的负担没有约定或者约定不明确，依照合同法第六十一条的规定不能达成补充协议的，由中介人自己负担。当事人约定该费用由委托人承担但没有约定该费用的数额或者计算方法的，委托人应当支付中介人从事中介活动支出的必要费用。

前款所称中介人从事中介活动的费用，是指中介人在委托人和第三人订立技术合同前，进行联系、介绍活动所支出的通信、交通和必要的调查研究等费用。

85. 当事人对中介人的报酬数额没有约定或者约定不明确，依照合同法第六十一条的规定不能达成补充协议的，根据中介人的劳务合理确定，并由委托人负担。仅在委托人与第三人订立的技术合同中约定有中介条款,但对给付中介人报酬的义务没有约定或者约定不明确,依照合同法第六十一条的规定不能达成补充协议的,由委托人和第三人平均负担。

前款所称中介人的报酬,是指中介人为委托人与第三人订立技术合同,以及为其履行合同提供服务应当得到的收益。

86. 中介人未促成委托人与第三人之间的技术合同成立的,无权要求支付报酬,但可以要求委托人支付从事中介活动支出的必要费用。

87. 中介人故意隐瞒与订立技术合同有关的重要事实或者提供虚假情况,损害委托人利益的,应当承担免收报酬和损害赔偿责任。

88. 中介人收取的从事中介活动的费用和报酬不应视为委托人与第三人之间的技术合同纠纷中一方当事人的损失。

89. 中介人对造成委托人与第三人之间的技术合同的无效或者被撤销没有过错,且该技术合同无效或者被撤销不影响有关中介条款或者技术中介合同继续有效的,中介人仍有权按照约定收取从事中介活动的费用和报酬。

五、与审理技术合同纠纷有关的程序问题

(一)技术合同纠纷的管辖与受理

90. 技术合同纠纷属于与知识产权有关的纠纷,由中级以上人民法院管辖,但最高人民法院另行确定管辖的除外。

91. 合同中既有技术合同内容,又有其他合同内容,当事人就技术合同内容和其他合同内容均发生争议的,由具有技术合同纠纷案件管辖权的人民法院受理。

92. 一方当事人以诉讼争议的技术合同侵害他人技术成果为由主张合同无效或者人民法院在审理技术合同纠纷中发现可能存在该无效事由时,应当依法通知有关利害关系人作为有独立请求权的第三人参加诉讼。

93. 他人向受理技术合同纠纷的人民法院就该合同标的技术提出权属或者侵权主张时,受诉人民法院对此亦有管辖权的,可以将该权属或者侵权纠纷与合同纠纷合并审理;受诉人民法院对此没有管辖权的,应当告知其向有管辖权的人民法院另行起诉。权属或者侵权纠纷另案受理后,合同纠纷应当中止诉讼。

94. 专利实施许可合同诉讼中,受让人(被许可人)或者第三人向专利复审委员会请求宣告该专利权无效的,人民法院可以不中止诉讼。在审理过程中该专利权被宣告无效的,按照专利法的有关规定处理。

95. 因技术中介合同中介人违反约定的保密义务发生的纠纷,可以与技术合同纠纷合并审理。

96. 中介人一般不作为委托人与第三人之间的技术合同诉讼的当事人,但下列情况除外:

(1)中介人与技术合同一方当事人恶意串通损害另一方利益的,恶意串通的双方应列为共同被告,承担连带责任;

(2)中介人隐瞒技术合同一方当事人的真实情况给另一方造成损失的,中介人应列为被告,并依其过错承担相应的责任;

(3)因中介人不履行技术中介合同或者中介条款约定的其他义务,导致技术合同不能依约履行的,可以根据具体情况将中介人列为诉讼当事人。

(二)技术合同标的技术的鉴定

97. 在技术合同纠纷诉讼中,需对合同标的技术进行鉴定的,除法定鉴定部门外,当事人协商推荐共同信任的组织或者专家进行鉴定的,人民法院可予指定;当事人不能协商一致的,人民法院可以从由省级以上科技行政主管部门推荐的鉴定组织或者专家中选择并指定,也可以直接指定相关组织或者专家进行鉴定。

指定专家进行鉴定的,应当组成鉴定组。

鉴定人应当是三人以上的单数。

98. 鉴定应当以合同约定由当事人提供的技术成果或者技术服务内容为鉴定对象,从原理、设计、工艺和必要的技术资料等方面,按照约定的检测方式和验收标准,审查其能否达到约定的技术指标和经济效益指标。

99. 当事人对技术成果的检测方式或者验收标准没有约定或者约定不明确,依照合同法第六十一条的规定不能达成补充协议的,可以根据具体案情采用本行业常用的或者合乎实用的检测方式或者验收标准进行检测鉴定、专家评议或者验收鉴定。

对合同约定的验收标准明确、技术问题并不复杂的,可以采取当事人现场演示、操作、制作等方式对技术成果进行鉴定。

100. 技术咨询合同当事人对咨询报告和意见

的验收或者评价办法没有约定或者约定不明确，依照合同法第六十一条的规定不能达成补充协议的，按照合乎实用的一般要求进行鉴定。

101. 对已经按照国家有关规定通过技术成果鉴定、新产品鉴定等鉴定，又无相反的证据能够足以否定该鉴定结论的技术成果，或者已经实际使用证明是成熟可靠的技术成果，在诉讼中当事人又对该技术成果的评价发生争议的，不再进行鉴定。

102. 不能以授予专利权的有关专利文件代替对合同标的技术的鉴定结论。

十一、委托、行纪、中介合同

房地产经纪管理办法

· 2011年1月20日住房和城乡建设部、国家发展和改革委员会、人力资源和社会保障部令第8号公布

· 根据2016年3月1日《住房城乡建设部、国家发展改革委、人力资源社会保障部关于修改〈房地产经纪管理办法〉的决定》修订

第一章 总 则

第一条 为了规范房地产经纪活动，保护房地产交易及经纪活动当事人的合法权益，促进房地产市场健康发展，根据《中华人民共和国城市房地产管理法》、《中华人民共和国合同法》等法律法规，制定本办法。

第二条 在中华人民共和国境内从事房地产经纪活动，应当遵守本办法。

第三条 本办法所称房地产经纪，是指房地产经纪机构和房地产经纪人员为促成房地产交易，向委托人提供房地产居间、代理等服务并收取佣金的行为。

第四条 从事房地产经纪活动应当遵循自愿、平等、公平和诚实信用的原则，遵守职业规范，恪守职业道德。

第五条 县级以上人民政府建设（房地产）主管部门、价格主管部门、人力资源和社会保障主管部门应当按照职责分工，分别负责房地产经纪活动的监督和管理。

第六条 房地产经纪行业组织应当按照章程实行自律管理，向有关部门反映行业发展的意见和建议，促进房地产经纪行业发展和人员素质提高。

第二章 房地产经纪机构和人员

第七条 本办法所称房地产经纪机构，是指依法设立，从事房地产经纪活动的中介服务机构。

房地产经纪机构可以设立分支机构。

第八条 设立房地产经纪机构和分支机构，应当具有足够数量的房地产经纪人员。

本办法所称房地产经纪人员，是指从事房地产经纪活动的房地产经纪人和房地产经纪人协理。

房地产经纪机构和分支机构与其招用的房地产经纪人员，应当按照《中华人民共和国劳动合同法》的规定签订劳动合同。

第九条 国家对房地产经纪人员实行职业资格制度，纳入全国专业技术人员职业资格制度统一规划和管理。

第十条 房地产经纪人协理和房地产经纪人职业资格实行全国统一大纲、统一命题、统一组织的考试制度，由房地产经纪行业组织负责管理和实施考试工作，原则上每年举行一次考试。国务院住房城乡建设主管部门、人力资源社会保障部门负责对房地产经纪人协理和房地产经纪人职业资格考试进行指导、监督和检查。

第十一条 房地产经纪机构及其分支机构应当自领取营业执照之日起30日内，到所在直辖市、市、县人民政府建设（房地产）主管部门备案。

第十二条 直辖市、市、县人民政府建设（房地产）主管部门应当将房地产经纪机构及其分支机构的名称、住所、法定代表人（执行合伙人）或者负责人、注册资本、房地产经纪人员等备案信息向社会公示。

第十三条 房地产经纪机构及其分支机构变更或者终止的，应当自变更或者终止之日起30日内，办理备案变更或者注销手续。

第三章 房地产经纪活动

第十四条 房地产经纪业务应当由房地产经纪机构统一承接，服务报酬由房地产经纪机构统一收取。分支机构应当以设立该分支机构的房地产经纪机构名义承揽业务。

房地产经纪人员不得以个人名义承接房地产经纪业务和收取费用。

第十五条 房地产经纪机构及其分支机构应当在其经营场所醒目位置公示下列内容：

（一）营业执照和备案证明文件；

（二）服务项目、内容、标准；

（三）业务流程；

（四）收费项目、依据、标准；

（五）交易资金监管方式；

（六）信用档案查询方式、投诉电话及12358价格举报电话；

（七）政府主管部门或者行业组织制定的房地产经纪服务合同、房屋买卖合同、房屋租赁合同示范文本；

（八）法律、法规、规章规定的其他事项。

分支机构还应当公示设立该分支机构的房地产经纪机构的经营地址及联系方式。

房地产经纪机构代理销售商品房项目的，还应当在销售现场明显位置明示商品房销售委托书和批准销售商品房的有关证明文件。

第十六条 房地产经纪机构接受委托提供房地产信息、实地看房、代拟合同等房地产经纪服务的，应当与委托人签订书面房地产经纪服务合同。

房地产经纪服务合同应当包含下列内容：

（一）房地产经纪服务双方当事人的姓名（名称）、住所等情况和从事业务的房地产经纪人员情况；

（二）房地产经纪服务的项目、内容、要求以及完成的标准；

（三）服务费用及其支付方式；

（四）合同当事人的权利和义务；

（五）违约责任和纠纷解决方式。

建设（房地产）主管部门或者房地产经纪行业组织可以制定房地产经纪服务合同示范文本，供当事人选用。

第十七条 房地产经纪机构提供代办贷款、代办房地产登记等其他服务的，应当向委托人说明服务内容、收费标准等情况，经委托人同意后，另行签订合同。

第十八条 房地产经纪服务实行明码标价制度。房地产经纪机构应当遵守价格法律、法规和规章规定，在经营场所醒目位置标明房地产经纪服务项目、服务内容、收费标准以及相关房地产价格和信息。

房地产经纪机构不得收取任何未予标明的费用；不得利用虚假或者使人误解的标价内容和标价方式进行价格欺诈；一项服务可以分解为多个项目和标准的，应当明确标示每一个项目和标准，不得混合标价、捆绑标价。

第十九条 房地产经纪机构未完成房地产经纪服务合同约定事项，或者服务未达到房地产经纪服务合同约定标准的，不得收取佣金。

两家或者两家以上房地产经纪机构合作开展同一宗房地产经纪业务的，只能按照一宗业务收取佣金，不得向委托人增加收费。

第二十条 房地产经纪机构签订的房地产经纪服务合同，应当加盖房地产经纪机构印章，并由从事该业务的一名房地产经纪人或者两名房地产经纪人协理签名。

第二十一条 房地产经纪机构签订房地产经纪服务合同前，应当向委托人说明房地产经纪服务合同和房屋买卖合同或者房屋租赁合同的相关内容，并书面告知下列事项：

（一）是否与委托房屋有利害关系；

（二）应当由委托人协助的事宜、提供的资料；

（三）委托房屋的市场参考价格；

（四）房屋交易的一般程序及可能存在的风险；

（五）房屋交易涉及的税费；

（六）经纪服务的内容及完成标准；

（七）经纪服务收费标准和支付时间；

（八）其他需要告知的事项。

房地产经纪机构根据交易当事人需要提供房地产经纪服务以外的其他服务的，应当事先经当事人书面同意并告知服务内容及收费标准。书面告知材料应当经委托人签名（盖章）确认。

第二十二条 房地产经纪机构与委托人签订房屋出售、出租经纪服务合同，应当查看委托出售、出租的房屋及房屋权属证书，委托人的身份证明等有关资料，并应当编制房屋状况说明书。经委托人书面同意后，方可以对外发布相应的房源信息。

房地产经纪机构与委托人签订房屋承购、承租经纪服务合同，应当查看委托人身份证明等有关资料。

第二十三条 委托人与房地产经纪机构签订房地产经纪服务合同，应当向房地产经纪机构提供真实有效的身份证明。委托出售、出租房屋的，还应当向房地产经纪机构提供真实有效的房屋权属证书。委托人未提供规定资料或者提供资料与实际不符的，房地产经纪机构应当拒绝接受委托。

第二十四条 房地产交易当事人约定由房地产经纪机构代收代付交易资金的，应当通过房地产经纪机构在银行开设的客户交易结算资金专用存款账户划转交易资金。

交易资金的划转应当经过房地产交易资金支付方和房地产经纪机构的签字和盖章。

第二十五条 房地产经纪机构和房地产经纪人员不得有下列行为：

（一）捏造散布涨价信息，或者与房地产开发经营单位串通捂盘惜售、炒卖房号，操纵市场价格；

（二）对交易当事人隐瞒真实的房屋交易信息，低价收进高价卖（租）出房屋赚取差价；

（三）以隐瞒、欺诈、胁迫、贿赂等不正当手段招揽业务，诱骗消费者交易或者强制交易；

（四）泄露或者不当使用委托人的个人信息或者商业秘密，谋取不正当利益；

（五）为交易当事人规避房屋交易税费等非法目的，就同一房屋签订不同交易价款的合同提供便利；

（六）改变房屋内部结构分割出租；

（七）侵占、挪用房地产交易资金；

（八）承购、承租自己提供经纪服务的房屋；

（九）为不符合交易条件的保障性住房和禁止交易的房屋提供经纪服务；

（十）法律、法规禁止的其他行为。

第二十六条 房地产经纪机构应当建立业务记录制度，如实记录业务情况。

房地产经纪机构应当保存房地产经纪服务合同，保存期不少于5年。

第二十七条 房地产经纪行业组织应当制定房地产经纪从业规程，逐步建立并完善资信评价体系和房地产经纪房源、客源信息共享系统。

第四章 监督管理

第二十八条 建设（房地产）主管部门、价格主管部门应当通过现场巡查、合同抽查、投诉受理等方式，采取约谈、记入信用档案、媒体曝光等措施，对房地产经纪机构和房地产经纪人员进行监督。

房地产经纪机构违反人力资源和社会保障法律法规的行为，由人力资源和社会保障主管部门依法予以查处。

被检查的房地产经纪机构和房地产经纪人员应当予以配合，并根据要求提供检查所需的资料。

第二十九条 建设（房地产）主管部门、价格主管部门、人力资源和社会保障主管部门应当建立房地产经纪机构和房地产经纪人员信息共享制度。建设（房地产）主管部门应当定期将备案的房地产经纪机构情况通报同级价格主管部门、人力资源和社会保障主管部门。

第三十条 直辖市、市、县人民政府建设（房地产）主管部门应当构建统一的房地产经纪网上管理和服务平台，为备案的房地产经纪机构提供下列服务：

（一）房地产经纪机构备案信息公示；

（二）房地产交易与登记信息查询；

（三）房地产交易合同网上签订；

（四）房地产经纪信用档案公示；

（五）法律、法规和规章规定的其他事项。

经备案的房地产经纪机构可以取得网上签约资格。

第三十一条 县级以上人民政府建设（房地产）主管部门应当建立房地产经纪信用档案，并向社会公示。

县级以上人民政府建设（房地产）主管部门应当将在日常监督检查中发现的房地产经纪机构和房地产经纪人员的违法违规行为、经查证属实的被投诉举报记录等情况，作为不良信用记录记入其信用档案。

第三十二条 房地产经纪机构和房地产经纪人员应当按照规定提供真实、完整的信用档案信息。

第五章 法律责任

第三十三条 违反本办法，有下列行为之一的，由县级以上地方人民政府建设（房地产）主管部门责令限期改正，记入信用档案；对房地产经纪人员处以1万元罚款；对房地产经纪机构处以1万元以上3万元以下罚款：

（一）房地产经纪人员以个人名义承接房地产经纪业务和收取费用的；

（二）房地产经纪机构提供代办贷款、代办房地产登记等其他服务，未向委托人说明服务内容、收费标准等情况，并未经委托人同意的；

（三）房地产经纪服务合同未由从事该业务的一名房地产经纪人或者两名房地产经纪人协理签名的；

（四）房地产经纪机构签订房地产经纪服务合同前，不向交易当事人说明和书面告知规定事项的；

（五）房地产经纪机构未按照规定如实记录业务情况或者保存房地产经纪服务合同的。

第三十四条 违反本办法第十八条、第十九条、第二十五条第（一）项、第（二）项，构成价格违法行为的，由县级以上人民政府价格主管部门按照价格法律、法规和规章的规定，责令改正、没收违法所得、依法处以罚款；情节严重的，依法给予停业整顿等行政处罚。

第三十五条 违反本办法第二十二条，房地产经纪机构擅自对外发布房源信息的，由县级以上地方人民政府建设（房地产）主管部门责令限期改正，记入信用档案，取消网上签约资格，并处以1万元以上3万元以下罚款。

第三十六条 违反本办法第二十四条，房地产经纪机构擅自划转客户交易结算资金的，由县级以上地方人民政府建设（房地产）主管部门责令限期改正，取消网上签约资格，处以3万元罚款。

第三十七条 违反本办法第二十五条第（三）项、第（四）项、第（五）项、第（六）项、第（七）项、第（八）项、第（九）项、第（十）项的，由县级以上地方人民政府建设（房地产）主管部门责令限期改正，记入信用档案；对房地产经纪人员处以1万元罚款；对房地产经纪机构，取消网上签约资格，处以3万元罚款。

第三十八条 县级以上人民政府建设（房地产）主管部门、价格主管部门、人力资源和社会保障主管部门的工作人员在房地产经纪监督管理工作中，玩忽职守、徇私舞弊、滥用职权的，依法给予处分；构成犯罪的，依法追究刑事责任。

第六章 附 则

第三十九条 各地可以依据本办法制定实施细则。

第四十条 本办法自2011年4月1日起施行。

保险经纪人监管规定

· 2018年2月1日中国保险监督管理委员会令第3号公布

· 自2018年5月1日起施行

第一章 总 则

第一条 为了规范保险经纪人的经营行为，保护投保人、被保险人和受益人的合法权益，维护市场秩序，根据《中华人民共和国保险法》（以下简称《保险法》）等法律、行政法规，制定本规定。

第二条 本规定所称保险经纪人是指基于投保人的利益，为投保人与保险公司订立保险合同提供中介服务，并依法收取佣金的机构，包括保险经纪公司及其分支机构。

本规定所称保险经纪从业人员是指在保险经纪人中，为投保人或者被保险人拟订投保方案、办理投保手续、协助索赔的人员，或者为委托人提供防灾防损、风险评估、风险管理咨询服务、从事再保险经纪等业务的人员。

第三条 保险经纪公司在中华人民共和国境内经营保险经纪业务，应当符合中国保险监督管理委员会（以下简称中国保监会）规定的条件，取得经营保险经纪业务许可证（以下简称许可证）。

第四条 保险经纪人应当遵守法律、行政法规和中国保监会有关规定，遵循自愿、诚实信用和公平竞争的原则。

第五条 中国保监会根据《保险法》和国务院授权，对保险经纪人履行监管职责。

中国保监会派出机构在中国保监会授权范围内履行监管职责。

第二章 市场准入

第一节 业务许可

第六条 除中国保监会另有规定外，保险经纪人应当采取下列组织形式：

（一）有限责任公司；

（二）股份有限公司。

第七条 保险经纪公司经营保险经纪业务，应当具备下列条件：

（一）股东符合本规定要求，且出资资金自有、真实、合法，不得用银行贷款及各种形式的非自有资金投资；

（二）注册资本符合本规定第十条要求，且按照中国保监会的有关规定托管；

（三）营业执照记载的经营范围符合中国保监会的有关规定；

（四）公司章程符合有关规定；

（五）公司名称符合本规定要求；

（六）高级管理人员符合本规定的任职资格条件；

（七）有符合中国保监会规定的治理结构和内控制度，商业模式科学合理可行；

（八）有与业务规模相适应的固定住所；

（九）有符合中国保监会规定的业务、财务信息管理系统；

（十）法律、行政法规和中国保监会规定的其他条件。

第八条　单位或者个人有下列情形之一的，不得成为保险经纪公司的股东：

（一）最近5年内受到刑罚或者重大行政处罚；

（二）因涉嫌重大违法犯罪正接受有关部门调查；

（三）因严重失信行为被国家有关单位确定为失信联合惩戒对象且应当在保险领域受到相应惩戒，或者最近5年内具有其他严重失信不良记录；

（四）依据法律、行政法规不能投资企业；

（五）中国保监会根据审慎监管原则认定的其他不适合成为保险经纪公司股东的情形。

第九条　保险公司的工作人员、保险专业中介机构的从业人员投资保险经纪公司的，应当提供其所在机构知晓投资的书面证明；保险公司、保险专业中介机构的董事、监事或者高级管理人员投资保险经纪公司的，应当根据有关规定取得股东会或者股东大会的同意。

第十条　经营区域不限于工商注册登记地所在省、自治区、直辖市、计划单列市的保险经纪公司的注册资本最低限额为5000万元。

经营区域为工商注册登记地所在省、自治区、直辖市、计划单列市的保险经纪公司的注册资本最低限额为1000万元。

保险经纪公司的注册资本必须为实缴货币资本。

第十一条　保险经纪人的名称中应当包含“保险经纪”字样。

保险经纪人的字号不得与现有的保险专业中介机构相同，与保险专业中介机构具有同一实际控制人的保险经纪人除外。

第十二条　保险经纪公司申请经营保险经纪业务，应当在领取营业执照后，及时按照中国保监会的要求提交申请材料，并进行相关信息披露。

中国保监会及其派出机构按照法定的职责和程序实施行政许可。

第十三条　中国保监会及其派出机构收到经营保险经纪业务申请后，应当采取谈话、函询、现场验收等方式了解、审查申请人股东的经营记录以及申请人的市场发展战略、业务发展计划、内控制度建设、人员结构、信息系统配置及运行等有关事项，并进行风险测试和提示。

第十四条　中国保监会及其派出机构依法作出批准保险经纪公司经营保险经纪业务的决定的，应当向申请人颁发许可证。申请人取得许可证后，方可开展保险经纪业务，并应当及时在中国保监会规定的监管信息系统中登记相关信息。

中国保监会及其派出机构决定不予批准的，应当作出书面决定并说明理由。申请人应当自收到中国保监会及其派出机构书面决定之日起15日内书面报告工商注册登记所在地的工商行政管理部门。公司继续存续的，不得从事保险经纪业务，并应当依法办理名称、营业范围和公司章程等事项的工商变更登记，确保其名称中无“保险经纪”字样。

第十五条　经营区域不限于工商注册登记地所在省、自治区、直辖市、计划单列市的保险经纪公司可以在中华人民共和国境内从事保险经纪活动。

经营区域不限于工商注册登记地所在省、自治区、直辖市、计划单列市的保险经纪公司向工商注册登记地以外派出保险经纪从业人员，为投保人或者被保险人是自然人的保险业务提供服务的，应当在当地设立分支机构。设立分支机构时应当首先设立省级分公司，指定其负责办理行政许可申请、监管报告和报表提交等相关事宜，并负责管理其他分支机构。

保险经纪公司分支机构包括分公司、营业部。

第十六条　保险经纪公司新设分支机构经营

保险经纪业务，应当符合下列条件：

（一）保险经纪公司及其分支机构最近1年内没有受到刑罚或者重大行政处罚；

（二）保险经纪公司及其分支机构未因涉嫌违法犯罪正接受有关部门调查；

（三）保险经纪公司及其分支机构最近1年内未引发30人以上群访群诉事件或者100人以上非正常集中退保事件；

（四）最近2年内设立的分支机构不存在运营未满1年退出市场的情形；

（五）具备完善的分支机构管理制度；

（六）新设分支机构有符合要求的营业场所、业务财务信息系统，以及与经营业务相匹配的其他设施；

（七）新设分支机构主要负责人符合本规定的任职条件；

（八）中国保监会规定的其他条件。

保险经纪公司因严重失信行为被国家有关单位确定为失信联合惩戒对象且应当在保险领域受到相应惩戒的，或者最近5年内具有其他严重失信不良记录的，不得新设分支机构经营保险经纪业务。

第十七条 保险经纪公司分支机构应当在营业执照记载的登记之日起15日内，书面报告中国保监会派出机构，在中国保监会规定的监管信息系统中登记相关信息，按照规定进行公开披露，并提交主要负责人的任职资格核准申请材料或者报告材料。

第十八条 保险经纪人有下列情形之一的，应当自该情形发生之日起5日内，通过中国保监会规定的监管信息系统报告，并按照规定进行公开披露：

（一）变更名称、住所或者营业场所；

（二）变更股东、注册资本或者组织形式；

（三）股东变更姓名或者名称、出资额；

（四）修改公司章程；

（五）股权投资，设立境外保险类机构及非营业性机构；

（六）分立、合并、解散，分支机构终止保险经纪业务活动；

（七）变更省级分公司以外分支机构主要负责人；

（八）受到行政处罚、刑罚或者涉嫌违法犯罪正接受调查；

（九）中国保监会规定的其他报告事项。

保险经纪人发生前款规定的相关情形，应当符合中国保监会相关规定。

第十九条 保险经纪公司变更事项涉及许可证记载内容的，应当按照《保险许可证管理办法》等有关规定办理许可证变更登记，交回原许可证，领取新许可证，并进行公告。

第二节　任职资格

第二十条 本规定所称保险经纪人高级管理人员是指下列人员：

（一）保险经纪公司的总经理、副总经理；

（二）省级分公司主要负责人；

（三）对公司经营管理行使重要职权的其他人员。

保险经纪人高级管理人员应当在任职前取得中国保监会派出机构核准的任职资格。

第二十一条 保险经纪人高级管理人员应当具备下列条件：

（一）大学专科以上学历；

（二）从事金融工作3年以上或者从事经济工作5年以上；

（三）具有履行职责所需的经营管理能力，熟悉保险法律、行政法规及中国保监会的相关规定；

（四）诚实守信，品行良好。

从事金融工作10年以上的人员，学历要求可以不受第一款第（一）项的限制。

保险经纪人任用的省级分公司以外分支机构主要负责人应当具备前两款规定的条件。

第二十二条 有下列情形之一的人员，不得担任保险经纪人高级管理人员和省级分公司以外分支机构主要负责人：

（一）担任因违法被吊销许可证的保险公司或者保险中介机构的董事、监事或者高级管理人员，并对被吊销许可证负有个人责任或者直接领导责任的，自许可证被吊销之日起未逾3年；

（二）因违法行为或者违纪行为被金融监管机构取消任职资格的金融机构的董事、监事或者高级管理人员，自被取消任职资格之日起未逾5年；

（三）被金融监管机构决定在一定期限内禁止进入金融行业的，期限未满；

（四）受金融监管机构警告或者罚款未逾2年；

（五）正在接受司法机关、纪检监察部门或者金融监管机构调查；

（六）因严重失信行为被国家有关单位确定为失信联合惩戒对象且应当在保险领域受到相应惩戒，或者最近5年内具有其他严重失信不良记录；

（七）法律、行政法规和中国保监会规定的其他情形。

第二十三条 保险经纪人应当与其高级管理人员、省级分公司以外分支机构主要负责人建立劳动关系，订立书面劳动合同。

第二十四条 保险经纪人高级管理人员和省级分公司以外分支机构主要负责人不得兼任2家以上分支机构的主要负责人。

保险经纪人高级管理人员和省级分公司以外分支机构主要负责人兼任其他经营管理职务的，应当具有必要的时间履行职务。

第二十五条 非经股东会或者股东大会批准，保险经纪人的高级管理人员和省级分公司以外分支机构主要负责人不得在存在利益冲突的机构中兼任职务。

第二十六条 保险经纪人向中国保监会派出机构提出高级管理人员任职资格核准申请的，应当如实填写申请表、提交相关材料。

中国保监会派出机构可以对保险经纪人拟任高级管理人员进行考察或者谈话。

第二十七条 保险经纪人高级管理人员应当通过中国保监会认可的保险法规及相关知识测试。

第二十八条 保险经纪人的高级管理人员在同一保险经纪人内部调任、兼任其他职务，无须重新核准任职资格。

保险经纪人调整、免除高级管理人员和省级分公司以外分支机构主要负责人职务，应当自决定作出之日起5日内在中国保监会规定的监管信息系统中登记相关信息。

第二十九条 保险经纪人的高级管理人员和省级分公司以外分支机构主要负责人因涉嫌犯罪被起诉的，保险经纪人应当自其被起诉之日起5日内和结案之日起5日内在中国保监会规定的监管信息系统中登记相关信息。

第三十条 保险经纪人高级管理人员和省级分公司以外分支机构主要负责人有下列情形之一，保险经纪人已经任命的，应当免除其职务；经核准任职资格的，其任职资格自动失效：

（一）获得核准任职资格后，保险经纪人超过2个月未任命；

（二）从该保险经纪人离职；

（三）受到中国保监会禁止进入保险业的行政处罚；

（四）因贪污、受贿、侵占财产、挪用财产或者破坏社会主义市场秩序，被判处刑罚执行期满未逾5年，或者因犯罪被剥夺政治权利，执行期满未逾5年；

（五）担任破产清算的公司、企业的董事或者厂长、经理，对该公司、企业的破产负有个人责任的，自该公司、企业破产清算完结之日起未逾3年；

（六）担任因违法被吊销营业执照、责令关闭的公司、企业的法定代表人，并负有个人责任的，自该公司、企业被吊销营业执照之日起未逾3年；

（七）个人所负数额较大的债务到期未清偿。

第三十一条 保险经纪人出现下列情形之一，可以任命临时负责人，但临时负责人任职时间最长不得超过3个月，并且不得就同一职务连续任命临时负责人：

（一）原负责人辞职或者被撤职；

（二）原负责人因疾病、意外事故等原因无法正常履行工作职责；

（三）中国保监会认可的其他特殊情况。

临时负责人应当具有与履行职责相当的能力，并应当符合本规定第二十一条、第二十二条的相关要求。

保险经纪人任命临时负责人的，应当自决定作出之日起5日内在中国保监会规定的监管信息系统中登记相关信息。

第三节 从业人员

第三十二条 保险经纪人应当聘任品行良好的保险经纪从业人员。有下列情形之一的，保险经纪人不得聘任：

（一）因贪污、贿赂、侵占财产、挪用财产或者破坏社会主义市场经济秩序，被判处刑罚，执行期满未逾5年；

（二）被金融监管机构决定在一定期限内禁止进入金融行业，期限未满；

（三）因严重失信行为被国家有关单位确定为

失信联合惩戒对象且应当在保险领域受到相应惩戒，或者最近5年内具有其他严重失信不良记录；

（四）法律、行政法规和中国保监会规定的其他情形。

第三十三条 保险经纪从业人员应当具有从事保险经纪业务所需的专业能力。保险经纪人应当加强对保险经纪从业人员的岗前培训和后续教育，培训内容至少应当包括业务知识、法律知识及职业道德。

保险经纪人可以委托保险中介行业自律组织或者其他机构组织培训。

保险经纪人应当建立完整的保险经纪从业人员培训档案。

第三十四条 保险经纪人应当按照规定为其保险经纪从业人员进行执业登记。

保险经纪从业人员只限于通过一家保险经纪人进行执业登记。

保险经纪从业人员变更所属保险经纪人的，新所属保险经纪人应当为其进行执业登记，原所属保险经纪人应当及时注销执业登记。

第三章　经营规则

第三十五条 保险经纪公司应当将许可证、营业执照置于住所或者营业场所显著位置。

保险经纪公司分支机构应当将加盖所属法人公章的许可证复印件、营业执照置于营业场所显著位置。

保险经纪人不得伪造、变造、出租、出借、转让许可证。

第三十六条 保险经纪人可以经营下列全部或者部分业务：

（一）为投保人拟订投保方案、选择保险公司以及办理投保手续；

（二）协助被保险人或者受益人进行索赔；

（三）再保险经纪业务；

（四）为委托人提供防灾、防损或者风险评估、风险管理咨询服务；

（五）中国保监会规定的与保险经纪有关的其他业务。

第三十七条 保险经纪人从事保险经纪业务不得超出承保公司的业务范围和经营区域；从事保险经纪业务涉及异地共保、异地承保和统括保单，中国保监会另有规定的，从其规定。

第三十八条 保险经纪人及其从业人员不得销售非保险金融产品，经相关金融监管部门审批的非保险金融产品除外。

保险经纪人及其从业人员销售符合条件的非保险金融产品前，应当具备相应的资质要求。

第三十九条 保险经纪人应当根据法律、行政法规和中国保监会的有关规定，依照职责明晰、强化制衡、加强风险管理的原则，建立完善的公司治理结构和制度；明确管控责任，构建合规体系，注重自我约束，加强内部追责，确保稳健运营。

第四十条 保险经纪从业人员应当在所属保险经纪人的授权范围内从事业务活动。

第四十一条 保险经纪人通过互联网经营保险经纪业务，应当符合中国保监会的规定。

第四十二条 保险经纪人应当建立专门账簿，记载保险经纪业务收支情况。

第四十三条 保险经纪人应当开立独立的客户资金专用账户。下列款项只能存放于客户资金专用账户：

（一）投保人支付给保险公司的保险费；

（二）为投保人、被保险人和受益人代领的退保金、保险金。

保险经纪人应当开立独立的佣金收取账户。

保险经纪人开立、使用其他银行账户的，应当符合中国保监会的规定。

第四十四条 保险经纪人应当建立完整规范的业务档案，业务档案至少应当包括下列内容：

（一）通过本机构签订保单的主要情况，包括保险人、投保人、被保险人名称或者姓名，保单号，产品名称，保险金额，保险费，缴费方式，投保日期，保险期间等；

（二）保险合同对应的佣金金额和收取方式等；

（三）保险费交付保险公司的情况，保险金或者退保金的代领以及交付投保人、被保险人或者受益人的情况；

（四）为保险合同签订提供经纪服务的从业人员姓名，领取报酬金额、领取报酬账户等；

（五）中国保监会规定的其他业务信息。

保险经纪人的记录应当真实、完整。

第四十五条 保险经纪人应当按照中国保监会的规定开展再保险经纪业务。

保险经纪人从事再保险经纪业务，应当设立

专门部门,在业务流程、财务管理与风险管控等方面与其他保险经纪业务实行隔离。

第四十六条 保险经纪人从事再保险经纪业务,应当建立完整规范的再保险业务档案,业务档案至少应当包括下列内容:

(一)再保险安排确认书;

(二)再保险人接受分入比例。

保险经纪人应当对再保险经纪业务和其他保险经纪业务分别建立账簿记载业务收支情况。

第四十七条 保险经纪人应当向保险公司提供真实、完整的投保信息,并应当与保险公司依法约定对投保信息保密、合理使用等事项。

第四十八条 保险经纪人从事保险经纪业务,应当与委托人签订委托合同,依法约定双方的权利义务及其他事项。委托合同不得违反法律、行政法规及中国保监会有关规定。

第四十九条 保险经纪人从事保险经纪业务,涉及向保险公司解付保险费、收取佣金的,应当与保险公司依法约定解付保险费、支付佣金的时限和违约赔偿责任等事项。

第五十条 保险经纪人在开展业务过程中,应当制作并出示规范的客户告知书。客户告知书至少应当包括以下事项:

(一)保险经纪人的名称、营业场所、业务范围、联系方式;

(二)保险经纪人获取报酬的方式,包括是否向保险公司收取佣金等情况;

(三)保险经纪人及其高级管理人员与经纪业务相关的保险公司、其他保险中介机构是否存在关联关系;

(四)投诉渠道及纠纷解决方式。

第五十一条 保险经纪人应当妥善保管业务档案、会计账簿、业务台账、客户告知书以及佣金收入的原始凭证等有关资料,保管期限自保险合同终止之日起计算,保险期间在1年以下的不得少于5年,保险期间超过1年的不得少于10年。

第五十二条 保险经纪人为政策性保险业务、政府委托业务提供服务的,佣金收取不得违反中国保监会的规定。

第五十三条 保险经纪人向投保人提出保险建议的,应当根据客户的需求和风险承受能力等情况,在客观分析市场上同类保险产品的基础上,推荐符合其利益的保险产品。

保险经纪人应当按照中国保监会的要求向投保人披露保险产品相关信息。

第五十四条 保险经纪公司应当按规定将监管费交付到中国保监会指定账户。

第五十五条 保险经纪公司应当自取得许可证之日起20日内投保职业责任保险或者缴存保证金。

保险经纪公司应当自投保职业责任保险或者缴存保证金之日起10日内,将职业责任保险保单复印件或者保证金存款协议复印件、保证金入账原始凭证复印件报送中国保监会派出机构,并在中国保监会规定的监管信息系统中登记相关信息。

第五十六条 保险经纪公司投保职业责任保险的,该保险应当持续有效。

保险经纪公司投保的职业责任保险对一次事故的赔偿限额不得低于人民币100万元;一年期保单的累计赔偿限额不得低于人民币1000万元,且不得低于保险经纪人上年度的主营业务收入。

第五十七条 保险经纪公司缴存保证金的,应当按注册资本的5%缴存,保险经纪公司增加注册资本的,应当按比例增加保证金数额。

保险经纪公司应当足额缴存保证金。保证金应当以银行存款形式专户存储到商业银行,或者以中国保监会认可的其他形式缴存。

第五十八条 保险经纪公司有下列情形之一的,可以动用保证金:

(一)注册资本减少;

(二)许可证被注销;

(三)投保符合条件的职业责任保险;

(四)中国保监会规定的其他情形。

保险经纪公司应当自动用保证金之日起5日内书面报告中国保监会派出机构。

第五十九条 保险经纪公司应当在每一会计年度结束后聘请会计师事务所对本公司的资产、负债、利润等财务状况进行审计,并在每一会计年度结束后4个月内向中国保监会派出机构报送相关审计报告。

保险经纪公司应当根据规定向中国保监会派出机构提交专项外部审计报告。

第六十条 保险经纪人应当按照中国保监会的有关规定及时、准确、完整地报送报告、报表、文件和资料,并根据要求提交相关的电子文本。

保险经纪人报送的报告、报表、文件和资料应当由法定代表人、主要负责人或者其授权人签字，并加盖机构印章。

第六十一条 保险经纪人不得委托未通过本机构进行执业登记的个人从事保险经纪业务。

第六十二条 保险经纪人应当对保险经纪从业人员进行执业登记信息管理，及时登记个人信息及授权范围等事项以及接受处罚、聘任关系终止等情况，确保执业登记信息的真实、准确、完整。

第六十三条 保险经纪人及其从业人员在办理保险业务活动中不得有下列行为：

（一）欺骗保险人、投保人、被保险人或者受益人；

（二）隐瞒与保险合同有关的重要情况；

（三）阻碍投保人履行如实告知义务，或者诱导其不履行如实告知义务；

（四）给予或者承诺给予投保人、被保险人或者受益人保险合同约定以外的利益；

（五）利用行政权力、职务或者职业便利以及其他不正当手段强迫、引诱或者限制投保人订立保险合同；

（六）伪造、擅自变更保险合同，或者为保险合同当事人提供虚假证明材料；

（七）挪用、截留、侵占保险费或者保险金；

（八）利用业务便利为其他机构或者个人牟取不正当利益；

（九）串通投保人、被保险人或者受益人，骗取保险金；

（十）泄露在业务活动中知悉的保险人、投保人、被保险人的商业秘密。

第六十四条 保险经纪人及其从业人员在开展保险经纪业务过程中，不得索取、收受保险公司或者其工作人员给予的合同约定之外的酬金、其他财物，或者利用执行保险经纪业务之便牟取其他非法利益。

第六十五条 保险经纪人不得以捏造、散布虚假事实等方式损害竞争对手的商业信誉，不得以虚假广告、虚假宣传或者其他不正当竞争行为扰乱保险市场秩序。

第六十六条 保险经纪人不得与非法从事保险业务或者保险中介业务的机构或者个人发生保险经纪业务往来。

第六十七条 保险经纪人不得以缴纳费用或者购买保险产品作为招聘从业人员的条件，不得承诺不合理的高额回报，不得以直接或者间接发展人员的数量或者销售业绩作为从业人员计酬的主要依据。

第四章 市场退出

第六十八条 保险经纪公司经营保险经纪业务许可证的有效期为 3 年。

保险经纪公司应当在许可证有效期届满 30 日前，按照规定向中国保监会派出机构申请延续许可。

第六十九条 保险经纪公司申请延续许可证有效期的，中国保监会派出机构在许可证有效期届满前对保险经纪人前 3 年的经营情况进行全面审查和综合评价，并作出是否准予延续许可证有效期的决定。决定不予延续的，应当书面说明理由。

保险经纪公司不符合本规定第七条有关经营保险经纪业务的条件，或者不符合法律、行政法规、中国保监会规定的延续保险经纪业务许可应当具备的其他条件的，中国保监会派出机构不予延续许可证有效期。

第七十条 保险经纪公司应当自收到不予延续许可证有效期的决定之日起 10 日内向中国保监会派出机构缴回原证；准予延续有效期的，应当自收到决定之日起 10 日内领取新许可证。

第七十一条 保险经纪公司退出保险经纪市场，应当遵守法律、行政法规及其他相关规定。保险经纪公司有下列情形之一的，中国保监会派出机构依法注销许可证，并予以公告：

（一）许可证有效期届满未延续的；

（二）许可证依法被撤回、撤销或者吊销的；

（三）因解散或者被依法宣告破产等原因依法终止的；

（四）法律、行政法规规定的其他情形。

被注销许可证的保险经纪公司应当及时交回许可证原件；许可证无法交回的，中国保监会派出机构在公告中予以说明。

被注销许可证的保险经纪公司应当终止其保险经纪业务活动，并自许可证注销之日起 15 日内书面报告工商注册登记所在地的工商行政管理部门。公司继续存续的，不得从事保险经纪业务，并应当依法办理名称、营业范围和公司章程等事项的工商变更登记,确保其名称中无"保险经纪"字样。

第七十二条 有下列情形之一的,保险经纪人应当在5日内注销保险经纪从业人员执业登记:

(一)保险经纪从业人员受到禁止进入保险业的行政处罚的;

(二)保险经纪从业人员因其他原因终止执业的;

(三)保险经纪人停业、解散或者因其他原因不再继续经营保险经纪业务的;

(四)法律、行政法规和中国保监会规定的其他情形。

第七十三条 保险经纪人终止保险经纪业务活动,应当妥善处理债权债务关系,不得损害投保人、被保险人、受益人的合法权益。

第五章 行业自律

第七十四条 保险经纪人自愿加入保险中介行业自律组织。

保险中介行业自律组织依法制定保险经纪人自律规则,依据法律法规和自律规则,对保险经纪人实行自律管理。

保险中介行业自律组织依法制定章程,并按照规定报中国保监会或其派出机构备案。

第七十五条 保险中介行业自律组织应当根据法律法规、国家有关规定和自律组织章程,组织会员单位及其保险经纪从业人员进行教育培训。

第七十六条 保险中介行业自律组织应当通过互联网等渠道加强信息披露,并可以组织会员就保险经纪行业的发展、运作及有关内容进行研究,收集整理、发布保险经纪相关信息,提供会员服务,组织行业交流。

第六章 监督检查

第七十七条 中国保监会派出机构按照属地原则负责辖区内保险经纪人的监管。

中国保监会派出机构应当注重对辖区内保险经纪人的行为监管,依法进行现场检查和非现场监管,并实施行政处罚和其他监管措施。

第七十八条 中国保监会及其派出机构根据监管需要,可以对保险经纪人高级管理人员及相关人员进行监管谈话,要求其就经营活动中的重大事项作出说明。

第七十九条 中国保监会及其派出机构根据监管需要,可以委派监管人员列席保险经纪公司的股东会或者股东大会、董事会。

第八十条 保险经纪公司分支机构经营管理混乱,从事重大违法违规活动的,保险经纪公司应当根据中国保监会及其派出机构的监管要求,对分支机构采取限期整改、停业、撤销等措施。

第八十一条 中国保监会及其派出机构依法对保险经纪人进行现场检查,主要包括下列内容:

(一)业务许可及相关事项是否依法获得批准或者履行报告义务;

(二)资本金是否真实、足额;

(三)保证金是否符合规定;

(四)职业责任保险是否符合规定;

(五)业务经营是否合法;

(六)财务状况是否良好;

(七)向中国保监会及其派出机构提交的报告、报表及资料是否及时、完整和真实;

(八)内控制度是否符合中国保监会的有关规定;

(九)任用高级管理人员和省级分公司以外分支机构主要负责人是否符合规定;

(十)是否有效履行从业人员管理职责;

(十一)对外公告是否及时、真实;

(十二)业务、财务信息管理系统是否符合中国保监会的有关规定;

(十三)中国保监会规定的其他事项。

第八十二条 中国保监会及其派出机构依法履行职责,被检查、调查的单位和个人应当配合。

第八十三条 中国保监会及其派出机构可以在现场检查中,委托会计师事务所等社会中介机构提供相关服务;委托上述中介机构提供服务的,应当签订书面委托协议。

中国保监会及其派出机构应当将委托事项告知被检查的保险经纪人。

第七章 法律责任

第八十四条 未取得许可证,非法从事保险经纪业务的,由中国保监会及其派出机构予以取缔,没收违法所得,并处违法所得1倍以上5倍以下罚款;没有违法所得或者违法所得不足5万元的,处5万元以上30万元以下罚款。

第八十五条 行政许可申请人隐瞒有关情况或者提供虚假材料申请保险经纪业务许可或者申请其他行政许可的，中国保监会及其派出机构不予受理或者不予批准，并给予警告，申请人在1年内不得再次申请该行政许可。

第八十六条 被许可人通过欺骗、贿赂等不正当手段取得保险经纪业务许可或者其他行政许可的，由中国保监会及其派出机构予以撤销，并依法给予行政处罚；申请人在3年内不得再次申请该行政许可。

第八十七条 保险经纪人聘任不具有任职资格的人员的，由中国保监会及其派出机构责令改正，处2万元以上10万元以下罚款；对该机构直接负责的主管人员和其他直接责任人员，给予警告，并处1万元以上10万元以下罚款，情节严重的，撤销任职资格。

保险经纪人未按规定聘任省级分公司以外分支机构主要负责人或者未按规定任命临时负责人的，由中国保监会及其派出机构责令改正，给予警告，并处1万元以下罚款；对该机构直接负责的主管人员和其他直接责任人员，给予警告，并处1万元以下罚款。

第八十八条 保险经纪人未按规定聘任保险经纪从业人员，或者未按规定进行执业登记和管理的，由中国保监会及其派出机构责令改正，给予警告，并处1万元以下罚款；对该机构直接负责的主管人员和其他直接责任人员，给予警告，并处1万元以下罚款。

第八十九条 保险经纪人出租、出借或者转让许可证的，由中国保监会及其派出机构责令改正，处1万元以上10万元以下罚款；情节严重的，责令停业整顿或者吊销许可证；对该机构直接负责的主管人员和其他直接责任人员，给予警告，并处1万元以上10万元以下罚款，情节严重的，撤销任职资格。

第九十条 保险经纪人在许可证使用过程中，有下列情形之一的，由中国保监会及其派出机构责令改正，给予警告，没有违法所得的，处1万元以下罚款，有违法所得的，处违法所得3倍以下罚款，但最高不得超过3万元；对该机构直接负责的主管人员和其他直接责任人员，给予警告，并处1万元以下罚款：

（一）未按规定在住所或者营业场所放置许可证或者其复印件；

（二）未按规定办理许可证变更登记；

（三）未按规定交回许可证；

（四）未按规定进行公告。

第九十一条 保险经纪人有下列情形之一的，由中国保监会及其派出机构责令改正，处2万元以上10万元以下罚款；情节严重的，责令停业整顿或者吊销许可证；对该机构直接负责的主管人员和其他直接责任人员，给予警告，并处1万元以上10万元以下罚款，情节严重的，撤销任职资格：

（一）未按规定缴存保证金或者投保职业责任保险的；

（二）未按规定设立专门账簿记载业务收支情况的。

第九十二条 保险经纪人超出规定的业务范围、经营区域从事业务活动的，或者与非法从事保险业务或者保险中介业务的单位或者个人发生保险经纪业务往来的，由中国保监会及其派出机构责令改正，给予警告，没有违法所得的，处1万元以下罚款，有违法所得的，处违法所得3倍以下罚款，但最高不得超过3万元；对该机构直接负责的主管人员和其他直接责任人员，给予警告，并处1万元以下罚款。

第九十三条 保险经纪人违反本规定第三十七条，由中国保监会及其派出机构责令改正，给予警告，没有违法所得的，处1万元以下罚款，有违法所得的，处违法所得3倍以下罚款，但最高不得超过3万元；对该机构直接负责的主管人员和其他直接责任人员，给予警告，并处1万元以下罚款。

第九十四条 保险经纪人违反本规定第四十七条，由中国保监会及其派出机构责令改正，给予警告，并处1万元以下罚款；对该机构直接负责的主管人员和其他直接责任人员，给予警告，并处1万元以下罚款。

第九十五条 保险经纪人违反本规定第五十条，由中国保监会及其派出机构责令改正，给予警告，并处1万元以下罚款；对该机构直接负责的主管人员和其他直接责任人员，给予警告，并处1万元以下罚款。

第九十六条 保险经纪人有本规定第六十三条所列情形之一的，由中国保监会及其派出机构责令改正，处5万元以上30万元以下罚款；情节严重的，吊销许可证；对该机构直接负责的主管人员和其他直接责任人员，给予警告，并处1万元以上10万元以下罚款，情节严重的，撤销任职资格。

第九十七条 保险经纪人违反本规定第六十四条，由中国保监会及其派出机构责令改正，给予警告，并处1万元以下罚款；对该机构直接负责的主管人员和其他直接责任人员，给予警告，并处1万元以下罚款。

第九十八条 保险经纪人违反本规定第六十五条、第六十七条，由中国保监会及其派出机构责令改正，给予警告，没有违法所得的，处1万元以下罚款，有违法所得的，处违法所得3倍以下罚款，但最高不得超过3万元；对该机构直接负责的主管人员和其他直接责任人员，给予警告，并处1万元以下罚款。

第九十九条 保险经纪人未按本规定报送或者保管报告、报表、文件、资料的，或者未按规定提供有关信息、资料的，由中国保监会及其派出机构责令限期改正；逾期不改正的，处1万元以上10万元以下罚款；对该机构直接负责的主管人员和其他直接责任人员，给予警告，并处1万元以上10万元以下罚款，情节严重的，撤销任职资格。

第一百条 保险经纪人有下列情形之一的，由中国保监会及其派出机构责令改正，处10万元以上50万元以下罚款；情节严重的，可以限制其业务范围、责令停止接受新业务或者吊销许可证；对该机构直接负责的主管人员和其他直接责任人员，给予警告，并处1万元以上10万元以下罚款，情节严重的，撤销任职资格：

（一）编制或者提供虚假的报告、报表、文件或者资料；

（二）拒绝、妨碍依法监督检查。

第一百零一条 保险经纪人有下列情形之一的，由中国保监会及其派出机构责令改正，给予警告，没有违法所得的，处1万元以下罚款，有违法所得的，处违法所得3倍以下罚款，但最高不得超过3万元；对该机构直接负责的主管人员和其他直接责任人员，给予警告，并处1万元以下罚款：

（一）未按规定托管注册资本；

（二）未按规定设立分支机构经营保险经纪业务；

（三）未按规定开展互联网保险经纪业务；

（四）未按规定开展再保险经纪业务；

（五）未按规定建立或者管理业务档案；

（六）未按规定使用银行账户；

（七）违反规定动用保证金；

（八）未按规定进行信息披露；

（九）未按规定缴纳监管费。

第一百零二条 违反法律和行政法规的规定，情节严重的，中国保监会及其派出机构可以禁止有关责任人员一定期限直至终身进入保险业。

第一百零三条 保险经纪人的高级管理人员、省级分公司以外分支机构主要负责人或者从业人员，离职后被发现在原工作期间违反中国保监会及其派出机构有关规定的，应当依法追究其责任。

第八章 附 则

第一百零四条 本规定所称保险专业中介机构是指保险专业代理机构、保险经纪人和保险公估人。

本规定所称保险中介机构是指保险专业中介机构和保险兼业代理机构。

第一百零五条 经中国保监会批准经营保险经纪业务的外资保险经纪人适用本规定，我国参加的有关国际条约和中国保监会另有规定的，适用其规定。

采取公司以外的组织形式的保险经纪人的设立和管理参照适用本规定，中国保监会另有规定的，适用其规定。

第一百零六条 本规定施行前依法设立的保险经纪公司继续保留，不完全具备本规定条件的，具体适用办法由中国保监会另行规定。

第一百零七条 本规定要求提交的各种表格格式由中国保监会制定。

第一百零八条 本规定有关“5日”“10日”“15日”“20日”的规定是指工作日，不含法定节假日。

本规定所称“以上”“以下”均含本数。

第一百零九条 本规定自2018年5月1日起施行，中国保监会2009年9月25日发布的《保险经纪机构监管规定》（保监会令2009年第6号）、2013年1月6日发布的《保险经纪从业人员、保险公估从业人员监管办法》（保监会令2013年第3号）、2013年4月27日发布的《中国保险监督管理委员会关于修改〈保险经纪机构监管规定〉的决定》（保监会令2013年第6号）同时废止。

保险代理人监管规定

· 2020年11月12日中国银行保险监督管理委员会令2020年第11号公布
· 自2021年1月1日起施行

第一章 总 则

第一条 为了规范保险代理人的经营行为,保护投保人、被保险人和受益人的合法权益,维护市场秩序,根据《中华人民共和国保险法》(以下简称《保险法》)等法律、行政法规,制定本规定。

第二条 本规定所称保险代理人是指根据保险公司的委托,向保险公司收取佣金,在保险公司授权的范围内代为办理保险业务的机构或者个人,包括保险专业代理机构、保险兼业代理机构及个人保险代理人。

本规定所称保险专业代理机构是指依法设立的专门从事保险代理业务的保险代理公司及其分支机构。

本规定所称保险兼业代理机构是指利用自身主业与保险的相关便利性,依法兼营保险代理业务的企业,包括保险兼业代理法人机构及其分支机构。

本规定所称个人保险代理人是指与保险公司签订委托代理合同,从事保险代理业务的人员。

本规定所称保险代理机构从业人员是指在保险专业代理机构、保险兼业代理机构中,从事销售保险产品或者进行相关损失勘查、理赔等业务的人员。

第三条 保险专业代理公司、保险兼业代理法人机构在中华人民共和国境内经营保险代理业务,应当符合国务院保险监督管理机构规定的条件,取得相关经营保险代理业务的许可证(以下简称许可证)。

第四条 保险代理人应当遵守法律、行政法规和国务院保险监督管理机构有关规定,遵循自愿、诚实信用和公平竞争的原则。

第五条 国务院保险监督管理机构根据《保险法》和国务院授权,对保险代理人履行监管职责。

国务院保险监督管理机构派出机构在国务院保险监督管理机构授权范围内履行监管职责。

第二章 市场准入

第一节 业务许可

第六条 除国务院保险监督管理机构另有规定外,保险专业代理公司应当采取下列组织形式:

(一)有限责任公司;

(二)股份有限公司。

第七条 保险专业代理公司经营保险代理业务,应当具备下列条件:

(一)股东符合本规定要求,且出资资金自有、真实、合法,不得用银行贷款及各种形式的非自有资金投资;

(二)注册资本符合本规定第十条要求,且按照国务院保险监督管理机构的有关规定托管;

(三)营业执照记载的经营范围符合有关规定;

(四)公司章程符合有关规定;

(五)公司名称符合本规定要求;

(六)高级管理人员符合本规定的任职资格条件;

(七)有符合国务院保险监督管理机构规定的治理结构和内控制度,商业模式科学合理可行;

(八)有与业务规模相适应的固定住所;

(九)有符合国务院保险监督管理机构规定的业务、财务信息管理系统;

(十)法律、行政法规和国务院保险监督管理机构规定的其他条件。

第八条 单位或者个人有下列情形之一的,不得成为保险专业代理公司的股东:

(一)最近5年内受到刑罚或者重大行政处罚的;

(二)因涉嫌重大违法犯罪正接受有关部门调查的;

(三)因严重失信行为被国家有关单位确定为失信联合惩戒对象且应当在保险领域受到相应惩戒,或者最近5年内具有其他严重失信不良记录的;

(四)依据法律、行政法规不能投资企业的;

(五)国务院保险监督管理机构根据审慎监管原则认定的其他不适合成为保险专业代理公司股东的情形。

第九条 保险公司的工作人员、个人保险代理人和保险专业中介机构从业人员不得另行投资保险专业代理公司;保险公司、保险专业中介机构的董事、监事或者高级管理人员的近亲属经营保险代理业务的,应当符合履职回避的有关规定。

第十条 经营区域不限于注册登记地所在省、自治区、直辖市、计划单列市的保险专业代理公司的注册资本最低限额为5000万元。

经营区域为注册登记地所在省、自治区、直辖市、计划单列市的保险专业代理公司的注册资本最低限额为2000万元。

保险专业代理公司的注册资本必须为实缴货币资本。

第十一条 保险专业代理公司名称中应当包含"保险代理"字样。

保险专业代理公司的字号不得与现有的保险专业中介机构相同,与其他保险专业中介机构具有同一实际控制人的保险专业代理公司除外。

保险专业代理公司应当规范使用机构简称,清晰标识所属行业细分类别,不得混淆保险代理公司与保险公司概念,在宣传工作中应当明确标识"保险代理"字样。

第十二条 保险兼业代理机构经营保险代理业务,应当符合下列条件:

(一)有市场监督管理部门核发的营业执照,其主营业务依法须经批准的,应取得相关部门的业务许可;

(二)主业经营情况良好,最近2年内无重大行政处罚记录;

(三)有同主业相关的保险代理业务来源;

(四)有便民服务的营业场所或者销售渠道;

(五)具备必要的软硬件设施,保险业务信息系统与保险公司对接,业务、财务数据可独立于主营业务单独查询统计;

(六)有完善的保险代理业务管理制度和机制;

(七)有符合本规定条件的保险代理业务责任人;

(八)法律、行政法规和国务院保险监督管理机构规定的其他条件。

保险兼业代理机构因严重失信行为被国家有关单位确定为失信联合惩戒对象且应当在保险领域受到相应惩戒的,或者最近5年内具有其他严重失信不良记录的,不得经营保险代理业务。

第十三条 保险兼业代理法人机构及其根据本规定第二十条指定的分支机构应当分别委派本机构分管保险业务的负责人担任保险代理业务责任人。

保险代理业务责任人应当品行良好,熟悉保险法律、行政法规,具有履行职责所需的经营管理能力。

第十四条 保险专业代理公司申请经营保险代理业务,应当在领取营业执照后,及时按照国务院保险监督管理机构的要求提交申请材料,并进行相关信息披露。

保险兼业代理法人机构申请经营保险代理业务,应当及时按照国务院保险监督管理机构的要求提交申请材料,并进行相关信息披露。

国务院保险监督管理机构及其派出机构(以下统称保险监督管理机构)按照法定的职责和程序实施行政许可。

第十五条 保险专业代理公司申请经营保险代理业务的,保险监督管理机构应当采取谈话、询问、现场验收等方式了解、审查申请人股东的经营、诚信记录,以及申请人的市场发展战略、业务发展计划、内控制度建设、人员结构、信息系统配置及运行等有关事项,并进行风险测试和提示。

保险兼业代理法人机构申请经营保险代理业务具体办法由国务院保险监督管理机构另行规定。

第十六条 保险监督管理机构依法作出批准保险专业代理公司、保险兼业代理法人机构经营保险代理业务的决定的,应当向申请人颁发许可证。申请人取得许可证后,方可开展保险代理业务,并应当及时在国务院保险监督管理机构规定的监管信息系统中登记相关信息。

保险监督管理机构决定不予批准的,应当作出书面决定并说明理由。保险专业代理公司继续存续的,应当依法办理名称、营业范围和公司章程等事项的变更登记,确保其名称中无"保险代理"字样。

第十七条 经营区域不限于注册登记地所在省、自治区、直辖市、计划单列市的保险专业代理公司可以在中华人民共和国境内开展保险代理业务。

经营区域不限于注册登记地所在省、自治区、直辖市、计划单列市的保险专业代理公司在注册登记地以外开展保险代理业务的，应当在当地设立分支机构。设立分支机构时应当首先设立省级分公司，指定其负责办理行政许可申请、监管报告和报表提交等相关事宜，并负责管理其他分支机构。

保险专业代理公司分支机构包括分公司、营业部。

第十八条 保险专业代理公司新设分支机构经营保险代理业务，应当符合以下条件：

（一）保险专业代理公司及分支机构最近1年内没有受到刑罚或者重大行政处罚；

（二）保险专业代理公司及分支机构未因涉嫌违法犯罪正接受有关部门调查；

（三）保险专业代理公司及分支机构最近1年内未发生30人以上群访群诉事件或者100人以上非正常集中退保事件；

（四）最近2年内设立的分支机构不存在运营未满1年退出市场的情形；

（五）具备完善的分支机构管理制度；

（六）新设分支机构有符合要求的营业场所、业务财务信息管理系统，以及与经营业务相匹配的其他设施；

（七）新设分支机构主要负责人符合本规定的任职条件；

（八）国务院保险监督管理机构规定的其他条件。

保险专业代理公司因严重失信行为被国家有关单位确定为失信联合惩戒对象且应当在保险领域受到相应惩戒的，或者最近5年内具有其他严重失信不良记录的，不得新设分支机构经营保险代理业务。

第十九条 保险专业代理公司分支机构应当在营业执照记载的登记之日起15日内，书面报告保险监督管理机构，在国务院保险监督管理机构规定的监管信息系统中登记相关信息，按照规定进行公开披露，并提交主要负责人的任职资格核准申请材料或者报告材料。

第二十条 保险兼业代理分支机构获得法人机构关于开展保险代理业务的授权后，可以开展保险代理业务，并应当及时通过国务院保险监督管理机构规定的监管信息系统报告相关情况。

保险兼业代理法人机构授权注册登记地以外的省、自治区、直辖市或者计划单列市的分支机构经营保险代理业务的，应当指定一家分支机构负责该区域全部保险代理业务管理事宜。

第二十一条 保险专业代理机构有下列情形之一的，应当自该情形发生之日起5日内，通过国务院保险监督管理机构规定的监管信息系统报告，并按照规定进行公开披露：

（一）变更名称、住所或者营业场所的；

（二）变更股东、注册资本或者组织形式的；

（三）变更股东姓名或者名称、出资额的；

（四）修改公司章程的；

（五）股权投资、设立境外保险类机构及非营业性机构的；

（六）分立、合并、解散，分支机构终止保险代理业务活动的；

（七）变更省级分公司以外分支机构主要负责人的；

（八）受到行政处罚、刑罚或者涉嫌违法犯罪正接受调查的；

（九）国务院保险监督管理机构规定的其他报告事项。

保险专业代理机构发生前款规定的相关情形，应当符合国务院保险监督管理机构相关规定。

第二十二条 保险兼业代理机构有下列情形之一的，应当自该情形发生之日起5日内，通过国务院保险监督管理机构规定的监管信息系统报告，并按照规定进行公开披露：

（一）变更名称、住所或者营业场所的；

（二）变更保险代理业务责任人的；

（三）变更对分支机构代理保险业务授权的；

（四）国务院保险监督管理机构规定的其他报告事项。

第二十三条 保险专业代理公司、保险兼业代理法人机构变更事项涉及许可证记载内容的，应当按照国务院保险监督管理机构有关规定办理许可证变更登记，交回原许可证，领取新许可证，并进行公告。

第二节 任职资格

第二十四条 本规定所称保险专业代理机构高级管理人员是指下列人员：

（一）保险专业代理公司的总经理、副总经理；

（二）省级分公司主要负责人；

（三）对公司经营管理行使重要职权的其他人员。

保险专业代理机构高级管理人员应当在任职前取得保险监督管理机构核准的任职资格。

第二十五条 保险专业代理机构高级管理人员应当具备下列条件：

（一）大学专科以上学历；

（二）从事金融工作3年以上或者从事经济工作5年以上；

（三）具有履行职责所需的经营管理能力，熟悉保险法律、行政法规及国务院保险监督管理机构的相关规定；

（四）诚实守信，品行良好。

从事金融工作10年以上的人员，学历要求可以不受第一款第（一）项的限制。

保险专业代理机构任用的省级分公司以外分支机构主要负责人应当具备前两款规定的条件。

第二十六条 有下列情形之一的人员，不得担任保险专业代理机构的高级管理人员和省级分公司以外分支机构主要负责人：

（一）无民事行为能力或者限制民事行为能力；

（二）因贪污、贿赂、侵占财产、挪用财产或者破坏社会主义市场秩序，被判处刑罚执行期满未逾5年，或者因犯罪被剥夺政治权利，执行期满未逾5年；

（三）担任破产清算的公司、企业的董事或者厂长、经理，对该公司、企业的破产负有个人责任的，自该公司、企业破产清算完结之日起未逾3年；

（四）担任因违法被吊销营业执照、责令关闭的公司、企业的法定代表人，并负有个人责任的，自该公司、企业被吊销营业执照之日起未逾3年；

（五）担任因违法被吊销许可证的保险公司或者保险中介机构的董事、监事或者高级管理人员，并对被吊销许可证负有个人责任或者直接领导责任的，自许可证被吊销之日起未逾3年；

（六）因违法行为或者违纪行为被金融监管机构取消任职资格的金融机构的董事、监事或者高级管理人员，自被取消任职资格之日起未逾5年；

（七）被金融监管机构决定在一定期限内禁止进入金融行业的，期限未满；

（八）受金融监管机构警告或者罚款未逾2年；

（九）正在接受司法机关、纪检监察部门或者金融监管机构调查；

（十）个人所负数额较大的债务到期未清偿；

（十一）因严重失信行为被国家有关单位确定为失信联合惩戒对象且应当在保险领域受到相应惩戒，或者最近5年内具有其他严重失信不良记录；

（十二）法律、行政法规和国务院保险监督管理机构规定的其他情形。

第二十七条 保险专业代理机构应当与高级管理人员、省级分公司以外分支机构主要负责人建立劳动关系，订立书面劳动合同。

第二十八条 保险专业代理机构高级管理人员、省级分公司以外分支机构主要负责人至多兼任2家分支机构的主要负责人。

保险专业代理机构高级管理人员和省级分公司以外分支机构主要负责人兼任其他经营管理职务的，应当具有必要的时间履行职务。

第二十九条 非经股东会或者股东大会批准，保险专业代理公司的高级管理人员和省级分公司以外分支机构主要负责人不得在存在利益冲突的机构中兼任职务。

第三十条 保险专业代理机构向保险监督管理机构提出高级管理人员任职资格核准申请的，应当如实填写申请表、提交相关材料。

保险监督管理机构可以对保险专业代理机构拟任高级管理人员进行考察或者谈话。

第三十一条 保险专业代理机构高级管理人员应当通过国务院保险监督管理机构认可的保险法规及相关知识测试。

第三十二条 保险专业代理机构高级管理人员在同一保险专业代理机构内部调任、兼任其他职务，无须重新核准任职资格。

保险专业代理机构调整、免除高级管理人员和省级分公司以外分支机构主要负责人职务，应当自决定作出之日起5日内在国务院保险监督管理机构规定的监管信息系统中登记相关信息，并按照规定进行公开披露。

第三十三条 保险专业代理机构的高级管理人员和省级分公司以外分支机构主要负责人因涉嫌犯罪被起诉的，保险专业代理机构应当自其被起诉之日起5日内和结案之日起5日内在国务院保险监督管理机构规定的监管信息系统中登记相关信息。

第三十四条 保险专业代理机构高级管理人员和省级分公司以外分支机构主要负责人有下列情形之一，保险专业代理机构已经任命的，应当免除其职务；经核准任职资格的，其任职资格自动失效：

（一）获得核准任职资格后，保险专业代理机构超过2个月未任命；

（二）从该保险专业代理机构离职；

（三）受到国务院保险监督管理机构禁止进入保险业的行政处罚；

（四）出现《中华人民共和国公司法》第一百四十六条规定的情形。

第三十五条 保险专业代理机构出现下列情形之一，可以指定临时负责人，但临时负责人任职时间最长不得超过3个月，并且不得就同一职务连续任命临时负责人：

（一）原负责人辞职或者被撤职；

（二）原负责人因疾病、意外事故等原因无法正常履行工作职责；

（三）国务院保险监督管理机构认可的其他特殊情况。

临时负责人应当具有与履行职责相当的能力，并应当符合本规定第二十五条、第二十六条的相关要求。

保险专业代理机构任命临时负责人的，应当自决定作出之日起5日内在国务院保险监督管理机构规定的监管信息系统中登记相关信息。

第三节 从业人员

第三十六条 保险公司应当委托品行良好的个人保险代理人。保险专业代理机构、保险兼业代理机构应当聘任品行良好的保险代理机构从业人员。

保险公司、保险专业代理机构、保险兼业代理机构应当加强对个人保险代理人、保险代理机构从业人员招录工作的管理，制定规范统一的招录政策、标准和流程。

有下列情形之一的，保险公司、保险专业代理机构、保险兼业代理机构不得聘任或者委托：

（一）因贪污、受贿、侵占财产、挪用财产或者破坏社会主义市场经济秩序，被判处刑罚，执行期满未逾5年的；

（二）被金融监管机构决定在一定期限内禁止进入金融行业，期限未满的；

（三）因严重失信行为被国家有关单位确定为失信联合惩戒对象且应当在保险领域受到相应惩戒，或者最近5年内具有其他严重失信不良记录的；

（四）法律、行政法规和国务院保险监督管理机构规定的其他情形。

第三十七条 个人保险代理人、保险代理机构从业人员应当具有从事保险代理业务所需的专业能力。保险公司、保险专业代理机构、保险兼业代理机构应当加强对个人保险代理人、保险代理机构从业人员的岗前培训和后续教育。培训内容至少应当包括业务知识、法律知识及职业道德。

保险公司、保险专业代理机构、保险兼业代理机构可以委托保险中介行业自律组织或者其他机构组织培训。

保险公司、保险专业代理机构、保险兼业代理机构应当建立完整的个人保险代理人、保险代理机构从业人员培训档案。

第三十八条 保险公司、保险专业代理机构、保险兼业代理机构应当按照规定为其个人保险代理人、保险代理机构从业人员进行执业登记。

个人保险代理人、保险代理机构从业人员只限于通过一家机构进行执业登记。

个人保险代理人、保险代理机构从业人员变更所属机构的，新所属机构应当为其进行执业登记，原所属机构应当在规定的时限内及时注销执业登记。

第三十九条 国务院保险监督管理机构对个人保险代理人实施分类管理，加快建立独立个人保险代理人制度。

第三章 经营规则

第四十条 保险专业代理公司应当将许可证、营业执照置于住所或者营业场所显著位置。

保险专业代理公司分支机构应当将加盖所属法人公章的许可证复印件、分支机构营业执照置于营业场所显著位置。

保险兼业代理机构应当按照国务院保险监督管理机构的有关规定放置许可证或者许可证复印件。

保险专业代理机构和兼业代理机构不得伪造、变造、出租、出借、转让许可证。

第四十一条 保险专业代理机构可以经营下列全部或者部分业务：

（一）代理销售保险产品；

（二）代理收取保险费；

（三）代理相关保险业务的损失勘查和理赔；

（四）国务院保险监督管理机构规定的其他相关业务。

第四十二条 保险兼业代理机构可以经营本规定第四十一条规定的第（一）、（二）项业务及国务院保险监督管理机构批准的其他业务。

保险公司兼营保险代理业务的，除同一保险集团内各保险子公司之间开展保险代理业务外，一家财产保险公司在一个会计年度内只能代理一家人身保险公司业务，一家人身保险公司在一个会计年度内只能代理一家财产保险公司业务。

第四十三条 保险代理人从事保险代理业务不得超出被代理保险公司的业务范围和经营区域；保险专业代理机构从事保险代理业务涉及异地共保、异地承保和统括保单，国务院保险监督管理机构另有规定的，从其规定。

除国务院保险监督管理机构另有规定外，保险兼业代理机构不得在主业营业场所外另设代理网点。

第四十四条 保险专业代理机构及其从业人员、个人保险代理人不得销售非保险金融产品，经相关金融监管部门审批的非保险金融产品除外。

保险专业代理机构及其从业人员、个人保险代理人销售符合条件的非保险金融产品前，应当具备相应的资质要求。

第四十五条 保险专业代理机构应当根据法律、行政法规和国务院保险监督管理机构的有关规定，依照职责明晰、强化制衡、加强风险管理的原则，建立完善的公司治理结构和制度；明确管控责任，构建合规体系，注重自我约束，加强内部追责，确保稳健运营。

第四十六条 个人保险代理人、保险代理机构从业人员应当在所属机构的授权范围内从事保险代理业务。

保险公司兼营保险代理业务的，其个人保险代理人可以根据授权，代为办理其他保险公司的保险业务。个人保险代理人所属保险公司应当及时变更执业登记，增加记载授权范围等事项。法律、行政法规和国务院保险监督管理机构另有规定的，适用其规定。

第四十七条 保险代理人通过互联网、电话经营保险代理业务，国务院保险监督管理机构另有规定的，适用其规定。

第四十八条 保险专业代理机构、保险兼业代理机构应当建立专门账簿，记载保险代理业务收支情况。

第四十九条 保险专业代理机构、保险兼业代理机构代收保险费的，应当开立独立的代收保险费账户进行结算。

保险专业代理机构、保险兼业代理机构应当开立独立的佣金收取账户。

保险专业代理机构、保险兼业代理机构开立、使用其他与经营保险代理业务有关银行账户的，应当符合国务院保险监督管理机构的规定。

第五十条 保险专业代理机构、保险兼业代理机构应当建立完整规范的业务档案。

保险专业代理机构业务档案至少应当包括下列内容：

（一）代理销售保单的基本情况，包括保险人、投保人、被保险人名称或者姓名，保单号，产品名称，保险金额，保险费，缴费方式，投保日期，保险期间等；

（二）保险费代收和交付被代理保险公司的情况；

（三）保险代理佣金金额和收取情况；

（四）为保险合同签订提供代理服务的保险代理机构从业人员姓名、领取报酬金额、领取报酬账户等；

（五）国务院保险监督管理机构规定的其他业务信息。

保险兼业代理机构的业务档案至少应当包括前款第（一）至（三）项内容，并应当列明为保险合同签订提供代理服务的保险兼业代理机构从业人员姓名及其执业登记编号。

保险专业代理机构、保险兼业代理机构的记录应当真实、完整。

第五十一条 保险代理人应当加强信息化建设，通过业务信息系统等途径及时向保险公司提供真实、完整的投保信息，并应当与保险公司依法约定对投保信息保密、合理使用等事项。

第五十二条 保险代理人应当妥善管理和使用被代理保险公司提供的各种单证、材料；代理关系终止后，应当在30日内将剩余的单证及材料交付被代理保险公司。

第五十三条 保险代理人从事保险代理业务，应当与被代理保险公司签订书面委托代理合同，依法约定双方的权利义务，并明确解付保费、支付佣金的时限和违约赔偿责任等事项。委托代理合同不得违反法律、行政法规及国务院保险监督管理机构有关规定。

保险代理人根据保险公司的授权代为办理保险业务的行为，由保险公司承担责任。保险代理人没有代理权、超越代理权或者代理权终止后以保险公司名义订立合同，使投保人有理由相信其有代理权的，该代理行为有效。

个人保险代理人、保险代理机构从业人员开展保险代理活动有违法违规行为的，其所属保险公司、保险专业代理机构、保险兼业代理机构依法承担法律责任。

第五十四条 除国务院保险监督管理机构另有规定外，保险专业代理机构、保险兼业代理机构在开展业务过程中，应当制作并出示客户告知书。客户告知书至少应当包括以下事项：

（一）保险专业代理机构或者保险兼业代理机构及被代理保险公司的名称、营业场所、业务范围、联系方式；

（二）保险专业代理机构的高级管理人员与被代理保险公司或者其他保险中介机构是否存在关联关系；

（三）投诉渠道及纠纷解决方式。

第五十五条 保险专业代理机构、保险兼业代理机构应当对被代理保险公司提供的宣传资料进行记录存档。

保险代理人不得擅自修改被代理保险公司提供的宣传资料。

第五十六条 保险专业代理机构、保险兼业代理机构应当妥善保管业务档案、会计账簿、业务台账、客户告知书以及佣金收入的原始凭证等有关资料，保管期限自保险合同终止之日起计算，保险期间在1年以下的不得少于5年，保险期间超过1年的不得少于10年。

第五十七条 保险代理人为政策性保险业务、政府委托业务提供服务的，佣金收取不得违反国务院保险监督管理机构的规定。

第五十八条 保险代理人应当向投保人全面披露保险产品相关信息，并明确说明保险合同中保险责任、责任减轻或者免除、退保及其他费用扣除、现金价值、犹豫期等条款。

第五十九条 保险专业代理公司应当按规定将监管费交付到国务院保险监督管理机构指定账户。国务院保险监督管理机构对监管费另有规定的，适用其规定。

第六十条 保险专业代理公司应当自取得许可证之日起20日内投保职业责任保险或者缴存保证金。

保险专业代理公司应当自投保职业责任保险或者缴存保证金之日起10日内，将职业责任保险保单复印件或者保证金存款协议复印件、保证金入账原始凭证复印件报送保险监督管理机构，并在国务院保险监督管理机构规定的监管信息系统中登记相关信息。

保险兼业代理机构应当按照国务院保险监督管理机构的规定投保职业责任保险或者缴存保证金。

第六十一条 保险专业代理公司投保职业责任保险，该保险应当持续有效。

保险专业代理公司投保的职业责任保险对一次事故的赔偿限额不得低于人民币100万元；一年期保单的累计赔偿限额不得低于人民币1000万元，且不得低于保险专业代理公司上年度的主营业务收入。

第六十二条 保险专业代理公司缴存保证金的，应当按照注册资本的5%缴存。保险专业代理公司增加注册资本的，应当按比例增加保证金数额。

保险专业代理公司应当足额缴存保证金。保证金应当以银行存款形式专户存储到商业银行，或者以国务院保险监督管理机构认可的其他形式缴存。

第六十三条 保险专业代理公司有下列情形之一的，可以动用保证金：

（一）注册资本减少；

（二）许可证被注销；

（三）投保符合条件的职业责任保险；

（四）国务院保险监督管理机构规定的其他情形。

保险专业代理公司应当自动用保证金之日起5日内书面报告保险监督管理机构。

第六十四条 保险专业代理公司应当在每一会计年度结束后聘请会计师事务所对本公司的资产、负债、利润等财务状况进行审计，并在每一会计年度结束后4个月内向保险监督管理机构报送相关审计报告。

保险专业代理公司应当根据规定向保险监督管理机构提交专项外部审计报告。

第六十五条 保险专业代理机构、保险兼业代理机构应当按照国务院保险监督管理机构的有关规定及时、准确、完整地报送报告、报表、文件和资料，并根据要求提交相关的电子文本。

保险专业代理机构、保险兼业代理机构报送的报告、报表、文件和资料应当由法定代表人、主要负责人或者其授权人签字，并加盖机构印章。

第六十六条 保险公司、保险专业代理机构、保险兼业代理机构不得委托未通过该机构进行执业登记的个人从事保险代理业务。国务院保险监督管理机构另有规定的除外。

第六十七条 保险公司、保险专业代理机构、保险兼业代理机构应当对个人保险代理人、保险代理机构从业人员进行执业登记信息管理，及时登记个人信息及授权范围等事项以及接受处罚、聘任或者委托关系终止等情况，确保执业登记信息的真实、准确、完整。

第六十八条 保险公司、保险专业代理机构、保险兼业代理机构应当承担对个人保险代理人、保险代理机构从业人员行为的管理责任，维护人员规范有序流动，强化日常管理、监测、追责，防范其超越授权范围或者从事违法违规活动。

第六十九条 保险公司应当制定个人保险代理人管理制度。明确界定负责团队组织管理的人员（以下简称团队主管）的职责，将个人保险代理人销售行为合规性与团队主管的考核、奖惩挂钩。个人保险代理人发生违法违规行为的，保险公司应当按照有关规定对团队主管追责。

第七十条 保险代理人及其从业人员在办理保险业务活动中不得有下列行为：

（一）欺骗保险人、投保人、被保险人或者受益人；

（二）隐瞒与保险合同有关的重要情况；

（三）阻碍投保人履行如实告知义务，或者诱导其不履行如实告知义务；

（四）给予或者承诺给予投保人、被保险人或者受益人保险合同约定以外的利益；

（五）利用行政权力、职务或者职业便利以及其他不正当手段强迫、引诱或者限制投保人订立保险合同；

（六）伪造、擅自变更保险合同，或者为保险合同当事人提供虚假证明材料；

（七）挪用、截留、侵占保险费或者保险金；

（八）利用业务便利为其他机构或者个人牟取不正当利益；

（九）串通投保人、被保险人或者受益人，骗取保险金；

（十）泄露在业务活动中知悉的保险人、投保人、被保险人的商业秘密。

第七十一条 个人保险代理人、保险代理机构从业人员不得聘用或者委托其他人员从事保险代理业务。

第七十二条 保险代理人及保险代理机构从业人员在开展保险代理业务过程中，不得索取、收受保险公司或其工作人员给予的合同约定之外的酬金、其他财物，或者利用执行保险代理业务之便牟取其他非法利益。

第七十三条 保险代理人不得以捏造、散布虚假事实等方式损害竞争对手的商业信誉，不得以虚假广告、虚假宣传或者其他不正当竞争行为扰乱保险市场秩序。

第七十四条 保险代理人不得与非法从事保险业务或者保险中介业务的机构或者个人发生保险代理业务往来。

第七十五条 保险代理人不得将保险佣金从代收的保险费中直接扣除。

第七十六条 保险代理人及保险代理机构从业人员不得违反规定代替投保人签订保险合同。

第七十七条 保险公司、保险专业代理机构以及保险兼业代理机构不得以缴纳费用或者购买保险产品作为招聘从业人员的条件，不得承诺不合理的高额回报，不得以直接或者间接发展人员的数量作为从业人员计酬的主要依据。

第七十八条 保险代理人自愿加入保险中介行业自律组织。

保险中介行业自律组织依法制定保险代理人自律规则，依据法律法规和自律规则，对保险代理人实行自律管理。

保险中介行业自律组织依法制定章程，按照

规定向批准其成立的登记管理机关申请审核，并报保险监督管理机构备案。

第四章 市场退出

第七十九条 保险专业代理公司、保险兼业代理法人机构退出保险代理市场，应当遵守法律、行政法规及其他相关规定。保险专业代理公司、保险兼业代理法人机构有下列情形之一的，保险监督管理机构依法注销许可证，并予以公告：

（一）许可证依法被撤回、撤销或者吊销的；

（二）因解散或者被依法宣告破产等原因依法终止的；

（三）法律、行政法规规定的其他情形。

被注销许可证的保险专业代理公司、保险兼业代理法人机构应当及时交回许可证原件；许可证无法交回的，保险监督管理机构在公告中予以说明。

被注销许可证的保险专业代理公司、保险兼业代理法人机构应当终止其保险代理业务活动。

第八十条 保险专业代理公司许可证注销后，公司继续存续的，不得从事保险代理业务，并应当依法办理名称、营业范围和公司章程等事项的变更登记，确保其名称中无“保险代理”字样。

保险兼业代理法人机构被保险监督管理机构依法吊销许可证的，3年之内不得再次申请许可证；因其他原因被依法注销许可证的，1年之内不得再次申请许可证。

第八十一条 有下列情形之一的，保险公司、保险专业代理机构、保险兼业代理机构应当在规定的时限内及时注销个人保险代理人、保险代理机构从业人员执业登记：

（一）个人保险代理人、保险代理机构从业人员受到禁止进入保险业的行政处罚；

（二）个人保险代理人、保险代理机构从业人员因其他原因终止执业；

（三）保险公司、保险专业代理机构、保险兼业代理机构停业、解散或者因其他原因不再继续经营保险代理业务；

（四）法律、行政法规和国务院保险监督管理机构规定的其他情形。

第八十二条 保险代理人终止保险代理业务活动，应妥善处理债权债务关系，不得损害投保人、被保险人、受益人的合法权益。

第五章 监督检查

第八十三条 国务院保险监督管理机构派出机构按照属地原则负责辖区内保险代理人的监管。

国务院保险监督管理机构派出机构应当注重对辖区内保险代理人的行为监管，依法进行现场检查和非现场监管，并实施行政处罚和采取其他监管措施。

国务院保险监督管理机构派出机构在依法对辖区内保险代理人实施行政处罚和采取其他监管措施时，应当同时依法对该行为涉及的保险公司实施行政处罚和采取其他监管措施。

第八十四条 保险监督管理机构根据监管需要，可以对保险专业代理机构的高级管理人员、省级分公司以外分支机构主要负责人或者保险兼业代理机构的保险代理业务责任人进行监管谈话，要求其就经营活动中的重大事项作出说明。

第八十五条 保险监督管理机构根据监管需要，可以委派监管人员列席保险专业代理公司的股东会或者股东大会、董事会。

第八十六条 保险专业代理公司、保险兼业代理法人机构的分支机构保险代理业务经营管理混乱，从事重大违法违规活动的，保险专业代理公司、保险兼业代理法人机构应当根据保险监督管理机构的监管要求，对分支机构采取限期整改、停业、撤销或者解除保险代理业务授权等措施。

第八十七条 保险监督管理机构依法对保险专业代理机构进行现场检查，主要包括下列内容：

（一）业务许可及相关事项是否依法获得批准或者履行报告义务；

（二）资本金是否真实、足额；

（三）保证金是否符合规定；

（四）职业责任保险是否符合规定；

（五）业务经营是否合法；

（六）财务状况是否真实；

（七）向保险监督管理机构提交的报告、报表及资料是否及时、完整和真实；

（八）内控制度是否符合国务院保险监督管理机构的有关规定；

（九）任用高级管理人员和省级分公司以外分支机构主要负责人是否符合规定；

（十）是否有效履行从业人员管理职责；

（十一）对外公告是否及时、真实；

（十二）业务、财务信息管理系统是否符合国务院保险监督管理机构的有关规定；

（十三）国务院保险监督管理机构规定的其他事项。

保险监督管理机构依法对保险兼业代理机构进行现场检查，主要包括前款规定除第（二）项、第（九）项以外的内容。

保险监督管理机构依法对保险公司是否有效履行对其个人保险代理人的管控职责进行现场检查。

第八十八条 保险监督管理机构依法履行职责，被检查、调查的单位和个人应当配合。

保险监督管理机构依法进行监督检查或者调查，其监督检查、调查的人员不得少于二人，并应当出示合法证件和监督检查、调查通知书；监督检查、调查的人员少于二人或者未出示合法证件和监督检查、调查通知书的，被检查、调查的单位和个人有权拒绝。

第八十九条 保险监督管理机构可以在现场检查中，委托会计师事务所等社会中介机构提供相关服务；保险监督管理机构委托上述中介机构提供服务的，应当签订书面委托协议。

保险监督管理机构应当将委托事项告知被检查的保险专业代理机构、保险兼业代理机构。

第六章　法律责任

第九十条 未取得许可证，非法从事保险代理业务的，由保险监督管理机构予以取缔，没收违法所得，并处违法所得1倍以上5倍以下罚款；没有违法所得或者违法所得不足5万元的，处5万元以上30万元以下罚款。

第九十一条 行政许可申请人隐瞒有关情况或者提供虚假材料申请相关保险代理业务许可或者申请其他行政许可的，保险监督管理机构不予受理或者不予批准，并给予警告，申请人在1年内不得再次申请该行政许可。

第九十二条 被许可人通过欺骗、贿赂等不正当手段取得保险代理业务许可或者其他行政许可的，由保险监督管理机构予以撤销，并依法给予行政处罚；申请人在3年内不得再次申请该行政许可。

第九十三条 保险专业代理机构聘任不具有任职资格的人员的，由保险监督管理机构责令改正，处2万元以上10万元以下罚款；对该机构直接负责的主管人员和其他直接责任人员，给予警告，并处1万元以上10万元以下罚款，情节严重的，撤销任职资格。

保险专业代理机构未按规定聘任省级分公司以外分支机构主要负责人或者未按规定任命临时负责人的，由保险监督管理机构责令改正，给予警告，并处1万元以下罚款；对该机构直接负责的主管人员和其他直接责任人员，给予警告，并处1万元以下罚款。

保险兼业代理机构未按规定指定保险代理业务责任人的，由保险监督管理机构责令改正，给予警告，并处1万元以下罚款；对该机构直接负责的主管人员和其他直接责任人员，给予警告，并处1万元以下罚款。

第九十四条 保险公司、保险专业代理机构、保险兼业代理机构未按规定委托或者聘任个人保险代理人、保险代理机构从业人员，或者未按规定进行执业登记和管理的，由保险监督管理机构责令改正，给予警告，并处1万元以下罚款；对该机构直接负责的主管人员和其他直接责任人员，给予警告，并处1万元以下罚款。

第九十五条 保险专业代理机构、保险兼业代理机构出租、出借或者转让许可证的，由保险监督管理机构责令改正，处1万元以上10万元以下罚款；情节严重的，责令停业整顿或者吊销许可证；对保险专业代理机构直接负责的主管人员和其他直接责任人员，给予警告，并处1万元以上10万元以下罚款，情节严重的，撤销任职资格；对保险兼业代理机构直接负责的主管人员和其他直接责任人员，给予警告，并处1万元以下罚款。

第九十六条 保险专业代理机构、保险兼业代理机构在许可证使用过程中，有下列情形之一的，由保险监督管理机构责令改正，给予警告，没有违法所得的，处1万元以下罚款，有违法所得的，处违法所得3倍以下罚款，但最高不得超过3万元；对该机构直接负责的主管人员和其他直接责任人员，给予警告，并处1万元以下罚款：

（一）未按规定放置许可证的；

（二）未按规定办理许可证变更登记的；

（三）未按规定交回许可证的；

（四）未按规定进行公告的。

第九十七条 保险专业代理机构、保险兼业代理机构有下列情形之一的，由保险监督管理机构责令改正，处2万元以上10万元以下罚款；情节严重的，责令停业整顿或者吊销许可证；对保险专业代理机构直接负责的主管人员和其他直接责任人员，给予警告，并处1万元以上10万元以下罚款，情节严重的，撤销任职资格；对保险兼业代理机构直接负责的主管人员和其他直接责任人员，给予警告，并处1万元以下罚款：

（一）未按照规定缴存保证金或者投保职业责任保险的；

（二）未按规定设立专门账簿记载业务收支情况的。

第九十八条 保险专业代理机构未按本规定设立分支机构或者保险兼业代理分支机构未按本规定获得法人机构授权经营保险代理业务的，由保险监督管理机构责令改正，给予警告，没有违法所得的，处1万元以下罚款，有违法所得的，处违法所得3倍以下的罚款，但最高不得超过3万元；对该机构直接负责的主管人员和其他直接责任人员，给予警告，并处1万元以下罚款。

第九十九条 保险专业代理机构、保险兼业代理机构有下列情形之一的，由保险监督管理机构责令改正，给予警告，没有违法所得的，处1万元以下罚款，有违法所得的，处违法所得3倍以下的罚款，但最高不得超过3万元；对该机构直接负责的主管人员和其他直接责任人员，给予警告，并处1万元以下罚款：

（一）超出规定的业务范围、经营区域从事保险代理业务活动的；

（二）与非法从事保险业务或者保险中介业务的机构或者个人发生保险代理业务往来的。

第一百条 保险专业代理机构、保险兼业代理机构违反本规定第四十三条的，由保险监督管理机构责令改正，给予警告，没有违法所得的，处1万元以下罚款，有违法所得的，处违法所得3倍以下罚款，但最高不得超过3万元；对该机构直接负责的主管人员和其他直接责任人员，给予警告，并处1万元以下罚款。

第一百零一条 保险专业代理机构、保险兼业代理机构违反本规定第五十一条、第五十四条的，由保险监督管理机构责令改正，给予警告，并处1万元以下罚款；对该机构直接负责的主管人员和其他直接责任人员，给予警告，并处1万元以下罚款。

第一百零二条 保险专业代理机构、保险兼业代理机构有本规定第七十条所列情形之一的，由保险监督管理机构责令改正，处5万元以上30万元以下罚款；情节严重的，吊销许可证；对保险专业代理机构直接负责的主管人员和其他直接责任人员，给予警告，并处1万元以上10万元以下罚款，情节严重的，撤销任职资格；对保险兼业代理机构直接负责的主管人员和其他直接责任人员，给予警告，并处1万元以下罚款。

第一百零三条 个人保险代理人、保险代理机构从业人员聘用或者委托其他人员从事保险代理业务的，由保险监督管理机构给予警告，没有违法所得的，处1万元以下罚款，有违法所得的，处违法所得3倍以下罚款，但最高不得超过3万元。

第一百零四条 保险专业代理机构、保险兼业代理机构违反本规定第七十二条的，由保险监督管理机构给予警告，没有违法所得的，处1万元以下罚款，有违法所得的，处违法所得3倍以下罚款，但最高不得超过3万元；对该机构直接负责的主管人员和其他直接责任人员，给予警告，并处1万元以下罚款。

第一百零五条 保险专业代理机构、保险兼业代理机构违反本规定第七十三条、第七十七条的，由保险监督管理机构给予警告，没有违法所得的，处1万元以下罚款，有违法所得的，处违法所得3倍以下罚款，但最高不得超过3万元；对该机构直接负责的主管人员和其他直接责任人员，给予警告，并处1万元以下罚款。

第一百零六条 保险专业代理机构、保险兼业代理机构未按本规定报送或者保管报告、报表、文件、资料的，或者未按照本规定提供有关信息、资料的，由保险监督管理机构责令限期改正；逾期不改正的，处1万元以上10万元以下罚款；对保险专业代理机构直接负责的主管人员和其他直接责任人员，给予警告，并处1万元以上10万元以下罚款，情节严重的，撤销任职资格；对保险兼业代理机构直接负责的主管人员和其他直接责任人员，给予警告，并处1万元以下罚款。

第一百零七条 保险专业代理机构、保险兼业代理机构有下列情形之一的，由保险监督管理机构责令改正，处10万元以上50万元以下罚款；

情节严重的,可以限制其业务范围、责令停止接受新业务或者吊销许可证;对保险专业代理机构直接负责的主管人员和其他直接责任人员,给予警告,并处1万元以上10万元以下罚款,情节严重的,撤销任职资格;对保险兼业代理机构直接负责的主管人员和其他直接责任人员,给予警告,并处1万元以下罚款:

(一)编制或者提供虚假的报告、报表、文件或者资料的;

(二)拒绝或者妨碍依法监督检查的。

第一百零八条 保险专业代理机构、保险兼业代理机构有下列情形之一的,由保险监督管理机构责令改正,给予警告,没有违法所得的,处1万元以下罚款,有违法所得的,处违法所得3倍以下罚款,但最高不得超过3万元;对该机构直接负责的主管人员和其他直接责任人员,给予警告,并处1万元以下罚款:

(一)未按规定托管注册资本的;

(二)未按规定建立或者管理业务档案的;

(三)未按规定使用银行账户的;

(四)未按规定进行信息披露的;

(五)未按规定缴纳监管费的;

(六)违反规定代替投保人签订保险合同的;

(七)违反规定动用保证金的;

(八)违反规定开展互联网保险业务的;

(九)从代收保险费中直接扣除保险佣金的。

第一百零九条 个人保险代理人、保险代理机构从业人员违反本规定,依照《保险法》或者其他法律、行政法规应当予以处罚的,由保险监督管理机构依照相关法律、行政法规进行处罚;法律、行政法规未作规定的,由保险监督管理机构给予警告,没有违法所得的,处1万元以下罚款,有违法所得的,处违法所得3倍以下罚款,但最高不得超过3万元。

第一百一十条 保险公司违反本规定,由保险监督管理机构依照法律、行政法规进行处罚;法律、行政法规未作规定的,对保险公司给予警告,没有违法所得的,处1万元以下罚款,有违法所得的,处违法所得3倍以下罚款,但最高不得超过3万元;对其直接负责的主管人员和其他直接责任人员,给予警告,并处1万元以下罚款。

第一百一十一条 违反法律和行政法规的规定,情节严重的,国务院保险监督管理机构可以禁止有关责任人员一定期限直至终身进入保险业。

第一百一十二条 保险专业代理机构的高级管理人员或者从业人员,离职后被发现在原工作期间违反保险监督管理规定的,应当依法追究其责任。

第一百一十三条 保险监督管理机构从事监督管理工作的人员有下列情形之一的,依法给予行政处分;构成犯罪的,依法追究刑事责任:

(一)违反规定批准代理机构经营保险代理业务的;

(二)违反规定核准高级管理人员任职资格的;

(三)违反规定对保险代理人进行现场检查的;

(四)违反规定对保险代理人实施行政处罚的;

(五)违反规定干预保险代理市场佣金水平的;

(六)滥用职权、玩忽职守的其他行为。

第七章 附 则

第一百一十四条 本规定所称保险专业中介机构指保险专业代理机构、保险经纪人和保险公估人。

本规定所称保险中介机构是指保险专业中介机构和保险兼业代理机构。

第一百一十五条 经保险监督管理机构批准经营保险代理业务的外资保险专业代理机构适用本规定,法律、行政法规另有规定的,适用其规定。

采取公司以外的组织形式的保险专业代理机构的设立和管理参照本规定,国务院保险监督管理机构另有规定的,适用其规定。

第一百一十六条 本规定施行前依法设立的保险代理公司继续保留,不完全具备本规定条件的,具体适用办法由国务院保险监督管理机构另行规定。

第一百一十七条 本规定要求提交的各种表格格式由国务院保险监督管理机构制定。

第一百一十八条 本规定中有关“5日”“10日”“15日”“20日”的规定是指工作日,不含法定节假日。

本规定所称“以上”“以下”均含本数。

第一百一十九条 本规定自2021年1月1日

起施行,原中国保监会2009年9月25日发布的《保险专业代理机构监管规定》(中国保险监督管理委员会令2009年第5号)、2013年1月6日发布的《保险销售从业人员监管办法》(中国保险监督管理委员会令2013年第2号)、2013年4月27日发布的《中国保险监督管理委员会关于修改〈保险专业代理机构监管规定〉的决定》(中国保险监督管理委员会令2013年第7号)、2000年8月4日发布的《保险兼业代理管理暂行办法》(保监发〔2000〕144号)同时废止。

专利代理管理办法

· 2019年4月4日国家市场监督管理总局令第6号公布

· 自2019年5月1日起施行

第一章 总 则

第一条 为了规范专利代理行为,保障委托人、专利代理机构以及专利代理师的合法权益,维护专利代理行业的正常秩序,促进专利代理行业健康发展,根据《中华人民共和国专利法》《专利代理条例》以及其他有关法律、行政法规的规定,制定本办法。

第二条 国家知识产权局和省、自治区、直辖市人民政府管理专利工作的部门依法对专利代理机构和专利代理师进行管理和监督。

第三条 国家知识产权局和省、自治区、直辖市人民政府管理专利工作的部门应当按照公平公正公开、依法有序、透明高效的原则对专利代理执业活动进行检查和监督。

第四条 专利代理机构和专利代理师可以依法成立和参加全国性或者地方性专利代理行业组织。专利代理行业组织是社会团体,是专利代理师的自律性组织。

专利代理行业组织应当制定专利代理行业自律规范,行业自律规范不得与法律、行政法规、部门规章相抵触。专利代理机构、专利代理师应当遵守行业自律规范。

第五条 专利代理机构和专利代理师执业应当遵守法律、行政法规和本办法,恪守职业道德、执业纪律,诚实守信,规范执业,提升专利代理质量,维护委托人的合法权益和专利代理行业正常秩序。

第六条 国家知识产权局和省、自治区、直辖市人民政府管理专利工作的部门可以根据实际情况,通过制定政策、建立机制等措施,支持引导专利代理机构为小微企业以及无收入或者低收入的发明人、设计人提供专利代理援助服务。

鼓励专利代理行业组织和专利代理机构利用自身资源开展专利代理援助工作。

第七条 国家知识产权局和省、自治区、直辖市人民政府管理专利工作的部门应当加强电子政务建设和专利代理公共信息发布,优化专利代理管理系统,方便专利代理机构、专利代理师和公众办理事务、查询信息。

第八条 任何单位、个人未经许可,不得代理专利申请和宣告专利权无效等业务。

第二章 专利代理机构

第九条 专利代理机构的组织形式应当为合伙企业、有限责任公司等。合伙人、股东应当为中国公民。

第十条 合伙企业形式的专利代理机构申请办理执业许可证的,应当具备下列条件:

(一)有符合法律、行政法规和本办法第十四条规定的专利代理机构名称;

(二)有书面合伙协议;

(三)有独立的经营场所;

(四)有两名以上合伙人;

(五)合伙人具有专利代理师资格证,并有两年以上专利代理师执业经历。

第十一条 有限责任公司形式的专利代理机构申请办理执业许可证的,应当具备下列条件:

(一)有符合法律、行政法规和本办法第十四条规定的专利代理机构名称;

(二)有书面公司章程;

(三)有独立的经营场所;

(四)有五名以上股东;

(五)五分之四以上股东以及公司法定代表人具有专利代理师资格证,并有两年以上专利代理师执业经历。

第十二条 律师事务所申请办理执业许可证的,应当具备下列条件:

(一)有独立的经营场所;

（二）有两名以上合伙人或者专职律师具有专利代理师资格证。

第十三条 有下列情形之一的，不得作为专利代理机构的合伙人、股东：

（一）不具有完全民事行为能力；

（二）因故意犯罪受过刑事处罚；

（三）不能专职在专利代理机构工作；

（四）所在专利代理机构解散或者被撤销、吊销执业许可证，未妥善处理各种尚未办结的专利代理业务。

专利代理机构以欺骗、贿赂等不正当手段取得执业许可证，被依法撤销、吊销的，其合伙人、股东、法定代表人自处罚决定作出之日起三年内不得在专利代理机构新任合伙人或者股东、法定代表人。

第十四条 专利代理机构只能使用一个名称。除律师事务所外，专利代理机构的名称中应当含有"专利代理"或者"知识产权代理"等字样。专利代理机构分支机构的名称由专利代理机构全名称、分支机构所在城市名称或者所在地区名称和"分公司"或者"分所"等组成。

专利代理机构的名称不得在全国范围内与正在使用或者已经使用过的专利代理机构的名称相同或者近似。

律师事务所申请办理执业许可证的，可以使用该律师事务所的名称。

第十五条 申请专利代理机构执业许可证的，应当通过专利代理管理系统向国家知识产权局提交申请书和下列申请材料：

（一）合伙企业形式的专利代理机构应当提交营业执照、合伙协议和合伙人身份证件扫描件；

（二）有限责任公司形式的专利代理机构应当提交营业执照、公司章程和股东身份证件扫描件；

（三）律师事务所应当提交律师事务所执业许可证和具有专利代理师资格证的合伙人、专职律师身份证件扫描件。

申请人应当对其申请材料实质内容的真实性负责。必要时，国家知识产权局可以要求申请人提供原件进行核实。法律、行政法规和国务院决定另有规定的除外。

第十六条 申请材料不符合本办法第十五条规定的，国家知识产权局应当自收到申请材料之日起五日内一次告知申请人需要补正的全部内容，逾期未告知的，自收到申请材料之日起视为受理；申请材料齐全、符合法定形式，或者申请人按照要求提交全部补正申请材料的，应当受理该申请。受理或者不予受理申请的，应当书面通知申请人并说明理由。

国家知识产权局应当自受理之日起十日内予以审核，对符合规定条件的，予以批准，向申请人颁发专利代理机构执业许可证；对不符合规定条件的，不予批准，书面通知申请人并说明理由。

第十七条 专利代理机构名称、经营场所、合伙协议或者公司章程、合伙人或者执行事务合伙人、股东或者法定代表人发生变化的，应当自办理企业变更登记之日起三十日内向国家知识产权局申请办理变更手续；律师事务所具有专利代理师资格证的合伙人或者专职律师等事项发生变化的，应当自司法行政部门批准之日起三十日内向国家知识产权局申请办理变更手续。

国家知识产权局应当自申请受理之日起十日内作出相应决定，对符合本办法规定的事项予以变更。

第十八条 专利代理机构在国家知识产权局登记的信息应当与其在市场监督管理部门或者司法行政部门的登记信息一致。

第十九条 专利代理机构解散或者不再办理专利代理业务的，应当在妥善处理各种尚未办结的业务后，向国家知识产权局办理注销专利代理机构执业许可证手续。

专利代理机构注销营业执照，或者营业执照、执业许可证被撤销、吊销的，应当在营业执照注销三十日前或者接到撤销、吊销通知书之日起三十日内通知委托人解除委托合同，妥善处理尚未办结的业务，并向国家知识产权局办理注销专利代理机构执业许可证的手续。未妥善处理全部专利代理业务的，专利代理机构的合伙人、股东不得办理专利代理师执业备案变更。

第二十条 专利代理机构设立分支机构办理专利代理业务的，应当具备下列条件：

（一）办理专利代理业务时间满两年；

（二）有十名以上专利代理师执业，拟设分支机构应当有一名以上专利代理师执业，并且分支机构负责人应当具有专利代理师资格证；

（三）专利代理师不得同时在两个以上的分支机构担任负责人；

（四）设立分支机构前三年内未受过专利代理行政处罚；

（五）设立分支机构时未被列入经营异常名录或者严重违法失信名单。

第二十一条 专利代理机构的分支机构不得以自己的名义办理专利代理业务。专利代理机构应当对其分支机构的执业活动承担法律责任。

第二十二条 专利代理机构设立、变更或者注销分支机构的，应当自完成分支机构相关企业或者司法登记手续之日起三十日内，通过专利代理管理系统向分支机构所在地的省、自治区、直辖市人民政府管理专利工作的部门进行备案。

备案应当填写备案表并上传下列材料：

（一）设立分支机构的，上传分支机构营业执照或者律师事务所分所执业许可证扫描件；

（二）变更分支机构注册事项的，上传变更以后的分支机构营业执照或者律师事务所分所执业许可证扫描件；

（三）注销分支机构的，上传妥善处理完各种事项的说明。

第二十三条 专利代理机构应当建立健全质量管理、利益冲突审查、投诉处理、年度考核等执业管理制度以及人员管理、财务管理、档案管理等运营制度，对专利代理师在执业活动中遵守职业道德、执业纪律的情况进行监督。

专利代理机构的股东应当遵守国家有关规定，恪守专利代理职业道德、执业纪律，维护专利代理行业正常秩序。

第二十四条 专利代理机构通过互联网平台宣传、承接专利代理业务的，应当遵守《中华人民共和国电子商务法》等相关规定。

前款所述专利代理机构应当在首页显著位置持续公示并及时更新专利代理机构执业许可证等信息。

第三章 专利代理师

第二十五条 专利代理机构应当依法按照自愿和协商一致的原则与其聘用的专利代理师订立劳动合同。专利代理师应当受专利代理机构指派承办专利代理业务，不得自行接受委托。

第二十六条 专利代理师执业应当符合下列条件：

（一）具有完全民事行为能力；

（二）取得专利代理师资格证；

（三）在专利代理机构实习满一年，但具有律师执业经历或者三年以上专利审查经历的人员除外；

（四）在专利代理机构担任合伙人、股东，或者与专利代理机构签订劳动合同；

（五）能专职从事专利代理业务。

符合前款所列全部条件之日为执业之日。

第二十七条 专利代理实习人员进行专利代理业务实习，应当接受专利代理机构的指导。

第二十八条 专利代理师首次执业的，应当自执业之日起三十日内通过专利代理管理系统向专利代理机构所在地的省、自治区、直辖市人民政府管理专利工作的部门进行执业备案。

备案应当填写备案表并上传下列材料：

（一）本人身份证件扫描件；

（二）与专利代理机构签订的劳动合同；

（三）实习评价材料。

专利代理师应当对其备案材料实质内容的真实性负责。必要时，省、自治区、直辖市人民政府管理专利工作的部门可以要求提供原件进行核实。

第二十九条 专利代理师从专利代理机构离职的，应当妥善办理业务移交手续，并自离职之日起三十日内通过专利代理管理系统向专利代理机构所在地的省、自治区、直辖市人民政府管理专利工作的部门提交解聘证明等，进行执业备案变更。

专利代理师转换执业专利代理机构的，应当自转换执业之日起三十日内进行执业备案变更，上传与专利代理机构签订的劳动合同或者担任股东、合伙人的证明。

未在规定时间内变更执业备案的，视为逾期未主动履行备案变更手续，省、自治区、直辖市人民政府管理专利工作的部门核实后可以直接予以变更。

第四章 专利代理行业组织

第三十条 专利代理行业组织应当严格行业自律，组织引导专利代理机构和专利代理师依法规范执业，不断提高行业服务水平。

第三十一条 国家知识产权局和省、自治区、直辖市人民政府管理专利工作的部门根据国家有关规定对专利代理行业组织进行监督和管理。

第三十二条 专利代理行业组织应当依法履行下列职责：

（一）维护专利代理机构和专利代理师的合法权益；

（二）制定行业自律规范，加强行业自律，对会员实施考核、奖励和惩戒，及时向社会公布其吸纳的会员信息和对会员的惩戒情况；

（三）组织专利代理机构、专利代理师开展专利代理援助服务；

（四）组织专利代理师实习培训和执业培训，以及职业道德、执业纪律教育；

（五）按照国家有关规定推荐专利代理师担任诉讼代理人；

（六）指导专利代理机构完善管理制度，提升专利代理服务质量；

（七）指导专利代理机构开展实习工作；

（八）开展专利代理行业国际交流；

（九）其他依法应当履行的职责。

第三十三条 专利代理行业组织应当建立健全非执业会员制度，鼓励取得专利代理师资格证的非执业人员参加专利代理行业组织、参与专利代理行业组织事务，加强非执业会员的培训和交流。

第五章 专利代理监管

第三十四条 国家知识产权局组织指导全国的专利代理机构年度报告、经营异常名录和严重违法失信名单的公示工作。

第三十五条 专利代理机构应当按照国家有关规定提交年度报告。年度报告应当包括以下内容：

（一）专利代理机构通信地址、邮政编码、联系电话、电子邮箱等信息；

（二）执行事务合伙人或者法定代表人、合伙人或者股东、专利代理师的姓名，从业人数信息；

（三）合伙人、股东的出资额、出资时间、出资方式等信息；

（四）设立分支机构的信息；

（五）专利代理机构通过互联网等信息网络提供专利代理服务的信息网络平台名称、网址等信息；

（六）专利代理机构办理专利申请、宣告专利权无效、转让、许可、纠纷的行政处理和诉讼、质押融资等业务信息；

（七）专利代理机构资产总额、负债总额、营业总收入、主营业务收入、利润总额、净利润、纳税总额等信息；

（八）专利代理机构设立境外分支机构、其从业人员获得境外专利代理从业资质的信息；

（九）其他应当予以报告的信息。

律师事务所可仅提交其从事专利事务相关的内容。

第三十六条 国家知识产权局以及省、自治区、直辖市人民政府管理专利工作的部门的工作人员应当对专利代理机构年度报告中不予公示的内容保密。

第三十七条 专利代理机构有下列情形之一的，按照国家有关规定列入经营异常名录：

（一）未在规定的期限提交年度报告；

（二）取得专利代理机构执业许可证或者提交年度报告时提供虚假信息；

（三）擅自变更名称、办公场所、执行事务合伙人或者法定代表人、合伙人或者股东；

（四）分支机构设立、变更、注销未按照规定办理备案手续；

（五）不再符合执业许可条件，省、自治区、直辖市人民政府管理专利工作的部门责令其整改，期限届满仍不符合条件；

（六）专利代理机构公示信息与其在市场监督管理部门或者司法行政部门的登记信息不一致；

（七）通过登记的经营场所无法联系。

第三十八条 专利代理机构有下列情形之一的，按照国家有关规定列入严重违法失信名单：

（一）被列入经营异常名录满三年仍未履行相关义务；

（二）受到责令停止承接新的专利代理业务、吊销专利代理机构执业许可证的专利代理行政处罚。

第三十九条 国家知识产权局指导省、自治区、直辖市人民政府管理专利工作的部门对专利代理机构和专利代理师的执业活动情况进行检查、监督。

专利代理机构跨省设立分支机构的，其分支机构应当由分支机构所在地的省、自治区、直辖市人民政府管理专利工作的部门进行检查、监督。该专利代理机构所在地的省、自治区、直辖市人民政府管理专利工作的部门应当予以协助。

第四十条 国家知识产权局和省、自治区、直辖市人民政府管理专利工作的部门应当采取书面检查、实地检查、网络监测等方式对专利代理机构和专利代理师进行检查、监督。

在检查过程中应当随机抽取检查对象,随机选派执法检查人员。发现违法违规情况的,应当及时依法处理,并向社会公布检查、处理结果。对已被列入经营异常名录或者严重违法失信名单的专利代理机构,省、自治区、直辖市人民政府管理专利工作的部门应当进行实地检查。

第四十一条 省、自治区、直辖市人民政府管理专利工作的部门应当重点对下列事项进行检查、监督:

(一)专利代理机构是否符合执业许可条件;

(二)专利代理机构合伙人、股东以及法定代表人是否符合规定;

(三)专利代理机构年度报告的信息是否真实、完整、有效,与其在市场监督管理部门或者司法行政部门公示的信息是否一致;

(四)专利代理机构是否存在本办法第三十七条规定的情形;

(五)专利代理机构是否建立健全执业管理制度和运营制度等情况;

(六)专利代理师是否符合执业条件并履行备案手续;

(七)未取得专利代理执业许可的单位或者个人是否存在擅自开展专利代理业务的违法行为。

第四十二条 省、自治区、直辖市人民政府管理专利工作的部门依法进行检查监督时,应当将检查监督的情况和处理结果予以记录,由检查监督人员签字后归档。

当事人应当配合省、自治区、直辖市人民政府管理专利工作的部门的检查监督,接受询问,如实提供有关情况和材料。

第四十三条 国家知识产权局和省、自治区、直辖市人民政府管理专利工作的部门对存在违法违规行为的机构或者人员,可以进行警示谈话、提出意见,督促及时整改。

第四十四条 国家知识产权局和省、自治区、直辖市人民政府管理专利工作的部门应当督促专利代理机构贯彻实施专利代理相关服务规范,引导专利代理机构提升服务质量。

第四十五条 国家知识产权局应当及时向社会公布专利代理机构执业许可证取得、变更、注销、撤销、吊销等相关信息,以及专利代理师的执业备案、撤销、吊销等相关信息。

国家知识产权局和省、自治区、直辖市人民政府管理专利工作的部门应当及时向社会公示专利代理机构年度报告信息,列入或者移出经营异常名录、严重违法失信名单信息,行政处罚信息,以及对专利代理执业活动的检查情况。行政处罚、检查监督结果纳入国家企业信用信息公示系统向社会公布。

律师事务所、律师受到专利代理行政处罚的,应当由国家知识产权局和省、自治区、直辖市人民政府管理专利工作的部门将信息通报相关司法行政部门。

第六章 专利代理违法行为的处理

第四十六条 任何单位或者个人认为专利代理机构、专利代理师的执业活动违反专利代理管理有关法律、行政法规、部门规章规定,或者认为存在擅自开展专利代理业务情形的,可以向省、自治区、直辖市人民政府管理专利工作的部门投诉和举报。

省、自治区、直辖市人民政府管理专利工作的部门收到投诉和举报后,应当依据市场监督管理投诉举报处理办法、行政处罚程序等有关规定进行调查处理。本办法另有规定的除外。

第四十七条 对具有重大影响的专利代理违法违规行为,国家知识产权局可以协调或者指定有关省、自治区、直辖市人民政府管理专利工作的部门进行处理。对于专利代理违法行为的处理涉及两个以上省、自治区、直辖市人民政府管理专利工作的部门的,可以报请国家知识产权局组织协调处理。

对省、自治区、直辖市人民政府管理专利工作的部门专利代理违法行为处理工作,国家知识产权局依法进行监督。

第四十八条 省、自治区、直辖市人民政府管理专利工作的部门可以依据本地实际,要求下一级人民政府管理专利工作的部门协助处理专利代理违法违规行为;也可以依法委托有实际处理能力的管理公共事务的事业组织处理专利代理违法违规行为。

委托方应当对受托方的行为进行监督和指导,并承担法律责任。

第四十九条 省、自治区、直辖市人民政府管理专利工作的部门应当及时、全面、客观、公正地调查收集与案件有关的证据。可以通过下列方式对案件事实进行调查核实:

(一)要求当事人提交书面意见陈述;

(二)询问当事人;

(三)到当事人所在地进行现场调查,可以调阅有关业务案卷和档案材料;

(四)其他必要、合理的方式。

第五十条 案件调查终结后,省、自治区、直辖市人民政府管理专利工作的部门认为应当对专利代理机构作出责令停止承接新的专利代理业务、吊销执业许可证,或者对专利代理师作出责令停止承办新的专利代理业务、吊销专利代理师资格证行政处罚的,应当及时报送调查结果和处罚建议,提请国家知识产权局处理。

第五十一条 专利代理机构有下列情形之一的,属于《专利代理条例》第二十五条规定的"疏于管理,造成严重后果"的违法行为:

(一)因故意或者重大过失给委托人、第三人利益造成损失,或者损害社会公共利益;

(二)从事非正常专利申请行为,严重扰乱专利工作秩序;

(三)诋毁其他专利代理师、专利代理机构,以不正当手段招揽业务,存在弄虚作假行为,严重扰乱行业秩序,受到有关行政机关处罚;

(四)严重干扰专利审查工作或者专利行政执法工作正常进行;

(五)专利代理师从专利代理机构离职未妥善办理业务移交手续,造成严重后果;

(六)专利代理机构执业许可证信息与市场监督管理部门、司法行政部门的登记信息或者实际情况不一致,未按照要求整改,给社会公众造成重大误解;

(七)分支机构设立、变更、注销不符合规定的条件或者没有按照规定备案,严重损害当事人利益;

(八)默许、指派专利代理师在未经其本人撰写或者审核的专利申请等法律文件上签名,严重损害当事人利益;

(九)涂改、倒卖、出租、出借专利代理机构执业许可证,严重扰乱行业秩序。

第五十二条 有下列情形之一的,属于《专利代理条例》第二十七条规定的"擅自开展专利代理业务"的违法行为:

(一)通过租用、借用等方式利用他人资质开展专利代理业务;

(二)未取得专利代理机构执业许可证或者不符合专利代理师执业条件,擅自代理专利申请、宣告专利权无效等相关业务,或者以专利代理机构、专利代理师的名义招揽业务;

(三)专利代理机构执业许可证或者专利代理师资格证被撤销或者吊销后,擅自代理专利申请、宣告专利权无效等相关业务,或者以专利代理机构、专利代理师的名义招揽业务。

第五十三条 专利代理师对其签名办理的专利代理业务负责。对于非经本人办理的专利事务,专利代理师有权拒绝在相关法律文件上签名。

专利代理师因专利代理质量等原因给委托人、第三人利益造成损失或者损害社会公共利益的,省、自治区、直辖市人民政府管理专利工作的部门可以对签名的专利代理师予以警告。

第五十四条 国家知识产权局按照有关规定,对专利代理领域严重失信主体开展联合惩戒。

第五十五条 法律、行政法规对专利代理机构经营活动违法行为的处理另有规定的,从其规定。

第七章 附 则

第五十六条 本办法由国家市场监督管理总局负责解释。

第五十七条 本办法中二十日以内期限的规定是指工作日,不含法定节假日。

第五十八条 本办法自 2019 年 5 月 1 日起施行。2015 年 4 月 30 日国家知识产权局令第 70 号发布的《专利代理管理办法》、2002 年 12 月 12 日国家知识产权局令第 25 号发布的《专利代理惩戒规则(试行)》同时废止。

商标代理监督管理规定

·2022年10月27日国家市场监督管理总局令第63号公布
·自2022年12月1日起施行

第一章 总 则

第一条 为了规范商标代理行为，提升商标代理服务质量，维护商标代理市场的正常秩序，促进商标代理行业健康发展，根据《中华人民共和国商标法》（以下简称商标法）、《中华人民共和国商标法实施条例》（以下简称商标法实施条例）以及其他有关法律法规，制定本规定。

第二条 商标代理机构接受委托人的委托，可以以委托人的名义在代理权限范围内依法办理以下事宜：

（一）商标注册申请；

（二）商标变更、续展、转让、注销；

（三）商标异议；

（四）商标撤销、无效宣告；

（五）商标复审、商标纠纷的处理；

（六）其他商标事宜。

本规定所称商标代理机构，包括经市场主体登记机关依法登记从事商标代理业务的服务机构和从事商标代理业务的律师事务所。

第三条 商标代理机构和商标代理从业人员应当遵守法律法规和国家有关规定，遵循诚实信用原则，恪守职业道德，规范从业行为，提升商标代理服务质量，维护委托人的合法权益和商标代理市场正常秩序。

本规定所称商标代理从业人员包括商标代理机构的负责人，以及受商标代理机构指派承办商标代理业务的本机构工作人员。

商标代理从业人员应当遵纪守法，有良好的信用状况，品行良好，熟悉商标法律法规，具备依法从事商标代理业务的能力。

第四条 商标代理行业组织是商标代理行业的自律性组织。

商标代理行业组织应当严格行业自律，依照章程规定，制定行业自律规范和惩戒规则，加强业务培训和职业道德、职业纪律教育，组织引导商标代理机构和商标代理从业人员依法规范从事代理业务，不断提高行业服务水平。

知识产权管理部门依法加强对商标代理行业组织的监督和指导，支持商标代理行业组织加强行业自律和规范。

鼓励商标代理机构、商标代理从业人员依法参加商标代理行业组织。

第二章 商标代理机构备案

第五条 商标代理机构从事国家知识产权局主管的商标事宜代理业务的，应当依法及时向国家知识产权局备案。

商标代理机构备案的有效期为三年。有效期届满需要继续从事代理业务的，商标代理机构可以在有效期届满前六个月内办理延续备案。每次延续备案的有效期为三年，自原备案有效期满次日起计算。

第六条 商标代理机构的备案信息包括：

（一）营业执照或者律师事务所执业许可证；

（二）商标代理机构的名称、住所、联系方式、统一社会信用代码，负责人、非上市公司的股东、合伙人姓名；

（三）商标代理从业人员姓名、身份证件号码、联系方式；

（四）法律法规以及国家知识产权局规定应当提供的其他信息。

国家知识产权局能够通过政务信息共享平台获取的相关信息，不得要求商标代理机构重复提供。

第七条 商标代理机构备案信息发生变化的，应当自实际发生变化或者有关主管部门登记、批准之日起三十日内向国家知识产权局办理变更备案，并提交相应材料。

第八条 商标代理机构申请市场主体注销登记，备案有效期届满未办理延续或者自行决定不再从事商标代理业务，被撤销或者被吊销营业执照、律师事务所执业许可证，或者国家知识产权局决定永久停止受理其办理商标代理业务的，应当在妥善处理未办结的商标代理业务后，向国家知识产权局办理注销备案。

商标代理机构存在前款规定情形的，国家知识产权局应当在商标网上服务系统、商标代理系统中进行标注，并不再受理其提交的商标代理业务申请,但处理未办结商标代理业务的除外。

商标代理机构应当在申请市场主体注销登记或者自行决定不再从事商标代理业务前,或者自接到撤销、吊销决定书、永久停止受理其办理商标代理业务决定之日起三十日内,按照法律法规规定和合同约定妥善处理未办结的商标代理业务,通知委托人办理商标代理变更,或者经委托人同意与其他已经备案的商标代理机构签订业务移转协议。

第九条 商标代理机构提交的备案、变更备案、延续备案或者注销备案材料符合规定的,国家知识产权局应当及时予以办理,通知商标代理机构并依法向社会公示。

第三章 商标代理行为规范

第十条 商标代理机构从事商标代理业务不得采取欺诈、诱骗等不正当手段,不得损害国家利益、社会公共利益和他人合法权益。

商标代理机构不得以其法定代表人、股东、合伙人、实际控制人、高级管理人员、员工等的名义变相申请注册或者受让其代理服务以外的其他商标,也不得通过另行设立市场主体或者通过与其存在关联关系的市场主体等其他方式变相从事上述行为。

第十一条 商标代理机构应当积极履行管理职责,规范本机构商标代理从业人员职业行为,建立健全质量管理、利益冲突审查、恶意申请筛查、投诉处理、保密管理、人员管理、财务管理、档案管理等管理制度,对本机构商标代理从业人员遵守法律法规、行业规范等情况进行监督,发现问题及时予以纠正。

商标代理机构应当加强对本机构商标代理从业人员的职业道德和职业纪律教育,组织开展业务学习,为其参加业务培训和继续教育提供条件。

第十二条 商标代理机构应当在其住所或者经营场所醒目位置悬挂营业执照或者律师事务所执业许可证。

商标代理机构通过网络从事商标代理业务的,应当在其网站首页或者从事经营活动的主页面显著位置持续公示机构名称、经营场所、经营范围等营业执照或者律师事务所执业许可证记载的信息,以及其他商标代理业务备案信息等。

第十三条 商标代理机构从事商标代理业务,应当与委托人以书面形式签订商标代理委托合同,依法约定双方的权利义务以及其他事项。商标代理委托合同不得违反法律法规以及国家有关规定。

第十四条 商标代理机构接受委托办理商标代理业务,应当进行利益冲突审查,不得在同一案件中接受有利益冲突的双方当事人委托。

第十五条 商标代理机构应当按照委托人的要求依法办理商标注册申请或者其他商标事宜;在代理过程中应当遵守关于商业秘密和个人信息保护的有关规定。

委托人申请注册的商标可能存在商标法规定不得注册情形的,商标代理机构应当以书面通知等方式明确告知委托人。

商标代理机构知道或者应当知道委托人申请注册的商标属于商标法第四条、第十五条和第三十二条规定情形的,不得接受其委托。

商标代理机构应当严格履行代理职责,依据商标法第二十七条,对委托人所申报的事项和提供的商标注册申请或者办理其他商标事宜的材料进行核对,及时向委托人通报委托事项办理进展情况、送交法律文书和材料,无正当理由不得拖延。

第十六条 商标代理从业人员应当根据商标代理机构的指派承办商标代理业务,不得以个人名义自行接受委托。

商标代理从业人员不得同时在两个以上商标代理机构从事商标代理业务。

第十七条 商标代理机构向国家知识产权局提交的有关文件,应当加盖本代理机构公章并由相关商标代理从业人员签字。

商标代理机构和商标代理从业人员对其盖章和签字办理的商标代理业务负责。

第十八条 商标代理机构应当对所承办业务的案卷和有关材料及时立卷归档,妥善保管。

商标代理机构的记录应当真实、准确、完整。

第十九条 商标代理机构收费应当遵守相关法律法规,遵循自愿、公平、合理和诚实信用原则,兼顾经济效益和社会效益。

第四章 商标代理监管

第二十条 知识产权管理部门建立商标代理机构和商标代理从业人员信用档案。

国家知识产权局对信用档案信息进行归集整理，开展商标代理行业分级分类评价。地方知识产权管理部门、市场监督管理部门、商标代理行业组织应当协助做好信用档案信息的归集整理工作。

第二十一条 以下信息应当记入商标代理机构和商标代理从业人员信用档案：

（一）商标代理机构和商标代理从业人员受到行政处罚的信息；

（二）商标代理机构接受监督检查的信息；

（三）商标代理机构和商标代理从业人员加入商标代理行业组织信息，受到商标代理行业组织惩戒的信息；

（四）商标代理机构被列入经营异常名录或者严重违法失信名单的信息；

（五）其他可以反映商标代理机构信用状况的信息。

第二十二条 商标代理机构应当按照国家有关规定报送年度报告。

第二十三条 商标代理机构故意侵犯知识产权，提交恶意商标注册申请，损害社会公共利益，从事严重违法商标代理行为，性质恶劣、情节严重、社会危害较大，受到较重行政处罚的，按照《市场监督管理严重违法失信名单管理办法》等有关规定列入严重违法失信名单。

第二十四条 知识产权管理部门依法对商标代理机构和商标代理从业人员代理行为进行监督检查，可以依法查阅、复制有关材料，询问当事人或者其他与案件有关的单位和个人，要求当事人或者有关人员在一定期限内如实提供有关材料，以及采取其他合法必要合理的措施。商标代理机构和商标代理从业人员应当予以协助配合。

第二十五条 知识产权管理部门应当引导商标代理机构合法从事商标代理业务，提升服务质量。

对存在商标代理违法违规行为的商标代理机构或者商标代理从业人员，知识产权管理部门可以依职责对其进行约谈、提出意见，督促其及时整改。

第二十六条 知识产权管理部门负责商标代理等信息的发布和公示工作，健全与市场监督管理部门之间的信息共享、查处情况通报、业务指导等协同配合机制。

第五章 商标代理违法行为的处理

第二十七条 有下列情形之一的，属于商标法第六十八条第一款第一项规定的办理商标事宜过程中，伪造、变造或者使用伪造、变造的法律文件、印章、签名的行为：

（一）伪造、变造国家机关公文、印章的；

（二）伪造、变造国家机关之外其他单位的法律文件、印章的；

（三）伪造、变造签名的；

（四）知道或者应当知道属于伪造、变造的公文、法律文件、印章、签名，仍然使用的；

（五）其他伪造、变造或者使用伪造、变造的法律文件、印章、签名的情形。

第二十八条 有下列情形之一的，属于以诋毁其他商标代理机构等手段招徕商标代理业务的行为：

（一）编造、传播虚假信息或者误导性信息，损害其他商标代理机构商业声誉的；

（二）教唆、帮助他人编造、传播虚假信息或者误导性信息，损害其他商标代理机构商业声誉的；

（三）其他以诋毁其他商标代理机构等手段招徕商标代理业务的情形。

第二十九条 有下列情形之一的，属于商标法第六十八条第一款第二项规定的以其他不正当手段扰乱商标代理市场秩序的行为：

（一）知道或者应当知道委托人以欺骗手段或者其他不正当手段申请注册，或者利用突发事件、公众人物、舆论热点等信息，恶意申请注册有害于社会主义道德风尚或者有其他不良影响的商标，仍接受委托的；

（二）向从事商标注册和管理工作的人员进行贿赂或者利益输送，或者违反规定获取尚未公开的商标注册相关信息、请托转递涉案材料等，牟取不正当利益的；

（三）违反法律法规和国家有关从业限制的规定，聘用曾从事商标注册和管理工作的人员，经知识产权管理部门告知后，拖延或者拒绝纠正其聘用行为的；

（四）代理不同的委托人申请注册相同或者类似商品或者服务上的相同商标的，申请时在先商标已经无效的除外；

（五）知道或者应当知道转让商标属于恶意申

请的注册商标，仍帮助恶意注册人办理转让的；

（六）假冒国家机关官方网站、邮箱、电话等或者以国家机关工作人员的名义提供虚假信息误导公众，或者向委托人提供商标业务相关材料或者收取费用牟取不正当利益的；

（七）知道或者应当知道委托人滥用商标权仍接受委托，或者指使商标权利人滥用商标权牟取不正当利益的；

（八）知道或者应当知道委托人使用的是伪造、变造、编造的虚假商标材料，仍帮助委托人提交，或者与委托人恶意串通制作、提交虚假商标申请等材料的；

（九）虚构事实向主管部门举报其他商标代理机构的；

（十）为排挤竞争对手，以低于成本的价格提供服务的；

（十一）其他以不正当手段扰乱商标代理市场秩序的情形。

第三十条 有下列情形之一的，属于商标法第十九条第三款、第四款规定的行为：

（一）曾经代理委托人申请注册商标或者办理异议、无效宣告以及复审事宜，委托人商标因违反商标法第四条、第十五条或者第三十二条规定，被国家知识产权局生效的决定或者裁定驳回申请、不予核准注册或者宣告无效，仍代理其在同一种或者类似商品上再次提交相同或者近似商标注册申请的；

（二）曾经代理委托人办理其他商标业务，知悉委托人商标存在违反商标法第四条、第十五条或者第三十二条规定的情形，仍接受委托的；

（三）违反本规定第十条第二款规定的；

（四）其他属于商标法第十九条第三款、第四款规定的情形。

第三十一条 有下列情形之一的，属于以欺诈、虚假宣传、引人误解或者商业贿赂等方式招徕业务的行为：

（一）与他人恶意串通或者虚构事实，诱骗委托人委托其办理商标事宜的；

（二）以承诺结果、夸大自身代理业务成功率等形式误导委托人的；

（三）伪造或者变造荣誉、资质资格，欺骗、误导公众的；

（四）以盗窃、贿赂、欺诈、胁迫或者其他不正当手段获取商标信息，或者披露、使用、允许他人使用以前述手段获取的商标信息，以谋取交易机会的；

（五）明示或者暗示可以通过非正常方式加速办理商标事宜，或者提高办理商标事宜成功率，误导委托人的；

（六）以给予财物或者其他手段贿赂单位或者个人，以谋取交易机会的；

（七）其他以不正当手段招徕商标代理业务的情形。

第三十二条 有下列情形之一的，属于商标法实施条例第八十八条第三项规定的在同一商标案件中接受有利益冲突的双方当事人委托的行为：

（一）在商标异议、撤销、宣告无效案件或者复审、诉讼程序中接受双方当事人委托的；

（二）曾代理委托人申请商标注册，又代理其他人对同一商标提出商标异议、撤销、宣告无效申请的；

（三）其他在同一案件中接受有利益冲突的双方当事人委托的情形。

第三十三条 商标代理机构通过网络从事商标代理业务，有下列行为之一的，《中华人民共和国反垄断法》《中华人民共和国反不正当竞争法》《中华人民共和国价格法》《中华人民共和国广告法》等法律法规有规定的，从其规定；没有规定的，由市场监督管理部门给予警告，可以处五万元以下罚款；情节严重的，处五万元以上十万元以下罚款：

（一）利用其客户资源、平台数据以及其他经营者对其在商标代理服务上的依赖程度等因素，恶意排挤竞争对手的；

（二）通过编造用户评价、伪造业务量等方式进行虚假或者引人误解的商业宣传，欺骗、误导委托人的；

（三）通过电子侵入、擅自外挂插件等方式，影响商标网上服务系统、商标代理系统等正常运行的；

（四）通过网络展示具有重大不良影响商标的；

（五）其他通过网络实施的违法商标代理行为。

第三十四条 市场监督管理部门依据商标法

第六十八条规定对商标代理机构的违法行为进行查处后，依照有关规定将查处情况通报国家知识产权局。国家知识产权局收到通报，或者发现商标代理机构存在商标法第六十八条第一款行为，情节严重的，可以依法作出停止受理其办理商标代理业务六个月以上直至永久停止受理的决定，并予公告。

因商标代理违法行为，两年内受到三次以上行政处罚的，属于前款规定情节严重的情形。

商标代理机构被停止受理商标代理业务的，在停止受理业务期间，或者未按照本规定第八条第三款规定妥善处理未办结商标代理业务的，该商标代理机构负责人、直接责任人员以及负有管理责任的股东、合伙人不得在商标代理机构新任负责人、股东、合伙人。

第三十五条 国家知识产权局作出的停止受理商标代理机构办理商标代理业务决定有期限的，期限届满并且已改正违法行为的，恢复受理该商标代理机构业务，并予公告。

第三十六条 从事商标代理业务的商标代理机构，未依法办理备案、变更备案、延续备案或者注销备案，未妥善处理未办结的商标代理业务，或者违反本规定第十五条第四款规定，损害委托人利益或者扰乱商标代理市场秩序的，由国家知识产权局予以通报，并记入商标代理机构信用档案。

商标代理机构有前款所述情形的，由市场监督管理部门责令限期改正；期满不改正的，给予警告，情节严重的，处十万元以下罚款。

第三十七条 知识产权管理部门应当健全内部监督制度，对从事商标注册和管理工作的人员执行法律法规和遵守纪律的情况加强监督检查。

从事商标注册和管理工作的人员必须秉公执法，廉洁自律，忠于职守，文明服务，不得从事商标代理业务或者违反规定从事、参与营利性活动。从事商标注册和管理工作的人员离职后的从业限制，依照或者参照《中华人民共和国公务员法》等法律法规和国家有关规定执行。

第三十八条 从事商标注册和管理工作的人员玩忽职守、滥用职权、徇私舞弊，违法办理商标注册事项和其他商标事宜，收受商标代理机构或者商标代理从业人员财物，牟取不正当利益的，应当依法进行处理；构成犯罪的，依法追究刑事责任。

第三十九条 知识产权管理部门对违法违纪行为涉及的商标，应当依据商标法以及相关法律法规严格审查和监督管理，并及时处理。

第四十条 法律法规对商标代理机构经营活动违法行为的处理另有规定的，从其规定。

第四十一条 律师事务所和律师从事商标代理业务除遵守法律法规和本规定外，还应当遵守国家其他有关规定。

第四十二条 除本规定第二条规定的商标代理机构外，其他机构或者个人违反本规定从事商标代理业务或者与商标代理业务有关的其他活动，参照本规定处理。

第四十三条 本规定自 2022 年 12 月 1 日起施行。

十二、合伙、出资合同

中华人民共和国合伙企业法

· 1997年2月23日第八届全国人民代表大会常务委员会第二十四次会议通过
· 2006年8月27日第十届全国人民代表大会常务委员会第二十三次会议修订
· 2006年8月27日中华人民共和国主席令第55号公布
· 自2007年6月1日起施行

第一章 总 则

第一条 【立法目的】为了规范合伙企业的行为，保护合伙企业及其合伙人、债权人的合法权益，维护社会经济秩序，促进社会主义市场经济的发展，制定本法。

第二条 【调整范围】本法所称合伙企业，是指自然人、法人和其他组织依照本法在中国境内设立的普通合伙企业和有限合伙企业。

普通合伙企业由普通合伙人组成，合伙人对合伙企业债务承担无限连带责任。本法对普通合伙人承担责任的形式有特别规定的，从其规定。

有限合伙企业由普通合伙人和有限合伙人组成，普通合伙人对合伙企业债务承担无限连带责任，有限合伙人以其认缴的出资额为限对合伙企业债务承担责任。

第三条 【不得成为普通合伙人的主体】国有独资公司、国有企业、上市公司以及公益性的事业单位、社会团体不得成为普通合伙人。

第四条 【合伙协议】合伙协议依法由全体合伙人协商一致、以书面形式订立。

第五条 【自愿、平等、公平、诚实信用原则】订立合伙协议、设立合伙企业，应当遵循自愿、平等、公平、诚实信用原则。

第六条 【所得税的缴纳】合伙企业的生产经营所得和其他所得，按照国家有关税收规定，由合伙人分别缴纳所得税。

第七条 【合伙企业及其合伙人的义务】合伙企业及其合伙人必须遵守法律、行政法规，遵守社会公德、商业道德，承担社会责任。

第八条 【合伙企业及其合伙人的合法财产及其权益受法律保护】合伙企业及其合伙人的合法财产及其权益受法律保护。

第九条 【申请设立应提交的文件】申请设立合伙企业，应当向企业登记机关提交登记申请书、合伙协议书、合伙人身份证明等文件。

合伙企业的经营范围中有属于法律、行政法规规定在登记前须经批准的项目的，该项经营业务应当依法经过批准，并在登记时提交批准文件。

第十条 【登记程序】申请人提交的登记申请材料齐全、符合法定形式，企业登记机关能够当场登记的，应予当场登记，发给营业执照。

除前款规定情形外，企业登记机关应当自受理申请之日起二十日内，作出是否登记的决定。予以登记的，发给营业执照；不予登记的，应当给予书面答复，并说明理由。

第十一条 【成立日期】合伙企业的营业执照签发日期，为合伙企业成立日期。

合伙企业领取营业执照前，合伙人不得以合伙企业名义从事合伙业务。

第十二条 【设立分支机构】合伙企业设立分支机构，应当向分支机构所在地的企业登记机关申请登记，领取营业执照。

第十三条 【变更登记】合伙企业登记事项发生变更的，执行合伙事务的合伙人应当自作出变更决定或者发生变更事由之日起十五日内，向企业登记机关申请办理变更登记。

第二章 普通合伙企业

第一节 合伙企业设立

第十四条 【设立合伙企业应具备的条件】设立合伙企业，应当具备下列条件：

（一）有二个以上合伙人。合伙人为自然人的，应当具有完全民事行为能力；

（二）有书面合伙协议；

（三）有合伙人认缴或者实际缴付的出资；

（四）有合伙企业的名称和生产经营场所；

（五）法律、行政法规规定的其他条件。

第十五条 【名称】合伙企业名称中应当标明“普通合伙”字样。

第十六条 【出资方式】合伙人可以用货币、实物、知识产权、土地使用权或者其他财产权利出资，也可以用劳务出资。

合伙人以实物、知识产权、土地使用权或者其他财产权利出资，需要评估作价的，可以由全体合伙人协商确定，也可以由全体合伙人委托法定评估机构评估。

合伙人以劳务出资的，其评估办法由全体合伙人协商确定，并在合伙协议中载明。

第十七条 【出资义务的履行】合伙人应当按照合伙协议约定的出资方式、数额和缴付期限，履行出资义务。

以非货币财产出资的，依照法律、行政法规的规定，需要办理财产权转移手续的，应当依法办理。

第十八条 【合伙协议的内容】合伙协议应当载明下列事项：

（一）合伙企业的名称和主要经营场所的地点；

（二）合伙目的和合伙经营范围；

（三）合伙人的姓名或者名称、住所；

（四）合伙人的出资方式、数额和缴付期限；

（五）利润分配、亏损分担方式；

（六）合伙事务的执行；

（七）入伙与退伙；

（八）争议解决办法；

（九）合伙企业的解散与清算；

（十）违约责任。

第十九条 【合伙协议生效、效力和修改、补充】合伙协议经全体合伙人签名、盖章后生效。合伙人按照合伙协议享有权利，履行义务。

修改或者补充合伙协议，应当经全体合伙人一致同意；但是，合伙协议另有约定的除外。

合伙协议未约定或者约定不明确的事项，由合伙人协商决定；协商不成的，依照本法和其他有关法律、行政法规的规定处理。

第二节 合伙企业财产

第二十条 【合伙企业财产构成】合伙人的出资、以合伙企业名义取得的收益和依法取得的其他财产，均为合伙企业的财产。

第二十一条 【在合伙企业清算前不得请求分割合伙企业财产】合伙人在合伙企业清算前，不得请求分割合伙企业的财产；但是，本法另有规定的除外。

合伙人在合伙企业清算前私自转移或者处分合伙企业财产的，合伙企业不得以此对抗善意第三人。

第二十二条 【转让合伙企业中的财产份额】除合伙协议另有约定外，合伙人向合伙人以外的人转让其在合伙企业中的全部或者部分财产份额时，须经其他合伙人一致同意。

合伙人之间转让在合伙企业中的全部或者部分财产份额时，应当通知其他合伙人。

第二十三条 【优先购买权】合伙人向合伙人以外的人转让其在合伙企业中的财产份额的，在同等条件下，其他合伙人有优先购买权；但是，合伙协议另有约定的除外。

第二十四条 【受让人成为合伙人】合伙人以外的人依法受让合伙人在合伙企业中的财产份额的，经修改合伙协议即成为合伙企业的合伙人，依照本法和修改后的合伙协议享有权利，履行义务。

第二十五条 【以合伙企业财产份额出质】合伙人以其在合伙企业中的财产份额出质的，须经其他合伙人一致同意；未经其他合伙人一致同意，其行为无效，由此给善意第三人造成损失的，由行为人依法承担赔偿责任。

第三节 合伙事务执行

第二十六条 【合伙事务的执行】合伙人对执行合伙事务享有同等的权利。

按照合伙协议的约定或者经全体合伙人决定，可以委托一个或者数个合伙人对外代表合伙企业，执行合伙事务。

作为合伙人的法人、其他组织执行合伙事务的，由其委派的代表执行。

第二十七条 【不执行合伙事务的合伙人的监督权】依照本法第二十六条第二款规定委托一个或者数个合伙人执行合伙事务的，其他合伙人不再执行合伙事务。

不执行合伙事务的合伙人有权监督执行事务合伙人执行合伙事务的情况。

第二十八条 【执行事务合伙人的报告义务、权利义务承担及合伙人查阅财务资料权】由一个或者数个合伙人执行合伙事务的，执行事务合伙人应当定期向其他合伙人报告事务执行情况以及合伙企业的经营和财务状况，其执行合伙事务所产生的收益归合伙企业，所产生的费用和亏损由合伙企业承担。

合伙人为了解合伙企业的经营状况和财务状况，有权查阅合伙企业会计账簿等财务资料。

第二十九条 【提出异议权和撤销委托权】合伙人分别执行合伙事务的，执行事务合伙人可以对其他合伙人执行的事务提出异议。提出异议时，应当暂停该项事务的执行。如果发生争议，依照本法第三十条规定作出决定。

受委托执行合伙事务的合伙人不按照合伙协议或者全体合伙人的决定执行事务的，其他合伙人可以决定撤销该委托。

第三十条 【合伙企业有关事项的表决办法】合伙人对合伙企业有关事项作出决议，按照合伙协议约定的表决办法办理。合伙协议未约定或者约定不明确的，实行合伙人一人一票并经全体合伙人过半数通过的表决办法。

本法对合伙企业的表决办法另有规定的，从其规定。

第三十一条 【须经全体合伙人一致同意的事项】除合伙协议另有约定外，合伙企业的下列事项应当经全体合伙人一致同意：

（一）改变合伙企业的名称；

（二）改变合伙企业的经营范围、主要经营场所的地点；

（三）处分合伙企业的不动产；

（四）转让或者处分合伙企业的知识产权和其他财产权利；

（五）以合伙企业名义为他人提供担保；

（六）聘任合伙人以外的人担任合伙企业的经营管理人员。

第三十二条 【竞业禁止和限制合伙人同本合伙企业交易】合伙人不得自营或者同他人合作经营与本合伙企业相竞争的业务。

除合伙协议另有约定或者经全体合伙人一致同意外，合伙人不得同本合伙企业进行交易。

合伙人不得从事损害本合伙企业利益的活动。

第三十三条 【利润分配和亏损分担】合伙企业的利润分配、亏损分担，按照合伙协议的约定办理；合伙协议未约定或者约定不明确的，由合伙人协商决定；协商不成的，由合伙人按照实缴出资比例分配、分担；无法确定出资比例的，由合伙人平均分配、分担。

合伙协议不得约定将全部利润分配给部分合伙人或者由部分合伙人承担全部亏损。

第三十四条 【增加或减少对合伙企业的出资】合伙人按照合伙协议的约定或者经全体合伙人决定，可以增加或者减少对合伙企业的出资。

第三十五条 【经营管理人员】被聘任的合伙企业的经营管理人员应当在合伙企业授权范围内履行职务。

被聘任的合伙企业的经营管理人员，超越合伙企业授权范围履行职务，或者在履行职务过程中因故意或者重大过失给合伙企业造成损失的，依法承担赔偿责任。

第三十六条 【财务、会计制度】合伙企业应当依照法律、行政法规的规定建立企业财务、会计制度。

第四节　合伙企业与第三人关系

第三十七条 【保护善意第三人】合伙企业对合伙人执行合伙事务以及对外代表合伙企业权利的限制，不得对抗善意第三人。

第三十八条 【合伙企业对其债务先以其全部财产进行清偿】合伙企业对其债务，应先以其全部财产进行清偿。

第三十九条 【无限连带责任】合伙企业不能清偿到期债务的，合伙人承担无限连带责任。

第四十条 【追偿权】合伙人由于承担无限连带责任，清偿数额超过本法第三十三条第一款规定的其亏损分担比例的，有权向其他合伙人追偿。

第四十一条 【相关债权人抵销权和代位权的限制】合伙人发生与合伙企业无关的债务，相关债权人不得以其债权抵销其对合伙企业的债务；也不得代位行使合伙人在合伙企业中的权利。

第四十二条 【以合伙企业中的财产份额偿还债务】合伙人的自有财产不足清偿其与合伙企业无关的债务的，该合伙人可以以其从合伙企业中分取的收益用于清偿；债权人也可以依法请求人民法院强制执行该合伙人在合伙企业中的财产份额用于清偿。

人民法院强制执行合伙人的财产份额时，应当通知全体合伙人，其他合伙人有优先购买权；其他合伙人未购买，又不同意将该财产份额转让给他人的，依照本法第五十一条的规定为该合伙人办理退伙结算，或者办理削减该合伙人相应财产份额的结算。

第五节　入伙、退伙

第四十三条　【入伙】新合伙人入伙，除合伙协议另有约定外，应当经全体合伙人一致同意，并依法订立书面入伙协议。

订立入伙协议时，原合伙人应当向新合伙人如实告知原合伙企业的经营状况和财务状况。

第四十四条　【新合伙人的权利、责任】入伙的新合伙人与原合伙人享有同等权利，承担同等责任。入伙协议另有约定的，从其约定。

新合伙人对入伙前合伙企业的债务承担无限连带责任。

第四十五条　【约定合伙期限的退伙】合伙协议约定合伙期限的，在合伙企业存续期间，有下列情形之一的，合伙人可以退伙：

（一）合伙协议约定的退伙事由出现；

（二）经全体合伙人一致同意；

（三）发生合伙人难以继续参加合伙的事由；

（四）其他合伙人严重违反合伙协议约定的义务。

第四十六条　【未约定合伙期限的退伙】合伙协议未约定合伙期限的，合伙人在不给合伙企业事务执行造成不利影响的情况下，可以退伙，但应当提前三十日通知其他合伙人。

第四十七条　【违规退伙的法律责任】合伙人违反本法第四十五条、第四十六条的规定退伙的，应当赔偿由此给合伙企业造成的损失。

第四十八条　【当然退伙】合伙人有下列情形之一的，当然退伙：

（一）作为合伙人的自然人死亡或者被依法宣告死亡；

（二）个人丧失偿债能力；

（三）作为合伙人的法人或者其他组织依法被吊销营业执照、责令关闭、撤销，或者被宣告破产；

（四）法律规定或者合伙协议约定合伙人必须具有相关资格而丧失该资格；

（五）合伙人在合伙企业中的全部财产份额被人民法院强制执行。

合伙人被依法认定为无民事行为能力人或者限制民事行为能力人的，经其他合伙人一致同意，可以依法转为有限合伙人，普通合伙企业依法转为有限合伙企业。其他合伙人未能一致同意的，该无民事行为能力或者限制民事行为能力的合伙人退伙。

退伙事由实际发生之日为退伙生效日。

第四十九条　【除名退伙】合伙人有下列情形之一的，经其他合伙人一致同意，可以决议将其除名：

（一）未履行出资义务；

（二）因故意或者重大过失给合伙企业造成损失；

（三）执行合伙事务时有不正当行为；

（四）发生合伙协议约定的事由。

对合伙人的除名决议应当书面通知被除名人。被除名人接到除名通知之日，除名生效，被除名人退伙。

被除名人对除名决议有异议的，可以自接到除名通知之日起三十日内，向人民法院起诉。

第五十条　【合伙人死亡时财产份额的继承】合伙人死亡或者被依法宣告死亡的，对该合伙人在合伙企业中的财产份额享有合法继承权的继承人，按照合伙协议的约定或者经全体合伙人一致同意，从继承开始之日起，取得该合伙企业的合伙人资格。

有下列情形之一的，合伙企业应当向合伙人的继承人退还被继承合伙人的财产份额：

（一）继承人不愿意成为合伙人；

（二）法律规定或者合伙协议约定合伙人必须具有相关资格，而该继承人未取得该资格；

（三）合伙协议约定不能成为合伙人的其他情形。

合伙人的继承人为无民事行为能力人或者限制民事行为能力人的，经全体合伙人一致同意，可以依法成为有限合伙人，普通合伙企业依法转为有限合伙企业。全体合伙人未能一致同意的，合伙企业应当将被继承合伙人的财产份额退还该继承人。

第五十一条 【退伙结算】合伙人退伙，其他合伙人应当与该退伙人按照退伙时的合伙企业财产状况进行结算，退还退伙人的财产份额。退伙人对给合伙企业造成的损失负有赔偿责任的，相应扣减其应当赔偿的数额。

退伙时有未了结的合伙企业事务的，待该事务了结后进行结算。

第五十二条 【退伙人财产份额的退还办法】退伙人在合伙企业中财产份额的退还办法，由合伙协议约定或者由全体合伙人决定，可以退还货币，也可以退还实物。

第五十三条 【退伙人对退伙前企业债务的责任】退伙人对基于其退伙前的原因发生的合伙企业债务，承担无限连带责任。

第五十四条 【退伙时分担亏损】合伙人退伙时，合伙企业财产少于合伙企业债务的，退伙人应当依照本法第三十三条第一款的规定分担亏损。

第六节 特殊的普通合伙企业

第五十五条 【特殊普通合伙企业的设立】以专业知识和专门技能为客户提供有偿服务的专业服务机构，可以设立为特殊的普通合伙企业。

特殊的普通合伙企业是指合伙人依照本法第五十七条的规定承担责任的普通合伙企业。

特殊的普通合伙企业适用本节规定；本节未作规定的，适用本章第一节至第五节的规定。

第五十六条 【名称】特殊的普通合伙企业名称中应当标明“特殊普通合伙”字样。

第五十七条 【责任形式】一个合伙人或者数个合伙人在执业活动中因故意或者重大过失造成合伙企业债务的，应当承担无限责任或者无限连带责任，其他合伙人以其在合伙企业中的财产份额为限承担责任。

合伙人在执业活动中非因故意或者重大过失造成的合伙企业债务以及合伙企业的其他债务，由全体合伙人承担无限连带责任。

第五十八条 【合伙人过错的赔偿责任】合伙人执业活动中因故意或者重大过失造成的合伙企业债务，以合伙企业财产对外承担责任后，该合伙人应当按照合伙协议的约定对给合伙企业造成的损失承担赔偿责任。

第五十九条 【执业风险基金和职业保险】特殊的普通合伙企业应当建立执业风险基金、办理职业保险。

执业风险基金用于偿付合伙人执业活动造成的债务。执业风险基金应当单独立户管理。具体管理办法由国务院规定。

第三章 有限合伙企业

第六十条 【有限合伙企业的法律适用】有限合伙企业及其合伙人适用本章规定；本章未作规定的，适用本法第二章第一节至第五节关于普通合伙企业及其合伙人的规定。

第六十一条 【合伙人人数以及要求】有限合伙企业由二个以上五十个以下合伙人设立；但是，法律另有规定的除外。

有限合伙企业至少应当有一个普通合伙人。

第六十二条 【名称】有限合伙企业名称中应当标明“有限合伙”字样。

第六十三条 【合伙协议内容】合伙协议除符合本法第十八条的规定外，还应当载明下列事项：

（一）普通合伙人和有限合伙人的姓名或者名称、住所；

（二）执行事务合伙人应具备的条件和选择程序；

（三）执行事务合伙人权限与违约处理办法；

（四）执行事务合伙人的除名条件和更换程序；

（五）有限合伙人入伙、退伙的条件、程序以及相关责任；

（六）有限合伙人和普通合伙人相互转变程序。

第六十四条 【出资方式】有限合伙人可以用货币、实物、知识产权、土地使用权或者其他财产权利作价出资。

有限合伙人不得以劳务出资。

第六十五条 【出资义务的履行】有限合伙人应当按照合伙协议的约定按期足额缴纳出资；未按期足额缴纳的，应当承担补缴义务，并对其他合伙人承担违约责任。

第六十六条 【登记事项】有限合伙企业登记事项中应当载明有限合伙人的姓名或者名称及认缴的出资数额。

第六十七条 【合伙事务执行】有限合伙企业由普通合伙人执行合伙事务。执行事务合伙人可以要求在合伙协议中确定执行事务的报酬及报酬提取方式。

第六十八条 【合伙事务执行禁止】有限合伙人不执行合伙事务，不得对外代表有限合伙企业。

有限合伙人的下列行为，不视为执行合伙事务：

（一）参与决定普通合伙人入伙、退伙；

（二）对企业的经营管理提出建议；

（三）参与选择承办有限合伙企业审计业务的会计师事务所；

（四）获取经审计的有限合伙企业财务会计报告；

（五）对涉及自身利益的情况，查阅有限合伙企业财务会计账簿等财务资料；

（六）在有限合伙企业中的利益受到侵害时，向有责任的合伙人主张权利或者提起诉讼；

（七）执行事务合伙人怠于行使权利时，督促其行使权利或者为了本企业的利益以自己的名义提起诉讼；

（八）依法为本企业提供担保。

第六十九条 【利润分配】有限合伙企业不得将全部利润分配给部分合伙人；但是，合伙协议另有约定的除外。

第七十条 【有限合伙人与本有限合伙企业交易】有限合伙人可以同本有限合伙企业进行交易；但是，合伙协议另有约定的除外。

第七十一条 【有限合伙人经营与本有限合伙企业相竞争业务】有限合伙人可以自营或者同他人合作经营与本有限合伙企业相竞争的业务；但是，合伙协议另有约定的除外。

第七十二条 【有限合伙人财产份额的出质】有限合伙人可以将其在有限合伙企业中的财产份额出质；但是，合伙协议另有约定的除外。

第七十三条 【有限合伙人财产份额对外转让】有限合伙人可以按照合伙协议的约定向合伙人以外的人转让其在有限合伙企业中的财产份额，但应当提前三十日通知其他合伙人。

第七十四条 【有限合伙人以合伙企业中的财产份额偿还债务】有限合伙人的自有财产不足清偿其与合伙企业无关的债务的，该合伙人可以以其从有限合伙企业中分取的收益用于清偿；债权人也可以依法请求人民法院强制执行该合伙人在有限合伙企业中的财产份额用于清偿。

人民法院强制执行有限合伙人的财产份额时，应当通知全体合伙人。在同等条件下，其他合伙人有优先购买权。

第七十五条 【合伙人结构变化时的处理】有限合伙企业仅剩有限合伙人的，应当解散；有限合伙企业仅剩普通合伙人的，转为普通合伙企业。

第七十六条 【表见代理及无权代理】第三人有理由相信有限合伙人为普通合伙人并与其交易的，该有限合伙人对该笔交易承担与普通合伙人同样的责任。

有限合伙人未经授权以有限合伙企业名义与他人进行交易，给有限合伙企业或者其他合伙人造成损失的，该有限合伙人应当承担赔偿责任。

第七十七条 【新入伙有限合伙人的责任】新入伙的有限合伙人对入伙前有限合伙企业的债务，以其认缴的出资额为限承担责任。

第七十八条 【有限合伙人当然退伙】有限合伙人有本法第四十八条第一款第一项、第三项至第五项所列情形之一的，当然退伙。

第七十九条 【有限合伙人丧失民事行为能力时不得被退伙】作为有限合伙人的自然人在有限合伙企业存续期间丧失民事行为能力的，其他合伙人不得因此要求其退伙。

第八十条 【有限合伙人死亡或者终止时的资格继受】作为有限合伙人的自然人死亡、被依法宣告死亡或者作为有限合伙人的法人及其他组织终止时，其继承人或者权利承受人可以依法取得该有限合伙人在有限合伙企业中的资格。

第八十一条 【有限合伙人退伙后的责任承担】有限合伙人退伙后，对基于其退伙前的原因发生的有限合伙企业债务，以其退伙时从有限合伙企业中取回的财产承担责任。

第八十二条 【合伙人类型转变】除合伙协议另有约定外，普通合伙人转变为有限合伙人，或者有限合伙人转变为普通合伙人，应当经全体合伙人一致同意。

第八十三条 【有限合伙人转变为普通合伙人的债务承担】有限合伙人转变为普通合伙人的，对其作为有限合伙人期间有限合伙企业发生的债务承担无限连带责任。

第八十四条 【普通合伙人转变为有限合伙人的债务承担】普通合伙人转变为有限合伙人的，对其作为普通合伙人期间合伙企业发生的债务承担无限连带责任。

第四章 合伙企业解散、清算

第八十五条 【解散的情形】合伙企业有下列情形之一的，应当解散：

（一）合伙期限届满，合伙人决定不再经营；

（二）合伙协议约定的解散事由出现；

（三）全体合伙人决定解散；

（四）合伙人已不具备法定人数满三十天；

（五）合伙协议约定的合伙目的已经实现或者无法实现；

（六）依法被吊销营业执照、责令关闭或者被撤销；

（七）法律、行政法规规定的其他原因。

第八十六条 【清算】合伙企业解散，应当由清算人进行清算。

清算人由全体合伙人担任；经全体合伙人过半数同意，可以自合伙企业解散事由出现后十五日内指定一个或者数个合伙人，或者委托第三人，担任清算人。

自合伙企业解散事由出现之日起十五日内未确定清算人的，合伙人或者其他利害关系人可以申请人民法院指定清算人。

第八十七条 【清算人在清算期间所执行的事务】清算人在清算期间执行下列事务：

（一）清理合伙企业财产，分别编制资产负债表和财产清单；

（二）处理与清算有关的合伙企业未了结事务；

（三）清缴所欠税款；

（四）清理债权、债务；

（五）处理合伙企业清偿债务后的剩余财产；

（六）代表合伙企业参加诉讼或者仲裁活动。

第八十八条 【债权申报】清算人自被确定之日起十日内将合伙企业解散事项通知债权人，并于六十日内在报纸上公告。债权人应当自接到通知书之日起三十日内，未接到通知书的自公告之日起四十五日内，向清算人申报债权。

债权人申报债权，应当说明债权的有关事项，并提供证明材料。清算人应当对债权进行登记。

清算期间，合伙企业存续，但不得开展与清算无关的经营活动。

第八十九条 【清偿顺序】合伙企业财产在支付清算费用和职工工资、社会保险费用、法定补偿金以及缴纳所欠税款、清偿债务后的剩余财产，依照本法第三十三条第一款的规定进行分配。

第九十条 【注销】清算结束，清算人应当编制清算报告，经全体合伙人签名、盖章后，在十五日内向企业登记机关报送清算报告，申请办理合伙企业注销登记。

第九十一条 【注销后原普通合伙人的责任】合伙企业注销后，原普通合伙人对合伙企业存续期间的债务仍应承担无限连带责任。

第九十二条 【破产】合伙企业不能清偿到期债务的，债权人可以依法向人民法院提出破产清算申请，也可以要求普通合伙人清偿。

合伙企业依法被宣告破产的，普通合伙人对合伙企业债务仍应承担无限连带责任。

第五章 法律责任

第九十三条 【骗取企业登记的法律责任】违反本法规定，提交虚假文件或者采取其他欺骗手段，取得合伙企业登记的，由企业登记机关责令改正，处以五千元以上五万元以下的罚款；情节严重的，撤销企业登记，并处以五万元以上二十万元以下的罚款。

第九十四条 【名称中未标明法定字样的法律责任】违反本法规定，合伙企业未在其名称中标明“普通合伙”、“特殊普通合伙”或者“有限合伙”字样的，由企业登记机关责令限期改正，处以二千元以上一万元以下的罚款。

第九十五条 【未领取营业执照，擅自从事合伙业务及未依法办理变更登记的法律责任】违反本法规定，未领取营业执照，而以合伙企业或者合伙企业分支机构名义从事合伙业务的，由企业登记机关责令停止，处以五千元以上五万元以下的罚款。

合伙企业登记事项发生变更时，未依照本法规定办理变更登记的，由企业登记机关责令限期登记；逾期不登记的，处以二千元以上二万元以下的罚款。

合伙企业登记事项发生变更，执行合伙事务的合伙人未按期申请办理变更登记的，应当赔偿由此给合伙企业、其他合伙人或者善意第三人造成的损失。

第九十六条 【侵占合伙企业财产的法律责任】合伙人执行合伙事务，或者合伙企业从业人员利用职务上的便利，将应当归合伙企业的利益据为己有的，或者采取其他手段侵占合伙企业财产的，应当将该利益和财产退还合伙企业；给合伙企业或者其他合伙人造成损失的，依法承担赔偿责任。

第九十七条　【擅自处理合伙事务的法律责任】合伙人对本法规定或者合伙协议约定必须经全体合伙人一致同意始得执行的事务擅自处理，给合伙企业或者其他合伙人造成损失的，依法承担赔偿责任。

第九十八条　【擅自执行合伙事务的法律责任】不具有事务执行权的合伙人擅自执行合伙事务，给合伙企业或者其他合伙人造成损失的，依法承担赔偿责任。

第九十九条　【违反竞业禁止或与本合伙企业进行交易的规定的法律责任】合伙人违反本法规定或者合伙协议的约定，从事与本合伙企业相竞争的业务或者与本合伙企业进行交易的，该收益归合伙企业所有；给合伙企业或者其他合伙人造成损失的，依法承担赔偿责任。

第一百条　【未依法报送清算报告的法律责任】清算人未依照本法规定向企业登记机关报送清算报告，或者报送清算报告隐瞒重要事实，或者有重大遗漏的，由企业登记机关责令改正。由此产生的费用和损失，由清算人承担和赔偿。

第一百零一条　【清算人执行清算事务时牟取非法收入或侵占合伙企业财产的法律责任】清算人执行清算事务，牟取非法收入或者侵占合伙企业财产的，应当将该收入和侵占的财产退还合伙企业；给合伙企业或者其他合伙人造成损失的，依法承担赔偿责任。

第一百零二条　【清算人违法隐匿、转移合伙企业财产，对资产负债表或者财产清单作虚伪记载，或者在未清偿债务前分配财产的法律责任】清算人违反本法规定，隐匿、转移合伙企业财产，对资产负债表或者财产清单作虚假记载，或者在未清偿债务前分配财产，损害债权人利益的，依法承担赔偿责任。

第一百零三条　【合伙人违反合伙协议的法律责任及争议解决方式】合伙人违反合伙协议的，应当依法承担违约责任。

合伙人履行合伙协议发生争议的，合伙人可以通过协商或者调解解决。不愿通过协商、调解解决或者协商、调解不成的，可以按照合伙协议约定的仲裁条款或者事后达成的书面仲裁协议，向仲裁机构申请仲裁。合伙协议中未订立仲裁条款，事后又没有达成书面仲裁协议的，可以向人民法院起诉。

第一百零四条　【行政管理机关工作人员滥用职权、徇私舞弊、收受贿赂、侵害合伙企业合法权益的法律责任】有关行政管理机关的工作人员违反本法规定，滥用职权、徇私舞弊、收受贿赂、侵害合伙企业合法权益的，依法给予行政处分。

第一百零五条　【刑事责任】违反本法规定，构成犯罪的，依法追究刑事责任。

第一百零六条　【民事赔偿责任和罚款、罚金的承担顺序】违反本法规定，应当承担民事赔偿责任和缴纳罚款、罚金，其财产不足以同时支付的，先承担民事赔偿责任。

第六章　附　则

第一百零七条　【非企业专业服务机构采取合伙制的法律适用】非企业专业服务机构依据有关法律采取合伙制的，其合伙人承担责任的形式可以适用本法关于特殊的普通合伙企业合伙人承担责任的规定。

第一百零八条　【外国企业或个人在中国境内设立合伙企业的管理办法的制定】外国企业或者个人在中国境内设立合伙企业的管理办法由国务院规定。

第一百零九条　【实施日期】本法自2007年6月1日起施行。

中华人民共和国外商投资法

· 2019年3月15日第十三届全国人民代表大会第二次会议通过
· 2019年3月15日中华人民共和国主席令第26号公布
· 自2020年1月1日起施行

第一章　总　则

第一条　为了进一步扩大对外开放，积极促进外商投资，保护外商投资合法权益，规范外商投资管理，推动形成全面开放新格局，促进社会主义市场经济健康发展,根据宪法,制定本法。

第二条 在中华人民共和国境内(以下简称中国境内)的外商投资,适用本法。

本法所称外商投资,是指外国的自然人、企业或者其他组织(以下称外国投资者)直接或者间接在中国境内进行的投资活动,包括下列情形:

(一)外国投资者单独或者与其他投资者共同在中国境内设立外商投资企业;

(二)外国投资者取得中国境内企业的股份、股权、财产份额或者其他类似权益;

(三)外国投资者单独或者与其他投资者共同在中国境内投资新建项目;

(四)法律、行政法规或者国务院规定的其他方式的投资。

本法所称外商投资企业,是指全部或者部分由外国投资者投资,依照中国法律在中国境内经登记注册设立的企业。

第三条 国家坚持对外开放的基本国策,鼓励外国投资者依法在中国境内投资。

国家实行高水平投资自由化便利化政策,建立和完善外商投资促进机制,营造稳定、透明、可预期和公平竞争的市场环境。

第四条 国家对外商投资实行准入前国民待遇加负面清单管理制度。

前款所称准入前国民待遇,是指在投资准入阶段给予外国投资者及其投资不低于本国投资者及其投资的待遇;所称负面清单,是指国家规定在特定领域对外商投资实施的准入特别管理措施。国家对负面清单之外的外商投资,给予国民待遇。

负面清单由国务院发布或者批准发布。

中华人民共和国缔结或者参加的国际条约、协定对外国投资者准入待遇有更优惠规定的,可以按照相关规定执行。

第五条 国家依法保护外国投资者在中国境内的投资、收益和其他合法权益。

第六条 在中国境内进行投资活动的外国投资者、外商投资企业,应当遵守中国法律法规,不得危害中国国家安全、损害社会公共利益。

第七条 国务院商务主管部门、投资主管部门按照职责分工,开展外商投资促进、保护和管理工作;国务院其他有关部门在各自职责范围内,负责外商投资促进、保护和管理的相关工作。

县级以上地方人民政府有关部门依照法律法规和本级人民政府确定的职责分工,开展外商投资促进、保护和管理工作。

第八条 外商投资企业职工依法建立工会组织,开展工会活动,维护职工的合法权益。外商投资企业应当为本企业工会提供必要的活动条件。

第二章 投资促进

第九条 外商投资企业依法平等适用国家支持企业发展的各项政策。

第十条 制定与外商投资有关的法律、法规、规章,应当采取适当方式征求外商投资企业的意见和建议。

与外商投资有关的规范性文件、裁判文书等,应当依法及时公布。

第十一条 国家建立健全外商投资服务体系,为外国投资者和外商投资企业提供法律法规、政策措施、投资项目信息等方面的咨询和服务。

第十二条 国家与其他国家和地区、国际组织建立多边、双边投资促进合作机制,加强投资领域的国际交流与合作。

第十三条 国家根据需要,设立特殊经济区域,或者在部分地区实行外商投资试验性政策措施,促进外商投资,扩大对外开放。

第十四条 国家根据国民经济和社会发展需要,鼓励和引导外国投资者在特定行业、领域、地区投资。外国投资者、外商投资企业可以依照法律、行政法规或者国务院的规定享受优惠待遇。

第十五条 国家保障外商投资企业依法平等参与标准制定工作,强化标准制定的信息公开和社会监督。

国家制定的强制性标准平等适用于外商投资企业。

第十六条 国家保障外商投资企业依法通过公平竞争参与政府采购活动。政府采购依法对外商投资企业在中国境内生产的产品、提供的服务平等对待。

第十七条 外商投资企业可以依法通过公开发行股票、公司债券等证券和其他方式进行融资。

第十八条 县级以上地方人民政府可以根据法律、行政法规、地方性法规的规定,在法定权限内制定外商投资促进和便利化政策措施。

第十九条 各级人民政府及其有关部门应当按照便利、高效、透明的原则,简化办事程序,提高办事效率，优化政务服务，进一步提高外商投资服务水平。

有关主管部门应当编制和公布外商投资指引，为外国投资者和外商投资企业提供服务和便利。

第三章 投资保护

第二十条 国家对外国投资者的投资不实行征收。

在特殊情况下，国家为了公共利益的需要，可以依照法律规定对外国投资者的投资实行征收或者征用。征收、征用应当依照法定程序进行，并及时给予公平、合理的补偿。

第二十一条 外国投资者在中国境内的出资、利润、资本收益、资产处置所得、知识产权许可使用费、依法获得的补偿或者赔偿、清算所得等，可以依法以人民币或者外汇自由汇入、汇出。

第二十二条 国家保护外国投资者和外商投资企业的知识产权，保护知识产权权利人和相关权利人的合法权益；对知识产权侵权行为，严格依法追究法律责任。

国家鼓励在外商投资过程中基于自愿原则和商业规则开展技术合作。技术合作的条件由投资各方遵循公平原则平等协商确定。行政机关及其工作人员不得利用行政手段强制转让技术。

第二十三条 行政机关及其工作人员对于履行职责过程中知悉的外国投资者、外商投资企业的商业秘密，应当依法予以保密，不得泄露或者非法向他人提供。

第二十四条 各级人民政府及其有关部门制定涉及外商投资的规范性文件，应当符合法律法规的规定；没有法律、行政法规依据的，不得减损外商投资企业的合法权益或者增加其义务，不得设置市场准入和退出条件，不得干预外商投资企业的正常生产经营活动。

第二十五条 地方各级人民政府及其有关部门应当履行向外国投资者、外商投资企业依法作出的政策承诺以及依法订立的各类合同。

因国家利益、社会公共利益需要改变政策承诺、合同约定的，应当依照法定权限和程序进行，并依法对外国投资者、外商投资企业因此受到的损失予以补偿。

第二十六条 国家建立外商投资企业投诉工作机制，及时处理外商投资企业或者其投资者反映的问题，协调完善相关政策措施。

外商投资企业或者其投资者认为行政机关及其工作人员的行政行为侵犯其合法权益的，可以通过外商投资企业投诉工作机制申请协调解决。

外商投资企业或者其投资者认为行政机关及其工作人员的行政行为侵犯其合法权益的，除依照前款规定通过外商投资企业投诉工作机制申请协调解决外，还可以依法申请行政复议、提起行政诉讼。

第二十七条 外商投资企业可以依法成立和自愿参加商会、协会。商会、协会依照法律法规和章程的规定开展相关活动，维护会员的合法权益。

第四章 投资管理

第二十八条 外商投资准入负面清单规定禁止投资的领域，外国投资者不得投资。

外商投资准入负面清单规定限制投资的领域，外国投资者进行投资应当符合负面清单规定的条件。

外商投资准入负面清单以外的领域，按照内外资一致的原则实施管理。

第二十九条 外商投资需要办理投资项目核准、备案的，按照国家有关规定执行。

第三十条 外国投资者在依法需要取得许可的行业、领域进行投资的，应当依法办理相关许可手续。

有关主管部门应当按照与内资一致的条件和程序，审核外国投资者的许可申请，法律、行政法规另有规定的除外。

第三十一条 外商投资企业的组织形式、组织机构及其活动准则，适用《中华人民共和国公司法》、《中华人民共和国合伙企业法》等法律的规定。

第三十二条 外商投资企业开展生产经营活动，应当遵守法律、行政法规有关劳动保护、社会保险的规定，依照法律、行政法规和国家有关规定办理税收、会计、外汇等事宜，并接受相关主管部门依法实施的监督检查。

第三十三条 外国投资者并购中国境内企业或者以其他方式参与经营者集中的，应当依照《中华人民共和国反垄断法》的规定接受经营者集中审查。

第三十四条 国家建立外商投资信息报告制度。外国投资者或者外商投资企业应当通过企业登记系统以及企业信用信息公示系统向商务主管部门报送投资信息。

外商投资信息报告的内容和范围按照确有必要的原则确定;通过部门信息共享能够获得的投资信息,不得再行要求报送。

第三十五条 国家建立外商投资安全审查制度,对影响或者可能影响国家安全的外商投资进行安全审查。

依法作出的安全审查决定为最终决定。

第五章 法律责任

第三十六条 外国投资者投资外商投资准入负面清单规定禁止投资的领域的,由有关主管部门责令停止投资活动,限期处分股份、资产或者采取其他必要措施,恢复到实施投资前的状态;有违法所得的,没收违法所得。

外国投资者的投资活动违反外商投资准入负面清单规定的限制性准入特别管理措施的,由有关主管部门责令限期改正,采取必要措施满足准入特别管理措施的要求;逾期不改正的,依照前款规定处理。

外国投资者的投资活动违反外商投资准入负面清单规定的,除依照前两款规定处理外,还应当依法承担相应的法律责任。

第三十七条 外国投资者、外商投资企业违反本法规定,未按照外商投资信息报告制度的要求报送投资信息的,由商务主管部门责令限期改正;逾期不改正的,处十万元以上五十万元以下的罚款。

第三十八条 对外国投资者、外商投资企业违反法律、法规的行为,由有关部门依法查处,并按照国家有关规定纳入信用信息系统。

第三十九条 行政机关工作人员在外商投资促进、保护和管理工作中滥用职权、玩忽职守、徇私舞弊的,或者泄露、非法向他人提供履行职责过程中知悉的商业秘密的,依法给予处分;构成犯罪的,依法追究刑事责任。

第六章 附 则

第四十条 任何国家或者地区在投资方面对中华人民共和国采取歧视性的禁止、限制或者其他类似措施的,中华人民共和国可以根据实际情况对该国家或者该地区采取相应的措施。

第四十一条 对外国投资者在中国境内投资银行业、证券业、保险业等金融行业,或者在证券市场、外汇市场等金融市场进行投资的管理,国家另有规定的,依照其规定。

第四十二条 本法自2020年1月1日起施行。《中华人民共和国中外合资经营企业法》、《中华人民共和国外资企业法》、《中华人民共和国中外合作经营企业法》同时废止。

本法施行前依照《中华人民共和国中外合资经营企业法》、《中华人民共和国外资企业法》、《中华人民共和国中外合作经营企业法》设立的外商投资企业,在本法施行后五年内可以继续保留原企业组织形式等。具体实施办法由国务院规定。

中华人民共和国
外商投资法实施条例

· 2019年12月12日国务院第74次常务会议通过

· 2019年12月26日中华人民共和国国务院令第723号公布

· 自2020年1月1日起施行

第一章 总 则

第一条 根据《中华人民共和国外商投资法》(以下简称外商投资法),制定本条例。

第二条 国家鼓励和促进外商投资,保护外商投资合法权益,规范外商投资管理,持续优化外商投资环境,推进更高水平对外开放。

第三条 外商投资法第二条第二款第一项、第三项所称其他投资者,包括中国的自然人在内。

第四条 外商投资准入负面清单(以下简称负面清单)由国务院投资主管部门会同国务院商务主管部门等有关部门提出,报国务院发布或者报国务院批准后由国务院投资主管部门、商务主管部门发布。

国家根据进一步扩大对外开放和经济社会发展需要,适时调整负面清单。调整负面清单的程序,适用前款规定。

第五条 国务院商务主管部门、投资主管部门以及其他有关部门按照职责分工，密切配合、相互协作，共同做好外商投资促进、保护和管理工作。

县级以上地方人民政府应当加强对外商投资促进、保护和管理工作的组织领导，支持、督促有关部门依照法律法规和职责分工开展外商投资促进、保护和管理工作，及时协调、解决外商投资促进、保护和管理工作中的重大问题。

第二章 投资促进

第六条 政府及其有关部门在政府资金安排、土地供应、税费减免、资质许可、标准制定、项目申报、人力资源政策等方面，应当依法平等对待外商投资企业和内资企业。

政府及其有关部门制定的支持企业发展的政策应当依法公开；对政策实施中需要由企业申请办理的事项，政府及其有关部门应当公开申请办理的条件、流程、时限等，并在审核中依法平等对待外商投资企业和内资企业。

第七条 制定与外商投资有关的行政法规、规章、规范性文件，或者政府及其有关部门起草与外商投资有关的法律、地方性法规，应当根据实际情况，采取书面征求意见以及召开座谈会、论证会、听证会等多种形式，听取外商投资企业和有关商会、协会等方面的意见和建议；对反映集中或者涉及外商投资企业重大权利义务问题的意见和建议，应当通过适当方式反馈采纳的情况。

与外商投资有关的规范性文件应当依法及时公布，未经公布的不得作为行政管理依据。与外商投资企业生产经营活动密切相关的规范性文件，应当结合实际，合理确定公布到施行之间的时间。

第八条 各级人民政府应当按照政府主导、多方参与的原则，建立健全外商投资服务体系，不断提升外商投资服务能力和水平。

第九条 政府及其有关部门应当通过政府网站、全国一体化在线政务服务平台集中列明有关外商投资的法律、法规、规章、规范性文件、政策措施和投资项目信息，并通过多种途径和方式加强宣传、解读，为外国投资者和外商投资企业提供咨询、指导等服务。

第十条 外商投资法第十三条所称特殊经济区域，是指经国家批准设立、实行更大力度的对外开放政策措施的特定区域。

国家在部分地区实行的外商投资试验性政策措施，经实践证明可行的，根据实际情况在其他地区或者全国范围内推广。

第十一条 国家根据国民经济和社会发展需要，制定鼓励外商投资产业目录，列明鼓励和引导外国投资者投资的特定行业、领域、地区。鼓励外商投资产业目录由国务院投资主管部门会同国务院商务主管部门等有关部门拟订，报国务院批准后由国务院投资主管部门、商务主管部门发布。

第十二条 外国投资者、外商投资企业可以依照法律、行政法规或者国务院的规定，享受财政、税收、金融、用地等方面的优惠待遇。

外国投资者以其在中国境内的投资收益在中国境内扩大投资的，依法享受相应的优惠待遇。

第十三条 外商投资企业依法和内资企业平等参与国家标准、行业标准、地方标准和团体标准的制定、修订工作。外商投资企业可以根据需要自行制定或者与其他企业联合制定企业标准。

外商投资企业可以向标准化行政主管部门和有关行政主管部门提出标准的立项建议，在标准立项、起草、技术审查以及标准实施信息反馈、评估等过程中提出意见和建议，并按照规定承担标准起草、技术审查的相关工作以及标准的外文翻译工作。

标准化行政主管部门和有关行政主管部门应当建立健全相关工作机制，提高标准制定、修订的透明度，推进标准制定、修订全过程信息公开。

第十四条 国家制定的强制性标准对外商投资企业和内资企业平等适用，不得专门针对外商投资企业适用高于强制性标准的技术要求。

第十五条 政府及其有关部门不得阻挠和限制外商投资企业自由进入本地区和本行业的政府采购市场。

政府采购的采购人、采购代理机构不得在政府采购信息发布、供应商条件确定和资格审查、评标标准等方面，对外商投资企业实行差别待遇或者歧视待遇，不得以所有制形式、组织形式、股权结构、投资者国别、产品或者服务品牌以及其他不合理的条件对供应商予以限定，不得对外商投资企业在中国境内生产的产品、提供的服务和内资企业区别对待。

第十六条 外商投资企业可以依照《中华人

民共和国政府采购法》(以下简称政府采购法)及其实施条例的规定,就政府采购活动事项向采购人、采购代理机构提出询问、质疑,向政府采购监督管理部门投诉。采购人、采购代理机构、政府采购监督管理部门应当在规定的时限内作出答复或者处理决定。

第十七条 政府采购监督管理部门和其他有关部门应当加强对政府采购活动的监督检查,依法纠正和查处对外商投资企业实行差别待遇或者歧视待遇等违法违规行为。

第十八条 外商投资企业可以依法在中国境内或者境外通过公开发行股票、公司债券等证券,以及公开或者非公开发行其他融资工具、借用外债等方式进行融资。

第十九条 县级以上地方人民政府可以根据法律、行政法规、地方性法规的规定,在法定权限内制定费用减免、用地指标保障、公共服务提供等方面的外商投资促进和便利化政策措施。

县级以上地方人民政府制定外商投资促进和便利化政策措施,应当以推动高质量发展为导向,有利于提高经济效益、社会效益、生态效益,有利于持续优化外商投资环境。

第二十条 有关主管部门应当编制和公布外商投资指引,为外国投资者和外商投资企业提供服务和便利。外商投资指引应当包括投资环境介绍、外商投资办事指南、投资项目信息以及相关数据信息等内容,并及时更新。

第三章 投资保护

第二十一条 国家对外国投资者的投资不实行征收。

在特殊情况下,国家为了公共利益的需要依照法律规定对外国投资者的投资实行征收的,应当依照法定程序、以非歧视性的方式进行,并按照被征收投资的市场价值及时给予补偿。

外国投资者对征收决定不服的,可以依法申请行政复议或者提起行政诉讼。

第二十二条 外国投资者在中国境内的出资、利润、资本收益、资产处置所得、取得的知识产权许可使用费、依法获得的补偿或者赔偿、清算所得等,可以依法以人民币或者外汇自由汇入、汇出,任何单位和个人不得违法对币种、数额以及汇入、汇出的频次等进行限制。

外商投资企业的外籍职工和香港、澳门、台湾职工的工资收入和其他合法收入,可以依法自由汇出。

第二十三条 国家加大对知识产权侵权行为的惩处力度,持续强化知识产权执法,推动建立知识产权快速协同保护机制,健全知识产权纠纷多元化解决机制,平等保护外国投资者和外商投资企业的知识产权。

标准制定中涉及外国投资者和外商投资企业专利的,应当按照标准涉及专利的有关管理规定办理。

第二十四条 行政机关(包括法律、法规授权的具有管理公共事务职能的组织,下同)及其工作人员不得利用实施行政许可、行政检查、行政处罚、行政强制以及其他行政手段,强制或者变相强制外国投资者、外商投资企业转让技术。

第二十五条 行政机关依法履行职责,确需外国投资者、外商投资企业提供涉及商业秘密的材料、信息的,应当限定在履行职责所必需的范围内,并严格控制知悉范围,与履行职责无关的人员不得接触有关材料、信息。

行政机关应当建立健全内部管理制度,采取有效措施保护履行职责过程中知悉的外国投资者、外商投资企业的商业秘密;依法需要与其他行政机关共享信息的,应当对信息中含有的商业秘密进行保密处理,防止泄露。

第二十六条 政府及其有关部门制定涉及外商投资的规范性文件,应当按照国务院的规定进行合法性审核。

外国投资者、外商投资企业认为行政行为所依据的国务院部门和地方人民政府及其部门制定的规范性文件不合法,在依法对行政行为申请行政复议或者提起行政诉讼时,可以一并请求对该规范性文件进行审查。

第二十七条 外商投资法第二十五条所称政策承诺,是指地方各级人民政府及其有关部门在法定权限内,就外国投资者、外商投资企业在本地区投资所适用的支持政策、享受的优惠待遇和便利条件等作出的书面承诺。政策承诺的内容应当符合法律、法规规定。

第二十八条 地方各级人民政府及其有关部门应当履行向外国投资者、外商投资企业依法作出的政策承诺以及依法订立的各类合同,不得以行政区划调整、政府换届、机构或者职能调整以及相关责任人更替等为由违约毁约。因国家利益、社会公共利益需要改变政策承诺、合同约定的，应当依照法定权限和程序进行，并依法对外国投资者、外商投资企业因此受到的损失及时予以公平、合理的补偿。

第二十九条 县级以上人民政府及其有关部门应当按照公开透明、高效便利的原则，建立健全外商投资企业投诉工作机制，及时处理外商投资企业或者其投资者反映的问题，协调完善相关政策措施。

国务院商务主管部门会同国务院有关部门建立外商投资企业投诉工作部际联席会议制度，协调、推动中央层面的外商投资企业投诉工作，对地方的外商投资企业投诉工作进行指导和监督。县级以上地方人民政府应当指定部门或者机构负责受理本地区外商投资企业或者其投资者的投诉。

国务院商务主管部门、县级以上地方人民政府指定的部门或者机构应当完善投诉工作规则、健全投诉方式、明确投诉处理时限。投诉工作规则、投诉方式、投诉处理时限应当对外公布。

第三十条 外商投资企业或者其投资者认为行政机关及其工作人员的行政行为侵犯其合法权益，通过外商投资企业投诉工作机制申请协调解决的，有关方面进行协调时可以向被申请的行政机关及其工作人员了解情况，被申请的行政机关及其工作人员应当予以配合。协调结果应当以书面形式及时告知申请人。

外商投资企业或者其投资者依照前款规定申请协调解决有关问题的，不影响其依法申请行政复议、提起行政诉讼。

第三十一条 对外商投资企业或者其投资者通过外商投资企业投诉工作机制反映或者申请协调解决问题，任何单位和个人不得压制或者打击报复。

除外商投资企业投诉工作机制外，外商投资企业或者其投资者还可以通过其他合法途径向政府及其有关部门反映问题。

第三十二条 外商投资企业可以依法成立商会、协会。除法律、法规另有规定外，外商投资企业有权自主决定参加或者退出商会、协会，任何单位和个人不得干预。

商会、协会应当依照法律法规和章程的规定，加强行业自律，及时反映行业诉求，为会员提供信息咨询、宣传培训、市场拓展、经贸交流、权益保护、纠纷处理等方面的服务。

国家支持商会、协会依照法律法规和章程的规定开展相关活动。

第四章 投资管理

第三十三条 负面清单规定禁止投资的领域，外国投资者不得投资。负面清单规定限制投资的领域，外国投资者进行投资应当符合负面清单规定的股权要求、高级管理人员要求等限制性准入特别管理措施。

第三十四条 有关主管部门在依法履行职责过程中，对外国投资者拟投资负面清单内领域，但不符合负面清单规定的，不予办理许可、企业登记注册等相关事项；涉及固定资产投资项目核准的，不予办理相关核准事项。

有关主管部门应当对负面清单规定执行情况加强监督检查，发现外国投资者投资负面清单规定禁止投资的领域，或者外国投资者的投资活动违反负面清单规定的限制性准入特别管理措施的，依照外商投资法第三十六条的规定予以处理。

第三十五条 外国投资者在依法需要取得许可的行业、领域进行投资的，除法律、行政法规另有规定外，负责实施许可的有关主管部门应当按照与内资一致的条件和程序，审核外国投资者的许可申请，不得在许可条件、申请材料、审核环节、审核时限等方面对外国投资者设置歧视性要求。

负责实施许可的有关主管部门应当通过多种方式，优化审批服务，提高审批效率。对符合相关条件和要求的许可事项，可以按照有关规定采取告知承诺的方式办理。

第三十六条 外商投资需要办理投资项目核准、备案的，按照国家有关规定执行。

第三十七条 外商投资企业的登记注册，由国务院市场监督管理部门或者其授权的地方人民政府市场监督管理部门依法办理。国务院市场监督管理部门应当公布其授权的市场监督管理部门名单。

外商投资企业的注册资本可以用人民币表示，也可以用可自由兑换货币表示。

第三十八条 外国投资者或者外商投资企业应当通过企业登记系统以及企业信用信息公示系

统向商务主管部门报送投资信息。国务院商务主管部门、市场监督管理部门应当做好相关业务系统的对接和工作衔接,并为外国投资者或者外商投资企业报送投资信息提供指导。

第三十九条 外商投资信息报告的内容、范围、频次和具体流程,由国务院商务主管部门会同国务院市场监督管理部门等有关部门按照确有必要、高效便利的原则确定并公布。商务主管部门、其他有关部门应当加强信息共享,通过部门信息共享能够获得的投资信息,不得再行要求外国投资者或者外商投资企业报送。

外国投资者或者外商投资企业报送的投资信息应当真实、准确、完整。

第四十条 国家建立外商投资安全审查制度,对影响或者可能影响国家安全的外商投资进行安全审查。

第五章 法律责任

第四十一条 政府和有关部门及其工作人员有下列情形之一的,依法依规追究责任:

(一)制定或者实施有关政策不依法平等对待外商投资企业和内资企业;

(二)违法限制外商投资企业平等参与标准制定、修订工作,或者专门针对外商投资企业适用高于强制性标准的技术要求;

(三)违法限制外国投资者汇入、汇出资金;

(四)不履行向外国投资者、外商投资企业依法作出的政策承诺以及依法订立的各类合同,超出法定权限作出政策承诺,或者政策承诺的内容不符合法律、法规规定。

第四十二条 政府采购的采购人、采购代理机构以不合理的条件对外商投资企业实行差别待遇或者歧视待遇的,依照政府采购法及其实施条例的规定追究其法律责任;影响或者可能影响中标、成交结果的,依照政府采购法及其实施条例的规定处理。

政府采购监督管理部门对外商投资企业的投诉逾期未作处理的,对直接负责的主管人员和其他直接责任人员依法给予处分。

第四十三条 行政机关及其工作人员利用行政手段强制或者变相强制外国投资者、外商投资企业转让技术的,对直接负责的主管人员和其他直接责任人员依法给予处分。

第六章 附 则

第四十四条 外商投资法施行前依照《中华人民共和国中外合资经营企业法》、《中华人民共和国外资企业法》、《中华人民共和国中外合作经营企业法》设立的外商投资企业(以下称现有外商投资企业),在外商投资法施行后 5 年内,可以依照《中华人民共和国公司法》、《中华人民共和国合伙企业法》等法律的规定调整其组织形式、组织机构等,并依法办理变更登记,也可以继续保留原企业组织形式、组织机构等。

自 2025 年 1 月 1 日起,对未依法调整组织形式、组织机构等并办理变更登记的现有外商投资企业,市场监督管理部门不予办理其申请的其他登记事项,并将相关情形予以公示。

第四十五条 现有外商投资企业办理组织形式、组织机构等变更登记的具体事宜,由国务院市场监督管理部门规定并公布。国务院市场监督管理部门应当加强对变更登记工作的指导,负责办理变更登记的市场监督管理部门应当通过多种方式优化服务,为企业办理变更登记提供便利。

第四十六条 现有外商投资企业的组织形式、组织机构等依法调整后,原合营、合作各方在合同中约定的股权或者权益转让办法、收益分配办法、剩余财产分配办法等,可以继续按照约定办理。

第四十七条 外商投资企业在中国境内投资,适用外商投资法和本条例的有关规定。

第四十八条 香港特别行政区、澳门特别行政区投资者在内地投资,参照外商投资法和本条例执行;法律、行政法规或者国务院另有规定的,从其规定。

台湾地区投资者在大陆投资,适用《中华人民共和国台湾同胞投资保护法》(以下简称台湾同胞投资保护法)及其实施细则的规定;台湾同胞投资保护法及其实施细则未规定的事项,参照外商投资法和本条例执行。

定居在国外的中国公民在中国境内投资,参照外商投资法和本条例执行;法律、行政法规或者国务院另有规定的,从其规定。

第四十九条 本条例自 2020 年 1 月 1 日起施行。《中华人民共和国中外合资经营企业法实施条例》、《中外合资经营企业合营期限暂行规定》、

《中华人民共和国外资企业法实施细则》、《中华人民共和国中外合作经营企业法实施细则》同时废止。

2020年1月1日前制定的有关外商投资的规定与外商投资法和本条例不一致的,以外商投资法和本条例的规定为准。

最高人民法院关于适用《中华人民共和国外商投资法》若干问题的解释

· 2019年12月16日最高人民法院审判委员会第1787次会议通过
· 2019年12月26日最高人民法院公告公布
· 自2020年1月1日起施行
· 法释〔2019〕20号

为正确适用《中华人民共和国外商投资法》,依法平等保护中外投资者合法权益,营造稳定、公平、透明的法治化营商环境,结合审判实践,就人民法院审理平等主体之间的投资合同纠纷案件适用法律问题作出如下解释。

第一条 本解释所称投资合同,是指外国投资者即外国的自然人、企业或者其他组织因直接或者间接在中国境内进行投资而形成的相关协议,包括设立外商投资企业合同、股份转让合同、股权转让合同、财产份额或者其他类似权益转让合同、新建项目合同等协议。

外国投资者因赠与、财产分割、企业合并、企业分立等方式取得相应权益所产生的合同纠纷,适用本解释。

第二条 对外商投资法第四条所指的外商投资准入负面清单之外的领域形成的投资合同,当事人以合同未经有关行政主管部门批准、登记为由主张合同无效或者未生效的,人民法院不予支持。

前款规定的投资合同签订于外商投资法施行前,但人民法院在外商投资法施行时尚未作出生效裁判的,适用前款规定认定合同的效力。

第三条 外国投资者投资外商投资准入负面清单规定禁止投资的领域,当事人主张投资合同无效的,人民法院应予支持。

第四条 外国投资者投资外商投资准入负面清单规定限制投资的领域,当事人以违反限制性准入特别管理措施为由,主张投资合同无效的,人民法院应予支持。

人民法院作出生效裁判前,当事人采取必要措施满足准入特别管理措施的要求,当事人主张前款规定的投资合同有效的,应予支持。

第五条 在生效裁判作出前,因外商投资准入负面清单调整,外国投资者投资不再属于禁止或者限制投资的领域,当事人主张投资合同有效的,人民法院应予支持。

第六条 人民法院审理香港特别行政区、澳门特别行政区投资者、定居在国外的中国公民在内地、台湾地区投资者在大陆投资产生的相关纠纷案件,可以参照适用本解释。

第七条 本解释自2020年1月1日起施行。

本解释施行前本院作出的有关司法解释与本解释不一致的,以本解释为准。

最高人民法院关于审理外商投资企业纠纷案件若干问题的规定(一)

· 2010年5月17日最高人民法院审判委员会第1487次会议通过
· 根据2020年12月23日最高人民法院审判委员会第1823次会议通过的《最高人民法院关于修改〈最高人民法院关于破产企业国有划拨土地使用权应否列入破产财产等问题的批复〉等二十九件商事类司法解释的决定》修正
· 2020年12月29日最高人民法院公告公布
· 自2021年1月1日起施行
· 法释〔2020〕18号

为正确审理外商投资企业在设立、变更等过程中产生的纠纷案件,保护当事人的合法权益,根据《中华人民共和国民法典》《中华人民共和国外商投资法》《中华人民共和国公司法》等法律法规的规定,结合审判实践,制定本规定。

第一条 当事人在外商投资企业设立、变更等过程中订立的合同,依法律、行政法规的规定应当经外商投资企业审批机关批准后才生效的,自批准之日起生效;未经批准的,人民法院应当认定该合同未生效。当事人请求确认该合同无效的，人民法院不予支持。

前款所述合同因未经批准而被认定未生效的，不影响合同中当事人履行报批义务条款及因该报批义务而设定的相关条款的效力。

第二条 当事人就外商投资企业相关事项达成的补充协议对已获批准的合同不构成重大或实质性变更的，人民法院不应以未经外商投资企业审批机关批准为由认定该补充协议未生效。

前款规定的重大或实质性变更包括注册资本、公司类型、经营范围、营业期限、股东认缴的出资额、出资方式的变更以及公司合并、公司分立、股权转让等。

第三条 人民法院在审理案件中，发现经外商投资企业审批机关批准的外商投资企业合同具有法律、行政法规规定的无效情形的，应当认定合同无效；该合同具有法律、行政法规规定的可撤销情形，当事人请求撤销的，人民法院应予支持。

第四条 外商投资企业合同约定一方当事人以需要办理权属变更登记的标的物出资或者提供合作条件，标的物已交付外商投资企业实际使用，且负有办理权属变更登记义务的一方当事人在人民法院指定的合理期限内完成了登记的，人民法院应当认定该方当事人履行了出资或者提供合作条件的义务。外商投资企业或其股东以该方当事人未履行出资义务为由主张该方当事人不享有股东权益的，人民法院不予支持。

外商投资企业或其股东举证证明该方当事人因迟延办理权属变更登记给外商投资企业造成损失并请求赔偿的，人民法院应予支持。

第五条 外商投资企业股权转让合同成立后，转让方和外商投资企业不履行报批义务，经受让方催告后在合理的期限内仍未履行，受让方请求解除合同并由转让方返还其已支付的转让款、赔偿因未履行报批义务而造成的实际损失的，人民法院应予支持。

第六条 外商投资企业股权转让合同成立后，转让方和外商投资企业不履行报批义务，受让方以转让方为被告、以外商投资企业为第三人提起诉讼，请求转让方与外商投资企业在一定期限内共同履行报批义务的，人民法院应予支持。受让方同时请求在转让方和外商投资企业于生效判决确定的期限内不履行报批义务时自行报批的，人民法院应予支持。

转让方和外商投资企业拒不根据人民法院生效判决确定的期限履行报批义务，受让方另行起诉，请求解除合同并赔偿损失的，人民法院应予支持。赔偿损失的范围可以包括股权的差价损失、股权收益及其他合理损失。

第七条 转让方、外商投资企业或者受让方根据本规定第六条第一款的规定就外商投资企业股权转让合同报批，未获外商投资企业审批机关批准，受让方另行起诉，请求转让方返还其已支付的转让款的，人民法院应予支持。受让方请求转让方赔偿因此造成的损失的，人民法院应根据转让方是否存在过错以及过错大小认定其是否承担赔偿责任及具体赔偿数额。

第八条 外商投资企业股权转让合同约定受让方支付转让款后转让方才办理报批手续，受让方未支付股权转让款，经转让方催告后在合理的期限内仍未履行，转让方请求解除合同并赔偿因迟延履行而造成的实际损失的，人民法院应予支持。

第九条 外商投资企业股权转让合同成立后，受让方未支付股权转让款，转让方和外商投资企业亦未履行报批义务，转让方请求受让方支付股权转让款的，人民法院应当中止审理，指令转让方在一定期限内办理报批手续。该股权转让合同获得外商投资企业审批机关批准的，对转让方关于支付转让款的诉讼请求，人民法院应予支持。

第十条 外商投资企业股权转让合同成立后，受让方已实际参与外商投资企业的经营管理并获取收益，但合同未获外商投资企业审批机关批准，转让方请求受让方退出外商投资企业的经营管理并将受让方因实际参与经营管理而获得的收益在扣除相关成本费用后支付给转让方的，人民法院应予支持。

第十一条 外商投资企业一方股东将股权全部或部分转让给股东之外的第三人，应当经其他股东一致同意，其他股东以未征得其同意为由请求撤销股权转让合同的，人民法院应予支持。具有以下情形之一的除外：

（一）有证据证明其他股东已经同意；

（二）转让方已就股权转让事项书面通知，其他股东自接到书面通知之日满三十日未予答复；

（三）其他股东不同意转让，又不购买该转让的股权。

第十二条 外商投资企业一方股东将股权全部或部分转让给股东之外的第三人,其他股东以该股权转让侵害了其优先购买权为由请求撤销股权转让合同的,人民法院应予支持。其他股东在知道或者应当知道股权转让合同签订之日起一年内未主张优先购买权的除外。

前款规定的转让方、受让方以侵害其他股东优先购买权为由请求认定股权转让合同无效的,人民法院不予支持。

第十三条 外商投资企业股东与债权人订立的股权质押合同,除法律、行政法规另有规定或者合同另有约定外,自成立时生效。未办理质权登记的,不影响股权质押合同的效力。

当事人仅以股权质押合同未经外商投资企业审批机关批准为由主张合同无效或未生效的,人民法院不予支持。

股权质押合同依照民法典的相关规定办理了出质登记的,股权质权自登记时设立。

第十四条 当事人之间约定一方实际投资、另一方作为外商投资企业名义股东,实际投资者请求确认其在外商投资企业中的股东身份或者请求变更外商投资企业股东的,人民法院不予支持。同时具备以下条件的除外:

(一)实际投资者已经实际投资;

(二)名义股东以外的其他股东认可实际投资者的股东身份;

(三)人民法院或当事人在诉讼期间就将实际投资者变更为股东征得了外商投资企业审批机关的同意。

第十五条 合同约定一方实际投资、另一方作为外商投资企业名义股东,不具有法律、行政法规规定的无效情形的,人民法院应认定该合同有效。一方当事人仅以未经外商投资企业审批机关批准为由主张该合同无效或者未生效的,人民法院不予支持。

实际投资者请求外商投资企业名义股东依据双方约定履行相应义务的,人民法院应予支持。

双方未约定利益分配,实际投资者请求外商投资企业名义股东向其交付从外商投资企业获得的收益的,人民法院应予支持。外商投资企业名义股东向实际投资者请求支付必要报酬的,人民法院应酌情予以支持。

第十六条 外商投资企业名义股东不履行与实际投资者之间的合同,致使实际投资者不能实现合同目的,实际投资者请求解除合同并由外商投资企业名义股东承担违约责任的,人民法院应予支持。

第十七条 实际投资者根据其与外商投资企业名义股东的约定,直接向外商投资企业请求分配利润或者行使其他股东权利的,人民法院不予支持。

第十八条 实际投资者与外商投资企业名义股东之间的合同被认定无效,名义股东持有的股权价值高于实际投资额,实际投资者请求名义股东向其返还投资款并根据其实际投资情况以及名义股东参与外商投资企业经营管理的情况对股权收益在双方之间进行合理分配的,人民法院应予支持。

外商投资企业名义股东明确表示放弃股权或者拒绝继续持有股权的,人民法院可以判令以拍卖、变卖名义股东持有的外商投资企业股权所得向实际投资者返还投资款,其余款项根据实际投资者的实际投资情况、名义股东参与外商投资企业经营管理的情况在双方之间进行合理分配。

第十九条 实际投资者与外商投资企业名义股东之间的合同被认定无效,名义股东持有的股权价值低于实际投资额,实际投资者请求名义股东向其返还现有股权的等值价款的,人民法院应予支持;外商投资企业名义股东明确表示放弃股权或者拒绝继续持有股权的,人民法院可以判令以拍卖、变卖名义股东持有的外商投资企业股权所得向实际投资者返还投资款。

实际投资者请求名义股东赔偿损失的,人民法院应当根据名义股东对合同无效是否存在过错及过错大小认定其是否承担赔偿责任及具体赔偿数额。

第二十条 实际投资者与外商投资企业名义股东之间的合同因恶意串通,损害国家、集体或者第三人利益,被认定无效的,人民法院应当将因此取得的财产收归国家所有或者返还集体、第三人。

第二十一条 外商投资企业一方股东或者外商投资企业以提供虚假材料等欺诈或者其他不正当手段向外商投资企业审批机关申请变更外商投资企业批准证书所载股东,导致外商投资企业他方股东丧失股东身份或原有股权份额,他方股东请求确认股东身份或原有股权份额的，人民法院应予支持。第三人已经善意取得该股权的除外。

他方股东请求侵权股东或者外商投资企业赔偿损失的，人民法院应予支持。

第二十二条 人民法院审理香港特别行政区、澳门特别行政区、台湾地区的投资者、定居在国外的中国公民在内地投资设立企业产生的相关纠纷案件，参照适用本规定。

第二十三条 本规定施行后，案件尚在一审或者二审阶段的，适用本规定；本规定施行前已经终审的案件，人民法院进行再审时，不适用本规定。

第二十四条 本规定施行前本院作出的有关司法解释与本规定相抵触的，以本规定为准。

十三、房地产合同

中华人民共和国城市房地产管理法(节录)

· 1994 年 7 月 5 日第八届全国人民代表大会常务委员会第八次会议通过

· 根据 2007 年 8 月 30 日第十届全国人民代表大会常务委员会第二十九次会议《关于修改〈中华人民共和国城市房地产管理法〉的决定》第一次修正

· 根据 2009 年 8 月 27 日第十一届全国人民代表大会常务委员会第十次会议《关于修改部分法律的决定》第二次修正

· 根据 2019 年 8 月 26 日第十三届全国人民代表大会常务委员会第十二次会议《关于修改〈中华人民共和国土地管理法〉、〈中华人民共和国城市房地产管理法〉的决定》第三次修正

……

第三十二条 【房地产权利主体一致原则】房地产转让、抵押时,房屋的所有权和该房屋占用范围内的土地使用权同时转让、抵押。

第三十三条 【房地产价格管理】基准地价、标定地价和各类房屋的重置价格应当定期确定并公布。具体办法由国务院规定。

第三十四条 【房地产价格评估】国家实行房地产价格评估制度。

房地产价格评估,应当遵循公正、公平、公开的原则,按照国家规定的技术标准和评估程序,以基准地价、标定地价和各类房屋的重置价格为基础,参照当地的市场价格进行评估。

第三十五条 【房地产成交价格申报】国家实行房地产成交价格申报制度。

房地产权利人转让房地产,应当向县级以上地方人民政府规定的部门如实申报成交价,不得瞒报或者作不实的申报。

第三十六条 【房地产权属登记】房地产转让、抵押,当事人应当依照本法第五章的规定办理权属登记。

第二节 房地产转让

第三十七条 【房地产转让的定义】房地产转让,是指房地产权利人通过买卖、赠与或者其他合法方式将其房地产转移给他人的行为。

第三十八条 【房地产不得转让的情形】下列房地产,不得转让:

(一)以出让方式取得土地使用权的,不符合本法第三十九条规定的条件的;

(二)司法机关和行政机关依法裁定、决定查封或者以其他形式限制房地产权利的;

(三)依法收回土地使用权的;

(四)共有房地产,未经其他共有人书面同意的;

(五)权属有争议的;

(六)未依法登记领取权属证书的;

(七)法律、行政法规规定禁止转让的其他情形。

第三十九条 【以出让方式取得土地使用权的房地产转让】以出让方式取得土地使用权的,转让房地产时,应当符合下列条件:

(一)按照出让合同约定已经支付全部土地使用权出让金,并取得土地使用权证书;

(二)按照出让合同约定进行投资开发,属于房屋建设工程的,完成开发投资总额的百分之二十五以上,属于成片开发土地的,形成工业用地或者其他建设用地条件。

转让房地产时房屋已经建成的,还应当持有房屋所有权证书。

第四十条 【以划拨方式取得土地使用权的房地产转让】以划拨方式取得土地使用权的,转让房地产时,应当按照国务院规定,报有批准权的人民政府审批。有批准权的人民政府准予转让的,应当由受让方办理土地使用权出让手续,并依照国家有关规定缴纳土地使用权出让金。

以划拨方式取得土地使用权的,转让房地产

报批时,有批准权的人民政府按照国务院规定决定可以不办理土地使用权出让手续的,转让方应当按照国务院规定将转让房地产所获收益中的土地收益上缴国家或者作其他处理。

第四十一条 【房地产转让合同】房地产转让,应当签订书面转让合同,合同中应当载明土地使用权取得的方式。

第四十二条 【房地产转让合同与土地使用权出让合同的关系】房地产转让时,土地使用权出让合同载明的权利、义务随之转移。

第四十三条 【房地产转让后土地使用权的使用年限】以出让方式取得土地使用权的,转让房地产后,其土地使用权的使用年限为原土地使用权出让合同约定的使用年限减去原土地使用者已经使用年限后的剩余年限。

第四十四条 【房地产转让后土地使用权用途的变更】以出让方式取得土地使用权的,转让房地产后,受让人改变原土地使用权出让合同约定的土地用途的,必须取得原出让方和市、县人民政府城市规划行政主管部门的同意,签订土地使用权出让合同变更协议或者重新签订土地使用权出让合同,相应调整土地使用权出让金。

第四十五条 【商品房预售的条件】商品房预售,应当符合下列条件:

(一)已交付全部土地使用权出让金,取得土地使用权证书;

(二)持有建设工程规划许可证;

(三)按提供预售的商品房计算,投入开发建设的资金达到工程建设总投资的百分之二十五以上,并已经确定施工进度和竣工交付日期;

(四)向县级以上人民政府房产管理部门办理预售登记,取得商品房预售许可证明。

商品房预售人应当按照国家有关规定将预售合同报县级以上人民政府房产管理部门和土地管理部门登记备案。

商品房预售所得款项,必须用于有关的工程建设。

第四十六条 【商品房预售后的再行转让】商品房预售的,商品房预购人将购买的未竣工的预售商品房再行转让的问题,由国务院规定。

第三节 房地产抵押

第四十七条 【房地产抵押的定义】房地产抵押,是指抵押人以其合法的房地产以不转移占有的方式向抵押权人提供债务履行担保的行为。债务人不履行债务时,抵押权人有权依法以抵押的房地产拍卖所得的价款优先受偿。

第四十八条 【房地产抵押物的范围】依法取得的房屋所有权连同该房屋占用范围内的土地使用权,可以设定抵押权。

以出让方式取得的土地使用权,可以设定抵押权。

第四十九条 【抵押办理凭证】房地产抵押,应当凭土地使用权证书、房屋所有权证书办理。

第五十条 【房地产抵押合同】房地产抵押,抵押人和抵押权人应当签订书面抵押合同。

第五十一条 【以划拨土地使用权设定的房地产抵押权的实现】设定房地产抵押权的土地使用权是以划拨方式取得的,依法拍卖该房地产后,应当从拍卖所得的价款中缴纳相当于应缴纳的土地使用权出让金的款额后,抵押权人方可优先受偿。

第五十二条 【房地产抵押后土地上的新增房屋问题】房地产抵押合同签订后,土地上新增的房屋不属于抵押财产。需要拍卖该抵押的房地产时,可以依法将土地上新增的房屋与抵押财产一同拍卖,但对拍卖新增房屋所得,抵押权人无权优先受偿。

第四节 房屋租赁

第五十三条 【房屋租赁的定义】房屋租赁,是指房屋所有权人作为出租人将其房屋出租给承租人使用,由承租人向出租人支付租金的行为。

第五十四条 【房屋租赁合同的签订】房屋租赁,出租人和承租人应当签订书面租赁合同,约定租赁期限、租赁用途、租赁价格、修缮责任等条款,以及双方的其他权利和义务,并向房产管理部门登记备案。

第五十五条 【住宅用房和非住宅用房的租赁】住宅用房的租赁,应当执行国家和房屋所在城市人民政府规定的租赁政策。租用房屋从事生产、经营活动的,由租赁双方协商议定租金和其他租赁条款。

第五十六条 【以划拨方式取得的国有土地上的房屋出租的特别规定】以营利为目的,房屋所有权人将以划拨方式取得使用权的国有土地上建成的房屋出租的,应当将租金中所含土地收益上缴国家。具体办法由国务院规定。

第五节 中介服务机构

第五十七条 【房地产中介服务机构】房地产中介服务机构包括房地产咨询机构、房地产价格评估机构、房地产经纪机构等。

第五十八条 【房地产中介服务机构的设立】房地产中介服务机构应当具备下列条件:

(一)有自己的名称和组织机构;

(二)有固定的服务场所;

(三)有必要的财产和经费;

(四)有足够数量的专业人员;

(五)法律、行政法规规定的其他条件。

设立房地产中介服务机构,应当向工商行政管理部门申请设立登记,领取营业执照后,方可开业。

第五十九条 【房地产估价人员资格认证】国家实行房地产价格评估人员资格认证制度。

……

中华人民共和国土地管理法(节录)

· 1986年6月25日第六届全国人民代表大会常务委员会第十六次会议通过

· 根据1988年12月29日第七届全国人民代表大会常务委员会第五次会议《关于修改〈中华人民共和国土地管理法〉的决定》第一次修正

· 1998年8月29日第九届全国人民代表大会常务委员会第四次会议修订

· 根据2004年8月28日第十届全国人民代表大会常务委员会第十一次会议《关于修改〈中华人民共和国土地管理法〉的决定》第二次修正

· 根据2019年8月26日第十三届全国人民代表大会常务委员会第十二次会议《关于修改〈中华人民共和国土地管理法〉、〈中华人民共和国城市房地产管理法〉的决定》第三次修正

……

第二章 土地的所有权和使用权

第九条 【土地所有制】城市市区的土地属于国家所有。

农村和城市郊区的土地,除由法律规定属于国家所有的以外,属于农民集体所有;宅基地和自留地、自留山,属于农民集体所有。

第十条 【土地使用权】国有土地和农民集体所有的土地,可以依法确定给单位或者个人使用。使用土地的单位和个人,有保护、管理和合理利用土地的义务。

第十一条 【集体所有土地的经营和管理】农民集体所有的土地依法属于村农民集体所有的,由村集体经济组织或者村民委员会经营、管理;已经分别属于村内两个以上农村集体经济组织的农民集体所有的,由村内各该农村集体经济组织或者村民小组经营、管理;已经属于乡(镇)农民集体所有的,由乡(镇)农村集体经济组织经营、管理。

第十二条 【土地所有权和使用权登记】土地的所有权和使用权的登记,依照有关不动产登记的法律、行政法规执行。

依法登记的土地的所有权和使用权受法律保护,任何单位和个人不得侵犯。

第十三条 【土地承包经营】农民集体所有和国家所有依法由农民集体使用的耕地、林地、草地,以及其他依法用于农业的土地,采取农村集体经济组织内部的家庭承包方式承包,不宜采取家庭承包方式的荒山、荒沟、荒丘、荒滩等,可以采取招标、拍卖、公开协商等方式承包,从事种植业、林业、畜牧业、渔业生产。家庭承包的耕地的承包期为三十年,草地的承包期为三十年至五十年,林地的承包期为三十年至七十年;耕地承包期届满后再延长三十年,草地、林地承包期届满后依法相应延长。

国家所有依法用于农业的土地可以由单位或者个人承包经营,从事种植业、林业、畜牧业、渔业生产。

发包方和承包方应当依法订立承包合同,约定双方的权利和义务。承包经营土地的单位和个人,有保护和按照承包合同约定的用途合理利用土地的义务。

第十四条 【土地所有权和使用权争议解决】土地所有权和使用权争议,由当事人协商解决;协商不成的,由人民政府处理。

单位之间的争议,由县级以上人民政府处理;个人之间、个人与单位之间的争议,由乡级人民政

府或者县级以上人民政府处理。

当事人对有关人民政府的处理决定不服的，可以自接到处理决定通知之日起三十日内，向人民法院起诉。

在土地所有权和使用权争议解决前，任何一方不得改变土地利用现状。

……

第五章 建设用地

第四十四条 【农用地转用】建设占用土地，涉及农用地转为建设用地的，应当办理农用地转用审批手续。

永久基本农田转为建设用地的，由国务院批准。

在土地利用总体规划确定的城市和村庄、集镇建设用地规模范围内，为实施该规划而将永久基本农田以外的农用地转为建设用地的，按土地利用年度计划分批次按照国务院规定由原批准土地利用总体规划的机关或者其授权的机关批准。在已批准的农用地转用范围内，具体建设项目用地可以由市、县人民政府批准。

在土地利用总体规划确定的城市和村庄、集镇建设用地规模范围外，将永久基本农田以外的农用地转为建设用地的，由国务院或者国务院授权的省、自治区、直辖市人民政府批准。

第四十五条 【征地范围】为了公共利益的需要，有下列情形之一，确需征收农民集体所有的土地的，可以依法实施征收：

（一）军事和外交需要用地的；

（二）由政府组织实施的能源、交通、水利、通信、邮政等基础设施建设需要用地的；

（三）由政府组织实施的科技、教育、文化、卫生、体育、生态环境和资源保护、防灾减灾、文物保护、社区综合服务、社会福利、市政公用、优抚安置、英烈保护等公共事业需要用地的；

（四）由政府组织实施的扶贫搬迁、保障性安居工程建设需要用地的；

（五）在土地利用总体规划确定的城镇建设用地范围内，经省级以上人民政府批准由县级以上地方人民政府组织实施的成片开发建设需要用地的；

（六）法律规定为公共利益需要可以征收农民集体所有的土地的其他情形。

前款规定的建设活动，应当符合国民经济和社会发展规划、土地利用总体规划、城乡规划和专项规划；第（四）项、第（五）项规定的建设活动，还应当纳入国民经济和社会发展年度计划；第（五）项规定的成片开发并应当符合国务院自然资源主管部门规定的标准。

第四十六条 【征地审批权限】征收下列土地的，由国务院批准：

（一）永久基本农田；

（二）永久基本农田以外的耕地超过三十五公顷的；

（三）其他土地超过七十公顷的。

征收前款规定以外的土地的，由省、自治区、直辖市人民政府批准。

征收农用地的，应当依照本法第四十四条的规定先行办理农用地转用审批。其中，经国务院批准农用地转用的，同时办理征地审批手续，不再另行办理征地审批；经省、自治区、直辖市人民政府在征地批准权限内批准农用地转用的，同时办理征地审批手续，不再另行办理征地审批，超过征地批准权限的，应当依照本条第一款的规定另行办理征地审批。

第四十七条 【土地征收程序】国家征收土地的，依照法定程序批准后，由县级以上地方人民政府予以公告并组织实施。

县级以上地方人民政府拟申请征收土地的，应当开展拟征收土地现状调查和社会稳定风险评估，并将征收范围、土地现状、征收目的、补偿标准、安置方式和社会保障等在拟征收土地所在的乡（镇）和村、村民小组范围内公告至少三十日，听取被征地的农村集体经济组织及其成员、村民委员会和其他利害关系人的意见。

多数被征地的农村集体经济组织成员认为征地补偿安置方案不符合法律、法规规定的，县级以上地方人民政府应当组织召开听证会，并根据法律、法规的规定和听证会情况修改方案。

拟征收土地的所有权人、使用权人应当在公告规定期限内，持不动产权属证明材料办理补偿登记。县级以上地方人民政府应当组织有关部门测算并落实有关费用，保证足额到位，与拟征收土地的所有权人、使用权人就补偿、安置等签订协议；个别确实难以达成协议的，应当在申请征收土地时如实说明。

相关前期工作完成后,县级以上地方人民政府方可申请征收土地。

第四十八条 【土地征收补偿安置】征收土地应当给予公平、合理的补偿,保障被征地农民原有生活水平不降低、长远生计有保障。

征收土地应当依法及时足额支付土地补偿费、安置补助费以及农村村民住宅、其他地上附着物和青苗等的补偿费用,并安排被征地农民的社会保障费用。

征收农用地的土地补偿费、安置补助费标准由省、自治区、直辖市通过制定公布区片综合地价确定。制定区片综合地价应当综合考虑土地原用途、土地资源条件、土地产值、土地区位、土地供求关系、人口以及经济社会发展水平等因素,并至少每三年调整或者重新公布一次。

征收农用地以外的其他土地、地上附着物和青苗等的补偿标准,由省、自治区、直辖市制定。对其中的农村村民住宅,应当按照先补偿后搬迁、居住条件有改善的原则,尊重农村村民意愿,采取重新安排宅基地建房、提供安置房或者货币补偿等方式给予公平、合理的补偿,并对因征收造成的搬迁、临时安置等费用予以补偿,保障农村村民居住的权利和合法的住房财产权益。

县级以上地方人民政府应当将被征地农民纳入相应的养老等社会保障体系。被征地农民的社会保障费用主要用于符合条件的被征地农民的养老保险等社会保险缴费补贴。被征地农民社会保障费用的筹集、管理和使用办法,由省、自治区、直辖市制定。

第四十九条 【征地补偿费用的使用】被征地的农村集体经济组织应当将征收土地的补偿费用的收支状况向本集体经济组织的成员公布,接受监督。

禁止侵占、挪用被征收土地单位的征地补偿费用和其他有关费用。

第五十条 【支持被征地农民就业】地方各级人民政府应当支持被征地的农村集体经济组织和农民从事开发经营,兴办企业。

第五十一条 【大中型水利水电工程建设征地补偿和移民安置】大中型水利、水电工程建设征收土地的补偿费标准和移民安置办法,由国务院另行规定。

第五十二条 【建设项目用地审查】建设项目可行性研究论证时,自然资源主管部门可以根据土地利用总体规划、土地利用年度计划和建设用地标准,对建设用地有关事项进行审查,并提出意见。

第五十三条 【建设项目使用国有土地的审批】经批准的建设项目需要使用国有建设用地的,建设单位应当持法律、行政法规规定的有关文件,向有批准权的县级以上人民政府自然资源主管部门提出建设用地申请,经自然资源主管部门审查,报本级人民政府批准。

第五十四条 【国有土地的取得方式】建设单位使用国有土地,应当以出让等有偿使用方式取得;但是,下列建设用地,经县级以上人民政府依法批准,可以以划拨方式取得:

(一)国家机关用地和军事用地;

(二)城市基础设施用地和公益事业用地;

(三)国家重点扶持的能源、交通、水利等基础设施用地;

(四)法律、行政法规规定的其他用地。

第五十五条 【国有土地有偿使用费】以出让等有偿使用方式取得国有土地使用权的建设单位,按照国务院规定的标准和办法,缴纳土地使用权出让金等土地有偿使用费和其他费用后,方可使用土地。

自本法施行之日起,新增建设用地的土地有偿使用费,百分之三十上缴中央财政,百分之七十留给有关地方人民政府。具体使用管理办法由国务院财政部门会同有关部门制定,并报国务院批准。

第五十六条 【国有土地的使用要求】建设单位使用国有土地的,应当按照土地使用权出让等有偿使用合同的约定或者土地使用权划拨批准文件的规定使用土地;确需改变该幅土地建设用途的,应当经有关人民政府自然资源主管部门同意,报原批准用地的人民政府批准。其中,在城市规划区内改变土地用途的,在报批前,应当先经有关城市规划行政主管部门同意。

第五十七条 【建设项目临时用地】建设项目施工和地质勘查需要临时使用国有土地或者农民集体所有的土地的,由县级以上人民政府自然资源主管部门批准。其中,在城市规划区内的临时用地,在报批前,应当先经有关城市规划行政主管部门同意。土地使用者应当根据土地权属,与有关自然资源主管部门或者农村集体经济组织、村民委员会签订临时使用土地合同,并按照合同的约定支付临时使用土地补偿费。

临时使用土地的使用者应当按照临时使用土地合同约定的用途使用土地,并不得修建永久性建筑物。

临时使用土地期限一般不超过二年。

第五十八条 【收回国有土地使用权】有下列情形之一的,由有关人民政府自然资源主管部门报经原批准用地的人民政府或者有批准权的人民政府批准,可以收回国有土地使用权:

(一)为实施城市规划进行旧城区改建以及其他公共利益需要,确需使用土地的;

(二)土地出让等有偿使用合同约定的使用期限届满,土地使用者未申请续期或者申请续期未获批准的;

(三)因单位撤销、迁移等原因,停止使用原划拨的国有土地的;

(四)公路、铁路、机场、矿场等经核准报废的。

依照前款第(一)项的规定收回国有土地使用权的,对土地使用权人应当给予适当补偿。

第五十九条 【乡、村建设使用土地的要求】乡镇企业、乡(镇)村公共设施、公益事业、农村村民住宅等乡(镇)村建设,应当按照村庄和集镇规划,合理布局,综合开发,配套建设;建设用地,应当符合乡(镇)土地利用总体规划和土地利用年度计划,并依照本法第四十四条、第六十条、第六十一条、第六十二条的规定办理审批手续。

第六十条 【村集体兴办企业使用土地】农村集体经济组织使用乡(镇)土地利用总体规划确定的建设用地兴办企业或者与其他单位、个人以土地使用权入股、联营等形式共同举办企业的,应当持有关批准文件,向县级以上地方人民政府自然资源主管部门提出申请,按照省、自治区、直辖市规定的批准权限,由县级以上地方人民政府批准;其中,涉及占用农用地的,依照本法第四十四条的规定办理审批手续。

按照前款规定兴办企业的建设用地,必须严格控制。省、自治区、直辖市可以按照乡镇企业的不同行业和经营规模,分别规定用地标准。

第六十一条 【乡村公共设施、公益事业建设用地审批】乡(镇)村公共设施、公益事业建设,需要使用土地的,经乡(镇)人民政府审核,向县级以上地方人民政府自然资源主管部门提出申请,按照省、自治区、直辖市规定的批准权限,由县级以上地方人民政府批准;其中,涉及占用农用地的,依照本法第四十四条的规定办理审批手续。

第六十二条 【农村宅基地管理】农村村民一户只能拥有一处宅基地,其宅基地的面积不得超过省、自治区、直辖市规定的标准。

人均土地少、不能保障一户拥有一处宅基地的地区,县级人民政府在充分尊重农村村民意愿的基础上,可以采取措施,按照省、自治区、直辖市规定的标准保障农村村民实现户有所居。

农村村民建住宅,应当符合乡(镇)土地利用总体规划、村庄规划,不得占用永久基本农田,并尽量使用原有的宅基地和村内空闲地。编制乡(镇)土地利用总体规划、村庄规划应当统筹并合理安排宅基地用地,改善农村村民居住环境和条件。

农村村民住宅用地,由乡(镇)人民政府审核批准;其中,涉及占用农用地的,依照本法第四十四条的规定办理审批手续。

农村村民出卖、出租、赠与住宅后,再申请宅基地的,不予批准。

国家允许进城落户的农村村民依法自愿有偿退出宅基地,鼓励农村集体经济组织及其成员盘活利用闲置宅基地和闲置住宅。

国务院农业农村主管部门负责全国农村宅基地改革和管理有关工作。

第六十三条 【集体经营性建设用地入市】土地利用总体规划、城乡规划确定为工业、商业等经营性用途,并经依法登记的集体经营性建设用地,土地所有权人可以通过出让、出租等方式交由单位或者个人使用,并应当签订书面合同,载明土地界址、面积、动工期限、使用期限、土地用途、规划条件和双方其他权利义务。

前款规定的集体经营性建设用地出让、出租等,应当经本集体经济组织成员的村民会议三分之二以上成员或者三分之二以上村民代表的同意。

通过出让等方式取得的集体经营性建设用地使用权可以转让、互换、出资、赠与或者抵押,但法律、行政法规另有规定或者土地所有权人、土地使用权人签订的书面合同另有约定的除外。

集体经营性建设用地的出租,集体建设用地使用权的出让及其最高年限、转让、互换、出资、赠与、抵押等,参照同类用途的国有建设用地执行。

具体办法由国务院制定。

第六十四条 【集体建设用地的使用要求】集体建设用地的使用者应当严格按照土地利用总体规划、城乡规划确定的用途使用土地。

第六十五条 【不符合土地利用总体规划的建筑物的处理】在土地利用总体规划制定前已建的不符合土地利用总体规划确定的用途的建筑物、构筑物，不得重建、扩建。

第六十六条 【集体建设用地使用权的收回】有下列情形之一的，农村集体经济组织报经原批准用地的人民政府批准，可以收回土地使用权：

（一）为乡（镇）村公共设施和公益事业建设，需要使用土地的；

（二）不按照批准的用途使用土地的；

（三）因撤销、迁移等原因而停止使用土地的。

依照前款第（一）项规定收回农民集体所有的土地的，对土地使用权人应当给予适当补偿。

收回集体经营性建设用地使用权，依照双方签订的书面合同办理，法律、行政法规另有规定的除外。

……

城市房地产开发经营管理条例

· 1998年7月20日中华人民共和国国务院令第248号发布

· 根据2011年1月8日《国务院关于废止和修改部分行政法规的决定》第一次修订

· 根据2018年3月19日《国务院关于修改和废止部分行政法规的决定》第二次修订

· 根据2019年3月24日《国务院关于修改部分行政法规的决定》第三次修订

· 根据2020年3月27日《国务院关于修改和废止部分行政法规的决定》第四次修订

· 根据2020年3月27日《国务院关于修改和废止部分行政法规的决定》第四次修订

· 根据2020年11月29日《国务院关于修改和废止部分行政法规的决定》第五次修订

第一章 总 则

第一条 为了规范房地产开发经营行为，加强对城市房地产开发经营活动的监督管理，促进和保障房地产业的健康发展，根据《中华人民共和国城市房地产管理法》的有关规定，制定本条例。

第二条 本条例所称房地产开发经营，是指房地产开发企业在城市规划区内国有土地上进行基础设施建设、房屋建设，并转让房地产开发项目或者销售、出租商品房的行为。

第三条 房地产开发经营应当按照经济效益、社会效益、环境效益相统一的原则，实行全面规划、合理布局、综合开发、配套建设。

第四条 国务院建设行政主管部门负责全国房地产开发经营活动的监督管理工作。

县级以上地方人民政府房地产开发主管部门负责本行政区域内房地产开发经营活动的监督管理工作。

县级以上人民政府负责土地管理工作的部门依照有关法律、行政法规的规定，负责与房地产开发经营有关的土地管理工作。

第二章 房地产开发企业

第五条 设立房地产开发企业，除应当符合有关法律、行政法规规定的企业设立条件外，还应当具备下列条件：

（一）有100万元以上的注册资本；

（二）有4名以上持有资格证书的房地产专业、建筑工程专业的专职技术人员，2名以上持有资格证书的专职会计人员。

省、自治区、直辖市人民政府可以根据本地方的实际情况，对设立房地产开发企业的注册资本和专业技术人员的条件作出高于前款的规定。

第六条 外商投资设立房地产开发企业的，除应当符合本条例第五条的规定外，还应当符合外商投资法律、行政法规的规定。

第七条 设立房地产开发企业，应当向县级以上人民政府工商行政管理部门申请登记。工商行政管理部门对符合本条例第五条规定条件的，应当自收到申请之日起30日内予以登记；对不符合条件不予登记的，应当说明理由。

工商行政管理部门在对设立房地产开发企业申请登记进行审查时，应当听取同级房地产开发主管部门的意见。

第八条 房地产开发企业应当自领取营业执照之日起30日内，提交下列纸质或者电子材料，向登记机关所在地的房地产开发主管部门备案：

(一)营业执照复印件;

(二)企业章程;

(三)专业技术人员的资格证书和聘用合同。

第九条 房地产开发主管部门应当根据房地产开发企业的资产、专业技术人员和开发经营业绩等,对备案的房地产开发企业核定资质等级。房地产开发企业应当按照核定的资质等级,承担相应的房地产开发项目。具体办法由国务院建设行政主管部门制定。

第三章 房地产开发建设

第十条 确定房地产开发项目,应当符合土地利用总体规划、年度建设用地计划和城市规划、房地产开发年度计划的要求;按照国家有关规定需要经计划主管部门批准的,还应当报计划主管部门批准,并纳入年度固定资产投资计划。

第十一条 确定房地产开发项目,应当坚持旧区改建和新区建设相结合的原则,注重开发基础设施薄弱、交通拥挤、环境污染严重以及危旧房屋集中的区域,保护和改善城市生态环境,保护历史文化遗产。

第十二条 房地产开发用地应当以出让方式取得;但是,法律和国务院规定可以采用划拨方式的除外。

土地使用权出让或者划拨前,县级以上地方人民政府城市规划行政主管部门和房地产开发主管部门应当对下列事项提出书面意见,作为土地使用权出让或者划拨的依据之一:

(一)房地产开发项目的性质、规模和开发期限;

(二)城市规划设计条件;

(三)基础设施和公共设施的建设要求;

(四)基础设施建成后的产权界定;

(五)项目拆迁补偿、安置要求。

第十三条 房地产开发项目应当建立资本金制度,资本金占项目总投资的比例不得低于20%。

第十四条 房地产开发项目的开发建设应当统筹安排配套基础设施,并根据先地下、后地上的原则实施。

第十五条 房地产开发企业应当按照土地使用权出让合同约定的土地用途、动工开发期限进行项目开发建设。出让合同约定的动工开发期限满1年未动工开发的,可以征收相当于土地使用权出让金20%以下的土地闲置费;满2年未动工开发的,可以无偿收回土地使用权。但是,因不可抗力或者政府、政府有关部门的行为或者动工开发必需的前期工作造成动工迟延的除外。

第十六条 房地产开发企业开发建设的房地产项目,应当符合有关法律、法规的规定和建筑工程质量、安全标准、建筑工程勘察、设计、施工的技术规范以及合同的约定。

房地产开发企业应当对其开发建设的房地产开发项目的质量承担责任。

勘察、设计、施工、监理等单位应当依照有关法律、法规的规定或者合同的约定,承担相应的责任。

第十七条 房地产开发项目竣工,依照《建设工程质量管理条例》的规定验收合格后,方可交付使用。

第十八条 房地产开发企业应当将房地产开发项目建设过程中的主要事项记录在房地产开发项目手册中,并定期送房地产开发主管部门备案。

第四章 房地产经营

第十九条 转让房地产开发项目,应当符合《中华人民共和国城市房地产管理法》第三十九条、第四十条规定的条件。

第二十条 转让房地产开发项目,转让人和受让人应当自土地使用权变更登记手续办理完毕之日起30日内,持房地产开发项目转让合同到房地产开发主管部门备案。

第二十一条 房地产开发企业转让房地产开发项目时,尚未完成拆迁补偿安置的,原拆迁补偿安置合同中有关的权利、义务随之转移给受让人。项目转让人应当书面通知被拆迁人。

第二十二条 房地产开发企业预售商品房,应当符合下列条件:

(一)已交付全部土地使用权出让金,取得土地使用权证书;

(二)持有建设工程规划许可证和施工许可证;

(三)按提供的预售商品房计算,投入开发建设的资金达到工程建设总投资的25%以上,并已确定施工进度和竣工交付日期;

(四)已办理预售登记,取得商品房预售许可证明。

第二十三条 房地产开发企业申请办理商品房预售登记,应当提交下列文件:

(一)本条例第二十二条第(一)项至第(三)项规定的证明材料;

(二)营业执照和资质等级证书;

(三)工程施工合同;

(四)预售商品房分层平面图;

(五)商品房预售方案。

第二十四条 房地产开发主管部门应当自收到商品房预售申请之日起10日内,作出同意预售或者不同意预售的答复。同意预售的,应当核发商品房预售许可证明;不同意预售的,应当说明理由。

第二十五条 房地产开发企业不得进行虚假广告宣传,商品房预售广告中应当载明商品房预售许可证明的文号。

第二十六条 房地产开发企业预售商品房时,应当向预购人出示商品房预售许可证明。

房地产开发企业应当自商品房预售合同签订之日起30日内,到商品房所在地的县级以上人民政府房地产开发主管部门和负责土地管理工作的部门备案。

第二十七条 商品房销售,当事人双方应当签订书面合同。合同应当载明商品房的建筑面积和使用面积、价格、交付日期、质量要求、物业管理方式以及双方的违约责任。

第二十八条 房地产开发企业委托中介机构代理销售商品房的,应当向中介机构出具委托书。中介机构销售商品房时,应当向商品房购买人出示商品房的有关证明文件和商品房销售委托书。

第二十九条 房地产开发项目转让和商品房销售价格,由当事人协商议定;但是,享受国家优惠政策的居民住宅价格,应当实行政府指导价或者政府定价。

第三十条 房地产开发企业应当在商品房交付使用时,向购买人提供住宅质量保证书和住宅使用说明书。

住宅质量保证书应当列明工程质量监督单位核验的质量等级、保修范围、保修期和保修单位等内容。房地产开发企业应当按照住宅质量保证书的约定,承担商品房保修责任。

保修期内,因房地产开发企业对商品房进行维修,致使房屋原使用功能受到影响,给购买人造成损失的,应当依法承担赔偿责任。

第三十一条 商品房交付使用后,购买人认为主体结构质量不合格的,可以向工程质量监督单位申请重新核验。经核验,确属主体结构质量不合格的,购买人有权退房;给购买人造成损失的,房地产开发企业应当依法承担赔偿责任。

第三十二条 预售商品房的购买人应当自商品房交付使用之日起90日内,办理土地使用权变更和房屋所有权登记手续;现售商品房的购买人应当自销售合同签订之日起90日内,办理土地使用权变更和房屋所有权登记手续。房地产开发企业应当协助商品房购买人办理土地使用权变更和房屋所有权登记手续,并提供必要的证明文件。

第五章 法律责任

第三十三条 违反本条例规定,未取得营业执照,擅自从事房地产开发经营的,由县级以上人民政府工商行政管理部门责令停止房地产开发经营活动,没收违法所得,可以并处违法所得5倍以下的罚款。

第三十四条 违反本条例规定,未取得资质等级证书或者超越资质等级从事房地产开发经营的,由县级以上人民政府房地产开发主管部门责令限期改正,处5万元以上10万元以下的罚款;逾期不改正的,由工商行政管理部门吊销营业执照。

第三十五条 违反本条例规定,擅自转让房地产开发项目的,由县级以上人民政府负责土地管理工作的部门责令停止违法行为,没收违法所得,可以并处违法所得5倍以下的罚款。

第三十六条 违反本条例规定,擅自预售商品房的,由县级以上人民政府房地产开发主管部门责令停止违法行为,没收违法所得,可以并处已收取的预付款1%以下的罚款。

第三十七条 国家机关工作人员在房地产开发经营监督管理工作中玩忽职守、徇私舞弊、滥用职权,构成犯罪的,依法追究刑事责任;尚不构成犯罪的,依法给予行政处分。

第六章 附 则

第三十八条 在城市规划区外国有土地上从事房地产开发经营,实施房地产开发经营监督管理,参照本条例执行。

第三十九条 城市规划区内集体所有的土

地,经依法征收转为国有土地后,方可用于房地产开发经营。

第四十条 本条例自发布之日起施行。

中华人民共和国土地管理法实施条例(节录)

- 1998年12月27日中华人民共和国国务院令第256号发布
- 根据2011年1月8日《国务院关于废止和修改部分行政法规的决定》第一次修订
- 根据2014年7月29日《国务院关于修改部分行政法规的决定》第二次修订
- 2021年7月2日中华人民共和国国务院令第743号第三次修订
- 自2021年9月1日起施行

……

第四章 建设用地

第一节 一般规定

第十四条 建设项目需要使用土地的,应当符合国土空间规划、土地利用年度计划和用途管制以及节约资源、保护生态环境的要求,并严格执行建设用地标准,优先使用存量建设用地,提高建设用地使用效率。

从事土地开发利用活动,应当采取有效措施,防止、减少土壤污染,并确保建设用地符合土壤环境质量要求。

第十五条 各级人民政府应当依据国民经济和社会发展规划及年度计划、国土空间规划、国家产业政策以及城乡建设、土地利用的实际状况等,加强土地利用计划管理,实行建设用地总量控制,推动城乡存量建设用地开发利用,引导城镇低效用地再开发,落实建设用地标准控制制度,开展节约集约用地评价,推广应用节地技术和节地模式。

第十六条 县级以上地方人民政府自然资源主管部门应当将本级人民政府确定的年度建设用地供应总量、结构、时序、地块、用途等在政府网站上向社会公布,供社会公众查阅。

第十七条 建设单位使用国有土地,应当以有偿使用方式取得;但是,法律、行政法规规定可以以划拨方式取得的除外。

国有土地有偿使用的方式包括:

(一)国有土地使用权出让;

(二)国有土地租赁;

(三)国有土地使用权作价出资或者入股。

第十八条 国有土地使用权出让、国有土地租赁等应当依照国家有关规定通过公开的交易平台进行交易,并纳入统一的公共资源交易平台体系。除依法可以采取协议方式外,应当采取招标、拍卖、挂牌等竞争性方式确定土地使用者。

第十九条 《土地管理法》第五十五条规定的新增建设用地的土地有偿使用费,是指国家在新增建设用地中应取得的平均土地纯收益。

第二十条 建设项目施工、地质勘查需要临时使用土地的,应当尽量不占或者少占耕地。

临时用地由县级以上人民政府自然资源主管部门批准,期限一般不超过二年;建设周期较长的能源、交通、水利等基础设施建设使用的临时用地,期限不超过四年;法律、行政法规另有规定的除外。

土地使用者应当自临时用地期满之日起一年内完成土地复垦,使其达到可供利用状态,其中占用耕地的应当恢复种植条件。

第二十一条 抢险救灾、疫情防控等急需使用土地的,可以先行使用土地。其中,属于临时用地的,用后应当恢复原状并交还原土地使用者使用,不再办理用地审批手续;属于永久性建设用地的,建设单位应当在不晚于应急处置工作结束六个月内申请补办建设用地审批手续。

第二十二条 具有重要生态功能的未利用地应当依法划入生态保护红线,实施严格保护。

建设项目占用国土空间规划确定的未利用地的,按照省、自治区、直辖市的规定办理。

第二节 农用地转用

第二十三条 在国土空间规划确定的城市和村庄、集镇建设用地范围内,为实施该规划而将农用地转为建设用地的,由市、县人民政府组织自然资源等部门拟订农用地转用方案,分批次报有批准权的人民政府批准。

农用地转用方案应当重点对建设项目安排、是否符合国土空间规划和土地利用年度计划以及补充耕地情况作出说明。

农用地转用方案经批准后，由市、县人民政府组织实施。

第二十四条 建设项目确需占用国土空间规划确定的城市和村庄、集镇建设用地范围外的农用地，涉及占用永久基本农田的，由国务院批准；不涉及占用永久基本农田的，由国务院或者国务院授权的省、自治区、直辖市人民政府批准。具体按照下列规定办理：

（一）建设项目批准、核准前或者备案前后，由自然资源主管部门对建设项目用地事项进行审查，提出建设项目用地预审意见。建设项目需要申请核发选址意见书的，应当合并办理建设项目用地预审与选址意见书，核发建设项目用地预审与选址意见书。

（二）建设单位持建设项目的批准、核准或者备案文件，向市、县人民政府提出建设用地申请。市、县人民政府组织自然资源等部门拟订农用地转用方案，报有批准权的人民政府批准；依法应当由国务院批准的，由省、自治区、直辖市人民政府审核后上报。农用地转用方案应当重点对是否符合国土空间规划和土地利用年度计划以及补充耕地情况作出说明，涉及占用永久基本农田的，还应当对占用永久基本农田的必要性、合理性和补划可行性作出说明。

（三）农用地转用方案经批准后，由市、县人民政府组织实施。

第二十五条 建设项目需要使用土地的，建设单位原则上应当一次申请，办理建设用地审批手续，确需分期建设的项目，可以根据可行性研究报告确定的方案，分期申请建设用地，分期办理建设用地审批手续。建设过程中用地范围确需调整的，应当依法办理建设用地审批手续。

农用地转用涉及征收土地的，还应当依法办理征收土地手续。

第三节 土地征收

第二十六条 需要征收土地，县级以上地方人民政府认为符合《土地管理法》第四十五条规定的，应当发布征收土地预公告，并开展拟征收土地现状调查和社会稳定风险评估。

征收土地预公告应当包括征收范围、征收目的、开展土地现状调查的安排等内容。征收土地预公告应当采用有利于社会公众知晓的方式，在拟征收土地所在的乡（镇）和村、村民小组范围内发布，预公告时间不少于十个工作日。自征收土地预公告发布之日起，任何单位和个人不得在拟征收范围内抢栽抢建；违反规定抢栽抢建的，对抢栽抢建部分不予补偿。

土地现状调查应当查明土地的位置、权属、地类、面积，以及农村村民住宅、其他地上附着物和青苗等的权属、种类、数量等情况。

社会稳定风险评估应当对征收土地的社会稳定风险状况进行综合研判，确定风险点，提出风险防范措施和处置预案。社会稳定风险评估应当有被征地的农村集体经济组织及其成员、村民委员会和其他利害关系人参加，评估结果是申请征收土地的重要依据。

第二十七条 县级以上地方人民政府应当依据社会稳定风险评估结果，结合土地现状调查情况，组织自然资源、财政、农业农村、人力资源和社会保障等有关部门拟定征地补偿安置方案。

征地补偿安置方案应当包括征收范围、土地现状、征收目的、补偿方式和标准、安置对象、安置方式、社会保障等内容。

第二十八条 征地补偿安置方案拟定后，县级以上地方人民政府应当在拟征收土地所在的乡（镇）和村、村民小组范围内公告，公告时间不少于三十日。

征地补偿安置公告应当同时载明办理补偿登记的方式和期限、异议反馈渠道等内容。

多数被征地的农村集体经济组织成员认为拟定的征地补偿安置方案不符合法律、法规规定的，县级以上地方人民政府应当组织听证。

第二十九条 县级以上地方人民政府根据法律、法规规定和听证会等情况确定征地补偿安置方案后，应当组织有关部门与拟征收土地的所有权人、使用权人签订征地补偿安置协议。征地补偿安置协议示范文本由省、自治区、直辖市人民政府制定。

对个别确实难以达成征地补偿安置协议的，县级以上地方人民政府应当在申请征收土地时如实说明。

第三十条 县级以上地方人民政府完成本条例规定的征地前期工作后，方可提出征收土地申请，依照《土地管理法》第四十六条的规定报有批准权的人民政府批准。

有批准权的人民政府应当对征收土地的必要性、合理性、是否符合《土地管理法》第四十五条规定的为了公共利益确需征收土地的情形以及是否符合法定程序进行审查。

第三十一条 征收土地申请经依法批准后，县级以上地方人民政府应当自收到批准文件之日起十五个工作日内在拟征收土地所在的乡（镇）和村、村民小组范围内发布征收土地公告，公布征收范围、征收时间等具体工作安排，对个别未达成征地补偿安置协议的应当作出征地补偿安置决定，并依法组织实施。

第三十二条 省、自治区、直辖市应当制定公布区片综合地价，确定征收农用地的土地补偿费、安置补助费标准，并制定土地补偿费、安置补助费分配办法。

地上附着物和青苗等的补偿费用，归其所有权人所有。

社会保障费用主要用于符合条件的被征地农民的养老保险等社会保险缴费补贴，按照省、自治区、直辖市的规定单独列支。

申请征收土地的县级以上地方人民政府应当及时落实土地补偿费、安置补助费、农村村民住宅以及其他地上附着物和青苗等的补偿费用、社会保障费用等，并保证足额到位，专款专用。有关费用未足额到位的，不得批准征收土地。

第四节 宅基地管理

第三十三条 农村居民点布局和建设用地规模应当遵循节约集约、因地制宜的原则合理规划。县级以上地方人民政府应当按照国家规定安排建设用地指标，合理保障本行政区域农村村民宅基地需求。

乡（镇）、县、市国土空间规划和村庄规划应当统筹考虑农村村民生产、生活需求，突出节约集约用地导向，科学划定宅基地范围。

第三十四条 农村村民申请宅基地的，应当以户为单位向农村集体经济组织提出申请；没有设立农村集体经济组织的，应当向所在的村民小组或者村民委员会提出申请。宅基地申请依法经农村村民集体讨论通过并在本集体范围内公示后，报乡（镇）人民政府审核批准。

涉及占用农用地的，应当依法办理农用地转用审批手续。

第三十五条 国家允许进城落户的农村村民依法自愿有偿退出宅基地。乡（镇）人民政府和农村集体经济组织、村民委员会等应当将退出的宅基地优先用于保障该农村集体经济组织成员的宅基地需求。

第三十六条 依法取得的宅基地和宅基地上的农村村民住宅及其附属设施受法律保护。

禁止违背农村村民意愿强制流转宅基地，禁止违法收回农村村民依法取得的宅基地，禁止以退出宅基地作为农村村民进城落户的条件，禁止强迫农村村民搬迁退出宅基地。

第五节 集体经营性建设用地管理

第三十七条 国土空间规划应当统筹并合理安排集体经营性建设用地布局和用途，依法控制集体经营性建设用地规模，促进集体经营性建设用地的节约集约利用。

鼓励乡村重点产业和项目使用集体经营性建设用地。

第三十八条 国土空间规划确定为工业、商业等经营性用途，且已依法办理土地所有权登记的集体经营性建设用地，土地所有权人可以通过出让、出租等方式交由单位或者个人在一定年限内有偿使用。

第三十九条 土地所有权人拟出让、出租集体经营性建设用地的，市、县人民政府自然资源主管部门应当依据国土空间规划提出拟出让、出租的集体经营性建设用地的规划条件，明确土地界址、面积、用途和开发建设强度等。

市、县人民政府自然资源主管部门应当会同有关部门提出产业准入和生态环境保护要求。

第四十条 土地所有权人应当依据规划条件、产业准入和生态环境保护要求等，编制集体经营性建设用地出让、出租等方案，并依照《土地管理法》第六十三条的规定，由本集体经济组织形成书面意见，在出让、出租前不少于十个工作日报市、县人民政府。市、县人民政府认为该方案不符合规划条件或者产业准入和生态环境保护要求等的，应当在收到方案后五个工作日内提出修改意见。土地所有权人应当按照市、县人民政府的意见进行修改。

集体经营性建设用地出让、出租等方案应当

载明宗地的土地界址、面积、用途、规划条件、产业准入和生态环境保护要求、使用期限、交易方式、入市价格、集体收益分配安排等内容。

第四十一条 土地所有权人应当依据集体经营性建设用地出让、出租等方案，以招标、拍卖、挂牌或者协议等方式确定土地使用者，双方应当签订书面合同，载明土地界址、面积、用途、规划条件、使用期限、交易价款支付、交地时间和开工竣工期限、产业准入和生态环境保护要求，约定提前收回的条件、补偿方式、土地使用权届满续期和地上建筑物、构筑物等附着物处理方式，以及违约责任和解决争议的方法等，并报市、县人民政府自然资源主管部门备案。未依法将规划条件、产业准入和生态环境保护要求纳入合同的，合同无效；造成损失的，依法承担民事责任。合同示范文本由国务院自然资源主管部门制定。

第四十二条 集体经营性建设用地使用者应当按照约定及时支付集体经营性建设用地价款，并依法缴纳相关税费，对集体经营性建设用地使用权以及依法利用集体经营性建设用地建造的建筑物、构筑物及其附属设施的所有权，依法申请办理不动产登记。

第四十三条 通过出让等方式取得的集体经营性建设用地使用权依法转让、互换、出资、赠与或者抵押的，双方应当签订书面合同，并书面通知土地所有权人。

集体经营性建设用地的出租，集体建设用地使用权的出让及其最高年限、转让、互换、出资、赠与、抵押等，参照同类用途的国有建设用地执行，法律、行政法规另有规定的除外。

……

国有土地上房屋征收与补偿条例

· 2011年1月21日中华人民共和国国务院令第590号公布

· 自公布之日起施行

第一章 总 则

第一条 为了规范国有土地上房屋征收与补偿活动，维护公共利益，保障被征收房屋所有权人的合法权益，制定本条例。

第二条 为了公共利益的需要，征收国有土地上单位、个人的房屋，应当对被征收房屋所有权人（以下称被征收人）给予公平补偿。

第三条 房屋征收与补偿应当遵循决策民主、程序正当、结果公开的原则。

第四条 市、县级人民政府负责本行政区域的房屋征收与补偿工作。

市、县级人民政府确定的房屋征收部门（以下称房屋征收部门）组织实施本行政区域的房屋征收与补偿工作。

市、县级人民政府有关部门应当依照本条例的规定和本级人民政府规定的职责分工，互相配合，保障房屋征收与补偿工作的顺利进行。

第五条 房屋征收部门可以委托房屋征收实施单位，承担房屋征收与补偿的具体工作。房屋征收实施单位不得以营利为目的。

房屋征收部门对房屋征收实施单位在委托范围内实施的房屋征收与补偿行为负责监督，并对其行为后果承担法律责任。

第六条 上级人民政府应当加强对下级人民政府房屋征收与补偿工作的监督。

国务院住房城乡建设主管部门和省、自治区、直辖市人民政府住房城乡建设主管部门应当会同同级财政、国土资源、发展改革等有关部门，加强对房屋征收与补偿实施工作的指导。

第七条 任何组织和个人对违反本条例规定的行为，都有权向有关人民政府、房屋征收部门和其他有关部门举报。接到举报的有关人民政府、房屋征收部门和其他有关部门对举报应当及时核实、处理。

监察机关应当加强对参与房屋征收与补偿工作的政府和有关部门或者单位及其工作人员的监察。

第二章 征收决定

第八条 为了保障国家安全、促进国民经济和社会发展等公共利益的需要，有下列情形之一，确需征收房屋的，由市、县级人民政府作出房屋征收决定：

（一）国防和外交的需要；

（二）由政府组织实施的能源、交通、水利等基础设施建设的需要；

（三）由政府组织实施的科技、教育、文化、卫生、体育、环境和资源保护、防灾减灾、文物保护、社会福利、市政公用等公共事业的需要；

(四)由政府组织实施的保障性安居工程建设的需要；

(五)由政府依照城乡规划法有关规定组织实施的对危房集中、基础设施落后等地段进行旧城区改建的需要；

(六)法律、行政法规规定的其他公共利益的需要。

第九条 依照本条例第八条规定,确需征收房屋的各项建设活动,应当符合国民经济和社会发展规划、土地利用总体规划、城乡规划和专项规划。保障性安居工程建设、旧城区改建,应当纳入市、县级国民经济和社会发展年度计划。

制定国民经济和社会发展规划、土地利用总体规划、城乡规划和专项规划,应当广泛征求社会公众意见,经过科学论证。

第十条 房屋征收部门拟定征收补偿方案,报市、县级人民政府。

市、县级人民政府应当组织有关部门对征收补偿方案进行论证并予以公布,征求公众意见。征求意见期限不得少于30日。

第十一条 市、县级人民政府应当将征求意见情况和根据公众意见修改的情况及时公布。

因旧城区改建需要征收房屋,多数被征收人认为征收补偿方案不符合本条例规定的,市、县级人民政府应当组织由被征收人和公众代表参加的听证会,并根据听证会情况修改方案。

第十二条 市、县级人民政府作出房屋征收决定前,应当按照有关规定进行社会稳定风险评估;房屋征收决定涉及被征收人数量较多的,应当经政府常务会议讨论决定。

作出房屋征收决定前,征收补偿费用应当足额到位、专户存储、专款专用。

第十三条 市、县级人民政府作出房屋征收决定后应当及时公告。公告应当载明征收补偿方案和行政复议、行政诉讼权利等事项。

市、县级人民政府及房屋征收部门应当做好房屋征收与补偿的宣传、解释工作。

房屋被依法征收的,国有土地使用权同时收回。

第十四条 被征收人对市、县级人民政府作出的房屋征收决定不服的,可以依法申请行政复议,也可以依法提起行政诉讼。

第十五条 房屋征收部门应当对房屋征收范围内房屋的权属、区位、用途、建筑面积等情况组织调查登记,被征收人应当予以配合。调查结果应当在房屋征收范围内向被征收人公布。

第十六条 房屋征收范围确定后,不得在房屋征收范围内实施新建、扩建、改建房屋和改变房屋用途等不当增加补偿费用的行为;违反规定实施的,不予补偿。

房屋征收部门应当将前款所列事项书面通知有关部门暂停办理相关手续。暂停办理相关手续的书面通知应当载明暂停期限。暂停期限最长不得超过1年。

第三章 补 偿

第十七条 作出房屋征收决定的市、县级人民政府对被征收人给予的补偿包括:

(一)被征收房屋价值的补偿;

(二)因征收房屋造成的搬迁、临时安置的补偿;

(三)因征收房屋造成的停产停业损失的补偿。

市、县级人民政府应当制定补助和奖励办法,对被征收人给予补助和奖励。

第十八条 征收个人住宅,被征收人符合住房保障条件的,作出房屋征收决定的市、县级人民政府应当优先给予住房保障。具体办法由省、自治区、直辖市制定。

第十九条 对被征收房屋价值的补偿,不得低于房屋征收决定公告之日被征收房屋类似房地产的市场价格。被征收房屋的价值,由具有相应资质的房地产价格评估机构按照房屋征收评估办法评估确定。

对评估确定的被征收房屋价值有异议的,可以向房地产价格评估机构申请复核评估。对复核结果有异议的,可以向房地产价格评估专家委员会申请鉴定。

房屋征收评估办法由国务院住房城乡建设主管部门制定,制定过程中,应当向社会公开征求意见。

第二十条 房地产价格评估机构由被征收人协商选定;协商不成的,通过多数决定、随机选定等方式确定,具体办法由省、自治区、直辖市制定。

房地产价格评估机构应当独立、客观、公正地开展房屋征收评估工作，任何单位和个人不得干预。

第二十一条 被征收人可以选择货币补偿，也可以选择房屋产权调换。

被征收人选择房屋产权调换的，市、县级人民政府应当提供用于产权调换的房屋，并与被征收人计算、结清被征收房屋价值与用于产权调换房屋价值的差价。

因旧城区改建征收个人住宅，被征收人选择在改建地段进行房屋产权调换的，作出房屋征收决定的市、县级人民政府应当提供改建地段或者就近地段的房屋。

第二十二条 因征收房屋造成搬迁的，房屋征收部门应当向被征收人支付搬迁费；选择房屋产权调换的，产权调换房屋交付前，房屋征收部门应当向被征收人支付临时安置费或者提供周转用房。

第二十三条 对因征收房屋造成停产停业损失的补偿，根据房屋被征收前的效益、停产停业期限等因素确定。具体办法由省、自治区、直辖市制定。

第二十四条 市、县级人民政府及其有关部门应当依法加强对建设活动的监督管理，对违反城乡规划进行建设的，依法予以处理。

市、县级人民政府作出房屋征收决定前，应当组织有关部门依法对征收范围内未经登记的建筑进行调查、认定和处理。对认定为合法建筑和未超过批准期限的临时建筑的，应当给予补偿；对认定为违法建筑和超过批准期限的临时建筑的，不予补偿。

第二十五条 房屋征收部门与被征收人依照本条例的规定，就补偿方式、补偿金额和支付期限、用于产权调换房屋的地点和面积、搬迁费、临时安置费或者周转用房、停产停业损失、搬迁期限、过渡方式和过渡期限等事项，订立补偿协议。

补偿协议订立后，一方当事人不履行补偿协议约定的义务的，另一方当事人可以依法提起诉讼。

第二十六条 房屋征收部门与被征收人在征收补偿方案确定的签约期限内达不成补偿协议，或者被征收房屋所有权人不明确的，由房屋征收部门报请作出房屋征收决定的市、县级人民政府依照本条例的规定，按照征收补偿方案作出补偿决定，并在房屋征收范围内予以公告。

补偿决定应当公平，包括本条例第二十五条第一款规定的有关补偿协议的事项。

被征收人对补偿决定不服的，可以依法申请行政复议，也可以依法提起行政诉讼。

第二十七条 实施房屋征收应当先补偿、后搬迁。

作出房屋征收决定的市、县级人民政府对被征收人给予补偿后，被征收人应当在补偿协议约定或者补偿决定确定的搬迁期限内完成搬迁。

任何单位和个人不得采取暴力、威胁或者违反规定中断供水、供热、供气、供电和道路通行等非法方式迫使被征收人搬迁。禁止建设单位参与搬迁活动。

第二十八条 被征收人在法定期限内不申请行政复议或者不提起行政诉讼，在补偿决定规定的期限内又不搬迁的，由作出房屋征收决定的市、县级人民政府依法申请人民法院强制执行。

强制执行申请书应当附具补偿金额和专户存储账号、产权调换房屋和周转用房的地点和面积等材料。

第二十九条 房屋征收部门应当依法建立房屋征收补偿档案，并将分户补偿情况在房屋征收范围内向被征收人公布。

审计机关应当加强对征收补偿费用管理和使用情况的监督，并公布审计结果。

第四章 法律责任

第三十条 市、县级人民政府及房屋征收部门的工作人员在房屋征收与补偿工作中不履行本条例规定的职责，或者滥用职权、玩忽职守、徇私舞弊的，由上级人民政府或者本级人民政府责令改正，通报批评；造成损失的，依法承担赔偿责任；对直接负责的主管人员和其他直接责任人员，依法给予处分；构成犯罪的，依法追究刑事责任。

第三十一条 采取暴力、威胁或者违反规定中断供水、供热、供气、供电和道路通行等非法方式迫使被征收人搬迁，造成损失的，依法承担赔偿责任；对直接负责的主管人员和其他直接责任人员，构成犯罪的，依法追究刑事责任；尚不构成犯罪的，依法给予处分；构成违反治安管理行为的，依法给予治安管理处罚。

第三十二条 采取暴力、威胁等方法阻碍依法进行的房屋征收与补偿工作,构成犯罪的,依法追究刑事责任;构成违反治安管理行为的,依法给予治安管理处罚。

第三十三条 贪污、挪用、私分、截留、拖欠征收补偿费用的,责令改正,追回有关款项,限期退还违法所得,对有关责任单位通报批评、给予警告;造成损失的,依法承担赔偿责任;对直接负责的主管人员和其他直接责任人员,构成犯罪的,依法追究刑事责任;尚不构成犯罪的,依法给予处分。

第三十四条 房地产价格评估机构或者房地产估价师出具虚假或者有重大差错的评估报告的,由发证机关责令限期改正,给予警告,对房地产价格评估机构并处5万元以上20万元以下罚款,对房地产估价师并处1万元以上3万元以下罚款,并记入信用档案;情节严重的,吊销资质证书、注册证书;造成损失的,依法承担赔偿责任;构成犯罪的,依法追究刑事责任。

第五章　附　则

第三十五条 本条例自公布之日起施行。2001年6月13日国务院公布的《城市房屋拆迁管理条例》同时废止。本条例施行前已依法取得房屋拆迁许可证的项目,继续沿用原有的规定办理,但政府不得责成有关部门强制拆迁。

不动产登记暂行条例

· 2014年11月24日中华人民共和国国务院令第656号公布
· 根据2019年3月24日《国务院关于修改部分行政法规的决定》第一次修订
· 根据2024年3月10日《国务院关于修改和废止部分行政法规的决定》第二次修订

第一章　总　则

第一条 为整合不动产登记职责,规范登记行为,方便群众申请登记,保护权利人合法权益,根据《中华人民共和国民法典》等法律,制定本条例。

第二条 本条例所称不动产登记,是指不动产登记机构依法将不动产权利归属和其他法定事项记载于不动产登记簿的行为。

本条例所称不动产,是指土地、海域以及房屋、林木等定着物。

第三条 不动产首次登记、变更登记、转移登记、注销登记、更正登记、异议登记、预告登记、查封登记等,适用本条例。

第四条 国家实行不动产统一登记制度。

不动产登记遵循严格管理、稳定连续、方便群众的原则。

不动产权利人已经依法享有的不动产权利,不因登记机构和登记程序的改变而受到影响。

第五条 下列不动产权利,依照本条例的规定办理登记:

(一)集体土地所有权;
(二)房屋等建筑物、构筑物所有权;
(三)森林、林木所有权;
(四)耕地、林地、草地等土地承包经营权;
(五)建设用地使用权;
(六)宅基地使用权;
(七)海域使用权;
(八)地役权;
(九)抵押权;
(十)法律规定需要登记的其他不动产权利。

第六条 国务院自然资源主管部门负责指导、监督全国不动产登记工作。

县级以上地方人民政府应当确定一个部门为本行政区域的不动产登记机构,负责不动产登记工作,并接受上级人民政府不动产登记主管部门的指导、监督。

第七条 不动产登记由不动产所在地的县级人民政府不动产登记机构办理;直辖市、设区的市人民政府可以确定本级不动产登记机构统一办理所属各区的不动产登记。

跨县级行政区域的不动产登记,由所跨县级行政区域的不动产登记机构分别办理。不能分别办理的,由所跨县级行政区域的不动产登记机构协商办理;协商不成的,由共同的上一级人民政府不动产登记主管部门指定办理。

国务院确定的重点国有林区的森林、林木和林地,国务院批准项目用海、用岛,中央国家机关使用的国有土地等不动产登记,由国务院自然资源主管部门会同有关部门规定。

第二章 不动产登记簿

第八条 不动产以不动产单元为基本单位进行登记。不动产单元具有唯一编码。

不动产登记机构应当按照国务院自然资源主管部门的规定设立统一的不动产登记簿。

不动产登记簿应当记载以下事项：

（一）不动产的坐落、界址、空间界限、面积、用途等自然状况；

（二）不动产权利的主体、类型、内容、来源、期限、权利变化等权属状况；

（三）涉及不动产权利限制、提示的事项；

（四）其他相关事项。

第九条 不动产登记簿应当采用电子介质，暂不具备条件的，可以采用纸质介质。不动产登记机构应当明确不动产登记簿唯一、合法的介质形式。

不动产登记簿采用电子介质的，应当定期进行异地备份，并具有唯一、确定的纸质转化形式。

第十条 不动产登记机构应当依法将各类登记事项准确、完整、清晰地记载于不动产登记簿。任何人不得损毁不动产登记簿，除依法予以更正外不得修改登记事项。

第十一条 不动产登记工作人员应当具备与不动产登记工作相适应的专业知识和业务能力。

不动产登记机构应当加强对不动产登记工作人员的管理和专业技术培训。

第十二条 不动产登记机构应当指定专人负责不动产登记簿的保管，并建立健全相应的安全责任制度。

采用纸质介质不动产登记簿的，应当配备必要的防盗、防火、防渍、防有害生物等安全保护设施。

采用电子介质不动产登记簿的，应当配备专门的存储设施，并采取信息网络安全防护措施。

第十三条 不动产登记簿由不动产登记机构永久保存。不动产登记簿损毁、灭失的，不动产登记机构应当依据原有登记资料予以重建。

行政区域变更或者不动产登记机构职能调整的，应当及时将不动产登记簿移交相应的不动产登记机构。

第三章 登记程序

第十四条 因买卖、设定抵押权等申请不动产登记的，应当由当事人双方共同申请。

属于下列情形之一的，可以由当事人单方申请：

（一）尚未登记的不动产首次申请登记的；

（二）继承、接受遗赠取得不动产权利的；

（三）人民法院、仲裁委员会生效的法律文书或者人民政府生效的决定等设立、变更、转让、消灭不动产权利的；

（四）权利人姓名、名称或者自然状况发生变化，申请变更登记的；

（五）不动产灭失或者权利人放弃不动产权利，申请注销登记的；

（六）申请更正登记或者异议登记的；

（七）法律、行政法规规定可以由当事人单方申请的其他情形。

第十五条 当事人或者其代理人应当向不动产登记机构申请不动产登记。

不动产登记机构将申请登记事项记载于不动产登记簿前，申请人可以撤回登记申请。

第十六条 申请人应当提交下列材料，并对申请材料的真实性负责：

（一）登记申请书；

（二）申请人、代理人身份证明材料、授权委托书；

（三）相关的不动产权属来源证明材料、登记原因证明文件、不动产权属证书；

（四）不动产界址、空间界限、面积等材料；

（五）与他人利害关系的说明材料；

（六）法律、行政法规以及本条例实施细则规定的其他材料。

不动产登记机构应当在办公场所和门户网站公开申请登记所需材料目录和示范文本等信息。

第十七条 不动产登记机构收到不动产登记申请材料，应当分别按照下列情况办理：

（一）属于登记职责范围，申请材料齐全、符合法定形式，或者申请人按照要求提交全部补正申请材料的，应当受理并书面告知申请人；

（二）申请材料存在可以当场更正的错误的，应当告知申请人当场更正，申请人当场更正后，应当受理并书面告知申请人；

（三）申请材料不齐全或者不符合法定形式的，应当当场书面告知申请人不予受理并一次性告知需要补正的全部内容；

（四）申请登记的不动产不属于本机构登记范围的，应当当场书面告知申请人不予受理并告知申请人向有登记权的机构申请。

不动产登记机构未当场书面告知申请人不予受理的，视为受理。

第十八条 不动产登记机构受理不动产登记申请的，应当按照下列要求进行查验：

（一）不动产界址、空间界限、面积等材料与申请登记的不动产状况是否一致；

（二）有关证明材料、文件与申请登记的内容是否一致；

（三）登记申请是否违反法律、行政法规规定。

第十九条 属于下列情形之一的，不动产登记机构可以对申请登记的不动产进行实地查看：

（一）房屋等建筑物、构筑物所有权首次登记；

（二）在建建筑物抵押权登记；

（三）因不动产灭失导致的注销登记；

（四）不动产登记机构认为需要实地查看的其他情形。

对可能存在权属争议，或者可能涉及他人利害关系的登记申请，不动产登记机构可以向申请人、利害关系人或者有关单位进行调查。

不动产登记机构进行实地查看或者调查时，申请人、被调查人应当予以配合。

第二十条 不动产登记机构应当自受理登记申请之日起30个工作日内办结不动产登记手续，法律另有规定的除外。

第二十一条 登记事项自记载于不动产登记簿时完成登记。

不动产登记机构完成登记，应当依法向申请人核发不动产权属证书或者登记证明。

第二十二条 登记申请有下列情形之一的，不动产登记机构应当不予登记，并书面告知申请人：

（一）违反法律、行政法规规定的；

（二）存在尚未解决的权属争议的；

（三）申请登记的不动产权利超过规定期限的；

（四）法律、行政法规规定不予登记的其他情形。

第四章 登记信息共享与保护

第二十三条 国务院自然资源主管部门应当会同有关部门建立统一的不动产登记信息管理基础平台。

各级不动产登记机构登记的信息应当纳入统一的不动产登记信息管理基础平台，确保国家、省、市、县四级登记信息的实时共享。

第二十四条 不动产登记有关信息与住房城乡建设、农业农村、林业草原等部门审批信息、交易信息等应当实时互通共享。

不动产登记机构能够通过实时互通共享取得的信息，不得要求不动产登记申请人重复提交。

第二十五条 自然资源、公安、民政、财政、税务、市场监管、金融、审计、统计等部门应当加强不动产登记有关信息互通共享。

第二十六条 不动产登记机构、不动产登记信息共享单位及其工作人员应当对不动产登记信息保密；涉及国家秘密的不动产登记信息，应当依法采取必要的安全保密措施。

第二十七条 权利人、利害关系人可以依法查询、复制不动产登记资料，不动产登记机构应当提供。

有关国家机关可以依照法律、行政法规的规定查询、复制与调查处理事项有关的不动产登记资料。

第二十八条 查询不动产登记资料的单位、个人应当向不动产登记机构说明查询目的，不得将查询获得的不动产登记资料用于其他目的；未经权利人同意，不得泄露查询获得的不动产登记资料。

第五章 法律责任

第二十九条 不动产登记机构登记错误给他人造成损害，或者当事人提供虚假材料申请登记给他人造成损害的，依照《中华人民共和国民法典》的规定承担赔偿责任。

第三十条 不动产登记机构工作人员进行虚假登记，损毁、伪造不动产登记簿，擅自修改登记事项，或者有其他滥用职权、玩忽职守行为的，依法给予处分；给他人造成损害的，依法承担赔偿责任；构成犯罪的，依法追究刑事责任。

第三十一条 伪造、变造不动产权属证书、不动产登记证明，或者买卖、使用伪造、变造的不动产权属证书、不动产登记证明的，由不动产登记机构或者公安机关依法予以收缴；有违法所得的，没收违法所得;给他人造成损害的,依法承担赔偿责任;构成违反治安管理行为的,依法给予治安管理处罚;构成犯罪的,依法追究刑事责任。

第三十二条 不动产登记机构、不动产登记信息共享单位及其工作人员,查询不动产登记资料的单位或者个人违反国家规定,泄露不动产登记资料、登记信息,或者利用不动产登记资料、登记信息进行不正当活动,给他人造成损害的,依法承担赔偿责任;对有关责任人员依法给予处分;有关责任人员构成犯罪的,依法追究刑事责任。

第六章 附 则

第三十三条 本条例施行前依法颁发的各类不动产权属证书和制作的不动产登记簿继续有效。

不动产统一登记过渡期内,农村土地承包经营权的登记按照国家有关规定执行。

第三十四条 本条例实施细则由国务院自然资源主管部门会同有关部门制定。

第三十五条 本条例自 2015 年 3 月 1 日起施行。本条例施行前公布的行政法规有关不动产登记的规定与本条例规定不一致的,以本条例规定为准。

物业管理条例

- 2003 年 6 月 8 日中华人民共和国国务院令第 379 号公布
- 根据 2007 年 8 月 26 日《国务院关于修改〈物业管理条例〉的决定》第一次修订
- 根据 2016 年 2 月 6 日《国务院关于修改部分行政法规的决定》第二次修订
- 根据 2018 年 3 月 19 日《国务院关于修改和废止部分行政法规的决定》第三次修订

第一章 总 则

第一条 【立法宗旨】为了规范物业管理活动,维护业主和物业服务企业的合法权益,改善人民群众的生活和工作环境,制定本条例。

第二条 【物业管理定义】本条例所称物业管理,是指业主通过选聘物业服务企业,由业主和物业服务企业按照物业服务合同约定,对房屋及配套的设施设备和相关场地进行维修、养护、管理,维护物业管理区域内的环境卫生和相关秩序的活动。

第三条 【选择物业服务企业的方式】国家提倡业主通过公开、公平、公正的市场竞争机制选择物业服务企业。

第四条 【物业管理发展的途径】国家鼓励采用新技术、新方法,依靠科技进步提高物业管理和服务水平。

第五条 【物业管理的监管机关】国务院建设行政主管部门负责全国物业管理活动的监督管理工作。

县级以上地方人民政府房地产行政主管部门负责本行政区域内物业管理活动的监督管理工作。

第二章 业主及业主大会

第六条 【业主定义及权利】房屋的所有权人为业主。

业主在物业管理活动中,享有下列权利:

(一)按照物业服务合同的约定,接受物业服务企业提供的服务;

(二)提议召开业主大会会议,并就物业管理的有关事项提出建议;

(三)提出制定和修改管理规约、业主大会议事规则的建议;

(四)参加业主大会会议,行使投票权;

(五)选举业主委员会成员,并享有被选举权;

(六)监督业主委员会的工作;

(七)监督物业服务企业履行物业服务合同;

(八)对物业共用部位、共用设施设备和相关场地使用情况享有知情权和监督权;

(九)监督物业共用部位、共用设施设备专项维修资金(以下简称专项维修资金)的管理和使用;

(十)法律、法规规定的其他权利。

第七条 【业主的义务】业主在物业管理活动中,履行下列义务:

(一)遵守管理规约、业主大会议事规则;

(二)遵守物业管理区域内物业共用部位和共用设施设备的使用、公共秩序和环境卫生的维护等方面的规章制度;

(三)执行业主大会的决定和业主大会授权业

主委员会作出的决定；

（四）按照国家有关规定交纳专项维修资金；

（五）按时交纳物业服务费用；

（六）法律、法规规定的其他义务。

第八条 【业主大会代表业主合法权益】物业管理区域内全体业主组成业主大会。

业主大会应当代表和维护物业管理区域内全体业主在物业管理活动中的合法权益。

第九条 【物业管理区域的划分】一个物业管理区域成立一个业主大会。

物业管理区域的划分应当考虑物业的共用设施设备、建筑物规模、社区建设等因素。具体办法由省、自治区、直辖市制定。

第十条 【业主大会成立方式】同一个物业管理区域内的业主，应当在物业所在地的区、县人民政府房地产行政主管部门或者街道办事处、乡镇人民政府的指导下成立业主大会，并选举产生业主委员会。但是，只有一个业主的，或者业主人数较少且经全体业主一致同意，决定不成立业主大会的，由业主共同履行业主大会、业主委员会职责。

第十一条 【业主共同决定事项】下列事项由业主共同决定：

（一）制定和修改业主大会议事规则；

（二）制定和修改管理规约；

（三）选举业主委员会或者更换业主委员会成员；

（四）选聘和解聘物业服务企业；

（五）筹集和使用专项维修资金；

（六）改建、重建建筑物及其附属设施；

（七）有关共有和共同管理权利的其他重大事项。

第十二条 【业主大会会议的召开方式及决定】业主大会会议可以采用集体讨论的形式，也可以采用书面征求意见的形式；但是，应当有物业管理区域内专有部分占建筑物总面积过半数的业主且占总人数过半数的业主参加。

业主可以委托代理人参加业主大会会议。

业主大会决定本条例第十一条第（五）项和第（六）项规定的事项，应当经专有部分占建筑物总面积2/3以上的业主且占总人数2/3以上的业主同意；决定本条例第十一条规定的其他事项，应当经专有部分占建筑物总面积过半数的业主且占总人数过半数的业主同意。

业主大会或者业主委员会的决定，对业主具有约束力。

业主大会或者业主委员会作出的决定侵害业主合法权益的，受侵害的业主可以请求人民法院予以撤销。

第十三条 【业主大会的会议类型及其启动方式】业主大会会议分为定期会议和临时会议。

业主大会定期会议应当按照业主大会议事规则的规定召开。经20%以上的业主提议，业主委员会应当组织召开业主大会临时会议。

第十四条 【业主大会会议的通知及记录】召开业主大会会议，应当于会议召开15日以前通知全体业主。

住宅小区的业主大会会议，应当同时告知相关的居民委员会。

业主委员会应当做好业主大会会议记录。

第十五条 【业主委员会的性质和职责】业主委员会执行业主大会的决定事项，履行下列职责：

（一）召集业主大会会议，报告物业管理的实施情况；

（二）代表业主与业主大会选聘的物业服务企业签订物业服务合同；

（三）及时了解业主、物业使用人的意见和建议，监督和协助物业服务企业履行物业服务合同；

（四）监督管理规约的实施；

（五）业主大会赋予的其他职责。

第十六条 【业主委员会的登记备案制度及其成员资格】业主委员会应当自选举产生之日起30日内，向物业所在地的区、县人民政府房地产行政主管部门和街道办事处、乡镇人民政府备案。

业主委员会委员应当由热心公益事业、责任心强、具有一定组织能力的业主担任。

业主委员会主任、副主任在业主委员会成员中推选产生。

第十七条 【管理规约】管理规约应当对有关物业的使用、维护、管理，业主的共同利益，业主应当履行的义务，违反管理规约应当承担的责任等事项依法作出约定。

管理规约应当尊重社会公德，不得违反法律、法规或者损害社会公共利益。

管理规约对全体业主具有约束力。

第十八条 【业主大会议事规则】业主大会议

事规则应当就业主大会的议事方式、表决程序、业主委员会的组成和成员任期等事项作出约定。

第十九条 【业主大会、业主委员会的职责限制】业主大会、业主委员会应当依法履行职责，不得作出与物业管理无关的决定，不得从事与物业管理无关的活动。

业主大会、业主委员会作出的决定违反法律、法规的，物业所在地的区、县人民政府房地产行政主管部门或者街道办事处、乡镇人民政府，应当责令限期改正或者撤销其决定，并通告全体业主。

第二十条 【业主大会、业主委员会与相关单位的关系】业主大会、业主委员会应当配合公安机关，与居民委员会相互协作，共同做好维护物业管理区域内的社会治安等相关工作。

在物业管理区域内，业主大会、业主委员会应当积极配合相关居民委员会依法履行自治管理职责，支持居民委员会开展工作，并接受其指导和监督。

住宅小区的业主大会、业主委员会作出的决定，应当告知相关的居民委员会，并认真听取居民委员会的建议。

第三章 前期物业管理

第二十一条 【前期物业服务合同】在业主、业主大会选聘物业服务企业之前，建设单位选聘物业服务企业的，应当签订书面的前期物业服务合同。

第二十二条 【临时管理规约】建设单位应当在销售物业之前，制定临时管理规约，对有关物业的使用、维护、管理，业主的共同利益，业主应当履行的义务，违反临时管理规约应当承担的责任等事项依法作出约定。

建设单位制定的临时管理规约，不得侵害物业买受人的合法权益。

第二十三条 【关于对临时管理规约的说明义务以及承诺遵守的义务】建设单位应当在物业销售前将临时管理规约向物业买受人明示，并予以说明。

物业买受人在与建设单位签订物业买卖合同时，应当对遵守临时管理规约予以书面承诺。

第二十四条 【前期物业管理招投标】国家提倡建设单位按照房地产开发与物业管理相分离的原则，通过招投标的方式选聘物业服务企业。

住宅物业的建设单位，应当通过招投标的方式选聘物业服务企业；投标人少于3个或者住宅规模较小的，经物业所在地的区、县人民政府房地产行政主管部门批准，可以采用协议方式选聘物业服务企业。

第二十五条 【买卖合同内容包含前期物业服务合同内容】建设单位与物业买受人签订的买卖合同应当包含前期物业服务合同约定的内容。

第二十六条 【前期物业服务合同期限】前期物业服务合同可以约定期限；但是，期限未满、业主委员会与物业服务企业签订的物业服务合同生效的，前期物业服务合同终止。

第二十七条 【建设单位不得擅自处分业主共有或者共用的物业】业主依法享有的物业共用部位、共用设施设备的所有权或者使用权，建设单位不得擅自处分。

第二十八条 【共用物业的承接验收】物业服务企业承接物业时，应当对物业共用部位、共用设施设备进行查验。

第二十九条 【物业承接验收时应移交的资料】在办理物业承接验收手续时，建设单位应当向物业服务企业移交下列资料：

（一）竣工总平面图，单体建筑、结构、设备竣工图，配套设施、地下管网工程竣工图等竣工验收资料；

（二）设施设备的安装、使用和维护保养等技术资料；

（三）物业质量保修文件和物业使用说明文件；

（四）物业管理所必需的其他资料。

物业服务企业应当在前期物业服务合同终止时将上述资料移交给业主委员会。

第三十条 【物业管理用房】建设单位应当按照规定在物业管理区域内配置必要的物业管理用房。

第三十一条 【建设单位的物业保修责任】建设单位应当按照国家规定的保修期限和保修范围，承担物业的保修责任。

第四章 物业管理服务

第三十二条 【物业管理企业的性质、资质】从事物业管理活动的企业应当具有独立的法人资格。

国务院建设行政主管部门应当会同有关部门建立守信联合激励和失信联合惩戒机制，加强行业诚信管理。

第三十三条 【物业管理区域统一管理】一个物业管理区域由一个物业服务企业实施物业管理。

第三十四条 【物业服务合同】业主委员会应当与业主大会选聘的物业服务企业订立书面的物业服务合同。

物业服务合同应当对物业管理事项、服务质量、服务费用、双方的权利义务、专项维修资金的管理与使用、物业管理用房、合同期限、违约责任等内容进行约定。

第三十五条 【物业服务企业的义务和责任】物业服务企业应当按照物业服务合同的约定，提供相应的服务。

物业服务企业未能履行物业服务合同的约定，导致业主人身、财产安全受到损害的，应当依法承担相应的法律责任。

第三十六条 【物业验收和资料移交】物业服务企业承接物业时，应当与业主委员会办理物业验收手续。

业主委员会应当向物业服务企业移交本条例第二十九条第一款规定的资料。

第三十七条 【物业管理用房所有权属和用途】物业管理用房的所有权依法属于业主。未经业主大会同意，物业服务企业不得改变物业管理用房的用途。

第三十八条 【合同终止时物业服务企业的义务】物业服务合同终止时，物业服务企业应当将物业管理用房和本条例第二十九条第一款规定的资料交还给业主委员会。

物业服务合同终止时，业主大会选聘了新的物业服务企业的，物业服务企业之间应当做好交接工作。

第三十九条 【专项服务业务的转委托】物业服务企业可以将物业管理区域内的专项服务业务委托给专业性服务企业，但不得将该区域内的全部物业管理一并委托给他人。

第四十条 【物业服务收费】物业服务收费应当遵循合理、公开以及费用与服务水平相适应的原则，区别不同物业的性质和特点，由业主和物业服务企业按照国务院价格主管部门会同国务院建设行政主管部门制定的物业服务收费办法，在物业服务合同中约定。

第四十一条 【物业服务费交纳】业主应当根据物业服务合同的约定交纳物业服务费用。业主与物业使用人约定由物业使用人交纳物业服务费用的，从其约定，业主负连带交纳责任。

已竣工但尚未出售或者尚未交给物业买受人的物业，物业服务费用由建设单位交纳。

第四十二条 【物业服务收费监督】县级以上人民政府价格主管部门会同同级房地产行政主管部门，应当加强对物业服务收费的监督。

第四十三条 【业主特约服务】物业服务企业可以根据业主的委托提供物业服务合同约定以外的服务项目，服务报酬由双方约定。

第四十四条 【公用事业单位收费】物业管理区域内，供水、供电、供气、供热、通信、有线电视等单位应当向最终用户收取有关费用。

物业服务企业接受委托代收前款费用的，不得向业主收取手续费等额外费用。

第四十五条 【对违法行为的制止、报告】对物业管理区域内违反有关治安、环保、物业装饰装修和使用等方面法律、法规规定的行为，物业服务企业应当制止，并及时向有关行政管理部门报告。

有关行政管理部门在接到物业服务企业的报告后，应当依法对违法行为予以制止或者依法处理。

第四十六条 【物业服务企业的安全防范义务及保安人员的职责】物业服务企业应当协助做好物业管理区域内的安全防范工作。发生安全事故时，物业服务企业在采取应急措施的同时，应当及时向有关行政管理部门报告，协助做好救助工作。

物业服务企业雇请保安人员的，应当遵守国家有关规定。保安人员在维护物业管理区域内的公共秩序时，应当履行职责，不得侵害公民的合法权益。

第四十七条 【物业使用人的权利义务】物业使用人在物业管理活动中的权利义务由业主和物业使用人约定，但不得违反法律、法规和管理规约的有关规定。

物业使用人违反本条例和管理规约的规定，有关业主应当承担连带责任。

第四十八条 【关于物业管理的投诉】县级以上地方人民政府房地产行政主管部门应当及时处理业主、业主委员会、物业使用人和物业服务企业在物业管理活动中的投诉。

第五章 物业的使用与维护

第四十九条 【改变公共建筑及共用设施用途的程序】物业管理区域内按照规划建设的公共建筑和共用设施,不得改变用途。

业主依法确需改变公共建筑和共用设施用途的,应当在依法办理有关手续后告知物业服务企业;物业服务企业确需改变公共建筑和共用设施用途的,应当提请业主大会讨论决定同意后,由业主依法办理有关手续。

第五十条 【公共道路、场地的占用、挖掘】业主、物业服务企业不得擅自占用、挖掘物业管理区域内的道路、场地,损害业主的共同利益。

因维修物业或者公共利益,业主确需临时占用、挖掘道路、场地的,应当征得业主委员会和物业服务企业的同意;物业服务企业确需临时占用、挖掘道路、场地的,应当征得业主委员会的同意。

业主、物业服务企业应当将临时占用、挖掘的道路、场地,在约定期限内恢复原状。

第五十一条 【公用事业设施维护责任】供水、供电、供气、供热、通信、有线电视等单位,应当依法承担物业管理区域内相关管线和设施设备维修、养护的责任。

前款规定的单位因维修、养护等需要,临时占用、挖掘道路、场地的,应当及时恢复原状。

第五十二条 【关于房屋装饰、装修的告知义务】业主需要装饰装修房屋的,应当事先告知物业服务企业。

物业服务企业应当将房屋装饰装修中的禁止行为和注意事项告知业主。

第五十三条 【专项维修资金】住宅物业、住宅小区内的非住宅物业或者与单幢住宅楼结构相连的非住宅物业的业主,应当按照国家有关规定交纳专项维修资金。

专项维修资金属于业主所有,专项用于物业保修期满后物业共用部位、共用设施设备的维修和更新、改造,不得挪作他用。

专项维修资金收取、使用、管理的办法由国务院建设行政主管部门会同国务院财政部门制定。

第五十四条 【对共用部位、共用设备设施经营的收益】利用物业共用部位、共用设施设备进行经营的,应当在征得相关业主、业主大会、物业服务企业的同意后,按照规定办理有关手续。业主所得收益应当主要用于补充专项维修资金,也可以按照业主大会的决定使用。

第五十五条 【责任人的维修养护义务】物业存在安全隐患,危及公共利益及他人合法权益时,责任人应当及时维修养护,有关业主应当给予配合。

责任人不履行维修养护义务的,经业主大会同意,可以由物业服务企业维修养护,费用由责任人承担。

第六章 法律责任

第五十六条 【建设单位违法选聘物业服务企业的责任】违反本条例的规定,住宅物业的建设单位未通过招投标的方式选聘物业服务企业或者未经批准,擅自采用协议方式选聘物业服务企业的,由县级以上地方人民政府房地产行政主管部门责令限期改正,给予警告,可以并处10万元以下的罚款。

第五十七条 【建设单位擅自处分共用部位的责任】违反本条例的规定,建设单位擅自处分属于业主的物业共用部位、共用设施设备的所有权或者使用权的,由县级以上地方人民政府房地产行政主管部门处5万元以上20万元以下的罚款;给业主造成损失的,依法承担赔偿责任。

第五十八条 【拒不移交资料的行政责任】违反本条例的规定,不移交有关资料的,由县级以上地方人民政府房地产行政主管部门责令限期改正;逾期仍不移交有关资料的,对建设单位、物业服务企业予以通报,处1万元以上10万元以下的罚款。

第五十九条 【违反委托管理限制的责任】违反本条例的规定,物业服务企业将一个物业管理区域内的全部物业管理一并委托给他人的,由县级以上地方人民政府房地产行政主管部门责令限期改正,处委托合同价款30%以上50%以下的罚款。委托所得收益,用于物业管理区域内物业共用部位、共用设施设备的维修、养护,剩余部分按照业主大会的决定使用;给业主造成损失的,依法承担赔偿责任。

第六十条 【挪用专项维修资金的责任】违反本条例的规定,挪用专项维修资金的,由县级以上地方人民政府房地产行政主管部门追回挪用的专项维修资金,给予警告,没收违法所得,可以并处挪用数额 2 倍以下的罚款;构成犯罪的,依法追究直接负责的主管人员和其他直接责任人员的刑事责任。

第六十一条 【建设单位不配置物业管理用房的责任】违反本条例的规定,建设单位在物业管理区域内不按照规定配置必要的物业管理用房的,由县级以上地方人民政府房地产行政主管部门责令限期改正,给予警告,没收违法所得,并处 10 万元以上 50 万元以下的罚款。

第六十二条 【擅自改变物业管理用房的用途的责任】违反本条例的规定,未经业主大会同意,物业服务企业擅自改变物业管理用房的用途的,由县级以上地方人民政府房地产行政主管部门责令限期改正,给予警告,并处 1 万元以上 10 万元以下的罚款;有收益的,所得收益用于物业管理区域内物业共用部位、共用设施设备的维修、养护,剩余部分按照业主大会的决定使用。

第六十三条 【擅自行为的责任】违反本条例的规定,有下列行为之一的,由县级以上地方人民政府房地产行政主管部门责令限期改正,给予警告,并按照本条第二款的规定处以罚款;所得收益,用于物业管理区域内物业共用部位、共用设施设备的维修、养护,剩余部分按照业主大会的决定使用:

(一)擅自改变物业管理区域内按照规划建设的公共建筑和共用设施用途的;

(二)擅自占用、挖掘物业管理区域内道路、场地,损害业主共同利益的;

(三)擅自利用物业共用部位、共用设施设备进行经营的。

个人有前款规定行为之一的,处 1000 元以上 1 万元以下的罚款;单位有前款规定行为之一的,处 5 万元以上 20 万元以下的罚款。

第六十四条 【逾期不交纳物业服务费的责任】违反物业服务合同约定,业主逾期不交纳物业服务费用的,业主委员会应当督促其限期交纳;逾期仍不交纳的,物业服务企业可以向人民法院起诉。

第六十五条 【业主以业主大会或者业主委员会的名义从事违法活动的责任】业主以业主大会或者业主委员会的名义,从事违反法律、法规的活动,构成犯罪的,依法追究刑事责任;尚不构成犯罪的,依法给予治安管理处罚。

第六十六条 【公务人员违法行为的责任】违反本条例的规定,国务院建设行政主管部门、县级以上地方人民政府房地产行政主管部门或者其他有关行政管理部门的工作人员利用职务上的便利,收受他人财物或者其他好处,不依法履行监督管理职责,或者发现违法行为不予查处,构成犯罪的,依法追究刑事责任;尚不构成犯罪的,依法给予行政处分。

第七章 附 则

第六十七条 【施行时间】本条例自 2003 年 9 月 1 日起施行。

不动产登记暂行条例实施细则

· 2016 年 1 月 1 日国土资源部令第 63 号公布
· 根据 2019 年 7 月 24 日《自然资源部关于第一批废止和修改的部门规章的决定》第一次修正
· 根据 2024 年 5 月 21 日《自然资源部关于第六批修改的部门规章的决定》第二次修正

第一章 总 则

第一条 为规范不动产登记行为,细化不动产统一登记制度,方便人民群众办理不动产登记,保护权利人合法权益,根据《不动产登记暂行条例》(以下简称《条例》),制定本实施细则。

第二条 不动产登记应当依照当事人的申请进行,但法律、行政法规以及本实施细则另有规定的除外。

房屋等建筑物、构筑物和森林、林木等定着物应当与其所依附的土地、海域一并登记,保持权利主体一致。

第三条 不动产登记机构依照《条例》第七条第二款的规定,协商办理或者接受指定办理跨县级行政区域不动产登记的,应当在登记完毕后将不动产登记簿记载的不动产权利人以及不动产坐落、界址、面积、用途、权利类型等登记结果告知不动产所跨区域的其他不动产登记机构。

第四条 国务院确定的重点国有林区的森林、林木和林地，由自然资源部受理并会同有关部门办理，依法向权利人核发不动产权属证书。

国务院批准的项目用海、用岛的登记，由自然资源部受理，依法向权利人核发不动产权属证书。

第二章 不动产登记簿

第五条 《条例》第八条规定的不动产单元，是指权属界线封闭且具有独立使用价值的空间。

没有房屋等建筑物、构筑物以及森林、林木定着物的，以土地、海域权属界线封闭的空间为不动产单元。

有房屋等建筑物、构筑物以及森林、林木定着物的，以该房屋等建筑物、构筑物以及森林、林木定着物与土地、海域权属界线封闭的空间为不动产单元。

前款所称房屋，包括独立成幢、权属界线封闭的空间，以及区分套、层、间等可以独立使用、权属界线封闭的空间。

第六条 不动产登记簿以宗地或者宗海为单位编成，一宗地或者一宗海范围内的全部不动产单元编入一个不动产登记簿。

第七条 不动产登记机构应当配备专门的不动产登记电子存储设施，采取信息网络安全防护措施，保证电子数据安全。

任何单位和个人不得擅自复制或者篡改不动产登记簿信息。

第八条 承担不动产登记审核、登簿的不动产登记工作人员应当熟悉相关法律法规，具备与其岗位相适应的不动产登记等方面的专业知识。

自然资源部会同有关部门组织开展对承担不动产登记审核、登簿的不动产登记工作人员的考核培训。

第三章 登记程序

第九条 申请不动产登记的，申请人应当填写登记申请书，并提交身份证明以及相关申请材料。

申请材料应当提供原件。因特殊情况不能提供原件的，可以提供复印件，复印件应当与原件保持一致。

通过互联网在线申请不动产登记的，应当通过符合国家规定的身份认证系统进行实名认证。申请人提交电子材料的，不再提交纸质材料。

第十条 处分共有不动产申请登记的，应当经占份额三分之二以上的按份共有人或者全体共同共有人共同申请，但共有人另有约定的除外。

按份共有人转让其享有的不动产份额，应当与受让人共同申请转移登记。

建筑区划内依法属于全体业主共有的不动产申请登记，依照本实施细则第三十六条的规定办理。

第十一条 无民事行为能力人、限制民事行为能力人申请不动产登记的，应当由其监护人代为申请。

监护人代为申请登记的，应当提供监护人与被监护人的身份证或者户口簿、有关监护关系等材料；因处分不动产而申请登记的，还应当提供为被监护人利益的书面保证。

父母之外的监护人处分未成年人不动产的，有关监护关系材料可以是人民法院指定监护的法律文书、经过公证的对被监护人享有监护权的材料或者其他材料。

第十二条 当事人可以委托他人代为申请不动产登记。

代理申请不动产登记的，代理人应当向不动产登记机构提供被代理人签字或者盖章的授权委托书。

自然人处分不动产，委托代理人申请登记的，应当与代理人共同到不动产登记机构现场签订授权委托书，但授权委托书经公证的除外。

境外申请人委托他人办理处分不动产登记的，其授权委托书应当按照国家有关规定办理认证或者公证；我国缔结或者参加的国际条约有不同规定的，适用该国际条约的规定，但我国声明保留的条款除外。

第十三条 申请登记的事项记载于不动产登记簿前，全体申请人提出撤回登记申请的，登记机构应当将登记申请书以及相关材料退还申请人。

第十四条 因继承、受遗赠取得不动产，当事人申请登记的，应当提交死亡证明材料、遗嘱或者全部法定继承人关于不动产分配的协议以及与被继承人的亲属关系材料等，也可以提交经公证的材料或者生效的法律文书。

第十五条 不动产登记机构受理不动产登记

申请后，还应当对下列内容进行查验：

（一）申请人、委托代理人身份证明材料以及授权委托书与申请主体是否一致；

（二）权属来源材料或者登记原因文件与申请登记的内容是否一致；

（三）不动产界址、空间界限、面积等权籍调查成果是否完备，权属是否清楚、界址是否清晰、面积是否准确；

（四）法律、行政法规规定的完税或者缴费凭证是否齐全。

第十六条 不动产登记机构进行实地查看，重点查看下列情况：

（一）房屋等建筑物、构筑物所有权首次登记，查看房屋坐落及其建造完成等情况；

（二）在建建筑物抵押权登记，查看抵押的在建建筑物坐落及其建造等情况；

（三）因不动产灭失导致的注销登记，查看不动产灭失等情况。

第十七条 有下列情形之一的，不动产登记机构应当在登记事项记载于登记簿前进行公告，但涉及国家秘密的除外：

（一）政府组织的集体土地所有权登记；

（二）宅基地使用权及房屋所有权，集体建设用地使用权及建筑物、构筑物所有权，土地承包经营权等不动产权利的首次登记；

（三）依职权更正登记；

（四）依职权注销登记；

（五）法律、行政法规规定的其他情形。

公告应当在不动产登记机构门户网站以及不动产所在地等指定场所进行，公告期不少于15个工作日。公告所需时间不计算在登记办理期限内。公告期满无异议或者异议不成立的，应当及时记载于不动产登记簿。

第十八条 不动产登记公告的主要内容包括：

（一）拟予登记的不动产权利人的姓名或者名称；

（二）拟予登记的不动产坐落、面积、用途、权利类型等；

（三）提出异议的期限、方式和受理机构；

（四）需要公告的其他事项。

第十九条 当事人可以持人民法院、仲裁委员会的生效法律文书或者人民政府的生效决定单方申请不动产登记。

有下列情形之一的，不动产登记机构直接办理不动产登记：

（一）人民法院持生效法律文书和协助执行通知书要求不动产登记机构办理登记的；

（二）人民检察院、公安机关依据法律规定持协助查封通知书要求办理查封登记的；

（三）人民政府依法做出征收或者收回不动产权利决定生效后，要求不动产登记机构办理注销登记的；

（四）法律、行政法规规定的其他情形。

不动产登记机构认为登记事项存在异议的，应当依法向有关机关提出审查建议。

第二十条 不动产登记机构应当根据不动产登记簿，填写并核发不动产权属证书或者不动产登记证明。电子证书证明与纸质证书证明具有同等法律效力。

除办理抵押权登记、地役权登记和预告登记、异议登记，向申请人核发不动产登记证明外，不动产登记机构应当依法向权利人核发不动产权属证书。

不动产权属证书和不动产登记证明，应当加盖不动产登记机构登记专用章。

不动产权属证书和不动产登记证明样式，由自然资源部统一规定。

第二十一条 申请共有不动产登记的，不动产登记机构向全体共有人合并发放一本不动产权属证书；共有人申请分别持证的，可以为共有人分别发放不动产权属证书。

共有不动产权属证书应当注明共有情况，并列明全体共有人。

第二十二条 不动产权属证书或者不动产登记证明污损、破损的，当事人可以向不动产登记机构申请换发。符合换发条件的，不动产登记机构应当予以换发，并收回原不动产权属证书或者不动产登记证明。

不动产权属证书或者不动产登记证明遗失、灭失，不动产权利人申请补发的，由不动产登记机构在其门户网站上刊发不动产权利人的遗失、灭失声明后，即予以补发。

不动产登记机构补发不动产权属证书或者不动产登记证明的，应当将补发不动产权属证书或者不动产登记证明的事项记载于不动产登记簿，并在不动产权属证书或者不动产登记证明上注明“补发”字样。

第二十三条 因不动产权利灭失等情形，不动产登记机构需要收回不动产权属证书或者不动产登记证明的，应当在不动产登记簿上将收回不动产权属证书或者不动产登记证明的事项予以注明；确实无法收回的，应当在不动产登记机构门户网站或者当地公开发行的报刊上公告作废。

第四章 不动产权利登记

第一节 一般规定

第二十四条 不动产首次登记，是指不动产权利第一次登记。

未办理不动产首次登记的，不得办理不动产其他类型登记，但法律、行政法规另有规定的除外。

第二十五条 市、县人民政府可以根据情况对本行政区域内未登记的不动产，组织开展集体土地所有权、宅基地使用权、集体建设用地使用权、土地承包经营权的首次登记。

依照前款规定办理首次登记所需的权属来源、调查等登记材料，由人民政府有关部门组织获取。

第二十六条 下列情形之一的，不动产权利人可以向不动产登记机构申请变更登记：

（一）权利人的姓名、名称、身份证明类型或者身份证明号码发生变更的；

（二）不动产的坐落、界址、用途、面积等状况变更的；

（三）不动产权利期限、来源等状况发生变化的；

（四）同一权利人分割或者合并不动产的；

（五）抵押担保的范围、主债权数额、债务履行期限、抵押权顺位发生变化的；

（六）最高额抵押担保的债权范围、最高债权额、债权确定期间等发生变化的；

（七）地役权的利用目的、方法等发生变化的；

（八）共有性质发生变更的；

（九）法律、行政法规规定的其他不涉及不动产权利转移的变更情形。

第二十七条 因下列情形导致不动产权利转移的，当事人可以向不动产登记机构申请转移登记：

（一）买卖、互换、赠与不动产的；

（二）以不动产作价出资（入股）的；

（三）法人或者其他组织因合并、分立等原因致使不动产权利发生转移的；

（四）不动产分割、合并导致权利发生转移的；

（五）继承、受遗赠导致权利发生转移的；

（六）共有人增加或者减少以及共有不动产份额变化的；

（七）因人民法院、仲裁委员会的生效法律文书导致不动产权利发生转移的；

（八）因主债权转移引起不动产抵押权转移的；

（九）因需役地不动产权利转移引起地役权转移的；

（十）法律、行政法规规定的其他不动产权利转移情形。

第二十八条 有下列情形之一的，当事人可以申请办理注销登记：

（一）不动产灭失的；

（二）权利人放弃不动产权利的；

（三）不动产被依法没收、征收或者收回的；

（四）人民法院、仲裁委员会的生效法律文书导致不动产权利消灭的；

（五）法律、行政法规规定的其他情形。

不动产上已经设立抵押权、地役权或者已经办理预告登记，所有权人、使用权人因放弃权利申请注销登记的，申请人应当提供抵押权人、地役权人、预告登记权利人同意的书面材料。

第二节 集体土地所有权登记

第二十九条 集体土地所有权登记，依照下列规定提出申请：

（一）土地属于村农民集体所有的，由村集体经济组织代为申请，没有集体经济组织的，由村民委员会代为申请；

（二）土地分别属于村内两个以上农民集体所有的，由村内各集体经济组织代为申请，没有集体经济组织的，由村民小组代为申请；

（三）土地属于乡（镇）农民集体所有的，由乡（镇）集体经济组织代为申请。

第三十条 申请集体土地所有权首次登记的，应当提交下列材料：

（一）土地权属来源材料；

（二）权籍调查表、宗地图以及宗地界址点坐标；

（三）其他必要材料。

第三十一条 农民集体因互换、土地调整等原因导致集体土地所有权转移，申请集体土地所有权转移登记的，应当提交下列材料：

（一）不动产权属证书；

（二）互换、调整协议等集体土地所有权转移的材料；

（三）本集体经济组织三分之二以上成员或者三分之二以上村民代表同意的材料；

（四）其他必要材料。

第三十二条 申请集体土地所有权变更、注销登记的，应当提交下列材料：

（一）不动产权属证书；

（二）集体土地所有权变更、消灭的材料；

（三）其他必要材料。

第三节 国有建设用地使用权及房屋所有权登记

第三十三条 依法取得国有建设用地使用权，可以单独申请国有建设用地使用权登记。

依法利用国有建设用地建造房屋的，可以申请国有建设用地使用权及房屋所有权登记。

第三十四条 申请国有建设用地使用权首次登记，应当提交下列材料：

（一）土地权属来源材料；

（二）权籍调查表、宗地图以及宗地界址点坐标；

（三）土地出让价款、土地租金、相关税费等缴纳凭证；

（四）其他必要材料。

前款规定的土地权属来源材料，根据权利取得方式的不同，包括国有建设用地划拨决定书、国有建设用地使用权出让合同、国有建设用地使用权租赁合同以及国有建设用地使用权作价出资（入股）、授权经营批准文件。

申请在地上或者地下单独设立国有建设用地使用权登记的，按照本条规定办理。

第三十五条 申请国有建设用地使用权及房屋所有权首次登记的，应当提交下列材料：

（一）不动产权属证书或者土地权属来源材料；

（二）建设工程符合规划的材料；

（三）房屋已经竣工的材料；

（四）房地产调查或者测绘报告；

（五）相关税费缴纳凭证；

（六）其他必要材料。

第三十六条 办理房屋所有权首次登记时，申请人应当将建筑区划内依法属于业主共有的道路、绿地、其他公共场所、公用设施和物业服务用房及其占用范围内的建设用地使用权一并申请登记为业主共有。业主转让房屋所有权的，其对共有部分享有的权利依法一并转让。

第三十七条 申请国有建设用地使用权及房屋所有权变更登记的，应当根据不同情况，提交下列材料：

（一）不动产权属证书；

（二）发生变更的材料；

（三）有批准权的人民政府或者主管部门的批准文件；

（四）国有建设用地使用权出让合同或者补充协议；

（五）国有建设用地使用权出让价款、税费等缴纳凭证；

（六）其他必要材料。

第三十八条 申请国有建设用地使用权及房屋所有权转移登记的，应当根据不同情况，提交下列材料：

（一）不动产权属证书；

（二）买卖、互换、赠与合同；

（三）继承或者受遗赠的材料；

（四）分割、合并协议；

（五）人民法院或者仲裁委员会生效的法律文书；

（六）有批准权的人民政府或者主管部门的批准文件；

（七）相关税费缴纳凭证；

（八）其他必要材料。

不动产买卖合同依法应当备案的，申请人申请登记时须提交经备案的买卖合同。

第三十九条 具有独立利用价值的特定空间以及码头、油库等其他建筑物、构筑物所有权的登记，按照本实施细则中房屋所有权登记有关规定办理。

第四节 宅基地使用权及房屋所有权登记

第四十条 依法取得宅基地使用权，可以单独申请宅基地使用权登记。

依法利用宅基地建造住房及其附属设施的，可以申请宅基地使用权及房屋所有权登记。

第四十一条 申请宅基地使用权及房屋所有权首次登记的，应当根据不同情况，提交下列材料：

（一）申请人身份证和户口簿；

（二）不动产权属证书或者有批准权的人民政府批准用地的文件等权属来源材料；

（三）房屋符合规划或者建设的相关材料；

（四）权籍调查表、宗地图、房屋平面图以及宗地界址点坐标等有关不动产界址、面积等材料；

（五）其他必要材料。

第四十二条 因依法继承、分家析产、集体经济组织内部互换房屋等导致宅基地使用权及房屋所有权发生转移申请登记的，申请人应当根据不同情况，提交下列材料：

（一）不动产权属证书或者其他权属来源材料；

（二）依法继承的材料；

（三）分家析产的协议或者材料；

（四）集体经济组织内部互换房屋的协议；

（五）其他必要材料。

第四十三条 申请宅基地等集体土地上的建筑物区分所有权登记的，参照国有建设用地使用权及建筑物区分所有权的规定办理登记。

第五节 集体建设用地使用权及建筑物、构筑物所有权登记

第四十四条 依法取得集体建设用地使用权，可以单独申请集体建设用地使用权登记。

依法利用集体建设用地兴办企业，建设公共设施，从事公益事业等的，可以申请集体建设用地使用权及地上建筑物、构筑物所有权登记。

第四十五条 申请集体建设用地使用权及建筑物、构筑物所有权首次登记的，申请人应当根据不同情况，提交下列材料：

（一）有批准权的人民政府批准用地的文件等土地权属来源材料；

（二）建设工程符合规划的材料；

（三）权籍调查表、宗地图、房屋平面图以及宗地界址点坐标等有关不动产界址、面积等材料；

（四）建设工程已竣工的材料；

（五）其他必要材料。

集体建设用地使用权首次登记完成后，申请人申请建筑物、构筑物所有权首次登记的，应当提交享有集体建设用地使用权的不动产权属证书。

第四十六条 申请集体建设用地使用权及建筑物、构筑物所有权变更登记、转移登记、注销登记的，申请人应当根据不同情况，提交下列材料：

（一）不动产权属证书；

（二）集体建设用地使用权及建筑物、构筑物所有权变更、转移、消灭的材料；

（三）其他必要材料。

因企业兼并、破产等原因致使集体建设用地使用权及建筑物、构筑物所有权发生转移的，申请人应当持相关协议及有关部门的批准文件等相关材料，申请不动产转移登记。

第六节 土地承包经营权登记

第四十七条 承包农民集体所有的耕地、林地、草地、水域、滩涂以及荒山、荒沟、荒丘、荒滩等农用地，或者国家所有依法由农民集体使用的农用地从事种植业、林业、畜牧业、渔业等农业生产的，可以申请土地承包经营权登记；地上有森林、林木的，应当在申请土地承包经营权登记时一并申请登记。

第四十八条 依法以承包方式在土地上从事种植业或者养殖业生产活动的，可以申请土地承包经营权的首次登记。

以家庭承包方式取得的土地承包经营权的首次登记，由发包方持土地承包经营合同等材料申请。

以招标、拍卖、公开协商等方式承包农村土地的，由承包方持土地承包经营合同申请土地承包经营权首次登记。

第四十九条 已经登记的土地承包经营权有下列情形之一的，承包方应当持原不动产权属证书以及其他证实发生变更事实的材料，申请土地承包经营权变更登记：

（一）权利人的姓名或者名称等事项发生变化的；

（二）承包土地的坐落、名称、面积发生变化的；

（三）承包期限依法变更的；

（四）承包期限届满，土地承包经营权人按照

国家有关规定继续承包的;

(五)退耕还林、退耕还湖、退耕还草导致土地用途改变的;

(六)森林、林木的种类等发生变化的;

(七)法律、行政法规规定的其他情形。

第五十条 已经登记的土地承包经营权发生下列情形之一的,当事人双方应当持互换协议、转让合同等材料,申请土地承包经营权的转移登记:

(一)互换;

(二)转让;

(三)因家庭关系、婚姻关系变化等原因导致土地承包经营权分割或者合并的;

(四)依法导致土地承包经营权转移的其他情形。

以家庭承包方式取得的土地承包经营权,采取转让方式流转的,还应当提供发包方同意的材料。

第五十一条 已经登记的土地承包经营权发生下列情形之一的,承包方应当持不动产权属证书、证实灭失的材料等,申请注销登记:

(一)承包经营的土地灭失的;

(二)承包经营的土地被依法转为建设用地的;

(三)承包经营权人丧失承包经营资格或者放弃承包经营权的;

(四)法律、行政法规规定的其他情形。

第五十二条 以承包经营以外的合法方式使用国有农用地的国有农场、草场,以及使用国家所有的水域、滩涂等农用地进行农业生产,申请国有农用地的使用权登记的,参照本实施细则有关规定办理。

国有农场、草场申请国有未利用地登记的,依照前款规定办理。

第五十三条 国有林地使用权登记,应当提交有批准权的人民政府或者主管部门的批准文件,地上森林、林木一并登记。

第七节 海域使用权登记

第五十四条 依法取得海域使用权,可以单独申请海域使用权登记。

依法使用海域,在海域上建造建筑物、构筑物的,应当申请海域使用权及建筑物、构筑物所有权登记。

申请无居民海岛登记的,参照海域使用权登记有关规定办理。

第五十五条 申请海域使用权首次登记的,应当提交下列材料:

(一)项目用海批准文件或者海域使用权出让合同;

(二)宗海图以及界址点坐标;

(三)海域使用金缴纳或者减免凭证;

(四)其他必要材料。

第五十六条 有下列情形之一的,申请人应当持不动产权属证书、海域使用权变更的文件等材料,申请海域使用权变更登记:

(一)海域使用权人姓名或者名称改变的;

(二)海域坐落、名称发生变化的;

(三)改变海域使用位置、面积或者期限的;

(四)海域使用权续期的;

(五)共有性质变更的;

(六)法律、行政法规规定的其他情形。

第五十七条 有下列情形之一的,申请人可以申请海域使用权转移登记:

(一)因企业合并、分立或者与他人合资、合作经营、作价入股导致海域使用权转移的;

(二)依法转让、赠与、继承、受遗赠海域使用权的;

(三)因人民法院、仲裁委员会生效法律文书导致海域使用权转移的;

(四)法律、行政法规规定的其他情形。

第五十八条 申请海域使用权转移登记的,申请人应当提交下列材料:

(一)不动产权属证书;

(二)海域使用权转让合同、继承材料、生效法律文书等材料;

(三)转让批准取得的海域使用权,应当提交原批准用海的海洋行政主管部门批准转让的文件;

(四)依法需要补交海域使用金的,应当提交海域使用金缴纳的凭证;

(五)其他必要材料。

第五十九条 申请海域使用权注销登记的,申请人应当提交下列材料:

(一)原不动产权属证书;

(二)海域使用权消灭的材料;

(三)其他必要材料。

因围填海造地等导致海域灭失的，申请人应当在围填海造地等工程竣工后，依照本实施细则规定申请国有土地使用权登记，并办理海域使用权注销登记。

第八节　地役权登记

第六十条　按照约定设定地役权，当事人可以持需役地和供役地的不动产权属证书、地役权合同以及其他必要文件，申请地役权首次登记。

第六十一条　经依法登记的地役权发生下列情形之一的，当事人应当持地役权合同、不动产登记证明和证实变更的材料等必要材料，申请地役权变更登记：

（一）地役权当事人的姓名或者名称等发生变化；

（二）共有性质变更的；

（三）需役地或者供役地自然状况发生变化；

（四）地役权内容变更的；

（五）法律、行政法规规定的其他情形。

供役地分割转让办理登记，转让部分涉及地役权的，应当由受让人与地役权人一并申请地役权变更登记。

第六十二条　已经登记的地役权因土地承包经营权、建设用地使用权转让发生转移的，当事人应当持不动产登记证明、地役权转移合同等必要材料，申请地役权转移登记。

申请需役地转移登记的，或者需役地分割转让，转让部分涉及已登记的地役权的，当事人应当一并申请地役权转移登记，但当事人另有约定的除外。当事人拒绝一并申请地役权转移登记的，应当出具书面材料。不动产登记机构办理转移登记时，应当同时办理地役权注销登记。

第六十三条　已经登记的地役权，有下列情形之一的，当事人可以持不动产登记证明、证实地役权发生消灭的材料等必要材料，申请地役权注销登记：

（一）地役权期限届满；

（二）供役地、需役地归于同一人；

（三）供役地或者需役地灭失；

（四）人民法院、仲裁委员会的生效法律文书导致地役权消灭；

（五）依法解除地役权合同；

（六）其他导致地役权消灭的事由。

第六十四条　地役权登记，不动产登记机构应当将登记事项分别记载于需役地和供役地登记簿。

供役地、需役地分属不同不动产登记机构管辖的，当事人应当向供役地所在地的不动产登记机构申请地役权登记。供役地所在地不动产登记机构完成登记后，应当将相关事项通知需役地所在地不动产登记机构，并由其记载于需役地登记簿。

地役权设立后，办理首次登记前发生变更、转移的，当事人应当提交相关材料，就已经变更或者转移的地役权，直接申请首次登记。

第九节　抵押权登记

第六十五条　对下列财产进行抵押的，可以申请办理不动产抵押登记：

（一）建设用地使用权；

（二）建筑物和其他土地附着物；

（三）海域使用权；

（四）以招标、拍卖、公开协商等方式取得的荒地等土地承包经营权；

（五）正在建造的建筑物；

（六）法律、行政法规未禁止抵押的其他不动产。

以建设用地使用权、海域使用权抵押的，该土地、海域上的建筑物、构筑物一并抵押；以建筑物、构筑物抵押的，该建筑物、构筑物占用范围内的建设用地使用权、海域使用权一并抵押。

第六十六条　自然人、法人或者其他组织为保障其债权的实现，依法以不动产设定抵押的，可以由当事人持不动产权属证书、抵押合同与主债权合同等必要材料，共同申请办理抵押登记。

抵押合同可以是单独订立的书面合同，也可以是主债权合同中的抵押条款。

第六十七条　同一不动产上设立多个抵押权的，不动产登记机构应当按照受理时间的先后顺序依次办理登记，并记载于不动产登记簿。当事人对抵押权顺位另有约定的，从其规定办理登记。

第六十八条　有下列情形之一的，当事人应当持不动产权属证书、不动产登记证明、抵押权变更等必要材料，申请抵押权变更登记：

（一）抵押人、抵押权人的姓名或者名称变更的；

（二）被担保的主债权数额变更的；

（三）债务履行期限变更的；

（四）抵押权顺位变更的；

（五）法律、行政法规规定的其他情形。

因被担保债权主债权的种类及数额、担保范围、债务履行期限、抵押权顺位发生变更申请抵押权变更登记时，如果该抵押权的变更将对其他抵押权人产生不利影响的，还应当提交其他抵押权人书面同意的材料与身份证或者户口簿等材料。

第六十九条 因主债权转让导致抵押权转让的，当事人可以持不动产权属证书、不动产登记证明、被担保主债权的转让协议、债权人已经通知债务人的材料等相关材料，申请抵押权的转移登记。

第七十条 有下列情形之一的，当事人可以持不动产登记证明、抵押权消灭的材料等必要材料，申请抵押权注销登记：

（一）主债权消灭；

（二）抵押权已经实现；

（三）抵押权人放弃抵押权；

（四）法律、行政法规规定抵押权消灭的其他情形。

第七十一条 设立最高额抵押权的，当事人应当持不动产权属证书、最高额抵押合同与一定期间内将要连续发生的债权的合同或者其他登记原因材料等必要材料，申请最高额抵押权首次登记。

当事人申请最高额抵押权首次登记时，同意将最高额抵押权设立前已经存在的债权转入最高额抵押担保的债权范围的，还应当提交已存在债权的合同以及当事人同意将该债权纳入最高额抵押权担保范围的书面材料。

第七十二条 有下列情形之一的，当事人应当持不动产登记证明、最高额抵押权发生变更的材料等必要材料，申请最高额抵押权变更登记：

（一）抵押人、抵押权人的姓名或者名称变更的；

（二）债权范围变更的；

（三）最高债权额变更的；

（四）债权确定的期间变更的；

（五）抵押权顺位变更的；

（六）法律、行政法规规定的其他情形。

因最高债权额、债权范围、债务履行期限、债权确定的期间发生变更申请最高额抵押权变更登记时，如果该变更将对其他抵押权人产生不利影响的，当事人还应当提交其他抵押权人的书面同意文件与身份证或者户口簿等。

第七十三条 当发生导致最高额抵押权担保的债权被确定的事由，从而使最高额抵押权转变为一般抵押权时，当事人应当持不动产登记证明、最高额抵押权担保的债权已确定的材料等必要材料，申请办理确定最高额抵押权的登记。

第七十四条 最高额抵押权发生转移的，应当持不动产登记证明、部分债权转移的材料、当事人约定最高额抵押权随同部分债权的转让而转移的材料等必要材料，申请办理最高额抵押权转移登记。

债权人转让部分债权，当事人约定最高额抵押权随同部分债权的转让而转移的，应当分别申请下列登记：

（一）当事人约定原抵押权人与受让人共同享有最高额抵押权的，应当申请最高额抵押权的转移登记；

（二）当事人约定受让人享有一般抵押权、原抵押权人就扣减已转移的债权数额后继续享有最高额抵押权的，应当申请一般抵押权的首次登记以及最高额抵押权的变更登记；

（三）当事人约定原抵押权人不再享有最高额抵押权的，应当一并申请最高额抵押权确定登记以及一般抵押权转移登记。

最高额抵押权担保的债权确定前，债权人转让部分债权的，除当事人另有约定外，不动产登记机构不得办理最高额抵押权转移登记。

第七十五条 以建设用地使用权以及全部或者部分在建建筑物设定抵押的，应当一并申请建设用地使用权以及在建建筑物抵押权的首次登记。

当事人申请在建建筑物抵押权首次登记时，抵押财产不包括已经办理预告登记的预购商品房和已经办理预售备案的商品房。

前款规定的在建建筑物，是指正在建造、尚未办理所有权首次登记的房屋等建筑物。

第七十六条 申请在建建筑物抵押权首次登记的，当事人应当提交下列材料：

（一）抵押合同与主债权合同；

（二）享有建设用地使用权的不动产权属证书；

（三）建设工程规划许可证；

（四）其他必要材料。

第七十七条 在建建筑物抵押权变更、转移或者消灭的，当事人应当提交下列材料，申请变更登记、转移登记、注销登记：

（一）不动产登记证明；

（二）在建建筑物抵押权发生变更、转移或者消灭的材料；

（三）其他必要材料。

在建建筑物竣工，办理建筑物所有权首次登记时，当事人应当申请将在建建筑物抵押权登记转为建筑物抵押权登记。

第七十八条 申请预购商品房抵押登记，应当提交下列材料：

（一）抵押合同与主债权合同；

（二）预购商品房预告登记材料；

（三）其他必要材料。

预购商品房办理房屋所有权登记后，当事人应当申请将预购商品房抵押预告登记转为商品房抵押权首次登记。

第五章 其他登记

第一节 更正登记

第七十九条 权利人、利害关系人认为不动产登记簿记载的事项有错误，可以申请更正登记。

权利人申请更正登记的，应当提交下列材料：

（一）不动产权属证书；

（二）证实登记确有错误的材料；

（三）其他必要材料。

利害关系人申请更正登记的，应当提交利害关系材料、证实不动产登记簿记载错误的材料以及其他必要材料。

第八十条 不动产权利人或者利害关系人申请更正登记，不动产登记机构认为不动产登记簿记载确有错误的，应当予以更正；但在错误登记之后已经办理了涉及不动产权利处分的登记、预告登记和查封登记的除外。

不动产权属证书或者不动产登记证明填制错误以及不动产登记机构在办理更正登记中，需要更正不动产权属证书或者不动产登记证明内容的，应当书面通知权利人换发，并把换发不动产权属证书或者不动产登记证明的事项记载于登记簿。

不动产登记簿记载无误的，不动产登记机构不予更正，并书面通知申请人。

第八十一条 不动产登记机构发现不动产登记簿记载的事项错误，应当通知当事人在 30 个工作日内办理更正登记。当事人逾期不办理的，不动产登记机构应当在公告 15 个工作日后，依法予以更正；但在错误登记之后已经办理了涉及不动产权利处分的登记、预告登记和查封登记的除外。

第二节 异议登记

第八十二条 利害关系人认为不动产登记簿记载的事项错误，权利人不同意更正的，利害关系人可以申请异议登记。

利害关系人申请异议登记的，应当提交下列材料：

（一）证实对登记的不动产权利有利害关系的材料；

（二）证实不动产登记簿记载的事项错误的材料；

（三）其他必要材料。

第八十三条 不动产登记机构受理异议登记申请的，应当将异议事项记载于不动产登记簿，并向申请人出具异议登记证明。

异议登记申请人应当在异议登记之日起 15 日内，提交人民法院受理通知书、仲裁委员会受理通知书等提起诉讼、申请仲裁的材料；逾期不提交的，异议登记失效。

异议登记失效后，申请人就同一事项以同一理由再次申请异议登记的，不动产登记机构不予受理。

第八十四条 异议登记期间，不动产登记簿上记载的权利人以及第三人因处分权利申请登记的，不动产登记机构应当书面告知申请人该权利已经存在异议登记的有关事项。申请人申请继续办理的，应当予以办理，但申请人应当提供知悉异议登记存在并自担风险的书面承诺。

第三节 预告登记

第八十五条 有下列情形之一的，当事人可以按照约定申请不动产预告登记：

（一）商品房等不动产预售的；

（二）不动产买卖、抵押的；

（三）以预购商品房设定抵押权的；

(四)法律、行政法规规定的其他情形。

预告登记生效期间,未经预告登记的权利人书面同意,处分该不动产权利申请登记的,不动产登记机构应当不予办理。

预告登记后,债权未消灭且自能够进行相应的不动产登记之日起3个月内,当事人申请不动产登记的,不动产登记机构应当按照预告登记事项办理相应的登记。

第八十六条 申请预购商品房的预告登记,应当提交下列材料:

(一)已备案的商品房预售合同;

(二)当事人关于预告登记的约定;

(三)其他必要材料。

预售人和预购人订立商品房买卖合同后,预售人未按照约定与预购人申请预告登记,预购人可以单方申请预告登记。

预购人单方申请预购商品房预告登记,预售人与预购人在商品房预售合同中对预告登记附有条件和期限的,预购人应当提交相应材料。

申请预告登记的商品房已经办理在建建筑物抵押权首次登记的,当事人应当一并申请在建建筑物抵押权注销登记,并提交不动产权属转移材料、不动产登记证明。不动产登记机构应当先办理在建建筑物抵押权注销登记,再办理预告登记。

第八十七条 申请不动产转移预告登记的,当事人应当提交下列材料:

(一)不动产转让合同;

(二)转让方的不动产权属证书;

(三)当事人关于预告登记的约定;

(四)其他必要材料。

第八十八条 抵押不动产,申请预告登记的,当事人应当提交下列材料:

(一)抵押合同与主债权合同;

(二)不动产权属证书;

(三)当事人关于预告登记的约定;

(四)其他必要材料。

第八十九条 预告登记未到期,有下列情形之一的,当事人可以持不动产登记证明、债权消灭或者权利人放弃预告登记的材料,以及法律、行政法规规定的其他必要材料申请注销预告登记:

(一)预告登记的权利人放弃预告登记的;

(二)债权消灭的;

(三)法律、行政法规规定的其他情形。

第四节 查封登记

第九十条 人民法院要求不动产登记机构办理查封登记的,应当提交下列材料:

(一)人民法院工作人员的工作证;

(二)协助执行通知书;

(三)其他必要材料。

第九十一条 两个以上人民法院查封同一不动产的,不动产登记机构应当为先送达协助执行通知书的人民法院办理查封登记,对后送达协助执行通知书的人民法院办理轮候查封登记。

轮候查封登记的顺序按照人民法院协助执行通知书送达不动产登记机构的时间先后进行排列。

第九十二条 查封期间,人民法院解除查封的,不动产登记机构应当及时根据人民法院协助执行通知书注销查封登记。

不动产查封期限届满,人民法院未续封的,查封登记失效。

第九十三条 人民检察院等其他国家有权机关依法要求不动产登记机构办理查封登记的,参照本节规定办理。

第六章 不动产登记资料的查询、保护和利用

第九十四条 不动产登记资料包括:

(一)不动产登记簿等不动产登记结果;

(二)不动产登记原始资料,包括不动产登记申请书、申请人身份材料、不动产权属来源、登记原因、不动产权籍调查成果等材料以及不动产登记机构审核材料。

不动产登记资料由不动产登记机构管理。不动产登记机构应当建立不动产登记资料管理制度以及信息安全保密制度,建设符合不动产登记资料安全保护标准的不动产登记资料存放场所。

不动产登记资料中属于归档范围的,按照相关法律、行政法规的规定进行归档管理,具体办法由自然资源部会同国家档案主管部门另行制定。

第九十五条 不动产登记机构应当加强不动产登记信息化建设,按照统一的不动产登记信息管理基础平台建设要求和技术标准,做好数据整合、系统建设和信息服务等工作,加强不动产登记信息产品开发和技术创新,提高不动产登记的社会综合效益。

各级不动产登记机构应当采取措施保障不动产登记信息安全。任何单位和个人不得泄露不动产登记信息。

第九十六条 不动产登记机构、不动产交易机构建立不动产登记信息与交易信息互联共享机制,确保不动产登记与交易有序衔接。

不动产交易机构应当将不动产交易信息及时提供给不动产登记机构。不动产登记机构完成登记后,应当将登记信息及时提供给不动产交易机构。

第九十七条 国家实行不动产登记资料依法查询制度。

权利人、利害关系人按照《条例》第二十七条规定依法查询、复制不动产登记资料的,应当到具体办理不动产登记的不动产登记机构申请。

权利人可以查询、复制其不动产登记资料。

因不动产交易、继承、诉讼等涉及的利害关系人可以查询、复制不动产自然状况、权利人及其不动产查封、抵押、预告登记、异议登记等状况。

人民法院、人民检察院、国家安全机关、监察机关等可以依法查询、复制与调查和处理事项有关的不动产登记资料。

其他有关国家机关执行公务依法查询、复制不动产登记资料的,依照本条规定办理。

涉及国家秘密的不动产登记资料的查询,按照保守国家秘密法的有关规定执行。

第九十八条 权利人、利害关系人申请查询、复制不动产登记资料应当提交下列材料:

(一)查询申请书;

(二)查询目的的说明;

(三)申请人的身份材料;

(四)利害关系人查询的,提交证实存在利害关系的材料。

权利人、利害关系人委托他人代为查询的,还应当提交代理人的身份证明材料、授权委托书。权利人查询其不动产登记资料无需提供查询目的的说明。

有关国家机关查询的,应当提供本单位出具的协助查询材料、工作人员的工作证。

第九十九条 有下列情形之一的,不动产登记机构不予查询,并书面告知理由:

(一)申请查询的不动产不属于不动产登记机构管辖范围的;

(二)查询人提交的申请材料不符合规定的;

(三)申请查询的主体或者查询事项不符合规定的;

(四)申请查询的目的不合法的;

(五)法律、行政法规规定的其他情形。

第一百条 对符合本实施细则规定的查询申请,不动产登记机构应当当场提供查询;因情况特殊,不能当场提供查询的,应当在5个工作日内提供查询。

第一百零一条 查询人查询不动产登记资料,应当在不动产登记机构设定的场所进行。

不动产登记原始资料不得带离设定的场所。

查询人在查询时应当保持不动产登记资料的完好,严禁遗失、拆散、调换、抽取、污损登记资料,也不得损坏查询设备。

第一百零二条 查询人可以查阅、抄录不动产登记资料。查询人要求复制不动产登记资料的,不动产登记机构应当提供复制。

查询人要求出具查询结果证明的,不动产登记机构应当出具查询结果证明。查询结果证明应注明查询目的及日期,并加盖不动产登记机构查询专用章。

第七章 法律责任

第一百零三条 不动产登记机构工作人员违反本实施细则规定,有下列行为之一,依法给予处分;构成犯罪的,依法追究刑事责任:

(一)对符合登记条件的登记申请不予登记,对不符合登记条件的登记申请予以登记;

(二)擅自复制、篡改、毁损、伪造不动产登记簿;

(三)泄露不动产登记资料、登记信息;

(四)无正当理由拒绝申请人查询、复制登记资料;

(五)强制要求权利人更换新的权属证书。

第一百零四条 当事人违反本实施细则规定,有下列行为之一,构成违反治安管理行为的,依法给予治安管理处罚;给他人造成损失的,依法承担赔偿责任;构成犯罪的,依法追究刑事责任:

(一)采用提供虚假材料等欺骗手段申请登记;

(二)采用欺骗手段申请查询、复制登记资料;

(三)违反国家规定,泄露不动产登记资料、登记信息；

(四)查询人遗失、拆散、调换、抽取、污损登记资料的；

(五)擅自将不动产登记资料带离查询场所、损坏查询设备的。

第八章　附　则

第一百零五条　本实施细则施行前，依法核发的各类不动产权属证书继续有效。不动产权利未发生变更、转移的，不动产登记机构不得强制要求不动产权利人更换不动产权属证书。

不动产登记过渡期内，农业部会同自然资源部等部门负责指导农村土地承包经营权的统一登记工作，按照农业部有关规定办理耕地的土地承包经营权登记。不动产登记过渡期后，由自然资源部负责指导农村土地承包经营权登记工作。

第一百零六条　不动产信托依法需要登记的，由自然资源部会同有关部门另行规定。

第一百零七条　军队不动产登记，其申请材料经军队不动产主管部门审核后，按照本实施细则规定办理。

第一百零八条　自然资源部委托北京市规划和自然资源委员会直接办理在京中央国家机关的不动产登记。

在京中央国家机关申请不动产登记时，应当提交《不动产登记暂行条例》及本实施细则规定的材料和有关机关事务管理局出具的不动产登记审核意见。不动产权属资料不齐全的，还应当提交由有关机关事务管理局确认盖章的不动产权属来源说明函。不动产权籍调查由有关机关事务管理局会同北京市规划和自然资源委员会组织进行的，还应当提交申请登记不动产单元的不动产权籍调查资料。

北京市规划和自然资源委员会办理在京中央国家机关不动产登记时，应当使用自然资源部制发的"自然资源部不动产登记专用章"。

第一百零九条　本实施细则自公布之日起施行。

不动产登记资料查询暂行办法

· 2018 年 3 月 2 日国土资源部令第 80 号公布

· 根据 2019 年 7 月 24 日《自然资源部关于第一批废止和修改的部门规章的决定》第一次修正

· 根据 2024 年 5 月 21 日《自然资源部关于第六批修改的部门规章的决定》第二次修正

第一章　总　则

第一条　为了规范不动产登记资料查询活动，加强不动产登记资料管理、保护和利用，维护不动产交易安全，保护不动产权利人的合法权益，根据《中华人民共和国物权法》《不动产登记暂行条例》等法律法规，制定本办法。

第二条　本办法所称不动产登记资料，包括：

(一)不动产登记簿等不动产登记结果；

(二)不动产登记原始资料，包括不动产登记申请书、申请人身份材料、不动产权属来源、登记原因、不动产权籍调查成果等材料以及不动产登记机构审核材料。

不动产登记资料由不动产登记机构负责保存和管理。

第三条　县级以上人民政府不动产登记机构负责不动产登记资料查询管理工作。

第四条　不动产权利人、利害关系人可以依照本办法的规定，查询、复制不动产登记资料。

不动产权利人、利害关系人可以委托律师或者其他代理人查询、复制不动产登记资料。

第五条　不动产登记资料查询，遵循依法、便民、高效的原则。

第六条　不动产登记机构应当加强不动产登记信息化建设，以不动产登记信息管理基础平台为基础，通过运用互联网技术、设置自助查询终端、在相关场所设置登记信息查询端口等方式，为查询人提供便利。

第二章　一般规定

第七条　查询不动产登记资料，应当在不动产所在地的市、县人民政府不动产登记机构进行，但法律法规另有规定的除外。

查询人到非不动产所在地的不动产登记机构

申请查询的，该机构应当告知其到相应的机构查询。

不动产登记机构应当提供必要的查询场地，并安排专门人员负责不动产登记资料的查询、复制和出具查询结果证明等工作。

申请查询不动产登记原始资料，应当优先调取数字化成果，确有需求和必要，可以调取纸质不动产登记原始资料。

第八条 不动产权利人、利害关系人申请查询不动产登记资料，应当提交查询申请书以及不动产权利人、利害关系人的身份证明材料。

查询申请书应当包括下列内容：

（一）查询主体；

（二）查询目的；

（三）查询内容；

（四）查询结果要求；

（五）提交的申请材料清单。

第九条 不动产权利人、利害关系人委托代理人代为申请查询不动产登记资料的，被委托人应当提交双方身份证明原件和授权委托书。

授权委托书中应当注明双方姓名或者名称、公民身份号码或者统一社会信用代码、委托事项、委托时限、法律义务、委托日期等内容，双方签字或者盖章。

代理人受委托查询、复制不动产登记资料的，其查询、复制范围由授权委托书确定。

第十条 符合查询条件，查询人需要出具不动产登记资料查询结果证明或者复制不动产登记资料的，不动产登记机构应当当场提供。因特殊原因不能当场提供的，应当在5个工作日内向查询人提供。

查询结果证明应当注明出具的时间，并加盖不动产登记机构查询专用章。电子查询结果证明与纸质查询结果证明具有同等法律效力。

第十一条 有下列情形之一的，不动产登记机构不予查询，并出具不予查询告知书：

（一）查询人提交的申请材料不符合本办法规定的；

（二）申请查询的主体或者查询事项不符合本办法规定的；

（三）申请查询的目的不符合法律法规规定的；

（四）法律、行政法规规定的其他情形。

查询人对不动产登记机构出具的不予查询告知书不服的，可以依法申请行政复议或者提起行政诉讼。

第十二条 申请查询的不动产登记资料涉及国家秘密的，不动产登记机构应当按照保守国家秘密法等有关规定执行。

第十三条 不动产登记机构应当建立查询记录簿，做好查询记录工作，记录查询人、查询目的或者用途、查询时间以及复制不动产登记资料的种类、出具的查询结果证明情况等。

第三章 权利人查询

第十四条 不动产登记簿上记载的权利人可以查询本不动产登记结果和本不动产登记原始资料。

第十五条 不动产权利人可以申请以下列索引信息查询不动产登记资料，但法律法规另有规定的除外：

（一）权利人的姓名或者名称、公民身份号码或者统一社会信用代码等特定主体身份信息；

（二）不动产具体坐落位置信息；

（三）不动产权属证书号；

（四）不动产单元号。

第十六条 不动产登记机构可以设置自助查询终端，为不动产权利人提供不动产登记结果查询服务。

自助查询终端应当具备验证相关身份证明以及出具查询结果证明的功能。

第十七条 继承人、受遗赠人因继承和受遗赠取得不动产权利的，适用本章关于不动产权利人查询的规定。

前款规定的继承人、受遗赠人查询不动产登记资料的，除提交本办法第八条规定的材料外，还应当提交被继承人或者遗赠人死亡证明、遗嘱或者遗赠扶养协议等可以证明继承或者遗赠行为发生的材料。

第十八条 清算组、破产管理人、财产代管人、监护人等依法有权管理和处分不动产权利的主体，参照本章规定查询相关不动产权利人的不动产登记资料。

依照本条规定查询不动产登记资料的，除提交本办法第八条规定的材料，还应当提交依法有权处分该不动产的材料。

第四章　利害关系人查询

第十九条　符合下列条件的利害关系人可以申请查询有利害关系的不动产登记结果：

（一）因买卖、互换、赠与、租赁、抵押不动产构成利害关系的；

（二）因不动产存在民事纠纷且已经提起诉讼、仲裁而构成利害关系的；

（三）法律法规规定的其他情形。

第二十条　不动产的利害关系人申请查询不动产登记结果的，除提交本办法第八条规定的材料外，还应当提交下列利害关系证明材料：

（一）因买卖、互换、赠与、租赁、抵押不动产构成利害关系的，提交买卖合同、互换合同、赠与合同、租赁合同、抵押合同；

（二）因不动产存在相关民事纠纷且已经提起诉讼或者仲裁而构成利害关系的，提交受理案件通知书、仲裁受理通知书。

第二十一条　有买卖、租赁、抵押不动产意向，或者拟就不动产提起诉讼或者仲裁等，但不能提供本办法第二十条规定的利害关系证明材料的，可以提交本办法第八条规定材料，查询相关不动产登记簿记载的下列信息：

（一）不动产的自然状况；

（二）不动产是否存在共有情形；

（三）不动产是否存在抵押权登记、预告登记或者异议登记情形；

（四）不动产是否存在查封登记或者其他限制处分的情形。

第二十二条　受本办法第二十一条规定的当事人委托的律师，还可以申请查询相关不动产登记簿记载的下列信息：

（一）申请验证所提供的被查询不动产权利主体名称与登记簿的记载是否一致；

（二）不动产的共有形式；

（三）要求办理查封登记或者限制处分机关的名称。

第二十三条　律师受当事人委托申请查询不动产登记资料的，除提交本办法第八条、第九条规定的材料外，还应当提交律师证和律师事务所出具的证明材料。

律师持人民法院的调查令申请查询不动产登记资料的，除提交本办法第八条规定的材料外，还应当提交律师证、律师事务所出具的证明材料以及人民法院的调查令。

第二十四条　不动产的利害关系人可以申请以下列索引信息查询不动产登记资料：

（一）不动产具体坐落位置；

（二）不动产权属证书号；

（三）不动产单元号。

每份申请书只能申请查询一个不动产登记单元。

第二十五条　不动产利害关系人及其委托代理人，按照本办法申请查询的，应当承诺不将查询获得的不动产登记资料、登记信息用于其他目的，不泄露查询获得的不动产登记资料、登记信息，并承担由此产生的法律后果。

第五章　登记资料保护

第二十六条　查询人查询、复制不动产登记资料的，不得将不动产登记资料带离指定场所，不得拆散、调换、抽取、撕毁、污损不动产登记资料，也不得损坏查询设备。

查询人有前款行为的，不动产登记机构有权禁止该查询人继续查询不动产登记资料，并可以拒绝为其出具查询结果证明。

第二十七条　已有电子介质，且符合下列情形之一的纸质不动产登记原始资料可以销毁：

（一）抵押权登记、地役权登记已经注销且自注销之日起满五年的；

（二）查封登记、预告登记、异议登记已经注销且自注销之日起满五年的。

第二十八条　符合本办法第二十七条规定销毁条件的不动产登记资料应当在不动产登记机构指定的场所销毁。

不动产登记机构应当建立纸质不动产登记资料销毁清册，详细记录被销毁的纸质不动产登记资料的名称、数量、时间、地点，负责销毁以及监督销毁的人员应当在清册上签名。

第六章　罚　则

第二十九条　不动产登记机构及其工作人员违反本办法规定，有下列行为之一，对有关责任人员依法给予处分；涉嫌构成犯罪的，移送有关机关依法追究刑事责任：

（一）对符合查询、复制不动产登记资料条件的申请不予查询、复制，对不符合查询、复制不动产登记资料条件的申请予以查询、复制的；

（二）擅自查询、复制不动产登记资料或者出具查询结果证明的；

（三）泄露不动产登记资料、登记信息的；

（四）利用不动产登记资料进行不正当活动的；

（五）未履行对不动产登记资料的安全保护义务，导致不动产登记资料、登记信息毁损、灭失或者被他人篡改，造成严重后果的。

第三十条 查询人违反本办法规定，有下列行为之一，构成违反治安管理行为的，移送公安机关依法给予治安管理处罚；涉嫌构成犯罪的，移送有关机关依法追究刑事责任：

（一）采用提供虚假材料等欺骗手段申请查询、复制不动产登记资料的；

（二）泄露不动产登记资料、登记信息的；

（三）遗失、拆散、调换、抽取、污损、撕毁不动产登记资料的；

（四）擅自将不动产登记资料带离查询场所、损坏查询设备的；

（五）因扰乱查询、复制秩序导致不动产登记机构受损失的；

（六）滥用查询结果证明的。

第七章 附 则

第三十一条 有关国家机关查询复制不动产登记资料以及国家机关之间共享不动产登记信息的具体办法另行规定。

第三十二条 《不动产登记暂行条例》实施前已经形成的土地、房屋、森林、林木、海域等登记资料，属于不动产登记资料。不动产登记机构应当依照本办法的规定提供查询。

第三十三条 公民、法人或者其他组织依据《中华人民共和国政府信息公开条例》，以申请政府信息公开的方式申请查询不动产登记资料的，有关自然资源主管部门应当告知其按照本办法的规定申请不动产登记资料查询。

第三十四条 本办法自公布之日起施行。2002年12月4日国土资源部公布的《土地登记资料公开查询办法》（国土资源部令第14号）同时废止。

协议出让国有土地使用权规定

·2003年6月11日国土资源部令第21号公布

·自2003年8月1日起施行

第一条 为加强国有土地资产管理，优化土地资源配置，规范协议出让国有土地使用权行为，根据《中华人民共和国城市房地产管理法》、《中华人民共和国土地管理法》和《中华人民共和国土地管理法实施条例》，制定本规定。

第二条 在中华人民共和国境内以协议方式出让国有土地使用权的，适用本规定。

本规定所称协议出让国有土地使用权，是指国家以协议方式将国有土地使用权在一定年限内出让给土地使用者，由土地使用者向国家支付土地使用权出让金的行为。

第三条 出让国有土地使用权，除依照法律、法规和规章的规定应当采用招标、拍卖或者挂牌方式外，方可采取协议方式。

第四条 协议出让国有土地使用权，应当遵循公开、公平、公正和诚实信用的原则。

以协议方式出让国有土地使用权的出让金不得低于按国家规定所确定的最低价。

第五条 协议出让最低价不得低于新增建设用地的土地有偿使用费、征地（拆迁）补偿费用以及按照国家规定应当缴纳的有关税费之和；有基准地价的地区，协议出让最低价不得低于出让地块所在级别基准地价的70%。

低于最低价时国有土地使用权不得出让。

第六条 省、自治区、直辖市人民政府国土资源行政主管部门应当依据本规定第五条的规定拟定协议出让最低价，报同级人民政府批准后公布，由市、县人民政府国土资源行政主管部门实施。

第七条 市、县人民政府国土资源行政主管部门应当根据经济社会发展计划、国家产业政策、土地利用总体规划、土地利用年度计划、城市规划和土地市场状况，编制国有土地使用权出让计划，报同级人民政府批准后组织实施。

国有土地使用权出让计划经批准后，市、县人民政府国土资源行政主管部门应当在土地有形市场等指定场所，或者通过报纸、互联网等媒介向社会公布。

因特殊原因,需要对国有土地使用权出让计划进行调整的,应当报原批准机关批准,并按照前款规定及时向社会公布。

国有土地使用权出让计划应当包括年度土地供应总量、不同用途土地供应面积、地段以及供地时间等内容。

第八条 国有土地使用权出让计划公布后,需要使用土地的单位和个人可以根据国有土地使用权出让计划,在市、县人民政府国土资源行政主管部门公布的时限内,向市、县人民政府国土资源行政主管部门提出意向用地申请。

市、县人民政府国土资源行政主管部门公布计划接受申请的时间不得少于30日。

第九条 在公布的地段上,同一地块只有一个意向用地者的,市、县人民政府国土资源行政主管部门方可按照本规定采取协议方式出让;但商业、旅游、娱乐和商品住宅等经营性用地除外。

同一地块有两个或者两个以上意向用地者的,市、县人民政府国土资源行政主管部门应当按照《招标拍卖挂牌出让国有土地使用权规定》,采取招标、拍卖或者挂牌方式出让。

第十条 对符合协议出让条件的,市、县人民政府国土资源行政主管部门会同城市规划等有关部门,依据国有土地使用权出让计划、城市规划和意向用地者申请的用地项目类型、规模等,制订协议出让土地方案。

协议出让土地方案应当包括拟出让地块的具体位置、界址、用途、面积、年限、土地使用条件、规划设计条件、供地时间等。

第十一条 市、县人民政府国土资源行政主管部门应当根据国家产业政策和拟出让地块的情况,按照《城镇土地估价规程》的规定,对拟出让地块的土地价格进行评估,经市、县人民政府国土资源行政主管部门集体决策,合理确定协议出让底价。

协议出让底价不得低于协议出让最低价。

协议出让底价确定后应当保密,任何单位和个人不得泄露。

第十二条 协议出让土地方案和底价经有批准权的人民政府批准后,市、县人民政府国土资源行政主管部门应当与意向用地者就土地出让价格等进行充分协商,协商一致且议定的出让价格不低于出让底价的,方可达成协议。

第十三条 市、县人民政府国土资源行政主管部门应当根据协议结果,与意向用地者签订《国有土地使用权出让合同》。

第十四条 《国有土地使用权出让合同》签订后7日内,市、县人民政府国土资源行政主管部门应当将协议出让结果在土地有形市场等指定场所,或者通过报纸、互联网等媒介向社会公布,接受社会监督。

公布协议出让结果的时间不得少于15日。

第十五条 土地使用者按照《国有土地使用权出让合同》的约定,付清土地使用权出让金、依法办理土地登记手续后,取得国有土地使用权。

第十六条 以协议出让方式取得国有土地使用权的土地使用者,需要将土地使用权出让合同约定的土地用途改变为商业、旅游、娱乐和商品住宅等经营性用途的,应当取得出让方和市、县人民政府城市规划部门的同意,签订土地使用权出让合同变更协议或者重新签订土地使用权出让合同,按变更后的土地用途,以变更时的土地市场价格补交相应的土地使用权出让金,并依法办理土地使用权变更登记手续。

第十七条 违反本规定,有下列行为之一的,对直接负责的主管人员和其他直接责任人员依法给予行政处分:

(一)不按照规定公布国有土地使用权出让计划或者协议出让结果的;

(二)确定出让底价时未经集体决策的;

(三)泄露出让底价的;

(四)低于协议出让最低价出让国有土地使用权的;

(五)减免国有土地使用权出让金的。

违反前款有关规定,情节严重构成犯罪的,依法追究刑事责任。

第十八条 国土资源行政主管部门工作人员在协议出让国有土地使用权活动中玩忽职守、滥用职权、徇私舞弊的,依法给予行政处分;构成犯罪的,依法追究刑事责任。

第十九条 采用协议方式租赁国有土地使用权的,参照本规定执行。

第二十条 本规定自2003年8月1日起施行。原国家土地管理局1995年6月28日发布的《协议出让国有土地使用权最低价确定办法》同时废止。

协议出让国有土地使用权规范(试行)

·2006年5月31日国土资发〔2006〕114号发布
·自2006年8月1日起施行

前 言

为完善国有土地使用权出让制度,规范国有土地使用权协议出让行为,统一程序和标准,加强国有土地资产管理,推进土地市场建设,根据《中华人民共和国土地管理法》、《中华人民共和国城市房地产管理法》、《中华人民共和国城镇国有土地使用权出让和转让暂行条例》、《协议出让国有土地使用权规定》等规定,制定本规范。

本规范的附录A、附录B为协议出让活动中所需文本示范格式。

本规范由国土资源部提出并归口。

本规范起草单位:国土资源部土地利用管理司,国土资源部土地整理中心,辽宁省国土资源厅,黑龙江省国土资源厅,江苏省国土资源厅。

本规范主要起草人员:廖永林、冷宏志、岳晓武、雷爱先、高永、谢量雄、吴迪、宋玉波、牟傲风、叶卫东、钟松钇、林立森、申亮、陈梅英、周旭、沈飞、张昉。

本规范参加起草人员(以姓氏笔画为序):于世专、马尚、王薇、车长志、邓岳方、叶元蓬、叶东、任钊洪、关文荣、刘显祺、刘祥元、刘瑞平、朱育德、闫洪溪、严政、吴永高、吴海洋、张万中、张英奇、李延荣、李晓娟、李晓斌、束克欣、杨玉芳、杨江正、肖建军、陈永真、陈国庆、林君衡、罗演广、祝军、胡立兵、胡红兵、赵春华、郝吉虎、高志云、徐建设、涂高坤、秦水龙、钱友根、梁红、黄文波、韩建国、韩洪伟、靳薇、潘洪嵩、魏成、魏莉华。

本规范由国土资源部负责解释。

1 适用范围

在中华人民共和国境内以协议方式出让国有土地使用权,适用本规范;以协议方式租赁国有土地使用权、出让国有土地他项权利,参照本规范执行。

2 引用的标准和文件

下列标准和文件所包含的条文,通过在本规范中引用而构成本规范的条文。本规范颁布时,所示版本均为有效。使用本规范的各方应使用下列各标准和文件的最新版本。

GB/T 18508-2001 《城镇土地估价规程》

国土资发〔2000〕303号 《国有土地使用权出让合同示范文本》

国土资发〔2001〕255号 《全国土地分类》

国土资发〔2004〕232号 《工业建设项目用地控制指标》

3 依 据

(1)《中华人民共和国土地管理法》

(2)《中华人民共和国城市房地产管理法》

(3)《中华人民共和国城市规划法》

(4)《中华人民共和国行政许可法》

(5)《中华人民共和国合同法》

(6)《中华人民共和国城镇国有土地使用权出让和转让暂行条例》

(7)《建立健全教育、制度、监督并重的惩治和预防腐败体系实施纲要》(中发〔2005〕3号)

(8)《国务院关于加强国有土地资产管理的通知》(国发〔2001〕15号)

(9)《国务院关于深化改革严格土地管理的决定》(国发〔2004〕28号)

(10)《协议出让国有土地使用权规定》(国土资源部令第21号)

4 总 则

4.1 协议出让国有土地使用权内涵

本规范所称协议出让国有土地使用权,是指市、县国土资源管理部门以协议方式将国有土地使用权在一定年限内出让给土地使用者,由土地使用者支付土地使用权出让金的行为。

4.2 协议出让国有土地使用权原则

(1)公开、公平、公正;

(2)诚实信用。

4.3 协议出让国有土地使用权范围

出让国有土地使用权,除依照法律、法规和规章的规定应当采用招标、拍卖或者挂牌方式外,方可采取协议方式,主要包括以下情况:

(1)供应商业、旅游、娱乐和商品住宅等各类经营性用地以外用途的土地,其供地计划公布后同一宗地只有一个意向用地者的；

(2)原划拨、承租土地使用权人申请办理协议出让，经依法批准，可以采取协议方式，但《国有土地划拨决定书》、《国有土地租赁合同》、法律、法规、行政规定等明确应当收回土地使用权重新公开出让的除外；

(3)划拨土地使用权转让申请办理协议出让，经依法批准，可以采取协议方式，但《国有土地划拨决定书》、法律、法规、行政规定等明确应当收回土地使用权重新公开出让的除外；

(4)出让土地使用权人申请续期，经审查准予续期的，可以采用协议方式；

(5)法律、法规、行政规定明确可以协议出让的其他情形。

4.4 协议出让国有土地使用权组织管理

国有土地使用权协议出让由市、县国土资源管理部门组织实施。

国有土地使用权出让实行集体决策。市、县国土资源管理部门可根据实际情况成立国有土地使用权出让协调决策机构，负责协调解决出让中的相关问题，集体确定有关事项。

4.5 协议出让价格争议裁决

对于经营性基础设施、矿业开采等具有独占性和排他性的用地，应当建立协议出让价格争议裁决机制。此类用地协议出让过程中，意向用地者与出让方在出让价格方面有争议难以达成一致，意向用地者认为出让方提出的出让价格明显高于土地市场价格的，可提请出让方的上一级国土资源管理部门进行出让价格争议裁决。

4.6 地方补充规定

地方可对本规范做出补充规定或实施细则，并报上一级国土资源管理部门备案。

5 供地环节的协议出让

5.1 供地环节协议出让国有土地使用权的一般程序

(1)公开出让信息，接受用地申请，确定供地方式；

(2)编制协议出让方案；

(3)地价评估，确定底价；

(4)协议出让方案、底价报批；

(5)协商，签订意向书；

(6)公示；

(7)签订出让合同，公布出让结果；

(8)核发《建设用地批准书》，交付土地；

(9)办理土地登记；

(10)资料归档。

5.2 公开出让信息，接受用地申请，确定供地方式

5.2.1 市、县国土资源管理部门应当将经批准的国有土地使用权出让计划向社会公布。有条件的地方可以根据供地进度安排，分阶段将国有土地使用权出让计划细化落实到地段、地块，并将相关信息及时向社会公布。国有土地使用权出让计划以及细化的地段、地块信息应当同时通过中国土地市场网(www.landchina.com)公布。

5.2.2 市、县国土资源管理部门公布国有土地使用权出让计划、细化的地段、地块信息，应当同时明确用地者申请用地的途径和方式，公开接受用地申请。

5.2.3 需要使用土地的单位和个人(以下简称意向用地者)应当根据公布的国有土地使用权出让计划，细化的地段、地块信息以及自身用地需求，向市、县国土资源管理部门提出用地申请。

5.2.4 在规定时间内，同一地块只有一个意向用地者的，市、县国土资源管理部门方可采取协议方式出让，但属于商业、旅游、娱乐和商品住宅等经营性用地除外。对不能确定是否符合协议出让范围的具体宗地，可由国有土地使用权出让协调决策机构集体认定。

5.3 编制协议出让方案

市、县国土资源管理部门应当会同规划等部门，依据国有土地使用权出让计划、城市规划和意向用地者申请的用地类型、规模等，编制国有土地使用权协议出让方案。

协议出让方案应当包括：拟出让地块的位置、四至、用途、面积、年限、土地使用条件、供地时间、供地方式等。

5.4 地价评估，确定底价

5.4.1 地价评估

市、县国土资源管理部门应当根据拟出让地块的条件和土地市场情况，按照《城镇土地估价规程》，组织对拟出让地块的正常土地市场价格进行评估。

地价评估由市、县国土资源管理部门或其所属事业单位组织进行，根据需要也可以委托具有

土地估价资质的土地或不动产评估机构进行评估。

5.4.2 确定底价

市、县国土资源管理部门或国有土地使用权出让协调决策机构应当根据土地估价结果、产业政策和土地市场情况等,集体决策,综合确定协议出让底价。

协议出让底价不得低于拟出让地块所在区域的协议出让最低价。

出让底价确定后,在出让活动结束之前应当保密,任何单位和个人不得泄露。

5.5 协议出让方案、底价报批

市、县国土资源管理部门应当按规定将协议出让方案、底价报有批准权的人民政府批准。

5.6 协商,签订意向书

市、县国土资源管理部门依据经批准的协议出让方案和底价,与意向用地者就土地出让价格等进行充分协商、谈判。协商谈判时,国土资源管理部门参加谈判的代表应当不少于2人。

双方协商、谈判达成一致,并且议定的出让价格不低于底价的,市、县国土资源管理部门应当与意向用地者签订《国有土地使用权出让意向书》。

5.7 公示

5.7.1 《国有土地使用权出让意向书》签订后,市、县国土资源管理部门将意向出让地块的位置、用途、面积、出让年限、土地使用条件、意向用地者、拟出让价格等内容在当地土地有形市场等指定场所以及中国土地市场网进行公示,并注明意见反馈途径和方式。公示时间不得少于5日。

5.7.2 公示期间,有异议且经市、县国土资源管理部门审查发现确实存在违反法律法规行为的,协议出让程序终止。

5.8 签订出让合同,公布出让结果

公示期满,无异议或虽有异议但经市、县国土资源管理部门审查没有发现存在违反法律法规行为的,市、县国土资源管理部门应当按照《国有土地使用权出让意向书》约定,与意向用地者签订《国有土地使用权出让合同》。

《国有土地使用权出让合同》签订后7日内,市、县国土资源管理部门将协议出让结果通过中国土地市场网以及土地有形市场等指定场所向社会公布,接受社会监督。

公布出让结果应当包括土地位置、面积、用途、开发程度、土地级别、容积率、出让年限、供地方式、受让人、成交价格和成交时间等内容。

5.9 核发《建设用地批准书》,交付土地

市、县国土资源管理部门向受让人核发《建设用地批准书》,并按照《国有土地使用权出让合同》、《建设用地批准书》约定的时间和条件将出让土地交付给受让人。

5.10 办理土地登记

受让人按照《国有土地使用权出让合同》约定付清全部国有土地使用权出让金,依法申请办理土地登记手续,领取《国有土地使用证》,取得土地使用权。

5.11 资料归档

协议出让手续全部办结后,市、县国土资源管理部门应当对宗地出让过程中的出让信息公布、用地申请、审批、谈判、公示、签订合同等各环节相关资料、文件进行整理,并按规定归档。应归档的宗地出让资料包括:

(1)用地申请材料;

(2)宗地条件、宗地规划指标要求;

(3)宗地评估报告;

(4)宗地出让底价及集体决策记录;

(5)协议出让方案;

(6)出让方案批复文件;

(7)谈判记录;

(8)《协议出让意向书》;

(9)协议出让公示资料;

(10)《国有土地使用权出让合同》;

(11)协议出让结果公告资料;

(12)核发建设用地批准书与交付土地的相关资料;

(13)其他应归档的材料。

6 原划拨、承租土地使用权人申请办理协议出让

6.1 原划拨、承租土地使用权人申请办理协议出让的,分别按下列情形处理:

(1)不需要改变原土地用途等土地使用条件,且符合规划的,报经市、县人民政府批准后,可以采取协议出让手续;

(2)经规划管理部门同意可以改变土地用途等土地使用条件的,报经市、县人民政府批准,可以办理协议出让手续,但《国有土地划拨决定书》、

《国有土地租赁合同》、法律、法规、行政规定等明确应当收回划拨土地使用权公开出让的除外。

6.2 申请与受理

6.2.1 原划拨、承租土地使用权拟申请办理出让手续的，应由原土地使用权人持下列有关材料，向市、县国土资源管理部门提出申请：

(1)申请书；

(2)《国有土地使用证》、《国有土地划拨决定书》或《国有土地租赁合同》；

(3)地上建筑物、构筑物及其他附着物的产权证明；

(4)原土地使用权人有效身份证明文件；

(5)改变用途的应当提交规划管理部门的批准文件；

(6)法律、法规、行政规定明确应提交的其他相关材料。

6.2.2 市、县国土资源管理部门接到申请后，应当对申请人提交的申请材料进行初审，决定是否受理。

6.3 审查，确定协议出让方案

6.3.1 审查

市、县国土资源管理部门受理申请后，应当依据相关规定对申请人提交的申请材料进行审查，并就申请地块的土地用途等征询规划管理部门意见。经审查，申请地块用途符合规划，并且符合办理协议出让手续条件的，市、县国土资源管理部门应当组织地价评估，确定应缴纳的土地出让金额，拟订协议出让方案。

6.3.2 地价评估

市、县国土资源管理部门应当组织对申请地块的出让土地使用权市场价格和划拨土地使用权权益价格或承租土地使用权市场价格进行评估，估价基准期日为拟出让时点。改变土地用途等土地使用条件的，出让土地使用权价格应当按照新的土地使用条件评估。

6.3.3 核定出让金额，拟订出让方案

市、县国土资源管理部门或国有土地使用权出让协调决策机构应当根据土地估价结果、产业政策和土地市场情况等，集体决策、综合确定协议出让金额，并拟订协议出让方案。

6.3.3.1 申请人应缴纳土地使用权出让金额分别按下列公式核定：

(1)不改变用途等土地使用条件的

应缴纳的土地使用权出让金额=拟出让时的出让土地使用权市场价格-拟出让时的划拨土地使用权权益价格或承租土地使用权市场价格

(2)改变用途等土地使用条件的

应缴纳的土地使用权出让金额=拟出让时的新土地使用条件下出让土地使用权市场价格-拟出让时的原土地使用条件下划拨土地使用权权益价格或承租土地使用权市场价格

6.3.3.2 协议出让方案应当包括：拟办理出让手续的地块位置、四至、用途、面积、年限、拟出让时间和应缴纳的出让金额等。

6.4 出让方案报批

市、县国土资源管理部门应当按照规定，将协议出让方案报市、县人民政府审批。

6.5 签订出让合同，公布出让结果

市、县人民政府批准后，国土资源管理部门应当按照批准的协议出让方案，依法收回原土地使用权人的《国有土地划拨决定书》或解除《国有土地租赁合同》，注销土地登记，收回原土地证书，并与申请人签订《国有土地使用权出让合同》。

《国有土地使用权出让合同》签订后，市、县国土资源管理部门应当按照5.8的规定公布协议出让结果。

6.6 办理土地登记

按5.10规定办理。

6.7 资料归档

协议出让手续全部办结后，市、县国土资源管理部门应当对宗地出让过程中的用地申请、审批、签订合同等各环节相关资料、文件进行整理，并按规定归档。应归档的宗地出让资料包括：

(1)申请人的申请材料；

(2)宗地条件及相关资料；

(3)土地评估资料；

(4)出让金额确定资料；

(5)协议出让方案；

(6)出让方案批复文件；

(7)《国有土地使用权出让合同》；

(8)协议出让公告资料；

(9)其他应归档的材料。

7 划拨土地使用权转让中的协议出让

7.1 划拨土地使用权申请转让，经市、县人民政府批准，可以由受让人办理协议出让，但《国

有土地划拨决定书》、法律、法规、行政规定等明确应当收回划拨土地使用权重新公开出让的除外。

7.2 申请与受理

7.2.1 原土地使用权人应当持下列有关材料,向市、县国土资源管理部门提出划拨土地使用权转让申请:

(1)申请书;

(2)《国有土地使用证》、《国有土地划拨决定书》;

(3)地上建筑物、构筑物及其他附着物的产权证明;

(4)原土地使用权人有效身份证明文件;

(5)共有房地产,应提供共有人书面同意的意见;

(6)法律、法规、行政规定明确应提交的其他相关材料。

7.2.2 市、县国土资源管理部门接到申请后,应当对申请人提交的申请材料进行初审,决定是否受理。

7.3 审查,确定协议出让方案

7.3.1 审查

市、县国土资源管理部门受理申请后,应当依据相关规定对申请人提交的申请材料进行审查,并就申请地块的土地用途等征询规划管理部门意见。经审查,申请地块用途符合规划,并且符合办理协议出让手续条件的,市、县国土资源管理部门应当组织地价评估,确定应缴纳的土地出让金额,拟订协议出让方案。

7.3.2 地价评估

市、县国土资源管理部门应当组织对申请转让地块的出让土地使用权市场价格和划拨土地使用权权益价格进行评估,估价基准期日为拟出让时点。

7.3.3 核定出让金额,拟订出让方案

市、县国土资源管理部门或国有土地使用权出让协调决策机构应当根据土地估价结果、产业政策和土地市场情况等,集体决策、综合确定办理出让手续时应缴纳土地使用权出让金额,并拟订协议出让方案。

7.3.3.1 应缴纳土地使用权出让金额应当按下式核定:

(1)转让后不改变用途等土地使用条件的

应缴纳的土地使用权出让金额=拟出让时的出让土地使用权市场价格-拟出让时的划拨土地使用权权益价格

(2)转让后改变用途等土地使用条件的

应缴纳的土地使用权出让金额=拟出让时的新土地使用条件下出让土地使用权市场价格-拟出让时的原土地使用条件下划拨土地使用权权益价格

7.3.3.2 协议出让方案应当包括:拟办理出让手续的地块位置、四至、用途、面积、年限、土地使用条件、拟出让时间和出让时应缴纳的出让金额等。

7.4 出让方案报批

市、县国土资源管理部门应当按照规定,将协议出让方案报市、县人民政府审批。

7.5 公开交易

协议出让方案批准后,市、县国土资源管理部门应向申请人发出《划拨土地使用权准予转让通知书》。

《划拨土地使用权准予转让通知书》应当包括准予转让的标的、原土地使用权人、转让确定受让人的要求、受让人的权利、义务、应缴纳的土地出让金等。

取得《划拨土地使用权准予转让通知书》的申请人,应当将拟转让的土地使用权在土地有形市场等场所公开交易,确定受让人和成交价款。

7.6 签订出让合同,公布出让结果

通过公开交易确定受让方和成交价款后,转让人应当与受让人签订转让合同,约定双方的权利和义务,明确划拨土地使用权转让价款。

受让人应在达成交易后10日内,持转让合同、原《国有土地使用证》、《划拨土地使用权准予转让通知书》、转让方和受让方的身份证明材料等,向市、县国土资源管理部门申请办理土地出让手续。

市、县国土资源管理部门应当按照批准的协议出让方案、公开交易情况等,依法收回原土地使用权人的《国有土地划拨决定书》,注销土地登记,收回原土地证书,与受让方签订《国有土地使用权出让合同》。

市、县国土资源管理部门应当按照5.8有关规定公布协议出让结果。

7.7 办理土地登记

按5.10规定办理。

7.8 资料归档

出让手续办结后，市、县国土资源管理部门应当对宗地出让过程中的用地申请、审批、交易、签订合同等各环节相关资料、文件进行整理，并按规定归档。应归档的宗地出让资料包括：

(1)申请人的申请材料；

(2)宗地条件及相关资料；

(3)土地评估资料；

(4)出让金额确定资料；

(5)协议出让方案；

(6)出让方案批复文件；

(7)《划拨土地使用权准予转让通知书》等相关资料；

(8)公开交易资料及转让合同等资料；

(9)《国有土地使用权出让合同》；

(10)协议出让公告资料；

(11)其他应归档的材料。

8 出让土地改变用途等土地使用条件的处理

出让土地申请改变用途等土地使用条件，经出让方和规划管理部门同意，原土地使用权人可以与市、县国土资源管理部门签订《国有土地使用权出让合同变更协议》或重新签订《国有土地使用权出让合同》，调整国有土地使用权出让金，但《国有土地使用权出让合同》、法律、法规、行政规定等明确应当收回土地使用权重新公开出让的除外。原土地使用权人应当按照国有土地使用权出让合同变更协议或重新签订的国有土地使用权出让合同约定，及时补缴土地使用权出让金额，并按规定办理土地登记。

调整国有土地使用权出让金额应当根据批准改变用途等土地使用条件时的土地市场价格水平，按下式确定：

应当补缴的土地出让金额=批准改变时的新土地使用条件下土地使用权市场价格-批准改变时原土地使用条件下剩余年期土地使用权市场价格

附录A（略）

附录B（略）

招标拍卖挂牌出让国有建设用地使用权规定

·2007年9月28日国土资源部令第39号公布

·自2007年11月1日起施行

第一条 为规范国有建设用地使用权出让行为，优化土地资源配置，建立公开、公平、公正的土地使用制度，根据《中华人民共和国物权法》、《中华人民共和国土地管理法》、《中华人民共和国城市房地产管理法》和《中华人民共和国土地管理法实施条例》，制定本规定。

第二条 在中华人民共和国境内以招标、拍卖或者挂牌出让方式在土地的地表、地上或者地下设立国有建设用地使用权的，适用本规定。

本规定所称招标出让国有建设用地使用权，是指市、县人民政府国土资源行政主管部门（以下简称出让人）发布招标公告，邀请特定或者不特定的自然人、法人和其他组织参加国有建设用地使用权投标，根据投标结果确定国有建设用地使用权人的行为。

本规定所称拍卖出让国有建设用地使用权，是指出让人发布拍卖公告，由竞买人在指定时间、地点进行公开竞价，根据出价结果确定国有建设用地使用权人的行为。

本规定所称挂牌出让国有建设用地使用权，是指出让人发布挂牌公告，按公告规定的期限将拟出让宗地的交易条件在指定的土地交易场所挂牌公布，接受竞买人的报价申请并更新挂牌价格，根据挂牌期限截止时的出价结果或者现场竞价结果确定国有建设用地使用权人的行为。

第三条 招标、拍卖或者挂牌出让国有建设用地使用权，应当遵循公开、公平、公正和诚信的原则。

第四条 工业、商业、旅游、娱乐和商品住宅等经营性用地以及同一宗地有两个以上意向用地者的，应当以招标、拍卖或者挂牌方式出让。

前款规定的工业用地包括仓储用地，但不包括采矿用地。

第五条 国有建设用地使用权招标、拍卖或者挂牌出让活动，应当有计划地进行。

市、县人民政府国土资源行政主管部门根据经济社会发展计划、产业政策、土地利用总体规划、土地利用年度计划、城市规划和土地市场状况，编制国有建设用地使用权出让年度计划，报经同级人民政府批准后，及时向社会公开发布。

第六条 市、县人民政府国土资源行政主管部门应当按照出让年度计划，会同城市规划等有关部门共同拟订拟招标拍卖挂牌出让地块的出让方案，报经市、县人民政府批准后，由市、县人民政府国土资源行政主管部门组织实施。

前款规定的出让方案应当包括出让地块的空间范围、用途、年限、出让方式、时间和其他条件等。

第七条 出让人应当根据招标拍卖挂牌出让地块的情况，编制招标拍卖挂牌出让文件。

招标拍卖挂牌出让文件应当包括出让公告、投标或者竞买须知、土地使用条件、标书或者竞买申请书、报价单、中标通知书或者成交确认书、国有建设用地使用权出让合同文本。

第八条 出让人应当至少在投标、拍卖或者挂牌开始日前20日，在土地有形市场或者指定的场所、媒介发布招标、拍卖或者挂牌公告，公布招标拍卖挂牌出让宗地的基本情况和招标拍卖挂牌的时间、地点。

第九条 招标拍卖挂牌公告应当包括下列内容：

（一）出让人的名称和地址；

（二）出让宗地的面积、界址、空间范围、现状、使用年期、用途、规划指标要求；

（三）投标人、竞买人的资格要求以及申请取得投标、竞买资格的办法；

（四）索取招标拍卖挂牌出让文件的时间、地点和方式；

（五）招标拍卖挂牌时间、地点、投标挂牌期限、投标和竞价方式等；

（六）确定中标人、竞得人的标准和方法；

（七）投标、竞买保证金；

（八）其他需要公告的事项。

第十条 市、县人民政府国土资源行政主管部门应当根据土地估价结果和政府产业政策综合确定标底或者底价。

标底或者底价不得低于国家规定的最低价标准。

确定招标标底，拍卖和挂牌的起叫价、起始价、底价，投标、竞买保证金，应当实行集体决策。

招标标底和拍卖挂牌的底价，在招标开标前和拍卖挂牌出让活动结束之前应当保密。

第十一条 中华人民共和国境内外的自然人、法人和其他组织，除法律、法规另有规定外，均可申请参加国有建设用地使用权招标拍卖挂牌出让活动。

出让人在招标拍卖挂牌出让公告中不得设定影响公平、公正竞争的限制条件。挂牌出让的，出让公告中规定的申请截止时间，应当为挂牌出让结束日前2天。对符合招标拍卖挂牌公告规定条件的申请人，出让人应当通知其参加招标拍卖挂牌活动。

第十二条 市、县人民政府国土资源行政主管部门应当为投标人、竞买人查询拟出让土地的有关情况提供便利。

第十三条 投标、开标依照下列程序进行：

（一）投标人在投标截止时间前将标书投入标箱。招标公告允许邮寄标书的，投标人可以邮寄，但出让人在投标截止时间前收到的方为有效。

标书投入标箱后，不可撤回。投标人应当对标书和有关书面承诺承担责任。

（二）出让人按照招标公告规定的时间、地点开标，邀请所有投标人参加。由投标人或者其推选的代表检查标箱的密封情况，当众开启标箱，点算标书。投标人少于三人的，出让人应当终止招标活动。投标人不少于三人的，应当逐一宣布投标人名称、投标价格和投标文件的主要内容。

（三）评标小组进行评标。评标小组由出让人代表、有关专家组成，成员人数为五人以上的单数。

评标小组可以要求投标人对投标文件作出必要的澄清或者说明，但是澄清或者说明不得超出投标文件的范围或者改变投标文件的实质性内容。

评标小组应当按照招标文件确定的评标标准和方法，对投标文件进行评审。

（四）招标人根据评标结果，确定中标人。

按照价高者得的原则确定中标人的，可以不成立评标小组，由招标主持人根据开标结果，确定中标人。

第十四条 对能够最大限度地满足招标文件

中规定的各项综合评价标准，或者能够满足招标文件的实质性要求且价格最高的投标人，应当确定为中标人。

第十五条 拍卖会依照下列程序进行：

（一）主持人点算竞买人；

（二）主持人介绍拍卖宗地的面积、界址、空间范围、现状、用途、使用年期、规划指标要求、开工和竣工时间以及其他有关事项；

（三）主持人宣布起叫价和增价规则及增价幅度。没有底价的，应当明确提示；

（四）主持人报出起叫价；

（五）竞买人举牌应价或者报价；

（六）主持人确认该应价或者报价后继续竞价；

（七）主持人连续三次宣布同一应价或者报价而没有再应价或者报价的，主持人落槌表示拍卖成交；

（八）主持人宣布最高应价或者报价者为竞得人。

第十六条 竞买人的最高应价或者报价未达到底价时，主持人应当终止拍卖。

拍卖主持人在拍卖中可以根据竞买人竞价情况调整拍卖增价幅度。

第十七条 挂牌依照以下程序进行：

（一）在挂牌公告规定的挂牌起始日，出让人将挂牌宗地的面积、界址、空间范围、现状、用途、使用年期、规划指标要求、开工时间和竣工时间、起始价、增价规则及增价幅度等，在挂牌公告规定的土地交易场所挂牌公布；

（二）符合条件的竞买人填写报价单报价；

（三）挂牌主持人确认该报价后，更新显示挂牌价格；

（四）挂牌主持人在挂牌公告规定的挂牌截止时间确定竞得人。

第十八条 挂牌时间不得少于10日。挂牌期间可根据竞买人竞价情况调整增价幅度。

第十九条 挂牌截止应当由挂牌主持人主持确定。挂牌期限届满，挂牌主持人现场宣布最高报价及其报价者，并询问竞买人是否愿意继续竞价。有竞买人表示愿意继续竞价的，挂牌出让转入现场竞价，通过现场竞价确定竞得人。挂牌主持人连续三次报出最高挂牌价格，没有竞买人表示愿意继续竞价的，按照下列规定确定是否成交：

（一）在挂牌期限内只有一个竞买人报价，且报价不低于底价，并符合其他条件的，挂牌成交；

（二）在挂牌期限内有两个或者两个以上的竞买人报价的，出价最高者为竞得人；报价相同的，先提交报价单者为竞得人，但报价低于底价者除外；

（三）在挂牌期限内无应价者或者竞买人的报价均低于底价或者均不符合其他条件的，挂牌不成交。

第二十条 以招标、拍卖或者挂牌方式确定中标人、竞得人后，中标人、竞得人支付的投标、竞买保证金，转作受让地块的定金。出让人应当向中标人发出中标通知书或者与竞得人签订成交确认书。

中标通知书或者成交确认书应当包括出让人和中标人或者竞得人的名称，出让标的，成交时间、地点、价款以及签订国有建设用地使用权出让合同的时间、地点等内容。

中标通知书或者成交确认书对出让人和中标人或者竞得人具有法律效力。出让人改变竞得结果，或者中标人、竞得人放弃中标宗地、竞得宗地的，应当依法承担责任。

第二十一条 中标人、竞得人应当按照中标通知书或者成交确认书约定的时间，与出让人签订国有建设用地使用权出让合同。中标人、竞得人支付的投标、竞买保证金抵作土地出让价款；其他投标人、竞买人支付的投标、竞买保证金，出让人必须在招标拍卖挂牌活动结束后5个工作日内予以退还，不计利息。

第二十二条 招标拍卖挂牌活动结束后，出让人应在10个工作日内将招标拍卖挂牌出让结果在土地有形市场或者指定的场所、媒介公布。

出让人公布出让结果，不得向受让人收取费用。

第二十三条 受让人依照国有建设用地使用权出让合同的约定付清全部土地出让价款后，方可申请办理土地登记，领取国有建设用地使用权证书。

未按出让合同约定缴清全部土地出让价款的，不得发放国有建设用地使用权证书，也不得按出让价款缴纳比例分割发放国有建设用地使用权证书。

第二十四条 应当以招标拍卖挂牌方式出让

国有建设用地使用权而擅自采用协议方式出让的，对直接负责的主管人员和其他直接责任人员依法给予处分；构成犯罪的，依法追究刑事责任。

第二十五条 中标人、竞得人有下列行为之一的，中标、竞得结果无效；造成损失的，应当依法承担赔偿责任：

（一）提供虚假文件隐瞒事实的；

（二）采取行贿、恶意串通等非法手段中标或者竞得的。

第二十六条 国土资源行政主管部门的工作人员在招标拍卖挂牌出让活动中玩忽职守、滥用职权、徇私舞弊的，依法给予处分；构成犯罪的，依法追究刑事责任。

第二十七条 以招标拍卖挂牌方式租赁国有建设用地使用权的，参照本规定执行。

第二十八条 本规定自2007年11月1日起施行。

城市房地产转让管理规定

· 1995年8月7日建设部令第45号发布

· 根据2001年8月15日《建设部关于修改〈城市房地产转让管理规定〉的决定》修订

第一条 为了加强对城市房地产转让的管理，维护房地产市场秩序，保障房地产转让当事人的合法权益，根据《中华人民共和国城市房地产管理法》，制定本规定。

第二条 凡在城市规划区国有土地范围内从事房地产转让，实施房地产转让管理，均应遵守本规定。

第三条 本规定所称房地产转让，是指房地产权利人通过买卖、赠与或者其他合法方式将其房地产转移给他人的行为。

前款所称其他合法方式，主要包括下列行为：

（一）以房地产作价入股、与他人成立企业法人，房地产权属发生变更的；

（二）一方提供土地使用权，另一方或者多方提供资金，合资、合作开发经营房地产，而使房地产权属发生变更的；

（三）因企业被收购、兼并或合并，房地产权属随之转移的；

（四）以房地产抵债的；

（五）法律、法规规定的其他情形。

第四条 国务院建设行政主管部门归口管理全国城市房地产转让工作。

省、自治区人民政府建设行政主管部门归口管理本行政区域内的城市房地产转让工作。

直辖市、市、县人民政府房地产行政主管部门（以下简称房地产管理部门）负责本行政区域内的城市房地产转让管理工作。

第五条 房地产转让时，房屋所有权和该房屋占用范围内的土地使用权同时转让。

第六条 下列房地产不得转让：

（一）以出让方式取得土地使用权但不符合本规定第十条规定的条件的；

（二）司法机关和行政机关依法裁定，决定查封或者以其他形式限制房地产权利的；

（三）依法收回土地使用权的；

（四）共有房地产，未经其他共有人书面同意的；

（五）权属有争议的；

（六）未依法登记领取权属证书的；

（七）法律、行政法规规定禁止转让的其他情形。

第七条 房地产转让，应当按照下列程序办理：

（一）房地产转让当事人签订书面转让合同；

（二）房地产转让当事人在房地产转让合同签订后90日内持房地产权属证书、当事人的合法证明、转让合同等有关文件向房地产所在地的房地产管理部门提出申请，并申报成交价格；

（三）房地产管理部门对提供的有关文件进行审查，并在7日内作出是否受理申请的书面答复，7日内未作书面答复的，视为同意受理；

（四）房地产管理部门核实申报的成交价格，并根据需要对转让的房地产进行现场查勘和评估；

（五）房地产转让当事人按照规定缴纳有关税费；

（六）房地产管理部门办理房屋权属登记手续，核发房地产权属证书。

第八条 房地产转让合同应当载明下列主要内容：

（一）双方当事人的姓名或者名称、住所；

（二）房地产权属证书名称和编号；

（三）房地产座落位置、面积、四至界限；

（四）土地宗地号、土地使用权取得的方式及年限；

（五）房地产的用途或使用性质；

（六）成交价格及支付方式；

（七）房地产交付使用的时间；

（八）违约责任；

（九）双方约定的其他事项。

第九条 以出让方式取得土地使用权的，房地产转让时，土地使用权出让合同载明的权利、义务随之转移。

第十条 以出让方式取得土地使用权的，转让房地产时，应当符合下列条件：

（一）按照出让合同约定已经支付全部土地使用权出让金，并取得土地使用权证书；

（二）按照出让合同约定进行投资开发，属于房屋建设工程的，应完成开发投资总额的25%以上；属于成片开发土地的，依照规划对土地进行开发建设，完成供排水、供电、供热、道路交通、通信等市政基础设施、公用设施的建设，达到场地平整，形成工业用地或者其他建设用地条件。

转让房地产时房屋已经建成的，还应当持有房屋所有权证书。

第十一条 以划拨方式取得土地使用权的，转让房地产时，按照国务院的规定，报有批准权的人民政府审批。有批准权的人民政府准予转让的，除符合本规定第十二条所列的可以不办理土地使用权出让手续的情形外，应当由受让方办理土地使用权出让手续，并依照国家有关规定缴纳土地使用权出让金。

第十二条 以划拨方式取得土地使用权的，转让房地产时，属于下列情形之一的，经有批准权的人民政府批准，可以不办理土地使用权出让手续，但应当将转让房地产所获收益中的土地收益上缴国家或者作其他处理。土地收益的缴纳和处理的办法按照国务院规定办理。

（一）经城市规划行政主管部门批准，转让的土地用于建设《中华人民共和国城市房地产管理法》第二十三条规定的项目的；

（二）私有住宅转让后仍用于居住的；

（三）按照国务院住房制度改革有关规定出售公有住宅的；

（四）同一宗土地上部分房屋转让而土地使用权不可分割转让的；

（五）转让的房地产暂时难以确定土地使用权出让用途、年限和其他条件的；

（六）根据城市规划土地使用权不宜出让的；

（七）县级以上人民政府规定暂时无法或不需要采取土地使用权出让方式的其他情形。依照前款规定缴纳土地收益或作其他处理的，应当在房地产转让合同中注明。

第十三条 依照本规定第十二条规定转让的房地产再转让，需要办理出让手续、补交土地使用权出让金的，应当扣除已经缴纳的土地收益。

第十四条 国家实行房地产成交价格申报制度。

房地产权利人转让房地产，应当如实申报成交价格，不得瞒报或者作不实的申报。

房地产转让应当以申报的房地产成交价格作为缴纳税费的依据。成交价格明显低于正常市场价格的，以评估价格作为缴纳税费的依据。

第十五条 商品房预售按照建设部《城市商品房预售管理办法》执行。

第十六条 房地产管理部门在办理房地产转让时，其收费的项目和标准，必须经有批准权的物价部门和建设行政主管部门批准，不得擅自增加收费项目和提高收费标准。

第十七条 违反本规定第十条第一款和第十一条，未办理土地使用权出让手续，交纳土地使用权出让金的，按照《中华人民共和国城市房地产管理法》的规定进行处罚。

第十八条 房地产管理部门工作人员玩忽职守、滥用职权、徇私舞弊、索贿受贿的，依法给予行政处分；构成犯罪的，依法追究刑事责任。

第十九条 在城市规划区外的国有土地范围内进行房地产转让的，参照本规定执行。

第二十条 省、自治区人民政府建设行政主管部门、直辖市房地产行政主管部门可以根据本规定制定实施细则。

第二十一条 本规定由国务院建设行政主管部门负责解释。

第二十二条 本规定自1995年9月1日起施行。

商品房销售管理办法

·2001年4月4日建设部令第88号公布
·自2001年6月1日起施行

第一章 总 则

第一条 为了规范商品房销售行为，保障商品房交易双方当事人的合法权益，根据《中华人民共和国城市房地产管理法》、《城市房地产开发经营管理条例》，制定本办法。

第二条 商品房销售及商品房销售管理应当遵守本办法。

第三条 商品房销售包括商品房现售和商品房预售。

本办法所称商品房现售，是指房地产开发企业将竣工验收合格的商品房出售给买受人，并由买受人支付房价款的行为。

本办法所称商品房预售，是指房地产开发企业将正在建设中的商品房预先出售给买受人，并由买受人支付定金或者房价款的行为。

第四条 房地产开发企业可以自行销售商品房，也可以委托房地产中介服务机构销售商品房。

第五条 国务院建设行政主管部门负责全国商品房的销售管理工作。

省、自治区人民政府建设行政主管部门负责本行政区域内商品房的销售管理工作。

直辖市、市、县人民政府建设行政主管部门、房地产行政主管部门（以下统称房地产开发主管部门）按照职责分工，负责本行政区域内商品房的销售管理工作。

第二章 销售条件

第六条 商品房预售实行预售许可制度。

商品房预售条件及商品房预售许可证明的办理程序，按照《城市房地产开发经营管理条例》和《城市商品房预售管理办法》的有关规定执行。

第七条 商品房现售，应当符合以下条件：

（一）现售商品房的房地产开发企业应当具有企业法人营业执照和房地产开发企业资质证书；

（二）取得土地使用权证书或者使用土地的批准文件；

（三）持有建设工程规划许可证和施工许可证；

（四）已通过竣工验收；

（五）拆迁安置已经落实；

（六）供水、供电、供热、燃气、通讯等配套基础设施具备交付使用条件，其他配套基础设施和公共设施具备交付使用条件或者已确定施工进度和交付日期；

（七）物业管理方案已经落实。

第八条 房地产开发企业应当在商品房现售前将房地产开发项目手册及符合商品房现售条件的有关证明文件报送房地产开发主管部门备案。

第九条 房地产开发企业销售设有抵押权的商品房，其抵押权的处理按照《中华人民共和国担保法》、《城市房地产抵押管理办法》的有关规定执行。

第十条 房地产开发企业不得在未解除商品房买卖合同前，将作为合同标的物的商品房再行销售给他人。

第十一条 房地产开发企业不得采取返本销售或者变相返本销售的方式销售商品房。

房地产开发企业不得采取售后包租或者变相售后包租的方式销售未竣工商品房。

第十二条 商品住宅按套销售，不得分割拆零销售。

第十三条 商品房销售时，房地产开发企业选聘了物业管理企业的，买受人应当在订立商品房买卖合同时与房地产开发企业选聘的物业管理企业订立有关物业管理的协议。

第三章 广告与合同

第十四条 房地产开发企业、房地产中介服务机构发布商品房销售宣传广告，应当执行《中华人民共和国广告法》、《房地产广告发布暂行规定》等有关规定，广告内容必须真实、合法、科学、准确。

第十五条 房地产开发企业、房地产中介服务机构发布的商品房销售广告和宣传资料所明示的事项，当事人应当在商品房买卖合同中约定。

第十六条 商品房销售时，房地产开发企业和买受人应当订立书面商品房买卖合同。

商品房买卖合同应当明确以下主要内容：

（一）当事人名称或者姓名和住所；

（二）商品房基本状况；

（三）商品房的销售方式；

（四）商品房价款的确定方式及总价款、付款方式、付款时间；

（五）交付使用条件及日期；

（六）装饰、设备标准承诺；

（七）供水、供电、供热、燃气、通讯、道路、绿化等配套基础设施和公共设施的交付承诺和有关权益、责任；

（八）公共配套建筑的产权归属；

（九）面积差异的处理方式；

（十）办理产权登记有关事宜；

（十一）解决争议的方法；

（十二）违约责任；

（十三）双方约定的其他事项。

第十七条 商品房销售价格由当事人协商议定，国家另有规定的除外。

第十八条 商品房销售可以按套（单元）计价，也可以按套内建筑面积或者建筑面积计价。

商品房建筑面积由套内建筑面积和分摊的共有建筑面积组成，套内建筑面积部分为独立产权，分摊的共有建筑面积部分为共有产权，买受人按照法律、法规的规定对其享有权利，承担责任。

按套（单元）计价或者按套内建筑面积计价的，商品房买卖合同中应当注明建筑面积和分摊的共有建筑面积。

第十九条 按套（单元）计价的现售房屋，当事人对现售房屋实地勘察后可以在合同中直接约定总价款。

按套（单元）计价的预售房屋，房地产开发企业应当在合同中附所售房屋的平面图。平面图应当标明详细尺寸，并约定误差范围。房屋交付时，套型与设计图纸一致，相关尺寸也在约定的误差范围内，维持总价款不变；套型与设计图纸不一致或者相关尺寸超出约定的误差范围，合同中未约定处理方式的，买受人可以退房或者与房地产开发企业重新约定总价款。买受人退房的，由房地产开发企业承担违约责任。

第二十条 按套内建筑面积或者建筑面积计价的，当事人应当在合同中载明合同约定面积与产权登记面积发生误差的处理方式。

合同未作约定的，按以下原则处理：

（一）面积误差比绝对值在3%以内（含3%）的，据实结算房价款；

（二）面积误差比绝对值超出3%时，买受人有权退房。买受人退房的，房地产开发企业应当在买受人提出退房之日起30日内将买受人已付房价款退还给买受人，同时支付已付房价款利息。买受人不退房的，产权登记面积大于合同约定面积时，面积误差比在3%以内（含3%）部分的房价款由买受人补足；超出3%部分的房价款由房地产开发企业承担，产权归买受人。产权登记面积小于合同约定面积时，面积误差比绝对值在3%以内（含3%）部分的房价款由房地产开发企业返还买受人；绝对值超出3%部分的房价款由房地产开发企业双倍返还买受人。

$$\text{面积误差比}=\frac{\text{产权登记面积}-\text{合同约定面积}}{\text{合同约定面积}}\times 100\%$$

因本办法第二十四条规定的规划设计变更造成面积差异，当事人不解除合同的，应当签署补充协议。

第二十一条 按建筑面积计价的，当事人应当在合同中约定套内建筑面积和分摊的共有建筑面积，并约定建筑面积不变而套内建筑面积发生误差以及建筑面积与套内建筑面积均发生误差时的处理方式。

第二十二条 不符合商品房销售条件的，房地产开发企业不得销售商品房，不得向买受人收取任何预订款性质费用。

符合商品房销售条件的，房地产开发企业在订立商品房买卖合同之前向买受人收取预订款性质费用的，订立商品房买卖合同时，所收费用应当抵作房价款；当事人未能订立商品房买卖合同的，房地产开发企业应当向买受人返还所收费用；当事人之间另有约定的，从其约定。

第二十三条 房地产开发企业应当在订立商品房买卖合同之前向买受人明示《商品房销售管理办法》和《商品房买卖合同示范文本》；预售商品房的，还必须明示《城市商品房预售管理办法》。

第二十四条 房地产开发企业应当按照批准的规划、设计建设商品房。商品房销售后，房地产开发企业不得擅自变更规划、设计。

经规划部门批准的规划变更、设计单位同意的设计变更导致商品房的结构型式、户型、空间尺寸、朝向变化，以及出现合同当事人约定的其他影响商品房质量或者使用功能情形的，房地产开发企业应当在变更确立之日起10日内，书面通知买受人。

买受人有权在通知到达之日起15日内做出是否退房的书面答复。买受人在通知到达之日起15日内未作书面答复的，视同接受规划、设计变更以及由此引起的房价款的变更。房地产开发企业未在规定时限内通知买受人的，买受人有权退房；买受人退房的，由房地产开发企业承担违约责任。

第四章　销售代理

第二十五条　房地产开发企业委托中介服务机构销售商品房的，受托机构应当是依法设立并取得工商营业执照的房地产中介服务机构。

房地产开发企业应当与受托房地产中介服务机构订立书面委托合同，委托合同应当载明委托期限、委托权限以及委托人和被委托人的权利、义务。

第二十六条　受托房地产中介服务机构销售商品房时，应当向买受人出示商品房的有关证明文件和商品房销售委托书。

第二十七条　受托房地产中介服务机构销售商品房时，应当如实向买受人介绍所代理销售商品房的有关情况。

受托房地产中介服务机构不得代理销售不符合销售条件的商品房。

第二十八条　受托房地产中介服务机构在代理销售商品房时不得收取佣金以外的其他费用。

第二十九条　商品房销售人员应当经过专业培训，方可从事商品房销售业务。

第五章　交　付

第三十条　房地产开发企业应当按照合同约定，将符合交付使用条件的商品房按期交付给买受人。未能按期交付的，房地产开发企业应当承担违约责任。

因不可抗力或者当事人在合同中约定的其他原因，需延期交付的，房地产开发企业应当及时告知买受人。

第三十一条　房地产开发企业销售商品房时设置样板房的，应当说明实际交付的商品房质量、设备及装修与样板房是否一致，未作说明的，实际交付的商品房应当与样板房一致。

第三十二条　销售商品住宅时，房地产开发企业应当根据《商品住宅实行质量保证书和住宅使用说明书制度的规定》（以下简称《规定》），向买受人提供《住宅质量保证书》、《住宅使用说明书》。

第三十三条　房地产开发企业应当对所售商品房承担质量保修责任。当事人应当在合同中就保修范围、保修期限、保修责任等内容做出约定。保修期从交付之日起计算。

商品住宅的保修期限不得低于建设工程承包单位向建设单位出具的质量保修书约定保修期的存续期；存续期少于《规定》中确定的最低保修期限的，保修期不得低于《规定》中确定的最低保修期限。

非住宅商品房的保修期限不得低于建设工程承包单位向建设单位出具的质量保修书约定保修期的存续期。

在保修期限内发生的属于保修范围的质量问题，房地产开发企业应当履行保修义务，并对造成的损失承担赔偿责任。因不可抗力或者使用不当造成的损坏，房地产开发企业不承担责任。

第三十四条　房地产开发企业应当在商品房交付使用前按项目委托具有房产测绘资格的单位实施测绘，测绘成果报房地产行政主管部门审核后用于房屋权属登记。

房地产开发企业应当在商品房交付使用之日起60日内，将需要由其提供的办理房屋权属登记的资料报送房屋所在地房地产行政主管部门。

房地产开发企业应当协助商品房买受人办理土地使用权变更和房屋所有权登记手续。

第三十五条　商品房交付使用后，买受人认为主体结构质量不合格的，可以依照有关规定委托工程质量检测机构重新核验。经核验，确属主体结构质量不合格的，买受人有权退房；给买受人造成损失的，房地产开发企业应当依法承担赔偿责任。

第六章　法律责任

第三十六条　未取得营业执照，擅自销售商品房的，由县级以上人民政府工商行政管理部门依照《城市房地产开发经营管理条例》的规定处罚。

第三十七条　未取得房地产开发企业资质证

书,擅自销售商品房的,责令停止销售活动,处5万元以上10万元以下的罚款。

第三十八条 违反法律、法规规定,擅自预售商品房的,责令停止违法行为,没收违法所得;收取预付款的,可以并处已收取的预付款1%以下的罚款。

第三十九条 在未解除商品房买卖合同前,将作为合同标的物的商品房再行销售给他人的,处以警告,责令限期改正,并处2万元以上3万元以下罚款;构成犯罪的,依法追究刑事责任。

第四十条 房地产开发企业将未组织竣工验收、验收不合格或者对不合格按合格验收的商品房擅自交付使用的,按照《建设工程质量管理条例》的规定处罚。

第四十一条 房地产开发企业未按规定将测绘成果或者需要由其提供的办理房屋权属登记的资料报送房地产行政主管部门的,处以警告,责令限期改正,并可处以2万元以上3万元以下罚款。

第四十二条 房地产开发企业在销售商品房中有下列行为之一的,处以警告,责令限期改正,并可处以1万元以上3万元以下罚款。

(一)未按照规定的现售条件现售商品房的;

(二)未按照规定在商品房现售前将房地产开发项目手册及符合商品房现售条件的有关证明文件报送房地产开发主管部门备案的;

(三)返本销售或者变相返本销售商品房的;

(四)采取售后包租或者变相售后包租方式销售未竣工商品房的;

(五)分割拆零销售商品住宅的;

(六)不符合商品房销售条件,向买受人收取预订款性质费用的;

(七)未按照规定向买受人明示《商品房销售管理办法》、《商品房买卖合同示范文本》、《城市商品房预售管理办法》的;

(八)委托没有资格的机构代理销售商品房的。

第四十三条 房地产中介服务机构代理销售不符合销售条件的商品房的,处以警告,责令停止销售,并可处以2万元以上3万元以下罚款。

第四十四条 国家机关工作人员在商品房销售管理工作中玩忽职守、滥用职权、徇私舞弊,依法给予行政处分;构成犯罪的,依法追究刑事责任。

第七章　附　则

第四十五条 本办法所称返本销售,是指房地产开发企业以定期向买受人返还购房款的方式销售商品房的行为。

本办法所称售后包租,是指房地产开发企业以在一定期限内承租或者代为出租买受人所购该企业商品房的方式销售商品房的行为。

本办法所称分割拆零销售,是指房地产开发企业以将成套的商品住宅分割为数部分分别出售给买受人的方式销售商品住宅的行为。

本办法所称产权登记面积,是指房地产行政主管部门确认登记的房屋面积。

第四十六条 省、自治区、直辖市人民政府建设行政主管部门可以根据本办法制定实施细则。

第四十七条 本办法由国务院建设行政主管部门负责解释。

第四十八条 本办法自2001年6月1日起施行。

城市商品房预售管理办法

· 1994年11月15日建设部令第40号发布
· 根据2001年8月15日《建设部关于修改〈城市商品房预售管理办法〉的决定》第一次修正
· 根据2004年7月20日《建设部关于修改〈城市商品房预售管理办法〉的决定》第二次修正

第一条 为加强商品房预售管理,维护商品房交易双方的合法权益,根据《中华人民共和国城市房地产管理法》、《城市房地产开发经营管理条例》,制定本办法。

第二条 本办法所称商品房预售是指房地产开发企业(以下简称开发企业)将正在建设中的房屋预先出售给承购人,由承购人支付定金或房价款的行为。

第三条 本办法适用于城市商品房预售的管理。

第四条 国务院建设行政主管部门归口管理全国城市商品房预售管理;

省、自治区建设行政主管部门归口管理本行政区域内城市商品房预售管理;

市、县人民政府建设行政主管部门或房地产行政主管部门（以下简称房地产管理部门）负责本行政区域内城市商品房预售管理。

第五条 商品房预售应当符合下列条件：

（一）已交付全部土地使用权出让金，取得土地使用权证书；

（二）持有建设工程规划许可证和施工许可证；

（三）按提供预售的商品房计算，投入开发建设的资金达到工程建设总投资的25%以上，并已经确定施工进度和竣工交付日期。

第六条 商品房预售实行许可制度。开发企业进行商品房预售，应当向房地产管理部门申请预售许可，取得《商品房预售许可证》。

未取得《商品房预售许可证》的，不得进行商品房预售。

第七条 开发企业申请预售许可，应当提交下列证件（复印件）及资料：

（一）商品房预售许可申请表；

（二）开发企业的《营业执照》和资质证书；

（三）土地使用权证、建设工程规划许可证、施工许可证；

（四）投入开发建设的资金占工程建设总投资的比例符合规定条件的证明；

（五）工程施工合同及关于施工进度的说明；

（六）商品房预售方案。预售方案应当说明预售商品房的位置、面积、竣工交付日期等内容，并应当附预售商品房分层平面图。

第八条 商品房预售许可依下列程序办理：

（一）受理。开发企业按本办法第七条的规定提交有关材料，材料齐全的，房地产管理部门应当当场出具受理通知书；材料不齐的，应当当场或者5日内一次性书面告知需要补充的材料。

（二）审核。房地产管理部门对开发企业提供的有关材料是否符合法定条件进行审核。

开发企业对所提交材料实质内容的真实性负责。

（三）许可。经审查，开发企业的申请符合法定条件的，房地产管理部门应当在受理之日起10日内，依法作出准予预售的行政许可书面决定，发送开发企业，并自作出决定之日起10日内向开发企业颁发、送达《商品房预售许可证》。

经审查，开发企业的申请不符合法定条件的，房地产管理部门应当在受理之日起10日内，依法作出不予许可的书面决定。书面决定应当说明理由，告知开发企业享有依法申请行政复议或者提起行政诉讼的权利，并送达开发企业。

商品房预售许可决定书、不予商品房预售许可决定书应当加盖房地产管理部门的行政许可专用印章，《商品房预售许可证》应当加盖房地产管理部门的印章。

（四）公示。房地产管理部门作出的准予商品房预售许可的决定，应当予以公开，公众有权查阅。

第九条 开发企业进行商品房预售，应当向承购人出示《商品房预售许可证》。售楼广告和说明书应当载明《商品房预售许可证》的批准文号。

第十条 商品房预售，开发企业应当与承购人签订商品房预售合同。开发企业应当自签约之日起30日内，向房地产管理部门和市、县人民政府土地管理部门办理商品房预售合同登记备案手续。

房地产管理部门应当积极应用网络信息技术，逐步推行商品房预售合同网上登记备案。

商品房预售合同登记备案手续可以委托代理人办理。委托代理人办理的，应当有书面委托书。

第十一条 开发企业预售商品房所得款项应当用于有关的工程建设。

商品房预售款监管的具体办法，由房地产管理部门制定。

第十二条 预售的商品房交付使用之日起90日内，承购人应当依法到房地产管理部门和市、县人民政府土地管理部门办理权属登记手续。开发企业应当予以协助，并提供必要的证明文件。

由于开发企业的原因，承购人未能在房屋交付使用之日起90日内取得房屋权属证书的，除开发企业和承购人有特殊约定外，开发企业应当承担违约责任。

第十三条 开发企业未取得《商品房预售许可证》预售商品房的，依照《城市房地产开发经营管理条例》第三十九条的规定处罚。

第十四条 开发企业不按规定使用商品房预售款项的，由房地产管理部门责令限期纠正，并可处以违法所得3倍以下但不超过3万元的罚款。

第十五条 开发企业隐瞒有关情况、提供虚假材料，或者采用欺骗、贿赂等不正当手段取得商品房预售许可的,由房地产管理部门责令停止预售,撤销商品房预售许可,并处3万元罚款。

第十六条 省、自治区建设行政主管部门、直辖市建设行政主管部门或房地产行政管理部门可以根据本办法制定实施细则。

第十七条 本办法由国务院建设行政主管部门负责解释。

第十八条 本办法自1995年1月1日起施行。

物业服务收费管理办法

· 2003年11月13日发改价格〔2003〕1864号发布
· 自2004年1月1日起施行

第一条 为规范物业服务收费行为,保障业主和物业管理企业的合法权益,根据《中华人民共和国价格法》和《物业管理条例》,制定本办法。

第二条 本办法所称物业服务收费,是指物业管理企业按照物业服务合同的约定,对房屋及配套的设施设备和相关场地进行维修、养护、管理,维护相关区域内的环境卫生和秩序,向业主所收取的费用。

第三条 国家提倡业主通过公开、公平、公正的市场竞争机制选择物业管理企业;鼓励物业管理企业开展正当的价格竞争,禁止价格欺诈,促进物业服务收费通过市场竞争形成。

第四条 国务院价格主管部门会同国务院建设行政主管部门负责全国物业服务收费的监督管理工作。

县级以上地方人民政府价格主管部门会同同级房地产行政主管部门负责本行政区域内物业服务收费的监督管理工作。

第五条 物业服务收费应当遵循合理、公开以及费用与服务水平相适应的原则。

第六条 物业服务收费应当区分不同物业的性质和特点分别实行政府指导价和市场调节价。具体定价形式由省、自治区、直辖市人民政府价格主管部门会同房地产行政主管部门确定。

第七条 物业服务收费实行政府指导价的,有定价权限的人民政府价格主管部门应当会同房地产行政主管部门根据物业管理服务等级标准等因素,制定相应的基准价及其浮动幅度,并定期公布。具体收费标准由业主与物业管理企业根据规定的基准价和浮动幅度在物业服务合同中约定。

实行市场调节价的物业服务收费,由业主与物业管理企业在物业服务合同中约定。

第八条 物业管理企业应当按照政府价格主管部门的规定实行明码标价,在物业管理区域内的显著位置,将服务内容、服务标准以及收费项目、收费标准等有关情况进行公示。

第九条 业主与物业管理企业可以采取包干制或者酬金制等形式约定物业服务费用。

包干制是指由业主向物业管理企业支付固定物业服务费用,盈余或者亏损均由物业管理企业享有或者承担的物业服务计费方式。

酬金制是指在预收的物业服务资金中按约定比例或者约定数额提取酬金支付给物业管理企业,其余全部用于物业服务合同约定的支出,结余或者不足均由业主享有或者承担的物业服务计费方式。

第十条 建设单位与物业买受人签订的买卖合同,应当约定物业管理服务内容、服务标准、收费标准、计费方式及计费起始时间等内容,涉及物业买受人共同利益的约定应当一致。

第十一条 实行物业服务费用包干制的,物业服务费用的构成包括物业服务成本、法定税费和物业管理企业的利润。

实行物业服务费用酬金制的,预收的物业服务资金包括物业服务支出和物业管理企业的酬金。

物业服务成本或者物业服务支出构成一般包括以下部分:

1. 管理服务人员的工资、社会保险和按规定提取的福利费等;
2. 物业共用部位、共用设施设备的日常运行、维护费用;
3. 物业管理区域清洁卫生费用;
4. 物业管理区域绿化养护费用;
5. 物业管理区域秩序维护费用;
6. 办公费用;
7. 物业管理企业固定资产折旧;
8. 物业共用部位、共用设施设备及公众责任保险费用;
9. 经业主同意的其他费用。

物业共用部位、共用设施设备的大修、中修和更新、改造费用,应当通过专项维修资金予以列支,不得计入物业服务支出或者物业服务成本。

第十二条 实行物业服务费用酬金制的,预收的物业服务支出属于代管性质,为所交纳的业主所有,物业管理企业不得将其用于物业服务合同约定以外的支出。

物业管理企业应当向业主大会或者全体业主公布物业服务资金年度预决算并每年不少于一次公布物业服务资金的收支情况。

业主或者业主大会对公布的物业服务资金年度预决算和物业服务资金的收支情况提出质询时,物业管理企业应当及时答复。

第十三条 物业服务收费采取酬金制方式,物业管理企业或者业主大会可以按照物业服务合同约定聘请专业机构对物业服务资金年度预决算和物业服务资金的收支情况进行审计。

第十四条 物业管理企业在物业服务中应当遵守国家的价格法律法规,严格履行物业服务合同,为业主提供质价相符的服务。

第十五条 业主应当按照物业服务合同的约定按时足额交纳物业服务费用或者物业服务资金。业主违反物业服务合同约定逾期不交纳服务费用或者物业服务资金的,业主委员会应当督促其限期交纳;逾期仍不交纳的,物业管理企业可以依法追缴。

业主与物业使用人约定由物业使用人交纳物业服务费用或者物业服务资金的,从其约定,业主负连带交纳责任。

物业发生产权转移时,业主或者物业使用人应当结清物业服务费用或者物业服务资金。

第十六条 纳入物业管理范围的已竣工但尚未出售,或者因开发建设单位原因未按时交给物业买受人的物业,物业服务费用或者物业服务资金由开发建设单位全额交纳。

第十七条 物业管理区域内,供水、供电、供气、供热、通讯、有线电视等单位应当向最终用户收取有关费用。物业管理企业接受委托代收上述费用的,可向委托单位收取手续费,不得向业主收取手续费等额外费用。

第十八条 利用物业共用部位、共用设施设备进行经营的,应当在征得相关业主、业主大会、物业管理企业的同意后,按照规定办理有关手续。业主所得收益应当主要用于补充专项维修资金,也可以按照业主大会的决定使用。

第十九条 物业管理企业已接受委托实施物业服务并相应收取服务费用的,其他部门和单位不得重复收取性质和内容相同的费用。

第二十条 物业管理企业根据业主的委托提供物业服务合同约定以外的服务,服务收费由双方约定。

第二十一条 政府价格主管部门会同房地产行政主管部门,应当加强对物业管理企业的服务内容、标准和收费项目、标准的监督。物业管理企业违反价格法律、法规和规定,由政府价格主管部门依据《中华人民共和国价格法》和《价格违法行为行政处罚规定》予以处罚。

第二十二条 各省、自治区、直辖市人民政府价格主管部门、房地产行政主管部门可以依据本办法制定具体实施办法,并报国家发展和改革委员会、建设部备案。

第二十三条 本办法由国家发展和改革委员会会同建设部负责解释。

第二十四条 本办法自2004年1月1日起执行,原国家计委、建设部印发的《城市住宅小区物业管理服务收费暂行办法》(计价费〔1996〕266号)同时废止。

物业服务收费明码标价规定

·2004年7月19日发改价检〔2004〕1428号发布
·自2004年10月1日起施行

第一条 为进一步规范物业服务收费行为,提高物业服务收费透明度,维护业主和物业管理企业的合法权益,促进物业管理行业的健康发展,根据《中华人民共和国价格法》、《物业管理条例》和《关于商品和服务实行明码标价的规定》,制定本规定。

第二条 物业管理企业向业主提供服务(包括按照物业服务合同约定提供物业服务以及根据业主委托提供物业服务合同约定以外的服务),应当按照本规定实行明码标价,标明服务项目、收费标准等有关情况。

第三条 物业管理企业实行明码标价,应当遵循公开、公平和诚实信用的原则,遵守国家价格法律、法规、规章和政策。

第四条 政府价格主管部门应当会同同级房地产主管部门对物业服务收费明码标价进行管理。政府价格主管部门对物业管理企业执行明码标价规定的情况实施监督检查。

第五条 物业管理企业实行明码标价应当做到价目齐全,内容真实,标示醒目,字迹清晰。

第六条 物业服务收费明码标价的内容包括:物业管理企业名称、收费对象、服务内容、服务标准、计费方式、计费起始时间、收费项目、收费标准、价格管理形式、收费依据、价格举报电话 12358 等。

实行政府指导价的物业服务收费应当同时标明基准收费标准、浮动幅度,以及实际收费标准。

第七条 物业管理企业在其服务区域内的显著位置或收费地点,可采取公示栏、公示牌、收费表、收费清单、收费手册、多媒体终端查询等方式实行明码标价。

第八条 物业管理企业接受委托代收供水、供电、供气、供热、通讯、有线电视等有关费用的,也应当依照本规定第六条、第七条的有关内容和方式实行明码标价。

第九条 物业管理企业根据业主委托提供的物业服务合同约定以外的服务项目,其收费标准在双方约定后应当以适当的方式向业主进行明示。

第十条 实行明码标价的物业服务收费的标准等发生变化时,物业管理企业应当在执行新标准前一个月,将所标示的相关内容进行调整,并应标示新标准开始实行的日期。

第十一条 物业管理企业不得利用虚假的或者使人误解的标价内容、标价方式进行价格欺诈。不得在标价之外,收取任何未予标明的费用。

第十二条 对物业管理企业不按规定明码标价或者利用标价进行价格欺诈的行为,由政府价格主管部门依照《中华人民共和国价格法》、《价格违法行为行政处罚规定》、《关于商品和服务实行明码标价的规定》、《禁止价格欺诈行为的规定》进行处罚。

第十三条 本规定自 2004 年 10 月 1 日起施行。

最高人民法院关于审理商品房买卖合同纠纷案件适用法律若干问题的解释

· 2003 年 3 月 24 日最高人民法院审判委员会第 1267 次会议通过
· 根据 2020 年 12 月 23 日最高人民法院审判委员会第 1823 次会议通过的《最高人民法院关于修改〈最高人民法院关于在民事审判工作中适用《中华人民共和国工会法》若干问题的解释〉等二十七件民事类司法解释的决定》修正
· 2020 年 12 月 29 日最高人民法院公告公布
· 自 2021 年 1 月 1 日起施行
· 法释〔2020〕17 号

为正确、及时审理商品房买卖合同纠纷案件,根据《中华人民共和国民法典》《中华人民共和国城市房地产管理法》等相关法律,结合民事审判实践,制定本解释。

第一条 本解释所称的商品房买卖合同,是指房地产开发企业(以下统称为出卖人)将尚未建成或者已竣工的房屋向社会销售并转移房屋所有权于买受人,买受人支付价款的合同。

第二条 出卖人未取得商品房预售许可证明,与买受人订立的商品房预售合同,应当认定无效,但是在起诉前取得商品房预售许可证明的,可以认定有效。

第三条 商品房的销售广告和宣传资料为要约邀请,但是出卖人就商品房开发规划范围内的房屋及相关设施所作的说明和允诺具体确定,并对商品房买卖合同的订立以及房屋价格的确定有重大影响的,构成要约。该说明和允诺即使未载入商品房买卖合同,亦应当为合同内容,当事人违反的,应当承担违约责任。

第四条 出卖人通过认购、订购、预订等方式向买受人收受定金作为订立商品房买卖合同担保的,如果因当事人一方原因未能订立商品房买卖合同,应当按照法律关于定金的规定处理;因不可归责于当事人双方的事由,导致商品房买卖合同未能订立的,出卖人应当将定金返还买受人。

第五条 商品房的认购、订购、预订等协议具备《商品房销售管理办法》第十六条规定的商品房买卖合同的主要内容，并且出卖人已经按照约定收受购房款的，该协议应当认定为商品房买卖合同。

第六条 当事人以商品房预售合同未按照法律、行政法规规定办理登记备案手续为由，请求确认合同无效的，不予支持。

当事人约定以办理登记备案手续为商品房预售合同生效条件的，从其约定，但当事人一方已经履行主要义务，对方接受的除外。

第七条 买受人以出卖人与第三人恶意串通，另行订立商品房买卖合同并将房屋交付使用，导致其无法取得房屋为由，请求确认出卖人与第三人订立的商品房买卖合同无效的，应予支持。

第八条 对房屋的转移占有，视为房屋的交付使用，但当事人另有约定的除外。

房屋毁损、灭失的风险，在交付使用前由出卖人承担，交付使用后由买受人承担；买受人接到出卖人的书面交房通知，无正当理由拒绝接收的，房屋毁损、灭失的风险自书面交房通知确定的交付使用之日起由买受人承担，但法律另有规定或者当事人另有约定的除外。

第九条 因房屋主体结构质量不合格不能交付使用，或者房屋交付使用后，房屋主体结构质量经核验确属不合格，买受人请求解除合同和赔偿损失的，应予支持。

第十条 因房屋质量问题严重影响正常居住使用，买受人请求解除合同和赔偿损失的，应予支持。

交付使用的房屋存在质量问题，在保修期内，出卖人应当承担修复责任；出卖人拒绝修复或者在合理期限内拖延修复的，买受人可以自行或者委托他人修复。修复费用及修复期间造成的其他损失由出卖人承担。

第十一条 根据民法典第五百六十三条的规定，出卖人迟延交付房屋或者买受人迟延支付购房款，经催告后在三个月的合理期限内仍未履行，解除权人请求解除合同的，应予支持，但当事人另有约定的除外。

法律没有规定或者当事人没有约定，经对方当事人催告后，解除权行使的合理期限为三个月。对方当事人没有催告的，解除权人自知道或者应当知道解除事由之日起一年内行使。逾期不行使的，解除权消灭。

第十二条 当事人以约定的违约金过高为由请求减少的，应当以违约金超过造成的损失 30% 为标准适当减少；当事人以约定的违约金低于造成的损失为由请求增加的，应当以违约造成的损失确定违约金数额。

第十三条 商品房买卖合同没有约定违约金数额或者损失赔偿额计算方法，违约金数额或者损失赔偿额可以参照以下标准确定：

逾期付款的，按照未付购房款总额，参照中国人民银行规定的金融机构计收逾期贷款利息的标准计算。

逾期交付使用房屋的，按照逾期交付使用房屋期间有关主管部门公布或者有资格的房地产评估机构评定的同地段同类房屋租金标准确定。

第十四条 由于出卖人的原因，买受人在下列期限届满未能取得不动产权属证书的，除当事人有特殊约定外，出卖人应当承担违约责任：

（一）商品房买卖合同约定的办理不动产登记的期限；

（二）商品房买卖合同的标的物为尚未建成房屋的，自房屋交付使用之日起 90 日；

（三）商品房买卖合同的标的物为已竣工房屋的，自合同订立之日起 90 日。

合同没有约定违约金或者损失数额难以确定的，可以按照已付购房款总额，参照中国人民银行规定的金融机构计收逾期贷款利息的标准计算。

第十五条 商品房买卖合同约定或者城市房地产开发经营管理条例第三十二条规定的办理不动产登记的期限届满后超过一年，由于出卖人的原因，导致买受人无法办理不动产登记，买受人请求解除合同和赔偿损失的，应予支持。

第十六条 出卖人与包销人订立商品房包销合同，约定出卖人将其开发建设的房屋交由包销人以出卖人的名义销售的，包销期满未销售的房屋，由包销人按照合同约定的包销价格购买，但当事人另有约定的除外。

第十七条 出卖人自行销售已经约定由包销人包销的房屋，包销人请求出卖人赔偿损失的，应予支持，但当事人另有约定的除外。

第十八条 对于买受人因商品房买卖合同与出卖人发生的纠纷，人民法院应当通知包销人参加诉讼；出卖人、包销人和买受人对各自的权利义务有明确约定的,按照约定的内容确定各方的诉讼地位。

第十九条 商品房买卖合同约定,买受人以担保贷款方式付款、因当事人一方原因未能订立商品房担保贷款合同并导致商品房买卖合同不能继续履行的,对方当事人可以请求解除合同和赔偿损失。因不可归责于当事人双方的事由未能订立商品房担保贷款合同并导致商品房买卖合同不能继续履行的,当事人可以请求解除合同,出卖人应当将收受的购房款本金及其利息或者定金返还买受人。

第二十条 因商品房买卖合同被确认无效或者被撤销、解除,致使商品房担保贷款合同的目的无法实现,当事人请求解除商品房担保贷款合同的,应予支持。

第二十一条 以担保贷款为付款方式的商品房买卖合同的当事人一方请求确认商品房买卖合同无效或者撤销、解除合同的,如果担保权人作为有独立请求权第三人提出诉讼请求,应当与商品房担保贷款合同纠纷合并审理;未提出诉讼请求的,仅处理商品房买卖合同纠纷。担保权人就商品房担保贷款合同纠纷另行起诉的,可以与商品房买卖合同纠纷合并审理。

商品房买卖合同被确认无效或者被撤销、解除后,商品房担保贷款合同也被解除的、出卖人应当将收受的购房贷款和购房款的本金及利息分别返还担保权人和买受人。

第二十二条 买受人未按照商品房担保贷款合同的约定偿还贷款,亦未与担保权人办理不动产抵押登记手续,担保权人起诉买受人,请求处分商品房买卖合同项下买受人合同权利的,应当通知出卖人参加诉讼;担保权人同时起诉出卖人时,如果出卖人为商品房担保贷款合同提供保证的,应当列为共同被告。

第二十三条 买受人未按照商品房担保贷款合同的约定偿还贷款,但是已经取得不动产权属证书并与担保权人办理了不动产抵押登记手续,抵押权人请求买受人偿还贷款或者就抵押的房屋优先受偿的,不应当追加出卖人为当事人,但出卖人提供保证的除外。

第二十四条 本解释自2003年6月1日起施行。

城市房地产管理法施行后订立的商品房买卖合同发生的纠纷案件,本解释公布施行后尚在一审、二审阶段的,适用本解释。

城市房地产管理法施行后订立的商品房买卖合同发生的纠纷案件,在本解释公布施行前已经终审,当事人申请再审或者按照审判监督程序决定再审的,不适用本解释。

城市房地产管理法施行前发生的商品房买卖行为,适用当时的法律、法规和《最高人民法院〈关于审理房地产管理法施行前房地产开发经营案件若干问题的解答〉》。

最高人民法院关于审理建筑物区分所有权纠纷案件适用法律若干问题的解释

· 2009年3月23日最高人民法院审判委员会第1464次会议通过
· 根据2020年12月23日最高人民法院审判委员会第1823次会议通过的《最高人民法院关于修改〈最高人民法院关于在民事审判工作中适用《中华人民共和国工会法》若干问题的解释〉等二十七件民事类司法解释的决定》修正
· 2020年12月29日最高人民法院公告公布
· 自2021年1月1日起施行
· 法释〔2020〕17号

为正确审理建筑物区分所有权纠纷案件,依法保护当事人的合法权益,根据《中华人民共和国民法典》等法律的规定,结合民事审判实践,制定本解释。

第一条 依法登记取得或者依据民法典第二百二十九条至第二百三十一条规定取得建筑物专有部分所有权的人,应当认定为民法典第二编第六章所称的业主。

基于与建设单位之间的商品房买卖民事法律行为,已经合法占有建筑物专有部分,但尚未依法办理所有权登记的人,可以认定为民法典第二编第六章所称的业主。

第二条 建筑区划内符合下列条件的房屋,以及车位、摊位等特定空间,应当认定为民法典第二编第六章所称的专有部分:

(一)具有构造上的独立性,能够明确区分;

（二）具有利用上的独立性，可以排他使用；

（三）能够登记成为特定业主所有权的客体。

规划上专属于特定房屋，且建设单位销售时已经根据规划列入该特定房屋买卖合同中的露台等，应当认定为前款所称的专有部分的组成部分。

本条第一款所称房屋，包括整栋建筑物。

第三条 除法律、行政法规规定的共有部分外，建筑区划内的以下部分，也应当认定为民法典第二编第六章所称的共有部分：

（一）建筑物的基础、承重结构、外墙、屋顶等基本结构部分，通道、楼梯、大堂等公共通行部分，消防、公共照明等附属设施、设备，避难层、设备层或者设备间等结构部分；

（二）其他不属于业主专有部分，也不属于市政公用部分或者其他权利人所有的场所及设施等。

建筑区划内的土地，依法由业主共同享有建设用地使用权，但属于业主专有的整栋建筑物的规划占地或者城镇公共道路、绿地占地除外。

第四条 业主基于对住宅、经营性用房等专有部分特定使用功能的合理需要，无偿利用屋顶以及与其专有部分相对应的外墙面等共有部分的，不应认定为侵权。但违反法律、法规、管理规约，损害他人合法权益的除外。

第五条 建设单位按照配置比例将车位、车库，以出售、附赠或者出租等方式处分给业主的，应当认定其行为符合民法典第二百七十六条有关“应当首先满足业主的需要”的规定。

前款所称配置比例是指规划确定的建筑区划内规划用于停放汽车的车位、车库与房屋套数的比例。

第六条 建筑区划内在规划用于停放汽车的车位之外，占用业主共有道路或者其他场地增设的车位，应当认定为民法典第二百七十五条第二款所称的车位。

第七条 处分共有部分，以及业主大会依法决定或者管理规约依法确定应由业主共同决定的事项，应当认定为民法典第二百七十八条第一款第（九）项规定的有关共有和共同管理权利的“其他重大事项”。

第八条 民法典第二百七十八条第二款和第二百八十三条规定的专有部分面积可以按照不动产登记簿记载的面积计算；尚未进行物权登记的，暂按测绘机构的实测面积计算；尚未进行实测的，暂按房屋买卖合同记载的面积计算。

第九条 民法典第二百七十八条第二款规定的业主人数可以按照专有部分的数量计算，一个专有部分按一人计算。但建设单位尚未出售和虽已出售但尚未交付的部分，以及同一买受人拥有一个以上专有部分的，按一人计算。

第十条 业主将住宅改变为经营性用房，未依据民法典第二百七十九条的规定经有利害关系的业主一致同意，有利害关系的业主请求排除妨害、消除危险、恢复原状或者赔偿损失的，人民法院应予支持。

将住宅改变为经营性用房的业主以多数有利害关系的业主同意其行为进行抗辩的，人民法院不予支持。

第十一条 业主将住宅改变为经营性用房，本栋建筑物内的其他业主，应当认定为民法典第二百七十九条所称“有利害关系的业主”。建筑区划内，本栋建筑物之外的业主，主张与自己有利害关系的，应证明其房屋价值、生活质量受到或者可能受到不利影响。

第十二条 业主以业主大会或者业主委员会作出的决定侵害其合法权益或者违反了法律规定的程序为由，依据民法典第二百八十条第二款的规定请求人民法院撤销该决定的，应当在知道或者应当知道业主大会或者业主委员会作出决定之日起一年内行使。

第十三条 业主请求公布、查阅下列应当向业主公开的情况和资料的，人民法院应予支持：

（一）建筑物及其附属设施的维修资金的筹集、使用情况；

（二）管理规约、业主大会议事规则，以及业主大会或者业主委员会的决定及会议记录；

（三）物业服务合同、共有部分的使用和收益情况；

（四）建筑区划内规划用于停放汽车的车位、车库的处分情况；

（五）其他应当向业主公开的情况和资料。

第十四条 建设单位、物业服务企业或者其他管理人等擅自占用、处分业主共有部分、改变其使用功能或者进行经营性活动，权利人请求排除妨害、恢复原状、确认处分行为无效或者赔偿损失的，人民法院应予支持。

属于前款所称擅自进行经营性活动的情形，权利人请求建设单位、物业服务企业或者其他管理人等将扣除合理成本之后的收益用于补充专项维修资金或者业主共同决定的其他用途的，人民法院应予支持。行为人对成本的支出及其合理性承担举证责任。

第十五条 业主或者其他行为人违反法律、法规、国家相关强制性标准、管理规约，或者违反业主大会、业主委员会依法作出的决定，实施下列行为的，可以认定为民法典第二百八十六条第二款所称的其他"损害他人合法权益的行为"：

（一）损害房屋承重结构，损害或者违章使用电力、燃气、消防设施，在建筑物内放置危险、放射性物品等危及建筑物安全或者妨碍建筑物正常使用；

（二）违反规定破坏、改变建筑物外墙面的形状、颜色等损害建筑物外观；

（三）违反规定进行房屋装饰装修；

（四）违章加建、改建，侵占、挖掘公共通道、道路、场地或者其他共有部分。

第十六条 建筑物区分所有权纠纷涉及专有部分的承租人、借用人等物业使用人的，参照本解释处理。

专有部分的承租人、借用人等物业使用人，根据法律、法规、管理规约、业主大会或者业主委员会依法作出的决定，以及其与业主的约定，享有相应权利，承担相应义务。

第十七条 本解释所称建设单位，包括包销期满，按照包销合同约定的包销价格购买尚未销售的物业后，以自己名义对外销售的包销人。

第十八条 人民法院审理建筑物区分所有权案件中，涉及有关物权归属争议的，应当以法律、行政法规为依据。

第十九条 本解释自2009年10月1日起施行。

因物权法施行后实施的行为引起的建筑物区分所有权纠纷案件，适用本解释。

本解释施行前已经终审，本解释施行后当事人申请再审或者按照审判监督程序决定再审的案件，不适用本解释。

最高人民法院关于审理物业服务纠纷案件适用法律若干问题的解释

· 2009年4月20日最高人民法院审判委员会第1466次会议通过
· 根据2020年12月23日最高人民法院审判委员会第1823次会议通过的《最高人民法院关于修改〈最高人民法院关于在民事审判工作中适用《中华人民共和国工会法》若干问题的解释〉等二十七件民事类司法解释的决定》修正
· 2020年12月29日最高人民法院公告公布
· 自2021年1月1日起施行
· 法释〔2020〕17号

为正确审理物业服务纠纷案件，依法保护当事人的合法权益，根据《中华人民共和国民法典》等法律规定，结合民事审判实践，制定本解释。

第一条 业主违反物业服务合同或者法律、法规、管理规约，实施妨碍物业服务与管理的行为，物业服务人请求业主承担停止侵害、排除妨碍、恢复原状等相应民事责任的，人民法院应予支持。

第二条 物业服务人违反物业服务合同约定或者法律、法规、部门规章规定，擅自扩大收费范围、提高收费标准或者重复收费，业主以违规收费为由提出抗辩的，人民法院应予支持。

业主请求物业服务人退还其已经收取的违规费用的，人民法院应予支持。

第三条 物业服务合同的权利义务终止后，业主请求物业服务人退还已经预收，但尚未提供物业服务期间的物业费的，人民法院应予支持。

第四条 因物业的承租人、借用人或者其他物业使用人实施违反物业服务合同，以及法律、法规或者管理规约的行为引起的物业服务纠纷，人民法院可以参照关于业主的规定处理。

第五条 本解释自2009年10月1日起施行。

本解释施行前已经终审，本解释施行后当事人申请再审或者按照审判监督程序决定再审的案件，不适用本解释。

最高人民法院关于审理涉及国有土地使用权合同纠纷案件适用法律问题的解释

- 2004 年 11 月 23 日最高人民法院审判委员会第 1334 次会议通过
- 根据 2020 年 12 月 23 日最高人民法院审判委员会第 1823 次会议通过的《最高人民法院关于修改〈最高人民法院关于在民事审判工作中适用《中华人民共和国工会法》若干问题的解释〉等二十七件民事类司法解释的决定》修正
- 2020 年 12 月 29 日最高人民法院公告公布
- 自 2021 年 1 月 1 日起施行
- 法释〔2020〕17 号

为正确审理国有土地使用权合同纠纷案件,依法保护当事人的合法权益,根据《中华人民共和国民法典》《中华人民共和国土地管理法》《中华人民共和国城市房地产管理法》等法律规定,结合民事审判实践,制定本解释。

一、土地使用权出让合同纠纷

第一条 本解释所称的土地使用权出让合同,是指市、县人民政府自然资源主管部门作为出让方将国有土地使用权在一定年限内让与受让方,受让方支付土地使用权出让金的合同。

第二条 开发区管理委员会作为出让方与受让方订立的土地使用权出让合同,应当认定无效。

本解释实施前,开发区管理委员会作为出让方与受让方订立的土地使用权出让合同,起诉前经市、县人民政府自然资源主管部门追认的,可以认定合同有效。

第三条 经市、县人民政府批准同意以协议方式出让的土地使用权,土地使用权出让金低于订立合同时当地政府按照国家规定确定的最低价的,应当认定土地使用权出让合同约定的价格条款无效。

当事人请求按照订立合同时的市场评估价格交纳土地使用权出让金的,应予支持;受让方不同意按照市场评估价格补足,请求解除合同的,应予支持。因此造成的损失,由当事人按照过错承担责任。

第四条 土地使用权出让合同的出让方因未办理土地使用权出让批准手续而不能交付土地,受让方请求解除合同的,应予支持。

第五条 受让方经出让方和市、县人民政府城市规划行政主管部门同意,改变土地使用权出让合同约定的土地用途,当事人请求按照起诉时同种用途的土地出让金标准调整土地出让金的,应予支持。

第六条 受让方擅自改变土地使用权出让合同约定的土地用途,出让方请求解除合同的,应予支持。

二、土地使用权转让合同纠纷

第七条 本解释所称的土地使用权转让合同,是指土地使用权人作为转让方将出让土地使用权转让于受让方,受让方支付价款的合同。

第八条 土地使用权人作为转让方与受让方订立土地使用权转让合同后,当事人一方以双方之间未办理土地使用权变更登记手续为由,请求确认合同无效的,不予支持。

第九条 土地使用权人作为转让方就同一出让土地使用权订立数个转让合同,在转让合同有效的情况下,受让方均要求履行合同的,按照以下情形分别处理:

(一)已经办理土地使用权变更登记手续的受让方,请求转让方履行交付土地等合同义务的,应予支持;

(二)均未办理土地使用权变更登记手续,已先行合法占有投资开发土地的受让方请求转让方履行土地使用权变更登记等合同义务的,应予支持;

(三)均未办理土地使用权变更登记手续,又未合法占有投资开发土地,先行支付土地转让款的受让方请求转让方履行交付土地和办理土地使用权变更登记等合同义务的,应予支持;

(四)合同均未履行,依法成立在先的合同受让方请求履行合同的,应予支持。

未能取得土地使用权的受让方请求解除合同、赔偿损失的,依照民法典的有关规定处理。

第十条 土地使用权人与受让方订立合同转让划拨土地使用权,起诉前经有批准权的人民政府同意转让,并由受让方办理土地使用权出让手续的,土地使用权人与受让方订立的合同可以按照补偿性质的合同处理。

第十一条 土地使用权人与受让方订立合同转让划拨土地使用权,起诉前经有批准权的人民政府决定不办理土地使用权出让手续,并将该划拨土地使用权直接划拨给受让方使用的,土地使用权人与受让方订立的合同可以按照补偿性质的合同处理。

三、合作开发房地产合同纠纷

第十二条 本解释所称的合作开发房地产合同,是指当事人订立的以提供出让土地使用权、资金等作为共同投资,共享利润、共担风险合作开发房地产为基本内容的合同。

第十三条 合作开发房地产合同的当事人一方具备房地产开发经营资质的,应当认定合同有效。

当事人双方均不具备房地产开发经营资质的,应当认定合同无效。但起诉前当事人一方已经取得房地产开发经营资质或者已依法合作成立具有房地产开发经营资质的房地产开发企业的,应当认定合同有效。

第十四条 投资数额超出合作开发房地产合同的约定,对增加的投资数额的承担比例,当事人协商不成的,按照当事人的违约情况确定;因不可归责于当事人的事由或者当事人的违约情况无法确定的,按照约定的投资比例确定;没有约定投资比例的,按照约定的利润分配比例确定。

第十五条 房屋实际建筑面积少于合作开发房地产合同的约定,对房屋实际建筑面积的分配比例,当事人协商不成的,按照当事人的违约情况确定;因不可归责于当事人的事由或者当事人违约情况无法确定的,按照约定的利润分配比例确定。

第十六条 在下列情形下,合作开发房地产合同的当事人请求分配房地产项目利益的,不予受理;已经受理的,驳回起诉:

(一)依法需经批准的房地产建设项目未经有批准权的人民政府主管部门批准;

(二)房地产建设项目未取得建设工程规划许可证;

(三)擅自变更建设工程规划。

因当事人隐瞒建设工程规划变更的事实所造成的损失,由当事人按照过错承担。

第十七条 房屋实际建筑面积超出规划建筑面积,经有批准权的人民政府主管部门批准后,当事人对超出部分的房屋分配比例协商不成的,按照约定的利润分配比例确定。对增加的投资数额的承担比例,当事人协商不成的,按照约定的投资比例确定;没有约定投资比例的,按照约定的利润分配比例确定。

第十八条 当事人违反规划开发建设的房屋,被有批准权的人民政府主管部门认定为违法建筑责令拆除,当事人对损失承担协商不成的,按照当事人过错确定责任;过错无法确定的,按照约定的投资比例确定责任;没有约定投资比例的,按照约定的利润分配比例确定责任。

第十九条 合作开发房地产合同约定仅以投资数额确定利润分配比例,当事人未足额交纳出资的,按照当事人的实际投资比例分配利润。

第二十条 合作开发房地产合同的当事人要求将房屋预售款充抵投资参与利润分配的,不予支持。

第二十一条 合作开发房地产合同约定提供土地使用权的当事人不承担经营风险,只收取固定利益的,应当认定为土地使用权转让合同。

第二十二条 合作开发房地产合同约定提供资金的当事人不承担经营风险,只分配固定数量房屋的,应当认定为房屋买卖合同。

第二十三条 合作开发房地产合同约定提供资金的当事人不承担经营风险,只收取固定数额货币的,应当认定为借款合同。

第二十四条 合作开发房地产合同约定提供资金的当事人不承担经营风险,只以租赁或者其他形式使用房屋的,应当认定为房屋租赁合同。

四、其　它

第二十五条 本解释自 2005 年 8 月 1 日起施行;施行后受理的第一审案件适用本解释。

本解释施行前最高人民法院发布的司法解释与本解释不一致的,以本解释为准。

十四、保险合同

中华人民共和国保险法(节录)

- 1995 年 6 月 30 日第八届全国人民代表大会常务委员会第十四次会议通过
- 根据 2002 年 10 月 28 日第九届全国人民代表大会常务委员会第三十次会议《关于修改〈中华人民共和国保险法〉的决定》第一次修正
- 2009 年 2 月 28 日第十一届全国人民代表大会常务委员会第七次会议修订
- 根据 2014 年 8 月 31 日第十二届全国人民代表大会常务委员会第十次会议《关于修改〈中华人民共和国保险法〉等五部法律的决定》第二次修正
- 根据 2015 年 4 月 24 日第十二届全国人民代表大会常务委员会第十四次会议《关于修改〈中华人民共和国计量法〉等五部法律的决定》第三次修正

……

第二章　保险合同

第一节　一般规定

第十条　【保险合同及其主体】保险合同是投保人与保险人约定保险权利义务关系的协议。

投保人是指与保险人订立保险合同,并按照合同约定负有支付保险费义务的人。

保险人是指与投保人订立保险合同,并按照合同约定承担赔偿或者给付保险金责任的保险公司。

第十一条　【保险合同订立原则】订立保险合同,应当协商一致,遵循公平原则确定各方的权利和义务。

除法律、行政法规规定必须保险的外,保险合同自愿订立。

第十二条　【保险利益、保险标的】人身保险的投保人在保险合同订立时,对被保险人应当具有保险利益。

财产保险的被保险人在保险事故发生时,对保险标的应当具有保险利益。

人身保险是以人的寿命和身体为保险标的的保险。

财产保险是以财产及其有关利益为保险标的的保险。

被保险人是指其财产或者人身受保险合同保障,享有保险金请求权的人。投保人可以为被保险人。

保险利益是指投保人或者被保险人对保险标的具有的法律上承认的利益。

第十三条　【保险合同成立与生效】投保人提出保险要求,经保险人同意承保,保险合同成立。保险人应当及时向投保人签发保险单或者其他保险凭证。

保险单或者其他保险凭证应当载明当事人双方约定的合同内容。当事人也可以约定采用其他书面形式载明合同内容。

依法成立的保险合同,自成立时生效。投保人和保险人可以对合同的效力约定附条件或者附期限。

第十四条　【保险合同效力】保险合同成立后,投保人按照约定交付保险费,保险人按照约定的时间开始承担保险责任。

第十五条　【保险合同解除】除本法另有规定或者保险合同另有约定外,保险合同成立后,投保人可以解除合同,保险人不得解除合同。

第十六条　【投保人如实告知义务】订立保险合同,保险人就保险标的或者被保险人的有关情况提出询问的,投保人应当如实告知。

投保人故意或者因重大过失未履行前款规定的如实告知义务,足以影响保险人决定是否同意承保或者提高保险费率的,保险人有权解除合同。

前款规定的合同解除权,自保险人知道有解除事由之日起,超过三十日不行使而消灭。自合同成立之日起超过二年的,保险人不得解除合同;发生保险事故的,保险人应当承担赔偿或者给付保险金的责任。

投保人故意不履行如实告知义务的,保险人对于合同解除前发生的保险事故,不承担赔偿或者给付保险金的责任,并不退还保险费。

投保人因重大过失未履行如实告知义务,对保险事故的发生有严重影响的,保险人对于合同解除前发生的保险事故,不承担赔偿或者给付保险金的责任,但应当退还保险费。

保险人在合同订立时已经知道投保人未如实告知的情况的,保险人不得解除合同;发生保险事故的,保险人应当承担赔偿或者给付保险金的责任。

保险事故是指保险合同约定的保险责任范围内的事故。

第十七条 【保险人说明义务】订立保险合同,采用保险人提供的格式条款的,保险人向投保人提供的投保单应当附格式条款,保险人应当向投保人说明合同的内容。

对保险合同中免除保险人责任的条款,保险人在订立合同时应当在投保单、保险单或者其他保险凭证上作出足以引起投保人注意的提示,并对该条款的内容以书面或者口头形式向投保人作出明确说明;未作提示或者明确说明的,该条款不产生效力。

第十八条 【保险合同内容】保险合同应当包括下列事项:

(一)保险人的名称和住所;

(二)投保人、被保险人的姓名或者名称、住所,以及人身保险的受益人的姓名或者名称、住所;

(三)保险标的;

(四)保险责任和责任免除;

(五)保险期间和保险责任开始时间;

(六)保险金额;

(七)保险费以及支付办法;

(八)保险金赔偿或者给付办法;

(九)违约责任和争议处理;

(十)订立合同的年、月、日。

投保人和保险人可以约定与保险有关的其他事项。

受益人是指人身保险合同中由被保险人或者投保人指定的享有保险金请求权的人。投保人、被保险人可以为受益人。

保险金额是指保险人承担赔偿或者给付保险金责任的最高限额。

第十九条 【无效格式条款】采用保险人提供的格式条款订立的保险合同中的下列条款无效:

(一)免除保险人依法应承担的义务或者加重投保人、被保险人责任的;

(二)排除投保人、被保险人或者受益人依法享有的权利的。

第二十条 【保险合同变更】投保人和保险人可以协商变更合同内容。

变更保险合同的,应当由保险人在保险单或者其他保险凭证上批注或者附贴批单,或者由投保人和保险人订立变更的书面协议。

第二十一条 【通知义务】投保人、被保险人或者受益人知道保险事故发生后,应当及时通知保险人。故意或者因重大过失未及时通知,致使保险事故的性质、原因、损失程度等难以确定的,保险人对无法确定的部分,不承担赔偿或者给付保险金的责任,但保险人通过其他途径已经及时知道或者应当及时知道保险事故发生的除外。

第二十二条 【协助义务】保险事故发生后,按照保险合同请求保险人赔偿或者给付保险金时,投保人、被保险人或者受益人应当向保险人提供其所能提供的与确认保险事故的性质、原因、损失程度等有关的证明和资料。

保险人按照合同的约定,认为有关的证明和资料不完整的,应当及时一次性通知投保人、被保险人或者受益人补充提供。

第二十三条 【理赔】保险人收到被保险人或者受益人的赔偿或者给付保险金的请求后,应当及时作出核定;情形复杂的,应当在三十日内作出核定,但合同另有约定的除外。保险人应当将核定结果通知被保险人或者受益人;对属于保险责任的,在与被保险人或者受益人达成赔偿或者给付保险金的协议后十日内,履行赔偿或者给付保险金义务。保险合同对赔偿或者给付保险金的期限有约定的,保险人应当按照约定履行赔偿或者给付保险金义务。

保险人未及时履行前款规定义务的,除支付保险金外,应当赔偿被保险人或者受益人因此受到的损失。

任何单位和个人不得非法干预保险人履行赔偿或者给付保险金的义务,也不得限制被保险人或者受益人取得保险金的权利。

第二十四条 【拒绝赔付通知】保险人依照本法第二十三条的规定作出核定后,对不属于保险责任的,应当自作出核定之日起三日内向被保险人或者受益人发出拒绝赔偿或者拒绝给付保险金通知书,并说明理由。

第二十五条 【先行赔付】保险人自收到赔偿或者给付保险金的请求和有关证明、资料之日起六十日内,对其赔偿或者给付保险金的数额不能确定的,应当根据已有证明和资料可以确定的数额先予支付;保险人最终确定赔偿或者给付保险金的数额后,应当支付相应的差额。

第二十六条 【诉讼时效】人寿保险以外的其他保险的被保险人或者受益人,向保险人请求赔偿或者给付保险金的诉讼时效期间为二年,自其知道或者应当知道保险事故发生之日起计算。

人寿保险的被保险人或者受益人向保险人请求给付保险金的诉讼时效期间为五年,自其知道或者应当知道保险事故发生之日起计算。

第二十七条 【保险欺诈】未发生保险事故,被保险人或者受益人谎称发生了保险事故,向保险人提出赔偿或者给付保险金请求的,保险人有权解除合同,并不退还保险费。

投保人、被保险人故意制造保险事故的,保险人有权解除合同,不承担赔偿或者给付保险金的责任;除本法第四十三条规定外,不退还保险费。

保险事故发生后,投保人、被保险人或者受益人以伪造、变造的有关证明、资料或者其他证据,编造虚假的事故原因或者夸大损失程度的,保险人对其虚报的部分不承担赔偿或者给付保险金的责任。

投保人、被保险人或者受益人有前三款规定行为之一,致使保险人支付保险金或者支出费用的,应当退回或者赔偿。

第二十八条 【再保险】保险人将其承担的保险业务,以分保形式部分转移给其他保险人的,为再保险。

应再保险接受人的要求,再保险分出人应当将其自负责任及原保险的有关情况书面告知再保险接受人。

第二十九条 【再保险的保费及赔付】再保险接受人不得向原保险的投保人要求支付保险费。

原保险的被保险人或者受益人不得向再保险接受人提出赔偿或者给付保险金的请求。

再保险分出人不得以再保险接受人未履行再保险责任为由,拒绝履行或者迟延履行其原保险责任。

第三十条 【争议条款解释】采用保险人提供的格式条款订立的保险合同,保险人与投保人、被保险人或者受益人对合同条款有争议的,应当按照通常理解予以解释。对合同条款有两种以上解释的,人民法院或者仲裁机构应当作出有利于被保险人和受益人的解释。

第二节 人身保险合同

第三十一条 【人身保险利益】投保人对下列人员具有保险利益:

(一)本人;

(二)配偶、子女、父母;

(三)前项以外与投保人有抚养、赡养或者扶养关系的家庭其他成员、近亲属;

(四)与投保人有劳动关系的劳动者。

除前款规定外,被保险人同意投保人为其订立合同的,视为投保人对被保险人具有保险利益。

订立合同时,投保人对被保险人不具有保险利益的,合同无效。

第三十二条 【申报年龄不真实的处理】投保人申报的被保险人年龄不真实,并且其真实年龄不符合合同约定的年龄限制的,保险人可以解除合同,并按照合同约定退还保险单的现金价值。保险人行使合同解除权,适用本法第十六条第二款、第六款的规定。

投保人申报的被保险人年龄不真实,致使投保人支付的保险费少于应付保险费的,保险人有权更正并要求投保人补交保险费,或者在给付保险金时按照实付保险费与应付保险费的比例支付。

投保人申报的被保险人年龄不真实,致使投保人支付的保险费多于应付保险费的,保险人应当将多收的保险费退还投保人。

第三十三条 【死亡保险的禁止】投保人不得为无民事行为能力人投保以死亡为给付保险金条件的人身保险,保险人也不得承保。

父母为其未成年子女投保的人身保险,不受前款规定限制。但是,因被保险人死亡给付的保险金总和不得超过国务院保险监督管理机构规定的限额。

第三十四条 【死亡保险合同的效力】以死亡为给付保险金条件的合同,未经被保险人同意并认可保险金额的,合同无效。

按照以死亡为给付保险金条件的合同所签发的保险单,未经被保险人书面同意,不得转让或者质押。

父母为其未成年子女投保的人身保险,不受本条第一款规定限制。

第三十五条 【保险费的支付】投保人可以按照合同约定向保险人一次支付全部保险费或者分期支付保险费。

第三十六条 【逾期支付保险费】合同约定分期支付保险费,投保人支付首期保险费后,除合同另有约定外,投保人自保险人催告之日起超过三十日未支付当期保险费,或者超过约定的期限六十日未支付当期保险费的,合同效力中止,或者由保险人按照合同约定的条件减少保险金额。

被保险人在前款规定期限内发生保险事故的,保险人应当按照合同约定给付保险金,但可以扣减欠交的保险费。

第三十七条 【合同效力的恢复】合同效力依照本法第三十六条规定中止的,经保险人与投保人协商并达成协议,在投保人补交保险费后,合同效力恢复。但是,自合同效力中止之日起满二年双方未达成协议的,保险人有权解除合同。

保险人依照前款规定解除合同的,应当按照合同约定退还保险单的现金价值。

第三十八条 【禁止通过诉讼要求支付保险费】保险人对人寿保险的保险费,不得用诉讼方式要求投保人支付。

第三十九条 【受益人的确定】人身保险的受益人由被保险人或者投保人指定。

投保人指定受益人时须经被保险人同意。投保人为与其有劳动关系的劳动者投保人身保险,不得指定被保险人及其近亲属以外的人为受益人。

被保险人为无民事行为能力人或者限制民事行为能力人的,可以由其监护人指定受益人。

第四十条 【受益顺序及份额】被保险人或者投保人可以指定一人或者数人为受益人。

受益人为数人的,被保险人或者投保人可以确定受益顺序和受益份额;未确定受益份额的,受益人按照相等份额享有受益权。

第四十一条 【受益人变更】被保险人或者投保人可以变更受益人并书面通知保险人。保险人收到变更受益人的书面通知后,应当在保险单或者其他保险凭证上批注或者附贴批单。

投保人变更受益人时须经被保险人同意。

第四十二条 【保险金作为遗产情形】被保险人死亡后,有下列情形之一的,保险金作为被保险人的遗产,由保险人依照《中华人民共和国继承法》的规定履行给付保险金的义务:

(一)没有指定受益人,或者受益人指定不明无法确定的;

(二)受益人先于被保险人死亡,没有其他受益人的;

(三)受益人依法丧失受益权或者放弃受益权,没有其他受益人的。

受益人与被保险人在同一事件中死亡,且不能确定死亡先后顺序的,推定受益人死亡在先。

第四十三条 【受益权丧失】投保人故意造成被保险人死亡、伤残或者疾病的,保险人不承担给付保险金的责任。投保人已交足二年以上保险费的,保险人应当按照合同约定向其他权利人退还保险单的现金价值。

受益人故意造成被保险人死亡、伤残、疾病的,或者故意杀害被保险人未遂的,该受益人丧失受益权。

第四十四条 【被保险人自杀处理】以被保险人死亡为给付保险金条件的合同,自合同成立或者合同效力恢复之日起二年内,被保险人自杀的,保险人不承担给付保险金的责任,但被保险人自杀时为无民事行为能力人的除外。

保险人依照前款规定不承担给付保险金责任的,应当按照合同约定退还保险单的现金价值。

第四十五条 【免于赔付情形】因被保险人故意犯罪或者抗拒依法采取的刑事强制措施导致其伤残或者死亡的,保险人不承担给付保险金的责任。投保人已交足二年以上保险费的,保险人应当按照合同约定退还保险单的现金价值。

第四十六条 【禁止追偿】被保险人因第三者的行为而发生死亡、伤残或者疾病等保险事故的,保险人向被保险人或者受益人给付保险金后,不享有向第三者追偿的权利,但被保险人或者受益人仍有权向第三者请求赔偿。

第四十七条 【人身保险合同解除】投保人解除合同的,保险人应当自收到解除合同通知之日起三十日内,按照合同约定退还保险单的现金价值。

第三节 财产保险合同

第四十八条 【财产保险利益】保险事故发生时,被保险人对保险标的不具有保险利益的,不得向保险人请求赔偿保险金。

第四十九条 【保险标的的转让】保险标的的转让的,保险标的的受让人承继被保险人的权利和义务。

保险标的转让的,被保险人或者受让人应当及时通知保险人,但货物运输保险合同和另有约定的合同除外。

因保险标的转让导致危险程度显著增加的,保险人自收到前款规定的通知之日起三十日内,可以按照合同约定增加保险费或者解除合同。保险人解除合同的,应当将已收取的保险费,按照合同约定扣除自保险责任开始之日起至合同解除之日止应收的部分后,退还投保人。

被保险人、受让人未履行本条第二款规定的通知义务的,因转让导致保险标的危险程度显著增加而发生的保险事故,保险人不承担赔偿保险金的责任。

第五十条 【禁止解除合同】货物运输保险合同和运输工具航程保险合同,保险责任开始后,合同当事人不得解除合同。

第五十一条 【安全义务】被保险人应当遵守国家有关消防、安全、生产操作、劳动保护等方面的规定,维护保险标的的安全。

保险人可以按照合同约定对保险标的的安全状况进行检查,及时向投保人、被保险人提出消除不安全因素和隐患的书面建议。

投保人、被保险人未按照约定履行其对保险标的的安全应尽责任的,保险人有权要求增加保险费或者解除合同。

保险人为维护保险标的的安全,经被保险人同意,可以采取安全预防措施。

第五十二条 【危险增加通知义务】在合同有效期内,保险标的的危险程度显著增加的,被保险人应当按照合同约定及时通知保险人,保险人可以按照合同约定增加保险费或者解除合同。保险人解除合同的,应当将已收取的保险费,按照合同约定扣除自保险责任开始之日起至合同解除之日止应收的部分后,退还投保人。

被保险人未履行前款规定的通知义务的,因保险标的的危险程度显著增加而发生的保险事故,保险人不承担赔偿保险金的责任。

第五十三条 【降低保险费】有下列情形之一的,除合同另有约定外,保险人应当降低保险费,并按日计算退还相应的保险费:

(一)据以确定保险费率的有关情况发生变化,保险标的的危险程度明显减少的;

(二)保险标的的保险价值明显减少的。

第五十四条 【保费退还】保险责任开始前,投保人要求解除合同的,应当按照合同约定向保险人支付手续费,保险人应当退还保险费。保险责任开始后,投保人要求解除合同的,保险人应当将已收取的保险费,按照合同约定扣除自保险责任开始之日起至合同解除之日止应收的部分后,退还投保人。

第五十五条 【保险价值的确定】投保人和保险人约定保险标的的保险价值并在合同中载明的,保险标的发生损失时,以约定的保险价值为赔偿计算标准。

投保人和保险人未约定保险标的的保险价值的,保险标的发生损失时,以保险事故发生时保险标的的实际价值为赔偿计算标准。

保险金额不得超过保险价值。超过保险价值的,超过部分无效,保险人应当退还相应的保险费。

保险金额低于保险价值的,除合同另有约定外,保险人按照保险金额与保险价值的比例承担赔偿保险金的责任。

第五十六条 【重复保险】重复保险的投保人应当将重复保险的有关情况通知各保险人。

重复保险的各保险人赔偿保险金的总和不得超过保险价值。除合同另有约定外,各保险人按照其保险金额与保险金额总和的比例承担赔偿保险金的责任。

重复保险的投保人可以就保险金额总和超过保险价值的部分,请求各保险人按比例返还保险费。

重复保险是指投保人对同一保险标的、同一保险利益、同一保险事故分别与两个以上保险人订立保险合同,且保险金额总和超过保险价值的保险。

第五十七条　【防止或减少损失责任】保险事故发生时,被保险人应当尽力采取必要的措施,防止或者减少损失。

保险事故发生后,被保险人为防止或者减少保险标的的损失所支付的必要的、合理的费用,由保险人承担;保险人所承担的费用数额在保险标的损失赔偿金额以外另行计算,最高不超过保险金额的数额。

第五十八条　【赔偿解除】保险标的发生部分损失的,自保险人赔偿之日起三十日内,投保人可以解除合同;除合同另有约定外,保险人也可以解除合同,但应当提前十五日通知投保人。

合同解除的,保险人应当将保险标的未受损失部分的保险费,按照合同约定扣除自保险责任开始之日起至合同解除之日止应收的部分后,退还投保人。

第五十九条　【保险标的残值权利归属】保险事故发生后,保险人已支付了全部保险金额,并且保险金额等于保险价值的,受损保险标的的全部权利归于保险人;保险金额低于保险价值的,保险人按照保险金额与保险价值的比例取得受损保险标的的部分权利。

第六十条　【代位求偿权】因第三者对保险标的的损害而造成保险事故的,保险人自向被保险人赔偿保险金之日起,在赔偿金额范围内代位行使被保险人对第三者请求赔偿的权利。

前款规定的保险事故发生后,被保险人已经从第三者取得损害赔偿的,保险人赔偿保险金时,可以相应扣减被保险人从第三者已取得的赔偿金额。

保险人依照本条第一款规定行使代位请求赔偿的权利,不影响被保险人就未取得赔偿的部分向第三者请求赔偿的权利。

第六十一条　【不能行使代位求偿权的法律后果】保险事故发生后,保险人未赔偿保险金之前,被保险人放弃对第三者请求赔偿的权利的,保险人不承担赔偿保险金的责任。

保险人向被保险人赔偿保险金后,被保险人未经保险人同意放弃对第三者请求赔偿的权利的,该行为无效。

被保险人故意或者因重大过失致使保险人不能行使代位请求赔偿的权利的,保险人可以扣减或者要求返还相应的保险金。

第六十二条　【代位求偿权行使限制】除被保险人的家庭成员或者其组成人员故意造成本法第六十条第一款规定的保险事故外,保险人不得对被保险人的家庭成员或者其组成人员行使代位请求赔偿的权利。

第六十三条　【协助行使代位求偿权】保险人向第三者行使代位请求赔偿的权利时,被保险人应当向保险人提供必要的文件和所知道的有关情况。

第六十四条　【勘险费用承担】保险人、被保险人为查明和确定保险事故的性质、原因和保险标的的损失程度所支付的必要的、合理的费用,由保险人承担。

第六十五条　【责任保险】保险人对责任保险的被保险人给第三者造成的损害,可以依照法律的规定或者合同的约定,直接向该第三者赔偿保险金。

责任保险的被保险人给第三者造成损害,被保险人对第三者应负的赔偿责任确定的,根据被保险人的请求,保险人应当直接向该第三者赔偿保险金。被保险人怠于请求的,第三者有权就其应获赔偿部分直接向保险人请求赔偿保险金。

责任保险的被保险人给第三者造成损害,被保险人未向该第三者赔偿的,保险人不得向被保险人赔偿保险金。

责任保险是指以被保险人对第三者依法应负的赔偿责任为保险标的的保险。

第六十六条　【责任保险相应费用承担】责任保险的被保险人因给第三者造成损害的保险事故而被提起仲裁或者诉讼的,被保险人支付的仲裁或者诉讼费用以及其他必要的、合理的费用,除合同另有约定外,由保险人承担。

……

机动车交通事故责任强制保险条例

· 2006年3月21日中华人民共和国国务院令第462号公布
· 根据2012年3月30日《国务院关于修改〈机动车交通事故责任强制保险条例〉的决定》第一次修订
· 根据2012年12月17日《国务院关于修改〈机动车交通事故责任强制保险条例〉的决定》第二次修订
· 根据2016年2月6日《国务院关于修改部分行政法规的决定》第三次修订
· 根据2019年3月2日《国务院关于修改部分行政法规的决定》第四次修订

第一章 总 则

第一条 为了保障机动车道路交通事故受害人依法得到赔偿,促进道路交通安全,根据《中华人民共和国道路交通安全法》、《中华人民共和国保险法》,制定本条例。

第二条 在中华人民共和国境内道路上行驶的机动车的所有人或者管理人,应当依照《中华人民共和国道路交通安全法》的规定投保机动车交通事故责任强制保险。

机动车交通事故责任强制保险的投保、赔偿和监督管理,适用本条例。

第三条 本条例所称机动车交通事故责任强制保险,是指由保险公司对被保险机动车发生道路交通事故造成本车人员、被保险人以外的受害人的人身伤亡、财产损失,在责任限额内予以赔偿的强制性责任保险。

第四条 国务院保险监督管理机构依法对保险公司的机动车交通事故责任强制保险业务实施监督管理。

公安机关交通管理部门、农业(农业机械)主管部门(以下统称机动车管理部门)应当依法对机动车参加机动车交通事故责任强制保险的情况实施监督检查。对未参加机动车交通事故责任强制保险的机动车,机动车管理部门不得予以登记,机动车安全技术检验机构不得予以检验。

公安机关交通管理部门及其交通警察在调查处理道路交通安全违法行为和道路交通事故时,应当依法检查机动车交通事故责任强制保险的保险标志。

第二章 投 保

第五条 保险公司可以从事机动车交通事故责任强制保险业务。

为了保证机动车交通事故责任强制保险制度的实行,国务院保险监督管理机构有权要求保险公司从事机动车交通事故责任强制保险业务。

除保险公司外,任何单位或者个人不得从事机动车交通事故责任强制保险业务。

第六条 机动车交通事故责任强制保险实行统一的保险条款和基础保险费率。国务院保险监督管理机构按照机动车交通事故责任强制保险业务总体上不盈利不亏损的原则审批保险费率。

国务院保险监督管理机构在审批保险费率时,可以聘请有关专业机构进行评估,可以举行听证会听取公众意见。

第七条 保险公司的机动车交通事故责任强制保险业务,应当与其他保险业务分开管理,单独核算。

国务院保险监督管理机构应当每年对保险公司的机动车交通事故责任强制保险业务情况进行核查,并向社会公布;根据保险公司机动车交通事故责任强制保险业务的总体盈利或者亏损情况,可以要求或者允许保险公司相应调整保险费率。

调整保险费率的幅度较大的,国务院保险监督管理机构应当进行听证。

第八条 被保险机动车没有发生道路交通安全违法行为和道路交通事故的,保险公司应当在下一年度降低其保险费率。在此后的年度内,被保险机动车仍然没有发生道路交通安全违法行为和道路交通事故的,保险公司应当继续降低其保险费率,直至最低标准。被保险机动车发生道路交通安全违法行为或者道路交通事故的,保险公司应当在下一年度提高其保险费率。多次发生道路交通安全违法行为、道路交通事故,或者发生重大道路交通事故的,保险公司应当加大提高其保险费率的幅度。在道路交通事故中被保险人没有过错的,不提高其保险费率。降低或者提高保险费率的标准,由国务院保险监督管理机构会同国务院公安部门制定。

第九条 国务院保险监督管理机构、国务院公安部门、国务院农业主管部门以及其他有关部门应当逐步建立有关机动车交通事故责任强制保险、道路交通安全违法行为和道路交通事故的信息共享机制。

第十条 投保人在投保时应当选择从事机动车交通事故责任强制保险业务的保险公司，被选择的保险公司不得拒绝或者拖延承保。

国务院保险监督管理机构应当将从事机动车交通事故责任强制保险业务的保险公司向社会公示。

第十一条 投保人投保时，应当向保险公司如实告知重要事项。

重要事项包括机动车的种类、厂牌型号、识别代码、牌照号码、使用性质和机动车所有人或者管理人的姓名(名称)、性别、年龄、住所、身份证或者驾驶证号码(组织机构代码)、续保前该机动车发生事故的情况以及国务院保险监督管理机构规定的其他事项。

第十二条 签订机动车交通事故责任强制保险合同时，投保人应当一次支付全部保险费；保险公司应当向投保人签发保险单、保险标志。保险单、保险标志应当注明保险单号码、车牌号码、保险期限、保险公司的名称、地址和理赔电话号码。

被保险人应当在被保险机动车上放置保险标志。

保险标志式样全国统一。保险单、保险标志由国务院保险监督管理机构监制。任何单位或者个人不得伪造、变造或者使用伪造、变造的保险单、保险标志。

第十三条 签订机动车交通事故责任强制保险合同时，投保人不得在保险条款和保险费率之外，向保险公司提出附加其他条件的要求。

签订机动车交通事故责任强制保险合同时，保险公司不得强制投保人订立商业保险合同以及提出附加其他条件的要求。

第十四条 保险公司不得解除机动车交通事故责任强制保险合同；但是，投保人对重要事项未履行如实告知义务的除外。

投保人对重要事项未履行如实告知义务，保险公司解除合同前，应当书面通知投保人，投保人应当自收到通知之日起 5 日内履行如实告知义务；投保人在上述期限内履行如实告知义务的，保险公司不得解除合同。

第十五条 保险公司解除机动车交通事故责任强制保险合同的，应当收回保险单和保险标志，并书面通知机动车管理部门。

第十六条 投保人不得解除机动车交通事故责任强制保险合同，但有下列情形之一的除外：

(一)被保险机动车被依法注销登记的；

(二)被保险机动车办理停驶的；

(三)被保险机动车经公安机关证实丢失的。

第十七条 机动车交通事故责任强制保险合同解除前，保险公司应当按照合同承担保险责任。

合同解除时，保险公司可以收取自保险责任开始之日起至合同解除之日止的保险费，剩余部分的保险费退还投保人。

第十八条 被保险机动车所有权转移的，应当办理机动车交通事故责任强制保险合同变更手续。

第十九条 机动车交通事故责任强制保险合同期满，投保人应当及时续保，并提供上一年度的保险单。

第二十条 机动车交通事故责任强制保险的保险期间为 1 年，但有下列情形之一的，投保人可以投保短期机动车交通事故责任强制保险：

(一)境外机动车临时入境的；

(二)机动车临时上道路行驶的；

(三)机动车距规定的报废期限不足 1 年的；

(四)国务院保险监督管理机构规定的其他情形。

第三章 赔 偿

第二十一条 被保险机动车发生道路交通事故造成本车人员、被保险人以外的受害人人身伤亡、财产损失的，由保险公司依法在机动车交通事故责任强制保险责任限额范围内予以赔偿。

道路交通事故的损失是由受害人故意造成的，保险公司不予赔偿。

第二十二条 有下列情形之一的，保险公司在机动车交通事故责任强制保险责任限额范围内垫付抢救费用，并有权向致害人追偿：

(一)驾驶人未取得驾驶资格或者醉酒的；

(二)被保险机动车被盗抢期间肇事的；

(三)被保险人故意制造道路交通事故的。

有前款所列情形之一，发生道路交通事故的，造成受害人的财产损失，保险公司不承担赔偿责任。

第二十三条 机动车交通事故责任强制保险在全国范围内实行统一的责任限额。责任限额分为死亡伤残赔偿限额、医疗费用赔偿限额、财产损失赔偿限额以及被保险人在道路交通事故中无责任的赔偿限额。

机动车交通事故责任强制保险责任限额由国务院保险监督管理机构会同国务院公安部门、国务院卫生主管部门、国务院农业主管部门规定。

第二十四条 国家设立道路交通事故社会救助基金(以下简称救助基金)。有下列情形之一时，道路交通事故中受害人人身伤亡的丧葬费用、部分或者全部抢救费用，由救助基金先行垫付，救助基金管理机构有权向道路交通事故责任人追偿：

(一)抢救费用超过机动车交通事故责任强制保险责任限额的；

(二)肇事机动车未参加机动车交通事故责任强制保险的；

(三)机动车肇事后逃逸的。

第二十五条 救助基金的来源包括：

(一)按照机动车交通事故责任强制保险的保险费的一定比例提取的资金；

(二)对未按照规定投保机动车交通事故责任强制保险的机动车的所有人、管理人的罚款；

(三)救助基金管理机构依法向道路交通事故责任人追偿的资金；

(四)救助基金孳息；

(五)其他资金。

第二十六条 救助基金的具体管理办法，由国务院财政部门会同国务院保险监督管理机构、国务院公安部门、国务院卫生主管部门、国务院农业主管部门制定试行。

第二十七条 被保险机动车发生道路交通事故，被保险人或者受害人通知保险公司的，保险公司应当立即给予答复，告知被保险人或者受害人具体的赔偿程序等有关事项。

第二十八条 被保险机动车发生道路交通事故的，由被保险人向保险公司申请赔偿保险金。保险公司应当自收到赔偿申请之日起1日内，书面告知被保险人需要向保险公司提供的与赔偿有关的证明和资料。

第二十九条 保险公司应当自收到被保险人提供的证明和资料之日起5日内，对是否属于保险责任作出核定，并将结果通知被保险人；对不属于保险责任的，应当书面说明理由；对属于保险责任的，在与被保险人达成赔偿保险金的协议后10日内，赔偿保险金。

第三十条 被保险人与保险公司对赔偿有争议的，可以依法申请仲裁或者向人民法院提起诉讼。

第三十一条 保险公司可以向被保险人赔偿保险金，也可以直接向受害人赔偿保险金。但是，因抢救受伤人员需要保险公司支付或者垫付抢救费用的，保险公司在接到公安机关交通管理部门通知后，经核对应当及时向医疗机构支付或者垫付抢救费用。

因抢救受伤人员需要救助基金管理机构垫付抢救费用的，救助基金管理机构在接到公安机关交通管理部门通知后，经核对应当及时向医疗机构垫付抢救费用。

第三十二条 医疗机构应当参照国务院卫生主管部门组织制定的有关临床诊疗指南，抢救、治疗道路交通事故中的受伤人员。

第三十三条 保险公司赔偿保险金或者垫付抢救费用，救助基金管理机构垫付抢救费用，需要向有关部门、医疗机构核实有关情况的，有关部门、医疗机构应当予以配合。

第三十四条 保险公司、救助基金管理机构的工作人员对当事人的个人隐私应当保密。

第三十五条 道路交通事故损害赔偿项目和标准依照有关法律的规定执行。

第四章 罚 则

第三十六条 保险公司以外的单位或者个人，非法从事机动车交通事故责任强制保险业务的，由国务院保险监督管理机构予以取缔；构成犯罪的，依法追究刑事责任；尚不构成犯罪的，由国务院保险监督管理机构没收违法所得，违法所得20万元以上的，并处违法所得1倍以上5倍以下罚款；没有违法所得或者违法所得不足20万元的，处20万元以上100万元以下罚款。

第三十七条 保险公司违反本条例规定，有下列行为之一的，由国务院保险监督管理机构责令改正，处5万元以上30万元以下罚款；情节严重

的,可以限制业务范围、责令停止接受新业务或者吊销经营保险业务许可证:

(一)拒绝或者拖延承保机动车交通事故责任强制保险的;

(二)未按照统一的保险条款和基础保险费率从事机动车交通事故责任强制保险业务的;

(三)未将机动车交通事故责任强制保险业务和其他保险业务分开管理,单独核算的;

(四)强制投保人订立商业保险合同的;

(五)违反规定解除机动车交通事故责任强制保险合同的;

(六)拒不履行约定的赔偿保险金义务的;

(七)未按照规定及时支付或者垫付抢救费用的。

第三十八条 机动车所有人、管理人未按照规定投保机动车交通事故责任强制保险的,由公安机关交通管理部门扣留机动车,通知机动车所有人、管理人依照规定投保,处依照规定投保最低责任限额应缴纳的保险费的 2 倍罚款。

机动车所有人、管理人依照规定补办机动车交通事故责任强制保险的,应当及时退还机动车。

第三十九条 上道路行驶的机动车未放置保险标志的,公安机关交通管理部门应当扣留机动车,通知当事人提供保险标志或者补办相应手续,可以处警告或者 20 元以上 200 元以下罚款。

当事人提供保险标志或者补办相应手续的,应当及时退还机动车。

第四十条 伪造、变造或者使用伪造、变造的保险标志,或者使用其他机动车的保险标志,由公安机关交通管理部门予以收缴,扣留该机动车,处 200 元以上 2000 元以下罚款;构成犯罪的,依法追究刑事责任。

当事人提供相应的合法证明或者补办相应手续的,应当及时退还机动车。

第五章 附 则

第四十一条 本条例下列用语的含义:

(一)投保人,是指与保险公司订立机动车交通事故责任强制保险合同,并按照合同负有支付保险费义务的机动车的所有人、管理人。

(二)被保险人,是指投保人及其允许的合法驾驶人。

(三)抢救费用,是指机动车发生道路交通事故导致人员受伤时,医疗机构参照国务院卫生主管部门组织制定的有关临床诊疗指南,对生命体征不平稳和虽然生命体征平稳但如果不采取处理措施会产生生命危险,或者导致残疾、器官功能障碍,或者导致病程明显延长的受伤人员,采取必要的处理措施所发生的医疗费用。

第四十二条 挂车不投保机动车交通事故责任强制保险。发生道路交通事故造成人身伤亡、财产损失的,由牵引车投保的保险公司在机动车交通事故责任强制保险责任限额范围内予以赔偿;不足的部分,由牵引车方和挂车方依照法律规定承担赔偿责任。

第四十三条 机动车在道路以外的地方通行时发生事故,造成人身伤亡、财产损失的赔偿,比照适用本条例。

第四十四条 中国人民解放军和中国人民武装警察部队在编机动车参加机动车交通事故责任强制保险的办法,由中国人民解放军和中国人民武装警察部队另行规定。

第四十五条 机动车所有人、管理人自本条例施行之日起 3 个月内投保机动车交通事故责任强制保险;本条例施行前已经投保商业性机动车第三者责任保险的,保险期满,应当投保机动车交通事故责任强制保险。

第四十六条 本条例自 2006 年 7 月 1 日起施行。

中国银保监会关于调整交强险责任限额和费率浮动系数的公告

·2020 年 9 月 9 日

根据《机动车交通事故责任强制保险条例》的有关规定,在广泛征求意见的基础上,银保监会会同公安部、卫生健康委、农业农村部确定了机动车交通事故责任强制保险(以下简称交强险)责任限额的调整方案,会同公安部确定了交强险费率浮动系数的调整方案,现将有关调整内容公告如下:

一、新交强险责任限额方案

在中华人民共和国境内(不含港、澳、台地区),被保险人在使用被保险机动车过程中发生交通事故,致使受害人遭受人身伤亡或者财产损失,依法应当由被保险人承担的损害赔偿责任，每次事故责任限额为：死亡伤残赔偿限额 18 万元，医疗费用赔偿限额 1.8 万元，财产损失赔偿限额 0.2 万元。被保险人无责任时，死亡伤残赔偿限额 1.8 万元，医疗费用赔偿限额 1800 元，财产损失赔偿限额 100 元。

二、新交强险费率浮动系数方案

（一）将《机动车交通事故责任强制保险费率浮动暂行办法》（以下简称《暂行办法》）第三条修改如下：

1. 内蒙古、海南、青海、西藏 4 个地区实行以下费率调整方案 A：

	浮动因素	浮动比率
与道路交通事故相联系的浮动方案 A	A1，上一个年度未发生有责任道路交通事故	-30%
	A2，上两个年度未发生有责任道路交通事故	-40%
	A3，上三个及以上年度未发生有责任道路交通事故	-50%
	A4，上一个年度发生一次有责任不涉及死亡的道路交通事故	0%
	A5，上一个年度发生两次及两次以上有责任道路交通事故	10%
	A6，上一个年度发生有责任道路交通死亡事故	30%

2. 陕西、云南、广西 3 个地区实行以下费率调整方案 B：

	浮动因素	浮动比率
与道路交通事故相联系的浮动方案 B	B1，上一个年度未发生有责任道路交通事故	-25%
	B2，上两个年度未发生有责任道路交通事故	-35%
	B3，上三个及以上年度未发生有责任道路交通事故	-45%
	B4，上一个年度发生一次有责任不涉及死亡的道路交通事故	0%
	B5，上一个年度发生两次及两次以上有责任道路交通事故	10%
	B6，上一个年度发生有责任道路交通死亡事故	30%

3. 甘肃、吉林、山西、黑龙江、新疆 5 个地区实行以下费率调整方案 C：

	浮动因素	浮动比率
与道路交通事故相联系的浮动方案 C	C1，上一个年度未发生有责任道路交通事故	-20%
	C2，上两个年度未发生有责任道路交通事故	-30%
	C3，上三个及以上年度未发生有责任道路交通事故	-40%
	C4，上一个年度发生一次有责任不涉及死亡的道路交通事故	0%
	C5，上一个年度发生两次及两次以上有责任道路交通事故	10%
	C6，上一个年度发生有责任道路交通死亡事故	30%

4. 北京、天津、河北、宁夏 4 个地区实行以下费率调整方案 D：

	浮动因素	浮动比率
与道路交通事故相联系的浮动方案 D	D1，上一个年度未发生有责任道路交通事故	-15%
	D2，上两个年度未发生有责任道路交通事故	-25%
	D3，上三个及以上年度未发生有责任道路交通事故	-35%
	D4，上一个年度发生一次有责任不涉及死亡的道路交通事故	0%
	D5，上一个年度发生两次及两次以上有责任道路交通事故	10%
	D6，上一个年度发生有责任道路交通死亡事故	30%

5. 江苏、浙江、安徽、上海、湖南、湖北、江西、辽宁、河南、福建、重庆、山东、广东、深圳、厦门、四川、贵州、大连、青岛、宁波 20 个地区实行以下费率调整方案 E：

	浮动因素	浮动比率
与道路交通事故相联系的浮动方案 E	E1，上一个年度未发生有责任道路交通事故	-10%
	E2，上两个年度未发生有责任道路交通事故	-20%
	E3，上三个及以上年度未发生有责任道路交通事故	-30%
	E4，上一个年度发生一次有责任不涉及死亡的道路交通事故	0%
	E5，上一个年度发生两次及两次以上有责任道路交通事故	10%
	E6，上一个年度发生有责任道路交通死亡事故	30%

（二）将《暂行办法》第四条修改为：“交强险最终保险费计算方法是：交强险最终保险费=交强险基础保险费×（1+与道路交通事故相联系的浮动比率X，X取ABCDE方案其中之一对应的值）。”

（三）将《暂行办法》第七条修改为：“与道路交通事故相联系的浮动比率X为X1至X6其中之一，不累加。同时满足多个浮动因素的，按照向上浮动或者向下浮动比率的高者计算。”

三、新方案实行时间

上述责任限额和费率浮动系数从2020年9月19日零时起实行。截至2020年9月19日零时保险期间尚未结束的交强险保单项下的机动车在2020年9月19日零时后发生道路交通事故的，按照新的责任限额执行；在2020年9月19日零时前发生道路交通事故的，仍按原责任限额执行。

特此公告。

中国保险监督管理委员会关于保证保险合同纠纷案的复函

·1999年8月30日
·保监法〔1999〕16号

最高人民法院告诉申诉庭：

你庭关于“中国工商银行郴州市苏仙区支行与中保财产保险有限公司郴州市苏仙区支公司保证保险合同纠纷一案征求意见函”收悉。经研究，现复函如下：

一、此案所涉及的纠纷属于保证保险合同纠纷。保证保险是财产保险的一种，是指由作为保证人的保险人为作为被保证人的被保险人向权利人提供担保的一种形式，如果由于被保险人的作为或不作为不履行合同义务，致使权利人遭受经济损失，保险人向被保险人或受益人承担赔偿责任。保证保险合同与保证合同的区别在于，保证合同是保证人为担保债务人履行债务而与债权人订立的协议，其当事人是主合同的债权人和保证人，被保证人不是保证合同的当事人。保证保险合同的当事人是债务人（被保证人）和保险人（保证人），债权人一般不是保证保险合同的当事人，可以作为合同的第三人（受益人）。在该案中，天字号矿与郴县保险公司之间签订了保证保险合同，因此，他们之间由履行该项合同之间所引起的纠纷，属于保险合同纠纷，应按保险合同的约定确定保险人是否应承担赔偿责任。

二、此案不适用《保险法》或《担保法》，而应适用1983年发布的《财产保险合同条例》。《保险法》于1995年10月1日开始实施，对于此前发生的保险合同纠纷并不具有追溯力；此案所涉及的纠纷属保险合同纠纷，不在《担保法》的适用范围之内。

三、保单关于一年保险期限的约定是有效的。在该案中，《企业借款保证保险试行办法》（以下简称“试行办法”）第七条规定保险期限为“自被保证人取得贷款之日起至还清贷款之日为止”，但保单载明的保险期限为一年。保单和《试行办法》均为保险合同的组成部分，保单上载明的保险期限可以视为当事人对保险期限的特别约定，保险合同的当事人另有约定的，应从其约定。此外，保单上关于保险期限的约定多为手写。在保险实践中，手写文字的效力高于打印文字，打印文字的效力高于印刷文字，因此，保单关于一年保险期限的约定是有效的。

中国保险监督管理委员会关于如何理解和适用保险法第三十九条[①]问题的复函

·2000年4月4日
·保监法〔2000〕10号

最高人民法院研究室：

你院《关于征求〈关于如何理解和适用保险法第三十九条规定的问题的批复（稿）〉的函》及所附《如何理解和适用保险法第三十九条的答复》（以下简称“答复”）收悉。经研究，现复函如下：

一、在保险业务实践当中，保险价值的作用在于确定保险金额。根据中国人民银行1996年7月1日颁布的《机动车辆保险条款》第七条规定：“车辆的保险价值根据新车购置价确定。车辆损失险

① 对应修订后的《保险法》第四十条。

的保险金额可以按投保时保险价值或实际价值确定,也可以由被保险人与保险人确定,但保险金额不得超过保险价值,超过部分无效。"《机动车辆保险条款》是由保险监管部门根据《保险法》制订的,条款第七条的规定与《保险法》第三十九条的规定是一致的。如果投保人和保险人违反该条款规定,约定车辆的保险价值高于新车购置价,应视为无效。

二、前述《机动车辆保险条款》第十二条明确规定,车辆发生全部损失的,按保险金额计算赔偿,但保险金额高于实际价值时以不超过出险当时的实际价值计算赔偿。保险条款作为保险合同的组成部分,在合同成立后,即为当事人双方的共同意思表示。在计算赔偿金额时,应按照保险条款的规定执行。

三、《保险法》第二十三条①第四款规定:"保险金额是指保险人承担赔偿或者给付保险金责任的最高限额。"因此,"答复"一文中所称"保险价值是保险人承担保险责任的最高限额"欠妥,建议予以删除。

以上意见,供参考。

中国保险监督管理委员会关于处理有关保险合同纠纷问题的意见

·2001年3月14日

·保监发〔2001〕74号

机关各部门,各保监办、保监办筹备组:

在日常监管工作中,保监会及派出机构经常遇到当事人、司法裁判机关关于保险合同纠纷中具体问题的咨询、请示等,内容涉及条款解释、保险监管部门规范性文件的效力及其他有关诉讼事宜。为进一步明确保险监管职能,提高监管工作效率,现提出处理此类问题的有关意见:

一、对于被保险人与保险公司之间的保险合同争议,保监会及其派出机构不负责裁定,因此引起的投诉案件,保监会可以督促保险公司积极与被保险人协商解决;对于因保险合同引起的诉讼、仲裁等司法裁判程序,保监会及其派出机构不介入。

二、对于保险合同当事人关于具体保险合同纠纷的咨询或请示,保监会及其派出机构不做正式答复;对于法院、检察院、仲裁机构等司法裁判机关的司法协助请求或咨询,保监会及其派出机构应当进行配合。

三、对于保监会制定的基本保险条款和保险费率,保险合同当事人或法院、仲裁机构等部门请求咨询的,保监会相关业务部门应当作出解释答复;对于保险公司制定使用的保险条款和保险费率,保监会及其派出机构不负责解释。

四、保监会及其派出机构制定规章及其他规范性文件时,应当避免对被保险人与保险公司之间的民事法律关系构成不当干预;在制定、审批、备案保险条款和保险费率时,应当从保护被保险人利益出发,依据公平和诚实信用原则进行监督审查。

中国保险监督管理委员会关于交通事故强制定损问题的批复

·2001年3月29日

·保监复〔2001〕88号

成都保监办:

你办《关于保险公司依法不承担价格认证中心对交通事故的定损费用及定损结论不作为保险理赔依据的请示》(成保监发[2001]16号)收悉。你办的处理方式和有关意见建议,我们基本同意。现将有关意见批复并重申如下:

一、公安交通管理部门对于交通事故的管理是一种行政行为,交通事故当事人之间的损害赔偿以及被保险人与保险公司之间的保险赔偿是一种民事法律行为,因此它们属于不同的法律关系,分别受不同的法律规范调整。

二、根据国务院《道路交通事故处理办法》,公安交通管理部门是处理交通事故的行政执法主体,其职责包括:处理交通事故现场、处罚交通事故责任者、对损害赔偿进行调解。因此,对交通事故中当事人的损害赔偿,交通管理部门只有调解的职责,而没有裁决的权力。无论是否达成调解

① 对应修订后的《保险法》第二十四条。

协议,当事人都可以依法向人民法院提起民事诉讼。

三、被保险人(保险车辆的车主)与保险公司之间是一种保险合同关系,双方的权利义务根据保险合同和《保险法》等法律法规确定,它相对独立于交通事故当事人之间的损害赔偿关系。同时,保险公司并非交通事故的当事人,也不是交通事故处理这一行政法律关系的当事人,因此公安交通管理部门对交通事故的裁决(包括对保险的事故车辆的损失认定)对保险公司没有法律约束力。

四、保险车辆发生交通事故后,对保险标的的损失进行评估理算,是被保险人和保险公司依法享有的民事权利。双方既可以自愿协商,也可以共同委托第三方即依法设立的评估机构或具有法定资格的专家,对保险事故进行评估和鉴定,或者在双方无法达成一致意见时,在诉讼和仲裁程序中依法确定。除非保险合同当事人双方自愿委托物价部门进行评估定损或者其定损结论得到裁判机关的采信,否则该定损结论对被保险人和保险公司没有约束力。

五、保险合同是平等民事主体之间的法律关系,当事人的合法权益依法受到保护,任何单位和个人都不得对当事人的权利义务进行不正当干预。社会主义市场经济条件下,政府行政行为尤其应当注意避免对公民、法人和其他民事主体的合法权益构成妨碍或侵害。

最高人民法院关于适用《中华人民共和国保险法》若干问题的解释(一)

· 2009 年 9 月 14 日最高人民法院审判委员会第 1473 次会议通过
· 2009 年 9 月 21 日最高人民法院公告公布
· 自 2009 年 10 月 1 日起施行
· 法释〔2009〕12 号

为正确审理保险合同纠纷案件,切实维护当事人的合法权益,现就人民法院适用 2009 年 2 月 28 日第十一届全国人大常委会第七次会议修订的《中华人民共和国保险法》(以下简称保险法)的有关问题规定如下:

第一条 保险法施行后成立的保险合同发生的纠纷,适用保险法的规定。保险法施行前成立的保险合同发生的纠纷,除本解释另有规定外,适用当时的法律规定;当时的法律没有规定的,参照适用保险法的有关规定。

认定保险合同是否成立,适用合同订立时的法律。

第二条 对于保险法施行前成立的保险合同,适用当时的法律认定无效而适用保险法认定有效的,适用保险法的规定。

第三条 保险合同成立于保险法施行前而保险标的转让、保险事故、理赔、代位求偿等行为或事件,发生于保险法施行后的,适用保险法的规定。

第四条 保险合同成立于保险法施行前,保险法施行后,保险人以投保人未履行如实告知义务或者申报被保险人年龄不真实为由,主张解除合同的,适用保险法的规定。

第五条 保险法施行前成立的保险合同,下列情形下的期间自 2009 年 10 月 1 日起计算:

(一)保险法施行前,保险人收到赔偿或者给付保险金的请求,保险法施行后,适用保险法第二十三条规定的三十日的;

(二)保险法施行前,保险人知道解除事由,保险法施行后,按照保险法第十六条、第三十二条的规定行使解除权,适用保险法第十六条规定的三十日的;

(三)保险法施行后,保险人按照保险法第十六条第二款的规定请求解除合同,适用保险法第十六条规定的二年的;

(四)保险法施行前,保险人收到保险标的转让通知,保险法施行后,以保险标的的转让导致危险程度显著增加为由请求按照合同约定增加保险费或者解除合同,适用保险法第四十九条规定的三十日的。

第六条 保险法施行前已经终审的案件,当事人申请再审或者按照审判监督程序提起再审的案件,不适用保险法的规定。

最高人民法院关于适用《中华人民共和国保险法》若干问题的解释(二)

- 2013 年 5 月 6 日最高人民法院审判委员会第 1577 次会议通过
- 根据 2020 年 12 月 23 日最高人民法院审判委员会第 1823 次会议通过的《最高人民法院关于修改〈最高人民法院关于破产企业国有划拨土地使用权应否列入破产财产等问题的批复〉等二十九件商事类司法解释的决定》修正
- 2020 年 12 月 29 日最高人民法院公告公布
- 自 2021 年 1 月 1 日起施行
- 法释〔2020〕18 号

为正确审理保险合同纠纷案件,切实维护当事人的合法权益,根据《中华人民共和国民法典》《中华人民共和国保险法》《中华人民共和国民事诉讼法》等法律规定,结合审判实践,就保险法中关于保险合同一般规定部分有关法律适用问题解释如下:

第一条 财产保险中,不同投保人就同一保险标的分别投保,保险事故发生后,被保险人在其保险利益范围内依据保险合同主张保险赔偿的,人民法院应予支持。

第二条 人身保险中,因投保人对被保险人不具有保险利益导致保险合同无效,投保人主张保险人退还扣减相应手续费后的保险费的,人民法院应予支持。

第三条 投保人或者投保人的代理人订立保险合同时没有亲自签字或者盖章,而由保险人或者保险人的代理人代为签字或者盖章的,对投保人不生效。但投保人已经交纳保险费的,视为其对代签字或者盖章行为的追认。

保险人或者保险人的代理人代为填写保险单证后经投保人签字或者盖章确认的,代为填写的内容视为投保人的真实意思表示。但有证据证明保险人或者保险人的代理人存在保险法第一百一十六条、第一百三十一条相关规定情形的除外。

第四条 保险人接受了投保人提交的投保单并收取了保险费,尚未作出是否承保的意思表示,发生保险事故,被保险人或者受益人请求保险人按照保险合同承担赔偿或者给付保险金责任,符合承保条件的,人民法院应予支持;不符合承保条件的,保险人不承担保险责任,但应当退还已经收取的保险费。

保险人主张不符合承保条件的,应承担举证责任。

第五条 保险合同订立时,投保人明知的与保险标的或者被保险人有关的情况,属于保险法第十六条第一款规定的投保人"应当如实告知"的内容。

第六条 投保人的告知义务限于保险人询问的范围和内容。当事人对询问范围及内容有争议的,保险人负举证责任。

保险人以投保人违反了对投保单询问表中所列概括性条款的如实告知义务为由请求解除合同的,人民法院不予支持。但该概括性条款有具体内容的除外。

第七条 保险人在保险合同成立后知道或者应当知道投保人未履行如实告知义务,仍然收取保险费,又依照保险法第十六条第二款的规定主张解除合同的,人民法院不予支持。

第八条 保险人未行使合同解除权,直接以存在保险法第十六条第四款、第五款规定的情形为由拒绝赔偿的,人民法院不予支持。但当事人就拒绝赔偿事宜及保险合同存续另行达成一致的情况除外。

第九条 保险人提供的格式合同文本中的责任免除条款、免赔额、免赔率、比例赔付或者给付等免除或者减轻保险人责任的条款,可以认定为保险法第十七条第二款规定的"免除保险人责任的条款"。

保险人因投保人、被保险人违反法定或者约定义务,享有解除合同权利的条款,不属于保险法第十七条第二款规定的"免除保险人责任的条款"。

第十条 保险人将法律、行政法规中的禁止性规定情形作为保险合同免责条款的免责事由,保险人对该条款作出提示后,投保人、被保险人或者受益人以保险人未履行明确说明义务为由主张该条款不成为合同内容的,人民法院不予支持。

第十一条 保险合同订立时,保险人在投保单或者保险单等其他保险凭证上,对保险合同中免除保险人责任的条款,以足以引起投保人注意的文字、字体、符号或者其他明显标志作出提示的,人民法院应当认定其履行了保险法第十七条第二款规定的提示义务。

保险人对保险合同中有关免除保险人责任条款的概念、内容及其法律后果以书面或者口头形式向投保人作出常人能够理解的解释说明的，人民法院应当认定保险人履行了保险法第十七条第二款规定的明确说明义务。

第十二条 通过网络、电话等方式订立的保险合同，保险人以网页、音频、视频等形式对免除保险人责任条款予以提示和明确说明的，人民法院可以认定其履行了提示和明确说明义务。

第十三条 保险人对其履行了明确说明义务负举证责任。

投保人对保险人履行了符合本解释第十一条第二款要求的明确说明义务在相关文书上签字、盖章或者以其他形式予以确认的，应当认定保险人履行了该项义务。但另有证据证明保险人未履行明确说明义务的除外。

第十四条 保险合同中记载的内容不一致的，按照下列规则认定：

（一）投保单与保险单或者其他保险凭证不一致的，以投保单为准。但不一致的情形系经保险人说明并经投保人同意的，以投保人签收的保险单或者其他保险凭证载明的内容为准；

（二）非格式条款与格式条款不一致的，以非格式条款为准；

（三）保险凭证记载的时间不同的，以形成时间在后的为准；

（四）保险凭证存在手写和打印两种方式的，以双方签字、盖章的手写部分的内容为准。

第十五条 保险法第二十三条规定的三十日核定期间，应自保险人初次收到索赔请求及投保人、被保险人或者受益人提供的有关证明和资料之日起算。

保险人主张扣除投保人、被保险人或者受益人补充提供有关证明和资料期间的，人民法院应予支持。扣除期间自保险人根据保险法第二十二条规定作出的通知到达投保人、被保险人或者受益人之日起，至投保人、被保险人或者受益人按照通知要求补充提供的有关证明和资料到达保险人之日止。

第十六条 保险人应以自己的名义行使保险代位求偿权。

根据保险法第六十条第一款的规定，保险人代位求偿权的诉讼时效期间应自其取得代位求偿权之日起算。

第十七条 保险人在其提供的保险合同格式条款中对非保险术语所作的解释符合专业意义，或者虽不符合专业意义，但有利于投保人、被保险人或者受益人的，人民法院应予认可。

第十八条 行政管理部门依据法律规定制作的交通事故认定书、火灾事故认定书等，人民法院应当依法审查并确认其相应的证明力，但有相反证据能够推翻的除外。

第十九条 保险事故发生后，被保险人或者受益人起诉保险人，保险人以被保险人或者受益人未要求第三者承担责任为由抗辩不承担保险责任的，人民法院不予支持。

财产保险事故发生后，被保险人就其所受损失从第三者取得赔偿后的不足部分提起诉讼，请求保险人赔偿的，人民法院应予依法受理。

第二十条 保险公司依法设立并取得营业执照的分支机构属于《中华人民共和国民事诉讼法》第四十八条规定的其他组织，可以作为保险合同纠纷案件的当事人参加诉讼。

第二十一条 本解释施行后尚未终审的保险合同纠纷案件，适用本解释；本解释施行前已经终审，当事人申请再审或者按照审判监督程序决定再审的案件，不适用本解释。

最高人民法院关于适用《中华人民共和国保险法》若干问题的解释（三）

· 2015 年 9 月 21 日最高人民法院审判委员会第 1661 次会议通过

· 根据 2020 年 12 月 23 日最高人民法院审判委员会第 1823 次会议通过的《最高人民法院关于修改〈最高人民法院关于破产企业国有划拨土地使用权应否列入破产财产等问题的批复〉等二十九件商事类司法解释的决定》修正

· 2020 年 12 月 29 日最高人民法院公告公布

· 自 2021 年 1 月 1 日起施行

· 法释〔2020〕18 号

为正确审理保险合同纠纷案件，切实维护当事人的合法权益，根据《中华人民共和国民法典》

《中华人民共和国保险法》《中华人民共和国民事诉讼法》等法律规定,结合审判实践,就保险法中关于保险合同章人身保险部分有关法律适用问题解释如下:

第一条 当事人订立以死亡为给付保险金条件的合同,根据保险法第三十四条的规定,“被保险人同意并认可保险金额”可以采取书面形式、口头形式或者其他形式;可以在合同订立时作出,也可以在合同订立后追认。

有下列情形之一的,应认定为被保险人同意投保人为其订立保险合同并认可保险金额:

(一)被保险人明知他人代其签名同意而未表示异议的;

(二)被保险人同意投保人指定的受益人的;

(三)有证据足以认定被保险人同意投保人为其投保的其他情形。

第二条 被保险人以书面形式通知保险人和投保人撤销其依据保险法第三十四条第一款规定所作出的同意意思表示的,可认定为保险合同解除。

第三条 人民法院审理人身保险合同纠纷案件时,应主动审查投保人订立保险合同时是否具有保险利益,以及以死亡为给付保险金条件的合同是否经过被保险人同意并认可保险金额。

第四条 保险合同订立后,因投保人丧失对被保险人的保险利益,当事人主张保险合同无效的,人民法院不予支持。

第五条 保险合同订立时,被保险人根据保险人的要求在指定医疗服务机构进行体检,当事人主张投保人如实告知义务免除的,人民法院不予支持。

保险人知道被保险人的体检结果,仍以投保人未就相关情况履行如实告知义务为由要求解除合同的,人民法院不予支持。

第六条 未成年人父母之外的其他履行监护职责的人为未成年人订立以死亡为给付保险金条件的合同,当事人主张参照保险法第三十三条第二款、第三十四条第三款的规定认定该合同有效的,人民法院不予支持,但经未成年人父母同意的除外。

第七条 当事人以被保险人、受益人或者他人已经代为支付保险费为由,主张投保人对应的交费义务已经履行的,人民法院应予支持。

第八条 保险合同效力依照保险法第三十六条规定中止,投保人提出恢复效力申请并同意补交保险费的,除被保险人的危险程度在中止期间显著增加外,保险人拒绝恢复效力的,人民法院不予支持。

保险人在收到恢复效力申请后,三十日内未明确拒绝的,应认定为同意恢复效力。

保险合同自投保人补交保险费之日恢复效力。保险人要求投保人补交相应利息的,人民法院应予支持。

第九条 投保人指定受益人未经被保险人同意的,人民法院应认定指定行为无效。

当事人对保险合同约定的受益人存在争议,除投保人、被保险人在保险合同之外另有约定外,按以下情形分别处理:

(一)受益人约定为“法定”或者“法定继承人”的,以民法典规定的法定继承人为受益人;

(二)受益人仅约定为身份关系的,投保人与被保险人为同一主体时,根据保险事故发生时与被保险人的身份关系确定受益人;投保人与被保险人为不同主体时,根据保险合同成立时与被保险人的身份关系确定受益人;

(三)约定的受益人包括姓名和身份关系,保险事故发生时身份关系发生变化的,认定为未指定受益人。

第十条 投保人或者被保险人变更受益人,当事人主张变更行为自变更意思表示发出时生效的,人民法院应予支持。

投保人或者被保险人变更受益人未通知保险人,保险人主张变更对其不发生效力的,人民法院应予支持。

投保人变更受益人未经被保险人同意,人民法院应认定变更行为无效。

第十一条 投保人或者被保险人在保险事故发生后变更受益人,变更后的受益人请求保险人给付保险金的,人民法院不予支持。

第十二条 投保人或者被保险人指定数人为受益人,部分受益人在保险事故发生前死亡、放弃受益权或者依法丧失受益权的,该受益人应得的受益份额按照保险合同的约定处理;保险合同没有约定或者约定不明的,该受益人应得的受益份额按照以下情形分别处理:

(一)未约定受益顺序和受益份额的,由其他受益人平均享有；

（二）未约定受益顺序但约定受益份额的，由其他受益人按照相应比例享有；

（三）约定受益顺序但未约定受益份额的，由同顺序的其他受益人平均享有；同一顺序没有其他受益人的，由后一顺序的受益人平均享有；

（四）约定受益顺序和受益份额的，由同顺序的其他受益人按照相应比例享有；同一顺序没有其他受益人的，由后一顺序的受益人按照相应比例享有。

第十三条 保险事故发生后，受益人将与本次保险事故相对应的全部或者部分保险金请求权转让给第三人，当事人主张该转让行为有效的，人民法院应予支持，但根据合同性质、当事人约定或者法律规定不得转让的除外。

第十四条 保险金根据保险法第四十二条规定作为被保险人遗产，被保险人的继承人要求保险人给付保险金，保险人以其已向持有保险单的被保险人的其他继承人给付保险金为由抗辩的，人民法院应予支持。

第十五条 受益人与被保险人存在继承关系，在同一事件中死亡且不能确定死亡先后顺序的，人民法院应依据保险法第四十二条第二款推定受益人死亡在先，并按照保险法及本解释的相关规定确定保险金归属。

第十六条 人身保险合同解除时，投保人与被保险人、受益人为不同主体，被保险人或者受益人要求退还保险单的现金价值的，人民法院不予支持，但保险合同另有约定的除外。

投保人故意造成被保险人死亡、伤残或者疾病，保险人依照保险法第四十三条规定退还保险单的现金价值的，其他权利人按照被保险人、被保险人的继承人的顺序确定。

第十七条 投保人解除保险合同，当事人以其解除合同未经被保险人或者受益人同意为由主张解除行为无效的，人民法院不予支持，但被保险人或者受益人已向投保人支付相当于保险单现金价值的款项并通知保险人的除外。

第十八条 保险人给付费用补偿型的医疗费用保险金时，主张扣减被保险人从公费医疗或者社会医疗保险取得的赔偿金额的，应当证明该保险产品在厘定医疗费用保险费率时已经将公费医疗或者社会医疗保险部分相应扣除，并按照扣减后的标准收取保险费。

第十九条 保险合同约定按照基本医疗保险的标准核定医疗费用，保险人以被保险人的医疗支出超出基本医疗保险范围为由拒绝给付保险金的，人民法院不予支持；保险人有证据证明被保险人支出的费用超过基本医疗保险同类医疗费用标准，要求对超出部分拒绝给付保险金的，人民法院应予支持。

第二十条 保险人以被保险人未在保险合同约定的医疗服务机构接受治疗为由拒绝给付保险金的，人民法院应予支持，但被保险人因情况紧急必须立即就医的除外。

第二十一条 保险人以被保险人自杀为由拒绝承担给付保险金责任的，由保险人承担举证责任。

受益人或者被保险人的继承人以被保险人自杀时无民事行为能力为由抗辩的，由其承担举证责任。

第二十二条 保险法第四十五条规定的“被保险人故意犯罪”的认定，应当以刑事侦查机关、检察机关和审判机关的生效法律文书或者其他结论性意见为依据。

第二十三条 保险人主张根据保险法第四十五条的规定不承担给付保险金责任的，应当证明被保险人的死亡、伤残结果与其实施的故意犯罪或者抗拒依法采取的刑事强制措施的行为之间存在因果关系。

被保险人在羁押、服刑期间因意外或者疾病造成伤残或者死亡，保险人主张根据保险法第四十五条的规定不承担给付保险金责任的，人民法院不予支持。

第二十四条 投保人为被保险人订立以死亡为给付保险金条件的人身保险合同，被保险人被宣告死亡后，当事人要求保险人按照保险合同约定给付保险金的，人民法院应予支持。

被保险人被宣告死亡之日在保险责任期间之外，但有证据证明下落不明之日在保险责任期间之内，当事人要求保险人按照保险合同约定给付保险金的，人民法院应予支持。

第二十五条 被保险人的损失系由承保事故或者非承保事故、免责事由造成难以确定，当事人请求保险人给付保险金的，人民法院可以按照相应比例予以支持。

第二十六条　本解释施行后尚未终审的保险合同纠纷案件,适用本解释;本解释施行前已经终审,当事人申请再审或者按照审判监督程序决定再审的案件,不适用本解释。

最高人民法院关于适用《中华人民共和国保险法》若干问题的解释(四)

·2018年5月14日最高人民法院审判委员会第1738次会议通过
·根据2020年12月23日最高人民法院审判委员会第1823次会议通过的《最高人民法院关于修改〈最高人民法院关于破产企业国有划拨土地使用权应否列入破产财产等问题的批复〉等二十九件商事类司法解释的决定》修正
·2020年12月29日最高人民法院公告公布
·自2021年1月1日起施行
·法释〔2020〕18号

为正确审理保险合同纠纷案件,切实维护当事人的合法权益,根据《中华人民共和国民法典》《中华人民共和国保险法》《中华人民共和国民事诉讼法》等法律规定,结合审判实践,就保险法中财产保险合同部分有关法律适用问题解释如下:

第一条　保险标的已交付受让人,但尚未依法办理所有权变更登记,承担保险标的毁损灭失风险的受让人,依照保险法第四十八条、第四十九条的规定主张行使被保险人权利的,人民法院应予支持。

第二条　保险人已向投保人履行了保险法规定的提示和明确说明义务,保险标的受让人以保险标的转让后保险人未向其提示或者明确说明为由,主张免除保险人责任的条款不成为合同内容的,人民法院不予支持。

第三条　被保险人死亡,继承保险标的的当事人主张承继被保险人的权利和义务的,人民法院应予支持。

第四条　人民法院认定保险标的是否构成保险法第四十九条、第五十二条规定的"危险程度显著增加"时,应当综合考虑以下因素:

(一)保险标的用途的改变;

(二)保险标的使用范围的改变;

(三)保险标的所处环境的变化;

(四)保险标的因改装等原因引起的变化;

(五)保险标的使用人或者管理人的改变;

(六)危险程度增加持续的时间;

(七)其他可能导致危险程度显著增加的因素。

保险标的危险程度虽然增加,但增加的危险属于保险合同订立时保险人预见或者应当预见的保险合同承保范围的,不构成危险程度显著增加。

第五条　被保险人、受让人依法及时向保险人发出保险标的转让通知后,保险人作出答复前,发生保险事故,被保险人或者受让人主张保险人按照保险合同承担赔偿保险金的责任的,人民法院应予支持。

第六条　保险事故发生后,被保险人依照保险法第五十七条的规定,请求保险人承担为防止或者减少保险标的的损失所支付的必要、合理费用,保险人以被保险人采取的措施未产生实际效果为由抗辩的,人民法院不予支持。

第七条　保险人依照保险法第六十条的规定,主张代位行使被保险人因第三者侵权或者违约等享有的请求赔偿的权利的,人民法院应予支持。

第八条　投保人和被保险人为不同主体,因投保人对保险标的的损害而造成保险事故,保险人依法主张代位行使被保险人对投保人请求赔偿的权利的,人民法院应予支持,但法律另有规定或者保险合同另有约定的除外。

第九条　在保险人以第三者为被告提起的代位求偿权之诉中,第三者以被保险人在保险合同订立前已放弃对其请求赔偿的权利为由进行抗辩,人民法院认定上述放弃行为合法有效,保险人就相应部分主张行使代位求偿权的,人民法院不予支持。

保险合同订立时,保险人就是否存在上述放弃情形提出询问,投保人未如实告知,导致保险人不能代位行使请求赔偿的权利,保险人请求返还相应保险金的,人民法院应予支持,但保险人知道或者应当知道上述情形仍同意承保的除外。

第十条　因第三者对保险标的的损害而造成保险事故,保险人获得代位请求赔偿的权利的情况未通知第三者或者通知到达第三者前,第三者在被保险人已经从保险人处获赔的范围内又向被保险人作出赔偿,保险人主张代位行使被保险人对第三者请求赔偿的权利的,人民法院不予支持。保险人就相应保险金主张被保险人返还的,人民法院应予支持。

保险人获得代位请求赔偿的权利的情况已经通知到第三者,第三者又向被保险人作出赔偿,保险人主张代位行使请求赔偿的权利,第三者以其已经向被保险人赔偿为由抗辩的,人民法院不予支持。

第十一条 被保险人因故意或者重大过失未履行保险法第六十三条规定的义务,致使保险人未能行使或者未能全部行使代位请求赔偿的权利,保险人主张在其损失范围内扣减或者返还相应保险金的,人民法院应予支持。

第十二条 保险人以造成保险事故的第三者为被告提起代位求偿权之诉的,以被保险人与第三者之间的法律关系确定管辖法院。

第十三条 保险人提起代位求偿权之诉时,被保险人已经向第三者提起诉讼的,人民法院可以依法合并审理。

保险人行使代位求偿权时,被保险人已经向第三者提起诉讼,保险人向受理该案的人民法院申请变更当事人,代位行使被保险人对第三者请求赔偿的权利,被保险人同意的,人民法院应予准许;被保险人不同意的,保险人可以作为共同原告参加诉讼。

第十四条 具有下列情形之一的,被保险人可以依照保险法第六十五条第二款的规定请求保险人直接向第三者赔偿保险金:

(一)被保险人对第三者所负的赔偿责任经人民法院生效裁判、仲裁裁决确认;

(二)被保险人对第三者所负的赔偿责任经被保险人与第三者协商一致;

(三)被保险人对第三者应负的赔偿责任能够确定的其他情形。

前款规定的情形下,保险人主张按照保险合同确定保险赔偿责任的,人民法院应予支持。

第十五条 被保险人对第三者应负的赔偿责任确定后,被保险人不履行赔偿责任,且第三者以保险人为被告或者以保险人与被保险人为共同被告提起诉讼时,被保险人尚未向保险人提出直接向第三者赔偿保险金的请求的,可以认定为属于保险法第六十五条第二款规定的“被保险人怠于请求”的情形。

第十六条 责任保险的被保险人因共同侵权依法承担连带责任,保险人以该连带责任超出被保险人应承担的责任份额为由,拒绝赔付保险金的,人民法院不予支持。保险人承担保险责任后,主张就超出被保险人责任份额的部分向其他连带责任人追偿的,人民法院应予支持。

第十七条 责任保险的被保险人对第三者所负的赔偿责任已经生效判决确认并已进入执行程序,但未获得清偿或者未获得全部清偿,第三者依法请求保险人赔偿保险金,保险人以前述生效判决已进入执行程序为由抗辩的,人民法院不予支持。

第十八条 商业责任险的被保险人向保险人请求赔偿保险金的诉讼时效期间,自被保险人对第三者应负的赔偿责任确定之日起计算。

第十九条 责任保险的被保险人与第三者就被保险人的赔偿责任达成和解协议且经保险人认可,被保险人主张保险人在保险合同范围内依据和解协议承担保险责任的,人民法院应予支持。

被保险人与第三者就被保险人的赔偿责任达成和解协议,未经保险人认可,保险人主张对保险责任范围以及赔偿数额重新予以核定的,人民法院应予支持。

第二十条 责任保险的保险人在被保险人向第三者赔偿之前向被保险人赔偿保险金,第三者依照保险法第六十五条第二款的规定行使保险金请求权时,保险人以其已向被保险人赔偿为由拒绝赔偿保险金的,人民法院不予支持。保险人向第三者赔偿后,请求被保险人返还相应保险金的,人民法院应予支持。

第二十一条 本解释自2018年9月1日起施行。

本解释施行后人民法院正在审理的一审、二审案件,适用本解释;本解释施行前已经终审,当事人申请再审或者按照审判监督程序决定再审的案件,不适用本解释。

最高人民法院关于审理海上保险纠纷案件若干问题的规定

· 2006 年 11 月 13 日最高人民法院审判委员会第 1405 次会议通过
· 根据 2020 年 12 月 23 日最高人民法院审判委员会第 1823 次会议通过的《最高人民法院关于修改〈最高人民法院关于破产企业国有划拨土地使用权应否列入破产财产等问题的批复〉等二十九件商事类司法解释的决定》修正
· 2020 年 12 月 29 日最高人民法院公告公布
· 自 2021 年 1 月 1 日起施行
· 法释〔2020〕18 号

为正确审理海上保险纠纷案件，依照《中华人民共和国海商法》《中华人民共和国保险法》《中华人民共和国海事诉讼特别程序法》和《中华人民共和国民事诉讼法》的相关规定，制定本规定。

第一条 审理海上保险合同纠纷案件，适用海商法的规定；海商法没有规定的，适用保险法的有关规定；海商法、保险法均没有规定的，适用民法典等其他相关法律的规定。

第二条 审理非因海上事故引起的港口设施或者码头作为保险标的的保险合同纠纷案件，适用保险法等法律的规定。

第三条 审理保险人因发生船舶触碰港口设施或者码头等保险事故，行使代位请求赔偿权利向造成保险事故的第三人追偿的案件，适用海商法的规定。

第四条 保险人知道被保险人未如实告知海商法第二百二十二条第一款规定的重要情况，仍收取保险费或者支付保险赔偿，保险人又以被保险人未如实告知重要情况为由请求解除合同的，人民法院不予支持。

第五条 被保险人未按照海商法第二百三十四条的规定向保险人支付约定的保险费的，保险责任开始前，保险人有权解除保险合同，但保险人已经签发保险单证的除外；保险责任开始后，保险人以被保险人未支付保险费请求解除合同的，人民法院不予支持。

第六条 保险人以被保险人违反合同约定的保证条款未立即书面通知保险人为由，要求从违反保证条款之日起解除保险合同的，人民法院应予支持。

第七条 保险人收到被保险人违反合同约定的保证条款书面通知后仍支付保险赔偿，又以被保险人违反合同约定的保证条款为由请求解除合同的，人民法院不予支持。

第八条 保险人收到被保险人违反合同约定的保证条款的书面通知后，就修改承保条件、增加保险费等事项与被保险人协商未能达成一致的，保险合同于违反保证条款之日解除。

第九条 在航次之中发生船舶转让的，未经保险人同意转让的船舶保险合同至航次终了时解除。船舶转让时起至航次终了时止的船舶保险合同的权利、义务由船舶出让人享有、承担，也可以由船舶受让人继受。

船舶受让人根据前款规定向保险人请求赔偿时，应当提交有效的保险单证及船舶转让合同的证明。

第十条 保险人与被保险人在订立保险合同时均不知道保险标的已经发生保险事故而遭受损失，或者保险标的已经不可能因发生保险事故而遭受损失的，不影响保险合同的效力。

第十一条 海上货物运输中因承运人无正本提单交付货物造成的损失不属于保险人的保险责任范围。保险合同当事人另有约定的，依约定。

第十二条 发生保险事故后，被保险人为防止或者减少损失而采取的合理措施没有效果，要求保险人支付由此产生的合理费用的，人民法院应予支持。

第十三条 保险人在行使代位请求赔偿权利时，未依照海事诉讼特别程序法的规定，向人民法院提交其已经向被保险人实际支付保险赔偿凭证的，人民法院不予受理；已经受理的，裁定驳回起诉。

第十四条 受理保险人行使代位请求赔偿权利纠纷案件的人民法院应当仅就造成保险事故的第三人与被保险人之间的法律关系进行审理。

第十五条 保险人取得代位请求赔偿权利后，以被保险人向第三人提起诉讼、提交仲裁、申请扣押船舶或者第三人同意履行义务为由主张诉讼时效中断的，人民法院应予支持。

第十六条 保险人取得代位请求赔偿权利

后,主张享有被保险人因申请扣押船舶取得的担保权利的,人民法院应予支持。

第十七条 本规定自2007年1月1日起施行。

最高人民法院关于审理出口信用保险合同纠纷案件适用相关法律问题的批复

·2013年4月15日最高人民法院审判委员会第1575次会议通过

·2013年5月2日最高人民法院公告公布

·自2013年5月8日起施行

·法释〔2013〕13号

广东省高级人民法院:

你院《关于出口信用保险合同法律适用问题的请示》(粤高法〔2012〕442号)收悉。经研究,批复如下:

对出口信用保险合同的法律适用问题,保险法没有作出明确规定。鉴于出口信用保险的特殊性,人民法院审理出口信用保险合同纠纷案件,可以参照适用保险法的相关规定;出口信用保险合同另有约定的,从其约定。

十五、农村土地承包合同

中华人民共和国农村集体经济组织法

·2024年6月28日第十四届全国人民代表大会常务委员会第十次会议通过
·2024年6月28日中华人民共和国主席令第26号公布
·自2025年5月1日起施行

第一章 总 则

第一条 为了维护农村集体经济组织及其成员的合法权益,规范农村集体经济组织及其运行管理,促进新型农村集体经济高质量发展,巩固和完善农村基本经营制度和社会主义基本经济制度,推进乡村全面振兴,加快建设农业强国,促进共同富裕,根据宪法,制定本法。

第二条 本法所称农村集体经济组织,是指以土地集体所有为基础,依法代表成员集体行使所有权,实行家庭承包经营为基础、统分结合双层经营体制的区域性经济组织,包括乡镇级农村集体经济组织、村级农村集体经济组织、组级农村集体经济组织。

第三条 农村集体经济组织是发展壮大新型农村集体经济、巩固社会主义公有制、促进共同富裕的重要主体,是健全乡村治理体系、实现乡村善治的重要力量,是提升中国共产党农村基层组织凝聚力、巩固党在农村执政根基的重要保障。

第四条 农村集体经济组织应当坚持以下原则:

(一)坚持中国共产党的领导,在乡镇党委、街道党工委和村党组织的领导下依法履职;

(二)坚持社会主义集体所有制,维护集体及其成员的合法权益;

(三)坚持民主管理,农村集体经济组织成员依照法律法规和农村集体经济组织章程平等享有权利、承担义务;

(四)坚持按劳分配为主体、多种分配方式并存,促进农村共同富裕。

第五条 农村集体经济组织依法代表成员集体行使所有权,履行下列职能:

(一)发包农村土地;

(二)办理农村宅基地申请、使用事项;

(三)合理开发利用和保护耕地、林地、草地等土地资源并进行监督;

(四)使用集体经营性建设用地或者通过出让、出租等方式交由单位、个人使用;

(五)组织开展集体财产经营、管理;

(六)决定集体出资的企业所有权变动;

(七)分配、使用集体收益;

(八)分配、使用集体土地被征收征用的土地补偿费等;

(九)为成员的生产经营提供技术、信息等服务;

(十)支持和配合村民委员会在村党组织领导下开展村民自治;

(十一)支持农村其他经济组织、社会组织依法发挥作用;

(十二)法律法规和农村集体经济组织章程规定的其他职能。

第六条 农村集体经济组织依照本法登记,取得特别法人资格,依法从事与其履行职能相适应的民事活动。

农村集体经济组织不适用有关破产法律的规定。

农村集体经济组织可以依法出资设立或者参与设立公司、农民专业合作社等市场主体,以其出资为限对其设立或者参与设立的市场主体的债务承担责任。

第七条 农村集体经济组织从事经营管理和服务活动,应当遵守法律法规,遵守社会公德、商业道德,诚实守信,承担社会责任。

第八条 国家保护农村集体经济组织及其成员的合法权益,任何组织和个人不得侵犯。

农村集体经济组织成员集体所有的财产受法律保护,任何组织和个人不得侵占、挪用、截留、哄抢、私分、破坏。

妇女享有与男子平等的权利，不得以妇女未婚、结婚、离婚、丧偶、户无男性等为由，侵害妇女在农村集体经济组织中的各项权益。

第九条 国家通过财政、税收、金融、土地、人才以及产业政策等扶持措施，促进农村集体经济组织发展，壮大新型农村集体经济。

国家鼓励和支持机关、企事业单位、社会团体等组织和个人为农村集体经济组织提供帮助和服务。

对发展农村集体经济组织事业做出突出贡献的组织和个人，按照国家规定给予表彰和奖励。

第十条 国务院农业农村主管部门负责指导全国农村集体经济组织的建设和发展。国务院其他有关部门在各自职责范围内负责有关的工作。

县级以上地方人民政府农业农村主管部门负责本行政区域内农村集体经济组织的登记管理、运行监督指导以及承包地、宅基地等集体财产管理和产权流转交易等的监督指导。县级以上地方人民政府其他有关部门在各自职责范围内负责有关的工作。

乡镇人民政府、街道办事处负责本行政区域内农村集体经济组织的监督管理等。

县级以上人民政府农业农村主管部门应当会同有关部门加强对农村集体经济组织工作的综合协调，指导、协调、扶持、推动农村集体经济组织的建设和发展。

地方各级人民政府和县级以上人民政府农业农村主管部门应当采取措施，建立健全集体财产监督管理服务体系，加强基层队伍建设，配备与集体财产监督管理工作相适应的专业人员。

第二章 成 员

第十一条 户籍在或者曾经在农村集体经济组织并与农村集体经济组织形成稳定的权利义务关系，以农村集体经济组织成员集体所有的土地等财产为基本生活保障的居民，为农村集体经济组织成员。

第十二条 农村集体经济组织通过成员大会，依据前条规定确认农村集体经济组织成员。

对因成员生育而增加的人员，农村集体经济组织应当确认为农村集体经济组织成员。对因成员结婚、收养或者因政策性移民而增加的人员，农村集体经济组织一般应当确认为农村集体经济组织成员。

确认农村集体经济组织成员，不得违反本法和其他法律法规的规定。

农村集体经济组织应当制作或者变更成员名册。成员名册应当报乡镇人民政府、街道办事处和县级人民政府农业农村主管部门备案。

省、自治区、直辖市人民代表大会及其常务委员会可以根据本法，结合本行政区域实际情况，对农村集体经济组织的成员确认作出具体规定。

第十三条 农村集体经济组织成员享有下列权利：

（一）依照法律法规和农村集体经济组织章程选举和被选举为成员代表、理事会成员、监事会成员或者监事；

（二）依照法律法规和农村集体经济组织章程参加成员大会、成员代表大会，参与表决决定农村集体经济组织重大事项和重要事务；

（三）查阅、复制农村集体经济组织财务会计报告、会议记录等资料，了解有关情况；

（四）监督农村集体经济组织的生产经营管理活动和集体收益的分配、使用，并提出意见和建议；

（五）依法承包农村集体经济组织发包的农村土地；

（六）依法申请取得宅基地使用权；

（七）参与分配集体收益；

（八）集体土地被征收征用时参与分配土地补偿费等；

（九）享受农村集体经济组织提供的服务和福利；

（十）法律法规和农村集体经济组织章程规定的其他权利。

第十四条 农村集体经济组织成员履行下列义务：

（一）遵守法律法规和农村集体经济组织章程；

（二）执行农村集体经济组织依照法律法规和农村集体经济组织章程作出的决定；

（三）维护农村集体经济组织合法权益；

（四）合理利用和保护集体土地等资源；

（五）参与、支持农村集体经济组织的生产经营管理活动和公益活动；

（六）法律法规和农村集体经济组织章程规定的其他义务。

第十五条 非农村集体经济组织成员长期在农村集体经济组织工作，对集体做出贡献的，经农村集体经济组织成员大会全体成员四分之三以上同意，可以享有本法第十三条第七项、第九项、第十项规定的权利。

第十六条 农村集体经济组织成员提出书面申请并经农村集体经济组织同意的，可以自愿退出农村集体经济组织。

农村集体经济组织成员自愿退出的，可以与农村集体经济组织协商获得适当补偿或者在一定期限内保留其已经享有的财产权益，但是不得要求分割集体财产。

第十七条 有下列情形之一的，丧失农村集体经济组织成员身份：

（一）死亡；

（二）丧失中华人民共和国国籍；

（三）已经取得其他农村集体经济组织成员身份；

（四）已经成为公务员，但是聘任制公务员除外；

（五）法律法规和农村集体经济组织章程规定的其他情形。

因前款第三项、第四项情形而丧失农村集体经济组织成员身份的，依照法律法规、国家有关规定和农村集体经济组织章程，经与农村集体经济组织协商，可以在一定期限内保留其已经享有的相关权益。

第十八条 农村集体经济组织成员不因就学、服役、务工、经商、离婚、丧偶、服刑等原因而丧失农村集体经济组织成员身份。

农村集体经济组织成员结婚，未取得其他农村集体经济组织成员身份的，原农村集体经济组织不得取消其成员身份。

第三章 组织登记

第十九条 农村集体经济组织应当具备下列条件：

（一）有符合本法规定的成员；

（二）有符合本法规定的集体财产；

（三）有符合本法规定的农村集体经济组织章程；

（四）有符合本法规定的名称和住所；

（五）有符合本法规定的组织机构。

符合前款规定条件的村一般应当设立农村集体经济组织，村民小组可以根据情况设立农村集体经济组织；乡镇确有需要的，可以设立农村集体经济组织。

设立农村集体经济组织不得改变集体土地所有权。

第二十条 农村集体经济组织章程应当载明下列事项：

（一）农村集体经济组织的名称、法定代表人、住所和财产范围；

（二）农村集体经济组织成员确认规则和程序；

（三）农村集体经济组织的机构；

（四）集体财产经营和财务管理；

（五）集体经营性财产收益权的量化与分配；

（六）农村集体经济组织的变更和注销；

（七）需要载明的其他事项。

农村集体经济组织章程应当报乡镇人民政府、街道办事处和县级人民政府农业农村主管部门备案。

国务院农业农村主管部门根据本法和其他有关法律法规制定农村集体经济组织示范章程。

第二十一条 农村集体经济组织的名称中应当标明“集体经济组织”字样，以及所在县、不设区的市、市辖区、乡、民族乡、镇、村或者组的名称。

农村集体经济组织以其主要办事机构所在地为住所。

第二十二条 农村集体经济组织成员大会表决通过本农村集体经济组织章程、确认本农村集体经济组织成员、选举本农村集体经济组织理事会成员、监事会成员或者监事后，应当及时向县级以上地方人民政府农业农村主管部门申请登记，取得农村集体经济组织登记证书。

农村集体经济组织登记办法由国务院农业农村主管部门制定。

第二十三条 农村集体经济组织合并的，应当在清产核资的基础上编制资产负债表和财产清单。

农村集体经济组织合并的，应当由各自的成员大会形成决定，经乡镇人民政府、街道办事处审核后，报县级以上地方人民政府批准。

农村集体经济组织应当在获得批准合并之日起十日内通知债权人，债权人可以要求农村集体经济组织清偿债务或者提供相应担保。

合并各方的债权债务由合并后的农村集体经济组织承继。

第二十四条 农村集体经济组织分立的，应当在清产核资的基础上分配财产、分解债权债务。

农村集体经济组织分立的，应当由成员大会形成决定，经乡镇人民政府、街道办事处审核后，报县级以上地方人民政府批准。

农村集体经济组织应当在获得批准分立之日起十日内通知债权人。

农村集体经济组织分立前的债权债务，由分立后的农村集体经济组织享有连带债权，承担连带债务，但是农村集体经济组织分立时已经与债权人或者债务人达成清偿债务的书面协议的，从其约定。

第二十五条 农村集体经济组织合并、分立或者登记事项变动的，应当办理变更登记。

农村集体经济组织因合并、分立等原因需要解散的，依法办理注销登记后终止。

第四章 组织机构

第二十六条 农村集体经济组织成员大会由具有完全民事行为能力的全体成员组成，是本农村集体经济组织的权力机构，依法行使下列职权：

（一）制定、修改农村集体经济组织章程；

（二）制定、修改农村集体经济组织内部管理制度；

（三）确认农村集体经济组织成员；

（四）选举、罢免农村集体经济组织理事会成员、监事会成员或者监事；

（五）审议农村集体经济组织理事会、监事会或者监事的工作报告；

（六）决定农村集体经济组织理事会成员、监事会成员或者监事的报酬及主要经营管理人员的聘任、解聘和报酬；

（七）批准农村集体经济组织的集体经济发展规划、业务经营计划、年度财务预决算、收益分配方案；

（八）对农村土地承包、宅基地使用和集体经营性财产收益权份额量化方案等事项作出决定；

（九）对集体经营性建设用地使用、出让、出租方案等事项作出决定；

（十）决定土地补偿费等的分配、使用办法；

（十一）决定投资等重大事项；

（十二）决定农村集体经济组织合并、分立等重大事项；

（十三）法律法规和农村集体经济组织章程规定的其他职权。

需由成员大会审议决定的重要事项，应当先经乡镇党委、街道党工委或者村党组织研究讨论。

第二十七条 农村集体经济组织召开成员大会，应当将会议召开的时间、地点和审议的事项于会议召开十日前通知全体成员，有三分之二以上具有完全民事行为能力的成员参加。成员无法在现场参加会议的，可以通过即时通讯工具在线参加会议，或者书面委托本农村集体经济组织同一户内具有完全民事行为能力的其他家庭成员代为参加会议。

成员大会每年至少召开一次，并由理事会召集，由理事长、副理事长或者理事长指定的成员主持。

成员大会实行一人一票的表决方式。成员大会作出决定，应当经本农村集体经济组织成员大会全体成员三分之二以上同意，本法或者其他法律法规、农村集体经济组织章程有更严格规定的，从其规定。

第二十八条 农村集体经济组织成员较多的，可以按照农村集体经济组织章程规定设立成员代表大会。

设立成员代表大会的，一般每五户至十五户选举代表一人，代表人数应当多于二十人，并且有适当数量的妇女代表。

成员代表的任期为五年，可以连选连任。

成员代表大会按照农村集体经济组织章程规定行使本法第二十六条第一款规定的成员大会部分职权，但是第一项、第三项、第八项、第十项、第十二项规定的职权除外。

成员代表大会实行一人一票的表决方式。成员代表大会作出决定，应当经全体成员代表三分之二以上同意。

第二十九条 农村集体经济组织设理事会，一般由三至七名单数成员组成。理事会设理事长一名，可以设副理事长。理事长、副理事长、理事的产生办法由农村集体经济组织章程规定。理事会成员之间应当实行近亲属回避。理事会成员的任期为五年，可以连选连任。

理事长是农村集体经济组织的法定代表人。

乡镇党委、街道党工委或者村党组织可以提名推荐农村集体经济组织理事会成员候选人，党组织负责人可以通过法定程序担任农村集体经济组织理事长。

第三十条 理事会对成员大会、成员代表大会负责，行使下列职权：

（一）召集、主持成员大会、成员代表大会，并向其报告工作；

（二）执行成员大会、成员代表大会的决定；

（三）起草农村集体经济组织章程修改草案；

（四）起草集体经济发展规划、业务经营计划、内部管理制度等；

（五）起草农村土地承包、宅基地使用、集体经营性财产收益权份额量化，以及集体经营性建设用地使用、出让或者出租等方案；

（六）起草投资方案；

（七）起草年度财务预决算、收益分配方案等；

（八）提出聘任、解聘主要经营管理人员及决定其报酬的建议；

（九）依照法律法规和农村集体经济组织章程管理集体财产和财务，保障集体财产安全；

（十）代表农村集体经济组织签订承包、出租、入股等合同，监督、督促承包方、承租方、被投资方等履行合同；

（十一）接受、处理有关质询、建议并作出答复；

（十二）农村集体经济组织章程规定的其他职权。

第三十一条 理事会会议应当有三分之二以上的理事会成员出席。

理事会实行一人一票的表决方式。理事会作出决定，应当经全体理事的过半数同意。

理事会的议事方式和表决程序由农村集体经济组织章程具体规定。

第三十二条 农村集体经济组织设监事会，成员较少的可以设一至二名监事，行使监督理事会执行成员大会和成员代表大会决定、监督检查集体财产经营管理情况、审核监督本农村集体经济组织财务状况等内部监督职权。必要时，监事会或者监事可以组织对本农村集体经济组织的财务进行内部审计，审计结果应当向成员大会、成员代表大会报告。

监事会或者监事的产生办法、具体职权、议事方式和表决程序等，由农村集体经济组织章程规定。

第三十三条 农村集体经济组织成员大会、成员代表大会、理事会、监事会或者监事召开会议，应当按照规定制作、保存会议记录。

第三十四条 农村集体经济组织理事会成员、监事会成员或者监事与村党组织领导班子成员、村民委员会成员可以根据情况交叉任职。

农村集体经济组织理事会成员、财务人员、会计人员及其近亲属不得担任监事会成员或者监事。

第三十五条 农村集体经济组织理事会成员、监事会成员或者监事应当遵守法律法规和农村集体经济组织章程，履行诚实信用、勤勉谨慎的义务，为农村集体经济组织及其成员的利益管理集体财产，处理农村集体经济组织事务。

农村集体经济组织理事会成员、监事会成员或者监事、主要经营管理人员不得有下列行为：

（一）侵占、挪用、截留、哄抢、私分、破坏集体财产；

（二）直接或者间接向农村集体经济组织借款；

（三）以集体财产为本人或者他人债务提供担保；

（四）违反法律法规或者国家有关规定为地方政府举借债务；

（五）以农村集体经济组织名义开展非法集资等非法金融活动；

（六）将集体财产低价折股、转让、租赁；

（七）以集体财产加入合伙企业成为普通合伙人；

（八）接受他人与农村集体经济组织交易的佣金归为己有；

（九）泄露农村集体经济组织的商业秘密；

（十）其他损害农村集体经济组织合法权益的行为。

第五章 财产经营管理和收益分配

第三十六条 集体财产主要包括：

（一）集体所有的土地和森林、山岭、草原、荒地、滩涂；

（二）集体所有的建筑物、生产设施、农田水利设施；

（三）集体所有的教育、科技、文化、卫生、体育、交通等设施和农村人居环境基础设施；

（四）集体所有的资金；

（五）集体投资兴办的企业和集体持有的其他经济组织的股权及其他投资性权利；

（六）集体所有的无形资产；

（七）集体所有的接受国家扶持、社会捐赠、减免税费等形成的财产；

（八）集体所有的其他财产。

集体财产依法由农村集体经济组织成员集体所有，由农村集体经济组织依法代表成员集体行使所有权，不得分割到成员个人。

第三十七条 集体所有和国家所有依法由农民集体使用的耕地、林地、草地以及其他依法用于农业的土地，依照农村土地承包的法律实行承包经营。

集体所有的宅基地等建设用地，依照法律、行政法规和国家有关规定取得、使用、管理。

集体所有的建筑物、生产设施、农田水利设施，由农村集体经济组织按照国家有关规定和农村集体经济组织章程使用、管理。

集体所有的教育、科技、文化、卫生、体育、交通等设施和农村人居环境基础设施，依照法律法规、国家有关规定和农村集体经济组织章程使用、管理。

第三十八条 依法应当实行家庭承包的耕地、林地、草地以外的其他农村土地，农村集体经济组织可以直接组织经营或者依法实行承包经营，也可以依法采取土地经营权出租、入股等方式经营。

第三十九条 对符合国家规定的集体经营性建设用地，农村集体经济组织应当优先用于保障乡村产业发展和乡村建设，也可以依法通过出让、出租等方式交由单位或者个人有偿使用。

第四十条 农村集体经济组织可以将集体所有的经营性财产的收益权以份额形式量化到本农村集体经济组织成员，作为其参与集体收益分配的基本依据。

集体所有的经营性财产包括本法第三十六条第一款第一项中可以依法入市、流转的财产用益物权和第二项、第四项至第七项的财产。

国务院农业农村主管部门可以根据本法制定集体经营性财产收益权量化的具体办法。

第四十一条 农村集体经济组织可以探索通过资源发包、物业出租、居间服务、经营性财产参股等多样化途径发展新型农村集体经济。

第四十二条 农村集体经济组织当年收益应当按照农村集体经济组织章程规定提取公积公益金，用于弥补亏损、扩大生产经营等，剩余的可分配收益按照量化给农村集体经济组织成员的集体经营性财产收益权份额进行分配。

第四十三条 农村集体经济组织应当加强集体财产管理，建立集体财产清查、保管、使用、处置、公开等制度，促进集体财产保值增值。

省、自治区、直辖市可以根据实际情况，制定本行政区域农村集体财产管理具体办法，实现集体财产管理制度化、规范化和信息化。

第四十四条 农村集体经济组织应当按照国务院有关部门制定的农村集体经济组织财务会计制度进行财务管理和会计核算。

农村集体经济组织应当根据会计业务的需要，设置会计机构，或者设置会计人员并指定会计主管人员，也可以按照规定委托代理记账。

集体所有的资金不得存入以个人名义开立的账户。

第四十五条 农村集体经济组织应当定期将财务情况向农村集体经济组织成员公布。集体财产使用管理情况、涉及农村集体经济组织及其成员利益的重大事项应当及时公布。农村集体经济组织理事会应当保证所公布事项的真实性。

第四十六条 农村集体经济组织应当编制年度经营报告、年度财务会计报告和收益分配方案，并于成员大会、成员代表大会召开十日前，提供给农村集体经济组织成员查阅。

第四十七条 农村集体经济组织应当依法接受审计监督。

县级以上地方人民政府农业农村主管部门和乡镇人民政府、街道办事处根据情况对农村集体经济组织开展定期审计、专项审计。审计办法由国务院农业农村主管部门制定。

审计机关依法对农村集体经济组织接受、运用财政资金的真实、合法和效益情况进行审计监督。

第四十八条 农村集体经济组织应当自觉接受有关机关和组织对集体财产使用管理情况的监督。

第六章 扶持措施

第四十九条 县级以上人民政府应当合理安排资金，支持农村集体经济组织发展新型农村集体经济、服务集体成员。

各级财政支持的农业发展和农村建设项目，依法将适宜的项目优先交由符合条件的农村集体经济组织承担。国家对欠发达地区和革命老区、民族地区、边疆地区的农村集体经济组织给予优先扶助。

县级以上人民政府有关部门应当依法加强对财政补助资金使用情况的监督。

第五十条 农村集体经济组织依法履行纳税义务，依法享受税收优惠。

农村集体经济组织开展生产经营管理活动或者因开展农村集体产权制度改革办理土地、房屋权属变更，按照国家规定享受税收优惠。

第五十一条 农村集体经济组织用于集体公益和综合服务、保障村级组织和村务运转等支出，按照国家规定计入相应成本。

第五十二条 国家鼓励政策性金融机构立足职能定位，在业务范围内采取多种形式对农村集体经济组织发展新型农村集体经济提供多渠道资金支持。

国家鼓励商业性金融机构为农村集体经济组织及其成员提供多样化金融服务，优先支持符合条件的农村集体经济发展项目，支持农村集体经济组织开展集体经营性财产股权质押贷款；鼓励融资担保机构为农村集体经济组织提供融资担保服务；鼓励保险机构为农村集体经济组织提供保险服务。

第五十三条 乡镇人民政府编制村庄规划应当根据实际需要合理安排集体经济发展各项建设用地。

土地整理新增耕地形成土地指标交易的收益，应当保障农村集体经济组织和相关权利人的合法权益。

第五十四条 县级人民政府和乡镇人民政府、街道办事处应当加强农村集体经济组织经营管理队伍建设，制定农村集体经济组织人才培养计划，完善激励机制，支持和引导各类人才服务新型农村集体经济发展。

第五十五条 各级人民政府应当在用水、用电、用气以及网络、交通等公共设施和农村人居环境基础设施配置方面为农村集体经济组织建设发展提供支持。

第七章 争议的解决和法律责任

第五十六条 对确认农村集体经济组织成员身份有异议，或者农村集体经济组织因内部管理、运行、收益分配等发生纠纷的，当事人可以请求乡镇人民政府、街道办事处或者县级人民政府农业农村主管部门调解解决；不愿调解或者调解不成的，可以向农村土地承包仲裁机构申请仲裁，也可以直接向人民法院提起诉讼。

确认农村集体经济组织成员身份时侵害妇女合法权益，导致社会公共利益受损的，检察机关可以发出检察建议或者依法提起公益诉讼。

第五十七条 农村集体经济组织成员大会、成员代表大会、理事会或者农村集体经济组织负责人作出的决定侵害农村集体经济组织成员合法权益的，受侵害的农村集体经济组织成员可以请求人民法院予以撤销。但是，农村集体经济组织按照该决定与善意相对人形成的民事法律关系不受影响。

受侵害的农村集体经济组织成员自知道或者应当知道撤销事由之日起一年内或者自该决定作出之日起五年内未行使撤销权的，撤销权消灭。

第五十八条 农村集体经济组织理事会成员、监事会成员或者监事、主要经营管理人员有本法第三十五条第二款规定行为的，由乡镇人民政府、街道办事处或者县级人民政府农业农村主管部门责令限期改正；情节严重的，依法给予处分或者行政处罚；造成集体财产损失的，依法承担赔偿责任；构成犯罪的，依法追究刑事责任。

前款规定的人员违反本法规定，以集体财产为本人或者他人债务提供担保的，该担保无效。

第五十九条 对于侵害农村集体经济组织合法权益的行为，农村集体经济组织可以依法向人民法院提起诉讼。

第六十条 农村集体经济组织理事会成员、监事会成员或者监事、主要经营管理人员执行职务时违反法律法规或者农村集体经济组织章程的规定,给农村集体经济组织造成损失的,应当依法承担赔偿责任。

前款规定的人员有前款行为的,农村集体经济组织理事会、监事会或者监事应当向人民法院提起诉讼;未及时提起诉讼的,十名以上具有完全民事行为能力的农村集体经济组织成员可以书面请求监事会或者监事向人民法院提起诉讼。

监事会或者监事收到书面请求后拒绝提起诉讼或者自收到请求之日起十五日内未提起诉讼的,前款规定的提出书面请求的农村集体经济组织成员可以为农村集体经济组织的利益,以自己的名义向人民法院提起诉讼。

第六十一条 农村集体经济组织章程或者农村集体经济组织成员大会、成员代表大会所作的决定违反本法或者其他法律法规规定的,由乡镇人民政府、街道办事处或者县级人民政府农业农村主管部门责令限期改正。

第六十二条 地方人民政府及其有关部门非法干预农村集体经济组织经营管理和财产管理活动或者未依法履行相应监管职责的,由上级人民政府责令限期改正;情节严重的,依法追究相关责任人员的法律责任。

第六十三条 农村集体经济组织对行政机关的行政行为不服的,可以依法申请行政复议或者提起行政诉讼。

第八章 附 则

第六十四条 未设立农村集体经济组织的,村民委员会、村民小组可以依法代行农村集体经济组织的职能。

村民委员会、村民小组依法代行农村集体经济组织职能的,讨论决定有关集体财产和成员权益的事项参照适用本法的相关规定。

第六十五条 本法施行前已经按照国家规定登记的农村集体经济组织及其名称,本法施行后在法人登记证书有效期限内继续有效。

第六十六条 本法施行前农村集体经济组织开展农村集体产权制度改革时已经被确认的成员,本法施行后不需要重新确认。

第六十七条 本法自 2025 年 5 月 1 日起施行。

中华人民共和国农村土地承包法

· 2002 年 8 月 29 日第九届全国人民代表大会常务委员会第二十九次会议通过

· 根据 2009 年 8 月 27 日第十一届全国人民代表大会常务委员会第十次会议《关于修改部分法律的决定》第一次修正

· 根据 2018 年 12 月 29 日第十三届全国人民代表大会常务委员会第七次会议《关于修改〈中华人民共和国农村土地承包法〉的决定》第二次修正

第一章 总 则

第一条 【立法目的】为了巩固和完善以家庭承包经营为基础、统分结合的双层经营体制,保持农村土地承包关系稳定并长久不变,维护农村土地承包经营当事人的合法权益,促进农业、农村经济发展和农村社会和谐稳定,根据宪法,制定本法。

第二条 【农村土地范围】本法所称农村土地,是指农民集体所有和国家所有依法由农民集体使用的耕地、林地、草地,以及其他依法用于农业的土地。

第三条 【农村土地承包经营制度】国家实行农村土地承包经营制度。

农村土地承包采取农村集体经济组织内部的家庭承包方式,不宜采取家庭承包方式的荒山、荒沟、荒丘、荒滩等农村土地,可以采取招标、拍卖、公开协商等方式承包。

第四条 【农村土地承包后土地所有权性质不变】农村土地承包后,土地的所有权性质不变。承包地不得买卖。

第五条 【承包权的主体及对承包权的保护】农村集体经济组织成员有权依法承包由本集体经济组织发包的农村土地。

任何组织和个人不得剥夺和非法限制农村集体经济组织成员承包土地的权利。

第六条 【土地承包经营权男女平等】农村土地承包,妇女与男子享有平等的权利。承包中应当保护妇女的合法权益,任何组织和个人不得剥夺、侵害妇女应当享有的土地承包经营权。

第七条 【公开、公平、公正原则】农村土地承包应当坚持公开、公平、公正的原则，正确处理国家、集体、个人三者的利益关系。

第八条　【集体土地所有者和承包方合法权益的保护】国家保护集体土地所有者的合法权益，保护承包方的土地承包经营权，任何组织和个人不得侵犯。

第九条　【“三权”分置】承包方承包土地后，享有土地承包经营权，可以自己经营，也可以保留土地承包权，流转其承包地的土地经营权，由他人经营。

第十条　【土地经营权流转的保护】国家保护承包方依法、自愿、有偿流转土地经营权，保护土地经营权人的合法权益，任何组织和个人不得侵犯。

第十一条　【土地资源的保护】农村土地承包经营应当遵守法律、法规，保护土地资源的合理开发和可持续利用。未经依法批准不得将承包地用于非农建设。

国家鼓励增加对土地的投入，培肥地力，提高农业生产能力。

第十二条　【土地承包管理部门】国务院农业农村、林业和草原主管部门分别依照国务院规定的职责负责全国农村土地承包经营及承包经营合同管理的指导。

县级以上地方人民政府农业农村、林业和草原等主管部门分别依照各自职责，负责本行政区域内农村土地承包经营及承包经营合同管理。

乡（镇）人民政府负责本行政区域内农村土地承包经营及承包经营合同管理。

第二章　家庭承包

第一节　发包方和承包方的权利和义务

第十三条　【发包主体】农民集体所有的土地依法属于村农民集体所有的，由村集体经济组织或者村民委员会发包；已经分别属于村内两个以上农村集体经济组织的农民集体所有的，由村内各该农村集体经济组织或者村民小组发包。村集体经济组织或者村民委员会发包的，不得改变村内各集体经济组织农民集体所有的土地的所有权。

国家所有依法由农民集体使用的农村土地，由使用该土地的农村集体经济组织、村民委员会或者村民小组发包。

第十四条　【发包方的权利】发包方享有下列权利：

（一）发包本集体所有的或者国家所有依法由本集体使用的农村土地；

（二）监督承包方依照承包合同约定的用途合理利用和保护土地；

（三）制止承包方损害承包地和农业资源的行为；

（四）法律、行政法规规定的其他权利。

第十五条　【发包方的义务】发包方承担下列义务：

（一）维护承包方的土地承包经营权，不得非法变更、解除承包合同；

（二）尊重承包方的生产经营自主权，不得干涉承包方依法进行正常的生产经营活动；

（三）依照承包合同约定为承包方提供生产、技术、信息等服务；

（四）执行县、乡（镇）土地利用总体规划，组织本集体经济组织内的农业基础设施建设；

（五）法律、行政法规规定的其他义务。

第十六条　【承包主体和家庭成员平等享有权益】家庭承包的承包方是本集体经济组织的农户。

农户内家庭成员依法平等享有承包土地的各项权益。

第十七条　【承包方的权利】承包方享有下列权利：

（一）依法享有承包地使用、收益的权利，有权自主组织生产经营和处置产品；

（二）依法互换、转让土地承包经营权；

（三）依法流转土地经营权；

（四）承包地被依法征收、征用、占用的，有权依法获得相应的补偿；

（五）法律、行政法规规定的其他权利。

第十八条　【承包方的义务】承包方承担下列义务：

（一）维持土地的农业用途，未经依法批准不得用于非农建设；

（二）依法保护和合理利用土地，不得给土地造成永久性损害；

（三）法律、行政法规规定的其他义务。

第二节　承包的原则和程序

第十九条　【土地承包的原则】土地承包应当遵循以下原则：

（一）按照规定统一组织承包时，本集体经济组织成员依法平等地行使承包土地的权利，也可以自愿放弃承包土地的权利；

（二）民主协商，公平合理；

（三）承包方案应当按照本法第十三条的规定，依法经本集体经济组织成员的村民会议三分之二以上成员或者三分之二以上村民代表的同意；

（四）承包程序合法。

第二十条　【土地承包的程序】土地承包应当按照以下程序进行：

（一）本集体经济组织成员的村民会议选举产生承包工作小组；

（二）承包工作小组依照法律、法规的规定拟订并公布承包方案；

（三）依法召开本集体经济组织成员的村民会议，讨论通过承包方案；

（四）公开组织实施承包方案；

（五）签订承包合同。

第三节　承包期限和承包合同

第二十一条　【承包期限】耕地的承包期为三十年。草地的承包期为三十年至五十年。林地的承包期为三十年至七十年。

前款规定的耕地承包期届满后再延长三十年，草地、林地承包期届满后依照前款规定相应延长。

第二十二条　【承包合同】发包方应当与承包方签订书面承包合同。

承包合同一般包括以下条款：

（一）发包方、承包方的名称，发包方负责人和承包方代表的姓名、住所；

（二）承包土地的名称、坐落、面积、质量等级；

（三）承包期限和起止日期；

（四）承包土地的用途；

（五）发包方和承包方的权利和义务；

（六）违约责任。

第二十三条　【承包合同的生效】承包合同自成立之日起生效。承包方自承包合同生效时取得土地承包经营权。

第二十四条　【土地承包经营权登记】国家对耕地、林地和草地等实行统一登记，登记机构应当向承包方颁发土地承包经营权证或者林权证等证书，并登记造册，确认土地承包经营权。

土地承包经营权证或者林权证等证书应当将具有土地承包经营权的全部家庭成员列入。

登记机构除按规定收取证书工本费外，不得收取其他费用。

第二十五条　【承包合同的稳定性】承包合同生效后，发包方不得因承办人或者负责人的变动而变更或者解除，也不得因集体经济组织的分立或者合并而变更或者解除。

第二十六条　【严禁国家机关及其工作人员利用职权干涉农村土地承包或者变更、解除承包合同】国家机关及其工作人员不得利用职权干涉农村土地承包或者变更、解除承包合同。

第四节　土地承包经营权的保护和互换、转让

第二十七条　【承包期内承包地的交回和收回】承包期内，发包方不得收回承包地。

国家保护进城农户的土地承包经营权。不得以退出土地承包经营权作为农户进城落户的条件。

承包期内，承包农户进城落户的，引导支持其按照自愿有偿原则依法在本集体经济组织内转让土地承包经营权或者将承包地交回发包方，也可以鼓励其流转土地经营权。

承包期内，承包方交回承包地或者发包方依法收回承包地时，承包方对其在承包地上投入而提高土地生产能力的，有权获得相应的补偿。

第二十八条　【承包期内承包地的调整】承包期内，发包方不得调整承包地。

承包期内，因自然灾害严重毁损承包地等特殊情形对个别农户之间承包的耕地和草地需要适当调整的，必须经本集体经济组织成员的村民会议三分之二以上成员或者三分之二以上村民代表的同意，并报乡（镇）人民政府和县级人民政府农业农村、林业和草原等主管部门批准。承包合同中约定不得调整的，按照其约定。

第二十九条　【用于调整承包土地或者承包给新增人口的土地】下列土地应当用于调整承包土地或者承包给新增人口：

（一）集体经济组织依法预留的机动地；

（二）通过依法开垦等方式增加的；

（三）发包方依法收回和承包方依法、自愿交回的。

第三十条 【承包期内承包方自愿将承包地交回发包方的处理】承包期内，承包方可以自愿将承包地交回发包方。承包方自愿交回承包地的，可以获得合理补偿，但是应当提前半年以书面形式通知发包方。承包方在承包期内交回承包地的，在承包期内不得再要求承包土地。

第三十一条 【妇女婚姻关系变动对土地承包的影响】承包期内，妇女结婚，在新居住地未取得承包地的，发包方不得收回其原承包地；妇女离婚或者丧偶，仍在原居住地生活或者不在原居住地生活但在新居住地未取得承包地的，发包方不得收回其原承包地。

第三十二条 【承包收益和林地承包权的继承】承包人应得的承包收益，依照继承法的规定继承。

林地承包的承包人死亡，其继承人可以在承包期内继续承包。

第三十三条 【土地承包经营权的互换】承包方之间为方便耕种或者各自需要，可以对属于同一集体经济组织的土地的土地承包经营权进行互换，并向发包方备案。

第三十四条 【土地承包经营权的转让】经发包方同意，承包方可以将全部或者部分的土地承包经营权转让给本集体经济组织的其他农户，由该农户同发包方确立新的承包关系，原承包方与发包方在该土地上的承包关系即行终止。

第三十五条 【土地承包经营权互换、转让的登记】土地承包经营权互换、转让的，当事人可以向登记机构申请登记。未经登记，不得对抗善意第三人。

第五节 土地经营权

第三十六条 【土地经营权设立】承包方可以自主决定依法采取出租（转包）、入股或者其他方式向他人流转土地经营权，并向发包方备案。

第三十七条 【土地经营权人的基本权利】土地经营权人有权在合同约定的期限内占有农村土地，自主开展农业生产经营并取得收益。

第三十八条 【土地经营权流转的原则】土地经营权流转应当遵循以下原则：

（一）依法、自愿、有偿，任何组织和个人不得强迫或者阻碍土地经营权流转；

（二）不得改变土地所有权的性质和土地的农业用途，不得破坏农业综合生产能力和农业生态环境；

（三）流转期限不得超过承包期的剩余期限；

（四）受让方须有农业经营能力或者资质；

（五）在同等条件下，本集体经济组织成员享有优先权。

第三十九条 【土地经营权流转价款】土地经营权流转的价款，应当由当事人双方协商确定。流转的收益归承包方所有，任何组织和个人不得擅自截留、扣缴。

第四十条 【土地经营权流转合同】土地经营权流转，当事人双方应当签订书面流转合同。

土地经营权流转合同一般包括以下条款：

（一）双方当事人的姓名、住所；

（二）流转土地的名称、坐落、面积、质量等级；

（三）流转期限和起止日期；

（四）流转土地的用途；

（五）双方当事人的权利和义务；

（六）流转价款及支付方式；

（七）土地被依法征收、征用、占用时有关补偿费的归属；

（八）违约责任。

承包方将土地交由他人代耕不超过一年的，可以不签订书面合同。

第四十一条 【土地经营权流转的登记】土地经营权流转期限为五年以上的，当事人可以向登记机构申请土地经营权登记。未经登记，不得对抗善意第三人。

第四十二条 【土地经营权流转合同单方解除权】承包方不得单方解除土地经营权流转合同，但受让方有下列情形之一的除外：

（一）擅自改变土地的农业用途；

（二）弃耕抛荒连续两年以上；

（三）给土地造成严重损害或者严重破坏土地生态环境；

（四）其他严重违约行为。

第四十三条 【土地经营权受让方依法投资并获得补偿】经承包方同意，受让方可以依法投资改良土壤，建设农业生产附属、配套设施，并按照合同约定对其投资部分获得合理补偿。

第四十四条 【承包方流转土地经营权后与发包方承包关系不变】承包方流转土地经营权的，其与发包方的承包关系不变。

第四十五条 【建立社会资本取得土地经营权的资格审查等制度】县级以上地方人民政府应当建立工商企业等社会资本通过流转取得土地经营权的资格审查、项目审核和风险防范制度。

工商企业等社会资本通过流转取得土地经营权的，本集体经济组织可以收取适量管理费用。

具体办法由国务院农业农村、林业和草原主管部门规定。

第四十六条 【土地经营权的再流转】经承包方书面同意，并向本集体经济组织备案，受让方可以再流转土地经营权。

第四十七条 【土地经营权融资担保】承包方可以用承包地的土地经营权向金融机构融资担保，并向发包方备案。受让方通过流转取得的土地经营权，经承包方书面同意并向发包方备案，可以向金融机构融资担保。

担保物权自融资担保合同生效时设立。当事人可以向登记机构申请登记；未经登记，不得对抗善意第三人。

实现担保物权时，担保物权人有权就土地经营权优先受偿。

土地经营权融资担保办法由国务院有关部门规定。

第三章　其他方式的承包

第四十八条 【其他承包方式】不宜采取家庭承包方式的荒山、荒沟、荒丘、荒滩等农村土地，通过招标、拍卖、公开协商等方式承包的，适用本章规定。

第四十九条 【以其他方式承包农村土地时承包合同的签订】以其他方式承包农村土地的，应当签订承包合同，承包方取得土地经营权。当事人的权利和义务、承包期限等，由双方协商确定。以招标、拍卖方式承包的，承包费通过公开竞标、竞价确定；以公开协商等方式承包的，承包费由双方议定。

第五十条 【荒山、荒沟、荒丘、荒滩等的承包经营方式】荒山、荒沟、荒丘、荒滩等可以直接通过招标、拍卖、公开协商等方式实行承包经营，也可以将土地经营权折股分给本集体经济组织成员后，再实行承包经营或者股份合作经营。

承包荒山、荒沟、荒丘、荒滩的，应当遵守有关法律、行政法规的规定，防止水土流失，保护生态环境。

第五十一条 【本集体经济组织成员有权优先承包】以其他方式承包农村土地，在同等条件下，本集体经济组织成员有权优先承包。

第五十二条 【将农村土地发包给本集体经济组织以外的单位或者个人承包的程序】发包方将农村土地发包给本集体经济组织以外的单位或者个人承包，应当事先经本集体经济组织成员的村民会议三分之二以上成员或者三分之二以上村民代表的同意，并报乡（镇）人民政府批准。

由本集体经济组织以外的单位或者个人承包的，应当对承包方的资信情况和经营能力进行审查后，再签订承包合同。

第五十三条 【以其他方式承包农村土地后，土地经营权的流转】通过招标、拍卖、公开协商等方式承包农村土地，经依法登记取得权属证书的，可以依法采取出租、入股、抵押或者其他方式流转土地经营权。

第五十四条 【以其他方式取得的土地承包经营权的继承】依照本章规定通过招标、拍卖、公开协商等方式取得土地经营权的，该承包人死亡，其应得的承包收益，依照继承法的规定继承；在承包期内，其继承人可以继续承包。

第四章　争议的解决和法律责任

第五十五条 【土地承包经营纠纷的解决方式】因土地承包经营发生纠纷的，双方当事人可以通过协商解决，也可以请求村民委员会、乡（镇）人民政府等调解解决。

当事人不愿协商、调解或者协商、调解不成的，可以向农村土地承包仲裁机构申请仲裁，也可以直接向人民法院起诉。

第五十六条 【侵害土地承包经营权、土地经营权应当承担民事责任】任何组织和个人侵害土地承包经营权、土地经营权的，应当承担民事责任。

第五十七条 【发包方的民事责任】发包方有下列行为之一的，应当承担停止侵害、排除妨碍、消除危险、返还财产、恢复原状、赔偿损失等民事责任：

（一）干涉承包方依法享有的生产经营自主权；

（二）违反本法规定收回、调整承包地；

（三）强迫或者阻碍承包方进行土地承包经营权的互换、转让或者土地经营权流转；

（四）假借少数服从多数强迫承包方放弃或者变更土地承包经营权；

（五）以划分“口粮田”和“责任田”等为由收回承包地搞招标承包；

（六）将承包地收回抵顶欠款；

（七）剥夺、侵害妇女依法享有的土地承包经营权；

（八）其他侵害土地承包经营权的行为。

第五十八条 【承包合同中无效的约定】承包合同中违背承包方意愿或者违反法律、行政法规有关不得收回、调整承包地等强制性规定的约定无效。

第五十九条 【违约责任】当事人一方不履行合同义务或者履行义务不符合约定的，应当依法承担违约责任。

第六十条 【无效的土地承包经营权互换、转让或土地经营权流转】任何组织和个人强迫进行土地承包经营权互换、转让或者土地经营权流转的，该互换、转让或者流转无效。

第六十一条 【擅自截留、扣缴土地承包经营权互换、转让或土地经营权流转收益的处理】任何组织和个人擅自截留、扣缴土地承包经营权互换、转让或者土地经营权流转收益的，应当退还。

第六十二条 【非法征收、征用、占用土地或者贪污、挪用土地征收、征用补偿费用的法律责任】违反土地管理法规，非法征收、征用、占用土地或者贪污、挪用土地征收、征用补偿费用，构成犯罪的，依法追究刑事责任；造成他人损害的，应当承担损害赔偿等责任。

第六十三条 【违法将承包地用于非农建设或者给承包地造成永久性损害的法律责任】承包方、土地经营权人违法将承包地用于非农建设的，由县级以上地方人民政府有关主管部门依法予以处罚。

承包方给承包地造成永久性损害的，发包方有权制止，并有权要求赔偿由此造成的损失。

第六十四条 【土地经营权人的民事责任】土地经营权人擅自改变土地的农业用途、弃耕抛荒连续两年以上、给土地造成严重损害或者严重破坏土地生态环境，承包方在合理期限内不解除土地经营权流转合同的，发包方有权要求终止土地经营权流转合同。土地经营权人对土地和土地生态环境造成的损害应当予以赔偿。

第六十五条 【国家机关及其工作人员利用职权侵害土地承包经营权、土地经营权行为的法律责任】国家机关及其工作人员有利用职权干涉农村土地承包经营，变更、解除承包经营合同，干涉承包经营当事人依法享有的生产经营自主权，强迫、阻碍承包经营当事人进行土地承包经营权互换、转让或者土地经营权流转等侵害土地承包经营权、土地经营权的行为，给承包经营当事人造成损失的，应当承担损害赔偿等责任；情节严重的，由上级机关或者所在单位给予直接责任人员处分；构成犯罪的，依法追究刑事责任。

第五章 附 则

第六十六条 【本法实施前的农村土地承包继续有效】本法实施前已经按照国家有关农村土地承包的规定承包，包括承包期限长于本法规定的，本法实施后继续有效，不得重新承包土地。未向承包方颁发土地承包经营权证或者林权证等证书的，应当补发证书。

第六十七条 【机动地的预留】本法实施前已经预留机动地的，机动地面积不得超过本集体经济组织耕地总面积的百分之五。不足百分之五的，不得再增加机动地。

本法实施前未留机动地的，本法实施后不得再留机动地。

第六十八条 【实施办法的制定】各省、自治区、直辖市人民代表大会常务委员会可以根据本法，结合本行政区域的实际情况，制定实施办法。

第六十九条 【农村集体经济组织成员身份的确认】确认农村集体经济组织成员身份的原则、程序等，由法律、法规规定。

第七十条 【施行时间】本法自 2003 年 3 月 1 日起施行。

中华人民共和国
农村土地承包经营纠纷调解仲裁法

· 2009年6月27日第十一届全国人民代表大会常务委员会第九次会议通过
· 2009年6月27日中华人民共和国主席令第14号公布
· 自2010年1月1日起施行

第一章 总 则

第一条 为了公正、及时解决农村土地承包经营纠纷,维护当事人的合法权益,促进农村经济发展和社会稳定,制定本法。

第二条 农村土地承包经营纠纷调解和仲裁,适用本法。

农村土地承包经营纠纷包括:

(一)因订立、履行、变更、解除和终止农村土地承包合同发生的纠纷;

(二)因农村土地承包经营权转包、出租、互换、转让、入股等流转发生的纠纷;

(三)因收回、调整承包地发生的纠纷;

(四)因确认农村土地承包经营权发生的纠纷;

(五)因侵害农村土地承包经营权发生的纠纷;

(六)法律、法规规定的其他农村土地承包经营纠纷。

因征收集体所有的土地及其补偿发生的纠纷,不属于农村土地承包仲裁委员会的受理范围,可以通过行政复议或者诉讼等方式解决。

第三条 发生农村土地承包经营纠纷的,当事人可以自行和解,也可以请求村民委员会、乡(镇)人民政府等调解。

第四条 当事人和解、调解不成或者不愿和解、调解的,可以向农村土地承包仲裁委员会申请仲裁,也可以直接向人民法院起诉。

第五条 农村土地承包经营纠纷调解和仲裁,应当公开、公平、公正,便民高效,根据事实,符合法律,尊重社会公德。

第六条 县级以上人民政府应当加强对农村土地承包经营纠纷调解和仲裁工作的指导。

县级以上人民政府农村土地承包管理部门及其他有关部门应当依照职责分工,支持有关调解组织和农村土地承包仲裁委员会依法开展工作。

第二章 调 解

第七条 村民委员会、乡(镇)人民政府应当加强农村土地承包经营纠纷的调解工作,帮助当事人达成协议解决纠纷。

第八条 当事人申请农村土地承包经营纠纷调解可以书面申请,也可以口头申请。口头申请的,由村民委员会或者乡(镇)人民政府当场记录申请人的基本情况、申请调解的纠纷事项、理由和时间。

第九条 调解农村土地承包经营纠纷,村民委员会或者乡(镇)人民政府应当充分听取当事人对事实和理由的陈述,讲解有关法律以及国家政策,耐心疏导,帮助当事人达成协议。

第十条 经调解达成协议的,村民委员会或者乡(镇)人民政府应当制作调解协议书。

调解协议书由双方当事人签名、盖章或者按指印,经调解人员签名并加盖调解组织印章后生效。

第十一条 仲裁庭对农村土地承包经营纠纷应当进行调解。调解达成协议的,仲裁庭应当制作调解书;调解不成的,应当及时作出裁决。

调解书应当写明仲裁请求和当事人协议的结果。调解书由仲裁员签名,加盖农村土地承包仲裁委员会印章,送达双方当事人。

调解书经双方当事人签收后,即发生法律效力。在调解书签收前当事人反悔的,仲裁庭应当及时作出裁决。

第三章 仲 裁

第一节 仲裁委员会和仲裁员

第十二条 农村土地承包仲裁委员会,根据解决农村土地承包经营纠纷的实际需要设立。农村土地承包仲裁委员会可以在县和不设区的市设立,也可以在设区的市或者其市辖区设立。

农村土地承包仲裁委员会在当地人民政府指导下设立。设立农村土地承包仲裁委员会的,其日常工作由当地农村土地承包管理部门承担。

第十三条 农村土地承包仲裁委员会由当地

人民政府及其有关部门代表、有关人民团体代表、农村集体经济组织代表、农民代表和法律、经济等相关专业人员兼任组成，其中农民代表和法律、经济等相关专业人员不得少于组成人员的二分之一。

农村土地承包仲裁委员会设主任一人、副主任一至二人和委员若干人。主任、副主任由全体组成人员选举产生。

第十四条 农村土地承包仲裁委员会依法履行下列职责：

（一）聘任、解聘仲裁员；

（二）受理仲裁申请；

（三）监督仲裁活动。

农村土地承包仲裁委员会应当依照本法制定章程，对其组成人员的产生方式及任期、议事规则等作出规定。

第十五条 农村土地承包仲裁委员会应当从公道正派的人员中聘任仲裁员。

仲裁员应当符合下列条件之一：

（一）从事农村土地承包管理工作满五年；

（二）从事法律工作或者人民调解工作满五年；

（三）在当地威信较高，并熟悉农村土地承包法律以及国家政策的居民。

第十六条 农村土地承包仲裁委员会应当对仲裁员进行农村土地承包法律以及国家政策的培训。

省、自治区、直辖市人民政府农村土地承包管理部门应当制定仲裁员培训计划，加强对仲裁员培训工作的组织和指导。

第十七条 农村土地承包仲裁委员会组成人员、仲裁员应当依法履行职责，遵守农村土地承包仲裁委员会章程和仲裁规则，不得索贿受贿、徇私舞弊，不得侵害当事人的合法权益。

仲裁员有索贿受贿、徇私舞弊、枉法裁决以及接受当事人请客送礼等违法违纪行为的，农村土地承包仲裁委员会应当将其除名；构成犯罪的，依法追究刑事责任。

县级以上地方人民政府及有关部门应当受理对农村土地承包仲裁委员会组成人员、仲裁员违法违纪行为的投诉和举报，并依法组织查处。

第二节 申请和受理

第十八条 农村土地承包经营纠纷申请仲裁的时效期间为二年，自当事人知道或者应当知道其权利被侵害之日起计算。

第十九条 农村土地承包经营纠纷仲裁的申请人、被申请人为当事人。家庭承包的，可以由农户代表人参加仲裁。当事人一方人数众多的，可以推选代表人参加仲裁。

与案件处理结果有利害关系的，可以申请作为第三人参加仲裁，或者由农村土地承包仲裁委员会通知其参加仲裁。

当事人、第三人可以委托代理人参加仲裁。

第二十条 申请农村土地承包经营纠纷仲裁应当符合下列条件：

（一）申请人与纠纷有直接的利害关系；

（二）有明确的被申请人；

（三）有具体的仲裁请求和事实、理由；

（四）属于农村土地承包仲裁委员会的受理范围。

第二十一条 当事人申请仲裁，应当向纠纷涉及的土地所在地的农村土地承包仲裁委员会递交仲裁申请书。仲裁申请书可以邮寄或者委托他人代交。仲裁申请书应当载明申请人和被申请人的基本情况，仲裁请求和所根据的事实、理由，并提供相应的证据和证据来源。

书面申请确有困难的，可以口头申请，由农村土地承包仲裁委员会记入笔录，经申请人核实后由其签名、盖章或者按指印。

第二十二条 农村土地承包仲裁委员会应当对仲裁申请予以审查，认为符合本法第二十条规定的，应当受理。有下列情形之一的，不予受理；已受理的，终止仲裁程序：

（一）不符合申请条件；

（二）人民法院已受理该纠纷；

（三）法律规定该纠纷应当由其他机构处理；

（四）对该纠纷已有生效的判决、裁定、仲裁裁决、行政处理决定等。

第二十三条 农村土地承包仲裁委员会决定受理的，应当自收到仲裁申请之日起五个工作日内，将受理通知书、仲裁规则和仲裁员名册送达申请人；决定不予受理或者终止仲裁程序的，应当自收到仲裁申请或者发现终止仲裁程序情形之日起五个工作日内书面通知申请人，并说明理由。

第二十四条 农村土地承包仲裁委员会应当自受理仲裁申请之日起五个工作日内，将受理通知书、仲裁申请书副本、仲裁规则和仲裁员名册送达被申请人。

第二十五条 被申请人应当自收到仲裁申请书副本之日起十日内向农村土地承包仲裁委员会提交答辩书；书面答辩确有困难的，可以口头答辩，由农村土地承包仲裁委员会记入笔录，经被申请人核实后由其签名、盖章或者按指印。农村土地承包仲裁委员会应当自收到答辩书之日起五个工作日内将答辩书副本送达申请人。被申请人未答辩的，不影响仲裁程序的进行。

第二十六条 一方当事人因另一方当事人的行为或者其他原因，可能使裁决不能执行或者难以执行的，可以申请财产保全。

当事人申请财产保全的，农村土地承包仲裁委员会应当将当事人的申请提交被申请人住所地或者财产所在地的基层人民法院。

申请有错误的，申请人应当赔偿被申请人因财产保全所遭受的损失。

第三节 仲裁庭的组成

第二十七条 仲裁庭由三名仲裁员组成，首席仲裁员由当事人共同选定，其他二名仲裁员由当事人各自选定；当事人不能选定的，由农村土地承包仲裁委员会主任指定。

事实清楚、权利义务关系明确、争议不大的农村土地承包经营纠纷，经双方当事人同意，可以由一名仲裁员仲裁。仲裁员由当事人共同选定或者由农村土地承包仲裁委员会主任指定。

农村土地承包仲裁委员会应当自仲裁庭组成之日起二个工作日内将仲裁庭组成情况通知当事人。

第二十八条 仲裁员有下列情形之一的，必须回避，当事人也有权以口头或者书面方式申请其回避：

（一）是本案当事人或者当事人、代理人的近亲属；

（二）与本案有利害关系；

（三）与本案当事人、代理人有其他关系，可能影响公正仲裁；

（四）私自会见当事人、代理人，或者接受当事人、代理人的请客送礼。

当事人提出回避申请，应当说明理由，在首次开庭前提出。回避事由在首次开庭后知道的，可以在最后一次开庭终结前提出。

第二十九条 农村土地承包仲裁委员会对回避申请应当及时作出决定，以口头或者书面方式通知当事人，并说明理由。

仲裁员是否回避，由农村土地承包仲裁委员会主任决定；农村土地承包仲裁委员会主任担任仲裁员时，由农村土地承包仲裁委员会集体决定。

仲裁员因回避或者其他原因不能履行职责的，应当依照本法规定重新选定或者指定仲裁员。

第四节 开庭和裁决

第三十条 农村土地承包经营纠纷仲裁应当开庭进行。

开庭可以在纠纷涉及的土地所在地的乡（镇）或者村进行，也可以在农村土地承包仲裁委员会所在地进行。当事人双方要求在乡（镇）或者村开庭的，应当在该乡（镇）或者村开庭。

开庭应当公开，但涉及国家秘密、商业秘密和个人隐私以及当事人约定不公开的除外。

第三十一条 仲裁庭应当在开庭五个工作日前将开庭的时间、地点通知当事人和其他仲裁参与人。

当事人有正当理由的，可以向仲裁庭请求变更开庭的时间、地点。是否变更，由仲裁庭决定。

第三十二条 当事人申请仲裁后，可以自行和解。达成和解协议的，可以请求仲裁庭根据和解协议作出裁决书，也可以撤回仲裁申请。

第三十三条 申请人可以放弃或者变更仲裁请求。被申请人可以承认或者反驳仲裁请求，有权提出反请求。

第三十四条 仲裁庭作出裁决前，申请人撤回仲裁申请的，除被申请人提出反请求的外，仲裁庭应当终止仲裁。

第三十五条 申请人经书面通知，无正当理由不到庭或者未经仲裁庭许可中途退庭的，可以视为撤回仲裁申请。

被申请人经书面通知，无正当理由不到庭或者未经仲裁庭许可中途退庭的，可以缺席裁决。

第三十六条 当事人在开庭过程中有权发表意见、陈述事实和理由、提供证据、进行质证和辩论。对不通晓当地通用语言文字的当事人，农村土地承包仲裁委员会应当为其提供翻译。

第三十七条 当事人应当对自己的主张提供

证据。与纠纷有关的证据由作为当事人一方的发包方等掌握管理的，该当事人应当在仲裁庭指定的期限内提供，逾期不提供的，应当承担不利后果。

第三十八条 仲裁庭认为有必要收集的证据，可以自行收集。

第三十九条 仲裁庭对专门性问题认为需要鉴定的，可以交由当事人约定的鉴定机构鉴定；当事人没有约定的，由仲裁庭指定的鉴定机构鉴定。

根据当事人的请求或者仲裁庭的要求，鉴定机构应当派鉴定人参加开庭。当事人经仲裁庭许可，可以向鉴定人提问。

第四十条 证据应当在开庭时出示，但涉及国家秘密、商业秘密和个人隐私的证据不得在公开开庭时出示。

仲裁庭应当依照仲裁规则的规定开庭，给予双方当事人平等陈述、辩论的机会，并组织当事人进行质证。

经仲裁庭查证属实的证据，应当作为认定事实的根据。

第四十一条 在证据可能灭失或者以后难以取得的情况下，当事人可以申请证据保全。当事人申请证据保全的，农村土地承包仲裁委员会应当将当事人的申请提交证据所在地的基层人民法院。

第四十二条 对权利义务关系明确的纠纷，经当事人申请，仲裁庭可以先行裁定维持现状、恢复农业生产以及停止取土、占地等行为。

一方当事人不履行先行裁定的，另一方当事人可以向人民法院申请执行，但应当提供相应的担保。

第四十三条 仲裁庭应当将开庭情况记入笔录，由仲裁员、记录人员、当事人和其他仲裁参与人签名、盖章或者按指印。

当事人和其他仲裁参与人认为对自己陈述的记录有遗漏或者差错的，有权申请补正。如果不予补正，应当记录该申请。

第四十四条 仲裁庭应当根据认定的事实和法律以及国家政策作出裁决并制作裁决书。

裁决应当按照多数仲裁员的意见作出，少数仲裁员的不同意见可以记入笔录。仲裁庭不能形成多数意见时，裁决应当按照首席仲裁员的意见作出。

第四十五条 裁决书应当写明仲裁请求、争议事实、裁决理由、裁决结果、裁决日期以及当事人不服仲裁裁决的起诉权利、期限，由仲裁员签名，加盖农村土地承包仲裁委员会印章。

农村土地承包仲裁委员会应当在裁决作出之日起三个工作日内将裁决书送达当事人，并告知当事人不服仲裁裁决的起诉权利、期限。

第四十六条 仲裁庭依法独立履行职责，不受行政机关、社会团体和个人的干涉。

第四十七条 仲裁农村土地承包经营纠纷，应当自受理仲裁申请之日起六十日内结束；案情复杂需要延长的，经农村土地承包仲裁委员会主任批准可以延长，并书面通知当事人，但延长期限不得超过三十日。

第四十八条 当事人不服仲裁裁决的，可以自收到裁决书之日起三十日内向人民法院起诉。逾期不起诉的，裁决书即发生法律效力。

第四十九条 当事人对发生法律效力的调解书、裁决书，应当依照规定的期限履行。一方当事人逾期不履行的，另一方当事人可以向被申请人住所地或者财产所在地的基层人民法院申请执行。受理申请的人民法院应当依法执行。

第四章 附 则

第五十条 本法所称农村土地，是指农民集体所有和国家所有依法由农民集体使用的耕地、林地、草地，以及其他依法用于农业的土地。

第五十一条 农村土地承包经营纠纷仲裁规则和农村土地承包仲裁委员会示范章程，由国务院农业、林业行政主管部门依照本法规定共同制定。

第五十二条 农村土地承包经营纠纷仲裁不得向当事人收取费用，仲裁工作经费纳入财政预算予以保障。

第五十三条 本法自 2010 年 1 月 1 日起施行。

农村土地承包合同管理办法

· 2023年2月17日农业农村部令2023年第1号公布
· 自2023年5月1日起施行

第一章 总 则

第一条 为了规范农村土地承包合同的管理,维护承包合同当事人的合法权益,维护农村社会和谐稳定,根据《中华人民共和国农村土地承包法》等法律及有关规定,制定本办法。

第二条 农村土地承包经营应当巩固和完善以家庭承包经营为基础、统分结合的双层经营体制,保持农村土地承包关系稳定并长久不变。农村土地承包经营,不得改变土地的所有权性质。

第三条 农村土地承包经营应当依法签订承包合同。土地承包经营权自承包合同生效时设立。

承包合同订立、变更和终止的,应当开展土地承包经营权调查。

第四条 农村土地承包合同管理应当遵守法律、法规,保护土地资源的合理开发和可持续利用,依法落实耕地利用优先序。发包方和承包方应当依法履行保护农村土地的义务。

第五条 农村土地承包合同管理应当充分维护农民的财产权益,任何组织和个人不得剥夺和非法限制农村集体经济组织成员承包土地的权利。妇女与男子享有平等的承包农村土地的权利。

承包方承包土地后,享有土地承包经营权,可以自己经营,也可以保留土地承包权,流转其承包地的土地经营权,由他人经营。

第六条 农业农村部负责全国农村土地承包合同管理的指导。

县级以上地方人民政府农业农村主管(农村经营管理)部门负责本行政区域内农村土地承包合同管理。

乡(镇)人民政府负责本行政区域内农村土地承包合同管理。

第二章 承包方案

第七条 本集体经济组织成员的村民会议依法选举产生的承包工作小组,应当依照法律、法规的规定拟订承包方案,并在本集体经济组织范围内公示不少于十五日。

承包方案应当依法经本集体经济组织成员的村民会议三分之二以上成员或者三分之二以上村民代表的同意。

承包方案由承包工作小组公开组织实施。

第八条 承包方案应当符合下列要求:

(一)内容合法;

(二)程序规范;

(三)保障农村集体经济组织成员合法权益;

(四)不得违法收回、调整承包地;

(五)法律、法规和规章规定的其他要求。

第九条 县级以上地方人民政府农业农村主管(农村经营管理)部门、乡(镇)人民政府农村土地承包管理部门应当指导制定承包方案,并对承包方案的实施进行监督,发现问题的,应当及时予以纠正。

第三章 承包合同的订立、变更和终止

第十条 承包合同应当符合下列要求:

(一)文本规范;

(二)内容合法;

(三)双方当事人签名、盖章或者按指印;

(四)法律、法规和规章规定的其他要求。

县级以上地方人民政府农业农村主管(农村经营管理)部门、乡(镇)人民政府农村土地承包管理部门应当依法指导发包方和承包方订立、变更或者终止承包合同,并对承包合同实施监督,发现不符合前款要求的,应当及时通知发包方更正。

第十一条 发包方和承包方应当采取书面形式签订承包合同。

承包合同一般包括以下条款:

(一)发包方、承包方的名称,发包方负责人和承包方代表的姓名、住所;

(二)承包土地的名称、坐落、面积、质量等级;

(三)承包方家庭成员信息;

(四)承包期限和起止日期;

(五)承包土地的用途;

(六)发包方和承包方的权利和义务;

(七)违约责任。

承包合同示范文本由农业农村部制定。

第十二条 承包合同自双方当事人签名、盖

章或者按指印时成立。

第十三条 承包期内，出现下列情形之一的，承包合同变更：

（一）承包方依法分立或者合并的；

（二）发包方依法调整承包地的；

（三）承包方自愿交回部分承包地的；

（四）土地承包经营权互换的；

（五）土地承包经营权部分转让的；

（六）承包地被部分征收的；

（七）法律、法规和规章规定的其他情形。

承包合同变更的，变更后的承包期限不得超过承包期的剩余期限。

第十四条 承包期内，出现下列情形之一的，承包合同终止：

（一）承包方消亡的；

（二）承包方自愿交回全部承包地的；

（三）土地承包经营权全部转让的；

（四）承包地被全部征收的；

（五）法律、法规和规章规定的其他情形。

第十五条 承包地被征收、发包方依法调整承包地或者承包方消亡的，发包方应当变更或者终止承包合同。

除前款规定的情形外，承包合同变更、终止的，承包方向发包方提出申请，并提交以下材料：

（一）变更、终止承包合同的书面申请；

（二）原承包合同；

（三）承包方分立或者合并的协议，交回承包地的书面通知或者协议，土地承包经营权互换合同、转让合同等其他相关证明材料；

（四）具有土地承包经营权的全部家庭成员同意变更、终止承包合同的书面材料；

（五）法律、法规和规章规定的其他材料。

第十六条 省级人民政府农业农村主管部门可以根据本行政区域实际依法制定承包方分立、合并、消亡而导致承包合同变更、终止的具体规定。

第十七条 承包期内，因自然灾害严重毁损承包地等特殊情形对个别农户之间承包地需要适当调整的，发包方应当制定承包地调整方案，并应当经本集体经济组织成员的村民会议三分之二以上成员或者三分之二以上村民代表的同意。承包合同中约定不得调整的，按照其约定。

调整方案通过之日起二十个工作日内，发包方应当将调整方案报乡（镇）人民政府和县级人民政府农业农村主管（农村经营管理）部门批准。

乡（镇）人民政府应当于二十个工作日内完成调整方案的审批，并报县级人民政府农业农村主管（农村经营管理）部门；县级人民政府农业农村主管（农村经营管理）部门应当于二十个工作日内完成调整方案的审批。乡（镇）人民政府、县级人民政府农业农村主管（农村经营管理）部门对违反法律、法规和规章规定的调整方案，应当及时通知发包方予以更正，并重新申请批准。

调整方案未经乡（镇）人民政府和县级人民政府农业农村主管（农村经营管理）部门批准的，发包方不得调整承包地。

第十八条 承包方自愿将部分或者全部承包地交回发包方的，承包方与发包方在该土地上的承包关系终止，承包期内其土地承包经营权部分或者全部消灭，并不得再要求承包土地。

承包方自愿交回承包地的，应当提前半年以书面形式通知发包方。承包方对其在承包地上投入而提高土地生产能力的，有权获得相应的补偿。交回承包地的其他补偿，由发包方和承包方协商确定。

第十九条 为了方便耕种或者各自需要，承包方之间可以互换属于同一集体经济组织的不同承包地块的土地承包经营权。

土地承包经营权互换的，应当签订书面合同，并向发包方备案。

承包方提交备案的互换合同，应当符合下列要求：

（一）互换双方是属于同一集体经济组织的农户；

（二）互换后的承包期限不超过承包期的剩余期限；

（三）法律、法规和规章规定的其他事项。

互换合同备案后，互换双方应当与发包方变更承包合同。

第二十条 经承包方申请和发包方同意，承包方可以将部分或者全部土地承包经营权转让给本集体经济组织的其他农户。

承包方转让土地承包经营权的，应当以书面形式向发包方提交申请。发包方同意转让的，承包方与受让方应当签订书面合同；发包方不同意转让的，应当于七日内向承包方书面说明理由。

发包方无法定理由的,不得拒绝同意承包方的转让申请。未经发包方同意的,土地承包经营权转让合同无效。

土地承包经营权转让合同,应当符合下列要求:

(一)受让方是本集体经济组织的农户;

(二)转让后的承包期限不超过承包期的剩余期限;

(三)法律、法规和规章规定的其他事项。

土地承包经营权转让后,受让方应当与发包方签订承包合同。原承包方与发包方在该土地上的承包关系终止,承包期内其土地承包经营权部分或者全部消灭,并不得再要求承包土地。

第四章　承包档案和信息管理

第二十一条　承包合同管理工作中形成的,对国家、社会和个人有保存价值的文字、图表、声像、数据等各种形式和载体的材料,应当纳入农村土地承包档案管理。

县级以上地方人民政府农业农村主管(农村经营管理)部门、乡(镇)人民政府农村土地承包管理部门应当制定工作方案、健全档案工作管理制度、落实专项经费、指定工作人员、配备必要设施设备,确保农村土地承包档案完整与安全。

发包方应当将农村土地承包档案纳入村级档案管理。

第二十二条　承包合同管理工作中产生、使用和保管的数据,包括承包地权属数据、地理信息数据和其他相关数据等,应当纳入农村土地承包数据管理。

县级以上地方人民政府农业农村主管(农村经营管理)部门负责本行政区域内农村土地承包数据的管理,组织开展数据采集、使用、更新、保管和保密等工作,并向上级业务主管部门提交数据。

鼓励县级以上地方人民政府农业农村主管(农村经营管理)部门通过数据交换接口、数据抄送等方式与相关部门和机构实现承包合同数据互通共享,并明确使用、保管和保密责任。

第二十三条　县级以上地方人民政府农业农村主管(农村经营管理)部门应当加强农村土地承包合同管理信息化建设,按照统一标准和技术规范建立国家、省、市、县等互联互通的农村土地承包信息应用平台。

第二十四条　县级以上地方人民政府农业农村主管(农村经营管理)部门、乡(镇)人民政府农村土地承包管理部门应当利用农村土地承包信息应用平台,组织开展承包合同网签。

第二十五条　承包方、利害关系人有权依法查询、复制农村土地承包档案和农村土地承包数据的相关资料,发包方、乡(镇)人民政府农村土地承包管理部门、县级以上地方人民政府农业农村主管(农村经营管理)部门应当依法提供。

第五章　土地承包经营权调查

第二十六条　土地承包经营权调查,应当查清发包方、承包方的名称,发包方负责人和承包方代表的姓名、身份证号码、住所,承包方家庭成员,承包地块的名称、坐落、面积、质量等级、土地用途等信息。

第二十七条　土地承包经营权调查应当按照农村土地承包经营权调查规程实施,一般包括准备工作、权属调查、地块测量、审核公示、勘误修正、结果确认、信息入库、成果归档等。

农村土地承包经营权调查规程由农业农村部制定。

第二十八条　土地承包经营权调查的成果,应当符合农村土地承包经营权调查规程的质量要求,并纳入农村土地承包信息应用平台统一管理。

第二十九条　县级以上地方人民政府农业农村主管(农村经营管理)部门、乡(镇)人民政府农村土地承包管理部门依法组织开展本行政区域内的土地承包经营权调查。

土地承包经营权调查可以依法聘请具有相应资质的单位开展。

第六章　法律责任

第三十条　国家机关及其工作人员利用职权干涉承包合同的订立、变更、终止,给承包方造成损失的,应当依法承担损害赔偿等责任;情节严重的,由上级机关或者所在单位给予直接责任人员处分;构成犯罪的,依法追究刑事责任。

第三十一条　土地承包经营权调查、农村土地承包档案管理、农村土地承包数据管理和使用过程中发生的违法行为,根据相关法律法规的规定予以处罚;构成犯罪的,依法追究刑事责任。

第七章　附　则

第三十二条　本办法所称农村土地，是指除林地、草地以外的，农民集体所有和国家所有依法由农民集体使用的耕地和其他依法用于农业的土地。

本办法所称承包合同，是指在家庭承包方式中，发包方和承包方依法签订的土地承包经营权合同。

第三十三条　本办法施行以前依法签订的承包合同继续有效。

第三十四条　本办法自2023年5月1日起施行。农业部2003年11月14日发布的《中华人民共和国农村土地承包经营权证管理办法》（农业部令第33号）同时废止。

农村土地经营权流转管理办法

· 2021年1月26日农业农村部令2021年第1号发布

· 自2021年3月1日起施行

第一章　总　则

第一条　为了规范农村土地经营权（以下简称土地经营权）流转行为，保障流转当事人合法权益，加快农业农村现代化，维护农村社会和谐稳定，根据《中华人民共和国农村土地承包法》等法律及有关规定，制定本办法。

第二条　土地经营权流转应当坚持农村土地农民集体所有、农户家庭承包经营的基本制度，保持农村土地承包关系稳定并长久不变，遵循依法、自愿、有偿原则，任何组织和个人不得强迫或者阻碍承包方流转土地经营权。

第三条　土地经营权流转不得损害农村集体经济组织和利害关系人的合法权益，不得破坏农业综合生产能力和农业生态环境，不得改变承包土地的所有权性质及其农业用途，确保农地农用，优先用于粮食生产，制止耕地“非农化”、防止耕地“非粮化”。

第四条　土地经营权流转应当因地制宜、循序渐进，把握好流转、集中、规模经营的度，流转规模应当与城镇化进程和农村劳动力转移规模相适应，与农业科技进步和生产手段改进程度相适应，与农业社会化服务水平提高相适应，鼓励各地建立多种形式的土地经营权流转风险防范和保障机制。

第五条　农业农村部负责全国土地经营权流转及流转合同管理的指导。

县级以上地方人民政府农业农村主管（农村经营管理）部门依照职责，负责本行政区域内土地经营权流转及流转合同管理。

乡（镇）人民政府负责本行政区域内土地经营权流转及流转合同管理。

第二章　流转当事人

第六条　承包方在承包期限内有权依法自主决定土地经营权是否流转，以及流转对象、方式、期限等。

第七条　土地经营权流转收益归承包方所有，任何组织和个人不得擅自截留、扣缴。

第八条　承包方自愿委托发包方、中介组织或者他人流转其土地经营权的，应当由承包方出具流转委托书。委托书应当载明委托的事项、权限和期限等，并由委托人和受托人签字或者盖章。

没有承包方的书面委托，任何组织和个人无权以任何方式决定流转承包方的土地经营权。

第九条　土地经营权流转的受让方应当为具有农业经营能力或者资质的组织和个人。在同等条件下，本集体经济组织成员享有优先权。

第十条　土地经营权流转的方式、期限、价款和具体条件，由流转双方平等协商确定。流转期限届满后，受让方享有以同等条件优先续约的权利。

第十一条　受让方应当依照有关法律法规保护土地，禁止改变土地的农业用途。禁止闲置、荒芜耕地，禁止占用耕地建窑、建坟或者擅自在耕地上建房、挖砂、采石、采矿、取土等。禁止占用永久基本农田发展林果业和挖塘养鱼。

第十二条　受让方将流转取得的土地经营权再流转以及向金融机构融资担保的，应当事先取得承包方书面同意，并向发包方备案。

第十三条　经承包方同意，受让方依法投资改良土壤，建设农业生产附属、配套设施，及农业生产中直接用于作物种植和畜禽水产养殖设施的，土地经营权流转合同到期或者未到期由承包方依法提前收回承包土地时,受让方有权获得合理补偿。具体补偿办法可在土地经营权流转合同中约定或者由双方协商确定。

第三章　流转方式

第十四条　承包方可以采取出租(转包)、入股或者其他符合有关法律和国家政策规定的方式流转土地经营权。

出租(转包),是指承包方将部分或者全部土地经营权,租赁给他人从事农业生产经营。

入股,是指承包方将部分或者全部土地经营权作价出资,成为公司、合作经济组织等股东或者成员,并用于农业生产经营。

第十五条　承包方依法采取出租(转包)、入股或者其他方式将土地经营权部分或者全部流转的,承包方与发包方的承包关系不变,双方享有的权利和承担的义务不变。

第十六条　承包方自愿将土地经营权入股公司发展农业产业化经营的,可以采取优先股等方式降低承包方风险。公司解散时入股土地应当退回原承包方。

第四章　流转合同

第十七条　承包方流转土地经营权,应当与受让方在协商一致的基础上签订书面流转合同,并向发包方备案。

承包方将土地交由他人代耕不超过一年的,可以不签订书面合同。

第十八条　承包方委托发包方、中介组织或者他人流转土地经营权的,流转合同应当由承包方或者其书面委托的受托人签订。

第十九条　土地经营权流转合同一般包括以下内容:

(一)双方当事人的姓名或者名称、住所、联系方式等;

(二)流转土地的名称、四至、面积、质量等级、土地类型、地块代码等;

(三)流转的期限和起止日期;

(四)流转方式;

(五)流转土地的用途;

(六)双方当事人的权利和义务;

(七)流转价款或者股份分红,以及支付方式和支付时间;

(八)合同到期后地上附着物及相关设施的处理;

(九)土地被依法征收、征用、占用时有关补偿费的归属;

(十)违约责任。

土地经营权流转合同示范文本由农业农村部制定。

第二十条　承包方不得单方解除土地经营权流转合同,但受让方有下列情形之一的除外:

(一)擅自改变土地的农业用途;

(二)弃耕抛荒连续两年以上;

(三)给土地造成严重损害或者严重破坏土地生态环境;

(四)其他严重违约行为。

有以上情形,承包方在合理期限内不解除土地经营权流转合同的,发包方有权要求终止土地经营权流转合同。

受让方对土地和土地生态环境造成的损害应当依法予以赔偿。

第五章　流转管理

第二十一条　发包方对承包方流转土地经营权、受让方再流转土地经营权以及承包方、受让方利用土地经营权融资担保的,应当办理备案,并报告乡(镇)人民政府农村土地承包管理部门。

第二十二条　乡(镇)人民政府农村土地承包管理部门应当向达成流转意向的双方提供统一文本格式的流转合同,并指导签订。流转合同中有违反法律法规的,应当及时予以纠正。

第二十三条　乡(镇)人民政府农村土地承包管理部门应当建立土地经营权流转台账,及时准确记载流转情况。

第二十四条　乡(镇)人民政府农村土地承包管理部门应当对土地经营权流转有关文件、资料及流转合同等进行归档并妥善保管。

第二十五条　鼓励各地建立土地经营权流转市场或者农村产权交易市场。县级以上地方人民政府农业农村主管(农村经营管理)部门应当加强业务指导,督促其建立健全运行规则,规范开展土地经营权流转政策咨询、信息发布、合同签订、交易鉴证、权益评估、融资担保、档案管理等服务。

第二十六条　县级以上地方人民政府农业农村主管(农村经营管理)部门应当按照统一标准和

技术规范建立国家、省、市、县等互联互通的农村土地承包信息应用平台，健全土地经营权流转合同网签制度，提升土地经营权流转规范化、信息化管理水平。

第二十七条 县级以上地方人民政府农业农村主管（农村经营管理）部门应当加强对乡（镇）人民政府农村土地承包管理部门工作的指导。乡（镇）人民政府农村土地承包管理部门应当依法开展土地经营权流转的指导和管理工作。

第二十八条 县级以上地方人民政府农业农村主管（农村经营管理）部门应当加强服务，鼓励受让方发展粮食生产；鼓励和引导工商企业等社会资本（包括法人、非法人组织或者自然人等）发展适合企业化经营的现代种养业。

县级以上地方人民政府农业农村主管（农村经营管理）部门应当根据自然经济条件、农村劳动力转移情况、农业机械化水平等因素，引导受让方发展适度规模经营，防止垒大户。

第二十九条 县级以上地方人民政府对工商企业等社会资本流转土地经营权，依法建立分级资格审查和项目审核制度。审查审核的一般程序如下：

（一）受让主体与承包方就流转面积、期限、价款等进行协商并签订流转意向协议书。涉及未承包到户集体土地等集体资源的，应当按照法定程序经本集体经济组织成员的村民会议三分之二以上成员或者三分之二以上村民代表的同意，并与集体经济组织签订流转意向协议书。

（二）受让主体按照分级审查审核规定，分别向乡（镇）人民政府农村土地承包管理部门或者县级以上地方人民政府农业农村主管（农村经营管理）部门提出申请，并提交流转意向协议书、农业经营能力或者资质证明、流转项目规划等相关材料。

（三）县级以上地方人民政府或者乡（镇）人民政府应当依法组织相关职能部门、农村集体经济组织代表、农民代表、专家等就土地用途、受让主体农业经营能力，以及经营项目是否符合粮食生产等产业规划等进行审查审核，并于受理之日起20个工作日内作出审查审核意见。

（四）审查审核通过的，受让主体与承包方签订土地经营权流转合同。未按规定提交审查审核申请或者审查审核未通过的，不得开展土地经营权流转活动。

第三十条 县级以上地方人民政府依法建立工商企业等社会资本通过流转取得土地经营权的风险防范制度，加强事中事后监管，及时查处纠正违法违规行为。

鼓励承包方和受让方在土地经营权流转市场或者农村产权交易市场公开交易。

对整村（组）土地经营权流转面积较大、涉及农户较多、经营风险较高的项目，流转双方可以协商设立风险保障金。

鼓励保险机构为土地经营权流转提供流转履约保证保险等多种形式保险服务。

第三十一条 农村集体经济组织为工商企业等社会资本流转土地经营权提供服务的，可以收取适量管理费用。收取管理费用的金额和方式应当由农村集体经济组织、承包方和工商企业等社会资本三方协商确定。管理费用应当纳入农村集体经济组织会计核算和财务管理，主要用于农田基本建设或者其他公益性支出。

第三十二条 县级以上地方人民政府可以根据本办法，结合本行政区域实际，制定工商企业等社会资本通过流转取得土地经营权的资格审查、项目审核和风险防范实施细则。

第三十三条 土地经营权流转发生争议或者纠纷的，当事人可以协商解决，也可以请求村民委员会、乡（镇）人民政府等进行调解。

当事人不愿意协商、调解或者协商、调解不成的，可以向农村土地承包仲裁机构申请仲裁，也可以直接向人民法院提起诉讼。

第六章 附 则

第三十四条 本办法所称农村土地，是指除林地、草地以外的，农民集体所有和国家所有依法由农民集体使用的耕地和其他用于农业的土地。

本办法所称农村土地经营权流转，是指在承包方与发包方承包关系保持不变的前提下，承包方依法在一定期限内将土地经营权部分或者全部交由他人自主开展农业生产经营的行为。

第三十五条 通过招标、拍卖和公开协商等方式承包荒山、荒沟、荒丘、荒滩等农村土地，经依法登记取得权属证书的，可以流转土地经营权，其流转管理参照本办法执行。

第三十六条 本办法自2021年3月1日起施

行。农业部2005年1月19日发布的《农村土地承包经营权流转管理办法》(农业部令第47号)同时废止。

最高人民法院关于审理涉及农村土地承包纠纷案件适用法律问题的解释

· 2005年3月29日最高人民法院审判委员会第1346次会议通过
· 根据2020年12月23日最高人民法院审判委员会第1823次会议通过的《最高人民法院关于修改〈最高人民法院关于在民事审判工作中适用《中华人民共和国工会法》若干问题的解释〉等二十七件民事类司法解释的决定》修正
· 2020年12月29日最高人民法院公告公布
· 自2021年1月1日起施行
· 法释〔2020〕17号

为正确审理农村土地承包纠纷案件,依法保护当事人的合法权益,根据《中华人民共和国民法典》《中华人民共和国农村土地承包法》《中华人民共和国土地管理法》《中华人民共和国民事诉讼法》等法律的规定,结合民事审判实践,制定本解释。

一、受理与诉讼主体

第一条 下列涉及农村土地承包民事纠纷,人民法院应当依法受理:

(一)承包合同纠纷;

(二)承包经营权侵权纠纷;

(三)土地经营权侵权纠纷;

(四)承包经营权互换、转让纠纷;

(五)土地经营权流转纠纷;

(六)承包地征收补偿费用分配纠纷;

(七)承包经营权继承纠纷;

(八)土地经营权继承纠纷。

农村集体经济组织成员因未实际取得土地承包经营权提起民事诉讼的,人民法院应当告知其向有关行政主管部门申请解决。

农村集体经济组织成员就用于分配的土地补偿费数额提起民事诉讼的,人民法院不予受理。

第二条 当事人自愿达成书面仲裁协议的,受诉人民法院应当参照《最高人民法院关于适用〈中华人民共和国民事诉讼法〉的解释》第二百一十五条、第二百一十六条的规定处理。

当事人未达成书面仲裁协议,一方当事人向农村土地承包仲裁机构申请仲裁,另一方当事人提起诉讼的,人民法院应予受理,并书面通知仲裁机构。但另一方当事人接受仲裁管辖后又起诉的,人民法院不予受理。

当事人对仲裁裁决不服并在收到裁决书之日起三十日内提起诉讼的,人民法院应予受理。

第三条 承包合同纠纷,以发包方和承包方为当事人。

前款所称承包方是指以家庭承包方式承包本集体经济组织农村土地的农户,以及以其他方式承包农村土地的组织或者个人。

第四条 农户成员为多人的,由其代表人进行诉讼。

农户代表人按照下列情形确定:

(一)土地承包经营权证等证书上记载的人;

(二)未依法登记取得土地承包经营权证等证书的,为在承包合同上签名的人;

(三)前两项规定的人死亡、丧失民事行为能力或者因其他原因无法进行诉讼的,为农户成员推选的人。

二、家庭承包纠纷案件的处理

第五条 承包合同中有关收回、调整承包地的约定违反农村土地承包法第二十七条、第二十八条、第三十一条规定的,应当认定该约定无效。

第六条 因发包方违法收回、调整承包地,或者因发包方收回承包方弃耕、撂荒的承包地产生的纠纷,按照下列情形,分别处理:

(一)发包方未将承包地另行发包,承包方请求返还承包地的,应予支持;

(二)发包方已将承包地另行发包给第三人,承包方以发包方和第三人为共同被告,请求确认其所签订的承包合同无效、返还承包地并赔偿损失的,应予支持。但属于承包方弃耕、撂荒情形的,对其赔偿损失的诉讼请求,不予支持。

前款第(二)项所称的第三人,请求受益方补偿其在承包地上的合理投入的,应予支持。

第七条 承包合同约定或者土地承包经营权证等证书记载的承包期限短于农村土地承包法规

定的期限,承包方请求延长的,应予支持。

第八条 承包方违反农村土地承包法第十八条规定,未经依法批准将承包地用于非农建设或者对承包地造成永久性损害,发包方请求承包方停止侵害、恢复原状或者赔偿损失的,应予支持。

第九条 发包方根据农村土地承包法第二十七条规定收回承包地前,承包方已经以出租、入股或者其他形式将其土地经营权流转给第三人,且流转期限尚未届满,因流转价款收取产生的纠纷,按照下列情形,分别处理:

(一)承包方已经一次性收取了流转价款,发包方请求承包方返还剩余流转期限的流转价款的,应予支持;

(二)流转价款为分期支付,发包方请求第三人按照流转合同的约定支付流转价款的,应予支持。

第十条 承包方交回承包地不符合农村土地承包法第三十条规定程序的,不得认定其为自愿交回。

第十一条 土地经营权流转中,本集体经济组织成员在流转价款、流转期限等主要内容相同的条件下主张优先权的,应予支持。但下列情形除外:

(一)在书面公示的合理期限内未提出优先权主张的;

(二)未经书面公示,在本集体经济组织以外的人开始使用承包地两个月内未提出优先权主张的。

第十二条 发包方胁迫承包方将土地经营权流转给第三人,承包方请求撤销其与第三人签订的流转合同的,应予支持。

发包方阻碍承包方依法流转土地经营权,承包方请求排除妨碍、赔偿损失的,应予支持。

第十三条 承包方未经发包方同意,转让其土地承包经营权的,转让合同无效。但发包方无法定理由不同意或者拖延表态的除外。

第十四条 承包方依法采取出租、入股或者其他方式流转土地经营权,发包方仅以该土地经营权流转合同未报其备案为由,请求确认合同无效的,不予支持。

第十五条 因承包方不收取流转价款或者向对方支付费用的约定产生纠纷,当事人协商变更无法达成一致,且继续履行又显失公平的,人民法院可以根据发生变更的客观情况,按照公平原则处理。

第十六条 当事人对出租地流转期限没有约定或者约定不明的,参照民法典第七百三十条规定处理。除当事人另有约定或者属于林地承包经营外,承包地交回的时间应当在农作物收获期结束后或者下一耕种期开始前。

对提高土地生产能力的投入,对方当事人请求承包方给予相应补偿的,应予支持。

第十七条 发包方或者其他组织、个人擅自截留、扣缴承包收益或者土地经营权流转收益,承包方请求返还的,应予支持。

发包方或者其他组织、个人主张抵销的,不予支持。

三、其他方式承包纠纷的处理

第十八条 本集体经济组织成员在承包费、承包期限等主要内容相同的条件下主张优先承包的,应予支持。但在发包方将农村土地发包给本集体经济组织以外的组织或者个人,已经法律规定的民主议定程序通过,并由乡(镇)人民政府批准后主张优先承包的,不予支持。

第十九条 发包方就同一土地签订两个以上承包合同,承包方均主张取得土地经营权的,按照下列情形,分别处理:

(一)已经依法登记的承包方,取得土地经营权;

(二)均未依法登记的,生效在先合同的承包方取得土地经营权;

(三)依前两项规定无法确定的,已经根据承包合同合法占有使用承包地的人取得土地经营权,但争议发生后一方强行先占承包地的行为和事实,不得作为确定土地经营权的依据。

四、土地征收补偿费用分配及土地承包经营权继承纠纷的处理

第二十条 承包地被依法征收,承包方请求发包方给付已经收到的地上附着物和青苗的补偿费的,应予支持。

承包方已将土地经营权以出租、入股或者其他方式流转给第三人的,除当事人另有约定外,青苗补偿费归实际投入人所有,地上附着物补偿费归附着物所有人所有。

第二十一条 承包地被依法征收,放弃统一安置的家庭承包方,请求发包方给付已经收到的安置补助费的,应予支持。

第二十二条 农村集体经济组织或者村民委

员会、村民小组，可以依照法律规定的民主议定程序，决定在本集体经济组织内部分配已经收到的土地补偿费。征地补偿安置方案确定时已经具有本集体经济组织成员资格的人，请求支付相应份额的，应予支持。但已报全国人大常委会、国务院备案的地方性法规、自治条例和单行条例、地方政府规章对土地补偿费在农村集体经济组织内部的分配办法另有规定的除外。

第二十三条 林地家庭承包中，承包方的继承人请求在承包期内继续承包的，应予支持。

其他方式承包中，承包方的继承人或者权利义务承受者请求在承包期内继续承包的，应予支持。

五、其他规定

第二十四条 人民法院在审理涉及本解释第五条、第六条第一款第（二）项及第二款、第十五条的纠纷案件时，应当着重进行调解。必要时可以委托人民调解组织进行调解。

第二十五条 本解释自2005年9月1日起施行。施行后受理的第一审案件，适用本解释的规定。

施行前已经生效的司法解释与本解释不一致的，以本解释为准。

最高人民法院关于审理涉及农村土地承包经营纠纷调解仲裁案件适用法律若干问题的解释

· 2013年12月27日最高人民法院审判委员会第1601次会议通过
· 根据2020年12月23日最高人民法院审判委员会第1823次会议通过的《最高人民法院关于修改〈最高人民法院关于在民事审判工作中适用《中华人民共和国工会法》若干问题的解释〉等二十七件民事类司法解释的决定》修正
· 2020年12月29日最高人民法院公告公布
· 自2021年1月1日起施行
· 法释〔2020〕17号

为正确审理涉及农村土地承包经营纠纷调解仲裁案件，根据《中华人民共和国农村土地承包法》《中华人民共和国农村土地承包经营纠纷调解仲裁法》《中华人民共和国民事诉讼法》等法律的规定，结合民事审判实践，就审理涉及农村土地承包经营纠纷调解仲裁案件适用法律的若干问题，制定本解释。

第一条 农村土地承包仲裁委员会根据农村土地承包经营纠纷调解仲裁法第十八条规定，以超过申请仲裁的时效期间为由驳回申请后，当事人就同一纠纷提起诉讼的，人民法院应予受理。

第二条 当事人在收到农村土地承包仲裁委员会作出的裁决书之日起三十日后或者签收农村土地承包仲裁委员会作出的调解书后，就同一纠纷向人民法院提起诉讼的，裁定不予受理；已经受理的，裁定驳回起诉。

第三条 当事人在收到农村土地承包仲裁委员会作出的裁决书之日起三十日内，向人民法院提起诉讼，请求撤销仲裁裁决的，人民法院应当告知当事人就原纠纷提起诉讼。

第四条 农村土地承包仲裁委员会依法向人民法院提交当事人财产保全申请的，申请财产保全的当事人为申请人。

农村土地承包仲裁委员会应当提交下列材料：

（一）财产保全申请书；

（二）农村土地承包仲裁委员会发出的受理案件通知书；

（三）申请人的身份证明；

（四）申请保全财产的具体情况。

人民法院采取保全措施，可以责令申请人提供担保，申请人不提供担保的，裁定驳回申请。

第五条 人民法院对农村土地承包仲裁委员会提交的财产保全申请材料，应当进行审查。符合前条规定的，应予受理；申请材料不齐全或不符合规定的，人民法院应当告知农村土地承包仲裁委员会需要补齐的内容。

人民法院决定受理的，应当于三日内向当事人送达受理通知书并告知农村土地承包仲裁委员会。

第六条 人民法院受理财产保全申请后，应当在十日内作出裁定。因特殊情况需要延长的，经本院院长批准，可以延长五日。

人民法院接受申请后，对情况紧急的，必须在四十八小时内作出裁定；裁定采取保全措施的，应当立即开始执行。

第七条 农村土地承包经营纠纷仲裁中采取的财产保全措施，在申请保全的当事人依法提起诉讼后，自动转为诉讼中的财产保全措施，并适用《最高人民法院关于适用〈中华人民共和国民事诉讼法〉的解释》第四百八十七条关于查封、扣押、冻结期限的规定。

第八条 农村土地承包仲裁委员会依法向人民法院提交当事人证据保全申请的，应当提供下列材料：

（一）证据保全申请书；

（二）农村土地承包仲裁委员会发出的受理案件通知书；

（三）申请人的身份证明；

（四）申请保全证据的具体情况。

对证据保全的具体程序事项，适用本解释第五、六、七条关于财产保全的规定。

第九条 农村土地承包仲裁委员会作出先行裁定后，一方当事人依法向被执行人住所地或者被执行的财产所在地基层人民法院申请执行的，人民法院应予受理和执行。

申请执行先行裁定的，应当提供以下材料：

（一）申请执行书；

（二）农村土地承包仲裁委员会作出的先行裁定书；

（三）申请执行人的身份证明；

（四）申请执行人提供的担保情况；

（五）其他应当提交的文件或证件。

第十条 当事人根据农村土地承包经营纠纷调解仲裁法第四十九条规定，向人民法院申请执行调解书、裁决书，符合《最高人民法院关于人民法院执行工作若干问题的规定（试行）》第十六条规定条件的，人民法院应予受理和执行。

第十一条 当事人因不服农村土地承包仲裁委员会作出的仲裁裁决向人民法院提起诉讼的，起诉期从其收到裁决书的次日起计算。

第十二条 本解释施行后，人民法院尚未审结的一审、二审案件适用本解释规定。本解释施行前已经作出生效裁判的案件，本解释施行后依法再审的，不适用本解释规定。

最高人民法院关于国有土地开荒后用于农耕的土地使用权转让合同纠纷案件如何适用法律问题的批复

· 2011 年 11 月 21 日最高人民法院审判委员会第 1532 次会议通过
· 根据 2020 年 12 月 23 日最高人民法院审判委员会第 1823 次会议通过的《最高人民法院关于修改〈最高人民法院关于在民事审判工作中适用《中华人民共和国工会法》若干问题的解释〉等二十七件民事类司法解释的决定》修正
· 2020 年 12 月 29 日最高人民法院公告公布
· 自 2021 年 1 月 1 日起施行
· 法释〔2020〕17 号

甘肃省高级人民法院：

你院《关于对国有土地经营权转让如何适用法律的请示》（甘高法〔2010〕84 号）收悉。经研究，答复如下：

开荒后用于农耕而未交由农民集体使用的国有土地，不属于《中华人民共和国农村土地承包法》第二条规定的农村土地。此类土地使用权的转让，不适用《中华人民共和国农村土地承包法》的规定，应适用《中华人民共和国民法典》和《中华人民共和国土地管理法》等相关法律规定加以规范。

对于国有土地开荒后用于农耕的土地使用权转让合同，不违反法律、行政法规的强制性规定的，当事人仅以转让方未取得土地使用权证书为由请求确认合同无效的，人民法院依法不予支持；当事人根据合同约定主张对方当事人履行办理土地使用权证书义务的，人民法院依法应予支持。

十六、旅游服务合同

中华人民共和国旅游法

·2013年4月25日第十二届全国人民代表大会常务委员会第二次会议通过

·根据2016年11月7日第十二届全国人民代表大会常务委员会第二十四次会议《关于修改〈中华人民共和国对外贸易法〉等十二部法律的决定》第一次修正

·根据2018年10月26日第十三届全国人民代表大会常务委员会第六次会议《关于修改〈中华人民共和国野生动物保护法〉等十五部法律的决定》第二次修正

第一章 总 则

第一条 【立法宗旨】为保障旅游者和旅游经营者的合法权益,规范旅游市场秩序,保护和合理利用旅游资源,促进旅游业持续健康发展,制定本法。

第二条 【适用范围】在中华人民共和国境内的和在中华人民共和国境内组织到境外的游览、度假、休闲等形式的旅游活动以及为旅游活动提供相关服务的经营活动,适用本法。

第三条 【国家发展旅游事业的原则与职责】国家发展旅游事业,完善旅游公共服务,依法保护旅游者在旅游活动中的权利。

第四条 【旅游发展原则】旅游业发展应当遵循社会效益、经济效益和生态效益相统一的原则。国家鼓励各类市场主体在有效保护旅游资源的前提下,依法合理利用旅游资源。利用公共资源建设的游览场所应当体现公益性质。

第五条 【旅游消费导引】国家倡导健康、文明、环保的旅游方式,支持和鼓励各类社会机构开展旅游公益宣传,对促进旅游业发展做出突出贡献的单位和个人给予奖励。

第六条 【旅游经营原则】国家建立健全旅游服务标准和市场规则,禁止行业垄断和地区垄断。旅游经营者应当诚信经营,公平竞争,承担社会责任,为旅游者提供安全、健康、卫生、方便的旅游服务。

第七条 【旅游综合协调机制】国务院建立健全旅游综合协调机制,对旅游业发展进行综合协调。

县级以上地方人民政府应当加强对旅游工作的组织和领导,明确相关部门或者机构,对本行政区域的旅游业发展和监督管理进行统筹协调。

第八条 【旅游行业组织】依法成立的旅游行业组织,实行自律管理。

第二章 旅游者

第九条 【旅游者自主选择权、信息知情权】旅游者有权自主选择旅游产品和服务,有权拒绝旅游经营者的强制交易行为。

旅游者有权知悉其购买的旅游产品和服务的真实情况。

旅游者有权要求旅游经营者按照约定提供产品和服务。

第十条 【受尊重权】旅游者的人格尊严、民族风俗习惯和宗教信仰应当得到尊重。

第十一条 【特殊群体优惠】残疾人、老年人、未成年人等旅游者在旅游活动中依照法律、法规和有关规定享受便利和优惠。

第十二条 【旅游救助、保护及求偿权】旅游者在人身、财产安全遇有危险时,有请求救助和保护的权利。

旅游者人身、财产受到侵害的,有依法获得赔偿的权利。

第十三条 【旅游者文明旅游义务】旅游者在旅游活动中应当遵守社会公共秩序和社会公德,尊重当地的风俗习惯、文化传统和宗教信仰,爱护旅游资源,保护生态环境,遵守旅游文明行为规范。

第十四条 【旅游者不得损害他人合法权益的义务】旅游者在旅游活动中或者在解决纠纷时,不得损害当地居民的合法权益,不得干扰他人的旅游活动，不得损害旅游经营者和旅游从业人员的合法权益。

第十五条 【旅游者的告知及配合义务】旅游者购买、接受旅游服务时，应当向旅游经营者如实告知与旅游活动相关的个人健康信息，遵守旅游活动中的安全警示规定。

旅游者对国家应对重大突发事件暂时限制旅游活动的措施以及有关部门、机构或者旅游经营者采取的安全防范和应急处置措施，应当予以配合。

旅游者违反安全警示规定，或者对国家应对重大突发事件暂时限制旅游活动的措施、安全防范和应急处置措施不予配合的，依法承担相应责任。

第十六条 【出境、入境旅游者义务】出境旅游者不得在境外非法滞留，随团出境的旅游者不得擅自分团、脱团。

入境旅游者不得在境内非法滞留，随团入境的旅游者不得擅自分团、脱团。

第三章 旅游规划和促进

第十七条 【旅游发展规划的编制】国务院和县级以上地方人民政府应当将旅游业发展纳入国民经济和社会发展规划。

国务院和省、自治区、直辖市人民政府以及旅游资源丰富的设区的市和县级人民政府，应当按照国民经济和社会发展规划的要求，组织编制旅游发展规划。对跨行政区域且适宜进行整体利用的旅游资源进行利用时，应当由上级人民政府组织编制或者由相关地方人民政府协商编制统一的旅游发展规划。

第十八条 【规划内容要求】旅游发展规划应当包括旅游业发展的总体要求和发展目标，旅游资源保护和利用的要求和措施，以及旅游产品开发、旅游服务质量提升、旅游文化建设、旅游形象推广、旅游基础设施和公共服务设施建设的要求和促进措施等内容。

根据旅游发展规划，县级以上地方人民政府可以编制重点旅游资源开发利用的专项规划，对特定区域内的旅游项目、设施和服务功能配套提出专门要求。

第十九条 【规划衔接】旅游发展规划应当与土地利用总体规划、城乡规划、环境保护规划以及其他自然资源和文物等人文资源的保护和利用规划相衔接。

第二十条 【其他相关规划的支持】各级人民政府编制土地利用总体规划、城乡规划，应当充分考虑相关旅游项目、设施的空间布局和建设用地要求。规划和建设交通、通信、供水、供电、环保等基础设施和公共服务设施，应当兼顾旅游业发展的需要。

第二十一条 【旅游资源利用原则和监督措施】对自然资源和文物等人文资源进行旅游利用，必须严格遵守有关法律、法规的规定，符合资源、生态保护和文物安全的要求，尊重和维护当地传统文化和习俗，维护资源的区域整体性、文化代表性和地域特殊性，并考虑军事设施保护的需要。有关主管部门应当加强对资源保护和旅游利用状况的监督检查。

第二十二条 【规划评估】各级人民政府应当组织对本级政府编制的旅游发展规划的执行情况进行评估，并向社会公布。

第二十三条 【旅游政策支持、区域合作、跨领域融合】国务院和县级以上地方人民政府应当制定并组织实施有利于旅游业持续健康发展的产业政策，推进旅游休闲体系建设，采取措施推动区域旅游合作，鼓励跨区域旅游线路和产品开发，促进旅游与工业、农业、商业、文化、卫生、体育、科教等领域的融合，扶持少数民族地区、革命老区、边远地区和贫困地区旅游业发展。

第二十四条 【资金支持】国务院和县级以上地方人民政府应当根据实际情况安排资金，加强旅游基础设施建设、旅游公共服务和旅游形象推广。

第二十五条 【国家旅游形象推广】国家制定并实施旅游形象推广战略。国务院旅游主管部门统筹组织国家旅游形象的境外推广工作，建立旅游形象推广机构和网络，开展旅游国际合作与交流。

县级以上地方人民政府统筹组织本地的旅游形象推广工作。

第二十六条 【旅游公共信息服务】国务院旅游主管部门和县级以上地方人民政府应当根据需要建立旅游公共信息和咨询平台，无偿向旅游者提供旅游景区、线路、交通、气象、住宿、安全、医疗急救等必要信息和咨询服务。设区的市和县级人民政府有关部门应当根据需要在交通枢纽、商业中心和旅游者集中场所设置旅游咨询中心，在景区和通往主要景区的道路设置旅游指示标识。

旅游资源丰富的设区的市和县级人民政府可以根据本地的实际情况，建立旅游客运专线或者游客中转站，为旅游者在城市及周边旅游提供服务。

第二十七条 【职业培训】国家鼓励和支持发展旅游职业教育和培训，提高旅游从业人员素质。

第四章 旅游经营

第二十八条 【旅行社的设立条件】设立旅行社，招徕、组织、接待旅游者，为其提供旅游服务，应当具备下列条件，取得旅游主管部门的许可，依法办理工商登记：

（一）有固定的经营场所；

（二）有必要的营业设施；

（三）有符合规定的注册资本；

（四）有必要的经营管理人员和导游；

（五）法律、行政法规规定的其他条件。

第二十九条 【旅行社经营业务及相应许可分类】旅行社可以经营下列业务：

（一）境内旅游；

（二）出境旅游；

（三）边境旅游；

（四）入境旅游；

（五）其他旅游业务。

旅行社经营前款第二项和第三项业务，应当取得相应的业务经营许可，具体条件由国务院规定。

第三十条 【旅行社经营许可证管理规定】旅行社不得出租、出借旅行社业务经营许可证，或者以其他形式非法转让旅行社业务经营许可。

第三十一条 【质量保证金】旅行社应当按照规定交纳旅游服务质量保证金，用于旅游者权益损害赔偿和垫付旅游者人身安全遇有危险时紧急救助的费用。

第三十二条 【旅行社信息发布要求】旅行社为招徕、组织旅游者发布信息，必须真实、准确，不得进行虚假宣传，误导旅游者。

第三十三条 【旅行社活动安排的禁止内容】旅行社及其从业人员组织、接待旅游者，不得安排参观或者参与违反我国法律、法规和社会公德的项目或者活动。

第三十四条 【合理选任履行辅助人】旅行社组织旅游活动应当向合格的供应商订购产品和服务。

第三十五条 【公平交易】旅行社不得以不合理的低价组织旅游活动，诱骗旅游者，并通过安排购物或者另行付费旅游项目获取回扣等不正当利益。

旅行社组织、接待旅游者，不得指定具体购物场所，不得安排另行付费旅游项目。但是，经双方协商一致或者旅游者要求，且不影响其他旅游者行程安排的除外。

发生违反前两款规定情形的，旅游者有权在旅游行程结束后三十日内，要求旅行社为其办理退货并先行垫付退货货款，或者退还另行付费旅游项目的费用。

第三十六条 【领队或导游全程陪同】旅行社组织团队出境旅游或者组织、接待团队入境旅游，应当按照规定安排领队或者导游全程陪同。

第三十七条 【导游执业许可】参加导游资格考试成绩合格，与旅行社订立劳动合同或者在相关旅游行业组织注册的人员，可以申请取得导游证。

第三十八条 【导游权利保护】旅行社应当与其聘用的导游依法订立劳动合同，支付劳动报酬，缴纳社会保险费用。

旅行社临时聘用导游为旅游者提供服务的，应当全额向导游支付本法第六十条第三款规定的导游服务费用。

旅行社安排导游为团队旅游提供服务的，不得要求导游垫付或者向导游收取任何费用。

第三十九条 【从事领队业务的条件】从事领队业务，应当取得导游证，具有相应的学历、语言能力和旅游从业经历，并与委派其从事领队业务的取得出境旅游业务经营许可的旅行社订立劳动合同。

第四十条 【禁止导游和领队私揽业务】导游和领队为旅游者提供服务必须接受旅行社委派，不得私自承揽导游和领队业务。

第四十一条 【导游和领队执业规范】导游和领队从事业务活动，应当佩戴导游证，遵守职业道德，尊重旅游者的风俗习惯和宗教信仰，应当向旅游者告知和解释旅游文明行为规范，引导旅游者健康、文明旅游，劝阻旅游者违反社会公德的行为。

导游和领队应当严格执行旅游行程安排，不得擅自变更旅游行程或者中止服务活动，不得向旅游者索取小费，不得诱导、欺骗、强迫或者变相强迫旅游者购物或者参加另行付费旅游项目。

第四十二条 【景区开放条件】景区开放应当具备下列条件，并听取旅游主管部门的意见：

（一）有必要的旅游配套服务和辅助设施；

（二）有必要的安全设施及制度，经过安全风险评估，满足安全条件；

（三）有必要的环境保护设施和生态保护措施；

（四）法律、行政法规规定的其他条件。

第四十三条 【利用公共资源建设的景区门票管理】利用公共资源建设的景区的门票以及景区内的游览场所、交通工具等另行收费项目，实行政府定价或者政府指导价，严格控制价格上涨。拟收费或者提高价格的，应当举行听证会，征求旅游者、经营者和有关方面的意见，论证其必要性、可行性。

利用公共资源建设的景区，不得通过增加另行收费项目等方式变相涨价；另行收费项目已收回投资成本的，应当相应降低价格或者取消收费。

公益性的城市公园、博物馆、纪念馆等，除重点文物保护单位和珍贵文物收藏单位外，应当逐步免费开放。

第四十四条 【景区门票价格及公示】景区应当在醒目位置公示门票价格、另行收费项目的价格及团体收费价格。景区提高门票价格应当提前六个月公布。

将不同景区的门票或者同一景区内不同游览场所的门票合并出售的，合并后的价格不得高于各单项门票的价格之和，且旅游者有权选择购买其中的单项票。

景区内的核心游览项目因故暂停向旅游者开放或者停止提供服务的，应当公示并相应减少收费。

第四十五条 【景区流量控制】景区接待旅游者不得超过景区主管部门核定的最大承载量。景区应当公布景区主管部门核定的最大承载量，制定和实施旅游者流量控制方案，并可以采取门票预约等方式，对景区接待旅游者的数量进行控制。

旅游者数量可能达到最大承载量时，景区应当提前公告并同时向当地人民政府报告，景区和当地人民政府应当及时采取疏导、分流等措施。

第四十六条 【民俗、乡村旅游经营】城镇和乡村居民利用自有住宅或者其他条件依法从事旅游经营，其管理办法由省、自治区、直辖市制定。

第四十七条 【高风险旅游经营许可】经营高空、高速、水上、潜水、探险等高风险旅游项目，应当按照国家有关规定取得经营许可。

第四十八条 【网络旅游经营】通过网络经营旅行社业务的，应当依法取得旅行社业务经营许可，并在其网站主页的显著位置标明其业务经营许可证信息。

发布旅游经营信息的网站，应当保证其信息真实、准确。

第四十九条 【交通、住宿等服务的履行要求】为旅游者提供交通、住宿、餐饮、娱乐等服务的经营者，应当符合法律、法规规定的要求，按照合同约定履行义务。

第五十条 【旅游经营者安全、质量保证义务】旅游经营者应当保证其提供的商品和服务符合保障人身、财产安全的要求。

旅游经营者取得相关质量标准等级的，其设施和服务不得低于相应标准；未取得质量标准等级的，不得使用相关质量等级的称谓和标识。

第五十一条 【禁止给予或收受贿赂】旅游经营者销售、购买商品或者服务，不得给予或者收受贿赂。

第五十二条 【旅游者个人信息保护】旅游经营者对其在经营活动中知悉的旅游者个人信息，应当予以保密。

第五十三条 【道路旅游客运安全管理】从事道路旅游客运的经营者应当遵守道路客运安全管理的各项制度，并在车辆显著位置明示道路旅游客运专用标识，在车厢内显著位置公示经营者和驾驶人信息、道路运输管理机构监督电话等事项。

第五十四条 【景区、住宿经营者与实际经营者的连带责任】景区、住宿经营者将其部分经营项目或者场地交由他人从事住宿、餐饮、购物、游览、娱乐、旅游交通等经营的，应当对实际经营者的经营行为给旅游者造成的损害承担连带责任。

第五十五条 【旅游经营者报告义务】旅游经营者组织、接待出入境旅游，发现旅游者从事违法活动或者有违反本法第十六条规定情形的,应当及时向公安机关、旅游主管部门或者我国驻外机构报告。

第五十六条 【旅游经营强制责任保险】国家根据旅游活动的风险程度,对旅行社、住宿、旅游交通以及本法第四十七条规定的高风险旅游项目等经营者实施责任保险制度。

第五章 旅游服务合同

第五十七条 【订立合同】旅行社组织和安排旅游活动,应当与旅游者订立合同。

第五十八条 【包价旅游合同】包价旅游合同应当采用书面形式,包括下列内容:

(一)旅行社、旅游者的基本信息;

(二)旅游行程安排;

(三)旅游团成团的最低人数;

(四)交通、住宿、餐饮等旅游服务安排和标准;

(五)游览、娱乐等项目的具体内容和时间;

(六)自由活动时间安排;

(七)旅游费用及其交纳的期限和方式;

(八)违约责任和解决纠纷的方式;

(九)法律、法规规定和双方约定的其他事项。

订立包价旅游合同时,旅行社应当向旅游者详细说明前款第二项至第八项所载内容。

第五十九条 【旅游行程单】旅行社应当在旅游行程开始前向旅游者提供旅游行程单。旅游行程单是包价旅游合同的组成部分。

第六十条 【地接社的合同要求】旅行社委托其他旅行社代理销售包价旅游产品并与旅游者订立包价旅游合同的,应当在包价旅游合同中载明委托社和代理社的基本信息。

旅行社依照本法规定将包价旅游合同中的接待业务委托给地接社履行的,应当在包价旅游合同中载明地接社的基本信息。

安排导游为旅游者提供服务的,应当在包价旅游合同中载明导游服务费用。

第六十一条 【人身意外伤害保险提示义务】旅行社应当提示参加团队旅游的旅游者按照规定投保人身意外伤害保险。

第六十二条 【旅游经营者告知义务】订立包价旅游合同时,旅行社应当向旅游者告知下列事项:

(一)旅游者不适合参加旅游活动的情形;

(二)旅游活动中的安全注意事项;

(三)旅行社依法可以减免责任的信息;

(四)旅游者应当注意的旅游目的地相关法律、法规和风俗习惯、宗教禁忌,依照中国法律不宜参加的活动等;

(五)法律、法规规定的其他应当告知的事项。

在包价旅游合同履行中,遇有前款规定事项的,旅行社也应当告知旅游者。

第六十三条 【不能成团的告知与合同解除】旅行社招徕旅游者组团旅游,因未达到约定人数不能出团的,组团社可以解除合同。但是,境内旅游应当至少提前七日通知旅游者,出境旅游应当至少提前三十日通知旅游者。

因未达到约定人数不能出团的,组团社经征得旅游者书面同意,可以委托其他旅行社履行合同。组团社对旅游者承担责任,受委托的旅行社对组团社承担责任。旅游者不同意的,可以解除合同。

因未达到约定的成团人数解除合同的,组团社应当向旅游者退还已收取的全部费用。

第六十四条 【旅游者替换与合同解除】旅游行程开始前,旅游者可以将包价旅游合同中自身的权利义务转让给第三人,旅行社没有正当理由的不得拒绝,因此增加的费用由旅游者和第三人承担。

第六十五条 【旅游者任意解除权】旅游行程结束前,旅游者解除合同的,组团社应当在扣除必要的费用后,将余款退还旅游者。

第六十六条 【旅行社因旅游者原因解除合同】旅游者有下列情形之一的,旅行社可以解除合同:

(一)患有传染病等疾病,可能危害其他旅游者健康和安全的;

(二)携带危害公共安全的物品且不同意交有关部门处理的;

(三)从事违法或者违反社会公德的活动的;

(四)从事严重影响其他旅游者权益的活动,且不听劝阻、不能制止的;

(五)法律规定的其他情形。

因前款规定情形解除合同的,组团社应当在扣除必要的费用后,将余款退还旅游者;给旅行社造成损失的,旅游者应当依法承担赔偿责任。

第六十七条 【不可抗力情形处理】因不可抗力或者旅行社、履行辅助人已尽合理注意义务仍不能避免的事件,影响旅游行程的,按照下列情形处理:

(一)合同不能继续履行的,旅行社和旅游者均可以解除合同。合同不能完全履行的,旅行社经向旅游者作出说明,可以在合理范围内变更合同;旅游者不同意变更的,可以解除合同。

(二)合同解除的,组团社应当在扣除已向地接社或者履行辅助人支付且不可退还的费用后,将余款退还旅游者;合同变更的,因此增加的费用由旅游者承担,减少的费用退还旅游者。

(三)危及旅游者人身、财产安全的,旅行社应当采取相应的安全措施,因此支出的费用,由旅行社与旅游者分担。

(四)造成旅游者滞留的,旅行社应当采取相应的安置措施。因此增加的食宿费用,由旅游者承担;增加的返程费用,由旅行社与旅游者分担。

第六十八条 【合同解除后的协助返程义务】旅游行程中解除合同的,旅行社应当协助旅游者返回出发地或者旅游者指定的合理地点。由于旅行社或者履行辅助人的原因导致合同解除的,返程费用由旅行社承担。

第六十九条 【包价旅游合同履行规定】旅行社应当按照包价旅游合同的约定履行义务,不得擅自变更旅游行程安排。

经旅游者同意,旅行社将包价旅游合同中的接待业务委托给其他具有相应资质的地接社履行的,应当与地接社订立书面委托合同,约定双方的权利和义务,向地接社提供与旅游者订立的包价旅游合同的副本,并向地接社支付不低于接待和服务成本的费用。地接社应当按照包价旅游合同和委托合同提供服务。

第七十条 【包价旅游合同中旅行社违约责任】旅行社不履行包价旅游合同义务或者履行合同义务不符合约定的,应当依法承担继续履行、采取补救措施或者赔偿损失等违约责任;造成旅游者人身损害、财产损失的,应当依法承担赔偿责任。旅行社具备履行条件,经旅游者要求仍拒绝履行合同,造成旅游者人身损害、滞留等严重后果的,旅游者还可以要求旅行社支付旅游费用一倍以上三倍以下的赔偿金。

由于旅游者自身原因导致包价旅游合同不能履行或者不能按照约定履行,或者造成旅游者人身损害、财产损失的,旅行社不承担责任。

在旅游者自行安排活动期间,旅行社未尽到安全提示、救助义务的,应当对旅游者的人身损害、财产损失承担相应责任。

第七十一条 【地接社、履行辅助人的违约责任】由于地接社、履行辅助人的原因导致违约的,由组团社承担责任;组团社承担责任后可以向地接社、履行辅助人追偿。

由于地接社、履行辅助人的原因造成旅游者人身损害、财产损失的,旅游者可以要求地接社、履行辅助人承担赔偿责任,也可以要求组团社承担赔偿责任;组团社承担责任后可以向地接社、履行辅助人追偿。但是,由于公共交通经营者的原因造成旅游者人身损害、财产损失的,由公共交通经营者依法承担赔偿责任,旅行社应当协助旅游者向公共交通经营者索赔。

第七十二条 【旅游者责任】旅游者在旅游活动中或者在解决纠纷时,损害旅行社、履行辅助人、旅游从业人员或者其他旅游者的合法权益的,依法承担赔偿责任。

第七十三条 【变更旅游行程】旅行社根据旅游者的具体要求安排旅游行程,与旅游者订立包价旅游合同的,旅游者请求变更旅游行程安排,因此增加的费用由旅游者承担,减少的费用退还旅游者。

第七十四条 【旅游代订及设计、咨询】旅行社接受旅游者的委托,为其代订交通、住宿、餐饮、游览、娱乐等旅游服务,收取代办费用的,应当亲自处理委托事务。因旅行社的过错给旅游者造成损失的,旅行社应当承担赔偿责任。

旅行社接受旅游者的委托,为其提供旅游行程设计、旅游信息咨询等服务的,应当保证设计合理、可行,信息及时、准确。

第七十五条 【团队旅游住宿合同】住宿经营者应当按照旅游服务合同的约定为团队旅游者提供住宿服务。住宿经营者未能按照旅游服务合同提供服务的,应当为旅游者提供不低于原定标准的住宿服务,因此增加的费用由住宿经营者承担;但由于不可抗力、政府因公共利益需要采取措施造成不能提供服务的,住宿经营者应当协助安排旅游者住宿。

第六章 旅游安全

第七十六条 【政府的旅游安全保障职责】县级以上人民政府统一负责旅游安全工作。县级以上人民政府有关部门依照法律、法规履行旅游安全监管职责。

第七十七条 【旅游目的地安全风险提示制度】国家建立旅游目的地安全风险提示制度。旅游目的地安全风险提示的级别划分和实施程序,由国务院旅游主管部门会同有关部门制定。

县级以上人民政府及其有关部门应当将旅游安全作为突发事件监测和评估的重要内容。

第七十八条 【旅游应急机制】县级以上人民政府应当依法将旅游应急管理纳入政府应急管理体系,制定应急预案,建立旅游突发事件应对机制。

突发事件发生后,当地人民政府及其有关部门和机构应当采取措施开展救援,并协助旅游者返回出发地或者旅游者指定的合理地点。

第七十九条 【旅游安全与消防管理】旅游经营者应当严格执行安全生产管理和消防安全管理的法律、法规和国家标准、行业标准,具备相应的安全生产条件,制定旅游者安全保护制度和应急预案。

旅游经营者应当对直接为旅游者提供服务的从业人员开展经常性应急救助技能培训,对提供的产品和服务进行安全检验、监测和评估,采取必要措施防止危害发生。

旅游经营者组织、接待老年人、未成年人、残疾人等旅游者,应当采取相应的安全保障措施。

第八十条 【旅游经营者的说明与警示义务】旅游经营者应当就旅游活动中的下列事项,以明示的方式事先向旅游者作出说明或者警示:

(一)正确使用相关设施、设备的方法;

(二)必要的安全防范和应急措施;

(三)未向旅游者开放的经营、服务场所和设施、设备;

(四)不适宜参加相关活动的群体;

(五)可能危及旅游者人身、财产安全的其他情形。

第八十一条 【旅游经营者的事故救助处置】突发事件或者旅游安全事故发生后,旅游经营者应当立即采取必要的救助和处置措施,依法履行报告义务,并对旅游者作出妥善安排。

第八十二条 【旅游救助】旅游者在人身、财产安全遇有危险时,有权请求旅游经营者、当地政府和相关机构进行及时救助。

中国出境旅游者在境外陷于困境时,有权请求我国驻当地机构在其职责范围内给予协助和保护。

旅游者接受相关组织或者机构的救助后,应当支付应由个人承担的费用。

第七章 旅游监督管理

第八十三条 【监管机制】县级以上人民政府旅游主管部门和有关部门依照本法和有关法律、法规的规定,在各自职责范围内对旅游市场实施监督管理。

县级以上人民政府应当组织旅游主管部门、有关主管部门和市场监督管理、交通等执法部门对相关旅游经营行为实施监督检查。

第八十四条 【监管部门职责要求】旅游主管部门履行监督管理职责,不得违反法律、行政法规的规定向监督管理对象收取费用。

旅游主管部门及其工作人员不得参与任何形式的旅游经营活动。

第八十五条 【监督检查事项及权限】县级以上人民政府旅游主管部门有权对下列事项实施监督检查:

(一)经营旅行社业务以及从事导游、领队服务是否取得经营、执业许可;

(二)旅行社的经营行为;

(三)导游和领队等旅游从业人员的服务行为;

(四)法律、法规规定的其他事项。

旅游主管部门依照前款规定实施监督检查,可以对涉嫌违法的合同、票据、账簿以及其他资料进行查阅、复制。

第八十六条 【检查要求】旅游主管部门和有关部门依法实施监督检查,其监督检查人员不得少于二人,并应当出示合法证件。监督检查人员少于二人或者未出示合法证件的,被检查单位和个人有权拒绝。

监督检查人员对在监督检查中知悉的被检查单位的商业秘密和个人信息应当依法保密。

第八十七条 【被检查者配合义务】对依法实

施的监督检查,有关单位和个人应当配合,如实说明情况并提供文件、资料,不得拒绝、阻碍和隐瞒。

第八十八条 【违法行为及投诉、举报的处理】县级以上人民政府旅游主管部门和有关部门,在履行监督检查职责中或者在处理举报、投诉时,发现违反本法规定行为的,应当依法及时作出处理;对不属于本部门职责范围的事项,应当及时书面通知并移交有关部门查处。

第八十九条 【旅游违法行为查处机制】县级以上地方人民政府建立旅游违法行为查处信息的共享机制,对需要跨部门、跨地区联合查处的违法行为,应当进行督办。

旅游主管部门和有关部门应当按照各自职责,及时向社会公布监督检查的情况。

第九十条 【行业组织的自律管理】依法成立的旅游行业组织依照法律、行政法规和章程的规定,制定行业经营规范和服务标准,对其会员的经营行为和服务质量进行自律管理,组织开展职业道德教育和业务培训,提高从业人员素质。

第八章 旅游纠纷处理

第九十一条 【投诉受理机制】县级以上人民政府应当指定或者设立统一的旅游投诉受理机构。受理机构接到投诉,应当及时进行处理或者移交有关部门处理,并告知投诉者。

第九十二条 【争议解决途径】旅游者与旅游经营者发生纠纷,可以通过下列途径解决:

(一)双方协商;

(二)向消费者协会、旅游投诉受理机构或者有关调解组织申请调解;

(三)根据与旅游经营者达成的仲裁协议提请仲裁机构仲裁;

(四)向人民法院提起诉讼。

第九十三条 【争议调解】消费者协会、旅游投诉受理机构和有关调解组织在双方自愿的基础上,依法对旅游者与旅游经营者之间的纠纷进行调解。

第九十四条 【多数人争议解决】旅游者与旅游经营者发生纠纷,旅游者一方人数众多并有共同请求的,可以推选代表人参加协商、调解、仲裁、诉讼活动。

第九章 法律责任

第九十五条 【未经许可经营责任】违反本法规定,未经许可经营旅行社业务的,由旅游主管部门或者市场监督管理部门责令改正,没收违法所得,并处一万元以上十万元以下罚款;违法所得十万元以上的,并处违法所得一倍以上五倍以下罚款;对有关责任人员,处二千元以上二万元以下罚款。

旅行社违反本法规定,未经许可经营本法第二十九条第一款第二项、第三项业务,或者出租、出借旅行社业务经营许可证,或者以其他方式非法转让旅行社业务经营许可的,除依照前款规定处罚外,并责令停业整顿;情节严重的,吊销旅行社业务经营许可证;对直接负责的主管人员,处二千元以上二万元以下罚款。

第九十六条 【旅行社责任之一】旅行社违反本法规定,有下列行为之一的,由旅游主管部门责令改正,没收违法所得,并处五千元以上五万元以下罚款;情节严重的,责令停业整顿或者吊销旅行社业务经营许可证;对直接负责的主管人员和其他直接责任人员,处二千元以上二万元以下罚款:

(一)未按照规定为出境或者入境团队旅游安排领队或者导游全程陪同的;

(二)安排未取得导游证的人员提供导游服务或者安排不具备领队条件的人员提供领队服务的;

(三)未向临时聘用的导游支付导游服务费用的;

(四)要求导游垫付或者向导游收取费用的。

第九十七条 【旅行社责任之二】旅行社违反本法规定,有下列行为之一的,由旅游主管部门或者有关部门责令改正,没收违法所得,并处五千元以上五万元以下罚款;违法所得五万元以上的,并处违法所得一倍以上五倍以下罚款;情节严重的,责令停业整顿或者吊销旅行社业务经营许可证;对直接负责的主管人员和其他直接责任人员,处二千元以上二万元以下罚款:

(一)进行虚假宣传,误导旅游者的;

(二)向不合格的供应商订购产品和服务的;

(三)未按照规定投保旅行社责任保险的。

第九十八条 【旅行社责任之三】旅行社违反本法第三十五条规定的,由旅游主管部门责令改正,没收违法所得,责令停业整顿,并处三万元以上三十万元以下罚款;违法所得三十万元以上的,并处违法所得一倍以上五倍以下罚款;情节严重的,吊销旅行社业务经营许可证;对直接负责的主管人员和其他直接责任人员,没收违法所得,处二千元以上二万元以下罚款,并暂扣或者吊销导游证。

第九十九条 【旅行社责任之四】旅行社未履行本法第五十五条规定的报告义务的,由旅游主管部门处五千元以上五万元以下罚款;情节严重的,责令停业整顿或者吊销旅行社业务经营许可证;对直接负责的主管人员和其他直接责任人员,处二千元以上二万元以下罚款,并暂扣或者吊销导游证。

第一百条 【旅行社责任之五】旅行社违反本法规定,有下列行为之一的,由旅游主管部门责令改正,处三万元以上三十万元以下罚款,并责令停业整顿;造成旅游者滞留等严重后果的,吊销旅行社业务经营许可证;对直接负责的主管人员和其他直接责任人员,处二千元以上二万元以下罚款,并暂扣或者吊销导游证:

(一)在旅游行程中擅自变更旅游行程安排,严重损害旅游者权益的;

(二)拒绝履行合同的;

(三)未征得旅游者书面同意,委托其他旅行社履行包价旅游合同的。

第一百零一条 【旅行社责任之六】旅行社违反本法规定,安排旅游者参观或者参与违反我国法律、法规和社会公德的项目或者活动的,由旅游主管部门责令改正,没收违法所得,责令停业整顿,并处二万元以上二十万元以下罚款;情节严重的,吊销旅行社业务经营许可证;对直接负责的主管人员和其他直接责任人员,处二千元以上二万元以下罚款,并暂扣或者吊销导游证。

第一百零二条 【导游和领队责任】违反本法规定,未取得导游证或者不具备领队条件而从事导游、领队活动的,由旅游主管部门责令改正,没收违法所得,并处一千元以上一万元以下罚款,予以公告。

导游、领队违反本法规定,私自承揽业务的,由旅游主管部门责令改正,没收违法所得,处一千元以上一万元以下罚款,并暂扣或者吊销导游证。

导游、领队违反本法规定,向旅游者索取小费的,由旅游主管部门责令退还,处一千元以上一万元以下罚款;情节严重的,并暂扣或者吊销导游证。

第一百零三条 【导游和领队从业禁止】违反本法规定被吊销导游证的导游、领队和受到吊销旅行社业务经营许可证处罚的旅行社的有关管理人员,自处罚之日起未逾三年的,不得重新申请导游证或者从事旅行社业务。

第一百零四条 【给予或收受贿赂责任】旅游经营者违反本法规定,给予或者收受贿赂的,由市场监督管理部门依照有关法律、法规的规定处罚;情节严重的,并由旅游主管部门吊销旅行社业务经营许可证。

第一百零五条 【景区责任】景区不符合本法规定的开放条件而接待旅游者的,由景区主管部门责令停业整顿直至符合开放条件,并处二万元以上二十万元以下罚款。

景区在旅游者数量可能达到最大承载量时,未依照本法规定公告或者未向当地人民政府报告,未及时采取疏导、分流等措施,或者超过最大承载量接待旅游者的,由景区主管部门责令改正,情节严重的,责令停业整顿一个月至六个月。

第一百零六条 【景区擅自提高门票责任】景区违反本法规定,擅自提高门票或者另行收费项目的价格,或者有其他价格违法行为的,由有关主管部门依照有关法律、法规的规定处罚。

第一百零七条 【安全与消防责任】旅游经营者违反有关安全生产管理和消防安全管理的法律、法规或者国家标准、行业标准的,由有关主管部门依照有关法律、法规的规定处罚。

第一百零八条 【信用档案】对违反本法规定的旅游经营者及其从业人员,旅游主管部门和有关部门应当记入信用档案,向社会公布。

第一百零九条 【监管者责任】旅游主管部门和有关部门的工作人员在履行监督管理职责中,滥用职权、玩忽职守、徇私舞弊,尚不构成犯罪的,依法给予处分。

第一百一十条 【刑事责任】违反本法规定,构成犯罪的,依法追究刑事责任。

第十章 附 则

第一百一十一条 【术语定义】本法下列用语的含义:

(一)旅游经营者,是指旅行社、景区以及为旅游者提供交通、住宿、餐饮、购物、娱乐等服务的经营者。

(二)景区,是指为旅游者提供游览服务、有明确的管理界限的场所或者区域。

(三)包价旅游合同,是指旅行社预先安排行程,提供或者通过履行辅助人提供交通、住宿、餐饮、游览、导游或者领队等两项以上旅游服务,旅游者以总价支付旅游费用的合同。

(四)组团社,是指与旅游者订立包价旅游合同的旅行社。

(五)地接社,是指接受组团社委托,在目的地接待旅游者的旅行社。

(六)履行辅助人,是指与旅行社存在合同关系,协助其履行包价旅游合同义务,实际提供相关服务的法人或者自然人。

第一百一十二条 【**施行时间**】本法自2013年10月1日起施行。

旅行社条例(节录)

- 2009年2月20日中华人民共和国国务院令第550号公布
- 根据2016年2月6日《国务院关于修改部分行政法规的决定》第一次修订
- 根据2017年3月1日《国务院关于修改和废止部分行政法规的决定》第二次修订
- 根据2020年11月29日《国务院关于修改和废止部分行政法规的决定》第三次修订

……

第四章 旅行社经营

第二十四条 旅行社向旅游者提供的旅游服务信息必须真实可靠,不得作虚假宣传。

第二十五条 经营出境旅游业务的旅行社不得组织旅游者到国务院旅游行政主管部门公布的中国公民出境旅游目的地之外的国家和地区旅游。

第二十六条 旅行社为旅游者安排或者介绍的旅游活动不得含有违反有关法律、法规规定的内容。

第二十七条 旅行社不得以低于旅游成本的报价招徕旅游者。未经旅游者同意,旅行社不得在旅游合同约定之外提供其他有偿服务。

第二十八条 旅行社为旅游者提供服务,应当与旅游者签订旅游合同并载明下列事项:

(一)旅行社的名称及其经营范围、地址、联系电话和旅行社业务经营许可证编号;

(二)旅行社经办人的姓名、联系电话;

(三)签约地点和日期;

(四)旅游行程的出发地、途经地和目的地;

(五)旅游行程中交通、住宿、餐饮服务安排及其标准;

(六)旅行社统一安排的游览项目的具体内容及时间;

(七)旅游者自由活动的时间和次数;

(八)旅游者应当交纳的旅游费用及交纳方式;

(九)旅行社安排的购物次数、停留时间及购物场所的名称;

(十)需要旅游者另行付费的游览项目及价格;

(十一)解除或者变更合同的条件和提前通知的期限;

(十二)违反合同的纠纷解决机制及应当承担的责任;

(十三)旅游服务监督、投诉电话;

(十四)双方协商一致的其他内容。

第二十九条 旅行社在与旅游者签订旅游合同时,应当对旅游合同的具体内容作出真实、准确、完整的说明。

旅行社和旅游者签订的旅游合同约定不明确或者对格式条款的理解发生争议的,应当按照通常理解予以解释;对格式条款有两种以上解释的,应当作出有利于旅游者的解释;格式条款和非格式条款不一致的,应当采用非格式条款。

第三十条 旅行社组织中国内地居民出境旅游的,应当为旅游团队安排领队全程陪同。

第三十一条 旅行社为接待旅游者委派的导游人员,应当持有国家规定的导游证。

取得出境旅游业务经营许可的旅行社为组织旅游者出境旅游委派的领队,应当取得导游证,具有相应的学历、语言能力和旅游从业经历,并与委派其从事领队业务的旅行社订立劳动合同。旅行社应当将本单位领队名单报所在地设区的市级旅游行政管理部门备案。

第三十二条 旅行社聘用导游人员、领队人员应当依法签订劳动合同,并向其支付不低于当地最低工资标准的报酬。

第三十三条 旅行社及其委派的导游人员和领队人员不得有下列行为:

(一)拒绝履行旅游合同约定的义务;

(二)非因不可抗力改变旅游合同安排的行程;

(三)欺骗、胁迫旅游者购物或者参加需要另行付费的游览项目。

第三十四条 旅行社不得要求导游人员和领队人员接待不支付接待和服务费用或者支付的费用低于接待和服务成本的旅游团队,不得要求导游人员和领队人员承担接待旅游团队的相关费用。

第三十五条 旅行社违反旅游合同约定,造成旅游者合法权益受到损害的,应当采取必要的补救措施,并及时报告旅游行政管理部门。

第三十六条 旅行社需要对旅游业务作出委托的,应当委托给具有相应资质的旅行社,征得旅游者的同意,并与接受委托的旅行社就接待旅游者的事宜签订委托合同,确定接待旅游者的各项服务安排及其标准,约定双方的权利、义务。

第三十七条 旅行社将旅游业务委托给其他旅行社的,应当向接受委托的旅行社支付不低于接待和服务成本的费用;接受委托的旅行社不得接待不支付或者不足额支付接待和服务费用的旅游团队。

接受委托的旅行社违约,造成旅游者合法权益受到损害的,作出委托的旅行社应当承担相应的赔偿责任。作出委托的旅行社赔偿后,可以向接受委托的旅行社追偿。

接受委托的旅行社故意或者重大过失造成旅游者合法权益损害的,应当承担连带责任。

第三十八条 旅行社应当投保旅行社责任险。旅行社责任险的具体方案由国务院旅游行政主管部门会同国务院保险监督管理机构另行制定。

第三十九条 旅行社对可能危及旅游者人身、财产安全的事项,应当向旅游者作出真实的说明和明确的警示,并采取防止危害发生的必要措施。

发生危及旅游者人身安全的情形的,旅行社及其委派的导游人员、领队人员应当采取必要的处置措施并及时报告旅游行政管理部门;在境外发生的,还应当及时报告中华人民共和国驻该国使领馆、相关驻外机构、当地警方。

第四十条 旅游者在境外滞留不归的,旅行社委派的领队人员应当及时向旅行社和中华人民共和国驻该国使领馆、相关驻外机构报告。旅行社接到报告后应当及时向旅游行政管理部门和公安机关报告,并协助提供非法滞留者的信息。

旅行社接待入境旅游发生旅游者非法滞留我国境内的,应当及时向旅游行政管理部门、公安机关和外事部门报告,并协助提供非法滞留者的信息。

第五章 监督检查

第四十一条 旅游、工商、价格、商务、外汇等有关部门应当依法加强对旅行社的监督管理,发现违法行为,应当及时予以处理。

第四十二条 旅游、工商、价格等行政管理部门应当及时向社会公告监督检查的情况。公告的内容包括旅行社业务经营许可证的颁发、变更、吊销、注销情况,旅行社的违法经营行为以及旅行社的诚信记录、旅游者投诉信息等。

第四十三条 旅行社损害旅游者合法权益的,旅游者可以向旅游行政管理部门、工商行政管理部门、价格主管部门、商务主管部门或者外汇管理部门投诉,接到投诉的部门应当按照其职责权限及时调查处理,并将调查处理的有关情况告知旅游者。

第四十四条 旅行社及其分社应当接受旅游行政管理部门对其旅游合同、服务质量、旅游安全、财务账簿等情况的监督检查,并按照国家有关规定向旅游行政管理部门报送经营和财务信息等统计资料。

第四十五条 旅游、工商、价格、商务、外汇等有关部门工作人员不得接受旅行社的任何馈赠,不得参加由旅行社支付费用的购物活动或者游览项目,不得通过旅行社为自己、亲友或者其他个人、组织牟取私利。

第六章 法律责任

第四十六条 违反本条例的规定,有下列情形之一的,由旅游行政管理部门或者工商行政管理部门责令改正,没收违法所得,违法所得10万元以上的,并处违法所得1倍以上5倍以下的罚款;违法所得不足10万元或者没有违法所得的,并处

10万元以上50万元以下的罚款：

(一)未取得相应的旅行社业务经营许可,经营国内旅游业务、入境旅游业务、出境旅游业务的;

(二)分社超出设立分社的旅行社的经营范围经营旅游业务的;

(三)旅行社服务网点从事招徕、咨询以外的旅行社业务经营活动的。

第四十七条 旅行社转让、出租、出借旅行社业务经营许可证的,由旅游行政管理部门责令停业整顿1个月至3个月,并没收违法所得;情节严重的,吊销旅行社业务经营许可证。受让或者租借旅行社业务经营许可证的,由旅游行政管理部门责令停止非法经营,没收违法所得,并处10万元以上50万元以下的罚款。

第四十八条 违反本条例的规定,旅行社未在规定期限内向其质量保证金账户存入、增存、补足质量保证金或者提交相应的银行担保的,由旅游行政管理部门责令改正;拒不改正的,吊销旅行社业务经营许可证。

第四十九条 违反本条例的规定,旅行社不投保旅行社责任险的,由旅游行政管理部门责令改正;拒不改正的,吊销旅行社业务经营许可证。

第五十条 违反本条例的规定,旅行社有下列情形之一的,由旅游行政管理部门责令改正;拒不改正的,处1万元以下的罚款：

(一)变更名称、经营场所、法定代表人等登记事项或者终止经营,未在规定期限内向原许可的旅游行政管理部门备案,换领或者交回旅行社业务经营许可证的;

(二)设立分社未在规定期限内向分社所在地旅游行政管理部门备案的;

(三)不按照国家有关规定向旅游行政管理部门报送经营和财务信息等统计资料的。

第五十一条 违反本条例的规定,外商投资旅行社经营中国内地居民出国旅游业务以及赴香港特别行政区、澳门特别行政区和台湾地区旅游业务,或者经营出境旅游业务的旅行社组织旅游者到国务院旅游行政主管部门公布的中国公民出境旅游目的地之外的国家和地区旅游的,由旅游行政管理部门责令改正,没收违法所得,违法所得10万元以上的,并处违法所得1倍以上5倍以下的罚款;违法所得不足10万元或者没有违法所得的,并处10万元以上50万元以下的罚款;情节严重的,吊销旅行社业务经营许可证。

第五十二条 违反本条例的规定,旅行社为旅游者安排或者介绍的旅游活动含有违反有关法律、法规规定的内容的,由旅游行政管理部门责令改正,没收违法所得,并处2万元以上10万元以下的罚款;情节严重的,吊销旅行社业务经营许可证。

第五十三条 违反本条例的规定,旅行社向旅游者提供的旅游服务信息含有虚假内容或者作虚假宣传的,由工商行政管理部门依法给予处罚。

违反本条例的规定,旅行社以低于旅游成本的报价招徕旅游者的,由价格主管部门依法给予处罚。

第五十四条 违反本条例的规定,旅行社未经旅游者同意在旅游合同约定之外提供其他有偿服务的,由旅游行政管理部门责令改正,处1万元以上5万元以下的罚款。

第五十五条 违反本条例的规定,旅行社有下列情形之一的,由旅游行政管理部门责令改正,处2万元以上10万元以下的罚款;情节严重的,责令停业整顿1个月至3个月：

(一)未与旅游者签订旅游合同;

(二)与旅游者签订的旅游合同未载明本条例第二十八条规定的事项;

(三)未取得旅游者同意,将旅游业务委托给其他旅行社;

(四)将旅游业务委托给不具有相应资质的旅行社;

(五)未与接受委托的旅行社就接待旅游者的事宜签订委托合同。

第五十六条 违反本条例的规定,旅行社组织中国内地居民出境旅游,不为旅游团队安排领队全程陪同的,由旅游行政管理部门责令改正,处1万元以上5万元以下的罚款;拒不改正的,责令停业整顿1个月至3个月。

第五十七条 违反本条例的规定,旅行社委派的导游人员未持有国家规定的导游证或者委派的领队人员不具备规定的领队条件的,由旅游行政管理部门责令改正,对旅行社处2万元以上10万元以下的罚款。

第五十八条 违反本条例的规定,旅行社不向其聘用的导游人员、领队人员支付报酬,或者所支付的报酬低于当地最低工资标准的,按照《中华人民共和国劳动合同法》的有关规定处理。

第五十九条 违反本条例的规定,有下列情形之一的,对旅行社,由旅游行政管理部门或者工商行政管理部门责令改正,处10万元以上50万元以下的罚款;对导游人员、领队人员,由旅游行政管理部门责令改正,处1万元以上5万元以下的罚款;情节严重的,吊销旅行社业务经营许可证、导游证:

(一)拒不履行旅游合同约定的义务的;

(二)非因不可抗力改变旅游合同安排的行程的;

(三)欺骗、胁迫旅游者购物或者参加需要另行付费的游览项目的。

第六十条 违反本条例的规定,旅行社要求导游人员和领队人员接待不支付接待和服务费用、支付的费用低于接待和服务成本的旅游团队,或者要求导游人员和领队人员承担接待旅游团队的相关费用的,由旅游行政管理部门责令改正,处2万元以上10万元以下的罚款。

第六十一条 旅行社违反旅游合同约定,造成旅游者合法权益受到损害,不采取必要的补救措施的,由旅游行政管理部门或者工商行政管理部门责令改正,处1万元以上5万元以下的罚款;情节严重的,由旅游行政管理部门吊销旅行社业务经营许可证。

第六十二条 违反本条例的规定,有下列情形之一的,由旅游行政管理部门责令改正,停业整顿1个月至3个月;情节严重的,吊销旅行社业务经营许可证:

(一)旅行社不向接受委托的旅行社支付接待和服务费用的;

(二)旅行社向接受委托的旅行社支付的费用低于接待和服务成本的;

(三)接受委托的旅行社接待不支付或者不足额支付接待和服务费用的旅游团队的。

第六十三条 违反本条例的规定,旅行社及其委派的导游人员、领队人员有下列情形之一的,由旅游行政管理部门责令改正,对旅行社处2万元以上10万元以下的罚款;对导游人员、领队人员处4000元以上2万元以下的罚款;情节严重的,责令旅行社停业整顿1个月至3个月,或者吊销旅行社业务经营许可证、导游证:

(一)发生危及旅游者人身安全的情形,未采取必要的处置措施并及时报告的;

(二)旅行社组织出境旅游的旅游者非法滞留境外,旅行社未及时报告并协助提供非法滞留者信息的;

(三)旅行社接待入境旅游的旅游者非法滞留境内,旅行社未及时报告并协助提供非法滞留者信息的。

第六十四条 因妨害国(边)境管理受到刑事处罚的,在刑罚执行完毕之日起五年内不得从事旅行社业务经营活动;旅行社被吊销旅行社业务经营许可的,其主要负责人在旅行社业务经营许可被吊销之日起五年内不得担任任何旅行社的主要负责人。

第六十五条 旅行社违反本条例的规定,损害旅游者合法权益的,应当承担相应的民事责任;构成犯罪的,依法追究刑事责任。

第六十六条 违反本条例的规定,旅游行政管理部门或者其他有关部门及其工作人员有下列情形之一的,对直接负责的主管人员和其他直接责任人员依法给予处分:

(一)发现违法行为不及时予以处理的;

(二)未及时公告对旅行社的监督检查情况的;

(三)未及时处理旅游者投诉并将调查处理的有关情况告知旅游者的;

(四)接受旅行社的馈赠的;

(五)参加由旅行社支付费用的购物活动或者游览项目的;

(六)通过旅行社为自己、亲友或者其他个人、组织牟取私利的。

……

旅行社条例实施细则(节录)

· 2009年4月2日国家旅游局令第30号公布

· 根据2016年12月12日《国家旅游局关于修改〈旅行社条例实施细则〉和废止〈出境旅游领队人员管理办法〉的决定》修改

……

第四章 旅行社经营规范

第二十六条 旅行社及其分社、服务网点,应当将《旅行社业务经营许可证》、《旅行社分社备案登记证明》或者《旅行社服务网点备案登记证明》,与营业执照一起,悬挂在经营场所的显要位置。

第二十七条 旅行社业务经营许可证不得转让、出租或者出借。

旅行社的下列行为属于转让、出租或者出借旅行社业务经营许可证的行为:

(一)除招徕旅游者和符合本实施细则第四十条第一款规定的接待旅游者的情形外,准许或者默许其他企业、团体或者个人,以自己的名义从事旅行社业务经营活动的;

(二)准许其他企业、团体或者个人,以部门或者个人承包、挂靠的形式经营旅行社业务的。

第二十八条 旅行社设立的办事处、代表处或者联络处等办事机构,不得从事旅行社业务经营活动。

第二十九条 旅行社以互联网形式经营旅行社业务的,除符合法律、法规规定外,其网站首页应当载明旅行社的名称、法定代表人、许可证编号和业务经营范围,以及原许可的旅游行政管理部门的投诉电话。

第三十条 《条例》第二十六条规定的旅行社不得安排的活动,主要包括:

(一)含有损害国家利益和民族尊严内容的;

(二)含有民族、种族、宗教歧视内容的;

(三)含有淫秽、赌博、涉毒内容的;

(四)其他含有违反法律、法规规定内容的。

第三十一条 旅行社为组织旅游者出境旅游委派的领队,应当具备下列条件:

(一)取得导游证,

(二)具有大专以上学历;

(三)取得相关语言水平测试等级证书或通过外语语种导游资格考试,但为赴港澳台地区旅游委派的领队除外;

(四)具有两年以上旅行社业务经营、管理或者导游等相关从业经历;

(五)与委派其从事领队业务的取得出境旅游业务经营许可的旅行社订立劳动合同。

赴台旅游领队还应当符合《大陆居民赴台湾地区旅游管理办法》规定的要求。

第三十二条 旅行社应当将本单位领队信息及变更情况,报所在地设区的市级旅游行政管理部门备案。领队备案信息包括:身份信息、导游证号、学历、语种、语言等级(外语导游)、从业经历、所在旅行社、旅行社社会保险登记证号等。

第三十三条 领队从事领队业务,应当接受与其订立劳动合同的取得出境旅游业务许可的旅行社委派,并携带导游证、佩戴导游身份标识。

第三十四条 领队应当协助旅游者办理出入境手续,协调、监督境外地接社及从业人员履行合同,维护旅游者的合法权益。

第三十五条 不具备领队条件的,不得从事领队业务。

领队不得委托他人代为提供领队服务。

第三十六条 旅行社委派的领队,应当掌握相关旅游目的地国家(地区)语言或者英语。

第三十七条 《条例》第三十四条所规定的旅行社不得要求导游人员和领队人员承担接待旅游团队的相关费用,主要包括:

(一)垫付旅游接待费用;

(二)为接待旅游团队向旅行社支付费用;

(三)其他不合理费用。

第三十八条 旅行社招徕、组织、接待旅游者,其选择的交通、住宿、餐饮、景区等企业,应当符合具有合法经营资格和接待服务能力的要求。

第三十九条 在签订旅游合同时,旅行社不得要求旅游者必须参加旅行社安排的购物活动或者需要旅游者另行付费的旅游项目。

同一旅游团队中,旅行社不得由于下列因素,提出与其他旅游者不同的合同事项:

(一)旅游者拒绝参加旅行社安排的购物活动或者需要旅游者另行付费的旅游项目的;

(二)旅游者存在的年龄或者职业上的差异。但旅行社提供了与其他旅游者相比更多的服务,或者旅游者主动要求的除外。

第四十条 旅行社需要将在旅游目的地接待旅游者的业务作出委托的,应当按照《条例》第三十六条的规定,委托给旅游目的地的旅行社并签订委托接待合同。

旅行社对接待旅游者的业务作出委托的,应当按照《条例》第三十六条的规定,将旅游目的地接受委托的旅行社的名称、地址、联系人和联系电话,告知旅游者。

第四十一条 旅游行程开始前,当发生约定的解除旅游合同的情形时,经征得旅游者的同意,旅行社可以将旅游者推荐给其他旅行社组织、接待,并由旅游者与被推荐的旅行社签订旅游合同。

未经旅游者同意的，旅行社不得将旅游者转交给其他旅行社组织、接待。

第四十二条 旅行社及其委派的导游人员和领队人员的下列行为，属于擅自改变旅游合同安排行程：

（一）减少游览项目或者缩短游览时间的；

（二）增加或者变更旅游项目的；

（三）增加购物次数或者延长购物时间的；

（四）其他擅自改变旅游合同安排的行为。

第四十三条 在旅游行程中，当发生不可抗力、危及旅游者人身、财产安全，或者非旅行社责任造成的意外情形，旅行社不得不调整或者变更旅游合同约定的行程安排时，应当在事前向旅游者作出说明；确因客观情况无法在事前说明的，应当在事后作出说明。

第四十四条 在旅游行程中，旅游者有权拒绝参加旅行社在旅游合同之外安排的购物活动或者需要旅游者另行付费的旅游项目。

旅行社及其委派的导游人员和领队人员不得因旅游者拒绝参加旅行社安排的购物活动或者需要旅游者另行付费的旅游项目等情形，以任何借口、理由，拒绝继续履行合同、提供服务，或者以拒绝继续履行合同、提供服务相威胁。

第四十五条 旅行社及其委派的导游人员、领队人员，应当对其提供的服务可能危及旅游者人身、财物安全的事项，向旅游者作出真实的说明和明确的警示。

在旅游行程中的自由活动时间，旅游者应当选择自己能够控制风险的活动项目，并在自己能够控制风险的范围内活动。

第四十六条 为减少自然灾害等意外风险给旅游者带来的损害，旅行社在招徕、接待旅游者时，可以提示旅游者购买旅游意外保险。

鼓励旅行社依法取得保险代理资格，并接受保险公司的委托，为旅游者提供购买人身意外伤害保险的服务。

第四十七条 发生出境旅游者非法滞留境外或者入境旅游者非法滞留境内的，旅行社应当立即向所在地县级以上旅游行政管理部门、公安机关和外事部门报告。

第四十八条 在旅游行程中，旅行社及其委派的导游人员、领队人员应当提示旅游者遵守文明旅游公约和礼仪。

第四十九条 旅行社及其委派的导游人员、领队人员在经营、服务中享有下列权利：

（一）要求旅游者如实提供旅游所必需的个人信息，按时提交相关证明文件；

（二）要求旅游者遵守旅游合同约定的旅游行程安排，妥善保管随身物品；

（三）出现突发公共事件或者其他危急情形，以及旅行社因违反旅游合同约定采取补救措施时，要求旅游者配合处理防止扩大损失，以将损失降低到最低程度；

（四）拒绝旅游者提出的超出旅游合同约定的不合理要求；

（五）制止旅游者违背旅游目的地的法律、风俗习惯的言行。

第五十条 旅行社应当妥善保存《条例》规定的招徕、组织、接待旅游者的各类合同及相关文件、资料，以备县级以上旅游行政管理部门核查。

前款所称的合同及文件、资料的保存期，应当不少于两年。

旅行社不得向其他经营者或者个人，泄露旅游者因签订旅游合同提供的个人信息；超过保存期限的旅游者个人信息资料，应当妥善销毁。

第五章 监督检查

第五十一条 根据《条例》和本实施细则规定，受理旅行社申请或者备案的旅游行政管理部门，可以要求申请人或者旅行社，对申请设立旅行社、办理《条例》规定的备案时提交的证明文件、材料的原件，提供复印件并盖章确认，交由旅游行政管理部门留存。

第五十二条 县级以上旅游行政管理部门对旅行社及其分支机构实施监督检查时，可以进入其经营场所，查阅招徕、组织、接待旅游者的各类合同、相关文件、资料，以及财务账簿、交易记录和业务单据等材料，旅行社及其分支机构应当给予配合。

县级以上旅游行政管理部门对旅行社及其分支机构监督检查时，应当由两名以上持有旅游行政执法证件的执法人员进行。

不符合前款规定要求的，旅行社及其分支机构有权拒绝检查。

第五十三条 旅行社应当按年度将下列经营和财务信息等统计资料，在次年4月15日前，报送

原许可的旅游行政管理部门:

(一)旅行社的基本情况,包括企业形式、出资人、员工人数、部门设置、分支机构、网络体系等;

(二)旅行社的经营情况,包括营业收入、利税等;

(三)旅行社组织接待情况,包括国内旅游、入境旅游、出境旅游的组织、接待人数等;

(四)旅行社安全、质量、信誉情况,包括投保旅行社责任保险、认证认可和奖惩等。

对前款资料中涉及旅行社商业秘密的内容,旅游行政管理部门应当予以保密。

第五十四条 《条例》第十七条、第四十二条规定的各项公告,县级以上旅游行政管理部门应当通过本部门或者上级旅游行政管理部门的政府网站向社会发布。

质量保证金存缴数额降低、旅行社业务经营许可证的颁发、变更和注销的,国务院旅游行政主管部门或者省级旅游行政管理部门应当在作出许可决定或者备案后20个工作日内向社会公告。

旅行社违法经营或者被吊销旅行社业务经营许可证的,由作出行政处罚决定的旅游行政管理部门,在处罚生效后10个工作日内向社会公告。

旅游者对旅行社的投诉信息,由处理投诉的旅游行政管理部门每季度向社会公告。

第五十五条 因下列情形之一,给旅游者的合法权益造成损害的,旅游者有权向县级以上旅游行政管理部门投诉:

(一)旅行社违反《条例》和本实施细则规定的;

(二)旅行社提供的服务,未达到旅游合同约定的服务标准或者档次的;

(三)旅行社破产或者其他原因造成旅游者预交旅游费用损失的。

划拨旅行社质量保证金的决定,应当由旅行社或者其分社所在地处理旅游者投诉的县级以上旅游行政管理部门作出。

第五十六条 县级以上旅游行政管理部门,可以在其法定权限内,委托符合法定条件的同级旅游质监执法机构实施监督检查。

第六章 法律责任

第五十七条 违反本实施细则第十二条第三款、第二十三条、第二十六条的规定,擅自引进外商投资、设立服务网点未在规定期限内备案,或者旅行社及其分社、服务网点未悬挂旅行社业务经营许可证、备案登记证明的,由县级以上旅游行政管理部门责令改正,可以处1万元以下的罚款。

第五十八条 违反本实施细则第二十二条第三款、第二十八条的规定,服务网点超出设立社经营范围招徕旅游者、提供旅游咨询服务,或者旅行社的办事处、联络处、代表处等从事旅行社业务经营活动的,由县级以上旅游行政管理部门依照《条例》第四十六条的规定处罚。

第五十九条 违反本实施细则第三十五条第二款的规定,领队委托他人代为提供领队服务,由县级以上旅游行政管理部门责令改正,可以处1万元以下的罚款。

第六十条 违反本实施细则第三十八条的规定,旅行社为接待旅游者选择的交通、住宿、餐饮、景区等企业,不具有合法经营资格或者接待服务能力的,由县级以上旅游行政管理部门责令改正,没收违法所得,处违法所得3倍以下但最高不超过3万元的罚款,没有违法所得的,处1万元以下的罚款。

第六十一条 违反本实施细则第三十九条的规定,要求旅游者必须参加旅行社安排的购物活动、需要旅游者另行付费的旅游项目,或者对同一旅游团队的旅游者提出与其他旅游者不同合同事项的,由县级以上旅游行政管理部门责令改正,处1万元以下的罚款。

第六十二条 违反本实施细则第四十条第二款的规定,旅行社未将旅游目的地接待旅行社的情况告知旅游者的,由县级以上旅游行政管理部门依照《条例》第五十五条的规定处罚。

第六十三条 违反本实施细则第四十一条第二款的规定,旅行社未经旅游者的同意,将旅游者转交给其他旅行社组织、接待的,由县级以上旅游行政管理部门依照《条例》第五十五条的规定处罚。

第六十四条 违反本实施细则第四十四条第二款的规定,旅行社及其导游人员和领队人员拒绝继续履行合同、提供服务,或者以拒绝继续履行合同、提供服务相威胁的,由县级以上旅游行政管理部门依照《条例》第五十九条的规定处罚。

第六十五条 违反本实施细则第五十条的规定,未妥善保存各类旅游合同及相关文件、资料,保存期不够两年,或者泄露旅游者个人信息的,由县级以上旅游行政管理部门责令改正,没收违法所得,处违法所得3倍以下但最高不超过3万元的罚款;没有违法所得的,处1万元以下的罚款。

第六十六条 对旅行社作出停业整顿行政处罚的,旅行社在停业整顿期间,不得招徕旅游者、签订旅游合同;停业整顿期间,不影响已签订的旅游合同的履行。

……

国家旅游局关于执行《旅游法》有关规定的通知

·2013年9月2日
·旅发〔2013〕280号

各省、自治区、直辖市旅游局(委):

为正确贯彻实施《旅游法》,现就《旅游法》有关规定的执行事宜通知如下:

一、关于旅游相关法规、规章有关规定的适用

《立法法》第七十九条规定,"法律的效力高于行政法规、地方性法规、规章。"因此,现行旅游法规、规章或者规范性文件等法律规范,与《旅游法》对同一事项规定不一致的,应当适用《旅游法》的规定,各级旅游主管部门应当在权限范围内或者建议有关部门按照《旅游法》的规定作相应调整;现行旅游法规、规章或者规范性文件等法律规范,与《旅游法》对旅游行政处罚的行为、种类和幅度规定不一致的,应当适用《旅游法》的规定。

2013年10月1日前签订的包价旅游合同,其全部或者部分在10月1日之后(含10月1日)履行的,该履行行为应当符合《旅游法》的规定。

二、关于第二十八条旅行社的设立

1."必要的经营管理人员"是指具有旅行社从业经历或者相关专业经历的经理人员和计调人员;"必要的导游"是指有不低于旅行社在职员工总数20%且不少于3名、与旅行社签订固定期限或者无固定期限劳动合同的持有导游证的导游。

2.2013年10月1日前已取得旅行社业务经营许可证的旅行社,在2014年10月1日前,应当具备《旅游法》规定的相应许可条件。

三、关于第三十一条旅游服务质量保证金的使用

使用旅游服务质量保证金对旅游者权益损害进行赔偿,按《旅行社条例》第十五条、第十六条的规定执行。旅游者人身安全遇有危险时,旅行社无力垫付紧急救助费用的,由旅行社提出申请,经对旅行社作出许可的旅游主管部门同意后,可使用旅游服务质量保证金垫付;旅行社拒不垫付的,由对旅行社作出许可的旅游主管部门决定。

四、关于第三十七条导游证的取得

1.导游资格考试继续按现行相关法规、规章的规定执行。

2."与旅行社订立劳动合同的人员"是指订立固定期限或者无固定期限劳动合同的人员。

3.导游资格考试成绩合格、并未与旅行社订立劳动合同的人员申请导游证,应当依法在相关旅游行业组织注册。"相关旅游行业组织"是指设区的市级以上地方依法成立的导游协会、旅游协会成立的导游分会或者内设的相应工作部门。

五、关于第三十九条领队证的取得

1.相应的学历,是指大专以上学历;相应的语言能力,是指与出境旅游目的地国家(地区)相对应的语言能力;相应的旅游从业经历,是指2年以上旅行社相关岗位从业经历。

2.2013年10月1日前已取得领队证的人员,在2016年10月1日前,应当具备《旅游法》规定的相应条件。

旅游投诉处理办法

·2010年5月5日国家旅游局令第32号公布
·自2010年7月1日起施行

第一章 总 则

第一条 为了维护旅游者和旅游经营者的合法权益,依法公正处理旅游投诉,依据《中华人民共和国消费者权益保护法》、《旅行社条例》、《导游人员管理条例》和《中国公民出国旅游管理办法》等法律、法规,制定本办法。

第二条 本办法所称旅游投诉,是指旅游者认为旅游经营者损害其合法权益,请求旅游行政管理部门、旅游质量监督管理机构或者旅游执法机构(以下统称"旅游投诉处理机构"),对双方发生的民事争议进行处理的行为。

第三条 旅游投诉处理机构应当在其职责范围内处理旅游投诉。

地方各级旅游行政主管部门应当在本级人民政府的领导下，建立、健全相关行政管理部门共同处理旅游投诉的工作机制。

第四条 旅游投诉处理机构在处理旅游投诉中，发现被投诉人或者其从业人员有违法或犯罪行为的，应当按照法律、法规和规章的规定，作出行政处罚、向有关行政管理部门提出行政处罚建议或者移送司法机关。

第二章 管 辖

第五条 旅游投诉由旅游合同签订地或者被投诉人所在地县级以上地方旅游投诉处理机构管辖。

需要立即制止、纠正被投诉人的损害行为的，应当由损害行为发生地旅游投诉处理机构管辖。

第六条 上级旅游投诉处理机构有权处理下级旅游投诉处理机构管辖的投诉案件。

第七条 发生管辖争议的，旅游投诉处理机构可以协商确定，或者报请共同的上级旅游投诉处理机构指定管辖。

第三章 受 理

第八条 投诉人可以就下列事项向旅游投诉处理机构投诉：

（一）认为旅游经营者违反合同约定的；

（二）因旅游经营者的责任致使投诉人人身、财产受到损害的；

（三）因不可抗力、意外事故致使旅游合同不能履行或者不能完全履行，投诉人与被投诉人发生争议的；

（四）其他损害旅游者合法权益的。

第九条 下列情形不予受理：

（一）人民法院、仲裁机构、其他行政管理部门或者社会调解机构已经受理或者处理的；

（二）旅游投诉处理机构已经作出处理，且没有新情况、新理由的；

（三）不属于旅游投诉处理机构职责范围或者管辖范围的；

（四）超过旅游合同结束之日 90 天的；

（五）不符合本办法第十条规定的旅游投诉条件的；

（六）本办法规定情形之外的其他经济纠纷。

属于前款第（三）项规定的情形的，旅游投诉处理机构应当及时告知投诉人向有管辖权的旅游投诉处理机构或者有关行政管理部门投诉。

第十条 旅游投诉应当符合下列条件：

（一）投诉人与投诉事项有直接利害关系；

（二）有明确的被投诉人、具体的投诉请求、事实和理由。

第十一条 旅游投诉一般应当采取书面形式，一式两份，并载明下列事项：

（一）投诉人的姓名、性别、国籍、通讯地址、邮政编码、联系电话及投诉日期；

（二）被投诉人的名称、所在地；

（三）投诉的要求、理由及相关的事实根据。

第十二条 投诉事项比较简单的，投诉人可以口头投诉，由旅游投诉处理机构进行记录或者登记，并告知被投诉人；对于不符合受理条件的投诉，旅游投诉处理机构可以口头告知投诉人不予受理及其理由，并进行记录或者登记。

第十三条 投诉人委托代理人进行投诉活动的，应当向旅游投诉处理机构提交授权委托书，并载明委托权限。

第十四条 投诉人 4 人以上，以同一事由投诉同一被投诉人的，为共同投诉。

共同投诉可以由投诉人推选 1 至 3 名代表进行投诉。代表人参加旅游投诉处理机构处理投诉过程的行为，对全体投诉人发生效力，但代表人变更、放弃投诉请求或者进行和解，应当经全体投诉人同意。

第十五条 旅游投诉处理机构接到投诉，应当在 5 个工作日内作出以下处理：

（一）投诉符合本办法的，予以受理；

（二）投诉不符合本办法的，应当向投诉人送达《旅游投诉不予受理通知书》，告知不予受理的理由；

（三）依照有关法律、法规和本办法规定，本机构无管辖权的，应当以《旅游投诉转办通知书》或者《旅游投诉转办函》，将投诉材料转交有管辖权的旅游投诉处理机构或者其他有关行政管理部门，并书面告知投诉人。

第四章 处 理

第十六条 旅游投诉处理机构处理旅游投

诉,除本办法另有规定外,实行调解制度。

旅游投诉处理机构应当在查明事实的基础上,遵循自愿、合法的原则进行调解,促使投诉人与被投诉人相互谅解,达成协议。

第十七条 旅游投诉处理机构处理旅游投诉,应当立案办理,填写《旅游投诉立案表》,并附有关投诉材料,在受理投诉之日起5个工作日内,将《旅游投诉受理通知书》和投诉书副本送达被投诉人。

对于事实清楚、应当即时制止或者纠正被投诉人损害行为的,可以不填写《旅游投诉立案表》和向被投诉人送达《旅游投诉受理通知书》,但应当对处理情况进行记录存档。

第十八条 被投诉人应当在接到通知之日起10日内作出书面答复,提出答辩的事实、理由和证据。

第十九条 投诉人和被投诉人应当对自己的投诉或者答辩提供证据。

第二十条 旅游投诉处理机构应当对双方当事人提出的事实、理由及证据进行审查。

旅游投诉处理机构认为有必要收集新的证据,可以根据有关法律、法规的规定,自行收集或者召集有关当事人进行调查。

第二十一条 需要委托其他旅游投诉处理机构协助调查、取证的,应当出具《旅游投诉调查取证委托书》,受委托的旅游投诉处理机构应当予以协助。

第二十二条 对专门性事项需要鉴定或者检测的,可以由当事人双方约定的鉴定或者检测部门鉴定。没有约定的,当事人一方可以自行向法定鉴定或者检测机构申请鉴定或者检测。

鉴定、检测费用按双方约定承担。没有约定的,由鉴定、检测申请方先行承担;达成调解协议后,按调解协议承担。

鉴定、检测的时间不计入投诉处理时间。

第二十三条 在投诉处理过程中,投诉人与被投诉人自行和解的,应当将和解结果告知旅游投诉处理机构;旅游投诉处理机构在核实后应当予以记录并由双方当事人、投诉处理人员签名或者盖章。

第二十四条 旅游投诉处理机构受理投诉后,应当积极安排当事双方进行调解,提出调解方案,促成双方达成调解协议。

第二十五条 旅游投诉处理机构应当在受理旅游投诉之日起60日内,作出以下处理:

(一)双方达成调解协议的,应当制作《旅游投诉调解书》,载明投诉请求、查明的事实、处理过程和调解结果,由当事人双方签字并加盖旅游投诉处理机构印章;

(二)调解不成的,终止调解,旅游投诉处理机构应当向双方当事人出具《旅游投诉终止调解书》。

调解不成的,或者调解书生效后没有执行的,投诉人可以按照国家法律、法规的规定,向仲裁机构申请仲裁或者向人民法院提起诉讼。

第二十六条 在下列情形下,经旅游投诉处理机构调解,投诉人与旅行社不能达成调解协议的,旅游投诉处理机构应当做出划拨旅行社质量保证金赔偿的决定,或向旅游行政管理部门提出划拨旅行社质量保证金的建议:

(一)旅行社因解散、破产或者其他原因造成旅游者预交旅游费用损失的;

(二)因旅行社中止履行旅游合同义务、造成旅游者滞留,而实际发生了交通、食宿或返程等必要及合理费用的。

第二十七条 旅游投诉处理机构应当每季度公布旅游者的投诉信息。

第二十八条 旅游投诉处理机构应当使用统一规范的旅游投诉处理信息系统。

第二十九条 旅游投诉处理机构应当为受理的投诉制作档案并妥善保管相关资料。

第三十条 本办法中有关文书式样,由国家旅游局统一制定。

第五章 附 则

第三十一条 本办法由国家旅游局负责解释。

第三十二条 本办法自2010年7月1日起施行。《旅行社质量保证金暂行规定》、《旅行社质量保证金暂行规定实施细则》、《旅行社质量保证金赔偿暂行办法》同时废止。

在线旅游经营服务管理暂行规定

· 2020 年 8 月 20 日文化和旅游部令第 4 号公布
· 自 2020 年 10 月 1 日起施行

第一章　总　则

第一条　为保障旅游者合法权益，规范在线旅游市场秩序，促进在线旅游行业可持续发展，依据《中华人民共和国旅游法》《中华人民共和国消费者权益保护法》《中华人民共和国网络安全法》《中华人民共和国电子商务法》《旅行社条例》等相关法律、行政法规，制定本规定。

第二条　在中华人民共和国境内提供在线旅游经营服务，适用本规定。

本规定所称在线旅游经营服务，是指通过互联网等信息网络为旅游者提供包价旅游服务或者交通、住宿、餐饮、游览、娱乐等单项旅游服务的经营活动。

第三条　本规定所称在线旅游经营者，是指从事在线旅游经营服务的自然人、法人和非法人组织，包括在线旅游平台经营者、平台内经营者以及通过自建网站、其他网络服务提供旅游服务的经营者。

本规定所称平台经营者，是指为在线旅游经营服务交易双方或者多方提供网络经营场所、交易撮合、信息发布等服务的法人或者非法人组织。

本规定所称平台内经营者，是指通过平台经营者提供旅游服务的在线旅游经营者。

第四条　在线旅游经营者提供在线旅游经营服务，应当遵守社会主义核心价值观的要求，坚守人身财产安全、信息内容安全、网络安全等底线，诚信经营、公平竞争，承担产品和服务质量责任，接受政府和社会的监督。

第五条　文化和旅游部按照职责依法负责全国在线旅游经营服务的指导、协调、监管工作。县级以上地方文化和旅游主管部门按照职责分工负责本辖区内在线旅游经营服务的监督管理工作。

第六条　各级文化和旅游主管部门应当积极协调相关部门在财政、税收、金融、保险等方面支持在线旅游行业发展，保障在线旅游经营者公平参与市场竞争，充分发挥在线旅游经营者在旅游目的地推广、旅游公共服务体系建设、旅游大数据应用、景区门票预约和流量控制等方面的积极作用，推动旅游业高质量发展。

第二章　运　营

第七条　在线旅游经营者应当依法建立旅游者安全保护制度，制定应急预案，结合有关政府部门发布的安全风险提示等信息进行风险监测和安全评估，及时排查安全隐患，做好旅游安全宣传与引导、风险提示与防范、应急救助与处置等工作。

第八条　在线旅游经营者发现法律、行政法规禁止发布或者传输的信息，应当立即停止传输该信息，采取消除等处置措施防止信息扩散，保存有关记录并向主管部门报告。

平台经营者应当对上传至平台的文字、图片、音视频等信息内容加强审核，确保平台信息内容安全。

第九条　在线旅游经营者应当按照《中华人民共和国网络安全法》等相关法律规定，贯彻网络安全等级保护制度，落实网络安全管理和技术措施，制定网络安全应急预案，并定期组织开展演练，确保在线旅游经营服务正常开展。

第十条　在线旅游经营者经营旅行社业务的，应当依法取得旅行社业务经营许可。

第十一条　平台经营者应当对平台内经营者的身份、地址、联系方式、行政许可、质量标准等级、信用等级等信息进行真实性核验、登记，建立登记档案，并定期核验更新。

平台经营者应当督促平台内经营者对其旅游辅助服务者的相关信息进行真实性核验、登记。

第十二条　在线旅游经营者应当提供真实、准确的旅游服务信息，不得进行虚假宣传；未取得质量标准、信用等级的，不得使用相关称谓和标识。平台经营者应当以显著方式区分标记自营业务和平台内经营者开展的业务。

在线旅游经营者为旅游者提供交通、住宿、游览等预订服务的，应当建立公开、透明、可查询的预订渠道，促成相关预订服务依约履行。

第十三条　在线旅游经营者应当保障旅游者的正当评价权，不得擅自屏蔽、删除旅游者对其产品和服务的评价，不得误导、引诱、替代或者强制旅游者做出评价，对旅游者做出的评价应当保存并向社会公开。在线旅游经营者删除法律、法规禁止发布或者传输的评价信息的，应当在后台记录和保存。

第十四条 在线旅游经营者应当保护旅游者个人信息等数据安全,在收集旅游者信息时事先明示收集旅游者个人信息的目的、方式和范围,并经旅游者同意。

在线旅游经营者在签订包价旅游合同或者出境旅游产品代订合同时,应当提示旅游者提供紧急联络人信息。

第十五条 在线旅游经营者不得滥用大数据分析等技术手段,基于旅游者消费记录、旅游偏好等设置不公平的交易条件,侵犯旅游者合法权益。

第十六条 在线旅游经营者为旅游者提供包价旅游服务的,应当依法与旅游者签订合同,并在全国旅游监管服务平台填报合同有关信息。

第十七条 经营旅行社业务的在线旅游经营者应当投保旅行社责任险。

在线旅游经营者应当提示旅游者投保人身意外伤害保险。销售出境旅游产品时,应当为有购买境外旅游目的地保险需求的旅游者提供必要协助。

第十八条 在线旅游经营者应当协助文化和旅游主管部门对不合理低价游进行管理,不得为其提供交易机会。

第十九条 平台经营者应当对平台内经营者服务情况、旅游合同履行情况以及投诉处理情况等产品和服务信息、交易信息依法进行记录、保存,进行动态管理。

第二十条 社交网络平台、移动应用商店等信息网络提供者知道或者应当知道他人利用其服务从事违法违规在线旅游经营服务,或者侵害旅游者合法权益的,应当采取删除、屏蔽、断开链接等必要措施。

第二十一条 平台经营者应当在首页显著位置公示全国旅游投诉渠道。

平台内经营者与旅游者发生旅游纠纷的,平台经营者应当积极协助旅游者维护合法权益。鼓励平台经营者先行赔付。

第二十二条 平台经营者发现以下情况,应当立即采取必要的救助和处置措施,并依法及时向县级以上文化和旅游主管部门报告:

(一)提供的旅游产品或者服务存在缺陷,危及旅游者人身、财产安全的;

(二)经营服务过程中发生突发事件或者旅游安全事故的;

(三)平台内经营者未经许可经营旅行社业务的;

(四)出现法律、法规禁止交易的产品或者服务的;

(五)其他应当报告的事项。

第三章 监督检查

第二十三条 各级文化和旅游主管部门应当建立日常检查、定期检查以及与相关部门联合检查的监督管理制度,依法对在线旅游经营服务实施监督检查,查处违法违规行为。

在监督检查过程中,县级以上文化和旅游主管部门要求在线旅游经营者提供相关数据信息的,在线旅游经营者应当予以配合。县级以上文化和旅游主管部门应当采取必要措施保护数据信息的安全。

第二十四条 县级以上文化和旅游主管部门对有不诚信经营、侵害旅游者评价权、滥用技术手段设置不公平交易条件等违法违规经营行为的在线旅游经营者,可以通过约谈等行政指导方式予以提醒、警示、制止,并责令其限期整改。

第二十五条 在线旅游经营服务违法行为由实施违法行为的经营者住所地县级以上文化和旅游主管部门管辖。不能确定经营者住所地的,由经营者注册登记地或者备案地、旅游合同履行地县级以上文化和旅游主管部门管辖。

受理在线旅游经营服务相关投诉,参照前款处理。

第二十六条 县级以上文化和旅游主管部门依法建立在线旅游行业信用档案,将在线旅游经营者市场主体登记、行政许可、抽查检查、列入经营异常名录或者严重违法失信企业名单、行政处罚等信息依法列入信用记录,适时通过全国旅游监管服务平台或者本部门官方网站公示,并与相关部门建立信用档案信息共享机制,依法对严重违法失信者实施联合惩戒措施。

第二十七条 支持在线旅游经营者成立行业组织,并按照本组织章程依法制定行业经营规范和服务标准,加强行业自律,推动行业诚信建设和服务质量评价,监督、引导本行业经营者公平参与市场竞争。

第四章 法律责任

第二十八条 平台经营者知道或者应当知道

平台内经营者不符合保障旅游者人身、财产安全要求或者有其他侵害旅游者合法权益行为，未及时采取必要措施的，依法与该平台内经营者承担连带责任。

平台经营者未对平台内经营者资质进行审核，或者未对旅游者尽到安全提示或保障义务，造成旅游者合法权益损害的，依法承担相应责任。

第二十九条 旅游者有下列情形之一的，依法承担相关责任：

（一）在旅游活动中从事违法违规活动的；

（二）未按要求提供与旅游活动相关的个人健康信息的；

（三）不听从在线旅游经营者的告知、警示，参加不适合自身条件的旅游活动，导致出现人身财产损害的；

（四）对国家应对重大突发事件暂时限制旅游活动的措施、安全防范和应急处置措施不予配合的。

第三十条 因不可抗力或者第三人造成旅游者损害的，在线旅游经营者应当及时进行救助。在线旅游经营者未及时进行救助造成旅游者损害的，依法承担相应责任。旅游者接受救助后，依法支付应当由个人承担的费用。

第三十一条 在线旅游经营者违反本规定第八条第一款规定，由县级以上文化和旅游主管部门依照《中华人民共和国网络安全法》第六十八条有关规定处理。

第三十二条 在线旅游经营者违反本规定第十条规定，未依法取得旅行社业务经营许可开展相关业务的，由县级以上文化和旅游主管部门依照《中华人民共和国旅游法》第九十五条的规定处理。

在线旅游经营者违反本规定第十七条第一款规定，未依法投保旅行社责任保险的，由县级以上文化和旅游主管部门依照《中华人民共和国旅游法》第九十七条有关规定处理。

第三十三条 平台经营者有下列情形之一的，由县级以上文化和旅游主管部门依照《中华人民共和国电子商务法》第八十条的规定处理：

（一）违反本规定第十一条第一款规定，不依法履行核验、登记义务的；

（二）违反本规定第二十二条规定，不依法对违法情形采取必要处置措施或者未报告的；

（三）违反本规定第十九条规定，不依法履行商品和服务信息、交易信息保存义务的。

第三十四条 在线旅游经营者违反本规定第十二条第一款有关规定，未取得质量标准、信用等级使用相关称谓和标识的，由县级以上文化和旅游主管部门责令改正，给予警告，可并处三万元以下罚款。

第三十五条 违反本规定第十六条规定，未在全国旅游监管服务平台填报包价旅游合同有关信息的，由县级以上文化和旅游主管部门责令改正，给予警告；拒不改正的，处一万元以下罚款。

第三十六条 在线旅游经营者违反本规定第十八条规定，为以不合理低价组织的旅游活动提供交易机会的，由县级以上文化和旅游主管部门责令改正，给予警告，可并处三万元以下罚款。

第三十七条 法律、行政法规对违反本规定行为另有规定的，依照其规定。县级以上地方文化和旅游主管部门在监督检查过程中发现在线旅游经营者有违反《中华人民共和国电子商务法》《中华人民共和国消费者权益保护法》《中华人民共和国网络安全法》等法律、行政法规、部门规章的行为，不属于本部门管辖的，应当及时将相关线索依法移送有关部门。

第五章 附 则

第三十八条 本规定自 2020 年 10 月 1 日起施行。

最高人民法院关于审理旅游纠纷案件适用法律若干问题的规定

· 2010 年 9 月 13 日最高人民法院审判委员会第 1496 次会议通过

· 根据 2020 年 12 月 23 日最高人民法院审判委员会第 1823 次会议通过的《最高人民法院关于修改〈最高人民法院关于在民事审判工作中适用《中华人民共和国工会法》若干问题的解释〉等二十七件民事类司法解释的决定》修正

· 2020 年 12 月 29 日最高人民法院公告公布

· 自 2021 年 1 月 1 日起施行

· 法释〔2020〕17 号

为正确审理旅游纠纷案件，依法保护当事人合法权益，根据《中华人民共和国民法典》《中华人民共和国消费者权益保护法》《中华人民共和国旅游法》《中华人民共和国民事诉讼法》等有关法律规定，结合民事审判实践，制定本规定。

第一条 本规定所称的旅游纠纷，是指旅游者与旅游经营者、旅游辅助服务者之间因旅游发生的合同纠纷或者侵权纠纷。

"旅游经营者"是指以自己的名义经营旅游业务，向公众提供旅游服务的人。

"旅游辅助服务者"是指与旅游经营者存在合同关系，协助旅游经营者履行旅游合同义务，实际提供交通、游览、住宿、餐饮、娱乐等旅游服务的人。

旅游者在自行旅游过程中与旅游景点经营者因旅游发生的纠纷，参照适用本规定。

第二条 以单位、家庭等集体形式与旅游经营者订立旅游合同，在履行过程中发生纠纷，除集体以合同一方当事人名义起诉外，旅游者个人提起旅游合同纠纷诉讼的，人民法院应予受理。

第三条 因旅游经营者方面的同一原因造成旅游者人身损害、财产损失，旅游者选择请求旅游经营者承担违约责任或者侵权责任的，人民法院应当根据当事人选择的案由进行审理。

第四条 因旅游辅助服务者的原因导致旅游经营者违约，旅游者仅起诉旅游经营者的，人民法院可以将旅游辅助服务者追加为第三人。

第五条 旅游经营者已投保责任险，旅游者因保险责任事故仅起诉旅游经营者的，人民法院可以应当事人的请求将保险公司列为第三人。

第六条 旅游经营者以格式条款、通知、声明、店堂告示等方式作出排除或者限制旅游者权利、减轻或者免除旅游经营者责任、加重旅游者责任等对旅游者不公平、不合理的规定，旅游者依据消费者权益保护法第二十六条的规定请求认定该内容无效的，人民法院应予支持。

第七条 旅游经营者、旅游辅助服务者未尽到安全保障义务，造成旅游者人身损害、财产损失，旅游者请求旅游经营者、旅游辅助服务者承担责任的，人民法院应予支持。

因第三人的行为造成旅游者人身损害、财产损失，由第三人承担责任；旅游经营者、旅游辅助服务者未尽安全保障义务，旅游者请求其承担相应补充责任的，人民法院应予支持。

第八条 旅游经营者、旅游辅助服务者对可能危及旅游者人身、财产安全的旅游项目未履行告知、警示义务，造成旅游者人身损害、财产损失，旅游者请求旅游经营者、旅游辅助服务者承担责任的，人民法院应予支持。

旅游者未按旅游经营者、旅游辅助服务者的要求提供与旅游活动相关的个人健康信息并履行如实告知义务，或者不听从旅游经营者、旅游辅助服务者的告知、警示，参加不适合自身条件的旅游活动，导致旅游过程中出现人身损害、财产损失，旅游者请求旅游经营者、旅游辅助服务者承担责任的，人民法院不予支持。

第九条 旅游经营者、旅游辅助服务者以非法收集、存储、使用、加工、传输、买卖、提供、公开等方式处理旅游者个人信息，旅游者请求其承担相应责任的，人民法院应予支持。

第十条 旅游经营者将旅游业务转让给其他旅游经营者，旅游者不同意转让，请求解除旅游合同、追究旅游经营者违约责任的，人民法院应予支持。

旅游经营者擅自将其旅游业务转让给其他旅游经营者，旅游者在旅游过程中遭受损害，请求与其签订旅游合同的旅游经营者和实际提供旅游服务的旅游经营者承担连带责任的，人民法院应予支持。

第十一条 除合同性质不宜转让或者合同另有约定之外，在旅游行程开始前的合理期间内，旅游者将其在旅游合同中的权利义务转让给第三人，请求确认转让合同效力的，人民法院应予支持。

因前款所述原因，旅游经营者请求旅游者、第三人给付增加的费用或者旅游者请求旅游经营者退还减少的费用的，人民法院应予支持。

第十二条 旅游行程开始前或者进行中，因旅游者单方解除合同，旅游者请求旅游经营者退还尚未实际发生的费用，或者旅游经营者请求旅游者支付合理费用的，人民法院应予支持。

第十三条 签订旅游合同的旅游经营者将其部分旅游业务委托旅游目的地的旅游经营者，因受托方未尽旅游合同义务，旅游者在旅游过程中受到损害，要求作出委托的旅游经营者承担赔偿责任的，人民法院应予支持。

旅游经营者委托除前款规定以外的人从事旅游业务，发生旅游纠纷，旅游者起诉旅游经营者的，人民法院应予受理。

第十四条 旅游经营者准许他人挂靠其名下从事旅游业务，造成旅游者人身损害、财产损失，旅游者依据民法典第一千一百六十八条的规定请求旅游经营者与挂靠人承担连带责任的，人民法院应予支持。

第十五条 旅游经营者违反合同约定，有擅自改变旅游行程、遗漏旅游景点、减少旅游服务项目、降低旅游服务标准等行为，旅游者请求旅游经营者赔偿未完成约定旅游服务项目等合理费用的，人民法院应予支持。

旅游经营者提供服务时有欺诈行为，旅游者依据消费者权益保护法第五十五条第一款规定请求旅游经营者承担惩罚性赔偿责任的，人民法院应予支持。

第十六条 因飞机、火车、班轮、城际客运班车等公共客运交通工具延误，导致合同不能按照约定履行，旅游者请求旅游经营者退还未实际发生的费用的，人民法院应予支持。合同另有约定的除外。

第十七条 旅游者在自行安排活动期间遭受人身损害、财产损失，旅游经营者未尽到必要的提示义务、救助义务，旅游者请求旅游经营者承担相应责任的，人民法院应予支持。

前款规定的自行安排活动期间，包括旅游经营者安排的在旅游行程中独立的自由活动期间、旅游者不参加旅游行程的活动期间以及旅游者经导游或者领队同意暂时离队的个人活动期间等。

第十八条 旅游者在旅游行程中未经导游或者领队许可，故意脱离团队，遭受人身损害、财产损失，请求旅游经营者赔偿损失的，人民法院不予支持。

第十九条 旅游经营者或者旅游辅助服务者为旅游者代管的行李物品损毁、灭失，旅游者请求赔偿损失的，人民法院应予支持，但下列情形除外：

（一）损失是由于旅游者未听从旅游经营者或者旅游辅助服务者的事先声明或者提示，未将现金、有价证券、贵重物品由其随身携带而造成的；

（二）损失是由于不可抗力造成的；

（三）损失是由于旅游者的过错造成的；

（四）损失是由于物品的自然属性造成的。

第二十条 旅游者要求旅游经营者返还下列费用的，人民法院应予支持：

（一）因拒绝旅游经营者安排的购物活动或者另行付费的项目被增收的费用；

（二）在同一旅游行程中，旅游经营者提供相同服务，因旅游者的年龄、职业等差异而增收的费用。

第二十一条 旅游经营者因过错致其代办的手续、证件存在瑕疵，或者未尽妥善保管义务而遗失、毁损，旅游者请求旅游经营者补办或者协助补办相关手续、证件并承担相应费用的，人民法院应予支持。

因上述行为影响旅游行程，旅游者请求旅游经营者退还尚未发生的费用、赔偿损失的，人民法院应予支持。

第二十二条 旅游经营者事先设计，并以确定的总价提供交通、住宿、游览等一项或者多项服务，不提供导游和领队服务，由旅游者自行安排游览行程的旅游过程中，旅游经营者提供的服务不符合合同约定，侵害旅游者合法权益，旅游者请求旅游经营者承担相应责任的，人民法院应予支持。

第二十三条 本规定施行前已经终审，本规定施行后当事人申请再审或者按照审判监督程序决定再审的案件，不适用本规定。

十七、电信、邮政、快递服务合同

中华人民共和国邮政法

· 1986年12月2日第六届全国人民代表大会常务委员会第十八次会议通过
· 2009年4月24日第十一届全国人民代表大会常务委员会第八次会议修订
· 根据2012年10月26日第十一届全国人民代表大会常务委员会第二十九次会议《关于修改〈中华人民共和国邮政法〉的决定》第一次修正
· 根据2015年4月24日第十二届全国人民代表大会常务委员会第十四次会议《关于修改〈中华人民共和国义务教育法〉等五部法律的决定》第二次修正

第一章 总 则

第一条 为了保障邮政普遍服务，加强对邮政市场的监督管理，维护邮政通信与信息安全，保护通信自由和通信秘密，保护用户合法权益，促进邮政业健康发展，适应经济社会发展和人民生活需要，制定本法。

第二条 国家保障中华人民共和国境内的邮政普遍服务。

邮政企业按照国家规定承担提供邮政普遍服务的义务。

国务院和地方各级人民政府及其有关部门应当采取措施，支持邮政企业提供邮政普遍服务。

本法所称邮政普遍服务，是指按照国家规定的业务范围、服务标准，以合理的资费标准，为中华人民共和国境内所有用户持续提供的邮政服务。

第三条 公民的通信自由和通信秘密受法律保护。除因国家安全或者追查刑事犯罪的需要，由公安机关、国家安全机关或者检察机关依照法律规定的程序对通信进行检查外，任何组织或者个人不得以任何理由侵犯公民的通信自由和通信秘密。

除法律另有规定外，任何组织或者个人不得检查、扣留邮件、汇款。

第四条 国务院邮政管理部门负责对全国的邮政普遍服务和邮政市场实施监督管理。

省、自治区、直辖市邮政管理机构负责对本行政区域的邮政普遍服务和邮政市场实施监督管理。

按照国务院规定设立的省级以下邮政管理机构负责对本辖区的邮政普遍服务和邮政市场实施监督管理。

国务院邮政管理部门和省、自治区、直辖市邮政管理机构以及省级以下邮政管理机构（以下统称邮政管理部门）对邮政市场实施监督管理，应当遵循公开、公平、公正以及鼓励竞争、促进发展的原则。

第五条 国务院规定范围内的信件寄递业务，由邮政企业专营。

第六条 邮政企业应当加强服务质量管理，完善安全保障措施，为用户提供迅速、准确、安全、方便的服务。

第七条 邮政管理部门、公安机关、国家安全机关和海关应当相互配合，建立健全安全保障机制，加强对邮政通信与信息安全的监督管理，确保邮政通信与信息安全。

第二章 邮政设施

第八条 邮政设施的布局和建设应当满足保障邮政普遍服务的需要。

地方各级人民政府应当将邮政设施的布局和建设纳入城乡规划，对提供邮政普遍服务的邮政设施的建设给予支持，重点扶持农村边远地区邮政设施的建设。

建设城市新区、独立工矿区、开发区、住宅区或者对旧城区进行改建，应当同时建设配套的提供邮政普遍服务的邮政设施。

提供邮政普遍服务的邮政设施等组成的邮政网络是国家重要的通信基础设施。

第九条 邮政设施应当按照国家规定的标准设置。

较大的车站、机场、港口、高等院校和宾馆应当设置提供邮政普遍服务的邮政营业场所。

邮政企业设置、撤销邮政营业场所,应当事先书面告知邮政管理部门;撤销提供邮政普遍服务的邮政营业场所,应当经邮政管理部门批准并予以公告。

第十条 机关、企业事业单位应当设置接收邮件的场所。农村地区应当逐步设置村邮站或者其他接收邮件的场所。

建设城镇居民楼应当设置接收邮件的信报箱,并按照国家规定的标准验收。建设单位未按照国家规定的标准设置信报箱的,由邮政管理部门责令限期改正;逾期未改正的,由邮政管理部门指定其他单位设置信报箱,所需费用由该居民楼的建设单位承担。

第十一条 邮件处理场所的设计和建设,应当符合国家安全机关和海关依法履行职责的要求。

第十二条 征收邮政营业场所或者邮件处理场所的,城乡规划主管部门应当根据保障邮政普遍服务的要求,对邮政营业场所或者邮件处理场所的重新设置作出妥善安排;未作出妥善安排前,不得征收。

邮政营业场所或者邮件处理场所重新设置前,邮政企业应当采取措施,保证邮政普遍服务的正常进行。

第十三条 邮政企业应当对其设置的邮政设施进行经常性维护,保证邮政设施的正常使用。

任何单位和个人不得损毁邮政设施或者影响邮政设施的正常使用。

第三章 邮政服务

第十四条 邮政企业经营下列业务:

(一)邮件寄递;

(二)邮政汇兑、邮政储蓄;

(三)邮票发行以及集邮票品制作、销售;

(四)国内报刊、图书等出版物发行;

(五)国家规定的其他业务。

第十五条 邮政企业应当对信件、单件重量不超过五千克的印刷品、单件重量不超过十千克的包裹的寄递以及邮政汇兑提供邮政普遍服务。

邮政企业按照国家规定办理机要通信、国家规定报刊的发行,以及义务兵平常信函、盲人读物和革命烈士遗物的免费寄递等特殊服务业务。

未经邮政管理部门批准,邮政企业不得停止办理或者限制办理前两款规定的业务;因不可抗力或者其他特殊原因暂时停止办理或者限制办理的,邮政企业应当及时公告,采取相应的补救措施,并向邮政管理部门报告。

邮政普遍服务标准,由国务院邮政管理部门会同国务院有关部门制定;邮政普遍服务监督管理的具体办法,由国务院邮政管理部门制定。

第十六条 国家对邮政企业提供邮政普遍服务、特殊服务给予补贴,并加强对补贴资金使用的监督。

第十七条 国家设立邮政普遍服务基金。邮政普遍服务基金征收、使用和监督管理的具体办法由国务院财政部门会同国务院有关部门制定,报国务院批准后公布施行。

第十八条 邮政企业的邮政普遍服务业务与竞争性业务应当分业经营。

第十九条 邮政企业在城市每周的营业时间应当不少于六天,投递邮件每天至少一次;在乡、镇人民政府所在地每周的营业时间应当不少于五天,投递邮件每周至少五次。

邮政企业在交通不便的边远地区和乡、镇其他地区每周的营业时间以及投递邮件的频次,国务院邮政管理部门可以另行规定。

第二十条 邮政企业寄递邮件,应当符合国务院邮政管理部门规定的寄递时限和服务规范。

第二十一条 邮政企业应当在其营业场所公示或者以其他方式公布其服务种类、营业时间、资费标准、邮件和汇款的查询及损失赔偿办法以及用户对其服务质量的投诉办法。

第二十二条 邮政企业采用其提供的格式条款确定与用户的权利义务的,该格式条款适用《中华人民共和国合同法》关于合同格式条款的规定。

第二十三条 用户交寄邮件,应当清楚、准确地填写收件人姓名、地址和邮政编码。邮政企业应当在邮政营业场所免费为用户提供邮政编码查询服务。

邮政编码由邮政企业根据国务院邮政管理部门制定的编制规则编制。邮政管理部门依法对邮政编码的编制和使用实施监督。

第二十四条 邮政企业收寄邮件和用户交寄邮件,应当遵守法律、行政法规以及国务院和国务院有关部门关于禁止寄递或者限制寄递物品的规定。

第二十五条 邮政企业应当依法建立并执行邮件收寄验视制度。

对用户交寄的信件，必要时邮政企业可以要求用户开拆，进行验视，但不得检查信件内容。用户拒绝开拆的，邮政企业不予收寄。

对信件以外的邮件，邮政企业收寄时应当当场验视内件。用户拒绝验视的，邮政企业不予收寄。

第二十六条 邮政企业发现邮件内夹带禁止寄递或者限制寄递的物品的，应当按照国家有关规定处理。

进出境邮件中夹带国家禁止进出境或者限制进出境的物品的，由海关依法处理。

第二十七条 对提供邮政普遍服务的邮政企业交运的邮件，铁路、公路、水路、航空等运输企业应当优先安排运输，车站、港口、机场应当安排装卸场所和出入通道。

第二十八条 带有邮政专用标志的车船进出港口、通过渡口时，应当优先放行。

带有邮政专用标志的车辆运递邮件，确需通过公安机关交通管理部门划定的禁行路段或者确需在禁止停车的地点停车的，经公安机关交通管理部门同意，在确保安全的前提下，可以通行或者停车。

邮政企业不得利用带有邮政专用标志的车船从事邮件运递以外的经营性活动，不得以出租等方式允许其他单位或者个人使用带有邮政专用标志的车船。

第二十九条 邮件通过海上运输时，不参与分摊共同海损。

第三十条 海关依照《中华人民共和国海关法》的规定，对进出境的国际邮袋、邮件集装箱和国际邮递物品实施监管。

第三十一条 进出境邮件的检疫，由进出境检验检疫机构依法实施。

第三十二条 邮政企业采取按址投递、用户领取或者与用户协商的其他方式投递邮件。

机关、企业事业单位、住宅小区管理单位等应当为邮政企业投递邮件提供便利。单位用户地址变更的，应当及时通知邮政企业。

第三十三条 邮政企业对无法投递的邮件，应当退回寄件人。

无法投递又无法退回的信件，自邮政企业确认无法退回之日起超过六个月无人认领的，由邮政企业在邮政管理部门的监督下销毁。无法投递又无法退回的其他邮件，按照国务院邮政管理部门的规定处理；其中无法投递又无法退回的进境国际邮递物品，由海关依照《中华人民共和国海关法》的规定处理。

第三十四条 邮政汇款的收款人应当自收到汇款通知之日起六十日内，凭有效身份证件到邮政企业兑领汇款。

收款人逾期未兑领的汇款，由邮政企业退回汇款人。自兑领汇款期限届满之日起一年内无法退回汇款人，或者汇款人自收到退汇通知之日起一年内未领取的汇款，由邮政企业上缴国库。

第三十五条 任何单位和个人不得私自开拆、隐匿、毁弃他人邮件。

除法律另有规定外，邮政企业及其从业人员不得向任何单位或者个人泄露用户使用邮政服务的信息。

第三十六条 因国家安全或者追查刑事犯罪的需要，公安机关、国家安全机关或者检察机关可以依法检查、扣留有关邮件，并可以要求邮政企业提供相关用户使用邮政服务的信息。邮政企业和有关单位应当配合，并对有关情况予以保密。

第三十七条 任何单位和个人不得利用邮件寄递含有下列内容的物品：

（一）煽动颠覆国家政权、推翻社会主义制度或者分裂国家、破坏国家统一，危害国家安全的；

（二）泄露国家秘密的；

（三）散布谣言扰乱社会秩序，破坏社会稳定的；

（四）煽动民族仇恨、民族歧视，破坏民族团结的；

（五）宣扬邪教或者迷信的；

（六）散布淫秽、赌博、恐怖信息或者教唆犯罪的；

（七）法律、行政法规禁止的其他内容。

第三十八条 任何单位和个人不得有下列行为：

（一）扰乱邮政营业场所正常秩序；

（二）阻碍邮政企业从业人员投递邮件；

（三）非法拦截、强登、扒乘带有邮政专用标志的车辆；

（四）冒用邮政企业名义或者邮政专用标志；

（五）伪造邮政专用品或者倒卖伪造的邮政专用品。

第四章 邮政资费

第三十九条 实行政府指导价或者政府定价的邮政业务范围，以中央政府定价目录为依据，具体资费标准由国务院价格主管部门会同国务院财政部门、国务院邮政管理部门制定。

邮政企业的其他业务资费实行市场调节价，资费标准由邮政企业自主确定。

第四十条 国务院有关部门制定邮政业务资费标准，应当听取邮政企业、用户和其他有关方面的意见。

邮政企业应当根据国务院价格主管部门、国务院财政部门和国务院邮政管理部门的要求，提供准确、完备的业务成本数据和其他有关资料。

第四十一条 邮件资费的交付，以邮资凭证、证明邮资已付的戳记以及有关业务单据等表示。

邮资凭证包括邮票、邮资符志、邮资信封、邮资明信片、邮资邮简、邮资信卡等。

任何单位和个人不得伪造邮资凭证或者倒卖伪造的邮资凭证，不得擅自仿印邮票和邮资图案。

第四十二条 普通邮票发行数量由邮政企业按照市场需要确定，报国务院邮政管理部门备案；纪念邮票和特种邮票发行计划由邮政企业根据市场需要提出，报国务院邮政管理部门审定。国务院邮政管理部门负责纪念邮票的选题和图案审查。

邮政管理部门依法对邮票的印制、销售实施监督。

第四十三条 邮资凭证售出后，邮资凭证持有人不得要求邮政企业兑换现金。

停止使用邮资凭证，应当经国务院邮政管理部门批准，并在停止使用九十日前予以公告，停止销售。邮资凭证持有人可以自公告之日起一年内，向邮政企业换取等值的邮资凭证。

第四十四条 下列邮资凭证不得使用：

（一）经国务院邮政管理部门批准停止使用的；

（二）盖销或者划销的；

（三）污损、残缺或者褪色、变色，难以辨认的。

从邮资信封、邮资明信片、邮资邮简、邮资信卡上剪下的邮资图案，不得作为邮资凭证使用。

第五章 损失赔偿

第四十五条 邮政普遍服务业务范围内的邮件和汇款的损失赔偿，适用本章规定。

邮政普遍服务业务范围以外的邮件的损失赔偿，适用有关民事法律的规定。

邮件的损失，是指邮件丢失、损毁或者内件短少。

第四十六条 邮政企业对平常邮件的损失不承担赔偿责任。但是，邮政企业因故意或者重大过失造成平常邮件损失的除外。

第四十七条 邮政企业对给据邮件的损失依照下列规定赔偿：

（一）保价的给据邮件丢失或者全部损毁的，按照保价额赔偿；部分损毁或者内件短少的，按照保价额与邮件全部价值的比例对邮件的实际损失予以赔偿。

（二）未保价的给据邮件丢失、损毁或者内件短少的，按照实际损失赔偿，但最高赔偿额不超过所收取资费的三倍；挂号信件丢失、损毁的，按照所收取资费的三倍予以赔偿。

邮政企业应当在营业场所的告示中和提供给用户的给据邮件单据上，以足以引起用户注意的方式载明前款规定。

邮政企业因故意或者重大过失造成给据邮件损失，或者未履行前款规定义务的，无权援用本条第一款的规定限制赔偿责任。

第四十八条 因下列原因之一造成的给据邮件损失，邮政企业不承担赔偿责任：

（一）不可抗力，但因不可抗力造成的保价的给据邮件的损失除外；

（二）所寄物品本身的自然性质或者合理损耗；

（三）寄件人、收件人的过错。

第四十九条 用户交寄给据邮件后，对国内邮件可以自交寄之日起一年内持收据向邮政企业查询，对国际邮件可以自交寄之日起一百八十日内持收据向邮政企业查询。

查询国际邮件或者查询国务院邮政管理部门规定的边远地区的邮件的，邮政企业应当自用户查询之日起六十日内将查询结果告知用户；查询其他邮件的，邮政企业应当自用户查询之日起三十日内将查询结果告知用户。查复期满未查到邮件的，邮政企业应当依照本法第四十七条的规定予以赔偿。

用户在本条第一款规定的查询期限内未向邮政企业查询又未提出赔偿要求的，邮政企业不再承担赔偿责任。

第五十条 邮政汇款的汇款人自汇款之日起一年内，可以持收据向邮政企业查询。邮政企业应当自用户查询之日起二十日内将查询结果告知汇款人。查复期满未查到汇款的，邮政企业应当向汇款人退还汇款和汇款费用。

第六章 快递业务

第五十一条 经营快递业务，应当依照本法规定取得快递业务经营许可；未经许可，任何单位和个人不得经营快递业务。

外商不得投资经营信件的国内快递业务。

国内快递业务，是指从收寄到投递的全过程均发生在中华人民共和国境内的快递业务。

第五十二条 申请快递业务经营许可，应当具备下列条件：

（一）符合企业法人条件；

（二）在省、自治区、直辖市范围内经营的，注册资本不低于人民币五十万元，跨省、自治区、直辖市经营的，注册资本不低于人民币一百万元，经营国际快递业务的，注册资本不低于人民币二百万元；

（三）有与申请经营的地域范围相适应的服务能力；

（四）有严格的服务质量管理制度和完备的业务操作规范；

（五）有健全的安全保障制度和措施；

（六）法律、行政法规规定的其他条件。

第五十三条 申请快递业务经营许可，在省、自治区、直辖市范围内经营的，应当向所在地的省、自治区、直辖市邮政管理机构提出申请，跨省、自治区、直辖市经营或者经营国际快递业务的，应当向国务院邮政管理部门提出申请；申请时应当提交申请书和有关申请材料。

受理申请的邮政管理部门应当自受理申请之日起四十五日内进行审查，作出批准或者不予批准的决定。予以批准的，颁发快递业务经营许可证；不予批准的，书面通知申请人并说明理由。

邮政管理部门审查快递业务经营许可的申请，应当考虑国家安全等因素，并征求有关部门的意见。

申请人凭快递业务经营许可证向工商行政管理部门依法办理登记后，方可经营快递业务。

第五十四条 邮政企业以外的经营快递业务的企业（以下称快递企业）设立分支机构或者合并、分立的，应当向邮政管理部门备案。

第五十五条 快递企业不得经营由邮政企业专营的信件寄递业务，不得寄递国家机关公文。

第五十六条 快递企业经营邮政企业专营业务范围以外的信件快递业务，应当在信件封套的显著位置标注信件字样。

快递企业不得将信件打包后作为包裹寄递。

第五十七条 经营国际快递业务应当接受邮政管理部门和有关部门依法实施的监管。邮政管理部门和有关部门可以要求经营国际快递业务的企业提供报关数据。

第五十八条 快递企业停止经营快递业务的，应当书面告知邮政管理部门，交回快递业务经营许可证，并对尚未投递的快件按照国务院邮政管理部门的规定妥善处理。

第五十九条 本法第六条、第二十一条、第二十二条、第二十四条、第二十五条、第二十六条第一款、第三十五条第二款、第三十六条关于邮政企业及其从业人员的规定，适用于快递企业及其从业人员；第十一条关于邮件处理场所的规定，适用于快件处理场所；第三条第二款、第二十六条第二款、第三十五条第一款、第三十六条、第三十七条关于邮件的规定，适用于快件；第四十五条第二款关于邮件的损失赔偿的规定，适用于快件的损失赔偿。

第六十条 经营快递业务的企业依法成立的行业协会，依照法律、行政法规及其章程规定，制定快递行业规范，加强行业自律，为企业提供信息、培训等方面的服务，促进快递行业的健康发展。

经营快递业务的企业应当对其从业人员加强法制教育、职业道德教育和业务技能培训。

第七章 监督检查

第六十一条 邮政管理部门依法履行监督管

理职责，可以采取下列监督检查措施：

（一）进入邮政企业、快递企业或者涉嫌发生违反本法活动的其他场所实施现场检查；

（二）向有关单位和个人了解情况；

（三）查阅、复制有关文件、资料、凭证；

（四）经邮政管理部门负责人批准，查封与违反本法活动有关的场所，扣押用于违反本法活动的运输工具以及相关物品，对信件以外的涉嫌夹带禁止寄递或者限制寄递物品的邮件、快件开拆检查。

第六十二条 邮政管理部门根据履行监督管理职责的需要，可以要求邮政企业和快递企业报告有关经营情况。

第六十三条 邮政管理部门进行监督检查时，监督检查人员不得少于二人，并应当出示执法证件。对邮政管理部门依法进行的监督检查，有关单位和个人应当配合，不得拒绝、阻碍。

第六十四条 邮政管理部门工作人员对监督检查中知悉的商业秘密，负有保密义务。

第六十五条 邮政企业和快递企业应当及时、妥善处理用户对服务质量提出的异议。用户对处理结果不满意的，可以向邮政管理部门申诉，邮政管理部门应当及时依法处理，并自接到申诉之日起三十日内作出答复。

第六十六条 任何单位和个人对违反本法规定的行为，有权向邮政管理部门举报。邮政管理部门接到举报后，应当及时依法处理。

第八章 法律责任

第六十七条 邮政企业提供邮政普遍服务不符合邮政普遍服务标准的，由邮政管理部门责令改正，可以处一万元以下的罚款；情节严重的，处一万元以上五万元以下的罚款；对直接负责的主管人员和其他直接责任人员给予处分。

第六十八条 邮政企业未经邮政管理部门批准，停止办理或者限制办理邮政普遍服务业务和特殊服务业务，或者撤销提供邮政普遍服务的邮政营业场所的，由邮政管理部门责令改正，可以处二万元以下的罚款；情节严重的，处二万元以上十万元以下的罚款；对直接负责的主管人员和其他直接责任人员给予处分。

第六十九条 邮政企业利用带有邮政专用标志的车船从事邮件运递以外的经营性活动，或者以出租等方式允许其他单位或者个人使用带有邮政专用标志的车船的，由邮政管理部门责令改正，没收违法所得，可以并处二万元以下的罚款；情节严重的，并处二万元以上十万元以下的罚款；对直接负责的主管人员和其他直接责任人员给予处分。

邮政企业从业人员利用带有邮政专用标志的车船从事邮件运递以外的活动的，由邮政企业责令改正，给予处分。

第七十条 邮政企业从业人员故意延误投递邮件的，由邮政企业给予处分。

第七十一条 冒领、私自开拆、隐匿、毁弃或者非法检查他人邮件、快件，尚不构成犯罪的，依法给予治安管理处罚。

第七十二条 未取得快递业务经营许可经营快递业务，或者邮政企业以外的单位或者个人经营由邮政企业专营的信件寄递业务或者寄递国家机关公文的，由邮政管理部门或者工商行政管理部门责令改正，没收违法所得，并处五万元以上十万元以下的罚款；情节严重的，并处十万元以上二十万元以下的罚款；对快递企业，还可以责令停业整顿直至吊销其快递业务经营许可证。

违反本法第五十一条第二款的规定，经营信件的国内快递业务的，依照前款规定处罚。

第七十三条 快递企业有下列行为之一的，由邮政管理部门责令改正，可以处一万元以下的罚款；情节严重的，处一万元以上五万元以下的罚款，并可以责令停业整顿：

（一）设立分支机构、合并、分立，未向邮政管理部门备案的；

（二）未在信件封套的显著位置标注信件字样的；

（三）将信件打包后作为包裹寄递的；

（四）停止经营快递业务，未书面告知邮政管理部门并交回快递业务经营许可证，或者未按照国务院邮政管理部门的规定妥善处理尚未投递的快件的。

第七十四条 邮政企业、快递企业未按照规定向用户明示其业务资费标准，或者有其他价格违法行为的，由政府价格主管部门依照《中华人民共和国价格法》的规定处罚。

第七十五条 邮政企业、快递企业不建立或者不执行收件验视制度，或者违反法律、行政法规以及国务院和国务院有关部门关于禁止寄递或者限制寄递物品的规定收寄邮件、快件的，对邮政企业直接负责的主管人员和其他直接责任人员给予处分；对快递企业，邮政管理部门可以责令停业整顿直至吊销其快递业务经营许可证。

用户在邮件、快件中夹带禁止寄递或者限制寄递的物品，尚不构成犯罪的，依法给予治安管理处罚。

有前两款规定的违法行为，造成人身伤害或者财产损失的，依法承担赔偿责任。

邮政企业、快递企业经营国际寄递业务，以及用户交寄国际邮递物品，违反《中华人民共和国海关法》及其他有关法律、行政法规的规定的，依照有关法律、行政法规的规定处罚。

第七十六条 邮政企业、快递企业违法提供用户使用邮政服务或者快递服务的信息，尚不构成犯罪的，由邮政管理部门责令改正，没收违法所得，并处一万元以上五万元以下的罚款；对邮政企业直接负责的主管人员和其他直接责任人员给予处分；对快递企业，邮政管理部门还可以责令停业整顿直至吊销其快递业务经营许可证。

邮政企业、快递企业从业人员有前款规定的违法行为，尚不构成犯罪的，由邮政管理部门责令改正，没收违法所得，并处五千元以上一万元以下的罚款。

第七十七条 邮政企业、快递企业拒绝、阻碍依法实施的监督检查，尚不构成犯罪的，依法给予治安管理处罚；对快递企业，邮政管理部门还可以责令停业整顿直至吊销其快递业务经营许可证。

第七十八条 邮政企业及其从业人员、快递企业及其从业人员在经营活动中有危害国家安全行为的，依法追究法律责任；对快递企业，并由邮政管理部门吊销其快递业务经营许可证。

第七十九条 冒用邮政企业名义或者邮政专用标志，或者伪造邮政专用品或者倒卖伪造的邮政专用品的，由邮政管理部门责令改正，没收伪造的邮政专用品以及违法所得，并处一万元以上五万元以下的罚款。

第八十条 有下列行为之一，尚不构成犯罪的，依法给予治安管理处罚：

（一）盗窃、损毁邮政设施或者影响邮政设施正常使用的；

（二）伪造邮资凭证或者倒卖伪造的邮资凭证的；

（三）扰乱邮政营业场所、快递企业营业场所正常秩序的；

（四）非法拦截、强登、扒乘运送邮件、快件的车辆的。

第八十一条 违反本法规定被吊销快递业务经营许可证的，自快递业务经营许可证被吊销之日起三年内，不得申请经营快递业务。

快递企业被吊销快递业务经营许可证的，应当依法向工商行政管理部门办理变更登记或者注销登记。

第八十二条 违反本法规定，构成犯罪的，依法追究刑事责任。

第八十三条 邮政管理部门工作人员在监督管理工作中滥用职权、玩忽职守、徇私舞弊，构成犯罪的，依法追究刑事责任；尚不构成犯罪的，依法给予处分。

第九章 附 则

第八十四条 本法下列用语的含义：

邮政企业，是指中国邮政集团公司及其提供邮政服务的全资企业、控股企业。

寄递，是指将信件、包裹、印刷品等物品按照封装上的名址递送给特定个人或者单位的活动，包括收寄、分拣、运输、投递等环节。

快递，是指在承诺的时限内快速完成的寄递活动。

邮件，是指邮政企业寄递的信件、包裹、汇款通知、报刊和其他印刷品等。

快件，是指快递企业递送的信件、包裹、印刷品等。

信件，是指信函、明信片。信函是指以套封形式按照名址递送给特定个人或者单位的缄封的信息载体，不包括书籍、报纸、期刊等。

包裹，是指按照封装上的名址递送给特定个人或者单位的独立封装的物品，其重量不超过五十千克，任何一边的尺寸不超过一百五十厘米，长、宽、高合计不超过三百厘米。

平常邮件，是指邮政企业在收寄时不出具收据，投递时不要求收件人签收的邮件。

给据邮件，是指邮政企业在收寄时向寄件人出具收据，投递时由收件人签收的邮件。

邮政设施，是指用于提供邮政服务的邮政营业场所、邮件处理场所、邮筒（箱）、邮政报刊亭、信报箱等。

邮件处理场所，是指邮政企业专门用于邮件分拣、封发、储存、交换、转运、投递等活动的场所。

国际邮递物品，是指中华人民共和国境内的用户与其他国家或者地区的用户相互寄递的包裹和印刷品等。

邮政专用品，是指邮政日戳、邮资机、邮政业务单据、邮政夹钳、邮袋和其他邮件专用容器。

第八十五条　本法公布前按照国家有关规定，经国务院对外贸易主管部门批准或者备案，并向工商行政管理部门依法办理登记后经营国际快递业务的国际货物运输代理企业，凭批准或者备案文件以及营业执照，到国务院邮政管理部门领取快递业务经营许可证。国务院邮政管理部门应当将企业领取快递业务经营许可证的情况向其原办理登记的工商行政管理部门通报。

除前款规定的企业外，本法公布前依法向工商行政管理部门办理登记后经营快递业务的企业，不具备本法规定的经营快递业务的条件的，应当在国务院邮政管理部门规定的期限内达到本法规定的条件，逾期达不到本法规定的条件的，不得继续经营快递业务。

第八十六条　省、自治区、直辖市应当根据本地区的实际情况，制定支持邮政企业提供邮政普遍服务的具体办法。

第八十七条　本法自 2009 年 10 月 1 日起施行。

中华人民共和国电信条例

· 2000 年 9 月 25 日中华人民共和国国务院令第 291 号公布
· 根据 2014 年 7 月 29 日《国务院关于修改部分行政法规的决定》第一次修订
· 根据 2016 年 2 月 6 日《国务院关于修改部分行政法规的决定》第二次修订

第一章　总　则

第一条　为了规范电信市场秩序，维护电信用户和电信业务经营者的合法权益，保障电信网络和信息的安全，促进电信业的健康发展，制定本条例。

第二条　在中华人民共和国境内从事电信活动或者与电信有关的活动，必须遵守本条例。

本条例所称电信，是指利用有线、无线的电磁系统或者光电系统，传送、发射或者接收语音、文字、数据、图像以及其他任何形式信息的活动。

第三条　国务院信息产业主管部门依照本条例的规定对全国电信业实施监督管理。

省、自治区、直辖市电信管理机构在国务院信息产业主管部门的领导下，依照本条例的规定对本行政区域内的电信业实施监督管理。

第四条　电信监督管理遵循政企分开、破除垄断、鼓励竞争、促进发展和公开、公平、公正的原则。

电信业务经营者应当依法经营，遵守商业道德，接受依法实施的监督检查。

第五条　电信业务经营者应当为电信用户提供迅速、准确、安全、方便和价格合理的电信服务。

第六条　电信网络和信息的安全受法律保护。任何组织或者个人不得利用电信网络从事危害国家安全、社会公共利益或者他人合法权益的活动。

第二章　电信市场

第一节　电信业务许可

第七条　国家对电信业务经营按照电信业务分类，实行许可制度。

经营电信业务，必须依照本条例的规定取得国务院信息产业主管部门或者省、自治区、直辖市电信管理机构颁发的电信业务经营许可证。

未取得电信业务经营许可证，任何组织或者个人不得从事电信业务经营活动。

第八条　电信业务分为基础电信业务和增值电信业务。

基础电信业务，是指提供公共网络基础设施、公共数据传送和基本话音通信服务的业务。增值电信业务，是指利用公共网络基础设施提供的电信与信息服务的业务。

电信业务分类的具体划分在本条例所附的《电信业务分类目录》中列出。国务院信息产业主管部门根据实际情况，可以对目录所列电信业务分类项目作局部调整，重新公布。

第九条　经营基础电信业务，须经国务院信息产业主管部门审查批准,取得《基础电信业务经营许可证》。

经营增值电信业务,业务覆盖范围在两个以上省、自治区、直辖市的,须经国务院信息产业主管部门审查批准,取得《跨地区增值电信业务经营许可证》;业务覆盖范围在一个省、自治区、直辖市行政区域内的,须经省、自治区、直辖市电信管理机构审查批准,取得《增值电信业务经营许可证》。

运用新技术试办《电信业务分类目录》未列出的新型电信业务的,应当向省、自治区、直辖市电信管理机构备案。

第十条 经营基础电信业务,应当具备下列条件:

(一)经营者为依法设立的专门从事基础电信业务的公司,且公司中国有股权或者股份不少于51%;

(二)有可行性研究报告和组网技术方案;

(三)有与从事经营活动相适应的资金和专业人员;

(四)有从事经营活动的场地及相应的资源;

(五)有为用户提供长期服务的信誉或者能力;

(六)国家规定的其他条件。

第十一条 申请经营基础电信业务,应当向国务院信息产业主管部门提出申请,并提交本条例第十条规定的相关文件。国务院信息产业主管部门应当自受理申请之日起180日内审查完毕,作出批准或者不予批准的决定。予以批准的,颁发《基础电信业务经营许可证》;不予批准的,应当书面通知申请人并说明理由。

第十二条 国务院信息产业主管部门审查经营基础电信业务的申请时,应当考虑国家安全、电信网络安全、电信资源可持续利用、环境保护和电信市场的竞争状况等因素。

颁发《基础电信业务经营许可证》,应当按照国家有关规定采用招标方式。

第十三条 经营增值电信业务,应当具备下列条件:

(一)经营者为依法设立的公司;

(二)有与开展经营活动相适应的资金和专业人员;

(三)有为用户提供长期服务的信誉或者能力;

(四)国家规定的其他条件。

第十四条 申请经营增值电信业务,应当根据本条例第九条第二款的规定,向国务院信息产业主管部门或者省、自治区、直辖市电信管理机构提出申请,并提交本条例第十三条规定的相关文件。申请经营的增值电信业务,按照国家有关规定须经有关主管部门审批的,还应当提交有关主管部门审核同意的文件。国务院信息产业主管部门或者省、自治区、直辖市电信管理机构应当自收到申请之日起60日内审查完毕,作出批准或者不予批准的决定。予以批准的,颁发《跨地区增值电信业务经营许可证》或者《增值电信业务经营许可证》;不予批准的,应当书面通知申请人并说明理由。

第十五条 电信业务经营者在经营过程中,变更经营主体、业务范围或者停止经营的,应当提前90日向原颁发许可证的机关提出申请,并办理相应手续;停止经营的,还应当按照国家有关规定做好善后工作。

第十六条 专用电信网运营单位在所在地区经营电信业务的,应当依照本条例规定的条件和程序提出申请,经批准,取得电信业务经营许可证。

第二节 电信网间互联

第十七条 电信网之间应当按照技术可行、经济合理、公平公正、相互配合的原则,实现互联互通。

主导的电信业务经营者不得拒绝其他电信业务经营者和专用网运营单位提出的互联互通要求。

前款所称主导的电信业务经营者,是指控制必要的基础电信设施并且在电信业务市场中占有较大份额,能够对其他电信业务经营者进入电信业务市场构成实质性影响的经营者。

主导的电信业务经营者由国务院信息产业主管部门确定。

第十八条 主导的电信业务经营者应当按照非歧视和透明化的原则,制定包括网间互联的程序、时限、非捆绑网络元素目录等内容的互联规程。互联规程应当报国务院信息产业主管部门审查同意。该互联规程对主导的电信业务经营者的互联互通活动具有约束力。

第十九条 公用电信网之间、公用电信网与专用电信网之间的网间互联，由网间互联双方按照国务院信息产业主管部门的网间互联管理规定进行互联协商，并订立网间互联协议。

第二十条 网间互联双方经协商未能达成网间互联协议的，自一方提出互联要求之日起60日内，任何一方均可以按照网间互联覆盖范围向国务院信息产业主管部门或者省、自治区、直辖市电信管理机构申请协调；收到申请的机关应当依照本条例第十七条第一款规定的原则进行协调，促使网间互联双方达成协议；自网间互联一方或者双方申请协调之日起45日内经协调仍不能达成协议的，由协调机关随机邀请电信技术专家和其他有关方面专家进行公开论证并提出网间互联方案。协调机关应当根据专家论证结论和提出的网间互联方案作出决定，强制实现互联互通。

第二十一条 网间互联双方必须在协议约定或者决定规定的时限内实现互联互通。遵守网间互联协议和国务院信息产业主管部门的相关规定，保障网间通信畅通，任何一方不得擅自中断互联互通。网间互联遇有通信技术障碍的，双方应当立即采取有效措施予以消除。网间互联双方在互联互通中发生争议的，依照本条例第二十条规定的程序和办法处理。

网间互联的通信质量应当符合国家有关标准。主导的电信业务经营者向其他电信业务经营者提供网间互联，服务质量不得低于本网内的同类业务及向其子公司或者分支机构提供的同类业务质量。

第二十二条 网间互联的费用结算与分摊应当执行国家有关规定，不得在规定标准之外加收费用。

网间互联的技术标准、费用结算办法和具体管理规定，由国务院信息产业主管部门制定。

第三节 电信资费

第二十三条 电信资费实行市场调节价。电信业务经营者应当统筹考虑生产经营成本、电信市场供求状况等因素，合理确定电信业务资费标准。

第二十四条 国家依法加强对电信业务经营者资费行为的监管，建立健全监管规则，维护消费者合法权益。

第二十五条 电信业务经营者应当根据国务院信息产业主管部门和省、自治区、直辖市电信管理机构的要求，提供准确、完备的业务成本数据及其他有关资料。

第四节 电信资源

第二十六条 国家对电信资源统一规划、集中管理、合理分配，实行有偿使用制度。

前款所称电信资源，是指无线电频率、卫星轨道位置、电信网码号等用于实现电信功能且有限的资源。

第二十七条 电信业务经营者占有、使用电信资源，应当缴纳电信资源费。具体收费办法由国务院信息产业主管部门会同国务院财政部门、价格主管部门制定，报国务院批准后公布施行。

第二十八条 电信资源的分配，应当考虑电信资源规划、用途和预期服务能力。

分配电信资源，可以采取指配的方式，也可以采用拍卖的方式。

取得电信资源使用权的，应当在规定的时限内启用所分配的资源，并达到规定的最低使用规模。未经国务院信息产业主管部门或者省、自治区、直辖市电信管理机构批准，不得擅自使用、转让、出租电信资源或者改变电信资源的用途。

第二十九条 电信资源使用者依法取得电信网码号资源后，主导的电信业务经营者和其他有关单位有义务采取必要的技术措施，配合电信资源使用者实现其电信网码号资源的功能。

法律、行政法规对电信资源管理另有特别规定的，从其规定。

第三章 电信服务

第三十条 电信业务经营者应当按照国家规定的电信服务标准向电信用户提供服务。电信业务经营者提供服务的种类、范围、资费标准和时限，应当向社会公布，并报省、自治区、直辖市电信管理机构备案。

电信用户有权自主选择使用依法开办的各类电信业务。

第三十一条 电信用户申请安装、移装电信终端设备的，电信业务经营者应当在其公布的时限内保证装机开通；由于电信业务经营者的原因逾期未能装机开通的，应当每日按照收取的安装费、移装费或者其他费用数额1%的比例,向电信用户支付违约金。

第三十二条 电信用户申告电信服务障碍的,电信业务经营者应当自接到申告之日起,城镇48小时、农村72小时内修复或者调通;不能按期修复或者调通的,应当及时通知电信用户,并免收障碍期间的月租费用。但是,属于电信终端设备的原因造成电信服务障碍的除外。

第三十三条 电信业务经营者应当为电信用户交费和查询提供方便。电信用户要求提供国内长途通信、国际通信、移动通信和信息服务等收费清单的,电信业务经营者应当免费提供。

电信用户出现异常的巨额电信费用时,电信业务经营者一经发现,应当尽可能迅速告知电信用户,并采取相应的措施。

前款所称巨额电信费用,是指突然出现超过电信用户此前3个月平均电信费用5倍以上的费用。

第三十四条 电信用户应当按照约定的时间和方式及时、足额地向电信业务经营者交纳电信费用;电信用户逾期不交纳电信费用的,电信业务经营者有权要求补交电信费用,并可以按照所欠费用每日加收3‰的违约金。

对超过收费约定期限30日仍不交纳电信费用的电信用户,电信业务经营者可以暂停向其提供电信服务。电信用户在电信业务经营者暂停服务60日内仍未补交电信费用和违约金的,电信业务经营者可以终止提供服务,并可以依法追缴欠费和违约金。

经营移动电信业务的经营者可以与电信用户约定交纳电信费用的期限、方式,不受前款规定期限的限制。

电信业务经营者应当在迟延交纳电信费用的电信用户补足电信费用、违约金后的48小时内,恢复暂停的电信服务。

第三十五条 电信业务经营者因工程施工、网络建设等原因,影响或者可能影响正常电信服务的,必须按照规定的时限及时告知用户,并向省、自治区、直辖市电信管理机构报告。

因前款原因中断电信服务的,电信业务经营者应当相应减免用户在电信服务中断期间的相关费用。

出现本条第一款规定的情形,电信业务经营者未及时告知用户的,应当赔偿由此给用户造成的损失。

第三十六条 经营本地电话业务和移动电话业务的电信业务经营者,应当免费向用户提供火警、匪警、医疗急救、交通事故报警等公益性电信服务并保障通信线路畅通。

第三十七条 电信业务经营者应当及时为需要通过中继线接入其电信网的集团用户,提供平等、合理的接入服务。

未经批准,电信业务经营者不得擅自中断接入服务。

第三十八条 电信业务经营者应当建立健全内部服务质量管理制度,并可以制定并公布施行高于国家规定的电信服务标准的企业标准。

电信业务经营者应当采取各种形式广泛听取电信用户意见,接受社会监督,不断提高电信服务质量。

第三十九条 电信业务经营者提供的电信服务达不到国家规定的电信服务标准或者其公布的企业标准的,或者电信用户对交纳电信费用持有异议的,电信用户有权要求电信业务经营者予以解决;电信业务经营者拒不解决或者电信用户对解决结果不满意的,电信用户有权向国务院信息产业主管部门或者省、自治区、直辖市电信管理机构或者其他有关部门申诉。收到申诉的机关必须对申诉及时处理,并自收到申诉之日起30日内向申诉者作出答复。

电信用户对交纳本地电话费用有异议的,电信业务经营者还应当应电信用户的要求免费提供本地电话收费依据,并有义务采取必要措施协助电信用户查找原因。

第四十条 电信业务经营者在电信服务中,不得有下列行为:

(一)以任何方式限定电信用户使用其指定的业务;

(二)限定电信用户购买其指定的电信终端设备或者拒绝电信用户使用自备的已经取得入网许可的电信终端设备;

(三)无正当理由拒绝、拖延或者中止对电信用户的电信服务;

(四)对电信用户不履行公开作出的承诺或者作容易引起误解的虚假宣传;

(五)以不正当手段刁难电信用户或者对投诉

的电信用户打击报复。

第四十一条 电信业务经营者在电信业务经营活动中,不得有下列行为:

(一)以任何方式限制电信用户选择其他电信业务经营者依法开办的电信服务;

(二)对其经营的不同业务进行不合理的交叉补贴;

(三)以排挤竞争对手为目的,低于成本提供电信业务或者服务,进行不正当竞争。

第四十二条 国务院信息产业主管部门或者省、自治区、直辖市电信管理机构应当依据职权对电信业务经营者的电信服务质量和经营活动进行监督检查,并向社会公布监督抽查结果。

第四十三条 电信业务经营者必须按照国家有关规定履行相应的电信普遍服务义务。

国务院信息产业主管部门可以采取指定的或者招标的方式确定电信业务经营者具体承担电信普遍服务的义务。

电信普遍服务成本补偿管理办法,由国务院信息产业主管部门会同国务院财政部门、价格主管部门制定,报国务院批准后公布施行。

第四章 电信建设

第一节 电信设施建设

第四十四条 公用电信网、专用电信网、广播电视传输网的建设应当接受国务院信息产业主管部门的统筹规划和行业管理。

属于全国性信息网络工程或者国家规定限额以上建设项目的公用电信网、专用电信网、广播电视传输网建设,在按照国家基本建设项目审批程序报批前,应当征得国务院信息产业主管部门同意。

基础电信建设项目应当纳入地方各级人民政府城市建设总体规划和村镇、集镇建设总体规划。

第四十五条 城市建设和村镇、集镇建设应当配套设置电信设施。建筑物内的电信管线和配线设施以及建设项目用地范围内的电信管道,应当纳入建设项目的设计文件,并随建设项目同时施工与验收。所需经费应当纳入建设项目概算。

有关单位或者部门规划、建设道路、桥梁、隧道或者地下铁道等,应当事先通知省、自治区、直辖市电信管理机构和电信业务经营者,协商预留电信管线等事宜。

第四十六条 基础电信业务经营者可以在民用建筑物上附挂电信线路或者设置小型天线、移动通信基站等公用电信设施,但是应当事先通知建筑物产权人或者使用人,并按照省、自治区、直辖市人民政府规定的标准向该建筑物的产权人或者其他权利人支付使用费。

第四十七条 建设地下、水底等隐蔽电信设施和高空电信设施,应当按照国家有关规定设置标志。

基础电信业务经营者建设海底电信缆线,应当征得国务院信息产业主管部门同意,并征求有关部门意见后,依法办理有关手续。海底电信缆线由国务院有关部门在海图上标出。

第四十八条 任何单位或者个人不得擅自改动或者迁移他人的电信线路及其他电信设施;遇有特殊情况必须改动或者迁移的,应当征得该电信设施产权人同意,由提出改动或者迁移要求的单位或者个人承担改动或者迁移所需费用,并赔偿由此造成的经济损失。

第四十九条 从事施工、生产、种植树木等活动,不得危及电信线路或者其他电信设施的安全或者妨碍线路畅通;可能危及电信安全时,应当事先通知有关电信业务经营者,并由从事该活动的单位或者个人负责采取必要的安全防护措施。

违反前款规定,损害电信线路或者其他电信设施或者妨碍线路畅通的,应当恢复原状或者予以修复,并赔偿由此造成的经济损失。

第五十条 从事电信线路建设,应当与已建的电信线路保持必要的安全距离;难以避开或者必须穿越,或者需要使用已建电信管道的,应当与已建电信线路的产权人协商,并签订协议;经协商不能达成协议的,根据不同情况,由国务院信息产业主管部门或者省、自治区、直辖市电信管理机构协调解决。

第五十一条 任何组织或者个人不得阻止或者妨碍基础电信业务经营者依法从事电信设施建设和向电信用户提供公共电信服务;但是,国家规定禁止或者限制进入的区域除外。

第五十二条 执行特殊通信、应急通信和抢修、抢险任务的电信车辆,经公安交通管理机关批准,在保障交通安全畅通的前提下可以不受各种禁止机动车通行标志的限制。

第二节　电信设备进网

第五十三条　国家对电信终端设备、无线电通信设备和涉及网间互联的设备实行进网许可制度。

接入公用电信网的电信终端设备、无线电通信设备和涉及网间互联的设备，必须符合国家规定的标准并取得进网许可证。

实行进网许可制度的电信设备目录，由国务院信息产业主管部门会同国务院产品质量监督部门制定并公布施行。

第五十四条　办理电信设备进网许可证的，应当向国务院信息产业主管部门提出申请，并附送经国务院产品质量监督部门认可的电信设备检测机构出具的检测报告或者认证机构出具的产品质量认证证书。

国务院信息产业主管部门应当自收到电信设备进网许可申请之日起60日内，对申请及电信设备检测报告或者产品质量认证证书审查完毕。经审查合格的，颁发进网许可证；经审查不合格的，应当书面答复并说明理由。

第五十五条　电信设备生产企业必须保证获得进网许可的电信设备的质量稳定、可靠，不得降低产品质量和性能。

电信设备生产企业应当在其生产的获得进网许可的电信设备上粘贴进网许可标志。

国务院产品质量监督部门应当会同国务院信息产业主管部门对获得进网许可证的电信设备进行质量跟踪和监督抽查，公布抽查结果。

第五章　电信安全

第五十六条　任何组织或者个人不得利用电信网络制作、复制、发布、传播含有下列内容的信息：

（一）反对宪法所确定的基本原则的；

（二）危害国家安全，泄露国家秘密，颠覆国家政权，破坏国家统一的；

（三）损害国家荣誉和利益的；

（四）煽动民族仇恨、民族歧视，破坏民族团结的；

（五）破坏国家宗教政策，宣扬邪教和封建迷信的；

（六）散布谣言，扰乱社会秩序，破坏社会稳定的；

（七）散布淫秽、色情、赌博、暴力、凶杀、恐怖或者教唆犯罪的；

（八）侮辱或者诽谤他人，侵害他人合法权益的；

（九）含有法律、行政法规禁止的其他内容的。

第五十七条　任何组织或者个人不得有下列危害电信网络安全和信息安全的行为：

（一）对电信网的功能或者存储、处理、传输的数据和应用程序进行删除或者修改；

（二）利用电信网从事窃取或者破坏他人信息、损害他人合法权益的活动；

（三）故意制作、复制、传播计算机病毒或者以其他方式攻击他人电信网络等电信设施；

（四）危害电信网络安全和信息安全的其他行为。

第五十八条　任何组织或者个人不得有下列扰乱电信市场秩序的行为：

（一）采取租用电信国际专线、私设转接设备或者其他方法，擅自经营国际或者香港特别行政区、澳门特别行政区和台湾地区电信业务；

（二）盗接他人电信线路，复制他人电信码号，使用明知是盗接、复制的电信设施或者码号；

（三）伪造、变造电话卡及其他各种电信服务有价凭证；

（四）以虚假、冒用的身份证件办理入网手续并使用移动电话。

第五十九条　电信业务经营者应当按照国家有关电信安全的规定，建立健全内部安全保障制度，实行安全保障责任制。

第六十条　电信业务经营者在电信网络的设计、建设和运行中，应当做到与国家安全和电信网络安全的需求同步规划，同步建设，同步运行。

第六十一条　在公共信息服务中，电信业务经营者发现电信网络中传输的信息明显属于本条例第五十六条所列内容的，应当立即停止传输，保存有关记录，并向国家有关机关报告。

第六十二条　使用电信网络传输信息的内容及其后果由电信用户负责。

电信用户使用电信网络传输的信息属于国家秘密信息的，必须依照保守国家秘密法的规定采取保密措施。

第六十三条　在发生重大自然灾害等紧急情况下，经国务院批准，国务院信息产业主管部门可以调用各种电信设施，确保重要通信畅通。

第六十四条 在中华人民共和国境内从事国际通信业务，必须通过国务院信息产业主管部门批准设立的国际通信出入口局进行。

我国内地与香港特别行政区、澳门特别行政区和台湾地区之间的通信，参照前款规定办理。

第六十五条 电信用户依法使用电信的自由和通信秘密受法律保护。除因国家安全或者追查刑事犯罪的需要，由公安机关、国家安全机关或者人民检察院依照法律规定的程序对电信内容进行检查外，任何组织或者个人不得以任何理由对电信内容进行检查。

电信业务经营者及其工作人员不得擅自向他人提供电信用户使用电信网络所传输信息的内容。

第六章 罚 则

第六十六条 违反本条例第五十六条、第五十七条的规定，构成犯罪的，依法追究刑事责任；尚不构成犯罪的，由公安机关、国家安全机关依照有关法律、行政法规的规定予以处罚。

第六十七条 有本条例第五十八条第（二）、（三）、（四）项所列行为之一，扰乱电信市场秩序，构成犯罪的，依法追究刑事责任；尚不构成犯罪的，由国务院信息产业主管部门或者省、自治区、直辖市电信管理机构依据职权责令改正，没收违法所得，处违法所得3倍以上5倍以下罚款；没有违法所得或者违法所得不足1万元的，处1万元以上10万元以下罚款。

第六十八条 违反本条例的规定，伪造、冒用、转让电信业务经营许可证、电信设备进网许可证或者编造在电信设备上标注的进网许可证编号的，由国务院信息产业主管部门或者省、自治区、直辖市电信管理机构依据职权没收违法所得，处违法所得3倍以上5倍以下罚款；没有违法所得或者违法所得不足1万元的，处1万元以上10万元以下罚款。

第六十九条 违反本条例规定，有下列行为之一的，由国务院信息产业主管部门或者省、自治区、直辖市电信管理机构依据职权责令改正，没收违法所得，处违法所得3倍以上5倍以下罚款；没有违法所得或者违法所得不足5万元的，处10万元以上100万元以下罚款；情节严重的，责令停业整顿：

（一）违反本条例第七条第三款的规定或者有本条例第五十八条第（一）项所列行为，擅自经营电信业务的，或者超范围经营电信业务的；

（二）未通过国务院信息产业主管部门批准，设立国际通信出入口进行国际通信的；

（三）擅自使用、转让、出租电信资源或者改变电信资源用途的；

（四）擅自中断网间互联互通或者接入服务的；

（五）拒不履行普遍服务义务的。

第七十条 违反本条例的规定，有下列行为之一的，由国务院信息产业主管部门或者省、自治区、直辖市电信管理机构依据职权责令改正，没收违法所得，处违法所得1倍以上3倍以下罚款；没有违法所得或者违法所得不足1万元的，处1万元以上10万元以下罚款；情节严重的，责令停业整顿：

（一）在电信网间互联中违反规定加收费用的；

（二）遇有网间通信技术障碍，不采取有效措施予以消除的；

（三）擅自向他人提供电信用户使用电信网络所传输信息的内容的；

（四）拒不按照规定缴纳电信资源使用费的。

第七十一条 违反本条例第四十一条的规定，在电信业务经营活动中进行不正当竞争的，由国务院信息产业主管部门或者省、自治区、直辖市电信管理机构依据职权责令改正，处10万元以上100万元以下罚款；情节严重的，责令停业整顿。

第七十二条 违反本条例的规定，有下列行为之一的，由国务院信息产业主管部门或者省、自治区、直辖市电信管理机构依据职权责令改正，处5万元以上50万元以下罚款；情节严重的，责令停业整顿：

（一）拒绝其他电信业务经营者提出的互联互通要求的；

（二）拒不执行国务院信息产业主管部门或者省、自治区、直辖市电信管理机构依法作出的互联互通决定的；

（三）向其他电信业务经营者提供网间互联的服务质量低于本网及其子公司或者分支机构的。

第七十三条 违反本条例第三十三条第一

款、第三十九条第二款的规定，电信业务经营者拒绝免费为电信用户提供国内长途通信、国际通信、移动通信和信息服务等收费清单，或者电信用户对交纳本地电话费用有异议并提出要求时，拒绝为电信用户免费提供本地电话收费依据的，由省、自治区、直辖市电信管理机构责令改正，并向电信用户赔礼道歉；拒不改正并赔礼道歉的，处以警告，并处5000元以上5万元以下的罚款。

第七十四条　违反本条例第四十条的规定，由省、自治区、直辖市电信管理机构责令改正，并向电信用户赔礼道歉，赔偿电信用户损失；拒不改正并赔礼道歉、赔偿损失的，处以警告，并处1万元以上10万元以下的罚款；情节严重的，责令停业整顿。

第七十五条　违反本条例的规定，有下列行为之一的，由省、自治区、直辖市电信管理机构责令改正，处1万元以上10万元以下的罚款：

（一）销售未取得进网许可的电信终端设备的；

（二）非法阻止或者妨碍电信业务经营者向电信用户提供公共电信服务的；

（三）擅自改动或者迁移他人的电信线路及其他电信设施的。

第七十六条　违反本条例的规定，获得电信设备进网许可证后降低产品质量和性能的，由产品质量监督部门依照有关法律、行政法规的规定予以处罚。

第七十七条　有本条例第五十六条、第五十七条和第五十八条所列禁止行为之一，情节严重的，由原发证机关吊销电信业务经营许可证。

国务院信息产业主管部门或者省、自治区、直辖市电信管理机构吊销电信业务经营许可证后，应当通知企业登记机关。

第七十八条　国务院信息产业主管部门或者省、自治区、直辖市电信管理机构工作人员玩忽职守、滥用职权、徇私舞弊，构成犯罪的，依法追究刑事责任；尚不构成犯罪的，依法给予行政处分。

第七章　附　则

第七十九条　外国的组织或者个人在中华人民共和国境内投资与经营电信业务和香港特别行政区、澳门特别行政区与台湾地区的组织或者个人在内地投资与经营电信业务的具体办法，由国务院另行制定。

第八十条　本条例自公布之日起施行。

附：

电信业务分类目录

一、基础电信业务

（一）固定网络国内长途及本地电话业务；

（二）移动网络电话和数据业务；

（三）卫星通信及卫星移动通信业务；

（四）互联网及其他公共数据传送业务；

（五）带宽、波长、光纤、光缆、管道及其他网络元素出租、出售业务；

（六）网络承载、接入及网络外包等业务；

（七）国际通信基础设施、国际电信业务；

（八）无线寻呼业务；

（九）转售的基础电信业务。

第（八）、（九）项业务比照增值电信业务管理。

二、增值电信业务

（一）电子邮件；

（二）语音信箱；

（三）在线信息库存储和检索；

（四）电子数据交换；

（五）在线数据处理与交易处理；

（六）增值传真；

（七）互联网接入服务；

（八）互联网信息服务；

（九）可视电话会议服务。

快递暂行条例

· 2018年3月2日中华人民共和国国务院令第697号公布

· 根据2019年3月2日《国务院关于修改部分行政法规的决定》修订

第一章　总　则

第一条　为促进快递业健康发展，保障快递安全，保护快递用户合法权益，加强对快递业的监督管理，根据《中华人民共和国邮政法》和其他有关法律，制定本条例。

第二条 在中华人民共和国境内从事快递业务经营、接受快递服务以及对快递业实施监督管理,适用本条例。

第三条 地方各级人民政府应当创造良好的快递业营商环境,支持经营快递业务的企业创新商业模式和服务方式,引导经营快递业务的企业加强服务质量管理、健全规章制度、完善安全保障措施,为用户提供迅速、准确、安全、方便的快递服务。

地方各级人民政府应当确保政府相关行为符合公平竞争要求和相关法律法规,维护快递业竞争秩序,不得出台违反公平竞争、可能造成地区封锁和行业垄断的政策措施。

第四条 任何单位或者个人不得利用信件、包裹、印刷品以及其他寄递物品(以下统称快件)从事危害国家安全、社会公共利益或者他人合法权益的活动。

除有关部门依照法律对快件进行检查外,任何单位或者个人不得非法检查他人快件。任何单位或者个人不得私自开拆、隐匿、毁弃、倒卖他人快件。

第五条 国务院邮政管理部门负责对全国快递业实施监督管理。国务院公安、国家安全、海关、工商行政管理等有关部门在各自职责范围内负责相关的快递监督管理工作。

省、自治区、直辖市邮政管理机构和按照国务院规定设立的省级以下邮政管理机构负责对本辖区的快递业实施监督管理。县级以上地方人民政府有关部门在各自职责范围内负责相关的快递监督管理工作。

第六条 国务院邮政管理部门和省、自治区、直辖市邮政管理机构以及省级以下邮政管理机构(以下统称邮政管理部门)应当与公安、国家安全、海关、工商行政管理等有关部门相互配合,建立健全快递安全监管机制,加强对快递业安全运行的监测预警,收集、共享与快递业安全运行有关的信息,依法处理影响快递业安全运行的事件。

第七条 依法成立的快递行业组织应当保护企业合法权益,加强行业自律,促进企业守法、诚信、安全经营,督促企业落实安全生产主体责任,引导企业不断提高快递服务质量和水平。

第八条 国家加强快递业诚信体系建设,建立健全快递业信用记录、信息公开、信用评价制度,依法实施联合惩戒措施,提高快递业信用水平。

第九条 国家鼓励经营快递业务的企业和寄件人使用可降解、可重复利用的环保包装材料,鼓励经营快递业务的企业采取措施回收快件包装材料,实现包装材料的减量化利用和再利用。

第二章 发展保障

第十条 国务院邮政管理部门应当制定快递业发展规划,促进快递业健康发展。

县级以上地方人民政府应当将快递业发展纳入本级国民经济和社会发展规划,在城乡规划和土地利用总体规划中统筹考虑快件大型集散、分拣等基础设施用地的需要。

县级以上地方人民政府建立健全促进快递业健康发展的政策措施,完善相关配套规定,依法保障经营快递业务的企业及其从业人员的合法权益。

第十一条 国家支持和鼓励经营快递业务的企业在农村、偏远地区发展快递服务网络,完善快递末端网点布局。

第十二条 国家鼓励和引导经营快递业务的企业采用先进技术,促进自动化分拣设备、机械化装卸设备、智能末端服务设施、快递电子运单以及快件信息化管理系统等的推广应用。

第十三条 县级以上地方人民政府公安、交通运输等部门和邮政管理部门应当加强协调配合,建立健全快递运输保障机制,依法保障快递服务车辆通行和临时停靠的权利,不得禁止快递服务车辆依法通行。

邮政管理部门会同县级以上地方人民政府公安等部门,依法规范快递服务车辆的管理和使用,对快递专用电动三轮车的行驶时速、装载质量等作出规定,并对快递服务车辆加强统一编号和标识管理。经营快递业务的企业应当对其从业人员加强道路交通安全培训。

快递从业人员应当遵守道路交通安全法律法规的规定,按照操作规范安全、文明驾驶车辆。快递从业人员因执行工作任务造成他人损害的,由快递从业人员所属的经营快递业务的企业依照民事侵权责任相关法律的规定承担侵权责任。

第十四条 企业事业单位、住宅小区管理单位应当根据实际情况,采取与经营快递业务的企业签订合同、设置快件收寄投递专门场所等方式，为开展快递服务提供必要的便利。鼓励多个经营快递业务的企业共享末端服务设施，为用户提供便捷的快递末端服务。

第十五条 国家鼓励快递业与制造业、农业、商贸业等行业建立协同发展机制，推动快递业与电子商务融合发展，加强信息沟通，共享设施和网络资源。

国家引导和推动快递业与铁路、公路、水路、民航等行业的标准对接，支持在大型车站、码头、机场等交通枢纽配套建设快件运输通道和接驳场所。

第十六条 国家鼓励经营快递业务的企业依法开展进出境快递业务，支持在重点口岸建设进出境快件处理中心、在境外依法开办快递服务机构并设置快件处理场所。

海关、邮政管理等部门应当建立协作机制，完善进出境快件管理，推动实现快件便捷通关。

第三章 经营主体

第十七条 经营快递业务，应当依法取得快递业务经营许可。邮政管理部门应当根据《中华人民共和国邮政法》第五十二条、第五十三条规定的条件和程序核定经营许可的业务范围和地域范围，向社会公布取得快递业务经营许可的企业名单，并及时更新。

第十八条 经营快递业务的企业及其分支机构可以根据业务需要开办快递末端网点，并应当自开办之日起 20 日内向所在地邮政管理部门备案。快递末端网点无需办理营业执照。

第十九条 两个以上经营快递业务的企业可以使用统一的商标、字号或者快递运单经营快递业务。

前款规定的经营快递业务的企业应当签订书面协议明确各自的权利义务，遵守共同的服务约定，在服务质量、安全保障、业务流程等方面实行统一管理，为用户提供统一的快件跟踪查询和投诉处理服务。

用户的合法权益因快件延误、丢失、损毁或者内件短少而受到损害的，用户可以要求该商标、字号或者快递运单所属企业赔偿，也可以要求实际提供快递服务的企业赔偿。

第二十条 经营快递业务的企业应当依法保护其从业人员的合法权益。

经营快递业务的企业应当对其从业人员加强职业操守、服务规范、作业规范、安全生产、车辆安全驾驶等方面的教育和培训。

第四章 快递服务

第二十一条 经营快递业务的企业在寄件人填写快递运单前，应当提醒其阅读快递服务合同条款、遵守禁止寄递和限制寄递物品的有关规定，告知相关保价规则和保险服务项目。

寄件人交寄贵重物品的，应当事先声明；经营快递业务的企业可以要求寄件人对贵重物品予以保价。

第二十二条 寄件人交寄快件，应当如实提供以下事项：

（一）寄件人姓名、地址、联系电话；

（二）收件人姓名（名称）、地址、联系电话；

（三）寄递物品的名称、性质、数量。

除信件和已签订安全协议用户交寄的快件外，经营快递业务的企业收寄快件，应当对寄件人身份进行查验，并登记身份信息，但不得在快递运单上记录除姓名（名称）、地址、联系电话以外的用户身份信息。寄件人拒绝提供身份信息或者提供身份信息不实的，经营快递业务的企业不得收寄。

第二十三条 国家鼓励经营快递业务的企业在节假日期间根据业务量变化实际情况，为用户提供正常的快递服务。

第二十四条 经营快递业务的企业应当规范操作，防止造成快件损毁。

法律法规对食品、药品等特定物品的运输有特殊规定的，寄件人、经营快递业务的企业应当遵守相关规定。

第二十五条 经营快递业务的企业应当将快件投递到约定的收件地址、收件人或者收件人指定的代收人，并告知收件人或者代收人当面验收。收件人或者代收人有权当面验收。

第二十六条 快件无法投递的，经营快递业务的企业应当退回寄件人或者根据寄件人的要求进行处理；属于进出境快件的，经营快递业务的企业应当依法办理海关和检验检疫手续。

快件无法投递又无法退回的，依照下列规定处理：

（一）属于信件，自确认无法退回之日起超过 6

个月无人认领的，由经营快递业务的企业在所在地邮政管理部门的监督下销毁；

（二）属于信件以外其他快件的，经营快递业务的企业应当登记，并按照国务院邮政管理部门的规定处理；

（三）属于进境快件的，交由海关依法处理。

第二十七条 快件延误、丢失、损毁或者内件短少的，对保价的快件，应当按照经营快递业务的企业与寄件人约定的保价规则确定赔偿责任；对未保价的快件，依照民事法律的有关规定确定赔偿责任。

国家鼓励保险公司开发快件损失赔偿责任险种，鼓励经营快递业务的企业投保。

第二十八条 经营快递业务的企业应当实行快件寄递全程信息化管理，公布联系方式，保证与用户的联络畅通，向用户提供业务咨询、快件查询等服务。用户对快递服务质量不满意的，可以向经营快递业务的企业投诉，经营快递业务的企业应当自接到投诉之日起 7 日内予以处理并告知用户。

第二十九条 经营快递业务的企业停止经营的，应当提前 10 日向社会公告，书面告知邮政管理部门，交回快递业务经营许可证，并依法妥善处理尚未投递的快件。

经营快递业务的企业或者其分支机构因不可抗力或者其他特殊原因暂停快递服务的，应当及时向邮政管理部门报告，向社会公告暂停服务的原因和期限，并依法妥善处理尚未投递的快件。

第五章 快递安全

第三十条 寄件人交寄快件和经营快递业务的企业收寄快件应当遵守《中华人民共和国邮政法》第二十四条关于禁止寄递或者限制寄递物品的规定。

禁止寄递物品的目录及管理办法，由国务院邮政管理部门会同国务院有关部门制定并公布。

第三十一条 经营快递业务的企业收寄快件，应当依照《中华人民共和国邮政法》的规定验视内件，并作出验视标识。寄件人拒绝验视的，经营快递业务的企业不得收寄。

经营快递业务的企业受寄件人委托，长期、批量提供快递服务的，应当与寄件人签订安全协议，明确双方的安全保障义务。

第三十二条 经营快递业务的企业可以自行或者委托第三方企业对快件进行安全检查，并对经过安全检查的快件作出安全检查标识。经营快递业务的企业委托第三方企业对快件进行安全检查的，不免除委托方对快件安全承担的责任。

经营快递业务的企业或者接受委托的第三方企业应当使用符合强制性国家标准的安全检查设备，并加强对安全检查人员的背景审查和技术培训；经营快递业务的企业或者接受委托的第三方企业对安全检查人员进行背景审查，公安机关等相关部门应当予以配合。

第三十三条 经营快递业务的企业发现寄件人交寄禁止寄递物品的，应当拒绝收寄；发现已经收寄的快件中有疑似禁止寄递物品的，应当立即停止分拣、运输、投递。对快件中依法应当没收、销毁或者可能涉及违法犯罪的物品，经营快递业务的企业应当立即向有关部门报告并配合调查处理；对其他禁止寄递物品以及限制寄递物品，经营快递业务的企业应当按照法律、行政法规或者国务院和国务院有关主管部门的规定处理。

第三十四条 经营快递业务的企业应当建立快递运单及电子数据管理制度，妥善保管用户信息等电子数据，定期销毁快递运单，采取有效技术手段保证用户信息安全。具体办法由国务院邮政管理部门会同国务院有关部门制定。

经营快递业务的企业及其从业人员不得出售、泄露或者非法提供快递服务过程中知悉的用户信息。发生或者可能发生用户信息泄露的，经营快递业务的企业应当立即采取补救措施，并向所在地邮政管理部门报告。

第三十五条 经营快递业务的企业应当依法建立健全安全生产责任制，确保快递服务安全。

经营快递业务的企业应当依法制定突发事件应急预案，定期开展突发事件应急演练；发生突发事件的，应当按照应急预案及时、妥善处理，并立即向所在地邮政管理部门报告。

第六章 监督检查

第三十六条 邮政管理部门应当加强对快递业的监督检查。监督检查应当以下列事项为重点：

（一）从事快递活动的企业是否依法取得快递业务经营许可；

（二）经营快递业务的企业的安全管理制度是否健全并有效实施；

（三）经营快递业务的企业是否妥善处理用户的投诉、保护用户合法权益。

第三十七条 邮政管理部门应当建立和完善以随机抽查为重点的日常监督检查制度，公布抽查事项目录，明确抽查的依据、频次、方式、内容和程序，随机抽取被检查企业，随机选派检查人员。抽查情况和查处结果应当及时向社会公布。

邮政管理部门应当充分利用计算机网络等先进技术手段，加强对快递业务活动的日常监督检查，提高快递业管理水平。

第三十八条 邮政管理部门依法履行职责，有权采取《中华人民共和国邮政法》第六十一条规定的监督检查措施。邮政管理部门实施现场检查，有权查阅经营快递业务的企业管理快递业务的电子数据。

国家安全机关、公安机关为维护国家安全和侦查犯罪活动的需要依法开展执法活动，经营快递业务的企业应当提供技术支持和协助。

《中华人民共和国邮政法》第十一条规定的处理场所，包括快件处理场地、设施、设备。

第三十九条 邮政管理部门应当向社会公布本部门的联系方式，方便公众举报违法行为。

邮政管理部门接到举报的，应当及时依法调查处理，并为举报人保密。对实名举报的，邮政管理部门应当将处理结果告知举报人。

第七章 法律责任

第四十条 未取得快递业务经营许可从事快递活动的，由邮政管理部门依照《中华人民共和国邮政法》的规定予以处罚。

经营快递业务的企业或者其分支机构有下列行为之一的，由邮政管理部门责令改正，可以处1万元以下的罚款；情节严重的，处1万元以上5万元以下的罚款，并可以责令停业整顿：

（一）开办快递末端网点未向所在地邮政管理部门备案；

（二）停止经营快递业务，未提前10日向社会公告，未书面告知邮政管理部门并交回快递业务经营许可证，或者未依法妥善处理尚未投递的快件；

（三）因不可抗力或者其他特殊原因暂停快递服务，未及时向邮政管理部门报告并向社会公告暂停服务的原因和期限，或者未依法妥善处理尚未投递的快件。

第四十一条 两个以上经营快递业务的企业使用统一的商标、字号或者快递运单经营快递业务，未遵守共同的服务约定，在服务质量、安全保障、业务流程等方面未实行统一管理，或者未向用户提供统一的快件跟踪查询和投诉处理服务的，由邮政管理部门责令改正，处1万元以上5万元以下的罚款；情节严重的，处5万元以上10万元以下的罚款，并可以责令停业整顿。

第四十二条 冒领、私自开拆、隐匿、毁弃、倒卖或者非法检查他人快件，尚不构成犯罪的，依法给予治安管理处罚。

经营快递业务的企业有前款规定行为，或者非法扣留快件的，由邮政管理部门责令改正，没收违法所得，并处5万元以上10万元以下的罚款；情节严重的，并处10万元以上20万元以下的罚款，并可以责令停业整顿直至吊销其快递业务经营许可证。

第四十三条 经营快递业务的企业有下列情形之一的，由邮政管理部门依照《中华人民共和国邮政法》、《中华人民共和国反恐怖主义法》的规定予以处罚：

（一）不建立或者不执行收寄验视制度；

（二）违反法律、行政法规以及国务院和国务院有关部门关于禁止寄递或者限制寄递物品的规定；

（三）收寄快件未查验寄件人身份并登记身份信息，或者发现寄件人提供身份信息不实仍予收寄；

（四）未按照规定对快件进行安全检查。

寄件人在快件中夹带禁止寄递的物品，尚不构成犯罪的，依法给予治安管理处罚。

第四十四条 经营快递业务的企业有下列行为之一的，由邮政管理部门责令改正，没收违法所得，并处1万元以上5万元以下的罚款；情节严重的，并处5万元以上10万元以下的罚款，并可以责令停业整顿直至吊销其快递业务经营许可证：

（一）未按照规定建立快递运单及电子数据管理制度；

（二）未定期销毁快递运单；

（三）出售、泄露或者非法提供快递服务过程中知悉的用户信息；

（四）发生或者可能发生用户信息泄露的情况，未立即采取补救措施，或者未向所在地邮政管理部门报告。

第四十五条 经营快递业务的企业及其从业人员在经营活动中有危害国家安全行为的，依法追究法律责任；对经营快递业务的企业，由邮政管理部门吊销其快递业务经营许可证。

第四十六条 邮政管理部门和其他有关部门的工作人员在监督管理工作中滥用职权、玩忽职守、徇私舞弊的，依法给予处分。

第四十七条 违反本条例规定，构成犯罪的，依法追究刑事责任；造成人身、财产或者其他损害的，依法承担赔偿责任。

第八章 附 则

第四十八条 本条例自2018年5月1日起施行。

快递市场管理办法

· 2023年12月17日交通运输部令2023年第22号公布

· 自2024年3月1日起施行

第一章 总 则

第一条 为了加强快递市场监督管理，保障快递服务质量和安全，维护用户、快递从业人员和经营快递业务的企业的合法权益，促进快递业健康发展，根据《中华人民共和国邮政法》《快递暂行条例》等法律、行政法规，制定本办法。

第二条 在中华人民共和国境内从事快递业务经营、使用快递服务以及对快递市场实施监督管理，适用本办法。

第三条 经营快递业务的企业应当遵守法律法规和公序良俗，依法节约资源、保护生态环境，为用户提供迅速、准确、安全、方便的快递服务。

第四条 两个以上经营快递业务的企业使用统一的商标、字号、快递运单及其配套的信息系统的，应当签订书面协议，明确各自的权利义务，遵守共同的服务约定，在服务质量、安全保障、业务流程、生态环保、从业人员权益保障等方面实行统一管理。

商标、字号、快递运单及其配套的信息系统的归属企业，简称为总部快递企业。

第五条 用户使用快递服务应当遵守法律、行政法规以及国务院和国务院有关部门关于禁止寄递或者限制寄递物品的规定，真实、准确地向经营快递业务的企业提供使用快递服务所必需的信息。

第六条 国务院邮政管理部门负责对全国快递市场实施监督管理。

省、自治区、直辖市邮政管理机构负责对本行政区域的快递市场实施监督管理。

按照国务院规定设立的省级以下邮政管理机构负责对本辖区的快递市场实施监督管理。

国务院邮政管理部门和省、自治区、直辖市邮政管理机构及省级以下邮政管理机构，统称为邮政管理部门。

第七条 邮政管理部门对快递市场实施监督管理应当公开、公正，鼓励公平竞争，支持高质量发展，加强线上线下一体化监督管理。

第八条 依法成立的快递行业组织应当维护经营快递业务的企业、快递末端网点和快递从业人员的合法权益，依照法律、法规以及组织章程规定，制定快递行业规范公约，加强行业自律，倡导企业守法、诚信、安全、绿色经营。

第九条 经营快递业务的企业应当坚持绿色低碳发展，落实生态环境保护责任。

经营快递业务的企业应当按照国家规定，推进快递包装标准化、循环化、减量化、无害化，避免过度包装。

第二章 发展保障

第十条 国务院邮政管理部门制定快递业发展规划，促进快递业高质量发展。

省、自治区、直辖市邮政管理机构可以结合地方实际制定本行政区域的快递业发展规划。

第十一条 邮政管理部门会同有关部门支持、引导经营快递业务的企业在城乡设置快件收投服务场所和智能收投设施。

邮政管理部门支持在公共服务设施布局中统筹建设具有公共服务属性的收投服务场所和智能收投设施。

邮政管理部门对快递服务类型和快递服务设

施实施分类代码管理。

第十二条 国务院邮政管理部门会同国家有关部门支持建设进出境快件处理中心，在交通枢纽配套建设快件运输通道和接驳场所，优化快递服务网络布局。

第十三条 邮政管理部门支持创新快递商业模式和服务方式，引导快递市场新业态数字化、智能化、规范化发展，加强服务质量监督管理。

第三章 绿色低碳发展

第十四条 邮政管理部门应当引导用户使用绿色包装和减量包装，鼓励经营快递业务的企业开展绿色设计、选择绿色材料、实施绿色运输、使用绿色能源。

第十五条 经营快递业务的企业应当加强包装操作规范，运用信息技术，优化包装结构，优先使用产品原包装，在设计、生产、销售、使用等环节全链条推进快递包装绿色化。

第十六条 经营快递业务的企业应当优先采购有利于保护环境的产品，使用符合国家强制性标准的包装产品，不得使用国家禁止使用的塑料制品。

第十七条 经营快递业务的企业应当积极回收利用包装物，不断提高快递包装复用比例，推广应用可循环、易回收、可降解的快递包装。

第四章 市场秩序

第十八条 经营快递业务的企业应当在快递业务经营许可范围内依法经营快递业务，不得超越许可的业务范围和地域范围。

经营快递业务的企业设立分支机构，应当向邮政管理部门备案，报告分支机构的营业执照信息。

第十九条 经营快递业务的企业不得以任何方式委托未取得快递业务经营许可的企业经营快递业务。

经营快递业务的企业不得以任何方式超越许可范围委托、受托经营快递业务。

第二十条 总部快递企业依照法律、行政法规规定，对使用其商标、字号、快递运单及其配套的信息系统经营快递业务的企业实施统一管理，履行统一管理责任。

总部快递企业应当建立规范化标准化管理制度和机制，对使用其商标、字号、快递运单及其配套的信息系统经营快递业务的企业实施合理的管理措施，保障向用户正常提供快递服务。

第二十一条 经营快递业务的企业不得实施下列行为：

（一）明知他人从事危害国家安全、社会公共利益或者他人合法权益活动仍配合提供快递服务；

（二）违法虚构快递服务信息；

（三）出售、泄露或者非法提供快递服务过程中知悉的用户信息；

（四）法律、法规以及国家规定禁止的其他行为。

第五章 快递服务

第二十二条 经营快递业务的企业应当按照法律、行政法规的规定，在门户网站、营业场所公示或者以其他明显方式向社会公布其服务种类、服务地域、服务时限、营业时间、资费标准、快件查询、损失赔偿、投诉处理等服务事项。

经营快递业务的企业公示或者公布的服务地域，应当以建制村、社区为基本单元，明确服务地域范围。鼓励经营快递业务的企业以县级行政区域为基本单元公布资费标准，明确重量误差范围。

除不可抗力外，前两款规定的事项发生变更的，经营快递业务的企业应当提前 10 日向社会发布服务提示公告。

第二十三条 经营快递业务的企业为电子商务经营者交付商品提供快递服务的，应当书面告知电子商务经营者在其销售商品的网页上明示快递服务品牌，保障用户对快递服务的知情权。

第二十四条 经营快递业务的企业提供快递服务，应当与寄件人订立服务合同，明确权利和义务。经营快递业务的企业对不能提供服务的建制村、社区等区域，应当以醒目的方式提前告知寄件人。

第二十五条 经营快递业务的企业应当采取有效技术手段，保证用户、邮政管理部门能够通过快递运单码号或者信息系统查知下列内容：

（一）订立、履行快递服务合同所必需的用户个人信息范围以及处理个人信息前应当依法告知的事项；

（二）快递服务承诺事项以及投递方式和完成

标准；

（三）快递物品的名称、数量、重量；

（四）该快件的快递服务费金额；

（五）服务纠纷的解决方式。

用户查询前款规定的信息的，经营快递业务的企业应当按照《中华人民共和国个人信息保护法》的要求采取措施防止未经授权的查询以及个人信息泄露。

第二十六条 经营快递业务的企业应当建立服务质量管理制度和业务操作规范，保障服务质量，并符合下列要求：

（一）提供快递服务时，恪守社会公德，诚信经营，保障用户的合法权益，不得设定不公平、不合理的交易条件，不得强制交易；

（二）提醒寄件人在提供快递运单信息前，认真阅读快递服务合同条款、遵守禁止寄递和限制寄递物品的有关规定，告知相关保价规则和保险服务项目；

（三）依法对寄件人身份进行查验，登记身份信息，寄件人拒绝提供身份信息或者提供身份信息不实的，不得收寄；

（四）对寄件人交寄的信件以外的物品进行查验，登记内件品名等信息，寄件人拒绝提供内件信息或者提供的内件信息与查验情况不符的，不得收寄；

（五）在快递运单上如实标注快件重量；

（六）寄件人提供的收寄地址与快件实际收寄地址不一致的，在快递运单上一并如实记录；

（七）按照快件的种类和时限分别处理、分区作业、规范操作，并按规定录入、上传处理信息；

（八）保障快件安全，防止快件丢失、损毁、内件短少，不得抛扔、踩踏快件；

（九）除因不可抗力因素外，按照约定在承诺的时限内将快件投递到收件地址、收件人；

（十）向用户提供快件寄递跟踪查询服务，不得将快件进行不合理绕行，不得隐瞒、虚构寄递流程信息，保证用户知悉其使用快递服务的真实情况；

（十一）法律、行政法规规定的其他要求。

第二十七条 经营快递业务的企业投递快件，应当告知收件人有权当面验收快件，查看内件物品与快递运单记载是否一致。快递包装出现明显破损或者内件物品为易碎品的，应当告知收件人可以查看内件物品或者拒收快件。

经营快递业务的企业与寄件人事先书面约定收件人查看内件物品具体方式的，经营快递业务的企业应当在快递运单上以醒目方式注明。

除法律、行政法规另有规定外，收件人收到来源不明的快件，要求经营快递业务的企业提供寄件人姓名（名称）、地址、联系电话等必要信息的，经营快递业务的企业应当提供其掌握的信息。

第二十八条 收件人可以签字或者其他易于辨认、保存的明示方式确认收到快件，也可指定代收人验收快件和确认收到快件。

收件人或者收件人指定的代收人不能当面验收快件的，经营快递业务的企业应当与用户另行约定快件投递服务方式和确认收到快件方式。

经营快递业务的企业未经用户同意，不得代为确认收到快件，不得擅自将快件投递到智能快件箱、快递服务站等快递末端服务设施。

第二十九条 经营快递业务的企业应当按照法律、行政法规处理无法投递又无法退回的快件（以下称无着快件），并建立无着快件的核实、保管和处理制度，将处理情况纳入快递业务经营许可年度报告。

经营快递业务的企业处理无着快件，不得有下列行为：

（一）在保管期限内停止查询服务；

（二）保管期限未届满擅自处置；

（三）牟取不正当利益；

（四）非法扣留应当予以没收或者销毁的物品；

（五）法律、行政法规禁止的其他行为。

第三十条 经营快递业务的企业应当建立健全用户投诉申诉处理制度，依法处理用户提出的快递服务质量异议。

用户对投诉处理结果不满意或者投诉没有得到及时处理的，可以提出快递服务质量申诉。

邮政管理部门对用户提出的快递服务质量申诉实施调解。经营快递业务的企业应当依法处理邮政管理部门转告的申诉事项并反馈结果。

第六章 安全发展

第三十一条 经营快递业务的企业应当建立健全安全生产责任制，加强从业人员安全生产教育和培训，履行法律、法规、规章规定的有关安全生产义务。

经营快递业务的企业的主要负责人是安全生产的第一责任人，对本单位的安全生产工作全面负责。其他负责人对职责范围内的安全生产工作负责。

总部快递企业应当督促其他使用与其统一的商标、字号、快递运单及其配套的信息系统经营快递业务的企业及其从业人员遵守安全自查、安全教育、安全培训等安全制度。

第三十二条 经营快递业务的企业应当遵守收寄验视、实名收寄、安全检查和禁止寄递物品管理制度。任何单位或者个人不得利用快递服务从事危害国家安全、社会公共利益、他人合法权益的活动。

第三十三条 新建快件处理场所投入使用的，经营快递业务的企业应当按照邮政管理部门的规定报告。

第三十四条 经营快递业务的企业使用快件处理场所，应当遵守下列规定：

（一）在有较大危险因素的快件处理场所和有关设施、设备上设置明显的安全警示标志，以及通信、报警、紧急制动等安全设备，并保证其处于适用状态；

（二）配备栅栏或者隔离桩等安全设备，并设置明显的人车分流安全警示标志；

（三）对场所设备、设施进行经常性维护、保养和定期检测，并将检查及处理情况形成书面记录；

（四）及时发现和整改安全隐患。

第三十五条 经营快递业务的企业在生产经营过程中，获取用户个人信息的范围，应当限于履行快递服务合同所必需，不得过度收集用户个人信息。

经营快递业务的企业应当依法建立用户个人信息安全管理制度和操作规程，不得实施下列行为：

（一）除法律、行政法规另有规定或者因向用户履行快递服务合同需要外，未经用户同意，收集、存储、使用、加工、传输、提供、公开用户信息；

（二）以概括授权、默认授权、拒绝服务等方式，强迫或者变相强迫用户同意，收集、使用与经营活动无关的用户信息；

（三）以非正当目的，向他人提供与用户关联的分析信息；

（四）法律、行政法规禁止的其他行为。

第三十六条 经营快递业务的企业应当建立快递运单（含电子运单）制作、使用、保管、销毁等管理制度和操作规程，采取加密、去标识化等安全技术措施保护快递运单信息安全。

经营快递业务的企业应当建立快递运单码号使用、销毁等管理制度，实行码号使用信息、用户信息、快递物品信息关联管理，保证快件可以跟踪查询。

任何单位和个人不得非法使用、倒卖快递运单。

第三十七条 经营快递业务的企业委托其他企业处理用户个人信息的，应当事前进行用户个人信息保护影响评估，并对受托企业处理个人信息的活动进行监督，不免除自身对用户个人信息安全承担的责任。

第三十八条 经营快递业务的企业应当及时向邮政管理部门报送生产经营过程中产生的与安全运营有关的数据信息。

经营快递业务的企业按照前款规定报送数据信息的，应当保证数据真实、准确、完整，报送方式符合国务院邮政管理部门的要求，不得漏报、错报、瞒报、谎报。

第三十九条 总部快递企业应当建立维护服务网络稳定工作制度，维护同网快递企业的服务网络稳定，并符合下列要求：

（一）实施服务网络运行监测预警和风险研判制度；

（二）建立健全应急预案；

（三）制定经营异常网点清单；

（四）及时有效排查化解企业内部矛盾纠纷，有效应对处置影响企业服务网络稳定的突发事件。

经营快递业务的企业发生服务网络阻断的，应当在24小时内向邮政管理部门报告，并向社会公告。

第四十条 总部快递企业按照《快递暂行条例》的规定，在安全保障方面实施统一管理，督促使用与其统一的商标、字号、快递运单及其配套信息系统经营快递业务的企业及其从业人员遵守反恐、禁毒、安全生产、寄递安全、网络与信息安全以及应急管理等方面的规定，符合国务院邮政管理部门关于安全保障方面统一管理的要求。

第七章 监督管理

第四十一条 邮政管理部门依法履行快递市场监督管理职责，可以采取下列监督检查措施：

（一）进入被检查单位或者涉嫌发生违法活动的其他场所实施现场检查；

（二）向有关单位和个人了解情况；

（三）查阅、复制有关文件、资料、凭证、电子数据；

（四）经邮政管理部门负责人批准，依法查封与违法活动有关的场所，扣押用于违法活动的运输工具以及相关物品，对信件以外的涉嫌夹带禁止寄递或者限制寄递物品的快件开拆检查。

第四十二条 邮政管理部门以随机抽查的方式实施日常监督检查，可以依据经营快递业务的企业的信用情况，在抽查比例和频次等方面采取差异化措施。

用户申诉反映的快递服务问题涉嫌违反邮政管理的法律、行政法规、规章的，邮政管理部门应当依法调查和处理。

第四十三条 邮政管理部门工作人员对监督检查过程中知悉的商业秘密或者个人隐私，应当依法予以保密。

第四十四条 国务院邮政管理部门建立快递服务质量评价体系，组织开展快递服务质量评价工作。

邮政管理部门可以依法要求经营快递业务的企业报告从业人员、业务量、服务质量保障等经营情况。

第四十五条 邮政管理部门可以依法采取风险提示、约谈告诫、公示公告等方式指导和督促快递企业合法合规经营。

第四十六条 国务院邮政管理部门或者省、自治区、直辖市邮政管理机构对存在重大经营风险或者安全隐患的经营快递业务的企业实施重点检查，提出整改要求。

第四十七条 经营快递业务的企业快递服务行为发生异常、可能在特定地域范围内不具备提供正常服务的能力和条件的，应当向邮政管理部门报告，并向社会公告。

第八章 法律责任

第四十八条 经营快递业务的企业将快递业务委托给未取得快递业务经营许可的企业经营的，由邮政管理部门责令改正，处5000元以上1万元以下的罚款；情节严重的，处1万元以上3万元以下的罚款。

第四十九条 总部快递企业采取不合理的管理措施，导致使用其商标、字号、快递运单及其配套信息系统经营快递业务的企业不能向用户正常提供快递服务的，由邮政管理部门责令改正，予以警告或者通报批评，可以并处3000元以上1万元以下的罚款；情节严重的，处1万元以上3万元以下的罚款；涉嫌不正当竞争或者价格违法的，将线索移送有关部门。

第五十条 经营快递业务的企业未按规定公示、公布服务地域、服务时限，或者变更服务地域、服务时限未按规定提前向社会发布公告的，由邮政管理部门责令改正，予以警告或者通报批评，可以并处3000元以上1万元以下的罚款；情节严重的，处1万元以上3万元以下的罚款；涉嫌价格违法的，将线索移送有关部门。

第五十一条 经营快递业务的企业不按照公示、公布的服务地域投递快件的，由邮政管理部门责令改正，予以警告或者通报批评，可以并处快递服务费金额1倍至10倍的罚款。

第五十二条 经营快递业务的企业未采取有效技术手段保证用户、邮政管理部门通过快递运单码号或者信息系统查知本办法第二十五条规定的内容的，由邮政管理部门责令改正，予以警告或者通报批评，可以并处3000元以上1万元以下的罚款。

第五十三条 经营快递业务的企业有下列情形之一的，由邮政管理部门责令改正，处1万元以下的罚款；情节严重的，处1万元以上3万元以下的罚款；涉嫌进行非法活动的，将线索移送有关部门：

（一）隐瞒、虚构寄递流程信息的；

（二）虚构快递物品的名称、数量、重量信息的；

（三）虚构快递服务费金额信息的；

（四）寄件人提供的收寄地址与快件实际收寄地址不一致，未在快递运单上一并如实记录的；

（五）未按本办法第二十七条规定向收件人提供寄件人信息的。

第五十四条 经营快递业务的企业有下列情

形之一的，由邮政管理部门责令改正，予以警告或者通报批评，可以并处1万元以下的罚款；情节严重的，处1万元以上3万元以下的罚款：

（一）未经用户同意代为确认收到快件的；

（二）未经用户同意擅自使用智能快件箱、快递服务站等方式投递快件的；

（三）抛扔快件、踩踏快件的。

第五十五条 经营快递业务的企业未按规定配合邮政管理部门处理用户申诉的，由邮政管理部门责令改正，予以警告或者通报批评；情节严重的，并处3000元以下的罚款。

第五十六条 经营快递业务的企业有下列情形之一的，由邮政管理部门责令改正；逾期未改正的，处3000元以下的罚款。法律、行政法规有规定的，从其规定：

（一）未按规定向邮政管理部门报送数据信息或者漏报、错报、瞒报、谎报的；

（二）可能在特定地域范围内不具备提供正常服务的能力和条件，未按规定报告、公告的。

第九章 附 则

第五十七条 本办法自2024年3月1日起施行。交通运输部于2013年1月11日以交通运输部令2013年第1号公布的《快递市场管理办法》同时废止。

工业和信息化部关于规范电信服务协议有关事项的通知

· 2016年12月28日

· 工信部信管〔2016〕436号

各省、自治区、直辖市通信管理局，各相关电信业务经营者：

为规范电信服务，保障电信用户和电信业务经营者的合法权益，现将电信服务协议有关规范性要求通知如下：

一、电信业务经营者在开展相关电信业务经营活动时，应本着公平诚信的原则与用户订立电信服务协议，做到用户与电信业务经营者之间权利义务对等。

本通知所称的电信服务协议，是指电信业务经营者与用户之间设立、变更、终止电信服务权利义务关系的合同。

二、电信业务经营者与用户订立服务协议，可以采用书面形式或其他形式。电信业务经营者与用户订立入网协议的，应当采用书面形式。

书面形式是指合同书、信件和数据电文（包括但不限于传真、电子数据交换、短信、电子邮件、网页、客户端）等可以有形地表现所载内容的形式。

三、在电信服务协议有效期间，电信业务经营者有义务保存所订立的服务协议。电信业务经营者与用户约定以非书面形式订立服务协议的，电信业务经营者应当留存能够证明双方订立服务协议或者成立服务协议关系的凭证。

四、电信业务经营者与用户订立入网协议时，电信业务经营者应当要求用户出示有效身份证件、提供真实身份信息并进行查验，对身份不明或拒绝身份查验的，不得提供服务。

五、用户委托他人代办电信业务手续的，电信业务经营者应当要求受托人出示用户和受托人的有效身份证件、提供真实身份信息进行查验。

六、电信服务协议一般包括以下内容：

（一）电信业务经营者的名称、地址、联系方式；

（二）用户身份证件类别及证件上所记载的姓名（名称）、号码、住址信息；

（三）用户选定的服务项目；

（四）资费标准；

（五）电信业务经营者做出的服务质量承诺；

（六）咨询投诉渠道；

（七）双方的违约责任；

（八）解决争议的方法；

（九）订立协议的日期；

（十）协议的有效期；

（十一）双方的签字、盖章等确认信息。

七、在电信业务经营者与用户订立的电信服务协议中，不得含有涉及以下内容的条款：

（一）限制用户使用其他电信业务经营者依法开办的电信业务或限制用户依法享有的其他选择权；

（二）规定电信业务经营者违约时，免除或限制其因此应当承担的违约责任；

（三）规定当发生紧急情况对用户不利时，电信业务经营者可以不对用户负通知义务；

（四）规定只有电信业务经营者单方享有对电信服务协议的解释权；

（五）规定用户因电信业务经营者提供的电信服务受到损害，不享有请求赔偿的权利；

（六）违反《中华人民共和国合同法》等法律法规相关规定。

八、电信业务经营者在合同外通过书面形式或大众媒体方式公开做出的服务承诺，自动成为电信服务协议的组成部分，但不得作出对用户不公平、不合理的规定，或者减轻、免除其损害用户合法权益应当承担的民事责任。

九、电信业务经营者在为用户开通包月付费或需要用户支付功能费的服务项目时，应征得用户的同意。征得用户同意的凭证作为电信服务协议的补充协议，与电信服务协议具有同等的效力。

十、电信业务经营者应依照与用户订立的服务协议为用户提供服务。用户应按照服务协议的约定使用电信业务，履行相应义务。

十一、在电信服务协议有效期间，电信业务经营者不得擅自终止提供服务。未经与用户变更协议，不得擅自撤消任何服务功能或降低服务质量，不得擅自增加收费项目或提高资费标准，不得擅自改变与用户约定的电信业务收费方式。用户因违反相关法律法规的除外。

十二、用户与电信业务经营者发生争议时，可以依据《中华人民共和国合同法》等有关法律规定追究对方民事责任。根据《中华人民共和国电信条例》及《电信用户申诉处理办法》的规定，属于申诉受理范围的，用户可以依法向电信用户申诉受理机构提起申诉。

十三、电信业务经营者在服务协议格式条款拟定过程中应当广泛听取消费者组织、用户代表及相关部门的意见和建议。

十四、电信业务经营者不得拒绝与符合条件的电信用户订立服务协议。

十五、电信业务经营者因不可抗力或国家政策调整等原因导致电信服务协议部分或全部条款无法执行时，应当告知用户，并做好用户善后工作。

十六、电信业务经营者在订立、保存电信服务协议等环节，应当遵守《中华人民共和国网络安全法》《全国人民代表大会常务委员会关于加强网络信息保护的决定》《电信和互联网用户个人信息保护规定》等法律规定，做好用户信息保护工作。

十七、本通知自 2017 年 2 月 1 日起施行。原信息产业部 2004 年 10 月 9 日公布的《关于规范电信服务协议有关问题的通知》（信部电〔2004〕381 号）同时废止。

电信服务规范

· 2005 年 3 月 13 日信息产业部令第 36 号公布

· 自 2005 年 4 月 20 日起施行

第一条 为了提高电信服务的质量，维护电信用户的合法权利，保证电信服务和监管工作的系统化和规范化，依据《中华人民共和国电信条例》，制定本规范。

第二条 本规范适用于在中华人民共和国境内依法经营电信业务的电信业务经营者提供电信服务的活动。

第三条 本规范为电信业务经营者提供电信服务时应当达到的基本质量要求，是电信行业对社会公开的最低承诺，同时适用于单一电信业务网或多个电信业务网共同提供的电信业务。

电信业务经营者提供电信服务，应当符合本规范规定的服务质量指标和通信质量指标。

本规范所称服务质量指标，是指反映电信服务固有特性满足要求程度的，主要反映非技术因素的一组参数。

本规范所称通信质量指标，是指反映通信准确性、有效性和安全性的，主要反映技术因素的一组参数。

第四条 中华人民共和国信息产业部（以下简称信息产业部）组织制定全国的电信服务规范，监督检查电信服务规范在全国的实施。

各省、自治区、直辖市通信管理局（以下简称通信管理局）监督检查电信服务规范在本行政区域内的实施。

本规范中，信息产业部和通信管理局统称为电信管理机构。

第五条 电信业务经营者可以制定本企业的企业服务标准，电信业务经营者制定的企业服务标准不得低于本规范。

第六条 电信业务经营者应当采取有效措

施,持续改进电信服务工作。

第七条 电信业务经营者应建立健全服务质量管理体系,并按规定的时间、内容和方式向电信管理机构报告,同时向社会通报本企业服务质量状况。

发生重大通信阻断时,电信业务经营者应当按规定的要求和时限向电信管理机构报告。在事故处理过程中,电信业务经营者应对所有与事故有关的数据进行采集、记录和保存,相关数据和书面记录至少保存六个月。

第八条 电信业务经营者提供电信服务时,应公布其业务种类、服务时限、资费标准和服务范围等内容,并报当地通信管理局备案。

由于电信业务经营者检修线路、设备搬迁、工程割接、网络及软件升级等可预见的原因,影响或可能影响用户使用的,应提前七十二小时通告所涉及的用户。影响用户的时间超过二十四小时或影响有特殊需求的用户使用时,应同时向当地通信管理局报告。

电信业务经营者停止经营某种业务时,应提前三十日通知所涉及用户,并妥善做好用户善后工作。

第九条 电信业务经营者应当执行国家电信资费管理的有关规定,明码标价,并采取有效措施,为用户交费和查询费用提供方便。

第十条 用户申请办理电信业务时,电信业务经营者应当向用户提供该项业务的说明。该说明应当包括该业务的业务功能、通达范围、业务取消方式、费用收取办法、交费时间、障碍申告电话、咨询服务电话等。电信业务宣传资料应针对业务全过程,通俗易懂,真实准确。

对用户暂停或停止服务时,应在二十四小时前通知用户。

第十一条 电信业务经营者不得以任何方式限定用户使用其指定的业务或购买其指定的电信终端设备。用户要求开通、变更或终止电信业务时,电信业务经营者无正当理由不得拖延、推诿和拒绝,不得胁迫、刁难用户。

经营本地电话业务和移动电话业务的电信业务经营者,应当全面建立公开、公平的电话号码用户选择机制。

第十二条 电信业务经营者应以书面形式或其他形式明确经营者与用户双方的权利和义务,其格式合同条款应做到公平合理、准确全面、简单明了。

第十三条 电信业务经营者应合理设置服务网点或代办点,合理安排服务时间或开设多种方式受理业务,方便用户。

上门服务人员应遵守预约时间,出示工作证明或佩带本企业标识,代经销人员应主动明示电信业务代理身份,爱护用户设施,保持环境整洁。

电信业务经营者应为残疾人和行动不便的老年用户提供便捷的服务。

第十四条 电信业务经营者应当建立与用户沟通的渠道和制度,听取用户的意见和建议,自觉改善服务工作。

电信业务经营者应当向用户提供业务咨询、查询和障碍申告受理等服务,并采取公布监督电话等形式,受理用户投诉。对于用户关于电信服务方面的投诉,电信业务经营者应在接到用户投诉之日起十五日内答复用户。

电信业务经营者在电信服务方面与用户发生纠纷的,在纠纷解决前,应当保存相关原始资料。

第十五条 电信业务经营者提供电信卡类业务时,应当向用户提供相应的服务保证,不得发行超出服务能力的电信卡。

电信业务经营者应当采取适当的方式明确电信业务经营者与持卡用户双方的权利、义务和违约责任,告知用户使用方法、资费标准、计费方式、有效期限以及其他应当告知用户的事项。

电信业务经营者不得做出对持卡用户不公平、不合理的规定,不得单方面免除或者限制电信业务经营者的责任,损害用户的合法权益。

第十六条 以代理形式开展电信服务的,代理人在提供电信服务活动时,应当执行本规范。电信业务经营者应加强对其业务代理商的管理,并负责管理和监督检查代办电信业务单位或个人的服务质量。

第十七条 通信管理局可以根据本地实际情况,对本规范的服务质量指标进行局部调整或补充。调整后的指标低于本规范的,应当报信息产业部批准。

通信管理局按照前款规定调整服务质量指标的,该行政区域应当执行调整后的服务质量指标。

第十八条 电信业务经营者可以根据用户的特殊需要,约定有关的业务受理、开通时限、故障处理时限等问题，但其服务质量不得低于本规范或者当地通信管理局制定的服务质量指标。

第十九条 电信业务经营者提供的电信服务未能达到本规范或者当地通信管理局制定的服务质量指标的，由电信管理机构责令改正。拒不改正的，处以警告，并处一万元以上三万元以下的罚款。

第二十条 信息产业部根据实际情况，可以对电信业务项目及其服务质量指标和通信质量指标（详见附录）做出调整，并重新公布实施。

第二十一条 本规定自 2005 年 4 月 20 日起施行，信息产业部制定的《电信服务标准（试行）》（信部电〔2000〕27 号）同时废止。

附录 1

电信服务规范——固定网本地及国内长途电话业务

1.1 固定网本地及国内长途电话业务的服务质量指标

1.1.1 电信业务经营者应免费向用户提供火警、匪警、医疗急救、交通事故报警等公益性电话的接入服务，并保障通信线路畅通。

1.1.2 电话装机、移机时限

城镇：平均值≤15 日，最长为 25 日；

农村：平均值≤20 日，最长为 30 日。

电话装机、移机时限指自电信业务经营者受理用户装机、移机交费之日起，至装机、移机后能正常通话所需要的时间。

1.1.3 电话复话时限

平均值≤12 小时，最长为 24 小时。

电话复话时限指自停机用户办理恢复开通手续，归属电信业务经营者收到有关费用时起，至电话恢复开通所需要的时间。

1.1.4 用户市话业务变更时限

平均值≤12 小时，最长为 24 小时。

用户市话业务变更时限指用户办理更名、过户、暂停或停机以及增减各种电话服务项目，自办理登记手续且结清账务时起，至实际完成变更所需要的时间。

1.1.5 用户长途业务变更时限

平均值≤12 小时，最长为 24 小时。

用户长途业务变更时限指用户办理增、减长途直拨功能，自办理登记手续且结清账务时起，至实际完成变更所需要的时间。

1.1.6 电话障碍修复时限

城镇：平均值≤24 小时，最长为 48 小时；

农村：平均值≤36 小时，最长为 72 小时。

电话障碍修复时限指自用户提出障碍申告时起，至障碍排除或采取其他方式恢复用户正常通信所需要的时间①。

1.1.7 由于非用户原因需要更改用户电话号码时，电信业务经营者应至少提前 45 日通知用户，至少提前 15 日告知用户新的电话号码。号码更改实施日起，至少应在 45 日内，向所有来话用户连续播放改号提示音。由于用户原因需要更改用户电话号码时，原电信业务经营者应根据用户需要提供改号提示业务。

1.1.8 电话号码冻结时限最短为 90 日。

电话号码冻结时限指该号码注销后至重新启用所需要的时间。

1.1.9 电话服务台、客户服务中心和人工短消息中心的应答时限最长为 15 秒。

话务员（包括电脑话务员）应答时限指用户拨号完毕后，自听到回铃音起，至话务员（包括电脑话务员）应答所需要的时间。

电话服务台或客户服务中心和人工短消息中心人工服务的应答时限最长为 15 秒。人工服务的应答率≥85%。

人工服务的应答时限指自用户选择人工服务后，至人工话务员应答所需要的时间。人工服务的应答率是用户在接入电话服务台、客户服务中心和人工短消息中心后，实际得到人工话务员应答服务次数和用户选择人工服务总次数之比。

1.1.10 电信业务经营者应按照相关规定提供电话号码查询业务，电话查号准确率应达到 95%。

电话查号准确率是指用户的电话号码已在电信业务经营者登记的，电信业务经营者提供正确查号服务的次数与全部查号服务次数之比。

1.1.11 电信业务经营者应要求公用电话代办点设置规范标志，张贴收费标准，使用符合国家标

① 各类业务的障碍修复指标要求中均不包含用户自有或自行维护的接入线路和设备的障碍。

准的计价工具,按收费标准向用户收取费用,并接受电信管理机构和电信业务经营者的监督和检查。

1.1.12 电信业务经营者应根据用户的需要,免费向用户提供长途话费详细清单查询。原始话费数据保留期限至少5个月。

1.2 固定网本地及国内长途电话业务的通信质量指标

1.2.1 拨号前时延

平均值≤0.8秒,最大值为1秒。

拨号前时延指用户摘机后至听到拨号音的时间间隔。

1.2.2 拨号后时延

同一固定网内电话用户间的本地呼叫的拨号后时延:平均值≤1.9秒,最大值为5.3秒(有中国一号信令时,最大值为10秒);

同一固定网内电话用户间的长途呼叫的拨号后时延:平均值≤2.2秒,最大值为7秒(有中国一号信令时,最大值为12秒);

当固定电话用户间的呼叫是由多个固定网共同提供时,其本地、长途拨号后时延:平均值≤2.3秒,最大值为7.2秒(有中国一号信令时,最大值为13秒)。

拨号后时延指从用户拨号终了时起,至接收到回铃音或录音通知等信号止的时间间隔。

1.2.3 接通率

同一固定网内,本地呼叫的端到端接通率≥95%;

同一固定网内,国内长途呼叫的端到端接通率≥90%;

当固定电话用户间的呼叫连接由多个电信网共同提供时,其本地、长途呼叫的接通率≥85%;

固定网与移动网间呼叫,接通率≥80%。

接通率是用户应答、被叫用户忙、被叫用户不应答、终端拒绝和不可用的次数与总有效呼叫次数之比。对接通率的考核在忙时统计。

其中:总有效呼叫次数=呼叫次数-(用户拨号不全+用户拨无权号码+用户拨空号+用户拨错号)次数。

1.2.4 传输损耗

端到端的传输损耗≤21dB。

传输损耗是任意两个用户端到端之间建立的连接的传输损耗。

1.2.5 振鸣和准振鸣

振鸣的概率≤0.1%;

准振鸣的概率≤1%。

1.2.6 发话人回声

呼叫中出现发话人回声的概率≤1%。

1.2.7 可懂串话

同一交换局用户之间出现可懂串话的概率≤0.1%;

不同交换局用户之间出现可懂串话的概率≤1%。

1.2.8 单向传输时间

本地电话单向传输时间≤13毫秒;

国内长途连接不含卫星电路时,单向传输时间≤85毫秒;

由于安装DCME设备和保护倒换导致的电路过长等特殊情况,允许单向传输时间≤150毫秒。

1.2.9 网络的通话中断率

通话中断率≤2×10^{-4}。

通话中断率(掉话)指在用户通话过程中,出现掉话的概率。

1.2.10 发送方短消息中心的响应时延

固定网短消息中心的响应时延平均值≤20秒,最大值为45秒。

发送方短消息中心的响应时延指主叫用户按发送键,至其接收到发送方短消息中心接受或不接受该消息的证实之间的时间间隔。固定网短消息的响应时延包括:呼叫接续时间+上传时间(取决于信息长度和上行方式)+处理时间(包括主叫号码认证)+系统回送时间(回送上传结果)。

1.2.11 短消息中心系统接通率

固定网短消息中心接通率≥95%。

固定网短消息中心系统接通率指主叫用户通过入中继接入到固定网短消息中心或人工短消息中心得到有效处理次数与占用入中继总次数之比。

1.2.12 短消息的存储有效期

固定网短消息的存储有效期≥72小时。

固定网短消息的存储有效期指发送方将短消息成功发出,并得到发送方短消息中心的证实后,在接收方成功接收之前,在固定网短消息中心的有效存储时间段。在该存储时间段内,接收方短消息中心应保存该消息,并进行多次发送尝试,直到被接收方成功接收或超出该时间段为止。

1.2.13 短消息发送时延

短消息发送时延平均值≤10 分钟，最大值为 24 小时；短消息发送及时率≥99%。

短消息发送时延指主叫用户收到短消息提交成功的证实后，至被叫用户成功接收到短消息之间的时间间隔。

短消息发送及时率指在规定的发送时延最大值以内发送成功事件数与发送成功总事件数之比。

1.2.14 计费差错率

计费差错率≤10^{-4}。

计费差错率指交换设备出现计费差错的概率，采用如下公式计算：

对于集中计费：计费差错率 = 有错误的话单数/总话单数；

对于单式或复式计次：计费差错率 = 错误的脉冲次数/总的脉冲次数。

附录 2

电信服务规范——数字蜂窝移动通信业务

2.1 数字蜂窝移动通信业务的服务质量指标

2.1.1 电信业务经营者应向社会公布其无线网络覆盖范围及漫游范围。

2.1.2 电信业务经营者应免费向用户提供火警、匪警、医疗急救、交通事故报警等公益性电话的接入服务，并保障通信线路畅通。

2.1.3 移动电话复话时限

平均值≤1 小时，最长为 24 小时。

移动电话复话时限指停机用户办理恢复开通手续、归属电信业务经营者收到有关费用时起，至移动电话恢复开通所需要的时间。

2.1.4 移动电话业务变更时限

平均值≤1 小时，最长为 24 小时。

移动电话业务变更时限指用户办理更名、过户、暂停或停机等服务项目，自办理登记手续且结清账务起，至实际变更完成所需要的时间。

2.1.5 移动电话通信障碍修复时限

平均值≤24 小时，最长为 48 小时。

移动电话通信障碍修复时限指自用户提出障碍申告时起，至障碍排除或采取其他方式恢复用户正常通信所需要的时间。移动电话通信障碍指非手机原因引起的障碍。

2.1.6 由于非用户原因需要更改用户电话号码时，电信业务经营者至少提前 45 日告知用户，至少提前 15 日告知用户新的电话号码。号码更改实施日起，至少应在 45 日内，向所有来话用户连续播放改号提示音。由于用户原因需要更改用户电话号码时，原电信业务经营者应根据用户需要提供改号提示业务。

2.1.7 移动电话号码冻结时限最短为 90 日。

移动电话号码冻结时限指该号码注销后，至重新启用所需要的时间。

2.1.8 电话服务台、客户服务中心和人工短消息中心的应答时限最长为 15 秒。

话务员（包括电脑话务员）应答时限指用户拨号完毕后，自听到回铃音时起，至话务员（包括电脑话务员）应答所需要的时间。

电话服务台或客户服务中心人工服务的应答时限：最长为 15 秒。人工服务的应答率≥85%。

人工服务的应答时限指自用户选择人工服务后，至人工话务员应答所需要的时间。人工服务的应答率是用户在接入电话服务台、客户服务中心和人工短消息中心后，实际得到人工话务员应答服务次数和用户选择人工服务总次数之比。

2.1.9 电信业务经营者应根据用户的需要，免费向用户提供移动话费详细清单（含预付费业务）查询。移动电话原始话费数据及点到点短消息业务收费详单原始数据保留期限至少为 5 个月。

2.2 数字蜂窝移动通信业务的通信质量标准

2.2.1 可接入率

在无线网络覆盖区内的 90% 位置，99% 的时间、在 20 秒内移动台均可接入网络。

2.2.2 接通率

同一移动网内的本地呼叫：接通率≥90%；

同一移动网内的国内长途呼叫：接通率≥85%；

两个或多个移动网间呼叫，或移动与固定网间呼叫：接通率≥80%。

接通率指用户应答、被叫用户忙、被叫用户不应答、用户不可及（包括被叫不在服务区、被叫呼入限制、拔电池、关机）的次数与总有效呼叫次数之比。对接通率的考核在忙时统计。

2.2.3 拨号后时延

移动用户拨打固定用户的拨号后时延：平均值≤9 秒，最大值为 12.5 秒；

固定用户拨打移动用户的拨号后时延：平均值≤9 秒，最大值为 16 秒；

移动用户拨打移动用户的拨号后时延：平均值≤10.3 秒，最大值为 19 秒。

拨号后时延指固定用户拨号终了或移动用户按发送键起，至收到回铃音、忙音或其他语音提示等时刻之间的时间间隔。

2.2.4 通话中断率（掉话率）

掉话率≤5%。

掉话率指在用户通话过程中，出现掉话的概率。

2.2.5 无线信道拥塞率（无线信道呼损）

无线信道拥塞率≤3%。

无线信道拥塞率指由于无线信道（包括话音和信令信道）出现拥塞，而导致业务失败的概率。

2.2.6 移动点对点短消息发送成功率

移动点对点短消息发送成功率≥99%。

移动点对点短消息发送成功率指消息发送者发出消息，到消息被接收方（处于正常接收状态下）成功接收的概率。

2.2.7 移动点对点短消息发送时延

移动点对点短消息发送时延平均值≤3 分钟，最大值为 24 小时；移动点对点短消息发送及时率≥95%。

移动点对点短消息发送时延指短消息发送者发出消息，到该短消息被接收方（处于正常接收状态下）成功接收的时间间隔。

移动点对点短消息发送及时率指在规定的发送时延最大值以内发送成功事件数与发送成功总事件数之比。

2.2.8 移动点对点短消息丢失率

移动点对点短消息丢失率≤10^{-5}。

移动点对点短消息丢失率指消息成功发出，得到短消息中心接收证实，在 24 小时内接收方（处于正常接收状态下）没有接收到该消息的概率。

2.2.9 移动点对点短消息存储有效期

移动点对点短消息存储有效期≥72 小时。

移动点对点短消息存储有效期指消息成功发出，得到短消息中心接收证实，在没有被接收方成功接收之前，在短消息中心的有效存储时间段。在该存储时间段内短消息中心应保存该消息，并进行多次尝试发送，直到被接收方成功接收或超出该时间段为止。

2.2.10 计费差错率

计费差错率≤10^{-4}。

计费差错率指交换设备出现计费差错的概率，采用如下公式计算：

计费差错率＝有错误的话单数/总话单数。

附录 3

电信服务规范——因特网及其他数据通信业务

3.1 因特网拨号接入业务的服务标准

3.1.1 因特网拨号接入业务的服务质量指标

3.1.1.1 注册账号方式的拨号接入网络开通时限

平均值≤12 小时，最长为 24 小时。

注册账号方式的拨号接入网络开通时限指注册用户办理入网手续，归属电信业务经营者收到有关费用时起，至拨号接入开通所需要的时间。

3.1.1.2 注册账号方式的拨号接入业务变更时限

平均值≤12 小时，最长为 24 小时。

注册账号方式的拨号接入业务变更时限指用户办理更名，过户等服务项目，自办理登记手续且结清账务时起，至实际变更所需要的时间。

3.1.1.3 记账卡式拨号接入业务在输入卡号和密码后应能按售卡时运营商承诺的条件正常使用，否则应给予更换。

3.1.1.4 记账卡式拨号接入业务应提供余额查询等功能。

3.1.1.5 拨号接入设备障碍修复时限

平均值≤8 小时，最长为 12 小时。

拨号接入设备障碍修复时限指自用户提出障碍申告时起，至障碍排除或采取其他方式恢复用户正常通信所需要的时间。

3.1.2 因特网拨号接入业务的通信质量指标

3.1.2.1 接入服务器忙时接通率

接通率≥90%。

接入服务器忙时接通率指接入服务器忙时接通次数与忙时用户拨号总次数之比。

3.1.2.2 本地用户接入认证响应时间

平均响应时间≤8 秒，最大值为 11 秒。

本地用户接入认证平均响应时间是从用户提交完账号和口令起，至本地认证服务器完成认证并返回响应止的时间平均值。

3.1.2.3 接入认证成功率

接入认证成功率≥99%。

接入认证成功率指在用户输入账号、口令无误情况下的认证成功概率。

注:无线接入方式认证成功率与信号覆盖区,空中干扰有关,若低于99%,由电信业务经营者向用户示明附加条件和指标。

3.2 因特网数据传送业务的服务标准

3.2.1 因特网数据传送业务的服务质量指标

3.2.1.1 电信业务经营者应向用户说明本企业因特网数据传送业务的业务接入点,网络覆盖的范围以及与其他网络的互联情况。

3.2.1.2 预受理时限

平均值≤3工作日,最长为5工作日。

预受理时限指用户登记后电信业务经营者进行网络资源确认,答复用户能否安装所需要的时间。

3.2.1.3 入网开通时限

平均值≤2工作日,最长为4工作日。

入网开通时限指电信业务经营者自受理之日起,至为用户开通网络,实际使用的时间①。

3.2.1.4 通信设备障碍修复时限

平均值≤8小时,最长为12小时。

通信设备障碍修复时限指自用户提出障碍申告时起,至障碍排除或采取其他方式恢复用户正常通信所需要的时间。

3.2.2 因特网数据传送业务的通信质量指标

本小节规定的通信质量指标,范围限定在两个业务接入点之间,即把公众用户产生的IP包,从运营商位于某个城市的业务接入点开始,跨越全国性骨干网,传送到该运营商在另外一个城市的业务接入点止(不含城域网部分)。考核这些业务指标时,两个业务接入点选择在不同省的两个城市,并且空中距离超过1000公里。

3.2.2.1IP 包传输往返时延

往返时延平均值≤200毫秒。

IP包传输往返时延指从一个平均包长的IP包的最后一个比特进入因特网业务接入点(A点),到达对端的业务接入点(B点),再返回进入时的接入点(A点)止的时间。

3.2.2.2IP 包时延变化

时延变化平均值≤80毫秒。

IP包时延变化指在一段测量时间间隔内,IP包最大传输时延与IP包最小传输时延的差值。

3.2.2.3IP 包丢失率

包丢失率平均值≤2%。

IP包丢失率指IP包在两点间传输时丢失的概率。

3.2.2.4IP 业务可用性

IP业务可用性≥99.9%。

IP业务可用性指用户能够使用IP业务的时间与IP业务全部工作时间之比。在连续5分钟内,如果一个IP网络所提供业务的丢包率≤75%,则认为该时间段是可用的,否则是不可用的。

3.3X.25、DDN、帧中继数据传送业务的服务标准

3.3.1X.25、DDN、帧中继数据传送业务的服务质量指标

3.3.1.1 预受理时限

平均值≤4工作日,最长为8工作日。

预受理时限指用户登记后电信业务经营者进行网络资源确认,答复用户能否安装所需要的时间。

3.3.1.2 入网开通时限

本地网业务:平均值≤3工作日,最长为5工作日;

长途网业务:平均值≤4工作日,最长为7工作日。

入网开通时限指电信业务经营者自受理之日起,至为用户开通业务,实际使用的时间。

3.3.1.3 通信设备障碍修复时限

平均值≤4小时,最长为8小时。

通信设备障碍修复时限指自用户提出障碍申告时起,至障碍排除或采取其他方式恢复用户正常通信所需要的时间。

3.3.2X.25、DDN、帧中继数据传送业务的通信质量指标

3.3.2.1X.25 数据传送业务的通信质量指标

3.3.2.1.1 呼叫建立时延(指标见表1)

虚连接的呼叫建立时延指一个用户自发送“呼叫请求”分组开始,至从网络接收到“呼叫连接”分组结束所经过的时间。表1给出呼叫建立

① 入网开通时限指标要求中不包括用户自有、自维及接入线路部分。下同。

时延的统计指标值,表1中的X值见表2。

3.3.2.1.2 数据分组传输时延(指标见表3)

数据分组传输时延指从一个分组的最后一个比特进入网络的源节点开始,到该分组的第一比特离开终节点结束经过的时间。表3给出数据分组传输时延的统计指标值,表3中的Y值见表4。

表1 呼叫建立时延的统计指标值

统计值	国内(毫秒)		国际通信国内部分(毫秒)		国际(毫秒)	
	A类型	B类型	A类型	B类型	A类型	B类型
平均值	2000+2X	2600+2X	1000+X	1600+X	250	1600
95%概率值	2700+2X	3100+2X	1500+X	2100+X	250	1800

注:
1. 95%概率值意味着有95%的呼叫建立时延值低于该值;
2. 国内A连接类型的特性是陆地连接;
3. 国内B连接类型的特性是具有一跳卫星电路的连接,或是经过一个或多个国内转接网络段的连接;
4. 国际A连接类型的特性是经过一个直接陆地网间电路的连接;
5. 国际B连接类型的特性是经过两跳卫星电路和一个转接网络段,或一跳卫星电路和多个转接网络段的连接;
6. X=400/R,R为数据信号传送速率,单位是kbit/s;
7. 表中数据以下列条件为基础:
—基本呼叫,未使用ITU—TX.25修改意见 规定的任何任选用户设施,而且没有发送任何呼叫用户数据;
—在规定的连接部分外的实体的数据链路层窗口是开放的,流量不受控制;
—传送每个呼叫建立分组通过电路段要涉及传输25个八位组。

表2 呼叫建立时延的统计指标值的X值

R(kbit/s)	X(毫秒)
2.4	167
4.8	84
9.6	42
48.0	9
64.0	6

表3 数据分组传输时延的统计指标值

统计值	国内(毫秒)		国际通信国内部分(毫秒)		国际(毫秒)	
	A类型	B类型	A类型	B类型	A类型	B类型
平均值	700+2Y	1000+2Y	350+Y	650+Y	215	950
95%概率值	950+2Y	1250+2Y	525+Y	825+Y	215	1125

注:
1. 平均值是预期的数据分组传送时延分布值,不包括超过规定的最大数据传送时延的数值;
2. 95%概率值意味着有95%的数据分组传送时延值低于该值;
3. A和B连接类型与表1相同;
4. 表中数据以下列条件为基础:
—用户数据字段的长度为128个八位组,传送一个数据字段,接入电路段要传输136个八位组;
—在规定的连接部分的接收DTE侧的数据链路和分组层的窗口是开放的。

表 4　数据分组传输时延的统计指标值的 Y 值

R(kbit/s)	Y(毫秒)
2.4	453
4.8	227
9.6	113
48.0	23
64.0	20
注:R 为数据信号传送速率单位是 kbit/s。	

3.3.2.1.3 虚连接的吞吐量(指标见表 5)

表 5　虚连接吞吐量的统计指标值

统计值	国内(bit/s)		国际(bit/s)	
	A 类型	B 类型	A 类型	B 类型
平均值	3500	2400	2000	2000
95%概率值	2400	2000	1800	1800

注:
1. 平均值是预期的吞吐量分布值;
2. 95%概率值意味着 95%的吞吐量测量值高于该值;
3. A 和 B 连接类型与表 1 相同;
4. 表中数据以下列条件为基础:
—接入电路段中无其他业务量,接入电路段使用 9600bit/s 传输速率;
—用户数据字段长度为 128 个八位组,请求的吞吐量等级相当;
—接入电路段的分组窗口大小为 2,数据链路层的窗口大小为 7;
—不使用 D 比特,D=0;
—这些数值可用于任何传送方向;
—在测量期间不存在不可用性,设备复原或过早断开;
—吞吐量的取样值为 200 个分组或 2 分钟。

虚连接的吞吐量指单位时间内,在一个方向上,通过一个连接段成功传送(不包括丢失、额外增加和比特差错)用户数据的比特数。表 5 给出虚连接吞吐量的统计指标值。

3.3.2.1.4 呼叫接通率

呼叫接通率≥95%。

呼叫接通率指呼叫接通次数与呼叫总次数之比(不考虑被叫终端未开机)。

3.3.2.1.5 网络可用性

网络可用性≥99.99%。

网络可用性指端到端全网能提供无故障服务的时间与全部运行时间之比。

3.3.2.2DDN 数据传送业务的通信质量指标

3.3.2.2.1 端到端数据传输比特差错性能

(1)国际电路连接

国际电路连接指用户网络接口(UNI)和 DDN 国际节点的国际电路接口之间的用户数据传输通路。

差错性能应符合 M.2100 建议《国际 PDH 通道、段和传输系统的投入业务和维护性能限值》和 M.2101 建议《国际 SDH 通道、复用段投入业务和维护性能限值》的指标要求。

(2)国内电路连接

国内电路连接指在用户网络接口(UNI)之间的用户数据传输通路。

差错性能应符合 YD/T748—95《PDH 数字通道差错性能的维护限值》和 YDN026—1997《SDH 传输网技术要求—SDH 数字通道和复用段的投入业务和维护性能限值》的指标要求。

3.3.2.2.2 国内端到端数据传输时间

(1)64kbit/s 专用电路,端到端数据传输时间≤40 毫秒;

(2)2Mbit/s 专用电路,端到端数据传输时间≤(0.5N+0.005G)毫秒,其中 N 是电路含交换机和交叉连接设备的数量,G 是电路长度(km)。

(3)若在上述(1)和(2)中每加入一跳卫星电路,需在上列值中另增加传输时间 300 毫秒。

端到端 DDN 数据传输时间是国内端到端单方向的数据传输时间。

3.3.2.2.3 网络可用性

网络可用性≥99.99%。

网络的可用性指端到端全网能提供无故障服务的时间与全部运行时间之比。

3.3.2.3 帧中继数据传送业务的通信质量指标

3.3.2.3.1 帧传输时延(FTD)

帧传输时延(FTD)<400 毫秒。

帧传输时延指用户终端之间通过帧中继网传送信息所需时间。

帧传输时延计算公式:$FTD=t_2-t_1$

式中:t_1 为帧地址字段的第 1 比特从用户终端进入网络的时间;

t_2 为帧的尾标的最后一个比特从网络进入用户终端的时间。

3.3.2.3.2 帧丢失率(FLR)

帧丢失率(FLR)$<3\times10^{-5}$。

帧丢失率是指丢失的用户信息帧占所有发送帧的比率。

帧丢失率计算公式:

$$FLR=\frac{F_L}{F_L+F_S+F_E}$$

式中:F_L 为丢失的用户信息帧总数;

F_S 为成功传送的帧总数;

F_E 为残余错误帧总数。

按照用户信息传送速率是否超过约定的信息速率(CIR),帧丢失率分为超过的帧丢失率(FLRE)和约定的帧丢失率(FLRC)两种。

3.3.2.3.3 网络可用性

网络的可用性≥99.99%。

网络的可用性指端到端全网能提供无故障服务的时间与全部运行时间之比。

附录 4

电信服务规范——国内 IP 电话业务

4.1 国内 IP 电话业务的服务质量指标

4.1.1 电信业务经营者应当向用户说明本企业 IP 电话业务的通达地区及城市。当 IP 业务由两个或两个以上电信业务经营者协作提供时,任一电信业务经营者在进行业务宣传和推广的过程中,应就该项服务的整体收费构成、本业务经营者具体收费情况和服务义务向用户进行说明。

4.1.2 主叫号码方式的 IP 电话入网开通时限

平均值≤24 小时,最长为 48 小时。

主叫号码方式的 IP 电话入网开通时限指用户办理入网手续,归属电信业务经营者收到有关费用时起,至 IP 电话开通所需要的时间。

4.1.3 主叫号码方式的 IP 电话复话时限

平均值≤24 小时,最长为 48 小时。

主叫号码方式的 IP 电话复话时限指停止 IP 电话服务的用户办理恢复开通手续,并交纳有关费用时起,至 IP 电话恢复开通所需要的时间。

4.1.4 记账卡式 IP 电话业务在输入卡号和密码后应能按售卡时运营商承诺的条件正常使用,否则应给予更换。

4.1.5 记账卡式 IP 电话业务应至少提供中文和英文两种语种提示、余额查询和尾款转移等功能。

4.1.6IP 电话通信设备障碍修复时限

平均值≤12 小时,最长为 24 小时。

IP 电话通信设备障碍修复时限指自用户提出障碍申告时起,至障碍排除或采取其他方式恢复用户正常通信所需要的时间。IP 电话通信设备障碍是由经营者本企业原因,而非 IP 电话终端原因造成的设备障碍。

4.1.7 电信业务经营者应当根据用户的需要,免费向主叫号码方式的 IP 电话用户提供 IP 电话的话费详细清单(可不包括市话费清单)查询,IP电话原始话费数据保留期限至少为5个月。

4.2 国内IP电话业务的通信质量指标

4.2.1 拨号后时延

固定拨打固定的拨号后时延平均值≤7秒,最大值为11秒;

固定拨打移动的拨号后时延平均值≤11秒,最大值为21秒;

移动拨打固定的拨号后时延平均值≤11秒,最大值为15秒;

移动拨打移动的拨号后时延平均值≤15秒,最大值为24秒。

对于一次拨号系统,拨号后时延是指:用户拨完电话号码最后一位起,至接收到回铃音或录音通知等信号时刻之间的时间间隔。

对于二次拨号系统,拨号后时延是指:自用户输入IP电话接入码最后一位至听到提示音的时间间隔,加上自用户输入卡号密码最后一位至听到提示音的时间间隔,再加上自用户输入电话号码最后一位至听到回铃音的时间间隔。

4.2.2 语音传输时延

语音传输时延平均值≤400毫秒。

语音传输时延指当呼叫通路建立后,语音信号从发端传送到收端的时间间隔。

4.2.3 时延变化

时延变化平均值≤80毫秒。

时延变化指语音信号经过网关处理后形成的IP包,经过IP网络传输到达对方网关,在一段测量时间间隔内,IP包最大传输时延与IP包最小传输时延的差值。

4.2.4 丢包率

丢包率平均值≤5%。

丢包率指语音信号经过网关处理后形成的RTP包,经过IP网络传输到达对方网关后丢失的RTP包数(包括网关丢失的RTP包)与传输的RTP包总数之比。

4.2.5 接通率

端到端呼叫接通率≥72%。

端到端呼叫接通率指被叫用户应答,被叫用户忙和被叫用户久叫不应的次数与发出有效呼叫总次数之比。

4.2.6 通话中断率

通话中断率≤5%。

通话中断率指用户在通话的过程中,出现通话中断(掉话)的概率。

附录5

电信服务规范——无线寻呼业务

5.1 无线寻呼业务的服务质量指标

5.1.1 无线寻呼业务的经营者应向寻呼用户说明本企业无线发射信号覆盖范围,以及联网服务覆盖范围。

5.1.2 寻呼机恢复开通时限

平均值≤12小时,最长为24小时。

寻呼机恢复开通时限指用户办理恢复开通手续,归属电信业务经营者收到有关费用时起,至寻呼机恢复开通所需要的时间。

5.1.3 寻呼话务员应答时限最长为15秒。

寻呼话务员应答时限指寻呼用户拨号完毕,自听到回铃音时起,至话务员应答所需要的时间。

5.1.4 寻呼话务员应准确、及时发送寻呼信息。

5.1.5 寻呼台要向用户说明为寻呼用户保留寻呼信息的方式。采用按条保存寻呼信息的寻呼台要为用户至少保留最新10条寻呼信息;采用按时间保存寻呼信息的寻呼台要为用户至少保留最近10天的寻呼信息。

5.1.6 对要求变更业务或者复台查询信息的用户,寻呼话务员应验证其密码或者采取其他安全保密措施。

5.1.7 寻呼用户号码冻结时限最短为90日。

寻呼用户号码冻结时限指该号码被注销时起,至重新启用止的时间间隔。

5.1.8 寻呼用户提出终止接受寻呼服务时,寻呼业务经营者应退还寻呼用户预缴服务费的剩余部分。

应退金额以月为单位计算,不足一个月时,小于15天不计,大于等于15天计1个月。

5.2 无线寻呼业务的通信质量指标

5.2.1 系统响应时延

当用户位于寻呼接收机的归属寻呼区内时,系统响应时延平均值≤6秒;

当用户位于寻呼接收机的非归属寻呼区内时,系统响应时延平均值≤10秒。

自动寻呼系统的系统响应时延指主叫用户拨号终了或移动用户按发送键发出寻呼消息的最后字符，至其接收到寻呼系统接受或不接受该消息的证实之间的时间间隔。

5.2.2 系统接通率

系统接通率≥95%（适用于人工台和自动台）。

系统接通率是主叫用户通过入中继接入到寻呼系统得到有效处理次数与总次数之比。其呼损部分指寻呼系统的中继呼损。

5.2.3 消息传输时延

本地呼叫，一级平均值≤60秒，消息长度≤400字符；

本地呼叫，二级平均值≤90秒；

异地呼叫，平均值≤7分钟；

跟踪呼叫，平均值≤7分钟；

漫游呼叫，平均值≤10分钟。

消息传输时延指寻呼系统发给主叫用户寻呼证实消息，至该消息传送到指定的寻呼区的时间间隔。不同的寻呼优先权级别具有不同的消息传输时延。

5.2.4 无线呼通率

无线呼通率≥95%。

无线呼通率指在无线覆盖区内寻呼接收机寻呼成功的次数与全部寻呼次数之比。

附录 6

电信服务规范——信息服务业务

6.1 信息服务业务经营者进行各种形式的业务宣传时，在宣传业务内容和使用方式的同时应公示相应的收费标准、收费方式和终止服务方法。

6.2 信息服务业务经营者向用户提供任何有偿信息服务时，应事先征得用户同意。信息服务业务经营者向用户提供无偿信息服务时，用户予以拒绝的，信息服务业务经营者应停止提供。

信息服务业务经营者在提供短信息服务时，包月类、订阅类短信服务，必须事先向用户请求确认，且请求确认消息中必须包括收费标准。若用户未进行确认反馈，视为用户撤销服务要求。

在用户拨打接入码接入信息服务业务经营者的语音信息服务业务平台后，业务平台应免费向用户说明收费标准，并在得到用户确认后开始计信息服务费。

6.3 信息服务业务经营者应遵照与用户的约定向用户提供信息服务，未得到用户许可，信息服务业务经营者不得擅自改变服务内容和服务频次，不得擅自改变收费方式和降低服务质量。对分条计费的信息，如因传输容量等原因需要回送多条信息内容的，只能收取一条相应信息的信息费。

6.4 信息服务业务经营者在提供语音信息服务时不得通过故意插播广告性或者宣传性广告信息以延长服务时间，人工信息咨询员不得谈论与用户所提问题无关的话题，不得故意拖延时间。

6.5 信息服务业务经营者在采集、开发、处理、发布信息时，应对信息的内容进行审查，信息服务业务经营者不得提供国家明令禁止传播的信息。信息准确率应达到95%以上。

6.6 信息服务业务经营者在提供订制类信息服务业务时，应明示方便用户退订的途径，短信息服务业务经营者应开通方便用户选择退订服务的“0000”、“00000”短信退订功能，并保证退订途径的畅通。

用户提出停止服务时，信息服务业务经营者应及时接受并停止计费。

6.7 信息服务业务经营者应保存信息服务计费原始数据，短信息服务系统应当自动记录并保存短信息的发送与接收时间、发送端和接收端的电话号码，保存期限至少5个月。在计费原始数据保存期限内，信息服务业务经营者应根据用户需求提供信息服务收费清单。

6.8 基础电信业务经营者在向用户提供电话业务收费单据时，若存在为信息服务业务经营者代收的信息费，应同时向用户提供信息服务业务经营者的名称、代码和代收金额，并注明“代收费”字样。

6.9 用户对信息费产生异议或对服务质量不满意时，基础电信业务经营者与信息服务业务经营者均应遵循“首问负责”的原则，共同协商处理，不得互相推诿。

6.10 信息服务业务经营者应开通客户服务热线电话，并对社会公布。

附录 7

电信服务规范——国内甚小口径终端地球站(VSAT)通信业务

7.1 国内甚小口径终端地球站(VSAT)通信业务的服务质量指标

7.1.1 开通时限

城镇平均值≤20 日,最长为 30 日;

农村平均值≤25 日,最长为 40 日。

开通时限指自电信业务经营者受理用户开通业务交费之日起,至能正常通信所需要的时间。如果电信业务经营者同时提供了电源设备,则含电源设备在内的开通时限也应符合该指标要求。

7.1.2 障碍修复时限

城镇平均值≤3 日,最长为 7 日;

农村平均值≤7 日,最长为 15 日。

障碍修复时限指自用户提出障碍申告时起,至障碍排除或采取其他方式恢复用户正常通信所需要的时间。如果电信业务经营者同时提供了电源设备,则含电源设备在内的障碍修复时限也应符合该指标要求。

7.1.3 其他指标要求

提供话音业务的 VSAT 系统参照固定电话服务质量指标,提供数据业务的 VSAT 系统参照数据通信服务质量指标。

7.2 国内甚小口径终端地球站(VSAT)通信业务的通信质量指标

7.2.1 系统可用性

系统可用性≥99.5%,包含 C 频段系统和 Ku 频段系统。

由于卫星系统的传输受到大气和降雨等传播条件限制,客观存在一定比例的不可用时间。该指标也与 VSAT 系统的网络设计和采用的设备相关。

7.2.2 话音系统接通率

系统接通率≥92%。

话音系统接通率指话音 VSAT 系统内部接通的概率,VSAT 用户地球站之间或 VSAT 到关口地球站之间单跳接通的概率。指标值参考附录 1 固定网指标,并考虑了卫星信道拥塞率和卫星系统的不可用时间。

7.2.3 话音系统拨号后时延

VSAT 用户拨打固定用户拨号后时延:平均值≤8 秒,最大值为 14 秒;

VSAT 用户拨打移动用户拨号后时延:平均值≤16 秒,最大值为 25 秒;

移动用户拨打 VSAT 用户拨号后时延:平均值≤11 秒,最大值为 18 秒;

VSAT 用户之间单跳拨打,拨号后时延:平均值≤4 秒,最大值为 8 秒。

7.2.4 通信中断率

话音系统通信中断率≤2×10^{-4}。

数据系统通信中断率在电信业务经营者和用户的协议中约定。

通信中断率指用户通信过程中,在 VSAT 系统内出现通信中断的概率。

7.2.5 数据系统空间段误码率

数据系统空间段误码率≤10^{-7}。

数据系统的空间段误码率指在 VSAT 用户地球站之间,或在 VSAT 到关口地球站之间(单跳)单向信道传送数据出现误码的概率。

7.2.6 计费差错率

计费差错率≤10^{-4}。

计费差错率指计费设备出现计费差错的概率。

附录 8

电信服务规范——国内通信设施服务业务

8.1 国内通信设施服务业务的服务质量指标

8.1.1 预受理时限

8.1.1.1 租用话音频带电路预受理时限

平均值≤3 工作日,最长为 5 工作日。

8.1.1.2 租用数字数据电路预受理时限

平均值≤4 工作日,最长为 8 工作日。

8.1.1.3 租用 PDH 系列通道、VC-n 系列通道、光通信波长、光纤、光缆、电缆等资源以及其他网络元素预受理时限不做统一要求,由经营者向社会承诺,或在与用户的协议中约定。

预受理时限指用户登记时起,至经营者查找网络资源,答复用户能否安装所需要的时间。

8.1.2 开通时限

8.1.2.1 租用话音频带电路开通时限

平均值≤20 日,最长为 30 日。

8.1.2.2 租用数字数据电路开通时限见附录

3,3.3.1.2 的要求。

8.1.2.3 租用 PDH 系列通道、VC-n 系列通道、光通信波长、光纤、光缆、电缆等资源以及其他网络元素开通时限不做统一要求,由经营者向社会承诺,或者在与用户的协议中约定。

开通时限指电信业务经营者受理之日起,至为用户开通租用的通信设施可以投入使用所需要的时间。

8.1.3 障碍修复时限

8.1.3.1 租用话音频带电路障碍修复时限

平均值≤24 小时,最长为 48 小时。

8.1.3.2 租用数字数据电路障碍修复时限见附录 3,3.3.1.3 的要求。

8.1.3.3 租用 PDH 系列通道、VC-n 系列通道、光通信波长、光纤、光缆、电缆等资源以及其他网络元素障碍修复时限不做统一要求,由经营者向社会承诺,或在与用户签订的协议中约定。

障碍修复时限指自用户提出障碍申告时起,至障碍排除或采取其他方式恢复用户正常通信所需要的时间。

8.1.4 暂停或停租时限

平均值≤24 小时,最长为 48 小时。

暂停或停租时限指自用户提出暂停或终止租用通信设施业务,自办理登记手续且结清账务时起,至实际完成所需要的时间。

8.2 国内通信设施服务业务的通信质量指标

8.2.1 话音频带电路的通信质量指标

话音频带电路适用于电话业务和使用话音频带的非话业务。其通信质量指标包括:标称总衰减、衰减失真、群时延失真、总衰减随时间变化、随机噪声、脉冲噪声、相位抖动、总失真、单音干扰、频率偏差、谐波和交调失真。根据用户对带宽的不同要求应分别满足 GB11053“特定带宽特殊质量租用电路特性”和 GB11054“基本带宽特殊质量租用电路特性”的相关要求。

8.2.2 数字数据电路的通信质量指标见附录 3,3.3.2.2 中的有关指标。

8.2.3PDH 系列通道和 VC-n 系列通道的通信质量指标

PDH 系列通道指 2,8,34,45 和 140Mbit/s 等各种速率的数字通道;

VC-n 系列通道指 VC-12,VC-3,VC-4,VC-4-Xc 等各种速率的同步数字通道。

租用 PDH 系列通道和 VC-n 系列通道可以由一个经营者提供,也可以由多个经营者分段提供,其通信质量指标包括:差错性能、单向传输时间、可用性。

8.2.3.1 差错性能

PDH 系列通道的差错性能应满足 YD/T748“PDH 数字通道差错性能的维护限值”的相关要求;

VC-n 系列通道的差错性能应满足 YDN026“SDH 传输网技术要求——SDH 数字通道和复用段的投入业务和维护性能限值”的指标要求。

8.2.3.2 单向传输时间

不含卫星的 PDH 系列通道和 VC-n 系列通道的单向传输时间不大于(0.5N+0.005G)毫秒,含有 N 个数字交叉连接设备,传输距离为 G 公里。

8.2.3.3 可用性

根据用户要求,可采用不同的保护或恢复机制,以提供不同等级水平的可用性,可用性等级水平与租用费直接相关,可由经营者向社会承诺,或者在经营者与用户签订的协议中约定。

8.2.4 光通信波长、光纤、光缆和电缆的通信质量指标

光通信波长、光纤、光缆和电缆可向用户提供基于指定波长、指定光纤或指定光缆和指定电缆的资源指配。

光通信波长、光纤、光缆的通信质量指标包括:工作波长、接口类型、光纤类型、衰减及色散等,应满足 YDN099“光同步传送网技术体制”的指标要求。

电缆的通信质量指标包括:工作频带、衰减、串音等,在经营者与用户的协议中约定。

8.2.5 网络元素出租、出售业务的通信质量指标

其他网络元素包括各种可出租的网络元素的指配,目前经营者的同步网可以向其他经营者或用户提供出租同步端口的服务。同步网出租同步端口的通信质量指标包括:接口速率、定时性能(抖动、漂动),应满足 YD/T 1012“数字同步网节点时钟系列及其定时特性”的指标要求。

电信服务明码标价规定

· 2002年7月25日国家发展计划委员会、信息产业部计价检〔2002〕1227号发布

· 自2002年8月1日起施行

一、为规范电信业务经营者价格行为，完善电信服务明码标价监督管理措施，维护电信用户和电信业务经营者的合法权益，促进电信市场公平、公开和合法竞争，根据《中华人民共和国价格法》、《中华人民共和国电信条例》、国家计委《关于商品和服务实行明码标价的规定》，制定本规定。

二、在中华人民共和国境内提供电信服务的电信业务经营者及其委托经营电信业务的组织和个人（以下简称电信业务经营者）的价格行为，适用本规定。

三、本规定所称明码标价是指电信业务经营者提供电信服务按照本规定的要求，向社会明示电信服务价格以及相关内容的行为。

实行市场调节价、政府指导价、政府定价的电信服务均应明码标价。

四、电信业务经营者实行明码标价，应当遵循公开、公平和诚实信用的原则，遵守价格法律、法规和政策。

五、政府价格主管部门是明码标价的管理机关，其价格监督检查机构负责电信服务明码标价实施情况的监督检查。国务院信息产业主管部门及省、自治区、直辖市电信管理机构协助政府价格主管部门负责对电信服务明码标价的监督管理。

六、电信服务明码标价的标价方式由省级政府价格主管部门统一规定。由政府价格主管部门的监督检查机构对标价方式进行监制。未经监制的，任何单位和个人不得擅自印制或制作。

七、电信服务明码标价应当做到价目齐全，标价内容真实明确，字迹清晰规范，标示醒目。以文字（含图表）方式标示的电信服务价格，一律以阿拉伯数字标明人民币金额。

八、电信服务明码标价的内容包括：服务项目、资费标准、计费原则及批准文号等。

九、电信服务实行明码标价可采取以下方式：

（一）通告、公示栏、公示牌、公示墙；

（二）价目表、资费手册；

（三）公用电话计价器；

（四）互联网查询、多媒体终端查询；

（五）语音播报；

（六）话费清单；

（七）公众认可的其他方式。

电信业务经营者采用互联网查询或者语音播报的方式明码标价，应当向电信用户公布查询方式及客户服务电话。

十、电信业务经营者应当在营业场所或业务代办场所的醒目位置明码标价。并应当在方便用户查询的地点免费提供电信服务价格查询服务。

十一、电信业务经营者提供电话信息服务的，应当公开各类信息服务的项目和价格。当用户拨通信息台后，应当播送收费标准提示音。

电信业务经营者提供的在基本通话费之外另行收费的其他服务项目，应当公布其服务项目和价格。

十二、电信业务经营者提供的有人值守公用电话服务，应当在服务地点的显著位置明示服务项目和价格，并应将公用电话计价器屏幕面向用户。

十三、电信业务经营者对其免费提供的紧急电话以及其他电话服务，应当标明免费服务的项目和范围。

十四、遇有电信服务价格调整，电信业务经营者应当及时调整。并保留变动记录，以备查证。

十五、电信业务经营者明码标价，应当公布价格举报电话“12358”，方便群众进行监督。

十六、电信业务经营者不得利用虚假的或者使人误解的标价内容、标价方式进行价格欺诈。不得在标价之外，收取任何未予标明的费用。

十七、电信业务经营者不按规定明码标价或者利用标价进行价格欺诈的，由政府价格主管部门依照《中华人民共和国价格法》、《价格违法行为行政处罚规定》、《关于商品和服务实行明码标价的规定》、《禁止价格欺诈行为的规定》进行处罚。

十八、本规定自2002年8月1日起施行。关于电信服务明码标价的内容以本规定为准。

电信用户申诉处理办法

·2016年5月26日工业和信息化部令第35号公布

·自2016年7月30日起施行

第一章 总 则

第一条 为了保护电信用户的合法权益,规范用户申诉处理行为,根据《中华人民共和国电信条例》及其他有关法律、行政法规的规定,制定本办法。

第二条 本办法适用于处理用户在接受电信服务的过程中与电信业务经营者发生的争议。

第三条 本办法所称电信管理机构,是指工业和信息化部或省、自治区、直辖市通信管理局。

本办法所称申诉受理机构,是指工业和信息化部电信用户申诉受理中心和省、自治区、直辖市电信用户申诉受理机构。

本办法所称申诉人,是指在使用电信业务、接受电信服务中,与电信业务经营者发生争议并向申诉受理机构提出申诉的电信用户。

本办法所称被申诉人,是指因与用户发生争议而被用户申告的电信业务经营者。

第四条 工业和信息化部对全国电信用户申诉处理工作进行监督指导。工业和信息化部电信用户申诉受理中心受工业和信息化部委托,依据本办法开展全国电信用户申诉受理工作。

省、自治区、直辖市通信管理局可以根据本地实际情况设立电信用户申诉受理机构。电信用户申诉受理机构受省、自治区、直辖市通信管理局的委托并在其监督指导下,依据本办法开展本行政区电信用户申诉受理工作。

第五条 申诉处理以事实为依据,以法律为准绳,坚持公正、合理、合法的原则。

第六条 申诉受理机构对电信用户申诉事项实行调解制度,并可以出具调解书。

第七条 申诉受理机构每季度将受理用户申诉的统计报表上报同级电信管理机构。

第二章 受 理

第八条 电信业务经营者应当认真受理用户的投诉,并在接到用户投诉之日起15日内答复用户。用户对电信业务经营者的处理结果不满意或者电信业务经营者在接到投诉后15日内未答复的,可以向申诉受理机构提出申诉。

第九条 申诉人应当向被申诉人所在省、自治区、直辖市的申诉受理机构提出申诉。被申诉人所在省、自治区、直辖市没有设立申诉受理机构的,申诉人可以向工业和信息化部电信用户申诉受理中心提出申诉。

第十条 用户申诉应当符合下列条件:

(一)申诉人是与申诉事项有直接利害关系的当事人;

(二)有明确的被申诉人;

(三)有具体的申诉请求和事实根据;

(四)已经向被申诉人投诉且对其处理结果不满意或者其未在15日内答复。

第十一条 申诉受理机构对有下列情形之一的申诉事项不予受理:

(一)属于收费争议的申诉,申诉事项发生时距提起申诉时超过五个月的,其他申诉,申诉事项发生时距提起申诉时超过二年的;

(二)申诉人与被申诉人已经达成和解协议并执行的;

(三)申诉受理机构已经受理或者处理的;

(四)人民法院、仲裁机构、消费者组织或者其他行政机关已经受理或者处理的;

(五)不符合本办法第十条规定的申诉条件的;

(六)国家法律、行政法规及部门规章另有规定的。

第十二条 申诉采用书面形式。申诉材料应当包括下列内容:

(一)申诉人姓名或名称、地址、电话号码、邮政编码;

(二)被申诉人名称、地址;

(三)申诉要求、理由、事实根据;

(四)申诉日期。

第十三条 申诉受理机构在接到用户申诉时,应当询问用户是否就申诉事项向电信业务经营者提出过投诉,电信业务经营者是否给予处理或答复。

对于未经电信业务经营者处理的用户申诉,申诉受理机构应当告知用户先向电信业务经营者投诉。

对于咨询有关电信政策的用户申诉，申诉受理机构应当向用户作出解答。

第十四条 申诉受理机构应当自收到申诉材料之日起5个工作日内，作出受理或者不予受理的决定，并通知申诉人。对于不予受理的申诉，应当告知不予受理的理由。

第三章 办 理

第十五条 对于决定受理的用户申诉，申诉受理机构应当在受理用户申诉后2个工作日内将用户申诉内容和转办通知书发送被申诉人。

转办通知书应当载明申诉受理机构名称及联系方式、申诉人名称及联系方式、申诉人的申诉请求摘要、申诉受理机构对申诉处理的要求等。

第十六条 对申诉受理机构要求回复处理意见的，被申诉人收到转办通知书后，应当在10日内将申诉事项的事实情况和处理结果或者处理意见以及申诉人对处理结果的意见（满意程度）反馈给申诉受理机构。

第十七条 申诉受理机构应当自收到全部申诉材料之日起30日内向申诉人作出答复，将申诉处理情况告知申诉人。

对于被申诉人与申诉人协商和解的申诉，申诉受理机构可以作办结处理。

对于被申诉人与申诉人未能协商和解的申诉，应任何一方申请，申诉受理机构在征得对方同意后应当进行调解。

第四章 调 解

第十八条 对于属于民事争议的下列情形，申诉受理机构可以组织双方当事人进行调解：

（一）申诉人与被申诉人已经就申诉事项进行过协商，但未能和解的；

（二）申诉人、被申诉人同意由申诉受理机构进行调解的；

（三）工业和信息化部规定的其他情形。

第十九条 申诉受理机构应当自争议双方同意调解之日起30日内调解完毕。调解达成协议的，视为办结；调解不成的，应当终止调解并告知申诉人，视为办结。调解达成协议的，应任何一方请求，申诉受理机构应当制作调解书。

第二十条 申诉受理机构调解无效的，争议双方可以依照国家有关法律规定就申诉事项向仲裁机构申请仲裁或者向人民法院提起诉讼。

第五章 调 查

第二十一条 申诉受理机构可以通过电话、传真、书信以及实地调查等方式向申诉人和被申诉人了解有关情况，要求提供有关证据；申诉受理机构可以根据有关法律、行政法规和部门规章的规定，收集证据或者召集有关当事人进行调查。

第二十二条 申诉受理机构的调查人员有权行使下列权利：

（一）询问当事人和有关人员；

（二）要求有关单位和个人提供书面材料和证明；

（三）要求当事人提供有关技术材料；

（四）查阅、复制有关文件等。

第二十三条 调查应当由两名工作人员共同进行，调查时应当出示有效证件和有关证明，并应当制作调查笔录。调查人员对涉及当事人隐私、商业秘密等事项负有保密义务。

第二十四条 被调查人员必须如实回答调查人员的询问，提供相关证据。

第二十五条 申诉受理机构认为需要对有关设备、系统进行检测或者鉴定的，经同级电信管理机构批准后，交由指定检测或者鉴定机构进行检测、鉴定。被申诉的电信业务经营者应当予以配合。

第六章 附 则

第二十六条 申诉受理机构每季度将受理用户申诉的统计报表向电信业务经营者进行通报。

第二十七条 对于电信用户与公用电信等代办点的争议，电信用户可以向委托代办的电信业务经营者投诉；对于电信用户与宾馆、饭店等电信业务代办点的争议，电信用户可以直接向申诉受理机构提出申诉。

第二十八条 本办法自2016年7月30日起施行。原信息产业部2001年1月11日公布的《电信用户申诉处理暂行办法》（原信息产业部令第7号）同时废止。

十八、有线电视、网络服务合同

中华人民共和国网络安全法(节录)

· 2016年11月7日第十二届全国人民代表大会常务委员会第二十四次会议通过
· 2016年11月7日中华人民共和国主席令第53号公布
· 自2017年6月1日起施行

……

第三章 网络运行安全

第一节 一般规定

第二十一条 国家实行网络安全等级保护制度。网络运营者应当按照网络安全等级保护制度的要求,履行下列安全保护义务,保障网络免受干扰、破坏或者未经授权的访问,防止网络数据泄露或者被窃取、篡改:

(一)制定内部安全管理制度和操作规程,确定网络安全负责人,落实网络安全保护责任;

(二)采取防范计算机病毒和网络攻击、网络侵入等危害网络安全行为的技术措施;

(三)采取监测、记录网络运行状态、网络安全事件的技术措施,并按照规定留存相关的网络日志不少于六个月;

(四)采取数据分类、重要数据备份和加密等措施;

(五)法律、行政法规规定的其他义务。

第二十二条 网络产品、服务应当符合相关国家标准的强制性要求。网络产品、服务的提供者不得设置恶意程序;发现其网络产品、服务存在安全缺陷、漏洞等风险时,应当立即采取补救措施,按照规定及时告知用户并向有关主管部门报告。

网络产品、服务的提供者应当为其产品、服务持续提供安全维护;在规定或者当事人约定的期限内,不得终止提供安全维护。

网络产品、服务具有收集用户信息功能的,其提供者应当向用户明示并取得同意;涉及用户个人信息的,还应当遵守本法和有关法律、行政法规关于个人信息保护的规定。

第二十三条 网络关键设备和网络安全专用产品应当按照相关国家标准的强制性要求,由具备资格的机构安全认证合格或者安全检测符合要求后,方可销售或者提供。国家网信部门会同国务院有关部门制定、公布网络关键设备和网络安全专用产品目录,并推动安全认证和安全检测结果互认,避免重复认证、检测。

第二十四条 网络运营者为用户办理网络接入、域名注册服务,办理固定电话、移动电话等入网手续,或者为用户提供信息发布、即时通讯等服务,在与用户签订协议或者确认提供服务时,应当要求用户提供真实身份信息。用户不提供真实身份信息的,网络运营者不得为其提供相关服务。

国家实施网络可信身份战略,支持研究开发安全、方便的电子身份认证技术,推动不同电子身份认证之间的互认。

第二十五条 网络运营者应当制定网络安全事件应急预案,及时处置系统漏洞、计算机病毒、网络攻击、网络侵入等安全风险;在发生危害网络安全的事件时,立即启动应急预案,采取相应的补救措施,并按照规定向有关主管部门报告。

第二十六条 开展网络安全认证、检测、风险评估等活动,向社会发布系统漏洞、计算机病毒、网络攻击、网络侵入等网络安全信息,应当遵守国家有关规定。

第二十七条 任何个人和组织不得从事非法侵入他人网络、干扰他人网络正常功能、窃取网络数据等危害网络安全的活动;不得提供专门用于从事侵入网络、干扰网络正常功能及防护措施、窃取网络数据等危害网络安全活动的程序、工具;明知他人从事危害网络安全的活动的,不得为其提供技术支持、广告推广、支付结算等帮助。

第二十八条 网络运营者应当为公安机关、国家安全机关依法维护国家安全和侦查犯罪的活动提供技术支持和协助。

第二十九条 国家支持网络运营者之间在网络安全信息收集、分析、通报和应急处置等方面进行合作,提高网络运营者的安全保障能力。

有关行业组织建立健全本行业的网络安全保护规范和协作机制,加强对网络安全风险的分析评估,定期向会员进行风险警示,支持、协助会员应对网络安全风险。

第三十条 网信部门和有关部门在履行网络安全保护职责中获取的信息,只能用于维护网络安全的需要,不得用于其他用途。

……

第四章 网络信息安全

第四十条 网络运营者应当对其收集的用户信息严格保密,并建立健全用户信息保护制度。

第四十一条 网络运营者收集、使用个人信息,应当遵循合法、正当、必要的原则,公开收集、使用规则,明示收集、使用信息的目的、方式和范围,并经被收集者同意。

网络运营者不得收集与其提供的服务无关的个人信息,不得违反法律、行政法规的规定和双方的约定收集、使用个人信息,并应当依照法律、行政法规的规定和与用户的约定,处理其保存的个人信息。

第四十二条 网络运营者不得泄露、篡改、毁损其收集的个人信息;未经被收集者同意,不得向他人提供个人信息。但是,经过处理无法识别特定个人且不能复原的除外。

网络运营者应当采取技术措施和其他必要措施,确保其收集的个人信息安全,防止信息泄露、毁损、丢失。在发生或者可能发生个人信息泄露、毁损、丢失的情况时,应当立即采取补救措施,按照规定及时告知用户并向有关主管部门报告。

第四十三条 个人发现网络运营者违反法律、行政法规的规定或者双方的约定收集、使用其个人信息的,有权要求网络运营者删除其个人信息;发现网络运营者收集、存储的其个人信息有错误的,有权要求网络运营者予以更正。网络运营者应当采取措施予以删除或者更正。

第四十四条 任何个人和组织不得窃取或者以其他非法方式获取个人信息,不得非法出售或者非法向他人提供个人信息。

第四十五条 依法负有网络安全监督管理职责的部门及其工作人员,必须对在履行职责中知悉的个人信息、隐私和商业秘密严格保密,不得泄露、出售或者非法向他人提供。

第四十六条 任何个人和组织应当对其使用网络的行为负责,不得设立用于实施诈骗,传授犯罪方法,制作或者销售违禁物品、管制物品等违法犯罪活动的网站、通讯群组,不得利用网络发布涉及实施诈骗,制作或者销售违禁物品、管制物品以及其他违法犯罪活动的信息。

第四十七条 网络运营者应当加强对其用户发布的信息的管理,发现法律、行政法规禁止发布或者传输的信息的,应当立即停止传输该信息,采取消除等处置措施,防止信息扩散,保存有关记录,并向有关主管部门报告。

第四十八条 任何个人和组织发送的电子信息、提供的应用软件,不得设置恶意程序,不得含有法律、行政法规禁止发布或者传输的信息。

电子信息发送服务提供者和应用软件下载服务提供者,应当履行安全管理义务,知道其用户有前款规定行为的,应当停止提供服务,采取消除等处置措施,保存有关记录,并向有关主管部门报告。

第四十九条 网络运营者应当建立网络信息安全投诉、举报制度,公布投诉、举报方式等信息,及时受理并处理有关网络信息安全的投诉和举报。

网络运营者对网信部门和有关部门依法实施的监督检查,应当予以配合。

第五十条 国家网信部门和有关部门依法履行网络信息安全监督管理职责,发现法律、行政法规禁止发布或者传输的信息的,应当要求网络运营者停止传输,采取消除等处置措施,保存有关记录;对来源于中华人民共和国境外的上述信息,应当通知有关机构采取技术措施和其他必要措施阻断传播。

……

第六章 法律责任

第五十九条 网络运营者不履行本法第二十一条、第二十五条规定的网络安全保护义务的,由有关主管部门责令改正,给予警告;拒不改正或者导致危害网络安全等后果的,处一万元以上十万元以下罚款，对直接负责的主管人员处五千元以上五万元以下罚款。

关键信息基础设施的运营者不履行本法第三十三条、第三十四条、第三十六条、第三十八条规定的网络安全保护义务的，由有关主管部门责令改正，给予警告；拒不改正或者导致危害网络安全等后果的，处十万元以上一百万元以下罚款，对直接负责的主管人员处一万元以上十万元以下罚款。

第六十条 违反本法第二十二条第一款、第二款和第四十八条第一款规定，有下列行为之一的，由有关主管部门责令改正，给予警告；拒不改正或者导致危害网络安全等后果的，处五万元以上五十万元以下罚款，对直接负责的主管人员处一万元以上十万元以下罚款：

（一）设置恶意程序的；

（二）对其产品、服务存在的安全缺陷、漏洞等风险未立即采取补救措施，或者未按照规定及时告知用户并向有关主管部门报告的；

（三）擅自终止为其产品、服务提供安全维护的。

第六十一条 网络运营者违反本法第二十四条第一款规定，未要求用户提供真实身份信息，或者对不提供真实身份信息的用户提供相关服务的，由有关主管部门责令改正；拒不改正或者情节严重的，处五万元以上五十万元以下罚款，并可以由有关主管部门责令暂停相关业务、停业整顿、关闭网站、吊销相关业务许可证或者吊销营业执照，对直接负责的主管人员和其他直接责任人员处一万元以上十万元以下罚款。

第六十二条 违反本法第二十六条规定，开展网络安全认证、检测、风险评估等活动，或者向社会发布系统漏洞、计算机病毒、网络攻击、网络侵入等网络安全信息的，由有关主管部门责令改正，给予警告；拒不改正或者情节严重的，处一万元以上十万元以下罚款，并可以由有关主管部门责令暂停相关业务、停业整顿、关闭网站、吊销相关业务许可证或者吊销营业执照，对直接负责的主管人员和其他直接责任人员处五千元以上五万元以下罚款。

第六十三条 违反本法第二十七条规定，从事危害网络安全的活动，或者提供专门用于从事危害网络安全活动的程序、工具，或者为他人从事危害网络安全的活动提供技术支持、广告推广、支付结算等帮助，尚不构成犯罪的，由公安机关没收违法所得，处五日以下拘留，可以并处五万元以上五十万元以下罚款；情节较重的，处五日以上十五日以下拘留，可以并处十万元以上一百万元以下罚款。

单位有前款行为的，由公安机关没收违法所得，处十万元以上一百万元以下罚款，并对直接负责的主管人员和其他直接责任人员依照前款规定处罚。

违反本法第二十七条规定，受到治安管理处罚的人员，五年内不得从事网络安全管理和网络运营关键岗位的工作；受到刑事处罚的人员，终身不得从事网络安全管理和网络运营关键岗位的工作。

第六十四条 网络运营者、网络产品或者服务的提供者违反本法第二十二条第三款、第四十一条至第四十三条规定，侵害个人信息依法得到保护的权利的，由有关主管部门责令改正，可以根据情节单处或者并处警告、没收违法所得、处违法所得一倍以上十倍以下罚款，没有违法所得的，处一百万元以下罚款，对直接负责的主管人员和其他直接责任人员处一万元以上十万元以下罚款；情节严重的，并可以责令暂停相关业务、停业整顿、关闭网站、吊销相关业务许可证或者吊销营业执照。

违反本法第四十四条规定，窃取或者以其他非法方式获取、非法出售或者非法向他人提供个人信息，尚不构成犯罪的，由公安机关没收违法所得，并处违法所得一倍以上十倍以下罚款，没有违法所得的，处一百万元以下罚款。

第六十五条 关键信息基础设施的运营者违反本法第三十五条规定，使用未经安全审查或者安全审查未通过的网络产品或者服务的，由有关主管部门责令停止使用，处采购金额一倍以上十倍以下罚款；对直接负责的主管人员和其他直接责任人员处一万元以上十万元以下罚款。

第六十六条 关键信息基础设施的运营者违反本法第三十七条规定，在境外存储网络数据，或者向境外提供网络数据的，由有关主管部门责令改正，给予警告，没收违法所得，处五万元以上五十万元以下罚款，并可以责令暂停相关业务、停业整顿、关闭网站、吊销相关业务许可证或者吊销营业执照；对直接负责的主管人员和其他直接责任人员处一万元以上十万元以下罚款。

第六十七条 违反本法第四十六条规定，设立用于实施违法犯罪活动的网站、通讯群组，或者利用网络发布涉及实施违法犯罪活动的信息，尚不构成犯罪的，由公安机关处五日以下拘留，可以并处一万元以上十万元以下罚款；情节较重的，处五日以上十五日以下拘留，可以并处五万元以上五十万元以下罚款。关闭用于实施违法犯罪活动的网站、通讯群组。

单位有前款行为的，由公安机关处十万元以上五十万元以下罚款，并对直接负责的主管人员和其他直接责任人员依照前款规定处罚。

第六十八条 网络运营者违反本法第四十七条规定，对法律、行政法规禁止发布或者传输的信息未停止传输、采取消除等处置措施、保存有关记录的，由有关主管部门责令改正，给予警告，没收违法所得；拒不改正或者情节严重的，处十万元以上五十万元以下罚款，并可以责令暂停相关业务、停业整顿、关闭网站、吊销相关业务许可证或者吊销营业执照，对直接负责的主管人员和其他直接责任人员处一万元以上十万元以下罚款。

电子信息发送服务提供者、应用软件下载服务提供者，不履行本法第四十八条第二款规定的安全管理义务的，依照前款规定处罚。

第六十九条 网络运营者违反本法规定，有下列行为之一的，由有关主管部门责令改正；拒不改正或者情节严重的，处五万元以上五十万元以下罚款，对直接负责的主管人员和其他直接责任人员，处一万元以上十万元以下罚款：

（一）不按照有关部门的要求对法律、行政法规禁止发布或者传输的信息，采取停止传输、消除等处置措施的；

（二）拒绝、阻碍有关部门依法实施的监督检查的；

（三）拒不向公安机关、国家安全机关提供技术支持和协助的。

第七十条 发布或者传输本法第十二条第二款和其他法律、行政法规禁止发布或者传输的信息的，依照有关法律、行政法规的规定处罚。

第七十一条 有本法规定的违法行为的，依照有关法律、行政法规的规定记入信用档案，并予以公示。

第七十二条 国家机关政务网络的运营者不履行本法规定的网络安全保护义务的，由其上级机关或者有关机关责令改正；对直接负责的主管人员和其他直接责任人员依法给予处分。

第七十三条 网信部门和有关部门违反本法第三十条规定，将在履行网络安全保护职责中获取的信息用于其他用途的，对直接负责的主管人员和其他直接责任人员依法给予处分。

网信部门和有关部门的工作人员玩忽职守、滥用职权、徇私舞弊，尚不构成犯罪的，依法给予处分。

第七十四条 违反本法规定，给他人造成损害的，依法承担民事责任。

违反本法规定，构成违反治安管理行为的，依法给予治安管理处罚；构成犯罪的，依法追究刑事责任。

第七十五条 境外的机构、组织、个人从事攻击、侵入、干扰、破坏等危害中华人民共和国的关键信息基础设施的活动，造成严重后果的，依法追究法律责任；国务院公安部门和有关部门并可以决定对该机构、组织、个人采取冻结财产或者其他必要的制裁措施。

……

互联网上网服务营业场所管理条例

· 2002 年 9 月 29 日中华人民共和国国务院令第 363 号公布
· 根据 2011 年 1 月 8 日《国务院关于废止和修改部分行政法规的决定》第一次修订
· 根据 2016 年 2 月 6 日《国务院关于修改部分行政法规的决定》第二次修订
· 根据 2019 年 3 月 24 日《国务院关于修改部分行政法规的决定》第三次修订
· 根据 2022 年 3 月 29 日《国务院关于修改和废止部分行政法规的决定》第四次修订

第一章 总 则

第一条 为了加强对互联网上网服务营业场所的管理，规范经营者的经营行为，维护公众和经营者的合法权益，保障互联网上网服务经营活动健康发展，促进社会主义精神文明建设，制定本条例。

第二条 本条例所称互联网上网服务营业场所,是指通过计算机等装置向公众提供互联网上网服务的网吧、电脑休闲室等营业性场所。

学校、图书馆等单位内部附设的为特定对象获取资料、信息提供上网服务的场所,应当遵守有关法律、法规,不适用本条例。

第三条 互联网上网服务营业场所经营单位应当遵守有关法律、法规的规定,加强行业自律,自觉接受政府有关部门依法实施的监督管理,为上网消费者提供良好的服务。

互联网上网服务营业场所的上网消费者,应当遵守有关法律、法规的规定,遵守社会公德,开展文明、健康的上网活动。

第四条 县级以上人民政府文化行政部门负责互联网上网服务营业场所经营单位的设立审批,并负责对依法设立的互联网上网服务营业场所经营单位经营活动的监督管理;公安机关负责对互联网上网服务营业场所经营单位的信息网络安全、治安及消防安全的监督管理;工商行政管理部门负责对互联网上网服务营业场所经营单位登记注册和营业执照的管理,并依法查处无照经营活动;电信管理等其他有关部门在各自职责范围内,依照本条例和有关法律、行政法规的规定,对互联网上网服务营业场所经营单位分别实施有关监督管理。

第五条 文化行政部门、公安机关、工商行政管理部门和其他有关部门及其工作人员不得从事或者变相从事互联网上网服务经营活动,也不得参与或者变相参与互联网上网服务营业场所经营单位的经营活动。

第六条 国家鼓励公民、法人和其他组织对互联网上网服务营业场所经营单位的经营活动进行监督,并对有突出贡献的给予奖励。

第二章　设　立

第七条 国家对互联网上网服务营业场所经营单位的经营活动实行许可制度。未经许可,任何组织和个人不得从事互联网上网服务经营活动。

第八条 互联网上网服务营业场所经营单位从事互联网上网服务经营活动,应当具备下列条件:

(一)有企业的名称、住所、组织机构和章程;

(二)有与其经营活动相适应的资金;

(三)有与其经营活动相适应并符合国家规定的消防安全条件的营业场所;

(四)有健全、完善的信息网络安全管理制度和安全技术措施;

(五)有固定的网络地址和与其经营活动相适应的计算机等装置及附属设备;

(六)有与其经营活动相适应并取得从业资格的安全管理人员、经营管理人员、专业技术人员;

(七)法律、行政法规和国务院有关部门规定的其他条件。

互联网上网服务营业场所的最低营业面积、计算机等装置及附属设备数量、单机面积的标准,由国务院文化行政部门规定。

审批从事互联网上网服务经营活动,除依照本条第一款、第二款规定的条件外,还应当符合国务院文化行政部门和省、自治区、直辖市人民政府文化行政部门规定的互联网上网服务营业场所经营单位的总量和布局要求。

第九条 中学、小学校园周围200米范围内和居民住宅楼(院)内不得设立互联网上网服务营业场所。

第十条 互联网上网服务营业场所经营单位申请从事互联网上网服务经营活动,应当向县级以上地方人民政府文化行政部门提出申请,并提交下列文件:

(一)企业营业执照和章程;

(二)法定代表人或者主要负责人的身份证明材料;

(三)资金信用证明;

(四)营业场所产权证明或者租赁意向书;

(五)依法需要提交的其他文件。

第十一条 文化行政部门应当自收到申请之日起20个工作日内作出决定;经审查,符合条件的,发给同意筹建的批准文件。

申请人完成筹建后,应当向同级公安机关承诺符合信息网络安全审核条件,并经公安机关确认当场签署承诺书。申请人还应当依照有关消防管理法律法规的规定办理审批手续。

申请人执信息网络安全承诺书并取得消防安全批准文件后,向文化行政部门申请最终审核。文化行政部门应当自收到申请之日起15个工作日内依据本条例第八条的规定作出决定;经实地检查并审核合格的，发给《网络文化经营许可证》。

对申请人的申请，有关部门经审查不符合条件的，或者经审核不合格的，应当分别向申请人书面说明理由。

文化行政部门发放《网络文化经营许可证》的情况或互联网上网服务营业场所经营单位拟开展经营活动的情况，应当向同级公安机关通报或报备。

第十二条 互联网上网服务营业场所经营单位不得涂改、出租、出借或者以其他方式转让《网络文化经营许可证》。

第十三条 互联网上网服务营业场所经营单位变更营业场所地址或者对营业场所进行改建、扩建，变更计算机数量或者其他重要事项的，应当经原审核机关同意。

互联网上网服务营业场所经营单位变更名称、住所、法定代表人或者主要负责人、注册资本、网络地址或者终止经营活动的，应当依法到工商行政管理部门办理变更登记或者注销登记，并到文化行政部门、公安机关办理有关手续或者备案。

第三章 经 营

第十四条 互联网上网服务营业场所经营单位和上网消费者不得利用互联网上网服务营业场所制作、下载、复制、查阅、发布、传播或者以其他方式使用含有下列内容的信息：

（一）反对宪法确定的基本原则的；

（二）危害国家统一、主权和领土完整的；

（三）泄露国家秘密，危害国家安全或者损害国家荣誉和利益的；

（四）煽动民族仇恨、民族歧视，破坏民族团结，或者侵害民族风俗、习惯的；

（五）破坏国家宗教政策，宣扬邪教、迷信的；

（六）散布谣言，扰乱社会秩序，破坏社会稳定的；

（七）宣传淫秽、赌博、暴力或者教唆犯罪的；

（八）侮辱或者诽谤他人，侵害他人合法权益的；

（九）危害社会公德或者民族优秀文化传统的；

（十）含有法律、行政法规禁止的其他内容的。

第十五条 互联网上网服务营业场所经营单位和上网消费者不得进行下列危害信息网络安全的活动：

（一）故意制作或者传播计算机病毒以及其他破坏性程序的；

（二）非法侵入计算机信息系统或者破坏计算机信息系统功能、数据和应用程序的；

（三）进行法律、行政法规禁止的其他活动的。

第十六条 互联网上网服务营业场所经营单位应当通过依法取得经营许可证的互联网接入服务提供者接入互联网，不得采取其他方式接入互联网。

互联网上网服务营业场所经营单位提供上网消费者使用的计算机必须通过局域网的方式接入互联网，不得直接接入互联网。

第十七条 互联网上网服务营业场所经营单位不得经营非网络游戏。

第十八条 互联网上网服务营业场所经营单位和上网消费者不得利用网络游戏或者其他方式进行赌博或者变相赌博活动。

第十九条 互联网上网服务营业场所经营单位应当实施经营管理技术措施，建立场内巡查制度，发现上网消费者有本条例第十四条、第十五条、第十八条所列行为或者有其他违法行为的，应当立即予以制止并向文化行政部门、公安机关举报。

第二十条 互联网上网服务营业场所经营单位应当在营业场所的显著位置悬挂《网络文化经营许可证》和营业执照。

第二十一条 互联网上网服务营业场所经营单位不得接纳未成年人进入营业场所。

互联网上网服务营业场所经营单位应当在营业场所入口处的显著位置悬挂未成年人禁入标志。

第二十二条 互联网上网服务营业场所每日营业时间限于8时至24时。

第二十三条 互联网上网服务营业场所经营单位应当对上网消费者的身份证等有效证件进行核对、登记，并记录有关上网信息。登记内容和记录备份保存时间不得少于60日，并在文化行政部门、公安机关依法查询时予以提供。登记内容和记录备份在保存期内不得修改或者删除。

第二十四条 互联网上网服务营业场所经营单位应当依法履行信息网络安全、治安和消防安全职责，并遵守下列规定：

（一）禁止明火照明和吸烟并悬挂禁止吸烟标志；

（二）禁止带入和存放易燃、易爆物品；

（三）不得安装固定的封闭门窗栅栏；

（四）营业期间禁止封堵或者锁闭门窗、安全疏散通道和安全出口；

（五）不得擅自停止实施安全技术措施。

第四章 罚 则

第二十五条 文化行政部门、公安机关、工商行政管理部门或者其他有关部门及其工作人员，利用职务上的便利收受他人财物或者其他好处，违法批准不符合法定设立条件的互联网上网服务营业场所经营单位，或者不依法履行监督职责，或者发现违法行为不予依法查处，触犯刑律的，对直接负责的主管人员和其他直接责任人员依照刑法关于受贿罪、滥用职权罪、玩忽职守罪或者其他罪的规定，依法追究刑事责任；尚不够刑事处罚的，依法给予降级、撤职或者开除的行政处分。

第二十六条 文化行政部门、公安机关、工商行政管理部门或者其他有关部门的工作人员，从事或者变相从事互联网上网服务经营活动的，参与或者变相参与互联网上网服务营业场所经营单位的经营活动的，依法给予降级、撤职或者开除的行政处分。

文化行政部门、公安机关、工商行政管理部门或者其他有关部门有前款所列行为的，对直接负责的主管人员和其他直接责任人员依照前款规定依法给予行政处分。

第二十七条 违反本条例的规定，擅自从事互联网上网服务经营活动的，由文化行政部门或者由文化行政部门会同公安机关依法予以取缔，查封其从事违法经营活动的场所，扣押从事违法经营活动的专用工具、设备；触犯刑律的，依照刑法关于非法经营罪的规定，依法追究刑事责任；尚不够刑事处罚的，由文化行政部门没收违法所得及其从事违法经营活动的专用工具、设备；违法经营额1万元以上的，并处违法经营额5倍以上10倍以下的罚款；违法经营额不足1万元的，并处1万元以上5万元以下的罚款。

第二十八条 文化行政部门应当建立互联网上网服务营业场所经营单位的经营活动信用监管制度，建立健全信用约束机制，并及时公布行政处罚信息。

第二十九条 互联网上网服务营业场所经营单位违反本条例的规定，涂改、出租、出借或者以其他方式转让《网络文化经营许可证》，触犯刑律的，依照刑法关于伪造、变造、买卖国家机关公文、证件、印章罪的规定，依法追究刑事责任；尚不够刑事处罚的，由文化行政部门吊销《网络文化经营许可证》，没收违法所得；违法经营额5000元以上的，并处违法经营额2倍以上5倍以下的罚款；违法经营额不足5000元的，并处5000元以上1万元以下的罚款。

第三十条 互联网上网服务营业场所经营单位违反本条例的规定，利用营业场所制作、下载、复制、查阅、发布、传播或者以其他方式使用含有本条例第十四条规定禁止含有的内容的信息，触犯刑律的，依法追究刑事责任；尚不够刑事处罚的，由公安机关给予警告，没收违法所得；违法经营额1万元以上的，并处违法经营额2倍以上5倍以下的罚款；违法经营额不足1万元的，并处1万元以上2万元以下的罚款；情节严重的，责令停业整顿，直至由文化行政部门吊销《网络文化经营许可证》。

上网消费者有前款违法行为，触犯刑律的，依法追究刑事责任；尚不够刑事处罚的，由公安机关依照治安管理处罚法的规定给予处罚。

第三十一条 互联网上网服务营业场所经营单位违反本条例的规定，有下列行为之一的，由文化行政部门给予警告，可以并处15000元以下的罚款；情节严重的，责令停业整顿，直至吊销《网络文化经营许可证》：

（一）在规定的营业时间以外营业的；

（二）接纳未成年人进入营业场所的；

（三）经营非网络游戏的；

（四）擅自停止实施经营管理技术措施的；

（五）未悬挂《网络文化经营许可证》或者未成年人禁入标志的。

第三十二条 公安机关应当自互联网上网服务营业场所经营单位正式开展经营活动20个工作日内，对其依法履行信息网络安全职责情况进行实地检查。检查发现互联网上网服务营业场所经营单位未履行承诺的信息网络安全责任的，由公安机关给予警告，可以并处15000元以下罚款；情节严重的，责令停业整顿，直至由文化行政部门吊销《网络文化经营许可证》。

第三十三条 互联网上网服务营业场所经营单位违反本条例的规定,有下列行为之一的,由文化行政部门、公安机关依据各自职权给予警告,可以并处15000元以下的罚款;情节严重的,责令停业整顿,直至由文化行政部门吊销《网络文化经营许可证》:

(一)向上网消费者提供的计算机未通过局域网的方式接入互联网的;

(二)未建立场内巡查制度,或者发现上网消费者的违法行为未予制止并向文化行政部门、公安机关举报的;

(三)未按规定核对、登记上网消费者的有效身份证件或者记录有关上网信息的;

(四)未按规定时间保存登记内容、记录备份,或者在保存期内修改、删除登记内容、记录备份的;

(五)变更名称、住所、法定代表人或者主要负责人、注册资本、网络地址或者终止经营活动,未向文化行政部门、公安机关办理有关手续或者备案的。

第三十四条 互联网上网服务营业场所经营单位违反本条例的规定,有下列行为之一的,由公安机关给予警告,可以并处15000元以下的罚款;情节严重的,责令停业整顿,直至由文化行政部门吊销《网络文化经营许可证》:

(一)利用明火照明或者发现吸烟不予制止,或者未悬挂禁止吸烟标志的;

(二)允许带入或者存放易燃、易爆物品的;

(三)在营业场所安装固定的封闭门窗栅栏的;

(四)营业期间封堵或者锁闭门窗、安全疏散通道或者安全出口的;

(五)擅自停止实施安全技术措施的。

第三十五条 违反国家有关信息网络安全、治安管理、消防管理、工商行政管理、电信管理等规定,触犯刑律的,依法追究刑事责任;尚不够刑事处罚的,由公安机关、工商行政管理部门、电信管理机构依法给予处罚;情节严重的,由原发证机关吊销许可证件。

第三十六条 互联网上网服务营业场所经营单位违反本条例的规定,被吊销《网络文化经营许可证》的,自被吊销《网络文化经营许可证》之日起5年内,其法定代表人或者主要负责人不得担任互联网上网服务营业场所经营单位的法定代表人或者主要负责人。

擅自设立的互联网上网服务营业场所经营单位被依法取缔的,自被取缔之日起5年内,其主要负责人不得担任互联网上网服务营业场所经营单位的法定代表人或者主要负责人。

第三十七条 依照本条例的规定实施罚款的行政处罚,应当依照有关法律、行政法规的规定,实行罚款决定与罚款收缴分离;收缴的罚款和违法所得必须全部上缴国库。

第五章 附 则

第三十八条 本条例自2002年11月15日起施行。2001年4月3日信息产业部、公安部、文化部、国家工商行政管理局发布的《互联网上网服务营业场所管理办法》同时废止。

网络交易平台合同格式条款规范指引

·2014年7月30日

·工商市字〔2014〕144号

第一章 总 则

第一条 为规范网络交易平台合同格式条款,保护经营者和消费者的合法权益,促进网络经济持续健康发展,依据《中华人民共和国合同法》、《中华人民共和国消费者权益保护法》、《网络交易管理办法》等法律、法规和规章,制定本规范指引。

第二条 中华人民共和国境内设立的网络交易平台的经营者通过互联网(含移动互联网),以数据电文为载体,采用格式条款与平台内经营者或者消费者(以下称"合同相对人")订立合同的,适用本规范指引。

第三条 本指引所称网络交易平台合同格式条款是网络交易平台经营者为了重复使用而预先拟定,并在订立合同时未与合同相对人协商的以下相关协议、规则或者条款:

(一)用户注册协议;

(二)商家入驻协议;

(三)平台交易规则;

(四)信息披露与审核制度;

(五)个人信息与商业秘密收集、保护制度;

(六)消费者权益保护制度;

(七)广告发布审核制度;

(八)交易安全保障与数据备份制度;

(九)争议解决机制;

(十)其他合同格式条款。

网络交易平台经营者以告示、通知、声明、须知、说明、凭证、单据等形式明确规定平台内经营者和消费者具体权利义务,符合前款规定的,依法视为合同格式条款。

第四条 工商行政管理机关在职权范围内,依法对利用合同格式条款侵害消费者合法权益的行为进行监督处理。

第五条 鼓励支持网络交易行业组织对本行业内合同格式条款的制定和使用进行规范,加强行业自律,促进行业规范发展。

第二章 合同格式条款的基本要求

第六条 网络交易平台经营者在经营活动中使用合同格式条款的,应当符合法律、法规和规章的规定,按照公平、公开和诚实信用的原则确定双方的权利与义务。

网络交易平台经营者修改合同格式条款的,应当遵循公开、连续、合理的原则,修改内容应当至少提前七日予以公示并通知合同相对人。

第七条 网络交易平台经营者应当在其网站主页面显著位置展示合同格式条款或者其电子链接,并从技术上保证平台内经营者或者消费者能够便利、完整地阅览和保存。

第八条 网络交易平台经营者应当在其网站主页面适当位置公示以下信息或者其电子链接:

(一)营业执照以及相关许可证;

(二)互联网信息服务许可或者备案信息;

(三)经营地址、邮政编码、电话号码、电子信箱等联系信息;

(四)法律、法规规定其他应披露的信息。

网络交易平台经营者应确保所披露的内容清晰、真实、全面、可被识别和易于获取。

第九条 网络交易平台经营者使用合同格式条款的,应当采用显著方式提请合同相对人注意与其有重大利害关系、对其权利可能造成影响的价款或者费用、履行期限和方式、安全注意事项和风险警示、售后服务、民事责任等内容。网络交易平台经营者应当按照合同相对人的要求对格式条款作出说明。鼓励网络交易平台经营者采取必要的技术手段和管理措施确保平台内经营者履行提示和说明义务。

前款所述显著方式是指,采用足以引起合同相对人注意的方式,包括:合理运用足以引起注意的文字、符号、字体等特别标识。不得以技术手段对合同格式条款设置不方便链接或者隐藏格式条款内容,不得仅以提示进一步阅读的方式履行提示义务。

网络交易平台经营者违反合同法第三十九条第一款关于提示和说明义务的规定,导致对方没有注意免除或者限制责任的条款,合同相对人依法可以向人民法院提出撤销该合同格式条款的申请。

网络交易平台经营者使用的合同格式条款,属于《消费者权益保护法》第二十六条第二款和《最高人民法院关于适用〈中华人民共和国合同法〉若干问题的解释(二)》第十条规定情形的,其内容无效。

第十条 网络交易平台经营者不得在合同格式条款中免除或者减轻自己的下列责任:

(一)造成消费者人身损害的责任;

(二)因故意或者重大过失造成消费者财产损失的责任;

(三)对平台内经营者提供商品或者服务依法应当承担的连带责任;

(四)对收集的消费者个人信息和经营者商业秘密的信息安全责任;

(五)依法应当承担的违约责任和其他责任。

第十一条 网络交易平台经营者不得有下列利用合同格式条款加重平台内经营者或者消费者责任的行为:

(一)使消费者承担违约金或者损害赔偿明显超过法定数额或者合理数额;

(二)使平台内经营者或者消费者承担依法应由网络交易平台经营者承担的责任;

(三)合同附终止期限的,擅自延长平台内经营者或者消费者履行合同的期限;

(四)使平台内经营者或者消费者承担在不确定期限内履行合同的责任;

(五)违法加重平台内经营者或消费者其他责任的行为。

第十二条 网络交易平台经营者不得在合同格式条款中排除或者限制平台内经营者或者消费者的下列权利：

（一）依法变更、撤销或者解除合同的权利；

（二）依法中止履行或者终止履行合同的权利；

（三）依法请求继续履行、采取补救措施、支付违约金或者损害赔偿的权利；

（四）就合同争议提起诉讼、仲裁或者其他救济途径的权利；

（五）请求解释格式条款的权利；

（六）平台内经营者或消费者依法享有的其他权利。

第十三条 对网络交易平台经营者提供的合同格式条款内容理解发生争议的，应当按照通常理解予以解释；对相应内容有两种以上解释的，应当作出不利于网络交易平台经营者的解释。格式条款与非格式条款不一致的，应当采用非格式条款。

第三章 合同格式条款的履行与救济

第十四条 网络交易平台合同格式条款可以包含当事各方约定的争议处理解决方式。对于小额和简单的消费争议，鼓励当事各方采用网络消费争议解决机制快速处理。

第十五条 支持消费者协会、网络交易行业协会或者其他消费者组织通过座谈会、问卷调查、点评等方式收集消费者对网络交易平台合同格式条款的意见，发现合同格式条款违反法律、法规和规章规定的，可以向相关主管部门提出。

认为网络交易平台合同格式条款损害消费者权益或者存在违法情形的，可以向相关主管部门投诉和举报。

第十六条 消费者因网络交易平台合同格式条款与网络交易平台经营者发生纠纷，向人民法院提起诉讼的，消费者协会或者其他消费者组织可以依法支持消费者提起诉讼。

第十七条 鼓励、引导网络交易平台经营者采用网络交易合同示范文本，或者参照合同示范文本制定合同格式条款。

第四章 附 则

第十八条 本规范指引所称网络交易平台是指第三方交易平台，即在网络商品交易活动中为交易双方或者多方提供网页空间、虚拟经营场所、交易规则、交易撮合、信息发布等服务，供交易双方或者多方独立开展交易活动的信息网络系统。

第十九条 网络商品经营者，通过互联网（含移动互联网），以数据电文为载体，采用格式条款与消费者订立合同的，参照适用本规范指引。

第二十条 本指引由国家工商行政管理总局负责解释。

第二十一条 国家工商行政管理总局将根据网络经济发展情况，适时发布相关领域合同格式条款规范指引。

第二十二条 本规范指引自发布之日起实施。

网络交易监督管理办法

· 2021 年 3 月 15 日国家市场监督管理总局令第 37 号公布

· 自 2021 年 5 月 1 日起施行

第一章 总 则

第一条 为了规范网络交易活动，维护网络交易秩序，保障网络交易各方主体合法权益，促进数字经济持续健康发展，根据有关法律、行政法规，制定本办法。

第二条 在中华人民共和国境内，通过互联网等信息网络（以下简称通过网络）销售商品或者提供服务的经营活动以及市场监督管理部门对其进行监督管理，适用本办法。

在网络社交、网络直播等信息网络活动中销售商品或者提供服务的经营活动，适用本办法。

第三条 网络交易经营者从事经营活动，应当遵循自愿、平等、公平、诚信原则，遵守法律、法规、规章和商业道德、公序良俗，公平参与市场竞争，认真履行法定义务，积极承担主体责任，接受社会各界监督。

第四条 网络交易监督管理坚持鼓励创新、包容审慎、严守底线、线上线下一体化监管的原则。

第五条 国家市场监督管理总局负责组织指导全国网络交易监督管理工作。

县级以上地方市场监督管理部门负责本行政区域内的网络交易监督管理工作。

第六条 市场监督管理部门引导网络交易经营者、网络交易行业组织、消费者组织、消费者共同参与网络交易市场治理,推动完善多元参与、有效协同、规范有序的网络交易市场治理体系。

第二章 网络交易经营者

第一节 一般规定

第七条 本办法所称网络交易经营者,是指组织、开展网络交易活动的自然人、法人和非法人组织,包括网络交易平台经营者、平台内经营者、自建网站经营者以及通过其他网络服务开展网络交易活动的网络交易经营者。

本办法所称网络交易平台经营者,是指在网络交易活动中为交易双方或者多方提供网络经营场所、交易撮合、信息发布等服务,供交易双方或者多方独立开展网络交易活动的法人或者非法人组织。

本办法所称平台内经营者,是指通过网络交易平台开展网络交易活动的网络交易经营者。

网络社交、网络直播等网络服务提供者为经营者提供网络经营场所、商品浏览、订单生成、在线支付等网络交易平台服务的,应当依法履行网络交易平台经营者的义务。通过上述网络交易平台服务开展网络交易活动的经营者,应当依法履行平台内经营者的义务。

第八条 网络交易经营者不得违反法律、法规、国务院决定的规定,从事无证无照经营。除《中华人民共和国电子商务法》第十条规定的不需要进行登记的情形外,网络交易经营者应当依法办理市场主体登记。

个人通过网络从事保洁、洗涤、缝纫、理发、搬家、配制钥匙、管道疏通、家电家具修理修配等依法无须取得许可的便民劳务活动,依照《中华人民共和国电子商务法》第十条的规定不需要进行登记。

个人从事网络交易活动,年交易额累计不超过10万元的,依照《中华人民共和国电子商务法》第十条的规定不需要进行登记。同一经营者在同一平台或者不同平台开设多家网店的,各网店交易额合并计算。个人从事的零星小额交易须依法取得行政许可的,应当依法办理市场主体登记。

第九条 仅通过网络开展经营活动的平台内经营者申请登记为个体工商户的,可以将网络经营场所登记为经营场所,将经常居住地登记为住所,其住所所在地的县、自治县、不设区的市、市辖区市场监督管理部门为其登记机关。同一经营者有两个以上网络经营场所的,应当一并登记。

第十条 平台内经营者申请将网络经营场所登记为经营场所的,由其入驻的网络交易平台为其出具符合登记机关要求的网络经营场所相关材料。

第十一条 网络交易经营者销售的商品或者提供的服务应当符合保障人身、财产安全的要求和环境保护要求,不得销售或者提供法律、行政法规禁止交易,损害国家利益和社会公共利益,违背公序良俗的商品或者服务。

第十二条 网络交易经营者应当在其网站首页或者从事经营活动的主页面显著位置,持续公示经营者主体信息或者该信息的链接标识。鼓励网络交易经营者链接到国家市场监督管理总局电子营业执照亮照系统,公示其营业执照信息。

已经办理市场主体登记的网络交易经营者应当如实公示下列营业执照信息以及与其经营业务有关的行政许可等信息,或者该信息的链接标识:

(一)企业应当公示其营业执照登载的统一社会信用代码、名称、企业类型、法定代表人(负责人)、住所、注册资本(出资额)等信息;

(二)个体工商户应当公示其营业执照登载的统一社会信用代码、名称、经营者姓名、经营场所、组成形式等信息;

(三)农民专业合作社、农民专业合作社联合社应当公示其营业执照登载的统一社会信用代码、名称、法定代表人、住所、成员出资总额等信息。

依照《中华人民共和国电子商务法》第十条规定不需要进行登记的经营者应当根据自身实际经营活动类型,如实公示以下自我声明以及实际经营地址、联系方式等信息,或者该信息的链接标识:

(一)“个人销售自产农副产品,依法不需要办理市场主体登记”;

(二)“个人销售家庭手工业产品,依法不需要办理市场主体登记”;

(三)"个人利用自己的技能从事依法无须取得许可的便民劳务活动,依法不需要办理市场主体登记";

(四)"个人从事零星小额交易活动,依法不需要办理市场主体登记"。

网络交易经营者公示的信息发生变更的,应当在十个工作日内完成更新公示。

第十三条 网络交易经营者收集、使用消费者个人信息,应当遵循合法、正当、必要的原则,明示收集、使用信息的目的、方式和范围,并经消费者同意。网络交易经营者收集、使用消费者个人信息,应当公开其收集、使用规则,不得违反法律、法规的规定和双方的约定收集、使用信息。

网络交易经营者不得采用一次概括授权、默认授权、与其他授权捆绑、停止安装使用等方式,强迫或者变相强迫消费者同意收集、使用与经营活动无直接关系的信息。收集、使用个人生物特征、医疗健康、金融账户、个人行踪等敏感信息的,应当逐项取得消费者同意。

网络交易经营者及其工作人员应当对收集的个人信息严格保密,除依法配合监管执法活动外,未经被收集者授权同意,不得向包括关联方在内的任何第三方提供。

第十四条 网络交易经营者不得违反《中华人民共和国反不正当竞争法》等规定,实施扰乱市场竞争秩序,损害其他经营者或者消费者合法权益的不正当竞争行为。

网络交易经营者不得以下列方式,作虚假或者引人误解的商业宣传,欺骗、误导消费者:

(一)虚构交易、编造用户评价;

(二)采用误导性展示等方式,将好评前置、差评后置,或者不显著区分不同商品或者服务的评价等;

(三)采用谎称现货、虚构预订、虚假抢购等方式进行虚假营销;

(四)虚构点击量、关注度等流量数据,以及虚构点赞、打赏等交易互动数据。

网络交易经营者不得实施混淆行为,引人误认为是他人商品、服务或者与他人存在特定联系。

网络交易经营者不得编造、传播虚假信息或者误导性信息,损害竞争对手的商业信誉、商品声誉。

第十五条 消费者评价中包含法律、行政法规、规章禁止发布或者传输的信息的,网络交易经营者可以依法予以技术处理。

第十六条 网络交易经营者未经消费者同意或者请求,不得向其发送商业性信息。

网络交易经营者发送商业性信息时,应当明示其真实身份和联系方式,并向消费者提供显著、简便、免费的拒绝继续接收的方式。消费者明确表示拒绝的,应当立即停止发送,不得更换名义后再次发送。

第十七条 网络交易经营者以直接捆绑或者提供多种可选项方式向消费者搭售商品或者服务的,应当以显著方式提醒消费者注意。提供多种可选项方式的,不得将搭售商品或者服务的任何选项设定为消费者默认同意,不得将消费者以往交易中选择的选项在后续独立交易中设定为消费者默认选择。

第十八条 网络交易经营者采取自动展期、自动续费等方式提供服务的,应当在消费者接受服务前和自动展期、自动续费等日期前五日,以显著方式提请消费者注意,由消费者自主选择;在服务期间内,应当为消费者提供显著、简便的随时取消或者变更的选项,并不得收取不合理费用。

第十九条 网络交易经营者应当全面、真实、准确、及时地披露商品或者服务信息,保障消费者的知情权和选择权。

第二十条 通过网络社交、网络直播等网络服务开展网络交易活动的网络交易经营者,应当以显著方式展示商品或者服务及其实际经营主体、售后服务等信息,或者上述信息的链接标识。

网络直播服务提供者对网络交易活动的直播视频保存时间自直播结束之日起不少于三年。

第二十一条 网络交易经营者向消费者提供商品或者服务使用格式条款、通知、声明等的,应当以显著方式提请消费者注意与消费者有重大利害关系的内容,并按照消费者的要求予以说明,不得作出含有下列内容的规定:

(一)免除或者部分免除网络交易经营者对其所提供的商品或者服务应当承担的修理、重作、更换、退货、补足商品数量、退还货款和服务费用、赔偿损失等责任;

(二)排除或者限制消费者提出修理、更换、退货、赔偿损失以及获得违约金和其他合理赔偿的权利;

（三）排除或者限制消费者依法投诉、举报、请求调解、申请仲裁、提起诉讼的权利；

（四）排除或者限制消费者依法变更或者解除合同的权利；

（五）规定网络交易经营者单方享有解释权或者最终解释权；

（六）其他对消费者不公平、不合理的规定。

第二十二条 网络交易经营者应当按照国家市场监督管理总局及其授权的省级市场监督管理部门的要求，提供特定时段、特定品类、特定区域的商品或者服务的价格、销量、销售额等数据信息。

第二十三条 网络交易经营者自行终止从事网络交易活动的，应当提前三十日在其网站首页或者从事经营活动的主页面显著位置，持续公示终止网络交易活动公告等有关信息，并采取合理、必要、及时的措施保障消费者和相关经营者的合法权益。

第二节 网络交易平台经营者

第二十四条 网络交易平台经营者应当要求申请进入平台销售商品或者提供服务的经营者提交其身份、地址、联系方式、行政许可等真实信息，进行核验、登记，建立登记档案，并至少每六个月核验更新一次。

网络交易平台经营者应当对未办理市场主体登记的平台内经营者进行动态监测，对超过本办法第八条第三款规定额度的，及时提醒其依法办理市场主体登记。

第二十五条 网络交易平台经营者应当依照法律、行政法规的规定，向市场监督管理部门报送有关信息。

网络交易平台经营者应当分别于每年1月和7月向住所地省级市场监督管理部门报送平台内经营者的下列身份信息：

（一）已办理市场主体登记的平台内经营者的名称（姓名）、统一社会信用代码、实际经营地址、联系方式、网店名称以及网址链接等信息；

（二）未办理市场主体登记的平台内经营者的姓名、身份证件号码、实际经营地址、联系方式、网店名称以及网址链接、属于依法不需要办理市场主体登记的具体情形的自我声明等信息；其中，对超过本办法第八条第三款规定额度的平台内经营者进行特别标示。

鼓励网络交易平台经营者与市场监督管理部门建立开放数据接口等形式的自动化信息报送机制。

第二十六条 网络交易平台经营者应当为平台内经营者依法履行信息公示义务提供技术支持。平台内经营者公示的信息发生变更的，应当在三个工作日内将变更情况报送平台，平台应当在七个工作日内进行核验，完成更新公示。

第二十七条 网络交易平台经营者应当以显著方式区分标记已办理市场主体登记的经营者和未办理市场主体登记的经营者，确保消费者能够清晰辨认。

第二十八条 网络交易平台经营者修改平台服务协议和交易规则的，应当完整保存修改后的版本生效之日前三年的全部历史版本，并保证经营者和消费者能够便利、完整地阅览和下载。

第二十九条 网络交易平台经营者应当对平台内经营者及其发布的商品或者服务信息建立检查监控制度。网络交易平台经营者发现平台内的商品或者服务信息有违反市场监督管理法律、法规、规章，损害国家利益和社会公共利益，违背公序良俗的，应当依法采取必要的处置措施，保存有关记录，并向平台住所地县级以上市场监督管理部门报告。

第三十条 网络交易平台经营者依据法律、法规、规章的规定或者平台服务协议和交易规则对平台内经营者违法行为采取警示、暂停或者终止服务等处理措施的，应当自决定作出处理措施之日起一个工作日内予以公示，载明平台内经营者的网店名称、违法行为、处理措施等信息。警示、暂停服务等短期处理措施的相关信息应当持续公示至处理措施实施期满之日止。

第三十一条 网络交易平台经营者对平台内经营者身份信息的保存时间自其退出平台之日起不少于三年；对商品或者服务信息，支付记录、物流快递、退换货以及售后等交易信息的保存时间自交易完成之日起不少于三年。法律、行政法规另有规定的，依照其规定。

第三十二条 网络交易平台经营者不得违反《中华人民共和国电子商务法》第三十五条的规定，对平台内经营者在平台内的交易、交易价格以及与其他经营者的交易等进行不合理限制或者附加不合理条件，干涉平台内经营者的自主经营。具体包括：

（一）通过搜索降权、下架商品、限制经营、屏蔽店铺、提高服务收费等方式，禁止或者限制平台内经营者自主选择在多个平台开展经营活动，或者利用不正当手段限制其仅在特定平台开展经营活动；

（二）禁止或者限制平台内经营者自主选择快递物流等交易辅助服务提供者；

（三）其他干涉平台内经营者自主经营的行为。

第三章 监督管理

第三十三条 县级以上地方市场监督管理部门应当在日常管理和执法活动中加强协同配合。

网络交易平台经营者住所地省级市场监督管理部门应当根据工作需要，及时将掌握的平台内经营者身份信息与其实际经营地的省级市场监督管理部门共享。

第三十四条 市场监督管理部门在依法开展监督检查、案件调查、事故处置、缺陷消费品召回、消费争议处理等监管执法活动时，可以要求网络交易平台经营者提供有关的平台内经营者身份信息，商品或者服务信息，支付记录、物流快递、退换货以及售后等交易信息。网络交易平台经营者应当提供，并在技术方面积极配合市场监督管理部门开展网络交易违法行为监测工作。

为网络交易经营者提供宣传推广、支付结算、物流快递、网络接入、服务器托管、虚拟主机、云服务、网站网页设计制作等服务的经营者（以下简称其他服务提供者），应当及时协助市场监督管理部门依法查处网络交易违法行为，提供其掌握的有关数据信息。法律、行政法规另有规定的，依照其规定。

市场监督管理部门发现网络交易经营者有违法行为，依法要求网络交易平台经营者、其他服务提供者采取措施制止的，网络交易平台经营者、其他服务提供者应当予以配合。

第三十五条 市场监督管理部门对涉嫌违法的网络交易行为进行查处时，可以依法采取下列措施：

（一）对与涉嫌违法的网络交易行为有关的场所进行现场检查；

（二）查阅、复制与涉嫌违法的网络交易行为有关的合同、票据、账簿等有关资料；

（三）收集、调取、复制与涉嫌违法的网络交易行为有关的电子数据；

（四）询问涉嫌从事违法的网络交易行为的当事人；

（五）向与涉嫌违法的网络交易行为有关的自然人、法人和非法人组织调查了解有关情况；

（六）法律、法规规定可以采取的其他措施。

采取前款规定的措施，依法需要报经批准的，应当办理批准手续。

市场监督管理部门对网络交易违法行为的技术监测记录资料，可以作为实施行政处罚或者采取行政措施的电子数据证据。

第三十六条 市场监督管理部门应当采取必要措施保护网络交易经营者提供的数据信息的安全，并对其中的个人信息、隐私和商业秘密严格保密。

第三十七条 市场监督管理部门依法对网络交易经营者实施信用监管，将网络交易经营者的注册登记、备案、行政许可、抽查检查结果、行政处罚、列入经营异常名录和严重违法失信企业名单等信息，通过国家企业信用信息公示系统统一归集并公示。对存在严重违法失信行为的，依法实施联合惩戒。

前款规定的信息还可以通过市场监督管理部门官方网站、网络搜索引擎、经营者从事经营活动的主页面显著位置等途径公示。

第三十八条 网络交易经营者未依法履行法定责任和义务，扰乱或者可能扰乱网络交易秩序，影响消费者合法权益的，市场监督管理部门可以依职责对其法定代表人或者主要负责人进行约谈，要求其采取措施进行整改。

第四章 法律责任

第三十九条 法律、行政法规对网络交易违法行为的处罚已有规定的，依照其规定。

第四十条 网络交易平台经营者违反本办法第十条，拒不为入驻的平台内经营者出具网络经营场所相关材料的，由市场监督管理部门责令限期改正；逾期不改正的，处一万元以上三万元以下罚款。

第四十一条 网络交易经营者违反本办法第

十一条、第十三条、第十六条、第十八条，法律、行政法规有规定的，依照其规定；法律、行政法规没有规定的，由市场监督管理部门依职责责令限期改正，可以处五千元以上三万元以下罚款。

第四十二条 网络交易经营者违反本办法第十二条、第二十三条，未履行法定信息公示义务的，依照《中华人民共和国电子商务法》第七十六条的规定进行处罚。对其中的网络交易平台经营者，依照《中华人民共和国电子商务法》第八十一条第一款的规定进行处罚。

第四十三条 网络交易经营者违反本办法第十四条的，依照《中华人民共和国反不正当竞争法》的相关规定进行处罚。

第四十四条 网络交易经营者违反本办法第十七条的，依照《中华人民共和国电子商务法》第七十七条的规定进行处罚。

第四十五条 网络交易经营者违反本办法第二十条，法律、行政法规有规定的，依照其规定；法律、行政法规没有规定的，由市场监督管理部门责令限期改正；逾期不改正的，处一万元以下罚款。

第四十六条 网络交易经营者违反本办法第二十二条的，由市场监督管理部门责令限期改正；逾期不改正的，处五千元以上三万元以下罚款。

第四十七条 网络交易平台经营者违反本办法第二十四条第一款、第二十五条第二款、第三十一条，不履行法定核验、登记义务，有关信息报送义务，商品和服务信息、交易信息保存义务的，依照《中华人民共和国电子商务法》第八十条的规定进行处罚。

第四十八条 网络交易平台经营者违反本办法第二十七条、第二十八条、第三十条的，由市场监督管理部门责令限期改正；逾期不改正的，处一万元以上三万元以下罚款。

第四十九条 网络交易平台经营者违反本办法第二十九条，法律、行政法规有规定的，依照其规定；法律、行政法规没有规定的，由市场监督管理部门依职责责令限期改正，可以处一万元以上三万元以下罚款。

第五十条 网络交易平台经营者违反本办法第三十二条的，依照《中华人民共和国电子商务法》第八十二条的规定进行处罚。

第五十一条 网络交易经营者销售商品或者提供服务，不履行合同义务或者履行合同义务不符合约定，或者造成他人损害的，依法承担民事责任。

第五十二条 网络交易平台经营者知道或者应当知道平台内经营者销售的商品或者提供的服务不符合保障人身、财产安全的要求，或者有其他侵害消费者合法权益行为，未采取必要措施的，依法与该平台内经营者承担连带责任。

对关系消费者生命健康的商品或者服务，网络交易平台经营者对平台内经营者的资质资格未尽到审核义务，或者对消费者未尽到安全保障义务，造成消费者损害的，依法承担相应的责任。

第五十三条 对市场监督管理部门依法开展的监管执法活动，拒绝依照本办法规定提供有关材料、信息，或者提供虚假材料、信息，或者隐匿、销毁、转移证据，或者有其他拒绝、阻碍监管执法行为，法律、行政法规、其他市场监督管理部门规章有规定的，依照其规定；法律、行政法规、其他市场监督管理部门规章没有规定的，由市场监督管理部门责令改正，可以处五千元以上三万元以下罚款。

第五十四条 市场监督管理部门的工作人员，玩忽职守、滥用职权、徇私舞弊，或者泄露、出售或者非法向他人提供在履行职责中所知悉的个人信息、隐私和商业秘密的，依法追究法律责任。

第五十五条 违反本办法规定，构成犯罪的，依法追究刑事责任。

第五章 附 则

第五十六条 本办法自 2021 年 5 月 1 日起施行。2014 年 1 月 26 日原国家工商行政管理总局令第 60 号公布的《网络交易管理办法》同时废止。

网络购买商品七日无理由退货暂行办法

- 2017 年 1 月 6 日国家工商行政管理总局令第 90 号公布
- 根据 2020 年 10 月 23 日《国家市场监督管理总局关于修改部分规章的决定》修订

第一章 总 则

第一条 为保障《消费者权益保护法》七日无理由退货规定的实施，保护消费者合法权益，促进电子商务健康发展，根据《消费者权益保护法》等相关法律、行政法规，制定本办法。

第二条 消费者为生活消费需要通过网络购买商品，自收到商品之日起七日内依照《消费者权益保护法》第二十五条规定退货的，适用本办法。

第三条 网络商品销售者应当依法履行七日无理由退货义务。

网络交易平台提供者应当引导和督促平台上的网络商品销售者履行七日无理由退货义务，进行监督检查，并提供技术保障。

第四条 消费者行使七日无理由退货权利和网络商品销售者履行七日无理由退货义务都应当遵循公平、诚实信用的原则，遵守商业道德。

第五条 鼓励网络商品销售者作出比本办法更有利于消费者的无理由退货承诺。

第二章 不适用退货的商品范围和商品完好标准

第六条 下列商品不适用七日无理由退货规定：

（一）消费者定作的商品；

（二）鲜活易腐的商品；

（三）在线下载或者消费者拆封的音像制品、计算机软件等数字化商品；

（四）交付的报纸、期刊。

第七条 下列性质的商品经消费者在购买时确认，可以不适用七日无理由退货规定：

（一）拆封后易影响人身安全或者生命健康的商品，或者拆封后易导致商品品质发生改变的商品；

（二）一经激活或者试用后价值贬损较大的商品；

（三）销售时已明示的临近保质期的商品、有瑕疵的商品。

第八条 消费者退回的商品应当完好。

商品能够保持原有品质、功能，商品本身、配件、商标标识齐全的，视为商品完好。

消费者基于查验需要而打开商品包装，或者为确认商品的品质、功能而进行合理的调试不影响商品的完好。

第九条 对超出查验和确认商品品质、功能需要而使用商品，导致商品价值贬损较大的，视为商品不完好。具体判定标准如下：

（一）食品（含保健食品）、化妆品、医疗器械、计生用品：必要的一次性密封包装被损坏；

（二）电子电器类：进行未经授权的维修、改动，破坏、涂改强制性产品认证标志、指示标贴、机器序列号等，有难以恢复原状的外观类使用痕迹，或者产生激活、授权信息、不合理的个人使用数据留存等数据类使用痕迹；

（三）服装、鞋帽、箱包、玩具、家纺、家居类：商标标识被摘、标识被剪，商品受污、受损。

第三章 退货程序

第十条 选择无理由退货的消费者应当自收到商品之日起七日内向网络商品销售者发出退货通知。

七日期间自消费者签收商品的次日开始起算。

第十一条 网络商品销售者收到退货通知后应当及时向消费者提供真实、准确的退货地址、退货联系人、退货联系电话等有效联系信息。

消费者获得上述信息后应当及时退回商品，并保留退货凭证。

第十二条 消费者退货时应当将商品本身、配件及赠品一并退回。

赠品包括赠送的实物、积分、代金券、优惠券等形式。如果赠品不能一并退回，经营者可以要求消费者按照事先标明的赠品价格支付赠品价款。

第十三条 消费者退回的商品完好的，网络商品销售者应当在收到退回商品之日起七日内向消费者返还已支付的商品价款。

第十四条 退款方式比照购买商品的支付方式。经营者与消费者另有约定的，从其约定。

购买商品时采用多种方式支付价款的，一般应当按照各种支付方式的实际支付价款以相应方式退款。

除征得消费者明确表示同意的以外，网络商品销售者不应当自行指定其他退款方式。

第十五条 消费者采用积分、代金券、优惠券等形式支付价款的，网络商品销售者在消费者退还商品后应当以相应形式返还消费者。对积分、代金券、优惠券的使用和返还有约定的，可以从其约定。

第十六条 消费者购买商品时采用信用卡支

付方式并支付手续费的，网络商品销售者退款时可以不退回手续费。

消费者购买商品时采用信用卡支付方式并被网络商品销售者免除手续费的，网络商品销售者可以在退款时扣除手续费。

第十七条 退货价款以消费者实际支出的价款为准。

套装或者满减优惠活动中的部分商品退货，导致不能再享受优惠的，根据购买时各商品价格进行结算，多退少补。

第十八条 商品退回所产生的运费依法由消费者承担。经营者与消费者另有约定的，按照约定。

消费者参加满足一定条件免运费活动，但退货后已不能达到免运费活动要求的，网络商品销售者在退款时可以扣除运费。

第十九条 网络商品销售者可以与消费者约定退货方式，但不应当限制消费者的退货方式。

网络商品销售者可以免费上门取货，也可以征得消费者同意后有偿上门取货。

第四章 特别规定

第二十条 网络商品销售者应当采取技术手段或者其他措施，对于本办法第六条规定的不适用七日无理由退货的商品进行明确标注。

符合本办法第七条规定的商品，网络商品销售者应当在商品销售必经流程中设置显著的确认程序，供消费者对单次购买行为进行确认。如无确认，网络商品销售者不得拒绝七日无理由退货。

第二十一条 网络交易平台提供者应当与其平台上的网络商品销售者订立协议，明确双方七日无理由退货各自的权利、义务和责任。

第二十二条 网络交易平台提供者应当依法建立、完善其平台七日无理由退货规则以及配套的消费者权益保护有关制度，在其首页显著位置持续公示，并保证消费者能够便利、完整地阅览和下载。

第二十三条 网络交易平台提供者应当对其平台上的网络商品销售者履行七日无理由退货义务建立检查监控制度，发现有违反相关法律、法规、规章的，应当及时采取制止措施，并向网络交易平台提供者或者网络商品销售者所在地市场监督管理部门报告，必要时可以停止对其提供平台服务。

第二十四条 网络交易平台提供者应当建立消费纠纷和解和消费维权自律制度。消费者在网络交易平台上购买商品，因退货而发生消费纠纷或其合法权益受到损害时，要求网络交易平台提供者调解的，网络交易平台提供者应当调解；消费者通过其他渠道维权的，网络交易平台提供者应当向消费者提供其平台上的网络商品销售者的真实名称、地址和有效联系方式，积极协助消费者维护自身合法权益。

第二十五条 网络商品销售者应当建立完善的七日无理由退货商品检验和处理程序。

对能够完全恢复到初始销售状态的七日无理由退货商品，可以作为全新商品再次销售；对不能够完全恢复到初始销售状态的七日无理由退货商品而再次销售的，应当通过显著的方式将商品的实际情况明确标注。

第五章 监督检查

第二十六条 市场监督管理部门应当加强对网络商品销售者和网络交易平台提供者经营行为的监督检查，督促和引导其建立健全经营者首问和赔偿先付制度，依法履行网络购买商品七日无理由退货义务。

第二十七条 市场监督管理部门应当及时受理和依法处理消费者有关七日无理由退货的投诉、举报。

第二十八条 市场监督管理部门应当依照公正、公开、及时的原则，综合运用建议、约谈、示范等方式，加强对网络商品销售者和网络交易平台提供者履行七日无理由退货法定义务的行政指导。

第二十九条 市场监督管理部门在对网络商品交易的监督检查中，发现经营者存在拒不履行七日无理由退货义务，侵害消费者合法权益行为的，应当依法进行查处，同时将相关处罚信息计入信用档案，向社会公布。

第六章 法律责任

第三十条 网络商品销售者违反本办法第六条、第七条规定，擅自扩大不适用七日无理由退货的商品范围的，按照《消费者权益保护法》第五十六条第一款第(八)项规定予以处罚。

第三十一条 网络商品销售者违反本办法规定，有下列情形之一的，依照《消费者权益保护法》第五十六条第一款第（八）项规定予以处罚：

（一）未经消费者在购买时确认，擅自以商品不适用七日无理由退货为由拒绝退货，或者以消费者已拆封、查验影响商品完好为由拒绝退货的；

（二）自收到消费者退货要求之日起超过十五日未办理退货手续，或者未向消费者提供真实、准确的退货地址、退货联系人等有效联系信息，致使消费者无法办理退货手续的；

（三）在收到退回商品之日起超过十五日未向消费者返还已支付的商品价款的。

第三十二条 网络交易平台提供者违反本办法第二十二条规定的，依照《电子商务法》第八十一条第一款第（一）项规定予以处罚。

第三十三条 网络商品销售者违反本办法第二十五条规定，销售不能够完全恢复到初始状态的无理由退货商品，且未通过显著的方式明确标注商品实际情况的，违反其他法律、行政法规的，依照有关法律、行政法规的规定处罚；法律、行政法规未作规定的，予以警告，责令改正，并处一万元以上三万元以下的罚款。

第三十四条 网络交易平台提供者拒绝协助市场监督管理部门对涉嫌违法行为采取措施、开展调查的，予以警告，责令改正；拒不改正的，处三万元以下的罚款。

第七章 附　则

第三十五条 网络商品销售者提供的商品不符合质量要求，消费者要求退货的，适用《消费者权益保护法》第二十四条以及其他相关规定。

第三十六条 经营者采用电视、电话、邮购等方式销售商品，依照本办法执行。

第三十七条 本办法由国家市场监督管理总局负责解释。

第三十八条 本办法自2017年3月15日起施行。

电子认证服务管理办法

- 2009年2月18日工业和信息化部令第1号公布
- 根据2015年4月29日《工业和信息化部关于修改部分规章的决定》修订

第一章 总　则

第一条 为了规范电子认证服务行为，对电子认证服务提供者实施监督管理，根据《中华人民共和国电子签名法》和其他法律、行政法规的规定，制定本办法。

第二条 本办法所称电子认证服务，是指为电子签名相关各方提供真实性、可靠性验证的活动。

本办法所称电子认证服务提供者，是指为需要第三方认证的电子签名提供认证服务的机构（以下称为“电子认证服务机构”）。

向社会公众提供服务的电子认证服务机构应当依法设立。

第三条 在中华人民共和国境内设立电子认证服务机构和为电子签名提供电子认证服务，适用本办法。

第四条 中华人民共和国工业和信息化部（以下简称“工业和信息化部”）依法对电子认证服务机构和电子认证服务实施监督管理。

第二章 电子认证服务机构

第五条 电子认证服务机构应当具备下列条件：

（一）具有独立的企业法人资格。

（二）具有与提供电子认证服务相适应的人员。从事电子认证服务的专业技术人员、运营管理人员、安全管理人员和客户服务人员不少于三十名，并且应当符合相应岗位技能要求。

（三）注册资本不低于人民币三千万元。

（四）具有固定的经营场所和满足电子认证服务要求的物理环境。

（五）具有符合国家有关安全标准的技术和设备。

（六）具有国家密码管理机构同意使用密码的

证明文件。

（七）法律、行政法规规定的其他条件。

第六条 申请电子认证服务许可的，应当向工业和信息化部提交下列材料：

（一）书面申请。

（二）人员证明。

（三）企业法人营业执照副本及复印件。

（四）经营场所证明。

（五）国家有关认证检测机构出具的技术、设备、物理环境符合国家有关安全标准的凭证。

（六）国家密码管理机构同意使用密码的证明文件。

第七条 工业和信息化部对提交的申请材料进行形式审查。申请材料齐全、符合法定形式的，应当向申请人出具受理通知书。申请材料不齐全或者不符合法定形式的，应当当场或者在五日内一次告知申请人需要补正的全部内容。

第八条 工业和信息化部对决定受理的申请材料进行实质审查。需要对有关内容进行核实的，指派两名以上工作人员实地进行核查。

第九条 工业和信息化部对与申请人有关事项书面征求中华人民共和国商务部等有关部门的意见。

第十条 工业和信息化部应当自接到申请之日起四十五日内作出准予许可或者不予许可的书面决定。不予许可的，应当书面通知申请人并说明理由；准予许可的，颁发《电子认证服务许可证》，并公布下列信息：

（一）《电子认证服务许可证》编号。

（二）电子认证服务机构名称。

（三）发证机关和发证日期。

电子认证服务许可相关信息发生变更的，工业和信息化部应当及时公布。

《电子认证服务许可证》的有效期为五年。

第十一条 电子认证服务机构不得倒卖、出租、出借或者以其他形式非法转让《电子认证服务许可证》。

第十二条 取得认证资格的电子认证服务机构，在提供电子认证服务之前，应当通过互联网公布下列信息：

（一）机构名称和法定代表人。

（二）机构住所和联系办法。

（三）《电子认证服务许可证》编号。

（四）发证机关和发证日期。

（五）《电子认证服务许可证》有效期的起止时间。

第十三条 电子认证服务机构在《电子认证服务许可证》的有效期内变更公司名称、住所、法定代表人、注册资本的，应当在完成工商变更登记之日起15日内办理《电子认证服务许可证》变更手续。

第十四条 《电子认证服务许可证》的有效期届满需要延续的，电子认证服务机构应当在许可证有效期届满三十日前向工业和信息化部申请办理延续手续，并自办结之日起五日内按照本办法第十二条的规定公布相关信息。

第三章 电子认证服务

第十五条 电子认证服务机构应当按照工业和信息化部公布的《电子认证业务规则规范》等要求，制定本机构的电子认证业务规则和相应的证书策略，在提供电子认证服务前予以公布，并向工业和信息化部备案。

电子认证业务规则和证书策略发生变更的，电子认证服务机构应当予以公布，并自公布之日起三十日内向工业和信息化部备案。

第十六条 电子认证服务机构应当按照公布的电子认证业务规则提供电子认证服务。

第十七条 电子认证服务机构应当保证提供下列服务：

（一）制作、签发、管理电子签名认证证书。

（二）确认签发的电子签名认证证书的真实性。

（三）提供电子签名认证证书目录信息查询服务。

（四）提供电子签名认证证书状态信息查询服务。

第十八条 电子认证服务机构应当履行下列义务：

（一）保证电子签名认证证书内容在有效期内完整、准确。

（二）保证电子签名依赖方能够证实或者了解电子签名认证证书所载内容及其他有关事项。

（三）妥善保存与电子认证服务相关的信息。

第十九条 电子认证服务机构应当建立完善的安全管理和内部审计制度。

第二十条 电子认证服务机构应当遵守国家的保密规定,建立完善的保密制度。

电子认证服务机构对电子签名人和电子签名依赖方的资料,负有保密的义务。

第二十一条 电子认证服务机构在受理电子签名认证证书申请前,应当向申请人告知下列事项:

(一)电子签名认证证书和电子签名的使用条件。

(二)服务收费的项目和标准。

(三)保存和使用证书持有人信息的权限和责任。

(四)电子认证服务机构的责任范围。

(五)证书持有人的责任范围。

(六)其他需要事先告知的事项。

第二十二条 电子认证服务机构受理电子签名认证申请后,应当与证书申请人签订合同,明确双方的权利义务。

第四章 电子认证服务的暂停、终止

第二十三条 电子认证服务机构在《电子认证服务许可证》的有效期内拟终止电子认证服务的,应当在终止服务六十日前向工业和信息化部报告,并办理《电子认证服务许可证》注销手续。

第二十四条 电子认证服务机构拟暂停或者终止电子认证服务的,应当在暂停或者终止电子认证服务九十日前,就业务承接及其他有关事项通知有关各方。

电子认证服务机构拟暂停或者终止电子认证服务的,应当在暂停或者终止电子认证服务六十日前向工业和信息化部报告,并与其他电子认证服务机构就业务承接进行协商,作出妥善安排。

第二十五条 电子认证服务机构拟暂停或者终止电子认证服务,未能就业务承接事项与其他电子认证服务机构达成协议的,应当申请工业和信息化部安排其他电子认证服务机构承接其业务。

第二十六条 电子认证服务机构被依法吊销电子认证服务许可的,其业务承接事项按照工业和信息化部的规定处理。

第二十七条 电子认证服务机构有根据工业和信息化部的安排承接其他机构开展的电子认证服务业务的义务。

第五章 电子签名认证证书

第二十八条 电子签名认证证书应当准确载明下列内容:

(一)签发电子签名认证证书的电子认证服务机构名称。

(二)证书持有人名称。

(三)证书序列号。

(四)证书有效期。

(五)证书持有人的电子签名验证数据。

(六)电子认证服务机构的电子签名。

(七)工业和信息化部规定的其他内容。

第二十九条 有下列情况之一的,电子认证服务机构可以撤销其签发的电子签名认证证书:

(一)证书持有人申请撤销证书。

(二)证书持有人提供的信息不真实。

(三)证书持有人没有履行双方合同规定的义务。

(四)证书的安全性不能得到保证。

(五)法律、行政法规规定的其他情况。

第三十条 有下列情况之一的,电子认证服务机构应当对申请人提供的证明身份的有关材料进行查验,并对有关材料进行审查:

(一)申请人申请电子签名认证证书。

(二)证书持有人申请更新证书。

(三)证书持有人申请撤销证书。

第三十一条 电子认证服务机构更新或者撤销电子签名认证证书时,应当予以公告。

第六章 监督管理

第三十二条 工业和信息化部对电子认证服务机构进行定期、不定期的监督检查,监督检查的内容主要包括法律法规符合性、安全运营管理、风险管理等。

工业和信息化部对电子认证服务机构实行监督检查时,应当记录监督检查的情况和处理结果,由监督检查人员签字后归档。公众有权查阅监督检查记录。

工业和信息化部对电子认证服务机构实行监督检查,不得妨碍电子认证服务机构正常的生产经营活动,不得收取任何费用。

第三十三条 取得电子认证服务许可的电子认证服务机构,在电子认证服务许可的有效期内不得降低其设立时所应具备的条件。

第三十四条 电子认证服务机构应当如实向工业和信息化部报送认证业务开展情况报告、财务会计报告等有关资料。

第三十五条 电子认证服务机构有下列情况之一的,应当及时向工业和信息化部报告:

(一)重大系统、关键设备事故。

(二)重大财产损失。

(三)重大法律诉讼。

(四)关键岗位人员变动。

第三十六条 电子认证服务机构应当对其从业人员进行岗位培训。

第三十七条 工业和信息化部根据监督管理工作的需要,可以委托有关省、自治区和直辖市信息产业主管部门承担具体的监督管理事项。

第七章 罚 则

第三十八条 电子认证服务机构向工业和信息化部隐瞒有关情况、提供虚假材料或者拒绝提供反映其活动的真实材料的,由工业和信息化部责令改正,给予警告或者处以5000元以上1万元以下的罚款。

第三十九条 工业和信息化部与省、自治区、直辖市信息产业主管部门的工作人员,不依法履行监督管理职责的,由工业和信息化部或者省、自治区、直辖市信息产业主管部门依据职权视情节轻重,分别给予警告、记过、记大过、降级、撤职、开除的行政处分;构成犯罪的,依法追究刑事责任。

第四十条 电子认证服务机构违反本办法第十三条、第十五条、第二十七条的规定的,由工业和信息化部依据职权责令限期改正,处以警告,可以并处1万元以下的罚款。

第四十一条 电子认证服务机构违反本办法第三十三条的规定的,由工业和信息化部依据职权责令限期改正,处以3万元以下的罚款,并将上述情况向社会公告。

第八章 附 则

第四十二条 经工业和信息化部根据有关协议或者对等原则核准后,中华人民共和国境外的电子认证服务机构在境外签发的电子签名认证证书与依照本办法设立的电子认证服务机构签发的电子签名认证证书具有同等的法律效力。

第四十三条 本办法自2009年3月31日起施行。2005年2月8日发布的《电子认证服务管理办法》(中华人民共和国信息产业部令第35号)同时废止。

个人信息出境标准合同办法

· 2023年2月22日国家互联网信息办公室令第13号公布

· 自2023年6月1日起施行

第一条 为了保护个人信息权益,规范个人信息出境活动,根据《中华人民共和国个人信息保护法》等法律法规,制定本办法。

第二条 个人信息处理者通过与境外接收方订立个人信息出境标准合同(以下简称标准合同)的方式向中华人民共和国境外提供个人信息,适用本办法。

第三条 通过订立标准合同的方式开展个人信息出境活动,应当坚持自主缔约与备案管理相结合、保护权益与防范风险相结合,保障个人信息跨境安全、自由流动。

第四条 个人信息处理者通过订立标准合同的方式向境外提供个人信息的,应当同时符合下列情形:

(一)非关键信息基础设施运营者;

(二)处理个人信息不满100万人的;

(三)自上年1月1日起累计向境外提供个人信息不满10万人的;

(四)自上年1月1日起累计向境外提供敏感个人信息不满1万人的。

法律、行政法规或者国家网信部门另有规定的,从其规定。

个人信息处理者不得采取数量拆分等手段,将依法应当通过出境安全评估的个人信息通过订立标准合同的方式向境外提供。

第五条 个人信息处理者向境外提供个人信息前,应当开展个人信息保护影响评估,重点评估以下内容:

(一)个人信息处理者和境外接收方处理个人信息的目的、范围、方式等的合法性、正当性、必要性;

（二）出境个人信息的规模、范围、种类、敏感程度，个人信息出境可能对个人信息权益带来的风险；

（三）境外接收方承诺承担的义务，以及履行义务的管理和技术措施、能力等能否保障出境个人信息的安全；

（四）个人信息出境后遭到篡改、破坏、泄露、丢失、非法利用等的风险，个人信息权益维护的渠道是否通畅等；

（五）境外接收方所在国家或者地区的个人信息保护政策和法规对标准合同履行的影响；

（六）其他可能影响个人信息出境安全的事项。

第六条 标准合同应当严格按照本办法附件订立。国家网信部门可以根据实际情况对附件进行调整。

个人信息处理者可以与境外接收方约定其他条款，但不得与标准合同相冲突。

标准合同生效后方可开展个人信息出境活动。

第七条 个人信息处理者应当在标准合同生效之日起10个工作日内向所在地省级网信部门备案。备案应当提交以下材料：

（一）标准合同；

（二）个人信息保护影响评估报告。

个人信息处理者应当对所备案材料的真实性负责。

第八条 在标准合同有效期内出现下列情形之一的，个人信息处理者应当重新开展个人信息保护影响评估，补充或者重新订立标准合同，并履行相应备案手续：

（一）向境外提供个人信息的目的、范围、种类、敏感程度、方式、保存地点或者境外接收方处理个人信息的用途、方式发生变化，或者延长个人信息境外保存期限的；

（二）境外接收方所在国家或者地区的个人信息保护政策和法规发生变化等可能影响个人信息权益的；

（三）可能影响个人信息权益的其他情形。

第九条 网信部门及其工作人员对在履行职责中知悉的个人隐私、个人信息、商业秘密、保密商务信息等应当依法予以保密，不得泄露或者非法向他人提供、非法使用。

第十条 任何组织和个人发现个人信息处理者违反本办法向境外提供个人信息的，可以向省级以上网信部门举报。

第十一条 省级以上网信部门发现个人信息出境活动存在较大风险或者发生个人信息安全事件的，可以依法对个人信息处理者进行约谈。个人信息处理者应当按照要求整改，消除隐患。

第十二条 违反本办法规定的，依据《中华人民共和国个人信息保护法》等法律法规处理；构成犯罪的，依法追究刑事责任。

第十三条 本办法自2023年6月1日起施行。本办法施行前已经开展的个人信息出境活动，不符合本办法规定的，应当自本办法施行之日起6个月内完成整改。

附件：

个人信息出境标准合同

国家互联网信息办公室 制定

为了确保境外接收方处理个人信息的活动达到中华人民共和国相关法律法规规定的个人信息保护标准，明确个人信息处理者和境外接收方个人信息保护的权利和义务，经双方协商一致，订立本合同。

个人信息处理者：____________________

地址：____________________

联系方式：____________________

联系人：________________职务：________

境外接收方：____________________

地址：____________________

联系方式：____________________

联系人：________________职务：________

个人信息处理者与境外接收方依据本合同约定开展个人信息出境活动，与此活动相关的商业行为，双方【已】/【约定】于____年____月____日订立（商业合同，如有）。

本合同正文根据《个人信息出境标准合同办法》的要求拟定，在不与本合同正文内容相冲突的前提下，双方如有其他约定可在附录二中详述，附录构成本合同的组成部分。

第一条　定义

在本合同中，除上下文另有规定外：

（一）“个人信息处理者”是指在个人信息处理活动中自主决定处理目的、处理方式的，向中华人民共和国境外提供个人信息的组织、个人。

（二）“境外接收方”是指在中华人民共和国境外自个人信息处理者处接收个人信息的组织、个人。

（三）个人信息处理者或者境外接收方单称“一方”，合称“双方”。

（四）“个人信息主体”是指个人信息所识别或者关联的自然人。

（五）“个人信息”是指以电子或者其他方式记录的与已识别或者可识别的自然人有关的各种信息，不包括匿名化处理后的信息。

（六）“敏感个人信息”是指一旦泄露或者非法使用，容易导致自然人的人格尊严受到侵害或者人身、财产安全受到危害的个人信息，包括生物识别、宗教信仰、特定身份、医疗健康、金融账户、行踪轨迹等信息，以及不满十四周岁未成年人的个人信息。

（七）“监管机构”是指中华人民共和国省级以上网信部门。

（八）“相关法律法规”是指《中华人民共和国网络安全法》《中华人民共和国数据安全法》《中华人民共和国个人信息保护法》《中华人民共和国民法典》《中华人民共和国民事诉讼法》《个人信息出境标准合同办法》等中华人民共和国法律法规。

（九）本合同其他未定义术语的含义与相关法律法规规定的含义一致。

第二条　个人信息处理者的义务

个人信息处理者应当履行下列义务：

（一）按照相关法律法规规定处理个人信息，向境外提供的个人信息仅限于实现处理目的所需的最小范围。

（二）向个人信息主体告知境外接收方的名称或者姓名、联系方式、附录一“个人信息出境说明”中处理目的、处理方式、个人信息的种类、保存期限，以及行使个人信息主体权利的方式和程序等事项。向境外提供敏感个人信息的，还应当向个人信息主体告知提供敏感个人信息的必要性以及对个人权益的影响。但是法律、行政法规规定不需要告知的除外。

（三）基于个人同意向境外提供个人信息的，应当取得个人信息主体的单独同意。涉及不满十四周岁未成年人个人信息的，应当取得未成年人的父母或者其他监护人的单独同意。法律、行政法规规定应当取得书面同意的，应当取得书面同意。

（四）向个人信息主体告知其与境外接收方通过本合同约定个人信息主体为第三方受益人，如个人信息主体未在30日内明确拒绝，则可以依据本合同享有第三方受益人的权利。

（五）尽合理地努力确保境外接收方采取如下技术和管理措施（综合考虑个人信息处理目的、个人信息的种类、规模、范围及敏感程度、传输的数量和频率、个人信息传输及境外接收方的保存期限等可能带来的个人信息安全风险），以履行本合同约定的义务：

（如加密、匿名化、去标识化、访问控制等技术和管理措施）________________

____

（六）根据境外接收方的要求向境外接收方提供相关法律规定和技术标准的副本。

（七）答复监管机构关于境外接收方的个人信息处理活动的询问。

（八）按照相关法律法规对拟向境外接收方提供个人信息的活动开展个人信息保护影响评估。重点评估以下内容：

1. 个人信息处理者和境外接收方处理个人信息的目的、范围、方式等的合法性、正当性、必要性。

2. 出境个人信息的规模、范围、种类、敏感程度，个人信息出境可能对个人信息权益带来的风险。

3. 境外接收方承诺承担的义务，以及履行义务的管理和技术措施、能力等能否保障出境个人信息的安全。

4. 个人信息出境后遭到篡改、破坏、泄露、丢失、非法利用等的风险，个人信息权益维护的渠道是否通畅等。

5. 按照本合同第四条评估当地个人信息保护政策和法规对合同履行的影响。

6. 其他可能影响个人信息出境安全的事项。

保存个人信息保护影响评估报告至少3年。

（九）根据个人信息主体的要求向个人信息主体提供本合同的副本。如涉及商业秘密或者保密商务信息，在不影响个人信息主体理解的前提下，可对本合同副本相关内容进行适当处理。

（十）对本合同义务的履行承担举证责任。

（十一）根据相关法律法规要求，向监管机构提供本合同第三条第十一项所述的信息，包括所有合规审计结果。

第三条　境外接收方的义务

境外接收方应当履行下列义务：

（一）按照附录一"个人信息出境说明"所列约定处理个人信息。如超出约定的处理目的、处理方式和处理的个人信息种类，基于个人同意处理个人信息的，应当事先取得个人信息主体的单独同意；涉及不满十四周岁未成年人个人信息的，应当取得未成年人的父母或者其他监护人的单独同意。

（二）受个人信息处理者委托处理个人信息的，应当按照与个人信息处理者的约定处理个人信息，不得超出与个人信息处理者约定的处理目的、处理方式等处理个人信息。

（三）根据个人信息主体的要求向个人信息主体提供本合同的副本。如涉及商业秘密或者保密商务信息，在不影响个人信息主体理解的前提下，可对本合同副本相关内容进行适当处理。

（四）采取对个人权益影响最小的方式处理个人信息。

（五）个人信息的保存期限为实现处理目的所必要的最短时间，保存期限届满的，应当删除个人信息（包括所有备份）。受个人信息处理者委托处理个人信息，委托合同未生效、无效、被撤销或者终止的，应当将个人信息返还个人信息处理者或者予以删除，并向个人信息处理者提供书面说明。删除个人信息从技术上难以实现的，应当停止除存储和采取必要的安全保护措施之外的处理。

（六）按下列方式保障个人信息处理安全：

1. 采取包括但不限于本合同第二条第五项的技术和管理措施，并定期进行检查，确保个人信息安全。

2. 确保授权处理个人信息的人员履行保密义务，并建立最小授权的访问控制权限。

（七）如处理的个人信息发生或者可能发生篡改、破坏、泄露、丢失、非法利用、未经授权提供或者访问，应当开展下列工作：

1. 及时采取适当补救措施，减轻对个人信息主体造成的不利影响。

2. 立即通知个人信息处理者，并根据相关法律法规要求报告监管机构。通知应当包含下列事项：

（1）发生或者可能发生篡改、破坏、泄露、丢失、非法利用、未经授权提供或者访问的个人信息种类、原因和可能造成的危害。

（2）已采取的补救措施。

（3）个人信息主体可以采取的减轻危害的措施。

（4）负责处理相关情况的负责人或者负责团队的联系方式。

3. 相关法律法规要求通知个人信息主体的，通知的内容包含本项第2目的事项。受个人信息处理者委托处理个人信息的，由个人信息处理者通知个人信息主体。

4. 记录并留存所有与发生或者可能发生篡改、破坏、泄露、丢失、非法利用、未经授权提供或者访问有关的情况，包括采取的所有补救措施。

（八）同时符合下列条件的，方可向中华人民共和国境外的第三方提供个人信息：

1. 确有业务需要。

2. 已告知个人信息主体该第三方的名称或者姓名、联系方式、处理目的、处理方式、个人信息种类、保存期限以及行使个人信息主体权利的方式和程序等事项。向第三方提供敏感个人信息的，还应当向个人信息主体告知提供敏感个人信息的必要性以及对个人权益的影响。但是法律、行政法规规定不需要告知的除外。

3. 基于个人同意处理个人信息的，应当取得个人信息主体的单独同意。涉及不满十四周岁未成年人个人信息的，应当取得未成年人的父母或者其他监护人的单独同意。法律、行政法规规定应当取得书面同意的，应当取得书面同意。

4. 与第三方达成书面协议，确保第三方的个人信息处理活动达到中华人民共和国相关法律法规规定的个人信息保护标准，并承担因向中华人民共和国境外的第三方提供个人信息而侵害个人信息主体享有权利的法律责任。

5. 根据个人信息主体的要求向个人信息主体

提供该书面协议的副本。如涉及商业秘密或者保密商务信息，在不影响个人信息主体理解的前提下，可对该书面协议相关内容进行适当处理。

（九）受个人信息处理者委托处理个人信息，转委托第三方处理的，应当事先征得个人信息处理者同意，要求该第三方不得超出本合同附录一“个人信息出境说明”中约定的处理目的、处理方式等处理个人信息，并对该第三方的个人信息处理活动进行监督。

（十）利用个人信息进行自动化决策的，应当保证决策的透明度和结果公平、公正，不得对个人信息主体在交易价格等交易条件上实行不合理的差别待遇。通过自动化决策方式向个人信息主体进行信息推送、商业营销的，应当同时提供不针对其个人特征的选项，或者向个人信息主体提供便捷的拒绝方式。

（十一）承诺向个人信息处理者提供已遵守本合同义务所需的必要信息，允许个人信息处理者对必要数据文件和文档进行查阅，或者对本合同涵盖的处理活动进行合规审计，并为个人信息处理者开展合规审计提供便利。

（十二）对开展的个人信息处理活动进行客观记录，保存记录至少 3 年，并按照相关法律法规要求直接或者通过个人信息处理者向监管机构提供相关记录文件。

（十三）同意在监督本合同实施的相关程序中接受监管机构的监督管理，包括但不限于答复监管机构询问、配合监管机构检查、服从监管机构采取的措施或者作出的决定、提供已采取必要行动的书面证明等。

第四条　境外接收方所在国家或者地区个人信息保护政策和法规对合同履行的影响

（一）双方应当保证在本合同订立时已尽到合理注意义务，未发现境外接收方所在国家或者地区的个人信息保护政策和法规（包括任何提供个人信息的要求或者授权公共机关访问个人信息的规定）影响境外接收方履行本合同约定的义务。

（二）双方声明，在作出本条第一项的保证时，已经结合下列情形进行评估：

1. 出境的具体情况，包括个人信息处理目的、传输个人信息的种类、规模、范围及敏感程度、传输的规模和频率、个人信息传输及境外接收方的保存期限、境外接收方此前类似的个人信息跨境传输和处理相关经验、境外接收方是否曾发生个人信息安全相关事件及是否进行了及时有效地处置、境外接收方是否曾收到其所在国家或者地区公共机关要求其提供个人信息的请求及境外接收方应对的情况。

2. 境外接收方所在国家或者地区的个人信息保护政策和法规，包括下列要素：

（1）该国家或者地区现行的个人信息保护法律法规及普遍适用的标准。

（2）该国家或者地区加入的区域性或者全球性的个人信息保护方面的组织，以及所作出的具有约束力的国际承诺。

（3）该国家或者地区落实个人信息保护的机制，如是否具备个人信息保护的监督执法机构和相关司法机构等。

3. 境外接收方安全管理制度和技术手段保障能力。

（三）境外接收方保证，在根据本条第二项进行评估时，已尽最大努力为个人信息处理者提供了必要的相关信息。

（四）双方应当记录根据本条第二项进行评估的过程和结果。

（五）因境外接收方所在国家或者地区的个人信息保护政策和法规发生变化（包括境外接收方所在国家或者地区更改法律，或者采取强制性措施）导致境外接收方无法履行本合同的，境外接收方应当在知道该变化后立即通知个人信息处理者。

（六）境外接收方接到所在国家或者地区的政府部门、司法机构关于提供本合同项下的个人信息要求的，应当立即通知个人信息处理者。

第五条　个人信息主体的权利

双方约定个人信息主体作为本合同第三方受益人享有以下权利：

（一）个人信息主体依据相关法律法规，对其个人信息的处理享有知情权、决定权，有权限制或者拒绝他人对其个人信息进行处理，有权要求查阅、复制、更正、补充、删除其个人信息，有权要求对其个人信息处理规则进行解释说明。

（二）当个人信息主体要求对已经出境的个人信息行使上述权利时，个人信息主体可以请求个人信息处理者采取适当措施实现，或者直接向境外接收方提出请求。个人信息处理者无法实现的,应当通知并要求境外接收方协助实现。

（三）境外接收方应当按照个人信息处理者的通知,或者根据个人信息主体的请求,在合理期限内实现个人信息主体依照相关法律法规所享有的权利。

境外接收方应当以显著的方式、清晰易懂的语言真实、准确、完整地告知个人信息主体相关信息。

（四）境外接收方拒绝个人信息主体的请求的,应当告知个人信息主体其拒绝的原因,以及个人信息主体向相关监管机构提出投诉和寻求司法救济的途径。

（五）个人信息主体作为本合同第三方受益人有权根据本合同条款向个人信息处理者和境外接收方的一方或者双方主张并要求履行本合同项下与个人信息主体权利相关的下列条款：

1. 第二条,但第二条第五项、第六项、第七项、第十一项除外。

2. 第三条,但第三条第七项第 2 目和第 4 目、第九项、第十一项、第十二项、第十三项除外。

3. 第四条,但第四条第五项、第六项除外。

4. 第五条。

5. 第六条。

6. 第八条第二项、第三项。

7. 第九条第五项。

上述约定不影响个人信息主体依据《中华人民共和国个人信息保护法》享有的权益。

第六条　救济

（一）境外接收方应当确定一个联系人,授权其答复有关个人信息处理的询问或者投诉,并应当及时处理个人信息主体的询问或者投诉。境外接收方应当将联系人信息告知个人信息处理者,并以简洁易懂的方式,通过单独通知或者在其网站公告,告知个人信息主体该联系人信息,具体为：

联系人及联系方式（办公电话或电子邮箱）

____

（二）一方因履行本合同与个人信息主体发生争议的,应当通知另一方,双方应当合作解决争议。

（三）争议未能友好解决,个人信息主体根据第五条行使第三方受益人的权利的,境外接收方接受个人信息主体通过下列形式维护权利：

1. 向监管机构投诉。

2. 向本条第五项约定的法院提起诉讼。

（四）双方同意个人信息主体就本合同争议行使第三方受益人权利,个人信息主体选择适用中华人民共和国相关法律法规的,从其选择。

（五）双方同意个人信息主体就本合同争议行使第三方受益人权利的,个人信息主体可以依据《中华人民共和国民事诉讼法》向有管辖权的人民法院提起诉讼。

（六）双方同意个人信息主体所作的维权选择不会减损个人信息主体根据其他法律法规寻求救济的权利。

第七条　合同解除

（一）境外接收方违反本合同约定的义务,或者境外接收方所在国家或者地区的个人信息保护政策和法规发生变化（包括境外接收方所在国家或者地区更改法律,或者采取强制性措施）导致境外接收方无法履行本合同的,个人信息处理者可以暂停向境外接收方提供个人信息,直到违约行为被改正或者合同被解除。

（二）有下列情形之一的,个人信息处理者有权解除本合同,并在必要时通知监管机构：

1. 个人信息处理者根据本条第一项的规定暂停向境外接收方提供个人信息的时间超过 1 个月。

2. 境外接收方遵守本合同将违反其所在国家或者地区的法律规定。

3. 境外接收方严重或者持续违反本合同约定的义务。

4. 根据境外接收方的主管法院或者监管机构作出的终局决定,境外接收方或者个人信息处理者违反了本合同约定的义务。

在本项第 1 目、第 2 目、第 4 目的情况下,境外接收方可以解除本合同。

（三）经双方同意解除本合同的,合同解除不免除其在个人信息处理过程中的个人信息保护义务。

（四）合同解除时,境外接收方应当及时返还或者删除其根据本合同所接收到的个人信息（包括所有备份）,并向个人信息处理者提供书面说明。删除个人信息从技术上难以实现的,应当停止除存储和采取必要的安全保护措施之外的处理。

第八条　违约责任

（一）双方应就其违反本合同而给对方造成的损失承担责任。

（二）任何一方因违反本合同而侵害个人信息主体享有的权利，应当对个人信息主体承担民事法律责任，且不影响相关法律法规规定个人信息处理者应当承担的行政、刑事等法律责任。

（三）双方依法承担连带责任的，个人信息主体有权请求任何一方或者双方承担责任。一方承担的责任超过其应当承担的责任份额时，有权向另一方追偿。

第九条　其他

（一）如本合同与双方订立的任何其他法律文件发生冲突，本合同的条款优先适用。

（二）本合同的成立、效力、履行、解释、因本合同引起的双方间的任何争议，适用中华人民共和国相关法律法规。

（三）发出的通知应当以电子邮件、电报、电传、传真（以航空信件寄送确认副本）或者航空挂号信发往＿（具体地址）＿＿＿＿或者书面通知取代该地址的其它地址。如以航空挂号信寄出本合同项下的通知，在邮戳日期后的＿＿天应当视为收讫；如以电子邮件、电报、电传或者传真发出，在发出以后的＿＿个工作日应当视为收讫。

（四）双方因本合同产生的争议以及任何一方因先行赔偿个人信息主体损害赔偿责任而向另一方的追偿，双方应当协商解决；协商解决不成的，任何一方可以采取下列第＿＿种方式加以解决（如选择仲裁，请勾选仲裁机构）：

1. 仲裁。将该争议提交

□中国国际经济贸易仲裁委员会

□中国海事仲裁委员会

□北京仲裁委员会（北京国际仲裁中心）

□上海国际仲裁中心

□其他《承认及执行外国仲裁裁决公约》成员的仲裁机构＿＿＿＿＿＿＿＿＿＿

按其届时有效的仲裁规则在（仲裁地点）＿＿＿＿进行仲裁；

2. 诉讼。依法向中华人民共和国有管辖权的人民法院提起诉讼。

（五）本合同应当按照相关法律法规的规定进行解释，不得以与相关法律法规规定的权利、义务相抵触的方式解释本合同。

（六）本合同正本一式＿＿份，双方各执＿＿份，其法律效力相同。

本合同在（地点）＿＿＿＿＿＿＿＿签订

个人信息处理者：＿＿＿＿＿＿＿＿＿＿

＿＿年＿＿月＿＿日

境外接收方：＿＿＿＿＿＿＿＿＿＿

＿＿年＿＿月＿＿日

附录一

个人信息出境说明

根据本合同向境外提供个人信息的详情约定如下：

（一）处理目的：

（二）处理方式：

（三）出境个人信息的规模：

（四）出境个人信息种类（参考 GB/T 35273《信息安全技术 个人信息安全规范》和相关标准）：

（五）出境敏感个人信息种类（如适用，参考 GB/T 35273《信息安全技术 个人信息安全规范》和相关标准）：

（六）境外接收方只向以下中华人民共和国境外第三方提供个人信息（如适用）：

（七）传输方式：

（八）出境后保存期限：

（　年　月　日至　年　月　日）

（九）出境后保存地点：

（十）其他事项（视情况填写）：

附录二

双方约定的其他条款（如需要）

图书在版编目（CIP）数据

中华人民共和国合同与担保注释法典 / 中国法制出版社编．—北京：中国法制出版社，2024.8
（注释法典）
ISBN 978-7-5216-3438-9

Ⅰ．①中… Ⅱ．①中… Ⅲ．①合同法-法律解释-中国②会计法-法律解释-中国 Ⅳ．①D923.65
②D923.35

中国国家版本馆 CIP 数据核字（2023）第 065806 号

责任编辑：王　彤　　封面设计：周黎明

中华人民共和国合同与担保注释法典
ZHONGHUA RENMIN GONGHEGUO HETONG YU DANBAO ZHUSHI FADIAN

经销/新华书店
印刷/三河市国英印务有限公司
开本/710 毫米×1000 毫米　16 开　　印张/ 40.5　字数/ 1050 千
版次/2024 年 8 月第 1 版　　2024 年 8 月第 1 次印刷

中国法制出版社出版
书号 ISBN 978-7-5216-3438-9　　定价：90.00 元

北京市西城区西便门西里甲 16 号西便门办公区
邮政编码：100053　　传真：010-63141600
网址：http：//www.zgfzs.com　　**编辑部电话：010-63141675**
市场营销部电话：010-63141612　　**印务部电话：010-63141606**